本書爲國家古籍整理出版專項經費資助項目

道教典籍选刊

南華真經義海纂微

上

〔南宋〕褚伯秀 撰

方勇 點校

中華書局

圖書在版編目(CIP)數據

南華真經義海纂微/(南宋)褚伯秀撰;方勇點校. —北京:中華書局,2018. 7(2024.2重印)
(道教典籍選刊)
ISBN 978-7-101-13100-0

Ⅰ.南… Ⅱ.①褚…②方… Ⅲ.①道家②《莊子》-研究 Ⅳ.B223.55

中國版本圖書館CIP數據核字(2018)第040320號

責任編輯:朱立峰
責任印製:管 斌

道教典籍選刊
南華真經義海纂微
(全三册)
〔南宋〕褚伯秀 撰
方 勇 點校
*
中 華 書 局 出 版 發 行
(北京市豐臺區太平橋西里38號 100073)
http://www.zhbc.com.cn
E-mail:zhbc@zhbc.com.cn
三河市宏盛印務有限公司印刷
*
850×1168毫米 1/32 · 45½印張 · 6插頁 · 800千字
2018年7月第1版 2024年2月第3次印刷
印數:3901-4800册 定價:188.00元

ISBN 978-7-101-13100-0

道教典籍選刊緣起

道教是我國土生土長的宗教，歷史悠久，可以溯源到戰國時期的方術，甚至更古的巫術，而正式形成於東漢時期。它是我國傳統文化的重要組成部分，對我國人民的思維方式、生活方式，對古代科學、技術的發展，都産生過重大影響，並波及社會政治、經濟等各方面。

道教典籍極爲豐富，就道藏而言，有五千餘卷，是有待進一步發掘、清理和利用的文化遺産之一。爲便於國内外學術界對道教及其影響的研究，便於廣大讀者瞭解道教的概貌，我們初步擬訂了道教典籍選刊的整理出版計劃。其中既有道教最基本的典籍，也包括各種流派的代表作，有不少書與哲學、思想史關係密切。所有項目，都選用較好的版本作爲底本，進行校勘標點。

由於我們缺乏經驗，工作中難免有失誤之處，亟盼關心此項工作的專家和廣大讀者給以指導與幫助。

中華書局編輯部

一九八八年二月

目録

前言

褚伯秀，一名師秀，號雪巘，又號環中子，杭州人，卒年八十餘。據周密《癸辛雜識·後集》載，元世祖至元丁亥（一二八七）九月，褚氏嘗與周密、王磐隱遊閲古泉，則其入元尚健在。褚氏博學通經術，清介絶俗，寄迹黄冠，隱於杭州天慶觀，閉户著書不輟。事迹主要見於周密《浩然齋雅談》卷中、鄭元祐《遂昌雜録》、萬斯同《宋季忠義録》卷十四、王梓材《宋元學案補遺》别附二、仲蘅《武林元妙觀志》卷二等。著作主要有《南華真經義海纂微》一百六卷，今保存於《道藏》、《四庫全書》，明朱得之《莊子通義》、李栻《南華真經義纂》、孫應鼇《莊義要删》、焦竑《莊子翼》等亦皆有引録，並有明末以來數種完整抄本保存至今。此外，據《武林元妙觀志》卷二、《杭州府志·藝文志》等載，褚氏還曾注《老子》、《列子》，又撰有不少雜著、詩文，惜多已散佚。

一

清四庫館臣爲褚伯秀《南華真經義海纂微》所作提要云：「其書纂郭象、吕惠卿、林疑獨、陳祥(詳)道、陳景元、王雱、劉概、吴儔、趙以夫、林希逸、李士表、王旦、范元應十三家之説,而斷以己意,謂之『管見』。中多引陸德明《經典釋文》而不列於十三家中,以是書主義理,不主音訓也。成元英《疏》、文如海《正義》、張潛夫《補注》皆間引之,亦不列於十三家,以從陳景元書采用也。范元應(或作范應元)乃蜀中道士,本末注《莊子》,以其爲伯秀之師,故多述其緒論焉。蓋宋以前解《莊子》者,梗概略具於是。其間如吴儔、趙以夫、王旦諸家,今皆罕見,實賴是書以傳,則伯秀編纂之功,亦不可没矣。」誠然,褚伯秀《南華真經義海纂微》一書的價值,主要在於其保存了兩宋時期各家研治《莊子》的重要資料。

今案明正統《道藏》所收褚伯秀《南華真經義海纂微》卷首有《陳碧虚解義卷末載覽過莊子注》云:「景德三年國子監刊行本;江南古藏本,徐鉉、葛湍校;天台山方瀛宫本,徐靈府校;郭象注中太一宫本,張君房校;成玄英疏中太一宫本,張君房校;文如海《正義》中太一宫本,成、文並唐道士;江南李氏書庫本,張潛夫補注;散人劉得一本,大中祥符時人。」這些校刊本或注疏文字,多爲褚氏《南華真經義海纂微》據以校勘、解説《莊子》的主要版本和重要資料。又有《今所纂諸家注義姓名》云:「郭象注,吴門官本;吕惠卿注,川本;林疑獨注,舊麻沙本;陳詳道注,藏本;陳景元注,字太初,號碧虚子,建昌人,熙寧間主中太一宫,召對,進《道德》、《南華》二經解,頒行入藏;王雱注,内篇;劉概注,外、雜篇,繼雱之後;

吴儔注，已上五家並見《道藏》，崇、觀間人；虚齋趙以夫注，内篇，福本；竹溪林希逸《口義》，福本；李士表《莊子十論》；王旦《莊子發題》；無隱范先生講語，名元應，字善甫，蜀之順慶人。」此處所列「十三家之説」，更成爲褚氏《南華真經義海纂微》的纂輯對象。而其中多數大家的解莊之説，正是依賴此書的收録而得以保存至今。如：

1林自（字疑獨）《莊子注》，未見有本子行世，其注文唯賴褚氏《南華真經義海纂微》之收録而得以保存至今。

2陳詳道《莊子注》，歷代志書均無著録，亦未見有本子行世，唯賴褚氏《南華真經義海纂微》之纂輯而使其注文得以流傳至今。

3陳景元《南華真經章句音義》、《南華真經章句餘事》、《莊子闕誤》、《南華真經餘事雜録》等，多有完本存世。但其所著《莊子注》一書，各志書均無載録，更無完本傳世，唯賴褚氏《南華真經義海纂微》之輯録而得以存其梗概。

4王雱有《南華真經新傳》一書傳世。而所謂「王雱注，内篇」，迄今不知爲何著，唯賴褚氏《南華真經義海纂微》在解説《逍遥遊》、《齊物論》二篇時有所徵引，而使後人仍能窺見一斑。

5劉概《莊子注》，未見有本子行世，唯賴褚氏《南華真經義海纂微》之纂録而得以長期保存其部分注文。

6吴儔《莊子注》，未見有本子行世，唯賴褚氏《南華真經義海纂微》略有徵引而得以窺見其注文之特徵。

7趙以夫《莊子注》，未見有本子行世，唯賴褚氏《南華真經義海纂微》之大量引録而得以保存其大部分注文。

8王旦《莊子發題》，亡佚已久，唯賴褚氏《南華真經義海纂微》之引述而得以保存其部分内容。

9范元應在杭州天慶觀講解《莊子》近二載，其緒論唯賴褚氏《南華真經義海纂微》之稱引而得以久不泯滅。

兩宋時期各家莊子學著作，凡存世者，基本上都收於《道藏》中。褚伯秀《南華真經義海纂微》一書，凡一百六卷，其字數遠超《道藏》所收兩宋時期其餘所有莊子學著作字數之總和〔一〕。而在褚氏《南華真經義海纂微》所收宋代十二家治莊之説中，上文所列的九家之説又完全依賴褚氏此書而得以長期保存。明代孫應鼇《莊義要删》、焦竑《莊子翼》等，其中

〔一〕羅勉道《南華真經循本》因問世時代不能完全確定，故暫不統計在内。

所採摭的宋代莊子學資料，即多爲删取褚氏《南華真經義海纂微》所收録的有關資料而來。由此可見，褚伯秀的「編纂之功」實不可没。

褚伯秀《南華真經義海纂微》由於「主義理，不主音訓」，所以像陸德明《莊子音義》、成玄英《莊子注疏》、文如海《莊子正義》、張潛夫《莊子補注》、陳景元《南華真經章句音義》等著作中的有關文字都不得列於十三家，而兩宋時期那些重在闡釋《莊子》義理的著作及講語幾乎都成了輯録的對象，這實際上反映出褚伯秀學術思想的宋學精神。正是本着這一學術精神，褚伯秀在收録有關注文及講語時一般也只要求保存其主要意思，而並不主張依原文原話照抄照録。我們只要以《南華真經義海纂微》中所收録的説解文字與有關存世原著相對照，就會發現褚氏在纂輯過程中每將原著内大段注文加以刊落。即使對於所要收録的解説文字，他一般也都加以節録改寫。如林希逸《莊子口義·逍遥遊》於經文「北冥有魚……奚以之九萬里而南爲」下所作注文長達七百五十餘字，褚伯秀則將其簡縮如下：

鯤鵬變化之論，只是形容胸中廣大之樂。蓋謂世人見小，故有紛紛之爭。若知天地外有如許世界，則自視其身，不啻太倉粒粟也。鯤鵬亦寓言，不必拘陰陽之説。鳥之飛也必以氣，下一「怒」字便是奇特。「三千」、「九萬」，只形容其高遠；「去以六月息者」，一舉必歇半年也。「野馬」、「塵埃」、「生息相吹」三句，正發明下文視天無極，以形容鵬飛之高，卻如此下語，可見筆力。褚伯秀的節録改寫，使林希逸的原來注文只剩下了一百三十餘字，這固然極大改變了原注的本來面貌，却也使其變得更爲簡練，所欲表達的主要觀點也變得更爲突出了。由此看來，褚伯秀編纂《南華真經義海纂微》一書，實可謂是一項需要花費很大精力的具有創造性的學術活動，這就無怪乎他在此書後序中要特意向人們説明其「纂集諸解凡七載而畢業」的艱辛過程了。

二

褚伯秀編纂《南華真經義海纂微》，凡在纂集郭象、吕惠卿等人説法之後，一般都要「斷以己意」，發表自己的見解，謂之「管見」。從「管見」中的有關説法來看，褚伯秀的莊子學思想也在一定程度上受到了諸如魏晉玄學、唐宋儒道佛三教並存等文化思潮的影響。如《齊物論》篇有「罔兩問景」寓言，「管見」云：「蛇蚹、蜩翼……蓋蛇藉以行，蜩藉以飛，喻人身中所以運動者，有若相待而終於無待，則獨化之理明矣。」《寓言》篇也有「罔兩問景」寓言，「管見」云：「夫影生於形，非日火則莫見，有若相因也。日火雖光，非形則無影，本於獨化也。……《齊物論》云『若有真宰而不得其朕』，正明此義。所謂『真宰』者，即獨化之主，萬物萬形賴之以生育運動,而因待有無之所從出也。信能反而求之恍惚之間而見曉聞和,則獨化之理明、罔兩之疑釋矣。」這些例子都説明,褚伯秀確實在一定程度上受到了西晉玄學家郭象「獨化」論的影響。又如《漁父》篇通過設爲「孔子」與「漁父」問答的寓言故事,對儒家所提倡的仁義忠孝觀念和禮樂制度進行了激烈批判。對此,「管見」則云:「余謂南華之於孔子,獨得其所以尊之妙,正言若反,蓋謂是也。」《列禦寇》篇有語云:「賊莫大乎德有心而心有睫,及其有睫也而内視,内視而敗矣。凶德有五,中德爲首。」意謂五官與心欲皆爲凶德,而心主其中心之欲,故爲凶德之首。對此,「管見」則云:「釋氏説五種眼,唯天眼肉眼在面,慧法佛眼皆在心。彼心眼顯,成德之效;此心眼戒,敗德之原。不戒乎敗,曷臻乎成?二家之論,相爲表裏。凶德有五,視聽言貌,思之不由乎正者,心主中而爲首,因有以自好,謂人莫我及而訾毁之,此敗德之始。」這些例子説明,褚伯秀又在一定程度上受到了唐宋學者以儒解莊、以佛解莊等思想方法的影響。

然而,像以上所舉的例子,在褚伯秀「管見」中畢竟屬於個别現象。從總體上來看,褚伯秀的「管見」則大抵是以道家説來解釋《莊子》的。正如釋文珦在《贈道士褚雪巘》(《潛山集》卷一)詩中所説,褚伯秀實爲一位「心同水月皎,身與山雲俱」的「真隱徒」。周密《浩然齋雅談》卷中亦云:「道士褚伯秀,清苦自守,嘗集注《莊》、《老》、《列》三子。天師以學修撰命之，不就，作《貧女吟》二首謝之曰：『夜績晨炊貧自由，强教涂抹只堪羞。閉門靜看花開落，過却春秋不識愁。寂寞篷窗鎖冷雲，地爐紉補自陽春。千金莫識朱門聘，不是穿珠插翠人。』」像這樣一位「身近尼五之天而神遊乎漆園濮水之上」（文及翁序）的「真隱徒」，自然要注重於以道家説來解釋《莊子》了，正所謂「褚君伯秀道家者流，非儒非墨，故其讀此書也用志不分，無多歧亡羊之失，特欲索祖意於千載之上」（湯漢序）。而且，「范元應乃蜀中道士，本末注《莊子》，以其爲伯秀之師，故多述其緒論焉」（四庫館臣語）。這就是説，褚伯秀的「管見」往往是承因道士范元應講解《莊子》的「緒論」而來的。褚伯秀在爲《齊物論》「夫隨其成心而師之」一段文字所作的「管見」中説：「愚嘗侍西蜀無隱范先生講席，竊聆師誨云。」他在《南華真經義海纂微》後序中更是説：

淳祐丙午歲，幸遇西蜀無隱范先生遊京，獲侍講席幾二載。將徹章，竊謂同學曰：「是經疑難頗多，此爲最後一關，未審師意若爲發明，度有出尋常見聞之表者。」……師曰：「本經有云：『恢恑憰怪，道通爲一。』存而勿論可也。」……竊唯聖賢垂訓，啓迪後人，義海宏深，酌隨人量，箋注之學，見有等差，須遇師匠心傳，庶免多歧之惑。……古語云：「務學不如務求師。」至哉師恩，昊天罔極！兹因纂集諸解，凡七載而畢業，恭炷瓣香，西望九禮，儼乎無隱講師之在前，洋洋乎南華老仙之鑒臨於上也。所恨當時同學南北流亡，舊聆師誨，或有缺遺，無從質正，徒深慨歎耳。……聊志師徒慶會之因於卷末，俾後來者知道源所自云。咸淳庚午春，學徒武林褚伯秀謹志。

褚伯秀於宋理宗淳祐丙午（一二四六）始獲侍西蜀道士范元應，聆聽其講解《莊子》近二載，深感受益匪淺，因此，在後來長達七年的編纂《南華真經義海纂微》的過程中，始終不敢忘記「有出尋常見聞之表」的「師意」。即使在宋度宗咸淳庚午（一二七〇）纂成此書之後，他仍要「恭炷瓣香，西望九禮」，「儼乎無隱講師之在前，洋洋乎南華老仙之鑑臨於上也」，十分希望自己所纂的這部莊子學著作能够得到無隱講師、南華老仙的檢驗和認可。而據褚氏在《南華真經義海纂微》後序中所説，范元應講解《莊子》之所以「有出尋常見聞之表者」，主要是由於他採取了以莊解《莊》的思想方法。如當弟子們遇到《莊子》中諸多疑難問題時，他就開導説：「本經有云：『恢恑憰怪，道通爲一。』存而勿論可也。」即是説，如果能運用《莊子·齊物論》中齊同萬物的思想方法來對待一切事物，那麽，《莊子》中的諸多疑難問題也就不復存在了。由此不難推知，褚伯秀既然深以范元應的莊子學思想爲自己的「道源所自」，那麽，他在「管見」中也就大抵要以道家説來解釋《莊子》了。如《天下》篇開頭有這樣一段話：「古之人其備乎！……其明而在數度者，舊法、世傳之史尚多有之；其在於《詩》、《書》、《禮》、《樂》者，鄒魯之士、搢紳先生多能明之。《詩》以道志，《書》以道事，《禮》以道行，《樂》以道和，《易》以道陰陽，《春秋》以道名分。」王安石、王雱、林希逸等一大批宋代治莊者皆謂此爲莊子推尊儒家的有力證據，認爲莊子「未嘗不知聖門爲正也」（林希逸《莊子口義》），而褚伯秀在「管見」中却説：

古者聖王之爲治也密，其憂民也深，非唯求理於一時，直欲爲法於萬世。自「道志」至「名分」，皆聖人致治之迹也，施之天下而效有淺深，見之事爲而政有治亂者，爲聖賢之指不明，道德之歸不一，學者徒貴已陳之芻狗，治莫致而妖異興焉，各得一端而自以爲大全，無異指蹄涔爲東海也。

此處褚伯秀旨在説明，古今情況不同，世事紛繁複雜，一切禮義法度都必須因時應物，以變爲常，而像儒家那樣死守古代聖王「已陳之芻狗」，以《詩》、《書》、《禮》、《樂》、《易》、《春秋》爲教條，意欲達到天下大治的目的，實在無異於「指蹄涔爲東海」，是十分荒唐的。實際上，這裏大抵是運用《天運》篇中「師金」批評「孔子」時所持的觀點來解釋《天下》篇中有關文字。在「管見」中，像這樣以莊解《莊》的情況是相當普遍的。如《大宗師》篇有「子祀、子輿、子犁、子來四人相與語」一則寓言，「管見」説：「此四人『以無爲首，以生爲脊，以死爲尻，（孰）知死生存亡之一體者，與之爲友』，與《庚桑楚》篇『始無有，而有生，生俄而死；以無有爲首，以生爲體，以死爲尻；孰知無有死生之一守者，吾與之爲友』義同。」《在宥》篇有「睹有者，昔之君子；睹無者，天地之友」之語，「管見」説：「君子則務學，期造乎道，是以未能忘物，而所睹無非有，猶庖丁始解牛，所見無非牛。昔之君子尚然，今之君子又可知矣，故思睹無之人而尊之。睹無則絶學而至於道，猶庖丁三年之後，目無全牛矣。」凡此也都説明，褚伯秀確實是每以《莊子》中的各種思想資料互相發明的。

褚伯秀以道家説解釋《莊子》這一精神，還體現在其以老解《莊》上。如《德充符》篇重在闡述「德有所長而形有所忘」之旨，「管見」説：「太上云：上德至德，孔德玄德，皆德之充者。善結無繩約，天下將自賓，不召自來，有德司契，皆符之謂也。而南華發揮爲尤詳，至取殘兀厲惡之人，以標論本，蓋所以爲尚形骸、外德性者之戒云。」《知北遊》篇提倡「至言去言，至爲去爲」，「管見」説：「太上云：『不言之教，無爲之益，天下稀及之。』故南華以『至言去言，至爲去爲』終外篇之旨云。」《庚桑楚》篇對堯舜所倡導的仁義予以徹底否定，「管見」説：「南華主於老氏絶仁棄義之説，凡欲揚道德而抑仁義，必指堯舜爲首，意在拔本塞源，不得不爾，觀者當求其主意，無惑於緒言可也。」凡此無不説明，褚伯秀通過把莊子學説解釋成是對老子學説的直接繼承和發揮，從而徹底否定了自韓愈以來不少學者所謂的莊子之學源於儒術的説法。同時，褚伯秀也每每徵引《老子》之語以直接解釋《莊子》中的有關文字。如《養生主》篇有「爲善無近名，爲惡無近刑」之語，「管見」説：「按此二句，即《道德經》『建德若偷』之義。」《應帝王》篇有「中央之帝爲渾沌」之語，「管見」説：「《南華經》所謂『渾沌』，猶《道德經》所謂『混成』。」從這些例子中，更可以看出褚伯秀以老子學説解釋《莊子》的學術精神。

此外，褚伯秀還往往引《列子》中的思想資料與《莊子》中的有關文字互爲發明。如他在《列禦寇》篇末所作的「管見」中説：

南華、沖虚二真人，應期弘教，躋世清寧，遺訓流芳，千古蒙惠。二經旨趣，互相發揮，蓋不可以優劣論。……南華樂道前賢之善，舉其全章以寓己意者十有六，其「冥海」章，《列》文甚略，《莊子》特詳焉。故每章歸結，則時見出藍之青，精彩倍越，《莊子》得《列》文而愈富，《列》文賴《莊子》而愈彰。前謂御風有待，猶以迹觀，後取立言微妙，則以心契，編末又以「禦寇」名篇，明所舉之不隱，歸趣之合轍也。

列禦寇，亦稱列圄寇或列圉寇，《應帝王》、《至樂》、《達生》、《田子方》、《讓王》及《吕覽·審己》等篇皆載其事。據《達生》篇「子列子問關尹」、《審己》篇「子列子請於關尹子」、《史記·老子韓非列傳》所載關令尹喜强使老聃著書，與《田子方》篇「列禦寇爲伯昏無人射」、《德充符》篇「子産師伯昏無人」等事推證，則列禦寇爲春秋時人。而《尸子·廣澤》、《吕覽·不二》篇並謂「列子貴虚」，《戰國策·韓策》復稱其「貴正」，則其學説當屬道家者流。《漢書·

藝文志》道家類載《列子》八篇，相傳爲列禦寇所撰，惜早已散佚。今本《列子》八篇，當爲晉人作品。唐天寶間，詔號列禦寇爲沖虚真人，《列子》爲《沖虚真經》。由於列禦寇生活的年代早於莊子，而其學説又屬於道家者流，所以褚伯秀便每以《列子》中的思想資料與《莊子》中的有關文字互爲發明，明確指出莊子之「歸趣」既與列禦寇之學説頗相「合轍」，同時又對列禦寇的學説有了較大的發展〔一〕。顯然，這裏同樣反映出了褚伯秀大抵以道家説解釋《莊子》的學術精神。

由於褚伯秀是一位道士，這又決定了他對《莊子》的闡釋必然會帶有一些道教徒的思想觀念。如他在「管見」中尊老子爲「太上」、「老君」，稱莊子爲「南華老仙」，列子爲「沖虚真人」，等等，無不明顯地反映出他的宗教思想觀念。然而，綜觀「管見」，其闡釋指向則主要表現爲以道家説解釋《莊子》，從而使他的解説比較接近於《莊子》的本然思想。宋末鄱陽人湯漢在爲褚氏《南華真經義海纂微》所作的序中説：「古諸子之書，若孟氏之正，蒙莊之奇，皆立言之極。至後世，雖有作者，無以加之矣，而《莊子》尤難讀。大聰明如東坡翁，自

〔一〕從褚伯秀「管見」中的有關説法來看，褚氏可能深信他所看到的《列子》八篇就是《漢書·藝文志》所著録的《列子》八篇。

謂於《莊子》有得，今觀其文，間有説《莊》者，往往猶未契本旨，況（王）雱、（吕）惠卿流，毒螫滿懷，而可與於帝之縣解乎？近時釋《莊》者益衆，其説亦有超於昔人，然未免翼以吾聖人言，挾以禪門關鍵，似則似矣，是則未是。余謂不若直以莊子解《莊子》，上絶攀援，下無拖帶，庶幾調適上遂之宗，可以見其端涯也。武林褚君伯秀，道家者流，非儒非墨，故其讀此書也，用志不分，無多歧亡羊之失，特欲索祖意於千載之上，會粹衆説，附以己見，採獲所安，不以人廢，白首成書，志亦勤矣。」誠然，《莊子》難讀，宋代學者如王安石、王雱、蘇軾、吕惠卿、陳詳道、林自、林希逸等，雖然通過較長時間的努力，在莊子闡釋方面取得了很大成就，但由於或以莊子爲「助孔子」者，或以《周易》陰陽之説比附莊子逍遥義，或「翼以吾聖人（指儒家聖人孔子、孟子等）言，挾以禪門關鍵」，仍往往未能契合《莊子》本旨，即「似則似矣，是則未是」。而褚伯秀身爲道士，上無攀援，下無拖帶，用志不分，大抵以道家説來闡釋《莊子》，所以「無多歧亡羊之失」，多能契合於《莊子》書中所包含着的本然意義，從而在一定程度上糾正了前人（尤其是宋人）莊子學中存在的某些偏頗，使有宋一代的莊子學有了一個比較好的收場。

三

褚伯秀纂輯《南華真經義海纂微》「凡七載而畢業」，其中有不少時間和精力是花費在考校《莊子》文本上的，其所寫校勘記大都見於「管見」中。如《山木》篇有「莊周反入，三月不庭」之語，「管見」說：「『三月不庭』，《音義》注：『一本作三日。』詳下文『頃間』之語，則『三日』爲當，傳寫小差耳。」這裏，褚伯秀根據陸德明《經典釋文·莊子音義》所提供的有關異文資料和《山木》篇中「夫子何爲頃間甚不庭乎」等語意，而破天荒地提出關於「三月」之「月」爲「傳寫小差」的看法，確實很有見地。因而清王念孫進一步申述說：「作『三日』是也。下文言『夫子頃間甚不庭』，若三月之久，不得言『頃間』矣。」（《莊子雜志》）《知北遊》篇有語云：「『予能有無矣，而未能無無也；及爲無有矣，何以至此哉！』」「管見」說：「『及爲無有矣』，諸本皆然。審詳經意，當是『無無』，上文可照。」這裏，褚伯秀所說的話雖然很簡單，但對後世治莊者同樣很有啓發。如近人劉文典沿着褚氏的思路進一步考證說：「作『無有』者，涉上文『有無』而誤也。《淮南子·俶真》篇：『予能有無，而未能無無也；及其爲無無，至妙何從及此哉！』即襲用此文。《道應》篇作『及其爲無無，又何從至於此哉』。文雖小異，亦正作『無無』。」（《莊子補正》）

與這些例子不同，褚伯秀對《莊子》文本的校勘大部分却是相當詳盡的。如《徐無鬼》篇有「其（指隰朋）爲人也，上忘而下畔」之語，「管見」説：

「上忘而下畔」，按《列子》作「下不叛」，張湛注：「居上而自忘，不憂下之離散也。」足以證《莊》文誤逸。古文「畔」通作「叛」，據此方論隰朋之德似不可以背叛言。若從邊畔説，又不通。宜從《列》文「下不叛」爲正。

清宣穎説：「《列子》作『下不畔』，此處漏一『不』字也。『上忘』者，不自矜其能，故在己上者，與之相忘；『下不畔』者，泛愛衆，故在己下者，不見德，亦不忍畔之。」（《南華經解》）近人陶鴻慶説：「《釋文》：『於下無背者也。』是正文『下畔』本作『下不畔』。《列子・力命》篇正作『上忘而下不叛』，是其證也。」（《讀莊子札記》）由此不難看出，褚伯秀的校勘意見不但得到了後世治莊者的認同，而且其所反映出的思維方法大致已有如清代、民國時期學者考校《莊子》字詞時所使用的思維方法，這在宋末以前的治莊史上頗爲難得。

甚而至於，褚伯秀在考校過程中還考慮到了《莊子》中有一些異文的出現可能與某些政治因素有着一定的關係，如他於《胠篋》篇「曷嘗不法聖人哉」等文字後有「管見」云：

自「曷嘗不法聖人」至「聖人者，天下之利器」，凡十一處「聖人」字，今本皆然，唯陳碧虚照張君房校本並作「聖知」。考之前文「世俗所謂知」、「世俗所謂聖」之語，則説亦可通。據當篇本意，正論立法之多弊，則從元本可也。竊意張氏當時被旨校定，及碧虛述解進呈之時，恐其間論「聖人」處，語或有嫌，權易以「聖知」，因而傳襲耳。然有當用「聖人」處，若「曷嘗不法聖人」、「不得聖人之道不立」、「不得聖人之道不行」、「聖人已死」、「聖人不死」，此不可易者，餘易爲「聖知」亦自有理。至若「聖人者，天下之利器」，則是「聖知」無疑。

據陳景元《南華真經章句音義》卷五所載，張君房校勘本《胠篋》篇「曷嘗不法聖人哉」等十一處「聖人」皆作「聖知」。陳氏也明確表示，「今從張本」。褚伯秀推測説，張君房校勘本之所以皆作「聖知」，大概是因張氏當時屬「被旨校定」，不便妄議《胠篋》篇中接連出現的「聖人」，而權且予以改易。至陳景元「述解進呈」之時，同樣因「恐其間論『聖人』處，語或有嫌」，也就只好暫予「傳襲」而已。當然，如果從上下文的意思來看，張君房易「聖人」爲「聖知」，有幾處也改易得自有其理，不可一概予以否定。很顯然，褚伯秀的這些校勘意見既有見地，又頗爲審慎，因而得到了後人的重視。

此外，褚伯秀還用心考察分析了《莊子》中某些句子或章節之間所存在着的問題。如他在《庚桑楚》篇「有生」一節文字後有「管見」云：「經文『請嘗言移是』五字，詳文義，合在上五句前『不可知者也』之下，觀郭注可證。」在《徐無鬼》篇「知士無思慮之變」一節文字後有「管見」云：「此章起論突兀，疑前有缺文。」對於這些校語，現在雖然還不能判定其正確與否，但同樣可以看出褚伯秀在校讀《莊子》時的用志之勤。

與精心考校《莊子》經文一樣，褚伯秀對歷代治莊者爲經文所作的傳注也每每予以認真審定。如《天道》篇謂「(孔子)往見老聃，而老聃不許，於是繙十二經以說」，「管見」說：「『十二經』，說者不一。陸氏《音義》：『舊注：《詩》、《書》、《禮》、《樂》、《易》、《春秋》六經，加六緯爲十二經。一說：《易》上下經與十翼。』又云：『《春秋》十二公經，孔子所作者也。』此說近似。」褚伯秀對陸德明《莊子音義》中所列的六朝人的三種說法都進行了認真分析，認爲第三種說法比較「近似」。我們知道，六緯是漢代今文學家以神學迷信附會《詩》、《書》、《禮》、《樂》、《易》、《春秋》六部儒家經典經義的緯書的總稱，如《禮緯含文嘉》、《春秋緯元命苞》等，先秦人如何得而知之？至於《易傳》中的「十翼」，據近人研究，大抵爲戰國末期作品，孔子如何能够「繙說」？由此看來，褚伯秀的審定意見是比較正確的。又《達生》篇謂「工倕旋而蓋規矩，指與物化而不以心稽，故其靈臺一而不桎」，「管見」說：「『工倕旋而蓋規矩』，諸解中吕說明當，所論『蓋』字尤有理。盧齋於『蓋』字頗費辭，而後論精到。合二家之長，斯爲盡善也。經意不過謂，達生之人，心通物理，而物與之合，非區區求合於物，故其巧妙，其功深，徜徉於世而未嘗不適。」吕惠卿《莊子義》原是這樣解說的：「工倕旋而蓋規矩，則以言其任指之旋而蓋乎規矩也，蓋則其畫適與規矩合而不露也。指與物化而不以心稽，言其指物之相得若化之自然，不待心之稽考而後合乎圓方也。」今細審呂惠卿《莊子義》和林希逸《莊子口義》中的有關解説文字，便可清楚看出，褚伯秀所作的這一審定意見確實相當中肯，而且可説是頗爲高明。

與上述做法有所不同，褚伯秀有時甚至還對前人的解説都作出了否定性的審定意見。如《齊物論》篇有「大塊噫氣」之語，「管見」説：

考「大塊」之義，郭氏謂「無物」。成法師云：「造物是也，亦自然之稱。」又云：「天也。」按本經「大塊載我以形」，《列子》云「地積塊耳」，釋之以「地」義，或近之。

據陸德明《經典釋文·莊子音義》載，六朝學者解釋「大塊」，或以爲「大朴之貌」，或以爲「無」，或以爲「元氣」，或以爲「混成」，或以爲「天」。而郭象《莊子注》、成玄英《莊子注疏》、林希逸《莊子口義》，又分别以「無物」、「造物」、「天地」等義解釋之。褚伯秀却一反前人種種説法，認爲唯釋之以「地」義，方爲近之。毫無疑問，褚氏的這一解説是很正確的，因爲「此本説地籟，然則『大塊』非地而何？」（俞樾《莊子平議》）此外，由於句讀涉及文意，所以褚伯秀還對各家句讀幾乎都予以認真審定。如他在爲《山木》篇纂集前人解説時有「管見」云：「『道流而不明居，得行而不名處』二句，停勾分讀，義自顯然。郭氏乃於『明』字下著注，故後來解者不越此論，唯吕氏、疑獨二家從『居』、從『處』爲句。蓋『得』當是『德』，『名』應是『明』，庶與上文義協。」這裏，褚伯秀以郭象等人的句讀爲非，唯獨肯定吕惠卿、林自二家從「居」、從「處」爲句的讀法，並進一步推定「『得』當是『德』，『名』應是『明』，庶與上文義協」，凡此都是很有見地的，也是相當正確的，所以後世的治莊者多從其説。而且，褚伯秀有時還把審定句讀與考校經文結合起來，往往收到了相輔相成的效果。如他於《德充符》首章後有「管見」云：

郭氏從「以其知」、「以其心」爲句，「得其常心」遺而不論。成、林、王氏並同郭説，獨吕氏從「得其心」、「得其常心」爲句，上下文義自明。虚齋、無隱皆宗吕義，今從之。又「受命於地」至「唯舜獨也正」，文句不齊，似有脱略。陳碧虚照張君房校本作「受命於地，唯松柏獨也正，在冬夏青青；受命於天，唯堯舜獨也正，在萬物之首」，補亡七字，文順義全。考之郭注「下首唯有松柏，上首唯有聖人」，則元本經文應有「在萬物之首」字，傳寫遺逸。又「彼且擇日而登假，人則從是也」，郭氏從「登」絶句，「假」如字，屬下文，碧虚因之。吕氏以「假」音遐，絶句。疑獨、詳道、王雱、虚齋並宗吕説。竊詳「假人」無義，革從「登遐」，文義顯明。謂得此道者，去留無礙，而升於玄遠之域也。續考《列子·周穆王》篇，「登假」字並讀同「遐」，可證。

這裏，褚伯秀不但認真審定了前人所作的句讀，而且還把它與對經文的考校結合起來，從而收到了更好的效果。如對「受命於地」等句末予「補亡七字」之前，人們多以其中的「唯松柏獨也在」六字連爲一句，而在「補亡」之後，乃知當以「在」字與「冬夏青青」四字連爲一句讀。同樣，通過對「假」字的考釋，也使人們明確認識到原來郭象以「假人」二字連讀是完全錯誤的。總之，褚伯秀這裏對郭象、成玄英、吕惠卿、王雱、陳景元、陳詳道、林自、趙以夫、林希逸、范元應等人所作的句讀都作出了「是」或「非」的回答，對陳景元所提供的張君房校本的異文資料表示了完全肯定，充分顯示出其見解的獨到之處，因而得到了後世許多治莊者的贊同。

此外，褚伯秀對前人關於《莊子》篇目真僞問題的説法也予以了認真分析，並提出了自己的一些獨特看法。如他於《寓言》篇末有「管見」云：

東坡蘇文公《莊子祠堂記》謂《寓言》篇末當連《列禦寇》篇首，而不取《讓王》、《盜跖》、《説劍》、《漁父》四篇，且二篇合一義，或可通，而四篇遭黜，無乃太甚！意其所病者，《讓王》條列繁而義重複，《盜跖》訾孔子若太過，《説劍》類從横之談，《漁父》幾詆聖之語，此所以不爲坡翁所取也。……竊考《讓王》等四篇，較之内、外部若有間，然其指歸不失大本，蓋立言者不無粗精之分，抑揚之異，或門人補續，不得其淳，所以置諸雜部之末，自可意會，無煩多議，以啓後疑。

褚伯秀於《駢拇》篇末有「管見」云：「本經内篇命題本於漆園，各有深意；外、雜篇則爲郭象所删修，但摘篇首字名之，而大義亦存焉。」這也説明，褚氏認爲外、雜篇雖然不如内篇「各有深意」，或爲莊周門人所補續，但其「大義亦存」，「指歸不失大本」，所以蘇軾在《莊子祠堂記》中把《讓王》、《盗跖》、《説劍》、《漁父》四篇看成僞作而予以删去，實在是太過分了！如他在《讓王》篇末所附「管見」中説：

本篇載讓王高節，自堯、舜、許由、善卷至於王子搜，皆重道尊生，不以富貴累其心，視天下如弊屣者也。子華、顔闔、曾、顔、公子牟之徒，葆真守約，不以利禄易其操，視富貴如浮雲者也。其間魏牟校諸聖賢若不足，然以國之公子能舍王位之尊，就巖穴之隱，亦良難矣。故其長風餘波之所被，實啓有國有位者重道尊生之心，清静無爲之教。

這説明在褚伯秀看來，《讓王》篇雖然「條列繁而義重複」，但「其指歸不失大本」。同樣，他在《盗跖》篇末所附「管見」中也説：

按盗跖所言，强辯飾非、抑人揚己至矣，卒使聖賢通論亦爲之屈，此天下暴惡之尤者也。或者議其訾聖不典，出於後人附會，理蓋不然。夫孔子之仁，盗跖之暴，固不待辯而明，設爲是論者，蓋欲彰夫子聖道之至，容德之大也。……據辭演義，諸解班班，無以相出。

這又説明，褚伯秀認爲《盜跖》篇並不是「呰聖不典，出於後人附會」的作品。至於《説劍》篇，「管見」謂：「漆園借此以發胸中之奇，或者泥於形似，遂認爲説客縱横之論，經意一失，指夜光爲魚目者有之。」《漁父》篇，「管見」謂「世人多病是經呰孔子，余謂南華之於孔子，獨得其所以尊之妙，正言若反，蓋謂是也。」説明在褚伯秀看來，蘇軾主張從《莊子》中删去《説劍》、《漁父》二篇，也是根本没有理由的。總之，褚伯秀能一反蘇軾的説法而大膽陳述自己的見解，認爲《讓王》、《盜跖》、《説劍》、《漁父》四篇「其指歸不失大本」，當爲莊子門人所補續，這既表現出其敢於向已爲當世多數人所接受的權威觀點挑戰的勇氣，同時又反映了其善於獨立思考的學術精神，雖然這些見解現在還無從證明是否完全正確。當然，褚伯秀這裏儘管否定了蘇軾關於《讓王》等四篇爲僞作的説法，但不難看出他仍没有完全擺脱蘇軾「助孔」説的影響。

四

褚伯秀《南華真經義海纂微》有後序，撰於宋度宗咸淳六年庚午（一二七〇）。褚氏在後序中説，他於宋理宗淳祐六年丙午（一二四六）開始，聆聽其師范元應講解《莊子》近二載，受到了很大啓發，後來便用了七年時間纂輯衆家治莊之説，並斷以己意，纂成《南華真經義海纂微》一書，凡一百六卷。一般認爲，《南華真經義海纂微》一書即纂成於褚氏撰寫後序之時，但視此書前劉震孫、文及翁、湯漢、無名氏諸序，皆作於宋度宗咸淳元年乙丑（一二六五），早於褚氏撰寫後序時有六年之久，豈有纂輯伊始便請人撰序之理？今案劉震孫序云：「一日，中都道士褚伯秀持所集《莊子》解，且附以己見示余，余喜其會粹之勤，去取之精，而所見之多有超詣也。」這應該可以説明，褚氏此書成於劉震孫撰序之前，後序當爲此後所增，則清四庫館臣所謂「其書成於咸淳庚午，下距宋亡僅六年」等傳統説法，或許值得商榷。

湯漢序云：「君（褚伯秀）既竭力以板行其言，且屬余序其篇首，余笑曰：『彼刻雕之工未竟歟？則釋椎鑿而上者，能爲君序之矣。』」又褚伯秀請序於劉震孫曰：「願得以爲序，鋟諸木，可乎？」（湯序）據此，則褚氏在宋度宗咸淳元年向劉震孫、文及翁、湯漢乞序時，已經在謀求或正在刻雕《南華真經義海纂微》一書。但至今爲止，並未發現宋元時曾有褚氏此書刻雕行世，可見他的謀求最終竟未成功。現在所能看到的此書最早刻本，即爲明正統《道藏》所收《南華真經義海纂微》一百六卷，卷首題「武林道士褚伯秀學」，書前有《莊子小傳》、《南華真經義海纂微序》（包括劉震孫、文及翁、湯漢、無名氏〈當爲褚伯秀〉等序）、《陳碧虛解義卷末載覽過莊子注》、《今所纂諸家注義姓名》，書末有褚氏所撰後序。此刻本的内容亦最稱完備，因而最爲學者所重視，本前言前三部分即是主要依據此刻本來展開論述的。

晚明朱得之《莊子通義·讀莊評》云：「褚氏伯秀《義海纂微》作於勝國時，因避地遺於滇南，其自叙可考也。余同門友錢塘王雲谷潼，遊覽四方，歷三十年，窮鄉絕島，莫不探陟，嘉靖初至彼見之，手録以歸，乙卯（嘉靖三十四年，一五五五）疾將革，以授余曰：『煩兄圖廣其傳，毋使褚氏之心終泯也。』」錢塘王潼於滇南所見褚氏《南華真經義海纂微》，當爲手稿或抄本，故亟「手録以歸」，並在「疾將革」時交給朱得之，希望他「圖廣其傳」。朱氏果然不負王潼所託和褚伯秀的一片苦心，將《南華真經義海纂微》一百六卷中最能直接體現褚氏治莊成就的「管見」及後序，全部録入其《莊子通義》相應位置。萬曆間，李栻又據朱得之《莊子通義》，將褚氏部分「管見」收入其所纂《南華真經義纂》中。今以朱得之《莊子通義》、李栻《南華真經義纂》所録褚伯秀語與正統《道藏》本《南華真經義海纂微》相關文字相比對，可以發現兩者文字有較多出入。朱、李二氏甚至在《至樂》篇末皆説：「此篇褚氏不爲總論，其指無不明也。」但視《道藏》本《南華真經義海纂微》，《至樂》篇末同樣有總論，長達三百五十多字。由此皆可説明，正統《道藏》與朱得之、李栻所依據的《南華真經義海纂微》當非同一個本子。至於萬曆間孫應鼇《莊義要删》、焦竑《莊子翼》雜采《南華真經義海纂微》文字，亦不知其所據爲何本。

清廷所修《四庫全書》，亦收録《南華真經義海纂微》一百六卷，所用底本爲浙江巡撫采進本。今案清沈初等修纂《浙江採集遺書總録》有「《莊子義海纂微》一百六卷，寫本」條目，並云：「右宋中都道士褚伯秀輯本，陳碧虚所纂八家之注，益以郭象、吕惠卿以下十三家注解，並附伯秀己説，薈萃成編。」此進呈之寫本今已不可考，但以《四庫全書》所收《南華真經義海纂微》一百六卷與正統《道藏》本相比對，二者在文字上僅有一些細微差别，其中有的可能是抄寫時筆誤所致，有的可能係抄寫者有意改動所致。根據多種迹象來看，《四庫全書》所用「寫本」當從正統《道藏》本《南華真經義海纂微》一百六卷抄寫而來，但《四庫全書》本卷首題「宋褚伯秀撰」，書前又不見《陳碧虚解義卷末載覽過莊子注》、《今所纂諸家注義姓名》，不知何以如此，或許爲清四庫館臣轉録時所改删。

據筆者調查，存於今世的抄本褚伯秀《南華真經義海纂微》有三種。其中上海圖書館藏《莊子注》八卷，明范氏天一閣抄本，有天一閣舊藏印二方，凡八册。此抄本前有湯漢序，書末有褚伯秀後序，各卷首皆不題纂者姓名，亦不書卷數，各卷内皆缺郭象注、林希逸《口義》，但所録文字皆與正統《道藏》本褚伯秀《南華真經義海纂微》相吻合，唯抄寫時出現筆誤較多，當是據正統《道藏》本隨意抄寫而來，故每有不够規範之處。南京圖書館藏《南華真經義海纂微》一百六卷，清浙江山陰杜氏知聖教齋抄本，凡十册。此抄本前有八千卷樓藏書印，並夾紙條一張，上爲丁丙跋文，可見曾爲清末杭州丁氏收藏。經比對，此本當抄自正統《道藏》本褚伯秀《南華真經義海纂微》一百六卷，但抄寫時所出現的錯訛較多，説明未經認真校對。復旦大學圖書館藏褚伯秀《南華真經義海纂微》一百六卷，清山陰沈氏鳴野山房抄本，凡四十八册。此書卷帙完整，經比對，亦當出自正統《道藏》本褚伯秀《南華真經義海纂微》一百六卷，可惜抄寫時所出現的錯訛同樣較多，以致影響了利用價值。

總之，今所見褚伯秀《南華真經義海纂微》一百六卷本子，以明正統《道藏》本爲最早，對後世影響也最大。這次點校整理褚伯秀此著，即以原北京白雲觀藏梵夾本明正統《道藏》本爲底本。在點校整理過程中，得到了博士生、碩士生劉濤、周鵬、金鑫、徐濤、林妮、趙素菡、陳文静、李潔、朱玉婷、濮琦琳等程度不同的協助，在此一併致以謝意。

二〇一四年六月九日，方勇識於上海

點校説明

一、本書以原北京白雲觀藏梵夾本明正統《道藏》所收《南華真經義海纂微》一百六卷爲底本。此本收《莊子》原文三十三篇，每篇分成若干段，頂格書寫；各段原文後低一格，依次引録西晉郭象至南宋末衆家注釋或論説文字，最後低二格者爲褚伯秀斷語，謂之「管見」。各篇後有褚氏總論，亦皆低二格書寫。凡《莊子》原文與注釋或論説文字，字體大小均相同，並無任何區别。今依現代讀者的閲讀習慣，對版式、字體作了適當變通。

二、《道藏》本《南華真經義海纂微》一百六卷，其引録衆家注釋或論説，一般都經過褚伯秀的删削、聯貫，並冠以「某某注」、「某某云」等字樣。其中「郭注」之「郭」指郭象，「吕注」之「吕」指吕惠卿，「林注」之「林」指林自（字疑獨），「詳道注」之「詳道」指陳詳道，「碧虚注」之「碧虚」指陳景元（道號碧虚子），「庸齋云」之「庸齋」指林希逸（號庸齋），「趙注」之「趙」指趙以夫（號虚齋），今不作任何改動，以盡可能保持其原貌。底本書前之《莊子小傳》、劉震孫等人之序、《陳碧虚解義卷末載覽過莊子注》、《今所纂諸家注義姓名》，及書末褚氏所撰後序，亦皆保持原來内容和次序，以便區别於《四庫全書》本及其他多種抄本。

三、現存衆多《南華真經義海纂微》一百六卷本子，及摘引褚伯秀此著者，一般皆有較多訛錯，或摘引時隨意性太大，故僅選取其中較有版本價值的《四庫全書》本及朱得之《莊子通義》、李栻《南華真經義纂》中相關文字，用來校勘正統《道藏》所收褚氏此著。今校勘記中曰「四庫本」、「朱本」、「李本」者，分别指文淵閣《四庫全書》本、明嘉靖三十九年浩然齋刊朱得之《莊子通義》本、明刊李栻《南華真經義纂》本。

四、文淵閣《四庫全書》本《南華真經義海纂微》一百六卷，其中有些異文當爲抄者隨意所改，朱得之《莊子通義》、李栻《南華真經義纂》引録褚伯秀此著文字似亦有此等情况，凡此皆不足以作爲重要依據，故今撰寫校勘記，一般只是出示各本異文，未加詳細分析。但對於各本中有明顯錯誤者，則必予以指明，以便讀者有所遵循。

五、褚伯秀《南華真經義海纂微》所引諸家文字，皆經壓縮、重寫，而原著多已不存於世，故今點校難度較大，錯誤在所難免，尚祈讀者見諒爲幸。

莊子小傳

莊子，宋人也，名周，字子休，生睢陽蒙縣。嘗爲蒙漆園吏，學無所不窺，要本歸於老子之言。故其著書十餘萬言，大抵率寓言也。其言洸洋自恣以適己，故自王公大人不能器之。楚威王聞周賢，使使厚幣迎之，許以爲相。周笑謂使者：「千金，重利；卿相，尊位也，子獨不見郊祭之犧牛乎？養食之數歲，衣以文繡，以入太廟。當是之時，欲爲孤豚，其可得乎？子亟去，無汙我。我寧游戲汙瀆之中自快，無爲有國者所羈，終身不仕，以快吾志焉。」唐封南華真人，書爲《南華真經》。

南華真經義海纂微序

始余讀《莊子》，頗疑「齊物」之論荒怪汗漫，若與物情戾。偶緣病卧，夢中有以木雞之説告者，因復取其書而繹焉，始悟其立言本指最切於救時，而人或未之識。蓋自周德下衰，禮樂征伐不自天子出；戰國諸侯，蠻觸並鬭，以麋爛其生民，其禍實起於不知分。莊子於是時思有以覺其迷而砭其疾，故於《逍遥遊》篇首寓微言。其曰鳩鷃之不敢自擬於大鵬，物之知分者也；其曰許由不敢受堯之天下，人之知分者也。夫使天下而皆知分，則賤不慕貴，小不圖大，强不淩弱，衆不暴寡，君君而臣臣，父父而子子，舉一世莫不各安其天分之當然，而無僭踰爭壓夭閼之患，則夫物之不齊者非必物物而齊之而無不齊矣。且莊子與孟子同時，使其言而悖道，無補於世教，則孟子固亦距之矣。讀者泥其辭而不求其意，往往例以不經目之。如郭象所云者，是豈真知莊子哉！一日，中都道士褚伯秀持所集《莊子解》且附以己見示余，余喜其會粹之勤，去取之精，而所見之多有超詣也，因舉余言告之。矍然謝曰：「以『分』一字斷『齊物』之説，此非我所及也。願得以爲序，鋟諸木，可乎？」余曰：「此臆説也。世豈無深於是書者，子其博訪而求印可焉，他日以復於我相與訂之，未晚也。若夫爲序，則不敢。」咸淳元年夏四月，東北人劉震孫書于姑蘇寓舍木雞窠。

道，一而已；形於言，即爲二。故曰：「道無問，問無應。」又曰：「知道易，勿言難。知者不言，言者不知；善者不辯，辯者不善。」然則忘言可乎？言可忘，則《南華經》不作矣。言不可忘，是以有《南華經》；既有《南華經》，是以有諸家解。雖然，《南華經》十萬餘言，未嘗不言而亦未嘗言。何者？其言皆寓言也。後之人求其所已言，而不求其所未言，尋行數墨，分章析句，言愈支而道愈離矣。雪巘羽衣褚伯秀，身近尼五之天，而神遊乎漆園濮水之上，輯諸家解，斷以己見。筆之書，以爲未足，且刻之梓以傳不朽，其用心亦勤矣。嗚呼！道以言而傳，昭氏之鼓琴也；道不可以言傳，昭氏之不鼓琴也。大音希聲，鼓不鼓琴，與音固無恙也。抑得魚忘筌，得兔忘蹄可也。筌蹄豈魚兔哉！道也，言也，一而二、二而一者也。噫！南華之經，諸家之解，褚之《管見》，予之臆説，是又寓言中之寓焉耳矣。咸淳元年夏五月五日，本心翁文及翁書于道山堂。

古諸子之書，若孟氏之正，蒙莊之奇，皆立言之極至。後世雖有作者，無以加之矣。而《莊子》尤難讀。大聰明如東坡翁，自謂於《莊子》有得，今觀其文，間有説《莊》者，往往猶未契本旨。況雱、惠卿流，毒螫滿懷，而可與於帝之縣解乎！近時釋《莊》者益衆，其説亦有超於昔人，然未免翼以吾聖人言，挾以禪門關鍵，似則似矣，是則未是。余謂不若直以《莊子》解《莊子》，上絶攀援，下無拖帶，庶幾調適上遂之宗，可以見其端涯也。武林褚君伯秀，道家者流，非儒非墨，故其讀此書也，用志不分，無多歧亡羊之失。特欲索祖意於千載之上，會稡衆説，附以己見，采獲所安，不以人廢，白首成書，志亦勤矣。余視其目端而明，氣夷而靖，斯學之力也。余舊喜讀《莊》，時有欣然會心處，然未嘗筆之於册。今老病目昏，嘉褚君之志有成，而已不暇一一勘其得失矣。君既竭力以板行其言，且屬余序其篇首。余笑曰：「彼刻雕之工未竟歟，則釋椎鑿而上者能爲君序之矣。」咸淳乙丑歲八月甲申，鄱陽湯漢書。

張湛《列子》釋文載：「莊子，宋之蒙城人，爲梁漆園吏，著書五十二篇。郭象合爲三十三篇注之。」一云：向秀先注《莊子》二十八篇而卒，郭象得其書，足成之以行於世，後向氏別本出，故向、郭二注，文義一同。碧虚子陳景元注卷首叙云：「莊子師長桑公，受其微旨，著書十萬餘言，目曰《南華論》。内篇三字標題者，是其舊，外、雜篇則爲郭象所删修。今通計正文，止存六萬五千九百餘字。唐開元十九年，侍中裴光庭請册四子，天寶元年詔册《莊子》宜依舊號曰《南華真經》，義取離明英華，發揮道妙也。」竊詳「南華」之號，其來久矣，似是上天職任所司，猶「東華」、「南極」之類，不可以人間義理臆度，故諸解無聞焉。謹表出，以備解題一難，俟博[一]識考訂之。

陳碧虚解義卷末載覽過《莊子》注：

景德三年國子監刊行本；

江南古藏本；徐鉉、葛湍校。

天台山方瀛宫本；徐靈府校。

郭象注中太一宫本；張君房校。

成玄英疏中太一宫本；張君房校。

文如海《正義》中太一宫本；成、文並唐道士。

江南李氏書庫本；張潛夫補注。

散人劉得一本。大中祥符時人。

今所纂諸家注義姓名：

〔一〕博：原作「傳」，據四庫本改。

郭象注；吴門官本。

吕惠卿注；川本。

林疑獨注；舊麻沙本。

陳詳道注；藏本。

陳景元注；字太初，號碧虚子，建昌人。熙寧間主中太一宫，召對，進《道德》、《南華》二經解，頒行入藏。

王雱注；内篇。

劉槩注；外、雜篇，繼雱之後。

吴儔注；已上五家並見《道藏》，崇、觀間人。

虚齋趙以夫注；内篇，福本。

竹溪林希逸《口義》；福本。

李士表《莊子十論》；

王旦《莊子發題》；

無隱范先生講語。名元慶，字善甫，蜀之順慶人。

南華真經義海纂微卷之一

武林道士褚伯秀學

内篇逍遥遊第一

北冥有魚，其名爲鯤。鯤之大，不知其幾千里也。化而爲鳥，其名爲鵬。鵬之背，不知其幾千里也。怒而飛，其翼若垂天之雲。是鳥也，海運則將徙於南冥。南冥者，天池也。《齊諧》者，志怪者也。《諧》之言曰：「鵬之徙於南冥也，水擊三千里，摶扶摇而上者九萬里，去以六月息者也。」野馬也，塵埃也，生物之以息相吹也。天之蒼蒼，其正色邪〔一〕，其遠而無所至極邪？其視下也，亦若是而已矣。

郭象注：鯤鵬之實，吾所未詳。莊子大意，在乎逍遥遊放，無爲自得。故極小大之致，以明性分之適。達觀之士，宜要其會歸而遺其所寄。鯤之化鵬，非冥海不足以運其

〔一〕邪：四庫本作「耶」，通。下句同。

身，非九萬里風不足以負其翼。此豈好奇哉？直以大物必生於大處，大處必生此大物，理固然也。夫鵬翼大難舉，故摶扶搖而後能上九萬里，一去半年，至天池而息也。野馬，遊氣，鵬憑以飛。鵬之自上以視地，亦猶人之自地觀天也。

呂惠卿注：通天下一氣也。陽極生陰，陰極生陽，如環之無端，萬物隨之以消息盈虛者，莫非是也。北冥之鯤，化爲南冥之鵬，由陰而入陽也。陰陽之極，皆冥於天而已。三千、九萬，皆數之奇。六月，則子與巳、午與亥之相距也。言鵬之數奇而去以六月息，則鯤之數耦而去以六月消，可知也。野馬、塵埃，皆生物之以息相吹。息者，氣之所爲，充塞天地而無間。人於其間，自下視天，見其蒼蒼，果正色邪？遠而無所至極，不可知也。唯不可知，故未嘗以所居爲下，則鵬之自上視下，亦豈知所以爲高哉？

林疑獨注：北者，水之方。冥者，明之藏。北冥，則陰陽之所出入也。莊子以鵾鵬明陰陽變化，故以北冥爲始。鯤，陰物也。鵬，陽物也。《太玄》云：「幽無形，深不測。」靜曰復命者，其象在鯤。夫物芸芸，「瑩天功，明萬物」者，其象在鵬也。鯤之初化爲鵬，雖曰陽類而未離幽眇，故不知幾千里。次言三千里，數之未遂也。終言九萬里，動必有極也。蓋有體之物，雖至遠至大，亦不逃〔一〕乎陰陽之數，故動則九，止則六也。去以六月息，乃反歸於陰，陰陽迭運，相爲無窮而不可致詰者也。野馬、塵埃，生物之息，以明風起於微而積之至於厚，然後鵬待之以圖南也。

陳詳道〔二〕注：道散而爲陰陽，陰陽散而爲萬物。出陰陽而復於道，則無適而不逍遥；入陰陽而麗於物，則無適而不係累。冥者，明之藏。明者，冥之發。北冥則入而爲道，南冥則出而爲事，莊子所以於北則寓淵潛之魚，於南則寓搏飛之鳥。水於方爲北，於氣爲精，於時爲冬，於數爲一。物之化也，常始於此。夫鯤之爲物，陰中陽也；鵬之爲物，陽中陰也。潛北、徙南，不離陰陽之方。九萬、六月，不離陰陽之數。背若太山，翼若垂雲，不免乎有體。化則資水，搏則資風，不免乎有待。怒而飛，不能無情。飛而息，不能無窮。以鯤鵬之大，其囿於陰陽也如此，況蜩鳩斥鷃乎！

碧虚子陳景元注：夫道，以生化爲先，以陰陽爲原。北冥生鵾，化而爲鵬，氣形已具，皆不知所以然而然。蓋陰陽生化，神變莫測者也。物之初變，量未可窮，故云：「不

〔一〕逃：四庫本作「離」。
〔二〕陳詳道：四庫本作「陳祥道」，下同。

知其幾千里。」有生必有所詣，故怒飛而徙於南冥。有生有詣〔一〕，材力不能無限，故水擊三千里，摶扶摇而上者九萬里而去以六月息。六，陰數，故云「息也」。天地之間，元氣氤氳，昇降往復，故有野馬、塵埃之喻。有生之物，莫不互以息氣鼓吹而交相乘御，故彷徨東西，莫之夭閼也。若以形之小大而有所域，則陰陽隔絶、上下異見，莫之能適矣。

王雱注：鯤潛則處於北，鵬飛則徙於南冥。有體之物，雖至大而能變，亦不免乎陰陽之類，是以攝制於造化而不能逍遥。《易》曰：「方以類聚，物以群分。」所謂逍遥遊者，其唯無方無體者乎！水擊三千里，陽數始暢也；動必有極，故摶扶九萬里，去以六月息也。野馬、塵埃，則鵬之所待以飛者，其在上而視下，亦猶人之在地觀天。自大視小者不明，則鵬亦以大爲累也。

虚齋趙以夫注：莊子鯤鵬，以明天地陰陽之氣。魚化而鳥，北徙而南，由陰而陽，由静而動也。經以南冥爲天池，天包地外，則北冥亦天池也。三爲陽之始，一函三也。九爲陽之極，三函〔二〕九也。一陽生於子，六陽極於巳，故以六月息。野馬、塵埃，生息相

〔一〕故怒飛而徙於南冥有生有詣：此十二字四庫本無，脱。

〔二〕函：原作「三」，據四庫本改。

吹，細大雖殊，其氣則一。人之視天，亦猶鵬之視下，高卑雖殊，其理一也。

林希逸《鬳齋口義》云：鯤鵬變化之論，只是形容胸中廣大之樂。蓋謂世人見小故有紛紛之爭，若知天地外有如許世界，則自視其身不啻太倉粒粟也。鯤鵬亦寓言，不必拘陰陽之説。鳥之飛也，必以氣。下一怒[一]字，便自[二]奇特。三千、九萬，只形容其高遠。去以六月息者，一舉必歇半年也。野馬、塵埃，生息相吹，三句正發明下文。視天無極，以形容鵬飛之高，卻如此下語，可見筆力。

褚氏管見云：冥者，一氣之混同而無間者也。北主潤氣，所以滋孕萬物。南主烜氣，所以長養萬物。先北而後南，陽由陰生也。位雖有殊而氣本無間，特以相去遼遠，漸化不覺，猶四時之運，祁寒隆暑非一朝成，故鯤潛、鵬化，靜極而動，摶風九萬，六月而息，不出乎陰陽之互變，亦在乎一氣混冥中耳。是以南北皆謂之冥焉。南華老仙蓋病列國戰爭，習趨隘陋，一時學者局於見聞，以縱横捭[三]闔爲能，掠取聲利爲急，而昧夫自己之天。遂慷慨著書，設爲遠大之論，以發明至理，開豁人心，言得此道者，與天

〔一〕怒：原誤作「恕」，今改正。
〔二〕自：四庫本作「是」，訛。
〔三〕捭：朱本作「押」，訛。

地合德，陰陽同運，隨時隱顯，無往而不逍遥。天地之陰陽，即人身之陰陽，水火因之以發源，性情資之以通化，上際下蟠，無所不極。然非視聽所可及，故立鯤鵬以强名，使學者始因物而明心，終忘形以契道，深根寧極，妙合化機。吾身之陰陽，無時不運；吾身之天地，未嘗或息也。由是知人之本性具足逍遥，而世俗冥迷，忘真逐僞，當生憂死，慮得患失，罔知所謂逍遥。故申言以破其惑，謂人之生死如魚變鳥，失鱗甲而得羽翰，舍游泳而從飛舉，情隨形化，各全其天。造化無極，與之無極，何所容其愛惡哉！物之初化，其變未量，故不知幾千里。及乎鵬徙南冥之後，三千、九萬之數形焉，去以六月息者，陰消陽長，造化不停之機。野馬、塵埃，即事物過前之譬。儻善操其本，而得鵬飛之要，則超逸絶塵，徜徉物表。六合之遊氣潛運，萬彙之生息交嘘，適所以相吹舉，而莫足爲之累。動容周旋，無入而不自得，所以爲逍遥遊也，故以冠一〔一〕經之首。其間「怒而飛」一句，諸解罕詳及。偶得言外意，附于條末云：天地，稟乎一氣者也；萬物，稟乎天地者也。自一氣分而爲天地，天地交而生萬物。互離互合，生化無窮，小大短長，咸足其分。由受氣至於具形，數極至於變質。負陰抱陽，時各有待，當化者不得

〔一〕一：此字朱本無，脱。

不化，當飛者不得不飛，皆天機所運，受化者不自知也。怒而飛者，不得已而後動之義。怒，猶勇也，爲氣所使，勇動疾舉有若怒然，非憤激不平之謂也。凡物之潛久者必奮，屈久者必伸，豈厭常樂變而爲此哉？蓋囿形大化中，則隨二氣而運，盈虛消長，理不可逃。《齊物論》「萬竅怒呺〔一〕」，《外物》篇「草木怒生」，亦此意。《道德經》所謂「萬物並作」是也。於此以觀其復，則六月息之義可知。世人見其怒而不見其息，知其作而不知其復，故背夫逍遥之鄉，日趨有爲之域，以至事物膠葛〔二〕，患累糾纏，薾然疲役，不知所歸，可不哀邪！《關尹子》云：「天地雖大，能役有形而不能役無形。」夫欲免爲二氣所役者，請於冥魚〔三〕未形已前求之。

且夫水之積也不厚，則其負大舟也無力；覆杯水於坳堂之上，則芥爲之舟，置杯焉則膠，水淺而舟大也。風之積也不厚，則其負大翼也無力。故九萬里則風斯在下矣，而後乃今培風；背負青天而莫之夭閼者，而後乃今將圖南。「蜩與鷽鳩笑之曰：『我決起而飛，搶榆枋，時則不至，而控於地而已矣，奚以之九萬里而南爲？』」適莽蒼者，三飡而反，腹猶果

〔一〕呺：四庫本作「號」，通。
〔二〕膠葛：四庫本作「轇轕」，通。
〔三〕冥魚：此二字四庫本無。

然；適百里者，宿舂糧；適千里者，三月聚糧。之二蟲，又何知！小知不及大知，小年不及大年。奚以知其然也？朝菌不知晦朔，蟪蛄不知春秋，此小年也。楚之南有冥靈者，以五百歲爲春，五百歲爲秋；上古有大椿者，以八千歲爲春，八千歲爲秋。而彭祖乃今以久特聞，衆人匹之，不亦悲乎！

此段起喻，以衍上文；次設蜩鳩對辯，以明小大之分，各足其足而無企羡之心。此所以爲逍遥遊也。又論所適有遠近，則所資有少多。曾二蟲之何知，指蜩鳩無知而同於同也。小知、大知、小年、大年，重重起喻，不越此義。經文大意明白，不復集解。

湯之問棘也是已：「窮髮之北，有冥海者，天池也。有魚焉，其廣數千里，未有知其脩者，其名爲鯤。有鳥焉，其名爲鵬，背若太山，翼若垂天之雲，摶扶摇羊角而上者九萬里，絶雲氣，負青天，然後圖南，且適南冥也。斥鴳笑之曰：『彼且奚適也？我騰躍而上，不過數仞而下，翱翔蓬蒿之間，此亦飛之至也，而彼且奚適也？』」此小大之辯也。故夫知效一官，行比一鄉，德合一君，而徵一國者，其自視也，亦若此矣。而宋榮子猶然笑之。且舉世譽之而不加勸，舉世非之而不加沮，定乎内外之分，辯乎榮辱之境，斯已矣。彼其於世，未數數然也。雖然，猶有未樹也。夫列子御風而行，泠然善也，旬有五日而後反；彼於致福者，未數數然也。此雖免[一]乎行，猶有所待者也。若夫乘天地之正，御六氣之辯，以遊無窮者，彼且惡乎待哉！故曰：至人無己，神人無功，聖人無名。

陸德明《音義》載：棘子，湯時賢人。崔氏云：亦齊諧之徒，能識冥靈、大椿之名者也。郭象注：湯之問棘亦云：物各有極，任之則條暢，故莊子以所問爲是也。吕惠卿云：此引湯之問棘者，以其言自古有之，所謂重言也。棘之言鯤鵬，即今所引者，見於《列子》，蓋其略也。林疑獨注載：殷湯夏革之事，始於古初有物，終於無盡之中復無無盡，無極之外復無無極，正與上文相貫，故引以爲證。而郭氏乃云「物各有極，任之則條暢」，非莊子本意。觀者求正於《列子》可也。

褚氏管見云：按《列子》作「殷湯問夏革」，革、棘聲相近而義亦通，皆訓急也。崔説以此句結承上文靈椿之論，吕注從此句起下文冥海之談，各據所見分章耳。大觀八注本，以此句獨立條，似亦牽於上下文，未決所附故也。林氏注正與上文相貫，則同崔論。碧虚陳景元本，第二章從此句始，則同吕説。今詳考經意，蓋欲實鯤鵬之義，故一唱題而兩舉證，首引《齊諧》所志，次以湯之問棘，再參《列子·湯問》篇冥海天池之論，

[一] 免：四庫本作「勉」，訛。

以印莊子之言，則此章自合始於湯之問棘，句末加「是已」者，證上文而生下語，觀者多不明辯，誤作前章結句。若以爲結句，則意已盡矣，後章從「窮髪之北」重起論端，非立言之體也，故僭述所以，附于條末，以釋其疑。竹溪林氏亦云：「據此句合在下，以結句爲起句，是其作文鼓舞處。」下文乃再舉鯤鵬之論，不在重釋知效官、行比鄉〔一〕等語，言人知能小大各有所施，以得用爲適耳。宋榮子猶然笑之，則不以榮利動其心，而全無用之用者也，超出知能一等矣，而真人猶以爲未立，則所見超詣可知。如列子能御風而不能無待，必至於御六氣以遊無窮，斯爲至也。故斷之曰：至人無己，神人無功，聖人無名。此三者，人道之極，用以總結《逍遥遊》首章大意。蓋至道窮神妙，躋聖域，不越乎三無之論，入而言至，出而言聖，神運於其中，無方而不測，弘之在人，理亦寄耳。因言立教則不無序焉。凡厥有生，私利〔二〕易植，貴乎忘己。驕矜易萌，次當忘功。己功既忘，人譽必至。又須忘名，以遠世累。累遠身全，道純德粹，以之處人應物，無不盡善，而三者之名亦混融俱化矣。竊觀古今才能英傑之士，建功立名不爲不

〔一〕知效官行比鄉：朱本作「知效一官，行比一鄉」。
〔二〕私利：朱本作「己私」。

多，而明哲自全者無幾，豈其智弗及邪？道心未明，有以障之耳。夫幼學壯行，期於立功，功所以及物也，而功成必見忌。修身立業，期於揚名，名所以礪俗也，而名下難久居。非功名之過，病在於有我。信能無己，則避功、逃名、隱迹、全道，若五湖之泛、赤松之遊、桐江之釣，四海一身，將有餘樂，何危機之足慮哉？太上云「功成弗居，名遂身退」，良有以也。儻致知力行，動與理合，則善窮善達，樂生樂死，無往而不逍遥。所謂至、神、聖者，物被其德而歸美之稱，何足以極天遊之妙？郭氏注「理至則迹滅」，其説盡之。

堯讓天下於許由，曰：「日月出矣，而爝火不息，其於光也，不亦難乎！時雨降矣，而猶浸灌，其於澤也，不亦勞乎！夫子立而天下治，而我猶尸之，吾自視缺然，請致天下。」許由曰：「子治天下，天下既已治也。而我猶代子，吾將爲名乎？名者，實之賓也。吾將爲賓乎？鷦鷯巢於深林，不過一枝；偃鼠飲河，不過滿腹。歸休乎君！予無所用天下爲。庖人雖不治庖，尸祝不越樽俎而代之矣！」

郭象注：夫能令天下治，不治天下者也。許由方明既治則無所代之，而治實由堯。故有子治之言，宜忘言以尋其所況。或者遂云：「治之而治者，堯也；不治而得以治之者，許由也。」失之遠矣〔一〕。夫治由〔二〕乎不治，爲出於無爲，取於堯而足，豈借之許由哉？若謂拱默山林之中，然後稱無爲者，此老莊之談所以見棄於當塗也。夫自任者對物，順物者與物無對。堯無對於天下，許由與稷、契爲匹矣。何以言之？與物冥者，群物之所不能離也。是以無心玄應，唯感之從，汎若不繫之舟，東西之非己，故無行而不與百姓共者，亦無往而不爲天下君矣。次舉庖人、尸祝各安所司，鳥獸萬物各足所受，帝堯、許由各靜所遇。此乃天下之至實。各得其實，又何所爲乎？故堯、許之行雖異，其於逍遥一也。

呂惠卿注：自堯言之，由雖無爲而未嘗不可以有爲，故請致天下而不疑。自由言之，堯雖有爲而未嘗不出於無爲，故以天下既治而不肯受。自言以其迹，言人以其心故也。夫以無事取天下而天下治，此無爲之實也。天下既治，而吾猶代之，則是取天下而爲之。將見其不得也，是取其無爲之名而已。名者，實之賓，吾肯爲之乎？是故方其有爲也，四海九州樂推而不爲有餘；及其無爲也，一枝滿腹歸休而不爲不足。此所以無用

〔一〕矣：四庫本作「也」。
〔二〕由：四庫本作「猶」，通。

天下爲，而堯、許之所以逍遥也。

林疑獨注：日、月、時、雨出於自然，故不見其有爲而功大；爝火、浸灌出於人力，故見其有爲而效淺。堯謂許由無爲之道既行，則有爲之道不能無愧，故請致天下。許由謂子治天下，天下既治則雖無爲而無不爲矣。《易》曰：「鼓萬物而不與聖人同憂者，神也。」聖人之功，以神爲體，神何嘗有功哉？唯堯也，吉凶與民同患，故不免於有爲。有爲之極，復歸無爲。所以讓天下於由也。夫聖之在神，有爲在無爲，猶滴水之在冥海也。迹雖有爲，但無累於心，亦天下之至妙。不必羡乎無爲也！後舉庖人宰割以喻有爲，尸祝接神以喻無爲，神人不得不無爲，聖人不得不有爲也。

陳詳道注：堯，治天下者也。由，忘天下者也。治天下則實喪而名立，忘天下則實聚而名泯。治天下而天下已治則不可致之於人，忘天下而天下兼忘則不可代之於彼，此堯之志所以不得行於由，而由之志所以不屈於堯也。日月出矣，智周萬物之譬也。時雨降矣，道濟天下之譬也。鷦鷯一枝，足乎外也。偃鼠滿腹，足乎内也。庖人，有事於事者也。尸祝，無事於事者也。有事則多累，故無事者未嘗過而問焉，此由所以不越分而代堯也。

陳碧虚注：名器不可假人，大寶惡敢輕受！許由貴身賤物，不以天下爲利，人人不利天下，天下自治矣！故不事王侯，高尚其事，志可則也。夫知人者智，自知者明。不知人則無以通利害而處人間，不自知則無以知天命而冥自然。此堯之所以知由，而由之所以自知也。

王旦論云：天出於無爲，人出於有爲。無爲者，以有爲爲累。有爲者，以無爲爲宗。方其有爲也，堯爲天子，富有天下，不爲有餘。及其無爲也，由爲匹夫，隱於箕山，不爲不足。以由喻天之所爲，日月、時雨是也。以堯喻人之所爲，爝火、浸灌是也。夫堯以由能治天下而不敢尸，由以堯能治天下而不肯代。然則天下將誰治之？曰：治於堯，則有爲而無爲者也。治於由，則無爲而有爲者也。蓋道之在聖人，出則堯也，隱則由也。庸何擇乎？

虚齋趙以夫注：堯與許由非二人也，觀者當於言外求之。《天運》篇中堯舜問答即此意。

褚氏管見云：伏讀堯讓章，淳古揖遜之風儼然在目，有以見聖人尊道貴德，後己先人，真以治身，土苴以治天下之意。彼戰爭攘奪於尺寸土地之間，何後世之澆〔一〕薄

〔一〕澆：朱本作「梟」，訛。

耶！堯以爝、灌比功，其謙虚至矣！豈以黄屋爲心哉？由以鷦、鼠喻量，其素分足矣！豈僥倖富貴者哉！爲有神堯在位，斯有許由在野，氣類感召，理有由然。堯之憂天下也深，謂四海雖已治，非由莫能繼。由之待天下以忘，謂四海既已治，吾將曷與哉！非讓〔一〕大任而不疑，無以見堯之真知卓絶。非高視而不受，無以見由之抱道精純。蓋聖人不以出處分重輕，而以義理爲去就。此有係乎道之卷舒、時之當〔二〕否耳。夫堯之知由也審，故不俟歷試而舉以代己，使由幡然受禪不失乎端拱巖廊之尊，使堯翛然得謝則可以韜光太古之上。聖人顯晦在道，若合符節，豈世俗得以窺其藴哉！且由之於堯，以分則民，以道則師，其啓沃之微，心傳之妙，由之所以資堯者，至矣。雖受之天下，亦未爲過，而由也，誠何以天下爲？至若名者實之賓一語，足爲萬世法。即此語而推，非惟醒邯鄲之夢，息觸蠻〔三〕之爭，抑使後人想像箕山、潁水之趣而風樹一瓢猶以爲累也。終以尸祝不越俎而代庖，言堯之至德明於知人，由之隱德明於處己，各安所安，各足其足，而天下無事矣。夫尸祝之於庖人，雖尊卑勞逸，勢若不侔，然均於以

〔一〕讓：此字原缺，據朱本補入。
〔二〕當：朱本作「泰」。
〔三〕觸蠻：四庫本作「蠻觸」。

誠接神、臨事尚敬，有可代之理，古人猶不爲之。季世薄俗，乃有叛倫背理而妄希代者。幸是經不泯，足以明進退之節，量授受之分，而絶天下姦倖之心。吁，南華老仙亦聖矣！知世道交喪之後，有人與人相食者，故具述先聖揖遜之迹，覬由迹而求其心，是亦盧扁投藥於未病之義，誠有以密輔世教，而人罕知者，敬衍其所以言之意而表出之。

肩吾問於連叔曰：「吾聞言於接輿，大而無當，往而不返。吾驚怖其言，猶河漢而無極也；大有逕庭，不近人情焉。」連叔曰：「其言謂何哉？」曰：「藐姑射之山有神人居焉，肌膚若冰雪，綽約若處子；不食五穀，吸風飲露；乘雲氣，御飛龍，而遊乎四海之外；其神凝，使物不疵癘而年穀熟。吾以是狂而不信也。」連叔曰：「然。瞽者無以與乎文章之觀，聾者無以與乎鍾鼓之聲。豈唯形骸有聾盲哉！夫知亦有之。是其言也，猶時女也。之人也，之德也，將旁礴萬物以爲一，世蘄乎亂，孰弊弊焉以天下爲事！之人也，物莫之傷，大浸稽天而不溺，大旱金石流、土山焦而不熱。是其塵垢粃糠，將猶陶鑄堯舜者也，孰肯以物爲事！」宋人資章甫而適諸越，越人斷髮文身，無所用之。堯治天下之民，平海内之政，往見四子藐姑射之山、汾水之陽，窅然喪其天下焉。

郭象注：神人，即所謂聖人也，雖處廊廟之上，無異山林之中，今言王德之人而寄之此山，將明世所無由識，故乃託之絶垠之外，推之視聽之表耳。

呂惠卿注：藐姑射山，唯有道者能登之。神人，即人心之所同有，唯窮神者能見之。藐，猶眇視。姑，且也。射，厭也。言登此山者，視天下事舉無足爲，故藐且射之，非神人孰能與於此！

林疑獨注：此一節皆至理，聖人所祕而不言者。蓋道至於此不可以言言，故引接輿之言，以明神聖之道而寓意於姑射。藐，言其遠，非必有是山也，猶《列子》云五山之類。神人者，聖而不可知，又惡可以言盡哉！

陳詳道注：藐姑射山，以喻道也。神人無體，即道爲體；神人無用，即道爲用。則神人之所居者，道而已矣。

陳碧虚注：神人者，寓言體道聖君，淡泊無爲，與化升降。言無治跡，故有爲者笑之，以爲狂而不信也。

吴儔注：藐姑射山，此託辭於寰海之外，以妙神人之妙處而非世俗所知也。

王雱注：藐姑射山在北海中，以喻歸根復命之意。

西蜀無隱范講師云：山以喻身。藐射言其幽眇。神人即身中至靈者。人能求諸幽眇之中而得吾身之至靈，則不食五穀、吸風飲露、乘雲御龍，遊於四海，非過論也。或者求之於外，不亦遠乎？

褚氏管見云：姑射神人章，非食煙火語，不因親接聖訓，何由下教人間。寓道真切，莫要乎此。而言微旨奥，初學難窺，詳前諸解，吕、林二公得其端緒，後有無隱講師盡略衍義，直指玄微，發先聖不言之祕，開學人固有之天，恨不手挈群生俱登姑射，同爲逍遥之遊。其用心可謂普矣！伯秀幸聆慈〔一〕誨，不敢己私，敬附諸解之末，以弘法施，併推廣餘意，詳釋下文云：肌膚若冰雪，體抱純素，塵莫能汙也。綽約若處子，守柔自全，害莫能及也。不食五穀、吸風飲露，則絶除世味，納天地之清泠。乘雲御龍，遊乎四海，則凌厲太空，同元氣之冥漠。所謂不行而至，與造物遊者也。其神凝，使物不疵癘而年穀熟，則養神之極者，非唯自全而已，又足以贊天地之化育，輔萬物之自然。此言推己以及物之效〔二〕，所以合神不測，契道無方也歟？或者爲名相所移，求是山於絶垠之外，則所謂神人者益遠矣。竊謂經中窮神極化之妙，備見此章。而聞者以爲狂而不信，豈止一肩吾而已哉！按此與《列子·黄帝篇》第二章文小異而義實同。南華託之於接輿，又所以神其迹也。餘文平易可通，不復贅釋。獨「猶時女也」一

〔一〕慈：朱本作「玆」。
〔二〕效：此字朱本無，脱。

句有二説，郭、成諸解並云：猶及時之女，自然爲物所求，但智之聾瞽者，謂無此理。虚齋趙氏〔一〕以時訓是，女音汝，《尚書》「時女功」義同，連叔謂肩吾神人似是汝也。《列子》所謂生生形形者，鬳齋《口義》同趙音訓。又塵垢粃糠陶鑄堯舜之語，若輕堯舜然，及考經旨所歸，實尊之至也。謂世人所稱堯舜推〔二〕尊之爲聖人者，徒名其塵垢粃糠耳。堯舜之實，惡可得而名言耶？堯往〔三〕見四子藐姑射之山，四子説亦不同，按陸德明《音義》載：司馬舊注謂王倪、齧缺、被衣、許由也。郭象注：「四子者，寄言以明堯之不一於堯耳。夫堯實冥矣，其迹則堯也。自迹觀冥〔四〕，内外異域。世徒見堯之爲堯，豈識其冥哉？故將求四子於海外而據堯之所見，因謂與物同波者，失其所以逍遥也。」成法師疏：「四子，四德也：一本，二迹，三非本非迹，四非非本迹也。言堯反照心源，洞見道境，超兹四句，故云往見四子。」吕惠卿注：「堯往見四子藐姑射之山，是見神人也。神人即吾心，見吾心則無我，無我則雖有天下，亦何以天下爲哉？」又解堯

〔一〕氏：朱本此字下有「以夫」二字。
〔二〕推：朱本作「惟」，訛。
〔三〕往：此字朱本無。
〔四〕冥：朱本作「其」，訛。

之師曰許由，許由之師曰齧缺，齧缺之師曰王倪，王倪之師曰被衣，四子皆能窮神，而堯因之以入，是往見之也。林疑獨注：「堯資治天下之功業，往見許由、齧缺、王倪、被衣，而不爲四子所售，猶宋人資章甫而適越也。」陳詳道注：「四子者，不以天下與物爲事者也。連叔以大浸不溺、大旱不焦歸之神人；王倪以澤焚不熱、河沍不寒歸之至人；河伯以寒暑不害、禽獸不賊歸之德人；仲尼以經太山而不介、入淵泉而不濡歸之真人。此四人者皆心與元氣合，體與陰陽冥。堯得四子之道，故云往見之也。」陳碧虛注：「夫忘天下者，無寄託之近名，然歸之愈衆而忘之愈冥。故外其身而身存，後其身而身先。此天下樂推而不厭者也。」吳儔注：「自迹觀堯，則內外異境，治天下、平海內者，見其迹而已。若乃堯之爲心，豁然四達，遠在遼絶，一方不足以係之也。」虛齋趙以夫注：「堯往見四子，豈真有人之可見哉？亦反而求之耳。能知許由即堯者，可以語此。本篇主意，在肩吾連叔問答。能通此，則首尾之意皆〔一〕貫矣。」林氏《鬳齋口義》云〔二〕：「四子既無名，或以爲許由、齧缺、王倪、被衣；或云一本、二迹、三非本非迹、四

〔一〕皆：朱本作「無不」。
〔二〕林氏鬳齋口義云：此七字朱本無。

非非本迹，如此推尋，轉見迂誕，不知此正莊子滑稽處！　如今人所謂斷頭話，正要學者於此揣摸，蓋謂世人局於所見，不自知其迷，必有大見識方能照破也。」西〔一〕蜀無隱范講師云：「四子喻四大，藐射〔二〕言其幽眇，謂堯雖治天下、平海内，迹若有爲而心不離道，能反觀四大於幽眇之中。　故累盡而逍遥也。」褚氏管見云〔三〕：已上諸解四子〔四〕之論不齊，或大意混成而於數不合，或稽數合符而考義差遠。　求之近解中，虚齋實爲理勝，范講義數兼該，皆可服膺者也。　按：此所謂四子，乃寓言以明道，而道之爲物恍惚窅冥，難以形數定，在學者用志不分，親有所見，始究端的，非語言能盡。　今據經意，擬爲之説。　堯之師曰許由，由之道蓋出於齧缺、王倪、被衣，則四子之道一而已矣。　堯能忘形以求道，是爲往見之。　藐姑射山，即前反觀身中幽眇之喻。　此道古今無殊，君民罔間。　君得此道，即今之帝堯；民得此道，即今之許由也〔五〕。　汾水，堯所都，不離當

〔一〕西：朱本此字上有「我」字。
〔二〕射：朱本作「姑」，考上文則作「射」是。
〔三〕褚氏管見云：此五字朱本無。
〔四〕諸解四子：朱本作「四解諸子」，訛。
〔五〕也：此字朱本無。

處而得見四子，言道不在乎遠求。窅然喪其天下，棄如弊屣之謂也。又因研味祖經，密有所契，敬以有象、有物、有精、有信，參解四子，義若脗合。既見四子，則至貴在我。萬乘之尊、四海之富，有不足顧者矣。

惠子謂莊子曰：「魏王貽我大瓠之種，我樹之，成，而實五石；以盛水漿，其堅不能自舉也；剖之以爲瓢，則瓠落無所容。非不呺然大也，吾爲其無用而掊之。」莊子曰：「夫子固拙於用大矣。宋人有善爲不龜手之藥者，世世以洴澼絖爲事。客聞之，請買其方百金。聚族而謀曰：『我世世爲洴澼絖，不過數金；今一朝而鬻技百金，請與之。』客得之，以説吴王。越有難，吴王使之將；冬，與越人水戰，大敗越人，裂地而封之。能不龜手一也，或以封，或不免於洴澼絖，則所用之異也。今子有五石之瓠，何不慮以爲大樽而浮乎江湖，而憂其瓠落無所容？則夫子猶有蓬之心也夫！」惠子謂莊子曰：「吾有大樹，人謂之樗，其大本擁腫而不中繩墨，其小枝卷曲而不中規矩，立之塗，匠者不顧。今子之言，大而無用，衆所同去也。」莊子曰：「子獨不見狸狌乎？卑身而伏，以候敖者；東西跳梁，不避高下，中於機辟，死於罔罟。今夫斄牛，其大若垂天之雲。此能爲大矣，而不能執鼠。今子有大樹，患其無用，何不樹之於無何有之鄉，廣莫之野，彷徨乎無爲其側，逍遥乎寢卧其下；不夭斤斧，物無害者，無所可用，安所困苦哉！」

郭象注：其藥能令手不拘拆，故常漂絮於水中。蓬，非直達者也。蓋言物各有宜，苟得其宜，安往而不適夫？小大之物，若失其極，則利害之理均；用得其所，則物皆逍遥也。

吕惠卿注：惠子拘於形器，謂莊子之言大而無用，故以大瓠況之。自其種而樹之成，明我於其言始終察之也，而實五石至不能自舉，則求之於形器而累於有身者也。剖之以爲瓢，瓠落無所容，則用之而域於宇宙，不能出者也。夫用大物必於大處，今惠子累於有身，是以疑而有問，故莊子答以拙於用大，遂引不龜手之藥爲喻，道之爲言一也，不善用之，不足以周四體，則世世洴澼絖不過數金之謂也。善用之，非特周吾身而已，雖天下淪溺，猶將拯之，則用之水戰裂地而封之謂也。夫注焉不滿，酌焉不竭，此亦人之江湖也。今子有大器不能浮之於大處，而患其無所容，則謂之有蓬之心也，宜矣。惠子未悟，又以大樗爲問。夫物以有用爲用，用之小；以無用爲用，用之大。狸狌跳梁，死於網罟，不能無爲而以知巧殺身之譬也。犛牛至大，不能執鼠，逍遥無爲全其形生之譬也。聖人之於道，體之以深根固蔕，則其爲樹也大矣。欲樹之者，莫若反求吾心，心之爲物，莫知其鄉，得其莫知之處而安之，是樹之於無何有之鄉也。充之而彌廣六虚，静之而萬物莫橈，逍遥其側，寢卧其下，未始須臾離也，則所謂大而無用者，安所困苦，而子患之乎？

蓋惠子雖至聰明，未能刳心去知，以至於未始有物，則於道不能無疑，故莊子於無用無情之説而致其辭焉。後之疑者可思而得之矣。

林疑獨注：魏王貽我大瓠之種，喻天遺我虚中之性。樹之成，喻受而全之。實五石，喻充以五常。以盛水漿，清淨可爲萬物鑑也。其堅不能自舉，五常在身，不亦重乎！剖以爲瓢，則分而爲二。瓠落無所容，以爲無用而掊棄之，喻性散而不能全，亦莫不瑩然在耳。遂自以爲不可復，而弗悟其爲情所奪也。今子不能全大瓠之用，猶人不能盡其性也。故引宋人不龜手之藥以明所用之異，人有虚中之性，當充以逍遥，任其無爲，猶因大瓠之形慮爲大樽而浮乎江湖，而反憂其無所容邪？未盡性則不真達，故云有蓬之心。惠子復以大樗爲問，擁腫卷曲，衆所同去，以譏莊子之言大而無用，遂引狸狌、犛牛以答之。雖小大有異，敏鈍亦殊，而長於用者，不免有所困苦。是以聖人全其命之根本，而體道以爲用。樗者深其根而枝葉榮，命者固其本而萬事理。《易》曰：「貞者事之幹。」此又幹之所以爲本也。何有，言其虚無。廣莫，言其寬大。今子有大樹，亦猶人之有正命也，何不寘之於虚無廣莫之地，任其逍遥無爲、不夭不害？此神人所以爲大祥也。

陳詳道注：物有所宜，事有所適，患不善用之而已。不龜手之藥一也，宋人用之其利小，吴人用之其利大。弱七國之術一也，晁錯用之則禍興，主父偃用之則亂息。大瓠之用，豈異是哉？瓠之爲物，中虚而善容，外圓而善浮，寘之於地，則失浮之性。而其堅不能舉，剖以爲瓢，則毁圓之體而瓠落無所容。若夫慮以爲樽，浮於江湖，則不勞而自舉，無適而不宜矣。凡天下之物，小者爲用易，大者爲用難，而人之情用小者常工，用大者或拙，於其難而處之以工，非因性任理，去蓬心之累者，孰與於此？惠子又以莊子之言大而無用，況之大樗，是知有用之用而不知無用之用也。莊子答以狸狌小而有用，不免於禍；斄牛大而無用，物莫之害。是有用之用，不若無用之用也。大樗無用矣，又樹之無用之地，則樹之者得以彷徨逍遥，而爲樹者得免斧斤之患，與轉徙於利害之塗而掊擊於世俗者，豈可同日而語哉！

陳碧虚注：物有不適世用者，或便掊棄之，是未明無用之用也。故物無小大精粗，在人善用。繼又寓言大樗，再釋無用，狸狌以輕脱中機，斄牛以無技全質。才能之速禍，愚鈍之全身，久矣！夫前論鵬鷃以有情逍遥，貴其飛翔自適。結以瓠樗以無情逍遥，要在不夭不掊。達兹趣者，何往而非善遊哉！

王雱注大同疑獨而節其文。

趙虚齋注：惠子以大瓠、大木爲無用而發問，莊子以不龜手與斄牛答之，以明無用之用也。

林氏《鬳齋口義》云：樽，浮水壺，繫腰可渡中流。失船，一壺千金，謂此。莊子既以不龜手之事喻其不知所用，乃曰有此大瓠，何不思爲浮江之湖？蓬心，茅塞其心也。惠子又以大樗擁腫譏莊子之言，答以狸狌小而桀頡卒中機網，斄牛大而無技亦可全生。謂物有大小，所適不同，不可以大者皆爲無用也。無何、廣莫，言造化自然，至道之中，自有可樂之地。雖無用於世而禍害亦可幸免矣。

褚氏管見云：造化生物，盈天地間，有用無用係一時之逢，材不材〔一〕又其次焉。故或用於昔而棄於今，或棄於今而用於後，此出於人爲，非物所能必也。觀夫芻狗之陳未陳、膍胲之散未散可見矣。況魏王之瓠異於凡種，見者張皇驚駭之不暇，又惡知所以爲用哉？宜惠子怪而有問也。莊子知其拙於用大，遂以不龜手之事喻之。物本一也，而其貴賤或相什伯、或相千萬者，在人善用不善用之間耳。人多工於用小，世亦甘於就小，則所成可知矣。世多拙於用大，人或安於守大，則所蘊可知矣。夫五石之瓠，樹之成也，豈一朝之功？今則非唯不能成其大用，而又掊擊暴殄之，何斯瓠之不

〔一〕材不材：原作「林不林」，據朱本、李本、四庫本改。

幸邪！凡出類之物，亦造化間氣所鍾，其無用也，意或有待，既〔一〕大而不可〔二〕剖爲室家之用，當思全之〔三〕而爲江湖之用，濟深利涉與舟楫同功，則大瓠之無用適爲妙用矣。以惠子之多方而不知出此，蓬塞其心也夫〔四〕！惠子又以大樗擁腫〔五〕、不中規矩譏莊子之大言無用，對以狸狌黠慧死於機辟，犛牛無技幸全其生，得失果何如哉？今子有大樹，不能樹之於無用之地以全逍遥之樂，而乃反憂匠者之不顧，此南華所深惜。故因其問而救正之，使脱形器之桎梏，保性命於虚玄，超有爲而入無爲，以不用而成大用，庶乎《逍遥遊》之本旨也。

《逍遥遊》篇敷叙宏博，引喻高遠，辭源浩渺，意趣卓絶，使讀之者若御泠風而登汗漫，忘世累而極天遊，真所謂超衆義、徹重關、解粘釋縛之洪規，通玄究微之捷逕也。伯秀不揆荒蕪，槩陳管見，復於篇末爲之統論云：循至理者，以道通乎萬事；全正性

〔一〕既：朱本、李本此字下並有「嫌其」二字。

〔二〕可：朱本、李本並作「欲」。

〔三〕之：原缺，據朱本、李本補入。

〔四〕夫：此字朱本、李本皆無。

〔五〕腫：朱本、李本並作「種」。

者，與物同乎一天；理性得而不逍遥者，未之有也。夫赤子之心本無知識，識隨形長，物接乎前，得失存懷，冰炭交作，舍彼役此，無休歇期。儻非燭理洞明，道義戰勝，雖居至貴至富，亦有所不免焉。故學道之要，先須求聖賢樂處，切身體究，方爲得力。《易》云：「樂天知命。」顔氏簞瓢自樂，孟子養浩而充塞天地，原憲行歌而聲出金石，此皆超外物〔一〕之累，全自己之天，出處動静，無適非樂，斯可以論逍遥遊〔二〕矣。北冥之鯤，化而爲鵬，摶風擊水，徙於南冥，蓋謂學者見聞狹陋，趨向細微，罔知性海之淵澄，併與命珠而淪失。遂舉此大物，生於大處，以明己之所自來，涵養既久，體神合變，出陰入陽，其用莫測，俾夫知效一官，行比一鄉，德合一君而徵一國者，悟外物之可輕，己天之當重，將見培風絶雲，與化無極，何世累之能及哉！故必至於乘天地、御六氣以遊無窮，然後爲逍遥極致，所謂至神聖者，亦混融俱化而已，功名皆外物矣。堯讓許由章，所以證成前義，啓廉遜之風，警省後人，絶券〔三〕外之慕，裨益治道爲多。及肩吾聞言於接輿，發揮神人之祕以喻身中至靈，務操存涵養以致之，初不在乎遠求也。塵垢

〔一〕外物：朱本、李本並作「物外」，倒。
〔二〕遊：此字朱本、李本並無。
〔三〕券：朱本、李本並作「務」。

粃糠，陶鑄堯舜，言神人之德與天同運，推其緒餘，猶足以成唐虞之治，而其真則非世人所知也。堯往見四子藐姑射之山中，存妙理，難以臆度，必須親造姑射四子當不言而喻，學者勉之。是篇首論鯤、鵬、蜩、鳩、靈椿、朝菌，知年小大，皆窮理之談。末舉大瓠以虚中自全，大樗以深根自固，喻盡性以至於命，學道之大成而入乎神者也。不疾而速，不行而至，何往而非逍遥遊哉！

南華真經義海纂微卷之二

武林道士褚伯秀學

齊物論第一

南郭子綦隱几而坐，仰天而嘘，嗒焉似喪其耦。顔成子游立侍乎前，曰：「何居乎？形固可使如槁木，而心固可使如死灰乎？今之隱几者，非昔之隱几者也。」子綦曰：「偃，不亦善乎，而問之也！今者吾喪我，汝知之乎？汝聞人籟而未聞地籟，汝聞地籟而未聞天籟夫！」子游曰：「敢問其方。」子綦曰：「夫大塊噫氣，其名爲風。是唯無作，作則萬竅怒號。而獨不聞之翏翏乎？山林之畏佳，大木百圍之竅穴，似鼻，似口，似耳，似枅，似圈，似臼，似洼者，似汙者；激者，謞者，叱者，吸者，叫者，譹者，宎者，咬者。前者唱于，而隨者唱喁。泠風則小和，飄風則大和，厲風濟則衆竅爲虛。而獨不見之調調、之刁刁乎？」子游曰：「地籟則衆竅是已，人籟則比竹是已。敢問天籟。」子綦曰：「夫吹萬不同，而使其自己也，咸其自取，怒者其誰邪？」

郭象注：同天人，忘彼我，故嗒然解體，若失其配。槁木死灰，言其寂寞無情，止若枯木，行若遊塵，動止之容，吾所不能一也；其於無心自爾，吾所不能二也。夫我既喪矣，何物足識哉！簫籟參差，宫商異律，故有短長高下，萬殊之聲而所禀之度一也，咸其自取，天地之籟見矣。大塊噫氣，豈有物哉！天地塊然而自噫耳。萬竅之怒號，衆木之異竅，衆竅之殊聲，莫不稱其所受。調調、刁刁，風欲止而微動貌。已上既明人籟、地籟，子游遂問天籟，子綦曰：「吹萬不同，而使其自已。」此天籟也。天籟者，豈復别有物哉！即人籟、地籟，接乎有生之類，會而共成一天耳。夫生者塊然而自生，非我生也。我既不能生物，物亦不能生我，自己而然謂之天然，豈蒼蒼之謂哉！

吕惠卿注：人之所以有其形心者，以其有我而已。苟爲無我，則如死灰槁木〔一〕，不足異也。子游不知我之所自起，爲形心所役而不得息，不知何居而可使至此也，然於嗒然之間，知今昔隱几之不同，則其觀之亦察矣。蓋昔之隱几應物時也，今之隱几遺物時也，苟知我之所自起，則存與喪未始不在我也。比竹之爲物，人皆聞之，知其空虚無有也。我之所以爲我者，亦然。萬竅怒號，何異有我而役其心形之時邪？衆竅爲虚，何異

〔一〕死灰槁木：四庫本作「槁木死灰」。

喪我而若槁木、死灰之時邪？曰「而獨不聞」、「獨不見」者，言地籟之作，止汝之所嘗聞見；而心之起滅，汝之所未嘗聞見也。以其所嘗聞見而究其所未嘗聞見，則天籟可知矣。

林疑獨注：風出空虛，尋求無迹，起於靜而復於靜，生於無而歸於無。惟竅之所受不同，在人之所聞亦異。比於萬物稟受亦然，衆竅爲風所鳴，萬形爲化所役。風不能鳴，則萬竅虛；化不能役，則萬物息。若夫無聲無竅者，非風所能入。《列子》所謂「疑獨」是也。

王雱注大同林説。

陳詳道注：人籟出於使然，天籟則有自然者存，而尸之者誰邪？咸其自取怒而已。夫日晷有常度，憂喜者視之有長短之異。月行有常遡，往來者視之則東西俱馳。風之吹萬不同，而咸其自取，豈異是哉？此所以爲天籟也。風以虛而善入，竅以虛而善容，籟者出於虛而已。即虛以觀物，物無不齊。即實以觀物，物無不異也。

陳碧虛注：天地之有風，猶人身之有元氣。是爲無作，猶人坐忘時也。萬竅怒號，猶人應用時也。惟其竅穴有異，所以聲籟萬殊，蓋亦出於自然耳。詳夫三籟之自然，理歸坐忘之冥極者也。

趙虛齋注：聲出衆竅，誰實怒之？蓋有聲聲者存乎其中，不可得而聞見。此地籟中之天籟也。人籟亦猶是，而非比竹所能盡，故後章喻以知、言、夢、覺、喜、怒、哀、樂，日夜相代不知所萌。萌者，生之始。旦暮得此，所由以生，即籟之天也。所謂真宰、真君亦此意〔一〕。

林氏《鬳齋口義》云：《莊子》之文，如此一段，妙中之妙者。古言詩爲有聲畫，謂其能寫難狀之景也。未嘗見畫得聲出來。自激者至咬者，八字八聲。于、喁，又是其相和之聲也。天地間無形無影之風，可聞不可見之聲，却就筆端寫出，此所以爲妙。

褚氏管見云：竊考上文〔二〕「形固可使如槁木」，正言之也；「心固可使如死灰乎」，反問之也。子綦曰「今者吾喪我」，知其爲吾，則心不應如死灰，是有真我存，滅動不滅照之義。子游請問其方，答以大塊噫氣，特證以地籟而已。洎再請，子綦乃曰：「吹萬不同，而使其自已也。」至此始泄天籟真機，惜乎子游知形可槁〔三〕、心不可灰之爲真我，而弗悟此即籟之天也。心爲天君，籟即吾心之用，凡所以致知格物、酬機應變、形諸言動者皆是，不必見於聲而後爲籟也。君可端拱無爲，不可一日失位；心可寂靜無思，不可一時泯滅。心雖無聲，而有聲聲者存乎其中，如鍾鼓在懸，不待扣而

〔一〕意：四庫本此字下有「耳」字。
〔二〕竊考上文：此四字朱本無。
〔三〕槁：朱本作「稿」，通。

後知〔一〕。昧者泥夫形相之起滅，是以聲聞有間斷耳。人籟、地籟，有動有寂。天籟自然，超乎動寂，而有真宰、真君，實聲聲聞聞之主。後文言非吹也，言者有言，是矣。百姓日用不知，與接爲構，滑神勞精，而病物之不齊，是猶抱薪而止火也。學者儻能反而求之，得其歸趣，則内揆諸身，外觀諸物，始終各契於本源，小大皆均於一致，安有不齊者哉？　纘考大塊之義，郭氏謂無物。成法師云：「造物是也。亦自然之稱。」又云：「天也。」按：本經「大塊載我以形」，《列子》云：「地，積塊耳。」釋之以地，義或近之。詳此所謂大塊，似指天地之間；噫氣，即《道德經》所謂「其猶橐籥乎」是也。闢闔之機，陰陽之本，一元之氣運化於斯，所以鼓舞萬物，動蕩振發而使之敷舒長茂焉。大而飛屋拔木摧山立海，此奮發之〔二〕暴戾者。及其機停籟息，寂然歸無，則向之鼓舞者安在？　真人以此喻心之起滅，實爲至論。而所以起滅者，在人精思而善求之。

大知閑閑，小知間間；大言炎炎，小言詹詹。其寐也魂交，其覺也形開。與接爲構，日

〔一〕知：朱本此字下有「其有聲」三字。

〔二〕之：朱本此字下有「成」字。

以心鬭。縵者，窖者，密者。小恐惴惴，大恐縵縵。其發若機栝〔一〕，其司是非之謂也；其留如詛盟，其守勝〔二〕之謂也；其殺如秋冬，以言其日消也；其溺之〔三〕所爲之，不可使復之也；其厭也如緘，以言其老洫也；近死之心，莫使復陽也。喜怒哀樂，慮歎變慹，姚佚啓態。樂出虚，蒸成菌。日夜相代乎前，而莫知其所萌。已乎，已乎！旦暮得此，其所由以生乎！非彼無我，非我無所取。是亦近矣，而莫知其所爲使。若有真宰，而特不得其眹。可行已信，而不見其形，有情而無形。百骸、九竅、六藏，賅而存焉，吾誰與爲親？汝皆悦之乎？其有私焉？如是皆有爲臣妾乎？其臣妾不足以相治乎？其遞相爲君臣乎？其有真君存焉？如求得其情與不得，無益損乎其真。一受其成形，不亡以待盡。與物相刃相靡，其行盡如馳，而莫之能止，不亦悲乎！終身役役而不見其成功，薾然疲役而不知所歸，可不哀邪！人謂之不死，奚益？其形化，其心與之然，可不謂大哀乎！

郭象注：夫知言寐覺之不同，交接恐怖之異態，以至衰殺日消，溺而遂往，性情事變，日夜相代，若有真宰而不得其眹迹，明物皆自然，無使物然也。今夫行者，信己可行，

〔一〕栝：四庫本作「括」。本篇下同。
〔二〕勝：原作「之」，據四庫本改。
〔三〕之：原作「勝」，據四庫本改。

情當其物，形不別見，則百骸、九竅，付之自然而莫不皆存，悦之則有所私，上下相冒而莫爲臣妾矣。夫君臣之分，若天高地卑，措於自當。真君則任其自爾，而非僞也。凡得真性，用其自爲者，知與不知，皆自若。然知者守知以待終，愚者抱愚以至死，逆順相交，各信偏見，恣其所行莫能自反，此比衆人所悲者，亦可悲矣。而人未嘗以此爲悲，性故然也。物各性然，又何足悲哉？然則終身役役，薾然疲困，雖生而實與死同比。又哀之大而人未嘗以爲哀，則凡所哀者不足哀也。

呂惠卿注：閑閑、閒閒，明量小大之不同也。寐、覺、接、構，有縵、窖、密之不同也。好惡藏於中而物觸之，則其發若機括；名節臨於外而物引之，則其留如詛盟，是其趣之向背不同也。殺如秋冬，至莫使復陽，則欲之淺深不同也。喜、怒、哀、樂至姚、佚、啓、態，則其情狀發見之不同。凡此皆吹萬不同，而使其自已也。如樂之出虛，蒸之成菌，日夜相代，莫知所萌，乃天籟無爲之爲也。夫器之小大、趣欲、向背、淺深之不同，不乃似畏佳、竅穴之異形乎？閑、間、縵、惴、喜、怒、哀、樂，情狀之不同，不乃似怒號于喁之異聲乎？樂之出虛，蒸之成菌，求其所萌而不可得，不乃似風濟、竅虛、調調、刁刁〔一〕而不知

〔一〕刁刁：原作「刀刀」，據四庫本改。

所歸乎？由此觀之，則我之爲我者安在？形安有不如槁木，心安有不如死灰者乎？夫天籟之難知，真君之難見，唯嗒然喪我，以心契之，斯可得。旦暮得此、所由以生，是知其莫知所萌而以心契之者也。不得其眹，不見其形，則不得其所爲使而遍索於形骸之内，知其未嘗有在也。人之一身無不愛，則百骸、九竅，吾誰與親？無所獨親，則皆爲臣妾，莫有君之者。臣妾不足以相治，則遞相爲君臣，非真君也。於形骸之内求其所爲使者不可得，則有真君存焉可知矣。人莫不有真君，不爲求得其情而加益，不得其情而加損。何則？彼非無心之所得近，非有心之所得遠故也。

林疑獨注：以至約之心，鬭至多之物，終亦疲潰而後已。縵者蔽之淺，窖者蔽之深，密則尤深者也。機栝，言其發不可追。詛盟，言其守不可奪。逐於是非，係於守勝，其精氣之殺，如秋冬摇落；其沈溺利欲，不能使復之於善也。自上文炎炎、閑閑，至姚、佚、啓〔一〕、態，皆論不能見獨者，爲陰陽所役，有此情態萬殊。樂出虚，則聲出於無聲。蒸成菌，則形生於無形。日夜相代乎前，而莫知所生之始，旦暮得此以生而不知所以然也。非真宰，則我不生；非我，則真宰之名無所取。真君出命而無爲，宰則承君之命而有所宰制。

〔一〕啓：四庫本此字下有「言」字，衍。

其爲物也，不屬陰陽、内外，可以神會，不可象求。性命之至情，待真宰而後行，而真宰之形不可見也。夫人之百骸、九竅，宜任其自然，苟不能忘而愛之，則有私親於其間。所悦者爲君，不悦者爲臣妾，臣妾不足以相治，必有真君以治之。真君者，無爲而居中虚之地，百體、九竅，皆爲役用而不自知也。如求得其情與不得，無益損乎其真。《老子》云「絶學無憂」，言求無益於得也。夫物在造化中，其變無極而真君固不亡。世人偶得爲人，遂至於有我，而不知有不亡者。與物相刃相靡，薾然疲役，形與心化則亦已矣。可不大哀乎！

陳詳道注：夫以知、言應於外，鬬、恐攻於内，則其發有是非之累，其留有守勝之蔽。消殺其德而至於不可復，厭塞其心而至於不復陽，則喜、怒、哀、樂唯物之感而已，豈知所謂逍遥哉？樂出於虚，蒸而成菌，陰陽之變，日夜相代乎無窮之中，即形聲而觀所以形聲者遠矣，而莫知其所萌，即彼我而觀則亦近矣，而莫知所爲使，故若有真宰而不得其眹。真宰，道之用也。夫目視、耳聽、手執、足行，吾皆存之而已，又孰親私之哉？臣妾者，事人而不足以相使。遞相爲君臣，則不能無爲；有真君存焉，則未嘗有爲。當視之時，目爲君，而使然者有尊目存焉。當行之時，足爲君，而使然者有尊足存焉。凡此皆人之固有，求得其情與不得，無益損乎其真。夫操有時之具，託無窮之間，則形奚足有？彼生生之厚者，有之而不亡，與物轉徙於是非之塗，至於形化而心與之然，此哀之大者，所謂「哀莫大於心死」是也。

趙虛齋注：知、言、寐、覺、接、鬭、窖、密，酬酢萬變，猶風作籟鳴，吹萬不同也。發者，方動之初有機焉。留者，既動之後有守焉。豐者殺，長者消，已之漸也。入而不出，閉而不開，至於涸竭歸盡，已之終也。厲風濟，則衆竅爲虛，此所謂使其自已也。喜、怒至啓、態，十二者發乎情，見乎聲音顔色，是孰使之然邪？樂由虛出，菌由蒸成，所以明十二者之咸其自取也。情與物接，起伏相因，不知其所生之始，凡有生於無，無之中有主宰存焉。旦暮得此所由以生，即籟之天也。非彼無我，《中庸》謂「不誠無物」，然非物無以見誠。故曰：非我無所取。此言幾於道矣。不知誰實使之，若有真宰存於中，而無端之可尋。信者，率性而行；情者，性之已發；性則無形之可見也。人之一身，百骸、九竅不能相統，吾誰與親？其有私焉？言其中必有真君，然後能統之。仁者見之謂之仁，求得其情也。百姓〔一〕日用而不知，不得其情也。得與不得，其真無所加損。一受此以成形，形有盡而性不亡，世之人顛冥於是非、利害，而不知止，甘與草木俱腐，是可哀已！

《膚齋口義》云：大知之人，從容自得；小知之人，計星筭兩。大言炎炎，有光輝也。

〔一〕姓：原作「性」，據四庫本改。

莊子之意，伊、周、孔、孟皆在此一句内。小言詹詹，瞻前顧後，百家之説、市井之談皆在此一句内。魂交則神集於心，形開則四體皆動，此兩句自帝王至庶人皆在内。言人夜則安寢，平旦遇合之間便有應接，役心如戰鬭然，即孟子所謂「旦晝之所爲，有梏亡之」者是也。縵者，緩縵不切；窖者，語存機穽；密者深思，一綫不露。此言世之應物用心者，皆憂苦畏懼，不得自在，所謂「小人長戚戚」是也。孔子謂小人戚戚。莊子之意，則謂堯、舜、周、孔，皆爲戚戚矣。議論主於是非，如射之謀中的。好勝之心自守不化，若與人有詛盟。然用心憂勞，日消月鑠，意有所溺，一往無回，此等人，身雖暫生而心已不可復活也。已上形容世俗之用心。喜、怒等十二字，又形容其狀貌變態，如樂之出虚、氣之蒸菌，皆造物使之，是爲吹萬不同也。日夜相代，言造物往來而莫見所起之處。旦暮之間，不過得此而生，此指造物。非造物，則我不能生。造物所爲，必因人而見，如此論之若近而可睹，而所以見使於造物者，人實不知之。真宰，即造物。若有者，不敢以爲實有也。不得其眹，即是莫知其所萌。造物之所行，信乎有之，但不見其形，故莫知所爲使。有情，言有實，即已信也。自日夜相代以下，言造物之所爲，雖在面前而人不可見。欲人於此着意點檢也。百骸、九竅、六藏，人皆備此，吾何所獨親而私喜乎？如頭痒手搔，則手爲頭之役。目望足行，則足爲目之役。役者，臣妾也，不足以相治。手、足、耳、目、鼻、口互相爲用，以受役者爲臣，役之者爲君。百體之君臣，既不可定名，則心者一身之主，宜以爲君。心又不能自主，而主之者造物，則造物爲真君矣。如此尋求，欲見到實處。然見得與見不得，所謂真君者，初何加損乎？人受形造物，相守不亡，待此形歸盡而後已。而不能委順，乃爲外物所汩。盡其一生，如駒過隙，薾然疲役，可不哀邪？其形化者，從衰得白，從白得老，形衰而心亦疲，是其心與之然也，可不謂大哀乎？重歎其不可復救也。

已上集解詳明，茲不復贅。其間〔一〕慮、歎、變、慹、姚、佚、啓、態八字，真人矢口成文，他書無所見，諸論多不及。獨成法師疏云：「慮則預度未來，歎則咨嗟既往，變則改易舊事，慹則屈伏不伸。」據慮歎，疏釋誠善，而變慹之義，尚欠發明。今擬解云：變則輕躁而務作爲，慹則畏懼而不敢動。庶盡經意云。又疏：「姚則輕浮，佚則奢縱，啓則開張情欲，態則嬌淫妖冶。」似亦未稱上文。今擬解云：姚則悦美以自肥，佚則縱樂而忘反，啓則情開而受物，態則驕矜而長慠。言人之徇〔二〕物忘己者，一體之中有此異

〔一〕已上集解詳明茲不復贅其間：此十二字朱本無。
〔二〕徇：朱本作「狥」，通。全書同。

狀，計得慮失，焦火凝冰，是以形化心俱，日消而近死也。然此豈性所有哉？由厭溺物欲，情識顛倒，忘其所不忘，不忘其所忘，譬夫樂之出虚，蒸〔一〕而成菌，幻塵泡影，倏起倏滅，何足以介浩然之懷！當知有湛然、寂然者，亘古常存，而此擾擾，特其變境，塵緣偶遇，識破即空。反究我之與物，原於本無，暫寄世間。姑酬宿業，思所以解胎根於厚地，襲氣母於先天，不將不迎，常清常靜，則雖身處囂塗，神超聖境，何世累之能及哉！

人之生也，固若是芒乎？其我獨芒，而人亦有不芒者乎？夫隨其成心而師之，誰獨且無師乎？奚必知代而心自取者有之？愚者與有焉。未成乎心而有是非，是今日適越而昔至也。是以無有爲有。無有爲有，雖有神禹，且不能知，吾獨且奈何哉？夫言非吹也。言者有言，其所言者特未定也。果且有言邪，其未嘗有言邪？其以爲異於鷇音，亦有辯乎，其無辯乎？道惡乎隱而有真僞？言惡乎隱而有是非？道惡乎往而不存？言惡乎存而不可？道隱於小成，言隱於榮華。故有儒墨之是非，以是其所非而非其所是。欲是其所非而非其所是，則莫若以明。物無非彼，物無非是。自彼則不見，自知則知之。故

〔一〕蒸：朱本作「烝」，通。

曰彼出於是，是亦因彼。彼是方生之說也。雖然，方生方死，方死方生；方可方不可，方不可方可；因是因非，因非因是。是以聖人不由而照之于天，亦因是也。是亦彼也，彼亦是也。彼亦一是非，此亦一是非。果且有彼是乎哉，果且無彼是乎哉？彼是莫得其偶，謂之道樞。樞始得其環中，以應無窮。是亦一無窮，非亦一無窮也。故曰：莫若以明。

郭象注：今夫知者，不知所以知而自知；生者，不知所以生而自生。故曰天下莫不芒也。人心之足以制一身之用者，謂之成心。自師其成心，則各自有師，付之自當，以成代不成，非知也，心自得耳。故愚者亦師其成心，未有用其所謂短，而舍其所謂長者。未成心而有是非，猶今日適越而云昔至，明夫是非者，群品所不能無，故至人兩順之。理無是非，而惑者以爲有，此以無有爲有。惑心已成，雖聖人不能解也。言者各有所說，故異於吹。我是、彼非，以爲有言邪，未足有所定；以爲無言邪，據此以有言。言與𪇆音，有辯無辯，亦未可定。是天下之情不必同，而所言不能異也。夫道焉不在，言何所隱蔽，而有真僞、是非，不知此道之皆存、皆可也。小成、榮華自隱於道，而道不可隱，則真僞、是非者，行於榮華而止於實當，見於小成而滅於大全也。儒、墨更相是非，各私所見，今欲是儒、墨之所非，非儒、墨之所是，不若以儒、墨反覆相明，則知其所是者非是，所非者非非。然物皆自是，故無非是。物皆相彼，故無非彼。無彼無是，所以玄同。物皆不知彼之所見，而自知其所知，自以爲是，則彼以爲非。譬之生者，方自以生爲生，而死者方自謂生爲死，可不可也亦然。故儒、墨之辯，吾所不能同。至於各冥其分，吾所不能異。因天下之是非，而是非無不當也。是亦彼也，則我爲彼所彼；彼亦是也，則彼自以爲是。因彼是、有無，未果定也。是非相尋，反覆無窮，謂之環。環，中空者也。今以是非爲環而得其中空，則無是無非。故能應乎是非，是非無窮，故應亦無窮也。

呂惠卿注：我與物敵，形與心化而不自知，芒昧之甚者。至人之心，其靜如鑑。非有待而然，得其成心而已。我不得其成心，所以獨芒。彼至人者，固不芒也。人誠能隨其成心而師之，誰獨無師乎？奚必知代其故習而心自取者有之？愚者與有，不芒而可師者，不知求之耳。成心，吾所受於天而無虧者，故足以明真是非。苟爲物所虧，則所謂是非者未定也。是非本無而以爲有，雖禹之神，猶不能爲之方，吾將奈何哉！言非吹也，言者有言，是爲物之所吹，非吹物而使之者。故所言未定，則有言之與未嘗有言，其異於鷇音，不可得而辯也。道無不在，則言莫非道。道惡乎隱而有真僞，物無非道，則言亦道也。言惡乎隱而有是非，知道無不在，則何往而不存？知言莫非道，則何存而不可？然有不存不可者，以道隱於小成而不知大全，言隱於榮華而不知本實。由是有儒、墨之是非，欲是其所非而非其所是，則莫若以明。明者，復命知常之驗也。今儒、墨之是非，不離乎智識而未嘗以明，故不足爲是非之正。若釋知回光，以明觀之，則物所謂彼是者果無定體。無定體則無非彼、無非是矣。自彼則不見，故以彼爲彼；自知則知之，故以己爲是。在彼之論亦然，則是本無定體也，而世以爲有彼。是猶方生者以生爲生，而方死者以死爲生，是以無有爲有也。自道觀之，物之方生也，求其所以生自何來；其方死也，求其所以死自何去。知死生之一體，則方生乃所以爲方死，方死乃所以爲方生。可不可也，亦然。此皆吾心之所造，盡心窮神，復乎無我，則其體未嘗有異也。因是因非，因非因是，更相爲用而已。聖人不由而照之于天，則以明之謂也。

林疑獨注：人生芒昧之中，非無不芒之真性也，爲物所蔽而不自知耳。聖人則不由是非之塗，忘懷息慮，照之于天，然吾之所照特因世有是非者耳。故曰：「亦因是也。」以此爲是，亦爲彼所彼；以彼爲非，彼亦自以爲是。彼之與此，各有一是一非，莊子欲明其無彼是而不定其所以然。故託以果且有無之語。既忘彼是，又忘其所以彼是，彼是不得與我爲偶，此謂道樞。樞者，運轉開闔之機。環者，虛而未離乎形。樞之體圓而動，妙有也。環之體圓而靜，真空也。妙有、真空相資爲用，所以應無窮也。非天下之至明，孰能與於此？

陳詳道注：人心固清明於水火，與物相馳，與形俱化，而至於芒乎無知者，無明覆之耳。蓋芒者，人也；不芒者，天也。善養心者，不以人滅天，存其不芒者而已。人之生也，天與之成形，道與之成心。隨其成心而師之，則冥與道契。奚必知代而心自取者有之？代者，陰陽之變。知代而心自取道，則知者也。人皆有成心可師，奚必知者爲然？未成心而有是非，是以無爲有。榮華其言，雖有神禹且不能知，況非神禹乎？夫人之心，以道尊之則君，以道求之則師。有是非之心而師之，則是是、非非而全於知。有是非之心而役之，則是非、非是而歸於愚。古之人始乎師心而卒乎忘心。師心，則是非所以彰。忘心，則是非所以泯也。夫言非吹也，言者有言，吹出於自然而無所停，言出於有辯而無瑕謫。鷇音不出於所倡而猶有辯。言始於有言，而卒於無言，故有異於吹。辯始於有辯，而卒於無辯，故異於鷇音。道惡乎往而不存，則道固無隱矣，而隱於小成。言惡乎存而不可，則言固無隱矣，而隱於榮華。小成則不冥於大道，而真僞所以生。榮華則不要於實際，而是非所以著。今欲是儒墨之所非，而歸於真是；非儒墨之所是，而歸於真非。聖人不由彼是而照之于天，亦因是也。樞，所以運轉開闔；環，則圓虚善應。樞得環中，以爲運轉；萬物得樞，以爲之應。所以付是非於兩行而無窮也。

陳碧虚注：人之生也，皆以欲惡蕩真，是非滑性，芒昧而不明。至人超然生死，妙理昭明，豈有芒昧者乎！夫不師道法古，而自執己見，謂之成心。若隨成心師之，誰獨無師？人人自有師，則不須賢以代不肖也。若以成心自取，而爲有所得者，則愚人黨與亦衆矣。故道者同於道，失者同於失也。心未成而有是非，越未適而云先至，理本無而强謂之有，因是有而有有莫窮，雖至德神人，亦不能知其所以。吹，猶鳴也，故與言異。彼此持勝，故無定言。言者，所以宣意，吹則無義可取，若不以義取言，其與鷇音何異？大道未嘗隱而學者有真僞，至言未嘗晦而語者有是非。道人無間，何適不有？言化群品，何往不通？大道廢，有仁義，小成之謂也。知慧出，有大僞，榮華之謂也。儒學周孔，墨宗夏禹。儒之所是，墨之所非；墨之所是，儒又非之。今欲是儒者所非而非墨者所是，莫若反覆相明，而彼此是非兩行矣。物情本無非彼，因其對偶故也。本無非是，因其自勝故也。自彼則不見，如緩之成儒，不見彼翟之爲墨。自知則知之，翟之守墨，出於自勝，緩以儒自是，亦因有翟而已。彼此、是非亦猶方生者貴生、方死者樂死，是以聖人照之於天，不由於人，亦不得謂無，因是也。彼是各一是非，而求其果且有無，歸於忘言之極，則莫得其偶，謂之道樞。樞者中空，轉而不滯，户樞之用要在環中，以應無窮。若乃道之樞，則以理轉物，雖天地之大、萬物之多，無有能對道樞之妙者矣。

虚齋注：芒，即役役而不知所歸，則不芒矣。成心，即子思所謂誠者自成也。此本然之性，能盡其性，則無所不通。人皆有是心，奚必他求師邪？代者，晝夜生死之理。

人能師其成心，則此理自明，奚必求知如子路之問鬼神與死？是必欲知代也。故孔子答以事人、知生，欲其自取於心耳。理未明而先有是非，以無有爲有，此妄人也。雖聖人亦無如之何。言，心聲。吹，風聲與比竹聲。鷇音，鳥子欲出卵之聲。三者不同，而有聲者存乎其中，則未嘗有異。言者有言，謂欲言未言之間，故未定。果有言邪？則其言未出。未嘗有言邪？則其言將出。於此之時，不可得而辯，猶鷇音也。道無不存，而有真僞之辯。言無不可，而有是非之分。儒、墨互相是非，非明莫辯也。物無非彼，物無非是。是，天也。彼，人也。自人而求之，不可得而見。自知則知之，知性則知天矣。彼出於是，有形生於無形也。是亦因彼，無形依於有形也。彼是方生之説，有無動静相生也。世人昏迷於是非之塗，莫之能辯。聖人灼見是非之理，要亦不過因其是者是之而已。彼是相因，有無相生，皆不能以相異。莫得其偶者，離彼是、有無而獨立，此乃道之樞要。樞者，處中而運外，酬酢萬變，如環無端，惟知者知之。

《鬳齋口義》云：芒，芒然無見識貌。天生蒸民，有物有則。天理未嘗不明，以人欲昏蔽，故至於芒昧。知道之人，豈如是乎？成心者，天理渾然而無不備。若能以此爲師，誰獨無之？知代，古賢者之稱。代，謂變化。言其知變化之理。自取，言其有所見。若未能見此渾然之理，而强别是非，猶今日適越而昔至。本無所見，强以爲有，雖聖人亦不能曉悟也。吹萬不同，皆聲而已。聲成文謂之言，則非吹比。言者有言，各宣其意，此四字便是是非之論所由生。其所言者，出於汝邪？出於造物邪？故云未定。鷇音未有所知亦由是也。道本無真僞，因何隱晦而有此真僞？言本無是非，因何隱晦而有此是非？道則小、大、精、粗皆存，言則是是、非非皆可。小成謂小識、偏見。榮華者，自誇詡而求名。偏見之言勝，則至言隱矣。自此而有儒、墨相非之論。若欲一定是非，須燭以自然天理。物我對立，而後有是非，故曰：彼出於是，是亦因彼。亦猶生必有死，死必有生。二者不可相離，不若因其所是而是之。聖人所以不任一偏之見，而照之以天理。混彼我而一之，爲得道之樞要，始如環中之空而應物無窮，是非各無窮，亦照之以天理而已。

按諸解，多以成心爲善，或以成心爲否。考之下文「未成乎心而有是非，是今日適越而昔至」，則〔一〕成心者，是非分別之所自萌，不可以善言之也。愚嘗侍西蜀無隱范先生講席，竊聆師誨云：未〔二〕成心則真性混融，太虛同量；成心則已離乎性，有善有

〔一〕「按諸解」至「昔至則」：此數十字朱本無。
〔二〕未：此字朱本脱，上並有「成心者，有見不虚，意必固我之總名」十四字。

惡矣。人處世間應酬之際，有不免乎成心，即當師而求之於未成之前，則善惡不萌，是非無眹〔一〕，何所不齊哉？ 其論精當，足以盡祛前惑。 再衍餘意，輒陳管見云〔二〕：夫人之止念非難，不續爲難，能自初成心，即師而求之於未成心之前，則念不續而性可復矣。 是故對物則心〔三〕生，忘物則性現。 心者，性之用，萬法之本原，一身之主宰，蓋不可蔑無〔四〕，若曰成心，則流乎意矣。 心之爲物，出入無時，莫知其鄉，然方寸之所欲爲，未有不因物而生者。 心，离也。 离主火，火不能自形，必有所麗而後見。 心同太虛，則無所麗矣。 且心麗物而爲善，猶不若無心無爲，況麗物而爲惡乎？《關尹子》云：「來干我者，如石火頃，以性對之，物浮浮然。」此遺物、離人、攝情〔五〕、歸性之要道也。 學者歸而求之，有餘師矣。 知字舊音去聲，或讀如字。 以下文「愚者與有」證之，則音智爲當。 與音預，碧虛以黨與釋之，獨異於衆。 知代

〔一〕眹：朱本、四庫本作「朕」，通。
〔二〕再衍餘意輒陳管見云：此九字朱本無。
〔三〕心：朱本作「意」。
〔四〕無：朱本作「者」。
〔五〕情：原作「性」，據朱本、四庫本改。

之義，諸解不同，審詳經意〔一〕，知代而心自取者，正指師心之人，以知代用，自取於道，以爲成心者也。

〔一〕「知字」至「經意」：此數句朱本作「知音智，與音預」。

南華真經義海纂微卷之三

武林道士褚伯秀學

齊物論第二

以指喻指之非指，不若以非指喻指之非指也；以馬喻馬之非馬，不若以非馬喻馬之非馬也。天地一指也，萬物一馬也。可乎可，不可乎不可。道行之而成，物謂之而然。惡乎然？然於然。惡乎不然？不然於不然。物固有所然，物固有所可。無物不然，無物不可。故爲是舉莛與楹，厲與西施，恢恑憰怪，道通爲一。其分也，成也；其成也，毁也。凡物無成與毁，復通爲一。唯達者知通爲一，爲是不用，而寓諸庸。庸也者，用也；用也者，通也；通也者，得也；適得而幾矣。因是已。已而不知其然，謂之道。勞神明爲一，而不知其同也，謂之「朝三」。何謂「朝三」？狙公賦芧，曰：「朝三而暮四。」衆狙皆怒，曰：「然則朝四而暮三。」衆狙皆悦。名實未虧，而喜怒爲用，亦因是也。是以聖人和之以是非，而休乎天均，是之謂兩行。

陳碧虛云：指馬之喻，自司馬彪、向秀、郭象，至有唐名士，皆謂漆園寓言構意而成斯喻，遂使解者指歸不同。今閲公孫龍《六論》内《白馬》、《指物》二論，有白馬非馬而指非指之説，乃知漆園述作有自來也。

郭象注：自是而非彼，天下之常情。以我指喻彼指，則彼指於我指爲非指；覆以彼指喻我指，則我指於彼復爲非指矣。彼我同於自是，又同於相非。此區區者，各信其偏見耳。聖人知天地一指，萬物一馬，故浩然大寧，各當其分，同於自得，無復是非。可於己者，即謂之可，不可於己謂之不可，道無不成，物無不然，各然其所然，各可其所可。譬夫筳横、楹縱、厲醜[一]、西施好，所謂齊者，豈必齊形狀、同規矩哉？故恢恑憰怪，道通爲一。夫物，或此以爲毁，而彼以爲成，我所謂成，彼謂之毁者，皆生於自見而不見彼。唯達者無滯於一方，寄當於自用，因而不作故也。不知所以因而因，謂之道。道，即一也。達者之於一，豈勞神哉？若勞神明於爲一，與彼不一無異矣，亦同衆狙因所好而自是也。是以聖人莫之偏任，付之自均，聽天下之是非兩行而已。

吕惠卿注：以指喻指之非指，雖有名實、小大之辯，不出於同體，曷足爲非指乎？

〔一〕醜：原作「施」，據四庫本改。

以馬喻馬之非馬，雖有毛色、駑良之辯，不離於同類，曷足爲非馬乎？唯能不由是非而照之于天，則出乎同體，離乎同類，然後足以定天下之真是非。故天地雖大，無異一指，以其與我並生而同體也。萬物雖衆，無異一馬，以其與我爲一而同類也。則物之可不可，其孰自哉？道行之而成，非無爲而成也。物謂之而然，非本有而然也。其所然、所可，乃不然、不可之所自起，而求其爲之者不可得，則知其本無有，此物之所齊也。胡爲趨舍於其間哉？小大美惡，固常相反，今以道通而一之，則其分也，乃所以成；其成也，乃所以毁，而萬物無成與毁，復通爲一，唯達者知通爲一。故我則不用，寄萬物之自用，寄物則通，通則無入而不自得，適得而近道，未可以爲道，以其猶知其然也。知是之無體而因之，已而不知其然而後謂之道。道所以通爲一者，以其小大、美惡之所自起，有在於是。若不知其然，勞神明而爲之，乃所以爲不一也。猶朝三暮四、朝四暮三不離乎七，而皆怒皆悦，此群狙所以見畜於公，而公所以籠群狙也。亦因是而已。

林疑獨注：是非各執，彼我異情，以我指比他指，則以我指爲是、他指爲非。今欲息是非之辯，反以他指爲主，以比我指，則他指爲是，我指爲非矣。以馬喻馬，其義亦然。反覆相喻，則彼我既同於自是，又同於相非。是非同歸於道，則雖天地之大，萬物之多，近取諸身，則一指；遠取諸物，則一馬也。夫無可無不可、無然無不然者，天下之至理也。可道之道，行之而成；可物之物，謂之而然。已以爲然而然之，已以爲不然而不然之，皆不免於所係，莫若任物之自然、自可，縱橫、美惡復通爲一，則道無不成，物無不然也。其分也成也，言道散爲物。其成也毁也，有始必有終。夫道，無成毁。成毁者，物之獨見。分木以爲器，器成而木毁，固在造化之間耳。達者廢獨見，而冥至理。爲是不用而寓諸庸，蓋寄之常用，則無往而不通，無入而不自得，斯爲近道矣。道本無通無得，爲物不通不得，所以有通得之名，因是而復歸於無則已矣。既已而不知其然，强名之曰道也。夫神明在身，宜任其自然。今勞而求其爲一，失之遠矣，何異狙公賦芧，朝暮四三，名實無虧，喜怒爲用？世人不通至理者，與衆狙同乎喜怒，是以聖人和同乎是非，而休乎自然；聽其兩行，而歸乎一致也。

陳詳道注：近取諸身，以明天地，則天地一指也；遠取諸物以明萬物，則萬物一馬也。蓋天地雖大，不離乎有體；萬物雖衆，不離乎有用。不離有體，則於空中猶一指而已；不離有用，則於天下猶一馬而已。若夫道，則無體而體以之成，無用而用以之備，無在無不在，無爲無不爲，豈一指、一馬之謂哉？

陳碧虚注：指者，指斥是非也。凡人之情皆以此爲是，指彼爲非，彼不知非，又指此爲未是，因執此指爲是，而謂彼指爲非。若天下無有相指者，則物自爲物，不爲人强物；

指自爲指，不矜此妄指。物不爲人强物，則忘物；指不矜此妄指，則非指矣。且不指物之指，元無彼此是非。爲指物之指，强生彼此，是爲非指也。馬固有形、色，拾色命名，蓋言馬耳。言馬則天下之馬一馬也，白、墨不與焉。今求色命馬，故曰白馬。求白馬，則黄黑之馬去矣。是因求色而失其形，求色失形，則白馬非馬也。若乃時之尚白，則以白爲是，以馬爲非，斯則以非爲是，以是爲非也。夫〔一〕懷是非之心而不能齊者，指物有彼此；忘彼此，則雖天地之殊，猶一指也。分種類之多而不能一者，形色有去取；脱去取，則雖萬物之繁，猶一馬也。自其同者視之，可乎可也；自其異者視之，不可乎不可也。非道行之則敗，敗則孰謂之然？凡順理則然於然，無物不然也；逆理則不然於不然，無物然也。若詣理全當，則無不然、無不可而自然冥會也。夫物狀萬態，形類不同，唯道通而一之，譬工之造器，計其成器，孰慮其毁樸哉？論成則無毁，論毁則無成，其於道也，復通爲一。故達者因道樸之不爲世用，而寄諸自用，是用之者假不用也。知不用之用，則有得於己，適得而盡矣。猶有迹存焉，知道之深者，心冥體會而已。已而不知其然，無因是之迹也。若勞神明以爲一，則如狙公之役知以籠群狙，群狙之以喜怒爲用，亦因是也。

〔一〕夫：四庫本作「大」，訛。

王雱注：舉指馬以喻非指非馬，據此已有指有馬矣，故必至於未始有物而後爲得也。天地異體，萬物異用，有體故雖大而均於有在，有用故雖衆而均於有窮。若無不該無不遍者，豈一指一馬之謂乎？萬物之變，固自有可不可、然不然者，但當冥夫至理，不係於心而已。道無不成，物無不然，則可不可、然不然皆爲至理。合乎至理，則物之縱横美惡皆爲一矣。道又散而爲物，終則有始也。成毁者，物之妄見，冥於理則無成與毁，道通爲一也。雖然，固不廢萬物之成毁，但寄之常用而不自有耳。故無往而不通，通則得，得則近矣。若勞神明而爲一，豈知其同哉？故繼以狙公之喻，朝暮雖異而芧無增減，事變雖殊而心無得失，任世情而不覈至理，未有不同乎衆狙者。聖人則和是非之有無，而聽其兩行也。

趙虚齋注：知指之外别有運動之者，則知指之非指；知馬之外别有驅馳之者，則知馬之非馬。指、馬有形者也；非指、非馬，無形者也。以有形喻形之非形，不若以無形喻形之非形也，則知天地之運、萬物之生，皆别有主宰之者，求之於天地、萬物之外可也。可不可、然不然、縱横、美惡、恢恑憰怪、是非、成毁復通爲一，則無是非，雖是亦不用也。庸，常也，常者無用之用，所以爲通。通則得，得則近於道矣。因是已，已則不特非者息，是者亦息，是非皆息，而猶不知其然，是未嘗有真知而離形去知，以爲坐忘，非勞而何？

神，即明也；明，即神也。朝三、暮四，即朝四、暮三，惑於是非、先後而不知其同也。狙公因衆狙之喜而從之，亦因是也。

《鬳齋口義》云：指，手指也。以我指爲是指，則以人指爲非指。彼非指之人，又以我指爲非指。物我對立，是非不可得而定也。馬，博塞籌，《禮記・投壺篇》下馬有多寡，博者之相是非亦然。緣有彼我，故有是非。若天職覆，地職載，亦豈可以彼我分乎？此言物論之不可不齊也。可者可之，不可者不可之。道行而成，皆自然也。物謂而然，説底便是。亦何所然，何所不然？言物物分上，本來有所然、有所可，既無物不然、無物不可，横、直者各當其分，美、惡者各全其質，皆通而一之，歸諸造物也。凡物無毁則無成，無成則無毁，如伐木以作室，室成而木毁。知此理，則去其是者不用而寓諸庸，常以爲用，隨用皆通，通則得，得則盡矣。人有勞苦神明，自爲一偏之説，而不知理本同者，謂之「朝三」。做此二字以設喻，與「方生」文法同。名、實未變，喜、怒隨之，喻是、非之名雖異，而實理則同，但能因是，則世自無爭，而任是非之兩行也。

褚氏管見云：彼我異情，是非互指，東家之西，即西家之東；天地之先，亦太極之後。此亘古今而不齊者也，而真人舉非指、非馬之喻，可謂善齊物論矣。以指喻指之非指，常人之見也。以非指喻指之非指，至人之見也。非馬之義亦然。世之至見少而常見多，則天地一指、萬物一馬之論，又所以重增其惑也。請解之曰：所異者天下之情，所同者天下之理。一理可以通萬情，則非指亦是也。萬情不能歸一理，則是馬亦非也。蓋指馬涉乎形迹，所以不免是非，非指非馬則超乎形數言議之表，故天地雖大，而一指可明，以其與我並生也。萬物雖多，而一馬可喻，以其與我爲一也。凡得其情而通其理，則物雖萬殊，融會在我，事隔千里，契之以心，古之一群情、有大物者，得諸此。太上云：「得一萬事畢。」此物之所齊，論之所止，而非言之極議也歟！

古之人，其知有所至矣。惡乎至？有以爲未始有物者，至矣，盡矣，不可以有加矣。其次以爲有物矣，而未始有封也。其次以爲有封焉，而未始有是非也。是非之彰也，道之所以虧也。道之所以虧，愛之所以成。果且有成與虧乎哉，果且無成與虧乎哉？有成與虧，故昭氏之鼓琴也；無成與虧，故昭氏之不鼓琴也。昭文之鼓琴也，師曠之枝策也，惠子之據梧也，三子之知幾乎，皆其盛者也，故載之末年。唯其好之，以異於彼；其好之也，欲以明之彼。非所明而明之，故以堅白之昧終。而其子又以文之綸終，終身無成。若是而可謂成乎？雖我亦成也。若是而不可謂成乎？物與我無成也。是故滑疑之耀，聖人之所圖也。爲是不用而寓諸庸，此之謂以明。

郭象注：人而知夫未始有物，則外不察乎宇宙，內不覺其一身，故曠然無累，無所不應。其次有物而未有封，雖未都忘，猶能忘其彼此。其次有封而未有是非，雖未忘彼此，猶能忘彼此之是非，無是非，道乃全。道虧，則情有所偏而愛有所成，果且有無成與虧乎哉？夫聲不可勝舉也，故吹管、操絃，雖有繁手，遺聲多矣。而執籥、鳴絃者，欲以彰聲也，彰聲而聲遺，不彰聲而聲全。故欲成而虧者，昭文之鼓琴；不成而無虧，昭文不鼓琴也。夫三子者，皆欲辯，非己所明而明之，故知盡形勞，枝策假寐，據梧而瞑。賴其盛，故能久，不爾早困也。三子自以殊於衆人，欲使同己所好而彼竟不明，故己之道術終於昧然。文之子又終文之緒，亦卒不成。若三子而可謂成，則我之不成亦成也。若是而不可謂成，物與我無成也。聖人各冥其所能，曲成而不遺。今三子欲以己之所好明彼，不亦妄乎？聖人，無我者也。滑疑之耀，則圖而域之；恢、恑、憰、怪，則通而一之。使群異各安所安，衆人不失所是，則己不用而萬物之用用矣。放蕩之變，倜奇之異，曲而從之，用雖萬殊，歷然自明也。

呂惠卿注：道無不在，則物無非道；物無非道，則道外無物。此古之人所以爲未始有物，能即物而爲道者也。知止於此，則至矣。其次以爲有物而未有封域，未能即物爲道，而能以道通物。其次以爲有封，而未有是非，未能以道通物，而能遺物以合道。二者所知雖未盡善於道，猶未虧也。至於是非之彰，道所以虧，道虧而情生，愛之所以成也。

然自達者觀之，未始有物，果且有無成虧乎哉？昭氏之鼓琴，師曠之枝策，惠子之據梧，明有無成虧之意，亦幾矣。若是而可謂成，則無成者亦成也；若是而不可謂成，則物與我卒無成也。奈何役心於有無、成虧之間，而欲以爲成哉？凡光耀未盡，以滑吾心，而疑於有無者，猶圖而去之，復歸於明而後止，況容有物乎？所以爲是不用而寄諸萬物之自功，此之謂以明。

林疑獨注：死生物之至大，能無死生，則餘物不待無而自無。故以爲未始有物者，至矣。其次有物而未有封，未忘死生爲有物，猶未至於彼此封疆也。其次有封而未有是非，離俗學道，已有封矣，猶能知彼我異情、任其自是自非，而無是非也。夫道體渾淪，本無彼此，是非既立，各止一隅，此道之所以虧，愛之所以成。有愛則有惡，而彼是具焉，君子論道本以救虧，而言有所彰更成分别，故莊子於此不定成虧之有無，得意忘言，有在於是。古之聖人極高明則寂然不動，此昭氏之不鼓琴也；道中庸，則感而遂通，此昭氏之鼓琴也。師曠之枝策，惠子之據梧，三子之知皆近道而未至，然其藝術之盛載之末年，言終身不悟也。不盡性則滑，不窮理則疑。耀者，光之散也。聖人之所圖，不在於覺而在於妄，故寄之衆人之常用而能不昧〔一〕也。

陳詳道注：太易者，未見氣也，而體之者以爲未始有物，至矣，盡矣！太初者，氣之始，而體之者以生爲喪，以死爲反。太始者，形之始，而體之者以無有爲首，以生爲體，以死爲尻，蓋以生死爲喪反者已。犯於物而未離乎道，故未始有封。有封者，德也。以無有生死爲首體尻者，已囿於封，未涉於事，故未有是非。道未嘗虧，而虧於是非之彰；愛未嘗成，而成於道之所虧。道，樸也。是非，器也。器成，則樸毀。道，江湖也。愛，濡沫也。江湖失，則濡沫興。此成虧之所以長相仍，而莊子亦不定言其有無，在人以意求之。夫不資物而樂，天樂也。資物而後樂，人樂也。昭文、師曠、惠子之樂，皆不免於資物，其好徒異於衆人。身之所欲明者，卒於似是而非也。凡物未嘗無成，亦未嘗有成。以俗觀三子之術，則無不成，此所以耀矣不光而天下爲之滑疑也。

陳碧虛注：未始有物，即遊於物之初，謂隱几者也。其次有物而未有封，嗒然喪偶之謂也。其次有封而未有是非，「吾喪我，汝知之乎」是也。是非彰而道虧，道虧愛所以成，果且有無成虧乎哉？昭文、師曠、惠子之技，性所長者，而欲使性短者明之，則知盡

〔一〕昧：四庫本作「寐」，通。

精竭，不能兩得也。大意在乎自明、自治而已。若以明示他人，皆衒技者也，安可謂之成哉？聖人以精奇卓異之事爲爚亂非常，故規畫限域，處物之分内，而寄諸自用，則三子之技，各有所明矣。

趙虚齋注：《列子》曰生物者則不得謂之無，無極而太極也。有太極則有陰陽，是謂有封。陰陽分而剛柔有體，善惡生焉。喜、怒、哀、樂未發，則未始有物。謂之中，則未始無物。喜、怒、哀、樂，封也。中節、不中節，是非之彰也。中既發，則性動而情矣。愛者，情之根本。有動靜，則有成虧矣。昭文之琴，非師曠不知其音。惠子之辯，非莊子不知其旨。三子各造於妙，而不鼓之鼓、不聽之聽、不辯之辯，蓋未之知也。故莊子後之。莊子自謂所以異惠子者，我之所明異於彼，彼於不足明而明之，雖肆堅白、同異之辯，終於昏昧不明。若昭文之子，不知無絃之玄，終於無成而已。如此而謂之成亦可，謂之不成亦可，皆不係乎其真。是故滑亂、疑惑之中而明出焉。聖人之所尚也。

《鬳齋口義》云：此一段，固是自天地之初説來，然會此理者，眼前便是。且如一念未起，是未始有物；此念既起，便是有物。因此念而有物、有我，便是有封。因物我而有好、惡、喜、怒，便有是非。未能回思一念未起之時，但見胸次膠擾，便是道虧而愛成。及此念一過，依然無事，便見得何嘗有成虧？若能如此體認，皆是切身受用。先説成虧之理，卻以鼓琴喻之，繼以師曠、惠子，三子之技皆有盛名於世，以終其身。三子之好，自以爲異於天下，故誇説以明之，而聽者不能曉。故終身無成。堅白，公孫龍之事，莊子卻以爲惠子，但借其分辯堅白之名耳。滑亂而可疑，似明不明也，言聖人之心所主未嘗着跡，故所見若有若無。圖字，訓欲。聖人之所欲者正若此。所以去其是不用而寓諸尋常之中，此之謂以明。

古之人貴真知而遣妄知，去滯有而存妙有，所以保性命之真，全自然之道也。人心澆漓，世道愈降，有物以窒其虚明，有封以限其疆域，物我對而是非彰，是非彰而道虧愛成也。果且有無成虧乎哉？又重提唱以警省人心，俾悟夫齊物之本旨也。夫成虧者，物之粗迹，信能復〔一〕乎無物，何成虧之有？昭文鼓琴之至精者，以其未超乎形、聲、度、數，故不逃〔二〕成虧。枝策謂以杖擊樂，據梧者隱几談論，此師曠惠子之所長，各以其能自是，至老好之不衰。非唯己好之，又將以明彼，不度彼之所宜，徒强聒以求合，以至昧然而終，莫覺莫悟。而文之子又以綸終〔三〕，終身無成。明前三子成於

〔一〕復：朱本作「後」，訛。
〔二〕逃：朱本此字下有「乎」字。
〔三〕終：朱本作「緒」，訛。

技而虧於道，固自以爲成。文之子既虧於技，又虧於道，亦自以爲是，言彼是之各偏，成虧之無定也。滑疑之耀，謂三子之技滑亂於世而疑眩耳目。故聖人之所圖，爲此不可用而寓之於常道，求以漸復其初，是謂善用其光而不耀者也。

今且有言於此，不知其與是類乎？其與是不類乎？類與不類，相與爲類，則與彼無以異矣。雖然，請嘗言之。有始也者，有未始有始也者，有未始有夫未始有始也者。有有也者，有無也者，有未始有無也者，有未始有夫未始有無也者。俄而有無矣，而未知有無之果孰有孰無也。今我則已有謂矣，而未知吾所謂之其果有謂乎，其果無謂乎？天下莫大於秋毫之末，而太山爲小；莫壽乎殤子，而彭祖爲夭。天地與我並生，萬物與我爲一。既已爲一矣，且得有言乎？既已謂之一矣，且得無言乎？一與言爲二，二與一爲三。自此以往，巧歷不能得，而況其凡乎！故自無適有，以至於三，而況自有適有乎！無適焉，因是已。

郭象注：今言無是非，不知其與言有者類乎，不類乎？謂之類，則我以無爲是，彼以無爲非，斯不類矣。此雖是非不同，亦未免於有是非，則與彼類矣。故類與不類，相與爲類，與彼無異也。將大不類，莫若無心。既遣其非，又遣其遣，遣之又遣，是非去矣。雖然，試嘗言之：有始也者，言必有終。有未始有始也者，無終始而一死生。有未始有夫未始有始也者，言一之者，未若不一而自齊，斯又忘其一也。有有也者，有有則美惡是非具焉。有無也者，有無則未知無無，是非好惡猶未離懷。有未始有無也者，知無無矣，而猶未能無知。有未始有夫未始有無也者，俄而有無矣，而未知有無之果孰有孰無也，此都忘其知，俄然始了無耳。了無，則天地萬物，彼我是非，豁然確斯也。又不知吾所謂之果有果無爾，乃蕩然無纖芥於胸中也。夫以形相對，則太山大於秋毫。若各據性分，物冥其極，則形大未爲有餘，形小不爲不足。足於其性，則秋毫不獨小其小，太山不獨大其大。若以性足爲大，則天下之大未有過於秋毫。若其性足非大，則雖太山亦可稱小矣。太山爲小，則天下無大。秋毫爲大，則天下無小。足於天然，安其性分，故雖天地未足爲壽而與我並生，萬物未足爲異而與我爲一也。萬物萬形，自得則一，已自一矣，理無所言。物或不能自明其一，故謂一以正之。既謂之一，即是有言。一與言爲二，一本一矣，言又二之，有一有二得不謂之三乎？以言言一，猶乃成三，凡物殊稱，何可勝紀？故一之者，與彼未殊；而忘一者，無言而自一也。

呂惠卿注：夫人所以不能遺彼我、忘是非以至於未始有物者，以不知彼我、是非之心所自始也。欲達此理，必於其始觀之，故曰有始也者。始本無，自有此始，則有自矣。又曰未始有始也者，所以遣其所自也。遣之而所遣者不去，亦不免爲有所自而已。又曰未始有夫未始有始也者，所以遣其所遣也。既無所自，又無所遣，則我心之所自起，豁然得之。知今之所有者，舉出於無也。唯能知此，則存亡在我，我欲無之不起而已，故曰有無也者。然有此無亦未免爲有，曰未始有無也者，所以遣其無也。曰未始有夫未始有無也者，遣其所遣也。夫求其所始者不可得，又求其所無者亦不可得，則其悟在俛仰之間，脗然自合，故曰俄而有無矣，未知有無之果孰有孰無也，使學者忘言而以心契之。雖然，吾今所言亦未始有物也，則有謂、無謂吾安得而知之？又使學者知夫言之未嘗有言也。夫唯知吾心之所自起，則毫末、太山、殤子、彭祖以至天地、萬物，莫不起於此也，則小大久近，豈有常體哉？無名，天地之始，苟知此則我亦始於無名也。有我則有天地，故天地與我並生。有名，萬物之母，苟知此則我亦生於有名也。無我則無萬物，故萬物與我爲一也。

林疑獨注：無言然後見獨，見獨然後不類。今且有言者，欲遣其有，而言出更自爲有。遣有歸無以求不類，而遣之則更與爲類。故類與不類，復同爲類，則與彼無以異矣。然不言則無以悟天下之迷，故試言之。有始也者，有形而可見，見物不見道也。有未始有始也者，見道未忘道也。有未始有夫未始有始也者，氣形質具而未相離，謂之渾淪，此道之極致。有有也者，非妙有也。有無也者，非真無也。未知有無之果孰有孰無哉？

一陰一陽謂之道，陰陽不測之謂神，然而未能忘言，不得已而有謂，其果有謂乎，果無謂乎？ 世人所謂小大者言其形，吾所謂小大者言其道。 世人所謂壽夭者言其生，吾所謂壽夭者言其無也。 秋毫近於無形，以太山言之，足以爲大。 對無成虧而言，太山又爲小矣。 殤子近於無生，以彭祖言之，足以爲壽。 對無死生而言，彭祖又爲夭矣。 近於無生，故能與天地並生；近於無形，故能與萬物爲一也。

陳詳道注：夫道之在天下，無終無始，非有非無；及散而寓於物，則終始相循，有無相生。 故自徼觀之，則有始也者，有有也者；自妙觀之，極於未始有夫未始有始、未始有夫未始有無，斯爲至矣。《老子》曰：「無名，天地之始。」無者體，始者用也。 今先以有始而繼以有無，即用以原其體而已。 夫道之爲物，無而非虛，有而非實，無在無不在，無爲無不爲。 故古之言道者，常處以疑似，而不膠於有無，所以遣爲言之累也。

陳碧虚注：有始，謂道生一。 未始有始，混洞太無。 未始有夫未始有始，視聽不及，虛之虚者也。 此三者叙道，未始有氣。 有有，謂物形獨化，塊然自有。 有無，謂物形未兆，怕然虛寂。 未始有無，謂形兆之先，沈默空同，至無者也。 未始有夫未始有無，謂冥寂虛廓，搏之不得，無之無也。 此四者叙道未始有形。 俄而有無矣，謂道無不在，生化無時，萬物卓然而疑獨，翩然而往復，天地密移，疇覺其有無哉！ 有謂、無謂，未免其迹。

欲超二者，其唯忘言乎！

趙虚齋注：有始，有有，皆有也。等而上之，至於無始、無有，既以爲無而有我者存，則不得謂之無。然則所謂有無，何從而知之乎？天地與我並生，無壽夭也。萬物與我爲一，無巨細也。纔説一，即涉有言。有言，即有數。自無適有，不可勝窮。唯無所適，則所謂因是者，亦無之矣。況於非乎！

《膚齋口義》云：有始、未始有始、未始有夫未始有始，即《列子》所謂太質、太素、太初之意。又謂若以太山爲大，天地更大於太山，故太山亦可謂之小。彭祖至壽，比之天地，又爲夭矣！天地與我並生於太虚之間，萬物與我並生於天地之間，雖草木昆蟲亦與我混〔一〕然爲一矣。

凡天下〔二〕之論，大莫過乎太山，壽莫過乎彭祖，此以形論，不能無限。若以虚空性體觀之，太山直細物、彭祖直嬰孩耳。秋毫雖細，而有形之初同具此理，何嘗無至大者存？殤子雖幼，而有生之初同禀此性，何嘗無上壽者寓？天地特形之大，萬物特

〔一〕混：四庫本作「藹」。

〔二〕下：四庫本作「地」，訛。

形之衆〔一〕，原其所自來，蓋未嘗不一也。故翻〔二〕覆互言，以破世人執著之見，以開物理造極之機。由是而進，黍珠容黎土、芥子納須彌之義，可類通矣。學者信能得其環中之空、休乎天均之分，則大秋毫而小太山、壽殤子而夭彭祖之論，非徒矯流俗之弊、救貪生之失，究理之極，有誠然者。奈何世眼徒見萬物之迹擾擾不齊，而方寸澄明之區與之俱滑，如水赴壑，莫覿還〔三〕源。故真人諄諄訓導，使之反究本初，混融物我，同胞同體，無間吾仁，皞皞熙熙，共樂清靜，則羲黄帝代，今日是也，聖賢密傳，此心是也。復何壽夭、彼此、大小、古今之辯哉？並生爲一，大槩與前一指一馬之喻相類，雖語若乖宜而理實精到，所謂正言若反，可與知者道也。

夫道未始有封，言未始有常，爲是而有畛也。請言其畛：有左有右，有倫有義，有分有辯，有競有爭，此之謂八德。六合之外，聖人存而不論；六合之内，聖人論而不議。《春秋》經世先王之志，聖人議而不辯。故分也者，有不分也；辯也者，有不辯也。曰：何也？聖人懷之，衆人辯之以相示也。故曰：辯也者，有不見也。夫大道不稱，大辯不言，大仁不

〔一〕衆：四庫本作「聚」，訛。
〔二〕翻：朱本、四庫本作「反」，通。
〔三〕還：四庫本作「其」。

仁，大廉不嗛，大勇不忮。道昭而不道，言辯而不及，仁常而不成，廉清而不信，勇忮而不成。五者圓〔一〕而幾向方矣。故知止其所不知，至矣。孰知不言之辯，不道之道？若有能知，此謂之天府。注焉而不滿，酌焉而不竭，而不知其所由來，此之謂葆光。故昔者堯問於舜曰：「我欲伐宗、膾、胥敖，南面而不釋然，其故何也？」舜曰：「夫三子者，猶存乎蓬艾之間。若不釋然，何哉？昔者十日並出，萬物皆照，而況德之進乎日者乎？」

郭象注：道未始有封，冥然無不在。言未始有常，是非無定也。道無封，故萬物得恣其分域。左右異便，物物有理，群分類别，逐競辯爭，略而判之，有此八德。六合之外，謂物性分之表，雖有理存焉，未嘗以感聖人，故不論。六合之内，陳其性而安之。先王之志，順其成迹，凝〔二〕乎至當，故物物自分，事事自别，若由己以分别之，不見彼之自别也。聖人以不辯爲懷，衆人則辯己所知以示之，故有不見也。大道無稱，付之自稱，大辯不言而自别，大仁無愛而自存，大廉無所容其嗛盈，大勇無所往而不順。以道明彼，彼此俱失；以言分彼，不及自分。物常愛必不周，廉激然則非清。忮逆之勇，天下疾之。此五

〔一〕圓：四庫本作「園」，通。本篇下同。

〔二〕凝：四庫本作「疑」。

者，皆以有爲傷當，不能止乎本性，而外求無已，猶以圓學方，以魚羨鳥耳。故所不知，皆性分之外，不求强知，止於不知之内而至矣。不言、不道，此謂天府浩然都任之也。至人之心，應而不藏，理存無迹，任其自明而光不蔽也。昔堯欲伐三國而問於舜，舜謂物之所安無陋也，則蓬艾乃三子之妙處。若不釋然，何哉？十日並出，無不光被，德進乎日，則又無所不照。今欲奪蓬艾之願，而伐使從己，於道未弘，故不釋然神解。若物暢其性，各安所安，則彼無不當，我無不怡也。

呂惠卿注：道無往而不存，未始有封也。言惡存而不可，未始有常也。由其自無適有，於是有畛域矣。夫惟有畛，故有左右以至於有競爭，言其不能不德，遂至於此。是以或存而不論，或論而不議，或議而不辯。觀六經之言，則聖人之所以論不論、議不議、辯不辯者可知矣。蓋理極則分有不分，辯有不辯。若欲事事物物分而辯之，卒至於有競有爭，聖人知理不可辯，懷之而已。衆人則辯以相示，而有不見也。故道、言、仁、廉、勇五者，皆圓而刓其鋭，則趨於道矣。心之出爲鋭，圓而刓其鋭，則不以生其心，豈容有知於其間哉？此不言之辯，不道之道也。天府者，有萬不同而至富，故注不滿、酌不竭而不知所由來，此光而不耀者也。堯欲伐宗、膾、胥敖而不釋然，三子猶存乎蓬艾之間，是未伐之也；未伐而不釋然，非應物而不藏，物採而後出者也。德進於日，其有不釋然者乎？言智日之所未照，故猶有是論也。宗、膾、胥敖之事，史所未聞。

林疑獨注：道有分者，物物自分；有不分者，我未嘗分辯也者。事事自辯，有不辯者，我未嘗辯。物自分，故分而不分；事自辯，故辯而不辯。聖人藏而不言，衆人辯以示之，故有不見也。夫道，無不在，不可名稱。不言之辯，斯真辯也。萬物各正性命，吾何所施其仁哉？大廉無隅，故無所容其嗛。大勇不忮，神武而不殺者也。凡物滯則有圭角，通則無方隅。五者，皆患在於滯：道滯於昭，言滯於辯，仁滯於常，廉滯於清，勇滯於忮。若圓刓其圭角以同乎大全，則幾於道之方矣。天府者，自然之藏，萬物所歸。故注焉不滿，酌焉不竭，比性命之情不增不減，求其所自來而不可得，此之謂葆光，其光在内，蔽而不發也。夫聖心冥寂，各安所安，無遠近幽深，付之自得。此天府之所自藏，葆光之所自出也。

陳詳道注：道未始有封，稊稗、瓦礫無乎不在也。言未始有常，存而不論、議而不辯也。及道降爲德，出而有畛，以體則有左右，以理則有倫義，以言則有分辯，以事則有競爭，何望乎物之齊哉？道昭而不道，公孫休之徒是也。言辯而不及，公孫龍之徒是也。仁常而不成，墨翟之徒是也。廉清而不信，於陵仲子之徒是也。勇忮而不成，北宫黝之徒是也。此五者，皆鋭其圭角，能刓而圓之，則近於道矣。推而上之，極於不可知之神，所謂真知無知是也。無乎不藏，天府也。不危其真，葆光也。此性之無喪無得者也。不言之辯，無所不舉；不道之道，無所不通。此即道以盡性之效也。弘於道者，一視而同仁，篤近而舉遠。若以物我爲心，是非爲辯，而欲攻人於蓬艾之間，至南面而不釋然，則所希者小、所損者大，非所謂知葆光也。

陳碧虚注：無有入無間，有封孰所礙？至言無不當，有常孰爲定？然可道、可言，豈得無規法？左右、倫義屬封，分辯、競爭屬言。其封其言，理有實際，故謂之德。六合之外，聖人不論，理存則事遺也。六合之内，聖人不議，事當則言忘也。歷代帝王治亂，聖人詳議褒貶，垂戒將來，非矜其博辯也。故分於内者，不分於外；辯於此者，不辯於彼。聖人懷之，知者不言；衆人辯之，言者不知也。大道不稱，謂無所不宜。辯、仁、廉、勇五者備矣，則於道無爲，於理自齊。若乃一事傷當，如以圓向方，必與物迕〔一〕矣。故不越分求知以戕自然之性，不言之辯，不道之道，皆藏于人心，豈非天府哉？有形則注必滿，有源則酌必竭。今不滿不竭者，是知無源，源之深；無形，形之大。深、大莫睹，故曰葆光。三子猶存蓬艾之間，猶鷦鷯安於一枝。十日，比堯之德，言其無幽不燭也。《道

〔一〕物迕：四庫本作「理忤」。

德經》云：「大國不過欲兼畜人，小國不過欲入事人。兩者各得其所欲，故大者宜爲下。」

趙虚齋注：道未始有封，無往不存也。言未始有常，無存不可也。爲欲明其是，然後有封畛，左右至競爭八者是也。六合之外，無形者也。六合之内，有形者也。有形生於無形，必有無形者爲之本。存而不論，無言也。論而不議，有言也。事至於議，辯論紛起矣。《春秋》，聖人筆削之書，寓是非於褒貶，蓋出於不得已，而諸傳又未必得聖人之心。故曰：「有不見也。」莊子借此以自明其著書之意。大道不稱至大勇不忮，五者圓而幾向方也，圓乃破觚爲圜之義，幾向方，近於道也。道昭至勇忮五者，皆道一名，立則道裂矣。知止乎其所不知，則無能名焉，道之至也。不言之言，有言言者；不道之道，有道道者。若人能知此，則其中虚，故曰天府，言物之所自出也。至於注不滿、酌不竭，則是無所底止，不知其所由來，併與知去之矣。葆光，言自晦其明也。宗、膾、胥敖，不見於經史。下章言正處、正味、正色，謂口之於味、目之於色、四肢之於安佚，有性存焉，堯欲克而去之，雖處至尊，不以爲樂。舜告堯以帝有真見，則是三者安其所當安，何必去之哉？唯聖人然後可以踐形，以是觀之，則宗、膾、胥敖似是寓言。

《鬳齋口義》云：有封，即彼我。有常，有所主也。至道至言，本無彼此，因人心之私有箇是字，生出許多畛域。八德只是物我對立之意，纔彼此對立説理説事，便各有所主，分辯無已。故六合之外，存而不論。釋氏所謂四維上下，不可思量。六合之内有許多道理，聖人何嘗不說？但不詳議以强天下之知。見於史册者，皆先王經世之意，聖人豈容不議？然亦何嘗爭競是非？凡天下之理，忘言爲至，纔到分辯，則是胸中無見，故有不分、有不辯也。大道不稱，謂無對立者。大辯不言，迺至言也。大仁不仁，無仁之迹。猴藏食處曰嗛，滿也。以廉爲廉，則意自滿，不得爲大廉矣。不忮者，不見其用勇之迹。圓，圓也。已上五者，皆是圓物，本自混成，若稍有迹，則近於方物，有圭角也。真知無知，便可以見天理之所會矣。故欲益不能，欲損不可，而不知其所由來。藏其光而不露，是曰葆光。宗、膾、胥敖，事無經見，亦寓言耳。蓬艾之間，喻物欲障蔽，謂彼三子物欲自蔽，不能向化。我纔有不悅之心，則物我對立矣。日於萬物無所不照，況德進於日而不能容此三子乎？物我是非，聖人所以寘之不辯者，照之于天也。十日之說，即莫若以明之喻。

堯欲伐宗、膾、胥敖一節〔一〕，似與上文不貫，然句首加〔二〕「故昔者」，則是因上文

〔一〕一節：此二字朱本無。

〔二〕加：朱本作「有」。

而引證無疑。第此事不見他經〔一〕，無所考訂。三國之名，義亦難分，諸解缺而不論。獨《音義》載崔氏云：「宗一、膾二、胥敖三也。」陳碧虚《音義》亦引崔説：「一云：宗膾、叢支、胥敖三國。」《人間世》篇亦有「堯攻叢、支、胥敖」之語，然觀者又當究其立言之意，不可以事迹拘也。偶得管見，附于編後，以俟博識〔二〕。竊詳經旨，自上文有封、有常、有畛而來。意三國者，借喻前六合内外、先王之志曰論曰議曰辯三條，皆欲攻而去之，所以離言辯之是非，復道德之玄默，而堯猶未能自勝，以問於舜，舜答以三子者猶存蓬艾之間，謂皆已存而不論，莫若聽其自處於無人之境，則在我不以介懷，在彼無所礙累，何不釋然之有？復〔三〕證云「昔者十日並出」，群陰皆退，有目有趾，待是成功，況今帝德又過乎日，則彼三者不待攻而自去〔四〕，理固然也。蓋以寓言夫論、議、辯不生，則是非自息，此齊物之大旨也〔五〕。

〔一〕此事不見他經：朱本作「事不經見」。
〔二〕「三國」至「博識」：此數句朱本作「崔氏云：宗一，膾二，胥敖三也」。
〔三〕復：朱本作「後」。
〔四〕去：朱本作「知」。
〔五〕也：此字朱本無。

南華真經義海纂微卷之四

武林道士褚伯秀學

齊物論第三

齧缺問乎王倪曰：「子知物之所同是乎？」曰：「吾惡乎知之！」「子知子之所不知邪？」曰：「吾惡乎知之！」「然則物無知邪？」曰：「吾惡乎知之！雖然，嘗試言之。庸詎知吾所謂知之非不知邪？庸詎知吾所謂不知之非知邪？且吾嘗試問乎汝：民溼寢則腰疾偏死，鰌然乎哉？木處則惴慄恂懼，猨猴然乎哉？三者孰知正處？民食芻豢，麋鹿食薦，蝍蛆甘帶，鴟鴉耆鼠，四者孰知正味？猿猵狙以爲雌，麋與鹿交，鰌與魚游。毛嬙麗姬，人之所美也；魚見之深入，鳥見之高飛，麋鹿見之決驟。四者孰知天下之正色哉？自我觀之，仁義之端，是非之塗，樊然殽亂，吾惡能知其辯！」齧缺曰：「子不知利害，則至人固不知利害乎？」王倪曰：「至人神矣！大澤焚而不能熱，河漢沍而不能寒，疾雷破山、風振海而不能驚。若然者，乘雲氣，騎日月，而遊乎四海之外，死生無變於己，而況利害之端乎！」

郭象注：所同未必是，所異不獨非，彼我莫能相正，故無所用其知。若自知不知，即爲有知而不能任群才之自當。故齧缺三問而王倪答以三不知也。汝豈知吾所謂知之非不知，不知之非知邪？魚泳於水，水物所同，咸謂之知。自鳥觀之，則向所謂知者，復爲不知矣。故舉民、鰌、猿三者，以明萬物之異便。次舉民、鹿、蛆、鴉四者，以明美惡之無主。又舉猿、猵、麋、鹿、鰌、魚、毛、麗以明天下所好之不同。不同者而非之，則無以知所同之必是，唯莫之辯，蕩然俱得。齧缺未能妙其不知，猶疑至人當知之，斯懸之未解也。至人神矣，言體與物冥，雖涉至變而未始非我也。

吕惠卿注：知止乎不知，物之所同是也。知物所同是，則非不知也。唯道不可知，知之所以不知；不知所以知之，則道之爲體可見矣。今夫民，以體知安佚爲正處，口知芻豢爲正味，目知好色爲正色，至於鰌、猿之所安，蛆、鴉之所甘，魚、鳥、麋鹿之相與爲偶者如彼，是各以其知爲知之正，則民與萬物之所知，豈有正處、正味、正色哉！誠不得正處、正味、正色而知之，則其所知者非正可知矣。故自我觀之，仁義是非，樊然殽亂，吾安能知其辯？所以四問四不知也。至人神矣，神則妙萬物而爲言。萬物莫非我，而我則無矣。孰能寒熱而驚懼之哉？

林疑獨注：民人之與鳥獸各隨所好，交相憎愛，孰知天下之正處、正味、正色哉？天下之正處，無處是也。天下之正味，無味是也。天下之正色，無色是也。雖然，以無爲是者，見無而已，故但言有處、有味、有色之殊，而不言無之爲正。自我觀之，是非仁義，樊然殽亂，孰從而正之？故不知其辯乃所以辯也。

陳詳道注：道以不知爲内，知之爲外，故知乃不知，不知乃知。然不知而知，其不知亦不免於有，故不定云知與不知。又不言無處、味、色之爲正，凡以遣其爲言之累而已。夫澤焚不熱，河沍不寒，疾雷不驚者，其天守全，其神無郤故也。乘雲氣，騎日月，則不疾而速，不行而至者也。

陳碧虚注：以同爲是，則無非。以非爲同，則無是。凡物形類不同，各不相知，雖都忘其知而物各存焉。且吾所知者，庸言不知，彼不知此也。吾所不知者，庸言知之，物各不相知也。吾所謂知者，萬物之理。所不知者，萬物之性。故濠梁之上，知儵魚之樂，庸詎信之哉？蟬飲而不食，蠶食而不飲，自不知其所以然。凡物之形類不同，色、味亦爾，性情所禀，豈可强齊？則仁義是非宜聖人所不辯也。至人神變不測，故造化莫移，方寸之地虚矣。身非我有，雲氣可乘也；視聽不用，日月可騎也。所在皆適，四海可遊也；生死莫變，利害何有哉！

趙虚齋注：吾所謂知未必知，所謂不知未必不知。子曰：「吾有知乎哉？無知也。」言必至於無知，斯爲真知。居、處、味、色，人與鳥獸各適所欲，不能皆同。孟子謂：「犬之性猶牛之性，牛之性猶人之性。」正類此言。欲識居、處、色、味之正，必離居、處、色、味而後有真識。欲知仁義、是非之正，必離仁義、是非而後有真知。齧缺復以至人爲問，王倪遂以姑射神人之説告之。二子皆寓言也。

《鬳齋口義》云：齧缺同是之問，王倪不知之對，即是知止其所不知。知之非不知，不知之非知，蓋謂不知即真知也。次論正處、正味、正色，皆是非物我之喻。結以仁義、是非紛然殽亂，亦猶處、味、色之不同，又安可得而辯哉？王倪即至人，神矣。妙萬物而無迹，不熱、不寒、不驚，即遊心於無物之始也。死生且不爲之動心，況利害是非乎！

諸解於齧缺首問「物之所同是」一句，似欠發明。竊考經意，蓋謂〔一〕人物之所同者性，所異者情。性流爲情，物各自是，彼此偏見，指馬相非，論殊而嫌隙生，辯極而忿争起，以至肝膽楚越、父子路人者有之。其患實始於知之一字，妄生分别。故王倪三答「吾惡乎知之」，欲齧缺反求其所不知，得其同然之性，而冥夫大通之理，則近道矣。

〔一〕「諸解」至「蓋謂」：此數十字朱本、李本並無。

又恐未能心會，繼以嘗試言之，引喻人、鳥、獸之異宜，以證處、味、色之非正，然則所謂知者，豈其真知？所謂不知，豈真不知哉？

太上云：「知者不言，言者不知。」今既有言矣，如知何？曰：舍其〔一〕多知而求其所不知，因其有言而究其所〔二〕言，則孰知不知之非真知，有言之非無言邪？

瞿鵲子問乎長梧子曰：「吾聞諸夫子：『聖人不從事於務，不就利，不違害，不喜求，不緣道，無謂有謂，有謂無謂，而遊乎塵垢之外。』夫子以爲孟浪之言，而我以爲妙道之行也。吾子以爲奚若？」長梧子曰：「是黄帝之所聽熒也，而丘也何足以知之！且汝亦大早計，見卵而求時夜，見彈而求鴞炙。予嘗爲汝妄言之，汝以妄聽之。奚旁日月，挾宇宙，爲其脗合，置其滑涽，以隸相尊？衆人役役，聖人愚芚，參萬歲而一成純。萬物盡然，而以是相藴。予惡乎知悦生之非惑邪？予惡乎知惡死之非弱喪而不知歸者邪？麗之姬，艾封人之子也。晉國之始得之也，涕泣沾襟；及其至於王所，與王同筐牀，食芻豢，而後悔其泣也。予惡乎知夫死者不悔其始之蘄生乎？夢飲酒者，旦而哭泣；夢哭泣者，旦而田獵。

〔一〕其：此字朱本、李本並無。下三「其」字皆同。

〔二〕所：此字下朱本、李本並有「未」字。

方其夢也，不知其夢也。夢之中又占其夢焉，覺而後知其夢也。且有大覺而後知此其大夢也。而愚者自以爲覺，竊竊然知之。君乎，牧乎，固哉！丘也與汝，皆夢也；予謂汝夢，亦夢也。是其言也，其名爲吊詭。萬世之後而一遇大聖，知其解者，是旦暮遇之也。」

郭象注：務來理自應，非從而事之。任而直前，無所避就，斯獨至者也。無彼有謂，有此無謂，是以言之者孟浪，聞之者聽瑩。付當於塵垢之外，玄合乎視聽之表。今瞿鵲方聞孟浪之言，便以爲妙道之行，無異見卵而責司晨之功，見彈而求鴞炙之實。予試妄言之，子試妄聽之，以死生爲晝夜，旁日月之謂也。以萬物爲一體，挾宇宙之謂也。以有所賤，故尊卑生，滑涽紛亂，莫之能正，不若委之自爾，脗合自然也。故衆人馳騖役役，聖人芚然無知，舉萬世而參其變，可謂雜矣，而與化爲一，常遊於獨。積是於萬歲，萬歲一是也；積然於萬物，萬物一然也。惡知悦生惡死之非惑邪？如麗姬者，一生之内，情變若此，況死生之異，惡能相知哉？觀寤寐之間，事變情異，則死生之願不得同矣。死生雖異，而各得所願。以方夢而不知其夢，則方死亦不知其死。必有大覺而後知其大夢，愚者夢中自以爲寤，竊竊然以所好爲君上，所惡爲牧圉，可謂固陋，況復夢中占夢哉！此非常之談，吊當詭異，萬世一遇，猶旦暮然，言玄同生死者，至希也。

呂惠卿注：聖人不知利害，故無就違；無不足，故不喜求；無非道，故不緣道。有謂乃所以無謂，無謂乃所以有謂，唯無心者足以與此。瞿鵲子嘗聞夫子言之以爲孟浪，而己則以爲妙道，然二者皆非。夫道，非言默所載。故黄帝之所聽瑩，夫子何足以知之！時夜生於卵而卵非時夜，鴞炙得於彈而彈非鴞炙，妙道因於所聞而所聞非妙道也。今之聞道者，自以爲悟，而不知日損以至於無爲，皆瞿鵲之徒也。道不可以言傳耳聽，予言之而汝聽之皆妄而已，欲其忘言而以心契之也。知日月之所以爲日月，而與之合其明，則可旁矣。知宇宙之所以爲宇宙，而其機在乎手，則可挾矣。爲其脗合，此所以爲妙道之行，非特聞之而已。滑涽而以隸相尊者，固置而不取矣。衆人役役，不見成功，聖人則愚而無知，芚而不散，雖萬歲之久，參而一之則成純矣。萬物盡然而以是相蘊，我體備萬物，萬物即吾體之謂也。參萬歲而一成純，則殤子可以壽於彭祖矣。萬物盡然以是相蘊，則秋毫可以大於太山矣。以麗姬觀之，則安知死者不悔其向之蘄生？又何生之可悦、死之可惡乎？

林疑獨注：聖人應之於不得已，何嘗從事於務哉？無揀擇故無就違，心至足故無求緣，乃能默時説，説時默，而遊乎塵垢之外也。聽主乎聰，瑩主乎明，謂黄帝之聰明乃能不惑、不蔽，而丘也何足以知之？如脗之合者爲之，滑亂而涽者置之，使各盡其極。臣隸於君，僕隸於臣，自然之勢也，任其不齊而不廢吾心之平等。故愚芚不别，參萬歲之變而一成純粹也。夫人莫不悦生，而生不能延；莫不惡死，而死不能免。在生安生，麗姬之在艾封也；在死安死，麗姬之在王所也。惡知死者不悔其始之蘄生乎？

陳詳道注：聖人不以己絶物，未嘗忘務而不應，不以物累己，未嘗役務而從事，利之不吾益，故不就；害之不吾損，故不違；供物之求，故不喜求；與道爲一，故不緣道。終日不言而未嘗無言，終日言而未嘗有言也。孟浪則不中平，聽瑩者聽而明也。夫子以爲孟浪，則不及；瞿鵲以爲妙道，則過矣。故曰：「太早計。」居日月之下而旁日月，生宇宙之中而挾宇宙，非役陰陽、官天地者，不足以與此。脗合則爲之，爲其所可爲也。滑涽則置之，不爲所不可爲也。雖相與爲君臣，時適然耳。役役愚芚，《老子》所謂「衆人皆有以，我獨頑且鄙」是也。參萬歲則古猶今，一成純則衆由一也。人皆知生之樂，不知生之苦；皆知死之惡，不知死之息，是以生生死死不知悦惡之爲妄，況知生死乎！古者謂死人爲歸人，則生人爲行人矣。弱喪不知歸，人以爲迷，生而不知死，非迷邪？生死往反，猶覺夢然，知夢之悲樂不足爲是，則覺之悲樂豈誠然哉！

陳碧虚注：孟浪，不精要貌。瑩，玉色。辯玉當以視，而云聽，豈非惑哉？黄帝，道之宗師，視聽不以耳目，若未忘言，是猶聽瑩也。夫司晨在雞，造炙須鴞，契道由心，此有其本也。今見末而喜者，早計輕侻音脱之徒耳。旁日月者，常照也。挾宇宙者，總攬也。

爲其脗合，從事無迹也。置其滑涽，忘其違就也。以隸相尊，世俗役役也。聖人愚芚，灰心槁形也。參萬歲而一成純者，通古今如旦暮，合萬變爲混成也。夫安生樂死，未出陰陽之域，惡得體冥乎道？故麗戎之女失艾封之樂，得晉國之歡，舍彼從此，本〔一〕爲無着，一生之内悲喜莫知，生死之際安可輕議？夫夢飲酒、夢哭泣者，情變之所致，非至人所有。以萬世爲一旦，此大覺者也。以死生爲一條，豈復有夢哉？愚者於夢中自以爲覺，尊己爲君，視人如牧，斯固陋之甚也。至人以生死爲大夢，超生死爲大覺。衆人以魂交爲夢，形開爲覺，顛倒詭異，惑於生死。是故達人發此覺夢之至言，以吊趣死之詭異。夫生死之係，雖無繩約而不可解，若乃經歷萬世，一遇大聖釋此生死之縛者，是猶旦暮之遇也。

王雱注：儒者之所以知孔子，不出乎形器之間，故於道未全。然所謂不知乃真知也，凡有言有聽不足以盡其真，故皆曰妄。旁日月、挾宇宙，此蓋識者所了，不可爲衆人道。如脗之合者，爲之置世之滑涽，使各盡其極而不以縈懷。若臣隸於君、僕隸於臣，自然之勢，本無高下，衆人役於滑涽，聖人冥於無物。萬歲之間，萬物之化，殽雜多矣，參合

〔一〕本：原作「木」，據四庫本改。

其變，俱爲純粹，此可以心了，不可以言受也。次論悦生惡死，證以麗姬之喻，義甚切當。蓋謂齊物論者，始於齊彼是，終於一死生，死生既一，物安有不齊者乎？夫大覺者本自無覺，對未悟而言，强立覺名，即是不覺之覺。覺與不覺，俱不可着。愚者之竊竊然自以爲覺，亦夢也，直爲其有是夢，故吾不得不爲之言夢，然大覺者知覺與夢本無異也。古之人不得已而有言，蓋爲發明此處吊當於至理而詭異於衆人也。

趙虚齋注：「聖人不從事」至「塵垢之外」，乃長梧平時告瞿鵲者，瞿鵲以爲妙道，而長梧以爲孟浪。瞿鵲未免有疑，長梧又語之曰：此數語乃黄帝之所聞見，非我所知。且汝未造此而遽以爲妙，無乃太早計乎？世之養生家不知大道之所存，以乾坤爲門户，坎離爲轂軸，求合吾身之造化，其不可曉者置之不言。而以百骸、九竅、六藏遞爲君臣，是何足以相治？所謂以隸相尊而不知有真君者存，衆人役役顛冥於利害，聖人愚芚則知而不言。萬物各具此理，而出機入機，安知死之不樂於生邪？《列子》載周之尹氏大治産，夜則夢爲人僕，其役夫夜則夢爲國君，夢中爲君爲牧，若固有之也。今吾與子問答已是夢語，告子此語是夢亦是夢説。其名爲吊詭，言舉世爲夢幻眩惑而不自覺，是可吊憫也。萬世之後一遇大聖，言舉世未有知之者。能知其解是旦暮遇之，言悟此理在頃刻間耳。

《鬳齋口義》云：孟浪，不着實。聽瑩，聽而能明也。太早計，謂汝之所言方如此，而早以爲妙道之行，見少而自多之意。旁附日月、挾懷宇宙、脗合至理、混而爲一，世人滑涽以隸相尊者，皆置之而不言。臣僕皆隸也，而自爲尊卑。衆人役役，聖人則渾然無知，合萬歲而觀，止此一理，更無間雜。麗姬悔泣以破悦生惡死之惑，飲酒哭泣，覺夢之間，變幻若此。夢中占夢之説，皆曲盡人情，則知衞玠之問，樂廣之答，未爲深達。大覺，即大悟。君牧，貴賤之分。吊詭，至怪也。我爲此言可謂至怪而中存妙理，萬世之後有大聖人出，知此等見解，與我猶旦暮之遇也。此亦後世有楊〔一〕子雲，必知我之意。

聖人無爲，任物自爲，故利害莫得而及，非有心於〔二〕避就也。不喜求，則方寸内虚；不緣道，則虚亦忘矣。不言而令行，無謂有謂也。言而無滯迹，有謂無謂也。若是則何塵垢之能染哉！此瞿鵲平日聞於夫子，以爲孟浪之言，而自以爲妙道之行。舉以求證於長梧，長梧謂此言誠妙，唯黄帝聽之始能明了，恐夫子亦未盡知之。況汝踐履未充，徒歎羡其美，是爲太早計，猶見卵而求時夜〔三〕也。予試妄言，汝試妄聽，以

〔一〕楊：四庫本作「揚」。
〔二〕於：此字朱本無。
〔三〕夜：朱本此字下有「見彈而求鴞炙」六字。

爲何如？　旁日月，挾宇宙，此神人之事，非與日月參光，天地爲常，未易語此。　儻能行前所論聖人之事，則可進乎是。　要在審其脗合自然者爲之，滑涽於俗者置之，從微至妙，由階而升，亦如以隸相尊，士隸大夫，大夫隸公卿，等而上之，聖而入於神矣。　衆人昧此，役於知見，不能暫息。　聖人如愚不分，故雖萬歲之久，事變之雜，合而一之，混然純備，無今古而忘死生也〔一〕。　聖人不獨善而已，又使萬物同證此道，相藴而熟成之，故能與天地並生、萬物爲一也。　凡人所以不能造此者，悦生惡死惑其心，喜怒哀樂戕其性，遂於後文申言，以破其迷。　觀麗姬之先泣後悔，則安知死者不悔其向之蘄生乎？　飲酒哭泣之無據，覺夢變幻之多端，夢中占夢，以喻世人迷之尤者。　必有大覺而後知此大夢也，而愚者於夢中自以爲覺，以〔二〕君牧貴賤於其間，何固蔽不通之甚！　舉世皆夢，又何分乎彼我哉！　是以此言達者喜其吊當，迷者驚其詭異，萬世一遇知其解者，若旦暮然。　重歎世人明此道者至希也。　竊詳〔三〕本章指歸，開人耳目〔四〕，正在

〔一〕也：此字朱本無。
〔二〕以：朱本作「而」。
〔三〕竊詳：此二字朱本無。
〔四〕開人耳目：此四字朱本無。

「大覺」二字，觀者宜究心焉。瞿鵲、長梧製名以問答。夫子指孔子，亦是寓言。

既使我與若辯矣，若勝我，我不若勝，若果是也，我果非也邪？我勝若，若不吾勝，我果是也，而果非也邪？其或是也，其或非也邪？其俱是也，其俱非也邪？我與若不能相知也，則人固受其黮闇，吾誰使正之？使同乎若者正之，既與若同矣，惡能正之？使同乎我者正之，既同乎我矣，惡能正之？使異乎我與若者正之，既異乎我與若矣，惡能正之？使同乎我與若者正之，既同乎我與若矣，惡能正之？然則我與若與人俱不能相知也，而待彼也邪？何謂和之以天倪？曰：是不是，然不然。是若果是也，則是之異乎不是也，亦無辯；然若果然也，則然之異乎不然也，亦無辯。化聲之相待，若其不相待，和之以天倪，因之以曼衍，所以窮年也。忘年忘義，振於無竟，故寓諸無竟。

郭象注：不知而後推，不見而後辯，辯之而不足以自信，以其與物對也。辯對終日黮闇，莫能正，當付之自正耳。同故是之，異故非之，皆未足信。是若果是，則不復有非之者；非若果非，則無復有是之者。故是非生乎好辯而休乎天均，付之兩行而息乎自正。待彼不足以正此，則天下莫能相正，任其自正而已。是非然否彼我無辯，故和之以自然之分，不待彼以正之也。是非之辯爲化聲，化聲之相待，俱不足以相正，故若不相待。和以自然之分，任其無極之化，則是非之境自泯，性命之致自窮。忘年故玄同死生，忘義故彌貫是非，蕩而爲一，斯至理也。至理暢於無極，故寄之者不得有窮也。

呂惠卿注：天下之所謂是非者，不過我是若非、若是我非、或是或非、俱是俱非，四者皆出於我與若，而我與若俱不能相知，則所謂是非者，卒不明。人固受其黮闇，誰與正之，必正於人也；而人者非同乎己，則同乎若；非異乎己，則異乎若；非同乎我與若，必異乎我與若。亦不過四者，而皆不能正之，則是我與若與人俱不能相知也。其待彼也邪？言不相待也。唯聖人知其然，故雖化聲之相待，若其不相待，則彼是莫得其耦，而休乎天均矣。何則？言之是非非有實也，聲之出於化而已。我之與人，相待與不相待，又出於識心之妄計也。我則和之以天倪而不爲之分辯，因之以曼衍，觸類而長之，則萬物不累乎心矣。窮年，則參萬歲而一成純之謂也。是不是、然不然之無辯者，知其同體而物物皆然也。窮年則忘年，無是非則忘義。始起於無竟，故終亦寓於無竟也。

林疑獨注：莊子蓋欲忘言，故立是論。「使我與若辯」至「我果非也邪」，設辭以遣之也。我勝若，若不吾勝，吾誰使正之，又遣其所遣也。「使同乎若者正之」至「同乎我與若矣，惡能正之」，此遣之又遣而至於無所復遣，斯其至矣。凡言是未必是，言然未必然，故其異同亦皆無辯。然之與是，復自相對，又均於辯也。有化者、有化化者，有聲者、有聲聲者，化者之化非聲則不顯，聲者之聲非化則不彰。化者聲之體，聲者化之用，此化聲之相待也。然而聲出乎化，非化之所能知。化統乎聲，非聲之所能識。此又若其不相待也。夫相待生於兩物，若合萬化爲一，則相待之迹無由而生。夫聲者常聲，不待物而後聲，聞者自因物而生聽耳。化者常化，不待聲而後化，見者自因聲而生識耳。此其所以相待而若不相待也。若夫化化者非化之所能化，聲聲者非聲之所能聲，又何相待不相待之有？和之以性命之本，因之以變化之餘，則古今之年有時而窮，而所以爲我者，不古不今而無極也。

陳詳道注：天倪者，性命之端。曼衍者，無窮之變。和以天倪，因以曼衍，則物我不蔽於是非而各盡其性命之分，此其所以窮年也。忘年則死生爲一條，忘義則可不可爲一貫，死生、可不可固無竟矣。而知忘之者，豈以爲有物邪？特寓之而已。

陳碧虚注：悟則不辯，辯則不悟，對辯不已，黮闇莫明，彼我不自信故也。夫水清則可以鑒妍醜，心虚則可以齊同異，若中無主則待於外，是逐物而遷者也。從箕子視比干則愚，以比干視箕子則卑矣。從管、晏視夷、齊則戇，以夷、齊視管、晏則貪矣。趨舍相非，嗜欲相反，將使誰正之？若乃飛者棲巢，走者宿穴，各安所安，孰曰不齊哉？夫彼我之情相待者也，是非之辯化聲者也，情不相待，惡有彼我？辯無是非，惡有化聲？是以虚心以和崖分，妙用以釋留滯，所以窮天年而無是非也。窮天年則忘年，無是非則忘義，故能振舉於無竟。以無盡之物、無極之理，寄諸無盡、無極而已矣。

趙虚齋注：自得之學，難爲人言，言之則辯論鋒〔一〕起，誰能正之？孔子曰：「莫我知也夫！」又曰：「知我者其天乎？」亦此意。化〔二〕聲相待，啐啄同時也。和以天倪，因以曼衍，和其光，同其塵也。是不是、然不然，皆不可得而辯，則是舉世不相知與人言無解者，是化聲之不相待也。如此，則但當和光同塵以樂其天年，何必强聒哉？忘年忘義，言此生、此理皆付之於忘，言造物者無窮，吾亦與之無窮而已。

《膚齋口義》云：勝負不足爲是非，則我與若辯者，彼此不能相知也。黮闇言所見不明，我與若皆不明，將使誰正之？議論與彼同既不可，議論與我同又不可，皆與我與彼不同亦不可，皆與我與彼相同亦不可，則是三者皆不能相知，必須待彼也。此彼字指造化，即所謂天倪。天倪者，自然之分。所以和者，因是而已。是不是、然不然，皆兩存之。若若定其然是，則有不然不是，便有是非之爭。化聲者，以言語相化服。相待，對敵也。若以是非、言語相對敵以求化服，何似因其所是而不相敵？故曰：若其不相待。不相敵

〔一〕鋒：四庫本此字作「蜂」。

〔二〕化：四庫本此字在「啐」字下，倒。

而尚同，則是和之以天倪，游衍以窮盡歲月，如此則併與歲月、義理俱忘之。振動鼓舞於無物之境，此振字亦逍遥之意。信能如是，則終身寓於無物之境矣。

是非勝負各執一偏，不能相正，則我與若與人俱不能相知也。而待彼也邪？言必付之造化耳。此一節諸解備悉，獨化聲之義隱奥難明，相待不相待之機亦未易以言盡，唯窮神通化者以心燭之，至理自見。諸解中疑獨立論最高，自成一家之言，與經文相表裏，非訓詁之學所能及。盧齋論化聲獨異於衆，而無竟立説尤長〔一〕。若以簡要論之，死生覺夢之分，出於化者也。彼我是非之辯，出於聲者也。覺夢依乎形，是非生乎情，有若相待也。然而化者自化，不知其所以化。聲者自聲，不知其所以聲，又若不相待也。要夫物理之至極，莫逃造化之自然，此萬化之所出入，萬物之所以齊也。詳此化聲之相待與形景之相待義同，前後互發明耳。吕氏注後附説云：「『化聲之相待』至『所以窮年也』，合在『何謂和之以天倪』之上，簡編脱略，誤次於此，觀文意可知〔二〕。」

〔一〕「諸解」至「尤長」：此數句朱本無。
〔二〕「吕氏」至「可知」：此數句朱本無。

罔兩問景曰：「曩子行，今子止；曩子坐，今子起；何其無特操與？」景曰：「吾有待而然者邪？吾所待又有待而然者邪？吾待蛇蚹蜩翼邪？惡識所以然？惡識所以不然？」昔者莊周夢爲胡蝶，栩栩然胡蝶也。自喻適志與，不知周也。俄然覺，則蘧蘧然周也。不知周之夢爲胡蝶與，胡蝶之夢爲周與？周與胡蝶，則必有分矣。此之謂物化。

郭象注：罔兩，景外微陰，天機自爾，坐起無待，無待而獨得者，孰知其故？責其所待，尋其所由，卒於無待而獨化之理明矣。若待蛇蚹蜩翼，則無特操之所由，未爲難識。今所以不識，正由不待斯類而獨化耳。或謂罔兩待景，景待形，形待造物者。請問造物有邪？無邪？無則胡能造物？有則不足以物衆形。明衆形之自物自造無所待焉，此造物之正也。今罔兩之因景，猶云俱生而非待也，故罔兩非景之所制，景非形之所使。形非無之所化，則化不化、然不然，從人之與由己，吾惡識其所以哉！方其夢爲蝶而不知周，俄然覺則蘧蘧然周也。自周而言故稱覺耳，未必非夢也。今之不知胡蝶，無異夢之不知周而各適一時之志，則無以明胡蝶之不夢爲周矣。世有假寐而夢經百年者，則無以明今之百年非假寐之夢也。覺夢之分，無異死生之辯。今所以自喻適志，由其分定，非由無分也。夫時不暫停，今不遂存。昨日之夢，於今化矣。死生之變，豈異於此，而勞心於其間哉！

呂惠卿注：罔兩之於景，同類也，而不知景之無待於形。猶我與若與人亦同類也，而不知其無待於彼。蓋景之行止、坐起，唯形是隨，則無特操者也。然本無情，豈知有待？若謂景待於形，形又何待而然邪？景之待形，非若蛇之待蚹而行、蜩之待翼而飛也，惡識所以然不然哉？人能通乎物之無知，則蛇蚹蜩翼亦無待而已。故方其爲蝶也，栩栩然不知有周；及其爲周也，蘧蘧然不知有蝶。一身之變，猶不自知，則物之化而異形，其能相知乎？物物不相知，則各歸其根。物物不相待，則莫得其偶。其有不齊者邪？

林疑獨注：景由形生，似乎相待而實不相待也。而罔兩者不知形、景皆屬造物，遂以爲行止、坐起在乎形，然非日、火之光，則雖有形，景何由生哉？此所謂不相待也。景曰吾所待又有待而然者，景之所待者形，而形亦未能無待，言待於造化耳。夫景之待形則亦微小，而形在造化中益又小矣。故曰「吾待蛇蚹蜩翼」，言物之至微薄者也。外篇蟲臂鼠肝亦此義。莊子寓意於蝶，以明夢覺無復分。知莊子夢蝶之理，則死生之說盡矣。

陳詳道注：罔兩待景而後有，景待形而後見，形待造物然後生。形之於造物已幻夢而爲蝶不知有周，覺而爲周不知有蝶，其勢不能合并，必有時而分矣。萬物之化亦如此。

矣，況景乎？景之於形已外矣，況罔兩乎？凡此皆非真實，故不足辯，況認其非真實者以爲有，而即其不足辯者以爲問。此莊子所以託景之答以祛其惑。夫天下之物，自迹觀之未嘗不相待，自理觀之未始有待。今景之爲物，以爲待形邪，非日、火則無見。以爲待日、火邪，非形則無有。然則形也、景也，日、火也，果有待邪？無待邪？惡識所以然不然哉？蛇蚹、蜩翼，言其用之小者耳。悟而爲道者，摭實而不摭華。迷而通物者，摭華而不摭實。蝶之爲物，摭華者也，而周夢爲之，是爲道而不免通物之想，摭實而不免摭華之夢也。及其覺也，然後不以想累神，不以夢易真，而周與胡蝶固有分矣。唯大通物化之情者，斯可與於此。

陳碧虚注：景不待形，形不待陰陽，豈比蛇蜕蜩殼有物者邪？夫物之相因，無如形景，今尚言其不相待，明外物不可必，萬類皆自爾。唯因待都忘，卓然獨化，方可論超生死而反混冥。是謂帝之縣解也。周、蝶之性，妙有之一氣也。昔爲胡蝶，乃周之夢，今復爲周，豈非蝶之夢哉？周、蝶之分雖異，妙有之氣一也。夫造化之機，精微莫測，儻能知此，則造化在已而不遷於物。是謂生物者不生，化物者不化。既已爲物，惡有不化者哉？死生之革，形類所遷，漆園之夢，其理盡矣。

趙虚齋注：景之行、止、坐、起，皆依於形，而所以行、止、坐、起，必有形形者存乎其中。蛇藉蚹以行，蜩藉翼以飛，而所以行飛者非蚹翼也。人物之一動一靜，皆有待而然。景待形，而形之所待者非形也。形且不知其所以然，何責於景哉？是以莊周、胡蝶，物我俱化，栩栩、蘧蘧，覺夢如一也。

《鬳齋口義》云：景言吾之運動待形，而形又待造物，形之爲形，猶蛇蚹、蜩翼而已。蛇、蜩既蜕，而蚹翼猶存，豈能自動邪？我既待形，形又有待，惡知所以然不然？此即是非待彼之喻。周昔夢蝶不知周也，及覺爲周，得非蝶之夢乎？然此覺、夢須有箇分別，到此似結不結，卻不説破，正要人於此參究。此之謂物化，言萬物變化之理，不過如是。

蛇蚹、蜩翼，或謂蜕甲者，不若齟齬翅翼之説爲優。蓋蛇藉以行，蜩藉以飛，喻人身中〔一〕所以運動者，有若相待而終於無待，則獨化之理明矣。故翻覆辯論，卒〔二〕歸無待而止。人之一身，耳聽、目視、手執、足行，有待而然也。而所以用形者，若待造物而實無待也。天下之物生於有，有生於無。有之以爲利，無之以爲用。然則有無、利

〔一〕中：此字朱本無。

〔二〕卒：朱本作「率」，訛。本篇下同。

用，未嘗不相生也〔一〕。人能反究至無之妙，遊乎物初，則知所以生有，所以用形者矣。今有形以運動，有心以思慮，尚不自知其主宰之者，則自形以生景，又豈罔兩所可知？宜其惑而有問也。《寓言》篇有「衆罔兩問景〔二〕」章，喻世之迷者益多，故不一言之。有云：予，蜩甲也？蛇蜕也？與此蚹、翼義同。本經嘗言：古之真人，其寢不夢，而南華自謂夢爲胡蝶，何邪？蓋借覺、夢以立言，明死生之一致，生不知死，亦猶死不知生，二者雖不相知而理本齊一。請以覺、夢觀之，槩可見矣。何爲當生而憂死，當死而羨生乎！蝶之爲物，無巢穴之營，無飢渴之患，翩翩栩栩，遊放〔三〕乎天地間。人見之者亦欣其自適，而莫加害焉。其所由生非關種類，往往他蟲所化或朽麥所爲。《至樂》篇載烏足之根爲蠐螬，其葉爲胡蝶，則亦出於草化，莫究其始而終亦不知所歸，蓋翾飛中之得道者，故真人或夢爲之。夫人之與物，形分多類，咸稟自然。自然者，至道之妙本，萬化所由立也。故莊蝶夢覺，各不相知，終歸於化，則未嘗有異。是知動植萬形，生死萬變，有情無情，卒齊於化。化者，形數之始終，萬類之出入，由於造物之推排，勇

〔一〕也：此字朱本無。
〔二〕景：朱本作「影」，通。
〔三〕放：此字朱本無。

有力者莫能拒，物受雕琢，形歸鼓鑄，不知所以然而然，是以達人委而順之。故覺夢混融，生死爲一也。周與胡蝶則必有分，分即物之天。物雖各有天，固同一天也。或讀分如字，則分别無已，天下物論何由而齊，學者又當究夫性命之精微，以通物理之一致與物同化。而有不化者存，以死生爲覺夢，視古今如朝昏，將無物之可齊，容有論乎？然則莊與？蝶與？夢與？覺與？既有論之者矣，必有知之者矣。

《孟子》曰：「物之不齊，物之情也。」而莊子名篇以《齊物論》，或疑其與儒家悖，重增不齊之情。殊不思孟子特爲許子言之耳。況孟之所言者情，莊之所言者理，理一分殊，則情之不齊也宜矣。故南華原本究極，主一理以齊天下之物論。篇首設二子問答，詳論人籟、地籟之不齊，明天籟之自然，非惟理不待齊，亦非齊之所及。故於其間旁證側引而不指言天籟，欲人心契而自得之。夫生物紜紛，榮謝萬變，自形自色，自消自息，卒歸天籟而止。天籟者，無形無聲而形聲之所自出，神化之所發見也。儻〔一〕能究夫人籟、地籟之所由作，則天籟可知。故郭注云：「豈復别有物哉？即衆竅比竹接乎有生之類〔二〕，會

〔一〕儻：朱本、李本並作「倘」，通。
〔二〕類：四庫本作「會」，訛。

而共成一天耳。」至論知言、覺夢、成心、言吹、可否、是非、方生方死，無異乎萬竅怒號。及乎得其環中以應無窮，則虚以待物，物亦無礙，此忘而彼自化，風濟竅虚之謂也。天地一指、萬物一馬，則以不齊齊之，恢、恑、憰、怪，道通爲一，有不待齊而自齊矣。若夫狙公賦芧〔一〕，喜怒所由生，昭文鼓琴，成虧所以著，言有心、有爲不足以化物，何望於齊哉！至於天地與我並生、萬物與我爲一，可以言齊矣。又慮或者以一與言爲二，二與一爲三，此又散而不齊之兆也。唯造乎未始有物，注酌無窮〔二〕，以大覺而知大夢，參萬歲而一成純，所以槩天下之物而齊之之道也。罔兩問景，不知即異而同。南華夢蝶，孰究非同非異？蓋極論物我、生死、覺夢之不齊，而終歸於物化。南華之所謂化，即《大易》所謂神。潛於恍惚，見於日用，而不可以知知識識。由是悟萬物一形也，萬形〔三〕一化也，萬化一神也。神而明之，變而通之，孰爲物，孰爲我，夫是之謂大齊。

〔一〕芧：原作「茅」，據朱本、李本、四庫本改。
〔二〕注酌無窮：朱本、李本並作「注酌無方」，不可從。
〔三〕形：朱本、李本並作「物」，訛。

南華真經義海纂微卷之五

武林道士褚伯秀學

内篇養生主第一

吾生也有涯，而知也無涯。以有涯隨無涯，殆已！已而爲知者，殆而已矣！爲善無近名，爲惡無近刑；緣督以爲經，可以保身，可以全生，可以養親，可以盡年。

郭象注：生也有涯，分有極也。夫舉重攜輕，力有所限。好勝者雖絶膂，未足慊其願，此知之無涯也。知之名，生於失當，而滅於冥極。冥極者，任其至分而無毫銖之加。雖負萬鈞，忽然不覺重之在身；雖應萬務，泯然不覺事之在己。此養生之主也。若以有限之生〔一〕，尋無極之知，安〔二〕得而不困哉？已困又爲知以救之，因養而傷真，大殆也。

〔一〕生：四庫本作「性」，訛。

〔二〕安：四庫本作「烏」。

必須忘善惡而居中，任萬物之自爲，悶然與至當爲一。故刑名遠己而全理在身。蓋能順中以爲常，則事事無不可養生。非求過分，全理盡年而已矣。

呂惠卿注：生隨形而有盡，知逐物而無窮。以生隨知，則有殆而已。已而繼之以知，卒於殆而已矣。天下皆知美之爲美，斯惡已；皆知善之爲善，斯不善已。善惡皆生於知，其相去何若？唯上不爲仁義之操以近名，下不爲淫僻之行以近刑，善惡兩遺而緣於不得已以爲常，是乃刳心去知而止乎不知之道也。保身、全生、養親、盡年，何以加此？

林疑獨注：有形者陰陽不能續，無形者歷數不能窮。故以有涯之生，隨無涯之知，殆已夫！真性裂而有善惡，善惡立而有名刑。爲善不近於名，斯天下之真善；爲惡不近於刑，斯天下之真惡。唯順性命之情，而不損不加於萬物，混同而無毁無譽，則刑、名之所不能及也。天下所以有善名，因不及者立；所以有惡名，因過之者生。或輕生趨義以要一時之名，或貪生逐利以陷中道之夭，皆所謂近名之善、近刑之惡，非順性命之情而去其已甚者也。

陳詳道注：善養生者，内我以爲主，外物以爲賓。不以有涯隨無涯，斯免危殆。從心而動，不違自然所好，當身之娱非所去也，故不爲名所勸；從性而遊，不逆萬物所好，身後之名非所取也，故不爲刑所及。緣督而應，不得已而起，以是爲常而不爲已甚，則在我無忤於物，在彼無害於我。故可以保身而養親，全生而盡年也。《易》曰：「善不積不足以成名，惡不積不足以滅身。」則爲善未嘗不近名，爲惡未嘗不近刑，而莊子言此者，蓋莊子所謂善非離道也，志其券内而〔一〕已；所謂惡非犯義也，特異於善而已。老子謂南榮趎〔二〕其中津津乎猶有惡也。所謂惡者如此，則所謂善者可知矣。

陳碧虚注：壽夭者，生之有涯。博通者，知之無涯。天與則深不可識，人爲則勞而多弊。故生理之主，要在善養，而乃貪名逐利，不知休息，重增其僞以益其生，卒至於危殆而已。夫自全之善，理無近名，謂守朴少變，漢陰丈人之徒是也。自損之惡，理無近刑，謂沈溺嗜好，公孫朝穆之徒是也。無爲善，無爲惡，由正以爲常者，聖人之中道可以保身、全生、養親、盡年，此所生之主也。

趙虚齋注：人從少至壯，從壯至老，從老至死，此生之有涯；經緯萬事，亘古今而常存，此知之無涯。人惟昧於真知而終身役役以爲知，危矣。生有盡而知亦盡，其形化，其

〔一〕内而：此二字四庫本無，下注「闕」。
〔二〕趎：四庫本作「銖」。

心與之然，可不謂大哀乎！人處世間，爲善則有無窮之譽，爲惡則有無窮之毁。伯夷死名，盜跖死利，雖所死不同，殘生傷性均也。惡固不可爲，善亦不必爲，爲則有心矣，但當緣督以爲經。督，中也。喜怒哀樂之未發，其感於物也一出乎性之自然，形諸外者，即此中也。率性之謂道，緣督爲經之義也。奇經八脉，中脉爲督。

林氏《鬳齋口義》云：以有盡之身，隨無盡之思，紛紛擾擾，何時而止？殆已者，言其危可畏，於危殆之中又用心思筭，自以爲知，終於危殆而已。「爲善無近名」至「可以盡年」數句，正是養生家之學，莊子所自受用者。若以爲善，又無近名之事可稱；若以爲惡，又無近刑之事可指。此即《駢拇》篇「上不敢爲仁義之操，下不敢爲淫僻之行也」。迫而後應，應以無心，以此爲常，則可以保身、全生、養親、盡年，即孟子所謂「壽夭不貳，脩身以俟之」也。

褚氏管見云：内篇始於《逍遥遊》盡性之學，所以明道。次以《齊物論》窮理之談，所以應化。又次以《養生主》至命之要，所以脩身也。故首論無以有涯隨無涯，則生任其自生而無夭閼之患；知復乎無知而歸混冥之極，切身之害既除，何危殆之有？信能如是，則因天下之善而善之，因天下之惡而惡之，雖爲非爲也，又何有近名、近刑〔一〕之累哉！夫人之處身、應世，有當爲之善惡。至若聖賢，任天下之重，紀綱世道，扶持生靈，於善惡尤有不得不爲者，賞一人而天下勸，罰一人而天下戒，以天下之愛惡行天下之賞罰，若天地之運行，春夏生成而不以爲恩，秋冬肅殺而不以爲怨，蓋天地無心，寒暑自運，物自生成，物自肅殺，時當然耳，恩怨無與焉。若羿之工乎中微而拙乎藏譽，近名之善也。能如飄瓦之中人不怨，斯無近刑矣。按此二句，即《道德經》「建德若偷」之義。諸解或引「善不積不足以成名，惡不積不足以滅身」爲證，則是爲而近名、刑也。或引「上不敢爲仁義之操，下不敢爲淫僻之行」，則是不爲而不近名、刑也。語雖相類，義實不同。今經意蓋謂世人所謂善惡私而有迹，特見其小者耳。聖賢所謂善惡公而無畛，爲於無爲。豈淺識所能窺哉？若四凶之惡而帝堯除之，桀、紂之惡而湯、武放之，少正卯之惡而夫子誅之，則聖賢所謂善惡者可見矣〔二〕。夫爲善、惡而近名、刑，不爲善、惡而無名、刑，皆理之當然。今則爲之而不近名、刑者，世人視之以爲善、惡，而聖賢之心常順乎中道，合天理之自然而已。故利害不能及，而道德之

〔一〕刑：朱本作「形」，訛。
〔二〕「夫人之處身」至「善惡者可見矣」：此數句朱本無。

所歸也。督字訓中，乃喜怒哀樂之未發〔一〕，非特善惡兩間之中也。苟於七情未發之時，循之以爲常道，則虚徹靈通，有無莫係，吾與太極同一混成，又惡知身之可保，生之可全，親之可養，年之可盡哉？郭氏以中釋督，而不明所以。後得虚齋引證切當，蓋人身皆有督脉，循脊之中，貫徹上下，復有壬脉爲之配，乃命本所係，非精於養生，罕能究此。故衣背當中之縫，亦謂之督，見《禮記·深衣》注〔二〕。

庖丁爲文惠君解牛，手之所觸，肩之所倚，足之所履，膝之所踦，砉然嚮然，奏刀騞然，莫不中音，合於《桑林》之舞，乃中《經首》之會。文惠君曰：「譆，善哉！技蓋至此乎？」庖丁釋刀對曰：「臣之所好者道也，進乎技矣。始臣解牛之時，所見無非牛者；三年之後，未嘗見全牛也。方今之時，臣以神遇而不以目視，官知止而神欲行。依乎天理，批大郤，導大窾，因其固然，技經肯綮之未嘗，而況大軱乎！良庖歲更刀，割也；族庖月更刀，折也。今臣之刀十九年矣，所解數千牛矣，而刀刃若新發於硎。彼節者有間，而刀刃者無厚，以無厚入有間，恢恢乎其於遊刃必有餘地矣，是以十九年而刀刃若新發於硎。雖然，每至於族，吾

〔一〕之未發：朱本作「未發之指」。

〔二〕「郭氏」至「深衣注」：此數句朱本無。「注」，四庫本作「篇」。

見其難爲，怵然爲戒，視爲止，行爲遲，動刀甚微。謋然已解，如土委地。提刀而立，爲之四顧，爲之躊躇滿志，善刀而藏之。」文惠君曰：「善哉！吾聞庖丁之言，得養生焉。」

郭注：自「手之所觸」至「乃中《經首》之會」，言其因便施巧，無不閑解，既適牛理，又合音節，直寄道於技，所好非技也。所見無非牛，未見其理間；未嘗見全牛，但見其理間也。以神遇，不目視，闇與理會也。官知止，神欲行，司察之官廢，縱心而順理也。依乎天理，不横絶也。有郤之處批之令離。節解窾空，就導令殊。因其固然，刀不妄加，遊刃於空，未嘗經槃於微礙。故十九年而刃若新發硎。每至交錯聚結之處，視止行遲，動刀甚微，謋然已解，理解而無刀迹，如聚土也。逸豫自得，拭刀而藏之，刀以善用而全，生亦以善養而全也。

吕注：物以有而礙，道以虚而通。人未聞道，則所見無非物；既聞道，則所見無非道。神遇不目視，喻聞道者能以心契而不以知知識識也。目官知止，神欲自行，依乎天理，至大瓠乎，是乃未嘗見全牛也。天下無物非道而無適不通，亦若是而已矣。所見無非牛，更刀傷生之譬。十九年而刃若新發硎，不以傷其生之譬也。其爲形也，未始有物，不乃似其節之有間乎？其爲生也，未始有生，不乃似其刃之無厚乎？其於遊刃，恢有餘地，不乃似其體道而遊萬物之間乎？「雖然，每至於族，吾見其難爲」，則人之所畏不可不畏也。怵然爲戒，視止行遲，以至善刀而藏，則慎終如始，無敗事矣。

疑獨注：牛喻性命之理，刀乃生之譬也。順性命之理而無爲，則生不傷；順牛體之理而不用力，則刀不虧。故手觸足履、疾徐動止之間，因其自然，順其常理，是以中於五音，合於樂舞。《桑林》，湯樂。《經首》，堯樂。會者，合音與舞而言之。庖丁自謂寄道之微妙於技之粗末，所好非技也。始見無非牛，以目視也。久則無全牛，以神遇也。今一於神遇而不目視，則筋骨之內、皮膚之間，固已冥會矣。《老子》曰「絶聖棄知」，官止之謂也。《易》曰「不疾而速」，神行之謂也。依乎自然之理，大郤則批而離之，大窾則導而通之，凡此皆因其固然，豈復强爲私巧哉！若然，則肯綮微礙之處，未嘗或經，而況軱戾大骨乎！良庖之與族庖，雖歲月有遠近，更刀有遲速，其於傷刀一也。族言其衆，良言其寡，則庖丁者言其獨，斯爲神庖也歟？以無厚入有間，所以十九年而刃若新發硎也。族者，骨肉結聚之處，見其難爲運刀，須當戒慎。視止行遲，喻性命之精微，養之爲尤難。提刀四顧，躊躇滿志，解牛至此，無復解矣。善刀而藏，則知至人以應爲不得已，而復退藏於密也。

詳道注：目視者，見物不見理，所見無非牛也。神遇者，見理不見物，未嘗見全牛也。所見無非理，故以無厚入有間，而遊刃有餘地矣。養生之道，豈異此哉？處心以虚而不以實，應物以順而不以逆。於其易也，遇之以適，無異砉然而中音；於其難也，處之以慎，無異怵然而爲戒。其成也，視履考祥，無異提刀而四顧；其終也，全而歸之，無異善刀而藏也。善解牛者，所解雖多而刀不刓；善應物者，所遇雖煩而生不傷也。

碧虚注：識明則達理，技妙則中節。庖丁素學養生之道，假技以進耳。始則見牛不見理，後乃見理不見牛，以神遇不目視，治内者，遺外也。官知止，神欲行，視聽不以耳目也。依乎天理，自然冥會，批郤導窾，遊刃於虚，未嘗經肯綮之礙，況大軱乎！是以十九年而刃若新發硎也。動刀甚微，謋然已解，牛不知其死也。夫解牛者，觀其空郤之處，遊刃舞蹈，以全妙技。養生者，豈不能避患深隱，保形不虧，以全天真乎？

李士表論云：物本無物，其體自離，道無不通，安所用解？莊子所謂解牛者，離物冥心而未嘗見牛，乘虚順理而未嘗經刃，是亦解於無解耳。且以十九年，則歷陰陽之數不爲不久；所解數千牛，則應世故之變不爲不多，而刃若新發硎者，蓋執迹則瞬息已遷，操本則亘古不去。一身已幻，孰爲可奏之刀？萬物皆妄，孰爲可解之牛哉？物我既忘，能所斯泯，故未嘗批而大郤自離，未嘗導而大窾自釋；奏刀騞然而無應物之勞，釋刀而對而無留物之累。其終也，善刀而藏之，復歸於無用矣。以道觀之，在解無解，非礙則解，亦不知在礙無礙，非解則礙亦不立。以庖丁視族庖，解者解其礙也；以族庖視庖丁，礙者礙其解也。解礙俱遣，虚而已矣。以是道而遊乎萬物之表，彼且惡乎礙哉！

趙注：庖丁解牛，進退周旋，合乎音節。牛之經絡皆會於首，屠者剚刃於首，正中其會，則百骸立解。所以發文惠君之難。丁又自言其技之精蓋進乎道，至於難處未嘗不戒謹恐懼，心爲之怵，視爲之戒，行爲之止，動爲之遲，惟恐一毫之傷其刃，所以十九年若新發硎。他人則歲月之間，不缺則折。此善養生者也。

《鬳齋口義》云：奏刀，進用其刀。中音，言合律吕。《桑林》、《經首》，皆樂名。未嘗見全牛，言牛身可解處，一目而見也。神遇，猶言心會也。官知止，言耳目皆無所見聞，而不言之神自行，依牛身自然之腠理。骨節空窾，皆固然者，我但因而解之。其用刀也，未嘗經涉肯綮之間，而況大軱〔一〕乎！良庖、族庖，歲月更刀之不同，均不免於損。今經十九年而刃若新發硎，言其無損也。以無厚之刀入有間之體，遊刃於其間，言無滯礙也。喻世事皆有自然之理，但順而行之。我心泰然，物亦不能傷也。至「雖然」一轉，甚有意味，言人之處世，豈得皆爲順境？或遇逆境之時，多忙亂失措，然正當委曲，順以處之，不動其心，事過而化，一似元無事時，始爲養生得力也。

〔一〕軱：四庫本作「軱」，通。

庖丁章〔一〕叙述養生要旨最爲親切，故寫其動作進止之度，以應夫行住坐卧之間，未始須臾離也，而畫筆之工，曾不是過〔二〕。蓋天下事無小大，有理存焉。解牛而得其理，則目無全牛，刃有遊地。養生而得其理，則身有餘適，事無廢功。奏刀中音，喻應物之當理。釋刀而對，喻忘生而得理也。有心乎應物，則所見無非牛。體道而冥物，未嘗見全牛也。神遇不目視，則依乎自然，以虚爲用，而亦無所事乎知見矣。十九年而刃若新發硎，言與物無迕〔三〕者，生無所傷，養神有道者，久而不弊〔四〕也。然而〔五〕每至於族，見其難爲。骨肉盤結曰族，以喻應酬世故，事物繁劇之時，當加戒謹，以成厥功，定而後能應也〔六〕。世人徒從事乎厚味、侈服、華居、顯位、聲色、悦樂以爲養〔七〕，養愈至而生愈失，經所謂「養形果不足以存生」是已。庖丁所好者道，則所見無

〔一〕章：朱本作「一段」。
〔二〕而畫筆之工曾不是過：此九字朱本無。
〔三〕迕：朱本作「忤」，通。
〔四〕弊：朱本作「敝」，通。
〔五〕而：此字朱本無。
〔六〕應也：應，朱本作「慮」；也，此字朱本無。
〔七〕養：朱本此字下有「生」字。

非道，故事物之間恬無滯礙。雖逆順迭出，萬變叢挫，卒有以善解之，不啻遊塵之過前。是何也？蓋能養其生之主，則玄德内充，真機外應，處己處物，無不適宜。應己而復歸於無，是謂善刀而藏，安有月更之弊哉？真人慮後世學養生者，溺於沈寂無爲，無以酬酢世故，廢人事而道可立，其爲道也鮮矣！故寓道於技以立言，而牛之解不解無庸辯。再考每至於族，似指族庖。見族庖之難爲，故怵然爲戒，而終無難也。李士表論意亦同此。「怵然爲戒」已下，趙氏點句獨異，説亦可通，但末後「刀甚微」三字句不圓耳〔一〕。

公文軒見右師而驚曰：「是何人也？惡乎介也？天與，其人與？」曰：「天也，非人也。天之生是使獨也，人之貌有與也。以是知其天也，非人也。」澤雉十步一啄，百步一飲，不蘄畜乎樊中。神雖王，不善也。

郭注：介者，偏刖之名。知之所無奈何，天也。犯其所知，人也。獨，指偏刖。夫師一家之知而不能兩全其足，則知之所無奈何。以右師之知，而必求兩全，心神内困，形骸外弊矣。豈直偏刖而已哉？兩足共行曰有與。有與之貌，未有疑其非命也。以有與爲

〔一〕「再考」至「不圓耳」：此數句朱本無。

命，則知獨者非我也。夫逍遥乎自得之場，固養生之妙處，又何求於入籠而服養哉！言雉心神長王，志氣盈豫，自放於清曠之地，忽然不覺善之爲善也。

吕注：右師，蓋人貌而天者也。介然獨立，故公文軒見而疑其非人。天之生是使獨也，言所得於性命之理本如此。若夫與物接而其貌有與者，則人而已矣。澤雉飲啄自如，心與天遊，而適其性命之譬也。不蘄畜樊，神王不善，制乎人間而不得逍遥之譬也。樊中之養，雖至於神王，非其所善，不若澤中飲啄之希而自得也。

疑獨注：天生斯人，使之獨足，而人之貌則有與也，言養生不在形骸，要在神王而已。故澤雉自適，雖飲啄至少，而神不虧。樊中稻粱充足，適所以累身而已。夫養神在於適性，故古人一畝之宫，簞食瓢飲，以爲至樂，正明此理。

詳道注：介者，不與物通，獨而無與，右師盡其所受乎天者如此，而與人之貌有與者異，故公文軒曰云云。雉之爲物，資養於澤而憂畜於樊。其養於澤也，神可謂王矣；其憂於樊中，雖王不善也。蓋處世而與物遊者，未嘗無所防；離人而入於天者，未嘗不自適。右師驚於人，則神王而善可知矣。雉神王而不善，則驚於人可知矣。

碧虛注：作善不免，天也〔一〕。爲惡近刑，人也。有與，猶相與。今介獨者，是罹禍於天。雖犯法令，蓋禀受愚昧，亦非人也。人之儀形全美，相與而行，固難企慕而忘己醜〔二〕也。久矣夫！不知世事感變之所起，事至則惑其所由然，惑則外物害之矣。其害也知其所由然，則委之自爾，而內無驚怛，所以免乎重傷也。

趙注：右師，矇〔三〕瞍也。介，相師者也。人莫不有目而我獨無，是天使我獨，非人所能爲，因引雉以自解。雉在澤中，十步方一啄，百步方一飲，不能忘機者，以目有所見，懼物之害己也。慮患如此，豈料寘身樊籠，爲人所畜，是兩目之明不足恃。故曰：「神雖王，不善也。」神寓於目，精采發見謂之王。言恃目防患而不得免，不若無目者之一委於天也。

鬳齋云：右師，已刖之人，爲右師之官。介，獨也，刖而存一足也。天與、人與者，言天生如此邪？刖則分明是人，卻曰「天之生是使獨」者，言人之形貌皆兩足相並而行，此則獨異，便是天使非人也。蓋謂世間有餘不足，雖是人爲，皆由造物。人處患難，當安之

〔一〕也：四庫本作「地」，訛。
〔二〕醜：四庫本作「配」，訛。
〔三〕矇：四庫本作「蒙」，通。

也。澤雉十步一啄，百步一飲，言得食之難，若受養籠中，則飲啄皆足而爲雉者不願。蓋籠中飲啄雖飽，雉之精神雖王，而終不樂，故曰：「不善也。」

介，一音兀，斷足也。崔氏本作趴。據前諸解，立説不同，亦各有意義，詳定從本音以偏刖釋之爲當。有與，説亦未明，今擬以與訓類説之。蓋[一]右師之介[二]，雖咎[三]於人，亦其天分使之獨足，而其貌則與人同類耳。況禀形最靈，復有以充其内，豈可以外虧一足而自棄其全美哉？是故一安於命而歸之天，知所當全者在乎德性，德[四]者與生俱生，性則爲生之主，不離於斯二者，是謂得其養矣。形之殘兀，何加損焉！欲人安於患難而順其性命[五]之情，則吾有尊足者存。所養非形骸也，故後文澤雉之喻，以全性爲樂[六]，畜[七]樊爲憂。再詳經旨，謂澤雉飲啄雖艱，而不願就養。若

〔一〕「介一音兀」至「説之蓋」：此數十字朱本無。
〔二〕介：四庫本作「刖」。
〔三〕咎：原作「舊」，據朱本改。四庫本作「由」，亦通。
〔四〕德：此字朱本無，脱。
〔五〕命：此字朱本無，脱。
〔六〕故後文澤雉之喻以全性爲樂：此十二字朱本作「澤雉」。
〔七〕畜：朱本作「富」，訛。

受畜樊中則雖飲啄有餘〔一〕而飛行失所，形雖王，不善也。諸本多作神，使其神王，豈得謂之不善哉？況受縶樊中，無神王之理，傳寫之誤，失於訂正耳〔二〕。

〔一〕雖飲啄有餘：朱本作「飲啄雖餘」。

〔二〕「諸本多作神」至「失於訂正耳」：此數句朱本無。

南華真經義海纂微卷之六

武林道士褚伯秀學

内篇養生主第二

老聃死，秦失弔之，三號而出。弟子曰：「非夫子之友邪？」曰：「然。」「然則弔焉若此，可乎？」曰：「然。始也吾以爲其人也，而今非也。向吾入而弔焉，有老者哭之如哭其子，少者哭之如哭其母。彼其所以會之，必有不蘄言而言，不蘄哭而哭者。是遁天倍情，忘其所受，古者謂之遁天之刑。適來，夫子時也；適去，夫子順也。安時而處順，哀樂不能入也，古者謂是帝之縣解。」指窮於爲薪，火傳也，不知其盡也。

郭注：秦失見人弔亦弔，人號亦號，弟子怪其不倚户觀化，乃至三號，然至人無情，與衆號耳。老者如哭子，少者如哭母，嫌其先物施惠，不在理上住，致此甚愛也。夫天性所受，各有本分，不可逃，亦不可加。感物太深，不止於當，遯天者也；馳騖於憂樂之境，楚戮未加，性情已困，庸非刑哉？適來時自生，適去理當死，無時而不安，無順而不處，冥然與造化爲一，哀樂無所措其間，以有係者爲縣，則無係者縣解也。爲薪，猶前薪，前薪以指，指盡前薪之理，故火傳不滅；心得納養之中，故命續不絶。明夫養生乃生之所以生也。夫時不再來，今不一停，人之生也，一息一得耳。向息非今息，故納養而命續；前火非後火，故爲薪而火傳。火傳命續，由夫養得其極也。世豈知其盡而更生哉？

呂注：弔之爲禮，哭死而弔生。三號則哭死爲不哀，無言而出則弔生爲不足。此弟子所以疑其爲非友，弔焉若此爲不可也。始吾以爲其人，意從老聃者，皆得聃之道。今見其老者少者，愛慕而哭泣之，不能安時處順，所以知非其人也。蓋必有不蘄言而言、不蘄哭而哭者，内外相成，此所以會之也。人之所受於天，其性命之情，未始有物。而爲之哀樂，是遁天倍情，忘其所受。無適非天，而欲遁之，不免於刑而已矣。知其適來而安之，適去而順之，古者謂是帝之縣解，以其未嘗有死也。火之所託者薪，而火非薪。其爲薪也，雖窮於指，而火傳不知其盡。何則？火之在此薪猶彼薪也，其傳豈有盡哉！火以喻生，薪以喻形。達此則知生之所以爲生者，未嘗有死也，何哀樂之能入哉！

疑獨注：至人本無情，老聃死而秦失弔號者，若堯死而百姓如喪考妣，自非土木無情，安能使天下兼忘哉？然聃之所以爲有情者，特未定也。《禮》曰：「知生者弔，知死者傷。」秦失弔之，弔其生人；三號而出，傷其死也。弟子怪其止於三號，非與老子爲友也？答以三號爲可矣。始也吾以爲其人，故人弔亦弔，人號亦號，而今見其遁天倍情，忘其所受之爲非也。夫形骸如贅疣，生死如夜旦，安知生人之非死鬼，死鬼之非生人？何乃切切然以生死哀樂於胸中爲哉？夫大塊吐精噓氣，鞠而成物，固莫知其所自來。雖天地陰陽不得爲之父母，而世之昧者乃執子母之愛而號泣之，又況哀他人之親如己之子母者乎？蓋所以相會人合而致此甚哀，故不蘄言而言，不蘄哭而哭，此方内之事，秦失以爲遁逃自然，倍益哀情，忘吾所受於造化者之本無也。天刑即命，遁於命，則累於刑而憂患生矣。以適來爲時，適去爲順，哀樂不能入也，古者謂是帝之縣解。有生爲縣，無生爲解也。致命之極，則吾之有生，長於上古而不老，如指窮於爲薪，火傳不知其盡也。

劉槩注：薪火之論，以譬神舍於形而屢移者也。古之至人所以載營魄而視形骸爲逆旅者，以此。況肯仞形而喪其尊形者乎？

趙注：秦失哭老子而不哀，弟子疑焉。失乃告以所見，説者於此以爲失不滿於老子，謂不合使人哀慕如是之切，殊失本意。蓋〔一〕老子平日和光同塵，不與物迕，人自愛之，故不蘄人言而言，不蘄人哭而哭。其死也，逃乎造化，背乎世情，忘其所受於天者，至

〔一〕蓋：此字朱本無。

此則天亦無如之何。故曰：「遁天之刑。」適來不以爲樂，適去不以爲哀，所謂安時處順也。縣者，大患有身。解者，吾今而後知免也。帝之縣解，謂造物者勞我以生，息我以死也。指窮於爲薪，薪盡則火息，而所以不息者常存。故曰：「火傳不知其盡。」

虛齋云：秦失，老子之友也。三號而出，言其不用情，故弟子疑而有問。失謂始吾以老子爲非常人，今見其弟子之哭若老若少，如此過哀，必老子未能去其形迹，有以感會其心，不期然而然也。夫天之所受本無物，猶以有情相感，則是忘其始者之所受而遁逃天理，背棄情實，此皆得罪於天者，故曰：「遁天之刑。」人之生也，適然而來；死也，適然而去。當隨其時而順之，不足以爲哀樂。知此理，則天亦不能以死生係着我矣，故曰：「帝之縣解。」爲薪、火傳，生死之喻。以薪熾火，指其薪以觀之，則薪有盡時，而世間之火古今不絕，講理到此，卻以三句譬喻結末，真奇筆也。

按前諸解，指字多以手指釋之，蓋以爲訓前則指在其中矣〔一〕。竊詳經意，指應同旨，猶〔二〕云理也，理盡於爲薪，故火傳不知其盡，義甚顯明。《知北遊》篇「周、遍、咸，

〔一〕蓋以爲訓前則指在其中矣：朱本此句作「蓋以爲前言所指即薪可見」。
〔二〕猶：朱本此字上有「云」字，衍。

三[一]者異名同實，其指一也」，可證。夫一家之薪有盡，而天下之火無盡，善爲薪者有以傳之。一人之身有盡，而身中之神無盡，善養生者有以存之。火之在彼薪猶此薪也，而焰焰不同。神之託後身猶今身也，而息息各異。焰不同所以有然有滅，息各異所以有死有生，然而天下之火未嘗盡，神未嘗滅者，有人以主之耳。至若鑑日擊石、鑽木戛竹，皆可以得火。火性遍天地間，非人無以致之，神之運化也[二]亦然。去是薪，火何麗？亡是形，神何託？由是知傳火在乎得薪，託神在乎得形，所以成至人之妙用，相天地之全功，南華舉以結《養生主》一篇之義，深有旨[三]哉！

達養形[四]之理者勿傷，得養神之道者無爲。形者，生之所託。神，則爲生[五]之主。虛無之道，是所以養其神者也。世人徒知養生，而不知養其生之主，養愈至而生愈失，故真人誨以無以有涯隨無涯，庶乎養生之旨矣！夫以道存懷者，無心於善惡。以虛待物

〔一〕三：朱本作「之」，訛。
〔二〕也：此字朱本無。
〔三〕旨：四庫本作「指」。
〔四〕形：朱本、李本並作「生」。
〔五〕生：朱本、李本並無，脱。

者，何有乎名刑？ 順中而不失其常，保身盡年之理有在於是。 解牛喻應物，刀以喻生。十九年而刃若新發於〔一〕硎，則剸繁治劇不知其幾，而吾之精明者愈久而不弊，是爲生之主。 人當善養者，唯其善養於平日〔二〕，所以得濟於斯時，以不用而成大用也。 至於善刀而藏，則應物餘暇，斂知韜光，物遂其適，事盡其理，而吾之利用未嘗或虧。 古之大隱，居鄽接〔三〕物，而常應常靜，得此道故也。 是以學道之要，虚靜爲先，非虚無以全神，非靜無以復命。 性全命復，養生之能事畢矣。 如鏡當臺，有鑒無迹，事物於我何加焉？ 凡人逐物喪真，攖事拂理，得失〔四〕交患，滿心戚醮，生能無損乎？ 所以澤雉不願畜樊，見於後喻。 老聃大聖，南華所師，猶云死者，示人安時處順，守常得終，而遯形飛化之妙，非世所測，聖人之死曰神是也。 秦失弔之而三號，已爲方外剩法，然弟子猶不能無疑，遂告以去來適然，安之勿〔五〕拒，是謂帝之縣解，造物不得以係之矣。 盡爲薪之理者，火傳無窮盡；

〔一〕於：原缺，據朱本、李本補入。
〔二〕唯其善養於平日：朱本、李本並作「唯善於平日」。
〔三〕接：朱本、李本並作「按」，訛。
〔四〕失：此字朱本、李本並無，脱。
〔五〕勿：朱本、李本並作「弗」。

養形之理者，神全不喪。有形終於有盡，在我不得不養。假幻以修真，亦相資之理。特不必如張毅、無足之過養耳，是以卒貴乎[一]全而歸之形，得全歸則神無謬適。出有入無，何往而非正？伏羲得之而襲氣母，黄帝得之而登雲天，傅[二]説得之騎箕尾而比列星，太上云：「死而不亡者壽。」

[一] 乎：此字朱本、李本並無。

[二] 傅：朱本、李本並作「傳」，訛。

南華真經義海纂微卷之七

武林道士褚伯秀學

人間世第一

顔子見仲尼，請行。曰：「奚之？」曰：「將之衛。」曰：「奚爲焉？」曰：「回聞衛君，其年壯，其行獨，輕用其國，而不見其過。輕用民死，死者以國量乎澤若蕉，民其無如矣！回嘗聞之夫子曰：『治國去之，亂國就之，醫門多疾。』願以所聞思其則，庶幾其國有瘳乎！」仲尼曰：「譆，若殆往而刑耳！夫道不欲雜，雜則多，多則擾，擾則憂，憂而不救。古之至人，先存諸己，而後存諸人。所存於己者未定，何暇至於暴人之所行！且若亦知夫德之所蕩而知之所爲出乎哉？德蕩乎名，知出乎爭。名也者，相軋也；知也者，爭之器也。二者凶器，非所以盡行也。且德厚信矼，未達人氣；名聞不爭，未達人心。而彊以仁義繩墨之言術暴人之前者，是以人惡有其美也，命之曰菑人。菑人者，人必反菑之。若殆爲人菑夫！且苟爲悦賢而惡不肖，惡用而求有以異？若唯無詔，王公必將乘人而鬭其捷。而目將熒之，而色將平之，口將營〔一〕之，容將形之，心且成之。是以火救火，以水救水，名之曰益多。順始無窮，若殆以不信厚言，必死於暴人之前矣！且昔者桀殺關龍逢，紂殺王子比干，是皆脩其身，以下傴拊人之民，以下拂其上者也，故其君因其脩以擠之。是好名者也。昔者堯攻叢、枝〔二〕、胥敖，禹攻有扈，國爲虚厲，身爲刑戮。其用兵不止，其求實無已，是皆求名實者也，而獨不聞之乎？名實者，聖人之所不能勝也，而況若乎？雖然，若必有以也，嘗以語我來！」顔回曰：「端而虚，勉而一，則可乎？」曰：「惡！惡可？夫以陽爲充孔揚，采色不定，常人之所不違，因案人之所感，以求容與其心，名之曰日漸之德不成，而況大德乎？將執而不化，外合而内不訾，其庸詎可乎？」「然則我内直而外曲，成而上比。内直者，與天爲徒。與天爲徒者，知天子之與己，皆天之所子，而獨以己言蘄乎而人善之，蘄乎而人不善之邪？若然者，人謂之童子，是之謂與天爲徒。外曲者，與人爲徒也。擎跽曲拳，人臣之禮也，人皆爲之，吾敢不爲邪？爲人之所爲者，人亦無疵焉，是之謂與人爲徒。成而上比者，與古爲徒。其言雖教，謫之實也，古之有也，非吾有也。若然者，雖直不爲病，

〔一〕營：原作「熒」，據衆本改。
〔二〕枝：原作「技」，據四庫本改。本篇下同。

是之謂與古爲徒。若是則可乎?」仲尼曰:「惡! 惡可? 太多正法而不諜,雖固亦無罪。雖然,止是耳矣。夫胡可以及化! 猶師心者也。」

郭注:行獨,不與民同欲也。舉國而輸之死地,視若草芥,民無依歸,故顔回欲往救之。仲尼言回之道不足以救彼,如百醫守患,適足致疑,不能一愈也。有其具然後可接物,苟役思以犯難,知其所存於己者未定也。德所以流蕩,知所以横出者,矜名爭善故也。雖復桀跖,其所矜惜無非名知。名起則相軋,知用則爭興,必遺名知而後行可盡也。今回之德信,彼所未達,雖欲繩以仁義,彼將謂欲毀人以自成,必反菑之。苟悦賢惡愚,聞義而服,便爲明君。君明,則不無賢臣,汝往亦不足奇,且必有害。汝唯寂然不言,言則彼必乘〔一〕君人之勢以角捷、飾非,使汝目眩、色平,自救不暇,乃釋己以從彼,非唯不能救,更成彼之惡。昔龍逢、比干居下而任上之憂,故其君擠之。夫暴君非徒求恣其欲,仍復求名,但求非其道耳。惜名貪欲之君,雖堯、禹不能化而不免攻之,汝乃欲空手而往化之邪? 回曰:正其形,虚其心,言遜而不二,則可乎? 曰:惡,惡可? 衛君亢陽之性,充内揚外。人以事感己,淩挫以求遂其侈心,將執而不化,庯詎可乎? 回又更説三

〔一〕乘:四庫本作「成」,訛。

條：内直者與天爲徒，外曲者與人爲徒，成而上比與古爲徒。仲尼猶以爲未可，爲其政與事不冥也。雖未弘大，亦可免罪，然於化則未，以其挾三術以往，未能無心故也。

呂注：年壯，故輕用其國。行獨，故輕用民死。死者以國，國事死也，則報之宜湛厚，汪濊而量乎澤至於若蕉。屯膏之甚，民之所以無如也。顔回欲屈己伸道，夫子不許，惡雜多之爲擾而不救也。先存諸己而後存諸人，則無適不可。今回存諸己者未定，何暇至於暴人之所行？德蕩、知出，爭之器也。且德厚信矼，足以達人氣，而使不至於鄙倍；名分不爭，足以達人心，而使不至於忌疑，而後可與有言也。今回未及此，而强以仁義繩墨之言開導於暴人之前者，有其美而人惡之也。彼好名而已軋之以名，彼好知而已出之以知。使之由乎凶器，是菑之也。觀其所出，知其所反，則回之往殆爲菑耳。苟人君悦賢、惡不肖，則與汝同矣，汝惡用求異哉？汝與之言，徒唯諾而無詔告，彼必乘人而鬬其捷辯，氣色拂厲而目熒心成，求解免順從之不暇，是猶以水救水、以火救火，則順始無窮矣。彼不以信厚期我，而與之言，必死於暴人之前矣。昔龍逢、比干脩身拊民，疑於斂恩，故其君擠之，亦好名而已。堯、禹之於蕃國，猶不能化，必至於滅之，是名實者聖人不能勝，而況若乎？端而虚，非至虚也。勉而一，非至一也。驕滿於中，發見於外，抑人所感，求快其心，小德猶不成，況大德乎！以之格其君，不過外合内不訾而已，又何足以化彼？夫以己之言而蕲人之善不善，以己賤而人貴故也。自道觀之，天子之與己皆天之所子，何分别於其間？與天、與人、與古爲徒，回謂以三者趨變，庶乎其可。然以此應物，非得一而無心，此所以爲太多也。外則寓直於古，則是政人以法，不以人而易其所知，是不諜也。諜者，密覘人意而得之。則固矣，雖亦無罪，惡可以及化？以其師心而未能無心故也。

疑獨注：年壯者其氣剛，行獨者其德孤，此所以輕用其國，民死若蕉也。賢者之於國，猶醫之治病。治國本治，賢者無所施則去之；亂國不治，賢者負其術以就之。有疾者多往醫門，有國者多求賢士，願以所聞於夫子之言，思其法則而行之，庶幾衛國有瘳乎？仲尼以其術淺不足往化，聖人抱一爲天下式，則夫雜多者，宜其憂而不救。先存諸己則在人者不言而喻，存諸己者未定，何暇至於暴人之所而行其道哉？夫德因有名而後蕩，知因有爭而後出，二者凶器，不可以盡行於世也。養氣至於充，然後能達人之氣；養心至於靜，然後能達人之心。未能如是，徒以繩墨之言行法於暴人之前，彼必惡有其美而害之矣。且衛君苟悦賢惡不肖，惡用求汝以取異於彼耶？汝唯無言則已，若其有言，彼必乘君人之勢以角其捷辯，汝必容色形見於外，心亦順之於内，順其始而後無窮也。汝苟不信吾厚言，必死於暴人之前矣。昔龍逢、比干脩身以拊人之民，其君因以陷之，此好名之過也。叢枝〔一〕、胥敖、有扈三國相攻以求名實，堯、禹猶不能化，興兵伐之，使國虚身戮而後止。由是知求名實者，皆不能自免也。顔子又告以端虚、勉一，夫子言衛君以陽爲充，案人所感，小德無成，況大德乎！回又陳三條：與人、與天、與古爲徒，庶可免經世之患。夫子復不許。太多政法而不諜，諜，私察，亦間諜之意。雖固亦無罪，言猶有内外、古今之論，所以不免世患。若以命物之化者言之，又豈有天人與古之異哉？唯無心者，然後能與於此。

詳道注：至人之於天下，未嘗有思，而足以悦有思者之心；未嘗有爲，而足以研有爲者之慮，是何邪？感而後應，迫而後動，豈弊弊然以天下爲事哉？顔子知有思有爲以經世，而不知無思無爲以應物，將欲救衛君威虐之過，拯民於無如之中，仲尼所以譏其雜擾也。至人先存諸己，抱一也。後存諸人，爲天下式也。存諸己者未定則雜，暴人之所行則擾。夫德者，名之實，名勝則德蕩。知者，爭之器，爭興則知出。德厚信矼，内也，未達人氣；名聞不爭，外也，未達人心。而强以仁義繩墨之言術暴人之前，是交淺言深，適致其惡也。自「悦賢惡不肖」至「必死於暴人之前」，言知之爲患。自「桀殺關龍逢」至「聖

〔一〕枝：原作「技」，據四庫本改。

人之所不能勝」，言名之爲患也。端虚、勉一，以陽爲充者也。以陽爲充，則實自有回也。回之始也，欲尚知以濟世患；知其不可，則欲攝知以歸虚一；既又知其不可，欲通虚一以歸於三術。故與天爲徒，則推己直前，不蘄人之善否；與人爲徒，則爲人所爲而不犯人之所疵；與古爲徒，則陳古刺今而不爲人所病。端虚、勉一，固執而已，不足以言德。謂不化者，不知通變也。三術則諜察而已，不足以言政。所謂未及化者，安能化人也？

碧虚注：輕用其國固不重己，輕用民死又不重人。死者莫知其數，故以國量。蕉者，質虚之草。衞君雖有德澤，如蕉之不實，民無所往矣。回謂醫門多疾，願思所以救之。道不欲雜，多則惑也。先存諸己，立其本也。其本未立，安能化人？喪德者，名也。役知者，爭也。人不能知者，大名也。人不與爭者，大知也。不知、不爭，所以盡行也。而强以仁義繩墨之言術暴人之前，是以人惡有其美，若殆爲人菑夫！若乃尊賢遠佞，是爲明哲，安用更求異邪？彼將乘勢角其捷辯，則汝目熒以驚外，色平以忍内，口營〔一〕而依違，容形而失措，心成則無守，而順始無窮，終於不逆也。若殆不信厚言，必死於暴人之前矣。遂舉龍逄、比干以證：無道，則逆順之事彰；有道，則逆順之理忘。昔堯、禹之

〔一〕營：原作「成」，據四庫本改。

於三國，尚不能化，必攻以滅之，而回欲空言以化衛君，非徒無益也。端則未虚，勉則不一，驕盈於外，人所不違，性不可違，其可以虚一而化諸！顔子又陳，與天、與人、與古爲徒，或可以免患，而夫子不許，以其猶師成心而未能體冥大道故也。

趙注：死者以國量乎澤，積尸平澤，以澤爲量也。若蕉，刈民如草菅也。顔回欲往救之，夫子歎曰：汝往必遭刑耳。説人而憂其不合，必多爲之説，期人必從，是爲雜矣。自雜而至於憂，自救之不暇，安能救人？汝胸中所守尚未定，暴人之所，豈可輕往？夫名立則德失，爭起則知生，諫言行則過歸於君，善歸於臣，故名相軋而知起爭，非所以盡行也。汝雖德厚信矼而心氣未達，乃揚己之直以招人之過，人必疾之，此之謂菑人，必反受其菑也。彼若有悦賢、惡不肖之心，將求汝不暇，何待汝往？汝不言則已，苟有言焉，彼將强辯以求勝，當此之時，汝目眩而不敢視，色和而不敢抗，汝之口自解不暇，汝之容必且面從，汝之心必且成其所欲爲，如是則不惟無補，抑又甚焉！順適其意，方得其不我窮也。龍逢、比干忠諫被殺，是不與其名也。叢枝、胥敖、有扈用兵交爭，爲堯、禹所攻，是不與其實也。名實者，聖人且不能勝，汝乃欲正衛君乎？汝欲往，必有道，試以語我。回告以端虚、勉一，夫子以爲不可，衛君驕矜肆欲，朝夕以善言漸漬，猶且不入，況遽欲正之？彼既執而不變，汝將外與之合而内不敢議，斯尤不可矣。顔子又更辭以告與天、與人、與古爲徒，夫子謂衛君政法所失甚多，安可以古爲比？彼雖不改〔一〕，亦不汝罪，然技止此耳，胡可以及化？彼之所爲與自是其心者同，豈復師古哉？

膚齋云：嘗聞邦有道則見，邦無道則隱。莊子反其説曰治國去之、亂國就之者，謂如人能醫，必其門多疾之時，方可行其術。若已治之國，又何用我？欲以所聞於夫子者告衛君，庶乎其國可安也，夫子以爲不可往。自雜至憂，言其自苦何能救人？當先存其在己者，纔有求名之心，則自然之德已蕩，私知用而爭競起矣。名、知者，天下之凶事，不可以盡行，故雖德厚信實，未達人之性氣，而强以仁義法度之言陳術於惡人之前，菑將及汝矣。汝既不召而自往，彼以王公之貴，將乘汝言語爭以求勝，汝爲其所困，則目必眩然，屈服其色以求平於彼，口則營救解説，形必擊跽曲拳，用心以成順之。順此而往，其惡無窮也！昔龍逢、比干以忠見殺，好名之過也。堯、禹之伐三國，言彼求名自利之人，堯、禹且不能堪，而況汝欲求名諫衛君乎？顏子謂吾將端虛、勉一，庶可往化。夫子以爲甚不可，衛君陽氣充滿，汝欲以言感之，彼將案服汝心以快其意，汝將執而不回，則外以端虛求合，内守勉而一者，詎自以爲可乎？顏子又設三條，庶可以説衛君。夫子復不

〔一〕改：四庫本作「敢」，訛。

許，謂汝所言政法太多，終不安諜，能此三者固亦無罪，然止於自免而已，安可以化人？蓋汝三說，皆是師其有爲之心，纔容心便有迹，非自然之道也。

諸解大意詳悉，兹不復〔一〕贅字義，或有遺論，僭附編末云。按：澤若蕉，頗難釋。或從澤絶句，則下二字爲句，未圓。澤字說有二義，蕉亦解者不一。《音義》舊注以澤爲野，蕉同樵，其論卻通。死者以國量，猶史載谷量牛馬之義〔二〕，言其甚〔三〕多不可數也。民死既衆，則穀粟草木不得遂其生，澤中如見樵刈〔四〕，其國政可知矣。「强以仁義繩墨之言術暴人之前者，是以人惡有其〔五〕美也」，術字諸本一同，獨〔六〕碧虚照江南古藏本作衒，下文又照崔氏本作惡育其美。育，賣也。以貫上文衒字之義，於經旨終有未安。考之《史記·樂書》「識禮樂之文能術」，又曰「術者之明」，術通作述，存古可

〔一〕復：此字朱本、李本並無，脱。

〔二〕「云按」至「之義」：「云按」二字，朱本、李本並無。下數句朱本、李本並作：「澤若蕉，澤同野，焦誤蕉，死者以國量，國猶谷，量猶史載谷量牛馬之義。」

〔三〕甚：原作「其」，據朱本、李本改。

〔四〕如見樵刈：朱本、李本並作「如過焚而焦者」，「過」當作「遭」。

〔五〕有其：朱本、李本並作「其有」，倒。

〔六〕獨：四庫本作「猶」，訛。

也〔一〕。此章暴人凡三，諸解例以凶暴立説，審詳〔二〕前二處宜作表暴解，謂表暴〔三〕人之所行，術暴於人之前，辭意頗暢，上下文亦通〔四〕。末句正指凶暴之人，謂蒯聵也。

〔一〕「術字諸本一同」至「存古可也」：此數句朱本、李本並作「術述通」。

〔二〕諸解例以凶暴立説審詳：此十字朱本、李本並無。

〔三〕暴：朱本、李本並作「白」。

〔四〕辭意頗暢上下文亦通：此九字朱本、李本並無。

南華真經義海纂微卷之八

武林道士褚伯秀學

人間世第二

顔回曰：「吾無以進矣，敢問其方。」仲尼曰：「齊，吾將語若。有而爲之，其易邪？易之者，皞天不宜。」顔回曰：「回之家貧，唯不飲酒不茹葷者數月矣。若此則可以爲齊乎？」曰：「是祭祀之齊，非心齊也。」回曰：「敢問心齊。」仲尼曰：「若一志！無聽之以耳而聽之以心，無聽之以心而聽之以氣。聽止於耳，心止於符。氣也者，虚而待物者也。唯道集虚，虚者心齊也。」顔回曰：「回之未始得使，實自回也；得使之也，未始有回也，可謂虚乎？」夫子曰：「盡矣！吾語若：若能入遊其樊而無感其名，入則鳴，不入則止。無門無毒，一宅而寓於不得已，則幾矣。絶迹易，無行地難。爲人使易以僞，爲天使難以僞。聞以有翼飛者矣，未聞以無翼飛者也；聞以有知知者矣，未聞以無知知者也。瞻彼闋者，虚室生白，吉祥止止。夫且不止，是之謂坐馳。夫徇耳目内通而外於心知，鬼神將來舍，而況人乎！是萬

物之化也，禹、舜之所紐也，伏戲、几蘧之所行終，而況散焉者乎？」

郭象注：有心而爲之者，誠未易；以有爲爲易，未見其宜也。若一志，謂去異端而任獨。遺耳目，忘心意，而符氣性之自得，此虛以待物者也。未使心齋，故有其身；既得心齋之使，則無其身。放心於自得之場，當於實而止，譬之宫商應而無心，故曰鳴也。使物自若，無門也。付天下之自安，無毒也。不得已者，理之必然。體至一之宅，會必然之符，理盡於斯矣。夫欲不行則易，行不踐地，不可得也；無爲則易，爲不傷性，不可得也；視聽所得者粗，故易欺；自然之報細，故難爲也。失真少者，不全亦少；失真多者，不全亦多。失得之報，各當其分，而欲違天爲僞〔一〕，不亦難乎！有翼、有知之喻，言必有其具，乃能其事。今無至虛之宅，無由有化物之實。夫視有若無，虛室者也。室虛而純白生，吉祥之所集也。若夫不止於當，不會於極，此以應坐之日而馳騖不息，外敵未至而内已困矣，豈能化物哉？使耳目閉而自然得者，心知之用外矣！故將任性直通，無往不冥，尚無幽昧之責，而況人間之累乎！物無貴賤，未有不由心知耳目以自通者，故世之所謂知見，豈欲知而知，欲見而見哉？世人因欲爲知以知，爲見以見，心神馳於内，耳目

〔一〕爲僞：四庫本作「僞爲」，倒。

喪於外，故處身不適，與物不冥矣。

呂注：仲尼謂顔回，凡事有爲而爲之，未有易而無難者。心齋者，無思無爲而復乎無心也，非一志不足以告此。無聽以耳而以心，則聽無聞矣。無聽以心而以氣，則心無知矣。聽無聞而止於耳，心無知而止於符，虚以待物，唯氣而已。唯道集虚，此所以復乎無心也。人之於其心，未有得其所爲使者，所以不能無我，故回之未得使，實自有其身；得使之也，則能無我矣。無感其名，忘其虚也。入遊其樊，則其心之出有物採之。入則鳴，不入則止，金石有聲，不考不鳴也。方其止也，無門可由而群動不能踰，無毒可施而衆邪不能病，一宅而寓於不得已而動，以此涉人間世亦幾矣。夫子又告以絶迹易、無行地難，欲無行地則莫若絶迹，欲免物累則莫若忘身。忘身不真，不免於僞而已。人則有知而有所不知，故爲人使易以僞；天則無知而無所不知，故爲天使難以僞。存吾心之所以事天，爲天使者也，其可容僞邪？人之有知者，以知爲翼，拔其翼則止而不飛矣。瞻彼闋者，虚室生白，則吉事有祥，止於所止。夫且不止，是之謂坐馳，此吉、凶、悔、吝之所以生乎動也。夫止止者，耳如目，目如耳，心凝形釋，骨肉都融。耳目内通，外於心知，鬼神將來舍，而況於人乎！此萬物之化，古聖之所行終者也。

疑獨注：齋貴虚心，若心猶存有，則其爲齋也難矣。以齋爲易而忽之者，皞天不宜。

聽之以耳，正聽也；聽之以心，反聽也；聽之以氣，無聽也。正聽以耳，將以窮理；反聽以神，將以盡性；無聽以虛，將以至命也。聽止於耳，不若於心；心有分别，符則分而有合；意至於氣，則無所復聽，虛以待物而已。道由此而集，心齋之妙用也。《列子》云：「體合於心，心合於氣，氣合於神。」與此義同。顔子既悟，乃曰：回未得仲尼使之心齋，實自有回；既得使心齋之後，未始有回，則無我矣。夫子又語以汝雖已至虛，若入於有爲之地，當不動心於名可也。心如管籥，虛以待氣，氣入則鳴，不入則止，何嘗容心於其間哉？任萬物之出入，無門者也；付天下之自治，無毒者也。抱一自居，不得已而後起以應物，寓其理於物而不自有，則盡矣。盡性命之理而有爲者，其爲莫非天也。爲人使易以僞，爲天使則爲僞也難矣。翼飛、知知，以喻顔子必有至虛之宅，方能化物。瞻彼前境，了然空虛，以喻心也。生白則道集之，謂性舍神定則吉祥來止；不能止者，形坐而神馳矣。夫能定者，耳目非必在外，心志非必在内。故雖有思有爲，而無涉世之患，鬼神將來舍，而况於人乎！

詳道注：有而爲者，古人嘗難之。有思必齋，有爲必戒。故欲神明其德者，必齋心焉，此仲尼所以告顔回也。《文子》曰：「上學以神聽，中學以心聽，下學以耳聽。」聽止於耳，則極於耳之所聞；心止於符，則極於心之所合而已。聽之以氣，則無乎不在，廣大流通，所以用形而非用於形，所以待物而非待於物。虚而無礙，應而不藏，故一志所以全氣，全氣所以致虚，致虚所以集道，此心齋之義也。回之未得使，猶以大患有身；得使之也，未始有回，則無其身矣。故能入其樊而無感其名，入則鳴，不入則止。無門無毒，攝有爲以歸無爲也。一宅而寓於不得已，推無爲以寄有爲也。天不行地則易，行不踐地則難；無爲則易，涉世不犯難則難。爲人之所爲，人使也，故易以僞；爲天之所爲，天使也，故難以僞。鳥非翼無以飛，人非知無以知。室非虚無以生白，吉祥何由而止止哉？夫苟不止，則雖拱默山林，亦坐馳也。夫耳目内通，則無聞無見；外於心知，則無思無知。如此則虚極靜篤，鬼神來舍，況於人乎！此所以命萬物之化而不化於物，古聖之所服行終身者也。

碧虚注：祭祀之齋涉迹，心齋則悟本也。無聽以耳而以心，遺照觀妙也。無聽以心而以氣，渾一太漠也。初學到此，散漫而難攝，然有妙門焉。在乎聽止於耳，神專所司，則内景不逸，外塵不入；心止於符，祥光凝合，則靈府湛然，心君寂爾。是故沖氣洞虚，本無所待，然無待之中，靈物自集，所謂交梨火棗不生於荆棘之地，此理惟修習者知之。若能入乎法令之所，得使者，心齋之密用。實自回也，未能虚心；未始有回，虚亦忘矣。於物不動不矜者，庶幾免患矣。入謂聽納，鳴謂無機巧之言。聽之則言，不聽則止。言辭廣大，曰無門。理趣淡泊，曰無毒。心無二者，一宅寓於不得已，寄功群林也。止步絶迹則易，行不踐地則難，喻人使易誑，自任難欺。有翼斯可以衝天，有道斯可以應變也。室虛則陽明生，心定則天光發。身坐閑堂，内懷好惡，是猶馬伏槽櫪，馳意千里矣。夫不逆六鑿於外，則反收靈光於内，人間事物無緣染汙也。

趙注：聽止於耳，心止於符，寂然不動也。氣，虛以待物，感而遂通也。唯道集虛，虛則衆理之所會，此之謂心齋。顔子豁然而悟曰：不能運動如意者，有我也；能運動如意者，無我也。夫子歎其盡善，又告之曰：汝能入其國中而不爲名所動，合則言，不合則止。無門者，我無隙之可乘；無毒者，彼不以我爲害。一處之以不得已，則庶幾焉。絶迹易，無行地難，亦寓於不得已之意。爲人使，則有心，故易以僞；爲天使，則任理，故難以僞。以無翼飛、無知知，是不疾而速，不行而至也。闋者，虛空之性。虛室生白，泰宇發光也。吉祥止止，禍亦不至，福亦不來也。若有徼福之心，是謂坐馳矣。夫徇耳目内通，其中明也；外於心知，其中虛也。如是則將與鬼神爲徒，人其有不信者乎？

{TYPE}齋云：汝有其伎倆而欲爲之，纔萌此心，則天意亦不樂矣。先令一志，欲其不雜也。聽以耳，則猶在外；聽以心，則猶有我；聽以氣，則無物矣。聽止於耳，則不入於心；心止於符，則與物相合，便是物我對立；虛者，道之所在，唯道集虛，只此虛字便是心齋也。顔子謂未得教誨之時，猶自有我；既得教誨之後，未始有我，忘我則虚矣。夫子又告以人世如樊籠，汝能入遊其中，而不爲名所感動。入則鳴，可與之言而與之言也；不入則止，不可與言而不與之言也。無方所〔一〕則無門，無臭味則無毒，此皆無心無迹之喻。以混一爲吾宅，而寓此心於不得已，則於人間世之道盡矣。絶迹不行則易，行地無迹則難。爲人慾所役則易，至於欺僞；唯冥心而聽造物所使，則無所容僞矣。無翼而飛，便是不行而至，所謂神也。以喻下句，有知爲知，人之常也。唯知其所不知，則爲無知之知，斯造道之妙。視彼室中，空處必有光入。以彼闋者，喻我虚中生明。即此虚明之地，便是吉祥所止。下止字是虚處，止則虚，虚則明。纔容心，而不能自止，則身坐而神馳矣。夫耳目所聞見，皆内通於心。我無容心，則耳目雖通於内，若無所聞見也。心虚則鬼神來舍，豈有人而不能感化乎？

夫涉人間世者，不能無憂患。故是篇首以孔、顔問答〔二〕，歷述暴君厲行，而酌其往化之方。顔子以虚一進，其本議〔三〕亦正矣。然出於端勉，未能無心，則彼由中之

〔一〕所：此字四庫本無，脱。

〔二〕答：李本作「達」，訛。

〔三〕議：朱本、李本並作「意」。

機，安保其不妄發？顔子又思三術自全，仲尼猶以爲太多政法而不諜，胡可以及化？以心未能忘故也。顔子至此無以進，由是知夫子化人直造懸崖撒手、心路斷絶之地始可進，向上一步使齋〔一〕肅形神而後告之，自明而誠之謂也。諜字，以間諜釋之不通。虙齋訓安爲近。按聽止於耳、心止於符及氣也者，重舉以釋上文，解者或分析立説，義不貫通。今摭其大意以求印正，云〔二〕：聽之以耳，止於聞道而未能盡行；聽之以心，止於契道而未能盡忘；至於聽之以氣，則無所不聞，無所不契，彷徨周浹，混合太虛。太虛，何處無之？故待物盡善，而物亦不能逃也。耳之所冥者心，心之所符者氣，氣則靜極無爲。虛以待物，孟子所謂浩然充塞〔三〕者也。觀夫注焉不滿、酌焉〔四〕不竭、與人而愈有、常應而常靜者，則亦何待不待之〔五〕有哉？通天下一氣，人物太虛之所同攝也。唯虛與氣，非即非離，互顯體用，是以無往而不通。道則非虛非氣，能虛能

〔一〕齋：朱本、李本並作「齊」，通。
〔二〕「按聽止」至「印正云」：此數十字朱本、李本並無。
〔三〕孟子所謂浩然充塞：此八字朱本、李本並無。
〔四〕焉：此字朱本、李本並無，脱。
〔五〕之：朱本、李本並疊「之」字，衍。

氣，所以化天下之剛，御天下之實，待物於無待，善應而不窮者也。心齋之妙，亦虛而已。故能靜鎮百爲，明燭萬有，如鏡開匣，如衡在懸，天下之重輕、妍醜〔一〕莫逃，而無恩怨、予奪之累，以是而處人間世，特遊戲耳。顔子豁然而悟曰：未得心齋之用，實自有回；既得心齋之用，未始有回，則受化之速可知矣。夫子常謂其終日不違如愚，此未始有回之實驗也。顔子將之衞而夫子告以此者，蓋平日心傳内學皆性命之精微，直〔二〕以治身者也；今將出而有爲翊扶治道，故詳及於君臣交際世故酬酢之間，使之形氣交和，中虛外順，上以造心齋之妙用，下以顯及化之真機。聖人所以與天爲徒而不涉人間世之患者，以此。

葉公子高將使於齊，問仲尼曰：「王使諸梁也甚重，齊之待使者，蓋將甚敬而不急。匹夫猶未可動也，而況諸侯乎！吾甚慄之。子嘗語諸梁也曰：『凡事若小若大，寡不道以懽成。事若不成，則必有人道之患；事若成，則必有陰陽之患。若成若不成而後無患者，唯有德者能之。』吾食也執粗而不臧，爨無欲清之人。今吾朝受命而夕飲冰，我其内熱與！

〔一〕醜：朱本、李本並作「媸」。

〔二〕直：原作「真」，據朱本、李本改。

吾未至乎事之情，而既有陰陽之患矣。事若不成，必有人道之患。是兩也，爲人臣者不足以任之，子其有以語我來！」仲尼曰：「天下有大戒二：其一，命也；其一，義也。子之愛親，命也，不可解於心；臣之事君，義也，無適而非君也，無所逃於天地之間，是之謂大戒。是以夫事其親者，不擇地而安之，孝之至也；夫事其君者，不擇事而安之，忠之盛也；自事其心者，哀樂不易施乎前，知其不可奈何而安之若命，德之至也。爲人臣子者，固有所不得已，行事之情而忘其身，何暇至於悦生而惡死？夫子其行可矣！丘請復以所聞：凡交，近則必相靡以信，遠則必忠之以言，言必或傳之。夫傳兩喜兩怒之言，天下之難者也。夫兩喜必多溢美之言，兩怒必多溢惡之言。凡溢之類妄，妄則其信之也莫，莫則傳言者殃。故法言曰：『傳其常情，無傳其溢言，則幾乎全。』

郭注：事無小大，少有不言以成爲歡者。以成爲歡，不成則怒矣，此楚王之所不能免也。使事成而人患去，固已結冰炭於五藏矣。成敗任之於彼而莫足以患心，唯有德者能之。今爨夫對火而不思涼，明所饌之儉薄。而内熱飲冰者，誠憂事之難也。事未成則恐其不成，若果不成，則恐懼結於内，刑網羅於外也。仲尼告以命、義大戒，自然結固，不可解者。若君可逃而親可解，則不足戒也。知其不可奈何而安之若命，則無哀樂，何易施之有？故冥然以所遇爲命，而不施心於其間。雖事凡人猶無往而不適，況君親乎！

事有必至，理固常通，當任所遇直前耳。若信道不篤，悦惡存懷，謀生慮死，未見其成事也。夫喜怒之言，常過其實，傳之者宜兩不失中。就傳過言，似於誕妄，受者有疑，則傳者獲罪。故不〔一〕傳臨時之過言，必傳其常情而要其誠致，斯近於全也。

呂注：外物不可必，而事無小大以成爲歡，是必之也。若成若不成而有人道陰陽之患，是多兵也。唯有德者則能無我，無我則無必，無必則無患矣。今使未行而其憂至於内熱，則未至乎事之情而有陰陽之患，不能忘身之甚也。故仲尼告以愛親命也，事君義也，不可解於心，事親不擇地之夷險，事君不擇事之艱易，而一皆安之。所以爲忠孝之盛，則事其心者哀樂之來，豈易施乎前哉？哀樂易施乎前，是有所擇而不能安。能事其心，則以之事親、事君，未有不安者。誠能無所擇而安，則行事之情而忘其身，何暇至於悦生而惡死乎？

疑獨注：凡欲立事者莫不樂成而憂毁，故若成若不成舉不免乎患，能逃斯患，其唯有德者乎？子高自陳，吾食粗而不精，故其爨也用火不久而不思凉，今朝受命而夕飲冰，内熱可知矣；未至於行事之情，而陰陽人道之患皆不可免，爲人臣者不足當之，宜有

〔一〕傳過言似於誕妄受者有疑則傳者獲罪故不：此十八字四庫本無，脱。

以語我。仲尼告以臣子大戒：命在天而義在人，子之愛親不可解於心，臣之事君無適而非君也。心者人之真君，能求之於己而事之，則亦不知有君親，任其自然而忘哀樂之變。事有不可奈何者，行事之情而忘其身，何暇至於悦生而惡死哉？仲尼又告以爲使傳言之道：凡與人交，近則可以責其實，故相靡以信；遠則不可失其傳，故忠之以言。然兩家喜怒之言傳之最難，而溢美、溢惡則類乎妄信之也。莫則傳言者殃；傳其常情、無傳其溢言，庶乎全矣。

碧虚注：爨無欲清，明所饌淡泊。内熱飲冰，蓋憂煩所致。欲免陰陽人道之患，所以請教於仲尼。仲尼告以父子天合曰命，君臣道合曰義，且造化之下皆係君親，無所逃於天地之間，是曰大戒。故不擇事地而安之，擇之則非忠孝也。自事其心者，哀樂不易施乎前，唯信道任命而已矣。爲人臣子者，固有所不得已，舜之陶漁，禹之治水，唯盡節忘身，安乎命義可也。相靡以信，忠之以言，皆迹也，觀迹可以知其本。傳言，猶履迹，貴乎適中，過與不及皆差矣，差則傳言者殃，蓋失常則虧也。

趙注：圖事不成，則屈辱隨之，人道之患也；圖事若成，喜懼交集，陰陽之患也。吾所食粗糲，爨無欲清，可謂節約矣。初無内熱之病而胸中已如焚，是不待事之成不成而二患集於吾身，夫子何以教我？遂告以命義大戒，以事親喻事君，既委質爲臣，皇恤其身哉！又教以爲使之道，主乎忠信；喜怒之際，謹於傳言，庶乎全矣。

慮齋云：爲國謀事不成，必有刑責，爲人道之患。若勞心計較成事，憂思致疾，爲陰陽之患。今我自受命以來，食不知味，胸中焦勞，未曾實理會事已成此病；萬一不成，又有刑責，是兩受患。夫子何以教我？仲尼告以二〔一〕大戒。戒，猶法也。命，得於天。事親與生俱，俱生故不可解於心。義則人所當爲，事君第一件事。事親盡孝，則東西南北唯命之從，豈擇地而安？心主於忠，則哀樂之境雖施於前而不變易。蓋事有難易，既出君命，則是所當爲，天命一同，無可奈何，安之而已！爲人臣子不幸而遇其難，但行其事之實，豈復顧其身哉？

子高將使齊，以平日聞諸夫子者質諸夫子，且自述其奉命懷憂冰炭交戰〔二〕之意，覬有以發〔三〕藥之。夫子告以命義二戒，忠孝大節，事親不可解於心，事君無〔四〕逃於天地。事心哀樂無所施，人世立身之要亦槩見乎此。然心爲天君，萬化所出，人能事

〔一〕二：此字四庫本無，脱。
〔二〕戰：朱本、李本並作「爭」。
〔三〕發：朱本、李本此字下並有「病而」二字。
〔四〕無：朱本、李本此字下並有「所」字。

心盡道，則於君親可知矣。不可奈何而安之，則平居暇日可知矣。信道篤而自知明，何死生之悦惡哉？此所以訓天下之爲人〔一〕臣子者，於其所難安而安之。忠孝〔二〕之至，立身之盡也。繼又陳奉使傳言之難，而誨以幾全之道，庶使君無失德，臣無辱命，此又下告顔子者一等矣。唯顔子至命盡神，故足以發夫子心齋〔三〕之論而造坐忘之極。子高則未免以得失利害存懷，故但告之以謹傳命、全臣節而已，有以見聖人因才施教、循循而善誘者也。

〔一〕人：此字朱本、李本並無。
〔二〕孝：朱本、李本並作「君」。
〔三〕齋：朱本、李本並作「齊」，通。

南華真經義海纂微卷之九

武林道士褚伯秀學

人間世第三

「且以巧鬬力者，始乎陽，常卒乎陰，泰至則多奇巧；以禮飲酒者，始乎治，常卒乎亂，泰至則多奇樂。凡事亦然，始乎諒，常卒乎鄙；其作始也簡，其將畢也必巨。言者，風波也；行者，實喪也。夫風波易以動，實喪易以危。故忿設無由，巧言偏辭。獸死不擇音，氣息茀然，於是並生心厲。剋核太至，則必有不肖之心應之，而不知其然也。苟爲不知其然也，孰知其所終！故法言曰：『無遷令，無勸成。』過度，益也。『遷令』、『勸成』，殆事。美成在久，惡成不及改，可不慎與？且夫乘物以遊心，託不得已以養中，至矣。何作爲報也？莫若爲致命，此其難者。」

郭注：始陽卒陰，欲勝情至，潛興害彼而不復循理也。始治卒亂，旅酬有次，湛湎淫佚而無所不至也。煩生於簡，事起於微，此必至之理。夫言者風波，行之則實喪，事得其實，則危可安而蕩可定也。忿怒之作，常由巧言過實，偏辭失當。譬蹴獸窮地，意急情盡，氣息不理，茀然暴怒，俱生瘕疵以對之。剋核太精，則鄙吝心生而不自覺，又安能知禍福之所詣邪？遷令勸成，事之危殆。美成者任其時化，譬之種植，不可一朝成。彼之所惡而勸强成之，則悔改尋至。且夫寄物以爲意，任理之必然者，中庸之符全，斯接物之至。當任齊所報之實，何爲爲齊作意於其間哉！直爲致命最易，而以喜怒施心，故難也。

吕注：人心善淵而靜，則言者所以爲風波而易動；止則居實而安，則行者所以爲實喪而易危。然於易動易危之際，不可不謹。夫事其心、忘其身，則無陰陽之患；無遷令、無勸成，則無人道之患。其心之出，有物採之，是乘物以遊心也。有爲也，緣於不得已，託不得已以養中也。今使於齊，莫若爲致命而已，致命則不以死生禍福動其心，而事之情得矣。夫何作爲以報哉？唯致命盡情，此爲難而已矣。

疑獨注：以巧鬬力者，始於喜，卒於怒；以禮飲酒者，始於治，卒於亂。奇巧謂詐僞，奇樂謂異歡。始於信諒，卒於鄙野。始也尚簡，其終必大，此亦人事之常。心以喻水，言喻風波。德，實也。行，華也。無行則德不虧，無華則實不喪。心已歡故易以動，德已失故易以危。夫忿怒之施，因巧言不實，偏辭失理，猶迫獸窮地，鳴不擇音，氣息茀鬱，疵癘並生，此喻事其心者當放之無爲之地。若引之憂患之途，與迫獸窮地無以異矣。尅者，責人太切。核者，迫人太甚。不肖之心冥然應之，而不自知也。爲使者，遷改其令，勸助其成，皆危殆之事。美成在久，仁在乎熟是也。彼所惡者勸强成之，則改悔尋至，可不慎歟？乘萬物以遊心，託至理以養中，理所當爲者，不得已也。緣督以爲經，即不得已以養中之義，斯爲至矣。又何必强有作爲以報人君之德？莫如爲致命而不辱，此其爲難也。

碧虛注：巧變則必爭，樂變則必亂。風波之言易動，實喪之行難安。逼獸窮地，則惡聲出；責人太深，則和氣喪。理自爾耳，莫知所以然也。遵法令者不遷，明自成者不勸。美成在久，大器晚成也。惡成不及改，將奪必與也。乘物遊心，則任物。託不得已，則虛己。作爲以報，則僞矣；自忘則易。欲致君命所以爲難，非難非易，唯有道者能之。

趙注：始陽卒陰，始治卒亂，此理之必然。水遇風而波作，獸將死而咆哮，亦勢所必至。一言之發，激怒於人，非風波乎？人既激矣，將行其怒，非實喪乎？遷令勸成是謂過度，從而益之事必危矣。美成者因喜而得成，猶貴在乎久；惡成者本無成意而强之使成，必不久也。心寄於物，一寓於不得已，而心不爲之動，養中之道無加於此，何必逆料其難成而作爲報也？莫若致命盡情，此其難者。

鬳齋云：陽，喜也；陰，惡也。戲劇太甚，則有過用奇巧者。招飲以禮也：治，初筵秩秩時也；亂，載號載呶時也。飲酒過當，故樂多異常，或成爭競。諒，信也。鄙，詐也。人世相涉言語，則風波之所由起；行有名迹，則喪實矣。忿怒之設，由於巧言偏辭，如獸死之時，音又何擇？氣息茀怒，狠戾並生，是爲剋核，故不肖之心應之而不知其然也。到此，就奉使上結。無遷令，即傳其常情也。無勸成，聽其自然也。纔起過當之念，便是求益，謀事必危。美成在久，言人之相與盡善，非一日可成。一事不相順，有轉步便成惡者，是不及改也。若乘物以遊心於〔一〕自然，托不得已以養其中正，此爲至矣。何必有所作爲而後反命邪？但當真實致其君命，不必過慮事之成否也。

出世間法即世間法，能處世間而無累，是爲出世間矣。先論奉使傳命之難，卻泛説世事感召勢之必至而莫知所以然，使求其理而已。風波、實喪之語，誠爲切當。剋核太至：核，同劾，諸解罕詳及，唯疑獨分爲二字釋之。今擬從核字本義爲之説云〔二〕：核〔三〕者，木果生意所寓，仁在其中，先賢嘗取以喻仁愛之意。今謂剋削其核，則傷其仁

〔一〕於：四庫本作「放」，訛。
〔二〕「唯疑獨」至「説云」：此二十字朱本、李本並無。
〔三〕核：朱本、李本此字上並有「蓋」字。

而生意盡；剋削其行，則傷其義而交道絶，故不肖之心不期應而應之。肖，類也，仁心錫類，一視同慈。仁苟不存，則其心不類，何惡弗爲？蓋由有以召之，其機不可不謹。《文中子·周公篇》：「好奇尚怪，蕩而不止，必有不肖之心應之。」語本乎此。美成、惡成，對待立義，諸解或以〔一〕惡音去聲，今擬從〔二〕本音解云：美善之成至難，必積久以化之；過惡之成至易，雖欲改而不及矣。上句戒其無遷易國家之號令，下句戒其無勸成齊侯之驕志也。乘物以遊心，因理而行，不逆慮成否也。不得已以養中，理極而止，不失〔三〕乎中道也。如此亦足矣！何必作爲以報其君哉？莫若爲致命，言但聽其死生禍福，則處此亦何難之有？夫子始告以命義大戒，終亦歸於本意。觀此一段，曲盡物情，孰謂南華傲睨物表而略於世故邪？

顔闔將傅衛靈公太子，而問蘧伯玉曰：「有人於此，其德天殺。與之爲無方，則危吾國；與之爲有方，則危吾身。其知適足以知人之過，而不知其所以過。若然者，吾奈之何？」蘧伯玉曰：「善哉問乎！戒之，慎之，正汝身哉！形莫若就，心莫若和。雖然，之二

〔一〕以：此字朱本、李本並無，脱。
〔二〕從：此字朱本、李本並無，脱。
〔三〕失：朱本、李本並作「先」，訛。

者有患。就不欲入，和不欲出。形就而入，且爲顛爲滅，爲崩爲蹶；心和而出，且爲聲爲名，爲妖爲孽。彼且爲嬰兒，亦與之爲嬰兒；彼且爲無町畦，亦與之爲無町畦；彼且爲無崖，亦與之爲無崖。達之，入於無疵。汝不知夫螳蜋乎？怒其臂以當車轍，不知其不勝任也，是其才之美者也。戒之，慎之！積伐而美者以犯之，幾矣！汝不知夫養虎者乎？不敢以生物與之，爲其殺之之怒也；不敢以全物與之，爲其決之之怒也；時其飢飽，達其怒心。虎之與人異類，而媚養己者，順也；故其殺者，逆也。夫愛馬者，以筐盛矢，以蜄盛溺。適有蚉寅僕緣，而拊之不時，則缺銜毁首碎胸。意有所至，而愛有所亡，可不慎邪？」

郭注：夫小人之性，引之軌制則憎己，縱其無度則亂邦。不知民過之由己，責民而不自改，吾將奈之何？反覆與會，俱所以爲正身。形不乖迕，和而不同。就者形順，入則遂與同。和者義濟，出則自顯伐。與同，則是危而不扶，與彼俱亡矣。自顯和之，且有含垢之聲，彼將惡其勝己，妄生妖孽，故當玄同光塵，然後不得而親、踈、利、害也。與之爲嬰兒七句〔一〕，不立圭角以逆其鱗也。今知之所無奈何而强當其任，猶螳螂怒臂以當車轍，積才伐美以犯，危殆之道，故順理則異類生愛，逆節則至親交兵，當世接物，逆順之

〔一〕七句：此二字原缺，據四庫本補入。

際，不可不謹也。

呂注：其德天殺，則人所不能生。與之無方則危吾國，與之有方則危吾身，無所施而可也。知人之過而不知其所以過，則尤難事者也。就之失在入，入則與之同；和之失在出，出則與之異。故爲顛滅崩蹶、爲聲名妖孽者，以其與之同而不知所以扶持；與之異，而不知所以將順故也。與之爲嬰兒以至於與之爲無崖，則雖與之無方，不至於危國；雖與之有方，不至於危身。蓋因其性之所有而達之，如宣王好勇、好貨，而孟子導之以王道是也。後文螳螂、愛馬，皆引喻之言，大意明白，不復全解。

疑獨注：天殺者，言其惡德稟於自然而不可化。方，矩也。與之遊矩之外，則恣欲敗度，吾國危矣；與之入矩之內，則制欲奪情，吾身危矣。知人之過而不知其所以過，吾奈之何哉？答以先正汝身，形在外宜與人同，故莫若就；心在内宜與人異，故莫若和。就不欲入，懼其褻狎也；和不欲出，惡其自顯也。入而褻狎，則爲顛滅崩蹶；出而自顯，則爲聲名妖孽。此所以宜戒慎。嬰兒，無知。町畦，界畔。崖，岸也。順彼所爲，隨而不逆，然後導達之，使入於無疵也。螳螂怒臂，戒顔闔勿攖其鋒。養虎、養馬，俾顔闔導之以理也。

詳道注：臣人易，傅人難；傅人易，傅太子難。勢尊、位重，理所難化，況其德天殺！

此所以慄之也。形就者，比而不雜，外曲也；心和者，異而不乖，内直也。外曲則不失人，内直則不失己。就而入，則與之爲無方，而危吾國；和而出，則與之爲有方，而危吾身。則當與之爲嬰兒而無畦、無崖，達之入於無疵矣。古之君淫亦淫、君奢亦奢者，以此。餘注槩同前説。

碧虚注：相與爲惡，則亂邦；率之以道，則害己。唯善歙〔一〕張之權者，斯能傅之。若省己過，則無凶德矣。正身者，不言之教。形莫若就，與之無方也；心莫若和，奪之有道也。就入則同惡，爲顛滅崩蹶，所以危吾國；和出則自矜，爲聲名、妖孽，所以危吾身。故自嬰兒以至於無崖，此所以歙張、予奪之道也。螳螂怒臂以當車轍，才美力微，不敗而何？養虎養馬，喻制物在乎術，役人在乎權。亡其權、術而欲御物，斯自害而已矣！

趙注：形就則使不我踈，心和濟其所不及。和猶和羹，非以同爲和也。雖若是猶恐不免，就而入，則逢君之惡；和而出，則彰君之惡；顛滅崩蹶，是淪胥以亡。聲名、妖孽，是求名而掇禍，故必和光同塵，使無得而瑕疵，乃爲至也。螳螂、養虎、愛馬三喻，事異而意同。

〔一〕歙：四庫本作「翕」，通。本段下「歙張」同。

慮齋云：其德天殺，言爲天所銷鑠。無方，無法度也。言縱彼敗度，必危吾國；若救正之，則禍必及身，吾奈之何？教以正汝身者，率己以律人也。就，隨順之。和，調和也。外隨順而内調和，然猶無患。隨順而與之爲一，是就而入也。調和而圭角稍露，是和而出也，不免顛滅妖孽而已。嬰兒、無町畦、無崖，是形容無知妄爲之狀。彼方如此，我且順之；到有可覺悟處，就加點化，使之躍然醒悟，或可以入無疵之地。螳螂怒臂，喻小才自矜，以當大事，鮮不敗者。養虎、愛馬，義自顯明。

觀〔一〕伯玉之教顔闔，又下夫子教子高者一等矣。蓋〔二〕子高猶知尊楚君〔三〕，有奉命憂懼之心。故夫子告以命義大戒，終之〔四〕以乘物遊心，託不得已。雖委身爲使而猶知存所天，未至徇人而忘己也〔五〕。闔則既知蒯〔六〕聵之不可傅而欲傅之，先已懷

〔一〕觀：此字朱本無。
〔二〕蓋：此字朱本無。
〔三〕尊楚君：此三字朱本無。
〔四〕之：此字朱本無。
〔五〕也：此字朱本無。
〔六〕蒯：此字朱本無。

疑而求彼之信己，於理已稍悖矣。故伯玉告以正汝身哉，立其本而後末可舉也。形就心和，是見其勢不可以力正，姑立此苟全之論，非爲傅之道也。況就而入、和而出者乎！至於與之爲嬰兒、爲無町畦、爲無崖，則就入之尤者。雖有因機點化一着，然師傅之尊，豈無善誘之道而遽至於是？縱由此而達之，僅可無疵而已，安能化物哉！螳螂怒臂，正以喻闔將恐不免耳。養虎、愛馬，又所以申前喻〔一〕而俾之加謹也。

匠石之齊，至乎曲轅，見櫟社樹。其大蔽牛，絜〔二〕之百圍；其高臨山，十仞而後有枝；其可以爲舟者，旁十數。觀者如市，匠伯不顧，遂行不輟。弟子厭觀之，走及匠石，曰：「自吾執斧斤以隨夫子，未嘗見材如此其美也。先生不肯視，行不輟，何邪？」曰：「已矣，勿言之矣！散木也，以爲舟則沈，以爲棺槨則速腐，以爲器則速毁，以爲門户則液樠，以爲柱則蠹。是不材之木也。無所可用，故能若是之壽。」匠石歸，櫟社見夢曰：「汝將惡乎比予哉？若將比予於文木邪？夫楂梨橘柚果蓏之屬，實熟則剥，剥則辱；大枝折，小枝泄。此以其能苦其生者也，故不終其天年而中道夭，自掊擊於世俗者也。物莫不若是。且予求無

〔一〕喻：朱本作「論」。
〔二〕絜：原作「潔」，據四庫本改。

所可用久矣，幾死，乃今得之，爲予大用。使予也而有用，且得有此大也邪？且也若與予也皆物也，奈何哉其相物也？而幾死之散人，又惡知散木！」匠石覺而診其夢。弟子曰：「趣取無用，則爲社何邪？」曰：「密！若無言！彼亦直寄焉，以爲不知己者詬厲也。不爲社者，且幾有翦乎！且也彼其所保與衆異，而以義譽之，不亦遠乎！」

郭注：不在可用之數曰散木，可用之材爲文木。物皆以用自傷，數有睥睨己者，唯今匠石明其無用乃爲濟生之大用。弟子猶嫌以爲社自榮，不趣取於無用。匠石謂社自來寄，非求爲之，木乃以社爲不知己而見辱病，豈榮之哉？夫以無用爲用，雖不爲社，終不近於翦伐。是彼以無保爲保，而衆以有保爲保。無用者，泊然無爲，而群材自用。汝以社譽之，不亦遠乎！

吕注：櫟社，不材而神者也。其大蔽牛，則其本根深固可知。彼以不材爲用，而觀者以爲美，是不知己也。知其散木故壽，此所以爲匠伯器群材而用之之道也。自「爲舟則沈」至「爲柱則蠹」，此所以爲不材也。櫟之不材，是木之質，則櫨梨橘柚乃所以爲文。折泄掊擊，以文滅質也。先操斧斤而觀，後舍之而去，則幾死而乃得之，爲予大用。使可以爲舟楫、棺槨，且得有此大也邪？唯不物乃能物物，而物與物奈何相物也？夫無用者，固不知其無用，而趣取之，則爲社者，固非彼所知。而曰求無所可用者，向之不知己者以己材爲美，是詬厲也，直寄之無用而已，彼安知其無用而趣取之乎？彼所以不翦者，在於不材，雖不爲社，豈有翦乎？則爲社者，非彼所保也。衆以有保爲保，而彼之所保與衆異。非可以義譽之，欲學者忘義而求之也。

疑獨注：散木，非規矩繩墨所能制；散人，非仁義禮樂所能拘。唯至德〔一〕者，斯足語此〔二〕。樝梨橘柚以實而害其生，凡物以有用自傷者，莫不若此。且我求無所可用久矣，數爲匠者睥睨，是幾死矣。今得匠石以爲不材，此無用之用，實爲大用也。使其有用，豈得若此大邪？予與汝皆受命於造物，均爲物而已，奈何相物也？匠石弟子謂櫟樹何不疾取無用，而又爲社邪？匠石曰：櫟非求爲社，社直來寄耳。汝言此，則櫟樹以汝爲不知己而詬厲之也。彼以無用保其生，縱不爲社，亦豈有翦伐乎？彼以無保爲保，衆以有保爲保，此其所以異也。

碧虛注：櫟社巨材，人皆厭觀，若非匠石別識，幾爲執斤者所伐。今以全朴爲大用也，奈何相物？猶嫌匠石有分別之意，然弟子尚以爲良材而託社自芘，匠石謂彼社直來

〔一〕德：原作「命」，據四庫本改。
〔二〕語此：原作「此語」，據四庫本改。

寄木，非木求爲社也。以曲轅鄉俗爲不知己者，以社爲辱，謂之詬厲，至人以無用全生，世俗以不材見棄。櫟社與文木有異，唯匠石知之耳。夫木猶不可以義譽，而況至人之道乎！

趙注：匠石章發明大木無用之用，與《逍遥遊》意同。《膚齋口義》頗類吕氏，疑獨但趣取無用則如本音，謂此木志趣取於無用，何必爲社邪？章末以義譽之，謂汝乃以義理求其毁譽，相去遠矣。

前章備述處身應世之難，此章復引櫟社以不材自保而全無用之用，又假匠石答問以發明之。「幾死乃今得之爲予大用」是一句。奈何哉其相物也，言予汝皆稟形爲物，汝乃欲用[一]我邪[二]？幾死之散人，謂汝以能自役，亦幾死矣。予安於無用，豈汝所知哉？弟子又謂[三]櫟之本趣，既取無用，則何以社爲？匠石令其不必言，彼社直來寄耳，非求爲社也。正以社爲[四]不知己而加詬厲，且既安無用，縱不爲社，亦何得有

〔一〕用：朱本作「相」。
〔二〕邪：此字朱本無。
〔三〕謂：朱本作「爲」，訛。
〔四〕社爲：朱本作「爲社」，倒。

翦伐乎？蓋彼所保者不材，故與衆異，而汝以社義譽之，相去遠矣。喻淳朴之人，自全於世，不願人之吹嘘奬借，或得譽於鄉黨，亦寄焉耳！豈以爲榮哉？唯其不可得而利，所以不可得而害也。

南伯子綦遊乎商之丘，見大木焉，有異，結駟千乘，隱將芘其所藾〔一〕。子綦曰：「此何木也哉？必有異材夫！」仰而視其細枝，則拳曲而不可以爲棟梁；俯而視其大根，則軸解而不可以爲棺槨；咶其葉，則口爛而爲傷；嗅之，則使人狂酲三日而不已。子綦曰：「此果不材之木也，以至於此其大也。嗟乎神人，以此不材！」宋有荊氏者，宜楸柏桑。其拱把而上者，求狙猴之杙者斬之；三圍四圍，求高名之麗者斬之；七圍八圍，貴人富商之家求樿〔二〕傍者斬之。故未終其天年而中道夭於斧斤，此材之患也。故解之以牛之白顙者，與豚之亢鼻者，與人有痔病者，不可以適河。此皆巫祝以知之矣，所以爲不祥也。此乃神人之所以爲大祥也。

郭注：天王不材於百官，故百官御其事，明者爲之視，聰者爲之聽，知者爲之謀，勇

〔一〕藾：原作「籟」，今據四庫本改。
〔二〕樿：原作「禪」，據四庫本改。

者爲之扞，夫何爲哉？玄默而已。群材不失其當，則不材者乃材之所至賴也。

呂注：前論大木以不材終天年，次論荆氏楸柏夭於斧斤，以材爲之患。是以聖人、神人之於用，致之爲尤深，藏之爲尤密，故無用而用以之通，不材而材爲之使，則遊人世間而吉凶與民同患者，尤不可不知此。

疑獨注：高名之麗，高顯之屋也。樿傍〔一〕，棺材也。此言文木有材，所以夭折。解，祭祀，解賽也。白顙、亢鼻、痔疾，此三者解賽靈河不可用之，彼祝以爲不祥。神人貴無用之用，則所以爲大祥也。

詳道注：《老子》云：「曲則全，枉則直。」龜以神而見夢，不若曳尾於塗中；狙以便而見巧，不若全軀於深蓁。然則，不材者神人所以爲材，不祥者神人所以爲大祥也。

碧虚注：七竅馳用，則昏塞不通；百骸勞役，則疲薾莫支。唯有無名靈物，統御一體，光耀弗竭，充滿太虚，故衆神得以芘藾〔二〕。巫覡嫌病〔三〕物不殺，神人以瀹祭

〔一〕樿：原作「禪」，據四庫本改。
〔二〕藾：原作「籟」，今據四庫本改。
〔三〕病：此字四庫本無，脱。

爲尊。

趙注：商丘大木與櫟社義同，荆氏楸柏以有用而不能終天年，不若牛之白顙、豕〔一〕之亢鼻、人之痔病者，以不材而自全也。

盧齋云：商丘之木與前章大意相類，言神人之所以全其生者，亦以此不材而已。荆氏之地宜楸、柏、桑三木。杙〔二〕，椿〔三〕也。麗，屋棟。高名，大家也。即高明之家，音同而字異耳。《解》，古巫祝者書名。《解》之中有曰：「牛白額者，豚鼻高者，皆不可以祭河。」古者或以人祭，如西門豹之事，故添「痔病」一句。此三者巫祝以爲不祥，唯其不祥，所以免殺身之禍，以神人觀之則大祥也。

諸解發明大意盡矣，而字義有未釋者，今附于後云：隱將芘其所藾〔四〕，言隱然芘其蔭也。或以隱字屬上句説之，不通〔五〕。「必有異材夫」絶句。以夫屬下文者，非。

〔一〕豕：四庫本作「豚」。

〔二〕杙：四庫本作「栈」，訛。

〔三〕椿：原作「椿」，據四庫本改。

〔四〕藾：原作「籟」，據四庫本改。

〔五〕或以隱字屬上句説之不通：此十一字朱本無。

軸解，謂木紋旋〔一〕散也。杙，所以棲獮猴。樿〔二〕傍，棺之全一邊者。高名之麗，麗釋以屋，字當從欐，《列子》：「餘音繞梁欐。」高名，則是「高明」無疑〔三〕，鬳齋説甚當。此章與前章義同。後添人以疾而免祭河之厄，又結以神人所以爲大祥，經意顯明，兹不贅述。

支離疏者，頤隱於齊，肩高於頂，會撮指天，五管在上，兩髀爲脇，挫鍼治繲，足以餬口；鼓筴播精，足以食十人。上徵武士，則支離攘臂於其間；上有大役，則支離以有常疾不受功；上與病者粟，則受三鍾與十束薪。夫支離其形者，猶足以養其身，終其天年，又況支離其德者乎！

郭注：神人無用於物而物各自用。歸功名於群材，與物冥而無迹，故免人間之害。處常美之實者，支離其德者也。

吕注：支非體之全，離非物之合，疏則通而明，支分而離散之，則疏通而無有身之患。故支離其形者，征役所不能加；支離其德者，事爲所不能累也。

〔一〕旋：此字朱本無，脱。

〔二〕樿：原作「禪」，據衆本改。

〔三〕「禪傍」至「無疑」：朱本作：「高名是高明，麗釋以屋，字當從欐。《列子》：『餘音繞梁欐。』禪傍，棺之全一邊者。」

疑獨注：支離其形，則忘形而以理自勝；支離其德，則忘德而以命自處。墮體黜聰，忘形之謂也；上德不德，忘德之謂也。忘形之人，保身盡年，以遠人間之害而已。若夫忘德者，知周萬物而反知於愚，明並日月而歸明於昧，豈忘形者可同日而語哉！

碧虚注：處身無用，支離其形也；懷道若愚，支離其德也。

趙注：世人知德之爲美，而不知德之爲累，故莊子以支離疏譬之。

鬳齋云：會撮，椎髻。兩髀，腿兩邊也。挫鍼，縫衣。治繲，浣衣。鼓筴，所以播米而得其精也。支離疏以形病不受役，又因得粟與薪，亦不材自全之意。至人之德亦如此支離者，以無用爲大用也。

會撮，音檜最。又會，古活切；撮，子活切〔一〕。項椎〔二〕，司馬云：「髻也。古者髻在項中，脊曲頭低，故髻指天。」向氏云：「兩肩聳上，會撮然也。」今讀多從前〔三〕音，與《大宗師》篇「句贅指天」字異而義同。自「頤隱於齊〔四〕」至「兩髀爲脇」，形容殘疾之

〔一〕撮子活切：此四字朱本無。
〔二〕項椎：朱本作「頊權」，訛。
〔三〕前：原作「首」，據朱本改。
〔四〕齊：朱本作「臍」，通。

狀。鼓筴播精，司馬云：「筴同策，小箕也；簡米曰精。」崔氏云：「鼓筴，揲蓍〔一〕；播精，布卦、占兆也。」今多從司馬説。二技衣食所資，切於日用，故可藉之以食十人。此亦設辭，言其形雖不足，而養身有餘也。彼支離其形猶若此，況支離其德者乎〔二〕！此段切緊在後句，蓋德忌乎執，執則非德矣。支離謂踈散自在，於德而踈散自在〔三〕，上德不德是也。夫支離其形者，徵役不及而粟薪可沾；則支離其德者，人害莫及，而天爵所加也，宜矣！

〔一〕蓍：朱本作「著」，訛。
〔二〕彼支離其形猶若此況支離其德者乎：此十五字朱本無，脱。
〔三〕於德而踈散自在：朱本作「於德者」，訛。

南華真經義海纂微卷之十

武林道士褚伯秀學

人間世第四

孔子適楚，楚狂接輿遊其門曰：「鳳兮鳳兮，何如德之衰也！來世不可待，往世不可追也。天下有道，聖人成焉；天下無道，聖人生焉；方今之時，僅免刑焉。福輕乎羽，莫之知載；禍重乎地，莫之知避。已乎已乎，臨人以德！殆乎殆乎，畫地而趨！迷陽迷陽，無傷吾行！吾行卻曲，無傷吾足！」山木自寇也，膏火自煎也。桂可食，故伐之；漆可用，故割之。人皆知有用之用，而莫知無用之用也。

郭注：順時直前，盡乎會通之宜。世之盛衰，蔑然不覺，付之自爾，而理自生成，豈爲治亂易節哉？治自求成，故遺成而不敗；亂自求生，故忘生而不死。盡當今之會，冥然與時世爲一，而後妙當可全、刑名可免。知止其所不知，能止其所不能，用其自用，爲其自爲，恣其性内而無纖芥於分外，此無爲之至易，無爲而性命不全者，未之有也。性命全而非福者，理未聞也。福者，即向所謂全，非假物也。豈有寄鴻毛之重哉？率性而動，動不過分，天下之至易也。舉其自舉，載其自載，天下之至輕也。釋此無爲之至易，行彼有爲之至難，棄夫自舉之至輕，取夫載彼之至重，此世之常患也。爲内福也，故福至輕。爲外禍也，故禍至重，禍重而莫之避，此世之大迷也。畫地而循之，其迹不可掩。有己而臨物，與物不冥矣。不明我以耀彼而任彼自明，不得我以臨人而付之自得，故泯然與天下爲一而内外同福也。迷陽，猶亡陽，亡陽任獨，不蕩於外，曲成其行，各自足矣。

呂注：聖人成焉，成己而成物；聖人生焉，則全其生而已。天下之至善莫如道，則福莫大於是。其爲物也，視聽莫及，輕如羽而世莫之載也。天下之至惡莫如非道，則禍莫大於是。其爲物也，自無爲有，重如地而人莫之避也。臨人以德則有己，畫地而趨不免殆而已。迷陽則不知所如往，唯曲乃所以全也。山木、桂、漆之見伐，皆自有以取之。是知有用之用而不知無用之用也。人之處世，有治有亂，遭亂而能曲全，斯爲善處人間矣。

疑獨注：聖人當有道之時，則制禮作樂成功於當世；當無道之時，則全身遠害以保其生。聖人非有係乎生也，欲其身存垂法後世，謂之成可也。周公之於周，聖人之成也。孔子之於魯，聖人之生也。福不出於性内而罕求之，禍多生於分外而求不止。性内者，舉則能勝，載則能行，豈有鴻毛之重哉？分外者，寄於吾身，其重如地，迷者没溺於其間而不避，蓋不明禍福之本故也。所謂本者，戒、定、慧，即性内之福。貪、嗔、癡，即分外之禍也。臨人以德，則未能冥於道。畫地而趨，則未能藏其迹。迷陽，則晦其明而無傷吾全生之行。空卻其心，曲順於物，則各足乎性分矣。山木、桂、漆之召患，以喻不能遠害，而求用以傷身者也。

詳道注：聖人之心，豈弊弊然以經世爲事？特因時乘理，應之而已。世之知孔子者，止於形器之間，而不見其無事之際。故始陳其經世之迹，卒援接輿之歌以信之，則迹絶而心見矣。所謂聖人成焉者，以身徇道而成功；聖人生焉者，以道徇身而全生也。「已乎已乎」至「畫地而趨」，言今之從政者如此。「迷陽迷陽」至「無傷吾足」，言今之體道者如此也。

碧虚注：有道則樂成，無道則全生。能載輕羽之福者，無爲之士；不避重地之禍者，勢利之徒。夸德臨人，有我厚矣。驅人徇〔一〕迹，其道尤危。迷陽，謂晦明，晦明則行完。卻曲，謂退身曲全，安於分内。木、火、桂、漆之喻，皆適人之適，而不自適其適

〔一〕徇：四庫本作「狥」，通。

者也。

趙注：接輿之歌，蓋傷孔子不遇時，非譏孔子也。天下無道，聖人生焉，言鳳出非時也，人處斯時僅免刑戮足矣。微福莫能勝，重禍不知避，言世人迷惑若此。臨人以德，則人惡有其美；畫地而趨，則人徇其迹。已乎、已乎，言不可不止。殆乎、殆乎，言不勝其危。迷陽迷陽，無傷吾行，晦其明則吾行全矣。「山木」至「無用之用」，乃莊子之語，用以結上文數章之義〔一〕。

庸齋云：天下有道，聖人可以成功；天下無道，聖人全生而已。方今亂世，苟免於刑爲幸，何敢他求？處亂世而免刑全生，此特一羽之福，而汝不知有亂世之禍，常至殺戮，是重於地而汝不知避。臨人以德，取禍之道，不若已之。畫地而趨，言其拘束自苦，誠危殆也。迷陽，喻失本性之光明，曷行於世？卻曲，言回護避就。必至於傷吾足，言其不可行也。

諸解已詳，不復贅釋〔二〕。按《文中子·述史篇》：「天下有道，聖人藏焉；天下無

〔一〕義：四庫本作「意」。

〔二〕釋：此字朱本無，脱。

道，聖人彰焉。」句法雖同而反其意，各有所主耳。愚嘗謂秦漢以來，諸子立言者襲《南華》語意不少，獨經中設譬引喻，未嘗蹈前人一轍而愈出愈奇，後竟未有追踪者〔一〕，是謂文可文〔二〕，非常文也。「吾行郤〔三〕曲，無傷吾足」，諸本皆然。郤，多音隙，獨碧虚如字。復正經文作「郤曲郤曲」，庶協上文。元本應是如此，傳寫差謬，誤疊「吾行」二字，識者自能鑒之。

夫處人間世者，君臣之分爲大，不可不盡焉〔四〕。然當度可否之宜，謹出處之節，視古今而無愧，超悔吝而獨全，斯爲善美矣。是以顔子將之衛，而夫子備言事君之多患，名、知之相軋，心氣未達，譽終毁至，弓旌在前而刀鋸在後者有之，况以不違如愚之臣，遽欲往化年壯行獨〔五〕之君，焉保其無悔，所以力救止之。使衛君知賢者不苟進，益堅尊道之心，固將自化，奚必輕往以資驕志、攖暴行邪？顔子又陳端虚、勉一、内直、外曲或可

〔一〕後竟未有追踪者：此七字原無，據朱本補入。
〔二〕是謂文可文：四庫本作「是之謂奇文」，訛。
〔三〕郤：四庫本作「郤」，訛。本段下兩處同。
〔四〕君臣之分爲大不可不盡焉：朱本、李本並作「君臣之分雖人不可不盡者」。
〔五〕行獨：朱本、李本並作「獨行」，倒。

自全，夫子謂僅免患耳，胡可及化？化者不言而信，使人意消，豈在政法繁多，以啓物敵乎？顔子至此無以進，請問其方，則是人欲空而天理將見〔一〕之時也。夫子乘其開悟之機，告之以齋，使虚心受教，無聽以耳而以心，無聽以心而以氣，遂於言下悟其未始有回，心虚而形亦忘，則化物也無難矣。子高將使齊，誨以行事〔二〕情而忘其身，察風波而戒實喪。顔闔將傅衞，誨以就不入而和不出，達虎怒而通馬情，皆所以明世患之多端，外物之難必，在高識之士，洞燭幾微，進退以〔三〕義，可也。至於曲轅櫟社以無保爲保，商丘異材見不神而神，又申〔四〕言材之爲累而世人弗悟，往往恃材求用而不揆分度宜，名顯而妬害生，利鍾而禍患至，雖欲〔五〕臃腫自全，不可得也〔六〕。故是篇大意在乎外應世而内全真，道不離而物自化，古之聖賢不得已而有世俗之償，罔不密由斯道，遂寓孔顔問答，以發明

〔一〕人欲空而天理將見：朱本、李本並作「所念既空而天真虚受」。
〔二〕事：朱本、李本並作「盡」。
〔三〕以：朱本、李本並作「惟」。
〔四〕申：朱本、李本並作「伸」，訛。
〔五〕欲：李本作「然」，訛。
〔六〕也：朱本、李本並作「矣」。

之。篇末又引接輿之歌，以袪聖賢經世有爲之迹，以杜衆人逐物無厭之心。復結以〔一〕膏火、桂、漆之喻，警世尤切。唯其知涉世之難，可以處世而無難矣。

太上云：聖人猶難之，故終無難。

〔一〕以：朱本、李本此字下並有「山木」二字。

南華真經義海纂微卷之十一

武林道士褚伯秀學

德充符第一

魯有兀者王駘，從之遊者與仲尼相若。常季問於仲尼曰：「王駘，兀者也，從之遊者與夫子中分魯。立不教，坐不議，虛而往，實而歸。固有不言之教，無形而心成者邪？是何人也？」仲尼曰：「夫子，聖人也，丘也直後而未往耳。丘將以爲師，而況不若丘者乎！奚假魯國，丘將引天下而與從之。」常季曰：「彼兀者也，而王先生，其與庸亦遠矣。若然者，其用心也獨若之何？」仲尼曰：「死生亦大矣，而不得與之變，雖天地覆墜，亦將不與之遺。審乎無假而不與物遷，命物之化而守其宗也。」常季曰：「何謂也？」仲尼曰：「自其異者視之，肝膽楚越也；自其同者視之，萬物皆一也。夫若然者，不知耳目之所宜，而遊心乎德之和。物視其所一而不見其所喪，視喪其足猶遺土也。」常季曰：「彼爲己，以其知得其心，以其心得其常心，物何爲最之哉？」仲尼曰：「人莫鑑於流水而鑑於止水，唯止能止衆止。受

命於地，唯松柏獨也，在冬夏青青；受命於天，唯舜獨也正，幸能正生，以正衆生。夫保始之徵，不懼之實。勇士一人，雄入於九軍。將求名而能自要者，而猶若是，而況官天地，府萬物，直寓六骸，象耳目，一知之所知，而心未嘗死者乎！彼且擇日而登假，人則從是也。彼且何肯以物爲事乎！」

郭注：虛往實歸，各自得而足也。王駘形毁心全，忽然獨往，而天下莫能離，況一國乎！死生，人之大變，彼與變俱，故死生不得與之變也。夫恬苦性殊，美惡情異，各美其所美，萬物一美也；各是其所是，天下一是也。因其所異而異之，而浩然大觀者，知異之不足異；故因其所同而同之，又知同之不足同；故因其所無而無之，無美惡，則耳目無不宜。無不宜，而不和者未之有也。視死生如一，則喪足猶遺土耳。常季猶嫌王駘未能忘知而自存，遺心而自得。得其常心，平往者也，不能平往，與物過常，故使物就之。仲尼喻以止水致鑑，非駘引物從己也。夫下首唯有松柏，上首唯有聖人，故不正者皆來求正之。若物皆青全，則無貴松柏；人皆自正，則無羡大聖而趨之也。幸自能正，非爲正以正。生與變化俱，則無往而不冥；心與死生順，則無時而非生。擇日而登，以不失會爲擇，斯人無擇也，任其天行而時動者也。故假借之人，由此而最之，彼何肯以物爲事乎〔一〕？

呂注：學道者，學其所不能學，行其所不能行，故寓言於王駘。從仲尼遊者，知從其所能行，而不知從其所不能行，則雖全魯歸之，與王駘猶中分也。從其能行者，則立有教、坐有議，其教不得無言，其成不得無形也。從其不能行者，則立不教，坐不議，虚而往，實而歸，仲尼、王駘相爲表裏而已。不以其所能而當君師之任，則無用之用與庸亦遠矣，孰爲死生而與之變，孰爲覆墜而與之遺乎？審乎無假，知其所得者，真不與物遷，則死生覆墜而不變，命物化而已不化，守其宗本不離也。人唯不能自其同者視之，則耳目不内通；能自其同者視之，則耳目不知其所宜。故物視其所同，不見其所喪也。常季謂駘懷内聖之道，則爲己而已。以其知得其心，以其心得其常心，物何爲最之而推爲君師邪？唯止能止衆止，此人所以從之求鑑也。夫木莫不受命於地，唯松柏獨全。人莫不受命於天，唯舜也獨正，則舜豈不以正生爲幸而正衆生哉？今夫士之以勇自名者，猶能雄入九軍，而況官天地、府萬物、死生不得與之變者？非求名自要之比也。彼且擇日而登假，其去來容與如此，人安得不從而最之？

〔一〕以物爲事乎：此五字四庫本無，脱。

疑獨注：學者始未有得，則虚而往；終焉有悟，則實而歸。教者默然而喻，學者亦默然而得，《列子》云「用無言爲言亦言，用無知爲知亦知」是也。受制於陰陽，而後有死生。乘雲氣、騎日月，則死生不得與之變矣。無假則盡性，故不與物遷。命物則至命，故常守其宗也。膽附於肝，本同一體。楚、越相去蓋數千里，自其異而觀，雖同體而有數千之隔；自其同而觀，則與道玄合，而萬物皆一也。王駘自聞自見，故不知耳目之所宜。所一，言其德；所喪，言其形。蓋不獨自忘其形，而又使物忘己也。常季謂王駘未能忘知以爲己忘心，以得心得其常心，未大過於人，物何爲最之？答以王駘獲最，猶止水來鑑止者，性之本然，唯止於先者，然後能止衆止。莫非木也，而松柏獨正，凌霜雪以冠衆木。莫非人也，而舜獨正，明庶物而察人倫。幸能正生以正衆生，正己而物正之謂也。夫勇士忘生，雄入九軍，求名自要而猶若是，況體道者乎？以無形司有形曰官天地，以無物藏萬物曰府萬物，寓六骸者寄而無畜，象耳目者存而不用。一知之所知，則與造化爲一，其心未嘗死，故能擇日以登假，去留自在也。

詳道注：德之充者，形雖兀而全；德不全者，形雖完而虧。王駘德充於内，形忘於外，死生不變，覆墜不遺，則利害之小者可知矣。審乎無假，則不以内徇外；命物之化，則不以末傷本。萬物與我雖殊類，我與萬物爲一體。故物視其一而不見其所喪也。德充之人，視聽不以耳目，故不知其所宜。在我，忘其形之喪，而全其德所有；在物，視吾德所一，而忘吾形之虧。蓋聽以耳而聞非耳，視以目而見非目。所以立不教，而教以之有；坐不議，而議以之信也。常心則一，迷悟自殊，水性本同，流止斯異。水以止而取鑑，人以正而取最也。松柏不以寒暑易其色，故在木爲長；舜不以窮達移其正，故在人爲聖。駘之於舜，雖隱顯不同，其受天地正命則一，所以皆能正生以正衆生。然正生者，聖人之本務；正衆生者，聖人之餘事，故稱幸焉。夫勇士内存不懼之實，外驗保始之名，猶不以死生經懷而雄入九軍，此全於氣也，况全於道者乎！全於道者，官天地以爲己役，府萬物以爲己備，寓六骸而不有，象耳目而不用，一知而不爲物所貳，心存而不與形偕制，命在内而不在外，所以能擇日而登假也。

碧虚注：不治而不亂，立不教也；不言而自信，坐不議也。齋心問道，則虚而往；悟理而反，則實而歸。無形而心成，介兀而德充也。夫至人者，天地不能易其德，死生不能革其性，即境皆冥，獨立不改，天地密移而我常存，府藏氣異則一體之中楚越也，動植道同則天地之間不二也。逐聲色，則耳目異宜；混物我，則事無好惡。是故心無係着，所詣皆通，彼此委和，得喪自泯。今見學者盈門而謂得其心，睹淡泊自守而謂以其心，常心無迹，物何爲最之哉？觀容必鑑止水，求道當訪賢師。唯其自止，故能止絶衆心也。植物産乎地，得地氣之正者松柏。動物育乎天，得天氣之正者聖人。率己以正，而行沖默之訓，是以大丈夫以道戰死生而名勢不足稱焉。覆載有官，動植有聚，身非我有，故視聽不用，所知不二，心奚有死哉？擇日而登，去留有時也。假人則從是，真人則任己也。

趙注：王駘殘兀，人皆賤之。夫子乃欲率天下而往從焉，先生之見與常人遠矣。遂問其用心若何？仲尼言王駘之道：萬物有死生而此無死生，天地有覆墜而此無覆墜，蓋能審乎無假而守其宗也。常季未達，仲尼又以一身萬物之同異爲喻，肝膽楚越，同而異也；物與我一，異而同也。如是則無視無聽，適乎自然，物我混融，又安知其足之喪哉？常季豁然而悟，曰：彼爲己之學，以其知得其心，言虚靈知覺之心自致知而得；以其心得其常心，言由虚靈知覺而入於不死不生也。王駘所得不過如是，天下何爲最之哉？仲尼又舉唯止能止衆止、正生以正衆生，以明生物者不生，化物者不化。又告以保始之證，不懼之實，始者先天地生，人能保之，則死生臨乎前而不懼。彼勇士徇名而猶若是，況未常死者乎？此道範圍天地，曲成萬物，特寄之六骸，形之耳目，亘萬古而長存也。登假，猶昇天云。

　　鬳齋云：無形，無所見。心成，感之而化也。直後，猶尚遲。奚假，豈特也。「死生亦大矣」一句，釋氏議論皆從此出。天地覆墜，猶《大傳》云「乾坤毀遺」，亦墜落之義。審乎無假，盡見其實也。命物之化，言萬物受命於我。宗者，物之始也。常人不知物同一初，至肝膽亦分楚越，苟知此，則萬物與我爲一，不特以耳聽目視也。物視所一，不見所喪，言其觀於萬物，無所欠剩。讀夔蚿章，便見此意。爲己，修身也。以其知，言人有此識知，則能修此身。得其心以其心，言有此知覺之心，則能得其本然之心。本然、知覺非二物，特如此下語耳。蓋謂人皆有知、有心，苟能盡之，則可以爲己，可以得心。得其常心而已，物何爲最之。流水、止水，皆以喻心能止其心，所以賢於衆人，衆人以欲止之心就其求止，故曰：「唯止能止衆止。」此語大奇。松柏、堯、舜得於天者獨異，故能正其生以正衆生，生與性字義同。保守始初，徵驗必有。不懼之實，謂荆軻、聶政之徒尚能不變死生，況有道者乎？官天地、府萬物，各職其職，而聚所聚也。六骸，特吾所寄。目象目，而不止於視。耳象耳，而不止於聽。故能一知之所知，而無所不知也。心無所見曰死，彼豈擇日而登至於道，言無時不在道也。

立不教之教而天下化之，坐不議之議而天下信之，非德充於内、物符於外者，不足以與此。此王駘所止，而有以來鑑之道也。學者洗心求教，故虛而往；終則真見内充，故實而歸。非虚則不能受教，非實則不能悟理，悟理之極，明白洞達，物來斯鑑，亦虚而已。是故爲道之要無他〔一〕，善教者輔物之自然，善學者求復其自然，用不施而體自見，非有以增飾之也。太上云「我無爲而民自化」，則不教之教，教之至也。孔子曰「天何言哉，四時行焉」，則不議之議，議之至也。先聖之所以教人者如此，在受教者爲如何？又彼〔二〕爲己，以其知得其心，以其心得其常心，物何爲最之哉？郭氏從「以其知」、「以其心」爲句，「得其常心」遺而不論，成、林、王氏並同郭説。獨吕氏從「得其心」、「得其常心」爲句，上下文義自明〔三〕，虚齋、無隱皆宗〔四〕吕義，今從之。又「受命於地」至「唯舜獨也正」，文句不齊，似有脱略，陳碧虚照張君房校本作：「受命於地，唯松柏獨也正，在冬夏青青；受命於天，唯堯舜獨也正，在萬物之首。」補亡七字，文順義全。考之郭注：「下首唯有松柏，上首唯有聖人。」則元本經文應有「在萬物之首」字，傳寫遺逸。又：「彼且擇日而登假，人則從是也。」郭氏從登絶句，假如字，屬下

〔一〕爲道之要無他：朱本、李本並作「爲要道此無他」，訛。
〔二〕彼：朱本、李本此字下並有「既」字。
〔三〕自明：朱本、李本並作「明白」。
〔四〕宗：朱本、李本並作「從」。

文〔一〕，碧虚因之；吕氏以假音遐絶句，疑獨、詳道〔二〕、王雱、虚齋並宗吕説。竊詳「假人」無義，革〔三〕從登遐，文義顯明，謂得此道者去留無礙而昇於玄遠之域也。續考《列子·周穆王》篇「登假」字並讀同遐，可證。鬳齋以假音格絶句，蓋本於後篇「登假於道」之語云〔四〕。

申徒嘉，兀者也，而與鄭子産同師於伯昏無人。子産謂申徒嘉曰：「我先出則子止，子先出則我止。」其明日，又與合堂同席而坐。子産謂申徒嘉曰：「我先出則子止，子先出則我止。今我將出，子可以止乎，其未邪？且子見執政而不違，子齊執政乎？」申徒嘉曰：「先生之門，固有執政焉如此哉？子而悦子之執政而後人者也？聞之曰：『鑑明則塵垢不止，止則不明也。久與賢人處，則無過。』今子之所取大者，先生也，而猶出言若是，不亦過乎！」子産曰：「子既若是矣，猶與堯爭善。計子之德，不足以自反邪？」申徒嘉曰：「自狀其過，以不當亡者衆；不狀其過，以不當存者寡。知不可奈何而安之若命，唯有德者能

〔一〕假如字屬下文：朱本、李本並作「假人屬下文」，訛。
〔二〕疑獨詳道：朱本、李本並作「獨陳祥道」，訛。
〔三〕革：朱本、李本並作「今」。
〔四〕「鬳齋」至「之語云」：此數句朱本、李本並無。

之。遊於羿之彀中，中央者，中地也，然而不中者，命也。人以其全足笑吾不全足者衆矣，我怫然而怒；適先生之所，則廢然而反。不知先生之洗我以善邪？吾與夫子遊十九年矣，未嘗知吾兀者也。今子與我遊於形骸之内，而子〔一〕索我於形骸之外，不亦過乎！」子產蹵然改容更貌曰：「子無乃稱！」

郭注：我出子止，羞與刖者並行，以執政自多，明其不遜。申徒謂此論德之處，非計位也。子產答以子既殘形，而輕蔑在位，欲與有德者並，計子之德，不足以補殘形之過。申徒謂自陳其過，以爲不當亡者衆，默然知過，自以應死者少。夫利害相攻，天下皆羿也。不遺身忘知、與物同波者，皆遊羿之彀中，雖張毅之出、單豹之處猶未免於中。中與不中，唯任命耳。人以全足笑吾不全，是不知命；而我怒之，又不知命也。見至人知命遺形，故廢其怒而復常。不知先生洗我以善道故邪？我能自反邪？形，外也；德，内也。今子與我德遊耳，而索我外好，不亦過乎？子產曰子無乃稱，已悟則厭其多言也。

吕注：申徒能外形骸以忘人之勢，子產悦執政而不能忘己之勢。凡爲道者，所以洗心去垢而歸之明，猶鑑而已。今猶出言若是，則是不明，而塵垢所以止也。我則非自狀

〔一〕子：原缺，據四庫本補入。

其過，以不當亡者，故知其不可奈何而安之。遊羿之彀中，中央者，中地，則行至於無憾而可以免焉之譬[一]。不中者，命也，則不幸而不免焉之譬。人笑吾不全，不免怫然而怒。適先生之所，則化於道而忘之，不知洗我以善邪？吾之自悟邪？十九年，則極陰陽之數。遊於形骸之内，未嘗知吾兀也，而今索我於形骸之外，不亦過乎！

林注：不違，猶不避。齊，與之肩也。子産自多執政而後人，申徒所以引鑑爲喻而責之；子産以申徒形殘若是而與我争，猶與堯爭善也。申徒謂世人自分解其過以爲己當存者衆，不分解其過以爲己當亡者寡，言子産未能忘物遺形，自重執政而輕兀者之德。又謂與堯爭善，此自狀其過而不知亡者也。知其不可奈何而安之，知命者也。弓力所及爲彀中，喻己無取兀之道而兀者，命也。形骸之内，謂道德性命之理；形骸之外，謂手足狀貌之間也。

詳道注：德充之人，視富貴如浮雲，以形骸爲逆旅。子産挾貴以驕賤，恃全以薄兀，則不足以言德，又何足以言命？故曰：遊羿之彀中，不中者，命也。忿怒者，性之塵垢。既悟則垢去而鑑明，此始迷而終悟者也。

〔一〕之譬：四庫本作「譬之」，倒。下同。

碧虚注：子産師伯昏之道而未能忘我，申徒同出師門而未能忘德，況其下者乎！以不當亡者衆，飾非者多也；以不當存者寡，罪己者鮮也。遊羿彀中，喻欲全而不免，皆天命也。人笑吾不全，則怫然而怒，風火猶存；適先生之所，則廢然而反，鑑於止水也。與遊十九年而未嘗知兀，忘德忘形者也。

趙注：世人多自文其過，以爲吾不當亡足，鮮以爲吾實有罪者！蓋有幸不幸焉，如羿善射，鵠之中央，乃必中之地；萬有一免焉，命也。曾不自幸，顧乃笑人，我爲所笑，未免不平，是亦不知命也。至伯昏之前則釋然矣。吾與伯昏遊，未嘗知吾兀；今子與我遊於形骸之内，言寓六骸、象耳目，則子即我也。而索我於形骸之外，言爾爲爾、我爲我而不相知也。子産謝曰：子無重陳，我知過矣。

鬳齋云：「與堯爭善」四字亦奇〔一〕，言子既兀矣，縱能爲善，得如堯乎？不自反，猶不自量。自述其過，以爲足不當亡者衆；不述其過，以爲足不當存者寡。唯有德者知其有命，豈人所能奈何，此三句説三等人。遊羿彀中數語尤奇絶！言人處世，動是危機。彀中者，張弓而箭端所直之地，喻世之危如此。幸而不中者，命也。形骸内外之語，皆前

〔一〕奇：四庫本作「寄」，訛。

賢所未發。

申徒安命而忘兀，德充於内者，無戚於外也。子産矜位而鄙兀，心徇乎外者，不明乎内也。同學於伯昏之門，固有執政焉如此哉，言雖侍明師而猶以勢位爲尚，未能相忘而化其道，是心鑑不明，塵垢得以止之也。不當亡者衆，不當存者寡，此蓋申徒論足存亡，言人之處兀，知己過而安之者少。然有幸不幸，一歸之於命耳，則知申徒之兀出於非罪者也。或以此二句爲指子産未能忘形，取義差遠〔一〕。遊羿彀中，莫非中地，設有不中，幸免耳。人處世間，莫非憂患；苟得免患，亦幸耳。而人因以其幸笑吾之不幸，我猶有怒，未忘己也；廢然而反，己亦忘矣。不知先生洗我以善邪？吾之自悟邪？則彼己俱忘、物我交〔二〕化，何喜怒之可動，何形骸之可索哉？

〔一〕「或以」至「差遠」：此數句朱本、李本並無。

〔二〕交：朱本、李本並作「並」。

南華真經義海纂微卷之十二

武林道士褚伯秀學

德充符第二

魯有兀者叔山無趾，踵見仲尼。仲尼曰：「子不謹，前既犯患若是矣。雖今來，何及矣！」無趾曰：「吾唯不知務而輕用吾身，吾是以亡足。今吾來也，猶有尊足者存。吾是以務全之也。夫天無不覆，地無不載，吾以夫子爲天地，安知夫子之猶若是也！」孔子曰：「丘則陋矣。夫子胡不入乎？請講以所聞。」無趾出。孔子曰：「弟子勉之！夫無趾，兀者也，猶務學以復補前行之惡，而況全德之人乎！」無趾語老聃曰：「孔丘之於至人，其未邪？彼何賓賓以學子爲？彼且蘄以諔詭幻怪之名聞，不知至人之以是爲己桎梏邪？」老聃曰：「胡不直使彼以死生爲一條，以可不可爲一貫者，解其桎梏，其可乎？」無趾曰：「天刑之，安可解！」

郭注：踵，頻也。人生莫之爲而任其自生，重身知務者也。若忘其自生，謹而矜之，輕用其身者也。猶有尊足存，言刖一足未虧其德。去其矜謹，任其自生，所以務全也。使天地而爲覆載，則有時而息矣。無趾聞所聞而出，猶怪孔子方復學於老聃。師人以自得，是率其常然；舍己而效人，求非常之名也。故學非爲幻怪也，而幻怪以之生；禮非爲華薄也，而華薄由之興。故至人以爲桎梏，欲以真理冥之。仲尼非不冥也，順物則名迹立，終不免乎名，其爲桎梏也，孰能解之哉？

吕注：無趾亡足而所以行者未嘗忘，所以行者，尊足之謂也。仲尼欲入而講所聞，性與天道，非所以汎語學者也。無趾不言而出，則所以相與有不容聲者矣。賓賓以學，疑至人其猶未邪？道以絶學爲至，則世之所學者，至人觀之皆諔詭幻怪而爲己桎梏。夫唯以死生爲一條，可不可爲一貫，則桎梏解矣！胡爲不使之然哉？蓋可解者人刑，天刑則不可解也。

疑獨注：不知務〔一〕，謂忘物。輕用吾身，謂忘形。尊足，謂道也。無趾務全道而忘身，外身而身存也。以夫子之德配天地，猶責其不謹、不及。此以迹言，若以心言，則孔子辭以陋，請入而講所聞者是也。無趾默然而喻，故夫子勉弟子識之。又見老聃，疑夫

〔一〕務：四庫本作「物」。

子賓賓以學蕲以諔詭名聞，而不知至人之以是爲桎梏，胡不思所以解之。蓋夫子學老聃亦世事當爲，非有所覬也。老子以無趾未明其心，故使解其桎梏。無趾以爲天命使然，不可解也。

詳道注：申徒、叔山之於王駘，其兀同，其所以處兀則異。叔山之於申徒，其務學同，其所以爲學則異。即事觀之，名於教爲尊；即道觀之，名於身爲累。故古之得道者，冥得喪於一己，還功名於衆人，是謂帝之懸解，孰得而榮辱之哉？而世人競一時之虚譽，規死後之餘榮，疲薾而不知歸，窘束而不自適，重囚桎梏何以異此？然孔子非好異以蕲名也，苟惡其桎梏而思解之，則是任我違命而更有爲，安在其爲孔子哉？

碧虚注：尊足謂性，性不虧，則可稱全矣。仲尼請無趾入室講道，而無趾目擊意達，不言而出。孔子以無趾之迹誨門人之心。無趾語老聃：孔子何賓賓以學子爲，彼蕲以幻怪名聞，而不知至人以此爲刑戮也？胡不思所以解之，上與造化同，死生一條也，下與物我齊，可不可一貫也。天刑不可解，未能泯迹也。

趙注：叔山、仲尼問答，與前章申徒、子産意同。孔子傳道修教，使天下學者贏糧而趨之，此所謂蕲以諔詭幻怪之名聞者也。聃謂無趾胡不使仲尼思所以解其桎梏，言知此理則無係累。無趾謂人生有形則有累，安能高舉不在世間，故曰：天刑之，安可解！

　　慮齋云：不知務，猶云不曉事。尊足，性也。二字下得奇。賓賓，恭謹。諔詭幻怪，言其好名。桎梏者，言名爲己累。天刑，猶天罰也。此皆寓言。至若無趾，兀者也，猶務學以補前行之惡，而況全德之人乎，此語有益於世教。

　　首章王駘得道而至命者也；次章申徒有德而知命者也；此章無趾務學以補過者也。南華論德充有三等，與《人間世》所序意同。夫子謂叔山不謹犯患，則其兀也必有以致之。彼亦謂不知務而輕用吾身，已自知其過。唯其知〔一〕過，斯能補過，故聖門不棄焉。尊足，即〔二〕所謂使其形者也〔三〕，於此而務求全〔四〕，得其道矣。無趾以夫子爲天地，圖有以覆載之。夫子指其前失以爲今來何及矣〔五〕，無趾歎〔六〕其猶若是，則有不滿於中〔七〕，殊不知夫子之言正所以覆載之之道也。使無趾思所以補前行之失，而

〔一〕其知：朱本、李本並作「知其」。
〔二〕即：朱本、李本此字下有「下章」二字。
〔三〕也：此字朱本、李本並無。
〔四〕求全：原作「全求」，據朱本、李本改。
〔五〕矣：朱本、李本此字下有「則猶有將迎之見也」八字。
〔六〕歎：朱本、李本並作「言」。
〔七〕中：朱本、李本此字下並有「者」字。

爲全人形之殘，兀何加損焉〔一〕？有以見聖賢化治〔二〕，曲成萬物而不遺，人品〔三〕差殊，則其成也不無等降〔四〕，如本篇所列者是也。

魯哀公問於仲尼曰：「衛有惡人焉，曰哀駘它。丈夫與之處者，思而不能去；婦人見之，請於父母曰『與人爲妻，寧爲夫子妾』者，數十而未止也。未嘗有聞其唱者也，常和〔五〕人而已矣。無君人之位以濟乎人之死，無聚禄以望人之腹。又以惡駭天下，和而不唱，知不出乎四域，且而雌雄合乎前，是必有異乎人者也。寡人召而觀之，果以惡駭天下。與寡人處，不至以月數，而寡人有意乎其爲人也；不至乎期年，而寡人信之。國無宰，而寡人傳國焉。悶然而後應，氾而若辭。寡人醜乎，卒授之國。無幾何也，去寡人而行，寡人卹焉若有亡也，若無與樂是國也。是何人者也？」仲尼曰：「丘也嘗使於楚矣，適見豚子食於其死母者，少焉眴若，皆棄之而走。不見己焉爾，不得類焉爾。所愛其母者，非愛其形者也，愛

〔一〕「殊不知」至「加損焉」：朱本、李本並作：「此段蓋嘉無趾思所以補前行之失而爲全人也，形之殘兀，又何加損焉！」

〔二〕化治：朱本、李本並作「治化」。

〔三〕人品：朱本、李本並作「稟質」。

〔四〕降：朱本、李本並作「級」。

〔五〕和：此字下四庫本無「人」字。

使其形者也。戰而死者，其人之葬也不以翣資；刖者之屨，無爲愛之，皆無其本矣。爲天子之諸御，不爪翦，不穿耳；取妻者止於外，不得復使。形全猶足以爲爾，而況全德之人乎！今哀駘它，未言而信，無功而親，使人授己國，唯恐其不受也，是必才全而德不形者也。」哀公曰：「何謂才全？」仲尼曰：「死生、存亡、窮達、貧富、賢與不肖、毀譽、飢渴、寒暑，是事之變，命之行也，日夜相代乎前，而知不能規乎其始者也。故不足以滑和，不可入於靈府。使之和、豫、通而不失於兑，使日夜無郤而與物爲春，是接而生時乎心者也。是之謂才全。」「何謂德不形？」曰：「平者，水停之盛也。其可以爲法也，内保之而外不蕩也。德者，成和之脩也。德不形者，物不能離也。」哀公異日以告閔子曰：「始也吾以南面而君天下，執民之紀而憂其死，吾自以爲至通矣。今聞至人之言，恐吾無其實，輕用吾身而亡吾國。吾與孔丘，非君臣也，德友而已矣。」

郭注：惡駭天下而人歸之者，明不由權勢飲食而往，不由形美招致而往也。夫才全者，與物無害。故入獸不亂群，入鳥不亂行，而爲萬物之林藪。哀公與處，未經月已覺其有遠趣；不至期年，委以國政，悶然而應，氾若而辭，寵辱不驚也。夫生者以才德爲類，死而才德去矣，故失類而走；情苟類焉，形雖不同，而物無害心；情類苟亡，雖母子不足以固其志矣。使形者才德也。翣者，武所資，戰死則無武，翣將安施？採擇嬪御、燕爾新婚，皆以形好爲意，故足以降至尊之情，回貞女之操，德全而物愛之也，宜矣！　死生、存亡、飢渴、寒暑，其理固當，不可逃也。　人之生也，非誤生；生之所有，非妄有。　天地雖大，萬物雖多，而吾之所遇，適在於是，則絶力至知，弗能違也。　命行事變，不舍晝夜，始非知之所規，故非情之所留，知命之必行，事之必變，豈於終規始，在新戀故哉？　苟知性命之固當，雖死生窮達，千變萬化，而湛然自若，和理在身。　靈府者，精神之宅，不以憂患驚神。　使和性不滑，靈府閒豫，不失其兑，泯然任之，順四時而俱化也。　天下之平，莫盛於停水，内保其明，外無情僞，玄鑒洞照，與物無私，故能全其平、行其法。　無事不成，無物不和，此德之不形者，是以天下樂推而不厭也。

吕注：無君位，則至貴之德不足名。　無聚禄，則至富之業不足比。　天下皆以情求之而不得，則以爲至賾而思之。　神無方而無不在，則知不出乎四域也。　萬物負陰而抱陽，則分矣。　雌雄合前，妙乎陰陽而不測，是以意其異乎人。　悶然、氾若，則非肯以物爲事。卒授之國，亦寓焉耳。　無幾何而行，罔然喪之也。　豚子死母之喻，言神之在母，乃所以在子，相與爲類也；神離其母，則不得類，所以去之。　戰之有翣，所以自衛；戰死則無所事翣。　刖者之不愛其屨，皆無其本矣。　神使其形，所以爲本也。　嬪御新婚，猶以形全而致重，況德全乎！　未言而信，無功而親，是必才全而德不形者也。　死生存亡等目在人，則事之變；在天，則命之行。日夜相代，知不能規，吾何容心哉？和者，神之所好。靈府，神之所宅。其神和豫通而不失於兑，則其神無郤，而不見有晝夜之間，與物爲春，是與物接而生時乎心者也。水平而明，其性然也，内保外不蕩，勿橈之也，喻人之性亦然。萬物皆備則成，萬物爲一則和。德者，成和之脩。德不形，則同於初，物安得離其所自生哉？

林注：哀駘它無位、無禄，惡駭天下，唯才德内充，所以衆歸之；不役乎分外，故知不出乎四域；與物爲一，故雌雄合乎前也。悶然氾若，無心而不係貌。無幾何而去，難進易退也。豚子之於母，生爲己類，死則不類矣，喻君子以才德爲類，而不以形骸爲愛。形謂六骸耳目。使其形者，道德性命之理也。戰死而無用翣，刖者之無用屨，喻形以才德爲本，非其本則形無用也。嬪御、翦〔一〕爪、穿耳、娶妻者，以形傷不使，蓋擇形全者爲用，況全德之人乎！死生、存亡、飢渴、寒暑，事變命行，日夜相代，雖有至知不能度其所始，唯才全者無得無喪，任之而已。故不足以滑和，不失於兑悦，日夜無郤，忘變之至，與物爲春，有以生之也。此言造化無極，事物日生，而不物者未嘗死。接而生時乎心，謂至人因時接物，感而遂通而已。停水均平，天下取法，德不形者，亦若是也。德者，和成之脩，

〔一〕翦：原作「前」，據四庫本改。

化行而不知所以化。德不形者，物不離，功成而不知所以功也。

詳道注：王駘以兀而取物最，哀駘它以惡而物不離，蓋有尊形存焉，雖兀猶全也；有至貌存焉，雖惡猶美也。所謂至貌者，才全而德不形是也。故丈夫婦人之所慕，鳥獸之所親，以至國君願授之國，非使物保而物自保之也。母愛以使形爲本，戰者以勇爲本，行者以足爲本，哀駘它所以存而見任、去而見思者，有本故也。德全則顯而爲才，才全則入而爲德。德不形則自死生存亡以至不失於兑，不以物易己也。自日夜無卻以至生時乎心，不以己忘物也。內保之則無失其實，外不蕩則無感其名。所謂德者，脩其性而復於成和而已。哀公之於孔子始爲君臣，而終爲德友，其悟也蓋亦微矣。

碧虛注：權勢聚禄，可以活人，故衆歸之。今匹夫而衆歸者，以德爲丘也。己，性也，生則己類，死則失類，豚母亡其己性，豚子失其己類，故棄而走，喻哀公鮮德而至人遠之也。翣以旌武，屨以飾足，戰死、刖足皆忘其本，飾安用哉？死生至寒暑十六目，是爲塵網，凡涉世者，莫能逃，委之天命，是曰德充。然猶爲方內之士，彼遊方之外者，翛然縣解，入於大妙。故仲尼得以忘言，哀公絶其所問也。炎涼事變，晨夕不停，雖巧歷規度，莫定乎前，誰復計其終乎？靈府既虛，自然和理，閑豫通達，不滯常有，兑悦之懷，虛妙之心，未嘗間斷也。春氣茂養，同聖賢育物之心。水停之盛，爲大匠之所取法。德在內則成身，施於外則和物。成和之理，非脩莫就也。執民之紀而憂其死，未能芻狗萬物。忘國則身富，忘勢則德充矣。

趙注：哀駘它即不言之仲尼，時仲尼自衛反魯，形容醜惡，故曰衛有惡人焉。丈夫與之處，思而不能去，喻諸侯敬之。婦人願爲妾，喻弟子從之。和而不唱，述而不作也。君位聚禄，喻道濟天下而爲素王也。知不出域，雌雄合前，言所知不過日用之常，所見不越夫婦之愚，而所以與人異者何也？哀公遺形取德，授之國政，未幾而去。仲尼喻以豚子食於死母，少焉覺非己類，棄之而走。燔肉不至，孔子不税冕而行，豈得已哉？戰死之無用翣，猶刖者之無用屨也。嬪御新婚，又以喻才全德不形。死生至寒暑十六者，人所不能免，循環晝夜，莫規始終而不足以亂吾天和；入吾方寸，盎然歡然，萬象皆春，接而生時，感而遂通也。水停之盛，天下爲法也。德脩而成和，和則同物，德離物則形，形則非德矣。此哀公所以稱孔子爲德友也。

盧齋云：知不出乎四域，言所知不出乎世外。雌雄合乎前，與物狎也，即漚鳥不驚之意。豚子之喻，謂人之愛惡不在形之美惡。戰死不用翣，非行禮之喪，猶刖者之屨無所施也。此明德在内而不在外。嬪御、不翦爪、不穿耳，貴全其形，不事脩飾，新娶者免役，《禮記》有之，此借全形以喻全德。死生、窮達、事變、命行，日夜迭運於前，雖知者不能求其始，而不足以滑胸中之和，不入於靈府，不動其心也。日夜無郤，言日新不已。與物爲春，遇事皆樂也。接而生時乎心，接猶感，時猶時中之時，隨事所感而應之。才全，謂全質性。德不形，言不顯伐。内保外不蕩，形容水平可法之意。成全性中之和，是其德之脩也。德不形者，無所往而非德，故物不能離焉。非君臣也，德友而已，與《孟子》「友之云乎」意同。

按雌雄之義，所解不一。或以爲禽獸者，本於《列子》「雌雄在前，孳尾成群」之説。竊考經意，「丈夫與之處，思而不能去，婦人願爲妾」之語，則雌雄合乎前，言丈夫婦人歸之者衆也。戰而死者，其人之葬也，不以翣資，舊來從資絶句〔一〕。翣者〔二〕，飾武之具，形似方扇，以木爲之，衣以白布，畫以雲氣，夾車兩邊，所以自衛也。資或訓用、訓送，或略而不言，殊無確論，後得無隱講師從翣絶句，以助釋資，文從理順，經旨大明。續考《禮記·檀弓篇》，周人置翣，孔子之喪，飾棺牆置翣，又置絞衾設蔞翣〔三〕。絞，音爻。蔞，音柳。《周禮》作「柳翣」。又《明堂位》云「周之璧翣」，鄭氏注：「天子八翣，皆戴璧

〔一〕句：朱本、李本並作「者」，訛。
〔二〕者：朱本、李本並作「句」，訛。
〔三〕蔞翣：朱本、李本並作「柳翣」，通。此下小字注釋朱本、李本並無。

垂羽；諸侯六翣，皆戴圭；大夫四翣；士二翣，皆戴綏。」儒錐切，係冠纓〔一〕據此，則古者喪禮通用翣，非特爲飾武〔二〕設。竊原南華本意，謂先聖制禮使人養生送死而無憾，周以棺衾，飾以柳翣，貴賤隆殺各當其宜，所以愼終也；若戰而死，則非正命，又失用師之道，故其葬也不以翣，形且不得全歸，何望儀物之備哉？亦猶刖者之不愛其〔三〕屨也。此章從上文豚子食於死母起喻，至此又疊喻以結之，不過形容德充於内者無假於外，德餒於中者〔四〕外飾無益也。與物爲春，是接而生時乎心，言才全而德不形者，至和内藴，接物無間，若青陽流布，無不被生育之恩。蓋以無心爲心，故能無感不應。濂溪先生不去窗前草，云「與自家意思一同」，亦此義〔五〕。或問：方其不感不接，和安在哉？曰：如樂在懸，聲無隱乎爾。

〔一〕儒錐切係冠纓：此六字朱本、李本並無。錐，四庫本作「隹」。
〔二〕武：此字朱本、李本並無，脱。
〔三〕其：此字朱本、李本並無。
〔四〕者：此字朱本、李本並無。
〔五〕「濂溪」至「亦此義」：此數句朱本、李本並無。

南華真經義海纂微卷之十三

武林道士褚伯秀學

德充符第三

闉跂支離無脤説衛靈公，靈公悦之；而視全人，其脰肩肩。甕㼜大癭説齊桓公，桓公悦之；而視全人，其脰肩肩。故德有所長，而形有所忘。人不忘其所忘，而忘其所不忘，此謂誠忘。故聖人有所遊，而知爲孽，約爲膠，德爲接，工爲商。聖人不謀，惡用知？不斲，惡用膠？無喪，惡用德？不貨，惡用商？四者，天鬻也。天鬻也者，天食也。既受食於天，又惡用人？有人之形，無人之情。有人之形，故群於人；無人之情，故是非不得於身。眇乎小哉，所以屬於人也！謷乎大哉，獨成其天！惠子謂莊子曰：「人故無情乎？」莊子曰：「然。」惠子曰：「人而無情，何以謂之人？」莊子曰：「道與之貌，天與之形，惡得不謂之人？」惠子曰：「既謂之人，惡得無情？」莊子曰：「是非吾所謂情也。吾所謂無情者，言人之不以好惡内傷其身，常因自然而不益生也。」惠子曰：「不益生，何以有其身？」莊子曰：

「道與之貌，天與之形，無以好惡内傷其身。今子外乎子之神，勞乎子之精，倚樹而吟，據槁梧而瞑。天選子之形，子以堅白鳴。」

郭注：其德長於順物，則物忘其醜；長於逆物，則物忘其好。德者世之所不忘，形者理之所不存，故忘形非忘，而忘德乃誠忘也。遊於自得之場，放之而無不至，才德全者也。而知、約、德、工四者，自然相生，其理已具，故聖人無所用其已。物無妄然，皆至理所趨，當任之而已。形貌同人，而掘若槁木，故浩然無不任，而獨成其天也。夫人非情之所生，則生豈情之所知？惠子未解形貌之非情而復有問，莊子謂以是非爲情，則無是非好惡者，雖有形貌，直是人耳，情將安寄？不以好惡傷身，任當而直前者，非情也；因自然而不益生，止於當也。惠子猶未明生之自生，理之自足。莊子又告以生理自足於形貌之中，任之則自存，好惡之情秖足以自傷耳。倚樹據梧，言有情者之自困，此世之所謂情。而云天選，明夫情者非情之所生，而況他哉！

吕注：無脤、大癭以德長而見美於二君，形有所忘也。人不知存其神，是所忘；役於視聽、思慮，是所不忘。不忘其所忘而忘其所不忘，此謂誠忘，非特形有所忘而已，誠忘則聖人之所遊，物不得遯而皆存者也。若然者，以知爲孽，孽非本榦也；以約爲膠，所以約散也；以德爲接，所以續異體；以工爲商，非所以爲器也。聖人不謀，惡用知？不斲，惡用膠？無喪，惡用得？不貨，惡用商？四者，天鬻也，故無待於外。有人之形，無人之情，以其所遊在誠忘故也。群於人，則遊乎世俗；是非不得於身，則休〔一〕乎天均。得其小者屬於人，大者屬於天也。貌則動作威儀無非道，形則六骸九竅天而生，所以爲人者足矣。奚爲疑其不可以無情乎？惠子直謂無情若木石，不可以爲人。莊子謂吾所謂情，是非不得於身也。吾所謂無情，不以好惡内傷其身也。若是則足以有其身，何必益生哉？惠子不知即動而靜，乃據梧以求靜，唯不知此即是不得其所爲使，形爲天之所選，而以堅白鳴也。

林注：形者世所不忘，德者世所忘也。人能不忘世所忘，而忘世所不忘，則才德全矣。是謂誠忘。聖人所遊，《列子》謂觀其所變，遊之至者也。智者，謀所出，故爲孽。約者，物之束，故爲膠。德成己，以應物，故爲接。工造器，以營利，故爲商。此四者，世人之所爲，聖人則不謀不斲，無喪無貨，惡用四者爲？四者雖人事，亦天所以養人者，既受食於天，惡用人爲哉？聖人形與人同，故群於人；情與人異，故是非不得於身。形小所

〔一〕休：原作「体」，四庫本作「體」，並誤，據金大定十二年刊呂惠卿《壬辰重改證呂太尉經進莊子全解》改。

以屬乎人，情大所以成其天也。惠子知其情而不知所以情，莊子謂不以好惡内傷其身，合性命之情而言，所以成乎天者也。好惡之情，應物而已〔一〕，身無與焉。不益生，則能盡其生理，而無所措其情。道貌天形，不傷於好惡，斯足以有其身矣。今子外神勞精，倚樹據梧，此皆有情之所累也。天選子之形容，與物獨異，子又益生惑衆，若公孫龍堅白之論〔二〕，能勝人之口，而不能服人之心，此不知性命之情，而受役於造化者也。

詳道注：聖人之道無方，而無乎不在；無體，而無乎不爲，則其心無適而非遊也。遊者，逍遥自放，無所係累之稱。所謂惡用知、惡用膠、惡用德、惡用商者，乃其所遊也。知因謀而出，約因斲而興，德因喪而有，工因貨而作，四者皆世人相養之具。德充之人，無所用之，天食而已。聖人形與人同，故眇乎小哉；情與人異，故獨成其天。聖人非無情也，好出於不好，惡出於不惡，因其自然而不益生，謂之無情可也。人之生也，形選於天，性靈於物，其德未嘗不充，特牽於物而有以害之，去其害而德充矣。惠子之多言，害之尤者，故是篇以非惠終焉〔三〕。

〔一〕已：原作「也」，據四庫本改。
〔二〕論：原作「掄」，據四庫本改。
〔三〕焉：原作「馬」，據四庫本改。

碧虚注：二君之中，其説忘形而未能忘德也。聖人遊於忘形忘德之外，雖日用知德而不自矜，故膠〔一〕孽等事無由萌兆。不謀利害，何用知？不斲〔二〕情性，何用膠？無喪於物，何用德？不植貨財，何〔三〕用商？已上四事，皆〔四〕天然而養者也。蛣蜣轉丸，蜘蛛結網，不謀之知也。雲龍風虎，松柏女蘿，不斲之膠也。禽獸林藪，魚鼈江湖，無喪之德也。物物自利，各各營生，不貨之商也。此乃天之所養，故曰天食。有形無情，望之似木雞矣。一尺之面，容貌不同者，道與之也。六尺之體，空竅無殊者，天與之也。皆非情之所有，天任子之形者，豈有情哉？喑醷而自生耳。今子有人之形，與衆無别，而强以堅白同異之辯鳴噪於衆人之前，而自謂賢者，猶躍冶之金，何得不怪哉！

趙注：無脤、大癭形惡可知，二君悦之而視全人，忘其形而親其德也。形惡可忘而世人不忘，德不可忘而世人忘之，此真忘矣。聖人遊於斯世，慮知過而至於欺，立約以固之，慮德不足以及人，教以貿遷有無，聚天下之貨也。聖人之所以爲聖，則無此四者。故

〔一〕膠：原作「勝」，據四庫本改。
〔二〕斲：原作「斷」，據四庫本改。
〔三〕何：原作「可」，據四庫本改。
〔四〕皆：原作「百」，據四庫本改。

曰不謀、不斲、無喪、不貨也。眇乎小哉，形也；警乎大哉，德也。惠子猶疑無情何以爲人，答以吾謂無情者，不以好惡内傷其身。此直指以告，而惠子猶有枝辭，莊子警之曰：夫子外神勞精，疲役甚矣！若子之形，一旦爲天之所取，尚能騰口説以肆堅白同異之辯邪？

《鬳齋口義》云：德有所長，形有所忘，言愛其德而忘其形，世人知有形而不知有德，此真忘也。聖人有所遊，即心有天遊。知以處事，約以檢身，接於外而忘於内，商賈猶賣名聲於天下也。心有天遊，則知此四者皆爲吾累。故無所用之。天食，猶天爵。德知，前論皆以爲美，此則以爲惡，鼓舞其筆有失點檢處。「有人之形」已下，乃莊子尋常有此語，惠子因而問之。天與之形，有物也。道與之貌，物必有則也。吾所謂無情者，忘好惡而不傷，因自然而不益。今惠子外神勞精於堅白同異之辯，且天授子形，何乃自苦如此邪？

德有所長者，悦在德而不在貌；形有所忘者，捨乎貌而契乎心。此二士之所以見知於二君，二君之所以見稱於後世也。聖人之所遊亦不出乎人間世〔一〕，從容逍遥以

〔一〕間世：朱本、李本並作「世間」。

觀其變，行不以足，視不以目。故物無遯形，人無遯情，而其憂世之心未嘗一日去懷也。夫聲名妖孽，所以滑性，而以之爲知，由是貪詐生焉。結繩之約，由於朴散，而執之如膠，由是欺誕生焉。工匠作器，所以給用，而貿易爲商〔一〕，由是巧僞出焉。此皆時俗之弊也。真人猶覬有以反之，故斷曰：「不謀，惡用知？不斲，惡用膠？不喪，惡用德？不貨，惡用商？」其言意亦切矣。此還淳反朴之要道，聖人復出，不易斯論。人能脱去膠孽等累，則與天爲徒，何世患之能及？有人之形，飲食起居同也；無人之情，是非好惡不動於中也。眇乎小哉，此形之在天地；謷乎大哉，此德之在性情也。以己之性情，復己之自然，豈假他人哉？道與之貌，無論美惡，安之而已；天與之形，無論壽夭，全之而已。常因自然而不益生，生〔二〕不益則必不損夫性〔三〕，復〔四〕何所措其情？今惠子不務内充其德，徒以言辯求合天下之情，以至外神勞精、據梧而瞑，則

〔一〕爲商：此二字朱本、李本並作「焉」。
〔二〕生：原作「知」，據朱本、李本改。
〔三〕性：原缺，據朱本、李本補入。
〔四〕復：此字朱本、李本並無。

其爲知能所役，亦困苦矣。故告〔一〕以天之所以選取汝形而爲萬物之靈者，豈但以堅白之辯鳴噪於人間而已，由階而升，致極乎性命道德之奧，乃聖乃神可企及也。痛惜惠子累於才而溺於辯，昧乎性而惑乎情，是因知而失德，學者之大病，殊弗悟人之至情本無好惡，好惡因物而有〔二〕，情與物忘，則俱化矣。常因自然而不益生，是謂無情之情，何以辯爲？使惠子而頓悟，還淳反朴，進乎無知，則德可充而性可復，何患乎人之不契、物之不應哉？

物得以生之謂德，乃天賦粹美，所以成形尊生，由是而充之，性與天道可得而聞也。夫德本乎天而充之在人，可不自愛重乎？物之符契，特應感小節，以印〔三〕德充之驗，其成功大業，則有相天地、贊化育者焉。故王〔四〕駘足以起敬於夫子，將欲引天下而從之，則其修爲必有大過人者。且不教不議而學者虚往實歸，自非以心契心而死生無變，命物

〔一〕告：朱本、李本此字下並有「之」字。
〔二〕有：朱本、李本此字下並有「情耳」二字，衍。
〔三〕印：朱本、李本並作「應」。
〔四〕王：此字朱本、李本並無。

守宗而化由己出，其能至是乎？視所一，遺所喪〔一〕，以見得道者忘形。唯止能止衆止，明夫以虚而來〔二〕鑑，凡此皆所以充之之道也。德充而爲物所歸，猶松柏之於衆木，堯、舜之於百姓，豈特以正生爲幸？幸在能正衆生，而一己之死生禍福非所芥蔕，故擇日登假，去留在我，何肯以物爲事哉？申徒無取兀之過而招兀，視〔三〕兀猶全也；子産以執政之貴而傲兀，雖貴猶賤也。無趾而尊足存〔四〕，所存有重於足者，天刑之不可解，則一安之命而與全人無異矣。哀駘它之雌雄合乎前，使哀公忘其惡而願授國，此非愛其形，愛使其形者也。故泰和内運，疵癘外消，德與日新，道通神化，事成而不以功自處，無往而不爲物所歸矣。哀公以仲尼爲友，德尊而位可忘也。靈公視無脤爲全〔五〕，德尊而形可忘也。聖人所遊，與物無際，謷乎大哉，獨成其天，是能忘人之所不忘，而粹美所歸有不得而辭者。惠子厚於才而薄於德，遂問好惡之情，答以性命之情，所以深救其失，使道貌

〔一〕視所一遺所喪：朱本、李本並作「視所遺所喪若土之遺」。
〔二〕來：朱本、李本並作「成」。
〔三〕視：此字朱本、李本並無。
〔四〕存：此字朱本、李本並無，脱。
〔五〕全：朱本、李本此字下並有「人」字。

天形不傷於好惡，有形無情，常因乎自然，至是則德充物符，彼己兩盡，是非好惡，化於忘言，何在乎外神勞精而以堅白鳴哉？

太上云：上德、至德、孔德、玄德，皆〔一〕德之充者。善結無繩約，天下將自賓，不召自來，有德司契，皆符之謂也〔二〕。而南華發揮爲尤〔三〕詳，至取殘兀厲惡之人以標論本，蓋所以爲尚形骸、外德性者之戒云。

〔一〕皆：朱本、李本此字下並有「言」字。
〔二〕也：此字朱本、李本並無。
〔三〕爲尤：朱本、李本作「尤爲」，則至「至」字絶句，亦通。

南華真經義海纂微卷之十四

武林道士褚伯秀學

内篇大宗師第一

知天之所爲，知人之所爲者，至矣。知天之所爲者，天而生也；知人之所爲者，以其知之所知，以養其知之所不知，終其天年而不中道夭者，是知之盛也。雖然，有患。夫〔一〕知有所待而後當，其所待者特未定也。庸詎知吾所謂天之非人乎？人之非天乎？且有真人而後有真知。何謂真人？古之真人，不逆寡，不雄成，不謩士。若然者，過而弗悔，當而不自得也；若然者，登高不慄，入水不濡，入火不熱。是知之能登假於道也若此。

郭〔二〕注：知天之所爲，皆自然也，則内放其身，外冥於物，任之而無不至。夫爲者不

〔一〕夫：原作「未」，據四庫本改。

〔二〕郭：此字下原有「免」字，據四庫本删。

能爲，而爲自爲；知者不能知，而知自知。真人遺知而知，不爲而爲，自然而生，坐忘而得，故知稱絶而爲名去。人之生也，凡天地所有者不可一日無。然身之所有者，知或不知；理之所存者，爲或不爲。知之所知者寡，身之所有者衆，爲之所爲者少，理之所存者博。人之所知不必同，而所爲不敢異，異則僞成而真喪矣。知人之所爲有分，故任而不强；知人之所知有極，故用而不蕩。一體之中，知與不知闇相與會，此雖知之盛而未知遺知任天，必有待也。若任天而生，則遇物而當。吾生有涯，天也；欲益之者，人也。人莫非天，治亂成敗皆自然耳。有真人而後天下之知皆得其真。不逆寡，則所順者衆；不雄成，則非恃其爲。縱心直前，群士自全，非謀謨以至之。直自全當而無過，非以得失經心。言能登至於道，若此之遠也。

吕惠卿注：知天之所爲，則知吾之所自生者天也。莫之爲而人無與焉，知之所不能知也。知之所能知者人之所爲，則以其知之所知養其知之所不知。以知養生非以生隨知，所以能盡年而不中夭。世所謂知之盛者，無過於此，然不免有患。蓋所謂知天知人，必待知而後當。知非道之真，而待以爲當，所待固未定也。則安知吾向之所謂天者非人乎？所謂人者非天乎？唯真人有真知，則以不知知之而無所待也。天下是非不一，則從衆而已，從衆則不免於逆寡也。地道無成，而代有終剛，則不免於雄成也。詢謀僉同，則不免於薔士。此皆聖人應世之迹，而非其真。真人者，體純素而無我，則雖過也，不得不過，何悔之有？雖當也，不得不當，何自得之有？若然，則登高我所爲也，將誰慄？水火亦我所爲也，將誰濡且熱？知固非道，而真人真知能登假於道也若此。

林疑獨注：天之所爲，人所不知，而必以人之知養之。一身之中，凡在形骸之内，吾所不知；形骸之外，吾所知也。爲之飲食，爲之動止，皆所以養其不知也。夫思者有形，無思者無迹，今以有形之思而思其無思，則知養不知亦明矣。知之所養者薄，而不知者不逃其養，故曰盛也。知雖盛而不免患，猶有待而後當故也。有待則未定，兩忘其知與不知，豈復有所待？庸詎知吾所謂天之非人、人之非天乎？唯其不逆寡，衆以是而順之；不雄成，衆以是而先之；不薔士，衆以是而歸之。其過其當，理之適然，何悔何得之有？若然者，登高不慄，不濡不熱，此至妙之理，非真人莫能，是知之能登假於道也。

陳詳道注：知天之所爲，命也；知人之所爲，義也。知天不知人，則以命廢義；知人不知天，則以義廢命，皆道之一偏，而非至也。以其所知養其所不知，則其生也自然而已。人之所爲，必資所養而後致。夫知非道也，資之以入道，必有待而後當也。知天之所爲，所待者天也，雖當乎天，不知有人；知人之所爲，所待者人也，雖當乎人，不知有天。是所待者特未定，所知不能無偏，非真知也。真人之於知，無億也，故不逆寡；無爲也，故不雄成；無待也，故不謩士。若然者，或過在於經世，而吾不知其所以過；或當在於循理，吾不知其所以當也。不知其爲高，故登而不慄；不知其爲水火，故入而不濡不熱。是知之登假於道也。

陳碧虛注：天之所爲，降清妙之氣，覆育萬物；人之所爲，運沖和之氣，營衞百骸。若乃知天無爲而不空，人有爲而不滯者，斯爲至矣。清妙之氣，不知其所從來，謂之獨化。獨化者，天然而生也。知之所知者，有涯之知；知之所不知者，無涯之知。以有涯之知養無涯之知，不越分而求知，是知之盛也。然猶患在乎知有待有當，莫若都忘而任之。境之對待特未定也，豈知天然之非人事，人事之非天然乎？若然者，心冥沖漠，迹混囂塵，昇入太虛，脗然無際也。

王雱注：凡有知者必用知以傷生，唯學道者知不出乎道。知不出乎道，此養其所不知而能登假於道者也。

趙虛齋注：天之所爲出於自然，知之所不知也。人之所爲出於使然，知之所知也。以知所知養知之所不知，是由知人以知天，由知天以事天，有考終命、無凶短折，蔑以加矣，而猶有患。死生之變，不可預期，有所待則未定也。若夫不識不知，順帝之則，朝聞夕死，彼且惡乎待哉？《孟子·盡心》章正明此理。

《鬳齋口義》云：人事盡時天理見，是以其知之所知養其知之所不知也。知在我，所待在外，或不求而得，或必求而得，皆不可得而定。若謂出於天，又必求而後得；若謂出於人，又有求而不得者。詎知天之非人？人之非天乎？必有真人而後有真知，此言有道者也。寡，不足也。當不足之時，即聽順之。功雖成，亦不以爲雄誇也。士，同事。《東山》詩「勿士行枚」。無心而爲，故曰不謩事。不以失爲悔，不以成爲喜，皆委之自然也。不慄、不濡、不熱，即無入而不自得之義。登假，猶云深造也。

褚氏管見云：由知己而知人，由知人而知天，此知之正也。天本無爲，今言天之所爲者，日月星辰之所以運，陰陽寒暑之所以行也。人之所爲者，善惡逆順之所以著，禍福得喪之所以成也。既知此矣，以其知之所知，養其知之所不知。所知，謂知之所及，人事可料，天理可推者是也〔一〕。所不知，謂非知可料，非數可推，恍惚杳冥，神鬼神帝者是也。終天年而不夭，此特爲知人而言，故云知之盛耳。知猶有待〔二〕而後當，故所待者特未定也。又豈知吾所謂天之非人，人之非天乎？天人混融，乃真知也。

〔一〕天理可推者是也：此七字朱本無，脱。

〔二〕知猶有待：原作「猶待知」，據朱本補入。

《齊物論》云「知止乎其所不知」是已。寡謂貧約之時，成喻盛大之時。處約，當以順，逆則害生。處盛，當以謙，雄則禍至。謩士，以事釋之，義長，即經所謂不思慮、不豫謀是也。若然者，應酬接物〔一〕之間，過於事情，蓋適然耳，何悔之有？當於事情，亦適然耳，何自得之有？譬夫飄瓦、虛舟，無心於迕物，故物亦不忌之。以是而登高，何者爲慄？以是而入水，何者爲濡？以是而入火，何者爲熱哉？因知而升至於道猶若此，況忘知而頓悟者乎？

古之真人，其寢不夢，其覺無憂，其食不甘，其息深深。真人之息以踵，衆人之息以喉。屈服者，其嗌言若哇。其嗜欲深者，天機淺。古之真人，不知悦生，不知惡死；其出不訢，其入不距；翛然而往，翛然而來而已矣。不忘其所始，不求其所終；受而喜之，忘而復之。是之謂不以心捐道，不以人助天。是之謂真人。

郭注：寢不夢，無意想也。覺無憂，遇即安也。食不甘，理當食耳。真人之息以踵，乃在根本中來。嗌言若哇，氣不平暢。深根寧極，然後反一無欲。與化爲體，泰然任之。故往來而不難，終始變化，皆忘之矣。豈直逆忘其生猶復探求死意邪？不問所受者何，

〔一〕應酬接物：朱本作「酬酢應變」。

遇之無不適也。夫物之感人無窮，人之逐物無節，則天理滅矣。真人知用心則背道，助天則傷生，故不爲也。

呂注：無思慮，則寢不夢。無嗜欲，則食不甘，然後其息深深而以踵矣。踵者，氣之元，息之所自起。身以足爲踵，息以所自起爲踵，皆以其至下言之。深之又深，則至於無息矣。衆人失守而屈服者，其嗌言若哇，求息以踵可得乎？其天機淺，物觸則發也。其息以踵，則去物遠矣。知生而悦、死而惡、出而訢、入而距，以棄其所謂翛然者，則是以心捐道。愛生而忘其生之所始，畏死而求其死之所終，不能喜而受之，忘而復之，昧於自然而益生焉，是以人助天也。

疑獨注：真人夜寢旦覺，不異於人。不夢無憂，則異於人。蓋心無思者，魂閑而不遊乎物，其寢所以無夢；形無爲者，神閑而不役乎物，其覺所以無憂。其食不甘，猶不食也。其息深深者，真人之氣藏於深眇。踵者，身之下極。氣藏於密，而不暴於外也。息者，鼻其所自而心爲之主。屈服者，爲人沮制，其氣挫折，故嗌言不平暢而若哇。嗌者，受食之處。嗜欲深者，神馳識味，察其天機，止在肝膈之上，面目之前，去本遠矣。《孟子》曰「其爲人也多欲，雖有存焉者寡矣」是也。不知悦生，則其出何訢？不知惡死，則其入何距？翛然往來，至神不動而已。不忘所始，歸其根也。不求所終，一付之命耳。

方其生也，不問何物，喜而受之；及其終也，不思所歸，忘而復之。是謂不以心捐道，不以人助天也。

詳道注：古之真人，其寢也魂不交，故無夢。其覺也形不開，故無憂。味味而不味於味，故食不甘。直養而不耗其真，故其息深。不悦生，不惡死，則其生死也任天。出不訢，入不距，則其出入也任物。若然者，翛然往來而已。夫累於物者，忘其始；趨於利者，求其終。其受有所不適，其復有待乎思，唯真人不忘所始而歸其根，不求所終而至於命，故受而喜之，忘而復之。無思也，不以心捐道。無爲也，不以人助天。是之謂真人。

碧虚注：神凝者不夢，心空者無憂。無所嗜，故不甘也。真人火在水下，故其息無所不之。衆人水火相亢，故不寧極。嗜欲深者天機淺，真水濁則天光昏。爲道者無悦惡，自任者無訢距。不忘始則存其本，不求終則不預謀，不用心而棄大道，不益生以致不祥，此真人之行也。

虚齋注：無寢、無覺、無食、無息，此真人也。息自喉出，衆人皆然，至於寐熟，喉中咯咯，所謂嗌言若哇也。悦生惡死，出訢入距，所謂欲深機淺也。真人無是，則往來自由矣。故能不昧本然之天，與物相爲無窮也。受而喜之，不累於生。忘而復之，反其本也。不以心捐道，則心與道一。不以人助天，則人與天一也。真人之於天道，安乎自然而已。

鬳齋云：其寢不夢，神定也。其覺無憂，與接爲構而不以心鬪也。其食不甘，即無求飽之意。其息深深，道家修養之論，實原於此。神定則息深，自踵而上，至於口鼻。神無所養，則出入之息止於喉間而已。静躁不同，體於身者見之。若内無真見，言語只在口頭，所以易屈服於人。看參禪問話者可知。嗜欲，即人欲。天機，即天理。深淺，言消長之分數也。此段，一句是一條貫，道書、釋典皆從此出。自「不知悦生」已下，只説出生入死事。不忘始不求終，即是原始要終之説。受形於天，安得不喜，全而歸之，無所係念也。不以心捐道，即心是道也。不以人助天，壽夭有命，人力無所加也。

其寢不夢，與覺同也；其覺無憂，與道同也。食不甘，則淡乎無味。息深深，則不離其根。真人之息以踵，此是養生家奥學。南華爲憫世人逐物喪真，神衰氣耗，不得已而發露斯旨。人多疑踵字，説之難通，益以喻身之下極，若能反求諸身，見其息之深深，則知所謂踵矣。衆息以喉，人所共知，息之所自來者即踵也。嗜欲熏蒸〔一〕，重閬〔二〕湮塞，息離踵而不能復，止往來於喉間，是以略爲外〔三〕物抑挫，則其氣屈服不伸而嗌言

〔一〕蒸：朱本作「烝」，訛。
〔二〕閬：朱本作「關」，訛。
〔三〕外：朱本作「萬」，訛。

若哇。《易·繫》云：「失其所〔一〕守者其辭屈。」此皆由於嗜欲深錮，有以賊其天機，非天機之淺也。不忘所始，即受而喜之。不求所終，即忘而復之。不以心捐道，竊疑捐應是緣，徇也，逐也，庶協下文「不以人助天」之義，《齊物論》「不喜求，不緣道」可證，音存而字訛耳。

若然者，其心志，其容寂，其顙頯；凄然似秋，煖然似春，喜怒通四時，與物有宜而不知其極。故聖人之用兵也，亡國而不失人心；利澤施乎萬世，不爲愛人。故樂通物，非聖人也；有親，非仁也；天時，非賢也；利害不通，非君子也；行名失己，非士也；亡身不真，非役人也。若狐不偕、務光、伯夷、叔齊、箕子、胥餘、紀他、申徒狄，是役人之役，適人之適，而不自適其適者也。

郭注：所居而安爲志，雖行而無傷於靜。其顙頯然，大朴之貌。體道合變者，與寒暑同其溫嚴。無心於物，故不奪物宜；無物不宜，故莫知其極。其亡國也，因人心欲亡而亡之。煖若陽春，蒙澤者不謝；凄若秋霜，凋落者不怨。夫聖人無樂也，莫塞而物自通；無親也，任理而物自存。時人者，未若忘時自合之賢也。不能一是非之塗，而就利

〔一〕所：此字朱本無。

違害，則傷德累當矣。善爲士者，遺名而自得。故名當其實，福應其身。自失其性而矯以從物，受役多矣，安能役人？若狐不偕、務光之徒，皆舍己效人，徇彼傷我者也。

吕注：其心志者，志於道也。容寂，則神凝不動。顙頯，則反朴無態。凄然似秋，非有所惡。煖然似春，非有所愛。喜怒通四時，則同乎天和，所以與物宜也。亡國而不失人心，吾無心於惡之也。澤萬世不爲愛，吾無心於愛之也。其於物也，因其自通；其於仁也，天下兼忘；其於時也，行藏在我。困而不失其所守者君子，所守異乎凡民者士也。忘高深、遺死生者，役人也。故自聖人、仁賢以至役人，雖尊卑貴賤之不同，要皆有所謂真，然後足以充其名。若狐不偕、務光之徒，皆役人之役而不自適其適者也。唯無所爲而爲之，乃所以自適其適也。

林注：其心志，忘己也。其容寂，忘物也。其顙頯，忘形也。凄然似秋，真人之義。煖然似春，真人之仁。喜怒通四時，則人民、鳥獸各得其宜。其神不疲，其德不喪，何有窮極哉？聖人用兵，非得已也，因其有罪而伐之，故不失人心，湯、武之事可見矣。聖人利澤，所及者廣，所施者遠，而未始有心以愛人，堯、舜之心可見矣。聖人任物之自通，非有心而樂通之也，不可得而親疏，是所謂至仁也。賢者動與天時冥會，非求會於天時也。欲一夫道，必齊利害而通之，反是則非君子也。行名則唯名之逐而失己之修，非士也。

役人者自立而足以使人，失其本性而忘身作僞，則受制於人，非役人也。

詳道注：内無所汩，故其心志。外無所動，故其容寂。殺非爲威也，生非爲仁也。其顙頯然，則不爲物感可知矣。聖人用兵，因人所欲亡而亡之，故不失人心，義之盡也。因人所欲利而利之，故不爲愛人，仁之至也。其於物也，以不通通之。其於仁也，以不親親之。蔽於天時，則人事廢，非賢也。闇於利害，則情僞紛，非君子也。行名失己，伯夷之徒是也。亡身不真，申徒狄之徒是也。

碧虚注：心志，一之而已。容寂，反照也。顙如頯之不動，敦兮若朴也。知天則通四時，知人則與物宜。忘外利，則得内利。慎内害，則遠外害。身名兩全，謂之善士。忘身徇物，受役多矣。若狐不偕之徒，皆受役亡身者也。

趙注：其心志，志當作忘。其容寂，靜也。其顙頯然，確實之貌。凄然、煖然，順乎四時，與物宜而莫知其極，無所往而非順也。亡國而不失人心，則殺之而不怨。澤施萬世不爲愛人，則利之而不庸。通物近利，不足以言聖。有親則私，不足以言仁。隨時變遷，不足爲賢。利害不通，不足爲君子。行名失己，不足爲士。有所徇而亡其身，則不能役群動矣。若狐不偕之徒，皆亡身不真者也。

鬳齋云：志者，有所主而一定之意。頯然，大貌。凄然，怒也。煖然，喜也。無心喜怒，猶四時之春秋，隨事而處，各得其宜，而無一定所止之地，即所謂接而生時乎心也。用兵毒天下，施澤愛天下，皆以無心行之，則亡國亦不怨，被其德者亦曰帝力於我何有？自「樂通物」已下一段，皆譏誚聖賢，以明真人之道不可及也。

志字，諸解多牽强不通。趙氏正爲忘字，與容寂義協，其論甚當，元本應是如此，傳寫小差耳。其顙頯然〔一〕，若老聃出沐之時也。自前古之真人形容至此，言其不以死生、利害動于中，故外貌能若此。喜怒通四時，則與天合道。與物有宜，則與人合德。又惡知其窮盡哉？用兵亡國而不失人心，人忘乎我也。澤施萬世不爲愛人，我忘乎人也。聖人盡己之性而通物之性，蓋出乎自然，非用心而樂〔二〕通之也。至仁無親而博愛，賢者無時而不中，君子之於利害，通而一之，無所避就，而禍患亦未嘗妄及焉。行所以成名，名所以表行，失己則無其實，非士也。亡身而趨於僞者，受役而已，何足以役人？不役於人而自適者，其唯真人乎？

〔一〕然：此字朱本無。
〔二〕樂：此字朱本無。

南華真經義海纂微卷之十五

武林道士褚伯秀學

内篇大宗師第二

古之真人，其狀義而不朋，若不足而不承；與乎其觚而不堅也，張乎其虚而不華也；邴邴乎其似喜乎！崔乎其不得已乎！滀乎進我色也，與乎止我德也；厲乎其似世乎，警乎其未可制也；連乎其似好閉也，悗乎忘其言也。以刑爲體，以禮爲翼，以知爲時，以德爲循。以刑爲體者，綽乎其殺也；以禮爲翼者，所以行於世也；以知爲時者，不得已於事也；以德爲循者，言其與有足者至於丘也，而人真以爲勤行者也。

郭注：真人與物同宜，非朋黨也。下之而無不上，若不足而不承也。常遊於獨而非固守，曠然無懷，乃至於實。暢然和適，故似喜也。動静行止，常居必然之極，不以物傷己而無所趨也。至人無厲，與世同行，故若厲也。警乎未可制，高放而自得。連乎其好閉，綿邈深遠也。刑者治之體而非我爲，禮者世自行而非我制，知者時之動而非我當，德者彼所循而非我作。以刑爲體者，任治之自殺，雖殺而寬；以禮爲翼者，順世之所行，故無不行。夫高下相受，不可逆之流；小大相君，不得已之勢。承百流之會，居師人之極者，任時世之知，委必然之事，付之天下而已矣。丘者性之本，物各足於本，付群德之自循，斯與有足者至於本也。本至而理盡矣。

吕注：真人與物有義而非朋。盛德若不足，而不承也。先聖嘗嘆觚不觚，真人之觚觚矣。與世推移，非堅而不能自舉者也。其道彌滿六合，而未始有物，然而居其實者也。邴之言炳，受而喜之。崔亦猶催，迫而後動。滀乎進我色，而容物也。與乎止我德，不失己也。人之所畏，不可不畏，則厲乎似世猶可制也。謷乎大哉，則不可制也。連乎好閉，不與物通，故悗乎忘其言也。此皆言其似而不可以狀求也。仁者於殺則矜之，以其愛之也；不仁者於殺則快之，以其惡之也。真人無所愛惡，則其殺也，豈不綽乎哉？此則見其所體矣。克己復禮，則視聽言動莫非禮也，用之爲翼以行於世而已。入於不古不今，則豈有時哉？物採而後有知，是其不得已於事也。以德如軌轍之可循，則有足者皆可與之至於丘也。丘者，中高之地。中而不可不高者，德也。凡此皆用吾真而已，何勤行之有哉？

林注：真人與物宜而不爲黨，心若不足而其道首出萬物之上。《老子》云「後其身而身先」，若不足而不承也。與者自適，觚者獨立，而人皆可入，故曰不堅。其道舒張，雖虚而不華也。喜則其色炳焕，崔則迫而後動，進其色而不藏，止於德而常靜。夫惟進我德，故厲乎其似世；夫惟止我德，故謷乎未可制。終則退藏於密，連乎好閉，悗乎忘言而至矣。以刑爲體者，其殺如秋冬，理之當然，雖殺而綽然有餘也。禮者德之華，所以行於外，有翼之象。以知爲時者，因時之自然，不得已於事也。丘者，地之高，有足者皆可至。以德爲循，亦猶是也。此皆真人出而與人同者，亦何嘗經心哉！

詳道注：其狀義而不朋，不可得而親疏。若不足而不承，不可得而貴賤。觚而不堅，行雖弗圓而非固守。虛而不華，文雖弗實而非滅質。邴乎其似喜，暢然自適也。崔乎不得已，迫而後應也。滀乎進我色，畜精於内，發神於外也。與乎止我德，利用於外，不蕩於内也。厲乎、謷乎、連乎三者，至爲去爲也。悗乎其言，至言去言也。真人之道，至於去爲去言者，以刑、禮、知、德爲本而已矣。經中多以山喻道、丘喻德，藐姑射之山、隱弅音粉。之丘、具茨之山、崑崙之丘是也。真人之道用之不勤，而人真以爲勤行者，是睹萬物之衆而疑天地雕斲之勞也。

碧虛注：真[一]人之容狀非有朋黨也，復能謙沖若愚，卑而不受，觚而不堅，虛而不

[一] 真：此字四庫本無，脱。

華，邴乎似喜，崔乎不得已，言其虚曠悦懌，應物有節也。滀乎、與乎，言其温顔教育。厲乎、警乎，則聽厲而仰高也。連乎好閉，悗乎忘言，此真人之道不可測識者也。而刑、禮、知、德，治世之具，必有以體、翼、時、循之。刑不寬，則失治體；禮不興，則化不行；知不明，則事留滯；以德循禮，然後能行於道也。真人無爲，自合天理，世人見其成功，則以爲勤行者也。土高曰丘，人物之所歸聚。有足，言能行者皆可至也。

趙注：與物宜而非黨，周而不比也。中不足，則外物易入，此無所入，實若虚也。觚有稜角，易與物忤；堅而不觚，則觚不觚矣。虚而不華，大而非夸也。邴乎、崔乎，外洋洋見於顔色，中實迫而後動也。滀乎進我色，安安而能遷。與乎止我德，和而不流也。厲乎其似世，有人之形，無人之情也。警乎未可制，廣矣，大矣，物莫禦也。連乎好閉，無關鍵而不可開。悗乎忘言，默而成之也。刑、禮、知、德，不得已而應世之道也。以刑爲體，象刑惟明，藏於不用也。以禮爲翼，知和而和，必以禮節之也。以知爲時，動静不失其時也。以德爲循，言與有足者至於丘。丘，山也。有足，人也。與之者無足也，特寓形骸、象耳目，人見其不行而自至，真以爲有足也。

慮齋云：義而不朋，中立不倚也。慊然若不足，而不自卑承。觚，德之隅也。觚而不堅，有德之隅，而無圭角也。張乎，舒暢貌。虚者，有若無。不華，實也。邴邴似喜，不喜。崔，下也。處世應物有不得已之意。滀乎，充悦貌，其生色也晬然見於面，故曰進我色。與乎，自得之貌，進我德，吉祥止止也。望之厲然，與世人同，而其中實有崔乎不得已之意。謷乎未可制，不屈於世也。連乎，密也。好閉，不欲開口。方其未言似不欲言，及其既言亦若不言，故悗乎其忘言也，兩句一意。以刑爲體，雖殺而綽綽乎，無忤我心也。以禮爲翼，行於世而徇俗也。時乎用知，是不得已而應事也。循天德之自然而無所容力，譬人登丘山，有足行者皆自至，不必謂勤勞而後至也。

此言真人之狀者〔一〕，其心蓋〔二〕淵而不可測，姑即其形似者論之。義而不朋，與物宜而非黨也。若不足而不承，自卑者人尊之也。在衆人，則宜物必黨，不足必承矣。觚而不堅，廉而不劌也。虚而不華，實若虚也。邴〔三〕乎、崔乎，則言其情似喜於濟人利物，又似乎不得已，蓋無心之應，斯真應也。滀乎進我色，晬〔四〕然見於面，人喜即之也。與乎止我德，愛人也以德，人亦樂得之，此皆言其德容之盛，有以化物。厲乎，難釋，崔本作

〔一〕此言真人之狀者：此七字朱本作「真人者」。
〔二〕蓋：原作「善」，據朱本改。
〔三〕邴：朱本疊「邴」字。
〔四〕晬：朱本作「睟」。

「廣乎」，言德量廣無不包，足以容斯世，所以謷乎大哉、獨成其天也〔一〕。連乎其好閉，莫見其根門，若是則真人之道不容聲矣。禮、刑、知、德，皆先王治世之具，行乎自然，與民宜之，德則循之，而皆可至於高〔二〕。循，謂安而行之，非必勤勞而可得也。陳碧虛照文如海、張君房校本，喜、已、世下三乎字並作「也」，與上下句協，似亦有理。

故其好之也一，其弗好之也一；其一也一，其不一也一。其一與天爲徒，其不一與人爲徒。天與人不相勝也，是之謂真人。死生，命也。其有夜旦之常，天也。人之有所不得與，皆物之情也。彼特以天爲父，而身猶愛之，而況其卓乎！人特以有君爲愈乎己，而身猶死之，而況其真乎！泉涸，魚相與處於陸，相呴以濕，相濡以沫，不如相忘於江湖。與其譽堯而非桀也，不如兩忘而化其道。

郭注：常無心而順彼，故好惡、善惡與彼無二。無有不一者，天也。彼彼而我我，人也。真人同天人，齊彼我，曠然無不一，冥然無不任。知死生者命之極，非妄然也。真人在晝得晝，在夜得夜，以死生爲晝夜，豈有所不得？今人有所不得，而憂虞在懷，皆物情

〔一〕也：此字朱本無。
〔二〕高：此字朱本無，脱。

耳，非理也。卓者，獨化之謂。人之所因者天，天之所生者獨化。人以天爲父，晝夜寒暑皆安之而不敢惡，況卓爾獨化於玄冥之境，又安得不任之哉？真者不假於物，自然不可違，豈真君命而已。故證以涸魚之喻，與其不足而相愛，豈若有餘而相忘？夫非譽皆生於不足，至足者忘善惡、遺死生，與變化爲一，又安知堯桀之所在邪？

呂注：夫物視其所一而不見其所異，故其好之者，美與善也，而美善出於此；不好之者，惡與不善，而惡與不善亦出於此。則好與不好一也。一，猶水之湛然者；其不一，猶水之波流，亦水而已。知此，則非獨止而後止也。然有一，有不一者，其一與天爲徒，退藏於密也；不一與人爲徒，吉凶與民同患也。莫之致而致者，命；莫之爲而爲者，天。死生之相爲夜旦，出於命與天，則人之有所不得與，此物之情也。吾何爲哀樂於其間哉？以天爲吾之所自生，身猶愛之，況生之所自生！其爲父也，卓矣，獨不愛之乎？苟惟知其卓者而愛之，則生無足忻明矣。人特以有君爲愈乎己，身猶死之，而況其真乎？苟知其真者而聽之，則死無足距明矣。性命之源涸，處乎人僞之陸，而呴濡以化義之濕沫，不若相忘於道術之江湖，而不知死生聚散也。蓋悦生惡死者，情；無死無生者，道。譽堯非桀，亦情而已。知兩忘非譽而化其道，則所以忘死生者，未始不同也。

林注：此言刑、禮、知、德皆真也，故復明好與不好，冥爲一致。其一也一，其不一也一，則一與不一復爲一矣。天人齊等，無有高下，豈復有一與不一之相勝哉！死生之理，命也。陰陽之常，天也。真人任其自然，在晝得晝，在夜得夜，以死生爲晝夜，豈有所不得與？然猶有患慮在懷，皆物情耳，非理也。卓者，天地之祖；真者，萬物之母。物自天生，以天爲父，樂從而不敢違，況天之祖乎？以君爲勝乎己，猶以身死難，況萬物之母乎？涸魚濡沫，不若相忘於江湖，以喻大道之世，物各逍遥，雞犬相聞，民不往來。及至後世，道散朴離，跂踶爲仁，蹩躠爲義，父子兄弟懷情相欺，始思所以治之，譽堯非桀，紛爭無已，不若相忘於自然也。

陳詳道注：一者無迹於天下，卓然獨立，塊然獨處，天得之以清，地得之以寧，侯王得之以爲天下正。是以古之得道者，始於致一，中於抱一，終於反一。此真人所以無適而非一也。萬物本一而不一者，物之私意；冥夫一者，則知物之私意亦一而已。故入而一則與天爲徒；出而不一則與人爲徒。與天爲徒而不失人，與人爲徒而不廢天，則一與不一復爲一矣。夜者旦之藏，死者生之始，觀夜旦之不足係，則死生豈足卹哉？故真人無情於生死而生死與之皆，則夫人之有所不得與皆者，物之情也。人知以天爲父，以君爲尊，而不知所謂卓者尤當愛，真者尤當守也。至仁無親，則有恩以相生養者，不足於仁也。至知無知，則有情以相非譽者，不足於知也。江湖，譬道之廣大，故言道者多以水喻之。

碧虚注：得與，猶相與。人之不能一好惡、同天人、齊彼我者，皆物情之所係也。彼唯知尊愛天命而未識保其妙道，唯知死節事君而不知外身修真。魚失水則相濡沫，適江湖則忘矣。人昧理則相非譽，得此道則化矣。

趙注：好之也一，弗好之也一，好惡在人，我則無好惡也。天則無好惡，人自有好惡耳，何勝負之有！知夜旦相代，天之所爲；死生相代，命之所爲。通乎晝夜之道，則知死生之説，人而不知此理，則悦生惡死，情皆然也。子之所以孝其父者，以父爲天也，而在己之天不知愛，可乎？臣之所以忠其君者，雖死不顧，而真君之所存不知尊，可乎？魚處陸而思水，人處亂而思治，皆不免悦生惡死之情。相忘江湖，相忘道術，則生死一理，何喜何懼哉？

盧齋云：一，自然也，造化也。好惡之異同，皆不出乎造化之外，故一與不一皆一也。人能同好惡，則知天，故與天爲徒；以好惡爲異，則知人而已，故與人爲徒。真人無好惡異同，無分乎天人，但循自然而已。涸魚之相濡沫，喻人處世有爲；相忘於江湖，喻體道無爲也。譽堯非桀一句，是其獨見自得處，無桀亦無堯，無譽亦無毁，兩忘而付之自然，是化之以道也。

此論[一]真人好惡出於至公，亦猶無好惡也。故好亦一，弗好亦一；其一也一，不一亦一。其一與天爲徒，本乎自然，無所不一也；其不一與人爲徒，或出使然，不純乎一也。以道觀之，一[二]與不一亦一而已。天不人不因，人不天不成，亦何相勝之有！蓋恐世人泥夫迹之不一，而失其理之大同。故又喻以人之生死猶天之有夜旦，凡戴天履地者，俱不免。而有所不得與知者，皆物情蔽之耳；若攝情歸性，混合天人，則可以與知死生之理，猶夜旦之常，而不足芥蔕也。人以天爲父，而猶尊愛之，況己之卓然者乎！君愈乎己而身猶死之，況己之至真者乎！此又直指道體以示人，人能反求其卓然至真者，則知吾之生死乃一念之起滅，一氣之往來耳。儻不明此，則失其所以生，何異魚之處陸而呴濡以濕沫，視相忘於江湖爲何如哉？

南華自謂吾爲是論，亦無異譽堯非桀，未能相忘而化其道，蓋欲人忘言而以心[三]契之，又所[四]以掃其迹也。

〔一〕此論：此二字朱本作「蓋」。
〔二〕一：此字朱本無，脱。
〔三〕心：朱本此字上有「無」字。
〔四〕所：朱本作「何」，訛。

南華真經義海纂微卷之十六

武林道士褚伯秀學

内篇大宗師第三

夫大塊載我以形，勞我以生，佚我以老，息我以死。故善吾生者，乃所以善吾死也。夫藏舟於壑，藏山於澤，謂之固矣。然而夜半有力者負之而走，昧者不知也。藏小大有宜，猶有所遯。若夫藏天下於天下而不得所遯，是恒物之大情也。特犯人之形，而猶喜之。若人之形者，萬化而未始有極也，其爲樂可勝計邪？故聖人將遊於物之所不得遯而皆存。善夭善老，善始善終，人猶效之，況萬物之所係而一化之所待乎！

郭注：形、生、老、死皆我也，故形爲我載，生爲我勞，老爲我佚，死爲我息。四者雖變，未始非我，我奚惜哉！死生皆命也，無善則已，有善則生。不獨善，吾死亦善也。言生死變化之不可逃，故又舉無逃之極，然後明以必變之符，將任之而無係也。夫有力之大莫大於變化，揭天地以趨新，負山嶽以舍故。故不暫停，忽已涉新，則天地萬物無時不移。世皆新矣，而自以爲故；舟山日易，而視之若前，交一臂而失之，皆在冥冥中去矣。故向者之我，非復今我。我與今俱往，豈常守故哉！不知與化爲體，而思藏之使不化，雖至深至固，無以禁其日變也。無所藏而任之，則體天地，合變化，索所遯而不得。此乃常物之大情，非一曲之小意也。人形是萬化中之一遇耳，豈特人形可喜，而餘物無樂邪？聖人遊於變化之途，放於日新之流，萬物萬化，與之萬化，萬化無極，與之無極，誰得遯之哉！夫自均於百年之内，不善少而否老，猶足以師於人，况玄同萬物，與化爲體，其爲天下所樂，不亦宜乎！

呂注：大塊之於我，固無情也。苟爲善吾生，則善吾死必矣，吾何悦惡哉！物無大小，心存則存，心亡則亡。苟爲非道，未有存而不去者。故藏舟藏山於壑澤，可謂固矣。吾心一遺，則忽然失之。夜半玄極之時，有物於此，徙而藏之玄極之處，非有力者能若是乎？夫藏小大得宜，而猶有所遯。以有涯之生，藏無窮之宇宙，而欲其無遯，豈常物之情哉！天下者，萬物之所一。得所一而藏於所一，則彼有力者雖欲負之而走，將安之哉？非真知不足以與此。

林注：大塊，造物之名。於形言載，於生言勞，老則無能爲而自佚，死則不期息而自息。真人無佚無息，此特爲勞生者言耳。夫能善吾生之理，則死亦善矣。生而不能充其善，死何望於善乎？舟，取其浮而能移。山，取其止而不動。夜半，喻冥理無迹。有力者，指造化負之而走，言其推移也。夫形隨化遷，物豈守故？俯仰之間，已涉萬變。世人操必化之器，託不停之運，爲化所遷，不自知也。故莊子有舟山壑澤之喻，唯物物而不物於物者，造化所不能移也。鬻熊曰：「運轉無已，天地密移，疇覺之哉！」與此意同。若夫藏天下於天下，則無所藏而都任之，索所遯而不得，此常物之大情，合於性命之理而與化爲一也。夫以無生無死之性託於有變化之形，亦萬化之一遇耳，何獨喜之？有形有生不出百年，而使其形者固無終始，所遇何極，其樂可勝計邪？聖人之所遊者，藏天下於天下之道，故無所不存也。善夭善老，善始善終，雖未忘生死，亦能盡性，故可爲人師法，而況至命而能物物，萬物之所係，一化之所待者乎！

詳道注：人自生至終，大化有四：載我、勞我，爲可惡矣，而人悦之；佚我、息我，爲可樂矣，而人惡之。此無他，無道以善之也。道之善吾生，乃所以善吾死。其生若浮，其死若休，吾之在我，任其所存而不使負趨之；在彼，豈私其藏以固其所有，喜其形以矜其所遇哉？夫藏舟於壑，藏小也；藏山於澤，藏大也。夜半，非可見也。有力，非可禦也。舟之於山，小大、動止雖殊，而爲有力者所負趨則一，然則人之於化，將爲靜以藏之與？將爲動以藏之與？化非動靜所能免，孰若藏天下於天下，曠然與化爲一邪？常物之大情，莫不與化爲一，特累於物而淪於小者而已。聖人遊於物之所不得遯，故不係於物而物之所係，不待於化而化之所待也。

碧虚注：大塊，元氣也。我者，靈物之稱。靈物本無，生、老、死，於何而有？由其有形也。則是我本不載，爲有形故；我本不勞，爲有生故；我本不佚，爲有老故；我本不息，爲有死故。觀此道之善能生物，則必亦善能死物矣。今且以樂天爲善吾生，知命爲善吾死，又何咎焉！夜半有力者，陰陽不測之神；負之而走，造化不停之謂也。且藏物者寧無術，而物將逃也，曷能禁之？然物不在藏，理有不遷者，庸詎知之乎？夫飛不知沈，則沈藏矣；此不知彼，則彼藏矣。是謂自藏，非物藏也。此常物之大情，而非假借。達人以宇宙爲一室，則失天下之有矣。非藏而何！天下者，動植萬類之總名。所謂藏者，密移而不覺也。夢爲鳥而厲天，夢爲魚而没淵，所化無極，樂亦無極，何獨遇人形而喜之乎？物之所不得遯者，造化也。聖人遊於無心無化之途，則物皆存矣。人之倣傚，徒美其迹，至一無迹，萬化所宗。有善有待，皆非懸解也。

趙注：生爲行人，死爲歸人，生必有死，行必有歸。造物之所以善吾生、善吾死者在此，安乎自然而已。舟壑山澤是藏小大有宜，陰有以轉移之而不自覺也，言有形終有變遷。若藏天下於天下，則上下四方，古往今來，須臾不能離，又安得而遯哉！形色即天性，天性即形色。常物之大情，言人與物理皆然也。夫具百骸而爲人，猶喜悦之，況使其形者乎？聖人知囿形世間不逃乎數，與之爲無方，所以皆存也。夭老始終處得其善，人猶效之，況運於無形而能形此形者？乃萬物所係，一化所待，善之善者也，可不尊之乎？物有萬而化則一，一者此也。

慮齋云：藏舟藏山、夜半負走之喻，言人之爲計，雖至深密而有不得自由者；藏天下於天下，則付之自然，無所遯矣。萬物之真實處常如此。人皆以有形自喜，而不知人之一身千變萬化，萬物皆備於我，其樂可勝計哉？聖人遊心自然，無得無喪，故曰：「遊於物之所不得遯而皆存。」善夭善老，善始善終，造物能此，人猶效法之，況道乎？萬物所係，一化所待，只是説道。其立言則一節高一節，莊子筆勢〔一〕如此。

大塊本以言地，據此經意，則指造物。載我以形，猶云以形載我，百骸具而神乘之，蓋不得不載也。勞我以生者，起居飲食痛痒寒温，皆所以役我，蓋不得不勞也。佚我以老者，血氣既衰，形體日耄，志慮日消，蓋不得不佚也。息我以死者，氣竭神逝，四

〔一〕勢：四庫本此字下有一「蓋」字。

大各離，偃然寢於巨室，蓋不得不息也。由是知世人當生而憂死，皆妄情耳。但於其生也思所以善吾生，凡傷生悖理、損人害物者必不〔一〕爲，則吾之死也惡得而不善？蓋生吾者造物，而善吾者我也。其生其死，何有異哉？藏舟藏山，喻人處造化中而欲逃造化之遷變，不可得也。凡天下之物有藏必有遯，遯則不存矣；唯其無所藏，故物不得遯而皆存。物不得遯而皆存之處，無何有之鄉、廣莫之野是也。得是而遊焉，任其無心之遇，曠然達觀，無往不存，此藏天下於天下之道也。雖〔二〕出機入機，生化萬變，見其日新耳，物安所遯哉！世人執於私見，往往認物以爲己有，謂舟山爲不遯之物，壑澤爲可藏之地，形質有不化之方，不悟夫冥〔三〕樞潛運，寸晷不停，物與地者〔四〕與形俱化而不自知也。然則欲超遯化，將有道乎？曰無藏無執，心與天遊，欲求見在猶不可得，又惡知所謂遯化哉！善夭善老，諸本皆然，唯陳碧虚照張君房校本，作「善少善老」，於義爲優。

〔一〕必不：原作「不必」，據朱本改。
〔二〕雖：朱本作「惟」，訛。
〔三〕冥：朱本作「真」。
〔四〕物與地者：朱本作「曰物曰地」。

夫道，有情有信，無爲無形；可傳而不可受，可得而不可見；自本自根，未有天地，自古以固存；神鬼神帝，生天生地；在太極之先而不爲高，在六極之下而不爲深，先天地生而不爲久，長於上古而不爲老。狶韋氏得之，以挈天地；伏戲得之，以襲氣母；維斗得之，終古不忒；日月得之，終古不息；堪坏得之，以襲崑崙；馮夷得之，以遊大川；肩吾得之，以處大山；黄帝得之，以登雲天；顓頊得之，以處玄宫；禺强得之，立乎北極；西王母得之，坐乎少廣，莫知其始，莫知其終；彭祖得之，上及有虞，下及五伯；傅説得之，以相武丁，奄有天下，乘東維，騎箕尾，而比於列星。

郭注：無情之情，無爲也；常無之情，無形也。古今傳而宅之，莫能受而有之；咸得自容，莫見其狀。未有天地自古固存，明無者不得有而無也，豈能生神哉？不神鬼帝而鬼帝自神，不生天地而天地自生，故知神之果不足以神，而不神則神也。夫道在高無高，在深無深，在久不久，在老無老，無所不在，而所在皆無也。上下無不之，不可以高卑稱；内外無不至，不可以表裏名；與化推移，不得言久；終始常無，不得謂老也。自狶韋氏得之以挈天地至騎箕尾而比列星，道不可得，此言得之，明其自得耳。生之難也，猶獨化而自得；既得其生，又何患生之不得而爲之哉！爲之則傷其生矣。

吕注：耳目得之而視聽，手足得之而運動，豈不有情乎？寒暑得之而往來，萬物得之而生育，豈不有信乎？然求其爲之者不可得，是無形也。或不言而喻，或目擊而存，是可傳也。而莫得而有之，不可受也。以心契之，脗然而合，是可得也。而莫得其眹，不可見也。萬物之生未嘗無本根，而此則自本自根。萬物因天地而後有，此則未有天地，自古固存。鬼帝得我以神，我則不神，雖鬼帝猶無靈響也；天地得我以生，我則不生，雖今日猶爲太極也。高深，言其形。久老，言其時。我則無形無時，所以道隱無名也。古之聖人雖隱顯不同，未有不得道而爲聖者，非特狶韋氏至於傅説而已。道爲天下母，自天而下未有不得道而立者，非特維斗日月而已。此非人情所能測，然亦不過得道者能之，此其所以爲大宗師歟？

林注：情謂〔一〕性命之情。信者，其中有信，莫之爲而常自然，陰陽之所不能役也。道有情於萬物，故物生而不違。然成功而未嘗有爲，應物而未嘗有形也。夫可傳可受者，未離乎物；可得可見者，未離乎色。傳無所傳，故不可受；得無所得，故不可見。輪扁之子不能受之於父也，象罔求珠可得而不可見也。靜曰復命，自本也。各歸其根，自根也。自古以固存，能存存而不變也。神之在人爲鬼，神之在天爲帝。聖人之死曰神，

〔一〕謂：四庫本作「爲」。

言其死無異乎生也；凡人之死曰鬼，言其生無異乎死也。然則盡人之神，吾先乎天地矣。《老子》曰：「玄牝之門，是謂天地根。」故在高爲無高，在深爲無深，在生爲不生，在老爲不老也。自狶韋氏至傅説，總論得道之人，意與《老子》「昔之得一」章相類。太易者未見氣，太初者氣之始。未見氣爲父，則氣者母也。斗，爲天之綱維。堪坯，神名。馮夷，水神。肩吾，製名。禺强，北海神名。西王母以至於傅説，皆古之得道者，其事不可盡考，當以心求之，無泥其迹也。

詳道注：感而遂通，有情也；有情故有信。寂然不動，無爲也；無爲故無形。《齊物論》云「可行己信而不見其形」，又曰「有情而無形」，道其可易知邪？唯其如此，故可傳之於心而不可受，可得之以性而不可見，以其傳無所傳，得無所得故也。其原，則自本自根，未有天地，自古以固存；其用，則神鬼神帝，生天生地。上下無常存，非可以高深言也；變化無常體，非可以久老言也。神鬼神帝，則道者神之父也；生天生地，則道者神之母也。自狶韋氏以至傅説，言古之得道者或升于天，或蟠于山，或潛于淵，而皆能全其不亡之壽，不測之神，此所以爲大宗師之妙也。

碧虚注：常善救物，有情也。感而遂通，有信也。有情而無爲，有信而無形，所以可傳不可受，可得不可見也。鬼爲陰主，帝爲陽君，陰陽之所以不測者，爲其有神也。天地之所以生生者，爲其有道也。道之高深久老，固不可以心思言議而無所不在焉。老君自天地、谷神、萬物、侯王，而言得一。漆園自狶韋至傅説皆言得之，斯又忘其一矣。是以道之通變，千聖莫窮也。

趙注：有情有信，可得而名言；無爲無形，不可得而名言；可傳而不可受，有情有信而實無可受者；可得而不可見，無爲無形而實無可見者。鬼之所以能靈，帝之所以能主宰者，皆以此而神也。此下申言道之功用，其義甚明，不待詳釋。

虞齋云：前段不説道字，到此方提起道字，説大宗師也。情、信，皆實也。無爲，無下手處。無形，無方體也。可傳不可受，可得不可見，唯造道者知之。《關尹子》一章發得傳授字甚明。自本自根，原其始也。未有天地，此道固存，是曰無極而太極。鬼者，造化之迹；帝者，天之主宰。鬼帝之所以能神者，此道爲之；天地亦因道而後有，是曰太極生兩儀。故不知其高深久老也。自狶韋氏以至傅説，言皆得道而後能如此也。

自篇首叙真人之道、死生之理至此〔一〕，則又論道之體及上古得道之人以證之，語雖奇異，理實明白，諸解論之詳矣。其間神鬼神帝之語，尤爲吊詭，輒陳管見附于條末

〔一〕至此：朱本作「至夫道有情有信至末」。

云〔一〕：鬼帝即陰陽，自本自根，無形而神者也；運動而生天地，可名可道，有形而〔二〕神者也。其爲體也，無在無不在，無爲無不爲，又何高深久老之足議哉？竊詳此義，本於《道德經》：「玄牝之門，是謂天地根。」玄牝，亦〔三〕陰陽異名。能知玄牝之門，則知鬼帝之説；神則處陰陽之中而互爲體用，是謂無方不測之妙也。信能知夫生天生地者，則我身之所自來，不期知而知；既知所自來，則其去也有昧然者乎？

〔一〕云：此字朱本無。

〔二〕而：朱本作「有」，訛。

〔三〕亦：朱本作「乃」。

南華真經義海纂微卷之十七

武林道士褚伯秀學

内篇大宗師第四

南伯子葵問乎女偊曰：「子之年長矣，而色若孺子，何也？」曰：「吾聞道矣。」南伯子葵曰：「道可得學邪？」曰：「惡！惡可！子非其人也。夫卜梁倚有聖人之才而無聖人之道，我有聖人之道而無聖人之才。吾欲以教之，庶幾其果爲聖人乎？不然，以聖人之道告聖人之才，亦易矣。吾猶守而告之，三日而後能外天下；已外天下矣，吾又守之，七日而後能外物；已外物矣，吾又守之，九日而後能外生；已外生矣，而後能朝徹；朝徹，而後能見獨；見獨，而後能無古今；無古今，而後能入於不死不生。殺生者不死，生生者不生。其爲物，無不將也，無不迎也，無不毁也，無不成也，其名爲攖寧。攖寧也者，攖而後成者也。」南伯子葵曰：「子獨惡乎聞之？」曰：「聞諸副墨之子，副墨之子聞諸洛誦之孫，洛誦之孫聞之瞻明，瞻明聞之聶許，聶許聞之需役，需役聞之於謳，於謳聞之玄冥，玄冥聞之參寥，參寥聞之疑始。」

郭注：外，猶遺也。物者，朝夕所須，切己難忘。外生，則都遺之也。遺生，則所遇即安，豁然無滯，見幾而作，斯朝徹也。忘先後爲見獨，無古今與獨俱也。係生故有死，惡死故有生，無係無惡，則無死無生矣。任其將迎，故無不將迎。任其毀成，故無不毀成。夫與物冥者，物縈亦縈，未始不寧，縈而任之，莫不曲成也。自聞之副墨以至玄冥，玄冥者，所以名無而非無，又推寄於參寥，玄之又玄也。自然之理有積習而成者，故七重而後及無之名，九重而後疑無是始也。

吕注：人聞道則憂患不能入，所以年長而色穉。有聖人之道者，得其大本大宗；有聖人之才者，能以是道推之天下、國家也。卜梁倚有其才而無其道，故守而告之，由粗以至精。已外天下而後外物，外物而後外生，外生而後朝徹，言沉冥於有身自省，至是徹而爲旦也。見獨者，彼是莫得其偶。無古無今，參萬歲而一成純也。不死不生，則死者我殺之而我未嘗死，生者我生之而我未嘗生。將迎、成毀，雖皆攖之，而我未嘗殆，故名曰攖寧。攖寧者，攖而後成者也。道以體之爲正，則文墨所論者乃其副也。洛誦，謂綿絡貫穿而誦之。子孫者，言道之所生在乎此也。瞻明，見理之明。聶許，蹈而行之也。需役，需物而使之。於謳，詠歌以樂之也。自副墨至瞻明，學而有所見；自聶許至於謳，行而至於樂，然皆未足以爲道之體。玄冥則無見無知，參寥則無亦不立，疑其爲始而莫知其爲始，乃其所以始也。

林注：道者命之配，才者性之能。有聖人之才已盡性矣，有聖人之道則至命也。言聖人之才非無道也，出而濟世，所主者才也；言聖人之道非無才也，入而無爲，所主者道也。以聖人之道告聖人之才，引之而入於無爲，似亦易矣。猶守而告之，三日然後外天下，七日而後外物，九日而後外生，天下與物忘之猶易，生者人所難忘，外生則不生而能生生，是爲道之極致。夜氣存而朝亦徹之，然後能見獨。獨者，離陰陽而無偶，見非目之所及也。無古無今，非世變所推。不死不生，則至於命矣。命物而不命於物，能殺生者也。物物而不物於物，能生生者也。其爲物也亦强名，故任物之將迎、成毁也。夫物爲物所攖，則動亂而不寧，唯道則攖而後成也。副墨，翰墨貳本。洛者，出書之地；誦者，記習之也。瞻明，有見而明理。聶許，附耳而相許也。需役，有待而行。於謳，見於詠歌。玄者，妙之體；冥者，明之藏。參者，一所以絶有，二所以絶無；寥者，空寂之名。而後疑無是始也。製此九名，以喻聞道必有漸也。

詳道注：物者身之累，故外物而後能外生；生者道之累，故外生而後能朝徹。蓋夜氣不忘，故朝而能徹；道無與偶，故所見者獨。合古今爲一時，通死生爲一貫，則無將無迎，無成無毁，純氣不虧於内，萬物莫攖其外，而色若孺子，不足怪也。彼生之徒則殺生矣，而殺生者不死；彼殺之徒則生生矣，而生生者不生。其爲物也，往者無不將，來者無不迎，成者無不毁，毁者無不成，此以攖而成者也。

碧虚注：有聖人之才質，必資聖人之妙用；藴聖人之妙用，必資聖人之才質。若守朴不變，未可言其備。守而告之，謂其可傳也。外天下，則知土苴之可遺；外物，明緒餘之不足顧；外生者，悟喑醷音憶。之虚幻；朝徹者，獨見曉焉；見獨，視道無匹也；無古無今，通萬世也；不生不死，復於宗也。殺生者不死，生生者不生，謂戮貪生之賊者身存，進益生之妄者速死也。物縈而己寧，隨成不能傾。副墨，教典也。洛誦，習讀也。見理曰瞻明，耳告曰聶許，需役則待用，於謳則詠歌，玄冥謂幽漠，參寥謂造極，疑始則莫知其未始有始也。

趙注：外天下、外物、外生，三者同一外，但由粗而精耳。既能外生，罔不洞照，所謂朝徹也。朝徹，則所見者卓；所見者卓，則古今常存；古今常存，尚何生死之有？《列子》：「生物者不生，化物者不化。」正明此理。自將自迎，自毁自成，一任乎物之自然，而無不將迎，無不毁成，未嘗不與物接也。縈寧者，人爲此語所縈絆，忽有所悟，衆理皆解，是攖而後成也。子葵又問何從而聞斯語。副墨，書也。洛誦，言也。瞻明，視也。聶許，聽也。需役，行也。於謳，歌也。玄冥，默會。參寥，求之於遠也。疑始，意其有初。皆寓言也。

　　鬳齋云：道與才俱全，五帝三王之外，伊尹、周公、孔子而已。三日、七日、九日，不必强解，但言一節高一節耳。朝徹者，胸中朗然，如平旦澄清之氣。見獨者，自見而人不見也。無古今，則無死生矣。殺生不死，生生不生，言雖殺之而不爲死，生之而不爲生也。無將迎、成毁，即是自然而然也。雖攖擾汨亂之中而其定者常在，是攖而後成也。因言而後書之簡策，則墨之副也。苞絡而讀誦之，依文而讀，背文而誦，猶子生孫也。後文同前解，謂道從讀書而後有得，做出許多名字，到了歸之造物。玄冥，有氣之始。參寥，無名之始。疑始，又是無始之始。蓋言道雖得之於文字，實吾性天之所自有者也。

　　道者，所以建中立極，啓迪人心；才者，所以開物成務，恢規創業。聖人以天下爲心，任教化之重，於斯二者，蓋不可偏廢焉。權夫二者之重輕，則寧處道而有餘，無或流於才勝。所以女偶之化卜梁，猶守而告之，恐才之障道而難入也。始外天下，特遺其粗；外物，遺其在彼者；外生，遺其在我者。在我猶遺，則無所不忘矣。朝徹，明物之所未明。見獨，睹物之所不睹。無古今，則時不可拘。無死生，則形不能定。以死爲虐，則不能殺生。以生爲恩，則不能生物矣。唯其無將無迎，無成無毁，所以無不將、無不迎、無不成、無不毁也，其名爲攖寧。郭氏攖同縈，今定如字。人處世間，日與物接，罕有不攖拂其心者，衆人則攖之而亂，聖人則攖之而寧。攖〔一〕之而亂，道之所以喪；攖之而寧，道之所以成也。亦猶常應常静之義，但立言頗奇〔二〕。後文副墨至疑始，諸解備悉，玆不復贅〔三〕。

子祀、子輿、子犁、子來四人相與語曰：「孰能以無爲首，以生爲脊，以死爲尻，孰知死生存亡之一體者，吾與之友矣。」四人相視而笑，莫逆於心，遂相與爲友。俄而子輿有病，子祀往問之。曰：「偉哉！夫造物者，將以予爲此拘拘也！」曲僂發背，上有五管，頤隱於齊，肩高於頂，句贅指天。陰陽之氣有沴，其心閒而無事，跰𨇤而鑑于井，曰：「嗟乎！夫造物者，又將以予爲此拘拘也！」子祀曰：「汝惡之乎？」曰：「亡。予何惡！浸假而化予

〔一〕攖：原缺，據朱本、四庫本補入。
〔二〕但立言頗奇：此五字朱本無。
〔三〕「後文」至句末：朱本作：「副墨至疑始，慮齋謂副墨文字也，因有言而後書之簡策，形之言，正也；書之墨，副也。洛誦者，包絡而誦之也，依文而讀，背文而誦，猶子生孫也。瞻者見也，見徹故曰瞻明。聶與囁同，以言曰許，故曰聶許。需，待也；役，行使也，待時而行使也。於，嗟嘆也，於謳者，言之不足而詠歌之。自得之樂也。凡此皆擬名寓意，謂道雖是讀書而後有得，終歸於造物之神。玄冥有氣之始，參寥無名之始，疑始又是無始之始，此狀吾性天之景，造物不外乎此也。」

之左臂以爲雞，予因以求時夜；浸假而化予之右臂以爲彈，予因以求鴞炙；浸假而化予之尻以爲輪，以神爲馬，予因而乘之，豈更駕哉！且夫得者時也，失者順也，安時而處順，哀樂不能入也，此古之所謂縣解也；而不能自解者，物有結之。且夫物不勝天久矣，吾又何惡焉！」

郭注：體化合變，則無往而不因，無因而不可。當所遇之時，世謂之得；順任而去，世謂之失；安時處順，謂之懸解。一不能自解，則衆物共結之；能解，則無所不解也。天不能無晝夜，我安得無死生而惡之哉？

呂注：「曲僂發背」至「句贅指天」，言病之拘攣而可惡。此特陰陽之氣有沴耳，其心閑而無事，是以雖跰𨇤而不害於鑒井，鑒井者反照於性之譬。又將以予爲此拘拘，若厭其生而以發子祀之問。浸假而化者凡三，而予之所體者則一，此所謂萬化而未始有極也。予何惡哉！以無有爲首，以生爲脊，以死爲尻，神則轉之者也。故以尻爲輪，以神爲馬，予因而乘之，豈更駕哉！生之來不能知，則得者時也；其去不能禦，則失者順也。安時處順，哀樂不能入，則無所懸，此所以爲解也。若非時而求，當順而逆，則是物有結之，而不能自解者也。來不能卻，去不可禦，則知物不勝天矣，吾何爲惡之哉！

林注：四人皆知道之士，能以無有、生死爲一體，遂與爲友。自「曲僂」至「指天」，言子輿之病狀。人受陰陽之氣而生，今有此疾，是二氣災沴之所致；然形雖有疾，心閑無事，跰𨇤鑒井，歸之造物，欲顯物理，故寄兹嗟嘆耳。夫身屬造物，則隨陰陽之變。浸假而化臂爲雞、爲彈，予因而求時夜、鴞炙；浸假而化尻爲輪、神爲馬，予因乘之而不辭。蓋隨化而安，何所違哉！有生死則有得失，得非我得，係乎時而已；失非我失，順乎理而已，此所謂懸解。有生則懸，無生則解也。子輿謂使我如此者天也，天者物之所不能勝，吾何惡哉？

詳道注：首與脊尻高下不同，而同於幻形；無與生死去來不同，而同於幻事。此所謂死生存亡一體者也。左陽主生，故左臂言爲雞；右陰主殺，故右臂言爲彈。得爲可樂而安之，不爲樂所動；失爲可哀而處之，不爲哀所遷。有哀樂之謂懸，無哀樂則懸解也。夫水性非凝也，凝而爲冰，則水失其所融；土性非立也，立而爲墉，則土失其所安。人性之結於物，亦猶是也。要在解之，以復其本而已。

碧虚注：以七尺之軀即太空之體，無有死生存亡而一貫之也。莫逆於心，逆則非友矣。左臂爲雞，因而求司晨。右臂爲彈，因而求鴞炙。尻柔陰以喻輪，神强陽以況馬，予因乘之而遊，豈更駕哉！死生猶外之，而况哀樂乎！得其變則乘時而動，失其化則委順而靜，此乃達觀明脱者也。其不能自解者，爲死生變化之所結縛也。

趙注：子輿舉化雞、化彈、輪、馬之喻，因而求時夜、鴞炙、乘之而遊，固無是理。但借以明浸假化而爲異物，不過順物所宜而已，何容心哉！繫者爲形係累，解者吾今而後知免也。

鬳齋云：首、脊、尻，只是首尾始終。人自無而有，既有有而後有生死也。「偉哉」已下，皆言其病狀。使我爲此拘拘者，造物也。浸假一段最奇，言假使造物漸漸化予之身以爲他物，吾將因而用之，此即順造化而無好惡之意。是雖寓言，亦自有理。縣解者，心無所係着。不能自釋者，有物結之，萬物豈能勝自然之理哉？

按此四人「以無爲首，以生爲脊，以死爲尻，知死生存亡之一體者，與之爲友」，與《庚桑楚》篇「始無有，而有生，生俄而死；以無有爲首，以生爲體，以死爲尻；孰知無有死生之一守者，吾與之爲友」義同，諸解論之詳矣。下文郭氏從「有沴」爲句，餘解因之，《音義》載崔氏本從「其心」爲句，「閑而無事」屬下文，亦自有理。人之囿形天地間，已爲造物所拘，而今所病攣拳若此，是又〔一〕爲形所拘也。雖陰陽之氣有沴於外，而心

〔一〕又：朱本作「人」，訛。

閑無事，跰𨇤鑑井，始嘆爲形所拘，似亦未能忘情，終安於天所賦，則亦何惡之有！假使化予之臂爲雞、彈，因而求雞、彈之實，假使化予尻、神爲輪、馬，因而求輪、馬之用，既入化機，當隨所遇而任之，其可拒邪〔一〕？得者時，失者順，即是適來夫子時，適去夫子順也。此所謂懸解，懸則係於造物，解則造物不得以係之矣，而不能自解者，物有以結之。唯順自然之理而不忻不距，可以解此結縛。故曰：物不勝天也。

俄而子來有病，喘喘然將死，其妻子環而泣之。子犁往問，曰：「叱！避！無怛化！」倚其户與之語，曰：「偉哉造化！又將奚以汝爲？將奚以汝適？以汝爲鼠肝乎？以汝爲蟲臂乎？」子來曰：「父母於子，東西南北，唯命之從。陰陽於人，不翅於父母。彼近吾死而我不聽，我則捍矣，彼何罪焉？夫大塊載我以形，勞我以生，佚我以老，息我以死。故善吾生者，乃所以善吾死也。今大冶鑄金，金踊躍曰：『我且必爲鏌鋣！』大冶必以爲不祥之金。今一犯人之形，而曰『人耳人耳』，夫造化者必以爲不祥之人。今一以天地爲大鑪，以造化爲大冶，惡乎往而不可哉！」成然寐，蘧然覺。

郭注：死生猶寤寐耳，於理當寐，不願人驚，將化而死，無爲怛之。自古或有違父母

〔一〕其可拒邪：其，朱本作「豈」。邪，朱本作「耶」，通。

之命，未有能違陰陽之變者也。當死，非所禁，橫有不聽之心，適爲悍逆以速其死，非死之罪也。故善吾生者，乃所以善吾死，理常俱也。人耳、人耳，唯願爲人也。金之踴躍，世知不祥，生非故爲，時自生耳，矜而有之，不亦妄乎？人知金之有係爲不祥，明己之無異於金，則所係之情可解，㾓寐自若而不以死生累心也。

呂注：鼠、蟲，人之所甚賤，而氣形之散爲肝與臂，又其所惡者也。於斯時也，問以所賤所惡，蓋以考子來之所安。知陰陽之於人不翅父母而聽之，知大塊之息我以死而善之，則安用問其奚以汝爲，奚以汝適邪？夫躍冶之金，人必以爲不祥，人之願爲人也亦然。今一以天地造化爲爐冶，則鼠肝蟲臂無往而不可，吾何容心哉！成然寐，蘧然覺，言死生之際若㾓寐之從容，不爲之變也。

林注：鼠肝、蟲臂，物之微小者，與《齊物論》蛇蚹、蜩翼義同，言造化之變無窮，人所不能知也。子之於父，唯命之從而不敢違，人受命於陰陽，奚翅父母？死生變化，亦聽之而矣！或爲鼠肝，或爲蟲臂，隨所遇而安，彼造化者近吾死，安敢拒捍？苟或拒之，罪在於子，彼何罪哉？

詳道注：鼠肝，怒之存乎内者也；蟲臂，怒之見乎外者也。人生天地間，欲捍陰陽之命而莫之聽，何異乎鼠肝、蟲臂乎？陰陽之於人，不翅於父母，而不可不從也。以身譬冶金不可以踊躍而必爲鏌鋣，凡以明其無喜怒於生死耳。

碧虚注：道在屎溺，而況於鼠肝蟲臂乎！世之違尊親之命者，謂之不孝，則逆變化之理者，豈曰順道邪？造化近吾死，若不聽而抵捍者，是自悖其天真，於化何罪？譬夫大冶鑄金，範猶不可違，化豈得逆哉？成然魂交則寐，蘧然形開則覺，交開之形雖殊，寂寞之性一也。

趙注：奚以汝爲，奚以汝適，言無所用汝也。將化爲鼠肝蟲臂之微，不可知也。鑄金爲劍，唯大冶之所爲；犯形爲人，唯化工之所命。爲鼠肝爲蟲臂，吾又安能知之哉？成然寐，全歸之義；蘧然覺，蘇醒之義也。

膚齋云：鼠肝、蟲臂，言物之至小者，便是趙州云「火燒過後，成一株茅葦」之論。唯命之從，不聽則捍，即前段物不勝天之意。鑄金之喻亦奇絶，賈誼「陰陽爲炭，萬物爲銅」，自此中出。成然寐，蘧然覺，以生爲寐，以死爲覺，卻下六字如此結上一段文意，真奇筆也。

古之所謂友者，唯其莫逆於平日，故能規正其將死。當子來妻子環泣之際，叱之使避，無驚其化，則異於常人之所爲矣；又語以人處世間，萬物之一，而所謂人者，不知其幾億萬計，則何以汝爲！此又釋其滯念而開其曠懷也。鼠肝、蟲臂，言生之至微而不足道者，設使造物所命亦安之而已，其可距乎？於此〔一〕有以見灼知生死之理，則無適而非樂，無時而不安，推其緒餘足以濟朋友之危，解世俗之惑，豈小補哉！「大塊載我以形」至「善吾死也」，重舉前文以證，蓋慮常人之情畏死而不得免，則預爲他生之計，毫釐係念，萬劫縈纏，譬夫躍冶〔二〕之金亦秖以異而鏌鋣不可必得矣。是以至人以天地爲爐，造化爲冶，萬化無極，吾與之無極，何必曰人耳、人耳，而憂其不得邪？又況於鼠乎、蟲乎、肝乎、臂乎？觀古人之所以自處者若此，則豈生死所能拘！蓋以生爲寐、死爲覺故也。以死爲覺，則何時而非覺哉？

〔一〕此：朱本此字下有「而」字。
〔二〕治：朱本作「治」，訛。

南華真經義海纂微卷之十八

武林道士褚伯秀

内篇大宗師第五

子桑户、孟子反、子琴張三人相與友，曰：「孰〔一〕能相與於無相與，相爲於無相爲？孰能登天遊霧，橈挑無極，相忘以生，無所終窮？」三人相視而笑，莫逆於心，遂相與友，莫然。有間而子桑户死，未葬。孔子聞之，使子貢往待事焉。或編曲，或鼓琴，相和而歌曰：「嗟來桑户乎！嗟來桑户乎！而已反其真，而我猶爲人猗！」子貢趨而進曰：「敢問臨尸而歌，禮乎？」二人相視而笑曰：「是惡知禮意！」子貢反，以告孔子，曰：「彼何人者邪？脩行無有，而外其形骸，臨尸而歌，顔色不變，無以命之。彼何人者邪？」孔子曰：「彼遊方之外者也，而丘遊方之内者也。外内不相及，而使汝往吊之，丘則陋矣！彼方且與造物者爲

〔一〕孰：原作「熟」，訛。

人，而遊乎天地之一氣。彼以生爲附贅縣疣，以死爲決疣潰癰。夫若然者，又惡知死生先後之所在！假於異物，託於同體；忘其肝膽，遺其耳目；反覆終始，不知端倪；芒然彷徨乎塵垢之外，逍遥乎無爲之業。彼又惡能憒憒然爲世俗之禮，以觀衆人之耳目哉！」子貢曰：「然則，夫子何方之依？」曰：「丘，天之戮民也。雖然，吾與汝共之。」子貢曰：「敢問其方。」孔子曰：「魚相造乎水，人相造乎道。相造乎水者，穿池而養給；相造乎道者，無事而生定。故曰：魚相忘乎江湖，人相忘於道術。」子貢曰：「敢問畸人。」曰：「畸人者，畸於人而侔於天。故曰：天之小人，人之君子；人之君子，天之小人也。」

郭注：體天地，冥變化者，雖手足五藏，未嘗相與而百節同和，相與於無相與也；未嘗相爲而表裏俱濟，相爲於無相爲也。若乃役心志以恤手足，運股肱以營五藏，則相爲愈篤而内外愈困矣。能忘其生，則無不忘，隨變任化，何所窮極？相視而笑，莫逆於心，明至親而無愛念之情也。人哭亦哭，俗内之迹；臨尸而歌，方外之志。夫知禮意者，必遊外以經内，守母以存子。若乃矜乎名聲，牽乎情制，則孝不任誠，慈不任實，父子兄弟，懷情相欺，豈禮之大意哉！夫理有至極，内外相冥，未有極遊外之致而不冥於内者也。吊者，方内之事，施於方外則陋矣。以生爲附贅懸疣，氣之時聚，非所樂也；以死爲決疣潰癰，氣之自散，非所惜也。死生代謝，未始有極，故不知勝負之所在，聚散變化，皆異物也。所假雖異，共成一體，故忘肝膽，遺耳目，任理而直往，五藏猶忘，何物足識哉！其所以觀示衆人者，皆其塵垢耳。夫遊外者依内，離人者合俗，故有天下者無以天下爲也。雖爲世梏桎，但與汝共之，明己常自在外也。人之與魚，所造雖異，其於由無事以得事，自方外以共内，然後養給而生定，莫不皆然，各自足而相忘也。能遊外以冥内，任萬物之自然，使天性各足而帝王道成，斯乃畸於人而侔於天也。以自然言之，則人無小大；以人理言之，則侔於天者，可謂君子矣。

呂注：相與於無相與，相爲於無相爲，歸根復命之處也。登天則遂於大明之上，遊霧則入於杳冥之門，故橈挑無極，無所終窮。彼以反真爲樂，則臨尸而歌，乃所宜也。先王制禮，使人平好惡而復人道之正，則以反真爲樂者，豈非禮意哉！遊方之外，則與天爲徒，故以死爲樂而不足哀；遊方之内，則與人爲徒，故以死爲哀而無敢樂。若三人者，與之爲徒而樂其死，則倍死忘生者衆矣；無三人者，則綢繆於死生之間，而不能解，亦至人之所哀也。内外之志不同，此所以不相及。孔子使子貢往吊，欲其知禮意不出乎性命之情，而天下之妙理有不在禮法之間也。遊乎天地之一氣，則非陰非陽，以生爲附贅懸疣，則以生爲喪而侈之。以死爲決疣潰癰，則以死爲反而樂之也。假於異物，託於同體，則非以爲實。肝膽耳目忘而遺之，則反覆終始，不知端倪，又安能爲世俗之禮哉？孔子以爲己則遊方之内而盛稱方外之高。子貢疑其雖遊方内而所依者或不在此。蓋所遊者迹，而所依者心也。天之戮民，言天刑之不可解。若孔子則體性抱神，以遊世俗，安有所依足以累其心哉？是以遊方内而不必出，安天刑而不必解也。此非吾所獨與汝共之。又引魚以喻人。穿池而養給，不必大水也；無事而生定，不必方外也。相忘江湖，則非特穿池而已；相忘道術，則非特無事而已。畸人侔天，所以外而不内也。天之小人，人之君子，則謹於禮法而不知性命之情者是也。

林注：有相與之道，無相與之事；有相爲之心，無相爲之迹。登天遊霧，致虚極也。橈挑者，宛轉於造化之表。相忘以生者，不戀生。無所終窮，未常死也。編曲，織簾也。而已反真，我猶爲人，所以發猗嘆之聲。子貢怪而發問，二人以子貢不知禮意，所以相視而笑也。脩己德行，無有禮法，外忘形骸，俱同死生，其道難測，無以命之。孔子曰彼遊方域之外者、予遊方域之内者，方外禮之意，方内禮之文，内外勢殊，則不相及矣。與造物者爲人，則造化不足擬其用。遊乎天地之一氣，則天地不足極其壽。附贅懸疣者，氣之聚。決疣潰癰者，氣之散。異物者，生死變化。同體者，六骸耳目。異物既爲假，同體豈其真哉？遺内忘外，莫知終始，言其與化爲一也。孔子拘於仁義禮法，故以爲桎梏，亦猶天刑之不可解也。蓋不得不然，故云與汝共之。子貢見三人者不耦於人道，故問畸人。孔子曰不耦於人道者求似於天道，則侔於天者，以天言之爲君子，侔於人者，以天言之則小人也。聖人能天能人，混同萬物，又何畸人侔天之有哉？

詳道注：形者，造化之所爲。命者，造化之所賦。不能順形，則於拘拘不無惡。不能順命，則於喘喘不無怛。子祀順形，子來順命，二者雖殊，其於以無爲首，以生爲脊，以死爲尻，一也。然而順形未能忘形，順命未能忘命。若子桑三友，登天遊霧，橈挑無極，此忘形也。臨尸而歌，顔色不變，此忘命也。忘形，故忘其肝膽，遺其耳目。忘命，故反覆終始，不知端倪。此方外者之所爲。若夫孔子，則居方内而不辭，安天戮而不避，無事而生定，不必方外而後樂，猶魚之穿池養給，不必江湖而後安。以道觀之，孰知小人之非君子，君子之非小人邪？然則君子小人以畸侔於天人者言之，彼三人者特賢於天之小人而已。聖人混同物我，無往不適，又何區區於畸人侔天乎？

碧虚注：無相與者，自與。無相爲者，自爲。自與則自治，自爲則無爲，此所以爲相忘友。登天遊霧，高蹈絶塵也。事橈而挑去，莫然無際，故能相忘以生，無所終窮也。編次歌曲，鼓琴相和，非爲桑户也，欲嗟警衆人耳。哭泣擗踊禮之文，安生順死禮之意，修行無有，不見踐言之迹，無以命之，未知其爲君子乎？方外者，妙意。方内者，粗迹。彼數子者，方將與化俱而遊乎太空，同混茫而不二，以生死爲水漚之生滅，豈天雨之固爲哉！假合五行之異物，託乎造化之一體，墮形體故忘肝膽，黜聰明故遺耳目。出自虚無，入於空洞，溷世莫染，自得方外之趣，安能爲繁僞之禮以示衆人哉！達人以自依爲務，而以依聖迹爲戮辱，故雖聖賢趣異而應物不别也。魚得水則相忘於波瀾，人得道則相忘於行路，由其穿池而各養，無事而全生也。順天然則忘禮法，修禮法則失天然。天之小人，人之君子，失天然者也。人之君子，天之小人，脩禮法者也。能兩全者，其爲孟孫才乎！

趙注：相與於無相與，以至無所終窮，此姑射神人之道也。前章但能齊死生，此則有不死不生者焉。子反、琴張，鼓琴歌和，以反真爲樂，而笑子貢之不知禮意。孔子知其道之所存，發明忘肝膽、遺耳目之妙。子貢因問夫子將依方外邪，方内邪？孔子謂我與汝皆桎梏於禮法，是天刑之不可解也。穿池而養給，求安乎水也。無事而生定，求安乎道也。魚不離乎水，人不離乎道，遊方之内也；相忘於江湖，相忘於道術，遊方之外也。畸人者，與人不耦而與天合矣。天道則真，人道則僞，此其所以異也。

盧齋云：相與以無心，相爲於無爲，登天遊霧，橈挑無極，即遊乎萬物之表。相忘以生，無所終窮，即不忘所始，不求所終也。往待事，猶助原壤沐槨之類。編曲，織箔也。反真，即復初。禮意，猶云禮之本也。此或謂《莊子》寓言。按《禮記》載原壤《狸首》之歌，則知自古以來有此離世絶俗之人，不待學道而後有也。脩行無有，言無德行。與造物爲人，即是與造物爲友。遊乎天地之一氣，言遊乎物之初。贅疣疣癰，喻此身爲天地間長物，必決之潰之而後快，即勞生、息死之意。假於異物、託於同體，即地、水、火、風假合爲身之論。反覆終始，不知端倪，則彷徨逍遥，何所不適哉！子貢問夫子所依者方内邪，方外邪？天之戮民，即天刑不可解，故不得爲方外之人。與汝共之者，欲與之言方外之樂也。穿池而養，亦足自給，言得水不拘多少，得道則隨其分量以爲生。畸人，獨異之人，故合於天。天以爲君子，則人以爲小人；人以爲君子，則天以爲小人矣。莊子之所謂君子有譏侮聖賢之意，蓋謂禮樂法度皆非出於自然，必剖斗折衡，使民不爭，而後爲天之君子也。亦憤世疾邪而有此過高之論。

相與於無相與，淡以成交也。相爲於無相爲，靜以成德也。登天遊霧，則飛行無所拘。相忘以生，則不知有身世。逍遥物外，何所終窮哉！一笑莫逆，則神交心契，目擊〔一〕道存，非後世薄俗當面論心背面笑之比也。子桑户死，孔子使子貢往待事，則桑户之爲人可知。二友鼓琴相和以反真爲樂，則其旨趣亦不凡矣。子貢習乎禮文，宜

〔一〕擊：朱本、李本並作「繫」，訛。

其怪而見問，蓋禮意所在，唯遊方外者知之，且夫子非不知此也。使子貢往觀而發其所問，欲有以誨之耳。與造化爲人而遊乎天地之一氣，則陰陽之變不得以二之。故以生爲贅疣，聽其懸附；死爲疣癰，終於潰決，惡知先後之所在哉！假四大而爲身，混内外而兼忘，反覆終始，不知端倪，此其所以爲大宗師之道也。子貢復問夫子何方之依，夫子謂予以仁義禮樂化人，乃桎梏於造物者。與汝共之，言舉不逃乎此也。魚藉水而活，人藉〔一〕道而生。安乎水者，穿池足以給〔二〕；安乎道者，無事而生定。此喻遊方内者，亦安於方内而已。至於相忘江湖道術之間，喻遊方之外，非世禮所拘。故處死生之變，從容而不怛也。子貢聞方外之風離世絶俗，遂問畸人，答以畸於人者侔於天，言其違俗必合道也。由是知天之小人乃人之君子，人之君子即天之小人也。兩句只是一句，明畸、侔之不同，天、人之各異也。

顔回問仲尼曰：「孟孫才，其母死，哭泣無涕，中心不慼，居喪不哀。無是三者，以善處喪蓋魯國，固有無其實而得其名者乎？回壹怪之。」仲尼曰：「夫孟孫氏盡之矣，進於知

〔一〕藉：朱本、李本並作「籍」，訛。

〔二〕足以給：朱本、李本並作「以養給」。

矣，唯簡之而不得，夫已有所簡矣。孟孫氏不知所以生，不知所以死，不知就先，不知就後，若化爲物，以待其所不知之化已乎！且方將化，惡知不化哉？方將不化，惡知已化哉？吾特與汝，其夢未始覺者邪？且彼有駭形而無損心，有旦宅而無情死。孟孫氏特覺，人哭亦哭，是自其所以乃。且也相與吾之耳矣，庸詎知吾所謂吾之乎？且汝夢爲鳥而厲乎天，夢爲魚而没於淵。不識今之言者，其覺者乎，其夢者乎？造適不及笑，獻笑不及排，安排而去化，乃入於寥天一。」

郭注：夫盡死生之理，應内外之宜者，動而以天行，非知之匹也。簡擇死生而不得其異，若春秋冬夏四時行耳。無所不安，與化爲一，猶忘所知於當今，豈待所知而預憂哉？已化而生，焉知未生之時？方化而死，焉知已死之後？今在夢中自以爲覺，則無以明覺之非夢，生之非死也；死生覺夢，不知所在，當其所遇，無不自得，何爲在此而憂彼邪？以變化爲形之駭動，不以損累其心。以形變爲旦宅日新，其情不以爲死。夫常覺者，無往而有逆，故人哭亦哭，自是其所宜也。死生變化，吾皆吾之，玄同内外，與化日新，豈知吾之所在！夢爲鳥，夢爲魚，無往而不自得，死生之變亦無時而足惜也。所造皆適，故不及笑。排者，推移之謂。禮哭必哀，獻笑必樂，哀樂存懷，則不能與適推移矣。今孟孫常適，安於推排，與化俱往，故乃入於寂寥而與天爲一也。

吕注：夫惟知其未始有物，則不見有内外、死生之異，奚必遊方之外以死爲樂，至於臨尸而歌邪？是以居喪哭泣與人同，而不爲哀戚所累則與人異。故寓之孟孫氏，以明至至者不離乎世俗之同，生猶是，死猶是，哭泣猶是，雖欲簡之而不得。彼三子者，雖不知死生存亡之所在，而以生爲喪，以死爲反，則未爲不知所以生、所以死也。以反真爲樂，爲人爲歎，則未爲不就先、不就後也。孟孫氏不知所以生、所以死，則生無所喪，死無所反也。不就先，不就後，則死無足樂，生無足歎也。非特如是而若化爲物者，固待其所不知之化而彼亦不知也。蓋方將化，惡知不化？方將不化，惡知已化？則吾今與汝，其夢未始覺者邪？彼有人之形，故有駭形而心不動，故無損心。死生猶夜旦，故有旦宅。無人之情，故無情死。此孟孫氏所以特覺也。夫唯知此，故人哭亦哭，無涕不哀，是自其所以乃，而不足怪也。且汝方夢爲鳥、爲魚，亦不知其夢，則今之所言爲覺、爲夢，殊未可知，以明孟孫氏則忘吾而特覺者也。適所以笑，適而造之，非自適也，故不及笑。笑所以排，笑而獻之，非樂笑也，故不及排。排者，排遣憂愁而去之。則孟孫之忘死生，亦不可造而獻也。安排則非有爲而排之，去化則知其不可禦而順之。寥則不礙，天則不人，一則不二，道盡乎此矣。

疑獨注：凡人知生而不知死，孟孫氏知人之所不知，故曰進於知矣。夫安生安死，何簡擇之有！孟孫所簡者道，不知死生之異而避就之也。化者，來不可卻，去不可追。忘而待之，理至則應，唯化所不能移者，在生而達死之理。故且方將化，惡知不化哉？方將不化，惡知已化哉？有係於世皆夢也，及其既覺，死生不能累，況世俗之禮乎？彼孟孫氏當其母死，見人駭亦駭，而心不損。旦屬陽生也，形以喻宅。凡人以情徇形，故情形俱死。至人知形非吾有，視爲旦宅，故形有死而情不死。孟孫脱塵獨悟，故曰特覺也。《説文》：「乃，象氣出之難。」言孟孫哭不出於本心，因人哭而哭之，此所以爲難也。吾生吾死，無往非吾，夢爲鳥，夢爲魚，隨所遇而安之。不知今之説者覺而説乎？夢而説乎？蓋未達死生之理，雖覺亦在夢中，及其既覺，更無覺夢也。偶然而適，適非常而强爲適，故不至於笑。心不樂而爲人笑，此獻笑也。排者，推移造化之理。唯無所不適者，適而及於笑。樂然後笑者，笑而及於排。故至人安其推移，忘其變化，入於寥寥，而與天爲一也。

詳道注：孟孫之善喪者，道也。顔回責之者，情也。孟孫唯簡之而不得，則所簡而取者道而已。又安知死生先後之所在？夫徇於形而累於生者，常人之情。有駭形而無損心，則不以形爲徇。有旦宅而無情死，則不以生爲累。如此則順其在彼者而無所逆，故人哭亦哭。安其在己者而無所憂，故哭而不哀也。夫適生於所安，笑發於所樂，强爲適則不至於笑，爲人笑則不能排而去之。孟孫之心未嘗哀樂，特因人哭亦哭，造而獻之之謂也。其不至於哀宜矣，安其推移而無損心，去其變化而無情死，乃入於寥遠而與天爲一也。

碧虚注：哭泣居喪，事死之禮；無涕不哀，達死之道，此能盡行而進於知者也。以死生爲一條，故莫可簡，雖簡略死生而未能簡略哭泣也。夫有所避就者常情。今之有身者化物，既爲化物，從其所化。今將化也，安知死入空寥而不再爲人哉？今將不化也，安知生居短景而交臂已失哉？形隨化遷，故有駭形。心同空寥，故無損心。形乃神之傳舍，今旦居之則修治，明旦遷徙爲棄物。唯達者隨變而常生，故無情死也。《説文》：「乃，象氣出之難。」謂忘哀戚而哭泣之不易也。生亦吾，死亦吾，故曰相與吾之。至人無己，何處不吾？夢爲魚鳥而厲天没淵，亦猶是也。人之迷惑死生覺夢久矣，不識居長景者無覺，夢超象外者無生死也。夫造作適樂，不及笑之自然；陳獻笑容，不及推排之無着。孟孫氏安於推排，不怛去化，乃入於寥寥之天，混冥而不二也。

趙注：孟孫才母死不哀，而以善喪之名蓋魯國。夫子謂孟孫盡死生之理，造致知之域，然不得不居喪，不得不哭泣，所謂簡之而不得也。然不戚不哀，則已有所簡矣。不知所以生死先後，言孝於其母，事生事死一也。若化爲物，謂彼既化爲異物矣，其所不知者不生不化也，又豈待其所不知者與之俱化而後已邪？ 化者形也，不化者非形，其化不化，惡能相知哉？ 有駭形而無損心，有旦宅而無情死，所謂有人之形，無人之情也。 夫子謂回：吾與汝未覺者也，孟孫氏已覺者也，人哭亦哭，不知其然，乃旦也。 言旦爲生，夜爲死，世人認生以爲我，而不知爲夜之旦也。 吾所謂吾者，亘古今而常存，夢爲魚鳥不知夢也，今之言夢有以異於夢乎？ 造適者，無入而不自得，故不及笑。 獻笑者，觸機而喜，故不及排。 安於造物之推排，而離於生生化化之域，乃造於高遠而與天爲徒也。

盧齋云：進於知者，言進而知道也〔一〕。 簡之而不得，謂居喪之禮，哭泣之事，猶欲簡去而不得。 雖欲簡不得，而所爲已甚簡矣。 不知所以生死先後，即反覆終始，不知端倪。順造化而爲物，以待其所不知之化，言聽其自然。 又安知將化、已化與不化哉？ 彼知道而我怪之，是我之夢未覺也。 形有老少之變，雖可駭異，心閑無事，故無損心。 旦，生也；宅，居也；死生，猶夜旦。 知生之所居者暫，則死非實死，故曰無情死。 特覺、人哭亦哭，言隨衆耳。 此是欲簡而不得處。 是自其所以乃，言其自得之妙，欲簡而不得，乃隨衆以哭也。 且今之相與，既以我而怪之，又安知我之所謂我，果何如邪？ 此莊子鼓舞其

〔一〕言進而知道也：言，原作「進」，據四庫本改。 知，四庫本此字下有「於」字。

文，觀者當别具一隻眼。夢鳥夢魚，只是前篇化蝶之意，今之言者，其覺其夢，即周夢爲蝶與？蝶夢爲周與？意有所適，有時而不及笑者，適之甚也。因物而笑，是物獻笑於我，出於自然，何待安排？世間萬事，窮達得喪，皆已排定，我但安其所排，隨化而去，乃可入於寥天一。寥天一，只是造化做成名字如此。

前章子祀、子輿、子犁、子來相與爲友，子輿形病而心無事，子來將死而神不慴，達理而順化者也。次章子桑户死，二友編曲鼓琴，相和而歌，忘形而樂化者也。至此章居母喪也，欲簡之而不得，故哭無涕而心不哀，不知所以生，不知所以死，又惡知以躃〔一〕踊哭泣而爲禮哉？大意明死生之不足異，使人安而順之，樂而忘之。生者不至摧毁，死者免於驚怛，神遊所至，其樂融融，則所棲託必不入於暴戾之軀矣。請觀蜩蟬蜻蝶之化，其理可推，將化未化，凝然寂然，罔知彼我之分殊，潛候天地之氣應，則蜕甲于此，而化形于彼矣。方其化也，或誤爲他物所觸，則恚怒而變爲惡類，心變於内，形移於外，蓋有以〔二〕感召之。夫〔三〕化雖由於造物，亦有以見物之自造也，其機可不謹哉！心之

〔一〕躃：朱本作「擗」，訛。
〔二〕有以：朱本作「由於」，訛。
〔三〕夫：朱本此字上有「故」字。

所適爲造適，造適則真樂内全，不在乎笑而後樂。因物而笑爲獻笑，獻笑則出於勉强，不及推排之自然。物之窮通，係於造化之推排。人之哀樂，係於推排之所遇。能安於推排，順於去化，乃入於寥遠，合乎自然，天人混融，無二道矣。此言孟孫氏明數達變，順化忘情，壹以死生爲夜旦，姑寓覺夢於其間，何足以係哀樂邪？或問：孟孫氏情忘死生，心無哀戚，達則達矣，然施之於母喪，薄親悖禮，得不爲名教罪人乎？曰：彼方外之士所以報親者，以實不以文，蓋有在乎陰功密行，解胎散結而極乎全神超化之妙，豈屑屑爲世俗之禮哉？昔孔子之友原壤，母死，登木而歌，則尤甚焉者！孔子過之若不聞，亦卒不加責，此遊方内外之辨，禮教文質之殊，非達觀不足以語此。

南華真經義海纂微卷之十九

武林道士褚伯秀學

内篇大宗師第六

意而子見許由，許由曰：「堯何以資汝？」意而子曰：「堯謂我：『汝必躬服仁義而明言是非。』」許由曰：「而奚來爲軹？　夫堯既已黥汝以仁義，而劓汝以是非矣，汝將何以遊夫遥蕩恣睢轉徙之塗乎？」意而子曰：「雖然，吾願遊於其藩。」許由曰：「不然。　夫盲者無以與乎眉目顔色之好，瞽者無以與乎青黄黼黻之觀。」意而子曰：「夫無莊之失其美，據梁之失其力，黄帝之亡其知，皆在鑪錘之間耳，庸詎知夫造物者之不息我黥而補我劓，使我乘成以隨先生邪？」許由曰：「噫！　未可知也。　我爲汝言其大略：吾師乎！　吾師乎！　整萬物而不爲義，澤及萬世而不爲仁，長於上古而不爲老，覆載天地、刻彫衆形而不爲巧。　此所遊已。」

郭注：黥以仁義，劓以是非，言其以形教自虧，不能遊自得之場。意而不敢求涉中道，願遊其藩籬而已。許由不然之，意而謂天下之物未必皆自成，亦有須冶煆而爲器者，故無莊、據梁、黄帝皆聞道而後亡其所務。此寄言，以遣云爲之累。夫率然直往者，自然也。往而傷性，性傷而能改，亦自然也。庸詎知我之自然當不息黥補劓，而乘可成之道以隨夫子邪？ 䪡澤萬物皆自爾耳，亦無愛惡於其間，安所寄其仁義！ 故見其日新而非巧也，遊於無爲，師於無師而已矣。

吕注：道之大通，遥蕩恣睢轉徙之塗是也。無莊自美而累於美，據梁恃力而累於力，黄帝嘗齋心服形，以復乎無知，則其始不能無用知也。鑪所以鎔鑄，錘所以煆煉，言三人之亡其累，非天性無之，亦在於鎔鑄煆煉之間，則安知造物者之不息我黥，補我劓，使我乘其成心，以隨先生之無爲邪！ 夫䪡澤萬物，長於上古，刻彫衆形，此吾之所遊而以爲師者也。子欲息黥而補劓，亦以是爲師而已。

林注：躬服仁義，所以盡性。明言是非，所以窮理。堯，方内之治天下者，故其告意而若此。許由謂堯既黥汝以仁義，劓汝以是非矣，汝來何爲？ 遥蕩，遠泛。恣睢轉徙，往來自適貌。意而既悟爲仁義是非之所拘而不能出，今願遊於道之藩籬。而許由以盲瞽喻之，意而心願受教，故舉三子之亡其美、力、知者，皆在鑪錘之間；人之所以至於道，亦由學耳。詎知造物者不息補我黥劓，使乘其所成之道以隨先生邪？ 許由謂物皆自造，我與汝〔一〕俱不可知，冥之而已。吾師乎，指道而言。整碎萬物而不爲義，與「亡國而不失人心」意同。蓋萬物皆自然，仁義之名將誰寄哉！長於上古而不爲老，言道之至久也。覆載天地，道之體。刻彫衆形，道之用。凡吾之所遊者如此已。

詳道注：古之論道者，再變而及仁義，八變而及是非。仁義者，道之散；是非，又仁義之薄，則仁義之害猶黥汝，是非之害猶劓汝也。亡其知則無知，甚於失美與力者矣。許由謂仁義是非之所盲瞽者不足以見道，意而謂美、力、知者冶煅而去之，皆可以入道。則前之所虧者，在補息；後之所成者，在訓導耳。故整碎萬物非戾之也，澤及萬世非愛之也。長上古而不老，則其變日新。彫衆形而非巧，則其用日藏。非遊於仁義是非之表者，能如是乎？

碧虚注：以聖迹爲刑戮，於何遊夫縱散自得無係之場？夫知力美者，禀受所有，斯難去者，皆因聞道而亡失。此言聖賢情性猶假鍛鍊而成，况中下之才乎！今雖爲聖迹所虧，豈知造物者不有息補乎？且性之虚靈，黥劓何損？今乘此成全之性以隨先生之

〔一〕汝：原作「物」，據四庫本改。

後，又何猜嫌？夫道師未嘗有仁義之名，今汝招黥劓之詬，得不怪哉？若光景都亡，始可遊道之區域矣。

趙注：由謂意而，堯既以仁義是非黥劓汝之身，無復有彷徨逍遥之樂矣。意而願遊其藩，由以盲瞽告之，意而方悟仁義是非存於胸中果足以害道也。於是引美、力、知爲喻，言一經大冶，怡然理解，安知我之黥不息、劓不補邪？吾師乎，言吾所師之道。吾所謂仁義，非子之仁義也。陰慘而萬物殺，非義也。陽舒而萬物生，非仁也。亘古窮今，非老也。範圍曲成，非巧也。吾道如是而已，當於此而遊之。

鬳齋云：遥蕩，放蕩。恣睢，縱横。轉徙，變動也。盲瞽之喻，謂汝無資質不足以聞道。意而謂去故習而自悟，在轉移之間，願乘自然之理以事先生。由嘆未可知，言未必汝能如此也。「吾師乎」已下，方説出本篇大宗師，蓋無爲而爲，自然而然，我無容心。故不得以仁義名之也。《易》曰「鼓萬物而不與聖人同憂」，亦此意。「長於上古」等三句，皆形容自然之道。遊心於自然，則見天地與我並生，萬物與我爲一。吾之所遊者，如此而已矣。

許由，一於無爲，兼忘天下者也。堯不免於有爲，兼濟天下者也。兼忘則已逸而天下化〔一〕，兼濟則己勞而天下逸。聖人一出一處，而有方内方外之分，所異者迹，所同者心也〔二〕。躬服仁義，明言是非，方内之學也；遥蕩、恣睢、轉徙之塗，方外之遊也。意而爲方〔三〕内禮教黥涅殘劓之餘而聞言心悟，願舍方内而遊方外，志亦可嘉，然由未之許。意而遂引三子天稟殊絶猶聞道而化，則吾之此來也，亦在陶鎔錘鍊之間耳。夫學道者，所以求復其初、保其全而勿傷也，既黥既劓，而望造物之息補，不亦難乎？信能明夫物之自造，則所謂黥劓者亦在乎自息自補，造物何與焉！意而謂儻黥可息而劓可補，吾將復爲全人，乘此成全之機，以隨先生〔四〕之後而進乎道，未晚也。人患過不知改，迷不思復，意而悟昨非而〔五〕今是，亦可謂善復者矣。人之所師者道，吾師乎，指道而言也。下四句發明大宗師之道，超仁義而貫古今，蓋出於無爲之爲，不化之化，

〔一〕化：朱本、李本並作「安」。
〔二〕所異者迹所同者心也：此九字朱本、李本並作「各安其所安也」。
〔三〕方：此字朱本、李本並無，脱。
〔四〕生：朱本、李本並作「王」，訛。
〔五〕而：此字朱本、李本並無。

豈世間技巧所能及哉！遊謂徜徉自得於其間，無適而非逍遥也。故經中不一〔一〕言之。

顏回曰：「回益矣。」仲尼曰：「何謂也？」曰：「回忘仁義矣。」曰：「可矣，猶未也。」他日復見，曰：「回益矣。」曰：「何謂也？」曰：「回忘禮樂矣。」曰：「可矣，猶未也。」他日復見，曰：「回益矣。」曰：「何謂也？」曰：「回坐忘矣。」仲尼蹴然曰：「何謂坐忘？」顏回曰：「墮肢體，黜聰明，離形去知，同於大通，此謂坐忘。」仲尼曰：「同則無好也，化則無常也。而果其賢乎！丘也請從而後也。」

郭注：顏子以損之爲益，而夫子謂仁者兼愛之迹，義者成物之功。愛之非仁，仁迹行焉；成之非義，義功見焉。存夫仁義，不足以知愛利之由無心，故忘之可也。但忘功迹，猶未玄達。禮者形體之用，樂者樂生之具，忘其具未若忘其所以具。坐忘者，既忘其迹，又忘其所以迹，内不覺其一身，外不知有天地，然後曠然與化爲體而無不同也。無物不同則未嘗不適，故無好惡同於化者，唯化所適，故無常也。

呂注：人之爲人也久矣，其悟道雖在一言之頃，而復於無物，非一日之積也。回聞

〔一〕一：此字朱本無，脱。

心齋而未始有回，則悟道於一言。其忘仁義禮樂以至於坐忘，則非一日之積也。同則物視其所一，故無好；化則未始有極也，故無常。同於大通，則同於化而已矣。

林注：忘仁義而進於忘禮樂，猶未離乎封域，則有物也。又進而至於無物，則肢體於是乎墮，聰明於是乎黜。離形去知，同乎大通，此其至也。蓋墮黜猶出乎勉强，離去則自然矣。同乎大通，與物爲一也；好惡起於不同，同則無好惡。命萬物之謂化，化則無常也。言回能與物爲一，與化爲人。予亦願從其後，蓋孔子謙辭也。

詳道注：枝海以爲百川，則見川不見海；合百川以歸海，則見海不見川。道，海也。仁義禮樂，百川也。回得道而忘仁義禮樂，是睹海而忘百川，然猶未忘道也；至於離形而忘物，去知而忘心，宴然無所係累，則道果何在哉？與我兼忘而已，此回之所以賢也。義近禮，仁近樂，故忘義而後忘禮，忘仁而後忘樂。蓋回之忘有所不忘，而其益有所謂損。不忘其所忘，以歸於誠忘；損之又損之，以至於無損。非造坐忘之妙，何足以與此？

碧虚注：顔子之益，謂損外益内也。愛物之謂仁，利物之謂義，愛利屬乎外，忘之則可，於道則未也。禮者，體之威儀。樂者，心之沖和。心體係乎内，忘之則可，於道則未也。坐忘者，無時而不忘。墮肢體謂即應而忘，黜聰明謂即照而忘。即應而忘，離形去知也；即照而忘，同乎大通也。體同太空，則無好惡；心同造化，則無斷常矣。

趙注：仁義禮樂，君子不可一日去。顔子心融乎理，則四者之名不立而忘之矣。墮肢體，離形也。黜聰明，去智也。同於大通，則與道爲一矣。夫子之意，蓋謂好惡兩捐，常變俱泯，是所謂同，是所謂化，汝果能是，吾將汝師，意其未必然也。曰墮黜曰離去，未免於有心，亦不得謂之忘也。

鬳齋云：坐忘之説，乃莊子借顔子之名以形容造道之妙。益矣，言有所得也。先忘仁義而後忘禮樂，猶外天下而後外萬物。至於坐忘，則有無俱遣。四肢耳目皆不自知，而同於大通之道也。與道爲一則化，化則無所住〔一〕而生其心矣。

仁義本乎心，心致虚則忘之易。禮樂由乎習，習既久，則忘之難。顔子於斯二者既已俱忘，則亦能人之所難能〔二〕矣。而夫子猶以爲未〔三〕，蓋欲進之而造夫道之極，於此有以見鑄顔之意。他人至是，則望崖而反矣。顔子又從而進坐忘之妙，夫子乃驚駭反問，訝其得之之速也。回告以離形去知，同於大通，必由忘己而後忘物，斯爲坐忘矣。夫不知所以同而同，是爲大通之道，豈好同而同之哉！猶大化之運，頃刻不停，

〔一〕住：四庫本作「往」，訛。
〔二〕能：此字朱本無。
〔三〕未：朱本此字下有「者」字。

人處其中，與之俱運，幼蒙長慧壯勞老逸，其間出處動靜，興廢變遷，亦何常之有？蓋非欲化而求化也，物理自然，古今一致，唯得道者我欲不〔一〕化忘之而已，此二句乃夫子印證坐忘一段公案。欲人求同於異，安化爲常，寘形於忘，合道於虚，則至矣！盡矣！人〔二〕而信能無以外習滑湛然之真，則夫坐忘者亦學道分内事。夫子推之爲賢，蓋所以獎成之而誘進其徒云耳。

子輿與子桑友，而淋〔三〕雨十日，子輿曰：「子桑殆病矣！」裹飯而往食之。至子桑之門，則若歌若哭，鼓琴曰：「父邪？母邪？天乎？人乎？」有不任其聲而趨舉其詩焉。子輿入，曰：「子之歌詩，何故若是？」曰：「吾思夫使我至此極者而弗得也。父母豈欲吾貧哉？天無私覆，地無私載，天地豈私貧我哉？求其爲之者而不得也。然而至此極者，命也夫？」

郭注：此二人，相爲於無相爲者也。今裹飯而往食之，亦天理自爾，非相爲而後往也。子桑鼓琴哀歌，求其爲之者而不得，言物皆自然，無爲之者也。

〔一〕欲不：朱本作「非欲」。
〔二〕人：此字朱本無，脱。
〔三〕淋：四庫本作「霖」，通。

呂注：莊子論大宗師，而卒之以孟孫才、顏回，以爲如孔子之徒，體性抱神，以遊世俗，而後爲至也。然恐學者以子桑之徒爲不及孟孫氏，子輿之徒爲不及子桑，於是復合而論之，其言則皆至於命而安之之辭。諸子之迹雖不同，以道爲大宗師而至於命，則一也。

林注：子桑忘形遺生，故當其病也，不以病爲病，一歸之命而已。不任其聲，以病而力微，故舉詩如此其趣也。父母，至親；天地，至公。豈私貧我哉？求其爲之者而不得，則亦命焉耳！萬化咸歸於一命，此道之極也。

碧虛注：寒與之衣，飢與之食，猶魚之相濡以沫，非矯情也。不任其聲，憊也。趣舉其詩，不成章曲。貧病之極，求其爲之者而不得，卒歸之於命，任命則無不達矣。

趙注：子桑固窮安命，與夫子厄於陳、蔡而絃歌不輟，顏子居陋巷而樂不改意同。

鬳齋云：不任其聲，無力而聲微也。趣舉其詩，情隘而辭蹙也。父母豈欲吾貧？天地豈私貧我？語最精絶。求其爲之者不得而歸之命，蓋謂自然之理在天地之上，命即自然之理，是所謂大宗師也。看《莊子》此篇，高於《列子·力命》篇矣。

古之所謂友者，道義相資，成德就業，急難相濟，生死不渝者也。觀子輿之於子桑，無愧於交[一]道矣。淋[二]雨而憂其病，知子桑之貧也；裹飯而往食之，知子桑之飢也；入門聞歌而驚問，恐子桑困窮而怨尤失其操守也。子桑謂父母豈欲吾[三]貧，天地豈私貧我，可謂達人高論，非困窮所能厄也。第以爲至此極，猶未能忘情於其間，既而歸諸命，則能以理勝而處之有道，使[四]子輿所以忘言也。

南華用以結《大宗師》之旨，即《西銘》所謂貧賤憂戚，玉汝於成，蓋非磨礪之久，涵養之極，不足以大任故也。學道君子，宜深體之。

民物之衆，主之者君。學徒之衆，訓之者師。天生聖賢，作之君師，所以建隆治體，恢拓化源，使人知道德之可尊，性命所當究，君臣父子無失其倫，天下國家同歸于治者也。然而正心誠意之本，傳道授業之微，非師無以任[五]，其爲道也，至矣！宗師則爲學者所主，而尊之之稱，冠之以大，猶云衆父父也。首論知天、知人，明義命以立其本。以

[一] 交：朱本、李本並作「友」。

[二] 淋：四庫本作「霖」，通。

[三] 吾：朱本、李本並作「我」。

[四] 使：朱本、李本並作「此」。

[五] 任：朱本、李本此字下並有「之」字。

知之所知，養知所不知〔一〕，則以人合天。知出於不知，是知之盛也，故繼以真人真知。寢不夢而覺無憂，出不訢〔二〕而入不距，虛而不華，悗〔三〕乎忘言，誠若無爲也。而〔四〕刑禮知德，治世之具密，有以體翼之，而至〔五〕極乎內聖外王之道者也。夫人之愛其父，忠其君，而身猶死之，況其卓然至真者乎！真之可貴有尊於君父之命，而世俗罔知，徒從事乎呴濡濕沫，不若相忘江湖之爲愈也。大塊載形，佚老息死，此造物之善吾形也，而人多貪生畏死，故設藏舟藏山之喻，以破其惑。凡有形有生，理無不遯〔六〕，雖壑澤深固猶不免乎變遷，有以見造物者無形而有力也。以有限之軀藏〔七〕無窮之宇宙，惡保其不遯哉！唯能藏天下於天下，斯無遯矣。是乃聖人所遊，一化所待，生天生地，萬化而未始有極者，何特遇人之形而竊喜之乎？長上古而不爲老，登雲天而處玄宮，皆真人之妙

〔一〕養知所不知：朱本、李本並作「養其知之所不知」。
〔二〕訢：朱本、李本並作「忻」，通。
〔三〕悗：朱本、李本並作「悅」，訛。
〔四〕而：李本作「知」，訛。
〔五〕至：朱本、李本並作「致」。
〔六〕理無不遯：朱本作「理不容遯」。
〔七〕藏：朱本、李本此字下並有「於」字。

用，大宗師體之以爲本，民物學徒倚之以爲命者也。女偊之無古無今，則死生不得係之矣。祀、來之莫逆相友，則物我不得間之矣。故左雞右彈，神馬尻輪，聽造物之化，隨所遇而安，古之所謂懸解也。曾何蟲臂鼠肝之足較，而妄啓躍冶之疑耶？子反、琴張弦歌而弔桑户，以涉世爲勞，反真爲幸，此遊方之外，異乎世俗者，方且與造物爲人，則壽夭窮通不足盡其變，天地寒暑不得拘其體矣。孟孫氏有駭形而無損心，猶夢爲魚鳥而戾天没淵，安於一時之化，豈以形間而異情哉！昔者南華夢爲胡蝶，亦猶是也。而今之所言爲覺爲夢，唯超乎覺夢者知之。顔子墮體黜聰，坐忘造極，傳心理窟，繼統聖門，原夫出藍之青，實爲師者善化之力也。至於子桑鼓琴，若歌若哭，求其爲之者不得，卒歸之於命，有大宗師之道而不得行於時，故是篇終於子桑之安命。真人已得道，則超乎命，世累不得係之。大宗師主乎弘道覺民，然而命有窮達，或行或止，此係乎時，而道無損益焉。所謂真知，則究極天人，暢達性命，而無疑者也。窮理盡性以至於命，則以處己而言；命物之化而守其宗，則以宰物而言。處己之命，子桑是也。宰物之命，其唯大宗師乎！

南華真經義海纂微卷之二十

武林道士褚伯秀學

應帝王第一

齧缺問於王倪，四問而四不知。齧缺因躍而大喜，行以告蒲衣子。蒲衣子曰：「而乃今知之乎？有虞氏不及泰氏。有虞氏其猶臧仁以要人，亦得人矣，而未始出於非人。泰氏其卧徐徐，其覺于于；一以己爲馬，一以己爲牛；其知情信，其德甚真，而未始入於非人。」

郭注：有虞、泰氏，皆世事之迹，非所以迹也。所以迹者，世孰名之哉！故乘群變，履萬世，世有夷險，迹有不及也。夫以所好爲是人，所惡爲非人者，以是非爲域也；能出於非人之域，必入於無非人之境，故無得無失，無可無不可，豈直臧仁而要人邪？一以己爲馬，一以己爲牛，夫如是則奚必是人非人之有！任其自知，故情信；任其自得，故無僞。不入乎是非之域，所以絶有虞之世也。

吕注：齧缺問王倪，即：「子知物之所同是邪？」「子知子之所不知邪？」「然則物無知邪？」「所謂知之非不知，不知之非知邪？」四問而王倪一答以不知。夫物之所同是者，止於所不知。王倪之不知，乃真不知而體之者也。有虞亦訓憂虞，泰氏亦泰定之義，謂有知而有虞，不若無知而泰定。有虞氏之迹猶臧仁以要人，而人從之，固得人矣，然以仁爲臧而是之，不免以不仁爲否而非之，是未始出於非人，有人有非人，樊然殽亂矣。泰氏其卧徐徐，其覺于于，以己爲馬，以己爲牛，莫之惡也。故其知信而不疑，其得真而不僞，惡知不仁之爲否而入於非人乎！自王倪觀之，則有虞氏不及泰氏可知矣。不及者，言其迹，泰氏則有虞氏之所以迹也；欲得其所以迹者，解心釋神，深造乎王倪之所不知而已。

林注：泰氏，上古淳朴之世。至堯，則朴散而法成。舜又因堯之法而增大之，所以不及泰氏。非聖人之道不同，蓋時事之變，聖人應迹亦不得不異耳。有虞氏以仁爲善而要天下，亦得人矣，而未始出於非人。人之有仁，則以不仁爲非人。以人道言之，有虞氏固出於非人矣；以天道言之，則有人者亦未免於非人也。徐徐、于于，皆舒緩貌，以形容其淳朴。或以己爲馬，或以己爲牛，一安之而已，故其知情信而其德甚真。未始入於非人，言其無是非也。

詳道注：道以不知爲内，知之爲外；不知爲深，知之爲淺。故齧缺四問而王倪一答以不知，齧缺因悟，喜而以告蒲衣，蒲衣乃語以無爲之迹。經曰「虞氏招仁義以橈天下之民」，又曰「有虞氏之藥瘍，舜有羶行」，皆臧仁以要人，於道已不淳矣，故未始出於非人。泰氏則物我兼忘，無所係累，呼我牛也而謂之牛，呼我馬也而謂之馬，其所知者情信，其所得者甚真，於道淳而不漓。故曰：未始入於非人。秦〔一〕失之於老聃曰：「吾以爲人也，而今非也。」所謂非人，義蓋如此。

碧虚注：聖人行不言之教，則四問四不知者乃《應帝王》之綱紐也。虞氏喻有知，泰氏喻無知。臧人以要人，有善惡也。未始出於非人，謂趣同流俗。一以己爲馬，一以己爲牛，無物我也。知性不僞，故曰「情信」。所行不喪，故曰「德真」。未始入於非人，謂超出塵表也。

趙注：子曰：「吾有知乎哉？無知也。」言必至於無知，然後爲真知。齧缺躍然而悟，以告蒲衣。蒲衣曰：子何知之晚也，有虞以仁爲善，求以得百姓之歡心，此人之合未始離乎天也。泰氏則覺寐自得，以我爲馬可也，以我爲牛亦可也，喜怒不作，物我兩忘，

〔一〕秦：四庫本作「泰」，訛。

此真人之道也。其知情信，覆載寒暑無差也。其德甚真，無一毫之僞也。此天之合未始離乎人也。有虞之於泰氏，猶堯之於許由也。

膚齋云：四問而四不答，即《維摩經》以不言爲不二法門之意。齧缺悟其不言之言，喜而告蒲衣，蒲衣謂汝今方悟邪？泰氏，古帝王，懷仁以結人心，亦可以得人，不出於如天而已。謂其但能與天爲徒，非人即天也。故曰：「未始出於非人。」未始出，猶曰不過如此也。不曰天而曰非人，是其奇筆。以己爲馬，以己爲牛，皆置之不問，聽人誰何也。其所知皆實理，其德在己，皆天真也。到此處天亦不足以名之，任其自然而然，又出於造化之上。故曰：「未始入於非人。」前曰出，後曰入，看他下字處。

齧缺問王倪，即《齊物篇》中四問。是〔一〕篇復舉以標其首，明真知無知，是以能無不知，而帝王之道，尤宜忘知以任物，使聰者爲之聽，明者爲之視，知者爲之謀，勇者爲之捍，吾則端拱而致無爲之治，豈不偉歟？故齧缺因王倪之對〔二〕，喜而告蒲衣。蒲衣謂汝〔三〕乃今知有虞不及泰氏，蓋以仁爲善，不能不虞而出之。未始出於非人，德合

〔一〕是：朱本、李本此字下並有「也此」二字，則當至「也」字爲句，亦通。
〔二〕對：朱本、李本此字上並有「不」字。
〔三〕汝：此字朱本、李本並無。

乎人而已〔一〕。泰氏覺卧〔二〕自得，知德〔三〕俱真，未始入於非人，則道合乎天，何有出入〔四〕？道合乎天而人歸之，此《應帝王》之第一義也。臧字，《音義》「舊作藏」，故崔注云懷仁義以結人也。成疏因之。吕氏從臧，釋之以善。林、陳諸解皆從吕説。或謂臧、藏二字通，借用。按《漢書·食貨志》「輕微易臧」，則是借臧爲藏，而無以藏代臧〔五〕之理。今本多作臧，以善釋之爲當〔六〕。

肩吾見狂接輿，狂接輿曰：「日中始何以語汝？」肩吾曰：「告我：君人者以己出經式義度，人孰敢不聽而化諸！」狂接輿曰：「是欺德也。其於治天下也，猶涉海鑿河，而使蚉負山也。夫聖人之治也，治外乎？正而後行，確乎能其事者而已矣。且鳥高飛以避矰弋之害，鼷鼠深穴乎神丘之下以避熏〔七〕鑿之患，而曾二蟲之無知！」

〔一〕已：朱本、李本並作「以」，通。
〔二〕卧：四庫本作「悟」，訛。
〔三〕德：朱本、李本此字下並有「知情」二字，疑衍。
〔四〕道合乎天何有出入：此八字四庫本無，脱。
〔五〕無以藏代臧：朱本作「以臧代藏」，脱且訛。
〔六〕「臧字音義」至「釋之爲當」：此數句李本無。
〔七〕熏：四庫本作「薫」，通。

郭注：夫寄當於萬物，則無事而自成；以一身制天下，則功莫就而任不勝也。故聖人之治也，全其分内，各正性命而已，不爲其所不能也。且禽獸猶各有以自存，是以帝王任之而不爲，使萬物自成也。汝曾不如此二蟲之各存而不待教乎？

吕注：君人者，聲爲律，身爲度，而用人惟己，則固有所謂以己出經者矣；以義制事，而他人有心，予忖度之，則固有所謂式義度人者矣。此特其明之用，非命物而化之者，則所謂經者未必經，所謂義者未必義，不免爲欺德而已。是猶涉海鑿河，不足以有成；使蚉負山，不足以勝任也。夫大物之至重，神器之不可爲，而以己出經式義度人，則治外而已。正而後行，確乎能事，則非治外之謂也。若然者，無有偏陂，而人不見其所向；無有反側，而人不見其所背；無有好惡，人不可得而就避也。凡吾之所爲者，皆出於玄同，則天下之真情僞得矣，孰敢操奇器，以探我頷珠於九重之淵哉？今夫鳥鼠之高飛深穴以避患也，曾謂二蟲之無知乎？人又知於二蟲，不能無己而使彼有以窺之，則二蟲之不若也。

林注：用己出法度以治天下，終不能成功，如涉海鑿河，使蚉負山，言不勝其任也。古者聖人治天下，使民各安居，物皆遂性，何弊弊於法度以治外哉？言聖人順民物之性，於事確乎有能之者，因而任之，止於分内耳。夫鳥高飛，鼠深穴，所以避患也，不待教而然。民有常性，使之盡分而已，何必作爲經式義度以拂亂其常性哉！

詳道注：日中，不以晦菈衆；始〔一〕者，不以權應物。不以晦菈衆，故以己出經；不以權應物，故式義度人。如此，則如涉海鑿河不循其理，使蚉負山不量其才也。不循其理，非所謂正而後行者也；不量其才，非所謂確乎能其事者也。夫鳥鼠猶知高飛深穴以避害，則聖人之治，豈可以己出經而取患哉？

碧虚注：出經濟之術，用仁義之道，庶民孰敢不聽而化諸？不修己而飾人，故曰「欺德」。治外乎，言必先治内也。正而後行邪，則不能率衆也。禽鼠微物，尚違害以全生理，而況於人乎！言出經式義，乃治世之具，非君人者之所以具也。

趙注：日中始告肩吾以聖人之治天下，立經陳紀爲萬世法，則天下莫不服從矣。接輿謂大海無際，涉而鑿河，蚉宜至小，使之負山，喻藉區區之經式義度，以整齊天下俾之向化，萬無是理。我好靜而民自正，我無爲而民自化，聖人盡其在我者而已，豈以治外爲務哉！鳥鼠猶知避危就安而不待教，人而不若二蟲邪？

盧齋云：經式義皆出於己，以身爲天下化也。度人即化民。「經式義」句法，與「和

〔一〕始：四庫本作「治」，訛。

豫通」同。欺德，言自欺，非實德也。治外者，言化之以身，則有跡也。正而後行，順性命之理也。能其事者，盡此自然之事也。鳥鼠之避患，言有迹者必有累，曾不若二蟲之知也。

日中始務明而好爲首者也，故告肩吾君人之道若〔一〕此。以己出經式義度，則正人以法而不安其性命之情，人孰敢不聽而化諸！則必人之己從，非心悦誠服也。故接輿指爲欺德，謂非實德，不特欺人，抑自欺耳。以是而治天下，憑虚莫濟，必不勝任也。夫聖人之治，豈務外乎？言經式義度皆治外之具。正而後行，確乎能事，謂道德性命之理，吾身之内務，本立於内，則施之齊家、治國、平天下可也。且禽鼠猶知高飛深穴以避害，況欲君人而欺德以召患乎？曾二蟲之不若也。故古之應帝王者，無欲無爲，天下自化。若任知能以爲之，則君勞於上，民亂於下，何望乎治哉！「以己出經式義度，人孰敢不聽而化諸！」諸解多從經〔二〕從人爲句，林、趙從度爲句，碧虚照張君房校本作「以己出經式義庶〔三〕民孰敢不聽而化諸」。續考吴門官本作「以己制經」，制

〔一〕若：朱本、李本並作「如」。
〔二〕從經：此二字朱本、李本並無。
〔三〕庶：朱本、李本、四庫本並作「度」，訛。

字獨異。博參衆説，林、趙斷句爲優，今從之。

天根遊於殷陽，至蓼水之上，適遭無名人而問焉，曰：「請問爲天下。」無名人曰：「去！汝鄙人也，何問之不豫也！予方將與造物者爲人，厭，則又乘夫莽眇之鳥，以出六極之外，而遊無何有之鄉，以處壙埌之野。汝又何帠以治天下感予之心爲？」又復問。無名人曰：「汝遊心於淡，合氣於漠，順物自然而無容私焉，而天下治矣。」

郭注：問爲天下，則非超於太初，止於玄冥者也。與造化者爲人，則任人之自爲。莽眇，群碎貌。乘群碎，馳萬物，故能出處常通。放乎自得之場，不治而自治也。任性〔一〕則淡漠，靜於性而止。任性自生，公也；心欲益之，私也。容私果不足以生，生〔二〕而順公乃全也。

呂注：無名人，則體道者也。體道者無所忻厭，此云忻厭，與人同也。忻則與造物者爲人，厭則乘莽眇之鳥，出六極之外。何則？彼其爲人，存亡在己，出入無迹，孰肯以天下爲事？汝又何帠以治天下感其心爲？遊心於淡，至無容私焉，是乃無事而取天下之道也。

〔一〕性：四庫本作「情」。
〔二〕生：原缺，據四庫本補入。

林注：天根，自然之本。無名，指聖人。不豫，謂不見於其先而乃發問也。與造物者爲人，倦則又乘夫杳冥而能飛者，出六極之外，此言聖人之道，無乎不在而實無爲，斯足以應帝王矣。汝又何法以治天下感予之心爲，言其不足以感動我也。天根又問。答以遊心於淡則無味，合氣於漠則無暴。無味所以清神，無暴所以養氣也。則物來而不逆，大同而無私，不期於治而天下治矣。

詳道注：天根以言本，無名以言聖。天根起本以應末，出晦以趨〔一〕明，而問爲天下，無名人所以鄙之。夫與造物者爲人，已涉於有事矣。故厭則乘莽眇，出六極，遊何有，處壙埌也。莽眇，喻心乘之以遊，即遊心於淡，合氣於漠，順物而無私者也。若是則不爲天下而天下自治，又奚以法治之哉？

碧虚注：與造物者爲人，有意自造也。乘莽眇，出六極，淩虚履妙，超陰陽也。遊何有，處壙埌，造道之域，居空同也。順物自然而無容私，有私則失自然矣。

趙注：天根者，宗主之稱。無名者，真人之號。殷陽，盛明之地。蓼水，寥寞之鄉。造物者，覆載天地，彫刻衆形，本非有心，予猶厭之而超乎形氣之表，又何必以治天下感

〔一〕趨：四庫本作「趣」，通。

動我心爲？無名人又問。乃以順物自然之理答之，凡有心於爲者，皆容私也。天根此問之失在爲之一字，無爲則天下自治矣。

廬齋云：與造物者爲人，處世而順自然也。遊於世間已足，將遊乎造物之外。莽眇，虛無之氣。何有、壙埌，太虛無極也。何故以治天下感觸予之心？帠字，崔本作爲，亦何故之意。淡漠無形，氣猶性也。以此心此性皆合於自然，前云無聽以心而聽以氣，則此氣字合以性釋之。順造物而無容心，則天下自治，何必爲天下乎？無名人即子虛、烏有之類。

天根，喻自然之道〔一〕，本當隱晦涵育〔二〕，任物自化。今〔三〕趨於盛明〔四〕之方，自顯以求有爲，故問爲天下。無名聖人，所以鄙之，謂何〔五〕所問之不悦我心也。乃自〔六〕

〔一〕道：原缺，據朱本、李本補入。
〔二〕育：朱本、李本並作「畜」。
〔三〕今：朱本、李本此字上有「而」字。
〔四〕明：四庫本作「情」，訛。
〔五〕謂何：朱本、李本並作「何謂」，倒。
〔六〕自：此字朱本、李本並無。

陳無爲放曠之樂，就以點化之。與造物者爲人，言與化俱運，任而不助也。莽眇，猶杳冥，鳥喻飛行無迹。壙埌，虚豁貌。言我逍遥自適若[一]此，汝何法以治天下感動予心哉？天根又[二]問。無名人告以遊心於淡無嗜欲也，合氣於漠，無所暴也，順物自然而無容私，有心於爲天下，則有私而失其自然，名曰治之而亂之所由生也。蓋治天下之道無他，善復其自然之本，則身脩[三]而天下治矣。天根不知反求諸己，而懷寶自迷，哀哉！

〔一〕若：朱本、李本並作「在」，訛。
〔二〕又：朱本、李本並作「復」。
〔三〕身脩：朱本、李本並作「本修」。

南華真經義海纂微卷之二十一

武林道士褚伯秀學

應帝王第二

陽子居見老聃，曰：「有人於此，嚮疾彊梁，物徹疏明，學道不勸。如是者，可比明王乎？」老聃曰：「是於聖人也，胥易技係，勞形怵心者也。且也虎豹之文來田，猿狙之便、執斄之狗來藉。如是者，可比明王乎？」陽子居蹴然曰：「敢問明王之治。」老聃曰：「明王之治：功蓋天下而似不自己，化貸萬物而民弗恃；有莫舉名，使物自喜；立乎不測，而遊於無有者也。」

郭注：胥易技係、勞形怵心，言此功夫，容身不得，不足以比聖王。蓋以文彩技能係累其身，非涉虛以御〔一〕乎無方者也。天下無明王，則莫能自得。然功在無爲而還任天

〔一〕御：原作「脩」，據四庫本改。

下，天下皆得自任。故似非明王之功而民莫知恃賴，雖有蓋天下之功而不舉以爲己名，物皆自以爲得而喜。居變化之塗，日新而無方，與萬物爲體，則所遊者虚也。不能冥物，何暇遊虚哉！

吕注：嚮疾者，趍事之速。强梁，則非以柔勝。物而徹之，非能無知。疏之而明，非明之所自出。學道不勌，則未能日損以爲道者也。能有所技，則勞其形思。有所係，則怵其心，猶百工以短長有無胥易，非聖人所以用天下也。虎豹猿狗之來田藉，皆有以取之，則夫勞形怵心而爲天下用者，亦强梁疏明之所自取也。藉猶借，言巧力爲人所借也。有力弗居，化貸〔一〕弗恃，則凡有者不得舉而名，我使物自喜而已。所以然者，立於不測，遊於無有故也。則向之所以比明王者，不亦疏乎？

林注：明者神之散，王者聖之動，應帝王者，出而治世。故以嚮疾疏明爲問，答以如是而可比明王，則是胥徒好易技係勞形怵心者皆可望於聖人；虎豹以文而來田獵，猿狗以便而招繩藉，皆可以比明王乎？子居驚問明王之治，答以功蓋天下而不有，化貸萬物而不恃，言古之明王無意於天下而天下歸之，以至運精神以化天地之德，動心術以應事

〔一〕貸：原作「貨」，據四庫本改。

物之變，其本莫不始於此。故雖有功而不舉以爲名，化物而不自以爲喜，是以天下以功歸之，物自喜之。立乎不測之上，而陰陽莫能制；遊乎無有之鄉，而萬物莫能累也。

詳道注：嚮疾强梁，則與能如嬰兒異矣。物徹疏明，則與明道若昧者異矣。學道不勸，則與絶學無憂者異矣。明王即聖人，聖人無爲而天下化。今弊弊於三者而與物爲事，猶以技係交易而牟利者也。豈惟勞形怵心，外患將至矣！夫明王之治，有功弗居，則我何力於民！化物不恃，則民何得於我！是以名不舉而迹不彰，實不聚而患莫及，以虚而爲群實之宗，以無而供萬物之求也。

碧虚注：所嚮之處，嫌疾。强梁，不容惡也。徹通事物，疏豁明白，尚聰明也。以此安知易彼自然，使其技能相係，勞苦其形，怵惕其心者也。虎豹猿狙，喻以能召患。似不自己，忘我也；而民弗恃，忘功也。有莫舉名，忘名也；遊乎無有，兼忘也。明王之治如是而已。

趙注：嚮疾者，所志捷疾。强梁者，剛果敢爲。物來能明，力行不勸，如此可比明王否？答以道尚柔晦無爲，若此則與道相反而爲才所累。豈惟勞形怵心，又有害焉！猶虎豹猿狙來田來藉，皆以才掇禍，不足以治天下也。子居更請，蓋鋭於有爲。老子則安於無爲，故答以功成而若不自我出，物化而弗恃以爲能，物各自適，而莫能名吾之功，即孔子贊堯所謂民無能名而巍乎有功者也。

　　鬳齋云：「嚮疾强梁」等語，雖不指名而譏孔子。胥，刑徒；易，更也。猶云卒更也。必古有此語，猶漢云鬼薪。授係者，以工巧而係累技術之人也。言如此爲學，身心俱勞，猶虎豹以文而招田獵，猿狗以便而招繩藉，此貶之之甚也。子居再問。卒告以功蓋天下似不自己，至使物自喜，即功成不有，帝力何加之意。立於不測，即是遊於無有。鼓舞其筆端耳。已上數段，皆述其命篇之意。

　　嚮疾，諸解不同，《音義》載梁簡文以嚮同響，猶庖丁章砉然嚮然，讀同響之義。然考本章大意，吕、林、碧虚如字釋之爲優。今擬解云：嚮疾謂應物之速，强梁則非守柔者也；物徹謂䟽通物，疏明〔一〕則非葆光者也。學道貴於無爲，而乃以不勤爲功，猶以技能相易相係，不免於勞形怵心，言所求者非其〔二〕道也。「且也」至「可比明王乎」，乃老聃反問之辭，謂若以前論嚮疾强梁等可比明王，則虎豹因文彩以致獵，猿因便捷、狗因執狸而致繩藉，亦足以比明王乎？子居始悟，蹵然問明王之治，乃告以忘功、善貸、

〔一〕明：此字朱本、李本並無，脱。
〔二〕其：此字朱本、李本並無。

逃名、遁形，始可以論明王之治。蓋子居所論者迹，而老聃所論者心。心迹之判久矣夫！執蘗，説之不通，蘗有離、來二音，至大之牛豈狗能執？《音義》載李氏本作狸爲當。

鄭有神巫曰季咸，知人之死生存亡、禍福壽夭，期以歲月旬日，若神。鄭人見之，皆棄而走。列子見之而心醉，歸，以告壺子，曰：「始吾以夫子之道爲至矣，則又有至焉者。」壺子曰：「吾與汝既其文，未既其實，而固得道與？衆雌而無雄，又奚卵焉！而以道與世亢，必信，夫故使人得而相汝。嘗試與來，以予示之。」明日，列子與之見壺子。出而謂列子曰：「嘻！子之先生死矣！弗活矣！不以旬數矣！吾見怪焉，見濕灰焉。」列子入，泣涕沾襟，以告壺子。壺子曰：「鄉吾示之以地文，萌乎不震不正，是殆見吾杜德機也。嘗又與來。」明日，又與之見壺子。出而謂列子曰：「幸矣，子之先生遇我也！有瘳矣，全然有生矣！吾見杜權矣。」列子入，以告壺子。壺子曰：「鄉吾示之以天壤，名實不入，而機發於踵，是殆見吾善者機也。嘗又與來。」明日，又與之見壺子。出而謂列子曰：「子之先生不齊，吾無得而相焉。試齊，且復相之。」列子入，以告壺子。壺子曰：「吾鄉示之以太沖莫勝，是殆見吾衡氣機也。鯢桓之審爲淵，止水之審爲淵，流水之審爲淵。淵有九名，此處三焉。嘗又與來。」明日，又與之見壺子。立未定，自失而走。壺子曰：「追之！」列子追之不及。反，以報壺子曰：「已滅矣，已失矣，吾弗及已。」壺子曰：「鄉吾示之以未始出吾宗。吾與之虛而委蛇，不知其誰何，因以爲弟靡，因以爲波流，故逃也。」然後列子自以爲未始學而歸，三年不出，爲其妻爨，食豕如食人，於事無與親，彫琢復朴，塊然獨以其形立。紛而封哉，一以是終。

郭注：未懷道，則有心而亢其一方，以必信於世，故可得而相。萌然不動，亦不自正，與濕灰同其寂魄，此至人無感之時也。夫至人，其動也天，其靜也地，其行也水流，其止也淵默。雖動靜流止之不同，無爲而自爾一也。今季咸見其尸居坐忘，即謂將死；睹其神動天隨，即謂有生耳。誠能應不以心，理自玄符，與化昇降，以世爲量，然後足爲物主而非相者所測，此應帝王之大意也。德機不發曰杜。權，亦機也。天壤之中，覆載之功見矣。比之地文，不猶外乎！此感應之容也。存自然而覆載，則天機玄應，利名之飾皆爲棄物。機發於踵，常在極上起也。發而善於彼，彼乃見之。居太沖之極，浩然無心而玄同萬方，故勝負莫得措其間也。物各不平，混然一之。管窺者，莫見其涯，故似不齊。淵者，靜默之謂，雖流水之與止水，鯢桓之與龍躍，常淵然自若，未始失其靜默也。至人用舍雖異，玄默一焉。故略舉三異以明之。雖波流九變，治亂紛如，居其極者常淡然無爲，深根寧極，虛而委蛇，無心而順物，不知誰何；汎然無所係，變化頹靡，世事波流，無往而不因也。食豕如食人，忘貴賤也。於事無與親，唯所遇耳。去華取實，雖動而真不散，一以是終，使物各自終也。

呂注：既其文，未既其實，實則不識不知之處是也。夫道未始有物，虛空無相，莫之與匹，猶衆雌無雄；吾非應物，居然有藏於胸中，猶無雄而卵。是以道與世亢而必信者，故使人得而相也。地與陰同德，則莫得而見，示以地文，使得而見也。不震則不動，不正即不止。機者，動之微也。初見濕灰以爲死，不知其杜也。及其有生，然後知向之所見爲杜權而非正也。天則與陽同波，莫得而見。示以天壤，使得而見也。名實不入則無爲，機發於踵所以示之也。壤者物所自生，踵者息所自起，是以知其有生而爲善者機也。地文則陰勝陽，天壤則陽勝陰，太沖則莫之勝而不一，是以疑其不齊。莫勝則平，故謂衡氣機也。三淵之義，以喻心善淵，雖流止之與鯢桓，蓋未嘗不淵也。太沖莫勝，亦若是而已矣。及乎未始出吾宗，則藏於天而示以無所示，彼莫得而見，故自失而走。蓋季咸以其心相人之心，我無心則彼所以相者亦不能獨立，是以失滅而不可復得也。虛而委蛇、不知其誰何，則無心無爲。其止也，因以爲茅〔一〕靡，則莫知其爲靡也。其動也，因以爲

〔一〕茅：四庫本作「弟」。

波流，則莫知其爲流也。求我於動止之間，皆不可得，此其所以逃也。食豕如食人，則忘我之至。於事無與親，致虚之極也。雕琢復朴，塊然獨立，紛而封哉，一以是終，雖萬物擾擾而吾之封自若，終莫之變也。

林注：列子見季咸而疑其師道之不及，壺子告以質由文顯，道即事彰，言我與汝盡其文未盡其實，何由得道與？猶衆雌無雄，何由而卵？汝既未盡我道之實，其道猶與世亢而必信於人，故季咸得而相汝也。濕灰，言將死之證。示之以地文，不示則無文矣。不震則寂然不動，正者貞也，貞夫一故體安靜，不正則非一，所以爲地文。德雖有機，杜而不發，彼所不能知也。天壤者，覆載之功已及於物，猶道德之機發於本根而名實未能入也。踵者，形之下極，善者，可欲之謂。彼之所見曰機。壺子自謂爲權，權則所見者粗，機則所存者妙故也。始則杜機於至寂之中，而相者疑其死；次則發機於至極之下，而相者疑其生；已而不動不靜，非死非生，參差不齊，無得而相也。太沖者，至虚而中。莫勝，《列子》所謂莫眹〔一〕是也。衡，至平也。應物則參差不齊。氣，虚而待物，猶未離乎機。壺子藏神於至虚無眹之際，而動靜陰陽之不齊，猶衡之應物，故使季咸不可得而

〔一〕眹：四庫本作「朕」，通。下「無眹」同。

相也。鯢，大魚。審，停審。止水爲淵，喻示以地文。流水爲淵，喻示以天壤。大魚盤桓以爲淵，澄湛湍疾，參差不齊，示以太沖莫眹之謂也。《列子》有九淵，此引其三，以明壺子之事耳。太沖猶未離乎氣機，至於未始出吾宗，則與天同矣，此季咸所以自失而走也。無心而順物，故虛而委蛇，不知其人是誰是何也。弟者，放任。靡者，順從。彼且爲弟靡，因以爲弟靡；彼且爲波流，因以爲波流。此言壺子之變化在己也。列子見壺子之道，遂自覺悟，以爲若未始學也；歸爲妻爨，食豕如人，不知有貴賤物我也。不役於務，去華就實，塊然獨立，事雖紛擾而守其封域，終不爲之變也。

詳道注：與道遊，則無心，故死生禍福之機泯於內，不可得而相也。與俗交，則有累，故死生禍福之機兆於外，可得而相也。此季咸所以於衆人則其術神，於壺子則其術窮也。地文者，陰柔之體凝。天壤者，覆育之功見。太沖者，天地之中氣也。陰柔體凝，所以應物者靜，故曰「杜德機」，止水之淵是也。覆育功見，所以應物者美，故曰「善者機」，流水之淵是也。至於太沖莫勝，則非動非靜，若死若生，不上不下，當中若衡，故曰「衡氣機」，鯢桓之淵是也。水之或止或流，或爲鯢桓，其淵一也；壺子之機或杜或發，或爲太沖，其道一也。善觀水者察其淵，善觀人者察其道而已。列子悟壺子之道，自知不足。爲其妻爨，忘我也。食豕如人，忘物也。忘我故無内外之殊，忘物故無貴賤之别，心若死灰，形如槁木，紛而封哉而莫之動，一以是終而莫之變也。

碧虚注：理猶實也，事猶文也。壺子謂吾與汝無其文，故未既其實而固執以爲得道，猶有雌無雄，奚以生化？今有季咸之文，斯足以顯壺子之實，以道爲有而與物亢敵，故爲術者所相。地以不動爲文，見其深根寧極，不震不止，動静不發，藴道息念，杜德機也。反常曰權，杜權則復常之義。天以發生爲壤，見其神采外耀也。真人之息以踵，生氣一動，沖和遍軀，發自根本，豈止眉宇而已哉！子之先生不齊，但見形質而已。太沖莫勝，謂太空無勝負而不知所以然。衡氣機，則輕重平一，不可以動静觀也。夫水之波蕩無涯，而淵渟鑒物一也，猶至人靈府虚豁洞鑒，故相者無所施其術也。示之以未始出吾宗，形之語言則已出宗矣。弟靡、波流，皆罔測貌。食豕如人，視彼若此，塊然獨立，無比擬也。紛而封哉，外蕩而内澄，一以是終，如此而已矣。

趙注：列子神季咸之術，以爲愈於其師。壺子告以我之所以許汝者，盡其文耳，而其實則未〔一〕，汝固以爲得道與？衆雌無雄而又奚卵，言有形之類皆陰也。必有無形者爲之主宰，而汝以道與世亢，必欲人之見信，非無心而任理，故人得而覘汝。示以地文，

〔一〕未：原作「木」，據四庫本改。

寂然而止也，萌乎不萌也。不震動故正之，正則動矣，此謂杜德機。《老子》云「塞其兑，閉其門」是也。天壤與地文對，坤靜而乾動也。名實不入而機發於踵，以萬物爲芻狗而勃勃乎有生意，此謂善者機。《老子》云「虚而不屈，動而愈出」是也。始見以爲弗活，再見以爲有生，又見而死生不可測，故以爲不齊。太沖莫勝，《列子》作「莫眹〔一〕」是也。示以太空，漠然無眹，而中有機緘，《老子》云「窈兮冥兮，其中有精」是也。大魚盤桓以爲淵，静中有動，衡氣機也。止水爲淵，杜德機也。流水爲淵，善者機也。示以未始出吾宗，泛應萬變而本然者常存也。弟靡，《列子》作「茅靡」。茅靡、波流，即與之虚而委蛇也。列子悔其學之未至於是，去文反質，槁木其形，雖處紛擾之中而所守不移，一以是終而已。莊子論應帝王而言此者，蓋有深意。夫爲國在仁義禮樂，今乃泯然不見其迹，人以爲國將亡矣；及發政施令，犂然當於人心，又以爲國將興矣；至於寓威武於文德之中，行爵賞於刑罰之外，則覘國者不可得而測識矣。此聖人治天下之妙道而託之於神巫之相也。

 慮齋云：文喻外，實喻内，汝未盡見其實，固以爲得道乎？無雄奚卵，言無心亦無

〔一〕眹：四庫本作「朕」，通。下「無眹」同。

迹也。此句喻其心未化，故可以形見。自〔一〕以其道高於世，而欲人必信之，便是有迹，使人得而相汝也。濕灰，言其生氣欲滅。地文，禪家修觀名。萌乎，若生之意。不震，不動也。不正者，不可以指定言。此不正與《孟子》「必有事焉而勿正」同。德機，生意。閉其機而不動，有生意欲滅之狀，遂以爲弗活矣。於杜閉之中而動機已露，故以爲有生。天壤，亦是觀名。天田者，自然之壤，猶今修養家以舌間爲天津之類。名實不入，有無俱遣也。機發於踵，言其氣自下而上。善者機，猶言性之動處。太沖，即太虛。莫勝，不可捉摸也。衡者，平也，半也，氣機之動至於平半之地而止，則是半動半靜，所以爲不齊也。鯢桓、止水、流水，釋氏皆以爲觀名。雷，信也。壺子到此方説出向之所以示季咸者，皆此淵也。九淵，方示其三耳。太沖莫勝，未始出吾宗，皆是觀名。頹靡，拉扱。波流，莽蕩。故自失而走也。「爲其妻爨」已下，皆墮體黜聰之意，不復贅釋。

李士表論云：季咸者，以我之心感人之心，以我之見感人之見，故禍福壽夭之妄名起矣。名既已妄，又妄言之；世之滯於相而不能冥妄者，又妄受之，直以是爲真，故棄而走也。彼至人者，踐形於無形之表，超數於無數之先，又惡得而相哉！故始示以地文，

〔一〕自：原作「目」，據四庫本改。

而疑其死；次示以天壤，而疑其生。殊不知形之生死，心之起滅也；心之起滅，見之有無也。壺子未始有心，靜與陰同德，動與陽同波，沖則陰陽之中，莫勝天地之平也。萬法一致，本無高下，彼見不一，謂不齊耳。三者皆謂之機，以其動之微可得而見也。及其未始出吾宗，則示以無所示，彼以實投我而此虚，彼以有受我而此無；彼之起心役見有盡，此之離人入天無盡，所以自失而走也。壺子謂見吾三機，則猶立我與之虚而委蛇；不知其誰何，則我亦忘矣。示之者誰邪？見之者誰邪？莊子論應帝王而言此者，夫帝王之應世唯寂然不動。故感而遂通，唯退藏於密，故吉凶同患，一將出其宗。弊弊焉以天下爲事，則人得而相之矣。古之帝王所以蕩蕩乎民無能名焉者，以此。

王旦論云：古者帝王之治天下，必有不測之用，故使人不可得而相。孔子曰：「君子有三變：望之儼然；及其即之，又變而爲温；然聽其言也，又變而爲厲矣。」是豈可執一而相哉？夫堯一而已，就之如日，望之如雲，其仁如天，其知如神，若此之多變。然則聖人出而治天下，使人不可得而相者，固所以取天下而用之之道也歟？

季咸以心感人，而知其心者也。道與世亢，則不能無心。有心則有跡，使人得而相也。始見壺子而哀其弗活，蓋至人心若死灰，季咸無所施其感耳。不震者，地之體。

不止〔一〕者，坤〔二〕之化。萌，所以示之。文，可見者也。杜，則楗閉莫窺。機，則微有可睹。此至人潛德内藴之貌，有非術者所能測識也。再見壺子，喜其有生，謂見杜權矣。權，又機之顯者。始欲〔三〕杜而今微顯，所以知其有生也〔四〕。天壤，謂自然。天〔五〕地，生物之本也。名實不入，心不動也。唯能至靜，故其機發於下極，吾身生意之所自始〔六〕，養而爲浩然之氣，廣而爲及物之仁，是謂繼性發見，生生而不窮者也。又見壺子，而疑其動靜不齊，無得而相，則至人之妙用，有出於術數之表者矣。太沖者，虚之至，故莫窺其眹〔七〕兆也。衡，以平而善應。氣，以虚而善入〔八〕。皆無心於

〔一〕止：朱本、李本並作「正」。
〔二〕坤：四庫本作「神」。
〔三〕欲：朱本、李本並作「以」。
〔四〕也：四庫本此字上有「者」字。
〔五〕天：原作「之」，據朱本、李本改。
〔六〕始：此字朱本、李本並無。
〔七〕莫窺其眹：莫，朱本、李本此下並有「能」字。眹，朱本、李本、四庫本並作「朕」，通。下「是眹」同。
〔八〕入：朱本、李本並作「生」，訛。

物，故不待感而自應，然謂之機者，以〔一〕所以示之者言也。三淵，喻前三機之有深意。九淵僅示其三，而季咸之技已窮。至人非有心於出奇〔二〕以屈人也，特示之以未始出吾宗，蓋不示之示，無宗之宗，亦虛而已，何出入之有！然則壺子所示者愈近而季咸所相者愈遠，宜其自失而走也。季咸既滅既失，壺子亦無有也。然則列子將奚爲哉？因悟向所學者皆其土苴，而今始識其真，紛而封哉，一以是終，隤然而道盡之謂也。此章實寓《應帝王》之妙旨，託之季咸之相，所以神壺子之道，使後之心醉技術者亦將少醒焉耳〔三〕！吾與汝，與，許也。孔子曰：「吾與點也。」義同〔四〕。既其文，一本作「無其文」。天屈西北爲无，側加小卜爲无〔五〕。古既字。不正，當是「不止」。不齊，如字〔六〕。莫勝，是眹無疑。三淵審字，《列子》並作潘，音盤〔七〕，水盤洄也。本經《音義》

〔一〕以：朱本、李本此字上並有「亦」字。

〔二〕於出奇：此三字朱本、李本無。

〔三〕耳：此字朱本、李本並無。

〔四〕「吾與汝」至「義同」：此數句朱本、李本並無。

〔五〕无：本句兩字原作「無」，據文意改。

〔六〕「天屈西北」至「如字」：此數句朱本、李本並無。

〔七〕音盤：此二字四庫本作雙行小注。

云：「司馬本作蟠，聚也。」義或近之。弟靡，舊注同頹，未詳所據，今依《列》文，「茅靡」爲正〔一〕。即草上之風必偃，庶協下文「波流」之義。

〔一〕茅靡爲正：朱本、李本並作「草靡爲」，訛且脱。

南華真經義海纂微卷之二十二

武林道士褚伯秀學

應帝王第三

無爲名尸，無爲謀府，無爲事任，無爲知主。體盡無窮，而遊無朕。盡其所受乎天，而無見得，亦虚而已。至人之用心若鏡，不將不迎，應而不藏，故能勝物而不傷。

郭注：物自當其名而各自謀，物自任其事而主其知。因天下之自爲，故馳萬物而無窮。盡其所受乎天，足則止也。見得則不知止，不虚則不能任群實。用心若鏡，鑒而無情，來即應，去即止，故雖天下來照而無勞神之累也。

吕注：無爲名尸，則我無名而天下莫之能名。無爲謀府，則我不謀而天下爲之謀。無爲事〔一〕任，則我無爲而任事者貴。無爲知主，則我無慮而天下爲之慮。體盡無窮，則

〔一〕事：四庫本作「自」，訛。

光大之至。遊乎無朕，則鬼神莫睹，況於人乎！若然者，盡其所受於天而無見得，所謂常因自然而不益生也。所謂虚者，豈虚之而後虚哉？吾心本虚故也。其心若鏡，不將則既往無所存，不迎則未來不可見，應而不藏則方今不可得。以盡其受於天者如此，是以勝物而不傷也。

林注：至人之心，物感則通，事成而寂，有若鏡然〔一〕；明無情應物而妍醜莫欺，是謂勝物而不傷。至人無爭而是非莫欺，因時循理而神亦莫之傷也。

詳道注：鏡之於物，至則應之，而其光不藏；去則聽之，而其光自若。不迎於其來，不將於其往，來者不窮而吾應之也。常虚而無心，此所以勝物而不傷也。自「無爲名尸」至「而無見得」，以心之虚而致道也。自「至人之心」至「應而不藏」，以道之虚而至用也。

碧虚注：爲名尸則形必瘁，爲謀府則神必殆，爲事任則才必竭，爲知主則識必昏，體未盡則有窮，有迹則不足遊矣。盡其所受乎天，則任之而已。有見有得則不妙，無見亦虚而已。用心若鏡，物來斯鑑，彼自來往〔二〕而妍醜無隱，無心於勝物，故物亦不能害也。

〔一〕然：四庫本作「之」。
〔二〕物來斯鑑彼自來往：四庫本作「物來斯照鑑彼來往」。

虞齋云：無爲名尸，「爲善無近名」是〔一〕也。無爲謀府，「不謀焉用知」是也。無爲事任，事雖不可不爲而不以事自任也。無爲知主，人雖不能無知而不以知爲主也。此四無字是禁止之意，與《論語》四勿字同。體，察見也〔二〕。見道至於盡而無窮極，而心遊乎無物之始也。天受我以此理，我能盡之而不自以爲有得；見其有得，則近於迹矣。鋪叙至此，但以一虛字結之〔三〕。「用心若鏡」已〔四〕下數句，只是解一虛字。文勢起伏，平淡之中自有神巧，豈不奇哉！

趙虛齋以此段〔五〕連南海之帝爲一章，其注義〔六〕略而不論。按：此段乃承前季咸章而立説〔七〕，用以總結其意，觀文義可知。名尸、謀府、事任、知主，言季咸恃知〔八〕謀

〔一〕是：四庫本作「故」，譌。
〔二〕體察見也：四庫本作「見體察也」。
〔三〕但以一虛字結之：原作「以一爲虛字結之」，據四庫本改。
〔四〕已：四庫本作「以」，通。
〔五〕段：朱本、李本此字下並有「爲」字，衍。
〔六〕義：朱本、李本並作「意」。
〔七〕承前季咸章而立説：朱本、李本並作「承先季咸立説」。
〔八〕知：朱本、李本並作「智」，通。

以察物，而要名任事〔一〕也。「體盡無窮」已〔二〕下，言壺子之道不可測識。至人，則指壺子明矣。非有心於勝物而不能不勝，使季咸自失而走是也。唯其不爭，所以善勝物，又惡能傷之哉！蓋明任道則其用〔三〕無窮，任技則其能有限也。

南海之帝爲儵，北海之帝爲忽，中央之帝爲渾沌。儵與忽時相與遇於渾沌之地，渾沌待之甚善。儵與忽謀報渾沌之德，曰：「人皆有七竅以視聽食息，此獨無有，嘗試鑿之。」日鑿一竅，七日而渾沌死。

郭注：爲者敗之。

吕注：南陽喻儵然而有，北陰喻忽然而無，中央不有不無，所以會合之也。儵、忽雖異乎渾沌，而渾沌〔四〕未嘗與之異，故云〔五〕待之甚善。知其爲善而謀報之，則所以視聽食息者，日鑿而與物通矣，欲其朴之不喪不可得也。

〔一〕要名任事：朱本、李本並作「任事要名」。

〔二〕已：朱本、李本並作「以」，通。

〔三〕用：朱本、李本並作「味」，訛。

〔四〕而渾沌：此三字四庫本無，脱。

〔五〕云：原作「去」，據四庫本改。

疑獨注：道體全而爲渾沌，判〔一〕而爲儵、忽；其精在乎中，其粗在乎外；分中央以爲南北〔二〕，此道之所以喪也。喪道者必自外至，故曰相遇於渾沌之地。渾沌無所不可，故曰待之甚善。日鑿一竅，以明有所害也。七日而渾沌死，言不待數之極已足以喪道矣。

詳道注：陰陽合而爲渾沌，渾沌散而爲陰陽。以合者善乎散，則其用無方；以散者鑿乎合，則其爲易敗。《老子》云有象、有物、有精，即渾沌、儵、忽之謂也。謀報渾沌之德，則以情滅道；鑿竅而渾沌死，則以人滅天。七日者，言不待數之究，已足以死渾沌矣。

碧虚注：南帝寓有爲，北帝寓無爲，中央之帝寓大朴也。三氣未分謂之渾，五行未彰謂之沌。有無不分，故曰善待。南北二帝不識渾沌之真，而妄興穿〔三〕鑿，以致朴散。《老子》云「開其兑，濟其事，終身莫究」是也。

吴儔注：儵者幽而有形，忽者微而有數，渾沌之全體散矣。謂之中央之帝，亦不離乎儵〔四〕、忽之間耳。然則儵、忽之相遇，莫非渾沌之地也。待之甚善，以其公而無私；謀報其

〔一〕判：四庫本作「朴」，訛。
〔二〕北：原作「也」，據四庫本改。
〔三〕穿：原作「空」，據四庫本改。
〔四〕儵：原作「膧」，據四庫本改。

德，則私而有意矣。道之全體將受其害，故不待數之究而渾者分、沌者散，此所以爲死也。

趙注：《應帝王》篇前四章論治天下之道，後章發明前意而歸功於渾沌之德。南，離也，主目，司視；北，坎也，主耳，司聽。言人恃其耳目之聰明而强其所不知，則其真始離矣。此知者所以行其所無事而惡夫鑿也。

 齋云：此段只言聰明能爲身累，故以此形容。隳肢體、黜〔一〕聰明，則爲渾沌矣。本是平常說話，撰成日鑿一竅之說，真奇筆也。渾沌，即元氣。人身皆有七竅，如赤子之初，耳、目、鼻、口〔二〕雖具而未有知識，是渾沌之全。知識萌而有喜怒好惡，渾沌之竅鑿矣。《孟子》云〔三〕「大人者不失其赤子之心」，便是渾沌不鑿。莊子翻說得來，更是奇特。如此機軸，豈後世學者可及哉！

右章計七十四字，郭氏引《道德經》一言以蔽之，簡要切當，莫越於此。研味之餘，偶得管見，附于衆說之後云：《南華經》所謂渾沌，猶《道德經》所謂「混成」，《沖虛經》所謂「混淪」，皆以況道之全體本來具足，不假修爲者也。然而世有隆替，道與時偕，儵

〔一〕黜：原作「出」，據四庫本改。
〔二〕鼻口：四庫本作「口鼻」。
〔三〕云：四庫本作「曰」。

化而爲有，忽〔一〕化而爲無，道體於是乎裂矣。自一生三，猶未至於鑿也；及乎時相遇於渾沌之地〔二〕，則物交物而心生〔三〕，猶薪火相加理無不然者；渾沌無所分别，待之固亦盡善，使儵、忽不能忘情而思所以爲報，則渾沌之德未能不德。故不免夫恩害相生之累，日鑿一竅，患由漸〔四〕入也。七日而渾沌死，則情竇開而沖和喪也〔五〕。宜矣！帝王之迹著而大道之體亡，何以異此〔六〕！

古之應帝王者，無爲而萬物化，無欲而天下足，淵靜而百姓定。此堯舜三代已試之效，後王法之〔七〕以垂統立極，豈以知治國〔八〕，汲汲於謀術者之比〔九〕哉？故南華以齧缺問王倪爲

〔一〕忽：朱本作「儵」，訛。

〔二〕地：朱本作「境」。

〔三〕生：此字朱本無，脱。

〔四〕由漸：由，四庫本作「猶」。漸，原作「斬」，據朱本、四庫本改。

〔五〕也：此字朱本無。

〔六〕帝王之迹著而大道之體亡何以異此：此十五字朱本作「是以帝王之迹著而大道之體亡也」。

〔七〕堯舜三代已試之效後王法之：此十二字朱本作「堯舜已試之效三代法之」。

〔八〕豈以知治國：朱本作「豈若後之治國」。

〔九〕之比：此二字朱本無。

是篇之首，有虞喻〔一〕多慮，泰氏喻無爲，無爲足以配天，此帝王所應、歷數所歸而億兆民命〔二〕之所寄託者也。若夫以己出經式義度，欲以化天下之民，無異矰弋熏〔三〕掘而致鳥鼠，是速其高飛深穴之逃。蓋有爲則有心，有心則知〔四〕謀所由出，姦詐所自〔五〕生，雖父子之天〔六〕有所不能固，其於君民之際，求如標枝野鹿之相忘，可〔七〕得乎？是以天根問爲天下，答以心澹氣漠，順物無私。子居問明王之治，答以忘功善貸，使物自喜，皆所以應帝王之道，以無爲爲之，凡有天下國家者〔八〕盍求諸此？鄭有神巫期人生死，喻知謀之士審觀時政足以料國之興衰，先事知幾，燭微無隱，可謂當代蓍龜。然而一見壺子，哀其將死；再見，幸其有瘳；三見，疑其不齊，無得而相，則觀形察色之技於是乎有限矣。明日又見，自失

〔一〕喻：朱本作「諭」。
〔二〕民命：此二字朱本無。
〔三〕熏：四庫本作「重」，訛。
〔四〕知：朱本作「智」，通。本段下三處「知謀」同。
〔五〕自：朱本、四庫本並作「由」。
〔六〕天：朱本此字下有「性」字。
〔七〕可：朱本此字上有「何」字。
〔八〕者：此字朱本無，脱。

而走，何壺子之多變，而季咸之不神邪？此言料國者知謀數術〔一〕不越乎人爲之僞〔二〕，所以用之有窮；而無爲之主，憲天體道，垂衣〔三〕一堂，精神四達，與化無極，巍巍蕩蕩，民無能名〔四〕，則豈知謀可度，術數可窺哉！結以南北二帝，遇於中央，言道散爲物，離無入有，儵、忽即有無異號〔五〕，徼〔六〕妙之所以分。今會而一之，非不善也，有一則有散，所以啓儵、忽〔七〕之鑿。唯其善待之，必有善鑿者，不若彼化無心，相忘而交化也。萬斛之舟，不容漏〔八〕針，何怪乎七日而死渾沌哉！竊〔九〕惟《南華》一經，肆言渾浩，湍激籟號，作新出奇，跌宕乎諸子之表，若不可以繩墨求；而内篇之奥，窮神極化〔一〇〕，道貫天人，隱

〔一〕數術：朱本作「術數」。
〔二〕之僞：此二字朱本無。
〔三〕衣：朱本作「拱」。
〔四〕名：原作「若」，據朱本、四庫本改。
〔五〕異號：朱本作「同異」，訛。
〔六〕徼：四庫本作「微」，訛。
〔七〕忽：原作「忽」，據朱本、四庫本改。
〔八〕漏：原作「灌」，據朱本、四庫本改。
〔九〕竊：朱本此字上有「褚氏概論」四字。並另作一段。
〔一〇〕化：朱本作「妙」。

然法度森嚴，與《易》、《老》相上下，初學〔一〕未得其要，鮮不迷〔二〕眩日華之五色者矣。考其創〔三〕意立辭，具〔四〕有倫理，始於《逍遥遊》，終以《應帝王》者，學道之要在反求諸己，無適非樂；然後外觀萬物，理無不齊，物齊而己可忘，己忘而養生之主得矣。養生所以善己，應世所以善物，皆在德以充之，德充則萬物符契。宗之爲師，標立道原〔五〕，範模天下，爲聖賢續命脉，爲萬世開迷雲，《大宗師》之本立矣。措諸治道也何難，内則爲聖爲神，外則應帝應王，斯道之所以斂之一身不爲有餘，散之天下不爲不足也。帝王之功，雖曰聖人餘事，然躋世真淳，挈〔六〕民清静，應化極致，莫大於斯，故以終内篇之旨。儵、忽生而渾沌死，喻外王之功成而内聖之道虧也。夫今之人鑿竅而死渾沌者多矣，將何術以起之？曰：塞兑、閉門，用之不勤。是爲真修渾沌之術歟！再詳七篇命題，各有所主，

〔一〕初學：朱本作「某雖學」。
〔二〕迷：朱本作「怵」。
〔三〕創：朱本作「命」。
〔四〕具：朱本作「且」，訛。
〔五〕原：四庫本作「源」，通。
〔六〕挈：朱本作「措」。

其間或舉例稠繁，混淆莫辨〔一〕，竊窺的指，以古人德合者，配于逐條之下云：《逍遥遊》之極議〔二〕，當歸之許由、宋榮，以解天下物欲之桎梏，而各全自己之天也；《齊物論》之極議，當歸之子綦、王倪，以祛〔三〕彼我是非之惑，得其同然而合乎大通也；《養生主》之極議，當歸之老聃、彭祖，以糺過養形骸之謬，知生道所當先也；《人間世》之極議，當歸之蘧瑗、接輿，明出處去就之得宜，勿〔四〕攖〔五〕逆鱗以貽患也；《德充符》之極議，當歸之王駘、申徒嘉，言内充者不假乎外，德盛〔六〕者物不能離也；《大宗師》之極議，當歸之孔子、顏回，有聖德而不居其位，弘斯道以覺斯民也；《應帝王》之極議，唯舜、禹足以當之，謳歌獄訟之所歸，應天順人而非得已。此南華企〔七〕慕往古聖賢，筆而爲經，標準萬世。

〔一〕混淆莫辨：混，朱本作「渾」，通。辨，朱本作「辯」，亦通。
〔二〕議：朱本作「義」，本段下六處「極議」並同。
〔三〕祛：原作「袪」，據朱本、四庫本改。
〔四〕勿：朱本作「毋」。
〔五〕攖：朱本此字下有「物」字。
〔六〕盛：朱本作「威」，訛。
〔七〕企：朱本作「公」，訛。

若夫真人之所造詣，即七[一]篇而不泥，離七篇而脗合，所以外混光塵，内存慧照，出凡入聖，闔闢化機而不可以形教拘也。善學《南華》者，於内篇求之，思過半矣[二]。

〔一〕七：朱本作「内」。下句同。

〔二〕善學南華者於内篇求之思過半矣：朱本作「善學者盍知所從事焉斯可也」。

南華真經義海纂微卷之二十三

武林道士褚伯秀學

外篇駢拇第一

駢拇枝指出乎性哉，而侈於德；附贅縣疣出乎形哉，而侈於性；多方乎仁義而用之者，列於五藏哉，而非道德之正也。是故駢於足者，連無用之肉；枝於手者，樹無用之指；多方駢枝於五藏〔一〕之情者，淫僻於仁義之行，而多方於聰明之用也。

郭象注：駢枝皆出於形性，非假物也。駢與不駢，其性各足。而此獨駢枝，則於性爲多，故云侈耳。或云非性，欲割棄之，是道有所不存，德有所不載，人有棄材，物有棄用也，豈至治之意哉！物有小大，能有少多，所大即駢，所多即贅。駢贅之分，物皆有之，若莫之任，是都棄萬物之性也。夫與物冥者，無多也。故多方於仁義者，羅列於五藏，然自一家之

〔一〕藏：四庫本作「臟」，通。

正耳，未能與物無方、各正性命也。方之少多未嘗有限，少多之差則有定分，不可相跂，各守其分，無不自得。或者聞多之不足以正少，因欲棄多而任少，是舉天下而棄之，不亦妄乎！駢枝之於手足，直自性命不得不然，非有用而然，猶〔一〕五藏之情自多方耳。而少者横復尚之，以至淫僻而失至當於體中也。聰明各有本分，多方不爲有餘，少方不爲不足，然情欲之所蕩，未嘗不〔二〕賤少而貴多，若忘其所貴，保其素分，則於性無多而異方俱全矣。

呂惠卿注：駢拇枝指，非不出乎性，而德則所無也。附贅縣疣，非不出乎形，而性則所無也。於所無而有之，此所以爲侈。其氣爲五行，其德爲五常，其事爲五事，其形爲五藏，則多方乎仁義而用之者，非不列於五藏也。而非道德之正，則亦所無而已。故駢於足，枝於手，皆爲無用；而所謂道德之正者，無爲以反一而已。

林疑獨注：駢枝與形俱生，出於性也。疣贅〔三〕因形而有，出乎形也。以性配德，性在天而德在人；以形對性，性在内而形在外。出乎天者，人以爲侈；出乎外者，内以爲侈，此自然之理也。夫仁義道德未嘗不相爲用，而仁義之迹所以見惡於道德者，猶疣贅

〔一〕猶：四庫本此字上有「不」字，衍。
〔二〕不：四庫本此字在下文「保」字上，倒。
〔三〕疣贅：四庫本作「贅疣」。下三處皆同。

見惡於形也。駢枝，喻仁義之本。疣贅，喻仁義之迹。形性，喻道德之正。駢枝出於性而不可去，猶仁義之本亦出於性也。疣贅出於形而可去，猶仁義之迹出於人爲，故可去也。若能忘仁義之迹，則冥於性命之理，與道德爲一矣。忘形骸之累，則駢枝亦出於〔一〕形性，與四肢同矣。贅疣乃形外之物，仁義之迹亦性外之物；去之所以全其形，忘之所以渾〔二〕其道也。

陳詳道注：性以德立，形以性成。駢拇枝指，在德無是也，故曰侈於性。仁義之端，具於始生之時〔三〕，則道之駢枝者也；而其用見於已生之後，則道之贅疣者也。人知駢枝之無用，贅疣之爲累，而不知仁義之行亦然。蓋尚道德則仁義爲無用，用仁義則道德爲有累也。

碧虛子：陳景元注：駢枝，與生俱生，故出乎性，而爲生德之餘。贅疣，生後而有，是出乎形而爲性之外累，故皆曰侈。夫五行均則五常無偏，乃道德之正；今多於仁義，是五藏之氣禀受必有少之者，故非道德之正也。且駢枝之於手足，皆〔四〕無用之指，何足決

〔一〕於：四庫本此字下有「性之迹形性喻道德之正駢枝出於性而不」十七字，上文錯入。
〔二〕渾：四庫本作「運」，訛。
〔三〕始生之時：四庫本作「有生之始」。
〔四〕之於手足皆：四庫本作「出於五藏之情」，乃下文錯入。

齧哉！若夫駢枝於五藏之情，淫僻於仁義之行，多方於聰明之用者，乃駢枝於有用之處，所以重增其弊也。

竹溪林希逸鬳齋《口義》云：與生俱生曰性，人所獨得曰德。駢枝本於自然，比人所同得者，則爲侈矣。贅疣之爲〔一〕累亦然。似此性德二字，與吾聖經稍異。多方，猶多端。列於五藏哉，言非出於内，故曰：「非道德之正。」告子言義外，莊子併以仁爲外矣。以仁義爲淫僻而與聰明並言，皆以爲非務内之學，故但見其多事也。

褚氏管見云：天命之謂性，物得以生之謂德，會〔二〕德性而充之之〔三〕謂形。是皆稟乎自然，所以尊生配道，體天立極，至誠而不息者也。凡在德性之外，皆爲駢枝贅疣，所謂多方乎仁義聰明而非道德之正。故漆園立是論爲外篇之首，而議者謂薄仁義爲太〔四〕過。且老莊之學非好爲高大而固〔五〕薄仁義也，蓋尊道德則仁義在其中，然當

〔一〕之爲：四庫本作「爲之」，倒。
〔二〕會：四庫本作「命」，訛。
〔三〕之：朱本「之」字不疊，脱。
〔四〕爲太：爲，此字四庫本無。太，朱本作「大」，通。
〔五〕固：朱本作「故」，通。

時所謂仁義皆多駢旁枝而非正者耳〔一〕，故不得不辭而闢之。若仁義根心，安行中理，其去道德也何遠？　夫駢枝贅疣，氣之暫聚，初無痛痒之切身，任之而勿嫌可也。或者惡其累形〔二〕而欲決齕之，其爲害愈甚，故真人善巧設喻以袪其惑。覬〔三〕學者心冥體會，即僞明真，則天命之至理可全，人〔四〕得以生之良貴可復，道物一致，天人渾融。回視駢枝贅疣，何足爲吾形累；而所謂聰明仁義者，皆自吾德性中來，是亦道之徼也。但不徇其迹，以求善於物，思復其本而同乎大通，則亦〔五〕終歸乎道德之妙而已，何淫僻之有哉！　「多方於聰明之用」一句，今本皆然，碧虛子陳景元云張君房校本此句無方字，引後文〔六〕多於聰者爲證，其論頗長〔七〕。

是故駢於明者，亂五色，淫文章，青黄黼黻之煌煌非乎？　而離朱是已。多於聰者，亂五

〔一〕耳：此字朱本無。
〔二〕形：四庫本作「行」，訛。
〔三〕覬：四庫本作「使」。
〔四〕人：原缺，據朱本補入。
〔五〕亦：此字四庫本無。
〔六〕引後文：朱本作「後引下文」。
〔七〕長：朱本作「正」。

聲，淫六律，金石絲竹黄鍾大吕之聲非乎？而師曠是已。枝於仁者，擢德塞性以收名聲，使天下簧鼓以奉不及之法非乎？而曾史是已。駢於辯者，纍瓦結繩，竄句，遊心於堅白同異之間，而敝跬譽無用之言非乎？而楊墨是已。故此皆多駢旁枝之道，非天下之至正也。彼正正者，不失其性命之情。故合者不爲駢，枝者不爲跂；長者不爲有餘，短者不爲不足。是故鳧脛雖短，續之則憂；鶴脛雖長，斷之則悲。故性長非所斷，性短非所續，無所去憂也。

郭象注：夫有耳目者，未嘗以慕聾盲自困，所困常在於希離慕曠，則離、曠雖聰明，乃亂耳目之主也。曾、史性長於仁，而性短者横復慕之，慕之而仁，仁已僞矣。天下未嘗慕桀、跖而必慕曾、史，則曾、史之簧鼓天下，使失其真性甚於桀、跖。騁其音辯，致其危辭者，未嘗容思於檮杌之口，而必競辯於楊、墨之間，則楊、墨乃亂群言之主也。此數子皆師其天性，直自多駢旁枝，各是一家之正，以一正萬則萬不正矣。故至正者不以己正天下，使天下各得其正而已。自此以下觀之，至正可見。以枝正合，乃謂合爲駢。以合正枝，乃謂枝爲跂。以短正長，乃謂長爲有餘。以長正短，乃謂短爲不足。各自有正，不可以此正彼而損益之。知其性分非可斷續而任之，則無所去憂而憂自去矣。

吕惠卿注：明者謂其自見，今以所見爲明，是以自見與所見合而駢之也。聰者謂其自聞，而聲律絲竹皆在外者，則是益而多之也。故道之所自出，率性之自通，則天下皆足於己，不爲有餘也。擢德則助長，塞性則厭其所生，唯其爲之太過以收名聲，則天下相鼓和之以奉不及之法，此曾史之所以枝於仁也。道在不言，則辯非道也。瓦貴鱗比而累之，繩貴條直而結之，句所以通其讀而竄藏之，心貴乎虚而遊於堅白同異之間，敝行跬立以喻無用之言，如累瓦結繩然者，此楊、墨之所以駢於辯也。凡此皆非天下之至正。彼至正者，不失其性命之情，則無爲自然而無所加損矣。

林疑獨注：駢於明者爲五色所亂，不知道在内者可以返視也。多於聽者爲五聲所亂，不知無聲之和非聽所及也。枝於仁者仁之散，故擢其德、蔽其性，以收名聲，使天下如吹笙、鼓簧，更相扇動，以奉其法，常若不及也。駢於辯者，其辭如累瓦之險，其執若結繩之固，邪説隱微曰竄句，堅執白馬異同之論，分外用力於〔一〕無用之言，此皆多駢旁枝之道，非天下之至正。天下之至正，道德是也。道德出於性命之理而已，彼至〔二〕正者正物而不正於物，不失其性命之情而萬物之分明矣。故合者不爲駢，枝者不爲跂，長者不爲有餘，短者不爲不足，各任其自然之分，則憂無所遣而自去矣。

〔一〕於：四庫本作「終」，訛。
〔二〕至：原作「正」，據四庫本改。

陳詳道注：擢德塞性，以明曾參仁其親之過、史鰌仁其君之過也。累瓦結繩，危辭，敝敝然譽之也。聖人無名，而枝於仁者收名聲；仁者不憂，而仁者反多憂，則其〔一〕去道也遠矣。形無駢枝而駢枝生於形，非形之常然也。道無仁義而仁義出於道，非道之常然也。形安其常然，則駢枝不足爲之累，故合不爲駢，枝不爲跂。道安其常然，則仁義不足爲之患，故臧於其德，善於其性而已矣。今世之人，已陷身於仁義之患，且蒿目以憂之，是決駢齕枝者也。不仁之人復强仁義以饕富貴，是決性命之情而爲駢枝者也。

陳碧虚注：駢拇者，比五指之數，則爲不足。駢明者，以兼倍之性，謂之有餘。聖人收視反聽，以養内映；世俗慕離、曠之聰明，縱耳目於外景，以困弊其形骸，則離、曠爲亂耳目之帥矣。枝於仁者，擢德塞性以收名聲，奔馳四方，失其真性，則曾、史爲惑人心之宗矣。辯之縱横，如累瓦重疊；學之博喻，如結繩屈襀。論之眇微者，其竄句隱語之謂乎？遊之卓詭者，其離合是非之謂乎？譬之小道者，其敝跬不進之謂乎？大辯若訥，多言數窮，故楊、墨爲恢詭憰怪之首也。夫形性之有餘、不足，皆非至正之道。以所禀正性而能自正者，謂之正正；若役彼從己，役己從彼，皆失其性命之情矣。合不爲駢，枝不

〔一〕其：此字四庫本無。

爲跂，相忘形骸也。鶴脛不斷，鳧脛不續，無所去憂而憂自去也。

盲」之意。離朱，用明者也。若以爲非乎？而用明之人則以爲是矣。多於聰者亦然。
　　
鬳齋《口義》云：五色、文章，古者以養目，而莊子以爲亂淫，即《老子》「五色令人目盲」之意。離朱，用明者也。若以爲非乎？而用明之人則以爲是矣。多於聰者亦然。德性本靜，而强於爲仁，是擢德塞性，使天下簧惑鼓動以奉難行之法也。多言而無味者，比之累瓦結繩，竄改言句以爲辯，故遊心於堅白同異〔一〕之間也。敝跬，勞跂也。其言無用而稱譽自喜，徒自勞苦也。以爲非乎？則楊、墨之徒以爲是矣。多駢旁枝，言皆餘賸之事，非至正也。正正，猶云自然而然，不失性命之實理。故合不爲駢，枝不爲跂，長不爲有餘，短不爲不足。此數句，即大秋毫、小太〔二〕山之義。跂，起也。有所跂，則不平貼自在矣。鳧鶴短長，出於本然之性，性之所安，無憂可去也。「仁人何其多憂」一句，堯、舜、孔、孟皆在其中。

此段發明前意，謂人各有正性，性各有良能，能各有分量，一毫不可强跂〔三〕。故慕離朱者，喪其明；希師曠者，損其聰；習曾、史者，過於仁；學楊、墨者，僻於辯。此皆

〔一〕同異：四庫本作「異同」。
〔二〕太：四庫本作「泰」，通。
〔三〕跂：朱本作「岐」，訛。

以不足企有餘，等而上之，攀援無極，非天下之至正也。彼至正者，盡性命〔一〕之情而無所企羡，人安其分，物得其宜，合不爲駢，枝不爲岐〔二〕，長短各適〔三〕而無有餘不足之累，世間憂患，不待去而自去矣。是謂盡己之性而後盡物之性〔四〕。然則全物之樂，所以全己之樂也歟〔五〕？竊詳經文，「纍瓦」當是「累丸」。彼「正正」者，宜照上文作「至正」。不爲跂，當作岐〔六〕。皆傳寫之誤。

〔一〕命：此字朱本無，脱。
〔二〕岐：原作「跂」，據朱本改。
〔三〕適：朱本作「足」。
〔四〕而後盡物之性：此六字朱本無，脱。
〔五〕歟：朱本作「與」，通。
〔六〕岐：四庫本作「跂」，訛。

南華真經義海纂微卷之二十四

武林道士褚伯秀學

外篇駢拇第二

意！仁義其非人情乎，彼仁人何其多憂也？且夫駢於拇者，決之則泣；枝於手者，齕之則啼。二者或有餘於數，或不足於數，其於憂一也。今世之仁人，蒿目而憂世之患；不仁之人，決性命之情而饕富貴。故意仁義其非人情乎？自三代以下者，天下何其囂囂也？且夫待鉤繩規矩而正者，是削其性也；待繩約膠漆而固者，是侵其德也；屈折禮樂，呴俞仁義，以慰天下之心者，此失其常然也。天下有常然。常然者，曲者不以鉤，直者不以繩，圓者不以規，方者不以矩，附離不以膠漆，約束不以纆索。故天下誘然皆生而不知其所以生，同焉皆得而不知其所以得。古今不二，不可虧也。則仁義又奚連連如膠漆纆索而遊

乎道德之間爲哉，使天下惑也〔一〕！**夫小惑易方，大惑易性。何以知其然邪？自虞氏招仁義以撓天下也，天下莫不奔命於仁義，是非以仁義易其性與？**

郭象注：仁義自是人之情性，但〔二〕當任之。恐仁義非人情而憂之者，可謂多憂也。駢於拇者，謂不足，故泣而決之；枝於手者，謂有餘，故啼而齕之。如是則群品萬殊，無釋憂之地矣。惟各安天性，曲成而無傷，又何憂哉！及兼愛之迹可尚，天下之目亂矣。以可尚之迹，蒿令〔三〕有患而遂憂之，此爲陷人於難而後拯之。然今世政以此爲仁。若無可尚之迹，則人安其分，豈有決己效彼以饕竊非望哉！夫物有常然，任而不助，則同然皆得而不自覺，故與物無二而常全。任道自得，抱朴獨往，連連假物，無爲其間也。仁義連連，秖足以惑物，使喪其真耳。東西易方，於體未虧；矜仁尚義，失其常然，以之死地，乃大惑也。夫與物無傷，非爲仁也而仁迹行；萬理皆當，非爲義也而義功見。當而無傷，非仁義之招而天下奔馳。棄我徇彼，所以失其常然，故亂心不由於醜而常在美色，撓世不由於惡而常在仁義，則仁義者，撓天下之具，是非以仁義易其性與？雖虞氏無易

〔一〕也：四庫本作「矣」。
〔二〕但：原作「俱」，據四庫本改。
〔三〕令：四庫本作「今」，訛。

之之情，而天下之性固已易矣。

呂注：仁義列於五藏，而大仁不仁，至義不義，奚爲而非人情乎？惟其爲之太過而不由道德之正，是以意其非人情。彼仁人多憂，則爲之太過者也。夫騈枝之於手足，或有餘於數，或不足於數，至於去之而憂，則一。今世之仁人，蒿目而憂世，則有餘於數之類；決性命而饕富貴，則不足於數之類。然莫知其非性命之情而守之，則決之而泣，齕之而啼之類也。夫待規繩而正，膠漆而固者，是削性侵德，失其常然。常然者，不事乎〔一〕規繩、膠漆而自然正固。不知所以生，不知所以得，古而不弊，今而不新，此所謂常然，而道德之正也。則仁義又奚連連如膠漆纆索而遊於其間，而使天下惑耶？易方則以東爲西，易性則以無爲有。人生而靜，招仁義以橈之，是以仁義易其性也。

疑獨注：仁義本於人之情性，今且擢德塞性以爲仁義，非出自然，故莊子意其非人情。不然，則彼曾、史之爲仁何其多憂也？古人所以行仁義者，自其本性而充之；後世乃徇仁義之迹，人人爲之僞，故但見其多憂耳。苟不以天道任之，則以騈枝爲人道之患，

〔一〕乎：此字四庫本無。

欲傷而去之，所以啼泣憂悲也。蓋以駢枝譬仁義，信能冥其迹〔一〕，本乎自然，則與道德同體而不可去。不能如是，而徒徇其迹，人見其迹則思去之，此所以爲憂也。今世之仁人，蒿目而憂世，心憂則目爲之亂也。凡物任其自然則安，傷其性命則憂。駢枝，亦性之自然，今欲決齕而去之，猶仁人憂世患而欲救之，徒益其憂耳。不仁之人決裂其性命之情以饕富貴，良由仁義之迹，故得緣而爲僞，是以疑仁義非人情也。自三代以下，樸散而不可復，何其囂囂也。夫待鉤繩規矩而正，非自然之正，曰削其性；待繩約膠漆而固，非自然之固，曰侵其德。屈折者，禮樂之末。呴俞者，仁義之迹。以此慰天下之心，是失其常然也。天下之常然，豈有所待而爲〔二〕正固哉？不知所以生而自生，不知所以得而自得，故能合古今、齊生死，物不能傷而無虧矣。則仁義之迹，又何必連連相續如膠漆纆索而遊乎道德之間哉？此言曾、史之徒不能無心以遊道德，反爲仁義束縛而不能解，何天下之人競慕仁義之名而惑亂其心也？易方猶易以悟，易性則迷而不返，此小大之辨也。曾、史襲仁義之迹，故可非之。有虞氏之仁義，充其性者也，而莊子非之，何耶？蓋責其

〔一〕迹：原缺，據四庫本補入。
〔二〕爲：此字四庫本無。

所始，不得不然。且先王之於仁義，將以成民性而復於道也；後世因其所陳之緒餘而尊嚴其迹，以爲天命之至盡在此矣。操所以成性之迹，遂以爲性，豈能使棄其名而樂其實哉？所非者虞氏之迹，所存者虞氏之心。經曰：「受命於天，唯舜獨也正。」此〔一〕取其存心也。

碧虚注：刓揉成就，削性者也；牽合附會，侵德者也。此皆失其常然。夫蓬麻曲直，孰爲鉤繩？珠玉圓方，孰爲規矩？松柏女蘿，孰爲膠漆？連理合穗，孰爲纆索？物材天性，皆由自然。故誘然皆生，同然皆得，古今若一，無興廢也。舍道德而趨仁義，是爲易方；徇利名而殘生，是爲易性。自有虞氏舉賢、流凶，招呼仁義以橈天下，天下莫不奔趨喪命者，由是夸跂以致惑易也。

鬳齋《口義》云：駢枝雖爲手足之病而不可强去，强去則爲憂苦矣。蒿目者，半閉其目，目睫茸茸然，有獨坐憂愁之意。憂世目〔二〕勞，貪饕富貴，此皆自苦，故並言之。又歎仁義非人情乎，言其非出於本然。自三代而下，此説盛行，何其嘈雜耶！夫性德出於自然，非人力所爲；若必待修爲而後正，則是自戕賊矣。鉤繩、纆約、膠漆〔三〕，皆修爲之譬。

〔一〕正此：四庫本作「此正」，倒。
〔二〕目：原作「自」，據四庫本改。
〔三〕鉤纆纆約膠漆：四庫本作「鉤繩與膠漆」。

故屈折响俞，以慰天下，皆失其常然；而曲直方圓，不用人力，則爲正理。誘與莠同。莠然而生者，孰生之？物之所同者，孰與之？不知其所生，不知其所得，故古今若一，無加損也。連連，不已貌；膠漆，自固；纆索，自拘也。離性以爲仁義，爲之不已，則泥執固束，何以遊於道德之間？徒以惑天下也。小惑則四方易位，大惑則易天地之性矣。立仁義之名以橈天下，天下爲其所使而奔趨之，知仁義而不知道德，是以外物易其性也。

仁義出於情性〔一〕，非其人者僞之；駢枝出〔二〕於形體，累於形者惡之。南華爲〔三〕見世之尚仁義者舍己以效人，徇迹而忘本，故歎仁義其〔四〕非人情乎！謂矯性而爲之，不出於安行，是攬天下之患，爲己憂者也。恐天下之不理，乃奔馳以救〔五〕之而猶不勝也〔六〕。蒿目以憂〔七〕，焦心以慮，豈非決駢齕枝之謂歟？彼不仁之人，決性命而

〔一〕情性：朱本作「性情」。
〔二〕出：此字四庫本無，脱。
〔三〕爲：四庫本作「謂」。
〔四〕其：此字朱本無。
〔五〕救：朱本作「捄」，通。
〔六〕也：此字朱本無。
〔七〕憂：朱本作「遊」，訛。

不顧，饕〔一〕富貴而不止，及其禍發必剋，則人貨俱亡而後已耳。蓋仁有性之之真，必有假之之僞，惡夫假禽貪者器以虐天下〔二〕之民，故重歎仁義其非人情乎！自三代而下，爲仁義者何其囂囂浮薄耶〔三〕！夫物之本性正固，出乎自然。有待而正，則非至正；有待而固，則非真固。是則削性、侵德，失其常然，無異乎手足之有駢枝也。夫常然者，其爲曲直方圓〔四〕，不待乎鉤繩規矩也。自生自得，不知古今之殊，成虧之異，道德混成，仁義爲無用矣。又何必膠固其迹以惑天下哉！小惑易方，東西錯位，未甚害事也；大惑易性，則失其常然，叛道背德，爲害有不可勝言者。然其病源浸淫已久，自有虞氏招仁義以橈天下，天下〔五〕舉以仁義易其自然之性，性不真而仁義亦僞矣。天下猶奔命而從之，安於失性而不悟，此真人之所哀也。

嘗試論之，自三代以下者，天下莫不以物易其性矣。小人則以身徇利，士則以身徇名，大

〔一〕饕：四庫本此字上有「貪」字。

〔二〕假禽貪者器以虐天下：朱本作「假禽貪者囂囂以罔天下」，四庫本作「假仁者執虛器以愚天下」。

〔三〕「自三代」至「浮薄耶」：朱本作「何三代而下仁義其澆澆浮薄耶」。

〔四〕圓：四庫本作「外」，訛。

〔五〕天下：二字原不疊，據朱本補入。

夫則以身徇家，聖人則以身徇天下。故此數子者，事業不同，名聲異號，其於傷性以身爲徇，一也。臧與穀，二人相與牧羊而俱亡其羊。問〔一〕臧奚事，則挾筴讀書；問穀奚事，則博塞以遊。二人者，事業不同，其於亡羊均也。伯夷死名於首陽之下，盜跖死利於東陵之上。二人者，所死不同，其於殘生傷性均也。奚必伯夷之是而盜跖之非乎！天下盡徇也。彼其所徇仁義也，則俗謂之君子；其所徇貨財也，則俗謂之小人。其徇一也，則有君子焉，有小人焉。若其殘生損性，則盜跖亦伯夷已〔二〕，又惡取君子、小人於其間哉！

郭注：三代以上實有無爲之迹，故爲有爲者所尚，尚之則失其自然，雖聖人有不得已，或以瘢痍之事易垂拱之性者。夫鶉居而鷇食，鳥行而無章者，亦何往〔三〕而不徇？故與世常冥，唯變所適，其迹亦徇世之迹也；所遇者或時有瘢痍秃脛之變，其迹則傷世之迹也。然揮斥八極而神氣不變，手足瘢痍而居形不擾，則奚徇哉？無徇也，乃不徇其所徇，而迹

〔一〕問：原誤作「間」，今改正。
〔二〕已：四庫本作「也」。
〔三〕往：四庫本作「惜」。

則與世同徇也。天下所惜者生，今〔一〕徇之太甚，俱殘其生，則所徇是〔二〕非，不足復論。夫生奚爲殘，性奚爲易，皆由尚無爲之迹也。若知迹之由無爲而成，則絶尚去甚，反冥我極。堯、桀均於自得，君子、小人奚辨哉！

吕注：神降而爲聖，王則聖之外也。自三代以下，一見聖王之迹，而其所以爲神者，隱而不見矣。如禹之胼胝，湯、武之征伐，雖出於不得已，而其迹則不免於徇天下之弊也。莊子欲絶其迹而反於神天之本宗，則其論聖人固宜如此，非小之也。男婿婢爲臧，穀則良家子。牧羊以喻守意，守意乃所以養心也。挾筴讀書則無不善，而不免與不善匹〔三〕；博塞以遊則放逸無良，而其所出則良也。二者皆害於守意，雖事業不同，忘〔四〕羊均也。伯夷死名，則挾筴而亡羊之譬；盜跖死利，則博塞而亡羊之譬。所死不同，殘生傷性均也。此爲道者所以貴乎兩忘而化其道。且天下盡徇也。所徇仁義，則不知身之親於名也；所徇貨財，則不知身之多於貨。其徇一也，而有君子有小人焉。其殘生傷性，則盜跖亦伯夷，不知

〔一〕今：四庫本作「命」，訛。
〔二〕是：此字四庫本無，脱。
〔三〕不免與不善匹：四庫本作「不免於不善牧」。
〔四〕忘：四庫本作「亡」。

得之病於亡，則均也。

疑獨注：伯夷爲清之名而身死焉，盜跖爲貪之利而身死焉。二人皆未知名與身孰親，身與貨孰多，而所逐者惟外之塵垢粃糠耳。夫首陽之名長在，而伯夷之身孰存？東陵之貨常積，而盜跖之魄孰有？故曰：其於殘生傷性，均也。如是則伯夷奚必是，盜跖奚必非，此道之所以一也。伯夷，聖之清，莊子深詆之者，以其迹見於世而與盜跖爲對。故言此以矯當時襲伯夷之弊，以刻意尚行者也。其名雖與盜跖爲對，而神與孔子同遊，學者不可不知也。夫天下盡徇，苟不徇仁義以求名，則必徇貨財以適欲。天下之大致，不離乎利名之間，所徇仁義則世俗謂之君子，而不知已爲天之小人；所徇貨財則世俗謂之小人，而不知與世所謂君子者均矣。徇仁義者，損其分而益其性；徇貨財者，損其性而益其分。皆能安其性命之情，則天之君子，非俗之君子。俗之小人，經所謂人之小人是〔一〕也。

詳道注：三代而上，天下以仁義易其性；三代而下，天下以物易其性。世愈久，樸愈散矣。伯夷死名，蓋不能弱其志；盜跖死利，蓋不能强其骨也。臧者，義之善。穀者，信

〔一〕是：此字四庫本無。

之善。男而婿婢曰臧，女而婦奴曰穀，男貴義、女貴信故也。羊之爲物，群而不黨，恭而有禮，其性未嘗不善也。制字者，以羊從言爲善，羊從大爲美，莊子以忘〔一〕羊譬忘德，宜矣。臧、穀之拘縱不同，而均於亡羊；夷、跖之善惡不同，而均於殘生。又惡取君子、小人於其間哉？

碧虚注：凡有迹者，皆徇也。名聲既彰，迹不可逃矣。臧、穀亡羊，小惑易方也。夷、跖殘生，大惑易性也。天下盡徇，則盜跖亦伯夷矣。又何君子、小人之分哉！

鬳齋云：以天下國家與名利並言，以小抑大，以下抑〔二〕高也，此書之中大抵如此。數子事業不同，殘生則一；讀書博塞不同，亡羊則均，皆徇物之失也。夫莊子豈不知夷、跖之賢否？其意主於譏君子，故借小人以形之，亦以下抑高之意。

上古淳朴，民俗熙熙，不待治而自治，是以民安乎性分〔三〕之自然，君得以成端拱無爲之化。自三代而下，以物易性，逐僞喪真，雖賢愚貴賤之不同，各以所徇爲是，而

〔一〕忘：四庫本作「亡」，下「忘德」同。
〔二〕抑：四庫本作「益」，訛。
〔三〕分：朱本作「命」。

弗悟其遠〔一〕於道也〔二〕。故其殘〔三〕生傷性無以異。然後爲民上者，設爲刑政賞罰以道之、齊之、勸之、懲之，上下俱憊而姦詐生；刑政賞罰有所不能制，則民非其民，國非其國矣。此實原於上下交徇之過，以致君民兩失，喻以臧穀亡羊，義甚切當。且天下盡徇，則俱〔四〕失其本然之天而滯于一偏〔五〕之見，反指不殉〔六〕者爲非，何君子、小人之分哉！夫伯夷之清，盜跖之汙，萬世之下，昭若白黑。漆園混而一之者，以所徇而言，舉不免乎有迹，聖人猶不逃評議，而況跖乎！治〔七〕道之在天下，若權衡抑彼所以揚此，其勢不得不然，唯求其平而已。使天下無徇而免殘生傷性之患，則聖人、盜跖固有間矣。然其所以善，所以惡，又當超乎仁義聖知〔八〕之外觀之。

〔一〕遠：朱本作「迷」。
〔二〕也：此字四庫本無。
〔三〕殘：四庫本作「傷」，訛。
〔四〕俱：此字朱本無，脱。
〔五〕偏：朱本作「篇」，訛。
〔六〕殉：朱本作「狥」，四庫本作「徇」，並通。
〔七〕治：朱本作「大」。
〔八〕聖知：此二字朱本無。

南華真經義海纂微卷之二十五

武林道士褚伯秀學

外篇駢拇第三

且夫屬其性乎仁義者，雖通如曾、史，非吾所謂臧也；屬其性於五味，雖通如俞兒，非吾所謂臧也；屬其性乎五聲，雖通如師曠，非吾所謂聰也；屬其性乎五色，雖通如離朱，非吾所謂明也。吾所謂〔一〕臧者，非仁義之謂也，臧於其德而已矣；吾所謂臧者，非所謂仁義之謂也，任其性命之情而已矣；吾所謂聰者，非謂其聞彼也，自聞而已矣；吾所謂明者，非謂其見彼也，自見而已矣。夫不自見而見彼，不自得而得彼者，是得人之得而不自得其得者也，適人之適而不自適其適者也。夫適人之適而不自適其適，雖盜跖與伯夷，是同爲淫僻也。余愧乎道德，是以上不敢爲仁義之操，而下不敢爲〔二〕淫僻之行也。

〔一〕謂：此字四庫本無，脱。
〔二〕而下不敢爲：「而」、「爲」兩字，四庫本並無，脱。

郭注：屬性於仁，殉仁者耳。率性通味乃善也。不付之我而屬於彼，雖通如彼，我已喪矣。各任其耳目之用，而不係於離、曠，乃聰明也。故善於自得者，忘仁而化。謂仁義爲善，捐身以殉之，比於性命還自不仁。身且不仁，其如人何？任其性命，乃能及人而不累於己，同於自得，可謂善也。夫絶離棄曠，自任聞見，則萬方之聰明莫不皆全。不自見而見彼，不自得而得彼，舍己效人者也。效之若人，己已亡矣。雖所失之異塗，其失一也。故愧道德而不爲，謝冥復之無迹，絶操行，忘名利，從容炊〔一〕累，遺我忘彼，若斯而已矣。

吕注：性者，物之所屬，非屬於物者也。而曾、史屬於仁，俞兒屬於味，師曠、離朱屬於聲、色，非吾所謂臧也。臧於其德，乃臧之體，非謂仁義能臧之，任其性命之情而已矣。謂仁義則以〔二〕有謂，其所臧者特未定也；任性命之情，則無謂而不可名，真所謂臧也。聰明者亦然，不聞彼而自聞，不見彼而自見，是謂見見聞聞者也；苟其見聞在彼而不在我，是得人之得、適人之適，而未能自得其性命而適之，則盜跖、伯夷，豈有間哉！以其

〔一〕炊：四庫本作「欣」，訛。

〔二〕以：四庫本作「已」，通。

皆非道德之正也。上不爲道德，下不爲淫僻，則兩忘矣。夫伯夷，聖人也，安有不自得適而可爲聖人哉！蓋其制行方且欲廉頑立儒，則其迹不免於有爲。莊子方言性命之情以兩忘名利，故以夷、跖同爲淫僻；及其論高節戾行，足以矯世，則夷、齊之節與許由、善卷、孔子、顔闔同列於《讓王》矣。

疑獨注：屬者，性有所係著，非大同於物而無私者也〔一〕。故曾、史、俞兒、師曠、離朱之於仁、味、聲、色，皆不免乎徇，非吾所謂臧也。臧於德者，任其性命之情。性命之情，即正性、正味、正色、正聲，萬物之所自有者，而數子强爲之，非自得自適也。唯能性性而後不屬性於物，而味味、聲聲、色色者見矣。含其聰則反聽，含其明則内視；反聽則聞道，内視則見道，道得而性得矣。不自見而見彼者，喪己而逐物。不自得而得彼者，離性以求道。雖夷、跖之不同，其淫僻一也。則知仁義所以喪道，淫僻所以亂德，皆莊子所不爲也。

詳道注：有聲者，有聲聲者；有色者，有色色者；有味者，有味味者。聲之所聲者聞矣，而聲聲者未嘗發；色之所色者彰矣，而色色者未嘗顯；味之所味者嘗矣，而味味者未

〔一〕也：此字四庫本無。

嘗呈。蓋人之耳目本自希夷，聲色在前，真從妄廢，口之於味亦復如是。《老子》云：「五色令人目盲，五音令人耳聾，五味令人口爽。」又況多駢旁枝以屬其性者邪？

碧虛注：曾、史、俞兒、師曠、離朱皆偏於一能，役性著物，失其天真，豈得謂之善哉？臧於德者，以自得爲善，任其性命之情，自聞自見而已；若得人之得，適人之適，皆喪己於物者也。故上不敢爲仁義，下不敢爲淫僻，此養正性正命者也。

鬳齋云：任其性命之情，即是順自然。自聞自見之論，是其獨到不可及處。一大藏教不過此意。自得自適，即是自見自悟。大抵欲分别本心與外物，不得其本心而馳騖於外者，皆爲淫僻也。上不敢爲仁義之操，下不敢爲淫僻之行，爲善無近名，爲惡無近刑也。道德即自然，近名、近刑則非自然矣。觀莊子此語，何嘗不正心修身？其譏評堯、舜、夫子、曾、史、伯夷，皆非實論，特鼓舞其筆端耳。

性若太虛，窮之無有，而無乎不在也。一有所屬，則涉乎偏徇而非道德之正。雖曾、史、離、曠，特受異氣，工於所長，以道觀之，猶不免爲淫僻，況以所短晞所長，不至學邯鄲之步者鮮矣。故皆不足以爲善。所善在任其性命之情，出乎道德之正，無强跂偏徇之失。耳目口之於聲色味也，未嘗强通亦不强閼，任其自然而無容私焉，此天下之至正也，何物足以橈之？人之聰明而至於自聞自見，則有異乎世俗之聰明；所善在乎自得自適，則有異乎世俗所〔一〕謂善。仁義去而真性全，臧於其德而已。德主乎中，道將來舍，外物何自而入哉！若其不自得適，一徇乎人，則是同爲淫僻耳。賢不肖也奚擇？南華自謂上下不敢爲而安於性命之自得，斯爲道德之正也歟？

本經内篇命題本於漆園，各有深意；外雜篇則爲郭象所删修，但摘篇首字名之，而大義亦存焉。内篇既詳述道德性命之理，故於外篇首論德性所不當有者，猶駢枝贅疣之於形也。竊謂當〔二〕篇本意，原於《道德經》之餘食贅行，以明自見自矜〔三〕者之遠於道；而南華敷演滂流，浩瀚若此，蓋弘道闡教，不得不盡其辭而達其意，以祛世俗之迷，使之復乎〔四〕自然而合乎道也。夫人之德性，粹然如玉在璞〔五〕，其所漸被木潤山輝，及爲聰明所鑿、仁義所分，但知求善於物，在己之真淳喪矣。故舉曾、史、離、曠、楊、墨得性之

〔一〕所：朱本此字上有「之」字。

〔二〕當：朱本、李本並作「此」。

〔三〕自見自矜：朱本、李本並作「自矜自見」。

〔四〕復乎：此二字朱本、李本並無，脱。

〔五〕璞：朱本、李本此字下有「中」字。

偏、沿習之僻，是爲多駢旁枝之道，而天下猶奔慕之，舉失其性命之情〔一〕，離其道德之正，所以亂天下也。唯能忘其異而一之，如鳧鶴之無容斷續而各不失其自然，斯爲近道矣。然天下皆惑，吾將奈何？遂設臧穀亡羊，以喻伯夷、盜跖各以所徇爲君子、小人之分，而其殘生傷性一也。信能去迹絶尚，性無所屬，反本冥極，遊乎物初，則駢枝贅疣〔二〕與形俱忘，君子小人均於自得，故終以順性命之情爲至，而本然之聰明不廢也。不聞彼而自聞，不見彼而自見，與顔子所謂仁者自愛、知者自知義同。所以自得自適而無企羡之心，則夷、跖之賢否，將有辨〔三〕之者矣。

〔一〕情：朱本、李本並作「真」。
〔二〕贅疣：四庫本作「疣贅」。
〔三〕辨：朱本、李本於且其上並有「能」字。

南華真經義海纂微卷之二十六

武林道士褚伯秀學

馬蹄第一

馬，蹄可以踐霜雪，毛可以禦風寒，齕草飲水，翹足而陸，此馬之真性也。雖有義臺、路寢，無所用之。及至伯樂，曰：「我善治馬。」燒之，剔之，刻之，雒之，連之以羈馽，編之以阜棧，馬之死者十二三矣；飢之，渴之，馳之，驟之，整之，齊之，前有橛飾之患，後有鞭筴之威，而馬之死者已過半矣。陶者曰：「我善治埴，圓者中規，方者中矩。」匠人曰：「我善治木，曲者中鉤，直者應繩。」夫埴木之性，豈欲中規矩鉤繩哉！然且世世稱之曰：「伯樂善治馬，陶匠善治埴木。」此亦治天下者之過也。

郭注：駑驥各適性而足，非辭鞍而惡乘，但無羨於榮華。有意治之，則不治也。治之爲善，斯不善已〔一〕。夫善御者將以盡其能也，盡能在於自任，而乃走作驟步，求其過能之用，故有不堪而多死焉。若任駑驥之力，適遲疾之分，雖足迹接乎八荒之表，而衆馬之性全矣。或者聞任馬之性，乃謂放而不乘；聞無爲之風，遂云行不如卧，何其狂而不返哉！世以任自然而不加巧者爲不善治，能以規矩矯拂其性，使死而後已，乃謂之善治，不亦過乎？

吕注：馬之齕草飲水而無羨義臺路寢，則民耕織自給，無羨於高明之譬也。伯樂以燒剔刻雒治馬，而死者十二三，則强爲仁義而天下始疑之譬也。飢渴馳驟而馬之死者過半，則屈折禮樂而天下始分之譬也。天下有常然，因其性而爲之，今陶匠之善爲方圓曲直，皆失其常然者也。爲天下而失其常然，是乃不知在宥之道而治之之過也。

疑獨注：馬之真性，逍遥於原野之間而不羨義臺、路寢。及至伯樂，燒剔刻雒而馬之死者十二三，飢渴馳驟而馬死已過半。此皆尚人爲之僞，以閼其真性故也。陶匠之治木埴，而中規矩鉤繩，豈木埴所欲哉？聖人以仁義禮樂治天下，亦猶是也，而世皆稱伯樂善治馬，陶匠善治木埴，聖人善治天下，此皆大道已散，不見天地之全，而唯治人之爲

〔一〕已：四庫本作「矣」。

稱，莊子所以深詆之。

詳道注〔一〕：土有形而無生，木有生而無知，馬有知而無義，三者雖殊，而善治之者莫不因其性而不違其自然，循其理而不示其或使，故馬盡其能，而埴木盡其用。然則善治天下者，豈異是哉！

碧虚注：夫馬之知，齕飲翹陸而已。無用義臺路寢，猶澤雉之不願畜樊也。及至伯樂，則治之將興，物性已弊〔二〕，才不勝任，抑死過半矣。土有方圓而陶者就規矩，木有曲直而匠者施鉤繩，馬有駑驥而伯樂用鞭筴，民有賢愚而聖人興法度，皆順其情而爲之。後世之御馬而敗者，非伯樂之才也；治民而失者，非聖人之道也。而反歸罪於伯樂、聖人，是未知其所善，漆園所以興歎也。

鬳齋云：義臺路寢，王者之居，一作「羲臺」。養也，居移氣、養移體之地。燒剔刻削，皆治之也。雒，謂絡其頭。馽，謂絆其足。連，列也。橛，御也。飾，鑣纓之類。馬制於人而不能自適，所以死者愈多。陶匠以土木爲器，無異馬之被燒剔刻雒也。而人皆以

〔一〕詳道注：此段四庫本無。

〔二〕弊：四庫本作「敝」，通。

伯樂陶匠爲能，猶泰〔一〕氏而下以治天下爲能也。

物有常性，民有常德，其德不離，民性得矣。何在乎過求過養以損德傷性哉？真人爲見世俗澆薄，以人滅天，不安本然之分，而求益分外之知，凡上之御下，下之事上，舉不免以知術相籠，知術窮而不肖之心應，雖嚴刑峻法，有所不能禁也。請〔二〕原其端，由於上之人好知之過，啓其多知而又爲知以救之，不亦勞且多事乎？欲正本澄源，痛革其弊，故借馬立喻，以明治之之失，覬任治道之君子有取焉耳。自三代而下，民性既離，刑政賞罰之所以立，則是四者治天下之橛飾鞭筴也。而知術姦詐之萌，實由於此。後篇所謂并聖知而竊之者是也。然則今之爲治者將何如？曰主以道德而四者爲之輔〔三〕，斯可矣。舍道德而專刑政，無異乎伯樂之治馬。千里之足雖得以自別，而馬之受害者不少矣。若其不任道德又廢四者，則一家不能自齊，如天下何？陶埴之喻〔四〕，不越前意，其失在我善治之一語，矜己能而有心以爲治，何以復民性而全

〔一〕泰：原誤作「秦」，據四庫本改。
〔二〕請：原作「靖」，據朱本改。四庫本作「靜」，訛。
〔三〕爲之輔：朱本作「皆由之而出焉」，訛。
〔四〕喻：四庫本作「意」，訛。

常德哉？故曰治天下者之過也。

吾意善治天下者不然。彼民有常性，織而衣，耕而食，是謂同德；一而不黨，命曰天放。故至德之世，其行填填，其視顛顛。當是時也，山無蹊隧，澤無舟梁；萬物群生，連屬其鄉；禽獸成群，草木遂長。是故禽獸可係羈而遊，烏鵲之巢可攀援而闚〔一〕。夫至德之世，同與禽獸居，族與萬物並，惡乎知君子、小人哉！同乎無知，其德不離；同乎無欲，是謂素樸；素樸而民性得矣。及至聖人，蹩躠爲仁，踶跂爲義，而天下始疑矣；澶漫爲樂，摘僻爲禮，而天下始分矣。故純樸不殘，孰爲犧樽？白玉不毀，孰爲珪璋？道德不廢，安取仁義？性情不離，安用禮樂？五色不亂，孰爲文采？五聲不亂，孰應六律？夫殘樸以爲器，工匠之罪也；毁道德以爲仁義，聖人之過也。

郭注：以不治治之，乃善治也。夫民之德，小異而大同。性之不可去者，衣食；事之不可廢者，耕織。此天下之所同而爲本者也。守斯道者，無爲之至，故放之而自一，非黨也，是曰天放。填填顛顛，自足而無求於外之貌。不求非望之利，止於一家而足。混芒同得，與一世澹漠焉，豈國異而家殊哉！足性而止，無吞夷之欲，故與物全而無害，德不

〔一〕闚：四庫本作「闕」，訛。

離而民性素樸，無煩乎知欲也。聖人者，民得性之迹，非所以迹也。此云及至聖人，猶云及至其迹。聖迹既彰，則仁義不真，禮樂離性，徒得形表而已。有聖人則有斯弊，將若之何？殘樸爲器，毁玉爲璋，以至色爲采，聲應律，皆變朴爲華，棄本崇末，其於天素有殘廢矣。世雖貴之而非其貴，工匠則有規矩之制，聖人則有可尚之迹也。

呂注：民復常性而不離其真，則所謂聖〔一〕者不可得而見。故無欲而素樸，未始有疑也；同德而不離，未始有分也。及離乎其真，有所謂〔二〕聖人者出，爲仁爲義不由乎自然，爲禮爲樂不由乎至正，而天下始疑始分矣。殘樸爲樽，以況毁道德爲仁義；毁玉爲璋，以況離情性爲禮樂，皆多駢旁枝之道也。絶巧而返乎朴，則工匠之罪除；棄仁義而任道德，則聖人之過免矣。

疑獨注：古之神人在宥天下，則無意於治，順民之常性，會於正命之極而已。織而衣，耕而食，同德相親，而不偏黨。天放者，出乎自然而非人爲也。填者，實充乎内。顛者，真顯乎外。任足之所行而不由逕，信目之所視而不入邪。禽獸草木皆得遂性命之理而無夭閼之患，

〔一〕聖：四庫本作「性」。
〔二〕謂：四庫本作「爲」，訛。

獸可係，巢可闚，以明人無機心則物無所憚，同居族並，人民自樂，又惡知君子、小人哉！　同乎無知，非無良知也；同乎無欲，非無可欲也。　始於其德不離，終於是謂素樸，民之常性得矣。　蹩躠，蹩𨇨，皆用力貌。　爲仁義而不順性命之理，天下始疑矣。　澶漫，樂之散。　摘擗，禮之偏。由仁義而有禮樂，有禮樂而性情離，此天下所以分也。　夫仁義出於道德，禮樂出於性情，上古世質民淳，仁義與道德爲一，禮樂與性情不離；後世廢道德以言仁義，離性情而議禮樂，是以有曾、史之仁義非堯、舜之仁義，有世俗之禮樂非三代之禮樂。　老子所以槌提絶滅之，在莊子亦所不取也。　殘樸爲器，工匠固不能無罪；因救弊之迹，聖人亦不能無過也。

詳道注：夫至德之世，養生不奪於嗜欲，而其行填填，其視顛顛；所求不出於分外，而山無蹊隧，澤無舟梁。　如是則視人如己，視己如物，物我兼忘，内外無間，所以人獸不亂群，人鳥不亂行也，又惡知君子、小人哉！　心有知而擇，腹無知而容，志有欲而動，骨無欲而立；聖人之治天下，虚其有知者，實其無知者，故能使民同乎無知；弱其有欲者，强其無欲者，故能使民同乎無欲。　無知，所以德不離；無欲，所以民素樸。　素者，性之質，言純白而不染於物也。　樸者，性之全，言混成而不散於器也。《老子》云：「見素抱樸，少私寡欲。」經曰：「素朴而天下莫與之爭美。」由於民性得故也。

碧虚注：民有常性，織衣耕食，一而不黨，游於自然，貿易未興，不相往來，俗儉約而物繁滋，中無機而外無忌，素朴而民性得矣。不善爲治者，用力行仁，矜〔一〕持尚義，離道以善，懷疑弗〔二〕信矣；屈折爲禮，縱逸爲樂，險德以行，沖和分〔三〕裂矣。犧樽、六律，皆治世之法，過則爲亂，此云工匠之罪、聖人之過者，見其末敗而推責其古今之常情也。

盧齋云：同德，謂其得於天者同。常性，前篇所謂常然也。純一而無偏黨，肆樂於自然之中。填填，滿足；顛顛，直視，皆形容其拙朴無心之狀。山無蹊隧，路未通也。澤無舟梁，津未通也。萬物群生，連屬其鄉，禽獸雜居，物無害者。草木遂長，未有斧斤之禍也。羈獸而遊，攀巢而闚，人與物相忘也。如是則安有君子、小人之分哉？無知無欲，純乎天理。及至聖人，强行仁義，流蕩禮樂，然後心迹始分，不純一也。道德，自然也。莊子以仁義爲外，故曰：「道德不廢，安取仁義？」性情，固有也。莊子以禮樂爲强世，故曰：「性情不離，安用禮樂？」文采亂五色，六律亂五聲，皆是用人力非自然之喻。工匠之罪，聖人之過，所以結上文也。

〔一〕矜：四庫本作「務」，訛。
〔二〕弗：四庫本作「勿」。
〔三〕分：四庫本作「以」，訛。

前論治道之弊，欲有以革去之，故此謂善治者不然，上陳〔一〕至德之世，民性真淳而無所企慕，衣食足用而無求羨餘。山無蹊隧，澤無舟梁，即民不往來，舟車無所乘之謂也。群生連屬，草木遂長，言其生物繁茂。禽獸可羈，鳥巢可闚，言無心而與物化也。由是知鳳巢于閣，麟遊于囿，至和感召，理誠有之。如是，則上無欲而下無知，德不離而民素朴，又惡有君子、小人之分哉？及至後世，聖人以有爲治天下，致力於仁義，勉强爲禮樂，於是民始疑而天下始分矣。故南華以殘樸毁玉爲工匠之罪，廢道用仁爲聖人之過。然而樸玉不毁，何以爲器？仁義不立，何以衛道？曰天下之樸散久矣，無患乎乏器也；聖人之道散久矣，一變而爲仁義，再變而爲禮樂，三變而爲刑名，至是〔二〕仁義禮樂徒存其名，是使後人而復哀後人也。

〔一〕陳：朱本作「古」。
〔二〕爲刑名至是：此五字原缺，據朱本補入。

南華真經義海纂微卷之二十七

武林道士褚伯秀學

馬蹄第二

夫馬，陸居則食草飲水，喜則交頸相靡，怒則分背相踶，馬知已此矣。加之以衡扼，齊之以月題，而馬知介倪、闉扼、鷙曼、詭銜、竊轡。故馬之知而能至盜者，伯樂之罪也。夫赫胥氏之時，民居不知所爲，行不知所之，含哺而熙，鼓腹而遊，民能已此矣。及至聖人，屈折禮樂以匡天下之形，縣跂仁義以慰天下之心，而民乃始踶跂好知，爭歸於利，不可止也。此亦聖人之過也。

郭注：御其真知，乘其自然，則萬里之路可至，而群馬之性不失。夫馬性不同而齊求其用，故有力竭而態作者。含哺鼓腹，民之真能，及至聖人屈折以禮樂，縣跂以仁義，而民始好知，其過皆由乎迹之可尚也。

吕注：馬之食草飲水，相靡相踶，知已〔一〕此矣，猶赫胥氏之民，無知無爲，含哺鼓腹也。加之衡扼，齊以月題，猶屈折禮樂，縣跂仁義，以匡慰天下也。馬知介倪詭銜竊轡而至盜者〔二〕，猶民踶跂好知，爭歸於利，不可止也。介間端倪，闉曲控扼，鷙則馬之很〔三〕，曼則馬之謾。知夫衡扼銜轡介倪闉扼之所在，而施其鷙曼以詭銜竊轡，此馬之知所以至盜也。然欲馬知不至於盜，人心不至於好知者，無它，反其真性而已矣。

疑獨注：馬之真性，安於飢食渴飲，喜則相順〔四〕，怒則相踏而已，不知其它〔五〕也。及加以衡扼，齊以月題，額上的顱象月，齊謂整飾之，唯其勞役馬之形體，故馬知介倪。介猶賓介之介，兩旁助〔六〕馬者。倪同耄倪之倪，牧馬者也。言馬因人制，遂知有介倪，而詭詐生矣。闉者，志之窒〔七〕；扼者，體不伸；鷙，如鷙擊；曼，如病曼，皆形容其憤怒之

〔一〕已：四庫本作「止」。
〔二〕者：四庫本作「也」，訛。
〔三〕很：四庫本作「狠」，通。
〔四〕順：四庫本作「潤」，訛。
〔五〕它：四庫本作「他」。
〔六〕助：四庫本作「取」，訛。
〔七〕窒：四庫本作「塞」。

狀。詭銜，自出其御；竊轡，自脱其轡，言人害馬之真性，故矯詐而至於爲盜。此伯樂之罪也。赫胥氏，上古帝王之號，居不知爲，行不知適，含哺鼓腹，民如嬰兒，此外非所知也。屈折，禮之末，徒能正其形，而不能正其性情；懸跂，仁義之末，蹔足慰其心，而不能常安之也。是以民好知而不止，此亦聖人之過也。

詳道注：聖人以仁義慰天下之心而民始疑，以禮樂匡天下之形而民始分。夫馬之食草飲水，猶民之耕而食、織而衣也。喜則相靡，怒則相踶，猶民之一而不黨也。穿牛絡馬，皆人爲之過。馬之知而能至盜，豈善治馬哉？故是篇始終言此以排人僞之極。蓋謂棄道德而徇仁義，則君臣父子不能無分疑；棄仁義而任道德，則雖禽獸萬物可與族處，故以赫胥氏終焉。

碧虚注：馬之真知，唯造父、泰丙知之，不施鞭策有日行萬里者；至伯樂而下，加之衡扼，齊以月題，而不免詭銜竊轡之弊也。民之常性，唯赫胥氏知之，不立法度而民咸遂其天性；至堯、舜而下，則屈折禮樂，懸跂仁義，因之以賞罰而鬬爭莫止，其弊益甚矣。故曰：「聖人之過也。」

《鬳齋口義》云：此段又把前論翻出，愈奇。看它〔一〕交頸分背字，便見喜怒之狀。月題，今所謂額鏡。介，獨也，獨立而睨怒之狀也。闉扼，曲頸以扼拒。鷙，猛；曼，突也。言其抵拒不受羈絡之狀，詭計以入銜，潛竊以加轡，與人抗敵，故曰盜。是伯樂使之也。若無衡扼銜轡之事，則豈見其介倪闉扼之態哉？民之好知爭利，無異馬之詭銜竊轡也。

古之聖人以康濟天下爲己任，唯恐一夫之失所，思有以撫育安全之，豈有求於世而然哉？蓋出乎性情之真，道德之正，在己所當爲者也。是謂上德不德，不〔二〕知有之，而親譽不及焉。逮乎後世，樸散民澆，知詐日作，出應聖人之運者，匍匐重趼，以拯民〔三〕於水火；諄諄善誘，以覺民於迷塗，愛利之而仁迹彰，裁決之而義功見，節文之而禮興，和樂之而樂出。是亦因民所尚適事之宜而爲之制度，猶未至甚失也。然而治久則民玩〔四〕，法久則弊生，更張則法苛，令嚴則易犯，亦勢所必至矣。吁！七竅既鑿，

〔一〕它：四庫本作「他」。
〔二〕不：原作「下」，據朱本改。
〔三〕以拯民：四庫本作「所以拯之」。
〔四〕民玩：四庫本作「玩起」。

其有復於渾沌者乎！此《馬蹄》之所以作，旁譬曲喻之所以繁且廣也。末章又論馬之真知，以[一]歸當篇本意。至舉赫胥[二]之世，民知含哺鼓腹而已，無爲自得之意槩見于此，則上之人不攖可知。南華引古證今，覬復淳風於萬一，奈何世道交喪，爭歸於利而不可止，卒歸過於聖人，豈立言君子所得已哉！切於警人心，救時弊，不得不反以矯之。而或者議其爲憤悱之雄，則過矣。善觀《莊子》者，究其意，略其辭可也。介倪，舊音戛睨，聲聱牙而義難通，今定從本音，言人以知御馬而馬之知介然已見端倪，思爲詭銜竊轡之計，則是馬本無知，而人啓其知也。

是篇一意，語分四節。首敘題意，以御馬明治民，與《尚書》御馬喻臨民義同，而此篇首尾形容馬之性情喜怒，曲盡其態，雖畫筆之工，曾不是過。然則人心之善否，又安能逃其精鑒哉！次借陶埴[三]立論，以演上文，言有心有爲於治而攖拂天下之性情，不若無爲而任物之自化也。又舉至德之世，無知無欲，後王立法，

〔一〕以：朱本作「亦」，訛。
〔二〕胥：四庫本此字下有「氏」字。
〔三〕埴：原作「植」，據朱本、四庫本改。

天下始疑，無異〔一〕伯樂之從事乎燒剔刻雒以求追風之〔二〕步，名曰治之而害莫甚焉。所謂聖人之過者，設爲仁義禮樂以教民，號之令之唯恐其不至，殊弗悟枝葉繁而根榦衰，政迹彰而姦弊作，此淳朴之所以散，刑罰之所以興，上下交兵〔三〕而不息也。故漆園高言以矯之，博喻以化〔四〕之，使天下舍僞還真，知所趨向，有以見至人之心猶未忍恝然於世也。末引上古民淳俗厚，熙熙〔五〕自樂，以證皇王無爲之效，後世聖人束以禮樂，慰以仁義，求治太過而至於不可治矣。太上曰：「治大國若烹小鮮。」南華之論得之。

〔一〕無異：此二字朱本、李本並無，脱。
〔二〕之：朱本、李本此字下並有「名」字，衍。
〔三〕兵：朱本、李本並作「亂」。
〔四〕化：朱本、李本並作「啓」。
〔五〕熙：朱本、李本此字下並有「然」字。

南華真經義海纂微卷之二十八

武林道士褚伯秀學

胠篋第一

將爲胠篋、探囊、發匱之盜而爲守備，則必攝緘縢，固扃鐍，此世俗之所謂知也。然而巨盜至，則負匱、揭篋、擔囊而趨，唯恐緘縢扃鐍之不固也。然則向之所謂知者，不乃爲大盜積者也？嘗試論之，世俗所謂知者，有不爲大盜積者乎？所謂聖者，有不爲大盜守者乎？何以知其然邪？昔者齊國，鄰邑相望，雞狗之音相聞，罔罟之所布，耒耨之所刺，方二千餘里。闔四境之内，以立宗廟社稷，治邑屋州閭鄉曲者，曷嘗不法聖人哉？然而田成子一旦殺齊君而盜其國，所盜者，豈獨其國邪？并與其聖知之法而盜之。故田成子有乎盜賊之名，而身處堯舜之安，小國不敢非，大國不敢誅，十二世有齊國。則是不乃竊齊國并與其聖知之法，以守其盜賊之身乎？

郭注：爲大盜積，爲大盜守，知之不足恃也如此。法聖人者，法其迹，迹者已去之物，非應變之具，奚足尚而〔一〕執之哉！執成迹〔二〕以御乎無方，無方至而迹滯矣，所以守國而爲人守之。爲大盜者不盜其聖法，則無以敗〔三〕其國。言聖法唯人所用，未足爲全當之具。

呂注：攝緘縢、固扃鐍，以防胠篋、發匱之盜，世俗所謂知也。及巨盜至，則負之而趨，唯恐其不固，然則世俗所謂知，有不爲大盜積者乎？立宗廟、社稷、屋、邑、州、閭以守四境者，世俗所謂聖也。田成子竊齊國并其聖知之法，以守盜賊之身，則世俗所謂聖，有不爲大盜守者乎？世俗所謂聖知者如此，真聖知者固不然也。

疑獨注：胠者，潛開也。攝緘縢、固扃鐍，此世俗之知，禦小盜而已〔四〕。大盜至，則負揭而趨，向之緘鐍非唯不能禦盜，適足以資盜也。世俗所謂知，非周萬物之知，故不免爲大盜積；世俗所謂聖，非不可知之聖，故不免爲大盜守。此老、莊所以欲絶棄之也。然以田成竊國并與聖知之法，以守盜賊之身，則凡聖人之迹見於法度者，皆不免於盜。

〔一〕而：此字四庫本無，脱。
〔二〕迹：四庫本此字下有「而」字，衍。
〔三〕敗：四庫本作「取」。
〔四〕已：四庫本作「以」。

田成之安，比堯、舜不亦過乎？曰凡有身而爲天下之所寄託者，皆粃糠、緒餘，何足校優劣？若夫堯、舜之不可寄託天下者，豈田成子得以擬議邪？

碧虚注：知，謂造篋、匱、緘縢、扃鐍者。積，謂裒斂寶貨而畜聚者。聖，謂掌符璽、權衡、斧鉞者。守，謂保宗廟、社稷、封疆者。且齊國之創制立度，何嘗不法聖人，而田恒奪其聖知，據有其國，則聖知者乃大盜之資也。

鬳齋云：世俗之知，本爲鼠竊之備；大盜至，則併挈而去矣。田氏篡齊，以私量貸，公量入，看《左傳》所言便見。借聖人之法以濟其盜賊之謀，戰國時大抵如此，故莊子以此喻之。

備盜以緘縢、扃鐍者，世俗之知也。穴室、負匱、探囊者，超俗之知也。人有超俗之知，造化間幾何而一遇哉？以之上盜天和以養形保神，下盜地利以肥家富國，何不可者，而乃甘於妄意室中之藏，以希不義之貨，而不顧公論之不可逃，遺臭之不可掩，何弗思之甚邪？竊嘗考其所由，亦有以致之者。世無積而守之，彼惡得而奪之？然自胠篋之欲，充之而至於竊國，信乎履霜堅冰之不可不謹〔一〕也。夫竊國者，非并其聖知之法而竊之，雖得國無以自立，則聖知者天下之利器，在人用之如何耳。其權或墮

〔一〕履霜堅冰之不可不謹：此句朱本作「履霜堅冰、負乘致寇之戒，不可不謹」。

姦雄之彀中，未有不反爲所制者。後文云竊鉤者誅，竊國者爲諸侯，諸侯之門仁義存焉，小盜有誅而大盜無禁，是豈齊民之術哉！彼既竊國爲君而又禁民爲盜，亦知仁義之不可廢也。得非以聖知之法，守其盜賊之身〔一〕乎？漆園慨立是論，所以誅千古姦雄之心，麟經直筆之嚴，可以並行於世矣。

嘗試論之，世俗之所謂至知者，有不爲大盜積者乎？所謂至聖者，有不爲大盜守者乎？何以知其然邪？昔者龍逢斬，比干剖，萇弘胣，子胥靡，四子之賢，而身不免乎戮。故跖之徒問於跖曰：「盜亦有道乎？」跖曰：「何適而無有道邪？夫妄意室中之藏，聖也；入先，勇也；出後，義也；知可否，知也；分均，仁也。五者不備，而能成大盜者，天下未之有也。」由是觀之，善人不得聖人之道不立，跖不得聖人之道不行；天下之善人少而不善人多，則聖人之利天下也少而害天下也多。故曰：脣竭則齒寒，魯酒薄而邯鄲圍，聖人生而大盜起。掊擊聖人，縱舍盜賊，而天下始治矣。夫川竭而谷虛，丘夷而淵實；聖人已死，則大盜不起，天下平而無故矣。聖人不死，大盜不止。雖重聖人而治天下，則是重利盜跖也。爲之斗斛以量之，則并與斗斛而竊之；爲之權衡以稱之，則并與權衡而竊之；爲之符璽以

〔一〕身：朱本作「物」，訛。

信之，則并與符璽而竊之；爲之仁義以矯之，則并與仁義而竊之。何以知其然邪？彼竊鉤者誅，竊國者爲諸侯，諸侯之門仁義存焉。則是非竊仁義聖知邪？故逐於大盜，揭諸侯，竊仁義并斗斛權衡符璽之利者，雖軒冕之賞弗能勸，斧鉞之威弗能禁。此重利盜跖而使不可禁者，是乃聖人之過也。故曰：「魚不可脱於淵，國之利器不可以示人。」彼聖人者，天下之利器也，非所以明天下也。

郭注：暴主得據君人之威以戮賢臣，而莫之敢抗者，皆聖法之由也。向無聖法，則桀紂焉得放其毒而使天下側目哉？聖、勇、義、知、仁，五者所以禁盜而反爲盜資，則聖人之利天下少，害天下多。斯言雖信，而猶不可亡聖者，天下之知未能都亡，故須聖道以鎮之也。群知不亡而獨亡聖知，則天下之害又多於有聖矣。有聖之害雖多，猶愈於亡聖之無治也。雖愈於亡聖，未若都亡之無害也。甚矣，天下莫不求利而不能一亡其知，何其迷而失致哉！夫脣竭非以寒齒而齒寒，魯酒薄非以圍邯鄲而邯鄲圍，聖人生非以起大盜而大盜起。此自然相生，必至之數也。且聖人不立尚於物而不能使物不尚。人無貴賤，事無真僞，苟尚聖法，則天下吞聲闇服，此乃桀、跖所至賴以成其大盜者也。若乃絶尚守朴，棄其禁令而代以寡欲，所以掊擊聖人而我樸自全，縱舍盜賊而彼姦自息矣。竭川非以虚谷而谷虚，夷丘非以實淵而淵實，絶聖非以止盜而盜止，盜止，而華尚之迹都去矣〔一〕。將重聖人以治天下，而桀、跖之徒亦資其〔二〕法，所資者重，所利不得輕，則小盜之所因，大盜之所利也。軒冕斧鉞，賞罰之〔三〕重者，所以禁盜也。大盜又逐而竊之，反爲彼用，是以成其大盜，而大盜必行以仁義，平以權衡，信以符璽，勸以軒冕，威以斧鉞，盜此公器，然後諸侯可得而揭也。是故仁義賞罰適足以誅竊鉤者耳。夫跖之不可禁，由所盜之利重；利之所以重，由聖人之不輕也。魚失淵則爲人禽，利器明則爲盜資，故不可以示人也。

呂注：世俗所謂知，所謂聖者，皆以法爲之。所謂〔四〕至知、至聖，亦不出乎聖、勇、義、知、仁之名，而不知知之所以知、聖之所以聖也。故四子者不能全其身，而跖之徒反資以爲盜，則世俗之所謂聖知者，不免爲大盜積守耳。至知在於不知，至聖在於無名，而世俗之聖知反所以資盜，則利天下少、害天下多，非虛言也。脣齒，以況相因。魯酒、邯鄲，以況非相因而相因。然則欲治天下，莫若掊擊聖人，縱舍盜賊，善惡兩忘而已。夫心

〔一〕盜止而華尚之迹都去矣：四庫本作「故止盜在去欲不在彰聖知」。
〔二〕其：四庫本作「以」。
〔三〕之：四庫本此字下有「當」字，衍。
〔四〕謂：四庫本作「爲」，訛。

谷不虛，而賊心得以起其間者，以聖爲淵而壅之也。竭聖川而涸之，則谷虛而盜不生矣。心淵不實而賊心得入於其間者，以聖爲丘而傾之也。夷聖丘而損之，則淵實而盜不侵矣。此聖人已死，大盜不起，天下所以無故也。所謂死者，不生其心是已。賊心生而大盜起，雖重聖人以治天下，是重利盜也，詳見下文并竊之語。故竊〔一〕鉤者誅，竊國者爲諸侯，而莫之能禁也。諸侯之門，仁義存焉，則是并聖知仁義而竊之也，況其尤大而揭諸侯者乎？雖軒冕斧鉞，有所不能禁勸。凡此，皆離真爲聖之過。而猶以聖法明天下，是示人以利器。故大盜得以奪之也。

疑獨注：道有君子有小人，得道之正，則聖、勇、義、知、仁皆正；就其不正者而充之，則爲大盜而已〔二〕。盜之所謂道者，妄意所藏，先入後出，知可否，分均也，凡得其一者爲小盜，跖得其全者也。莊子嘗寓言於雜篇，與吾夫子爲對，以明大盜與大聖其知一也，所用不同耳。善人則資五者以立己，惡人則資五者以爲盜。善惡皆本於人心，而天下爲善者常少，爲惡者常多，莊子所以深矯之。魯酒薄邯鄲圍，聖人生大盜起，此自然相生，必

〔一〕竊：此字下原有「之」字，據四庫本删。
〔二〕已：四庫本作「以」。

至之理。且聖人制法，豈有意於起人之僞？人自襲其迹以爲僞。所謂掊擊聖人者，深惡聖人之迹也。若禪家所謂我當時若見釋迦瞿曇出世，一棒打殺意同。縱舍盜賊，亦欲息詐僞耳。川谷之水相通，丘淵之土相資〔一〕，喻〔二〕聖人之迹，大盜所資。聖人已死〔三〕，絶聖棄知之意。大盜不起，爭尚之迹都去矣。苟不絶聖知以止盜，反重聖法以治天下，跖之徒將乘之以爲盜，是重利之也。夫斗斛、權衡、符璽、仁義，皆聖人治天下之具，莊子意謂凡涉形器法度者，皆大盜所資。爲盜而至於竊國，則斗斛、權衡、符璽，皆爲所有，而刑賞自己出矣。且堯舜三代之所賴以爲治者，其形器法度與後世同而治亂之迹異者，彼所賴雖在此，及其成功，則此雖存而可以無用也。後世諰諰然唯此之爲賴，其權一墮姦人之彀，則所賴以安者往往以致危，田成子之事是也。聖人退處幽密，而操至權以斡萬化，故力旋天地而世莫睹其機，威服海内而人不名以武。此所以行〔四〕萬物於術内，而天下莫能禦，又豈以利器示人哉？

〔一〕資：四庫本作「掩」。
〔二〕喻：此字四庫本無，脱。
〔三〕聖人已死：此四字四庫本無，脱。
〔四〕行：四庫本作「化」。

詳道注：以知治人，莫如齊國；以知治身，莫如四子；以暴亂人，莫如盜跖。皆曰嘗法聖人矣，然齊國不免田氏之篡，四子不逃時君之戮，而盜跖竟以壽終。是法聖人而爲治者，無益；竊聖迹而爲惡者，無害。則聖人之於天下也，不足以止盜，適足以起盜也。莊子非不知聖人，應物適時而已。後世禍亂隨之而起者，蓋脣亡則齒寒，魯酒薄而邯鄲圍，其可以齒寒而責脣〔一〕，邯鄲圍而咎魯耶！率歸過於聖人者，遣其有迹之累也。

碧虚注：知之出也，或利或害；聖之顯也，或生或死。利害不能惑者，至知也；生死不能動者，至聖也。若四子者，皆矜知誇聖而自取滅亡，又惡知至知至聖哉？聖知大盜，相因者也。聖知生則大盜起，大盜止則聖知亡。掊擊聖人，絶棄之也。縱舍盜賊，不貴貨也。聖知泯絶，民性淳厚，天下平而無事矣。夫竊仁義聖知者，欲其貴也；盜金寶珠玉者，欲其富也。然天與之則公，人取之則私，若公公而私私，豈軒冕所能勸、斧鉞所能禁哉？

鬳齋云：四子雖賢而身皆得罪，盜跖反以自免，此言賢者不足恃，而竊聖知者或以自利也。爲盜之道，是莊子撰出以譏世，其言雖怪而實有理。説到不善人多、善人少，利

〔一〕脣：四庫本此字下有「邪」字。

天下少、害天下多處，亦是精絶。脣齒、川谷之喻，明聖人不爲盜設，反爲大盜之資。聖人不生，大盜不起，言無聖人亦無盜賊而天下自治也。重聖人而治，言聖人復出而制〔一〕法，姦人得之益以欺世，戰國諸侯篡奪而得，皆大盜也。竊鉤者誅，竊國者爲諸侯，既爲侯，立國則亦以愛民利物爲事，是并竊仁義聖知也。名爲大盜者，人皆欲逐之；今諸侯竊國立於人上，故曰揭。而世未有用刑以禁止之〔二〕者，皆憤世而爲此言。

世之所謂至知、至聖者，例不免爲大盜積；反不若不以聖知稱者，無所積而盜莫能窺也。故引四賢以證聖知之不足恃。夫天生忠賢，匡君輔國，節義所在，有死無貳，而上或不之察，惡其逆耳拂情，始則踈遠之，甚則譴斥之，而彼忠不能自泯〔三〕，終於戮之而後已。吁！忠賢之戮，姦臣〔四〕之幸也。咎證若此，國其能久乎〔五〕？夫爲巨姦

〔一〕制：四庫本作「治」，訛。
〔二〕之：此字四庫本無。
〔三〕泯：四庫本作「明」。
〔四〕臣：朱本作「盜」。
〔五〕乎：此字四庫本無。

大盜，豈無其術？所謂術者，亦不越乎聖知之法。以〔一〕所資者重，故所取不容輕，然其厲階非一日之積，必酌〔二〕其君上之可罔，有司之可欺，因時乘勢以遂其悖〔三〕道之舉，然猶不免資聖知仁義以爲治，如前立國者所云，一廢而一興，川谷丘淵之消長也。聖生而盜起，魯酒、邯鄲之相因也。雖重以聖知而爲治，重利盜跖也宜矣。且竊鉤者，受制於聖知之法；而竊國者，奪聖知之法以制人〔四〕，是以善人少而不善人多，雖軒冕斧鉞，不足以爲勸懲也。信知聖知者，天下之利器，不可以示人，彼竊窺其機將爲所奪，猶魚之脱淵，螻〔五〕蟻得以困之矣。《語》云：「民可使由之，不可使知之。」然則聖人之治天下，必有神而化之之術歟？此一節自「曷嘗不法聖人」至「聖人者，天下之利器」，凡十一處聖人字，今本皆然，唯陳碧虚照張君房校本並作聖知。考之前文，「世俗所謂知」、「世俗所謂聖」之語，則説亦可通。據當篇本意，正論立法之多弊，則從元本

〔一〕以：此字朱本無。

〔二〕酌：朱本作「覬」。

〔三〕悖：朱本、四庫本並作「背」。

〔四〕人：朱本作「之」。

〔五〕螻：此字四庫本無。

可也。竊意張氏當時被旨校定，及碧虛述解進呈之時，恐其間論聖人處語或有嫌，權易以聖知，因而傳襲耳。然有當用聖人處，若「曷嘗不法聖人」、「不得聖人之道不立」、「不得聖人之道不行」、「聖人已死」、「聖人不死」，此不可易者。餘易爲聖知，亦自有理。至若「聖人者天下之利器」，則是聖知無疑。

南華真經義海纂微卷之二十九

武林道士褚伯秀學

胠篋第二

故絶聖棄知，大盜乃止；擿玉毁珠，小盜不起；焚符破璽，而民朴鄙；掊〔一〕斗折衡，而民不争；殫殘天下之聖法，而民始可與論議；擢亂六律，鑠〔二〕絶竽瑟，塞瞽曠之耳，而天下始人含其聰矣；滅文章，散五采，膠離朱之目，而天下始人含其明矣；毁絶鉤繩，而棄規矩，攦工倕之指，而天下始人有其巧矣。故曰：「大巧若拙。」削曾、史之行，鉗楊、墨之口，攘棄仁義，而天下之德始玄同矣。彼人含其明，則天下不鑠矣；人含其聰，則天下不累矣；人含其知，則天下不惑矣；人含其德，則天下不僻矣。彼曾、史、楊、墨、師曠、工倕、離朱者，皆

〔一〕掊：四庫本作「剖」。本篇下同。
〔二〕鑠：此字四庫本無，脱。

外立其德，而以爚亂天下者也，法之所無用也。

郭注：去其所資，則不施禁而自止；賤其所貴，則不加刑而自息；除矯之所賴，則無以行其姦巧。小不平者，大不平之所用也。外無所矯，則內全我朴，而無自失之害矣。夫聲色，離、曠之所貴也。受生有分，而以〔一〕所貴引之，則性命喪矣。若乃毁其所貴，棄彼任我，聰明各全，人含其真也。夫以蜘蛛蛣蜣之陋，而布網轉丸，不求之於工匠，則萬物各有能也。所能雖不同，而所習不敢異，則若巧而拙矣。故善用人者，任其所能，不責萬民以工倕之巧，衆技以不相能似拙，而天下自能，則大巧矣。用其自能，是以規矩可棄，而妙匠之指可攦也。去其亂性〔二〕之率，天下各復其朴而同於玄德。彼曾、史、楊、墨、離、曠、工倕者，所稟多方，使天下躍而效之，效則失我，我失由彼，彼爲亂主矣。若夫法之所用，視不過於所見，故衆目無不明；聽不過於所聞，故衆耳無不聰；事不過於所能，故衆技無不巧；知不過於所知，故群性無不適；德不過於所得，故群德無不當。安用立所不逮於性分之表，使天下奔馳而不能自反邪？

〔一〕以：原缺，據四庫本補入。
〔二〕性：四庫本作「群」。

呂注：莊子所謂絶聖棄知者，非滅典籍、棄政教也，不以生於心而已。擿玉毁珠者，非出府庫棄諸山也，不以貴於〔一〕心而已。焚符破璽，非燒而碎之也，以信信之，則民朴鄙，而符璽非所恃〔二〕也；掊斗折衡，非果掊折之也，以平平之，則民不爭，而斗衡非所恃也。然後民復其性命之情，而始可與論議矣。塞師曠耳，欲反聽也，我反聽，則天下含其聰；膠離朱目，欲内視也，我内視，則天下含其明；攦工倕之指，天下始有其巧；削曾、史之行，鉗楊、墨之口，天下之德始玄同。則在我棄知絶巧，不見可欲而已。彼外立其德而爚亂天下者，則非含其〔三〕聰、明、知、德而反於性命之情者，法之所無用也。而或者謂莊子真欲掊擊聖人，縱舍盜賊，殫殘法度者，豈可與之微言乎？

疑獨注：大盜盜法，小盜盜物。盜物者禁之以法，盜法者化之以道。符璽，本以行信；斗衡，本以致平。及其弊也，行信者反爲大不信，致平者反爲大不平，此莊子所以欲焚破掊折之，使人目不入色，耳不入聲，心不入觸，種種色相隔越於外，而以性命爲主，收視反聽，不慕離、曠而得其性之固有，是謂大巧若拙也。曾、史、楊、墨，惑亂天下，所以欲

〔一〕於：原作「之」，據四庫本改。
〔二〕恃：四庫本作「持」，訛。下「所恃」同。
〔三〕其：此字四庫本無。

削其行、鉗其口，使之咸反於一，天下之德始復於道而玄同矣。人含其明，則天下之明皆足以自照；人含其聰，則天下之聰〔一〕皆足以自聞；人含其知，則天下之知皆足以自知；人含其德，則天下之德皆足以自得。此所以不爍不累，不惑不僻也。彼曾、史、離、曠數子者，皆非充其固有之性，使天下勞神疲慮以殉之，則是爚亂天下，法所無用也。

詳道注：荀卿曰：「符節契券所以爲信也，上好權謀，則下乘是而後欺。探籌投鉤所以爲公也，上好曲私，則下乘是而後偏。衡石稱懸所以爲平也，上好傾覆，則下乘是而後險。斗斛量概所以爲均也，上好貪利，則下乘是而後鄙。」蓋法生於聖人之所不得已，而行於後王之善守。有是人無是法，上古不失爲善治；有是法無是人，末世不免於竊亂。莊子之論不該於人法相資，至謂爲是以量之，爲是以矯之，則并是而竊之，乃欲焚破掊折而後已者，蓋欲斂其散而一之，落其華而實之，以復歸於道德之本而已矣。

碧虛略而不論。

鬳齋云：擿玉毀珠以至掊斗折衡，皆是激說，以結絶聖棄知之意，非實論也。與《老子》「不貴難得之貨，使民不爲盜」義亦相類，但說得過當耳。東坡云：「人生識字憂患

〔一〕聰：四庫本作「聽」，訛。

始。」豈欲天下人全不識字邪？擢亂，抽紊之。爍絶，焚棄之。外立其德，重外物而失本心，爚亂熏〔一〕灼而橈亂之也。

此段不過敷演前文，以結絶聖知棄聰明〔二〕之意，使人全性同德而已。諸解已詳，不復贅釋。

子獨不知至德之世乎？昔者容成氏、大庭氏、伯皇氏、中央氏、栗陸氏、驪畜氏、軒轅氏、赫胥氏、尊盧氏、祝融氏、伏犧〔三〕氏、神農氏，當是時也，民結繩而用之，甘其食，美其服，樂其俗，安其居，鄰國相望，雞狗之音相聞，民至老死而不相往來。若此之時，則至治已。今遂至使民延頸舉踵，曰「某所有賢者」，贏糧而趣〔四〕之，則内棄其親而〔五〕外去其主之事，足跡接乎諸侯之境，車軌結乎千里之外，則是上好知之過也。上誠好知而無道，則天

〔一〕熏：四庫本作「薰」，通。
〔二〕絶聖知棄聰明：四庫本作「絶聖棄知」。
〔三〕犧：四庫本作「羲」，通。
〔四〕趣：四庫本作「趨」，通。
〔五〕而：此字四庫本無。

下大亂矣。何以知其然邪？夫弓弩、畢弋、機變之知多，則鳥亂於上矣；鉤餌、罔[一]罟、罾笱之知多，則魚亂於水矣；削格、羅落、罝罘之知多，則獸亂於澤矣；知詐漸毒、頡滑堅白、解垢同異之變多，則俗惑於辯矣。故天下每每大亂，罪在於好知。故天下皆知求其所不知，而莫知求其所已知者；皆知非其所不善，而莫知非其所已善者，是以大亂。故上悖日月之明，下爍山川之精，中墮四時之施；喘耎之蟲，肖翹之物，莫不失其性。甚矣，夫好知之亂天下也！自三代以下者是已。舍夫種種之民而悦夫役役之佞，釋夫恬淡無爲而悦夫哼哼之意，哼哼已亂天下矣。

郭注：民結繩而用之，足以紀要而已。適故常甘，當故常美。雞狗相聞，不相往來，無求之至也。今贏糧趍賢而棄親去主，至治之迹猶致斯弊，上好知之過也。夫攻之逾密，避之逾巧，禽獸猶不可圖之以知，況於人乎！上之所多，下不能安其少也，性少而逐多則迷矣。不求所知而求所不知，此乃舍己效人，不止其分。善其所善，爭尚之所由生也。吉凶悔吝生乎動，而知之所動，誠能摇蕩天地，運御群生，君人者，胡可不忘其知哉！

〔一〕罔：四庫本作「網」，通。

呂注：聖人之治，常使民無知無欲。無知也，故結繩而用之。無欲也，故甘食、美服、樂俗、安居，民至老死不相往來，此至德之世也。天下皆知美之爲美，斯惡已；皆知善之爲善，斯不善已。皆知非其所不善，惡與不善也；莫知非其所已善，美與善也。復乎無爲，則雖美與善亦非性命之情也。民不往來而自爲族，是謂種種之民。某所有賢，贏糧而趍，則役役之佞也。其教我也似父，其諫我也似子，則啍啍之意。此皆尚賢好知之過。由有知而後有聖人，有聖人而後有大盜；聖人大盜，皆知之所自出。故是篇始終以去知爲言。

疑獨注：當上古十二帝之時，天下之民，食無所擇而甘，衣無所擇而美，其居其俗不擇地而安樂之。雞狗相聞，不相往來；人物繁息，無求於外也。《老子》曰：「不尚賢，使民不爭。」今贏糧趍賢，不憚其遠者，以名利滑其天性，此上之人好知之過也。自「弓弩畢弋」至「喫詬〔一〕同異」，復明上好知之過，以致魚鳥人獸皆亂而失其性矣。所不知者多知，所已知者良知；所不善者非可欲，所已善者可欲〔二〕也。莊子欲人忘其外好，充其自

〔一〕喫詬：四庫本作「解垢」。
〔二〕欲：四庫本作「知」，訛。

然之理，而不見可欲之善也。上好知而無道，日月山川之悖爍，四時之施隳矣。下至小蟲小物，皆失其性，則大者可知。種種之民，言各隨其所受性而生，淳朴未散也；今舍淳朴而悦役役，舍恬淡而悦啍啍，宜其亂天下也。

詳道注：軍多令則亂，言多給則辯。故知多則事多，事多則患多，此治天下者所以貴夫小知去而大知明也。知求其所不知而莫知求其所已知，則於窮理之知，爲贅知。非其所不善，莫知非其所已善，則於盡性之仁爲虧。虧於仁，贅於知，則所知非真知，所非非當非矣。《天運》曰：「三皇之知，上悖日月之明，下睽山川之精，中墮四時之施，其知憯於蠆蠆之尾、鮮規之獸，莫得安其性命之情。」與此喘耎肖翹義同。傳曰：「多事，生之讎；多言，德之賊。」役役，多事者也。啍啍，多言者也。天下惡得而不亂哉！

碧虚注：南華引上古容成、大庭十二氏無爲之治，以證今世爲治者之弊。結繩則立法之始，事不可終静，静久則動也，至於上好知而天下亂矣。鳥獸蟲魚〔一〕不安其生，況於人乎？機詐之毒，上干天和，故草木昆蟲咸被其害。太上云：「以知治國，國之賊；不以知治，國之福。」信哉斯言！

〔一〕蟲魚：此二字四庫本無。

盧齋云：十二氏只伏羲、神農、軒轅見於經，餘無聞焉。或得於上古所傳，或莊子撰出，如佛言我於過去某劫也。以天地間觀之，自伏羲以來，載籍可考者三千餘年，伏羲已前必有六籍所不傳者，未可遽以爲無也。某所有賢者，贏糧而趍之，暗説孔、孟在其間。頡滑、堅白、解垢、同異，皆當時辯者之事。以取魚、取鳥獸之事與辯者並言，亦是以曾、史與斗斛權衡並譏之意。求其不知者，務外以求異。求其已知者，曉然易見，自然之理也。所不善在人者，所已善在我者，即《齊物論》所謂「是其所是而非其所非」，言但知它〔一〕人之非而不知己之所是者，亦非也。大而日月山川，微而喘耎肖翹，莫不失其性。甚矣！好知之亂天下也。歎息一句結了，卻以三代實之。《逍遥遊》曰「湯之問革也是已」，起句也。此曰「三代已下是已」，結句也。起結雖異，同一機軸。

此章舉至德之世上下無求、民各自足，以證今時之不然。十二君者，其間或典籍未聞。祝融已〔二〕下，迹漸可考，竊意伏羲已前，民性素樸，則繩猶未結也。故所食皆甘，所服皆美，樂俗安居，何知帝力？鄰國相望而無攻掠之憂，雞犬相聞而有阜豐之

〔一〕它：四庫本作「他」。

〔二〕已：朱本、四庫本並作「以」，通。

樂，民至老死不相往來，則耕鑿自給，無求於外。只此數句，寫出太古淳朴之風，蓋引《道德經》「小國寡民」章語云。後世遂至延頸舉踵，贏糧趨賢，棄主去親，不遠千里而求之，尚賢之迹著，使民求奇務異以尊耳目所不及，必有名浮于實者應之，是相率而爲僞，欲天下不亂可得乎？下文明好知之害物，使生民失性，雖禽獸蟲魚亦不得安其性命之情矣。皆知求其所不知，信其所已善〔一〕。所不知，謂分外求知，如測天地問鬼神之類。所已知，謂己之良知，辨微危〔二〕、尊德性之類。所不善，己自以爲非者，責人求備之類。所以善，己自以爲是者，矜能自用之類〔三〕。信能於此精擇而謹趨之，則知善皆出於真，性情各歸於正，不治天下而天下自治矣。苟或反是，則日月山川爲之悖爍，人民其能自安乎？此皆原於上好知之過。種種之民，謂得祖氣之正，可爲種於天下者也。

是篇以《胠篋》命題，諸解罕及。胠字之義，唯林疑獨云：「潛開也。」今考《監韻》：「胠，脅也。」則胠篋者，從篋之脅旁開而取物，此竊盜之行也。經意謂治失其道，法令

〔一〕所不知信其所已善：此八字原缺，據朱本補入。

〔二〕微危：朱本作「尊卑」。

〔三〕所以善，己自以爲是者，矜能自用之類：此數句四庫本無，脱。上「以」，朱本作「已」，通。

滋〔一〕彰，上以知防民，民亦以知窺其上；防之弗周，必將乘間而有之。故國之利器不可以示人。田成子盜齊并竊其聖知之法，以致身安國霸，則知盜亦有道，而世俗之聖知不足恃也。如此，四子之不免乎戮，宜矣。世間善惡二塗，皆資聖人之道而立，然而爲惡者常多，趨善者常少，則其利天下少而〔二〕害天下多也可知。蓋消長之理〔三〕，猶唇齒川谷之相因，若重以聖知治天下，其爲盜跖之利不輕矣。爲器以平之，并器而竊之；立法以治之，并法而竊之。吾將奈何哉？此實由乎爲治者不能弘道德以公天下之情。然後姦雄得竊其權以爲私利，天下有〔四〕被其害者矣。○南華務在絶聖棄知，掊斗折衡，思復上古無爲之治；然其還淳反朴之要在明乎真知，以正其所趨；復乎真善，以全其所受而已。爲欲矯世俗之弊，其言〔五〕不免乎過訐，覬有以激回之。《馬蹄》未足盡其喻，至《胠篋》而

〔一〕滋：朱本、李本並作「玆」，通。
〔二〕而：此字四庫本無。
〔三〕理：朱本、李本並作「勢」。
〔四〕有：朱本、李本此字上並有「始」字。
〔五〕言：四庫本此字下有「之」字。

極矣。奈何道大難用〔一〕，徒託空言，獨唱於前，卒無和者，無怪乎古〔二〕今抱道之士，高蹈山海而不返也。吁！使任治道〔三〕之君子，皆如〔四〕漆園之用心，何患乎世道之不興，淳風之不復哉！

〔一〕用：朱本、李本並作「容」。
〔二〕古：李本作「占」，譌。
〔三〕治道：朱本、李本並作「輔世」。
〔四〕如：此字朱本、李本並無。

南華真經義海纂微卷之三十

武林道士褚伯秀學

在宥第一

聞在宥天下，不聞治天下也。在之也者，恐天下之淫其性也；宥之也者，恐天下之遷其德也。天下不淫其性，不遷其德，有治天下者哉？昔堯之治天下也，使天下欣欣焉人樂其性，是不恬也；桀之治天下也，使天下瘁瘁焉人苦其性，是不愉也。夫不恬不愉，非德也。非德也〔一〕而可長久者，天下無之。人大喜邪毗於陽，大怒邪毗於陰。陰陽并毗，四時不至，寒暑之和不成，其反傷人之形乎！使人喜怒失位，居處無常，思慮不自得，中道不成章，於是乎天下始喬詰卓鷙，而後有盜跖、曾、史之行。舉天下以賞其善者不足，舉天下以罰其惡者不給，故天下之大，不足以賞罰。自三代以下者，匈匈焉，終以賞罰爲事，彼何暇

〔一〕非德也：此三字四庫本不疊，脱。

安其性命之情哉！

郭象注：宥使自在則治，治之則亂也。真莫之蕩，則性命不過，欲惡不爽。在上者不能無爲，故有誘慕好惡而民性淫矣。所貴聖王者，非貴其能〔一〕治，貴其無爲而任物之自爲也。無治乃不遷淫。堯雖在宥天下，其迹則治也。治亂雖殊，其於失後世之恬愉，使物爭尚畏鄙而不自得則同耳。喜怒失位，居處無常，此皆堯、桀之流使致斯患。人在天地之中，最能以靈知喜怒擾亂群生而振蕩陰陽也。故得失之間，喜怒集乎百姓之懷，則寒暑之和敗，四時之節差，百度昏亡，萬事夭落也。慕賞乃善，賞不能供。畏罰乃止，罰不能勝。忘賞罰而自善，性命乃大足耳。夫賞罰者，聖王所以當功過，非所以著勸畏也。故理至則遺之，而三代已〔二〕下匈匈然與迹競遂，以所寄爲事，何暇安其性命之情哉？

呂惠卿注：天下者，萬物之所一，其常性常德，即我之性德是也。在宥天下，在宥我而已。在者，存之而不亡，任自然而不益。宥者，放之而不縱，如囿之宥物也。不淫不

〔一〕能：四庫本作「自」，訛。
〔二〕已：四庫本作「以」，通。

遷，無爲而已。無爲則無我，無我則治天下者誰哉？故兩忘堯、桀之是非也。人生而靜，何有樂苦？使之樂苦[一]，是淫其性；淫其性，未有不遷其德者也。萬物負陰抱陽，沖氣爲和，人莫不有沖氣之和以與天地通，而堯使民樂其性，至太喜而毗於陽；桀使民苦其性，至太怒而毗於陰。故傷其沖氣，而墮四時之施，寒暑之和不成，反傷人形矣。至於思慮不自得，中道不成章，所謂兩相傷也。於是天下始有喬詰卓鷙非常之行，喬則尚高，詰則窮盡，卓則難及，鷙則不群，皆非平易中正。此賞罰所以不給[二]，性命之情所以不得而安也。

林疑獨注：天下所自生者莫不自在，天下所自得者莫不自宥。聖人觀天下自在之性而在之，使各適逍遥之遊；因天下自宥之德而宥之，使各安其理義之悦。在之者使天下成其性，宥之者使天下順其德。故性不淫，德不遷，聖人亦無爲矣。豈有治天下者哉？心無所苦謂之恬，恬有安靜意。心相承順謂之愉，愉有懽悦意。喜則氣散而心動，故不恬。怒則氣逆而心鬱，故不愉。人心未嘗不虛，而至於悲喜者，有物觸之也。堯、桀

〔一〕使之樂苦：此四字四庫本無，脱。
〔二〕給：四庫本作「及」，訛。

之治天下，雖善惡不同，其觸人心而至於害性則一，非先王自得之理也。其可長久乎！人過喜則陽氣常舒，過怒則陰氣常慘。喜怒始由於君政失中，以致民心失節，上干天地之和而反傷人之形，此相因之理也。故使人思慮不自得，中道不成章。皆言人形被傷，陰陽不和之狀。喬詰，言之好高。卓鷙，行之尚異。天下因堯之迹而有曾、史，因桀之迹而有盜跖。既譽〔一〕堯非桀，善惡交紛，竭天下之物不足以爲賞罰，況其它〔二〕乎？上之人終以賞罰爲事，則天下之民豈能安其性命之情哉？

陳詳道注：有天下者，欲開天而不開人，爲福而不爲賊，莫若在宥之而已。在則莫之攖，宥則莫之迫。莫攖則性不淫，故誘然皆生而不知所以生。莫迫則德不遷，故同然皆得而不知所以得。又孰治天下哉！治天下者，不失於不恬，必失於不愉。不恬則太喜而毗於陽，不愉則太怒而毗於陰。蓋人身之氣與天地通流，吾之陰陽毗於此，天地之陰陽應於彼，寒暑之和不成，而反傷人之形矣。於是天下始有求高探深、尚異務捷者出，皆非中道也。不過於爲善，必過於爲惡，故舉天下不足以爲賞罰，何暇安其性命之情哉？

〔一〕譽：原作「舉」，據四庫本改。
〔二〕它：四庫本作「他」。

陳碧虚注：上古之君存天下者，寬之而已，非有心以治之也。故天下不淫其性，不遷其德，斯無爲而自治也。昔堯亡自存之道而施仁愛，使民失常性，以至親之、譽之；桀無寬物之恩而務苛急，使民失常德，以至畏之、侮之，性淫德遷而不亡者未之有也。人之喜怒通乎陰陽，陰陽不和反傷人刑〔一〕矣。喬詰，高奇之論，喻曾、史之流。卓鷙，獨行勇猛，比盜跖之徒也。賞善不足，言詐善衆。罰惡不給，言實惡多。故喧譁競逐，以勢利爲務，何暇事恬愉壽考邪！

林氏《鬳齋口義》云：在者，優游自在。宥者，寬容〔二〕自得。天下之人，性皆不亂，德皆不移，又何用治之哉？恬，静也。愉，樂也。喜屬陽，怒屬陰。毗，益也，醫書所謂有餘之病。致中和則天地位，失其中和則四時不調，而人亦病矣。居處無常，謂妄動。不成章，失中道也。喬者，好高而過當。詰者，議論相詰責。卓者，孤立。鷙者，猛厲。皆形容不和之意。曾、史、盜跖只代賢、不肖字。用心不和，則賢、不肖皆非矣。今賞賢而罰不肖，則賢非真賢，舉世皆然，賞之而不足，言此等人多也。人皆慕賞避罰，以僞相與，

〔一〕刑：四庫本作「形」。

〔二〕容：四庫本作「裕」。

則豈能安其性命自然之理哉？

在者，存之而已，有天下而不與焉。宥者，矜而恤之，故視民如傷焉。是以聖君端拱乎廟堂之上，百姓恬愉於畎畝之中，性不淫而德不遷，形聲和而天地應，上古至治之風也。自三代而下，匈匈〔一〕然以賞罰爲事，使民無以安其性命之情〔二〕；至戰國縱橫，則有〔三〕賞之而不勸，罰之而不畏者〔四〕矣。南華立在宥之論，有心於復古者歟？人處世間，日與物接，理〔五〕有逆順，喜怒不能〔六〕盡忘，在乎調之以〔七〕宜，發而中節，不失乎和〔八〕而已。若過喜過怒，猶天地〔九〕偏陰偏陽，則寒暑爲之失序，況於人乎？原

〔一〕匈匈：朱本、李本並作「洶洶」。
〔二〕情：朱本、李本並作「真」。
〔三〕有：此字朱本、李本並無。
〔四〕者：此字朱本、李本並無。
〔五〕理：朱本、李本並作「遇」。
〔六〕能：此字朱本、李本並無，脱。
〔七〕以：朱本、李本並作「適」。
〔八〕不失乎和：朱本、李本並作「不失乎同然之情」。
〔九〕猶天地：此三字原缺，據朱本、李本補入。

其太過之由，本於堯、桀之治，一使民欣欣，一使民瘁瘁，此喜怒之所由生也。由是而善惡著焉，賞罰立焉，天下始高亢其行，窮詰其辭，卓異鶩勇於事爲之間，善者爲曾、史，惡者爲桀〔一〕、跖，舉天下不足以爲勸懲，何暇安其性命〔二〕？任治道者，至是亦無所施其術矣。而江海山林之士，猶拳拳在念，覬有以救藥而痊復之，其言雖諔詭而心則羲黄之心也〔三〕，豈可以迹異而輕議哉！

而且悦明邪，是淫於色也；悦聰邪，是淫於聲也；悦仁邪，是亂於德也；悦義邪，是悖於理也；悦禮邪，是相於技也；悦樂邪，是相於淫也；悦聖邪，是相於藝也；悦知邪，是相於疵也。天下將安其性命之情，之八者，存可也，亡可也；天下將不安其性命之情，之八者，乃始臠卷傖囊而亂天下也。而天下乃始尊之惜之，甚矣天下之惑也！豈直過也而去之邪！乃齋戒以言之，跪坐以進之，鼓歌以儛之，吾若是何哉！故君子不得已而臨莅天下，莫若無爲。無爲也，而後安其性命之情。故貴以身於爲天下，則可以託天下；愛以身於爲天下，則可以寄天下。故君子苟能無解其五藏，無擢其聰明，尸居而龍見，淵默而雷聲，神動

〔一〕桀：四庫本作「盜」，訛。
〔二〕命：朱本、李本此字下並有「哉」字。
〔三〕之心也：「之心」二字，朱本、李本並無。「也」字，四庫本無。

而天隨，從容無爲，而萬物炊累焉。吾又何暇治天下哉！

郭象注：當理無悦，悦之則致淫悖之患。存亡無在，任其所受之分，則性命安矣。然存此八者，則不能縱任自然，故爲臠卷傖囊也〔一〕。不能遺之，已爲誤矣，而又尊之，豈不甚惑哉！非直曰寄而過去，乃珍貴之如此。且無爲者，非拱默之謂，各任其自然，則性命〔二〕安矣。不得已者，非迫於威刑〔三〕，抱道懷朴，任乎必然之極〔四〕，而天下自賓。故出處語默，付之無心，神順物而動，天隨理而行，若遊塵之動，任其自然而已矣。

吕惠卿注：天下不安其性命之情，則所謂聰明仁義，禮樂聖知，皆非其正，不免亂德悖理而已。八者，存亡皆可，言無益損乎其真。臠，割而不全。卷，束而不舒。傖，積而不散。囊，結而不解。皆所以亂天下，而乃尊之惜之，齋戒以言，鼓歌以儛，以爲天下之至真在是，世迷日久，吾若之何哉！夫臨莅天下，誠出於不得已而無爲，則我奚爲不貴愛以身於爲天下而以徇之哉？斯則可以寄託天下者也。貴則不輕其身，愛則不危其

〔一〕也：四庫本作「矣」。
〔二〕命：四庫本作「分」。
〔三〕刑：四庫本作「形」，訛。
〔四〕極：四庫本作「理」。

身，託如託身，寄如寄物，則貴重於愛，託重於寄也。無解五藏，則不散而淫乎仁義。無擢聰明，則不引而屬乎聲色。尸居龍見，其見出於無爲；淵默雷聲，其聲出於不言。神動則感而後應，天隨則不召自來，如此則從容無爲而萬物炊累。即萬物之以息相吹〔一〕，累則炊之積也。萬物歸之如塵自集，又何暇治天下哉！

林疑獨注：仁義者，禮樂之體；禮樂者，仁義之文。由性以充於内，則與道爲一；由聰明以求於外，則離道爲名。天下苟安其性命之在己者，則此八者存之所以立人德，亡之所以立天道。若夫徇名逐迹，則此八者始臠割卷束，傖聚囊括而亂天下。此皆言其拘滯不通之意。而天下乃始尊惜之，「齋戒」至「儛之」，形容其尊惜之狀，吾亦無如之何矣。夫君子爲天下所歸，不得已而臨莅，莫若無爲，無爲而無不爲矣。無爲所以治己，無不爲所以應物，堯、舜之道不過此耳。聖人入而同乎天，則無貴無愛天下，亦不知有可尊可親，故無所寄託。及出而之乎人，則有貴有愛。天下知有尊，斯託之矣。天下知有親，斯寄之矣。無貴無愛冥乎神，有貴有愛存乎身。身者，神之所寄託，天下又寄託於吾身，吾身寄託於天地，天地寄託於虚空。以是考之，凡有形者皆不免有所寄託也。《老子》曰：

〔一〕吹：四庫本作「炊」，通。

「貴以身爲天下，若可寄天下；愛以身爲天下，若可託天下。」意同而辭異。蓋於有往意而未至，若有似意而不實。老子因有天下者而言，莊子爲未有天下者而言。若可者，見其已有天下而心不係於天下，古之人若堯、舜者是也；言可以者，見其未有天下而心不忘於天下，古之人若孔、孟者是也。各有所主而已，解其五藏則精神魂魄意散而不全，擢其聰明則耳目鼻口形逐而不返，豈君子治心養性之道哉！是故居則如尸，見則如龍，默則如淵，聲則如雷，四者皆出於無心，應時順理而已。動如神之應物，行如天之隨時，唯其如此，故從容無爲而萬物炊累，若遊塵之自動，我何與焉！

陳詳道注：聰明、聖知、仁義、禮樂之於天下，聖人豈强爲哉？凡以應時適變，不得已耳。昧者守芻狗爲神明，指蘧廬爲聖宅，豈直過而去之！乃齋戒以言，鼓歌以儛，如此而欲天下不惑也難矣。貴以身於爲天下，則爲天下不若吾身之重；愛以身於爲天下，則爲天下不若吾身之親。此忘天下者也。貴以身爲天下，愛以身爲天下，非忘天下者也。忘天下則適己而已，非忘天下則有以適人，然皆未能無身也。老子曰：「生非貴之所能存，身非愛之所能厚。」則無身者何貴愛之有哉？貴愛其身，雖下於聖人，亦天下之所願爲君也，故可以寄託天下。然老子於貴以身言若可寄，愛以身言若可託。可以，必辭也。若可，疑辭也。寄其所付，託其所恃也。以忘天下與非忘天下言之，則可以、若可之辯明矣。若夫寄託之説，當從老子爲正。無解正藏，則道德不支於仁義之岐；無擢聰明，則耳目不沉於聲色之僞。尸居則無事，龍見則事出，於無事而未始有事。淵默則不言，雷聲則言出，於不言而未始有言。如是，則順物而動，其動也不以心而以神；乘理而行，其行也不以天而以人。從容無爲而萬物炊累，如在橐籥之中而已。又何暇治天下哉？

陳碧虚注：收視聽於內，則聲色莫能惑。藏仁義於己，則道德何由失？約禮樂於身，則邪僞莫能干。絶聖知之迹，則疵病莫能襲。斯八者，古人卷之以治身，末世張之以喪本。臠卷離其卷，傖囊亂其囊，謂陳迹難其卷懷，必至於亂天下。天下不貴重簡易而反尊惜繁難，其惑甚矣。故臨莅天下，莫若無爲，無爲而性命之情不安者，未之有也。貴身愛身於爲天下者，是貴愛天下非貴愛其身也，若是則得喪不在己，憂樂不爲身，故可以寄託天下也。尸者不言而整肅，龍者變化而彰明。道性真常，如淵之靜默；號令應時，如雷之發聲。神運于內，象見于外，寬裕自守，群物動昇。雖云不治天下，而治法存焉。

林氏《鬳齋口義》云：悦聖之聖，近似能字，猶言草聖，故於盜亦曰聖。此皆不可以《語》、《孟》字義釋之。安其自然，則此八者雖有亦不能爲累。臠卷，局束。傖囊，多事。

齋戒、跪坐，言鄭重致恭。鼓歌以儛，不知手舞足蹈也。蓋譏一時學者。吾，指它〔一〕人而言。汝輩如此，果如何哉！「不得已」而下，説無爲自然之治，此三字便見有天下而不與之意。以其身之可貴，猶貴於爲天下，而後可以天下託之；以其身之可愛，猶愛於爲天下，而後可以天下寄之。此二句文奇而理正。《禮記》曰「筋骸之束」，解其五藏，即是不束。擢，抽也，謂過用其聰明。尸居，即《禮》云「坐如尸」。龍，喻文采，威儀可則也。淵默，深靜不言。雷聲，感動人也。禪家所謂是雖不言〔二〕，其聲如雷。神動天隨，言動容周旋，無非天理也。此三句，理到而文奇。萬物炊累，即是萬物以息相吹，言我但無爲於上，而民自作自息，如遊塵之炊累，又何容心以治之哉〔三〕？

聰明仁義禮樂聖知八者，雖出於人爲，各具自然之理，行其所無事而已〔四〕，亡之不爲失，存之不爲得也。若心有所悦，則滯迹成弊，害有甚焉者矣。行其〔五〕無事，則

〔一〕它：四庫本作「他」。
〔二〕雷聲感動人也禪家所謂是雖不言：此十四字四庫本無，脱。
〔三〕哉：此字四庫本無。
〔四〕而已：四庫本作「則」，連下句讀。
〔五〕其：朱本、李本並作「所」。

安其性命之情。滯迹成弊，則臠卷傖囊〔一〕而亂天下也。臠卷，謂拘束於仁義禮樂。傖囊，謂馳騁其聰明聖知。一人膠擾於上，何望天下之泰寧！然天下猶慕而尊惜之。齋戒以言，則神其説。跪坐以進，則重其傳。至於鼓歌以儛〔二〕，則樂之無厭。其惑不可解矣。吾奈此何哉！此重歎之辭。不得已而臨莅，迫而後動也。莫若無爲，任物性之自然。故貴以身爲天下，則不賤其民；愛以身爲天下，則能親其民。若是，然後可以寄託天下矣。寄託互其文〔三〕，不必分輕重。無解〔四〕五藏，斂五常而歸於道也。無擢〔五〕聰明，泯聲色而全其真也。是故善處者以時而出，其出必神；善寂者以時而鳴，其鳴必大。皆由己涵養之功，以符至神之運，天且弗違，而況於人乎？從容無爲，我自得也；萬物炊累，物自得也。物我俱得而〔六〕天下治矣。又何暇治天下哉！○

〔一〕傖囊：傖，李本作「愴」，通。囊，朱本、李本並作「攮」。下數處皆同。
〔二〕儛：朱本、李本此字下並有「之」字。
〔三〕文：四庫本作「分」，訛。
〔四〕解：朱本、李本此字下並有「於」字。
〔五〕擢：朱本、李本此字下並有「其」字。
〔六〕而：此字朱本、李本並無。

「傖囊」二字，諸解並以亂釋之，而無音切。按毛晃《增韻》以「傖囊」之囊附獰字條，引《莊子》爲〔一〕注；續考《漢書·賈誼傳》「國制搶攘」，上音傖仕〔二〕庚切，下女庚切，亂也。詳此經文，「傖囊」字舊以亂釋之，則當與〔三〕《漢書》「搶攘」，音訓一同〔四〕。

〔一〕莊子爲：朱本、李本並作「爲莊子」，倒。
〔二〕仕：朱本、李本並作「任」，訛。
〔三〕與：朱本、李本此字下並有「於」字，衍。
〔四〕自「傖囊二字」至「一同」：此段朱本、李本並在上文「則攣卷傖囊而亂天下也」句下。

南華真經義海纂微卷之三十一

武林道士褚伯秀學

在宥第二

崔瞿問於老聃曰：「不治天下，安臧人心？」老聃曰：「汝慎無攖人心。人心排下而進上，上下囚殺，綽約柔乎剛强，廉劌雕琢，其熱焦火，其寒凝冰，其疾俛仰之間而再撫四海之外。其居也淵而静，其動也縣而天。僨驕而不可係者，其唯人心乎！昔者黄帝始以仁義攖人之心，堯、舜於是乎股無胈〔一〕，脛無毛，以養天下之形，愁其五藏以爲仁義，矜其血氣以規法度。然猶有不勝也，堯於是放讙〔二〕兜於崇山，投三苗於三峗，流共工於幽都，此不勝天下也。夫施及三王而天下大駭矣。下有桀、跖，上有曾、史，而儒、墨畢起。於是喜怒

〔一〕胈：原誤作「肱」，今改正。
〔二〕讙：四庫本作「驩」，通。

相疑，愚知相欺，善否相非，誕信相譏，而天下衰矣；大德不同，而性命爛漫矣；天下好知，而百姓求竭矣。於是乎釿鋸制焉，繩墨殺焉，椎鑿決焉。天下脊脊大亂，罪在攖人心。故賢者伏處乎大〔一〕山嵁巖之下，而萬乘之君憂慄乎廟堂之上。今世殊死者相枕也，桁楊者相推也，刑戮者相望也，而儒、墨乃始離跂攘臂乎桎梏之間。噫，甚矣哉！其無愧而不知耻也甚矣！吾未知聖知之不爲桁楊椄槢也，仁義之不爲桎梏鑿枘也，焉知曾、史之不爲桀、跖嚆矢也！故曰：絶聖棄知，天下大治。」

郭象注：排之則下，進之則上，言其易摇蕩也。焦火、凝冰，皆喜怒并積之所生。若乃不雕不琢，各全其樸，何冰炭之有！俛仰之間，再撫四海，風俗之所動也。静之可使如淵，動之則係天而踴躍。人心之變，靡所不爲。任而放之，則静而自通；治而係之，則跂而僨驕。僨驕者，不可制之勢。夫黄帝非爲仁義也，與物冥，則仁義之迹見；迹見則世必徇之，是使物攖也。至若堯、舜之名皆迹耳，我寄斯迹而迹非我，故駭者自世。世彌駭，迹愈粗，粗之與妙，猶塗之夷險，遊者豈嘗〔二〕改其足哉！聖人一也，而有堯、舜、湯、

〔一〕大：四庫本作「泰」，通。
〔二〕嘗：四庫本作「常」，通。

武之異。所異者，時世之名，未足以名聖人之實。雖有仁義之迹，而所以迹者故全也。自「喜怒相疑」至「誕信相譏」，莫能齊於自得，立小異而不止於分，知無涯而好之。故無以供其求，於是有釿鋸椎鑿之禍，雕琢性命遂至於此。若任自然而居當，則賢愚襲情，貴賤履位，君臣上下，莫匪爾極，天下無患矣。斯迹也，遂攖天下之心，使奔馳而不可止。惡直醜正，蕃徒相引，任真者失其據，業〔一〕僞者竊其柄，於是主憂於上，民困於下，由腐儒守迹，故致斯禍。不思捐迹反一，方復攘臂用迹治迹，可謂無媿而不知恥也。桁楊以椄槢爲管，桎梏以鑿枘爲用。聖知仁義者，遠罪之迹。迹遠罪民斯尚之，尚之則矯詐生，矯詐生而禦侮〔二〕之器不具者，未之有也。

吕惠卿注：在宥而不治，所以不攖人心；治而感之，則是攖之。排之則下，進之則上，莫知其鄉也。上下囚殺，至其寒凝冰，則非所宜攖者也。俛仰之間，再撫四海，則出入無時也。居也淵静，動也懸天，僨驕而不可係，所謂操存而舍亡者也。真人恐學者直以堯、舜爲未至，故又言黄帝以仁義攖人心，其旨在於絶聖棄知，非其人有間然也。聖知

〔一〕業：四庫本作「崇」。
〔二〕侮：四庫本作「奸」。

不去，不能無以仁義攖人心，以我有心故也。有心則有迹，不免以身徇天下，以至於有所謂凶德而去之也。自「股無胈」至「規法度」，此以身徇天下者，猶不能勝，以不能絶聖棄知也。施及三王，則下有桀、跖之窮凶，上有曾、史之過善，儒、墨畢起，交相疑欺，未有得天下之至正者。所以性命爛漫，百姓求竭，於是有釿鋸椎鑿之禍，不得不然也。故賢者退伏而避患，萬乘憂慄而不知，所以爲之之方，凡以不能無爲，以反其性命之情而已。「今世殊死」至「刑戮相望」三語，則又非三代之比，而儒、墨乃離跂攘臂於罪人之間而欲與之論議，是不知恥之甚也。今欲救之，而不反性命之情，重之以聖知仁義，則是遁天之刑，增固而不解，重利桀、跖，使得爲先聲而從之也。

林疑獨注：進上者好高，排下者趨卑，各有所制縛，所以爲囚殺。綽約柔乎剛强，廉劌所以喪真，雕琢所以損樸，名爲治之，實有以攖拂之也。於是有陰陽之患。焦火凝冰，即躁勝寒、靜勝熱之意。俛仰之間，再撫四海，言夢寐之頃得天下者，如南柯枕中之事。淵靜即潛默，懸天則所係高遠。僨驕，言其縱逸，與心猿意馬喻同。法始乎伏羲，至堯、舜而迹著。又述黄帝之迹而行之，以至股瘦而無胈，脛秃而無毛，徒能養天下之形，不能安天下之性；憂苦其五藏以爲仁義，矜莊其血氣以規法度，陰陽交戰於一身，其能安於性命乎？性命不安，其能勝天下之情僞乎？於是有流放之事。施及三王，則法愈久而迹愈弊，故有桀、跖、曾、史之分，儒、墨競起，相疑相欺，淳風既喪，天下衰矣；性命爛漫，百姓竭矣。釿鋸，喻仁義；繩墨，喻禮法；椎鑿，喻刑辟。皆攖人心之具也。故天下脊脊大亂，萬乘之君無以安其位矣。「殊死」至「相望」，形容囚殺之多，而儒、墨猶徇仁義之迹，離跂攘臂於其間，欲有以救之，此不知本者也。蓋以迹治迹，猶以火救火，其能有功乎？椄槢，校梁也。《淮南子》云：「大者爲柱梁，小者爲椄槢。」鑿枘者，鑿頭，廁木如柱頭枘也。嚆矢，矢之鳴者。桁楊，因椄槢而後成桎梏，因鑿枘而後立聖知仁義者，欲民遠罪之迹也。民尚迹，則矯詐生，桁楊椄槢於是而具，唯去其所以攖人心者，則天下治矣。

陳詳道注：《孟子》論人心曰：「操則存，舍則亡。」《莊子》論人心曰：「僨驕而不可係。」蓋操之而不舍者，人也；放之而不係者，天也。爲治者不可以人廢天，以人廢天非所以在宥之也；爲學者不可以天廢人，以天廢人非所以充養之也。夫人心排而下之，則拘以囚；進而上之，則怒而殺。廉而劌之使傷而不全，雕而琢之使文而不質，則陰陽之氣沴矣。其僨也僨，其起也驕，執而係之使閉而不舒，則不肖之心應矣。仁義，内也，故愁五藏。法度，外也，故矜血氣。然仁義行而姦僞生，法度彰而暴亂作，故堯之至治不免四凶之誅，況三代以下乎？夫桀、紂貴爲天子，臧獲所不爲，孔、墨窮爲匹夫，而宰相所憚。貴賤之分，在行不在位，此所以言下有桀、跖，上有曾、史也。相疑相欺以至脊脊大亂，内刑也；殊死桁楊，外刑也。有外鑠則内刑至，有内刑則外刑作，故儒、墨起而天下亂，然後刑戮相望也。殊者絶之，戮者辱之。椄槢者，桁楊之梁〔一〕，椄槢非桁楊，桁楊因椄槢而後具；鑿枘非桎梏，桎梏因鑿枘而後成。聖知仁義非罪惡，罪惡因聖知仁義而後致，故以聖知譬椄槢，仁義譬鑿枘也。

碧虚注：人心本靜，攖之而亂。排謂毁之，進謂譽之。炎涼其外，冰炭其内，機心一發即徧空際，成心縱蕩，甚於奔馬也。昔者黄帝始以仁義攖〔二〕人心，堯、舜又勤苦以養天下，爲仁義，規法度，然猶不勝也，是以流放四凶，延及三王，天下驚駭，儒、墨並興，相疑相欺，德異而真散，知流而民竭。故聖賢伏處以全其生，在位者憂危而莫救也。法令之嚴由於攖撓，至刑戮交馳於道術之間者〔三〕，其摺〔四〕紳高論之所致乎？始有聖知仁義之利，終成桁楊桎梏之害。故賢者在位，日約其法；昧者在位，日滋其令。治迹澆淳，

〔一〕梁：四庫本作「累」，訛。
〔二〕攖：原誤作「櫻」，今改正。
〔三〕術之間者：此四字四庫本無。
〔四〕摺：原誤作「榴」，今改正。

在人而已。無道之君，亦必假聖賢法度以行其暴虐〔一〕，豈非曾、史爲桀、跖嚆矢哉？

　　膚齋云：此一段把《孟子》「出入無時，莫知其鄉」合觀，尤妙。排下者，不得志之時，心趨向下；得志則好進不已。心愈向上，上下皆爲囚殺，自累自苦也。剛强之人或爲綽約所柔，項羽涕泣於虞美人是也。廉劌，圭角；雕琢，磨礱。少年得志，多少圭角，更涉世故皆消磨了。焦火凝冰，形容其喜怒憂恐一俯仰間，其心中往來如再臨四海之外，言疾急如此。淵靜，喻不動，念一起時〔二〕如懸係於天也。僨，同憤。僨驕〔三〕，亢厲之狀。係，猶制也。此段模寫人心最爲奇妙。股無胈，髀肉不生之意。脛無毛，勞其足也。矜，梗其血氣，猶云柴其内。規爲仁義法度，勞苦如此，猶無如天下何，故有流放之刑。四罪而天下咸服，本舜事，而莊子唤作堯，此是其辭參差而諔詭可觀者也。延及三王，下而小人，則爲桀、跖之行；上而君子，則慕曾、史之名。起儒、墨之爭而相疑相譏〔四〕，性命之情到此都狼籍了。百姓求竭，言無以應之也。既不勝天下，遂至於用刑，故賢者隱遁而君

〔一〕虐：此字四庫本無。
〔二〕起時：四庫本作「時起」，倒。
〔三〕驕：此字四庫本無，脱。
〔四〕譏：四庫本作「欺」。

自勞，被罪者益衆而儒墨於此時猶高自標致，支離翹跂於衆罪人之中，可謂不知恥也甚矣。桁楊，械也。椄槢，枷中横木楔。嚆矢，今之響箭也。

天下不治，然後有治之之名。民心不臧，然後用臧之之術。治術之設，興於中古立法之君，而弊於後世徇迹之臣〔一〕。經〔二〕所謂木埴〔三〕之性，豈欲中〔四〕規矩鉤繩哉！崔瞿不明人心本具至善，乃欲以政治善天下之心。老聃告以但勿攖之足矣，何〔五〕作爲以善之？今人心之弊，多好抑下尊高，所以至於爭競囚殺，而不知綽約所以爲柔剛强之道，遂廉劌其鋒〔六〕，雕琢其質，喜怒外觸，冰炭内攻，一點沖和幾何而不銷鑠哉！況念頭一舉，萬水千山，淵靜天懸〔七〕，不足爲喻。此所謂僨驕而不可係者

〔一〕之臣：朱本、李本並作「者」。

〔二〕經：此字朱本、李本並無。

〔三〕埴：原作「植」，據朱本、李本改。

〔四〕中：原缺，據朱本、李本補入。

〔五〕何：朱本、李本此字下有「乃」字。

〔六〕鋒：李本作「烽」，訛。

〔七〕淵靜天懸：朱本、李本並作「寧靜飛揚天淵」，「天淵」屬下句讀。

也。上古無爲，君民各適，處〔一〕混芒而得澹漠焉。黄帝爲治，始以仁義攖人心，至堯、舜則政治畢具，攖之愈深。攖之既深，犯之必力，故不免施四凶之誅，而天下大駭，恩害相生，理之必至者也。上有不同之治，下有不同之德，性命爛漫而無以復，百姓求竭而無以供，於是釿鋸椎鑿之禍興，天下大亂，不可救藥，賢者伏〔二〕處以避禍，萬乘憂慄而苟存，以至殊死者相枕於道路，刑罰不中可知矣。而爲治者乃始攘臂乎桎梏之間，謂己足以任繁劇而善治亂也。殊弗悟致亂之由，實爲自召，無異置人於墊溺而後褰裳力拯以爲恩，非唯彼遭困厄而已亦勞且憊矣。由是知世所謂聖知仁義，未必不爲桁楊桎梏；曾、史、楊、墨，未必不爲桀、跖利器也。《道德經》云：「我無爲而民自化，我無欲而民自樸。」斯爲不治之治歟？

黄帝立爲天子十九年，令行天下，聞廣成子在於空同之上，故往見之，曰：「我聞吾子達於至道，敢問至道之精。吾欲取天地之精，以佐五穀，以養民人；吾又欲官陰陽，以遂群生，爲之奈何？」廣成子曰：「而所欲問者，物之質也；而所欲官者，物之殘也。自而治天

〔一〕處：四庫本此字下有「以」字，衍。
〔二〕伏：四庫本作「獨」。

下，雲氣不待族而雨，草木不待黄而落，日月之光益以荒矣，而佞人之心翦翦〔一〕者，又奚足以語至道！」黄帝退，捐天下，築特室，席白茅，閒居三月，復往邀之。廣成子南首而卧，黄帝順下風膝行而進，再拜稽首而問曰：「聞吾子達於至道，敢問治身奈何而可以長久？」廣成子蹷然而起，曰：「善哉問乎！來！吾語汝至道。至道之精，窈窈冥冥；至道之極，昏昏默默。無視無聽，抱神以静，形將自正。必静必清，無勞汝形，無揺汝精，乃可以長生。目無所見，耳無所聞，心無所知，汝神將守形，形乃長生。慎汝内，閉汝外，多知爲敗。我爲汝遂於大明之上矣，至彼至陽之原也；爲汝入於窈冥之門矣，至彼至陰之原也。天地有官，陰陽有藏，慎守汝身，物將自壯。我守其一以處其和，故我脩身千二百歲矣，吾形未嘗衰。」黄帝再拜稽首曰：「廣成子之謂天矣！」廣成子曰：「來！余語汝。彼其物無窮，而人皆以爲終；彼其物無測，而人皆以爲極。得吾道者，上爲皇而下爲王；失吾道者，上見光而下爲土。今夫百昌皆生於土而反於土，故余將去汝，入無窮之門，遊無極之野。吾與日月參光，與〔二〕天地爲常。當我，緡乎！遠我，昏乎！人其盡死，而我獨存乎！」

〔一〕翦翦：四庫本作「譾譾」。
〔二〕與：四庫本此字上有「吾」字。

郭注：問至道之精，可謂質。不任其自爾而欲官之，故殘。人皆自修而不治天下，則天下治矣。窈冥、昏默，皆了無也。老、莊之所以屢稱無者，明生物者無物而物自生耳。忘視而自見，忘聽而自聞，任其自動故閑靜而不夭。慎内全其真，閉外守其分，知無涯故敗也。極陰陽之原，則有官有藏，但當任之。任性命之極，極長生之致，身不夭乃能及物也。物無窮而人以爲終，徒見其一偏耳。皇王之稱，隨世上下，得通變之道，以應無窮一也。失無窮之道，則自信於一偏，不能均同上下，故俯仰異心。土，無心者也。生於無心，故當反守無心而獨往。入無窮，遊無極，則與化俱。日月參光，天地爲常，都任之也。物之去來皆不覺，故以死生爲一體，無往而非存也。

呂注：空同之上，無物而大通之處。道爲無名之樸，故曰質；陰陽道之散，故曰殘。「雲氣不待族」至「益以荒矣」，則非輔其自然而有以虧之。閒居三月，齋潔〔一〕之至；順下風而進，循本以求之。治身而可長久者，唯道爲然，是乃問其質也。窈冥則無形，言所不能論，意所不能致，而有所謂精者，可知言則非其極也。必至於昏昏默默，乃所以爲道之極。此言道之體，無視無聽，至乃可長生，則與之入道也。抱神以靜，則形不期正而自

〔一〕潔：四庫本作「戒」。

正；必靜必清，言其不可橈而濁之；形不勞而全，精不揺而復，乃可長生矣。夫神無形而麗物，不麗於物而反乎無見無知。不守其形，將安之〔一〕乎？慎内則塞其兑，閉外則閉其門，此養神而保之之道。反是，則多知而敗矣。人未知道，則域於陰陽而未嘗至其原。無見無聞無知，則遂於大明之上，入於窈冥之門。得是而窮之，則知天地有官，其官也以此；陰陽有藏，其藏也在此。慎守汝身，物將自壯，則奚爲而外求哉！黄帝又語以向之所謂無見聞，知道之體而已。至其用，則無見乃其所自見，無聞乃其所自聞，無知乃其所自知也。蓋道之爲物，無窮無測而遂止於無；見、聞、知，則是無窮而以爲終，無測而以爲極也。得道者爲皇爲王，以其神明而皇王之所興起也；失道者見光爲土，以其形不出照臨覆載之間也。百昌生土反土，以其形而已。故余將去汝〔二〕，入無窮，遊無極，則以爲終極者，非知我者也。與日月參光，則其明不息；與天地爲常，則其久無窮。當我緡乎，不知其爲當也；遠我昏乎，不知其爲遠也。人盡死而我獨存，則求之吾身，不知何物而可以至於此也。萬物之靈，唯人爲最。造化之爲人，不知幾何而一遇，而人之聰明恂

〔一〕之：原作「知」，據四庫本改。
〔二〕汝：此字四庫本無。

達可以與此者，又幾何而一遇也。而不孜孜焉，則彼以慈爲寶者，固不厭數數言之也。

疑獨注：黄帝爲天子歷年已，更陰陽之數以治天下，故言其迹；廣成不治天下，故言其道。黄帝欲取天地，官陰陽，此至命體神者所爲。陰陽，言其氣；天地，言其形。氣精而形粗，精者，神之質；陰陽者，道之殘。蓋可問可答者，易散而爲天地也；可官可任者，神散而爲陰陽也。雲氣未族而雨，則陰陽失其理；草木未黄而落，則萬物失其道。以至日月昏晦，皆非神人之治也。閒居，不以物累；三月，數之小成。至道之精，太易也；至道之極，太極也。陰陽生於太易，天地生於太極。窈冥昏默，則未有象數，故謂之精，謂之極。目不亂於色，耳不亂於聲，故神全不動，邪氣不干，而形止於一矣。無勞汝形，《老子》曰「載營魄」是也。無摇汝精，《老子》曰「抱一」是也。魄者，形之主；一者，精之數。學道者，當廓其志，勿累於形，使神〔一〕常載魄而不載於魄，則可抱一而體神矣。今人死而有升沉之異者，由滅神徇形以神從魄，故至淪於幽陰，化爲異物。若神全之人，雖魄之陰滯，將與神爲一而無所不之也。目無見，則内視；耳無聞，則反聽；心無知，則無思。故塵自外隔，根自内固，而形可長生也。慎内，則真不散；閉外，則塵不入。此爲道日損

〔一〕神：四庫本作「人」，訛。

之意。多知則務日益，所以爲敗也。大明之上，顯道也；窈冥之門，玄德也。至陽無陰，至陰無陽。原者，陰陽之本，萬物所自出。彼物無窮無測而以爲終極者，以人言之耳。皇者，王之所自出，天道也；王者出於皇，人道也。光以言天，土以言地，蓋得道者出爲王，入爲皇，無所不可；失道則有所偏，在上見光，在下爲土而已。今天下百昌之物，始出於土，終化爲土，土豈有心於物哉？人生於無形，死於無形，豈能係於人間？余將去汝，言身雖在人間，而心已離之而與造物者游矣。無極，不見其始；無窮，不見其終。門者，出入所自；野者，空曠而無適莫也。與日月合其明，與天地合其德，故至人之心若鏡，物來則應，物去則忘。當我，物來也，緡乎，有係物意；遠我，物去也，昏乎，有忘物意。物之去來，皆不覺也。人其盡死而我獨存，言神人與造化爲一，死生不得與之變也。

詳道注：夫天地有官，可任而不可違；陰陽有藏，可委而不可離。欲官陰陽以遂群生，則是以人御天而逆其自然，物幾何而不殘乎？《老子》曰：「道甚夷而民好逕。」又曰：「益生曰祥。」苟欲速而益之，則子生未孩而始誰？雲氣不待族而雨，何異乎揠苗者哉？此所以上悖日月，益以荒矣。黄帝退，捐天下，能外物矣，未能外生，所以問治身之道。廣成子告以必静必清，則於外生得之矣。故又告以物無窮極也，昏默則視聽不可見聞，窈冥則摶之不可得也。耳目者，心之寇，故必無視無聽，然後抱神以靜。動濁者，形精之蠹，故必靜然後無勞形，必清然後無勞精，此所以貴閉慎，而不貴多知也。陽爲顯，故遂於大明之上；陰爲幽，故入於窈冥之間。守其一，精之至也；處其和，和之至也；舍德之厚〔一〕比於赤子，精和之至。故千二百歲而形未嘗衰。夫〔二〕道前無始而後無終，與有數者異；上不皦而下不昧，與有體者異。光者，陽之精；土者，陰之質。失道，則上役於陽，故見光；下制於陰，故爲土〔三〕而已。萬物生於土，又反於土，吾將去之也。與日月參光，則合其明；與天地爲常，則合其德。當我緡乎，與我合者緡而爲道；遠我昏乎，與我遠者昏而爲物。人其盡死而我獨存，謂彼則盛其枝葉以傷根柢，此則深根固蒂以存枝葉也。

碧虚注：有所欲，有所取，非精妙也，乃粗質爾；有所法，有所治，非全真也，必傷殘矣。自而治天下，陽災陰沴，二景失明，又奚足以語至道哉！黄帝退，捐天下，膝行而問修身，廣成始告以窈窈冥冥，强名道之精；昏昏默默，强名道之極。不以色爲色，不以聲

〔一〕厚：四庫本作「原」，訛。
〔二〕夫：四庫本作「失」，訛。
〔三〕土：原作「上」，據四庫本改。

爲聲，故神靜而形正。靜則神不勞，清則精不揺。不妄視故無見，不妄聽故無聞，不妄想故無思。三者皆〔一〕真，故神住形留也。愼内則虚心，閉外則塞兑。蓋懼夫多知之爲敗，故能超乎陰陽，會乎道域也。三辰焕明，五嶽安鎮，天地有官也；四時資生，萬物結成，陰陽有藏也。自治則物化而日强，純一則沖和之所聚，故脩身千二百歲而形未嘗衰。李淳風《天元主物簿》云：「千二百謂之大剋，一曰陰陽之小紀也。」道本無始，豈有終？不知誰子，豈有極？上爲皇而下爲王，域中之大也；上見光而下爲土，同一物也。萬物自生自滅，吾亦倏來倏去，太虚之門無窮，造化之野無極，與日月參光不自顯也，與天地爲常不自異也。物之當我如絲緒，緍然而不覺；物之遠我如暗冥，昏然而不知。人其盡死，理當隱景，而我獨存，吾有不亡者是也。

　　庸齋云：官陰陽，使陰陽各當其職。物之本然曰質，即前言至道也。物之殘，謂害物之事。天地、陰陽，皆自然之理。五穀群生，亦自生自遂。有心以官之，反爲物害矣。雲不聚而雨，此有而彼無。葉〔二〕不待黄而落，失時也。窈冥昏默，微不可見。無視無

〔一〕皆：此字四庫本無。
〔二〕葉：原缺，據四庫本補入。

聽，耳目俱忘。靜而無爲，形則自正。神必清靜，形不勞役。氣無動摇，則可長生。今修煉之學，原於此。無勞無摇，此無與勿字同，有禁止之意。無見、無聞、無知，又解「無視」、「抱神」兩句。慎内，不動其心；閉外，不使物得以動吾心也。不識不知而後德全，多知則敗事矣。大明即太虚，窈冥即無極，言人身自有天地陰陽；我之天地各官其官，我之陰陽各安其所，則此身可以慎守，物物皆自堅固。物謂我身所有之物，所守者一而不雜，所處者無不和順，所以千二百歲而形不衰。廣成子之謂天，言其與天合一也。物安有窮而人必求其所終，物豈可測而人必求其所極，以有涯隨無涯也。《易》不終於《既濟》而終於《未濟》，是知物無窮無測也。子在川上曰：「逝者如斯乎〔一〕！」亦指無窮無測者言之。上爲皇，下爲王，如《天下》篇内聖外王；皇無爲，王有爲，非三皇與三代之王也。上見光者，日月；下爲土者，地也。言居天地懵然無知，舉頭但見日月，低頭但見地下而已。百物生於土，反於土，神奇臭腐交相化也。去汝者，離去人間。無窮之門、無極之野，言天地之外，故可與天地日月同其長久〔二〕也。緡，同冥。昏，暗也。當我，迎我而

〔一〕乎：四庫本作「夫」。

〔二〕久：四庫本作「生」。

來；遠我，背我而去。物之去來，我皆泯然而不知也。

空同，一作「崆峒」。司馬舊注云：「當北斗下山也〔一〕。《爾雅》：『北戴斗極爲崆峒山。』」自古雖有此山，似亦意有所寓，斗居天中，斡運萬化，山戴斗極地之中也。空同當天地之中，喻人之一心處中以制外，善居之者物莫不聽命焉〔二〕。廣成子，或云老子，亦不必泥迹，但言〔三〕古聖人也。皇帝往問至道，答以天地之精，渾淪曰質；陰陽之氣，已判曰殘。汝〔四〕所欲問者猶近乎道，汝所欲官者殘餘而已。去道已遠，何足議哉！黄帝退而閒居，復往問治身之道，始告以無視無聽，抱神正形，必静必清，無勞無摇，至彼陰陽之原，修身之道極矣。天地有官，陰陽有藏，蓋指身内而言，使人善求之，千二百歲特揆人間短景一紀之數。若要其分靈降氣，生化之源〔五〕，則亘古窮今可也。

〔一〕也：此字朱本無。
〔二〕焉：朱本此字下有「又以人心中無所有而無適不合故以名山」十七字。
〔三〕或云老子亦不必泥迹但言：此十一字朱本無。
〔四〕汝：朱本作「女」，通。此段下數處皆同。
〔五〕源：朱本作「原」，通。

自有天地陰陽，則有人有物，後乎吾身〔一〕，巧歷〔二〕莫筭，斯爲無窮無測〔三〕，而人以爲終爲極者，以形化觀而不睹其不化者耳。上爲皇而下爲王，此以得道而言，不在有位而稱也。故雖時有不同，命物之化則一。上見光而下爲土，言失道之人精魄化燐火，骨肉歸塵土，是爲虚生浪死，徒勞造化之鼓鑄者〔四〕也。百昌之生土反土，亦在乎得道失道之分。道無得失，物有去來，出機入機，所以爲化。余將去汝，言我不歸土而昇於太虚，則與二儀兩曜同其長久矣。當我，近我者，緍乎，與道合也；遠我，背我者，昬乎，冥暗無知也。人其盡死，謂衆人終於化而我獨存，此我非九竅百骸之我，乃清靜明妙虚徹靈通本來之我，不可以色見聲求。是以先天地生，獨立而不改也。竊惟二聖親傳道要，具載此章，初無甚高難行之事，易簡明白若此，後世薄俗好奇尚怪，設爲存想抽添、交媾採取之説，勞神苦形以求泰定，至有以盲引盲〔五〕，騁冰車於火山而弗悟者，

〔一〕後乎吾身：朱本作「古乎今乎前乎後乎」。
〔二〕歷：四庫本作「曆」，通。
〔三〕測：四庫本作「極」。
〔四〕者：此字朱本無。
〔五〕至有以盲引盲：此六字朱本無。

幾何而不喪其所自生哉？吁！世無真鑒久矣。因伏讀廣成遺訓，得以發余之狂言，亦〔一〕將有以狂而取之者。

〔一〕亦：朱本作「或」。

道教典籍选刊

南華真經義海纂微

中

〔南宋〕褚伯秀 撰
方勇 點校

中華書局

南華真經義海纂微卷之三十二

武林道士褚伯秀學

在宥第三

雲將東遊，過扶搖之枝適遭鴻蒙，鴻蒙方將拊髀爵躍而遊。雲將見之，倘然止，贄然立，曰：「叟何人邪？叟何爲此？」鴻蒙拊髀爵躍不輟，對雲將曰：「遊！」雲將曰：「朕願有問〔一〕也。」鴻蒙仰而視雲將曰：「吁！」雲將曰：「天氣不和，地氣鬱結，六氣不調，四時不節。今我願合六氣之精以育群生，爲之奈何？」鴻蒙拊髀爵躍掉頭曰：「吾弗知！吾弗知！」雲將不得問。又三年，東遊，過有宋之野而適遭鴻蒙。雲將大喜，行趨而進曰：「天忘朕邪？天忘朕邪？」再拜稽首，願聞於鴻蒙。鴻蒙曰：「浮遊，不知所求；猖狂，不知所往。遊者鞅掌，以觀無妄。朕又何知！」雲將曰：「朕也自以爲猖狂，而民隨予所往；朕也不得已

〔一〕問：四庫本作「聞」。

於民，今則民之放也。願聞一言。」鴻蒙曰：「亂天之經，逆物之情，玄天弗成；解獸之群，而鳥皆夜鳴；災及草木，禍及昆蟲。噫，治人之過也！」雲將曰：「然則吾奈何？」鴻蒙曰：「噫，毒哉！僊僊乎歸矣！」雲將曰：「吾遇天難，願聞一言。」鴻蒙曰：「噫，心養！汝徒處無爲，而物自化。墮爾形體，吐爾聰明，倫與物忘，大同乎涬溟；解心釋神，莫然無魂。萬物云云，各復其根，各復其根而不知；渾渾沌沌，終身不離；若彼知之，乃是離之。無問其名，無闚其情，物故自生。」雲將曰：「天降朕以德，示朕以默；躬身求之，乃今也得。」再拜稽首，起辭而行。

郭注：不知所求而自得所求，不知所往而自得所往，故內足者舉目皆自正也。夫乘物非爲迹而迹自彰，猖狂非招民而民自往，是以爲民所倣效而不得已也。若夫順物性而不治，則情不逆而經不亂，玄默成而〔一〕自然得。解獸群而鳥夜鳴，則離其所以靜，草木昆蟲坐而受害矣。蓋有治迹，亂之所由生也。噫，毒哉，歎治人之過深。僊僊，坐起貌，嫌不能隤然遠放，故遣使歸。夫心以用傷，則養心者其唯不用心乎？理與物皆不以存懷而付之自然，則無爲自化。同乎溟涬〔二〕，與物無際，莫然無魂，坐忘任獨，渾沌無知而

〔一〕而：原作「也」，據四庫本改。
〔二〕溟涬：四庫本作「涬溟」。

任其自復，乃能終身不離其本，知而復之與復乖矣。有問有闚，失其自生；默而知之，常自得也。

呂注：雲將，以澤天下爲己任者。扶揺之枝，動之末也。鴻大而蒙被，觀其名可知。願合六氣以育群生，則有意乎澤天下。曰吾弗知，是真知也。人莫不有求有往，我則不知所求，不知所往，凡以無知而已。鞅掌，拘係貌。雖遊者若有〔一〕所拘係，而吾觀天下之真，不過此物而已。萬物並作，吾觀其復，復則不妄，朕又何知！自以爲猖狂，則無爲已。民之放，則未能無爲。天則無爲，物則無知，有知有爲，則亂天經、逆物情而玄天弗成矣。歲有玄天，冬至是也；月有玄天，晦日是也；日有玄天，夜半是也；而人亦有玄天。古之求正氣之所在而以存其精神、美其根本者，未有不知此，非所以彰彰言之也。夫唯玄天所以弗成，而灾及鳥獸昆蟲者，凡以不知無爲而治之之過也。毒所以治疾，無爲而治之，猶無疾而毒之。僊僊乎歸矣，欲其反本以求之。人莫不有成心，在乎自養而已，自養則無所事爲而物自化。隳〔二〕形體則不知有六骸，吐聰明則不知有耳目。倫則理之在

〔一〕有：此字四庫本無，脱。
〔二〕隳：四庫本作「墮」。

我，物在外者也。涬溟，氣之虚而待物者。我與物忘而同乎涬溟，則心解神釋而莫然無魂，此所以處無爲之道也。云云，物之方興，我則不知；使物歸根，亦不自知。則渾沌旁礴而爲一，以至終身不離，無問無闚而物自生也。方其無知，不知其無知也；而曰此名無知邪？則是問其名。此果無知邪？則是闚其情。猶物之方生，剔其根而視之，未有能生者也。天之所以造物，亦若是而已矣。

疑獨注：雲將，雲主帥。鴻蒙，陰陽未判之氣。扶搖指風，喻其無形。遊者，任其自適，《列子》所謂至遊是也。雲將未見道體，故指時事爲問，而願合六氣以育群生。鴻蒙曰「遊」，未能無對；次則仰視曰「吁」，已無對矣〔一〕，未能無示；終曰「吾弗知，吾弗知」，則無示矣，此道之極致也。鞅掌，謂制縛，始雖有所制縛而終亦自得，舉目皆正而無妄矣。其所觀如此，我又何知？蓋以不知爲知，是真知也。天有經，物有情，亂而逆之，玄天所以不成。玄者妙之體，天言自然也。鳥獸昆蟲，皆具性命之理，順理則安，逆理則亂。今强治之，是解其群而使夜鳴也。曰心養者，萬法由心起，養之以理，鎮之以静，物來則應，物去則忘，然後能無爲而無不爲，離形去知，同乎大通，人倫物理混而爲一。故

〔一〕未能無對次則仰視曰吁已無對矣：此數句四庫本無，脱。

解心釋神，莫然無魂，此人道之極，由之而合乎天者也。夫物云云，指幻化各歸其根，言空性幻化有滅，空性無壞故至於命者。渾渾沌沌，終身不離，若彼〔一〕知之，則道離矣。始有所制，於是有名；性命所在，於是有情。名與情，皆非神人復命之事。無問其名，則名不害實；無闚其情，則情不勝性。物故自生，言萬物之理得矣。雲將聞言而悟，天指鴻蒙，降德示默。皆言神人接物之意，得無所得，故起辭而行。

碧虛注：雲將，主雨澤之帥；東遊，行仁惠之方。扶摇之枝，風先所經。鴻蒙，元氣也。遊者，元氣運動之謂。上不降則下不昇，五運乖則六氣悖。有宋之野，膏澤之所也。不知所求，則於物無係。不知所往，則縱步無心。物雖衆多，群分自正，朕又何知哉！雲本無心，而民隨之即有心也；將不得已，而民效之則有迹也。有意變常則亂，任己役情則逆，既亂且逆，天理難成，故山林無静景、林藪少和氣，由於法度太明、制割深刻之所致也。心養，謂以心惻養。無爲則養心，有爲則心養，心非我有，性原本空，動静不知，同乎涬溟，光景俱滅，歸於窈冥，渾沌不離，知則離矣。無名無情，何問何闚哉？在默何求？云德不得，起辭而行，即是妙用也。

〔一〕彼：此字四庫本無。

鬳齋云：扶摇之枝，即扶桑日出之地。育群生之問，與前章黄帝之問同。鞅掌，紛汩。無妄，真也。紛汩之中而自觀其真。不得已於民，言欲謝絶之而不可。民之放，以我爲法也。天經、物情，皆自然。以有心爲之，則亂。逆其自然，故玄天弗成。玄，虚也，猶云先天。不能輔物之自然而使失其性，則草木昆蟲皆被禍矣。此有心以治人之過，故歎曰毒哉！僊僊乎，使之急歸也。心養者，言止汝此心自養得便是。不曰養心而曰心養，當子細體認。汝但處於無爲而物自生、自化，將從前聰明皆吐去之。倫與淪同，泯没而與物相忘，則與涬溟大同矣。涬溟，無形無氣之始。解去有心之心，釋去有知之神。無魂，猶無知也。各復其根，生者必滅也〔一〕；雖滅而不滅，滅者又生，故曰各復其根而不知。渾渾沌沌，無知無覺，則終身不離乎道。纔有知覺，則是離之。凡有分别之謂名，有好惡之謂情；無問、無闚，則無分别、好惡，此即無爲自然。故物各遂其生矣。天賜我以自然之德，示我以不言之理，反身而求，已得此道。得其所得，拜謝而去也。

雲將，施雨澤、調陰陽者。過扶摇之枝，喻趨動境，明其欲出而澤物也。鴻蒙，元

〔一〕也：四庫本此字在下句「雖滅」下，倒。

氣。爵[一]躍而遊，言運動自適。元氣運而雨澤施，以[二]譬聖君在宥之化[三]。雲將願合六氣以育群生，不免於有心，與前章「取天地」、「官陰陽」義同。鴻蒙以不知答[四]之，道盡於此。雲將不能領會而退。洎再遭鴻蒙，復有問，始告以不知所求，不知所往，言求諸己而足，不在遠問他人。浮遊於世，鞅掌自得，故足以觀見真理，又何必向外求知哉！此數句發明有以教之，而雲將猶未悟，乃自陳其猖狂不得已於民之狀。鴻蒙就箴其失，謂汝徒務多言多事，以亂天常[五]、逆物理、敗其玄默之天[六]，故飛走、草木、昆蟲皆失其所，此治人之過也。毒，訓治，言有治天下哉！汝歸休乎，無復多問！雲將心疑未釋，再[七]願聞一言。鴻蒙告以汝所疑者，爲心失其養，心者神之舍，

〔一〕爵：朱本、李本並作「雀」，通。
〔二〕以：四庫本作「焉」，屬上句。
〔三〕在宥之化：四庫本作「在上而人化」。
〔四〕答：原作「知」，據朱本、李本、四庫本改。
〔五〕常：朱本、李本並作「道」。
〔六〕敗其玄默之天：敗，四庫本在「天」下，倒。玄，朱本、李本並作「默」。
〔七〕再：朱本、李本並作「在」，訛。

養以無爲則神全，神全斯足以化物。自「墮爾形體」至「莫然無魂」，乃心養〔一〕之訣，至極則養亦忘矣。萬物紜紜〔二〕，各歸其根，動極必靜，自然之理，何容知識於其間！但當渾渾沌沌，守而勿〔三〕失，知識一萌，則離道矣。問名、闚情，皆屬乎知，倘〔四〕能絶此，則〔五〕任物自化，何在乎合六氣以育群〔六〕生哉！雲將乃悟多言足以害道，示默之爲降德，在反求諸身而已。由是知以澤物爲己任者，勞而罔功；任天下之自治者，逸而俱化。蓋育萬物、和天下，不越乎全神養心之功。古之神人，使物不疵癘而年穀熟者，以此。

世俗之人，皆喜人之同乎己，而惡人之異於己也。同於己而欲之，異於己而不欲者，以出乎衆爲心也。夫以出乎衆爲心者，曷嘗出乎衆哉！因衆以寧所聞，不如衆技衆矣。而

〔一〕心養：朱本、李本並作「養心」。
〔二〕紜紜：原作「云云」，據朱本、李本改。
〔三〕勿：朱本、李本並作「弗」。
〔四〕倘：四庫本作「尚」，訛。
〔五〕則：此字朱本、李本並無。
〔六〕群：朱本、李本並作「養」，訛。

欲爲人之國者，攬乎三王之利而不見其患者也。此以人之國僥倖也，幾何僥倖而不喪人之國乎！其存人之國也，無萬分之一；而喪人之國也，一不成而萬有餘喪矣。悲夫，有土者之不知也！夫有土者，有大物也。有大物者，不可以物物，而不物故能物物。明乎物物者之非物也，豈獨治天下百姓而已哉！出入六合，遊乎九州，獨往獨來，是謂獨有。獨有之人，是之謂至貴。大人之教，若形之於影，聲之於響，有問而應之，盡其所懷，爲天下配。處乎無響，行乎無方。挈汝適復之撓撓，以遊無端；出入無旁，與日無始；頌論形軀，合乎大同，大同而無己。無己，惡乎得有有！睹有者，昔之君子；睹無者，天地之友。

郭注：心欲出群爲衆儁者，皆以出衆爲心，所以爲衆人不能相出矣；衆皆以出衆爲心，而我獨無往不同，乃大殊於衆，而爲衆主也。吾一人所聞，不如衆技之多，故因衆則寧，不因衆則衆之千萬皆我敵也。夫欲爲人之國者，不因衆之自爲，而以己爲之，此徒求三王主物之利而不見己爲之患也。三王之所利，豈爲之哉？因天下之自爲而已！以一己專制天下，天下既塞，己何由通？故一身不成而萬有餘喪，悲夫！有土之君不知也。有大物者，不可以物物，言不能用物即是物耳，不足以有大物。夫用物者，不爲物用，斯不物矣；不物，故物天下之物。明〔一〕其自爲而不窮也。人皆自異，而己獨群遊，是乃獨往獨來，獨有斯獨矣。且與衆玄同，非求貴於衆，而衆人不得不貴，斯至貴也。若信其偏見，以獨異爲心，則雖同於一致，故是俗中一物耳，非獨有者也。夫百姓之心，形聲也；大人之教，影響也。大人之於天下，何心哉？使物之所懷各得自〔二〕盡。問者爲主，應者爲配，處乎無響，則寂以待物；行乎無方，隨物轉化也。挈提萬物，使復歸自動之性，即無爲之至矣。以遊無端，則與化俱；出入無旁，玄同無〔三〕表，與日俱新，故無始終也。頌論大人之形容，與天地無異。有己則不能大同；天下之難無者，己〔四〕也，己既無矣，則群有不足復有之。睹有者，昔之君子，能美其名者耳；睹無者，天地之友，任其獨生者也。

呂注：道之無爲自然，非特人君體之，而以道佐人主者，亦當因衆以寧，無事於爲人之國也。一人所聞，不如衆技之衆，而欲自任以爲人之國，則其不喪者僥倖而已。三王之興，君臣之相與，固有以是爲利者，而末世多以是爲患，欲爲人之國者，攬其利而不見

〔一〕明：四庫本作「用」，訛。
〔二〕自：四庫本作「其」。
〔三〕無：四庫本作「俱」，訛。
〔四〕己：四庫本此字在上句「者」字上，倒。

其患也。黄帝問廣成，堯之見四子，皆以大物爲患，欲明物物者之非物而已。吾所體者道，道外無物，是以謂之獨有。夫大人之教，若形聲之於影響，而不爲天下先，此所以爲之配也。處乎無響，則寂然不動；行乎無方，則未始有封，故能挈天下而往以復之。橈橈而不必靜，是所謂萬物並作，吾以觀其復，而藏天下於天下也。故能遊乎物之終始，而方之所不能閡，時之所不能拘也。頌論，言也，言則出於不言。形軀，形也，形則象於無形。如是，則大同而無己矣。無己，烏得有有哉？熏然慈仁謂之君子，聖人所以與人同也，則睹有者特可謂之君子而已。至於睹無，則天地之友，與人同者不足以名之也。

疑獨注：惟至於命者，喜怒好惡皆出於正。若同乎己而喜之，異乎己而惡之，此欲以出衆爲心，曷嘗出乎衆哉？惟學以窮理，思以盡性而至於命，則不求出衆而在萬物之上矣。明先王之道，因衆人之知以安其心，則己之所聞不如衆技衆矣。合衆技以〔一〕成己之能，非聖人孰能與於此？三代之王，爲國而受其利，未〔二〕必有害；後世襲其迹，而不明其本，此以人之國僥倖也。其成人之國，一猶不足；而喪人之國，萬猶有餘。蓋恐當時有

〔一〕以：四庫本作「而」。
〔二〕未：原作「末」，據四庫本改。

土之君，不知僥倖喪國之患也。凡爲人所有者皆物，而有土爲大。今有生者，雖至久不能生生；有物者，雖至大〔一〕不能物物。唯不生者能生生，不物者能物物。故有大物者，不可以物，物而不物，故能物物也。聖人不物於物，物非有也；非不物於物，物非無也。明乎此，則豈獨治天下百姓而已，蓋能出入六合、遊乎九州，治天下百姓，聖人之妙理也。獨者，離陰陽而無對；獨往，無所因而往；獨來，無所從而來。獨有，無所有而有也。至貴者〔二〕，莫之爵而常自然，無所受命者是矣。大人之教，聖人之應物也。響之答、影之隨，皆無心於形聲而不知所以然。聖人之於物，亦若是而已。無問則寂，有問則應，任其自然而盡天下之所懷，使各安其性命而爲天下配，此論聖人之業。前云獨有至貴，則論聖人之道也。處乎無響，故不聞其聲；行乎無方，故不見其形。此至靜也。挈汝萬物同適乎至靜，然後出而應物於撓撓之間，故能與造物者遊乎無端，出入無旁也。日新無故，則無始無終矣。樂其意，然後能頌；得其理，然後能論。孟子曰「惟聖人可以踐形」，言可者僅可也。莊子論神人，則頌論形軀，合乎大同，與孟子相表裏。大同則公而無私，故能無己，無己惡乎得有

〔一〕大：四庫本作「久」，訛。
〔二〕者：四庫本此字在下句「自然」下，倒。

有？有非常有，無非常無，故睹有者不見其無，睹無者不見其有。不見無，是溺於色；不見有，是溺於空。二者皆倚於一偏而非全也。故睹有者昔之君子，睹無者天地之友。昔之君子，施之於今〔一〕則泥矣。天地之友，施之於天地之父則不通也。

詳道注：古之得道者，虚其心，弱其志；心虚則無分別之妄，志弱則無夸企之非。如是，則和光同塵，豈以人之同異於己而爲之喜惡哉？是故後其身而身先，外其身而身存，不求出乎衆而不得不出乎衆矣。世俗則不然，因衆之同以立己所聞之異，則衆之千百〔二〕皆吾敵也。吾一人之所聞，安能出乎彼哉？此所以不如衆技衆矣。雲將猖狂而民隨所往，皆以出衆爲異，至於災及鳥獸，禍及昆蟲，非夫攬三王之利而不見其患者乎？凡有貌、像、聲、色者，皆物也，物與物何以相遠？故明乎物物者之非物，則吾心非物也；心非物，故能物物；物物非特物物，又能窅然喪其大物，乘雲御龍，出入六合，而獨往獨來矣。有大物〔三〕者，不能無之。不物者，不有之也。吾能不物，而吾之所以不物者，又非物，孰有出衆之心哉？不出乎衆，是出乎衆也。心不出乎衆，是不有其有而其實歸

〔一〕今：四庫本作「命」，訛。
〔二〕百：四庫本作「萬」。
〔三〕有大物：四庫本作「獨有矣物」，訛。

於獨有，不貴其貴而其名歸於至貴。老子所謂不居、不去，無私成私，是也。影固無情於形，形立則影見；響固無情於聲，聲至則響應。其見也，枉直不在我而在形；其應也，清濁大小不〔一〕在我而在聲。大人之教如此，故有問應之，盡其所懷，不惑愚也。爲天下配，不爲主也。處乎無響，則其默足以應物；行乎無方，則其動足以周物。復之橈橈，與鞅掌以觀無妄意同。遊乎無端，與遊乎物之終始意同。形者生之質，軀者形之别；頌之所以樂其生，論之所以究其本。合乎大同，則天地並生，萬物爲一，庸有有己之累哉？

碧虚注：大人者，聖人之總名。大人以自治之道提挈萬類，適性而動，歸乎本源。道無首尾，日新無故，頌美大人之容儀而與道冥也。冥己則藏物，物我都忘，惡得有有？人之君子，未能忘形；若自忘者，始能化物也。

鬳齋云：欲人同己而不欲異己，是以我出乎衆人之上也；以己之所聞，必欲衆人皆歸向而後安，則雖欲出衆而不出乎衆矣。若謂之獨見，必衆皆不知而後可。既欲人人同我，則我不如衆人之技多矣。如此，而欲爲人之國，是攬取三王之利而不知其必爲患害也；以此謀人之國，是以僥倖爲心，但見有喪，安得有成？有國者，未知其人而爲其所

〔一〕不：四庫本此字上有「亦」字。

惑也。此分明譏當時歷聘遊説之士。物物者，有心有迹；不物者，無爲自然。無爲則無所不爲，故曰不物故能物物。若知物物之不物，則豈特治天下而已？出入六合，遊乎九州，言道超乎萬物之表也。操縱闔闢於造化之間而與天爲一，非人可得而二之，故獨往獨來是謂獨有，如此則至貴矣。大人，即獨有之人。形必有影，聲必有響，自然之理。有問於我，則盡此懷而應之。以此對乎天下，是以一身而當天下之大也。我爲主，配爲賓。無響，無聲無臭；無方，無迹也。橈橈，群動無已貌。挈舉世之人往歸於橈橈之中，言雖出世而不外世間，是出世、世間非二法。無端、無旁，皆無極也。不見其始，安知其終？以形軀而論贊之，合乎天地之間，皆同此身；既與萬物皆同，則無己矣，何者爲有？昔之君子，但見其有；與天地爲友，方見其無。其曰昔之君子，自堯、舜而下皆在其中。

惡異而喜同，重己而輕彼，此世之常情，以出衆爲心者也。衆同己而喜之，則己與衆無異矣，曷嘗出乎衆哉？若此而欲爲人之國，是覽已往之利而不見方來之患，幾何僥倖而不喪人之國？其存人之國至萬有餘喪〔一〕。乃衍文〔二〕奇筆，悲夫有土者之不

〔一〕喪：朱本此字下有「矣」字。

〔二〕衍文：朱本作「再唱」。

知，蓋警其爲民上者。有土，大物也，有而不與焉，斯可以物天下之物；若執而有之，爲物役矣。儻能明乎物物者之非物，則奚止治天下而已？出入六合，遊乎九州，即乘雲御龍，遊乎四海之義。故能獨往獨來，物無與偶，獨〔一〕有斯道，非至貴而何？大人之教，若形聲之於〔二〕影響，隨扣隨答，不違民願，爲天下配，則不敢爲主而爲客。應出乎感，非求應也。處乎無響，響讀同嚮〔三〕，言居無不在也。行乎無方，動無不之也。「挈汝適復之撓撓」一句，頗難釋，諸解亦未甚顯明。審詳經旨，與《道德經》「孰能安以久，動之徐生」意同。蓋大人之教主在動而化物，故〔四〕遊乎無端無旁而與日俱新〔五〕，無始終也。頌論，猶議論。議論大人之形容，合乎大同，與道無異，即《道德經》「孔德之容，唯道是從」之義。諸解多著意於「頌論」二字，故於下文説之不通。大人則無己，

〔一〕獨：朱本作「坐」。
〔二〕於：四庫本作「與」。
〔三〕響讀同嚮：此四字朱本無。
〔四〕故：此字朱本無。
〔五〕新：朱本此字下有「也」字，疑衍。

己既無矣，何物足有哉？君子則務學，期造乎道，是〔一〕以未能忘物而所睹無非有，猶庖丁始解牛，所見無非牛〔二〕。昔之君子尚然，今之君子又可知矣。故思睹無之人而尊之，睹無則絶學而至於道，猶庖丁三年之後目無全牛矣。天地生於無者也，能睹天地之所生，則與之爲友非過論也。若夫德契自然，道超象外〔三〕，揮斥八極，出有入無，可以提挈天地，把握陰陽，豈止乎與之友哉？故康節先生云：「天地自我出，其餘何足言！」○嚮字舊無它音，似〔四〕與下文不協，宜讀同嚮。嚮，猶〔五〕方也。《養生主》「砉然嚮然」，讀同響〔六〕；《應帝王》「嚮疾强梁」，舊注云如響應聲之疾。則二字古通互用，此處緣上文有「聲之於響」字，混肴〔七〕差誤耳。

〔一〕是：四庫本此字在上句「道」字上，倒。
〔二〕牛：朱本此字下有「也」字。
〔三〕象外：朱本作「衆類」。
〔四〕「嚮字舊無它音似」至段末：此段朱本在「言居無不在也」句下。它，朱本作「他」。似，朱本作「以」。
〔五〕猶：此字朱本無。
〔六〕響：朱本作「嚮」。下兩處同。
〔七〕肴：朱本、四庫本並作「淆」，通。

南華真經義海纂微卷之三十三

武林道士褚伯秀學

在宥第四

賤而不可不任者，物也；卑而不可不因者，民也；匿而不可不爲者，事也；麄而不可不陳者，法也；遠而不可不居者，義也；親而不可不廣者，仁也；節而不可不積者，禮也；中而不可不高者，德也；一而不可不易者，道也；神而不可不爲者，天也。故聖人觀於天而不助，成於德而不累，出於道而不謀，會於仁而不恃，薄於義而不積，應於禮而不諱，接於事而不辭，齊於法而不亂，恃於民而不輕，因於物而不去。物者，莫足爲也，而不可不爲。不明於天者，不純於德；不通於道者，無自而可；不明於道者，悲夫！何謂道？有天道，有人道。無爲而尊者，天道也；有爲而累者，人道也。主者，天道也；臣者，人道也。天道之與人道，相去遠矣，不可不察也。

郭注曰：因其性而任之，則治；反其性而淩之，則亂。任賤者貴，因卑者尊，此必然之符也。事藏於彼故匿，彼各自爲，不可不爲，但當因任耳。法者，妙事之迹，安可以迹粗而不陳妙事哉？當乃居之，所以爲遠，親則苦偏，故廣乃仁。夫禮節者，患於係一，物物體之，則積而周矣。事之下者，雖中非德；事之難者，雖一非道。執意不爲，雖神非大，況不中、不一、不神者哉？故聖人順其自爲，自然與高會也。不謀而一，所以爲易。恃於仁則不廣，率性居遠，非積也。自然應禮，非由忌諱，事以禮接，能否自任，應動而動，無所辭〔一〕讓。御粗以妙，故不亂也。恃民之自爲而不輕用，因物而就任，不去其本也。夫爲者，豈以足爲故爲哉？自體此爲，不可得而止也。不明自然，則有爲，有爲而德不純矣。不能虚己以待物，則事事失會，此不明於道者之可悲也。天道任萬物之自爲，人道以有爲爲累，不能率其自得也。同乎天之任物自然，居物上而各當所〔二〕任，君無爲而委百官，百官有所司而君不與焉。二者俱以不爲而自得，則君道逸、臣道勞，勞逸之際不可同日而語也。

呂注：人貴物賤，賤則宜若可以不任而不可不任也。故因於物而不去，以其賤則

〔一〕所辭：此二字四庫本無，脱。

〔二〕所：四庫本作「其」。

莫足爲而不可不爲，其爲也輔其自然而已。君尊民卑，卑則宜若可以不因而天之視聽猶且因之，故恃於民而不輕。通變之謂事，非睹未然，則不能知其匿也。故接於事而不辭。制而用之之謂法，法非妙道而天下以爲分，故齊於法而不亂。仁則君子所體而行，仁近而義遠，然非義則仁不能獨行，雖遠而不可不居，故薄於義而不積。仁本孝弟，義以利物，義疏而仁親，親止於父子，虎狼之所同，非所以爲至，故會於仁而不恃。禮以節民心爲事，而無一物不由，則不可不積，故應於禮而不諱。德者性之所同，有不明於天〔一〕則不純，故成於德而不累。莫非道也，所以爲一，然而不易則萬物之應不備，故出於道而不謀。無爲則天之所以爲神，而有不爲則非無爲之全，故觀於天而不助。向之所論絶去聖知，攘棄仁義，與夫符璽、斗衡之末，皆欲焚、破、剖、折而無遺；此則自天道之精微至於事法之匿粗，皆不可無。何也？夫天之所以神也，一呴而萬物盈，一吹而萬物虚，其所以成物，一而已矣。莊子猶是也。向之所言，則一吹而萬物虚之時也；今之所言，一呴而萬物盈之時也。亦以成物而已。此其所以體神而入天也歟？夫道一而已，不明於天則不能無爲，而不純於德，由人而下猶可强焉者也？道

〔一〕天：四庫本作「人」，訛。

則有天有人，不通之則無爲有爲皆無自而可，不通且不可，況不明乎？無爲者使物，有爲者使於物。天道則無爲而尊者也；有爲者貴人，無爲者貴於人，人道則有爲而累者也。莊子非深乎涉世而有爲者，而諄諄若此，蓋觀之天地之理、古今之效，知其得失嘗在此而已矣。

疑獨注：物，至賤也，不以其賤而不任其自然。民，至卑也，不以其卑而不因其常性。賤而不任，是無物也。卑而不因，是無民也。天下其〔一〕可無民無物乎？夫事不爲則蠹壞而難興，不匿則太顯而害道。法不粗則民不知，不陳則世不畏也。義，路也，遠而可遊。仁，宅也，近而可居。然義不可以不居者，以其不可無仁也。仁不廣則無以博施濟衆，不親則愛無差等。禮不節則放而無法，義不積則薄而不厚，德不高則無以異衆，人不中則不能與有足者皆至。一則屬數，道之散也；易則無窮，道之變也。道無數，則學者不能窮道；不變，則萬世受其弊。天不神則功不妙，不爲則物不成，《孟子》曰「莫之爲而爲者」是也。此十者，由用以入體之序。聖人與天合，故觀天之自然而不相助；德出於性，因而成之，而不以爲累也。謀者，指事而言，顯於道以應物，豈指事而言哉？會

〔一〕其：四庫本作「豈」。

者，自然相合。恃者，心有〔一〕所賴。與仁相合，與性爲一，故無所恃也。義者，因理〔二〕而動。諱者，言違於心。薄於義而不積，大義也。應於禮而不諱，大禮也。事成則接之而不辭，法成則齊之而不亂。民爲邦本，恃之而不輕；物爲國用，因之而不去。此一節言聖人因體以致用之序，任其自然而順之者也。物生於道，道統乎物，聖人爲道不爲物，而物物自遂，故物莫足爲也而不可不爲。《荀子》曰：「精於物者物物，精於道者兼物物。」蓋欲其精於道而不役於物也。古之言道者，先明天而道德次之，明乎在天以求乎在己則純於〔三〕德矣。苟不通於道，無所往而不滯礙。大道散而有天人之分。君無爲而在上，天道也；臣有爲而在下，人道也。天者自然，人者使〔四〕然。人而非天者有之，未有天而非人者也。

詳道注：有物而後有民，有民而後有事，有事而後有法。行法在義，行義在仁，禮所以節文。仁義者，由是而至於中而不可不高者德，一而不可易者道，卒乎神而不可不爲

〔一〕有：四庫本作「無」，訛。
〔二〕理：四庫本作「禮」，訛。
〔三〕於：四庫本作「乎」。
〔四〕天者自然人者使然：天、人，四庫本此二字下並有「道」字。

之天。此由人而入乎天也。及由天以之人，則德自得者也，道施諸物者也，民有物者也，物有於民者也。不明於天者，以人〔一〕賊之，故不純於德；不通於道者，以事汩之，故無自而可。然則不明於道者，又豈能通道哉？本在於上，末在於下，要在於主，詳在於臣，故良匠無爲於斲木而有爲於運斤，良御無爲於布武有〔二〕爲於攬轡。然則爲人君者，豈與下同事？爲人臣者，豈與上同德哉？經曰：「以道觀言，而天下之君正；以道觀能，而天下之官治。」君坐而論之者以言，臣作而行之者以能，此有爲、無爲之别也。

碧虛注：物無棄物，不可謂賤而不任用。人無棄人，不可謂卑而不就使。事有顯晦，不可謂隱匿而不爲。法貴適時，不可謂粗迹而不陳。義有裁斷，不可謂近〔三〕遠而不處。仁者博愛，不可謂親踈而不廣。禮能治亂，不可謂撙〔四〕節而不積。德有高下，不可謂中順而不高。道之虛無，不可謂守一而不易。天理自然，不可謂神妙而不爲。「觀於天而不助」至「因於物而不去」，又覆衍前十條。夫外物弊弊何足云爲，而有生所須不可

〔一〕人：四庫本作「仁」，訛。
〔二〕有：四庫本此字上有「而」字。
〔三〕近：四庫本作「迂」。
〔四〕撙：四庫本作「䄻」，訛。

不爲。昧於天理者，專禮法，滯陳迹，喪己於物者，無自而可也。不言而在言所以爲尊，受役而居下所以屬人。王者法天無爲，臣下事君有職。天道人道，勞佚不同，若不察而倒置，亂自此始矣。

虙齋云：觀此一段，有精粗不相離之意。道爲貴，物爲賤，人豈能遺物哉？道爲尊，民爲卑，君豈能離民哉？明白者道也，以之對事則事晦匿矣，然亦豈能盡遺世事？故不可不爲。道精而法粗，法〔一〕豈能盡棄？故不可不陳。言義則去道遠，而義豈可去？故不可不居。仁愛雖非至道，而豈能遺仁？故不可不廣。禮有節文，似於强世，故不可不積。德者〔二〕人所同得，然有當自立處，雖與世和同而不可不高也。一於自然者道，然有當變易處，故不可不易。不可知之謂神，天之所爲固不可知，然人事不容不盡，故不可不爲。觀於天而不助，謂不容力。成於德而不累，積以爲高，言其無容心也。不謀，不計度。不恃，不自以爲恩。薄，迫近也。積，不化也；不積，則化矣。不諱，不拘忌。不讓，無所退縮。不亂，有簡直之意。民雖可恃，而不輕我以倚重之。物雖可因，而

〔一〕法：此字四庫本無，脱。

〔二〕德者：此二字四庫本無，脱。

不去本以就末。斡轉從上數句，到此已盡，却提起物莫足爲也而不可不爲。此物字即精者爲道，粗者爲物，事事物物皆在其中。若以道心皆不足爲，然有不可不爲者，此便是人心處。又曰不明於天者，不純於德，言世間事雖不可不爲，必知自然之理則可，若不明天理自然，則在我之德不純，不通於道即是不明於天，故無往而不窒碍也。無爲而尊者，天道自然；有爲而累，人道不容不爲者也。上句屬道心，下句屬人心。累與危字相近。主者，天道，以道心爲主也。臣者，人道，使人心聽命也。此臣、主字，論身中君臣，《齊物論》「遞相爲君臣，其有真君存焉」，是矣。此段自「賤而不可不任」至篇終〔一〕，乃《莊子》中大綱領，與《天下〔二〕》篇同。東坡云「莊子未嘗譏孔子」，於《天下》篇得之。余謂莊子未嘗不知精粗本末爲一之〔三〕理，於此篇得之。

此段始於任物因民，即貴以賤爲本，高以下爲基之義。次叙事、法、義、仁〔四〕、禮、

〔一〕終：四庫本作「中」，訛。

〔二〕下：四庫本作「地」，訛。下「天下」同。

〔三〕之：此字四庫本無，脱。

〔四〕義仁：朱本作「仁義」，倒。

德，皆不可不爲，以其紀綱治道，一日不可闕〔一〕者也。繼以一而不可易者道，則一得萬畢，操縱在我，前八者之存亡無益損焉，而其妙用則又超乎八目之表。結以神而不可不爲〔二〕者天，言〔三〕其皆出乎自然也。自觀於天而不助，翻序前十條，以歸於民物，又明十條之所以然，使學者知所持守，不至泛然無統也。至精〔四〕莫過乎道，至粗莫過乎物，末又舉物者莫足爲而不可不爲，然則物之於人難去也省矣〔五〕。但能明於天，通於道，純於德，則不待去物而物自不能爲之累矣。《關尹子》云：「聖人不去物，去識。」唯不通乎道者，無所往而非累也。道一而已。此又有天人之别，以明君臣之分，猶元氣之判爲陰陽也。陰陽之迭運，天人之相因，蓋不可偏廢。此云相去遠矣，則以〔六〕分言之，所以警天下之爲人臣者也。孰謂南華之論，一於清虚而無關治道哉？

〔一〕闕：朱本作「缺」，通。
〔二〕爲：四庫本作「言」，訛。
〔三〕言：四庫本作「焉」，訛。
〔四〕精：原作「情」，據朱本、四庫本改。
〔五〕也省矣：朱本作「者矣」。
〔六〕以：朱本作「又」。

是篇大意，謂君子不得已而臨莅天下，莫若無爲，故以存民宥衆爲懷〔一〕，未嘗有心乎治之也。是以天下之民性不淫而德不遷。爲民上者喜怒平而賞罰中，蓋因天下之自治而無爲治之勞，故民易從而法不撓也。後世君天下者，失其輔世長民之要，而專以賞罰爲事，上有儒、墨、曾、史之是非，下有桁楊、桎梏之拘制，然後爲治者不勝其勞，而民無所措手足矣。猶且以仁、義、聖、知爲足以得天下之情，尊之、惜之，家傳國效，而弗悟其爲橈民之具，此南華所以願絶棄之〔二〕也。信如所言，則天下之所寄託、淵雷之所發見者有在於是，國政不至於傖囊，人心不至於蠹壞，從容無爲而任萬物之吹噓、鼓舞，又何暇治天下哉！次設崔瞿之問以發老聃之旨，明乎爲治者罪在攖人心，此桁楊、桎梏之所自來，而桀、跖之所以爲利者也。故黄帝問道於空同，告以抱神正形、清静長生之要。身爲本，家國次之，未有身治而國亂者也。今之君天下者，能力行廣成之言，則三代之治不難復。取天地、官陰陽，皆在吾無爲中，此所以爲在宥之道。鴻蒙告雲將以墮體黜聰，守根不離，所以爲治身之道也。其篇末歷叙君臣禮法，殆無遺論，及天道人道之分在有爲無

〔一〕懷：朱本、李本並作「德」。
〔二〕所以願絶棄之：所，四庫本此字上有「之」字。絶棄，四庫本作「棄絶」。

爲之别，相去雖若不侔，發〔一〕於其心，見於事業一也。特以表君臣之分，正其所當爲者耳。

太上云：「公乃王，王乃天，天乃道。」

〔一〕發：朱本、李本並作「根」。

南華真經義海纂微卷之三十四

武林道士褚伯秀學

天地第一

天地雖大，其化均也；萬物雖多，其治一也；人卒雖衆，其主君也。君原於德而成於天，故曰：玄古之君天下，無爲也，天德而已矣。以道觀言，而天下之君正；以道觀分，而君臣之義明；以道觀能，而天下之官治；以道汎觀，而萬物之應備。故通於天地者，德也；行於萬物者，道也；上治人者，事[一]也；能有所藝者，技也。技兼於事，事兼於義，義兼於德，德兼於道，道兼於天，故曰：古之畜天下者，無欲而天下足，無爲而萬物化，淵靜而百姓定。記曰：「通於一而萬事[二]畢，無心得而鬼神服。」

〔一〕事：四庫本作「是」，訛。
〔二〕事：四庫本作「物」，訛。

郭象注：天地均於不爲而自化，萬物〔一〕一以自得而爲治，天下異心，無心者爲之主也。以德爲原，無物不得。得而不謝，所以成天。無爲則任自然之運動，自然而爲君，非邪也。各當其分，則無爲位上，有爲位下，官得其能而治矣。上無爲則天下各以無爲應之，萬物莫不皆得，則天地通，道不塞，萬物自得其行，人人自得其事，而技者物之所不用也。夫本末相兼，猶手臂之相包，一身和則百節皆通，天道順則本末俱暢。一人垂拱玄默，百姓比屋可封，故一無爲，群理都舉矣。

吕惠卿注：天地之大，萬化而未始有極，雖化而非其所以化。均則無小大、美惡、長短之辨，乃其所以化也。道生一而至於萬，何從而治哉！一則各復其根而不知，乃其所以治也。人卒雖衆，其主者君。原於德則其化通於天地之均〔二〕，成於天則其治反乎萬物之一，此二者同謂之玄。古之君天下者，無爲也，天德而已。則是以真君君天下，物其有不化者乎？以道觀言，則未嘗有言，言而無言，天下之君其有不正者乎？以道觀分，則無爲爲君，有爲爲臣，君臣之義其有不明者乎？以道觀能，則無能無不能，天下之官

〔一〕萬物：此二字四庫本無，脱。

〔二〕均：四庫本作「内」，訛。

其有不治者乎？以道汎觀，則物無非道，萬物之應其有不備者乎？天地之所以爲天地者，得是而已。人而得是，則德與天地通，而萬物莫非我。道之爲物，如此其大，在上者用之以治人則事〔一〕而已，能有所藝則技而已，技兼於事，事兼於義，義兼於德，德兼於道，道兼於天，宜矣。誠知其莫不兼於天，則所以畜天下者，豈有於技能事爲之間哉！故其天下足、天下化、百姓定者，在我而已。凡以通於一而所得者，無心故也。萬事莫不出於一，鬼神之所以靈，則出於吾心而已。

林疑獨注：萬物生於天地，人卒靈於萬物。天地未離乎有形，人物又形之至繁而不可勝數者，然其所宗道而已矣。其化均者，若《易》曰「範圍天地之化而不遺〔二〕」。其治一者，若天下之動正〔三〕夫一。其主君者，寡者衆之所宗是也。君主人物，以德爲本，而終成於天。玄者，數之所起，楊雄以一玄生三方。玄古之君謂三皇以上，無爲乃所以合天德也。在上無爲，唯出命以正乎下；在下有爲，唯盡瘁以事乎〔四〕上。以道觀其出命之

〔一〕人則事：四庫本作「則人事」，倒。

〔二〕遺：四庫本作「過」，訛。

〔三〕正：四庫本作「貞」。

〔四〕乎：四庫本作「其」。

言，則天下之君正。辨而制之謂之分，以善爲尚謂之義。以寡君御衆民，其貴賤勞逸莫不有辨制之分。以道觀之，其義明矣；以道觀能而天下之官治，《孟子》曰「能者在職」是也。以道汎觀而萬物之應備，殊塗同歸、百慮一致是也。夫道有本末，本所以立體，末所以明用。莊子遊方之外者，非其言之過高，蓋立體然也。及四觀而入於遊方之内，非其言之太卑，蓋明用然也。通〔一〕貫天地謂之德，周行萬物謂之道。上順理而治人者，變〔二〕通之事；能有所藝者，技而已矣。技者，事之末，故兼於事。事者，義之末，故兼於義。至於德兼於道，道兼於天，皆本末相因，故古之養天下者，下達於技，上達於天。天下百姓萬物，至繁且廣，而使之自足、自定、自化者，本於天道無爲而已。故明足以畢萬事，幽足以服鬼神也。

陳詳道注：天地至大，其化均於無爲；萬物至衆，其治均於自得。則人君之所以治人卒者，豈外是哉！君原於中而不可不高之德，成於神而不可不爲之天，則其爲實未嘗爲也。故古之以道莅天下者，任其自然而已。君之用天下也，以言；臣之爲天下用也，

〔一〕通：四庫本作「道」，訛。

〔二〕變：四庫本此字在上句「者」上，倒。

以能。君臣之合有義，萬物之交有應，然言非道不正，能非道不治，分非道不明，應非道不備，則凡見於云爲之間者，無非道也。藝則有所極，技則有所工，技兼於事而義存焉，以事兼於義〔一〕故也。義兼於德而道存焉，以德兼於道故也。明夫本末精粗之相兼，則稊稗、瓦礫無非道，人與萬物無非天。居天下者，豈它〔二〕求哉？推此以畜之而已。夫情之無欲也，行之無爲也，性之淵靜也，無心者能之，是以一之中未嘗不該萬，萬之多未嘗不歸一。傳曰：「能知一則無一之不知，不知一則無一之能知。」此聖人抱一所以爲天下式，侯王得一所以爲天下正〔三〕，無心得而鬼神服也，宜矣。

陳碧虛注：天地無心，所以均化；物物自治，所以齊一。衆各異業，唯君無爲，原於不德，成於自然也。天德者，自治而有妙用存焉。以自然之道觀世之言教，清靜無爲者，其君必正；職分不越者，君臣義明；方能稱任者，其官必治；周覽萬物、咸得應用者，庶可備具矣。道者，虛通昇乎上；德者，柔順降乎下；義者，流行通乎物；事者，應治役乎人；技者，隨能應乎藝。故技兼於事則治，事兼於義則適，義兼於德則順，德兼於道則通，道

〔一〕義：四庫本作「藝」。
〔二〕它：四庫本作「他」。
〔三〕正：四庫本作「貞」。

兼於天則合乎自然矣。「無欲而天下足」三句，即《道德經》「無欲而民自朴，無爲而民自化，好靜而民自正。」混兹三者，通乎一真，則事無不畢，神無不服矣。

林氏《鬳齋口義》云：其化均者，皆是元氣。萬物雖多，主之者一造化而已。人卒雖衆，主之者君而已。天之與我者爲德，人力無加焉，人君體此，則無爲自然。天德玄遠，玄古，猶云邃古也。名之爲君，則天下之分定矣。有此分，則有君臣之義，便是卑高已陳，貴賤位矣。天下事非一人所能，隨能而盡其職，所以能者亦天與之耳。萬物未嘗無對，上下、前後各各相應，皆出乎自然。天能覆能生，地能載能成，通同此德也，故萬物各具自然之理。上之所以治者，禮、樂、刑、政皆治之事也。事事之中各有藝業，隨其所能者，人之技也。道德，精者；事藝，粗者。精粗皆出於自然，則技即事，事即藝，藝即德，德即道，道即天。兼者，合二〔一〕爲一之意。義合作藝，音同而字訛。

褚氏管見云：天地至大，人物至衆，其化其治，不知其幾。而主之者君，則夫君之應世，豈偶然哉？原於德，故物不能離；成於天，而人自歸往。其道微妙，强名曰玄，是以古之君天下者，無爲而德合自然，所以可久、可大；其出言作命，莫不聽從。以道

〔一〕二：四庫本作「而」。

觀言而言合乎道，則君無不正；以道觀分而分合乎道，則義無不明；以道觀能而能合乎道，則官無不治；以道汎觀而物合乎道，則應無不備。由是知天下事物苟離乎道，未有能自立者。通於天地者德，與天地合德也〔一〕；行於萬物者道，以道通乎物也。凡以治人爲上，縱意乎刑、政、賞、罰，皆事而已。況以藝能而入於技，其去道德益遠矣！古之善畜天下者無它〔二〕，無欲而天下自足，無爲而萬物自化，心如淵水之静，橈之而不濁也。民惡得而不定哉？又舉記曰者〔三〕，古書有云「通于一萬事畢」，此老君《西昇》告尹喜之言。無心得而鬼神服，即《易》所謂：「天且弗違，而況於人乎？況於鬼神乎？」

夫子曰：「夫道，覆載萬物者也，洋洋乎大哉！君子不可以不刳心焉。無爲爲之之謂天，無爲言之之謂德，愛人利物之謂仁，不同同之之謂大，行不崖異之謂寬，有萬不同之謂富。故執德之謂紀，德成之謂立，循於道之謂備，不以物挫志之謂完。君子明於此十者，則韜乎其事心之大也，沛乎其爲萬物逝也。若然者，藏金於山，藏珠於淵；不利貨財，不近貴

〔一〕與天地合德也：朱本、李本並作「以德與天地合也」。

〔二〕它：朱本、李本、四庫本並作「他」。

〔三〕記曰者：此三字朱本、李本並無。

富〔一〕；不樂壽，不哀夭；不榮通，不醜窮；不拘一世之利以爲己私分，不以王天下爲己處顯，顯則明。萬物一府，死生同狀。」

郭注：有心則累其自然，故當刳而去之。不爲此言，而此言自言，乃真德。愛利之者，任其性命之情，萬物萬形各止其分，不引彼以同我，乃成大耳。玄同彼我，則萬物自容。我無不同，故能獨有斯萬。德者，人之綱要。非德而成，不可謂立。道非偏物，故内自得。心大則事無不容，沛乎任萬物之自往也。不貴難得之物，乃能忘我，況貨財乎？富貴來寄，心常遠之，壽夭兼忘，所謂懸解，況窮通之間哉！不私世利，委之萬物，忽然不覺榮之在身，不顯則默而止，蜕然無所在也。

吕注：夫道如此其大，心不刳不足以體之。體道而無爲，則人貌而天〔二〕矣。以是而愛利之謂之仁，以是而得所一謂之大。行不殊俗，寬之至也；有萬不同，富之至也。執德之人，通一畢萬，若紀之在綱也。德成，則無待而自立；道在我，則無應而不備。萬物

〔一〕貴富：四庫本作「富貴」。
〔二〕而天：四庫本作「天而」，倒。

莫足以傾之，則完矣。君子所以刳心，在此十者而已。反求諸己，以明其心之大；事無不容，則已刳之效。沛乎爲萬物逝，周行而不殆也。若然，則藏金珠於山淵，不知貨利之可欲，窮夭之可醜，不私一世之利，藏之天下而已。不以王天下爲己處顯，物之所利非己也。顯則明，明以德而非以位，處上則帝王天子之德，處下則玄聖素王之道也。萬物備於我，則一府；方生方死，方死方生，則同狀而已矣。

疑獨注：刳心，去其欲而使之虚也。爲者，人也；無爲者，天也。日月星辰運於上，飛走動植交於下，其化也不知所以化，其功也不知所以功，此無爲而爲也。言者[一]，聖人不得已，此無爲而言也。天則言其自然。德者，自得而已。愛[二]利所以爲仁，能同所以爲大，寬者能容不可畜之物，富則所同者廣也。執德不回則能立紀，一而能大則能立德，循道而行乃能事事謂[三]之備，不以物挫志則無所喪矣。明此十者，則心無所不包，沛然與物往，所樂在内，貨財富貴何足以動之，壽夭窮通亦餘事耳。故不以世利爲有，不

〔一〕者：四庫本作「也」，訛。
〔二〕愛：四庫本作「爲」，訛。
〔三〕謂：四庫本作「爲」，訛。

以天下爲泰。若以爲顯則明矣，不顯則闇然而日彰〔一〕也。萬物一府，死生同狀，則與造化玄合，非體道者不能與於此！

詳道注：萬物皆備於我，能有之而勿失，則富矣。紀散則衆目亂，德失則衆行乖，故循於道之謂備，不以物挫志之謂完也。韜乎其事心之大，則執大象之謂。沛乎其爲萬物逝，則天下往之謂也。古之以道莅天下者，示之不以迹，詔之不以言，使人自得之。上之化下也，無樂餌之可悦；下之樂上也，非慕羶而來求。藏金珠於山淵，不以物累身也；不計壽夭窮通，不以身捐道也。一〔二〕世之利厚矣，而不以爲己私；天下之權重矣，而不以爲己顯。終至於萬物不得與之殊，死生不得與之變，非無心者能然乎？

碧虚注：首稱夫子曰者，莊子受長桑公微言也。夫道，汪洋流注，充塞太空，唯靈府虚者，方能容納焉。自治而爲，合乎天然；守中而言，遠離沮喪；度生接物，心不退轉；人之所惡，我無嫌猜；和光同塵，不立圭角；萬類滋茂，共豐區宇；持至德而爲紀，循至理而善建；順真常而不偏，離外景以全内。明此以鍊心，則事無不藴，理無不容，恩無不沛，

〔一〕彰：四庫本作「章」，通。
〔二〕一：四庫本此字上有「夫」字。

物無不遂者矣。金珠貨財患本也，壽夭窮通内疚也，私分處顯情病也，一有係乎心，則志〔一〕不完矣。

鬳齋云：刳心，去其知覺之心也。爲以自然謂之天。得於己者謂之德。無爲言之，謂無〔二〕所容言。異者亦同，曰不同同之。崖異，有迹也。物物不同而我皆有之之謂富。所執之德各有條理之謂紀。卓乎如有所立，德之成也。循道而行，無所不備，外物不足以動其心，則在我者全矣。明於此十者，包括萬事皆歸我心，則此心之大無外，故沛乎其爲萬物逝也。藏金珠於山淵，藏富於天下也。不以壽夭窮通爲榮辱。不以一世之利爲己私，「人亡弓，人得之」之義。雖王天下，不自以爲尊顯，黄屋非心也。胸中之明，照乎天地，以此爲顯，故不以王天下爲顯也。聚萬物而歸一，故曰一府。死生無變於己，故曰同狀也。

天地非能覆載，所以覆載者，道也；聖人非能爲能〔三〕言，所以爲言者，道也。洋洋乎大哉，謂道無不在，然非刳心使虚，則無以容道，室虚而後生白也。天道無爲自然，

〔一〕志：原作「患」，今據四庫本改。
〔二〕無：四庫本此字下有「我」字，衍。
〔三〕能：朱本、李本並作「衍」。

人能〔一〕以無爲而爲，則〔二〕合乎天道。以無爲〔三〕而言，則爲己之得〔四〕。施〔五〕之於外，則愛利之謂仁〔六〕。物不同而視若〔七〕一，則所有者大。行不異物，非寬而何？萬物不〔八〕齊，吾悉有之，可謂富矣。執德猶有所持，德成則不待乎持，由有紀而後能立也。順於道而大備，物孰能挫其志哉？信明斯理，則此心足以韜藏萬事，與物偕往。事物無極，吾與之無極，是謂與化爲人，斯能化人矣。至使金珠無用，藏於山淵，貨財富貴皆爲外物，則壽夭窮通又孰得而患之？不以世利〔九〕爲己私，忘利也；不以王天下爲己〔一〇〕顯，忘名也。然所顯者，在明乎萬物一府，死生同狀耳。萬物一府，則無彼

〔一〕人能：四庫本作「能人」，倒。
〔二〕則：四庫本作「自」，訛。
〔三〕爲：朱本、李本並作「言」，訛。
〔四〕爲己之得：朱本、李本並作「謂之天德」。
〔五〕施：四庫本此字上有「及」字。
〔六〕則愛利之謂仁：四庫本作「則爲愛利之仁」。朱本、李本並作「則愛利之無方謂之」。
〔七〕若：原作「者」，據朱本、李本、四庫本改。
〔八〕不：原作「事」，據朱本、李本、四庫本改。
〔九〕世利：朱本、李本並作「一世之利」。
〔一〇〕己：朱本、李本並作「處」。

我之分，死生同狀，則無去來之累。此爲〔一〕刳心之極致歟？○郭氏從「顯則明」爲句，後來諸解多因之，似與下文不貫。無隱范先生連下文爲句，義長，今從之。

〔一〕爲：此字朱本、李本並無。

南華真經義海纂微卷之三十五

武林道士褚伯秀學

天地第二

夫子曰：「夫道，淵乎其居也，漻乎其清也。金石不得無以鳴。故金石有聲，不考不鳴。萬物孰能定之！夫王德之人，素逝而恥通於事，立之本原而知通於神，故其德廣。其心之出，有物採之。故形非道不生，生非德不明。存形窮生，立德明道，非王德者邪？蕩蕩乎，忽然出，勃然動，而萬物從之乎！此謂王德之人。視乎冥冥，聽乎無聲。冥冥之中，獨見曉焉；無聲之中，獨聞和焉。故〔一〕深之又深，而能物焉；神之又神，而能精焉。故其與萬物接也，至無而供其求，時騁而要其宿，大小、長短、脩遠。」

郭注：聲由寂彰，以喻體道者物感而後應。任素而往，非好通於事也。本立而知不

〔一〕故：原缺，據四庫本補入。

逆，然後其德彌廣，心由物採而出，非先物而唱也。忽、勃，皆無心而應之貌。故能存形窮生，立德明道而成王德也。若夫視聽而不寄之於寂，則闇昧而不和〔一〕。故窮其〔二〕源而後能物物，極至順而後能盡妙。我確斯而都任彼，則彼求自供。恣而任之，會其所極而已矣。

吕注：淵乎其居，言湛而不動。漻乎其清，言通而不濁。夫道若是而已矣。以爲無邪，金石不得無以鳴；以爲有邪，金石不考則不鳴。萬物孰能定之！素則無所與雜，逝則無乎不在，通於事則物徹疏明，知通於神則周萬物而不遺，奚以通於事爲哉？本原者道，事其末〔三〕也。立之本原，則韜乎其事而事自通。心非物採，寂然而已。不將不迎，應而不藏也。夫耳聞、目見、口言、心思，無非道也。則形非道不生，日用不知，非得之在我不能明也。則生非德不明，惟能存形窮生，立德明道，則在我得之而執古御今矣。忽然出動而萬物從之，則藏不虞以生心而未嘗强謀也。夫道之爲物，雖不可見，乃見之所自見；雖不可聞，乃聞之所自聞。深而能物，其中有物是也。神而能精，其中有精是也。

〔一〕和：四庫本作「明」。
〔二〕窮其：四庫本作「其窮」，倒。
〔三〕末：四庫本作「本」，訛。

至無而供其求，則天府之富無窮。時騁而要其宿，大小、長短、脩遠，則其分未嘗不足，《易》所謂「各正性命，保合太和」者是也。

疑獨注：淵乎其居，言天下之至深；漻乎其清，言天下之至精。此託淵水以明道。金石不得無以鳴，亦在考之而已，蓋鳴由寂彰，聲由考應。至幽而不可測，故萬物孰能定之？素逝則抱朴而往，故不從事於務也。事者，道之末；神者，道之本。去末立本，故其德廣。有物採之，言應而不唱。形不自生，所以生者道；生不自明，所以明者德。存形以明道，所以踐形也；窮生以立德，所以盡性也。故其出動也，萬物莫不從之，此謂王德之人。見曉於冥冥，聞和於無聲，道之極致也。故深而能物，神而能精。其接物也，至無而供其求，時騁而要其宿，此道之所以無窮也。

詳道注：道以清靜而有神，非感則不應。金石以清靜而有聲，非考則不鳴。其應也，萬化〔一〕相推而無方；其鳴也，五音相變而無窮。孰能定之哉？通物則失己，辭事則失物，聖人因於物而不樂通，接於事而不敢辭，故能定能應也。譬夫木有火，不鑽則不發；土有水，不鑿則不達；而水火之用常周于天下者，以其能應而已。《老子》曰：「知其

〔一〕化：四庫本作「物」。

雄，守其雌。」其心之出，有物採之也。世人不明乎此，弊弊然以物爲事，名尸、謀府、事任、知主，莫不攬而有之，其弊至於亂天經、逆物情而不知已，可不悲乎！夫存形窮生，非忘形生也；而忘形生者，始於存與窮。立德明道，非忘道德也；而忘道德者，在乎立與明。如是，則可不出動以同民吉凶之患。故忽然、勃然而萬物從之。冥冥見曉，視不以目而以神也。無聲聞和，聽不以耳而以氣也。深之又深，入而與物辨矣，而能物焉，不以物忘己也，與《易》「精義入神以致用」同。神之又神，出而與物通矣，而能精焉，不以物累己也，與《易》「利用安身以崇德」同。深而能物，故至無而供其求；神而能精，故時騁而要其宿也。

碧虛注：水之幾於道者，其居也，淵乎其渟；其動也，漻乎其清，猶金石不考不鳴。物有其性，因而求之，乃可得也。質素獨往，恥通於事，立之本原，歸根復命也。知通於神，知常曰明也。德無不被，故動涉真趣，爲物取採也。道體生物，德用昭明。善存形者必能究生之理，善建德者必能獲道之微。是故德業蕩蕩，其出無形，其動無迹，冥冥之中見曉聞和。寶玉久藏，夜闇有煇焕之景；精神内楗，靜默有靈光之祥。能物能精，謂恍惚妙物，窈冥真精也。至無而供其求，無爲無不爲也。時騁而要其宿，動極歸乎靜也。大小、長短、脩遠，一貫之以道而已矣。

慮齋云：金石能鳴，自然之天，人之考擊亦天機也。庸詎知所謂天之非人乎？人之非天乎？素逝，素朴而往。恥通於事，能之而不爲。本原，即物之初。心出，謂應物；採之，猶感也。凡有形生皆同此道，然非自得於己，則此道不明，言不知。存我之形以究始生之理，立我之德以明自然之道，非聖人不能也。忽然而首出庶物，勃然不得已而動，萬物從之，猶云萬物睹也。見曉聞和，亦自見自聞而已。深之又深而能應乎物，言其能精能粗，存於我者虛，應物也無已。是以至無而供萬物之求，時出而用之要其歸宿，不可以一言定也。或大、或小、或長、或短、或近、或遠，便是時中之意。脩遠合作近遠，其意方足。

道之淵乎，漻乎，天也。金石有聲，亦天也；感之而動，人也。考之而鳴，亦人也。天人相因，寓物而見，以喻王德之人，素朴而往。恥〔一〕通於事，非不能也，待扣〔二〕而應耳。立之本原，猶金石之爲器。知通於神，猶聲之在考擊也。然有聲聲者存乎其中，其德豈不廣大哉？心因物採而出，即感而遂通之義。蓋能存守此形，斯能盡其生

〔一〕恥：此字四庫本無，脱。

〔二〕扣：四庫本作「叩」，通。

之理；能立己德，斯能明道之自然。善〔一〕充養其在我者，則其出動也，物安得不從之乎？至於冥冥見曉，無聲聞和，則其視聽有非常人所及者。故深而能物則物不遠道，神而能精則精不離神。至無而供其求，虚而不屈，動而愈出也。時騁而要其宿，逝曰遠，遠曰反之義。結以「大小、長短、脩遠」六字，乃作文奇筆，言舉不逃乎此也。脩遠，當是近遠，膚齋之論得之。

黄帝遊乎赤水之北，登乎崑崙之丘而南望。還歸，遺其玄珠。使知索之而不得，使離朱索之而不得，使喫詬索之而不得也。乃使象罔，象罔得之。黄帝曰：「異哉！象罔乃可以得之乎？」

郭注：此寄明得真之所由，言用知不足以得真也。聰明喫詬，失真愈遠。得真者非用心，象罔然〔二〕即真也。

吕注：赤水之北，喻玄之極處。崑崙之丘，形中最高也。南望，則向明而觀之。珠之爲物，不可以知知識識言求，故皆索之而不得；象則非無，罔則非有，非有非無，不皦

〔一〕善：朱本作「見」。
〔二〕然：此字四庫本無。

不昧，此玄珠之所以得也。

疑獨注：南望、旋歸，則自明以求復其根，遂至遺其真性。使知索之，真性愈遠；以聰明言辯索之，皆不得也。唯離形去知，黜聰明，忘言説，謂之象罔，乃可以得真性也。

碧虚注：動心則真水失照，慕高則至理有乖。急〔一〕欲反本，妙道已喪矣。彼無不聰，故知不能符；彼無不明，故視不能偶；彼無不辯，故説不能契。象罔，恍惚也，人無心而合道，道無心而合人，亦强云得之耳。黄帝歎曰乃可以得之乎，言實無所得也。

《鬳齋口義》云：此言求道不在於聰明言語，即佛經云：「以有思惟心求大圓覺，如以〔二〕螢火燒須彌山。」玄珠，喻道；象罔，無心也。

世之求道者，往往以知識、聰明、言辯爲務而喪失其本真，弗悟有所謂無知之知、無見之見、不言之言，乃所以無不知、無不見、無不言也。珠，喻心之圓明。玄，謂心之妙用。唯當養之以晦，然後用之無窮，今乃向明而求，此所以遺之也。使三者索之不得，皆以有心故。若夫象罔，則形亦無矣，心何有哉，乃可以得玄珠而起黄帝之歎。是

〔一〕急：此字四庫本無，脱。

〔二〕以：此字四庫本無，脱。

珠也，人皆有之，耀古騰今，輝天爍地，靜則凝聚，動則散離，心淵塵汩而障其光明，性海濤翻而失其位置，一身不能自照，何暇燭物哉？黄帝始以聰明、知識爲足以得珠，而不知其爲賊珠也。及使象罔而後得之，蓋欲人屏除聰明、知識，復還性海之淵澄，則玄珠不求而自見矣。篤信之士，當從此入。〔一〕

堯之師曰許由，許由之師曰齧缺，齧缺之師曰王倪，王倪之師曰被衣〔二〕。堯問於許由曰：「齧缺可以配天乎？吾藉王倪以要之。」許由曰：「殆哉圾乎天下！齧缺之爲人也，聰明睿知，給數以敏，其性過人，而又乃以人受天。彼審乎禁過，而不知過之所由生。與之配天乎？彼且乘人而無天，方且本身而異形，方且尊知而火馳，方且爲緒使，方且爲物絯，方且四顧而物應，方且應衆宜，方且與物化而未始有恒。夫何足以配天乎？雖然，有族有祖，可以爲衆父，而不可以爲衆父父。治，亂之率也，北面之禍也，南面之賊也。」

郭注：配天謂爲天子。聰明過人，則使人跂之；而又用知以求復其自然，過彌甚矣。故無過在去知，不在於强禁。若與之天下，且使後世任知，而失真矣。夫以萬物爲本，則

〔一〕篤信之士當從此入：朱本作「篤信者當知」。
〔二〕衣：四庫本作「木」，訛。

群變可一，異形可同。斯迹也，遂使後世由己以制物，則與物乖矣。賢者當位於前，則知見尊於後，奔競而火馳，將興事役之端，使拘牽而制物〔一〕，指麾動物，令應上〔二〕務。不能忘善，而利人以應〔三〕，宜與物逐而不自得於内，今日受其德，明日承其弊，未始有常，何足以配天乎？有族、有祖，言其事類可得而祖〔四〕效。衆父，迹也；衆父父，所以迹也。若與之天下，非但治主，乃爲亂率。夫桀、紂非能殺賢臣，乃賴聖知之迹而禍之。田〔五〕恒非能簒齊國，乃資仁義以賊之。故曰北面之禍，南面之賊也。

呂注：齧缺之爲人〔六〕其性過人，則非黜聰、棄知而動於不得已者，以人受天則非全於天也。禁過而不知過之所由乃在禁之之處，以是爲合於無爲而與之配天，其能不以人廢天乎？本身而異形，則不能無我；尊知而火馳，則不能去知。是以爲天下所役，物有

〔一〕「則與物」至「而制物」：此數句四庫本無，脱。
〔二〕上：四庫本作「衆」。
〔三〕應：四庫本此字下有「物」字。
〔四〕言其事類可得而祖：此八字四庫本無，脱。
〔五〕田：原作「由」，據四庫本改。
〔六〕爲人：原缺，據四庫本補入。

結之而不能自解也。四顧而物應，非尸居而使民不知所如往。方且應衆宜，非立之本原而知通於神者，故與物化而未始有常，夫何足以配天乎？雖然，無爲之所出，未嘗不始於損之而已。則有族有祖，可以爲衆父，而損之者非衆父所由出，故不可爲衆父父也。蓋謂不能無知，則堯、桀之所以分，而治亂之率也。是知以知治國者，乃北面之禍，南面之賊也。

疑獨注：齧缺之聰明睿知，徒知大道之迹。又以人爲而受天，自然之性失之遠矣。夫過生於聰明，又爲知以禁之，其過愈生而不可禁也。本身異形，則未能忘形。尊知火馳，則勞神奔逐。緒使，興事役之端。物絯，任知以礙物也。四顧而物應，使〔一〕物歸己也。方且應衆宜，應物之宜也。未能與造化冥，與萬物相逐而化，若然者，皆不〔二〕出於自然。知有時而盡，力有時而窮，本荷其德，復承其弊，而未始有常也。雖且應衆宜與物化，而未知大道之本，故曰：「有族有祖，可爲衆父，而不可爲衆父父。」衆父父者，有祖之謂也。得道之真，則無治無亂。任己〔三〕無爲，則非禍非賊。若徇於有迹，資於聖知，不

〔一〕使：四庫本作「無」，訛。
〔二〕不：四庫本作「本」，訛。
〔三〕任己：此二字四庫本無，脱。

免爲禍賊也。

詳道注：其政察察，其民缺缺。齧缺，齧物而缺之也。自「聰明睿知」至「未始有常」者，齧也；自「治亂之率」至「南面之賊」者，缺也。族，其所歸；祖，其所始也。古之臨民者，未嘗不以聰明睿知，而其妙至於神武而不殺，然後爲至。今齧缺聰明睿知而已，所以可爲衆父而不可爲衆父父也。乾爲萬物之父，衆父也。太始爲乾之父，衆父父也。衆父，治天下者也；衆父父，在宥天下者也。在宥，則無治無亂；治之，則亂生焉。故曰：治，亂之率也。明此以北面，則非臣，故曰北面之禍；明此以南面，則非君，故曰南面之賊也。

碧虛注：恃聰明則福鮮，性越群則害多。以〔一〕機械之心望純白之應，則遠矣，其可與之配天乎？彼且恃君人之勢而慢天理，自尊貴其形而運知速，作法束物，周覽衆務，以一應萬，逐物不息，何足以合自然！然術有〔二〕始末，政教嚴峻，未能忘迹，可以戡難定禍而難爲臣下，所謂以知治國者是也。

〔一〕以：四庫本作「矣」，訛。

〔二〕術有：四庫本作「述其」，訛。

鬳齋云：配天，謂王天下。聰明睿知，給數敏捷，此其過人處。修人事以應天，故曰受。禁過猶持心而未化，知過之所由生則不待禁止矣。乘人而無天，知有爲而不知無爲也。以我對物，曰本身而異形。尊其知而急用之，有若火馳也。爲末事所役而不知其本，曰緒使。物絯，爲事物所拘礙也。物來必應，各度其宜，爲物所汩而失其自然之常，非能定而應也。雖然，未可以配天，亦有可尊處。一族之聚，必尊其祖。衆父者，出於衆而可爲父。衆父之父，又高一等矣。率，謂將帥，言此人之用於世，可〔一〕以致治，亦可以致亂。以之爲〔二〕君爲臣，皆有患害也。

由謂齧缺聰明睿知，其性過人，是論其才而不言其道。以人受天，謂尚有爲而求合於無爲，是審乎禁過而不知過之所由生也。若與之天下，彼且乘有爲之迹以臨民，使天下失其自然之性矣。本身而異形，肝膽楚越也。尊知而火馳，機謀急速也。爲緒使，則役於事；爲物絯，則礙於物。四顧而物應，物未能忘我也。方且應衆宜，我未能忘物也。與物化，則逐物而遷；未始有常，則失其本然之我。夫何足以配天乎？雖

〔一〕可：四庫本此字下有「卜」字，衍。
〔二〕以之爲：原作「以此以爲」，據四庫本改。

然，有族有祖，謂齧缺之學亦有宗有君，概嘗聞道者也，可爲衆父，特不可爲衆父父耳。衆父父，則玄之又玄之謂。唯〔一〕其不可爲衆父父，故以有爲治天下適所以亂之，爲君爲臣俱不免乎禍賊而已。此言用知之不足以治天下也。若夫〔二〕齧缺爲許由之師，而由不許其配天，何邪？蓋配天乃外王之學，而四子所傳者内聖之道，出則爲帝王師，入則爲衆父父，彼何以天下爲哉？故由不頌齧缺之所長而示其短，使不爲蟻慕而得以全其高，是爲尊師之至、衛道之切也。學者當以心求之。

〔一〕唯：朱本、李本作「爲」。

〔二〕若夫：原作「若此夫」，據朱本、李本改。

南華真經義海纂微卷之三十六

武林道士褚伯秀學

天地第三

堯觀乎華，華封人曰：「嘻，聖人！請祝聖人，使聖人壽。」堯曰：「辭。」「使聖人富。」堯曰：「辭。」「使聖人多男子。」堯曰：「辭。」封人曰：「壽、富、多男子，人之所欲也，汝獨不欲，何邪？」堯曰：「多男子則多懼，富則多事，壽則多辱。是三者，非所以養德也，故辭。」封人曰：「始也我以汝爲聖人邪，今然君子也。天生萬民，必授之職。多男子而授之職，則何懼之有？富而使人分之，則何事之有？夫聖人，鶉居而鷇食，鳥行而無彰；天下有道，則與物皆昌；天下無道，則脩德就閒；千歲厭世，去而上僊；乘彼白雲，至于帝鄉；三患莫至，身常無殃，則何辱之有？」封人去之，堯隨之，曰：「請問。」封人曰：「退已！」

郭注：多男子而授之職，則物皆得所而志定〔一〕，分富而寄之，天下故無事也。鶉居則無意求安，鷇食則仰物而足，率性而動，非常迹也。與物皆昌，則猖狂妄行，自蹈大方。脩德就閒〔二〕，則〔三〕雖湯、武之事，應天順人，未爲不閒也。故至極壽命之長，任窮通之變，其生天行，其死物化。厭世上僊，乘雲帝鄉，一氣之散，無不之也。三患莫至，何辱之有？

吕注：聖人盡天道，故體合變化而物莫能累；君子盡人道，故吉凶與民同患。而壽、富、多男，雖人所欲，不得不以多事、多懼、多辱爲辭也。堯非不盡天道，所以與人同者，盡人道而已。鶉居則不知所處，鷇食不知所由來，鳥行而〔四〕無章，其迹莫睹也。神僊之説，有求之於服食吐納之間，世儒以爲狂而不信，皆非也。蓋生而抱神，其殁也亦必抱神而不亡〔五〕；生而全天，其殁也亦必全天而不隕，《詩》、《書》皆有在天之説，則去而上僊，

〔一〕志定：志，四庫本作「至」，訛。定，四庫本此字在下句「分」字下，倒。
〔二〕閒：原作「問」，據四庫本改。
〔三〕則：此字四庫本無。
〔四〕而：四庫本此字下有「已」字，衍。
〔五〕亡：原作「忘」，據四庫本改。

奚爲而不信？堯非有人，非見有於人，則封人之退已，乃其所體也。

疑獨注：華地守封疆之人，請祝聖人，使壽、富、多男，而堯皆辭之。答以多男則爲屬累所役而多懼，富則爲財所役而多事，壽則爲生所役而多辱。是三者不足以養無爲之德，適所以爲有生之累耳。封人曰：始也以堯爲體道聖人，今舍有趨無，適爲賢人君子矣。多男而授之職，何懼之有？富而分人，何事之有？鶉居無常處，鷇食仰物而足。鳥行無章，無文迹也。與物皆昌，兼善天下。脩德就閒，獨善其身。壽極千歲，厭世上僊，則三患何由至哉！

碧虛注：多男而授之職，令各自治也；富而使人分之，藏金珠於山淵也。鶉居不營巢穴，鷇食無求而飽，鳥行則無留迹。與物皆昌，乘時立事。脩德就閒，雌靜自守也。脫去塵穢，躡景乘虛。白雲，喻道炁。帝鄉，真境也。封人所祝，世俗所貴，堯不惑而辭之，隨而再問，封人曰：「退已！」將有忘身之深旨乎！

鬳齋云：富、壽、多男，人所欲也，學道者則以爲不足介意。天生萬民，必授之職，言人生墮地，便有衣食。分，富而使人〔一〕分之，各付諸人也。鶉居無定所，鷇食非自求，鳥

〔一〕人：四庫本作「之」。

飛而無迹，皆言其無心也。與物皆昌，物我各得其生。脩德就閒，無道則隱也。厭世上僊，解脱之意。白雲、帝鄉，虚無之上也。三患謂少、壯、老，即《楞嚴經》恒河水之喻。堯猶欲問，而封人不答，但曰：「退已！」接輿趨而辟，荷篠丈人至則行矣，亦此意。

大哉！堯之爲君，仁昭而義立，德博〔一〕而化廣。天下既治，遊觀乎華。彼〔二〕封人者，亦隱淪以樂堯之道，三祝聖人，取天下之至美歸以報上，以爲道之可獻者也。而堯則例辭之，知非所以養德也。封人申而言之，爲道之贅，及觀其以〔三〕九男二女事舜於畎畝之中，富有四海而不與，上壽百〔四〕十八而徂落，巍巍蕩蕩，超乎三患之外矣〔五〕。封人之論，冥合於堯之迹，則亦堯之徒也。然其如天如神如日如雲之極致，豈封人所可測哉？無彰，當是無章，言〔六〕迹也。

〔一〕博：四庫本作「溥」。
〔二〕彼：此字四庫本無。
〔三〕以：此字朱本、李本並無，脱。
〔四〕百：朱本、李本此字下並有「九」字。
〔五〕矣：四庫本作「以」。
〔六〕言：原作「文」，據朱本、李本改。

堯治天下，伯成子高立爲諸侯。堯授舜，舜授禹，伯成子高辭爲諸侯而耕。禹往見之，則耕在野。禹趨就下風，立而問焉，曰：「昔堯治天下，吾子立爲諸侯。堯授舜，舜授予，吾子辭爲諸侯而耕，其故何也？」子高曰：「昔堯治天下，不賞而民勸，不罰而民畏。今子賞罰而民且不仁，德自此衰，刑自此立，後世之亂自此始矣！夫子闔行邪？無落〔一〕吾事！」俋俋乎耕而不顧。

郭注：禹時三聖相承，治成德備，功美漸去，故史籍無所載。仲尼不能聞，是以雖有天下而不與焉。斯乃有而無之也。故考其時而禹爲最優，計其人則雖三聖固一堯耳。時無聖人，故天下之心俄然歸啓。夫至公而居當者，付天下於百姓，取與之非己也。故失之不求，得之不辭，忽然而往，侗然而來，是以受非毁於廉節之士而名列於三王，未足怪也。莊子因斯以明弊起於堯而釁成於禹，況後世之無聖乎！寄遠迹於子高，使棄而不治，將以絶聖而反一，遺知而寧極耳。其實則未聞也。莊子之言，不可以一塗詰，或以黄帝之迹秃堯、舜之脛，豈獨貴堯而賤禹哉？故當遺其所寄，而録其絶聖棄知之意焉。

呂注：古之稱禹者以爲神禹，德至於神則其於堯、舜宜無間然。則不賞而民勸，不

〔一〕落：四庫本作「廢」。

罰而民畏，與賞罰而民且不仁，亦時而已矣。而言此者，明君天下以德，其於賞罰固非得已也。

疑獨注：伯成子高當堯而爲諸侯，至禹而退耕於野，蓋謂堯治天下以無爲，民不待賞罰而有所勸畏；今禹用賞罰民且不仁，德衰刑立，後世之亂自此始矣。夫子闔行邪？無廢吾農事，用力而耕，無復回顧也。

詳道注：玄古之民，實而不知其爲忠，當而不知其爲信，爲善無近名而不知有所勸，爲惡無近刑而不知有所畏。堯雖〔一〕不賞不罰而民勸畏，方之不知所勸畏者固已薄矣，又況賞之而使勸，罰之而使畏哉！此所以德衰而刑立也。夫堯非不賞不罰也，蓋賞一人而天下悦，善賞也；罰一人而天下服，善罰也。賞罰少而悦服多，謂之不賞不罰可也。華封以聖人責堯，子高以堯責禹，禹之視堯可謂玄矣，堯視聖人玄之又玄者也。

碧虚注：堯、舜、禹之治天下，猶道、德、仁之利萬民，其利廣博，而伯成子高之論亢志絶俗，端方不屈若此，真王者之師也。言訖而耕，俋俋不顧，有〔二〕務農崇本，還淳反朴

〔一〕雖：四庫本作「舜」，訛。
〔二〕有：四庫本此字上有「蓋」字。

之意。

　　虙齋云：此言世變愈下，在禹時便不如堯、舜矣。無落吾事，言無廢吾耕事也。俋俋，低首而耕之狀。堯不賞不罰，今賞罰而民不仁，蓋言賞罰不如無，亦如「必也使無訟」之意，借三聖以言之。

　　已上經旨顯明，諸解詳備，無待贅釋。

泰初有無，無有無名；一之所起，有一而未形。物得以生，謂之德；未形者有分，且然無間，謂之命；留動而生物，物成生理，謂之形；形體保神，各有儀則，謂之性。性脩反德，德至同於初。同乃虛，虛乃大。合喙鳴，喙鳴合，與天地爲合。其合緡緡，若愚若昏，是謂玄德，同乎大順。

　　郭注：無有，故無所名。一者，有之初，至妙而未有物理之形。夫一之所起，起於至一，非起於無也。莊子所以屢稱初者，以其未生而得生，得生之難，而猶上不資於無，下不待於知，突然而自得此生，又何營生於已生而失其自生哉！無不能生物，而云物得以生，所以明物生之自得，斯可謂〔一〕德也。德形性命，因變立名，其於自爾一也。性脩反

〔一〕謂：四庫本作「爲」。

德，以不爲而自得之，不同於初而中道有爲，則其懷中爲有物，有物而養之德小矣。無心爲〔一〕言而自言者，合於喙鳴。喙鳴合，與天地爲合，天地亦無心而自動〔二〕。其合緡緡，坐忘而自合耳，非照察以合之〔三〕。是謂〔四〕玄德，德玄而所順者大矣。

呂注：無則一亦不可得，無名則一之所起，而未形，天地之始是也。既已謂之一，且得無名乎？此物得以生而謂之德，是爲萬物之母也。未成者有分，且然而已而〔五〕謂之命，命則無間乎未形之初也。至〔六〕留動而生物，物成生理而後謂之形，形體保神而未嘗失，各有儀則而未嘗妄謂之性，性則不失乎已形之後者也。凡此無它〔七〕，萬物均之，得一以生。命則有分而無間，性則保神而不失，神則妙萬物而充塞乎天地之間者也。故性脩反德，則合乎一之未形；德至同於初，則無亦不可得矣。同乃虛，其虛至於未始有物；虛乃

〔一〕爲：四庫本作「于」。
〔二〕動：四庫本此字下有「也」字。
〔三〕之：四庫本此字下有「也」字。
〔四〕是謂：四庫本作「是乃謂之」。
〔五〕而：此字四庫本無。
〔六〕至：四庫本此字下有「於」字。
〔七〕它：四庫本作「他」。

大，其大至於不同同之。若是，則以無爲言之而合喙鳴，喙鳴合〔一〕則通於天地而與天地合矣。天地之間〔二〕其猶橐籥，喙鳴合與天地爲合，亦若是而已。其合緡緡，非蘄合而合，非有所知見而合也。是謂玄德，則原於德而成於天。同乎〔三〕大順，則無所與逆之謂也。

疑獨注：太初者氣之始，以其未見形，故曰有無。物有則名隨之，此既無有，名將安寄？一者，道之所以名，物之所以命，莫得而有，莫得而無；一之所起，起於至妙，未有形也。物得以生，言其受命則命在我，故謂之德，得其在我者也。未形，造化之始，然已有辨制之分，是分不在物成形之後，雖有分而且然無間，此物之命也。且者，不可以爲常之義。物有生則有形，生出於命，形出於生。人之有生，則與道同體；有形，則與道合容〔四〕。留動者，陰靜陽動而生物，物之成就則自然生理。故命之在我謂之性，性之在物謂之理。形者，道之象也。形體賴神而存，能保其神，各有儀則謂之性，命出於生之前，性顯於神之後也。天下失性既久，聖人教以脩性；性脩而至於無所復脩，則反於德；反

〔一〕合：四庫本此字下有「其」字，衍。
〔二〕間：原作「問」，據四庫本改。
〔三〕乎：原作「呼」，據四庫本改。
〔四〕容：四庫本作「用」。

於德則冥於極而同於初。初者，未始有物，無物則虚，故同乃虚，虚而後有無窮之體，故曰大。大者，有爲而未嘗爲，故合喙鳴。喙鳴者，無心於言爲之間也。喙鳴既合，蓋以事業合天地於我〔一〕，而我與之合也。與天地爲合者，豈知之所能爲哉？緡緡若昏，無心而自合耳。是謂玄妙之德，無往而不順，聖人之道極矣。

詳道注：自「泰初」以至於「無名」，推而上之也。自「一之所起」至「謂之性」，推而下之也。雜乎芒芴之間，太易也。變而有氣，太初也。氣變而有形，太始也。形變而有生，太素也。有大初，故有一而未形；有太始，故物成生理；有太素，故各有儀則。有一而未形，其精甚真是也；未形者有分，其中有信是也。且者方來而未知其所始，無閒則方生方死、方死方生也。留者陰，動者陽，物以陰陽留動而後生，理以物成而後具，形體所以建神而保之，神所以統形體而使之。萬物備於我，莫不有儀象法則存焉。此所以謂之性。有德而後有性，故始以物得以生，繼以各有儀則。人之脩也，由性而後至德，故性脩而後德至。德至同於初，同乃虚，虚乃大，則復歸於嬰兒，大人之事也。合喙鳴，喙鳴合，而至於與天地爲合，則復歸於樸，聖人之事也；其合緡緡，若愚若昏，則復歸於無極，神

〔一〕合天地於我：原作「合天地天地與我」，據四庫本改。

人之事也。至於神而無〔一〕以加矣。

碧虚注：有則非初，强名太初。一之所起，尚未有迹，有迹則屬元氣矣。靈光之物，卓然而生謂之德。氣降〔二〕未兆，清濁已分，所禀無有間斷謂之命。一靜一動，化生萬物，物成生理，故謂之形。形體保〔三〕神，各有儀則，謂之性。脩自然之性，反初生之德，德同太初，乃虚乃大，而無邊際也。合喙，猶脗合，脗合自然，其鳴無心，所謂終日言未嘗言也。喙有上下，如天地之合，塞兑、閉門，妙理沖默，至德冥深，同乎大順之道矣。

劉概注：太初，氣之始，故有無。太始，形之始，故無名。一之所起，則有名矣；一雖未形，而物得以生者，以有一故也。一未形，則渾淪而已；可名，渾淪固已有分矣。且者，非久安之意。無間者，始卒若環，無端之可指也。其中有精，其中有信，未形有分之謂也。建德若偷，且然之謂也；綿綿〔四〕若存，無間之謂也。然命之降也，不留則不足以生物；留而不動，足以生一物而不能生萬物。方其留也，未嘗不動；方其動也，不害其

〔一〕神而無：四庫本作「無而」，脱且倒。

〔二〕降：四庫本作「體」。

〔三〕保：此字四庫本無，脱。

〔四〕綿綿：四庫本作「緡緡」。

流，故能生物也。物成生理謂之形，形體保神各有儀則謂之性，有生則有性，冥性則足以知天，知天則反於德，德至則合乎道矣。

鬳齋云：太初〔一〕，造化之始，所有者，無而已。未有此有字，安得有名？此乃一之所起也。一便是無，故曰有一而未形。物得以生，則有有矣。各有其有，皆德也。未形者，言一所起之時。若有分矣，而又分它〔二〕不得，故且然無間。無間，便是渾〔三〕然者；有分，便是粲然者。此命字即天命，謂性之命。留動而生物，元氣運動，生而爲物，則是動者留於此。動，陽也；留動，靜也。靜爲陰，此句有陽生陰成之意。物得之而生，成則生生之理皆具。以元氣之動者，而爲我之生者，此謂之形。形體保神，各有儀則，謂之性，便是《詩》「有物有則」，《左傳》所謂「民受天地之中以生，有動作威儀之則」，皆此神爲之，便是性中自有仁義禮知之意。脩性以復其自然之德，德至則與無物之初同。同於初則虛，虛則大，既虛而大，則有不言之言。合喙，不言也。鳴者，言也。「喙鳴合」之合，又與上合字不同。此喙之鳴既以不言而言，則與自然者合矣。以此自然之合，則與天地合

〔一〕初：四庫本作「始」，訛。
〔二〕又分它：又，四庫本作「有」，通；它，四庫本作「他」。
〔三〕渾：原作「渭」，據四庫本改。

矣。緡緡，猶泯泯，泯泯然若愚若昏，形容此合字也。此乃玄妙之德，與大順同矣。大順，即泰初自然之理也。

一氣未兆，無迹[一]無稱；及稱泰初有無，而已不可得而[二]名言，是爲未形之一而一之所自起也。一立則有名矣。萬物得一以生，各具[三]自然之德。造化分靈降秀，實肇於斯，而爲人物之本，雖形狀未睹，而氣之清濁所鍾已有分際。人得之而爲人，物得之而爲物是也。且然，猶齟齬不齊，萬物群生種類不齊，而元氣流行殊無間隙，此之謂命[四]。天所命，而物受之以爲命者也。凡此，皆造化密運，莫窺其迹，唯聖人通化，能以理測之。至於留動而生物，物成生理謂之形，然後人物動植昭然可睹，世俗以此爲始而不知其來遠矣。物物各有生理，唯神主之，能保其神，儀則自備。蓋有是物，必有是則，皆己性之所發見，有生之所以立也。性本不假乎脩，今謂脩者，不失其儀則，全天之所與而復乎向

〔一〕迹：原作「亦」，據朱本改。
〔二〕而：朱本作「以」。
〔三〕具：朱本作「居」。四庫本此字上有「自」字，衍。
〔四〕命：此字朱本無，脱。

之得以生之德。德至則同乎泰〔一〕初，是又反流歸源，以人合天者也。同乃虛，則還於本無，虛乃大，無物足以喻，大亦强名耳。喙鳴，即鷇音之義。鳥喙之鳴，出於無心，無心之言，合於喙鳴，則喙鳴亦與之合，天地之無心善應，亦若是而已矣。夫人與天地爲合，非有心有爲可致，坐忘而自合。故〔二〕緡緡若昏，猶子母氣應，啐啄同時，不知所以然而然，此德至同於初〔三〕之良驗也。若是，則其德玄同，無天人物我之間〔四〕，天下至順，莫大於此。留動，説之不通，應是「流動」，猶云運動也，音存而字訛耳〔五〕。

〔一〕泰：四庫本作「太」，通。
〔二〕故：此字四庫本無。
〔三〕初：朱本此字上有「泰」字。
〔四〕之間：此二字朱本無。
〔五〕「留動」至「字訛耳」：此數句朱本無。

南華真經義海纂微卷之三十七

武林道士褚伯秀學

天地第四

夫子問于老聃曰：「有人治道若相放，可不可，然不然。辯者有言曰：『離堅白，若縣寓。』若是，則可謂聖人乎？」老聃曰：「是胥易技係，勞形怵心者也。執狸之狗成思，猨狙之便自山林來。丘，予告若所不能聞與而所不能言，凡有首有趾、無心無耳者衆，有形者與無形無狀而皆存者盡無。其動止也，其死生也，其廢起也，此又非其所以也。有治在人，忘乎物，忘乎天，其名爲忘己；忘己之人，是之謂入於天。」

郭注：强以不可爲可，不然爲然，斯矯其性情矣。懸宇，言其高顯易見。執狸之狗，猨狙之便，此皆失其常然者也。首趾，猶終始。無心無耳，言其自化。有形者善變，不能與無形無狀者並存，故善治道者不以故自持，順日新之化而已。其動止、死生未始有常，皆自然而然。非其所用而然，故放之而自得，有治在人不在乎自用也。天物皆忘，非獨忘己，復何所有哉！

吕注：可不可，然不然，則以齊物爲事；離堅白，若縣寓，則以辯物爲事。是若果是，則是之異乎不是也亦無辯；然若果然，則然之異乎不然也亦無辯。則可不可，然不〔一〕然，曷爲其不可哉？然以是爲事，則是知齊而不知其所以齊也。不〔二〕曰堅乎？磨而不磷。不曰白乎？涅而不緇。則堅與白雖未嘗離而離之若縣寓，胡爲而不可哉？然以是爲事，則是知辯而不知其〔三〕所以辯也。此二者雖相反，物之胥易技係勞形怵心而已，奚足以爲聖人乎？能有所技則勞形，思有所係則怵心。猨狙之便則以技而勞形也，執狸之狗則以思而怵心也。告若所不能聞，與而〔四〕所不能言，則有首有趾，無心無耳者，在天則日月星辰，在地則山川草木。凡有首趾無心耳者，不害其爲日月星辰山川草木也。奚獨至於人之無知無情而疑之哉？苟爲無知無情，則有形與無形無狀而皆存者盡無而已。有形者，人物；無形者，鬼神；無狀，則造化是也。此三者有介然之有則不得

〔一〕不：此字原重疊，今删去其中一「不」字。
〔二〕不：四庫本此字上有「孔子曰」三字。
〔三〕其：此字四庫本無，脱。
〔四〕而：四庫本此字下有「有」字，衍。

皆存，其所以〔一〕皆存者盡無而已矣。苟爲盡無，豈而所能聞而所能言哉！則其動止、死生、廢起，此又非其所以也。其所以者有超於六目，何以齊與辯爲？所謂亂而非治也。有所謂治者，其在人也。忘物、忘天，其名忘己。忘己之人，是謂入於天。入於天，則治而不亂矣。

疑獨注：有人治道若相放效，制物以己，可乎不可，然乎不然，不知以道自信，徒以堅白自鳴，言我能離堅白之説若縣寓高顯，可比聖人乎？答以此〔二〕不過以是非相易，用此〔三〕技藝係累其身，勞形怵心，如狗之係頸而獵，猨狙自山林來〔四〕，皆失其常性者也。遂告以所不能聞與所不能言。首趾，猶云天地。大道之窅冥不可以聲聞言盡，凡有天地終始，言與道冥會而無心無耳者衆矣。有形者身，無形無狀者心也。人皆以爲有，而我以其所有者盡無之，則其死生、動止、廢起皆陰陽消息之理，不知所以然也。有治道者，皆在人耳。我既忘物、忘天，何暇於治人乎？天物俱忘，名爲忘己。如是，則冥於自

〔一〕以：此字四庫本無，脱。
〔二〕此：此字四庫本無，脱。
〔三〕此：四庫本作「其」。
〔四〕來：四庫本作「者」，訛。

然之理，又何必張縣寓之辯哉？

詳道注：可不可，然不然，此倒置於所爲者也。離堅白，若縣寓，此多駢於所辯者也。執狸之狗成思，以其能執也，故不得適其適。猨狙之便自山林來，以其能便也，故不得安其安。自有以觀之，則有首有趾無心無耳者衆。自無以觀之，則有形與無形無狀而皆存盡無。非有死生廢起也，所以有是者，豈其所以哉！故聖人亦應之以無。有治則在人而已，若夫在己，則無所不忘，與夫設倒置之能、張縣寓之辯者固有間矣。

碧虛注：可不可，然不然，飾知以求異也。離堅白之辯，若縣寓高空，使衆昭然也。以妄相易，以技相係，疲薾形體，驚怵心神，猶獵犬被繫，猨狙入檻，皆因技能而致患也。有首有趾，形可睹也。無心無耳，意莫知也。無耳，故不能聞。無心，故不能言。有形者，有首有趾；無形無狀者，無心無耳也。皆存者，體與化冥；盡無者，亦無無盡也。其動止、死生、廢起，又非其所以也，夫復於何留意？有治在人，自治而已。忘物則同物，忘天則同天，忘己則不二矣。何所不入哉？

盧齋云：治道若相放，帝王同條共貫之意。以我之可明彼之不可，以我之然明彼之不然。雖堅白同異之多端，我能分辯之，若懸於天寓之間。胥易技係，解見前篇。成思者，爲人繫縛而愁思。自山林來，爲人捕而來也。所不能聞，所不能言，即性與天道，不可得聞之意。有首有趾，言人之頂踵同也；無心無耳，言其無知無見也。無形無狀，自然而然者，於形而下者見形而上者，即有形者與無形無狀而皆存也。盡無者，言世無此人也。凡動止、死生、窮達之間，皆有自然而然〔一〕者，不自知耳。因人事而治之，我無容心，故曰有治在人。天物俱忘，是謂忘己。忘己，則入於自然。入於自然，則與天爲一矣。

今有人焉，若放〔二〕效先王之治道，立法度以律衆，興教化以導民，而〔三〕法度不近乎人情，教化不循乎物〔四〕理，可天下之不可，然天下之不然，所謂離堅白若懸寓者也。若是者，可比聖人乎？蓋譏當時尚楊、墨以爲治而自比聖人者〔五〕。老聃曰：是猶胥徒在圄，以能相易，以技相係，而勞形怵心，無異獵犬被縛，猨狙出林，皆以能而召患，此喻鄙之之極也。余告若所不能聞與而所不能言，直指道之微妙難明〔六〕處，以啓其

〔一〕而然：此二字四庫本無，脱。
〔二〕放：朱本作「相」。
〔三〕而：此字朱本無，脱。
〔四〕物：此字朱本無，脱。
〔五〕者：此字朱本無，脱。
〔六〕明：朱本作「名」。

蒙。有首有趾，謂凡頂天立地之人。無心無耳，謂不能思道，不能聞道者，往往皆是也。有形〔一〕者人，無形無狀而皆存者，道也。盡無，則至於俱忘，前所謂不能思不能聞者可見矣。其動止、死生、廢起，特人事之代謝，若認而有之，以爲治在人而已。何足以入天乎？倘能忘物，則天與己不期忘而自忘。是之謂入於天，言道合自然，無容人爲於其間〔二〕也。此章與《應帝王》篇楊子居見老聃問答相類，但結語有優劣耳。

蔣閭葂見季徹曰：「魯君謂葂也曰：『請受教。』辭不獲命。既已告矣，未知中否，請嘗薦之。吾謂魯君曰：『必服恭儉，拔出公忠之屬而無阿私，民孰敢不輯！』」季徹局局然笑曰：「若夫子之言，於帝王之德，猶螳蜋之怒臂以當車軼，必不勝任矣。且若是，則其自爲處危，其觀臺多物，將往投迹者衆。」蔣閭葂覷覷然驚曰：「葂也汒若於夫子之所言矣。雖然，願先生之言其風也。」季徹曰：「大聖之治天下也，搖蕩民心，使之成教易俗，舉滅其賊心而皆進其獨志，若性之自爲，而民不知其所由然。若然者，豈兄堯舜之教民，溟涬然弟之哉！欲同乎德而心居矣！」

〔一〕形：四庫本作「行」，訛。
〔二〕於其間：此三字朱本無。

郭注：必服恭儉，非忘儉而儉。拔出公忠，非忘忠而忠。雖無阿私，而不足以勝矯詐之任。此皆自處高顯，若臺觀之可睹，將使物不止於〔一〕性分，而矯跂以附之，舉足投迹，不安其本步也。夫志各有趣，不可相效，因其自摇而摇之，雖摇而非爲；因其自蕩而蕩之，雖蕩而非動。故賊心自滅，獨志自進，教成俗易，汎然無迹，復性而不知所由，皆云我自然矣。溟涬，自貴之謂。不肯多謝堯、舜而推之爲兄。心居者，不逐於外，故德同也。

吕注：必服恭儉，所謂忍性以視民，則其自爲處危矣。拔出公忠，所謂尚賢也，其爲臺觀多矣，如是則吾不能無迹，人投迹者衆。夫大聖之治天下，摇蕩民心，使之成教易俗，所謂鼓之舞之以盡神也。民不窺觀以投上之迹，則滅賊心而進獨志，若性之自爲，不知其所由然。若然者，德遺堯、舜而不爲，豈兄堯、舜之教民而推先之，溟涬然弟之而繼其後哉？欲同乎德而心居，心居則無爲而萬物化矣。

疑獨注：蔣閭葂以必服恭儉、拔出公忠爲輯民之要，季徹以其未能安於無爲自然，故㕂㕂然俯身而笑。且若以斯言治國，是自處至高以聳動天下之視聽，使物皆歸之，投

〔一〕於：此字四庫本無，脱。

迹於臺觀之下者衆矣。葂聞言若失，願言其流及於下風而自化矣。季徹告以大聖之治天下也，因民心之自然，如風雨摇蕩萬物，而使之成教易俗也。外物入害其良心曰賊心，賊心既滅，則獨志進矣。獨，言其無偶而不累於物，若性之自爲而不知其所由然，百姓日用而不知，此神人之治也。其塵垢粃糠，足以陶鑄堯、舜，豈以堯、舜之教民爲兄而以己自然之道爲弟哉？欲同乎德而心居矣。心居則不逐外物也。

詳道注：必服恭儉，非無爲也；拔出公忠，是尚賢也。帝王之德，爲無爲則天下無疲薾之患，不尚賢則天下無夸跂之爭。如此，則因其自摇而摇之，因其自蕩而蕩之，故其賊心隨滅，獨知日進，若性之自爲而民不知其所由然。今也勉〔一〕以服恭儉、拔公忠爲事，則是開人之天而導其賊心，闕〔二〕天之天而捐其獨志，其於帝王之德不亦遠乎！夫樂餌以〔三〕可悦而過者止，利於暫而不可以常，濡沫以不足而不相忘，利於寡而不該乎衆。此所以神人惡衆至而執大象，天下往也。若夫鼓螳螂之怒臂，設臺觀之危形，使人奔合而投迹，豈非樂餌、濡沫之論與？昔舜以卷婁累其聖，列子以饋漿驚其誠，南郭子綦以知

〔一〕勉：四庫本作「葂」。
〔二〕闕：四庫本作「開」，訛。
〔三〕以：四庫本作「於」，訛。

而鬻之爲憂，庚桑楚以社而稷之爲患。要在處陰以休影，處靜以息迹，然後爲至也。

碧虚注：恭儉、公忠，非無爲也。危其臺觀，非安穩也。尚賢，則佞歸。迹衆，則僞集。民之摇動，聖人因而任之；民之放蕩，聖人因而安之。使教成俗易，則賊害之心隨化絶滅，民各進其己志，若性之自然也。兄堯、舜之教者，尊其聖知；民溟涬然弟之者，下之散漫不明也。今既民安其自然，何用尊堯、舜之聖知而使民〔一〕散漫哉？欲同乎德而心〔二〕有所著矣。言其有所尚，非自然也。

慮齋云：螳螂怒臂以當車轍，言力小不足任大也。其自爲處者，言自然之地。如此則似危其臺觀以示人，人往歸之，投足者衆矣，言以名〔三〕聲自累也。摇蕩，猶轉移。賊心，有爲之心。獨志，獨得之志。民既成教易俗，滅去私心而進於道，如生知之性而不知爲上之化。以堯、舜爲高而我次之，故曰：「兄堯、舜之教民而弟之。」溟涬，有低頭甘心之意。同乎自然之德，則其心安矣。欲者，聖人欲其民如此也。

有爲而化物者，其用勞；無爲而自化者，其濟博。拔公忠、危臺觀，此有爲而化

〔一〕民：此字四庫本無，脱。
〔二〕心：四庫本此字下有「居」字，衍。
〔三〕名：此字四庫本無，脱。

者；滅賊心，進獨志，無爲而化也。摇蕩，猶鼓舞，鼓舞民心使之成教易俗，順導之而勿攖，此化之始也。滅賊心而進獨志，則因病施藥，化之中也。至於若性之自爲，而民不知其所由然，化之終也。堯、舜之治民不過此耳〔一〕。奚必尊之爲兄，溟涬然弟之哉？溟涬，無分别貌。如此，則是欲同乎堯、舜之德而心有所著矣。凡此皆所以祛〔二〕有爲之治，掃堯、舜之迹，而歸乎絶聖棄知之意云。

〔一〕耳：此字朱本無。
〔二〕祛：朱本作「拂」。

南華真經義海纂微卷之三十八

武林道士褚伯秀學

天地第五

子貢南遊於楚，反於晉，過漢陰，見一丈人方將爲圃畦，鑿隧而入井，抱甕而出灌，搰搰然用力甚多而見功寡。子貢曰：「有械於此，一日浸百畦，用力甚寡而見功多，夫子不欲乎？」爲圃者仰而視之曰：「奈何？」曰：「鑿木爲機，後重前輕，挈水若抽，數如泆湯，其名爲槔。」爲圃者忿然作色而笑曰：「吾聞之吾師，有機械者必有機事，有機事者必有機心。機心存於胸中，則純白不備；純白不備，則神生不定；神生不定者，道之所不載也。吾非不知，羞而不爲也。」子貢瞞然慙，俯而不對。有間，爲圃者曰：「子奚爲者邪？」曰：「孔丘之徒也。」爲圃者曰：「子非夫博學以擬聖，於于以蓋衆，獨弦哀歌以賣名聲於天下者乎？汝方將忘汝神氣，墮汝形骸，而庶幾乎！而身之不能治，而何暇治天下乎！子往矣，無乏吾事！」子貢卑陬失色，頊頊然〔一〕不自得，行三十里而後愈。其弟子曰：「向之人何爲者邪？夫子何故見之變容失色，終日不自反邪？」曰：「始吾以爲天下一人耳，不知復有夫人也。吾聞之夫子，事求可，功求成，用力少，見功多者，聖人之道。今徒不然。執道者德全，德全者形全，形全者神全，神全者，聖人之道也。託生與民並行而不知其所之，汒乎淳備哉！功利機巧，必忘夫人之心。若夫人者，非其志不之，非其心不爲。雖以天下譽之，得其所謂，謷然不顧；以天下非之，失其所謂，儻然不受。天下之非譽，無益損焉，是謂全德之人哉！我之謂風波之民。」反於魯，以告孔子。孔子曰：「彼假脩渾沌氏之術者也；識其一，不知其二；治其內，不治其外。夫明白入素，無爲復朴，體性抱神，以遊世俗之間者，汝將固驚邪？且混沌氏之術，予與汝何足以識之哉！」

郭注：用時之所用者，乃淳備也，欲脩淳備而抱一守古，失其旨矣。不忘不墮，則無庶幾之道。聖人之道，即用百姓之心耳。夫神全乃聖王之道，非夫人也。子貢聞其淳備之説而服之，未知純白者之同於世，此宋榮子之徒，未足以爲全德。子貢之迷没於此人，

〔一〕然：此字四庫本無，脱。

若列子心醉於季咸。孔子以其背今向古，羞爲世事，故知其非真渾沌，徒知脩古〔一〕抱灌之朴，不知因時任物之易也。夫真渾沌者，豈以外内爲異而偏有所治哉！「明白入素」至「以遊世俗者」，真渾沌也，故與〔二〕世同波而泯然無迹，豈必使汝驚哉！彼世俗所識，特識其迹耳。

吕注：能執古以御今，則凡日用無非渾沌之術，豈必天地之初哉！彼以有機械者有機事機心，而不知機心之所自生者。未始有物，則是識其一不知其二也。知忘神氣黜形骸以蕲道德之全，不知行於萬物〔三〕者無非道，則是治其内不治其外也。「明白入素」至「以遊世俗」，即所謂廢心而用形者是也。彼聞子貢之言，始忿然而後乃笑，宜其以機械爲累而不肯爲，則不識不知乃所以爲渾沌也。此篇方論天德無爲，恐或者謂必無爲如漢陰丈人然者，則不可與經世矣。故論真渾沌之術，乃遊乎世俗之間而不爲累也矣。

疑獨注：搰搰然，用力貌。前輕，所以入水；後重，所以上水也。機者，動之妙處；械者，機見於器事者。機見於爲，然皆起於心，機事外也，機心内也。凡有諸外，本於内，心

〔一〕羞爲世事故知其非真渾沌徒知脩古：此十五字四庫本無，脱。
〔二〕故與：四庫本作「與故」，倒。
〔三〕物：四庫本作「事」。

主中貴虛。物不可雜，色不可染，故曰純白。若機動於中，則物得以雜，色得以染，故純白不備，則精亂而神生不定。神者，所以載道也。若夫不定，則爲物之所載矣。吾非不知桔槔之械，羞而不爲耳。自「博學」至「賣名聲於天下」，不過期人之知忘神氣則無心，隳〔一〕形骸則忘我，乃庶幾於道矣。汝未能如此，則身猶不治，何暇治天下哉！汝宜行矣，無妨吾事。天下一人，言孔子。不知復有夫人，指漢陰丈人也。孔子極高明之道，子貢所不能知，故見假脩至道而心惑之。聖人之於事也，無可無不可；於功也，無成無不成。或用力寡，而見功多；或用力多，而見功寡。未嘗滯於一隅。子貢之知孔子，蓋孔子之襲諸人間者耳，故訝其今徒不然，而見其神全者，聖人之道。至於極致，則同乎天矣。故出則與民並行，而民不知其所往。芒昧乎，其性淳，其行備〔二〕。世之所謂功利機巧者皆出於人爲，此人之心必忘之矣。此子貢之心不明而以假聖人之道爲真也。夫聖人之志，無之無不之；聖人之心，無爲無不爲。顧天下之譽，亦非不顧天下之譽；受天下之非，亦非不受天下之非。得其所謂，得其言之意；失其所謂，失其言之意也。然不顧

〔一〕隳：四庫本作「墮」。

〔二〕備：四庫本此字在上句「淳」字下，倒。

天下之譽易，不受天下之非難。漢陰丈人非其志不之，非其爲不爲，則未能忘非譽，故有所不顧不受也。若聖人之性，雖大〔一〕行不加，窮居不損，及其應物，則亦隨時而已。今夫人之徒，不以天下之非譽爲增損，未知其心果何如耶？子貢未聞夫子性與天道之説，故以彼爲全德之人，而自爲風波之民。若以夫子觀之，則彼猶蹈一偏之弊也。渾沌者，離乎形、氣、數之强名；術所以對道而言也。執一而廢二，樂内而忘外，皆非聖人之全道。明白則顯，其白入素則不知矣；無爲則顯，無爲復樸則不知矣。體性則與性合一，抱神則不離於神，以是而遊世俗，與人爲徒而不失其天，若是者汝將固驚邪？言汝亦不知而不驚也〔二〕，則真脩之與假脩可見矣。

詳道注：渾沌之時，民居不知所爲，行不知所之，視不以目而以神，聽不以耳而以氣，則機械何自而生？聖人之於天下，抱一以周萬，遊内以應外，人之所爲不可不爲，器存〔三〕所用不可不用，則機械在物而不在心，機事在時而不在械。曠然與世偃仰，莫知所以然而然，則雖子貢之時使渾沌復作，其能逆天違人而不爲機械乎？機械之作特通其

〔一〕大：原誤作「天」，今據四庫本改正。

〔二〕也：四庫本此字下有「耶」字，衍。

〔三〕存：四庫本作「之」。

變，使民不倦而已。機械由於機心，機心必虧純白，是識一而不知二，治內而不治外，此假脩渾沌者，不免夫驚世之患也。至人之於德不脩而物不能離，脩渾沌之術其德固已淺矣，又況假脩者乎！

碧虛注：子貢謂爲圃者托生與民並行而不知其所之，是果與衆異邪，功利機巧必不入斯人之心矣。非譽不受，如渾沌也。風波之民，易動摇也。渾沌自然，脩之則非真，故云假也。一謂體，二謂用，脩心者離境，治外者同塵，體性抱神以遊世俗，此古之民也。渾沌無竅，則鬼神莫識，況於人乎？

鬳齋云：機械，器也，用之則爲機事。所以用之者，心也，有機心則不能純一虛明。神生不定，不能抱静主一，所以不能載道也。擬聖，慕聖人。於于，自大貌。獨弦哀歌，言人不已知而自誦自説，或比之擊磬於衛則非矣。忘神氣，猶黜聰明；墮形體，即忘己也。汝能如此，猶且庶幾，不然身且不治，何能治人？卑陬，慙恧；頊頊，自失貌。託生於世，雖所行與人同而自不知其所往，此人心中必無功利機巧之事也。譽且不顧，況於毀乎？所言行於世，曰得其所謂；不行於世，曰失其所謂。風波，言爲世故所役而不定。假，大也。渾沌，即天地之初。識其一，所守純一也；不知其二，心不分也。內，心也；外，物也。明白則可入於素，無爲則復歸自然之朴。體性，全其性；抱神，與神爲一。

言汝未知此道，宜乎驚也。

舍勞就逸，人之常情；聲名功利，亦人所欲。而世有棄至易而從至難，甘藜藿而安陸沈者，豈土木其身心而至是耶？蓋見道篤〔一〕而自知明，立志堅凝有以勝之，久則安，安則化矣。此漢陰丈人所以恥機械而甘抱甕，身畎畝而目雲霄也。卒使善説辭者，不能回其心，易其操，古長沮、桀溺之徒歟？此雖本於氣稟高潔，亦積學涵養之功。何謂學？睎〔二〕其勝己者。何謂養？充其在我者而已。作色而笑，笑當是答。〔三〕

諄芒將東之大壑，適遇苑風於東海之濱。苑風曰：「子將奚之？」曰：「將之大壑。」曰：「奚爲焉？」曰：「夫大壑之爲物也，注焉而不滿，酌焉而不竭，吾將遊焉〔四〕。」苑風曰：「夫子無意于横目之民乎？願聞聖治。」諄芒曰：「聖治乎？官施而不失其宜，拔舉而不失其能，畢見其情事而行其所爲，行言自爲而天下化，手撓顧指，四方之民莫不俱至，此之謂聖

〔一〕篤：四庫本作「切」。

〔二〕睎：朱本、李本並作「師」。

〔三〕作色而笑笑當是答：此八字朱本、李本並無。

〔四〕焉：四庫本作「乎」。

治。」「願聞德人。」曰：「德人者，居無思，行無慮，不藏是非美惡；四海〔一〕之内共利之之爲悦，共給之之爲安；怊乎若嬰兒之失其母也，儻乎若行而失其道也；財用有餘而不知其所自來，飲食取足而不知其所從，此謂德人之容。」「願聞神人。」曰：「上神乘光，與形滅亡，此謂照曠；致命盡情，天地樂而萬事銷亡，萬物復情，此之謂混冥。」

郭注：行其所爲，因而任之。使物爲之，則不化矣。指揮顧眄〔二〕而民各至其性，任其自爲故也。共利共給而無自私之懷。德者，神人之迹，故曰容。又顧聞其所以迹。荅以乘光乃無光，故與形滅亡。無我而任物，虚空無所懷者，非闇塞也。情盡命至，天地樂矣。事不妨樂，斯無事矣〔三〕。情復而混冥無迹也。

吕注：注焉不滿，酌焉不竭，則天府之富也。苑風不知其至無而供萬物之求，故以爲無意於横目之民也。官施拔舉，不失其宜〔四〕，則非無意於尚賢使能也。畢見情事，行

〔一〕海：四庫本作「方」。
〔二〕眄：四庫本作「盼」。
〔三〕情盡命至天地樂矣事不妨樂斯無事矣：此數句四庫本無，脱。
〔四〕宜：四庫本作「冥」，訛。

其所爲，則非使人匿情而投迹者也。行言自〔一〕爲而天下化，手橈顧指而民俱至，則非以賞勸罰沮也。此聖人見於治，而非所以爲德。德人者，無思無慮，不藏是非美惡，其心未嘗不虚也。四海共利共給之之爲悦，則天下樂推而不厭也。若嬰兒失母，則不知所依。若行而失道，則不知所往。財用有餘，則四海共利之而已。飲食取足，則四海共給之而已。此德人之容，而非所以爲神也；泰宇發光所以照也，神則乘之以照而非光與形滅亡而已，所以雖照而曠也。致命則去故而復常。盡情則離僞而居實。萬事消亡，致虚之極；萬物復情，芸芸歸根。混則合而爲一，冥則照亦忘矣。

疑獨注：水幾於道，注不滿，酌不竭，其神之謂乎！欲其出而治民，故願聞聖治。言官，則知拔舉不失其職；言能，則知官施不失其宜。畢見其情事，則無有不當。言行出於自然，則天下俱化。手指目顧，遠民皆至，言聖人出而爲治也。無思慮，忘〔二〕美惡，以其無累於物也。四海共利之之爲悦，非自給也。嬰兒失母，言無所恃。行而失道，言無所止。財用飲食不知所〔三〕從來，言無求而自足也。上神，謂神之又神。乘光，則在光

〔一〕自：四庫本此字下有「不」字，衍。
〔二〕忘：四庫本作「亡」。
〔三〕所：此字四庫本無，脱。

之上而乘之，形影莫睹，歸於無而已矣。致命者，莫之致而至〔一〕。盡情，則性無不盡矣。神人者，命之已致，性之已盡，天地猶樂，況於人乎！況於物乎！萬物各復其性命之情，則與道爲一，故曰混冥。首論聖治，即充實而有光輝之謂大；次論德人，即大而化之之謂聖；末論神人，即聖而不可知之謂神。聖治言其業，德人言其德，神人言其道，其實皆聖人之事也。

詳道注：以言則諄諄，所以應物；以道則芒昧，所以冥物。故出則言聖治，入則言德神。拔舉而不失其能，與「拔出公忠」之屬同。手撓顧指，四方俱至，與「投迹者衆」同。此謂聖治非以不治治之也。「無思無慮」至「飲食取足」，通神之道不過如此。特以德人名之者，德者，神之體；神者，德之用。盡其體者，未必妙於用；妙於用，則必本於體。此德人、神人之所以分也。神，於五行屬火，火無常形，乘物而有，物存則光，物盡則亡，神之利用出入，民咸用之，而乘光照曠亦若此也。

碧虛注：大壑，即東海。注不滿，酌不竭，以喻道源無窮。無所宜，無所能，不見其

〔一〕至：四庫本作「情」，訛。

情，行所不爲者，治之要也。行言自爲而天下〔一〕化，蓋不治者聖治之妙也。無思無慮，用心若鏡，故四海願共利給之。嬰兒失母，所託皆親也。行而失道，所向皆安也。遊心於澹，故物饒而自至。合氣於漠，故腹充而忘知。此有德者之容也。上乘元氣之光，乃無光也。光既無矣，形何有哉！此謂照曠，太虚一體也。得天命則物情盡，樂内忘外，萬物復情，各歸其根，此謂混冥，靜曰復命之謂也。

盧齋云：遊於大壑者，言世間不足觀，將觀於海也。官施得宜，拔舉得賢，盡見事事可爲之實，順而行之，所行所言皆是自爲，不爲人而爲，天下自然化之矣。舉手隨所顧而指之，民莫不應，聖人之治天下如此。居行，靜動也。靜動無心，故不藏是非、美惡，即是不思善、不思惡也。共給共利，與人同樂之意。若嬰兒失母，行而失道，言其無意於人世，有不得已之意。財用飲食皆置之不問，言其無心也。上神，言其神上騰，出乎天地之外。日月之光在下，故曰乘光。與形滅亡，有身猶無身。照曠，大昭晰也。致極乎天命，盡其性中之情，以天地之道自樂而萬事無累於我也。復情，復於實理；復於實理，則萬物與我爲一。混冥，即渾沌之義。

〔一〕而天下：四庫本作「天下而」，倒。

諄芒將之大壑，蓋厭世隘陋，故慕其注酌不竭〔一〕，而〔二〕欲遊焉。苑風疑其無意於民，遂問聖治，答以官施拔舉得宜盡能，則在位者稱職，遺逸者得升，政事之問畢見其人情事理而得以行其所當爲，行者言者皆出於自爲而無矯揉之弊，以誠格物，天下惡有不化者哉！手橈顧指，遠民皆至，則近者可知，此聖人之治效也。繼問德人，答以居無思，行無慮，言其〔三〕動靜無心，美惡自泯，四海之民有未得其所者皆願利給悦安之，則修之天下，其德普矣。若嬰兒失母，行而失道，皆視民如傷之意。財用有餘，儉則常〔四〕給，飲食取足，充腸而已，不知其所從來，言未嘗著意於財食而自供其用，蓋本於利給天下之所致也。此德人之容儀見於外而可睹者，而非其實，所謂實則有不容聲矣。又問神人，答以上神乘光，所謂「遂於大明之上」是已。與形滅亡，所謂「入於窈冥之門」是已。此言神人出陽入陰，變化莫測也。上神，神之至極。乘光，凌虛躡景之義。蓋非虛則不能發光，非曠則不能容照也。必至於己之命，斯能盡天下之情，天地

〔一〕竭：朱本作「形」。四庫本「竭」字上有「滿」字。
〔二〕而：此字四庫本無。
〔三〕言其：此二字朱本無，脱。
〔四〕常：朱本作「容」，疑誤。

之樂，揆之民〔一〕心可見天視、天聽，亦猶是也。萬事銷亡，本於我無爲而已。使萬物各復其本情，是謂混冥。混冥，則我亦忘矣，況於物乎！論神人而結以混冥，此又明其所以神也。

門無鬼與赤張滿稽觀於武王之師。赤張滿稽曰：「不及有虞氏乎！故離此患也。」門無鬼曰：「天下均治而有虞氏治之邪，其亂而後治之〔二〕與？」赤張滿稽曰：「天下均治之爲願，而何計以有虞氏爲！有虞氏之藥瘍也，禿而施髢，病而求醫。孝子操藥以脩慈父，其色燋然，聖人羞之。至德之世，不尚賢，不使能，上如標枝，民如野鹿，端正而不知以爲義，相愛而不知以爲仁，實而不知以爲忠，當而不知以爲信，蠢動而相使，不以爲賜。是故行而無迹，事而無傳。」

郭注：二聖俱以亂〔三〕故治之，則揖讓之與用師，直時異耳，未有勝負於其間也。均治則願各足，復何爲計有虞氏之德而推以爲君哉！且天下皆患創亂，故求虞氏之藥。操藥脩父，其色燋然，明治天下者非以爲榮也。夫至德之世，賢當其位，非尚之也；能者

〔一〕民：四庫本作「人」。
〔二〕之：此字四庫本無，脱。
〔三〕亂：四庫本作「變」。

自爲，非使之也。上如標枝，出物上而不自高；下如野鹿，放之而自得也。其義、仁、忠、信，率性自然，非由於知。蠢動相使，用其自動，故動而不謝主，能任其自〔一〕行，故行無迹，事各止其分，故不傳教於彼也。

呂注：有虞氏以亂而後治之，則武王亦以亂而後〔二〕治之。孰不以天下爲事而有不及哉？故有虞氏之藥瘍也，禿而施髢，病而求醫，則是亂而後治之也。操藥脩父，其色燋然，道不至於兼忘，而六親不和有孝慈，固聖人之所羞也。則有虞〔三〕之治，亦豈得已而謂過於武王哉？自其迹觀之，雖伏羲、燧人猶不得爲至德之世；自其心觀之，則虞氏、武王之妙處乃所謂至德之世也。以其無爲，故無名；無名，故行無迹而事無傳。孰得擬議於其間哉？

疑獨注：莊子之意，欲如太古之世，使人各安其性命之情，若堯、舜治天下之道，皆糠粃緒餘，非所貴也。民有亂者，有虞氏以仁義治之，猶藥之治瘍也。髢者，所以飾無髮；醫者，所以攻有病。皆非任其自然，亦猶亂而求治也。操藥脩父，其色燋然，世人以

〔一〕自：此字四庫本無，脱。
〔二〕後：此字四庫本無，脱。
〔三〕虞：四庫本此字下有「氏」字。

爲孝，而聖人羞之者，主天道而言，所以救人道之弊也。夫至德之世，不尚賢則人不爭名，不使能則人不爭藝。標枝無情於在上而自在上，野鹿無情於在野而自在野。端正者，義之本；相愛者，仁之本。仁義者，端正相愛之名迹也。實者，忠之本；當者，信之本。世俗所謂實當者，求忠信之名耳。蓋至德之世，以仁義忠信與性爲一體，未嘗離而求其名迹也。蠢動而相使，言各任其性，交相使役不以爲賜，亦適然耳。行而無迹，事而無傳，無意於行事故也。

詳道注：瘍之爲患，非疾之爲患，患之淺深雖殊，其資於藥一也。五帝〔一〕之世非三王之世，世之淳漓雖殊，其資於治均也。由此觀之，其可以舜之藥瘍爲是，武王之藥疾爲非乎？莊子以治天下者爲孝子，以天下爲慈父；尹文以己爲弟子，以天下爲先生。蓋以天下爲心者，未嘗不自卑以尊人，然後得天下之親譽也。然與窅然喪其天下者異矣！

碧虛注：丹朱不肖，有仁聖盛明以代之；殷紂殘惡，有戡定禍亂以伐〔二〕之。皆非恬然均治也。黔首有病，重華以仁義之藥治之，病而求醫，亂而求治，豈良醫、孝子所願聞

〔一〕帝：四庫本作「常」，訛。

〔二〕伐：四庫本作「代」，訛。

邪？不尚賢，故無爭；不使能，故無敗。上如標枝之無心，下如野鹿之自得，此亦感召之理。有衺，則義見焉；有憎，則仁出焉；有詐，則忠顯焉；有誕，則信彰焉。無上四條，則下四事亦亡矣。蠢動之相使役，物情自然，不以爲賜也。無迹、無傳，不以爲特異也。

慮齋云：滿稽以征伐不及揖遜，因無鬼之問又併與有虞氏非之〔一〕。言天下皆願治，因有虞氏治之而反以爲累。無瘍，何用藥？不禿，何用髢？不病，何用醫？孝子爲父操藥，其色燋然，不若父之無病也。脩慈父，與羞同，進也。後羞之，恥也。至德之世，舉世淳一，未有賢能之名，故不尚、不使。標枝，枯枝，與野鹿皆無情無欲之喻。端正，脩身。相愛，相親也。端正而下四不知，言當時未有仁、義、忠、信之名也。蠢動，有生之民相使相友助。賜，猶恩也。無迹、無傳，言當時未有是非、毁譽之事也。

唯其〔二〕天下不治，然後有治之之名；唯其堯子不肖，然後有禪舜之舉。蓋有揖遜於其前，必有征伐於其後者，亦猶有瘍而後有藥，有禿而後施髢，有病而後求〔三〕醫也。夫孝子脩藥，此分内事而聖人羞之者，謂不若父無病之爲愈也。況以征伐而求治者

〔一〕併與有虞氏非之：與，四庫本作「及」。之，四庫本無，脱。
〔二〕唯其：此二字朱本、李本並無，下同。
〔三〕求：朱本、李本並作「有」。

乎？故引至德之世以明末俗〔一〕之澆薄，覬人去彼而取此也。以其不尚賢、不使能，故能如標枝、如野鹿。標枝，樹杪之枝，居高而不知其爲尊也。端正，應是相正，考下文可見。此四不知〔二〕，乃所以同歸於道，俱化於兼忘之域。仁、義、忠、信，特世人分別之迹耳。蠢動，指淳朴之民，相使而不以爲賜，友〔三〕助而無責望之心也。行而無迹，即鳥行無章。事而無傳，則所過者化。此其所以爲至德〔四〕之世歟？

〔一〕末俗：四庫本作「未治」，訛。
〔二〕知：朱本、李本並作「如」，訛。
〔三〕友：朱本、李本並作「有」。
〔四〕德：四庫本作「治」。

南華真經義海纂微卷之三十九

武林道士褚伯秀學

天地第六

孝子不諛其親，忠臣不諂其君，臣、子之盛也。親之所言而然，所行而善，則世俗謂之不肖子；君之所言而然，所行而善，則世俗謂之不肖臣。而未知此其必然邪？世俗之所謂然而然之，所謂善而善之，則不謂之導諛之人也。然則俗故嚴於親而尊於君邪？謂己導人則勃然作色，謂己諛人則怫然作色。而終身導人也，終身諛人也。合譬飾辭聚衆也，是終始本末不相坐。垂衣裳，設采色，動容貌，以媚一世，而不自謂導諛；與夫人之爲徒，通是非，而不自謂衆人，愚之至也。知其愚者，非大愚也；知其惑者，非大惑也。大惑者，終身不解；大愚者，終身不靈。三人行而一人惑，所適者猶可致，惑者少也；二人惑，則勞而不至，惑者勝也。而今也以天下惑，予雖有祈嚮，不可得也，不亦悲乎！大聲不入於里

耳，《折楊》、《皇華〔一〕》，則嗑然而笑。是故高言不止於衆人之心，至言不出，俗言勝也。以二垂踵〔二〕惑，而所適不得矣。而今也以天下惑，予雖有祈嚮，其庸可得邪！知其不可得也而强之，又一惑也。故莫若釋之而不推。不推，誰其比憂？厲之人，夜半生其子，遽取火而視之，汲汲然唯恐其似己也。

郭注：以君、親所言而然，所行而善，此直違俗而從君、親，故俗謂其不肖耳，未知至當正在何許。俗不爲尊嚴於君、親而從俗，不謂之諂，明尊嚴不足以服物，則服物者在於從俗。是以聖人未嘗隔異於世，必與時消息。故在皇爲皇，在王爲王，豈背俗而用我哉？世俗遂以多同爲正，故謂之導諛，則作色不受；而終身導諛，亦不問道理，期於相善耳。夫合譬飾辭，應受導諛之罪，而世復以此得人，以此聚衆，亦爲從俗者恒不見罪坐也。世皆至愚，乃更不可不從。聖人道同而帝王殊迹者，誠世俗之惑不可解，故隨而任之。天下都惑，雖我有求向至道之情而終不可得，堯、舜、湯、武〔三〕隨時而已，故大聲非

〔一〕華：四庫本作「荂」，通。
〔二〕垂踵：四庫本作「缶鍾」。
〔三〕武：此字四庫本無，脱。

委巷所尚，俗人得嘖曲，則同聲動笑。此天下所以未嘗用聖〔一〕，而常自用也。各自信據，故不知所之，莫若即而同之也。趣令得當時之適，不强推之令解，則相與無憂於一世矣。天下皆不願爲惡，其爲惡或迫於苛役，或迷而失性耳。然迷者自思復，厲者自思善也。

呂注：臣、子然君、親之所然，而善其所善，則世俗以其諂諛而謂之不肖，不知其然而善之爲非者，果必然邪？至於然世俗之然而善，則不謂之諂諛。所以嚴於君而尊於親，果安在邪？謂己導諛，則必作色，惡其名之惡也；而終身導諛，合譬飾辭聚衆，不免爲其實，則終始本末不相當也，合譬飾辭皆非其理之當，而以此群於人，所以爲導諛也。夫合譬、飾辭、聚衆，恥爲導諛且不可，則夫不知反性命之情而垂衣、設采、動容貌，以媚一世而不自謂導諛，與夫人爲徒通是非而不自謂衆人，乃愚之至也。知其愚者，非大愚，則所謂病者能言其病，其病之者猶未病，是猶可爲也；至於終身不解不靈，則病而不能言其病，是無可爲者也。三人行而一人惑，所適猶可致〔二〕，譬道興之世得道者多、失道

〔一〕聖：四庫本此字下有「人」字。

〔二〕致：四庫本作「至」。

者少；二人惑，則勞而不至，喻道喪之世失道者多而得道者少；今天下惑，予雖有祈嚮不可得也，則世道交喪，無可與明此者。民之迷也，其日已久，則雖祈其嚮，此亦莫之從，此乃至人之所深悲也。大言不入於里耳，至俗言勝也。以惠子之聰明，猶謂莊子之言爲無用，則世可知矣。二垂踵惑，則惑者一人之足而所適不得，小惑易方也。今天下惑，則所謂大惑易性也。予雖有祈嚮可得乎？我非愛其道而不以明天下也，知其不可而强之，則我亦一惑而已，非致命盡情而兼忘天下者也。故莫若釋之而不推，與之相忘而〔一〕已。不推則誰其比憂邪？譬之厲人恐子似己，則道之爲物，人心而已，而彼獨不得，則其疾豈特厲之比！身而同乎流俗，合乎汙世，豈特子似己之比！吾雖釋之而不推，彼獨不憂邪？

林疑獨注：世之所謂孝子者，能順親之意；所謂忠臣者，能得君之心。親之所行未必皆合於義，而子一切順之，則入乎諛；君之所爲未必皆合於義，而臣一切從之，則入乎諂。孝則不諛，忠則不諂，臣、子之盛也。爲臣、子者以順君爲事而不能以道義繩之，則

〔一〕而：四庫本此字下有「若」字，衍。

世俗指爲不肖，然亦未知其果〔一〕不肖邪？此言從君、親而違世俗，皆未必是；而違君、親，順〔二〕世俗，則不謂之導諛。夫世俗果能嚴於親、尊於君乎？皆非先王任其兩行之道。導者，取其意而引之。諛者，因其好而入之。世俗知惡其名而不羞其實，猶惡醉而强酒也。合譬，則善爲言。飾辭，則善爲文。始是而終非，本善而末弊，出於鄉原之學，世俗多從之。及其終弊，亦不罪坐，此所以爲之而不息也。世所謂君子者，垂衣裳以爲文，設采色以爲飾，動容貌以爲禮，以取世人之愛，此真導諛之人而自不謂之導諛，與斯人爲徒，是非相通，而不自謂衆人，愚之至也。愚而自知其愚，小愚也；惑而自知其惑，小惑也。三人行而一人迷，所適之方猶可至，惑者少也；二人迷則勞而不至，惑者勝也；當時天下皆惑，而莊子一人求嚮至道，終不可得也。大聲淡而無味，猶《咸池》、《大韶》也；《折楊》、《皇華》，俗之小曲。高言極高明，至言至於道，至〔三〕言所以不出者，以俗言多而勝之也。缶與鍾皆圓，擊之有聲，以二缶二〔四〕鍾齊擊，則聽者無所適而惑矣。況今

〔一〕果：四庫本此字下有「爲」字。
〔二〕順：此字四庫本無，脱。
〔三〕至：此字四庫本無，脱。
〔四〕二：四庫本作「一」。

天下皆惑，一人雖有嚮道之心，詎可得邪？知其惑不可解而强解之，又一惑也。莫若釋之而不推，不推。誰其比憂哉？醜惡之人尚欲其子之妍，則惑者豈不厭迷而思悟邪？

詳道注：義可以從，則孝子從義不從父，故《易·蠱》之三：「幹父之蠱，小有悔，無大咎。」則親之所言而然，所行而善，世俗謂〔一〕之不肖子矣。道可以從，則忠臣從道不從君，故《臨》之二：「咸臨，吉，無不利。」則君之所言而然，所行而善，世俗謂之不肖臣矣。然世俗之所謂然而然之〔二〕，所謂善而善之，則不謂之導諛，豈俗固嚴於親、尊於君邪？以無不盡惑而莫之傾〔三〕也。導則逢人之過，諛則長人之過，人皆有導諛之實而惡導諛之名，豈特如此哉！又至於合譬以明之，飾辭以文之，聚衆以傳之，是終始本末不相坐而終莫不以受其過，可謂愚矣。二人惑則勞而不至，惑於所適之路也。蓋天下之理以多變寡則易，以寡惑多則難。其習俗之薄，以哇聲不得，惑於所適之意也。以二缶鍾之聲惑而所適俗言導之則易，以大聲高言入之則難。今天下皆惑，予雖有所嚮，庸可得邪？

碧虛注：從世俗，則失尊嚴於君、親；順君、親，則得導諛於世俗。然君、親者一人之

〔一〕謂：四庫本此字上有「必」字。
〔二〕而然之：此三字原缺，據四庫本補入。
〔三〕傾：四庫本作「解」。

私善，世俗者天下之公是。私心則非忠孝，公論則非諂諛。故賢人君子未嘗獨異於世也。夫導諛者，亦嫌人指其不正，而終身導諛，善苟合也，以至飾辭聚衆，户外屨滿，聖人觀之可謂導諛矣。而世人稱美之，詎復有罪坐者哉？謂彼希意則憾之而不受，彼之順顔則恬然受之。與夫峨冠博帶，文藻語言，嘘俞俛仰，樂人稱譽者，爲如何哉？可解者非大惑，有靈者非大愚，終身不解不靈者，矜名嗜利之心未刳耳。若以己所見解釋彼愚惑，我寡彼衆，豈不悲哉！大聲之不入里耳，高言之不止衆心，如擊缶撞鍾，其音必異，不唯聽瑩，而又莫知所之矣。人人欲悟，蓋因不得已而惑於惑，則孰與之憂乎？厲人恐子似己，亦自知其惡也，則愚惑者豈無趨善之心哉？

鬳齋云：不諛不諂，能諫其君、父也；隨其所言以爲然，隨其所行以爲善，不知諫者也。在君、親則以諫爲是，不諫爲非；而我之於世，隨其所善者而爲之，隨其所以爲是者而是之，則世俗反嚴於君、親乎？蓋言今人之所謂道，皆世俗之所同是者，非獨得於己而與造物爲徒者也。我之所謂道，即與世俗同，則我之所爲亦導諛世俗而已。惡導諛之名而終身不免導諛，言其不能異於世俗也。合譬飾辭，聚天下之學者而歸己，觀其初心要高於一世而終不能離當世之人，是其終始本末不相照應矣。垂衣、設采、動容，言儒者之衣冠容貌，循循善誘，故以爲媚一世，此皆譏吾聖人之意。學於我者皆流俗庸人，我之是非與彼通同，則亦流俗之人耳。既與庸人爲徒而不自謂爲庸人，是至愚而無見者也。終身不解不靈，言其不自知。祈嚮，趨嚮也。天下皆惑於其説，我雖獨有所趨嚮，何以回一世哉？《折楊》、《皇華》，里巷曲名，以比俗言。大聲古樂，喻至高之論。俗言勝，則至言隱矣。垂踵，垂足而坐，不肯行也。二垂踵惑，即前言二人惑也。或作缶鍾，義不可解，乃傳寫之誤。知其不可得而强之，又一惑也。不推，不必推説。比，近也。付之不言，則不近於憂，此自解之言。厲人恐子似已，是自知其惡；而世之惑者皆不自知，則不如厲人矣。到此譬説兩句似結不結，真奇筆也。

善君親之言行，則俗謂之不肖。善世俗之言行，而不謂之〔一〕諂諛，俗非嚴於親、尊於君也，蓋臣節主忠，子道主孝，不當以諂諛事其君、父也。至於待世俗，則所然所善不稽其實，未免爲導諛而已。惡其名而爲其實，終身由之而弗悟，飾辭聚衆以相夸，然卒至於害道敗德，若鄉原之所爲，是其始終本末謬戾若此。不相坐，猶云不相安也。彼乃垂衣、設采、動容以媚世〔二〕，而不自謂導諛，非愚而何？知愚惑者非愚惑，言其

〔一〕之：此字朱本、李本並無。
〔二〕世：四庫本此字上有「一」字。

猶可化。至於不解不靈，雖〔一〕聖人亦無如之何矣。「三人行」至「不可得也」，言世之惑者衆，非一人所能回。「大聲不入」至「俗言勝也」，發明前意。缶鍾，當是垂踵，〔二〕二人垂踵，惑而不〔三〕行，所適猶不得，況天下皆惑，予雖有所求至〔四〕，其可得邪？知其〔五〕不可得而强之，又增其惑，不若舍之而不問，夫復何〔六〕憂哉？此真人見其不可救而自歎〔七〕自解之辭。結以厲人生子取火視之，言醜者猶不願子之似己，則迷者豈無向善之心？在上之人有以覺悟之〔八〕，其本然之天固未嘗不在也。經云：「開天者德生，開人者賊生。」可不謹歟？

〔一〕雖：此字四庫本無。
〔二〕缶鍾當是垂踵：此六字朱本、李本並無。四庫本無「是」字，脱。
〔三〕不：此字朱本、李本並無，脱。
〔四〕予雖有所求至：予，朱本、李本並作「乎」，訛。所，朱本、李本並無，脱。
〔五〕其：此字朱本、李本並無。
〔六〕何：朱本、李本並作「可」，訛。
〔七〕歎：四庫本作「難」，訛。
〔八〕之：此字四庫本無。

百年之木，破爲犧樽，青黄而文之〔一〕，其斷在溝中。比犧樽於溝中之斷，則美惡有間矣〔二〕，其於失性一也。跖與曾、史，行義有間矣，然其失性均也。且夫失性有五：一曰五色亂目，使目不明；二曰五聲亂耳，使耳不聰；三曰五臭薰鼻，困惾中顙；四曰五味濁口，使口厲爽；五曰趣舍滑心，使性飛揚。此五者，皆生之害也。而楊、墨乃始離跂自以爲得，非吾所謂得也。夫得者困，可以爲得乎？則鳩鴞之在於籠也，亦可以爲得矣。且夫趣舍、聲色以柴其内，皮弁、鷸冠、搢笏、紳脩以約其外，内支盈於柴柵，外重纆繳，睆睆然在纆繳之中而自以爲得，則是罪人交臂歷指而虎豹在於囊檻，亦可以爲得矣。

郭注略而不論〔三〕。

吕注：犧樽、青黄，以譬曾、史之脩。溝中之斷，以譬盜跖之汙。性脩反德，德至同於初，乃所以爲得，惡取曾、史、盜跖於其間哉！夫色者非明，而色色者明，以五色亂之，乃所以使目不明也。聲者非聰，而聲聲者聰，以五聲亂之，乃所以使耳不聰也。達乎此，

〔一〕之：四庫本此字在下句「斷」字下，倒。
〔二〕矣：四庫本作「也」。
〔三〕論：四庫本作「備」。

則五臭之薰鼻，五味之噣[一]口，趣舍之滑心，亦若是而已。心無趣舍，以趣舍滑之，所以使性飛揚而不止也。彼楊、墨者，固天下之才士而不聞道，所知不出於五者之間，乃始離跂自以爲得，則鳩鴞之在籠也亦可以爲得矣。夫柴其内而使道不得集，約其外而使心不得解其繆，内支盈於柴柵，外重纆繳，自達者觀之，在纆繳之中，睆睆然明矣。猶自以爲得，則罪人交臂歷指，虛豹在於囊檻，亦可以爲得矣。

疑獨注：以青黄之樽比溝中之斷，美惡雖不同，然其本一也，而爲物皆失其性矣。盜跖、曾史行義不同而同於離本失性，亦猶犧樽與溝中之斷耳。五色亂目，五聲亂耳，鼻之於臭，口之於味亦然，困惾擁塞，爽違厲病也。趣利舍害，滑亂其心，心亂而性亦散矣。此五者皆生之害，而楊、墨離跂於性命之外，以此爲得，不能無困，以困爲得，鳩鴞在樊籠之中亦可以爲得矣。趣舍聲色以柴其内，冠弁搢紳以約其外，内盈於四支者如柴柵。纆繳，繩也。以趣舍塞滿於内府，方之柴柵；搢紳約束於外形，譬之纆繳，以況困弊也。而自以爲得者，何異罪人反縛交臂歷指，虎豹在於囊檻，亦可以爲得乎？

詳道注：《老子》曰：「五色令人目盲，五音令人耳聾，五味令人口爽。」蓋人之生也，

[一] 噣：四庫本作「濁」，通。

性靜而莫之動，德厚而莫之遷。妄境在前，靈源遂滑，以至忘不貲之良貴，趣無窮之穢腐者，豈不惑哉！此君子所以貴乎嗇也。然管夷吾曰：「耳欲聞者音聲，而不得聽，謂之閼聰；目欲見者善色，而不得視，謂之閼明；以至體之欲安者美厚，而不得從，謂之閼適；意之欲爲者放逸，而不得行，謂之閼性。凡此諸閼，廢虐之主也。拘此廢虐之主，戚戚然以至久生，非吾所謂養。」何邪？蓋善嗇者不戚戚，戚戚者非善嗇也。

碧虚注：木生青全，削器則性毁；人本自適，行義則真殘。故視、聽、食、息存之亦可，亡之亦可。唯趣舍不係乎心者，逍遥乎塵垢之外，豈經繳囊檻所可縶哉！

鬳齋云：其斷在溝中，破爲犧樽之餘者也。雖榮辱不同，而同爲枯木耳。此與臧、穀亡羊意同。聲色臭味皆足以亂性，以四者與趣舍並言，所以抑之也。困惾，衝逆人，自鼻而通於顙也。濁口，汙其口也，或作噣，非。厲爽，乖失也。以趣是舍非滑亂其心，則自然之性失矣。楊、墨之學，趣舍滑心者也。彼以其説自困而以爲得，則鳩鴞在籠亦可以爲得矣，貶之之甚也。以其趣舍是非梗礙胸次，故曰：「柴其内。」冠弁搢紳，儒者之服，以禮拘束，故曰：「約其外。」内則支〔一〕塞充盈，如柴柵然；外爲禮文所拘，如罪人被

〔一〕支：此字四庫本無，脱。

縛。晥晥，目視貌。人見其自苦，如在束縛之中，而彼自以爲得。則罪囚之人、囊檻之虎，亦可以爲得矣。蓋極口以詆楊、墨也。

此段引喻，以明失性之弊，諸解已詳，兹不贅釋。

是篇首論天地大化，人物衆多，在君天下者，汎觀以道，通〔一〕行以德，無爲無欲，官治分明，蓋以不同同之，物莫得而異也。大莫大於天地，尊莫尊於道德，聖人道兼覆載，故得而並稱焉。或問有聖人而無天地，何以爲聖人？余謂有天地而無聖人，亦何以爲天地？然則天地、聖人相因而不可無者也。故南華以天地明君德，此所以統天地、御萬物而君天下之道也。人見其應物多方，疑其聖知聰明絶人遠甚，而不知刳心無爲之所致也。是以有君天下之德者，立本原以正其在我，則天地〔二〕不期合而合，人物不期化而化，視乎無形，聽乎無聲，玄感奇應，有不止乎此者，故黄帝遺玄珠而象罔得之，帝堯要齧缺而許由危之，謂道不可以有〔三〕心求，不可以聰明得也。華封請三祝聖人，使之分〔四〕

〔一〕通：朱本、李本並作「直」。
〔二〕地：四庫本作「下」，訛。
〔三〕有：此字朱本、李本並無。
〔四〕之分：四庫本作「分之」，倒。

富授職，千歲上僊，則何累之有？子高辭諸侯而耕于野〔一〕，以見德衰刑立，賢人退藏，法密於前，患鍾於後，亂自此始矣。故舉泰初有無，俾〔二〕究物生之本，性命之所自來，德同於初，物將自化，彼可不可，然不然。服恭儉、拔公忠者，抑又外用其心矣。漢陰之恥用機械，武王之帥師拯民，一則抱朴守真〔三〕，一則以權濟義，出處動靜，時有不同，皆不離乎道而已。若夫厲人之恐子似己，大惑者終身不靈，殘樸爲樽，滑心傷〔四〕性，德不足以存生，如天下何？凡此皆以困爲得，若楊、墨之苦觳難爲者也。至比之鳩〔五〕鴞、虎豹，則非唯薄之，而惡之亦甚矣。昔孟子闢楊、墨而聖道明〔六〕，世世稱之，以爲功不在禹下。余於此亦云南華之功不在孟子下，後世必有以爲然者〔七〕。

〔一〕野：原缺，據朱本、李本補入。
〔二〕俾：朱本、李本並作「畢」。
〔三〕真：四庫本作「貞」。
〔四〕傷：朱本、李本並作「蕩」。
〔五〕鳩：朱本、李本並作「鴟」。
〔六〕而聖道明：朱本、李本並作「以明聖道」。
〔七〕「余於此」至「然者」：此數句朱本、李本並作「余於南華亦云」六字。

南華真經義海纂微卷之四十

武林道士褚伯秀學

天道第一

天道運而無所積，故萬物成；帝道運而無所積，故天下歸；聖道運而無所積，故海内服。明於天，通於聖，六通四辟於帝王之德者，其自爲也，昧然無不静者矣。聖人之静也，非曰静也善，故静也；萬物無足以鐃〔一〕心者，故静也。水静則明燭鬚眉，平中准，大匠取法焉。水静猶明，而況精神！聖人之心静乎！天地之鑒也，萬物之鏡也。夫虚静、恬淡、寂漠〔二〕、無爲者，天地之平而道德之至，故〔三〕帝王、聖人休焉。休則虚，虚則實，實者倫矣。虚則静，静則動，動則得矣。静則無爲，無爲也則任事者責矣。無爲則俞俞，俞俞者，憂患不能處，年壽長矣。夫虚静、恬淡、寂漠、無爲者，萬物之本也。明此以南鄉，堯之爲君也；

〔一〕鐃：四庫本作「橈」，通。全書同。
〔二〕漠：四庫本作「寞」，通。全書同。
〔三〕故：此字四庫本無，脱。

明此以北面，舜之爲臣也。以此處上，帝王、天子之德也；以此處下，玄聖素王之道也。以此退居而閒游，江海、山林之士服；以此進爲而撫世，則功大名顯而天下一也。

郭象注：天道、帝〔一〕道、聖道，三者皆任物之性而無所牽滯，故雖六通四辟，而無傷於靜。善之乃靜，則有時而動。萬物無足以橈心，斯自得也。有其具而任其自爲，故所照無不洞明。凡不平不至者，生於有爲。休則未嘗動。倫，理也。動則得者，不失其所以動。夫無爲也，則羣材萬品，各任其事而自當其責。故舜、禹有天下而不與焉。俞俞，從容自得貌。尋萬物之本，皆在不爲中來。有道爲天下所歸而無其爵者，所謂素王自貴也。進爲撫世，此又其次。故退則巢、由，進則伊、吕，無爲之體大矣，何所不爲哉！主上不爲冢宰之任，則伊、吕靜而司尹；冢宰不爲百官之所執，則百官靜而御事；百官不爲萬民之所務，則萬民靜而安業；萬民不易彼我之所能，則天下靜而自得。自天子至於庶人，彌無爲而彌尊也。

吕惠卿注：天道運轉無窮，而未始有物，故萬物成，非雕而刻之也；帝道一日萬幾，而未始有物，故天下歸，非悦而求之也；聖道無乎不在，而未始有物，故天下服，非以力

〔一〕帝：四庫本作「地」，訛。

服之也。明於天，通於聖，知其皆運而無所積，則六通四辟於帝王之德也。運則轉變無窮，無積則介然之有不留乎胸中也。雖吾之自爲，猶將昧乎，無不靜者，以爲而未嘗爲故也。況人各爲其爲，而有不靜者乎！聖人之靜也，非曰靜也善，故靜也，若以靜爲善而後靜，非本靜也。萬物無足以鐃〔一〕心，則其本自靜，非靜之而後靜也。何則？萬物得我以生，我則不生，萬物孰能鐃之？明乎此，則於其並作也，乃所以觀其復。於其芸芸也，乃所以歸其根。復而歸根，則其自靜也。水靜猶明，而況精神上際下蟠，無所不極，而藏之聖人之心！則其靜也，非特水之靜，燭鬚眉，平中准而已。蓋天地於此乎觀，則是其鑑；萬物於此乎形，則是其鏡也。虛則無所於逆，靜則一而不變，恬則安於無知，淡則不與物交，寂則寂然不動，漠〔二〕則合氣於漠，此六者，聖人之所以無爲也。天地之平，則無有高下。道德之至，則無以復加。此帝王、聖人之所休也。蓋應萬幾之變，供萬物之求而無此焉，則無所於休，而其神憊於事爲之衆矣。其能虛乎？虛者刳其心則韜乎其事，而其富至於有萬不同，故虛則實，雖不同，而其理未嘗亂，則虛非特以實而倫，又將

〔一〕鐃：四庫本作「撓」，通。下「鐃心」同。
〔二〕漠：四庫本作「寞」，通。下「合氣於漠」、「寂漠」同。

以靜而動。動而得也。孰能安以久？動之徐生，則靜而動，動於不得已而當，則動而得者也。致虚而至於靜，則萬物不足以鐃心而無爲，無爲則任事者責而我不勞矣。俞俞則無往而不然，憂患於何而處，年壽所以長也。明乎虚靜之説，則恬淡、寂漠亦若是而已，所從言之異耳。萬物職職，皆從無爲植，乃其所以爲本也。古之聖人，或南面而爲堯，或北面而爲舜；或以帝王之德處乎上，或以玄聖之道處乎下；或退居間遊，或進爲撫世，其明乎萬物之本，則一也。

林疑獨注：道無不在，故在天爲天道，在帝爲帝道，在聖爲聖道。天以道而運，寒暑代謝，日月迭行，未嘗有積，故萬物莫不以之成，帝道聖道之運亦然。帝者，神之出；聖者，王之入。帝王言其位，神聖言其道也。明於天，故無爲而爲，通於道，故吉凶與民同患。無爲而爲者，其化通乎六合，與民同患者，其德順乎四時。是以古之帝王，雖六通四辟，而其所以爲德者，任其自爲而已。故其心昧乎無不靜，聖人之靜不爲動對，非世所謂靜也。善即所謂性，自其繼道以〔一〕言，則善也；自其成之者言，則性也。性者，命之在我，未嘗不靜，而世人所以不得與於此者，以其心逐物，所以失之。唯聖人不以物橈心，

〔一〕以：四庫本作「而」。

所以能靜也。心譬則君，性譬則國，君正則國治，不正則國亂，自然之勢也。欲盡其性，必先靜心。水靜則明則平〔一〕，大匠取法。水〔二〕靜猶能若此，況人心乎！心者，精神之宅，靜之則精一而神全，橈之則精竭而神疲。精一神全，則其心圓明，何所不照！此天地之鑒，萬物之鏡也。心虛而後能靜，靜而後能安，安而後能至於無爲。無爲者，天地之平，道德之至，帝王聖人之所休息也。唯其無〔三〕爲，則會道於虛。虛則實者，萬物自然之理無不在焉〔四〕。其〔五〕爲出於無爲，則向之實者虛矣。虛之而靜，靜而後動，所以不失其動。不失其動則無爲，無爲則群才各任其事、當其責，使之盡性分之極而已。俞俞自得其心，所以冥乎至理而忘物我之分，憂患不能處，死生無所係〔六〕，歸根復命而與造化爲一，此萬物之本也。明此以南鄉、北鄉〔七〕，即孟子欲爲君盡君道，欲爲臣盡臣道，二

〔一〕則明則平：二「則」字四庫本無。
〔二〕水：四庫本此字下有「則」字，衍。
〔三〕無：四庫本此字下有「所」字，衍。
〔四〕焉：四庫本作「乎」，訛。
〔五〕其：此字四庫本無。
〔六〕係：四庫本作「變」。
〔七〕明此以南鄉北鄉：四庫本作「明此以南鄉明此以北面」。

者皆法堯、舜而已。玄聖，若虞舜側微而玄德升聞；素王，若孔子無位而尊是也。退居、閒遊，巢、許之類；進爲撫世，伊周之類。聖人之迹，雖趣時應變未嘗同，其爲道一也。

陳詳道注：天道運而無所積，非以成萬物也，而萬物成；帝道運而無所積，非以歸天下也，而天下歸；聖道運而無所積，非以服海内也，而海内服。蓋聖人之於天下，達則爲帝王之德，窮則爲玄聖之道。《書》稱堯以帝德廣運而終於爲天下君，此帝道運而天下歸也。孟子稱孔子東西南北無思不服，此聖道運而海内服也。虛靜恬淡者心，寂漠者氣，無爲者神也。能致虛守靜，心淡氣漠，而至於無爲，此所以爲天地之平，道德之至，而帝王聖人休焉。休，謂其所要宿之地。玄者，妙之本。素者，性之質。玄聖素王，與《書》所謂玄德同；帝王天子，與《書》所謂俊德同。

陳碧虛注：體不言者，明於天；適物變者，通於聖。委之動植，則自然爲也；昧然弗知，則無不靜也。聖人之靜也，應物而不蕩，非圓寂之靜也；隨物攖寧而後成，非曰靜也善，故靜也，物無足以橈心者，故靜也。水靜，則毫髮難隱；心靜，則有無〔一〕易照。故虛

〔一〕有無：四庫本作「萬有」。

靜則吉祥止而妙道生，恬淡則神氣王〔一〕而虛白集，寂漠，則靈府寬而真君寧，無爲則和理全而性命永，此非特異也，乃天地之平常，萬物之至正，聖人之所休止也。心休則事虛，事虛則理愨，理愨則性靜，性靜則動不妄矣，無爲則所責不在己，責不在己則俞樂而無憂，年壽長矣。明於此者，謂虛靜等八目是道之密用，無爲之事也。處上則爲明君，處下則爲帝師，周之柱史、魯之司寇是也。退居間遊，伯夷、叔齊是也。進爲撫世，傅説、吕望是也。君臣定位，不相凌越，則天下治矣。

林氏《鬳齋口義》云：帝道、聖道本難分別，經意蓋以帝爲三皇，聖爲五帝。運而無積，即是「純亦不已」。此段主意在靜字上，至靜之中運而無積，何嘗是枯木死灰！六通四闢，猶云四方上下無所障礙。聖人之靜也，非曰靜也善，故靜也，此句最精神，萬物不足以橈心，故不求靜而自靜也。以水鏡喻靜，義甚精切。「虛靜、恬淡、寂寞、無爲」八字，演一靜字，此乃天地一定之理，道德至極之事，帝王、聖人之心休止於此。休則虛，即惟道集虛。虛則實，即禪家云真空而後實有。實理之中，自有倫理，便是渾然之中有粲然者。虛則靜，靜則動，便是一動一靜，互爲其根。動無不當曰得，各當其事而任其責，是

〔一〕王：四庫本作「生」，訛。

無爲而無不爲也。憂患不能處，處猶入也，便是仁者不憂。年壽長，即是仁者壽。又提起八字，斷之以萬物之本，言此理出於萬物之初也。餘論概同前解。

褚氏管見云：言天則地在其中，言聖則人在其中，帝則兼三才而運化。故六通四闢而德行乎内，所以治人化物，上爲皇而下爲王〔一〕者是也。其自爲，則入而治己，反流歸源，明道若昧，無有不靜者矣。凡人之靜，必靜之，而乃靜。聖人之靜，豈以靜爲善而靜哉？物無足以鐃心，故耳。言其本靜，非使然也。水靜則明則平，大匠取法，亦言其自然明平，可鑑可准，以況人之精神靜極而明，天地萬物莫逃其鑒，一身之貴何以加此？而昧者役不知止，憊不知息，以至澌盡而莫救，可不哀邪？夫欲求所以養〔二〕精神之道，不越乎虚靜恬淡寂漠無爲，而天地之平、道德之至，亦豈外乎此哉？故物理於此而曲當，聖人於此而休息，雖萬緣擾擾而不生其心，然恍惚有物，至理存焉。物不終靜，動斯得矣。任事者責，則我無爲。憂患去〔三〕而年壽長，得其本而操之故也。若是，則爲君、爲臣無不合道，進爲、退處皆得其宜。此聖道法天，運而無積之效也。

〔一〕而下爲王：而，此字朱本無。王，四庫本作「帝」。
〔二〕養：朱本作「完」。
〔三〕去：此字四庫本無，脱。

南華真經義海纂微卷之四十一

武林道士褚伯秀學

天道第二

靜而聖，動而王，無爲也而尊，樸素而天下莫能與之爭美。夫明白於天地之德者，此之謂大本大宗，與天和者也；所以均調天下，與人和者也。與人和者，謂之人樂；與天和者，謂之天樂。莊子曰：「吾師乎！吾師乎！整萬物而不爲戾，澤及萬世而不爲仁，長於上古而不爲壽，覆載天地、刻雕衆形而不爲巧，此之謂天樂。」故曰：「知天樂者，其生也天行，其死也物化。靜而與陰同德，動而與陽同波。」故知天樂者，無天怨，無人非，無物累，無鬼責。故曰：「其動也天，其靜也地，一心定而王天下；其鬼不祟，其魂不疲，一心定而萬物服。」言以虛靜推於天地，通於萬物，此謂天樂。天樂者，聖人之心以畜天下也。

郭注：時行則行，時止則止，自然爲物所尊，故美配天者，唯樸素也。天地以無爲爲德，明其宗本，則與天地無逆。順天所以應人，天和至而人和盡。天樂適，則人樂足矣。

物變而相雜曰𩐨，自𩐨耳，非吾師之暴。仁者，兼愛之名；無愛〔一〕，故無所稱仁。壽者，期之遠；無期，故無所稱壽。巧者，爲之妙；皆自爾，故無所稱巧。此之謂天樂，忘樂而樂足也。故靜與陰同德，動與陽同波，動靜雖殊，無心一也。常無心，故王天下而不疲病。我心靜而萬物之心通，通則服，不通則叛。聖人所以畜天下者，奚爲哉？天樂而已矣！

呂注：靜而聖，自內而言；動而王，自外而言。無爲也而尊，則所以臣天下者，無事於才知，樸素〔二〕而莫與爭美。則所以服天下者，無事於文采。凡以明白於天地之德而已。故處上處下進爲閑居雖不同，而其大本大宗未始異也。通乎此，則無爲而與天和。均調天下，則與人和。與天和者謂之天樂，與人和者謂之人樂，不過師於此而已。𩐨物不爲戾，澤世不爲仁，以至雕琢衆形而不爲巧，此莊子之所師也。隨其成心而師之，誰獨無師？則其樂非外至，故曰天樂也。知天樂者，其生也天行，而我未嘗生；其死也物化，而我未嘗死。靜與陰同德，不知其爲靜；動與陽同波，不知其爲動也。無天怨，無人

〔一〕無愛：此二字四庫本無，脱。

〔二〕樸素：四庫本作「素樸」。

非，以其未嘗在彼也。無物累，無鬼責，以其未嘗在我也。其動也天，其靜也地，所以然者，一心定而已。故其王天下也，外則其鬼不崇，內則其魂不疲，萬物安有不服者哉？夫心所以定，以其未嘗不虛，未嘗不靜也。吾能以虛靜推於天地，通於萬物，此所以爲天樂，聖人之心以畜天下者也。

疑獨注：前論聖賢出處之迹不同，故此云以其靜而言之均可以爲聖，以其動而言之均可以爲王，以之處下爲素王，以之閑居則士〔一〕服。無爲也而貴，所謂良貴是已。聖人之心，未始以天下之器爲器，抱吾之樸而已；未始知天下之色爲色，見吾之素而已。若然，則天下莫能與之爭美。此所以自任於性命之內，明白於天地之德。大本大宗，言命與性，惟其任性命而與天和，所以調天下而與人和，天與人豈相勝哉！故各盡其樂也。雖樂而不知其所以樂，適其自然而已。其生也天行，適來，時也。其死也物化，適去，順也。其所以不生不化者，豈非天樂哉！動靜各得其宜〔二〕，故無天怨人非，無物累鬼責。道合〔三〕乎天，故其動也天。德及乎幽，故其靜也地。物無所累，心定乎一，出而王天下，

〔一〕士：原作「十」，據四庫本改。
〔二〕宜：原作「直」，據四庫本改。
〔三〕合：原作「今」，據四庫本改。

則萬物各正性命。鬼不祟，則無夭傷；魂不疲，則神凝而性復矣。若然者，一心定於内，萬物服於外，虚其知，静其心，推天地之大本，通萬物之至理，此又所謂天樂，無所往而不適也。聖人之心所以能畜天下者，以此。

詳道注言：静而聖，則動而王者明之出也；動而王，則静而聖者神之降也。樸者器之本，器於天下或用或捨，樸則不期於用捨而常尊；素者色之本，色於天下，或美或惡，素則不期於美〔一〕惡而常貴。故樸素而莫與之爭美。政和則人和，人和則天地和，天地和則萬物遂，萬物遂則神鬼寧，神鬼寧則幽有所歸，明不爲厲。所以人歸德於鬼，鬼歸德於人，而天下明白矣。《老子》云：「以道治天下，其鬼不神。」《列子》云：「物無疵癘〔二〕，鬼無靈響。」是也。

碧虚注：静而聖，動而王，皆以無爲爲尊，樸素爲美。乾坤以簡易爲德，簡易者，萬物之宗本。宗本不失，則人事和；人事和，則天理順而陰陽宣暢矣。自雕，非義也；自榮，非仁也；自永，非壽也；自化，非巧也。不爲它〔三〕役，故曰天樂。物物自樂自和，則

〔一〕美：原作「好」，據四庫本改。
〔二〕癘：四庫本作「病」，訛。
〔三〕它：四庫本作「他」。

動不爲動，靜不爲靜矣。心定者，造化不能移，陰陽不能改，與太虚不二也。聖人之心能養天下者，太和而已矣。

　　庸齋云：靜而聖，動而王，即是「内聖外王」四字。其道樸素無文，而天下之美莫過於此〔一〕。若曉然知此天地〔二〕之德，則可與天爲徒。和，猶合也。大本大宗，贊美自然之德，與「自本自根」意同。均調天下，則與人合，亦猶堯曰：「子，天之合也；我，人之合也。」「吾師乎」至「不爲巧」數句，先見《大宗師》篇，以爲許由之言，此則上加「莊子曰」，顯見是寓言，不可作實話看。天行，行乎天理之自然；物化，隨物而化也。靜爲陰，動爲陽。波，流也。聖門只曰「不怨天，不尤人」，此又添「無物累，無鬼責」兩句，愈自精神。鬼見曰祟，魂倦曰疲。曰鬼曰魂，即精神是也。心定則精神自定，萬物自服。以虚靜之理行於天地萬物之間，此之謂天樂。以畜天下，即以善養人者，服天下也。

　　道之在人，靜則爲聖，動則爲王，皆以無爲而尊，樸素而美。猶天地之德，何嘗有爲，何嘗文采，而陰陽四時無不爲，日月山川無非文。明乎此理〔三〕，則天下之大本大

〔一〕莫過於此：此四字四庫本無，脱。

〔二〕地：四庫本作「德」，訛。

〔三〕理：四庫本此字下有「明」字，衍。

宗立矣。所謂本宗，即内聖外王之道，與天和者也。用以均調天下，則與人和。人樂、天樂，皆出於和；其名雖異，所以爲樂則一。猶聖王内外〔一〕之分，而道本無殊也。整物不爲戾，澤世不爲仁，忘乎善惡也。至於忘壽、忘巧，則非時所攝，非能所係。南華之所師者，師此而已。生爲天行，自然運動；死爲物化，動必有極。如是，則動靜合乎天道。無天怨人非，無物累鬼責，又明其所以樂也。其動也天，其靜也地，即同德、同波之意。一心定而無爲，天下之所〔二〕歸往。無鬼責，故鬼不祟。無物累，故魂不疲。行無愧乎幽顯，物何爲而不服？此無它〔三〕，以虛極靜篤之理，推〔四〕於天地，通於萬物而已。聖人之心所以養天下者，亦豈外乎此哉！

夫帝王之德，以天地爲宗，以道德爲主，以無爲爲常。無爲也，則用天下而有餘；有爲也，則爲天下用而不足。故古之人貴夫〔五〕無爲也。上無爲也，下亦無爲也，是下與上同

〔一〕聖王内外：四庫本作「内聖外王」。
〔二〕之所：此二字朱本無。
〔三〕它：朱本、四庫本並作「他」。
〔四〕推：朱本作「體」。
〔五〕夫：四庫本作「乎」。

德，下與上同德則不臣；下有爲也，上亦有爲也，是上與下同道，上與下同道則不主。上必無爲而用天下，下必有爲而〔一〕爲天下用，此不易之道也。故古之王天下者，知雖落天地，不自慮也；辯雖彫萬物，不自悦也；能雖窮海内，不自爲也。天不産而萬物化，地不長而萬物育，帝王無爲而天下功。故莫神於天，莫富於地，莫大於帝王。故曰：帝王之德〔二〕配天地。此乘天地，馳萬物，而用人群之道也。本在於上，末在於下；要在於主，詳在於臣。三軍五兵之運，德之末也；賞罰利害，五刑之辟，教之末也；禮法度數，刑名比詳，治之末也；鍾鼓之音，羽旄之容，樂之末也；哭泣衰絰，隆殺之服，哀之末也。此五末者，須精神之運，心術之動，然後從之者也。末學者，古人有之，而非所以先也。君先而臣從，父先而子從，兄先而弟從，長先而少從，男先而女從，夫先而婦從。夫尊卑先後，天地之行也，故聖人取象焉。天尊地卑，神明之位也；春夏先，秋冬後，四時之序也；萬物化作，萌區有狀，盛衰之殺，變化之流也。夫天地至神，而有尊卑先後之序，而況人道乎！宗廟尚親，朝廷尚尊，鄉黨尚齒，行事尚賢，大道之序也。語道而非其序者，非其道也。語道而非其道者，安取道？

〔一〕而：原缺，據四庫本補入。
〔二〕德：四庫本作「法」，訛。

是故古之明大道者，先明天而道德次之，道德已明而仁義次之，仁義已明而分守次之，分守已明而形名次之，形名已明而因任次之，因任已明而原省次之，原省已明而是非次之，是非已明而賞罰次之。賞罰已明而愚知處宜，貴賤履位；仁賢不肖襲情，必分其能，必由其名。以此事上，以此畜下，以此治物，以此修身，知謀不用，必歸其天，此之謂太平，治之至也。故書曰：「有形有名。」形名者，古人有之，而非所以先也。古之語大道者，五變而形名可舉，九變而賞罰可言也。驟而語形名，不知其本也；驟而語賞罰，不知其始也。倒道而言，迕道而説者，人之所治也，安能治人？驟而語形名賞罰，此有知治之具，非知治之道；可用於天下，不足以用天下。此之謂辯士，一曲之人也。禮法數度，刑〔一〕名比詳，古人有之，此下之所以事上，非上之所以畜下也。

郭注：用天下而有餘，閒暇之謂也。若汲汲然求爲物用，故可得臣；及其爲臣，亦無餘也。夫工人無爲於刻木，而有爲於用斧；主上無爲於親事，而有爲於用臣。臣能親事，主能用臣；斧能刻木，工能用斧。各當其能，非有爲也。若主代臣事，則非主矣；臣秉主權，則非臣矣。各司其任，上下咸得，而無爲之理至矣。用天下者，亦有爲耳。然自

〔一〕刑：四庫本作「形」，通。本篇下同。

得此爲，率性而動，故謂之無爲也。爲天下用者，亦自得〔一〕耳。但居下者親事，故雖舜、禹爲臣，猶稱有爲。對上下，則君靜而臣動；比古今，則堯、舜無爲而湯武有爲。各用其性而天機玄〔二〕發，則古今、上下誰無爲，誰有爲也？在上者，患於不能無爲而代臣人之所司。使咎繇不得行其明斷，后稷不得施其播植，則群才失其任而主上困於役矣。故冕旒垂目而付之天下，天下皆得其自爲，斯乃無爲而無不爲也。天地，萬物之化育，所謂自爾。帝王，無爲而天下功，功自彼成。同乎天地之無爲也。精神心術者，五末之本。任其〔三〕自然運動，則五事不振而自舉。所以先者，本也。君臣父子之先後，雖是人事，皆在至理中來，非聖人所作。明夫尊卑先後之序，固有物之所不能無，此大道之序，非但人倫所尚也。所以取道，爲其有序。自然既明，則物得其道。物得其道而和理自適，雖適而不失其分。得分而物當其形，形明而無所復改。物自任，則罪責除。各以得性爲是，失性爲非。賞罰者，失得之報也。愚知、貴賤，各當其才，行其所能之情，而無相易業，名稱其實，故由名而實不濫也。自明天，至刑名而五，至賞罰而九，皆自然之序。治人者必

〔一〕得：原缺，據四庫本補入。
〔二〕玄：原作「互」，據四庫本改。
〔三〕其：原缺，據四庫本補入。

順序，先明天，不爲棄賞罰也。但當不失先後之序耳。夫用天下者，必通順序之道，寄當於群才，斯乃上之所以畜下也。

吕注：無爲也，則以一人用天下，而天下爲之用，故有餘。有爲也，則以天下用一人，而一人爲之用，故不足。不明乎天者，不純乎德，德則無爲而已。故上無爲，下亦無爲而與上同，則稱德。道則有天有人，無爲而尊者天道，有爲而累者人道也。故下有爲，上亦有爲而與下同，則言道。上必無爲而用天下，下必有爲爲天下用，此不易之道也。故古之王天下者，知不自慮而天下爲之慮，辯不自悦而天下爲之悦，能不自爲而天下爲之爲。天不産而萬物化，非我産之也；地不長而萬物育，非我長之也；帝王無爲而天下功，非我爲之也。此天之所以神，地之所以富，帝王之所以大也。無爲也者，是乃道之所以乘天地、馳萬物而用人群者也。知五末者須精神心術之運而後從之，則向所謂虚無恬淡寂漠無爲者，又所以保精神、明心術而養其本之道也。養其本則末從之矣。末學者，古人有之而非所先也。「君先而臣從」至「夫先而婦從」，此人道尊卑之序也。至於天以神而位乎上，地以明而處乎下，春夏以生而先，秋冬以成而後，以至萬物始化而萌，既作而區，從微至著，莫不有狀，則盛衰變化，皆有成理而不可易。天地至神不測而有尊卑先後之序，則凡人道之本末上下，其可易乎？非特君臣、父子、兄弟、夫婦之先後爲出於天地之理也，而宗廟、朝廷、鄉黨行事一時之所在，猶各有所尚而不可亂，皆大道之序而已。則語道而非其序者，安取道哉！此百家之所以往而不反，聖王之道所以闇鬱而不發也。天者，性命之極。欲明道而不明乎天，則所謂[一]道者非道，所謂德者非德。唯真道、真德，則仁義之所自出也。仁左義右，則有分有守，而形可見，名可言。有刑名而不亂，則因任而不失其才能，内原其心，外省其迹，則是非得其真，賞罰當於理，愚知處宜而不敢違，貴賤履位而不敢易，仁賢不肖襲情而不敢僞也。必分其能，則官能其事。必由其名，則名當其實。凡事上畜下，治物脩身，莫不以此，而知謀不用，必歸其天，此文王所以不識不知，順帝之則，而周之多士亦皆秉文之德，對越在天。所以爲太平，而比隆於唐、虞也。驟語刑名賞罰，不知其本始也，則天與道德，其爲本始歟？倒則不正，以末爲本；迕則不順，當後而先。言道而無本末先後之序，則是自亂，自亂則人之所治也。

疑獨注：帝王之德，宗乎天地，故覆載之功大；主乎道德，故萬物不能移。常乎無爲，則無不爲矣。以有爲而爲，則有所不足；以無爲而爲，則其爲有餘，古之人所以貴乎無爲也。無爲者爲上之道，有爲者爲下之道。爲上者以道揆，故兼物物；爲下者以法

［一］謂：四庫本作「以」，訛。

守，故以物物。上不兼物物，非帝王之德；下不以物物，非臣職之任，此上下之分也。古之王天下者，循道而行，順理而動，未嘗見其有爲之迹，知而不自以爲慮，辯而不自以爲悦，能而不自以有爲，德配天地之化育，故無爲而天下功。神者，妙萬物。富者，畜萬物。天能神而不能富，地能富而不能神，帝王能天能地而德充大於其間，《易》所謂「聖人成能」者是已，此乘天地，馳萬物，而用人群之道也。形而上者道之本，形而下者道之末。其本則要，其末則詳。主道無爲，所以執其要；臣道有爲，所以貴乎詳。下之五末是也。爲帝王者，守其至要，主其大本，則所謂末者自舉矣。爲臣者，必分之以職，各任其事，運其精神，動其心術，勤勞盡瘁，然後事從之而成也。夫法始乎伏羲而成乎堯，法成則末學者從之而起，不知所當先者道也。故君先臣從，父先子從，此自然之理。神者，明之妙。明者，神之粗。天所以爲神，地所以爲明，天尊地卑，神明之位分矣。春夏先，秋冬後，聖人因之，先賞而後刑也。變者，離無入有。化者，因形移易。萌者，物之達。區者，物物所以有别也。夫萬物生死區别，盛衰變化，形狀不一者，咸歸於自然，隨天之序而已，況人倫之大者，豈不若是哉？蓋自然至理，其本出於天地，其用散於人倫。苟失其序，則悖天廢人，其可以爲道乎？萬物待是而存者天，莫不由是而出焉者道，道之在我曰德，以德愛人曰仁，愛而宜之曰義，先後上下謂之分，不侵不擅謂之守。形者，物此也。名者，命此也。因其形名，而任以所宜，爲必原其情，必省〔一〕其事，然後辨〔二〕是非、明賞罰，愚知所處得其宜，貴賤所履當其位，仁賢不肖，各行其能，無以彼此飾其情也。能各有限，名必當實，以此事上畜下，以此治物脩身，則知謀無用而歸於自然，其治所以至極也。舉書曰者，逸書也。有名者皆因形而命之，此道之所以散。若冥之以道，則長於上古，先於天地，未嘗有形，未嘗有名，故非所以先也。五者，陰陽之中，所謂命也，至於命乃可命物，故五變而形名可舉。九者，陽數之極。賞罰者，量時而通變，又爲道之終，故九變而賞罰可言。刑名者，道之末。賞罰者，道之終。語道而不求其本始，皆爲倒迕也。爲人所治者，知治之具；治人者，知治之道也。知治之具者，可用於天下，不足以用天下，此辯士、一曲之人，蔽於道者也。

詳道注：先針而後縷，可以成帷；先縷而後針，不可以成衣。針縷微物，猶不可無序，而況道乎！莊子於人道則述君臣父子之義，於天道則推春夏秋冬之理。自天至刑名，明道與物之自然；因任至賞罰，明人事之使然也。蓋因任不足，然後有原省；原省不

〔一〕省：四庫本作「肴」，訛。

〔二〕辨：四庫本作「辯」，通。

足，然後有是非；是非不足，然後有賞罰。賞罰雖非治天下之道，亦治之具也。伯成子高以禹用賞罰而去焉者，蓋譏其以教之末者爲本也。物有本末，事有終始。刑名，物也，故驟而語者，不知其本；賞罰，末也，故驟而語者，不知其始也。

碧虚注：以天地爲宗，不稱長也；以道德爲主，不屬賓也；以無爲爲常，常不矜故有餘。君忠無不容，仁也；臣道無不理，義也。君當垂拱無爲，若同臣道理事，是不主也；臣當職事有爲，若同君德容納，是不臣也。上不專執，任群才之能，故無爲而用天下；臣職所司，以勤勞治事，故有爲而爲天下用也。由是而〔一〕知落天地必取衆謀，辯雕萬物必取衆議，能窮四海必待衆爲，斯無爲之業也。天降氣而長育，故莫神於天；地升氣而〔二〕産化，故莫富於地。帝王自治而功成，故德合二儀也。本，謂理。末，謂事。理在簡要，君道也；事在詳備，臣職也。本末雖異，須待精神冥運，心術發用，先循理本，然後事末以表之，先後之序隨物生焉。然非聖人不能法象。以序立教，以道爲主。法度立而利害隨之，用貴賤之位而賞知罰愚，因才能之分而徇名求實。以上九目，爲世治教。五變而

〔一〕而：原作「知」，據四庫本改。
〔二〕而：此字四庫本無，脱。

刑名可舉，取五行生剋之義；九變而賞罰可言，陽九極變之旨也。刑名以天理道德爲本，賞罰以刑儀名器爲始。專任賞罰，豈非倒道乎？語失次序，豈非迕説乎？刑名賞罰，治之具；妙用次序，治之道。迹，所以爲天下用；理，可以用天下也。名數禮教，下之所以事上也；無爲自化，上之所以畜下也。

　　盧齋云：落天地，言其大。雕萬物，言其巧。萬物自生，非天生之；萬物自長，非地長之。帝王無爲，而成天下之功，亦與天地同也。要在主，君道無爲也；詳在臣，臣道有爲也。威武，文德之輔助。故五兵之運，德之末。明刑以弼教，故賞罰五刑，教之末。禮法刑名，鐘鼓羽旄，皆非禮樂之本。精神之運，心術之動，然後從之，言皆從心生，非由外鑠也。末學者，古人有之，而非所先，此論尤妙，看得莊子亦何嘗欲〔一〕全不用兵刑禮樂？蓋當知所先後，若天地之行。盛者非一時而盛，衰者非一時而衰。故曰殺也。所尚齒爵親賢，亦天下自然之理也。次陳爲治之序，凡有九等。分守，職也。刑名，稱也。因任，因所職而任之。原，免；省，減也。不任其事，則免之去之矣。是非，旌別淑慝也。

〔一〕欲：此字四庫本無。

賞罰，撻以記之，車服以彰之之類。愚知處宜，言當其任。履〔一〕位，猶當位。襲，安也。安其情實，則分能由名，各有所處而無容心，歸於自然而已。古書雖有刑名之説，未嘗舍本以求末。若不知先後，驟然而言，則失其本始，是治於人而爲天下用，非所以用天下也。刑名賞罰爲治之具，分守仁義爲治之道也。刑名，即「形名」，古文通用。

夫以天地爲宗，道德爲主者，豈有它〔二〕哉？以無爲爲常而已。無爲已難能，況常而不變者乎？此古人所以貴也。無爲有爲，上下之所以分，反是，則君不主而臣非臣矣。知不自慮，辯不自悦〔三〕，能不自爲，無爲之本也。天不產而物化，地不長而物育，帝王無爲而天下功，此無爲之效也。曰神曰富，而大足以〔四〕包之，此帝德所以配天地而乘之，馳萬物、用人群。特其餘事，本要末〔五〕詳，自然之理。自〔六〕三軍、五兵

〔一〕履：四庫本此字上有「貴賤」二字，衍。
〔二〕它：朱本、四庫本並作「他」。
〔三〕悦：朱本作「説」，通。
〔四〕以：此字四庫本無，脱。
〔五〕末：原作「未」，據朱本、四庫本改。
〔六〕自：四庫本作「故」，訛。

至隆殺之服，雖五事之末，而必由於精神、心術之運，則古人所不廢也，但非所先耳。若夫君臣、父子、夫婦之先後，猶天尊地卑之不可易，而聖人取象焉。神明之位，上下不紊；四時之序，先後有倫。萬物化作〔一〕，萌區有狀，而物之盛衰變化見矣。此天地之序，而人所取法者也。宗廟、朝廷、鄉黨行事，莫不有序而道在其中。語道而非序，何取於道哉？「故自〔二〕先明天而道德次之」至「仁賢不肖襲情」，皆因之而不可無，必分其能以稽效，必由其名〔三〕以考實，事上畜下，治物脩〔四〕身之要，莫越乎此。知謀不用，歸於自然，此太平之至治也。後引書曰至畜天下也，蓋衍〔五〕上文餘意云。

〔一〕作：朱本作「生」。
〔二〕自：四庫本此字下有「此」字，衍。
〔三〕名：朱本作「道」，訛。
〔四〕脩：朱本、四庫本並作「修」，通。
〔五〕衍：朱本作「演」。

南華真經義海纂微卷之四十二

武林道士褚伯秀學

天道第三

昔者舜問於堯曰：「天王之用心何如？」堯曰：「吾不敖無告，不廢窮民，苦死者，嘉孺子而哀婦人，此吾所以用心已。」舜曰：「美則美矣，而未大也。」堯曰：「然則何如？」舜曰：「天德而出寧，日月照而四時行，若晝夜之有經，雲行而雨施矣。」堯曰：「膠〔一〕膠擾擾乎！子，天之合也；我，人之合也。」夫天地者，古之所大也，而黄帝、堯、舜之所共美也。故古之王天下者，奚爲哉？天地而已矣！

郭注：無告者，所謂窮民。不廢者，常加恩也。與天合德，則雖出而靜，四時晝夜皆

〔一〕膠：四庫本此字上有「然則」二字，衍。

不爲而自然也〔一〕。膠膠擾擾乎，則自嫌有事〔二〕。故曰：古之王天下者奚爲哉？天德而已矣。

吕注：天德，則雖出而未嘗不寧，日月照而四時行，往來屈伸，莫有爲之者也。晝夜有經，則相代乎前而莫知所萌，雲行雨施而天下均平矣。則其視不敖無告，不廢窮民者，豈不膠擾乎？舜之所言，乃天之合；堯之所言，人之合也。而世儒之所以知堯者，止此而已。故寓之二聖，以明所大而共美者，爲在於此，與黄帝不異也。

疑獨注：「不敖無告」至「哀婦人」，即是「不敢侮鰥寡」之意。美則美矣，未能澤及萬世而不爲仁，此所以未大。天德者，自然之道，得於己，故出而有爲，未嘗不静，若日月四時，雲行雨施，豈有心於天下之物哉！帝王之道，宜〔三〕若是而已。堯聞舜言，知向用心之非，膠膠擾擾，逐於人爲而昧於天德，故以舜爲天合，己爲人合。天合者，與天同；人合者，與人同。天地覆載萬物，德無不被，爲帝王者，莫不體之。雖黄帝、堯、舜，亦莫大於德合天地而爲美也。

〔一〕也：此字四庫本無。

〔二〕自嫌有事：自，原作「目」，據四庫本改。事，四庫本此字下有「也」字。

〔三〕宜：此字四庫本無。

詳道注：「不敖無告」至「哀婦人」者，仁也。「天德出寧」至「雲行雨施」者，道也。仁，人也。而無不爲，故曰「人之合」；道，天也，而無爲，故曰「天之合」。然堯、舜一道也〔一〕，堯行天道而所言者人，舜行人道而所言者天。行天而合乎人，故其德止於充實之美；行人而合乎天，故其功歸於光輝之大。

碧虚注：不敖無告，不廢窮民，仁人之心，無以加此。舜以爲弊，迹未去，故未大也。天德而出寧，人事則感動矣。昏明有序，開闔有常，昇降氣交，天地之德也。堯悟己之所爲，膠膠擾擾，亂之又亂也。天之合無心，人之合有迹。天地者，古之所大。王天下者，體之而已矣。

鬳齋云：天德者，自然之德。出寧者，首〔二〕出庶物，萬國咸寧。「日月照」至「雲行雨施」，皆形容無爲而爲之意。堯謂我之所爲，未免自爲擾亂，合於人而已，未合於天也。然則下三句是堯自嘆之辭，天地自然之理，古今莫大於此。共美者，共好之也。王天下者無它，但法天地則可矣。

〔一〕而無爲故曰天之合然堯舜一道也：此十四字四庫本無，脱。

〔二〕首：四庫本此字上有「易云」二字。

天德者，無爲之化。出寧者，爲而無爲。日月照，四時行，皆自然運動，無爲之者。故晝夜有常而無差忒，雲行雨施，品物流形。君天下者所以體之以立德，而民莫不歸；弘〔一〕之以化物，而物莫不從也。堯於言下有省，始悟日前所爲，膠膠擾擾，天合之與人合相去遠矣。以是觀之，堯、舜之德，若有優劣，而結以黄帝、堯、舜之所共美，則又混然無分。此南華立言抑揚闔闢之妙，學者熟味，當自得之。

孔子西藏書於周室。子路謀曰："由聞周之徵藏史有老聃者，免而歸居，夫子欲藏書，則試往因焉。"孔子曰："善。"往見老聃，而老聃不許，於是繙十二經以説。老聃中其説，曰："太謾，願聞其要。"孔子曰："要在仁義。"老聃曰："請問：仁義，人之性邪？"孔子曰："然。君子不仁則不成，不義則不生。仁義，真人之性也，又將奚爲矣？"老聃曰："請問：何謂仁義？"孔子曰："中心物愷，兼愛無私，此仁義之情也。"老聃曰："意，幾乎後言！夫兼愛，不亦迂乎！無私焉，乃私也。夫子若欲使天下無失其牧乎？則天地固有常矣，日月固有明矣，星辰固有列矣，禽獸固有群矣，樹木固有立矣。夫子亦放德而行，循道而趨，已至矣！又何偈偈乎揭仁義，若擊鼓而求亡子焉！意，夫子亂人之性也！"

〔一〕弘：朱本此字上有"而"字，衍。

郭注：中心物愷，兼愛無私，此常人所謂仁義也。故寄孔、老以正之。夫至仁者，無愛而直前。世〔一〕所謂無私者，釋己而愛人。夫愛人者〔二〕，欲人之愛己也。此乃甚私，非忘私〔三〕而公也。自「天地固有常」至「樹木固有立」，皆已自足，不待於兼愛也。事至而愛，當義而止，斯忘仁義者也。常念之，則亂真矣。

吕注：孔子不用於時，欲藏其言，以待後之君子。十二經，謂《春秋》，孔子所以經世者在於此。孔子以人道教天下，藏其妙用而未之嘗言，則十二經之所以經世者，不過仁義而已。老氏絶學反樸，而示之以真，則仁義在所攘棄，宜其以爲非人之性也。自人道觀之，仁非特成己，又所以成物；義非特利〔四〕物，又所以立我。君子之生成在於仁義，故以爲真人之性也。自道之真觀之，中心物愷，非外鑠我也，無物而不樂，上仁爲之而無以爲者也。幾乎，言近之而未至後言。夫兼愛則非天德而出寧，雲行而雨施者，故以爲迂也。凡名生於不足，則無私焉，乃私也。欲使天下無失其牧，輔萬物之自然而已。「天地

〔一〕世：此字四庫本無，脱。
〔二〕夫愛人者：此四字原缺，據四庫本補入。
〔三〕私：原作「公」，據四庫本改。
〔四〕利：四庫本作「立」，訛。

有常」至「樹木有立」，此所謂物之自然也。德則無爲，道法自然，又何必偈偈乎若擊鼓而求亡子焉？言人之失性，非仁義所可復也。

疑獨注：徵藏史者，掌藏書〔一〕之官。孔子爲道不行，欲藏其書於周室之藏府，以俟來者。時老聃免官歸居，孔子往因焉，而聃〔二〕不許。孔子嘗删《詩》，定《書》，修《禮》、《樂》，作《春秋》，六緯而贊《易》道，此六經也。又繙爲十二經以説之，聃以爲〔三〕支離太謾，願聞其要。答以要在仁義。聃遊方之外，謂仁義非自然之性。孔子遊方之内，謂仁義真人之性也。言人中心莫不欲物之愷樂兼愛而無私，此人情之自然，又復明仁義之出於性也。老聃曰噫幾乎後言者，近乎〔四〕僞矣，兼愛未免乎有係，不若無愛之至也；無私未免乎有私，不若不知其私之爲至〔五〕也。夫子所以兼愛無私者，欲使天下不失其養也。莫若任其自然，使之相親而不知以爲仁，相友而不知以爲義。自「天地有常」至「樹木有

〔一〕書：四庫本作「史」，訛。
〔二〕聃：此字四庫本無，脱。
〔三〕以爲：四庫本作「爲以」，倒。
〔四〕乎：四庫本作「于」。
〔五〕至：原作「私」，今據四庫本改。

立」，皆無爲自然，各極其性而已矣。放德則不知德之爲德，循道則不知道之爲道，又何必偈偈然用力揭仁義於天下，以求復其性，無異擊鼓而求亡子也。

詳道注：老聃之教，以道德爲宗；孔子之經，以仁義爲本。放德循道，則天下無爲而得性；居仁由義，則天下有爲而倍情。此莊子所以記孔子之迹以明之也。中心物愷，物物而悦之。兼愛，仁也。無私，義也。兼愛，則有所不愛，非所謂至仁，至仁則無親。無私，乃成其私，非所謂至義，至義則不物。君子所以貴忘仁義而求其至也。孔子嘗語老聃：「丘治《詩》、《書》、《禮》、《樂》、《易》、《春秋》，自以爲久矣。」此言十二經者，繙六經爲十二也。

碧虚注：孔子欲藏書，而老聃不許，謂已陳芻狗不足留也。縱横六經，故曰十二。上仁無爲而成，上義不行而至，率性而動，豈僞也哉！物〔一〕愷，則未能忘情；無私，則不免有迹。仁義之情，去道遠矣。若春生秋斂之有常，晝日夜月之有明，星斗歷天之有列，飛沉從類之有群，草木蘩生之有立，倣而循之可也，何偈偈然用力爲哉！

鬳齋云：西藏書於周室，言西至周而欲觀其藏書也。繙，反覆言之。中其説者，言

〔一〕物：原作「勿」，據四庫本改。

方及半，而老子以爲太汗漫。物愷，以物爲樂。後言，淺近之言。幾，猶危也。物之不齊，何由兼愛？此迂曲難行之說也。纔有無私之名，胸中便有箇私字，欲使天下無失其養，則物物皆有自然造化，何可容力？但當倣自然之德，循自然之道，如此而至矣。擊鼓而求逃亡之子，言驚動世俗也。

孔子爲見世衰道微，欲以所述之書藏於周之藏室，以俟後世聖人。蓋不得已而託空言以垂世立教，其志亦切矣。老聃不許者，謂道既不行於當世，徒存糟粕，其能有濟乎？十二經，說者不一，陸氏《音義》：「舊注，《詩》、《書》、《禮》、《樂》、《易》、《春秋》六經，加六緯爲十二經。一說《易》上下經與《十翼》。」又云「《春秋》十二公〔一〕經」，孔子所作者也。此說近似。要之，引喻之言，借以通意，不必深泥其迹。中其說，謂當其言，但謾而非要耳。孔子曰要在仁義，此治世之道所當先者。老聃謂非人之性，則還淳反本，有道德存焉。孔子答以中心物愷。陸氏《音義》：「物，一作勿。」今從之。中字宜音去聲，則不中心亦不怒〔二〕矣。故兼愛而無私，此仁義之情也。聃曰危乎不及

〔一〕公：朱本此字下有「其」字，衍。
〔二〕怒：朱本作「恕」，訛。

之言，所以遠乎道也。以其無私，故成其私。若欲使天下無失其養，則天地、日星、禽獸、草木莫不各遂其性，各當其宜。人之放德循〔一〕道，亦若是而已矣。又何必用力於仁義，若擊鼓以求亡子，終無可得之理也？

士成綺見老子而問曰：「吾聞夫子聖人也，吾固不辭遠道而來願見，百舍重趼而不敢息。今吾觀子，非聖人也。鼠壤有餘蔬，而棄妹，不仁也；生熟不盡於前，而積斂無崖。」老子漠然不應。士成綺明日復見，曰：「昔者吾有刺於子，今吾心正郤矣，何故也？」老子曰：「夫巧知神聖之人，吾自以爲脱焉。昔者子呼我牛也而謂之牛，呼我馬也而謂之馬。苟有其實，人與之名而弗受，再受其殃。吾服也恒服，吾非以服有服。」士成綺雁行避影，履行遂進而問：「脩身若何？」老子曰：「而容崖然，而目衝然，而顙頯然，而口闞然，而狀義然，似繫馬而止也；動而持，發也機，察而審，知巧而睹於泰，凡以爲不信。邊境有人焉，其名爲竊。」老〔二〕子曰：「夫道，於大不終，於小不遺，故萬物備。廣乎其無不容也，淵乎其不可測也。形德仁義，神之末也，非至人孰能定之！夫至人有世，不亦大乎，而不足以爲之累；

〔一〕循：朱本作「修」，訛。

〔二〕老：四庫本作「夫」。

天下奮棅〔一〕而不與之偕，審乎無假而不與利遷，極物之真，能守其本，故外天地，遺萬物，而神未嘗有所困也。通乎道，合乎德，退仁義，賓禮樂，至人之心有所定矣！」

郭注：鼠壤有餘蔬，言不惜物。棄妹，不仁，言無近恩。生熟不盡於前，至足，故常有餘。萬物歸懷，來者受之，不小立界畔也。自怪譏刺之心，所以憚〔二〕。脱，過去也。呼牛、呼馬，隨物所名。有實，故不以毁譽經心。若受之於心，則名實俱累，斯受其殃也。服者，容行之〔三〕謂。不以毁譽自殃，故能不變其容；以有爲爲之，則不能常服矣。崖然，進趨不安。衝，出也。頯然，發露。闞然，虓豁。義然，踶跂自〔四〕矜貌。言其志在奔馳，不自舒放，趨舍疾速，明察是非也。泰者，多於本性之謂。巧於見泰，則拙於抱朴。凡此，皆以爲不信性命而蕩夫毁譽，非脩身之道。邊境有人，亦如汝所行，非正人也。夫至人用世，故不患其大。静而順之，任真而直往，未嘗有所困也。進道德而以情性爲主，至人之心定於無爲也。

〔一〕棅：原誤作「揀」，今改正。
〔二〕憚：四庫本作「悔」。
〔三〕之：此字四庫本無，脱。
〔四〕自：原誤作「目」，今改正。

吕注：鼠壤有餘蔬，則可以賑季女之飢，而棄妹，則不仁。生熟不盡於前，則與者可以無取，而積斂無崖，則不義。老子絶學反朴，示人以真；而士成綺求之於仁義，則漠然不應，乃所以使其意消而心卻也。知巧神[一]聖自以爲脱焉，則絶學反朴，未始有物也。而子以某事爲不仁，某事爲不義，則是呼我牛而謂之牛，呼我馬而謂之馬也。苟有其實，人與之名而不受，吾所以漠然也。開兑濟事而受之，終身不救，自遺其殃者也。吾服也常服，則其心未始不在道；吾非以服有服，而人真以爲勤行者也。士成綺知而不足以得至人之心者，以其在己者不足故也。容崖然，則若不與物交。目衝然，則逐物於外。顙頯然，則若大朴。口闞然，則其言欲出諸口也。狀義然，則若不朋，而其心則若繫馬而止也。動而持，非能不動。發也機，不可以制也。審而察，則非襲明。知巧而睹於泰，非素樸守約者也。凡此所爲，皆以爲不信而已。邊境，非遊於道之中。竊，則非其有而取之也。於大不終，則天地未離乎内；於小不遺，則秋毫待之成體。天下之物，其有不備者乎！廣無不容，淵不可測，此道之所以爲神也。則流而爲形，失而爲德，廢而爲仁義，乃

〔一〕神：四庫本作「仁」，訛。

神之末也。非至人，孰能定之？有世不足爲之累，能棄世也。天下奮棅〔一〕，不與之偕，忘天下者也。忘天下故不與利遷，能棄世故守其本。凡神之所以困，以不知此而已矣。於道不塞，於德不雜，退仁義而不留，賓禮樂而不主，若此而後其心有所定也。

疑獨注：鼠壤有餘蔬，言其不潔。棄蒙妹而不教，言其不仁。生熟不盡於前，言其不義。積斂無崖，言其不廉。是不知老子而妄譏之，是以漠然不應。吾心正郤，言向者譏刺之心已虚矣。夫巧知神〔二〕聖，未免有迹，老子嘗欲絶棄之，故自以爲脱焉。呼牛呼馬，隨其所名，至人混同萬物，豈有牛馬之異？有實斯有名，苟有其實，人與之名而不受〔三〕，則名實俱累，所以再受其殃。若忘名實，無物我，毁譽是非任其自爾，何殃之有哉！恒，久也。服，謂服其心，使之不動。老聃謂吾心任至理，服之久矣，非有所服而服之，所以毁譽不能入也。雁行斜步，側身避影，言其隨後。履行，接跡也。容貌崖岸，不能自適，其心不安，目亦馳動而衝出也。頯然，高亢。闞然，虓豁。言矜容儀夸言以服人

〔一〕棅：原誤作「摪」，今改正。
〔二〕神：四庫本作「仁」，訛。
〔三〕不受：四庫本作「受不」，倒。

也。義然，求合於宜。繫馬而止，意在奔躁也。動則爲物所持，發則疾如機栝〔一〕。明察，審乎是非。巧知，逐於多事。凡此，皆以其不能信道而有諸己，無異邊境有人，其名爲竊盜者也〔二〕。夫道無不通，大而天地，小而毫芒，無乎不在，此萬物所以備，廣大而無不容，淵深而不可測也。形，未離乎有數；德者，道之在己，仁義又道之散，是皆所以爲神之末也。非至人，孰能定其本末精粗哉！夫至人之心，與造化爲一，故有天下而不足爲之累〔三〕。雖舉天下奮其權謀，至〔四〕人之心未嘗與之並逐也。審乎真性，不爲利所遷，極物之真而常〔五〕守其本，故通之則爲道，合之則爲德。道德之所進，仁義之所退，進本退末，自然之勢也。禮樂者，性情之散。至人不役於物，則以性情爲主，禮樂爲賓，明其進退而辨其賓主，至人之心有所定矣。

詳道注：鼠壤餘蔬，非儉也。棄妹，非仁也。積斂無崖，非至足也。非儉則於物無

〔一〕栝：四庫本作「括」。
〔二〕也：四庫本此字在下句「夫道」下，倒。
〔三〕之累：四庫本作「累也」。
〔四〕至：四庫本作「神」，訛。
〔五〕常：四庫本作「當」，訛。

所愛，非仁則於親無所厚，非至足則於心無所慊，觀其外以及其內，察其粗以及其微，則知老子爲非聖人矣。然而大〔一〕儉不嗇，大仁不仁，大廉〔二〕不慊，固非成綺之所能知，此老子所以漠然不應也。夫巧知神聖，吾自以爲脱去矣，而子謂我有聖之名，非聖之實，豈知我者哉？「而容崖然」至「知巧而睹於泰」，此教成綺脩身之道也。經曰「真人，其容寂，其顙頯，其狀義而不朋」，則崖然、頯然、義然，非郭氏所謂進趨、高露、踶跂者也。《老子》曰「安平泰」，經曰「宇泰定」，則睹於泰，非郭氏所謂多於本性者〔三〕也。動而持，與妄行而蹈大方意同。知巧而睹於泰，與鞅掌以觀無妄意同。邊則不得中，竊則非所有。脩身之道，貴於體而行之。邊境而竊者，庸能知之乎？物之大者必有終，小者常見遺，道則於大不終，於小不遺。然大小不離乎有體，而無體者不期於大小，以大小而論道亦筌蹄而已矣。夫神之所應者外，忘外則神全。心之所存者内，忘内則心靜。天地、萬物，外也，故外之、遺之，而後神無所困。仁義、禮樂，内也，故退之、賓之，而後心有所定也。

碧虚注：老子不應，嫌其欲以粗迹窺聖意也。成綺復自謂，昔之邪心，今直退矣。

〔一〕大：四庫本作「不」，訛。
〔二〕廉：四庫本作「慊」，訛。
〔三〕者：此字四庫本無，脱。

老子告以吾於恢恑憰怪之名，脱去久矣。若呼馬爲牛，非誣即枉也。有實斯有名，有名斯有累，若更不受，反受其殃。服，用也。吾之用也，常用之道，故無迹焉。吾非以常用之道，矜持有〔一〕用而使人貴之〔二〕也。成綺恭問脩身，老子謂汝容止乖崖，精神馳突，造作淳朴，揚聲威厲，其狀義然，似繫馬而止也。言未經調御，强自執持，動有機關，静多猜慮，揣摩越分，皆以爲不信此道，故若戎敵之多詐也。至大無外，故不終；至小無内，故不遺。不終、不遺，故萬物備。不能容物，則狹矣。爲物所測，則淺矣。治物之具，至人之緒餘也。有世亦大矣，而至人不以介懷，鎮以無名之樸，故未嘗有所困也。通乎道，則虚無；合乎德，則不喪；退仁義，則少私；賓禮樂，則寡欲。用心若此，非定而何？

　　慮齋云：食蔬之餘，棄於鼠壤闇昧之地，是不愛物，故以爲不仁。生熟不盡於前，言積畜有餘也。向有所譏，今其心退然無有，謂既見之後，忽然有覺。知巧神聖，有爲之學。脱焉，出離乎其上也。我既無心，呼馬呼牛，聽汝而已。我若實有此事，人以譏我，而我拒之，是兩重過也，即是恥過作非〔三〕之意。吾之所行，常常如此，非以爲當行而行

〔一〕持有：四庫本作「有持」，倒。
〔二〕貴之：四庫本作「之貴」，倒。
〔三〕作非：四庫本作「非作」，倒。

之，即「非曰靜也善故靜」之意。履行遂進，躡足漸進也。崖然，異狀。衝然，突視。闞然，口呿。義然，堅固。繫馬而止，即坐馳之義〔一〕。舉動矜持，發若機栝〔二〕，明察精審，自恃知巧，而驕泰之意見於外。凡此，皆不誠所致。邊境之間，若有此等人，必指以爲賊，謂其機心太重，不循乎自然，處世必招禍患。夫子，老子也。大而無極曰大不終，細而無餘曰小不遺，即語大莫能載，語小莫能破也。萬物莫能外此道，故曰備。廣，大。淵，深。形而爲德爲仁爲義，皆其妙用之餘。非至人，孰能定其本末哉！有天下之大〔三〕，不足累其心。雖奮而執天下之棅，此心亦不與之偕往，言心不動也。不計利害，究極真理，故能守本然之靜。外天地，遺萬物，其心〔四〕不動，神又何所困哉？通乎道德即合乎自然，以仁義爲後而非所先。所主者性情，而禮樂爲賓。此至人之心所以靜定也。

棄妹，頗難釋，諸解多音昧。按，陸氏《音義》舊注音末，言其棄薄末學也。今從

〔一〕義：四庫本作「貌」。
〔二〕栝：四庫本作「括」。
〔三〕大：原作「天」，據四庫本改。
〔四〕心：四庫本此字在下句「困」字下，倒。

其音而别爲之説〔一〕。成綺見鼠壤餘蔬，而疑老子非聖，蓋謂聖人於物無棄，取蔬之本而棄其末，是不惜物，近於不仁。下文云生熟不盡於前，言食物滿前狼戾也。昔人入山〔二〕訪友，將至所居，見溪流菜葉，遂不往，亦此意。是乃以世眼窺聖人，故以不應應之。卻，音隙，訓虚，悟昔譏〔三〕刺之非也。老子謂知巧神聖，吾已脱去，呼馬呼牛，聽之而已。汝先以聖期我，已非知我者，況又以非聖責我，何異牛馬妄名，吾無益損焉。「吾服也常服」二句，四服字，解者不一。按，此即拳拳服膺之服，言其能擇能守也。謂吾服膺聖道，常常如是，非以擇守爲事而有所服也。履，當是屣，履不躡跟也，其行匆〔四〕遽，故若此。崖則不平，衝則奔突，頯則高亢，口闞則欲言而未出，狀義則剛介而自矜，此所謂似繫馬而止也。動而持，非自然而静。發也機，非自然而動。持之、發之，則有心有跡矣。察而審知〔五〕，以察爲明也。巧而睹泰，機心

〔一〕「棄妹」至「爲之説」：此數句朱本、李本並無。
〔二〕山：此字朱本、李本並無，脱。
〔三〕譏：李本作「機」，訛。
〔四〕匆：四庫本作「忽」，訛。
〔五〕知：朱本、李本此字在下句「巧」字上，恐非原文。

見於驕色也。凡俗以余言〔一〕爲不信，請觀不由正道之人，名爲盜竊之行，蓋痛鍼成綺之失。「夫〔二〕子曰」以下，乃誨之之辭。夫道，超乎形數，不可以大小論，故廣無不容，淵不可測。及乎有形有德，有仁有義，皆神化之末，唯〔三〕至人能知〔四〕其本耳。至人者，有天下而無累，天下奮棅而不與之偕，言物雖動而我自靜也。審乎真道，利莫能遷；窮物之理，能〔五〕守其本。故天地可外，萬物可遺，其神足以勝之，夫何所困哉〔六〕？唯能通道合德，則仁義自退，禮樂自賓。至人心有所定，故足以定天下之心也。

〔一〕凡俗以余言：四庫本作「凡以余所言」。
〔二〕夫：朱本、李本並作「老」。
〔三〕唯：朱本作「惟」，通。
〔四〕知：朱本作「定」。
〔五〕能：朱本作「而」。
〔六〕哉：原作「我」，據朱本、四庫本改。

南華真經義海纂微卷之四十三

武林道士褚伯秀學

天道第四

世之所貴道者，書也。書不過語，語有貴也。語之所貴者意也，意有所隨。意之所隨者，不可以言傳也，而世因貴言傳書。世雖貴之哉，猶不足貴也，爲其貴非其貴也。故視而可見者，形與色也；聽而可聞者，名與聲也。悲夫，世人以形色名聲爲足以得彼之情！而〔一〕形色名聲果不足以得彼之情，則知者不言，言者不知，而世豈識之哉！桓公讀書於堂上，輪扁斲輪於堂下，釋椎鑿而上，問桓公曰：「敢問：公之所讀者，何言耶？」公曰：「聖人之言也。」曰：「聖人在乎？」公曰：「已死矣。」曰：「然則君之所讀者，古人之糟魄已〔二〕矣！」桓

〔一〕而：四庫本作「夫」。
〔二〕已：四庫本此字上有「而」字。

公曰：「寡人讀書，輪人安得議乎！有説則可，無説則死。」輪扁曰：「臣也以臣之事觀之。斲輪，徐則甘而不固，疾則苦而不入，不徐不疾，得之於手而應〔一〕於心，口不能言，有數存焉於其間。臣不能以喻臣之子，臣之子亦不能受之於臣，是以行年七十而老斲輪。古之人與其不可傳也死矣，然則君之所讀者，古人之糟魄已矣！」

郭注：其貴常在言意之表，故得彼之情，唯忘言遺書者耳。輪扁之不能喻子，言物各有性，教學無益，當古之事，已滅於今，雖或傳之，豈能使古在今哉！古不在今，今事已變，故絶學任性，與時變化而後至焉。

吕注：莊子言此，欲學者遺言忘書，而不求於形色名聲之間也。夫斲輪，事之〔二〕粗者，然疾徐、甘苦，得於手而應於心者，雖父子猶不能喻而受之，則夫道之爲物，其傳之難於斲輪甚矣。誠不能求之於心，而唯書之讀，則糟魄之喻非虚言也。

疑獨注：《易》曰：「書不盡言，言不盡意。」則所謂書者不過陳迹而已。世以爲書足以盡道，不知道者也。言者莫不貴意，意者隨道而無窮，言不足傳，則所謂書者何足貴

〔一〕應：四庫本此字下有「之」字。
〔二〕事之：四庫本作「之事」。

哉！世之所貴非所貴也。不可言者道之全，可以言者道之散，道本出於性命之自然，必也會之以無形，因之以至理，聞於寂寂，見於冥冥可也，而世之人舍自然之常性，求先王之陳迹，愈求而愈失矣。夫耳目所聞見，不過乎形色名聲，其於書也，亦若是。而世人迷真失性，謂形色名聲爲能得彼之情，此可悲也。若能忘其形色名聲而棄言遺書，因之以心，會之以意，則天地之至理，性命之大情，可不言而知矣。輪〔一〕扁以桓公惑於先王之陳迹而不知大道之本，故以斲輪之事喻之，在乎循之以理而不失其性。不疾不徐，得手應心，數者自然之性，存焉者所謂理也。口不能言，所以不能喻之於子而老斲輪。斲輪，技之末，猶不可以言喻，況欲求道於書乎！唯善學者，讀其書，求其意，舍其迹，會其心，斯免輪扁之譏也。

詳道注：書言之於意，猶形色名聲之於情。情不可得之於形色名聲，意不可傳之於書言，必矣。故善《易》者得意而忘象，得象而忘言；善《詩》者得志而忘辭，得辭而忘文。豈非所謂祠祀畢芻狗捐，醇精流糟粕棄者哉！桓公所以因輪扁而悟讀書之非，王壽所以因徐馮而起焚書之舞也。

〔一〕輪：原作「篇」，據四庫本改。

碧虚注：古人已往，所傳者書語而已，胡足貴哉！譬如問答五味，只可説其形色名聲，甘苦之味終莫能告也。舍形色名聲，則知者不言，斯得之矣。輪扁之得心應手，妙莫能喻者，有術數存焉，此所以終身行之也。年隨時化，道逐日新，古人語此，未嘗不慨然也。

鬳齋云：書能載道，所以貴之，貴在道不在書也。以道爲言，故其言可貴，然所貴在意而不在言，意之所向，言不得而傳，則言與書皆不足貴矣〔一〕。形色則可見，名聲則可聞，道不可見聞，而世人欲以形色名聲得其實，可悲也夫！此段發明前意，謂道不可以言傳，而設喻精妙若此！書載古人之言，其人不存，則其不可傳者何從得之？糟粕之餔，豈知酒味哉！

跡者，履之所出，而跡非履也。書者，道之所寓〔二〕，而書非道也。悟者因書以〔三〕明道，迷者舍道而求書，故桓公溺於陳言，輪扁得以進説。以粗喻精，即事明理，無適而非道也。夫斲輪者，選材施工，所以任重致遠而推行於天下，即懷道抱德而欲有以

〔一〕矣：此字四庫本無。
〔二〕寓：朱本、李本並作「表」。
〔三〕以：朱本、李本並作「而」。

濟世之譬也。其運斤之妙，得心應手〔一〕，雖父子不能相傳，則方圓長短之數，疾徐甘苦之節，一得之於自然，有不容以言盡〔二〕者矣。況神鬼神帝，生天生地之道，其可以書盡乎？扁之老於斲輪，豈搰搰於椎鑿之間而勞筋苦骨爲哉！蓋因道進技，以天合天，得其所以爲輪，用力少而見功多，故終身由之而弗舍也。推是理以達於書，宜無難矣。桓公滯〔三〕跡遺心，遂謂聖人已死，扁也得以盡其辭而救其失。夫聖賢所學者道，所傳者心，苟得其心，則知有不死者存。此道可以坐進，又豈在譊譊乎紙上之糟粕耶？此有以見聖賢不得已而立言傳書，南華借此以祛世之人泥象〔四〕執文之弊，學者信能見月忘指而復吾混成之天，則迴視挾册諸生，不直一笑，此條大意與庖丁解牛章相類，但末後欠桓公領悟語〔五〕耳。留此一語，以惠後人必有承當者。

〔一〕手：朱本作「乎」，訛。
〔二〕盡：原作「書」，據朱本、李本改。
〔三〕滯：四庫本作「徇」。
〔四〕象：朱本、李本並作「像」，通。
〔五〕領悟語：原作「領話」，據朱本、李本改。四庫本作「領悟」。

是篇以《天道》命名，特標其首。次以帝道〔一〕聖道，玄聖素王之事業，以道德爲主，無爲之常，此乘天地，馳萬物，而用人群之道也。中敘德教禮樂仁義分守形名賞罰治世之具，無不畢備，然皆不離乎人道之常。何也？蓋善論〔二〕天道者必本乎人，能盡人道者可配乎天。天人交通〔三〕，本末一致，廣無不容，淵不可測，又安知天之非人，人之非天乎？至論五變而形名可舉，九變而賞罰可言，此萬世不易之理，所以立人極、贊天道也〔四〕。若夫天德而出寧，日月照而四時行，若晝夜之有經，雲行而雨施矣，則天自己出，炳靈獨化，地道、人道其有不從者乎？夫修治具以明治道，古今之通論，然有用之而治或用之而亂者，以其〔五〕不知本末、先後之序，君臣詳要之宜故也。世謂南華立言多尚無爲而略治具，觀是篇所陳禮樂政教，究極精微，有非諸子所可及者，要皆〔六〕出於天理之自然，假

〔一〕道：原作「王」，據朱本、李本改。
〔二〕論：此字朱本、李本並無，脱。
〔三〕交通：朱本、李本並作「渾融」。
〔四〕也：朱本、李本此字上並有「者」字。
〔五〕其：此字朱本、李本並無。
〔六〕皆：朱本、李本並作「在」。

人以行之耳。信明乎自然之理，則可以由治具而通治道，使君臣、父子、鳥獸、草木皆得其宜。天下擊壤謳歌，不知帝力，謂之無爲可也。至若孔子欲藏書而繙經以説，成綺問修身而其容崖然，是皆狥人而忘天，所以老聃弗許也。唯〔一〕至人知仁義爲道之末，禮樂爲道之賓，能天能人，極貞〔二〕守本，而神未嘗有所困，故雖有〔三〕世，而不足爲之累也。終以遺書得意，糟粕陳言而寓之於輪扁，蓋恐學者狥跡遺心，舍本趨末，則去道愈遠，但當究夫聖人有不亡〔四〕者存；則學者當自絶學而入，傳者當得無傳之傳，而天地聖人之心見矣。何以古人之糟粕爲哉？

〔一〕唯：朱本、李本並作「惟」，通。
〔二〕貞：朱本、李本並作「真」。
〔三〕有：四庫本作「用」。
〔四〕亡：李本作「忘」，通。

南華真經義海纂微卷之四十四

武林道士褚伯秀學

天運第一

「天其運乎？地其處乎？日月其爭於其所乎？孰主張是？孰綱維是？孰居無事推而行是？意者其有機緘而不得已耶？意者其運轉而不能〔一〕自止耶？雲者爲雨乎？雨者爲雲乎？孰隆施是？孰居無事淫樂而勸是？風起北方，一西一東，有上彷徨，孰噓吸是？孰居無事而披拂是？敢問何故？」巫咸袑曰：「來！吾語汝。天有六極五常，帝王順之則治，逆之則凶。九洛之事，治成德備，監照下土，天下載之，此謂上皇。」

郭象注：天不運而自行，地不處而自下，日月不爭所而自代謝，孰〔二〕主張綱維之

〔一〕能：四庫本作「得」。

〔二〕孰：原誤作「勃」，據四庫本改。

者？無則無所能推，有則各自有事，然則無事而推行是者誰乎？各自行耳，不可知也。雲雨俱不能相爲，亦各自爾。設問自爾之故，夫事物之近，或知其故，然尋原至極，亦無故而自爾。假學可變，而天性不可逆也。

吕惠卿注：天運、地處，吾不知其真運、真處也。日月爭所，吾不知其真爭所也。求其主張、綱維與推而行是者，皆不可得。意其有機緘而不得已耶？運轉而不能自止耶？吾不可得而知也。水之升而爲雲，雲之解而爲雨，求其隆施與淫樂而勸是者不可得。風起西東，彷徨無定，求其嘘吸披拂者，不可得。此乃道之不測而爲神者也。知神之所爲，則主張、綱維、隆施、披拂是者，皆以此而已。五常，即五福，嚮用五福，威用六極，順之而吉也；反是，則逆之而凶。九洛，即《洛書》、九疇。九疇之用至於福極，則治成德備，監照下土而天下載之，此所以爲上皇。上皇則挈天地，馳日月，隆施雲雨，嘘吸風氣，而常居無事之地者是也。豈必求之於鴻[一]荒之世哉？

林疑獨注：天圓自動，豈有意於運？地方自静，豈有意於處？日月往來無所止，所以無爭也。天之運也，孰主宰而弛張之？地之處也，孰綱紀而維持之？日月之往

〔一〕鴻：四庫本作「洪」，通。

來，孰居無事，推而行之？此皆自然而然，豈有爲於其間？意者必有機緘，運轉〔一〕而不能自止耶？天地者，形；運轉者，道。機緘之動，非不得已，亦非得已也。陰陽之氣，鬱結則爲雲；雨者，陰陽之和也。雲所以致雨，亦有所不能致，雲之爲雨，雨之爲雲，孰興廢之？孰居無事，過樂而勸勉之？皆不可知，自爲而已〔二〕！天一生水，故風起北方，或東或西，在上彷徨，孰嘘吸披拂而使之然哉？六極，四方上下。五常，五行也。此皆自然而有，莫知其故，帝王順其理則爲治，逆其理則爲凶。九洛，九州聚落也，言帝德廣被，遠民安居，若日月之照臨下土，天下莫不載之。樂其治，安其生，民性復朴，如上皇之世也。

陳詳道注：天地之運處，日月之往來，雲出於地而本乎天，雨降於天而本乎地，風直乎東而起於北。其覆載也，其照臨也，其散潤也，豈或使之？皆載於道之自然而已！今夫野馬飄蕩而不動，旋風偃岳而常静，江河競注而不流，日月歷天而不周。然則天地之運處，以其不運不處也；日月之往來，以其不往不來也。果莫詰其主張、綱維，孰知所

〔一〕轉：四庫本作「動」。
〔二〕已：四庫本此字下有「矣」字。

謂若有真宰者耶?

陳碧虛注:清妙之氣,無時不運;重濁之形,未嘗不止;水火之精,互爲升降。有主張、綱維之者,則勞矣;有機緘、運轉之者,則弊矣。雨從雲以施化,故雨出於地;雲憑氣而交合,故雲出於天。人身清濁之氣,亦猶是也。是知雲不爲雨,雨不爲雲,相濟之理暗與事冥,惡有爲之者哉? 雲自隆施,雨自淫樂,有勸勉之者,則私矣;有嘘吸披〔一〕拂,則敗矣。寒暑燥濕〔二〕風火六氣,氣極則變,故曰六極。金木水火土五運,運常則化,故曰五常。氣和則教成,運乖則政敗也。九洛,謂《洛書》、九疇,《洪範》所陳者是也。王者得《洪範》九疇,則彝倫攸叙,五福被民,順也;失《洪範》九疇,則彝倫攸斁,六極傷民,逆也。不順不逆,任物自爾,得不謂之上皇歟?

林氏《鬳齋口義》云:天行一日一周,天之自運乎? 地有四游上下,豈一定而處乎? 日往月來,如人相追奪,故曰爭。其所主張、綱維,皆著力之意。不得已,不自已,言亦不由它〔三〕也。天氣下降,地氣上升,所以爲雲爲雨,但不知雨爲雲乎? 雲爲雨

〔一〕披:原誤作「被」,今改正。
〔二〕燥濕:四庫本作「濕燥」。
〔三〕言亦不由它:言,此字四庫本無。它,四庫本作「他」,通。

乎？隆施，猶作止。淫，放。樂，戲劇也。言何人爲放意〔一〕戲樂之事，而助成此雲雨也。天形倚於北，故風自北來，東西上下，彷徨往來，披拂揺蕩也。發問不言人，又是變其筆法。六極，六氣。五常，五行也。此皆是自然之理。九洛，九州聚落，古文通用。帝王順自然之理，以治九州，功成德備，照臨天下而人皆戴之，此乃三皇向上人也。

褚氏管見曰：天運地處，日往月來，人所共知也。然其〔二〕所以運處往來，人所〔三〕莫知也。是孰主張綱維之者？意其有機緘，運轉而不能自止耶？蓋謂天地亦物也，虚空中之至大者耳。物之運動，必有使然者，第人居兩間而不自知，猶磨蟻之俱旋而弗覺也。雲爲雨而興耶？雨爲雲而作耶？與夫風氣之東西上下，孰隆施〔四〕而嘘吸之耶？已上皆發問之辭而逸其舉問之人，或以爲〔五〕《莊》文變體，不可以常法拘也。六極、五常，解者不一，以《洪範》六極、五福釋之爲當。順之則治，逆之則凶，即彝倫

〔一〕意：此字四庫本無，脱。
〔二〕其：此字朱本、李本並無。
〔三〕所：朱本、李本並作「則」。
〔四〕施：原作「弛」，據朱本、李本、四庫本改。
〔五〕或以爲：四庫本作「而或以」。

敘斁〔一〕之分也。九疇，《洛書》之事是矣〔二〕。帝王由此理而行，則治成德備，光〔三〕照六合而天下戴之，以致民淳物阜，忻樂太平，上古三皇之治無以加之也。按：此答語似乎不應所問，考其歸趣〔四〕，義自脗合。治道躋乎上皇，則君民各安其自然之分，人事盡而天理可推，則其運處往來之機，不言而喻，是所以答之之道也。「有上」説之不通〔五〕，碧虚照張氏校本作「在上」，陳詳道注亦然。

商太宰蕩問仁於莊子。莊子曰：「虎狼，仁也。」曰：「何謂也？」莊子曰：「父子相親，何爲不仁？」曰：「請問至仁。」莊子曰：「至仁無親。」太宰曰：「蕩聞之，無親則不愛，不愛則不孝。謂至仁不孝，可乎？」莊子曰：「不然。夫至仁尚矣，孝固不足以言之。此非過孝之言也，不及孝之言也。夫南行者至於郢，北面而不見冥山，是何也？則去之遠也。故曰：以敬孝易，以愛孝難；以愛孝易，而忘親難；忘親易，使親忘我難；使親忘我易，兼忘天下難；

〔一〕敘斁：四庫本作「斁敘」。

〔二〕矣：朱本、李本並作「以」。

〔三〕光：朱本、李本並作「充」。

〔四〕趣：朱本、李本並作「趨」，通。

〔五〕説之不通：此四字朱本、李本並無。

兼忘天下易，使天下兼忘我難。夫德遺堯、舜而不爲也，利澤施於萬世，天下莫知也，豈直太息而言仁孝乎哉！夫孝悌仁義，忠信貞廉，此皆自勉以役其德〔一〕，不足多也。故曰：至貴，國爵并焉；至富，國財并焉；至願，名譽并焉。是以道不渝。」

郭注：無親，非薄惡之謂。夫人之體，非有親也，首自在上，足自在下，藏府居内，皮毛處外，内外上下，尊卑貴賤，於其體中各任其極，無有親愛。故五親、六族、賢愚、遠近，不失分於天下者，理自然也，奚取於有親哉？孝不足言，必言之於忘仁忘孝之地。凡名生於不及，故過仁孝之名而涉乎無名之境，然後至焉。夫冥山，在北極，而南行以觀之；至仁在無親，而仁愛以言之，郢雖見而愈遠冥山，仁孝彰而愈非至理也。至人者百節皆適，則終日不自識也。聖人在上無爲，使各自得其爲，則衆務自適，群生自足，安得不各自忘我哉？各自忘矣，主其安在？此所謂兼忘也。遺堯、舜，然後堯、舜之德全。天下莫知，泯然合道也。太息而言仁孝，失於江湖乃思濡沫也。夫貴在身，身猶忘之，況國爵乎！至富者，自足而已，故除天下之財。至願者，適也，得適而仁孝之名都去。是以道不渝，去華而取實故也。

〔一〕德：四庫本此字下有「者也」二字。

呂注：世俗皆以愛爲仁，則虎狼之父子相親，何爲而不可言仁哉？若夫至仁，則天地聖人之仁是也。與道合體而無爲，豈容心於其間哉！此至仁所以無親也。謂無親則不愛。不愛則不孝，此不及孝之言也。至仁無親，則過孝之言也。南行者不見冥山，去之遠也。至仁則孝不足言，亦去之遠也。敬者，禮也。愛孝，情也。忘親，道也，忘之在己者也。使親忘我，忘之在人也。兼忘天下，我能外天下而已。天下兼忘我，則天下往而相忘也。爲仁而至於此，則德遺堯、舜而不爲，利澤萬世而莫知，是謂與道合體而無爲也。豈直太息而言仁孝乎哉？自至仁觀之，則孝悌、仁義、忠信、貞廉，皆自勉以役其德，豈足多哉？故至貴國爵并焉，至富國財并焉，則操天下之富貴，而制其爵與財者也。至願名譽并焉，則修其可願，而至於至仁，則孝悌八者雖遺之而其名譽固已并於其間矣。道不渝，言其道無所往而不在也。

疑獨注：有仁則有迹，故有所親愛，以親愛爲仁，則虎狼亦有親愛，何爲不仁？及問至仁，答以無親，任其性命之自適，雖親而不知其爲親也。太宰謂有親則有愛，愛則孝之所由生，今云至仁無親，無親則不孝。莊子言其本，過孝也。太宰言其迹，不及也。冥山，喻道，郢[一]以喻孝，以其殉孝之迹而遠於道本也。敬住於貌，愛出於心，忘親者，忘其所愛而無所不愛矣。雖忘親，而親未能忘我，則我之孝未[二]免有迹也。夫在我者忘之則易，在彼者化之使忘則難，能使親忘我而不能兼忘天下，則猶有所累。既兼忘天下，必也使天下兼忘，各任其性命之自然，親而不知其爲親，愛而不知其爲愛也。爲道而至於德遺堯、舜，則無爲矣。故利澤萬世而天下莫知，豈直嗟歎而言仁孝乎哉？蓋謂仁孝不足言也。夫孝悌、仁義八者，皆人勉而爲之以役其德，非德之自然，此道之所以散也。豈得爲至貴、至富、至願哉？國爵并焉，莫之爵而常自然也。國財并焉，棄天下如弊[三]屣也。名譽并焉，所願學孔子是也。若然則任於道而不變矣！

詳道注：猛獸不失所親，螫蟲不害所愛，則人之相親愛以爲仁者，不過類此而已。天地以萬物爲芻狗而萬物自育，聖人以百姓爲芻狗而百姓自遂，苟以濡沫相給，樂餌相悦，則周此而失彼，利一而廢百，泥仁愛之迹而不知聖人不仁所以爲至仁也。仁生於孝，孝生於愛，由愛而至於至孝，則愛不足言。由孝而至於至仁，則孝不足言。所謂至仁者，

〔一〕郢：原作「通」，據四庫本改。
〔二〕未：四庫本此字上有「猶」字。
〔三〕弊：四庫本作「敝」，通。

豈過孝、不及孝之言耶？　而太宰必以孝愛爲至仁〔一〕，惑矣。　冥山〔二〕極北而南行以觀，雖至郢〔三〕而冥山愈遠，喻至仁無親而孝愛，以言孝愛成而至仁遠矣。　至仁者非特忘親也，而使親忘我，以至德遺堯、舜而不爲，兼忘天下也。　利澤萬世而不知，天下兼忘我也。如是則仁常周於有餘，而愛不生於不足，豈直太息而言仁孝乎？　太息生於不足者也。

碧虚注：至仁者不獨親其親，則近於無親，非實無親也。　言孝則有私，私則非至孝。敬，外貌也。　愛，内誠也。　有志則易，無心則難。　行孝而子不記則易，奉養而親不録則難。　德及一家則易，化周天下則難。　忘人、忘化，是謂兼忘。　兼忘之治，治之至也。　至人視聖德猶粃糠，以百姓爲芻狗，然而仁孝之行未嘗須臾離，唯修德自勵而已，豈欲求知哉！　至貴，謂德全則軒冕不能動其心，故國爵并焉。　至富，謂知足則金玉不能易其志，故國財并焉。　至願，謂自適則是非不能變其性，故名譽并焉。　此守道而不渝者也。

虞齋云：虎狼，仁也，與盜亦有道意同。　此皆排抑儒家之論，然亦有理。　至仁無親

〔一〕仁：此字四庫本無。

〔二〕山：四庫本此字下有「在」字。

〔三〕至郢：四庫本作「郢匠」，疑原作「郢近」，則可通。

者，親而不知其爲〔一〕親，乃爲仁之至。孝不足，言非不孝也，孝不待言矣。至仁在孝之上，是爲過孝。若太宰所問，乃不及孝之言也。敬孝猶有迹，愛孝則相忘，以至忘親忘天下，皆謂有迹不若無迹，有心不若無心也。德棄堯、舜而不爲，利澤萬世而不知，又豈以仁孝嗟嘆自夸哉？孝悌至廉貞，世以爲美德，實相勉以自苦而已，不足多也。我之至貴何取於國爵，我之至富何取於國財，我之至願何取於名譽，故皆屏去之，是以道不渝，所謂當然也。前八者皆以有爲自役，而我常無爲也。

虎狼至惡，以父子相親而可以稱仁，此世俗以親愛爲仁者也，故真人因其問而矯言之。太宰疑其非仁，遂問至仁，答以至仁無親，大哉斯言！惜乎太宰不能領會，終以親愛〔二〕爲仁，而又歸仁於孝，不悟至仁之可尊，孝固不足以言之，謂之不及也，宜矣。南行而不見冥山，喻親愛之遠於仁也。敬孝主於貌，愛孝本於心，忘親則事親以適，無所難矣。使親忘我，則不貽親念，行無迹矣。兼忘天下，則與之俱化。天下忘我，則化亦冥矣。猶春風夏〔三〕雨，長育萬物，而不恃其恩，此仁孝之至也。故德遺堯、

〔一〕爲：此字四庫本無。
〔二〕愛：此字四庫本無，脱。
〔三〕夏：朱本、李本並作「時」。

舜而不爲，其塵垢粃糠足以陶鑄堯、舜也。利澤萬世而不知，功蓋天下而不似其自己也〔一〕，如是則豈待歎美而言仁孝哉？蓋謂得其體，則用不在〔二〕言矣。世以孝、悌、仁、義、忠、信〔三〕、貞、廉八者爲美德，徒自困耳。學而造乎道德，則至貴、至富、至願足矣。回視爵、財、名譽之可屏除，猶以道德無爲，而視夫八者之自役也。此道亘古窮今，未嘗有所變，此所以爲至貴至富而人所至願者也。

〔一〕「利澤」至「自己也」：此十八字朱本、李本並作「利澤萬世、功蓋天下而不知其自己也」。
〔二〕在：四庫本作「待」。
〔三〕仁義忠信：四字原缺，據朱本、李本補入。

南華真經義海纂微卷之四十五

武林道士褚伯秀學

天運第二

北門成問於黃帝曰：「帝張《咸池》之樂於洞庭之野，吾始聞之懼，復聞之怠，卒聞之而惑，蕩蕩默默，乃不自得。」帝曰：「汝殆其然哉〔一〕！吾奏之以人，徽之以天；行之以禮義，建之以太清。夫至樂者，先應之以人事，順之以天理，行之以五德，應之以自然，然後調理四時，太和萬物。四時迭起，萬物循生；一盛一衰，文武倫經；一清一濁，陰陽調和，流光其聲；蟄蟲始作，吾驚之以雷霆；其卒無尾，其始無首；一死一生，一僨一起；所常無窮，而一不可待。汝故懼也。吾又奏之以陰陽之和，燭之以日月之明。其聲能短能長，能柔能剛，變化齊一，不主故常；在谷滿谷，在阬滿阬；塗郤守神，以物爲量。其聲揮綽，其名高明。

〔一〕哉：四庫本作「乎」。

是故鬼神守其幽，日月星辰行其紀。吾止之於有窮，流之於無止。子欲慮之而不能知也，望之而不能見也，逐之而不能及也。儻然立於四虚之道，倚槁梧而吟；自知窮乎所欲見，力屈乎所欲逐，吾既不及已夫！形充空虚，乃至委蛇。汝委蛇，故怠。吾又奏之以無怠之聲，調之以自然之命，故若混逐蘩生，林樂而無形；布揮而不曳，幽昏而無聲；動於無方，居於窈冥；或謂之死，或謂之生；或謂之實，或謂之榮；行流散徙，不主常聲。世疑之，稽於聖人。聖也者，達於情而遂於命也。天機不張而五官皆備，此之謂天樂，無言而心悦。故有焱氏爲之頌曰：「聽之不聞其聲，視之不見其形，充滿天地，苞裹六極。」汝欲聽之而無接焉，故惑也。樂也者，始於懼，懼故祟。吾又次之以怠，怠故遁；卒之於〔一〕**惑，惑故愚；愚故道。道可載而與之俱也。」**

郭注：不自得者，坐忘之謂。由是，知至樂非音聲也；必先順乎天，應乎人，得於心，適於性，然後發之以聲，奏之以曲。故《咸池》之樂，必待黄帝之化而後成焉。自然律吕滿天地間，但順而不奪，則至樂全矣。故因其自作而用其所以動，運轉無極而以變化爲常也。初聞無窮之變，不能待之以一，故懼然悚聽。奏以陰陽，燭以日月，用天之道也。

〔一〕於：四庫本作「以」。

齊一於變化，而不主故常，滿谷滿阬，無不周也。塞兑守神，大制不割，名當其實，則高明也。故鬼神不離其所，日星不失其度，止於有窮，常在極上住，流於無止，隨變而往也。形慮之不知，逐之不及，闇然恣使化去，弘敞無邊，無所復爲也。物之知力，各有齊限。形充空虛，無身也。故委蛇任性，而悚懼之情怠。既怠，乃復無怠，此其至也。命之所有，皆自然耳〔一〕。混然無係，隨後〔二〕而生。適在體中，故無别形。布揮不曳，幽昏無聲，所謂至樂也。動於無方，居於窈冥，所謂寧極也。死生實榮，隨物變化，明聖人應世非唱也，故有情有命者，莫不資焉。忘樂而樂足，非張而後備。心悦在適，不在言也。有焱氏之頌，乃無樂之樂，樂之至也。懼然悚聽，故是崇耳，未大〔三〕和也。次怠，故遁，迹稍滅矣。惑故愚，愚故道，以無知爲愚，愚乃至也。

吕注：樂，即道也。洞庭之野，廣漠之處，奏之雖人，以天理而美，樂出虛也。行以禮義，由太清而建樂，居太始也。四時萬物，莫非樂也。盛衰，文武經綸之不可亂，清濁陰陽調和之未嘗戾其聲，流光乎天地之間，然不感則不發也。求之本末，無首無尾，死生

〔一〕耳：四庫本作「也」。
〔二〕後：四庫本作「叢」。
〔三〕大：四庫本作「太」，通。

僨起，所常無窮而一不可待，故懼。此無它〔一〕，我以人示之，彼以人入之而已。以人入天，則萬變不同，所謂一者豈可待？宜其懼也。又奏以陰陽，燭以日月，則天而已矣。其短長不常，滿谷滿阬，塗郤守神，以物爲量，乃其所以爲聲也。揮綽，則不制於宇宙。高明，則所以爲天。鬼神守幽，日星行紀，止之有窮，流之無止，唯所示而已。欲慮之而不知，逐之〔二〕不及，目窮力屈，委蛇故怠。此無它，我以天示之，彼以天受之而已。吾又奏以無怠，調以自然，混逐藂生，萬物芸芸也。林樂無形，各歸其根也。布揮不曳，動無方也。幽昏無聲，居窈冥也。死生實榮，散徙無常，則不制於一矣。此舉世之所疑，而聖人體之於起居造次之間，未嘗離也。所謂聖者無它，達於情，遂於命，耳聽目視，莫非是也。則其天機而已。奚以張爲哉？此所以爲天樂，無言而心悦也。故舉有焱氏之頌咸池之妙。若此，汝欲聽之，宜其無接，而吾之聽不用，故惑也。此無它，忘乎人，忘乎天而已。始懼故祟，次怠故遁，卒惑故愚。身之所以不能載道者，以其智識昭昭也。唯其去知而愚，所以載道而與之俱也。

〔一〕它：四庫本作「他」。本段下三處皆同。
〔二〕之：四庫本此字下有「而」字。

疑獨注：古之論至樂者，豈鐘鼓、管絃、度數之末而已哉？其理蓋極於天地之表，其情蓋流於陰陽之妙，無形可視，無聲可聽，《禮》所謂「樂居太始」，《老子》謂「大音希聲」者也。始奏以人，未離乎人也。次奏以陰陽者，天也。終則至於神，生死不可測，故調以自然之命。人道故行之以禮義，天道故燭之以日月。無怠者，神也。神則役陰陽，統日月，兼禮義，《易》所謂陰陽不測者是矣。道至於無體，然後人疑之，疑故惑，惑故愚，愚故道，此之謂也。

詳道注：始奏以人而行以禮義，徽之以天而建以太清，其巧見於變化之不窮，故聞之懼。懼則神出，故祟。中奏以陰陽之和，燭以日月之明，而其用存於流止之不測，故聞之怠。怠則墮體黜聰，故遁。終奏以無怠之聲，調以自然之命，而其指歸於無形無聲之窈冥，故聞之惑，惑則遺知若昏，故愚。猖狂妄行而蹈乎大方，不識不知而順帝之則，是謂愚故道也。

碧虛注：大雅之音，淡不入耳。始聞之懼，非流俗所美也。審聽若怠，終聽而惑，蕩蕩默默，莫識其所以然也。奏以人者和暢品彙，徽以天者諧美自然。行以禮義，上下不越也。建以太清，廓清區宇也。四時迭起而合序，萬物循生而莫逆，文武理常，陰陽氣順，流光其聲，元和普應也。虛而不屈，動而愈出，豈有窮哉！陰陽和則君臣合德，日月明則姦佞莫進，故治道日新，化無凝滯，鬼無靈響，法令不差。慮而知則不妙矣，望而見則不晦矣，逐而及則不冥矣。卓然獨化而無所遁，所以無窮無屈也。廓然凝合則靡順而怠，息至和則無怠。至樂則自然如叢灌翛篁之響，皆曰天籟，怒者其[一]誰耶？物性[二]湛然，布揮不曳也。真風淡泊，幽昏無聲也。沖氣混成，故動於無方。大象無形，故居於窈冥。見其或動或靜，擊斂滋繁，而謂之生死實榮也。隨氣盛衰，應節而變，疑其不常，故考諸聖法，而達鬼神之情，遂萬物之命。寂若死灰則機息，五行自運則官備也。炎氏之頌，古樂章名，形夷莫睹，聲希莫聞，視聽無由，不惑而何？心懼則不祥，神怠則遁藏，意惑則愚，愚則近道矣。

虙齋云：奏以人事，徽以天理。禮義，有條理也；太清，合造化也。自此以下，言其樂變化驚動，可喜可愕，流暢光華，不見終始。既常且變，求其歸一之地而不可得，所以懼也。陰陽日月，亦是和暢光華之意。變化不常，愈出愈奇也。塗塞其聰明而守之以神，隨物而爲齊量，鬼神守幽，日星行紀，皆言其不用知巧而循自然。「止於有窮」至「逐

〔一〕其：此字四庫本無。
〔二〕物性：四庫本作「故其性」。

之不及」，形容似有物而非有物之意〔一〕。故欲見而不可窮，欲逐而不可及，形雖充滿而忘身若虚，至委蛇放弛，所以怠也。無怠，不已。命，猶理也。混同相逐，如萬物叢生，林然而樂，布散揮動，非由牽曳，幽昏而不可聞，變動而無方所，故死生實榮，散徙無常。此世人所疑，乃以稽於聖人也。達情遂命，極於自然耳。目、手、足雖具，而見聞、動作皆不自知，是曰天樂。《楞嚴經》云「反流全一，六用不行」是也。汝於此時雖欲聽之而無所接，所以惑也。粢氏頌四句，即是前意添作一轉，便成節奏。此文法之妙。前言懼、怠、惑，未見其意，到歸結處，方説愚而可以入道。言人須經歷如此境界，方有進步處。怠故遁，是欲能不能之時；惑故愚，是意識俱忘之時也。

南華論道，而舉黄帝張樂於洞庭之野，蓋謂化物之速，無過於道；感人之切，無過於樂。然求至音於曠寂之中，非樂道者不能也。凡人聞道之初，胸中交戰，則始懼也。少焉戰勝，則似怠矣。及乎情識漸泯，懼怠俱釋，然後造乎和樂，復乎無知，此入道之序也。竊詳本章三奏之義，與《齊物論》三籟相參。奏之以人〔二〕，行以禮義，始乎有作

〔一〕意：四庫本作「常」，訛。
〔二〕人：李本作「仁」，訛。

也。徽[一]之以天，建以太清，漸近自然也。四時迭運，萬物循生，陰陽調和，流光其聲，而不離乎文武經綸、盛衰、清濁之間，此樂之初奏，合[二]乎人籟也。次奏以陰陽之和，燭以日月之明，其聲能短能長，能柔能剛，滿谷滿阬，以物爲量，即所謂地籟也。終奏以無怠之聲，調以自然之命，充滿宇宙，苞[三]裹六極，法天之行[四]健而且[五]然無間矣。至是則達情遂命，而視聽不以耳目，非形非[六]聲而有形形聲聲者存，此天籟之妙也。故若混逐叢生，萬竅怒呺也。林樂而無形，即所以怒呺者，求之而不可得也。布揮而不曳，厲風濟也。幽昏而無聲，衆竅爲虚。動於無方，居於窈冥，則入於不測之神。故生死實榮，散徙無常，此凡人所疑，而聖人之所考據也。天機不張，隳體黜聰也。五官皆備，存而不用也。至於無言而心悦，非天樂而何？《禮》云：「大樂與天地

〔一〕徽：朱本、李本並作「徵」。
〔二〕合：此字朱本、李本並無，脱。
〔三〕苞：李本、四庫本並作「包」，通。
〔四〕之行：朱本、李本並作「行之」。
〔五〕且：朱本、李本並作「自」。
〔六〕非：四庫本作「無」。

同和。」人之道性未有不自和樂而得者，樂臻於和而天地應，非人不能成也。故此章借樂以喻道，使學者知形氣交和，至音潛暢，無聲聞和，初不在乎金石絲竹之繁〔一〕奏也。末舉有焱氏之頌，明至道至音有非視聽所能接，是以卒之於惑，惑故愚，此猶顔子不可及之愚。見聞知識，一時都泯，故道可載而與之俱也。是樂也，器非凡制，音具先天，至樂至和，充滿天地，絲竹莫寫，晝夜常聞，解使師襄懼而瞽曠驚，土偶歌而木人舞，然則《咸池》之妙，豈在乎音聲、律吕之間哉？善聽者當不以耳而以心，不以心而以氣，則以虚合虚，聽於無聽。所樂者天，其樂全矣。太上云：「樂與餌，過客〔二〕止。」蟄潛之下必有聞霆而作者，吾將與之論樂焉。太和，當是〔三〕「泰和」。儻然，當是「惝然〔四〕」，惝怳〔五〕自失貌。焱氏，一本作猋，必遥切〔六〕，太古無爲帝王之號。

〔一〕繁：朱本、李本並作「繫」，訛。
〔二〕客：四庫本作「容」，訛。
〔三〕是：朱本、李本並作「作」。
〔四〕惝然：朱本、李本、四庫本並作「倘然」，訛。
〔五〕惝怳：朱本、李本並作「惝悦」，通。四庫本作「倘恍」，訛。
〔六〕一本作猋必遥切：朱本、李本作「一本作焱惚氏」。

孔子西遊於衛。顔淵問師金曰：「以夫子之行爲奚如？」師金曰：「惜乎，而夫子其窮哉！」顔淵曰：「何也？」師金曰：「夫芻狗之未陳也，盛以篋衍，巾以文繡，尸祝齋戒以將之。及其已陳也，行者踐其首脊，蘇者取而爨之而已。將復取而盛以篋衍，巾以文繡，遊居寢卧其下，彼不得夢，必且數眯焉。今而夫子，亦取先王已陳芻狗，取弟子遊居寢卧其下。故伐樹於宋，削迹於衛，窮於商周，是非其夢耶？圍於陳蔡之間，七日不火食，死生相與鄰，是非其眯耶？夫水行莫如用舟，陸行莫如用車。以舟之可行於水也，而求推之於陸，則没世不行尋常。古今非水陸與？周魯非舟車與？今蘄行周於魯，是猶推舟於陸也，勞而無功，身必〔一〕有殃。彼未知夫無方之傳，應物而不窮者也。且子獨不見夫桔槔者乎？引之則俯，舍之則仰。彼，人之所引，非引人也，故俯仰而不得罪於人。故夫三皇五帝之禮義法度，不矜於同，而矜於治。故譬三皇五帝之禮義法度，其猶柤梨橘柚耶！其味相反，而皆可於口。故禮義法度者，應時而變者也。今取猨狙而衣以周公之服，彼必齕齧挽裂，盡去而後慊。觀古今之異，猶猨狙之異乎周公也。故西施病心而矉其里，其里之醜人見而美之，歸亦捧心而矉其里。其里之富人見之，堅閉門而不出；貧人見之，挈妻子而去之。

〔一〕身必：四庫本作「必身」，倒。

彼知美矉，而不知矉之所以美。惜乎，而夫子其窮哉！」

郭注：凡廢棄之物，於時無用，則更致它〔一〕妖。先王典禮，所以適時用，時過而不棄，興矯效之端，故時移世異，禮亦宜變，因物而無係，不勞而有功，期於合時宜，應治體而已。彼以爲美者，此或以爲惡，禮義當其時而用，則西施也；過時而不棄，則醜人也。

呂注：聖人之禮義法度，皆應世之迹。方其應世也，嚴之飾之，則芻狗未陳，齋戒以將之譬；及其過也，委而去之，則芻狗已陳，行者踐之之譬也。取已陳芻狗，寢卧其下，則心有所係，不夢必眯；取先王應世之迹，與弟子絃誦講習不息，則伐樹削迹，窮於商周之夢，圍於陳蔡，死生與鄰之眯，乃其報也。唯不能過而去之，而心有所係，則舟陸之非宜，周魯之不行，未知無方之傳，應物而不窮者也。以治人則非桔槔之俯仰而不得罪，以應變則非柤梨味反而皆可口，猶衣猿狙以周公之服，是知美矉而不知矉之所以美也。夫有教立道〔二〕而無心，仲尼則雖取先王應世之迹而絃誦講習，豈有所係哉！視伐樹削迹，商周之窮，陳蔡之厄，猶鸖雀蚉䖟相過乎前也。道之不行，我知之矣，則奚舟陸之必行，周

〔一〕它：四庫本作「他」。
〔二〕有教立道：四庫本作「有道立教」，訛。

魯之必用，而不知無方之傳，以至俯仰得罪，而不知禮義法度，應時而變，與夫矉之所以美哉！蓋學孔子而不知所以爲孔子，則其弊常若此，莊子所以數言之。

疑獨注：六經者，先王之陳迹，適則用之，過則棄之，猶芻狗未陳則盛以篋衍，已陳則踐之爨之而已。若復取之而寢卧其下，不夢必眯，蓋祭祀鬼神之餘物，或足以致它〔一〕妖。師金以此意告顔淵，今汝夫子迷〔二〕古人之土梗陳迹，欲有爲於時，使弟子遊居寢卧於仁義禮樂之下，故不免世患，是推舟於陸，行車於水也。夫應物無窮者，隨時適變，無古無今，此無方之傳也。又喻以桔槔俯仰，在人引之，非引於人也。今仲尼用力於仁義禮樂，要世人而從之，非若桔槔者也！故先王法度，猶衆果之味不同而皆可於口，當應時而變，然後皆適也。周公猨狙，喻古今之不相侔也。禮義法度則一，而所用之時不同，猶西施里婦之矉則一，而美醜異矣。

詳道注：齊、楚、燕、魏之歌異轉而皆樂，九夷、八蠻之哭殊聲而皆悲。是以聖人之治天下，乘時以制宜，因民以立法，果可以利其國，不一其用，果可以便其事，不同其禮。

〔一〕它：四庫本作「他」。
〔二〕迷：四庫本作「述」。

故伏羲、神農教而不誅，皇帝、堯、舜誅而不怒，夏質而不文，周文而不質，古之法其可行於今，今之法其可膠於古乎？孔子推古以御今，非膠之也。欲緣迹以復於所以迹而已。師金恐天下之人溺於緣迹之弊，所以始況以芻狗、舟車，次況以桔槔、橘柚，終況以猿狙、好醜，猶〔一〕古今周魯之不可一也。諺曰：「以書學御者不盡馬之情，以古制今者不達事之變。」

碧虚注：師金惜夫子之有才而不達，如芻狗已棄，復用必招不祥。蓋治貴日新，履迹則弊，以周道可行於魯，則太行可以盪舟，不若舍陳迹而任自然，應天理而隨物化，故三皇五帝之禮義法度，不矜於同而矜於治，治則爲法矣。猶口之於味，欲甘與甘，欲辛與辛，應時而變者也。故順猨狙之性則易馴，效西施之矉者〔二〕愈醜也。

鬳齋云：師金亦荷篠丈人、楚狂接輿之類，蓋謂儒者所學皆古昔陳言，不足用於今世。川陸舟車之喻，言時不同。無方之傳，不執一之道，古傳隨時不執一之道〔三〕，所以應世而無窮，俯仰隨人而無所容心，即無方應物之喻。相梨橘柚，味各不同，以譬三王不

〔一〕猶：四庫本此字在「可」字下，倒。

〔二〕者：四庫本作「則」。

〔三〕道：四庫本作「方」。

同禮，五帝不同樂之意。以古之禮樂强今人行之，是强猨狙而衣以周公之服；以今人而學古，猶里婦而學西施之矉也。此段凡六喻，節節皆奇。

芻狗，所以致敬也，祭已而存之則妖興。法度，所以適時也，時過〔一〕而執迹則弊至。此師金所以〔二〕譏夫子而醒〔三〕其窮於商周之夢，解其圍於陳蔡之眯也。而猶遑遑然覬復古，於〔四〕今行周於魯，無異盪舟而求利涉之功，宜其應物輒窮而至於死生相與鄰也。倘能如桔槔之俯仰無心，橘柚之甘酸可口，則奚必强猨狙以周公之服，責里婦以西施之美哉？無方之傳，言古傳此道無有定方，在任治道者相時施政，使民宜之而已〔五〕。《易》曰：「窮則變，變則通。」其師金之謂歟？取弟子，是聚弟子。眯音米，物入眼爲病，於此説之不通。陸氏《音義》載司馬云：「肰也，音一琰切。」成法師疏直作魘，夢中怪也，其論爲當。

〔一〕時過：此二字朱本、李本並無。
〔二〕以：此字朱本、李本並無，脱。
〔三〕醒：朱本、李本並作「惺」。
〔四〕於：此字四庫本無。
〔五〕已：原作「也」，據朱本、李本、四庫本改。

南華真經義海纂微卷之四十六

武林道士褚伯秀學

天運第三

孔子行年五十有一，而不聞道，乃南之沛，見老聃。老聃曰：「子來乎？吾聞子，北方之賢者也。子亦得道乎？」孔子曰：「未得也。」老子曰：「子惡乎求之哉？」曰：「吾求之於度數，五年而未得也。」老子曰：「子又惡乎求之哉？」曰：「吾求之於陰陽，十有二年而未得。」老子曰：「然。使道而可獻，則人莫不獻之於其君；使道而可進，則人莫不進之於其親；使道而可以告人，則人莫不告其兄弟；使道而可以與人，則人莫不與其子孫。然而不可者，無他也，中無主而不止，外無正而不行。由中出者，不受於外，聖人不出；由外入者，無主於中，聖人不隱。名，公器也，不可多取。仁義，先王之蘧廬也，止可以一宿，而不可以久處，覯而多責。古之至人，假道於仁，託宿於義，以遊逍遥之墟，食於苟簡之田，立於不貸之圃。逍遥，無爲也；苟簡，易養也；不貸，無出也。古者謂是采真之遊。以富爲是者，不

能讓禄；以顯爲是者，不能讓名；親權者，不能與人柄。操之則慄，舍之則悲，而一無所鑒，以闚其所不休者，是天之戮民也。怨、恩、取、與、諫、教、生、殺八者，正之器也，唯循大變無所湮者爲能用之。故曰：正者，正也。其心以爲不然者，天門弗開矣。」

郭注：求之於度數陰陽而未得，此寄孔、老以明絶學之義。中心無受道之質，則雖聞道而過去。中無主，則外物亦無正己者，故未嘗通也。由中出者，聖人之道，外有能受者乃出耳。由外入者，假學以成性。雖性可學成，要當内有其質，若無主於中，則無以藏聖道也。名者，天下之所共用。矯飾過實，多取者也，多取而天下亂矣。仁義者，人之性也。人性有變，古今不同。故遊寄而〔一〕過去則冥，若滯係於一方則見，見則僞生而多責。故至〔二〕隨時而變，無常迹也。從簡，故易養。不損己以〔三〕爲物，遊而任之，斯真采也，采真則色不僞矣。天下未〔四〕有以所非自累者，而没命於所是，非立乎不貸之圃也。舍之而悲者，操之不能不慄。知進而不知止，則性命喪矣，所以爲戮。守故不變，則失

〔一〕而：四庫本作「者」。
〔二〕至：四庫本作「當」。
〔三〕以：此字四庫本無。
〔四〕未：原缺，據四庫本補入。

正矣。

呂注：道生一，一生二，二生三，而道非一、二、三也。求之於度數，則不出乎數之中，故五年而未得。道分而爲陰陽而道非陰陽也，求之於陰陽不出乎天宇之大，故十有二年而未得。道之所以不可獻之親，告之兄弟子孫者，以中無主，外無正也。中無主，則我欲授之而彼不止；外無正，則彼欲受而我不行。物之有主，固有之也；道之在己，有其固有而已。莫之有而有之，是中無主而不止。射之有正，所以受之也。道之於人，與其所受而已，莫之受而强之，是外無正而不行。由中出者，不受於外，聖人不出，以其無正也。由外入者，無主於中，聖人不隱，以其不止也。不隱則不能推而納之之謂也，然則道非可求之於度數、陰陽，求諸己而已。非可獻之於君、親，自得而已。名者，不可多取，多取則德〔一〕之蕩也。仁義，不可久處，久處則覯而多責。逍遥，則無所不適；苟簡，則其求易贍；不貸，則不與物交。如是，則凡所采者，莫非真也。不能讓禄，知有富而已；不能讓名，知有顯而已；不能與人柄，知有勢而已。而親權者，操舍之累，害性尤甚，一無所鑒，觀濁水而迷清淵，不休則天刑之不可解。「怨恩」至「生殺」八者，正之器，非正之道。

〔一〕德：四庫本作「得」，通。

唯循大變而無所湮，乃所以用其器之道也。以其道用其器，此正之所以爲正也。天門者，循大變而無所湮者，所由出入也，以爲不然，則天門弗開，可知矣。

疑獨注：夫道，妙在陰陽之外，其粗在度數之間，於此求之而未得，必無思無求，然後得之於陰陽之外也。既不可進獻其上，又不可告與〔一〕其下者，無它〔二〕也，學而不思則罔，思而不學則殆，思之所以尊德性，學之所以道問學。中無主，言其不能思。外無正，言其不能學。由外入者，學。中無主以思之，則外入者不止於心。由中出者，思。外無學以正之，則中出者不行於人道。由中出不爲外所受，則是不止，聖人不出。學由外入，無主於中，是不能思，聖人不隱。出，顯；隱，藏也。《易》曰：「輝光日新。」其德由中出者也。君子多識前言往行，由外入者也。由中出者，所以致廣大；由外入者，所以盡精微。此道之所以全也。名者，天下公器。若有私，則是不實之名，不可多取。仁義之於道，猶傳舍之於路，只可一宿，不可久處，言不著於仁義之迹也。逍遥，無爲。不貸，無出。采真之遊，即天遊也。嗜富好權之人，心靈愚昧，不能鑒見玄理，以闚其所不休息

〔一〕與：四庫本作「於」。
〔二〕它：四庫本作「他」。

者，是天之戮民也。「怨恩」至「生殺」八者，唯大人用之，然後爲正之器。天門者，精神往來，一闔一闢，萬物出入於此，其變無窮者〔一〕也。

詳道注：莊子以孔子行年五十一而不聞道，寓〔二〕言以明道之不易聞也。度數不過於五，陰陽不過於十二。仁以立人，故假道以行。義以立己，故託宿以處。然假道以行，非不宿也，孟子以仁爲安宅、爲廣居是也。託宿以處，非不行也，孟子以義爲正路、爲大道是也。貸，應彼之乏而終以見還。田者，興作利養之地。食於苟簡之田，然後甘其食；立於不貸之圃，而後善貸且成也。

碧虚注：孔子明有用之用，而未得無爲之道。道者，無絲忽可度量，無小閏可算數，無支干可推尋，故求之而未得也。老聃告以道之爲物，君親、臣子莫得傳授者，難其器也。中無原本，則吉祥不止；外無質正，則至德不行。妙意出乎聖人之懷，外無受道之質，妙意雖明，猶不出也。至言入乎學者之耳，内無容納之量，聽瑩自惑，至言何嘗隱耶？名者，實之賓，多取則招患。仁義，非一定之法；蘧廬，豈安居之處？古之至人假

〔一〕者：此字四庫本無，脱。
〔二〕寓：原作「萬」，據四庫本改。

而行之，寄而居之，遊於自得之場，飡於莽蒼之野，連墻而不相往來，是謂采真之遊。真則不僞矣。夫矜富者慳〔一〕禄，誇榮者惜名，恃權者多忌，俗態之常也。有鑒則知止，知止則不辱。怨恩等八者，名實之所係。名當其實，則器不濫矣。逆變則塞，塞則名實虧。名正則實正，或矯而爲之，是靈府之不通也。

　　鬳齋云：度數，禮樂也。陰陽，物理也。五年、十二年，初無別義，但言精粗求之久而未得耳。自「道而可獻」以下四句，發得極妙，學道者雖有所聞於外，而其中無主，非所自得，留之不住也。外無正者，我無所得，則外無質正，何以自行？由中出者，此謂教人，我言自中出，而汝不能受，則聖人不告汝矣。由外入者，此言受教，至言自外而入汝之聽，汝未有見，而中無主，雖聞亦無所得，非聖人有所隱也。此四句極精微，道不可傳，病在此四句而已。名不可多取，此譏儒者好名。仁義不可久處，爲其有迹。覯，見也。纔有聲迹可見，禍患之所由生。假道、託宿，過則化之意。苟簡、不貸，易養、無出，皆不費於我，是謂采取真實之理也。富、顯、權三者，操之而患失則慄，舍之而迷戀則悲。略無所見，以視其所不休，迷而不知反者也。心無見而不能反視其迷，此天奪其魄也。怨

〔一〕慳：四庫本作「怯」，訛。

恩等八者，有此人世，則有此八者之用。用所當用曰正，必無心者方能用之。大變，造化也。能順而無汩，則在我者正，而可以正物。苟未能無心，而以是爲不然，則胸中之天昏塞矣。《詩》曰「天之牖民」，便是天門之意。

度數之學，可以律歷考也。陰陽之學，可以氣候推也。道之爲體，不關律歷，不涉氣候，所以於此求之而未得。唯無心而任化者，不期合而與之合，非求索所可得也。「使道而可獻」至「莫不與其子孫〔一〕」，言道不可以有心傳，不可以私意得也。中無主，謂内無其質，故道不舍止。外無正，謂世無師匠，故道不流行。若郢人之於匠石，則中有主，外有正，故能成其妙斲，況至道授受之微，神交心契於恍惚杳冥者乎？夫聖人以道覺民，猶天降甘露，未嘗擇地，然非瓊瑛〔二〕之器，不能容受，此不受於外，無主於中之謂也。名，多取則毁至而害生。仁義，久處則迹見而多責。至人所以假託之而無滯迹，故世間憂患無由及也。以逍遥故無爲，以苟簡故易養，以不貸故無出，則雖物遶乎前，吾〔三〕亦何事之有？是謂采真之遊，言不容一毫私僞於其間，如天之運出乎自

〔一〕孫：李本作「之」，訛。
〔二〕瑛：四庫本作「瑶」。
〔三〕吾：朱本、李本作「夫」。

然而生生化化未嘗息。此人之所以貴，道之所以神也。而世俗皆以富、顯、權三者爲是，而不能〔一〕讓，操慄舍悲，將無復逍遥之日矣。此之謂不休。而一〔二〕無所見以燭之，是天刑之不可解也。怨恩等八者，正之器。唯正，人能用不失宜。如喜、怒、哀、樂，雖聖人不能盡無，在乎中節耳。循大變而無所湮，謂富貴不淫，貧賤不移，威武不屈者是已。己正而後器正，器正斯可以正物，其心以爲不然，則是泰宇不虚，何足以論道？天門，喻心之虚，明心法如眼，豈容有物哉？

孔子見老聃而語仁義。老聃曰：「夫播糠眯目，則天地四方易位矣；蚊虻噆膚，則通昔不寐矣。夫仁義憯然，乃憤吾心，亂莫大焉。吾子使天下無失其朴，吾子亦放風而動，總德而立矣，又奚傑然若負建鼓而求亡子者〔三〕耶？夫鵠不日浴而白，烏不日黔而黑。黑白之朴，不足以爲辨；名譽之觀，不足以爲廣。泉涸，魚相與處於陸，相呴以濕，相濡以沫，不若相忘於江湖。」孔子見老聃歸，三日不談。弟子問曰：「夫子見老聃，亦將何規哉？」孔子

〔一〕能：此字朱本、李本並無。
〔二〕一：李本作「亦」，訛。
〔三〕者：原作「皆」，據四庫本改。

曰：「吾今於是乎見龍！龍，合而成體，散而成章，乘乎雲氣而養乎陰陽。予口張[一]而不能噜，予又何規老聃哉？」

郭注：外物加之，雖小而傷性已大。使天下無失其朴，質全而仁義著矣。風自動而依之，德自立而秉之，斯易持易行之道。若揭仁義以趨道德之鄉，猶擊鼓而求逃者，無由得也。夫鵠白烏黑，自然各足，無所偏尚，故至足者忘名譽，忘名譽乃廣耳。言仁義之譽，皆生於不足，若魚之相忘於江湖，乃忘仁而仁也。孔子謂乃今於是乎見龍，言老聃能變化，因御無方，自然已足也。

吕注：至人之心若鏡，而仁義憯然亂之，豈非播糠眯目、蚊虻噆膚之比哉？天下莫不有無名之朴，而能使之無失，則放風而動，總德而立矣。言其自動自立，又奚傑傑然若建鼓而求亡子耶？天下已失其朴而救以仁義，無異建鼓求亡，言以聲聞名譽求之也。且鵠白烏黑，朴之自然，何所加飾？則名[二]譽之觀，無所加廣於人之性，亦若是而已。魚處陸而相呴以濕，不若相忘於江湖，則天下失其朴而相呴以仁義之濕沫，不若相忘於

〔一〕口張：四庫本作「張口」，倒。
〔二〕名：原作「言」，據四庫本改。

道術之江湖也。龍之合而成體，散而成章，則未始累於其身也。老聃以仁義爲播糠、蚊虻，則不累於其身可知矣。

疑獨注：樸者，道之全。仁義，道之散。風者，道之化物。德者，道之在人。使天下無失其道之全，但當任其自在，依風而動，據德而立，奚必揭仁義以求道德，若建鼓以求亡子耶？鵠白烏黑[一]，自然而然，故不足以爲辨也。名譽者，所以物色而非其朴，故不足以爲廣也。魚處陸而濕沫相濡，雖頃刻相親而性命之理已失，不若相忘江湖，各自足也。薄俗相親以仁義，特一時之愛而性命之理已失，不若相忘道術，各自足也。古者民至老死不相往來，蓋以此。孔子聞老聃之言，變化無窮，歎其猶龍而合散無常也。口且不能言，何規老聃哉！

碧虛注：駢於仁義者，猶粃糠眯目。枝於聰明者，猶蚊虻噆膚，欲不憒亂可得乎？不雕琢則朴全，倣淳風以化物，總至德以自完足矣。又何苦荷擔[二]仁義，奔走陳跡哉？猶鵠白烏黑，物自群分，夫何足辯？涸魚之呴濡相濟，矜恤之情見矣，不若相忘江湖之爲樂

〔一〕鵠白烏黑：四庫本作「白鵠黑烏」，倒。
〔二〕擔：原作「檐」，據四庫本改。

也。孔子見老聃而云見龍。夫龍，冥會元氣，合而成體也；飛潛焕爛，散而成章也。出處無心，故乘乎雲氣；動靜以時，故養乎陰陽。老聃聖德莫測若是，余規諫何施哉！

鬳齋云：噆膚、眯目，偏説逆心之譬。憯，毒，言其苦。憒，逆也。放風，順化。總，猶執也。若使天下不失其本然之朴，則皆順化而行，執德而立，何待教乎？猶負大鼓而求亡子，無由得也。夫鵠白烏黑，不待浴黔，自然之質，不足致辯。以名譽觀示天下，使有是非，此心不廣大矣。魚之呴濡能幾何？若處江湖，則相忘於水，喻至道之世，各循自然，無所是非，上下亦相忘矣。合而成體，渾然者也。散而成章，燦然者也。言龍在天地之間，可見而不可見也。乘乎雲氣，在造化之上。養乎陰陽，以天地之道自樂也。

孔子見老聃而語仁義，無異道堯、舜於戴晉人之前。故聃以播糠眯目、蚊虻噆膚喻仁義之憒心，蓋借是以鍼世人之膏肓〔一〕，使天下各得其渾然之真。則化物也，動之以風；治身也，立不失德〔二〕。奚必傑然自標仁義之名，以爲道之極致，若建鼓求亡子，無由得之也。夫鵠烏之不待浴黔則白黑之實知之審矣，故不必辯〔三〕。至道博大，不

〔一〕肓：朱本作「盲」，訛。

〔二〕立不失德：朱本作「玄德不失」。

〔三〕「夫鵠烏」至「不必辯」：此數句朱本作：「夫鵠烏之質不待浴黔，而白黑之實亦不必辯。」

可名言，今乃求之於仁義之譽，何足以爲廣哉？猶涸魚之相濡沫，非不親愛，視江湖相忘之樂爲何如？然今世正〔一〕以濡沫微愛爲仁，而不知聖人不仁爲仁之至也。孔子見老聃，歸而不談，目擊道存，不容聲矣。龍之成體、成章、乘乎雲氣、養乎陰陽，則動靜不失其時，德澤足以及物而神化不測者也。故古之〔二〕論聖人、神人者，皆以龍爲喻。非夫子不能形容聃之德，非聃不足以當夫子之喻。然二聖人者，皆人倫之至，顯仁藏用，更相發明，無容優劣於其間也。

〔一〕正：此字朱本無。
〔二〕之：此字朱本無，脱。

南華真經義海纂微卷之四十七

武林道士褚伯秀學

天運第四

子貢曰：「然則人固有尸居而龍見，雷聲而淵默，發動如天地者乎？賜亦可得而觀乎？」遂以孔子聲見老聃。老聃方將倨堂而應，微曰：「予年運而往矣，子將何以戒我乎？」子貢曰：「夫三王五帝之治天下不同，其係聲名一也，而先生〔一〕獨以爲非聖人，如何哉？」老聃曰：「小子少進！子何以謂不同？」對曰：「堯授舜，舜授禹，禹用力而湯用兵，文王順紂而不敢逆，武王逆紂而不肯順，故曰不同。」老聃曰：「小子少進！余語汝三皇五帝之治天下。黄帝之治天下，使民心一，民有其親死不哭而民不非也。堯之治天下，使民

〔一〕生：原作「王」，據四庫本改。

心親，民有爲其親殺其殺而民不非也。舜之治天下，使民心競，民〔一〕孕婦十月生子，子生五月而能言，不至乎孩而始誰，則人始有夭矣。禹之治天下，使民心變，人有心而兵有順，殺盜非殺人，自爲種而天下耳，是以天下大駭，儒墨皆起。其作始有倫，而今乎婦女，何言哉！余語汝，三皇五帝之治天下，名曰治之，而亂莫甚焉。三皇之知，上悖日月之明，下睽山川之精〔二〕，中墮四時之施。其知憯於蠆蠆之尾，鮮規之獸，莫得安其性命之情者，而猶自以爲聖人，不可恥乎，其無恥也？」子貢蹵蹵然立不安。

郭注：親死不哭，民不非也，若非之，則强哭。殺其殺，言親服有隆殺也。子生五月而能言，謂教之速。未孩已擇人，謂其競教速成也。不能同彼我，而心競親踈，故不終天年。言兵有順，則天下已有不順故也。盜自應死，殺之，非殺。不能大齊萬物而人人自別，斯人自爲種也。承〔三〕百代之流而會乎當今之變，其弊至於斯者，非禹也，天下耳。言聖知之迹非亂天下，而天下必有斯亂。儒墨皆起，此乃百代之弊。今之以女爲婦，而上下悖逆者，非作始之無理，但至理之弊，遂至於此，復何言哉？雖三皇、五帝之治天

〔一〕民：此字四庫本無。
〔二〕精：四庫本作「靈」。
〔三〕承：原作「求」，據四庫本改。

下，亦不免乎弊〔一〕也。子貢本謂老子獨絶三王，故欲同三王於五帝，今又見老子通毁五帝，上及三皇〔二〕，則失其所以爲談，故立不安。

吕注：老子以仁義憒心比播糠眯目、蚊虻噆膚，則以五帝、三王爲非聖宜矣。子貢又求之於讓爭順逆之間，則其迹之尤粗者。自迹言之，則使民心變，固不若親，親不若一，然均不免於治天下而使民有心而已。名曰治之，而亂天下者自此始，苟爲用知，豈特五帝、三王而已。雖三皇之知，亦將上悖日月，下睽山川，其知憯於蠆蠆之尾矣！獸之伏於山林，夜行晝居，雖飢渴隱約，猶且胥疏於江湖之上，則鮮規之甚也。子貢聞其非三皇、五帝而不得其所以非，故蹵蹵然不安也。

林注：尸居龍見，雷聲淵默者，神人之事也。倨者，居不爲容。應微者，不得已而應。年運而往，言已老也。三王、五帝，聖人之名；治天下者，聖人之迹。名迹不同而有所係，故老聃非之，若聖人之心，則無不同矣。禹治水，故用力。湯伐桀，故用兵。文王事殷，武王伐紂，故曰不同。黄帝之時，民不獨親其親，不獨子其子，故有親死而不哭者，

〔一〕弊：四庫本作「敝」，通。
〔二〕皇：四庫本作「王」。

世不以爲非，純任天道以治天下也。及乎法成於堯，則降天而入人，民心已相親矣。然禮法未詳備，故有殺其親喪而民不非之。至舜則純以人道治天下，民非獨有親而競心起，故澆淳散朴，大道廢，有仁義矣。民欲叢生，故孕婦十月而生子。教之太速，故子生五月而能言。未至於孩提，已能分别誰何，赤子之心易失如此，去神人不死之道，不亦遠乎？降及於禹，民心有競而淳朴變矣。然用兵征伐，未嘗不順人心，所殺者盜，將以止殺。《書》曰：「刑期於無刑。」是以不能大齊萬物，而人人自别，各分其種，以亂天下也。帝王治迹既弊，則儒墨是非皆起。非作始無倫也，積久而成弊。故以女爲婦，上下悖逆，莫甚於此時，何可言哉！鮮規微獸，猶不安其性命之情，而況於民乎！

碧虚注：不言而化行，尸居龍見也。名振而身晦，雷聲淵默也。升降有常，發動如天地也。三皇、五帝德有優劣，其治不同而係聲名一也。黄帝之治天下，兼忘，故親死不哭而民不非。堯治天下，使民心親，爲親喪殺其服而民不非。舜治天下，使民心競，民孕早育，未孩而誰，人始夭矣。禹治天下，使民心變，孜孜爲生，人有心也。被〔一〕伐不怨，兵有順也。禹授啓而天下化，故曰人自爲種。非一人私，故曰天下耳。以至聖知生而天下駭，儒

〔一〕被：四庫本作「彼」，訛。

墨興而大道分，宜其處女早嫁而彝倫攸斁也。是知立法成治〔一〕，法變必亂，日月薄蝕，山川崩竭，四時愆亢，不和之氣甚於蜂蠆，使萬物失其性命之情者，用知治國之過也。

慮齋云：以孔子之聲見老聃，稱夫子門人而修謁也。倨堂，有傲意。應微，問答之聲甚微也。黄帝之治，順乎自然，此後一節下一節。制服以其親之重輕爲降殺，昔無此，而今制禮也。古人十四月而生子，兩歲而後能言，今十月而生，五月而言，未提孩而早能問人爲誰矣。心變，謂變於古。人有心，謂各存私心。兵有順，以用兵爲順事也。爲盜者可殺則殺，法禁詳矣。當此時也，人皆自分種類，各親各子，特共此天下而居耳。其作始之時，猶有人倫之道，其弊至於亂倫而以女爲婦，又何可言哉！《禮記》「大道爲公」一段，亦有此意。前此多尊三皇，至此又併抑之，謂其知亦能拂天地造化之理，毒如蠆蠆。鮮〔二〕，少；規，求也。小獸所求鮮少，亦不得安其性命之情矣。

尸居龍見，則冥冥而見曉。雷聲淵默〔三〕，則聞和〔四〕於無聲。發動如天地，陰陽

〔一〕治：四庫本作「始」，訛。

〔二〕鮮：原作「解」，據四庫本改。

〔三〕雷聲淵默：朱本作「淵默雷聲」。

〔四〕和：此字朱本無，脱。

同運也。此子貢贊仰老聃之德，所以願見之。老聃方將倨坐於堂，凝然入寂，寂而常應，應夫微眇之間〔一〕也。子貢謂三皇〔二〕、五帝之治不同，皆係名聲於天下，自使民心一，以至〔三〕使民心競，心變〔四〕則知世道愈降，人心日虧矣。親死不哭，殺其親服，此猶禮文之略，未甚害事也。十月生子，五月能言，則受化速而民始夭。有心有〔五〕順，人自爲種而天下駭矣。原其作始，未嘗無倫，而卒未嘗有倫，以其求治太過，不度物情，强天下之從己，是乃亂之招也，復何言哉！夫三皇之知，離性未遠，然猶悖日月墮山川而憯於蠆蠆之尾。使蟲獸不安其性命之情，則斯民〔六〕可知，況後世任情識而資〔七〕知巧者乎！是豈足以語夫「不以知治國，國之福」之義哉〔八〕！

〔一〕應夫微眇之間：應，四庫本無，脱。夫，朱本作「出」，訛。間，朱本作「問」，訛。
〔二〕皇：朱本作「王」，下「三皇」同。
〔三〕至：朱本作「致」。
〔四〕心變：此二字朱本無，脱。
〔五〕有：朱本作「欲」，訛。
〔六〕斯民：朱本作「其名聲」。
〔七〕資：朱本作「恣」。
〔八〕「是豈」至「之義哉」：此十七字朱本作「是豈足以語夫治國不以知之福哉」。

孔子謂老聃曰：「丘治《詩》、《書》、《禮》、《樂》、《易》、《春秋》六經，自以爲久矣，孰知其故矣；以奸者七十二君，論先王之道而明周、召之迹，一君無所鉤用。甚矣，夫人之難説也！道之難明耶？」老子曰：「幸矣，子之不遇治世之君也！夫六經，先王之陳迹也，豈其所以迹哉！今子之所言，猶迹也。夫迹，履之所出，而迹豈履哉！夫白鶂之相視，眸子不運而風化；蟲，雄鳴於上風，雌應於下風而風化；類自爲雌雄，故風化。性不可易，命不可變，時不可止，道不可壅。苟得於道，無自而不可；失焉者，無自而可。」孔子不出三月，復見曰：「丘得之矣。烏鵲孺，魚傅沫，細要者化，有弟而兄啼。久矣，夫丘不與化爲人！不與化爲人，安能化人！」老子曰：「可。丘得之矣。」

郭注：所以迹者，真性。任物之真性，其迹則六經也。況今之人事，則以自然爲履，六經爲迹。鶂以眸子相視，蟲以鳴聲相應，俱不待合而生子，故曰風化。夫同類之雌雄，各自有以相感。相感之異，不可勝極，苟得其類，其化不難，故乃有遥感而風化者。至人皆順而通之，雖化者無方而皆可。失焉者無自而可也，如烏孺、魚沫、細要者化，物之自然各有性，人之性則舍長親幼，故有弟而兄啼也。夫與化爲人者，任其自化，若繙經以説則疏矣。

吕注：六經者，先王之法，明在度數而見於書，非其所以化也；其所以化者，神明而已。迹者，履之所出，而迹豈履哉？以是而化，天下宜其不用也。白鶂之相視，眸子不運而風化，相感者神而不以聲；蟲，雄鳴上風，雌應下風，相感以聲而不以形；類自爲雌雄，故風化。若是者，凡以性殊而不可易，命定而不可變，時行而不可止，道通而不可壅故也。豈可以言議意測？則知所以化天下者，不在陳迹之間，求其道而已矣。孔子不出三月而得之，於齋心服形之際，悟夫烏鵲魚蜂莫不皆生，而其所以生者未嘗同，則知之所不能知也，化而已矣。有弟而兄啼，情使之然。化，則均可以生；情，則雖兄弟不能均得。欲人之化也，難矣。久矣夫，丘不與化爲人，則爲道而不至於與造物者爲人也，又安能化人哉？世之學孔子而不得其所以迹者，其患常在此。

疑獨注：用六經陳迹以治天下，而不求其道德性命之意，猶人認迹而不知其出於履也。白鶂與蟲皆以風化，不待合而子自生，同類之雌雄各有以相感，得類則其化不難，此皆造物自然之理，性命之不可變，時道之不可壅者。但當任之，不可强以先王陳迹亂其自然之性也。三月者，天時之一變，明其悟道之難。鵲魚蜂三者，皆不因淫慾而生化，故孔子得之以發明老子言道之意。有弟而兄啼，言人多憐幼而舍長。久矣夫，言其來非一朝夕也。與化爲人者，隨造物之生死而心無係累，故必須舍六經之陳迹而人自化矣。

碧虛注：聖賢明識，即時所用。今之存者，簡册而已。詎復應務耶？應用爲履，應過爲迹。白鶂之相視鳴和，豈有迹哉？賢愚之性不可易，貴賤之命不可變，窮通之時不可止，聖人之道不可壅也。悟則瓦礫〔一〕爲金，迷則璧玉皆石。孔子遂悟鵲孺魚沫皆自爾耳，不假於外也。兄弟先後，尚有憎愛，況於時代乎？言物各獨化，豈有與化爲人而不能化人者哉？

鬳齋云：夫有履則有迹，得其迹而不得其履，亦猶糟粕之喻。自「白鶂相視」已〔二〕下一段，文字極奇。凡物皆風氣所生，故曰風化。類自爲雌雄，在萬物之中，自爲一類，故能如此風化也。性、命、時、道，皆言自然之理不可違。孺，交尾也。沫，相濡化生也。兄弟同母，必乳絶而後生，兄不得乳故啼。不與化爲人，言知人而未知天，不與造化爲一也。此章以造化生生之理，喻自然之道，蓋謂儒者所學皆有爲之爲；若無爲之爲，則與造化同功。經意蓋欲人知此身自無而有，與萬物一同，所以破世俗自私、自戀之心也。

白〔三〕鶂之相視，蟲鳴之相應，皆以類自爲雌雄，故風化。是所謂兩精相摶而神應之，陰陽相求自然之理。故性命不可易，時道不可壅也。「烏鵲乳」至「有弟而兄啼」四

〔一〕礫：四庫本作「爍」，訛。
〔二〕已：四庫本作「以」，通。
〔三〕白：此字朱本無，脱。

句，乍讀難通，熟究其義，化理甚博，蓋胎卵濕化備見其中而人弗察耳。夫天地盈虛之理，造化消長之機，雖默運於無形，悉由四生發見，四生之中人爲之主，億兆之中聖人爲主。聖人者，與化爲人，知〔一〕化則知天矣。故是篇終於論化，自非官天地，府萬物而獨運乎亭毒之表，安能化人哉！太上云：「我無爲而民自化。」觀夫鶂蟲之風化，烏鵲之孚乳，魚之傅沫，蜂之祝子，皆出乎自然之性，成以專定之功，此感彼應，不可致詰，故謂之化。人爲最靈，其化又有妙於此者，亦不越乎自然之理，專定之功耳。故《中庸》云唯天下至誠爲能化，以孔子之聖，猶齋心三月而後得〔二〕，則大化之妙，豈容輕議哉！

本篇以天運地處〔三〕啓論端，設問日月風雲流行之故，答以六極五常，上〔四〕皇之治，體天運而行德教，故無爲而化，民樂自然。次論至仁無親〔五〕，至貴屏爵，行其無事，亦法

〔一〕知：原作「之」，據朱本、四庫本改。
〔二〕得：朱本此字下有「聞」字，衍。
〔三〕天運地處：四庫本作「天地運處」。
〔四〕上：朱本、李本並作「三」，訛。
〔五〕至仁無親：李本作「至存所親」，訛。

天運之義也。至於論洞庭之張樂，明大道之淵微，奏以陰陽，行以禮義，天人相因，立極之本也。調理四時，泰和萬物，寒暑協序，生化之原也。動無方而居窈冥，天機停而五官備，則隨物潛藏，觸處發見，不可以形拘。聲盡而天遊，所到無非至和，希聲所存，無非至樂也。若夫〔一〕治道比已陳之芻狗，法度猶相反之柤梨，猨狙裂周公之衣，醜婦效西施之美〔二〕，此明夫政治貴乎適宜，烹鮮在於〔三〕不橈。爲人上者，信能體道法天，與化同運，節以鼓舞，時其霈〔四〕澤，長養而熟成之，民惡有不化者哉？仲尼見老子，嘆其猶龍，則以人合天，未至於俱化。洎聞淵雷之妙，遂棄六經陳迹而究其所以迹，不出三月，與化爲人，則迹同乎人而體合乎天矣。《易》曰天行健，此其所以爲運。精氣爲物，遊魂爲變，此其所以爲化也歟〔五〕！

〔一〕夫：朱本、李本並作「無」，訛。
〔二〕美：朱本、李本並作「笑」。
〔三〕於：四庫本作「乎」。
〔四〕霈：四庫本作「沛」，通。朱本、李本並作「濡」。
〔五〕此其所以爲化也歟：此句下朱本、李本並有數句，云：「吁，一陶能作萬器，無有一器能作陶者，以其非形，然後能形，形以其非物然後能物物，天地聖人之德亦若是而已矣。」

南華真經義海纂微卷之四十八

武林道士褚伯秀學

刻意第一

刻意尚行，離世異俗，高論怨誹，爲亢而已矣。此山谷之士，非世之人，枯槁赴淵者之所好也。語仁義忠信，恭儉推讓，爲脩而已矣。此平世之士，教誨之人，遊居學者之所好也。語大功，立大名，禮君臣，正上下，爲治而已矣。此朝廷之士，尊主强國之人，致功并兼者之所好也。就藪澤，處閒曠，釣魚閒處，無爲而已矣。此江海之士，避世之人，閒暇者之所好也。吹呴呼吸，吐故納新，熊經鳥申，爲壽而已矣。此導引之士，養形之人，彭祖壽考者之所好也。若夫不刻意而高，無仁義而修，無功名而治，無江海而閒，不導引而壽，無不忘也，無不有也，澹然無極而衆美從之。此天地之道，聖人之德也。故曰：夫恬澹寂漠、虚無無爲，此天地之平，道德之質也。

郭象注：此數子者，所好不同，恣其所好，各之其方，亦所以爲逍遥也。然此皆各自得，安能靡所不樹哉！　若夫使萬物各得其分而不自失者，故當引之無所執爲也。　忘故能有，若有之，則不能救其忘矣。　故有者非有之而有，忘而有之也。　若厲己以爲之，則不能無極而衆惡生矣。　不爲萬物而萬物自生者，天地也。　不爲百行而百行自成者，聖人也。　非夫寂漠無爲，則危其平而喪其質矣。

吕惠卿注：自刻意以爲高至導引以爲壽，皆有待於物，不能無不忘，無不有也。　澹然無極，則不爲刻意仁義功名等所役。　衆美從之，則所謂高、修、治、閒、壽者不召而自來，凡天地之道，聖人之德，如此而已。　則知所謂恬澹、寂寞、虚無、無爲，乃天地之平，道德之質也。　蓋無不忘，無不有，則不累於有無，所以爲無爲也。

林疑獨注：凡爲亢者未必知脩，爲脩者未必知治，爲治者未必無爲，無爲者未必能壽，爲壽者未必能死而不亡〔一〕，各有所蔽，未若聖人之備也。　聖人者，不刻意而高，無仁義而修，無功名而治，無江海而閒，不導引而壽。　無不忘，常無是也。　無不有，常有是也。常無非實無，常有非實有。　故澹然無極而衆美之所歸。　天地之德，亦若是而已。　恬淡虚無，皆出於道德。　別之，則恬淡寂寞者，天地之平；虚無無爲者，道德之質也。

〔一〕亡：四庫本作「忘」，通。

陳碧虚注：高論，許由、善卷；非世，伯夷、叔齊也。枯槁，鮑焦、子推；赴淵，申徒狄、卞隨也。遊居學者，仲尼洙泗、子夏西河也。致功，伊尹、吕望；并兼，管仲、商鞅也。藪澤，巢父、嚴光；閒曠，公閲休、牧馬童子；釣魚，任公子、漁父也。吹嘘呼吸，胎息六氣之法；熊經鳥申，澤神五禽之術也。忘有得有，忘得入極〔一〕，天地中空而萬物生，聖人無心而衆美成。寂寞爲天地之平，虚無爲道德之質也。

林鬳齋《口義》云：刻苦用意，以行爲尚，高論怨誹，憤世疾邪也。枯槁，寂寞。投赴淵靜，即入山恐不深之意。爲脩，好脩潔；教誨，爲師於世也。致功并兼，莊子當時目擊之事。避世閒隱，超出是非之外，與爲亢〔二〕非世者不同。熊經鳥申，即華佗五禽之戲。無不忘，無不有，即無爲無不爲。無極，無定止。衆美從之，備萬善也。聖人得天地自然之道，故如此。道之質，言其本然者也。

褚氏管見云：此篇首論古昔聖賢趣尚不同，自枯槁赴淵至養形壽考，其義可見。「若夫不刻意而高」至「不導引而壽」，可忘可有，澹然莫量，此天地之全美，聖人之至

〔一〕忘有得有忘得入極：此八字四庫本作「無不忘無不有乃能入極」。

〔二〕爲亢：四庫本作「亢爲」，倒。

德，非若前條各滯偏見，自以爲得之比。譬夫夷清惠和，而夫子獨稱聖之時，是爲集大成者也。唯其無不忘，斯能無不有，若執而有之，何由造乎忘哉？吁！一陶能作萬器，無有一器能作陶者，以其非形然後能形形，以其非物然後能物物。天地聖人之德，亦若是而已矣！

故曰：聖人休休焉則平易矣，平易則恬惔矣。平易恬惔，則憂患不能入，邪氣不能襲，故其德全而神不虧。故曰：聖人之生也天行，其死也物化；靜而與陰同德，動而與陽同波；不爲福先，不爲禍始；感而後應，迫而後動，不得已而後起；去知與故，循天之理。故無天災，無物累，無人非，無鬼責。其生若浮，其死若休；不思慮，不豫謀；光矣而不耀，信矣而不期；其寢不夢，其覺無憂；其神純粹，其魄不罷；虛無恬惔，乃合天德。故曰：悲樂者，德之邪；喜怒者，道之過；好惡者，德之失。故心不憂樂，德之至也；一而不變，靜之至也；無所於忤，虛之至也；不與物交，淡之至也；無所於逆，粹之至也。

郭注：休乎恬惔寂寞，息乎虛無無爲，則雖歷乎險阻之變，常平夷而無難。患難生於有爲，有爲生於患難，故平易恬惔交相成，而泯然與正理俱往。不平不惔〔一〕者，豈唯

〔一〕惔：四庫本作「淡」，通。本篇下同。

傷其形？神德並喪於内也。天行，則任自然而運動。物化者，脱然無係，動靜無心而付之陰陽，無所唱也。會至乃動，任理而起，天理自然，知故無爲乎〔一〕其間。故災生於違天，累生於逆物。與人同者，衆必是之，同於自得，故無〔二〕責。生浮死休，汎然無所惜也。付之天理，理至而應，用天下之自光，非吾耀也；用天下之自信，非吾期也。一無所欲，故魂不疲。乃與天地合其恬惔之德，至德常適，情無所槩。靜而一者，不可變也。其豁然確盡，乃無纖芥之違，夫〔三〕物自來耳。至惔者無交物之情，若雜乎濁欲，則有所不順矣。

吕注：聖人休休焉，不役心於取捨之間。平則不陂，易則不艱。恬然無知，惔不交物。所謂寂寞無爲者，亦若是而已。夫憂患，邪氣所以得入而襲之者，以知知物，物交而隙生其間故也。生也天行，則未嘗生，故出不忻。死也物化，則未嘗死，故入不拒。靜與陰同德，不知其爲靜也。動與陽同波，不知其爲動也。不爲福先，則福亦不至。不爲禍始，則禍亦不來。蓋爲福先禍始，非感而應，非迫而動，非不得已而起，則是用知與故，人

〔一〕乎：四庫本作「於」。
〔二〕無：四庫本此字下有「鬼」字。
〔三〕夫：四庫本作「天」，訛。

之所爲也。循天理之自然，天不能災，物不能累，則無人非鬼責也，宜矣。故生浮死休，無感而寂，物至而應，發乎天光而非皦，其中有信而非約。不夢無憂，寤寐同也。純粹者，不雜。不疲，無所爲。天德者，聖人所以君天下也。悲樂之情難去，故爲德之邪。喜怒倏起滅，故爲道之過。四者皆起於好惡，好惡則悲樂喜怒之未形於外者也。夫人之心，終日萬慮而未嘗止，則惡能頃刻而靜哉！德人不憂不樂，至於一而不變，是爲靜之至也。無所於忤，若虛船之觸物而不怒，是爲虛之至。不與物交則無味，是爲惔之至。若然，則雖入水蹈火，無往而非我，庸有逆乎？是爲粹之至也。

疑獨注：天行者時，聖人生則安其時。物化者順，聖人死則處其順。陰陽雖異，利物則同。靜故以德言，動故以波言。福者，是之報。禍者，非之召。是非不自我，禍福何由萌？言是非〔一〕皆化於道，然感則必應，迫則必動，不得已而後起也。夫爲福先禍始者，知也；不感而應，不迫而動者，故也。去知與故，則循乎自然。無天災然後無物累，無人非然後無鬼責。生浮死休，則不知悦惡。不思慮者，以其無患。不豫謀者，無事可虞。不耀，非滑疑所生。不期，則大信不約。寢不夢，覺無憂，其神全也。純粹不疲，亦

〔一〕非：四庫本作「化」，訛。

由於此。虛無足以見無爲，恬惔足以見寂寞。以是而合乎天德，則悲樂喜怒好惡者，所以爲道德之邪失也。以天道觀，則無悲樂喜怒好惡；以人道觀，則六者有所不免。故以不憂樂爲德之至，以明悲樂之爲邪。不變，爲靜之至，以明喜怒之爲過。無忤，爲虛之至，以明好惡之爲失。不與物交，又明無所於忤之意。無所於逆，又明不與物交之意。故爲粹之至也。

碧虛注：憂患入於不平易，衺氣襲於不恬惔。神德全完者，諸垢〔一〕詎能染哉？生之暫來，天行也；死之暫去，物化也。無損益乎其真，得陰陽之體，不爲天下先，本無應也，感而後應；本無動也，迫而後動；本不起也，不得已而起。循天理而不欺，忘物累而不驕。人非既無，鬼責何有？生浮死休，任理直往；含光藏輝，大信不約；覺夢自得，神魂不疲；虛無恬惔，乃合天德。修德者忘悲樂，履道者忘喜怒。喪己者在好惡也。故至德者，希夷泊乎內；至靜者，生化莫能移；至虛者，無忤；至惔者，遠俗；至粹者，莫逆也。

鬳齋云：平易恬惔，即是無爲。神不虧，即是德全。天行，順天理而行。物化，視身猶蜕也。隨感而應，我無容心；迫而後動，不得已而後起，皆無心應物之意。去其私智，

〔一〕垢：四庫本作「詬」。

離其事迹，則循乎自然。若浮若休，汎然無著，何思謀之有？光而自晦，不必於物。神全故純粹，魂靜故不勞。凡有悲喜好惡，則非自然；憂樂不係於心，方爲至德。主一無適而順自然，雖與物接，不爲物所累也。曰靜虚，曰惔粹〔一〕，即是自然之德，但如此發揮耳。

休休，和樂貌。故平易恬惔，憂邪莫干，以其德全而神不虧故〔二〕也。天行，言一氣之運；物化，言一氣之散。即同德同波之謂。福先猶不可爲，況於禍始乎〔三〕！感而應，迫而動，言不得已而應物，其應出於無心，雖爲而一〔四〕無爲也。去知與故，則無知無事；循天之理，則順乎自然。天災既無，物累自免。人非不及，鬼責何來？故能生浮死休，思斷謀絶，若美玉之含德，天時之有經也。寢不夢，則覺無憂。神純粹，則魂何勞？是謂虚無恬惔，乃合自然之德。心譬則鵠也，情譬則矢也，衆矢趨一鵠，鵠能無中乎？今人立乎彀中而不思爲避鏑計，欲其德全而神不虧也，難矣！

〔一〕惔粹：四庫本作「恬淡」。
〔二〕故：此字朱本無。
〔三〕況於禍始乎：朱本作「況禍乎」，脱。
〔四〕一：朱本作「實」。

故曰：形勞而不休則弊，精用而不已則勞，勞則竭。水之性，不雜則清，莫動則平，鬱閉而不流，亦不能清，天德之象也。故曰：純粹而不雜，靜一而不變，惔而無爲，動而以天行，此養神之道也。夫有干越之劍者，柙而藏之，不敢用也，寶之至也。精神四達並流，無所不極，上際於天，下蟠於地，化育萬物，不可爲象，其名爲同帝。純素之道，唯神是守。守而勿失，與神爲一。一之精通，合于天倫。野語有之曰：「衆人重利，廉士重名，賢士尚志，聖人貴精。」故素也者，謂其無所與雜也；純也者，謂其不虧其神也。能體純素，謂之真人。

郭注：物皆有當，而不可失。象〔一〕天德者，無心而皆會，無非至當也。常在當上住，與會俱而已。若夫逐物而動，是人行也。愛劍者猶柙藏，況敢輕用其神乎！夫體天地之極，應萬物之數以爲精神者，固若是而有落天地之功者，任天行而非輕用也。所育無方，同天帝之不爲，常以純素守乎至寂而不蕩於外，則冥矣。精者，物之真也。與神爲一，非守神也；不遠其精，非貴精也，然其迹則貴守之迹〔二〕耳。苟以不〔三〕虧爲純，則雖百行同舉，萬變參備，乃至純也；苟以不雜爲素，則雖龍章鳳姿，非常之觀，乃至素也。

〔一〕象：四庫本此字上有「水」字。
〔二〕迹：此字四庫本無，脱。
〔三〕以不：四庫本作「不以」，倒。

若不能保其自然而雜乎外飾，則雖犬羊之鞹，庸得謂之純素哉！

呂注：觀聖人之心，虛無恬惔，如向所言，則雖終日從事而精神不勞。古之人所謂廢心而用形，視聽不以耳目者以此。今也屬耳目乎聲色，而役心乎取舍，形勞而不休，精用而不已，以至於弊且竭，宜矣。水性清平，固自然也；直不雜，莫動之而已。知其如此，而以鬱閉不流爲莫動，則不能清。所謂天德者，其象亦猶是也。故純粹不雜，水清之象；靜一不變，水平之象。動而以天行，水之不以鬱閉不流爲莫動之象也。而天下之方術有制於虛靜，而不知觀復於並作之間，歸根於芸芸之際者，不知此養神之道故也。而世之人以爲養形足以存生，又不足以與此。劍之柙藏，以其用之利也。精神際天蟠地，其用之利，豈止干越之劍哉！其名爲同帝，則其貴豈直劍之可寶哉！乃不知礪之以純粹，柙之以靜一，藏之以無爲，將之以天行，是不明乎貴賤之分也。惟神是守，守之以純素而已。方其守也，則有所謂守之者，守而勿失，則守之與所守者合而爲一矣。倫即理也。人而合乎天理，則亦天而已矣。此聖人所以貴精也。素者無雜，純者不虧，唯真人能之。

疑獨注：形不可太勞，精不可太用。形役於精，精入於神。至於神，則變化在己，可以不死不生，豈形之勞、精之用〔一〕哉！夫清可濯，平可法，其流不舍晝夜者，水之性也。體自然之德，而不流於使然之僞，故能不雜、不變，動而以天行也。純粹不雜，所以窮理。靜一不變，所以盡性。惔而無爲，所以立本。動而天行，所以趨時。養形之道盡矣。夫名劍出於干越，莫不以爲神，柙藏而不敢用，至於身則不知所以寶，豈愛身不若劍哉？亦弗思耳！劍者，器之寶；精神者，身之寶。器寶〔二〕，用之不過敵一人；身寶，藏之可以流無極。化育萬物，《易》所謂曲成而不遺；不可爲象，所謂神無方是已。其名爲同帝，亦强名耳。守其神者，將以至於神；至於神，則與神爲一，純素不足以名之。一之精通，則合乎自然之理矣。又舉野逸之言以證之。聖人貴精，精則入於神，所體者純素，而其用則精神而已。是之謂真人。

碧虛注：形勞精用，越分而傷性故也。水性不雜則清，莫動則平，身中真水亦如之。若純粹靜一，動合天理，雖不鍊形而神已王矣。利劍，外物，尚知珍貴精神。搖蕩而不收，得不謂之倒置乎？善攝御者可侔造化，善養素者守保神氣，故能混合冥一，通乎天

〔一〕形之勞精之用：四庫本作「形之精勞之用」，訛。
〔二〕寶：四庫本作「藏」，訛。

理矣。野語四事，貴精爲上，謂虚其靈府，塞其六鑿也。質不爲塵染則素，神不爲事橈則純，體備純素，非真而何？

　　慮齋云：以水喻養生，鬱閉不能清，則非全然如枯木死灰矣。不雜莫動，此無爲也。不流不能清，無爲中有爲也。天行一日一周，非無爲中有爲乎？養神即是養生，提起神字便親切。愛劍者猶柙藏，況精神乎！化育萬物亦此神，然無迹可見，故其功與天帝同。爲純素之學者，始則唯神是守，久則與神爲一，大而化之之謂也，未化則與道爲二矣。一而至於精通，則與天理合，聖而不可知之謂也。貴精，即神也。純粹，即《乾》之純粹精。真人、至人、聖人〔一〕，非有優劣也。《刻意》言養神，而有天行物化之論；《繕性》言存身，而有時命行謬之説。以養神、存身分作兩篇，此則學問工夫處，學者當細參之。

　　養神之道，貴在無爲，故喻水之清平，寂而常照；及其動也，法天之行〔二〕健而蟠際乎兩間，實本於不雜不變無爲而已。此照而常寂也。精用則勞竭，所以貴乎靜；鬱閉不能清，所以貴乎動。然於非靜非動，不即不離之間，而妙道存焉。其爲貴也，豈但干

〔一〕聖人：四庫本此二字在下句「優劣也」後，倒。

〔二〕之行：朱本作「行之」。

越之可〔一〕寶而已哉！同帝則與天爲一，天即神也。故其精通合乎天理，至此又不可以天道人道分矣。卒引野語爲證，歸於貴精而結以能體純素，體之則俱化矣。非真人孰能與於此？

是篇以刻意命題，謂刻礪其意，違世矯俗，苦節獨任，爲天下所不能爲而覬人之從己，無異乎穿牛〔二〕、絡馬失其自然，知長德消，民始難治矣。故南華歷叙古人立志各異，若夷、齊之爲亢，孔、孟之爲脩，伊、傅之爲治，巢、許之爲閒〔三〕，老、彭之爲壽，以迹觀之，似亦不能無偏，然而不失爲聖爲賢〔四〕者，以其有爲而不累於有，無爲而不溺於無，因時之可否，爲身之利用而已。是以貴夫〔五〕虛無無爲，平易恬惔，天行物化，同德同波，知故不留，動合天理，則災累非責何從而至，死生謀慮何由而滑哉！夫如是，故静虚惔粹，與

〔一〕可：朱本作「所」。
〔二〕牛：朱本作「井」，李本作「非」，並訛。
〔三〕閒：原作「間」，據朱本、李本改。
〔四〕爲賢：此二字朱本、李本並無。
〔五〕夫：此字四庫本無。

物無忤，卒歸於養神之功，而申以柙藏干〔一〕越之喻。劍之於身，輕重爲何如，其去取灼然可見，而世人猶昏迷若此，故其立論始於非刻意尚行之習而終於能體純素謂之真人，則知刻尚者之爲假也明矣。蓋養生以純素爲本，純素以守神爲先，至於與神〔二〕爲一，則道之大本既立，又何必區區於其末而以刻意尚行爲哉！南華所以言此者，蓋欲矯當時學者之僞習，俾安其性命之自然，復乎道德之純素而已矣。

〔一〕干：李本作「于」，訛。
〔二〕與神：朱本、李本並作「神氣」。

南華真經義海纂微卷之四十九

武林道士褚伯秀學

繕性第一

繕性於俗俗學，以求復其初；滑欲於俗思，以求致其明，謂之蔽蒙之民。古之治道者，以恬養知。生而無以知爲也，謂之以知養恬。知與恬交相養，而和理出其性。夫德，和也；道，理也。德無不容，仁也；道無不理，義也；義明而物親，忠也；中純實而反乎情，樂也；信行容體而順乎文，禮也。禮樂徧行，則天下亂矣。彼正而蒙己德，德則不冒，冒則物必失其性也。

郭注：己治性於俗，而欲以俗學復性命之本，所求者愈非其道也。己亂心於欲，復役思以求明，思之愈精，失之愈遠。若夫發蒙者，必離俗去欲而後幾焉。恬靜而後知不蕩，知不蕩而性不失。無以知爲而任其自知，雖知周萬物，恬然自得也。知而非爲，則無害於恬；恬而自爲，則無傷於知。二者交相養，則和理之分，豈出它〔一〕哉！和，故無不得；道，故無不理。無不容者，非爲仁而仁迹行；無不理者，非爲義而義功著。若夫義明而不由中，則物愈疏。仁義發中而還任本懷，則志得，志得則樂。信行容體而順乎節文，其迹則禮也。以一體之所履，一志之所樂，行之天下，則一方得而萬方失矣。各正性命而自蒙己德，則不以此冒彼。若以此冒彼，安得不失其性哉！

呂注：繕性於俗，其患常在益生而失其初，而又俗學以求復之，則滋遠矣。滑欲於俗，其患常在趣舍以雜其明，而又思以求致之，則滋昏矣。恬者安之而不知其然，以是而養知，非思以求致其明也。知其生而無以知爲而不用，則異乎安之而不知其然，以是而養恬，非俗學以求復其初也。《易》之神明，老氏之恍惚，莊子之恬知，其實一也。古之治道者，未有不以是交相養而能至者也。恬之失在昧，則無以發其照曠；知之失在皦，則無以復乎混冥。二者交相養而和理出其性，非自外至也。通於天地者德，德則和也；行於萬物者道，道則理也。德之體和而其用無不容，則爲仁；道之體理而其用無不理，則爲義。義明而物不得不親，中也。中純實而非僞樂之所由生，信則有諸中、形諸外而爲

〔一〕它：四庫本作「他」。

文，禮也。禮者，忠信之薄而亂之首也。夫萬物各正性命，則自蒙己德矣。所謂德者，奚以冒彼爲哉？禮樂遍行，則道德滋遠，而不能無冒。冒則物必失其性，天下所以亂也。

疑獨注：古之真人不治性於俗，而抱其素樸，所以能復本初；不滑欲於俗，而精思通道，所以能致其明，詎有蒙蔽者乎？夫唯繕性於俗，則所競者僞，而又俗學以求復其初；滑欲於俗，則所逐者情，而又用思以求致其明，終不可得矣。復初者，盡其性；致明者，至於命。初則未有物，明則已見道也。恬則安，安則静，静則知，知則動，動静交相濟。故知恬交相養，而和〔一〕理出其性。和出乎使然，故言德；理出乎自然，故言道。德得乎己，故無不容，博愛之謂也；道散乎物，故無不理，事得其宜之謂也。有容以爲仁，有理以爲義，義明而後物親，乃表吾之不欺。忠者，不欺之謂也。仁足以容，義足以理，忠足以與物親，則至樂生於中，而節文著於外。若夫禮樂遍行，則天下亂矣。彼正而蒙己德者，聖人也。聖人之德，非有心於覆天下，而天下之物各正其性。如强欲以德覆冒之，則物必失其性矣。

詳道注：人生而静，天之性也；感物而動，性之欲也。性之所本者真，欲之所貴者

〔一〕和：四庫本作「知」，訛。

正。今也繕性於俗，則真沉於僞矣，而欲以俗學求復其初，則學愈博而性愈失；滑欲於俗，則正淪於邪矣，而役思以求致其明，則思愈煩而志愈迷。古之治道者不然，以恬養知，故能致其明而理無不窮；以知養恬，故能復其初而性無不盡。性者，知與恬之本。和理者，知與恬之用。知恬交相養，則仁義禮樂混而爲道德；知恬交相失，則道德枝而爲仁義禮樂。夫仁出於德，義出於道，固已薄矣。又況樂出於仁，禮出於義哉〔一〕？

碧虛注：處塗而避汙，在垢而求照，非蔽蒙而何？躁競必昏，恬靜必知。有知不役，善保靜也。知而不用，故能和。恬而自葆，故有理。雖假種習，而本乎天然。自得，故能和衆；已通，故能治物。上仁與德同，以含容爲本；上義與道同，以通理爲原。處中和而不淫者，樂也；整容貌而中節者，禮也。禮以應物，樂以正性。自檢則真，率人則亂。彼自正者，以蒙養己德，德固則守恬而不冒，此乃各正性命，恬〔二〕知相養者也。

膚齋云：繕性以俗學，譏當時儒、墨之言性者。以俗學治性而求復理性之初，滑於利欲而思欲致虛明之地，此至愚無知者也。定能生慧，故曰以恬養知；知吾本來無物，

〔一〕哉：四庫本此字上有「也」字。
〔二〕恬：四庫本此字上有「而」字。

何以知爲，然後能定，故曰以知養恬。二者交相養，而後得其自然之性。和理，猶云和順，靜定而得其本然和順之性也。「恬養知」、「知養恬」六字最妙。道德即是和順。無不容，即無不愛。無不理，各得其宜也。義明而後與物親，便是「盡己之謂忠」。以中心真純見於外，以其發見者求之中心，即是「樂則生，生則惡可已」也。信其容體之所行而有自然之節文，即是周旋中禮也。外求禮樂而不知其本，故曰偏行，言只見得一半。蒙，猶晦也。德積不露而彼自正。不冒者，我非以德加諸人也。冒則物必失其性矣。

諸解並以俗學立説，陳碧虚照張君房校本，學上無俗字，其義簡明。言性本自然，不假修學。今之學者，貴乎日益以要世譽，是治性於俗也，而猶刻苦進學以求復性初，博而無要，真愈失矣。貪著愛憎，沉迷不反，是滑欲〔一〕於俗也，而猶深思曲慮以求致其清明，知竭精勞，清明〔二〕愈遠矣。凡人，非天縱之資，固不可以無學，學者所以涵養性天，發其慧照，以古人之成績，印我心之同然，期於還淳復本而已，非開人鑿竅以益其知見，增其雜毒之謂也。夫人性無有不善，亦不能無欲，率性以道則欲出於正，如飢

〔一〕欲：此字朱本無，脱。
〔二〕明：此字朱本無，脱。

食渴飲寒衣倦息之類。滯〔一〕性於俗，則欲出於邪，食必珍，飲必醇，衣必華，息必縱是也。欲入乎邪，則性失乎善，溺於流俗，浸遠乎道矣〔二〕。道以恬惔爲貴，俗以華競爲先，學非其學，思非其思，人心道心之所以分，上善大惡之所以立也。唯絶學無思，乃可復性初而致清明，奈何外學以雜之，妄思以障之，是以學日益而真日損，思日煩而道日疏，此真人之所哀也。若夫全自然之性〔三〕而不爲俗所滯〔四〕者，本初不期復而復；存正性之欲而不爲俗所滑者，清明不期致而致。惟道集虚故也。《語》云：「學而不思則罔，思而不學則殆。」是學與思者，聖賢資之以進脩，而南華不取，何邪？蓋賢者以内學爲學，近思爲思；聖人以絶學爲學，無思爲思，所以異乎世俗多聞博識之學也。由内學而至於絶學，由近思而至於無思，聖賢之能事畢矣。恬主静，知主動，静生潤，動生炎，炎潤得中而和理出焉。和者，德之粹；理者，事之宜。二者皆吾性中物，非由

〔一〕滯：原作「治」，據朱本改。
〔二〕矣：四庫本作「而已」。
〔三〕全自然之性：朱本作「全然天性」，訛。
〔四〕滯：原作「治」，四庫本同，據朱本改。

外鑠〔一〕也。世人知恬不能交養，動静所以或偏，利害相摩，生〔二〕火焚和，而真性虧矣。唯治道者，動静不越乎道，應物而不藏；存恬以養知，知生而不用，又所以養恬；性極乎和，事盡其理，而天地之和應矣。此修身以及天下之明驗也。後叙仁、義、忠、禮、樂，忠字詳郭注、成疏，皆當是中。治道至於尚禮樂，則愈下矣，所以亂繼之。禮樂非能亂世，而繼之者不能無亂，勢使然也。若能由禮樂而躋乎仁義，由仁義以歸乎道德，斯爲弭〔三〕禍亂而致隆平之術也歟？

古之人，在混芒之中，與一世而得澹漠焉。當是時也，陰陽和静，鬼神不擾，四時得節，萬物不傷，群生不夭，人雖有知，無所用之。此之謂至一。當是時也，莫之爲而常自然。逮德下衰，及燧人、伏戲〔四〕始爲天下，是故順而不一。德又下衰，及神農、黄帝始爲天下，是故安而不順。德又下衰，及唐、虞始爲天下，興治化之流，澆醇散朴，離道以善，險德以行，然後去性而從於心。心與心識，知而不足以定天下，然後附之以文，益之以博。文滅質，博

〔一〕鑠：朱本作「爍」，通。
〔二〕生：四庫本作「水」，訛。
〔三〕弭：朱本作「彌」，通。
〔四〕戲：四庫本作「羲」，同。

溺心，然後〔一〕民始惑亂，無以反其性情而復其初。

郭注：任其自然，故至一。夫德所以下衰者，由聖人不繼世，在上者不能無爲而羨無爲之迹，故致弊也。世已失一，惑不可解，故釋而不推，安其所安而已。聖人能任世之自得，豈能使世得聖哉！故皇王之迹，與世俱遷，而聖人之道未始不全也。善者，過於適之稱，有善而道不全。行者，違性而行之，行立而德不夷。以心自役，則性去也。彼我之心競爲先識，則無復任性，忘知任性，斯乃定也。文博者，心質之飾。初者，性命之本也。

吕注：所謂處混芒而得澹漠者，即燧人、羲、黄至一之妙處，而諸聖人者，混芒澹漠之粗迹也。自其妙處觀之，以道莅天下而使民無知無欲，謂之至一亦其宜也；自其粗迹觀之，均於爲天下，而其德不免於下衰，而不出於至一也。故爲道者，常絶聖棄知，復歸於無物。而是篇論至於此者，誠以夫至一之際，雖燧人、羲、黄不得容於其間也；而世之學聖人之言與其迹者，不知吾身有所謂鼓萬物而不與聖人同憂之處，則聞此言而驚疑笑訝，不足怪也。自燧人至唐、虞，則治化之流，澆淳散朴，時有厚薄，其應不同，所謂「大道

〔一〕後：原作「民」，據四庫本改。

廢，有仁義，知慧出，有大僞」也。夫道無不善，有所謂善，則不合矣。德無所行，有所謂行，則不夷矣。仁則善之長，義所以行之也。道德，性而已。仁義，則性之發乎心也。離道險德，是去性而從心矣。化而欲作，吾將鎮之以無名之樸，今以心定天下之心，則心與心識知而不足以定天下，故附以文而滅質，益以博而溺心。文則禮樂，博則學，質則性也。禮樂行而天下亂，求所以復初致明，何可得哉？

疑獨注：自「人在混芒之中」至「此之謂至一」，文意屢見於前，茲不復説。燧人改火，伏羲制文，始有爲天下之心，雖能順人心而不能使之爲一，若在混芒之世也。神農伐共工，黄帝戰蚩尤，雖志在安民，然不順於群生矣。堯平章百姓，舜流放四凶，興治行化，自此而始。故孔子斷《書》首於唐、虞也。善者，道之散，人知可欲之善，則離道以逐善。行者，德之迹，人知可行之行，則以德爲險，行爲夷矣。然後去性從心而彼心亦起，彼我之心相識，强生分别。以知爲知，故不足以定天下也。文勝則質滅，博記則心勞，民始惑亂而不能復其性情矣。

詳道注：一則全於道而無所順，順則順於物而無所安，安則無亂矣。一之失，然後順；順之失，然後安；安之失，然後亂。自古之人三降而至於唐、虞，民始惑亂而不安。無以反其性情，不順也；無以復其初，不一也。夫道本繼善，實離之也；行雖行德，實險之也。性者心之國，心者性之君。性未嘗不靜，而心或使之。靜者未嘗不淳，而使之者離之。善爲道者存心以養性，不善爲道者去性而從心，則彼我之心競爲先識，攬是非，攖利害，其去道也遠矣。彼間間之知，惡足以定天下哉？以知爲不足以定天下，然後附之文以飾質而適以滅質，益之博以迪心而適以滅心，是揚堁止塵，縱風止焰，天下幾何而不惑亂乎？

碧虛注：至德之世，素朴無知，澹漠無欲，故淳一焉。燧人鑽火，伏羲畫卦，順物情，則不一矣。神農耒耜，黃帝干戈，有所安，則不順矣。堯征丹水〔一〕，舜伐有苗，則朴散矣。爲善近名，離道也。獨行損生，險德也。去湛然之性，師自成之心，以心度心，競爲前識，此道之華而愚之始也。是知知不足以定天下。恬可以養萬物，爲道則質存，絶學則心靜，棄知則反本，無爲則復初也。

鬳齋云：混芒，即晦藏不自露。澹漠，則上下不相求。舉世純全，於道無欠，曰至一。知有理可順，則純一已離。人各以理爲安，則有己而離於道矣。有善之名，則道益遠。有行可見，則德不平。去自然之性，從有爲之心，我以有心爲，彼以有心應，是心與

〔一〕水：四庫本作「朱」。

心相識察也。用知不足，又益之以禮樂文華〔一〕，用心於此，則猶陷溺也。

鬼〔二〕神守其幽，萬物遂其性，至於人有知而不用，非在混芒而得澹漠，能如是乎？此之謂至一，言上古君德真淳，民心無二也。逮德下衰，有逆之者，故以順天下爲心，則離乎至一矣。有橈之者，故以安天下爲心，則忤其真性矣。下至唐、虞，興治化以散淳朴，離道德而爲善行，則去性愈遠。以心識心，用知不足，附以文博，是猶抱薪而止火也。己之性情猶不能自得，其如天下何？南華論唐、虞之世已離道若此，蓋上古淳質，猶嬰兒之未〔三〕孩；次則能言笑而有〔四〕喜怒；由兹已降，喜怒哀樂交乎中，姦詐機險形於外，覬其還淳復朴，不亦難乎！今欲澄源而清流，故以燧人、伏羲〔五〕例在德衰之列，則其所期望者，躋民於太〔六〕古之上，而有德無位，惜哉！

〔一〕華：四庫本作「章」。
〔二〕鬼：朱本此字前有「原夫」二字。
〔三〕未：原誤作「夫」，今據四庫本、朱本改。
〔四〕而有：此二字朱本無。
〔五〕燧人伏羲：朱本作「伏戲燧人」。
〔六〕太：朱本作「大」，通。

南華真經義海纂微卷之五十

武林道士褚伯秀學

繕性第二

由是觀之，世喪道矣，道喪世矣。世與道交相喪也，道之人何由興乎世，世亦何由興乎道哉！道無以興乎世，世無以興乎道，雖聖人不在山林之中，其德隱矣。隱，故不自隱。古之所謂隱士者，非伏其身而弗見也，非閉其言而不出也，非藏其知而不發也，時命大謬也。當時命而大行乎天下，則反一無迹；不當時命而大窮乎天下，則深根寧極而待，此存身之道也。

郭注：道以不貴，故能存世。然世存則貴之，貴之，道斯喪矣。道不能使世不貴，世不能不貴於道，故交相喪。若不貴，乃交相興也。今所以不隱，由其有情以相興也。何由而興，由無貴也。莫知反一以息迹，而逐迹以求一，愈得迹，愈失一，斯大謬矣。雖復起身以明之，開言以出之，顯知以發之，何由而交興哉！時命大行，此澹漠之時也。反任物性而物性自一，故無迹。時命大窮，此不能澹漠之時也。雖有事之世，聖人未嘗不澹漠，深根寧極而待其自爲，道之所以不喪，未有身存而世不興者也。

呂注：世與道交相興，則聖人作而萬物睹；世與道交相喪，則聖人遊乎世俗而莫之知，固已隱矣，奚以自隱於山林間爲哉？反一無迹，華胥之夢，姑射之遊是也。深根寧極，確乎其不可拔者是也。龍蛇之蟄以存身，亦若此而已矣。觀莊子此言，似亦慨然於時命之不遭，蓋世道交喪，宜在所哀也。夫聞道者，有遇於興廢之間，則所以存身者固不可不知，若莊子則所謂不與聖人同憂，亦何慨然於大謬之間哉？

疑獨注：居古而行今之道，則道喪世也；居今而行古之道，則世喪道也。有斯世然後可以行斯道，不然，則世與道交相喪而已。道無由興乎世，命也；世無由興乎道，時也。時與命俱相戾，雖聖人不在山林之中，其德隱矣，若列子居鄭圃，莊子居漆園是也。隱者，隱其德。自隱，隱其形。長沮、桀溺之徒，形隱者也。古之隱士，非避地，避言括囊其知也。時命大謬，安之而已。當其時命，而其道大行於天下，聖人未嘗自以爲達，反歸于一而不以迹示人也。不當其時命，而其道大窮於天下，聖人未嘗自以爲窮，深固其根而安其極也。孟子所謂「大行不加，窮居不損」是矣〔一〕。一者，精義，無迹然後入神。根者，盡性，寧極然後至命。百姓日用而不知，反一無迹之謂也。百世以俟聖人而不惑，深根寧極而待之謂也。

詳道注：古之人，知與恬相養，則道與世可知矣；今之人，世與道交相喪，則知與恬可知矣。世喪道，則俗日薄；道喪世，則德日衰。世無由興乎道，此天地閉、賢人隱之時也。雖聖人不在山林之中，亦將隱矣，況其下者乎？古之所謂隱士者，非伏身、閉言、藏知之謂也，身出心隱而陸沉者也，與夫友木石、群鳥獸者固有間矣。經所謂天下有道，聖人成焉者，功成於無爲，反一無迹也；天下無道，聖人生焉者，保性命於長存而深根寧極也。成焉而不以己忘物，生焉而不以物害己，則能視窮如通，視通如窮，神不馳於外，精不耗於内，豈非存身之道乎？

碧虚注：人存則道興，人亡則道喪，世道交喪，歷運使然。人與世，末也，其要在乎本。若老聃守藏史，南華吏漆園，其德隱矣。隱故不自隱，時使之然也。伯夷采薇，子陵垂釣，時命大謬也。反一無迹，功成不居也。傅説版築，吕望磻溪，深根寧極也。

〔一〕矣：四庫本作「已」，通。

盧齋云：道與世交相喪，則有道之人何能作興世俗之聞見？世俗之人又何由而知道哉？世皆不知道，則聖人雖在目前，衆亦不識。非聖人故意自隱也。夫隱士非欲伏身、閉言、藏知，知時不可，所謂「邦無道則愚」是也。反一無迹，功成不有也。道雖可行而付物於無心，在我者一而已矣。根極，即自本自根。極，止也。深根，猶退藏於密。寧極，猶曰安汝止，存身以待時而已。

詳夫世道交喪之語，意甚可悲。真人超出世累，固未必以一己之遇不遇介懷，此特爲世道而言，是〔一〕亦悲人之悲耳。究其極致，又有足以解人之悲者，能於言下以至理燭破，則處窮如通，視毀如成，其得失果何如哉！古之隱士，知時命之謬而安之，故德隱身不隱，雖處亂世而和光同塵，害莫能及。今之隱士，竄身避地，名隨迹彰，不安所安〔二〕，固〔三〕有行怪而召釁者矣。反一無迹，則明道若昧。深根寧極，則良賈若虛。所謂隨時隱顯，能龍能蛇，則此身何往而不存，此道何存〔四〕而不可哉！《文中子》天

〔一〕是：此字朱本無。
〔二〕所安：朱本作「其所」。
〔三〕固：朱本作「故」，通。
〔四〕存：朱本作「時」。

隱、人隱之説，蓋原於此。

古之存身者，不以辯飾知，不以[一]知窮天下，不以知窮德，危然處其所而反其性已，又何爲哉！道固不小行，德固不小識，小識傷德，小行傷道。故曰：正己而已矣。樂全之謂得志。古之所謂得志者，非軒冕之謂也，謂其無以益其樂而已矣。今之所謂得志者，軒冕之謂也。軒冕在身，非性命也，物之儻來，寄也。寄之，其來不可圉，其去不可止。故不爲軒冕肆志，不爲窮約趨[二]俗，其樂彼與此同，故無憂而已矣。今寄去則不樂，由是觀之，雖樂，未嘗不荒也。故曰：喪己於物，失性於俗者，謂之倒置之民。

郭注：任其真知，守其自得，行於坦途，塊然大通，自得其志，獨夷其心而無哀樂之情，斯樂全也。所謂得志者，全其内而足，去來在外物，得失非我也。淡然自若，不覺寄之在身；曠然自得，不知窮之在己。故無忻懽之喜也。寄去則不樂者，寄來則荒矣。營外而虧内，是爲倒置也。

吕注：存身則静而已，行身非徒静，必應變而不害乎静可也。忘言而知無不知，去

[一] 以：此字原缺，據四庫本補入。

[二] 趨：四庫本作「趣」，通。

知而德無不備。危然處其所，則不待避世離物〔一〕，而世物無足以累之，此行身之道也。道不小行，德不小識，則不少損以趨世；不少損以趨世，正己之謂也。樂全者，無以益其樂，志於道而求得之，此所謂得志也。道則性命，軒冕物之寄耳。今以其寄去而易其無以益之之樂，則喪己失性，是爲倒置者也。

疑獨注：存身有命，以在天而言；行身有道，以在人而言。不以辯飾知，真知無知也。不以知窮天下，兼忘天下也。不以知窮德，自德不德也。道行乎外，則大；德有所識，則廣。小行所以傷道，小識所以傷德，正己則天下之物皆取正乎我，豈小識小行所能與哉？夫憂樂出於性命，天下不能損益之者，憂樂之全也。舜以不得父母爲憂，雖天下之富貴不能損；顔子以簞食瓢飲爲樂，雖天下之富貴不能益。過此，皆憂樂之外也。樂苟不全，不足謂之得〔二〕志，有物奪之志，又失矣。夫人在天地間，寄也。軒冕在身，又寄於所寄。世人執吾身而有之，貴軒冕而寶之，以此爲得志，及其寄去，則不樂，而不知其非吾性命所有也。故君子不榮通，不醜窮，此所以無憂也。若以所寄軒冕爲樂，其去爲

〔一〕物：四庫本作「德」，訛。
〔二〕得：四庫本作「德」，訛。

憂，則向之得者，其樂未必不荒，喪己失性謂之倒置也，宜矣。

詳道注：以知窮天下，小行也；以知窮德，小識也。道出於命，德出於性，人生莫不全性命道德之理，而心之所之者不外乎此，則所謂得志者無它〔一〕，樂全而已。失性之人，忘其不貲之身而逐夫儻來之榮，以軒冕爲性命之根，以形骸爲哀樂之府，不知其所得者塵垢臭腐，而所失者乃吾之所以爲我也。何異乎以隋侯之珠彈千仞之雀哉？

碧虛注：善行者貴默，守愚者福全，燕處超然，歸根復命，又何爲哉？小行則矯俗，小識則矜衒，有益必有損，豈爲得志哉？物之儻來不可圉，其去不可止，隨物損益，受役多矣。中無主者，失之則憂，故其得之未嘗不荒，是樂乎外而喪乎內矣。

鬳齋云：存身，言不用之時；行身，言用之時也。有知見而不飾以辯，知有餘而不敢盡用，故雖用知而不失其自然之性。危然處其所，謂所立者高。反其性，即反一無迹也。無爲者，道之大，有爲則小行。不識不知，德之大，有識則小識。正己而物正，則所樂者全，其得〔二〕志在此，不在外物也。無以益其樂，即反身而誠，樂莫大焉。性命，天爵。軒

〔一〕它：四庫本作「他」。
〔二〕得：四庫本作「德」，訛。

冕，外物。知其去來不可必，故達不肆，窮不屈。其樂道，與它〔一〕人樂軒冕同。樂在我，則無時而能憂；樂在物，則物去樂亦去矣。樂有去來，則非真樂，故未嘗不荒也。己與性，本也；物與俗，末也。重末而失本，故曰倒置之民。

辯知者，戕身之具，故存身者不取焉。天下之德，歸於玄默，無知而已。巍然〔二〕，言獨立不群〔三〕。處其所，謂靜定於此，足以反其自然之性，何必它〔四〕求哉？小行小識，形容所見者小，故爲道德之累。大人者正己而物正，則至樂全而本志得，唯其性命足重於内，是以軒冕可輕於外。儻來，暫去，付之無心。若寄去而憂者，寄來則必樂，樂必荒矣。己因物而喪，性因俗而失，則冠屨倒施，欲化天下之民也難矣。行身當是存身，上文可照〔五〕。危，當是巍。

是篇主意謂人無超逸絶塵之見，而苟徇世緣，漸失其本，皆繕性滑欲於俗者也。雖

〔一〕它：四庫本作「他」。

〔二〕然：此字朱本無，脱。

〔三〕群：朱本此字上有「離」字，衍。

〔四〕它：朱本、四庫本作「他」。

〔五〕上文可照：此四字朱本無。

未爲顯惡，而妨道爲尤甚，況又益之以外學，亂之以妄思，而欲復初致明，是猶〔一〕適郢而北其轅也。真人又慮學者憚其空〔二〕無渺莽，無所致力，設爲恬知交養之論，使之〔三〕易入焉。夫人處世間，酬機應變，不能忘知，知用則害恬，要在審酌其宜，處之以道。事來則知見，事去則恬存。久久調熟，二者俱化，精神魂魄，融爲至和，符性命於希夷，歸道德之根本，由是而充之，與一世之人處混芒〔四〕而得澹漠，雖有知而無所用，則其爲化也博矣。奈何政失淳和，俗趨浮薄，離道險德，滅質溺心，至於世道交喪，而不可復也。然後有山林之聖人，深根寧極，以期旦暮之遇。存身所以存道也。寄之去來，無容休戚於其間，尚何以知辯爲？而其樂全志得，有超乎軒冕之榮者，人患不知求耳。此聖賢處晦以自全之道也。南華心事亦槩見於此云。

〔一〕猶：四庫本作「又」，訛。
〔二〕空：朱本、李本並作「虛」。
〔三〕之：朱本、李本並作「人」。
〔四〕芒：朱本、李本並作「茫」，通。

南華真經義海纂微卷之五十一

武林道士褚伯秀學

秋水第一

秋水時至，百川灌河，涇流之大，兩涘渚涯之間，不辯牛馬。於是焉河伯欣然自喜，以天下之美爲盡在己；順流而東行，至於北海，東面而視，不見水〔一〕端，於是焉河伯始旋其面目，望洋向若而歎曰：「野語有之，曰『聞道百，以爲莫〔二〕己若』者，我之謂也。且夫我嘗聞少仲尼之聞而輕伯夷之義者，始吾弗信；今我睹子之難窮也，吾非至於子之門，則殆矣。吾長見笑於大方之家。」北海若曰：「井蛙不可以語於海者，拘於虛也；夏蟲不可以語於冰者，篤於時也；曲士不可以語於道者，束於教也。今爾出於涯涘，觀於大海，乃知爾醜，爾

〔一〕水：四庫本作「海」。
〔二〕莫：此字四庫本無，脱。

將可與語大理矣。天下之水，莫大於海，萬川歸之，不知何時止而不盈；尾閭泄之，不知何時已而不虛；春秋不變，水旱不知。此其過江河之流，不可爲量數。而吾未嘗以此自多者，自以比形於天地，而受氣於陰陽，吾在天地之間，猶小石、小木之在大山也。方存乎見少，又奚以自多！計四海在天地之間，不似礨空之在大澤乎？計中國之在海內，不似稊米之在太倉乎？號物之數謂之萬，人處一焉；人卒九州，穀食之所生，舟車之所通，人處一焉，此其比萬物也，不似豪末之在於馬體乎？五帝之所連，三王之所爭，仁人之所憂，任士之所勞，盡此矣。伯夷辭之以爲名，仲尼語之以爲博，此其自多也，不似爾向之自多於水乎？」

郭象注：不辯牛馬，言其廣也。吾長見笑於大方之家，知其小而不能自大，則理分有素，跂尚之情無爲乎其間也。物之所生而安者，趣各有極，以其知分，故可與言理也。窮百川之量，縣於河，河縣於海，海縣於天地，則各有量也。此發辭氣者，有似乎觀大可以明小，尋其意則不然！夫世之所患者，不夷也。故體大者快然謂小者爲無餘，質小者塊然謂大者爲至足，是以上下誇跂，俯仰自失，此生民所惑也。欲正之者，莫若先極其差，而因其所謂。所謂大者至足，故秋毫無以累乎天地；所謂小者無餘，故天地無以過乎秋毫。然後各知其極，物安其分，逍遥者用其本步而遊乎自得之場矣。若觀大而不安其小，視小而自以爲多，將奔馳於勝負之境而助天民之矜誇，豈達乎南華之旨哉？小大之辨，不可相跂，故五帝三王、仁人任士之所爲不出乎一域。物有定域，雖至知不能出焉，故起小大之差，將以申明至理之無辯也。

呂惠卿注：秋水時至，百川灌河，則學自外至而未達乎大道之譬。涇流兩涘不辨牛馬，則爲道而不出乎兩旁中央，而未至乎無所不見也。順流至於北海，言循理而求，則必得其所歸。旋面望洋向若，回趨大道，從無窮之遊也。拘於墟，則小大〔一〕之所限。篤於時，則久近之所專。束於教，則方術之所制。天下所以不得逍遥者以此。出涯涘而觀大海，則脱其拘限而與於無方之觀，故可以語大理也。萬川歸之不盈，則益之不加益；尾閭泄之不虚，則損之不加損，非久近所專，非小大所限，此水之幾於道也。計四海在天地間，中國在海内，人卒在萬物，若亡若存，如此其微〔二〕，而五帝、三王、仁人、任士之所憂勞不過於此，而或辭之以爲名，語之以爲博，自大道無方觀之，輕其義而少其聞〔三〕，豈虚言哉！

〔一〕小大：四庫本作「大小」。
〔二〕其微：此二字四庫本無，脱。
〔三〕聞：四庫本作「文」，訛。

林疑獨注：拘虚〔一〕者不能背境，篤時者不能趨變，束教者不能循道。道，歲也；聖人，時也。執一時而疑歲者，終不聞道矣。聖人之言，應時而變，所變者言，所同者道，道散而爲教，教者各售其師之説，久而成弊，則泥束不通。今爲儒者則非釋，爲釋者則非道，不知三聖立教，其心則一。儻不明此，皆束於教者也。今河伯出涯涘而觀海，則不蔽於一曲，可以語大理矣。夫北海萬川歸之而不盈，尾閭泄之而不虚，遠過江河之流，豈可量數？而未嘗以此自多者，比形於天地，受氣於陰陽，則爲〔二〕其所制役，吾形在天地〔三〕間，若小木小石之在泰山也。夫物數以萬爲號，取其盈數言之。人是萬物中一物，中國九州人衆所聚，亦如北海之在天地也。礨空蟻穴，稊米粺子，皆至小者而置於山澤之間，亦如北海何異一毫之在馬體耶？五帝之連續揖讓，三王之征伐爭國，仁人之憂民，任士之勤職，雖事業不同，俱盡於毫末而已。伯夷辭國以爲名，仲尼修經以爲博，而誇大於當世，亦猶河伯之自多於水也。

陳詳道注：老子多以水喻道，道在乎有本，水貴乎有源。莊子所以以北海喻聖人之

〔一〕虚：四庫本作「墟」，通。
〔二〕爲：四庫本作「吾」，訛。
〔三〕地：四庫本此字下有「之」字。

道，秋河〔一〕喻百家之術，當是時也，大道裂於百家，天真汩於俗習，而一曲之士方且欣然以天下之美爲盡在己，猶拘墟之蛙不可以語海，篤時之蟲不可以語冰，及其悟也，然後仰天庭而卑天下之居，登泰嶽而知衆山之小，此《秋水》之篇所以作也。蓋百家之學以長衆爲能，故託之河伯；聖人之道以順物爲功，故託之海若。百川歸之不盈，尾閭泄之不虛，歸墟無底故也。以小大相視，則有餘不足之累生；以小大相忘，則俯誇仰歎之情泯。莊子不期於相忘而期於相視，將以驅小道歸宿於大方而已矣。

陳碧虛注：望洋，見水之盛大貌。未至海門則成鄙陋，所以爲無隅者所嗤。是故通變適時，廣大之道也。君子小人，各有涯量，越分妄語，自遺其醜，知其醜者乃可語理，知愚惑者非愚惑也。夫水莫大於海，未嘗以自多者，蓋取善下後身之義。齊魏之爭蝸角，兆民之處毫末，皆爲貪者舉喻。五帝之所連，謂連續仁義也。

林氏《鬳齋口義》云：涇，濁也。河水驟至而濁，拍滿〔二〕兩岸，故曰涇流之大兩涘，非涇渭之涇也。洋，海中。若，海神名。拘墟篤時，蟪蛄不知春秋之類。尾閭，沃焦也，見

〔一〕河：四庫本作「水」。
〔二〕滿：此字四庫本無。

《山海經》。礨空，小穴也。人處萬物中之一，此合太虛之間可名者論之。其在九州之內，又只是一件，此合草木鳥獸論之。二句發得極妙，言世界之小如此，五帝、三王所知所能，皆不出其内也。

褚氏管見云：觀於海者難爲水，遊於聖人之門者難爲言。故秋水〔一〕至而河伯欣然，東至海則望洋而歎，無怪乎海若引井蛙、夏蟲之喻。繼又〔二〕形容北海之大不可量數，然計四海之在天地，中國之在四海，奚啻馬體一毫末，則安知天地之外不有大於天地者乎？故是篇借河、海問答以明小大少多之分，與鯤鵬蜩鳩之論相類，文體機軸變换愈奇。海若首答，大意在曲士束於教，欲有以祛其自多之謬，使爲大方之歸而已矣。辯論極致，詳見下文〔三〕。

河伯曰：「然則吾大天地而小毫末，可乎？」北海若曰：「否。夫物量無窮，時無止，分無常，終始無故。是故大知觀於遠近，故小而不寡，大而不多，知量無窮；證曏今故，故遥而不悶，掇而不跂，知時無止；察乎盈虛，故得而不喜，失而不憂，知分之無常也；明乎坦

〔一〕水：此字朱本無，脱。
〔二〕又：此字朱本無。
〔三〕詳見下文：朱本作「詳于後」。

塗，故生而不悦，死而不禍，知終始〔一〕之不可故也。計人之所知，不若其所不知；其生之時，不若未生之時；以其至小，求窮至大之域，是故迷亂而不能自得也。由此觀之，又何以知毫末之足以定至細之倪？又何以知天地之足以窮至大之域？

郭注：物各有量，死生時行，得失皆分，終始日新，各足而無餘，則知遠近、小大之物各有量。曏，明也。今故，猶古今。遥，長也。掇，短也。證盟古今，知變化之不止於生死，故不以長而悒〔二〕悶，短故爲跂。察其一盈一虚，則知分之不常於得也。能忘其憂喜死生者，日新之正道。明始終之日新，則知故之不可執而留矣。是以涉新而不愕，舍故而不驚，雖死生之化若一，而所知各有限，生時各有率，莫若安於所受之分，則大小俱足。若秋毫不求天地之功，則周身之餘，皆爲棄物；天地不見大於秋毫，則顧其形象纔自足耳，將何以知細之定細，大之定大耶？

呂注：道非小大，豈有定體？今夫天地，吾以爲至大，極吾知之所知而莫得其盡，則吾所謂大者，豈真大？所謂小者，豈真小耶？小不爲寡，大不爲多，以知量之無窮

〔一〕終始：四庫本作「始終」。
〔二〕悒：四庫本作「挹」，訛。

也。我以曏爲曏，今爲今，未及言而今已爲曏，則所謂曏與今者，豈有止哉？證夫曏今之皆故，則遥而不悶，掇而不跂，以知時之無止也。吾安能鬱鬱待百年之王，則遥而悶者也。彭祖以久特聞，衆人匹之，則掇而跂者也。日中則昃，月滿則虧，察乎盈虚，則得而不喜，失而不憂，知分之無常也。有始必有終，有終必有始，原始要終而明乎坦途，故生而不悦，死而不禍，以知終始之不可故也。則物之所謂時分終始，豈真知也哉？知而非真知，則所知固不若其所不知也。生而有知，未生則無知，則其生之時固不若其未生之時也。知至小也，無窮至大也，以至小而求窮至大之域，是以迷亂而不自得也。

疑獨注：以形觀，物有小大；以道觀，物無小大。量者，物之取平；時者，物之變化；分者，物之辨制；始終者，物之死生。以大知觀之，是皆不足以爲物之遠近小大也。明證今古所行之道，雖甚遠而心無不通之悶。所取之物，拾之甚易，而無强行之跂，此知時無止者能之。察乎盈虚，故得失無心，知分之無常也。世人之憂，皆係乎得失，唯大知者知得失非己，任其自然而無憂喜於其間。明乎坦途，故死生不足以動其心，則日新而無故也。夫人有知則爲知所役，勞形怵心，逐物忘己，不若無知冥然自得矣。人生之後，爲生所役，膠擾不息，不若未生之時寂然至虛〔一〕而已。人之知至小，萬物之境至大，以至小求至大，非迷亂而何？

詳道注：知物量無窮，則小大不足爲多寡；知時無止，則今故〔二〕不足爲猒跂。知分無常，則得失不足以憂喜；知終始無故，則死生不足爲禍悦。人之所以觀是者，以其所知也；所以有知者，以其有生也。能冥其所以知而復乎未生之時，則孰知大者不爲至細、細者不爲至大耶？

碧虛注：物量無窮，則不可以言小大。時無止，則不可以言代謝。分無常，則不可以言得喪。終始無故，則不可以言變化。大人滌除玄覽，知物遠事小。其用乃衆，已近理大，所費甚微，故其量莫極也。曏，昔。遥而不可明，即今掇而不可證，物遷不可悶，日新不可跂，故時難留也。察富盈之何貴，故得之不喜。知貧虛之何賤，故失之不憂。知生死〔三〕爲去來，故不知悦惡也。迎不見首，隨不見後，理豈有故哉？是知分别之知有盡，恍然虛曠無窮，生則利害紛錯，死則寂寥一空，以蟻蛭之趣究崑崙之墟，則困矣。毫

〔一〕至虛：四庫本作「虛無」。
〔二〕故：四庫本作「古」。
〔三〕生死：四庫本作「死生」。

末具體，細倪有餘也。天地傾缺，大域不足也。

鬳齋云：前言其大，於此又言無小無大，即所謂莫大於秋毫之末而泰山爲小也。物量無窮，言不可量數。時無止，言寒暑晝夜。分無常，言有無得失。終始，新故。大知之人，然後有下面四知。明今古爲一，故迎而未至者，遠而不憂；掇而可取者，易而不跂。由乎正道，而生死聽之，明乎此，則知終猶始，不可以終爲故也。人之所知者，人；所不知者，天；既生之後，我則知之；未生之前，我何由知？以我之至小欲窮至大之天，宜乎迷亂而不自得也！

人能知夫物量時分之無常，又何終始小大多寡之有〔一〕？考明今故〔二〕之不停，則此理可見〔三〕。遥，謂歷時之久。掇，謂推移之速。不悶，無猒其所生也。不跂，無求益其生也。脩短定分，安之而已，人固不能無生、不能無知，而經云不若無知、不若未生者，蓋爲世人不務真知而求妄知，不務全生而求益生，以有限而追無窮，忘素分而

〔一〕有：朱本作「足睨哉」。
〔二〕考明今故：考，朱本無。故，朱本作「古」。
〔三〕可見：朱本作「自可見矣」。

希券〔一〕外，在己之利害不能自明，何以定物理細大之倪域哉？不若無知，王倪對齧缺之問〔二〕是也。不若未生，髑髏不願人間之勞是也。然既生既知矣，將何以自免，曰能以無生爲生，不知爲知，則於生何累，於知何有哉？

〔一〕券：朱本作「分」。

〔二〕問：原作「間」，據四庫本改。

南華真經義海纂微卷之五十二

武林道士褚伯秀學

秋水第二

河伯曰：「世之議者皆曰：『至精無形，至大不可圍。』是信情乎？」北海若曰：「夫自細視大者不盡，自大視細者不明。夫精，小之微也；垺，大之殷也。故異便，此勢之有也。夫精粗者，期於有形者也；無形者，數之所不能分也；不可圍者，數之所不能窮也。可以言論者，物之粗也；可以意致者，物之精也；言之所不能論，意之所不能察致者，不期精粗焉。是故大人之行，不出乎害人，不多仁恩；動不爲利，不賤門隸；貨財弗爭，不多辭讓；事焉不借人，不多食乎力，不賤貪汙；行殊乎俗，不多辟異；爲在從衆，不賤佞諂；世之爵禄不足以爲勸，戮恥不足以爲辱。知是非之不可爲分，細大之不可爲倪。聞曰：『道人不聞，至德不得，大人無己。』約分之至也。」

郭注：目之所見有常極，故於大有所不盡，於細有所不明，直是目有〔一〕所不逮耳。精與大皆非無〔二〕也，詎知無形而不可圍者哉！大小異，故所便不得同。若無形而不可圍，則無異便之勢。言意所不能及，何精粗之有！言意，有也；所以言意者，無也。求之言意之表，而入乎無言無意之域，而後至焉。大人者，無意而任天行，舉足而投吉地，豈出害人之塗哉！無害人而不自多其恩，應理而動。任物所能而位當於斯，非由賤之故措之斯職，各使分定，適中自任自足而已，理自無欲，故無可無不可，所以與俗殊。任理而自然正直，榮辱不接於心，故玄同也。任物而物性自通，則功名歸物，故不聞。物各無失，則得名去，任物而已。約之以至其分，故冥也。

呂注：自細視大者，目力所不及，直不盡耳，非不可圍也。自大視細者，蟭螟棲蚊睫，視之而不見，直不明耳，非無形也。夫精粗者期於有形〔三〕，無形者數不能分，不可圍者數不能窮，可以言論者物之粗，可以意致者物之精。道則超乎言意，不期精粗焉。故大人之行，不出乎害人，性自然也；不多仁恩，非有爲也。門隸，則以利爲事。辭讓，則

〔一〕有：原缺，據四庫本補入。
〔二〕無：此字四庫本無，脱。
〔三〕有形：四庫本作「無形」，下句「無形」作「有形」，訛。

不爭。食乎力，則不借人。貪汙，則反是。辟異，則以殊俗爲事。佞諂，則從君親而非從衆也。凡此皆出於自然，世之爵禄刑罰不足以爲勸懲矣。夫豈知是非之爲分，細大之爲倪哉！人能約分之至，至於無所分，此道人所以不聞，至德所以不得，而大人所以無己也。

疑獨注：經云：「天之蒼蒼，其正色耶？其遠而無所至極耶？」故自細視大者不盡，自大視細者不明。世之議者因其目力之所視，遂以爲得，其愚甚矣。且天地者，空中之小物，自我觀之，其大無極，非天地之大，特吾身之小耳。秋毫者，形中之細，自遠觀之，則不可見，非秋毫無物，吾去之遠也。遺其目力，以神會之，則至大者亦可圍，至小者亦有形，此海若所以善議〔一〕道而以理推之也。蓋至小爲微，精則又小。垺者，糠也。自大觀之猶爲細物，自精視之已爲大之盛也。物之精粗可以意致，言論者極物而已，豈足以盡道？唯不言之言，耳所不能聞，意所不能察，有心者所不能得也，其可以精粗盡哉？大人者，自足於分内，雖不害人而仁恩及人亦不多，因性之所有而不加益也。雖不爲利

〔一〕善議：四庫本作「爲善」。

動而不賤門隸。門隸，抱關而爲貧者也。貨〔一〕財雖弗爭，亦不多辭讓以與人。事不假人，而食力不多。行雖殊俗，而辟異者少，爲在從衆故也。凡此所以爲大人之行。高，不爲夷、惠之清和；卑，不爲盜蹠之殘暴，又豈知爵禄之爲勸，戮恥之爲辱，與夫是非之分，細大之倪哉！故道無所聞，德無所得，由於大人之無己，盡其性分之内而至約也。

詳道注：大人之於天下，忘物以心，忘心以道；不出乎害人，疑多仁恩也而不多仁恩；貨財不爭，疑當辭讓也而不多辭讓；事焉不借人，疑多食乎力也而不多食乎力；行殊乎俗，疑多辟異也而不多辟異；不賤門隸以自貴，不賤貪汙以自潔，不賤佞諂〔二〕以自直。如是，則爵禄戮恥無所攖其内，是非大細無足辨乎外，則凡精粗之在夫言論意致者，亦奚容心哉！故聞非聞彼，得無所得，至〔三〕於無己，則吾喪我矣。尚安有物哉？非約之以分而至其至者，不足以與此！

碧虛注：蟭螟莫適海涯，大鵬不顧蓬艾，所視有極，過量則殆矣。精垺不出於形，而未免於言論意致也。知恩利召害，故貨財不爭。雖行殊乎俗，常和而不唱。爵禄不

〔一〕貨：四庫本作「貲」。
〔二〕佞諂：四庫本作「諂佞」。
〔三〕至：四庫本作「致」。

足勸，戮恥不爲辱，外其身也。是非不可分，細大不可倪，虛其心也。道人不聞，聞則可道也。至德不得，得則次失也。大人無己，己亦物也。以上皆約分之至，非自然而然也。

虙齋云：管中窺天者，不盡；鵬鳥下視塵埃者，不明。無形之小，不可以數分，曰毛曰芴，亦不可也；不可圍之大，不可以數盡，曰秭曰兆，亦不可也。精粗局於形，故可以言論意推；若小大皆無形，則非言意所極，不可以精粗論矣。雖不害物，亦不愛物，故曰：「不出乎害人，不多仁恩。」門隸，賤役，求利者。我不求利，亦不以求利者爲非。我不爭貨，亦不以辭讓爲能。事皆自爲，無所資於人，然不盡用其力以自食。貪汙之人亦不鄙賤之，其行無異乎人而不自崖異，爲在從衆，和光同塵也。不賤佞諂，由由然與之處焉，能浼我之意。若此等人，無分是非，混同細大。不聞，則無名。不得，則無喪。大人者，會至理於至約，而盡己分之事。約分，則盡己也。

自細視大，至於不盡而止，非大止於此也。自大視細，至於不明而止，非細而無形也。精者，細之極。垺者，大之盛。小大雖殊，皆有形有數，故有成壞。精至於無形，大至於不可圍，則非形可定，非數可分，故無成壞也。夫物之粗者可以言論，精者可以意致，超乎精粗，則言意所不能及也。言意不能及，形數不能分者，其唯道乎？故大人以利物爲先而不以仁恩自多，不爲利動而不賤趨利之人。此下皆述大人之行異乎世俗，以至佞諂亦不賤之，則君子小人聽其兩行，是非小大不足爲辯，又何爵位戮恥之足爲勸懲哉！由是知大人虛己而道德自歸，非越分而求也。夫道德，至貴也，求之分〔一〕内而足，則亦至易也。今世人乃棄内而求外，舍易而趨難，不亦惑乎！

河伯曰：「若物之外，若物之内，惡至而倪貴賤？惡至而倪小大？」北海若曰：「以道觀之，物無貴賤；以物觀之，自貴而相賤；以俗觀之，貴賤不在己；以差觀之，因其所大而大之，則萬物莫不大；因其所小而小之，則萬物莫不小。知天地之爲稊米也，知毫末之爲丘山也，則差數睹矣。以功觀之，因其所有而有之，則萬物莫不有；因其所無而無之，則萬物莫不無。知東西之相反而不可以相無，則功分定矣。以趣觀之，因其所然而然之，則萬物莫不然；因其所非而非之，則萬物莫不非。知堯、桀之自然而相非，則趣操睹矣。昔者堯、舜讓而帝，之、噲讓而絶；湯、武爭而王，白公爭而滅。由此觀之，爭讓之禮，堯、桀之行，貴賤有時，未可以爲常也。梁麗可以衝城，而不可以窒穴，言殊器也；騏驥驊騮一日而馳千里，捕鼠不如狸狌，言殊技也；鴟鵂夜撮蚤，察毫末，晝出瞋目而不見丘山，言殊性也。故

〔一〕分：四庫本作「外」，訛。

曰：『蓋師是而無非，師治而無亂乎？』是未明天地之理，萬物之情者也；是猶師天而無地，師陰而無陽，其不可行明矣。然且語而不舍，非愚則誣也。帝王殊禪，三代殊繼。差其時，逆其俗者，謂之篡夫；當其時，順其俗者，謂之義之徒。默默乎河伯，汝惡知貴賤之門，小大之家！」

郭注：物無貴賤，各自足也。自貴相賤，此區區者乃道之所錯綜而齊之。貴賤不在己，斯所謂倒置也。所大者，足也；所小者，無餘。因其性足以名大，則毫末丘山不得異其名；因其無餘以稱小，則天地稊米無以殊其稱。若夫觀差而不由斯道，則相加相傾，不可勝察也。天下〔一〕莫不相爲彼我，斯東西之相反也。然猶脣齒未嘗相爲，而脣亡則齒寒，彼之所爲，濟我之功弘矣。故因其自爲而無其功，則天下之功莫不皆無；因其不可相無而有其功，則天下之功莫不皆有。若乃忘其自爲之功而思夫相爲之惠，惠之愈勤而僞薄滋甚，天下失業而情性爛漫矣，故其功分無時可定也。物皆自然，故無不然；物皆相非，故無不非。無然無非者，堯也；有然有非者，桀也。然此二君，各受天素，不能相爲，因堯、桀以觀天下之趣操，不能相爲可見。夫應天順人而受天下者，其迹則爭讓之

〔一〕下：四庫本作「地」，訛。

迹。尋其迹者，失其所以迹矣。若就其殊而任之，則物莫不當。天地之理，萬物之情，以適性爲治，失性爲亂，殊性異便，是非無主。能付之天均，恣其兩行，則殊方異類，同焉〔一〕皆得也。

呂注：以道觀物，安有貴賤？以物觀之，自貴而相賤，而道非物也。以俗觀之，貴賤不在己，而道非俗也。道非物與俗，則非貴賤也。因其所大而大之，因其所小而小之，知天地差於太虛而至於爲稊米毫末，差於無形而至於爲丘山，則所謂差者，其數睹矣。而道非差，則非小大也。因其所有而有，若東必有西；因其所無而無，無東則無西，知東西之相反而不可相無，則所謂功者，其分定矣，而道非功，則非有無也。因其所然而然，所非而非，知堯、桀之出於自是而交相非，則所謂趣者，其操睹矣。而道非趣，則非是非也。若然，則爲道者兩忘而休乎天均，惡用而俔貴賤、小大哉！以堯、舜之讓爲是，則之、噲以絶；以湯、武之爭爲是，則白公以滅。爭讓之禮，堯、桀之行，貴賤有時，未可以爲常也。梁麗不可窒穴，騏驥不能捕鼠，鵂鶹不能晝視，三者不同而欲齊之，是未明乎天理物情也。篡夫，言其獨。義徒，言其衆。

〔一〕焉：四庫本此字下有「而」字。

疑獨注：若物内外，言性分之内外也。無貴無賤，自然之理；有貴有賤，强爲之别。觀之以道，則無彼我、是非，孰爲貴賤？觀之以物，則各貴我而賤彼。夫物之貴賤非出乎性，因習而成。故以俗觀〔一〕之，貴賤不在己。物之小大理不可易，而形則有差，惟其小不求於爲大，則小者足以謂之大；大不求於爲小，則大者足以謂之小。因其所大而自足，則毫末可以等丘山；因其所小而無餘，則丘山可以等毫末。萬物差數無窮，所觀者如此而已。有者妙有，常有者也；無者真無，常無者也。舉天下動植之物，生育長養，莫不有功於其間，此可謂之有也。然而功之所有〔二〕，屬乎造化，自然而已，此可謂之無也。萬物涉有則不見無，冥無則不見有，其相反若東西而實不可相無，則功分自然而定矣。萬物之理有是有非，彼我相非，堯、桀所以辨也。因其自然而相非，則趣操可睹。故或讓而帝，或讓而絶，或爭而王，或爭而滅。爭讓之禮，於堯、舜、湯、武之時則貴；於之、噲、白公之時則賤。若堯是桀非，亦各有時而已，未可以爲常也。又譬之梁麗、騏驥、鴟鵂之殊用、殊技、殊性也。蓋師〔三〕是、師治、師天、師陰，皆其一偏，其不可行明矣。禪之與繼，

〔一〕觀：此字四庫本無，脱。

〔二〕有：原作「之」，據四庫本改。

〔三〕師：四庫本此處無此字，而句末「陰」字後有「師」字，訛。

不因時順俗，則謂之篡；當時順俗，則謂之義。本一而末不同，何足論其優劣乎？

詳道注：以道觀之，物無貴賤，離道以之物之俗，故差則有小大，功則有有無，趣則有是非。然吾因其所大而大之，因其所小而小之，以至功之有無、趣之是非，吾一以是觀，則孰知大小、有無、是非之辨哉！然天下之理異而同、同而異，其變不一而不可以爲常，以差與功趣觀之異而同也。或遜而帝[一]，或遜而絕，或爭而王，或爭而滅，同而異也。異而同者，不在物而在道；同而異者，不在迹而在時。非特是也，用有殊器，能有殊技，生有殊性，貴此則彼賤，大彼則此小，貴賤、小大惡可以倪之哉！由是知是非、治亂、天地、陰陽常相爲用，而不可以貴賤、小大論也。

碧虚注：道無貴賤，物情好惡耳。世俗所尚，皆外物也。夫小天地、大毫末，非理也。若因其大而謂之大，則物皆可大；因其小而謂之小，則物皆可小。此差數也，以差奪理久矣。東西之相反，猶高下之不可相無，功自我有，濟彼必矣。我若無功，彼何賴焉？堯之所然而然之，則天下莫不然；桀之所是而是之，則天下孰敢是！聖凡趣操詎可同哉？堯、舜、湯、武順天時守功分者也，之、噲、白公逆人事執差數者也。故貴賤無

[一]「以差」至「遜而帝」：此十五字四庫本無，脱。

常，在乎趣操之異，君子小人器識分矣。然而〔一〕是非治亂，常相倚伏，不可不察也。師天無地，師陰無陽者，膠固不明，未可以語道。差時逆俗者，在貴即賤。當時順俗者，方小即大矣。

鬳齋云：自貴而相賤，雞壅豕苓時爲帝也。貴賤不在己，即軒冕儻〔二〕來之意。以天地比稊米，毫末比泰山，則等差之數不足言矣。各任一職以爲功，曰功分。農、商、工、賈，世間不可闕一，猶東西之相反而不可相無也。以堯爲是，以桀爲非，固〔三〕趣操之當然，以不有廢者，君何以興觀之，則趣操之不可定見矣。因其小大、有無、然非，即《齊物論》因是之意。故以殊器、殊技、殊性者喻之。天地陰陽，亦喻其不可相無。篡夫、義徒，即堯、桀之論。

物無貴賤，己物兼忘也。自貴而相賤，彼是〔四〕未忘也。貴賤不在己，忘己任物

〔一〕而：此字四庫本無。
〔二〕儻：原作「償」，據四庫本改。
〔三〕固：四庫本作「因」，訛。
〔四〕是：朱本作「此」。

也。因大而大，因小而小，即物所宜也。以至功趣〔一〕之有無然〔二〕非，相反而不可以相無，則物理人情於斯可見矣。故爭讓之迹，善惡之行，貴賤有時而未可以爲常，猶殊器之異用，殊技之異能，殊性之異便，不可以〔三〕一概論也。若師治而無亂，師陰而無陽，非明乎天地萬物之理者也〔四〕。禪繼順逆，各因其時而已。汝不必多言也。縱使言之，僅論其迹耳。又惡知貴賤小大之所從出哉！欲知貴賤小大之所從出者，當於未始有物求之。

〔一〕趣：朱本作「趍」，通。
〔二〕然：四庫本作「知」，訛。
〔三〕以：此字朱本無。
〔四〕非明乎天地萬物之理者也：朱本作「明乎天地萬物之理者不然也」。

南華真經義海纂微卷之五十三

武林道士褚伯秀學

秋水第三

河伯曰：「然則我何爲乎，何不爲乎？吾辭受趣〔一〕舍，吾終奈何？」北海若曰：「以道觀之，何貴何賤，是謂反衍；無拘而志，與道大蹇。何少何多，是謂謝施；無一而行，與道參差。嚴乎若國之有君，其無私德；繇繇乎若祭之有社，其無私福；汎汎乎其若四方之無窮，其無所畛域。兼懷萬物，其孰承翼？是謂無方。萬物一齊，孰短孰長？道無終始，物有死生，不恃其成。一虛一滿，不位乎其形。年不可舉，時不可止。消息盈虛，終則有始。是所以語大義之方，論萬物之理也〔二〕。物之生也，若驟若馳；無動而不變，無時而不移。何

〔一〕趣：四庫本作「取」。
〔二〕也：此字四庫本無。

爲乎，何不爲乎？　夫固將自化。」

郭注：貴賤之道，反覆相尋。自拘執，則不夷於道。隨其分，故所施無常。不能隨變，則不齊於道。無私德，公當而已。無私福，天下所同求。故汎汎然無所在，奄御群生，反之分内而平往者也，豈扶疏而承翼哉！唯其無方，故能以萬物爲方，而莫不皆足。死生者，無窮之一變耳，非始終也。知成無常處，故不以形爲位，而守之不變。欲舉之令去而不能，欲止之使停又不可。變化日新，未嘗守故，但當就用，不可執也。若有爲不爲於其間，則敗其自化矣。

吕注：學者平日係於有物，一聞道無貴賤小大，則於爲不爲、辭受〔一〕趣〔二〕舍之際莫知所從，固其宜也。所謂貴賤者，是物之反衍而已，非道也。反則有往，反爲貴，往爲賤；衍則有耗，衍爲貴，耗爲賤〔三〕。則當放志而無拘，拘而志則與道大蹇而不通矣。所謂少多者，物之謝施而已，非道也。謝則有榮，謝爲少，榮爲多；施則有斂，施爲多，斂爲少。當兩行而無一，一而行則與道參差而不當矣。無私德，則於所君之人無所獨賴，無

〔一〕受：原無，據四庫本補入。
〔二〕趣：四庫本作「取」。
〔三〕衍爲貴耗爲賤：四庫本作「耗爲貴衍爲賤」，訛。

拘而志之謂也。無私福，則於所[一]祭之人無所獨與，無一而行之謂也。無所畛域，與道通而不大蹇之謂也。其孰承翼，是謂無方，萬物一齊，與道當而不參差也。恃其成，則不知終始之不可。故位乎形，則不察乎盈虚而不知分之無常也。年不可舉，故遥而不悶。時不可止，故掇而不跂。消息盈虚，終則有始，則天行而已。是所以語大道之方，論萬物之理也，奈何係心於辭受趣[二]舍之際哉！若驟若馳，言變化密移，則何係心於爲不爲之間？固將自化，安排而去化之謂也。

疑獨注：萬物之理，冥於自然，非爲也，非不爲也，又何措意於辭受趣舍之間哉！衍者，有餘。施者，所分也[三]。貴賤少多，出於强生分別，非道之真理；道之真理，則一而已。以道觀之，貴不爲加，賤不爲損，多非有餘，少非不足，又何有貴賤少多之別哉！無私德，則於所君之人無所獨賴。無私福，則於所祭之人無所偏與。此下注文並同吕説。

詳道注：衍者，廣平之地。反之，則平復爲陂。平陂之分，未始有常，貴賤往反，豈

〔一〕所：此字四庫本無，脱。
〔二〕趣：四庫本作「取」。本篇下同。
〔三〕也：四庫本此字上有「者」字。

異是哉！施者，仁之用。謝之，則賜予而不以爲仁，多少之數豈足計哉！反衍，則忘貴賤而不累於名。謝施，則忘少多而不累於利。若是而不反其真者，未之有也。

碧虚注：當受而不受，何爲乎？彼舍而我取，何不爲乎？貴賤小大，不出乎二端耳。貴賤無主而反覆流行，常也；大道甚夷而放心自得，通也；禀分有數而少謝多施，宜也；世道參差而行止適變，理也。德私，則不嚴毅；福私，則不久長；有畛域，則不溥汎；有方所，則有承接扶翼之，而兼懷之德喪矣。已上皆辭貴樂賤之義。忘我，則無短長；忘心，則無生死；忘位，則無盈虚；忘年，則任化；忘時，則任遷；忘消息盈虚，則孰爲之終始？夫物無時不生，無時不化，其變如驟，其移如馳，陰陽爾，四時爾，固將自化，何容心於爲不爲之間哉！

鬳齋云：以道觀之而無貴賤，反而求之吾身，綽綽然寬，衍也。若以貴賤是非自束，則與道相違。施則有多少，謝去其施，則無多無少。若執一而行，拘於多少之施，則與道參差矣。國之有君，祭之有社，諭此心以道爲主，而無所用其私。此心廣大，無所窮極，則無町畦。萬物皆備於我，是兼懷也。無所私愛，其孰承翼拱扶之耶？無方，即無心；無心，則無短長，無生死。不恃其成，即不雄成也。盈虚隨時，不可一定，故曰：「不位乎其形。」無古今，則年不可舉。無去來，則時不可止。大義，即道也。變動轉移，無時不然，何者爲？何者不爲？皆聽造化，自然而已。故曰：「夫固將自化。」

河伯未明天理物情，則猶有所疑，復以辭受趣舍爲問。海若告以世間所謂貴賤少多是其一反一衍、一謝一施耳。若拘志而一行，與道差蹇〔一〕矣。若君之於民，德無不被；社之於人，福無所私，明道之無方，而兼懷萬物也。物之死生，乃形化之一變，非道之終始〔二〕也。故成無常處，不以形爲位而守之〔三〕，其去不可止，其來不可禦，萬物盈虛之理，如斯而已〔四〕，夫〔五〕物生若馳，其機不息，任其自化，無容爲不爲於其間，況辭受趣舍乎！此言應物貴乎無心，則死生不足爲累也。

河伯曰：「然則何貴於道耶？」北海若曰：「知道者必達於理，達〔六〕理者必明於權，明權者不以物害己。至德者，火弗能熱，水弗能溺，寒暑弗能害，禽獸弗能賊。非謂其薄之也，

〔一〕差蹇：四庫本作「參差」。

〔二〕終始：四庫本作「始終」。

〔三〕「故成無」至「而守之」：此數句朱本作：「故咸毁無常，處之惟一，不以形名爲定而守之惟虛。」

〔四〕已：朱本此字下有「矣」字。

〔五〕夫：此字朱本無。

〔六〕達：四庫本作「知」，訛。

言察乎安危，寧於禍福，謹於去就，莫之能害也。故曰：『天在内，人在外，德在乎天。』知天人之行，本乎天，位乎得，蹢躅而屈伸，反要而語極。」曰：「何謂天？何謂人？」北海若曰：「牛馬四足，是謂天；落〔一〕馬首，穿牛鼻，是謂人。故曰：無以人滅天，無以故滅命，無以得〔二〕殉名。謹守而勿〔三〕失，是謂反其真。」

郭注：何貴於道，以其自化。知道者，知其無能。無能，則何能生我？我自生耳！四肢百體，已不爲而成，何有意乎生成之後哉！達斯理者，必能遣過分之知，遺益生之情，乘變應權，不以物害己而常全也。故心之所安，則危不能危。意無不適，則苦不能苦。雖心之所安，亦不使犯之，知其不可逃，安乎命之所遇。審去就之非己，故莫之能害也。天在内，而天然之所順者在外，内外之分皆非爲也。知天然之知自行，故雖行於外而常本乎天，位乎得。與會相應，有斯變也。知落天地，事該萬物，而常不失其要極，故天人之道全。牛馬不辭穿絡者，天命固當也。苟當乎天命，則寄之人事而本在乎〔四〕天。

〔一〕落：四庫本作「絡」，通。
〔二〕得：四庫本作「德」，通。
〔三〕勿：四庫本作「弗」。
〔四〕在乎：四庫本作「乎在」，倒。

若乃走作過分，驅馳失節，天理滅矣。不因其自爲而故爲之者，命其安在？所得有常，殉名則過也。

呂注：任物自化，即道也。河伯不悟，乃謂何貴於道，海若告以達理明權，不以物害己，皆知道者之事，而非體道極致。至於水火不害，寒暑不侵，則體道者固如〔一〕此也。非謂其薄之，言察乎安危，謹乎去就，莫之能害，則知道、達理、明權而已。寧於禍福，知其不可奈〔二〕而安之，則天在內矣，察於去就，則人之所畏，不可不畏，人在外矣。以是而入德，雖未能天而不人，而德在乎天矣。知天人之行，本乎天，位乎得，則出天而之人。蹢躅而屈伸，反要而語極，則由人而之天也。自「無以人滅天」至「是謂反其真」，則其於道也，豈特知之而已哉！

疑獨注：大同呂說。

詳道注：知道者必達理，達理者必明權。權者，以無心應物而不失其平，庸詎以外傷內，以物害己哉！爲道而至此，則能以之〔三〕應人。蹢躅而屈伸，以人復天。反要而

〔一〕如：四庫本作「以」。
〔二〕奈：四庫本此字下有「何」字。
〔三〕之：四庫本作「天」。

語極，此海若之論。始於齊小大，同貴賤；中於察安危，謹去就；而終於明天人，反要極。蓋能齊物，則能全己；全己，則能復道；而至於要極，則反其真而已矣。

碧虚注：知化化之道，達生生之理者，必能適物之權，故樂全而無傷，察安危、審禍福、謹去就故也。是以有德者内守天理，外修人事，然後位業可得，而進退出處在我，可以反要妙而語極致也。牛馬，天理也。穿絡之者，以人滅天。飢渴馳驟，以故滅命。黄馬驪牛，則以得徇名也。守天而不失，還朴而不僞矣。

鬳齋云：此問尤妙。言既聽造化之所爲，則人亦不必學道矣。朱文公問答書中，廖德明亦有此問。文公不曾〔一〕答，想難言也。故莊子於此説箇權字，又以「不以物害己」一句明之。道，總言也。理，事物各有之理。權，用之在我者。有道之全體，然後有此大用，明於權則知輕重也。薄，謂迫近之。至德之人，固知事事有數，豈物所能害？然亦不恃此以薄之，猶知命者不立乎巖牆之下，察安危、謹去就，便是道心中有人心，何嘗皆説，聽之自然。天内人外，即前篇主者天道、臣者人道也。德在乎天，言自然之德。知天

〔一〕曾：四庫本作「能」。

人之行，此知字從人心上起。本乎自然而安於所得，此句又屬道心，位居之安也〔一〕。躕躅而屈伸，謂進退各循其理，此句又屬人心。發明至此，道之至要，理之至極也。牛馬四足，得於自然，不絡不穿，將無所用，此便是人心一段事。至滅天滅命徇名，則人心流於危矣。三言「無以」，乃禁止之辭。既知天知人，能謹守而勿失，則天理全矣。是謂反其真，故人事命天理也。

自篇首至此，凡六問答，如風驅遠浪，漸近漸激，至是而雪濤噴薄，使人應接不暇。須臾澄靜，則波光萬頃，一碧涵天，人之息僞還真，中扃虚湛者，有類於此。夫至德之士，由人以明天，因權以達理，察安危、謹去就，物孰能害之！然亦未嘗恃此而傲物〔二〕也。天在内，所以立體；人在外，所以應用。德在乎天，則合乎神而無方不測者也。體天居德，則屈伸〔三〕從世。反要語極，則勿〔四〕失其真。若然，則處己處人之道盡矣。故河伯心冥體會而無所復問焉。今學者自信不及，群疑窒心，與河伯同病者不少，儻能

〔一〕位居之安也：四庫本作「位猶安也居」，訛。
〔二〕物：此字朱本無。
〔三〕伸：朱本作「神」，訛。
〔四〕勿：朱本作「弗」。

於海若言下豁然有省，如雲開月見，則昭昭靈靈求諸己而足，何暇它〔一〕問哉！知天人之行，天當是夫，音符。位乎得，當是德，詳文義可見〔二〕。

〔一〕它：朱本、四庫本作「他」。

〔二〕「知天人」至「可見」：此小字數句朱本無。

南華真經義海纂微卷之五十四

武林道士褚伯秀學

秋水第四

夔憐蚿，蚿憐蛇，蛇憐風，風憐目，目憐心。夔謂蚿曰：「吾以一足跉踔而行，予無如矣。今子之使萬足，獨奈何？」蚿曰：「不然。子不見夫唾者乎？噴則大者如珠，小者如霧，雜而下者不可勝數也。今予動吾天機，而不知其所以然。」蚿謂蛇曰：「吾以衆足行，而不及子之無足，何也？」蛇曰：「夫天機之所動，何可易耶？吾安用足哉！」蛇謂風曰：「予動吾脊脅而行，則有似也。今子蓬蓬然起於北海，蓬蓬然入於南海，而似無有，何也？」風曰：「然。予蓬蓬然起於北海而入於南海也，然而指我則勝我〔一〕，䲡我亦勝我。雖然，夫折大木，蜚大屋者，唯我能也，故以衆小不勝爲大勝也。爲大勝者，唯聖人能之。」

〔一〕我：此字四庫本無，脱。

郭注：物之生也，非知生而生，生之行也，豈知行而行哉！故足不知所以行，目不知所以見，心不知所以知，俛〔一〕然而自得矣。遲速之節，聰明之鑒，或能或否，皆非我也。而或者欲有其身，矜其能，所以逆天機而傷神器。至人知天機之不可易也，故捐聰明，棄知慮，魄然無爲而任其自動，故無動而不逍遥。恣其天機，無所與爭，斯小不勝也。乘萬物，御群才，使才各自得，物各自爲，而天下莫不逍遥，此乃聖人所以爲大勝也。

吕注：夔以一足憐蚿之多足，蚿以多足憐蛇之無足，蛇以動其脊脅而憐風之蓬蓬然起於北海而入於南海也，則目之繫此見彼，而憐心之無所見而無往不至，可知也。夔以一足爲易憐蚿多足之難，蚿以多足爲易憐蛇無足之難，天機所動，莫知其然，則其難易豈在於多少有無之間哉！由是知風、目與心莫不出於自然，若河伯之區區計夫貴賤少多，何足以與此？夫風以小不勝爲大勝，而人之目與心之用，其神於風也，遠矣。乃不能得所謂無見無知，而能見見知知者，以制萬物之大勝，豈真知也哉！

疑獨注：夔一足而危，蚿萬足而安，蛇無足而疾，風無形而動化，目著色相，心入觸法者也。以一足憐萬足，少憐多也；以行遲憐行疾，多憐無也；蛇以有形爲累，而憐風能

〔一〕俛：四庫本作「俛」，訛。

動化；風以無見而憐目之有見；目以爲物所役，憐心之處中而無爲也。跉踔，行危貌。如唾之噴，豈期於如珠如霧？皆出於天機自然，則衆足之行遲，無足之行疾，與夫行安用足者，亦天機而已。風之起於北海，入於南海，出於陰而歸於陽也。爲人所指蹭皆不能勝，及其折木蜚屋則能勝矣，喻聖人之學至於如風則無以復加。自夔之一足相憐至風則已矣。蓋有心有目，然後有所憐，目睹於外，心動於内，所以以此慕彼而無窮，至於無心無目，如風之於物，則無所憐矣。非聖人孰能與於此！

詳道注：以足爲用，則一足不如萬足之多，故夔憐蚿。以足爲累，則萬足不如無足之愈，故蚿憐蛇。蛇有有矣，睹無有爲不足，故憐風。風蓬蓬矣，以有方爲不適，故憐目。目之爲用，司視而已。心則無所不司，故憐心也。

碧虚注：物有以少勝多，以無勝有者，皆天機時命使然。强勢不能奪，至理莫能究，其夔、蚿、蛇、風相憐之謂歟？見莫如目，知莫如心。目見而弗辨者，藴其明也；心知而弗言者，韜其智也。此以小不勝而爲大勝者也。

鬳齋云：自一足説到無足，皆天機自然之動，可謂奇文。中間又以人唾喻蚿之多足，其末歸之於風，而心與目卻不説，此文字變換奇之又奇者也。就風上又説箇小不勝爲大勝，則萬物孰能出於造化之外哉！

河伯、海若問答既畢，南華又自立説以衍前意，云夔、蚿、蛇以足之少多有無相憐，是著於體也。心與目之以内外勞逸相憐，是著於用也。皆物之妄情耳！唯風則有體而不礙指踏，無體而能成大勝〔一〕，有用則動化萬物，無用則蓬蓬入海。蓋造化嘘吸，復歸於造化而已〔二〕，喻聖人屈伸從世，體用兼資，出處兩全，終不失道。人見其小不勝而輕易之，及積而爲大勝，則不止乎拔木蜚屋而已，豈有心於勝物哉！天機所動，自然而然，視彼河伯、海若貴賤、少多、大小、精粗之論，亦如異類之以妄情相憐，而不悟物物皆具自然之理，無容憎愛於其間也。夫形數之少多，行止之遲速，各安其自然，則莫不足乎道。此聖人處世所以無往而不適也。或疑後文細述相憐之義，至風而止，憐目憐心之旨遺而不論。疑獨結以有心有目，然後有所憐，其説得之。

孔子遊於匡，宋人圍之數帀〔三〕，而弦歌不輟。子路入見，曰：「何夫子之娱也？」孔子曰：「來，吾語汝。我諱窮久矣，而不免，命也；求通久矣，而不得，時也。當堯、舜而天下無窮人，非知得也；當桀、紂而天下無通人，非知失也，時勢適然。夫水行不避蛟龍者，漁父

〔一〕「唯風」至「成大勝」：此十七字朱本作「惟風有體有礙而實無體乃能成大勝」。

〔二〕「蓋造化」至「而已」：此十二字朱本作「蓋嘘吸莫非造化之運而已」。

〔三〕帀：四庫本作「匝」，通。

之勇也；陸行不避兕虎者，獵夫之勇也；白刃交於前，視死若生者，烈士之勇也；知窮之有命，知通之有時，臨大難而不懼者，聖人之勇也。由，處矣！吾命有所制矣！」無幾何，將甲者進，辭曰：「以爲陽虎也，故圍之；今非也，請辭而退。」

郭注：將明時命之固當，故寄之求諱。時勢適然，無爲勞心於窮通之間。夫漁父、獵夫、烈士之勇，各有所安，聖人則無不安也。知命非己制，故無所用其心，安於命者，無往而非逍遥也。

吕注：孔子之畏匡，安於死生之際而不懼，卒之以匡人請退者，明夫不能去知與故而以死生爲憂者，非徒無益，適足以累其心而已。

疑獨注：窮通在己，時命在天。求通不得，則易處；諱窮不免，則難處。猶《語》云「富而無驕」、「貧而無怨」也。古人未嘗以窮通爲累，各安其時而已。夫不避蛟龍、兕虎、白刃者，一偏之小勇；若臨大難而不懼，此聖人之大勇〔一〕。兼三者而有之，孟子之勇於義可以與此。孔子謂汝宜安處，我命受制於造物，匡人其如予何？未幾將甲者辭而退，以是知至於命者不生不死，孔子盡之。

〔一〕勇：四庫本此字下有「也」字。

碧虚注：孔子遊匡，宋人圍之，所謂指蹈皆勝我也。及其知非，請辭而退，所謂大勝者也。

鬳齋云：此段言時命自然，非人力所與，知道者又何懼焉？中間以漁父、獵夫、烈士比聖人，亦自有理。由處矣，令其止息不必言也。

此章明死生有命，窮通有時，故君子不立巖牆之下，亦不求生以害仁〔一〕，臨大難而不懼，知命有所制，則盡人事於平日，安天命於此時而已。蓋内得其至貴至富〔二〕者，則外之窮通利害不足以動其心，卒使〔三〕將甲者知非，請辭而退，有以見人不勝天而以弱制强之驗也。非聖人燭理之徹，自知之明，何以與此？陸氏《音義》載司馬舊注云：宋當作衛。匡，衛邑也。今本多誤作宋〔四〕。

公孫龍問於魏牟曰：「龍少學先王之道，長而明仁義之行；合同異，離堅白；然不然，可不可；困百家之知，窮衆口之辯，吾自以爲至達已。今吾聞莊子之言，汒焉異之。不知論

〔一〕仁：朱本作「人」，訛。

〔二〕至貴至富：朱本、李本並作「至富至貴」。

〔三〕使：朱本、李本並作「致」。

〔四〕「陸氏」至「誤作宋」：此小字數句朱本、李本並無。

之不及與，知之弗若與？今吾無所開吾喙，敢問其方。」公子牟隱机太息，仰天而笑曰：「子獨不聞夫埳井之鼃乎？謂東海之鼈曰：『吾樂與！吾跳梁乎井幹之上，入休乎缺甃之崖；赴水則接腋持頤，蹶泥則没足滅跗；還虷、蟹與科斗，莫吾能若也。且夫擅一壑之水，而跨跱埳井之樂，此亦至矣。夫子奚不時來入觀乎？』東海之鼈左足未入，而右膝已縶矣。於是逡巡而卻，告之海曰：『夫千里之遠，不足以舉其大；千仞之高，不足以極其深。禹之時十年九潦，而水弗爲加益；湯之時八年七旱，而崖不爲加損。夫不爲頃久推移，不以多少進退者，此亦東海之大樂也。』於是埳井之蛙聞之，適適然驚，規規然自失也。且夫知不知是非之境，而猶欲觀於莊子之言，是猶使蚊負山，商蚷馳河也，必不勝任矣。且夫知不知論極妙之言，而自適一時之利者，是非埳井之蛙與？且彼方跐〔一〕黄泉而登大皇，無南無北，奭然四解，淪於不測；無東無西，始於玄冥，反於大通。子乃規規然而求之以察，索之以辯，是真用管闚〔二〕天，用錐指地也，不亦小乎？子往矣！且子獨不聞夫壽陵餘子之學行於邯鄲與？未得國能，又失其故行矣，直〔三〕匍匐而歸耳。今子不去，將忘子之故，

〔一〕跐：四庫本作「跳」，訛。
〔二〕闚：四庫本作「窺」，通。
〔三〕直：四庫本作「且」，訛。

失子之業。」公孫龍口呿而不合，舌舉而不下，乃逸而走。

郭注：擅一壑之水，而跨跱埳井之樂，猶〔一〕小鳥之自足於蓬蒿。左足未入，右膝已縶，明大之不遊於小，非樂然也。以小羡大，故自失。物各有分，不可强相希效。始於玄冥，反於大通，言其無所不至。夫遊無窮者，非辯察所得，非其任者去之可也。以此效彼，兩失之矣！

呂注：是非之境，言其所自起。得於是非之所自起，是以視堯、桀爲一，而知不知此，觀之汒然，無所容其喙也。黄泉，六極之下。太皇，太極之上。無南無北，奭然四解，淪於不測，忘乎幽明，無方而入於神也。無東無西，始於玄冥，反乎大通，則會乎沖和，出神而遂於明也。要而〔二〕言之，所謂六通四闢，形充空虚是已。此意之所不能盡，言之所不能論也，而規規然求之以察，索之以辯，是用管闚〔三〕天、錐畫地之類也。

疑獨注：公孫龍困百家之知，窮衆口之辯，今聞莊子之言，汒然若失而心異之。公子牟引井蛙海鼈之喻，故驚而自失也。夫其知不能知是非之境，論極妙之言，無異於井

〔一〕猶：此字四庫本無，脱。
〔二〕要而：四庫本作「而要」，倒。
〔三〕闚：四庫本作「窺」，通。

蛙耳，而莊子之方上過乎天之高，下極乎地之深。奭然四解，顯諸仁也；淪於不測，藏諸用也。始於玄冥，則寂然不動。反於大通，則感而遂通。其妙若此，豈察辯所能得哉！壽陵，燕邑。邯鄲，趙郡。餘子，弱齡之子。聞趙郡其俗善行，遂不遠千里，舍己能而强學之，不得趙國之能而反失故步。此鄙公孫龍不自量而學莊子，非唯不得〔一〕莊子之道，終必失其舊業矣。

碧虚注：野人以負日之煖，而欲獻之至尊，猶井蛙之將命海鼈也。海大故水旱不能損益，人之達道者，寵辱豈能忻戚哉！寓言以是非爲主，舍是非而明寓言，詎知輕重者耶？時利宗乎極致，夸時利者未聞久長之策也。且莊子者，方躡沈溺，已超象外，隱淪〔二〕神化，東西俱忘，爰自寥天，復乎原本，若乃以規法之言而求之以察，是用管窺天之類。是故學行失步，匍匐而歸；學智〔三〕忘真，汒然喪道矣！

盧齋云：九年之水，七年之旱，信然，人類盡矣！莊子添作十年九潦，八年七旱，便自別下蹈黄泉，上登于天，言其見趣高遠。奭，同釋。解，達也。淪於不測，所入者深。

〔一〕得：四庫本作「能」，訛。
〔二〕淪：此字四庫本無，脱。
〔三〕智：四庫本作「知」，通。

始於玄冥，在無極之先。反於大通，歸於至道也。以察察之明，窮之以言辯，不亦小乎！邯鄲失行之喻尤佳！

公孫龍，趙之辯士，能合同異，離堅白，困百家，窮衆口，及聞莊子之言而汒〔一〕然失措，蓋逐外學而忘本真者，其患常若此。故魏牟告以〔二〕井鼃海鼈所見不同，使知是非之所起，妙論之所存，斯可以登天徹泉，奭然四達，始於玄冥，契虚合無也〔三〕。反於大通，與道爲一也。今徒以區區口辯，而欲窮莊子之道，無異壽陵餘子學行於邯鄲，直匍匐而歸耳。餘子，猶云孺子也〔四〕。

〔一〕汒：朱本作「茫」，通。
〔二〕魏牟告以：魏、告二字朱本皆無。
〔三〕也：朱本作「而」，則屬下句。
〔四〕餘子猶云孺子也：此七字朱本無。

南華真經義海纂微卷之五十五

武林道士褚伯秀學

秋水第五

莊子釣於濮水，楚王使大夫二人往先焉，曰：「願以境内累矣！」莊子持竿不顧，曰：「吾聞楚有神龜，死已三千歲矣，王巾笥而藏之廟堂之上。此龜者，寧其死爲留骨而貴乎，寧其生而曳尾於塗中乎？」二大夫曰：「寧生而曳尾於塗中。」莊子曰：「往矣！吾將曳尾於塗中。」

郭注：寧生而曳尾塗中，性各有所安也。

吕注：莊子不知有死者也，而云此者，以救時之趨利而忘生，唯二大夫之知足以與此。

疑獨注：莊子引神龜之事以辭楚王之聘，蓋不願以身取〔一〕富貴而殘其生也。

〔一〕取：四庫本作「處」。

碧虚注：是知軒冕外物，非性命之有也。

鬳齋云：死留骨、生曳尾之喻，真是奇特。

莊子辭召以神龜爲喻，義甚真切。蓋賢才之士爲國排難圖治，實有賴焉，而功成〔一〕患集，身或不免，猶龜能靈於人也。昔陶隱居畫二犍牛以答詔，一拘窘於鞭繩，一優游於水草，亦此意。

惠子相梁，莊子往見之。或謂惠子曰：「莊子來，欲代子相。」於是惠子恐，搜於國中三日三夜。莊子往見之，曰：「南方有鳥，其名鵷鶵，子知之乎？夫鵷鶵發於南海，而飛於北海，非梧桐不止，非練實不食，非醴泉不飲。於是鴟得腐鼠，鵷鶵過之，仰而視之曰：『嚇！』今子欲以子之梁國而嚇我邪？」

郭注：搜於國中，揚兵整旅。欲以子之梁國而嚇我，言物嗜好不同，願各有極也。

吕注：莊子之所踐，如魏牟之言，則無所忤者也。其自比於神龜、鵷鶵，而以惠子爲鴟，梁國爲腐鼠，不亦可乎？

疑獨注：鵷鶵，鳳屬，其趨向大，棲必擇木，食必擇果，飲必擇水，蓋貴禽也。鴟者，

〔一〕功成：朱本、李本並作「成功」，倒。

穢惡之鳥。嚇者，拒物之聲。

碧虚注：惠子恐而搜於國中，是謂親權者不能與人柄，以富顯自驕，何異鴟據腐鼠而嚇邪？

  鬳齋云：莊子、惠子最相厚善，此事未必有之，戲以相譏耳。練實，竹實也。

  搜，應作狻，郭注可證。成疏謂搜索國中尋訪莊子，疑獨因之，義頗淺近，蓋本於偏旁之誤〔一〕。鴟得腐鼠而嚇鵷鶵，又何足與語〔二〕練實醴泉之味、碧梧高潔之棲哉！

莊子與惠子遊於濠梁之上。莊子曰：「鯈魚出遊從容，是魚樂也。」惠子曰：「子非魚，安知魚之樂？」莊子曰：「子非我，安知我不知魚之樂？」惠子曰：「我非子，固不知子矣；子固非魚也，子之不知魚之樂，全矣。」莊子曰：「請循其本。子曰『汝安知魚樂』云者，既已知吾知之而問我，我知之濠上也。」

郭注：莊子謂子非我，尚可以知我之非魚，則我非魚，亦可以知魚之樂。惠子舍其

〔一〕「搜應作」至「偏旁之誤」：此數句朱本、李本並無。

〔二〕與語：朱本、李本並作「以知」。

本言而給辯〔一〕以難。尋惠子本言，非魚則無緣相知耳。今子非我而云汝安知魚樂者，是知我之非魚，則凡相知者果可以此知彼，不待是魚然後知魚也。循汝安知之云，已知吾所知矣。而方復問我，我正知之於濠上耳，豈待入水哉！夫物之所生而安者，天地不能易其處，陰陽不能回其業，故以陸生之所安，知水生之所樂，未足稱妙耳。

吕注：循其本，則惠子謂子非魚安知魚之樂，是子非我而固已知我不知魚之樂，則我非魚而能知魚之樂矣。是既已知吾知之而問我也。我則知之濠上而已，不待爲魚而後知也。

疑獨注：魚藏於深眇而自得，經曰「於魚得計」，蓋深知於魚而取之也。人生於陸而安於陸，魚生於水而安於水，盡己之性而後能盡物之性，此所以知魚之樂。惠子昧此而强辯，是非所以分也。莊子請循其本，欲其由恕以觀之，終曰：「我知之濠上也。」以我在濠上之樂推之，則知魚之樂矣。

詳道注：以迹觀之，萬物與我無同形；以理觀之，萬物與我無異性。惠子以形觀形，

〔一〕辯：四庫本作「便」，訛。

故云：子非魚，安知魚之樂？莊子以性觀性，故己非魚而知魚之情。蓋齊〔一〕小大，遺貴賤，則天地爲久矣，而與我並生。萬物爲衆矣，而與我爲一。是以處此足以知在彼之趣，居顯足以知潛者之樂也。

碧虚注：在我逍遥，則見魚之容與。惠子以人魚爲異故興難辭，是失齊物之旨。惠不知莊，事固然矣；莊不知魚，理豈然哉？尋惠子本問「安知魚樂」之句，是惠不知魚而問莊也。是以儵魚遊泳從容者，唯莊知其樂乎濠上耳！蓋謂魚樂與人樂雖異，其於逍遥一也。

鬳齋云：循本者，反其初，言汝初問我非魚安知魚之樂，是汝知我，方有此問。汝既如此知我，我於濠上亦如此知魚也。此篇河伯、海若問答〔二〕，與《傳燈録》忠國師無情説法、無心成佛問答同。看大慧云：「這老子軟頑，撞着這僧又軟頑，黏住了問。」謂其「家活〔三〕大，門户大，波瀾闊，命根斷」，這數語，莊子却當得。

李士表論云：物莫不具乎道，則於我也何擇？性莫不足乎天，則於我也何有？雖契物我之如此，蓋有不期知而知，妙理嘿會，神者受之，有不能逃於其先者，此莊子所以知魚

〔一〕齊：四庫本作「捐」。
〔二〕答：原作「好」，據四庫本改。
〔三〕活：四庫本作「法」，訛。

樂於濠上也。夫出而揚，游而泳，無網罟之患，無濡沫之思，從容乎一水之間者，將以是爲魚樂乎？以是爲魚樂，又奚待南華而後知？蓋魚之所樂在道而不在水，南華所知在樂而不在魚。魚忘於水，故其樂全。人忘於魚，故其知一。莊子於此蓋將無言，惠子亦將無問，而復有是論者，非問則至言無所託，非言則道妙無以見，直將祛天下後世離物與我爲兩者之蔽耳。物將有自其物，則莊固非魚，安知魚樂？我將自有其我，則子固非我，安知我不知魚之樂？知與不知，皆道之末，此所以請循〔一〕其本。本末皆不知者，昔人嘗言之矣。眼如耳，耳如鼻，鼻如口，在我者蓋如是也。視生如死，視己如魚，視豕如人，視人如豕，在物者蓋如是也。若然則在在皆至遊而無非妙處，物物皆真樂而無非天和，奚獨濠梁之上，儵魚之樂哉？吾知莊之與魚，未始有分也，唯明至樂無樂、真知無知者可以語此。

明己性者可以通物，故天下無遁情；昧己性者無以知人，故在〔二〕物多滯迹。莊子之知魚，以性會之也；惠子不知莊，以形間〔三〕之也。驟讀此章，莫不喜惠子之雄辯，視南華之壘若不足攻；暨聞循本一言而五車之學無所容喙，則惠子之本可知矣。經中

〔一〕循：四庫本作「復」，訛。
〔二〕在：李本作「似」，訛。
〔三〕間：朱本、李本並作「問」，訛。

往往力救惠子之失，未有若此二字之切至者，蓋使之反〔一〕求而得其性本〔二〕，通乎物理之同然，則彼我無間於大〔三〕情，動寂皆歸於至理，奚待入水而後知魚哉？再詳經文，謂惠〔四〕子不知魚之樂全矣，全，猶必也，猶言〔五〕全然不知魚樂之意。碧虚以《樂全》名章，似失本旨。今擬名《循本》章，庶協經意。

是篇以《秋水》命題，設河伯、海若問答，喻細大精粗之理，明道物功趣之觀，各本自然，無貴無賤，成敗得失〔六〕，時適然耳。翻覆辯難，卒歸〔七〕於無以人滅天，無以故滅命，則求之性分之内而足，是謂反其真，有非言論意察所可及也。次論夔、蚿、蛇、風之相憐，喻人以才知短長爲愧衒，而弗悟天機之不可易，小不勝之爲大勝也。信明此理，則物各足其分，何所憐哉！無所憐，則無所慕，故企羡之情息，分別之意消，斯爲要極也歟？孔子遊匡而臨

〔一〕反：原作「友」，據朱本、李本、四庫本改。
〔二〕性本：四庫本作「本性」。
〔三〕大：四庫本作「人」，訛。
〔四〕惠：朱本、李本並作「莊」，訛。
〔五〕猶言：原作「又」，據朱本、李本改。
〔六〕失：此字李本無，脱。
〔七〕歸：李本疊此字，衍。

難不懼，知命由造物，非匡人所得制也。若爲横逆沮屈，何以見聖人之勇？井鼃、海鼈，即前河伯、海若之義，而歸於達理明權，物莫能害，謂世俗沉濁，所見隘陋，雖知有聖賢在前，强欲企羡，猶餘子學行，反失故步，蓋以所短而希所長，越分而求，非徒無益也。至論神龜寧曳尾於塗中，鵷鶵豈留情於腐鼠，皆歎時之澆薄，傷道之不行也。終以莊、惠濠梁之論，言物我之性本同，以形間〔一〕而不相知耳。會之以性，則其樂彼與此同，即人之所安而知魚之樂固無足怪，而競言辯之末，忘〔二〕性命之本者，斯爲可怪矣。此語非獨鍼惠子之膏肓，亦〔三〕所以警世之學一〔四〕先生之言而煖〔五〕姝自悦者，無異河伯之自多於水也。故以結當篇之旨云。

〔一〕間：李本作「問」，訛。
〔二〕忘：李本作「志」，訛。
〔三〕亦：此字朱本、李本並無，脱。
〔四〕一：此字朱本、李本並無，脱。
〔五〕煖：朱本、李本並作「媛」，訛。

南華真經義海纂微卷之五十六

武林道士褚伯秀學

至樂第一

天下有至樂無有哉？有可以活身者無有哉？今奚爲奚據？奚避奚處？奚就奚去？奚樂奚惡？夫天下之所尊者，富、貴、壽、善也；所樂者，身安、厚味、美服、好色、音聲也；所下者，貧賤、夭惡也；所苦者，身不得安逸，口不得厚味，形不得美服，目不得好色，耳不得音聲。若不得者，則大憂以懼，其爲形也亦愚哉！富者苦身疾作，多積財而不得盡用，其爲形也亦外矣。貴者夜以繼日，思慮善否，其爲形也亦疏矣。人之生也，與憂俱生，壽者惛惛，久憂不死，何之苦也！其爲形也亦遠矣。列士爲天下見善矣，未足以活身。吾未知善之誠善邪，誠不善邪？若以爲善矣，不足活身；以爲不善矣，足以活人。故曰：「忠諫不聽，蹲循勿爭。」故夫子胥爭之，以殘其形；不爭，名亦不成。誠有善無有哉？今俗之所爲與其所樂，吾又未知樂之果樂邪，果不樂邪？吾觀夫俗之所樂，

舉群趣者，誙誙然如將不得已，而皆曰樂者，吾未之樂也，亦未之不樂也。果有樂無有哉？吾以無爲誠樂矣，又俗之所大苦也。故曰：「至樂無樂，至譽無譽。」天下是非果未可定也。雖然，無爲可以定是非。至樂活身，唯無爲幾存。請嘗試言之：天無爲以之清，地無爲以之寧，故兩無爲相合，萬物皆化。芒乎芴乎，而無從出乎！芴乎芒乎，而無有象乎！萬物職職，皆從無爲殖。故曰：「天地無爲也而無不爲也。」人也孰能得無爲哉！

郭象注：忘歡而後樂足，樂足而後身存。以爲有樂邪，而至樂無歡；以爲無樂邪，身已存而無憂。擇此爲、據、避、處等八者，莫足以活身，唯無擇而任其所遇，乃全耳。凡厚味聲色，失之無傷於形，得之有損於性，今反以不得爲憂，故愚也。内其形者，知足而已。親其形者，自得於身中而已。夫遺生然後能忘憂，忘憂而後生可樂，生可樂而後形是我有，富是我物，貴是我榮也。列士見善矣，未足以活身，善則過當，故不周濟。蹲循勿爭，唯中庸之德爲然。有善無善，當緣督以爲經，舉群趣其所樂，乃不避死。吾未知樂不樂，無懷而恣物耳。夫無爲之樂，無憂而已。俗以鏗鎗爲樂，美善爲譽。天下是非果未定也，無爲而任之，是非自定矣。百姓定則吾身近乎存，譬夫天地自清寧，非爲之所得，故物皆化，有意乎爲之，則有時乎[一]滯也。無從出之者，皆自出耳。無有爲之象，皆自殖耳。人得無爲，則無樂而樂至矣。

吕惠卿注略而不論。

林疑獨注：無樂則不憂，無身則不死，求其至樂而不憂，活身而不死者，無有也。然則何爲何據，何避何處，何就何去，何樂何惡？雖然，亦奚爲奚不爲，奚據奚不據？但因時順理，無心於其間者至矣。夫天下所尊者，富貴壽善，所下者貧賤夭惡，又以身安厚味美服聲色爲樂，求而不得，則爲苦而憂懼，以此養形亦愚矣。富者累於財，貴者累於位，身愈壽而憂愈長，益遠於性命之理矣。列士忘身而徇名，若以爲不善，又足以活人，必活人而不失身，斯爲盡善。故古之人忠諫而不聽，蹲循而勿爭，若子胥好爭反害其身，然不爭名亦不成，是誠有善邪，無有邪？今世俗之所爲非正爲，所樂非真樂。正爲無爲，所以能有爲；真樂無樂，所以能盡樂。吾未知世俗之所樂果樂邪，果不樂邪？世俗樂於有爲，聖人樂於無爲，無爲誠樂矣，而世俗以爲大苦而不能行也。故至樂者無樂，至譽者無譽，夫是非起於有爲，唯無爲則是非自定，無是無非，心何適而非樂？身何往而

[一]乎：四庫本作「而」。

不存哉？清寧者，天地之德，而天地非恃於清寧，故兩無爲相合，萬物皆化，道出而爲物，物入而爲象，無從出不知從何出，無有象不可得而見也。職職言各有所主，皆出入於無爲，無爲而無不爲者，天地之道，人位天地之中，豈得無爲哉！

陳碧虚注：若係爲、據等八目，則其樂未必至其身，未必生天下之所尊，所樂者皆外物來寄，不可必也。今以不得而憂懼，非愚而何？金玉軒冕比形疏矣，薾然疲役，久生奚榮？列〔一〕士敢爲而身不免者，以爲天下見善故也。是皆知善之爲善，斯不善已。善名不可必，必在全生而已，俗之所爲所樂奔競，誙誙然如將不得已，是以塵妄爲樂而以無樂無譽爲苦，是非果未定也。若乃自守分内，性真不移，可以定是非矣。兩無爲相合，澹然而衆美從之。上下有爲而不交，則和氣否塞矣。眹兆之初，本無出入形象之迹，然萬物皆自一氣芒芴而來，所謂造物〔二〕者無物而有物之自造〔三〕也。人多前識，不能無心，安得無爲哉！

林氏《鬳齋口義》云：「奚爲奚據」以下四句，與屈原《卜居》文勢一同。次叙富貴壽

〔一〕列：四庫本作「烈」，通。
〔二〕物：四庫本作「化」，訛。
〔三〕之自造：四庫本作「造化之」，訛。

善，四段本同意，皆以物害己者。説前三段了，後以列士一段如此發明，變换語勢，此文法也。蹲循，即逡巡。爭則殘其形，不爭名不成，此兩句説破世故。爲名而至於殘形，不得謂之善矣。舉世群趣，誙誙然必取之意。我以無爲爲樂，而俗反以爲大苦，則樂譽是非果未定也。唯無爲可以定之耳。

褚氏管見云：人處幻境之中，難遂者，樂；難保者，生。故是篇首歎至樂、活身之不可必得而兼有，使人安其素分，無所爲據。去就於其間，則亦奚樂奚惡哉！天下所樂者富貴壽善、厚味聲色也，而倚伏之機莫測，美善不可常有。所下所苦者貧賤夭惡、所求不得也，而能〔一〕遊乎物初，則己猶可忘，何外累之能及？今觀夫富者之苦身疾作，貴者之思慮善否，壽者之久憂不死，皆踈外其形，去道遠矣。列士之不足活身，亦猶是也。故忠諫勿爭，徐有以啓悟之，則君無過舉，臣得盡職，君臣之盛也。若夫子胥因爭以殘形，亦因以成名，誠有善邪？無有〔二〕邪？觀俗之所樂，果樂邪？不樂邪？吾以無爲誠〔三〕樂矣，而世俗以爲大苦，則其向背可知，故必知至樂之無樂，至譽

〔一〕而能：朱本、李本並作「苟」。
〔二〕有：朱本、李本並作「善」。
〔三〕誠：此字朱本、李本並無，脱。

之無轡者，然後安於無爲，始可以定天下是非矣。夫欲求至樂活身者，唯無爲近之。天地無爲而清寧，故萬物皆化。人而能〔一〕無爲，物惡得不化哉！

莊子妻死，惠子吊之，莊子方箕踞鼓盆而歌。惠子曰：「與人居，長子、老、身死，不哭，亦足矣，又鼓盆而歌，不亦甚乎！」莊子曰：「不然。是其始死也，我獨何能無槩然！察其始而本無生，非徒無生也而本無形，非徒無形也而本無氣。雜乎芒芴之間，變而有氣，氣變而有形，形變而有生，今又變而之死，是相與爲春秋冬夏四時行也。人且偃然寢於巨室，而我噭噭然隨而哭之，自以爲不通乎命，故止也。」

郭注：未明而槩，既達而止，斯所以誨有情者，推至理以遣累也。

吕注：莊子之所貴，則孔子、孟孫才、顔氏，而其制行則若子桑、子反、子琴張之徒，何也？蓋人道之弊，天下沈於哀樂之邪而滅其天理，故救之之道爲若此。

疑獨注：莊子襲諸人間，不能忘人道，故妻死則鼓盆而歌，見其情，發乎聲也。惠子謂子已長，身已老，不爲不久，死而不哭，亦見其無情矣。又鼓盆而歌，不亦甚乎？莊子答以其妻始死也，豈得不槩然，及察其本無生無形無氣，則果何自而有哉？冥於真空而

〔一〕能：此字朱本、李本並無。

莫得其眹也。精鞠而爲物，斯有氣，有氣斯有形，有形斯有生。芒未有象，陽之始也；芴未有數，陰之始也。陰陽之中，各有沖氣，氣變而有形，有以設飾之，形變而有生，有生則有死，死生相隨，如環無端。蓋自無氣無形無生以觀之，則萬物者真空而已；自有形有氣有生以觀之，則無變而有，有變而無，猶四時之運，相爲無窮。人且偃然寢於巨室，巨室，指天地。萬物，譬室中之人，人何嘗不出入於室？萬物何嘗不出入於天地哉！

碧虚注：聞死感槩，人之常情，鼓盆而歌，假物遣累也。人本無生，孰爲形氣，混乎冥漠之際，相因而有此生，今又化而歸無，何異四時代謝而往來無迹？推求原本，故止世慮也。

鬳齋云：形變而有生，言先有形而後有此動轉者。釋氏云「動轉歸風」，便是此生字。四時行者，有生必有死之喻。鼓盆之事，亦寓言，如原壤登木而歌，豈親死之際全無人心乎？聖門之學，所以盡其孝慕者，豈不知生死之理？原壤、莊子之徒，欲指破人心之迷，故爲此過當之舉，便是道心惟微，不可以獨行於世，所以有執中之訓。李漢老因哭子而問大惠，以爲不能忘情，恐不近道。大惠答云：「子死不哭，是豺狼也。」此語極有見識，若其它學佛者答此問，必墮偏見。

莊子妻死章，以世情觀之，人所難忘者，而處之泰然，何也？蓋究其形氣之始，悉本於無，雜乎芒芴，有氣有形，形生而情識愛樂無所不有，至若親姻情好，假合須臾耳。惑者認以爲實，緣情生愛，因愛生貪，滋長業緣，生死纏縛，害形損性，一何愚哉！真人痛〔一〕憫凡迷，方便開喻，謂天下之物生於無成於〔二〕有，有歸於無，此自然之理，金石有壞，况於人乎！須以毒眼覷破世間，使無一毫障礙，青天白日，萬古靈明〔三〕，固已無容憂喜於其間，而又鼓盆而歌者，寄聲於無情之物，所以矯流俗哀號痛泣過用其情之弊。若云易悲爲喜，則亦不免於偏見耳。《列子》載：「魏有東門吴者，其子死而不哭，人問其故，曰：吾嘗無子，無子之時不憂，今子死與向無子同，吾何憂焉？」此達人大觀，所以異於俗也。然則外物〔四〕之儻來，不足介懷也，宜矣。

槩字説之不通，當是嘅然、歎也。芒芴，宜讀同「恍惚」。

支離叔與滑介叔觀於冥伯之丘，崑崙之虚〔五〕，黄帝之所休。俄而柳生其左肘，其意蹶

〔一〕痛：四庫本作「病」，訛。
〔二〕無成於：此三字原缺，據朱本補入。
〔三〕明：原作「靈」，據朱本改。
〔四〕外物：朱本作「物外」，倒。
〔五〕虚：四庫本作「墟」，通。

蹶然惡之。**支離叔曰：「子惡之乎？」滑介叔曰：「亡，予何惡！生者，假借也；假之而生生者，塵垢也。死生爲晝夜。且吾與子觀化而化及我，我又何惡焉！」**

郭注：斯皆先示有情，然後尋至理以遣之，若云我無情故能無憂，則夫有情者，遂自絶於遠曠之域而迷困於憂樂之境矣。

吕注：黄帝之所休，則心死形廢，如土壤而不覺柳之生其肘也。柳者，易生之物。以滑介爲事，則其初不〔一〕免驚而惡之，終知其生之爲假借塵垢，又何惡焉？古之所謂觀化者，其道蓋如此。

疑獨注：黄帝之所休，大道也。柳，陰木。左，陽肘。柳生左肘，陰陽之變也。夫生者，造物之假借，皆塵垢粃糠，何足愛惡！《易》曰「通乎晝夜之道而知」，明此理也。今觀於陰陽之變化而化及我，又何惡邪？

碧虚注：二人或以支幹離散爲善，或以滑稽介獨爲善，觀化空於冥寞之丘，峻極之墟，而柳發其肘，左取生義。夫生者化空之假借，於空論之，生爲塵垢，長景況之，死爲昏夜也。是故生生者不生，化化者不化。今有生乃常生，忽化乃常化，以常生觀常化，則知

〔一〕不：四庫本作「未」。

常生不真，常化不空，空化相通，於理何患哉！

虙齋云：黄帝之所休，謂嘗休息於此。柳，瘍也。今人謂生癤也，想古時有此名字。假借，喻外物。塵垢，言至微。釋氏所謂四緣假合是也。觀物之變化而化及我，言我隨造物而變也。前言蹶蹶然惡之，亦人情也，思死生之理而知其本原，便是道心爲主，又何惡焉！

按，柳生左肘，其語頗怪，諸解略而不論，獨吕注及之。偶得管見，廣而爲説云〔一〕：柳者，易生之木。左肘，罕用之臂。臂罕用而木易生，喻無心無爲者之速化也。夫肘，動物也；柳，植物也。動植異性，形質亦殊，動者俄化爲植，在常情不能無怪，然物受化而不自知，故處乎大冶之中者，例莫遁焉。儻悟吾生之爲假借、塵垢，則肘也，柳也，均爲物耳，何所容其親疏愛惡哉！由是知萬物與我，同一化機，然非靜極無以見，所以滑介叔觀於黄帝之所休而化及之。黄帝土德，主靜休，亦息靜之義。靜者，化之體；動者，化之用。觀化而化及〔二〕，與化俱者也。身與化俱，何往而非我？此言有

〔一〕「獨吕注」至「爲説云」：此數句朱本作：「獨吕注偶與管見同，乃爲説云。」

〔二〕及：此字朱本無。

情化爲無情〔一〕，則〔二〕無情者亦或化爲有情，《至樂》篇「種有幾」已下可見，皆造物所化耳。行小變而不失大常，當〔三〕無適而非樂也。

〔一〕情：朱本此字下有「者」字，而下句「無情」下無「者」字。
〔二〕則：此字朱本無。
〔三〕當：此字朱本無。

南華真經義海纂微卷之五十七

武林道士褚伯秀學

至樂第二

莊子之楚，見空髑髏，髐然有形，撽〔一〕以馬捶，因而問之，曰：「夫子貪生失理而爲此乎？將子有亡國之事，斧鉞之誅而爲此乎？將子有不善之行，愧遺父母妻子之醜而爲此乎？將子有凍餒之患而爲此乎？將子之春秋故及此乎？」於是語卒，援髑髏，枕而卧。夜半，髑髏見夢曰：「子之談者似辯士。諸子所言，皆生人之累也，死則無此矣。子欲聞死之説乎？」莊子曰：「然。」髑髏曰：「死，無君於上，無臣於下，亦無四時之事，從然以天地爲春秋，雖南面王樂，不能過也。」莊子不信，曰：「吾使司命復生子形，爲子骨肉肌膚，反子父

〔一〕撽：四庫本作「㩿」，訛。

母、妻子、閭里、知識，子欲之乎？」髑髏深矉蹙頞〔一〕**曰：「吾安能棄南面王樂而復爲人間之勞乎！」**

郭注：舊説云莊子樂死惡生，若然，何謂齊乎？所謂齊者，生時安生，死時安死，生死之情既齊，無當生而憂死，此莊子之旨也。

吕注：原始要終，故知死生之説，以其一體而已，則世之貪生惡死者固非是，樂死而惡生者，亦豈所以爲一體邪！而莊子言此者，以世人所病尤在於貪生惡死，則南面王樂之説，豈無爲而言之乎？

疑獨注：莊子寓言於髑髏相答問，以齊死生，使人生時安生，死時安死，則陰陽變化所不能役，無爲當生而憂死，當死而戀生也。

碧虚注：好生者以世事爲樂，趣死者以人間爲勞，唯超死生者可以論其大槩矣。

膚齋云：髐然，虚而堅固。從然，從容自得。諸子，凡子所言也。此段説生死之理撰出髑髏一段説也，是奇特，讀者當求其意，莫作實話看。

南華致髑髏五問，可謂灼見世情憂患之端。據髑髏所答，則雖有世患，何由及

〔一〕頞：四庫本作「額」。

哉！觀者往往於此反疑其樂死惡生，誤矣。蓋見世人貪生惡死，營營不息，喪失本來之我〔一〕，則此形雖存，與死何異？故立是論以矯之，庶警悟其萬一，猶良醫之因病施〔二〕劑，損彼所以益此，其勢不得不然。知生之有涯，取温飽而止。不多積以資業也。知死之爲息，則委而順之，不忤化〔三〕而增戚也。如是，則生而無勞，死而無苦，從然以天地爲春秋，何往而非南面王樂邪？陳碧虚名此章爲兩謬所以破二〔四〕見之惑，其論得之。

顔淵東之齊，孔子有憂色，子貢下席而問曰：「小子敢問：回東之齊，夫子有憂色，何邪？」孔子曰：「善哉汝問！昔者管子有言，丘甚善之，曰：『褚小者不可以懷大，綆短者不可以汲深。』夫若是者，以爲命有所成〔五〕而形有所適也，夫不可損益。吾恐回與齊侯言堯、舜、黄帝之道，而重以燧人、神農之言。彼將内求於己而不得，不得則惑，人惑則死。且汝

〔一〕我：李本作「鈛」，訛。
〔二〕施：朱本、李本並作「制」。
〔三〕忤化：朱本、李本並作「忻忭」。
〔四〕二：李本作「三」，訛。
〔五〕成：四庫本作「戒」，訛。

獨不聞邪？昔者海鳥止於魯郊，魯侯御而觴之于廟，奏《九韶》以爲樂，具太牢以爲膳。鳥乃眩視憂悲，不敢食一臠，不敢飲一杯，三日而死。此以己養養鳥也，非以鳥養養鳥也。夫以鳥養養鳥者，宜栖之深林，遊之壇陸，浮之江湖，食之鰌鰷，隨行列而止，委蛇而處。彼唯人言之惡聞，奚以夫譊譊爲乎！《咸池》、《九韶》之樂，張之洞庭之野，鳥聞之而飛，獸聞之而走，魚聞之而下入，人卒聞之，相與還而觀之。魚處水而生，人處水而死，彼必相與異，其好惡故異也。故先聖不一其能，不同其事。名止於實，義設於適，是之謂條達而福持。」

郭注：内求不得，將求於外，舍〔一〕内求外，非惑而〔二〕何？實而適，故條達。性常得，故福持。

吕注：知不知是非之境，而聞莊子之言，則眩視憂悲固所不免，是以屢及海鳥之説，欲學者深思而慎出也。衝城窒穴之殊器，千里捕鼠之殊技，夜明晝暗之殊性，此先聖之所以不一其能，不同其事也。名止於實，則無過實之名。義設於適，則無過施之義。條達，則隨其條之短長而不求通，求通則不達矣。福持，則因其分之小大而不過與，過與則

〔一〕舍：原作「合」，據四庫本改。
〔二〕而：原作「如」，據四庫本改。

不持矣。

疑獨注：顏回適齊，欲以三皇、五帝之道教齊侯，不知齊侯禀性有定，欲强教之則必有辱，此夫子所以憂，子貢所以有問也。褚，盛金囊；綆，井索也。小不可懷大，短不可汲深，以其禀於天命，不可得而損益，任其自然而已。彼將内求不得，必求諸外，而惑生於心，雖欲全生，豈可得乎？古之人有以直諫殺身者以此。猶以《九韶》、太牢觴海鳥于廟，而不知好惡之有異也。是以聖人任萬物之性，故不一其能，萬物各盡其能。故不同其事，聖人無名，因實而後有名。聖人無義，因適變而有義。則名止於實者，不爲浮名；義設於適者，不爲非義。條達，則無往而不通；福持，則無入而不自得也。

碧虚注：受命自然，不可勸成，其猶小囊，詎能容大？禀質定分，不可遷適，其猶短綆，詎能引深？海鳥之驚《九韶》，猶齊侯之惑皇道也。人有賢愚，故莫能一。事有古今，故莫能同。名實不越，則有條而不塞。義理適用，則禍去而不危矣。

鬳齋云：命與形，得於天，各有一定之分，不可損益。以古人之道與齊侯言，未能感動以化之，則將有罪我之意，此借顏子以譏當世遊説之士，猶以人食養鳥失其性矣。此意只是不可與言，而與之言失言，莊子衍出一段説話。壇，讀同〔一〕澶，水中沙澶地也。人才不同，人事各異，隨其實之所有而得其名，隨其意之所適而得其理也。條達者，直截不費力。福持者，福常保持也。

褚〔二〕小不可懷大，喻命有所成而莫易。綆短不可汲深，喻形有所適而莫〔三〕强。是皆得之於造物，無容益損於其間。今回與齊侯言先王〔四〕之道，將不契其素心，則惑而無主，反傷其形矣〔五〕。故繼以海鳥之喻對太牢而不敢享，聞《韶》樂而增憂悲〔六〕，此以己養〔七〕養鳥，失其本性〔八〕，終於不飲食而死耳。後又申言以鳥養養鳥之

〔一〕同：此字四庫本無，脱。
〔二〕褚：此字朱本、李本並無，脱。
〔三〕易綆短不可汲深喻形有所適而莫：此十四字朱本、李本並無，脱。
〔四〕王：李本作「主」，訛。
〔五〕則惑而無主反傷其形矣：此十字朱本、李本並作「則惑以爲反復其言矣」，不可通。
〔六〕悲：此字朱本、李本並無，脱。
〔七〕養：四庫本作「食」，訛。
〔八〕性：四庫本此字下有「矣」字。

意，使求其所適〔一〕而合其性情，則物我之養皆得。是以聖人不一其能，順物性之自然也。不同其事，度人事之可否也。故名止於實而不浮〔二〕，義設於適而不過，此條理之所以暢達，多福之所以扶持也。

列子行，食於道從，見百歲髑髏，攓蓬而指之曰：「唯予與汝知而未嘗死，未嘗生也。若果養乎？予果歡乎？種有幾，得水則爲㡭，得水土之際則爲鼃蠙之衣，生於陵屯則爲陵舄，陵舄得鬱棲則爲烏足。烏足之根爲蠐螬，其葉爲胡蝶。胡蝶胥也化而爲蟲，生於竈下，其狀若脱，其名爲鴝掇。鴝掇千日爲鳥，其名爲乾餘骨。乾餘骨之沫爲斯彌，斯彌爲食醯。頤輅生乎食醯，黄軦生乎九猷，瞀芮生乎腐蠸，羊奚比乎不箰。久竹生青寧，青寧生程，程生馬，馬生人，人又反入於機。萬物皆出於機，皆入於機。」

郭注：各以所遇爲樂，歡養之實，未有定在。夫變化種數，不可勝計。自「得水則爲㡭」至「皆入於機」，言一氣而萬形，有變化而無死生也。

呂注：遊魂爲變，無所不之，則百歲髑髏何知也？刳心而至於無知，則知其未嘗生

〔一〕適：四庫本作「通」，訛。
〔二〕浮：李本作「存」。

未嘗死，與之均矣。汝果養而畏於死乎？予果歡而悦於生乎？夫唯知遊魂之無所不之，而精氣之爲物，則其種果有幾邪？故㡭與蠙衣、陵舄，一種也，或得水土之際，或得陵屯，而其生各不同。烏足、蠐螬、胡蝶與陵屯，亦一種也，或得鬱棲，或以根以葉，而其變各不同。鴝掇、乾餘骨、斯彌、食醯、頤輅與脣，亦一種也，或以竈下，或以日久，或以其沫，而其生各不同。黄軦之於九猷，瞀芮之於腐蠸，羊奚之於不箰，則不知其種之所自生也。久竹也，青寧也，程也，亦一種也，而馬與人有自而生也，則物或以無情相生，或以有情相生，或以無情生有情，或以有情生無情，皆遊魂精氣之所爲也。凡列子所言，則嘗聞見而知之，其所未嘗聞見者可勝道哉！

疑獨注：列子在生而安生，髑髏在死而安死，各以所遇爲安，是知未嘗生未嘗死，養者未必實養，歡者未必實歡也。㡭，古絶字，絶而復生，有繼之意，得水則爲㡭，萬物生化之始也。次述蛙蠙之衣，以至程、馬、人皆生化之物，或一形數變，或因形移易，或死而更生，或生而反死，生此死彼，相因無窮而形生之主未嘗暫無，是以聖人知生不長存，死不永滅，一氣之變，所適萬形，萬形萬化而有不化者存，歸於不化，故謂之機。機者，動静之主，出無入有，散有反無，靡不由之也。

碧虚注：予未嘗死也，其生果歡樂乎？汝未嘗生也，其死果頤養乎？此欲極其不生不死之理也。時列子適逢道邊有蛙，因指以論化機。蛙感火氣則爲鶉，得水則相繼而生，《説文》反𢇍爲𢇛。遺類水涯，著苔如衣，乃科斗所出。遺類於山阜之上，變而爲草，名曰陵舄，藥名車前草，此有情入於無情，猶山蚓化爲百合也。鬱棲糞壤也，烏足草生水邊，俗呼墨草烏髭，方用之一草而根葉異類，由氣有陰陽也。蓋物有相胥生者，不可一槩論。胡蝶就熱化爲鴝掇，初出形潔若脱，千日能飛，其沫爲斯彌之蟲，此言小大之化，相因無窮。「斯彌爲食醯」已下，明有情之物觸類而變。瞀芮，爛草。腐蠸，螢也。此乃無情化有情，猶朽麥之爲胡蝶也。腐蠸生羊奚，即羊蹄菜，有情復歸無情也。羊奚與不生箰〔一〕之老竹比合，兩無情相交而生青寧，形似刺蝟，俗云敗竹，園多刺蝟是也。《尸子》云〔二〕：越人呼豹曰程，或謂程爲貘。《搜神記》：「秦孝公時有馬生人。」蓋五運六氣觸物感變，難以致詰也。

庸齋云：生而飲食曰養，死而寂滅曰歡。却如此倒説，此是弄奇處。種有幾者，言世間之物，生種不同，姑以至微者論之，大者亦無異於此，而文字之妙，不齊中整齊，如看

〔一〕箰：原作「䉆」，據四庫本改。

〔二〕云：四庫本作「曰」。

飛雲斷雁，愈看愈好。鼃者，水上初生苔而未成。鼃蠙之衣，則已成苔，附土著岸者。陵屯，田野高處。陵舄，車前草。鬱棲，糞壤。烏足之根，爲蠐螬，其葉爲胡蝶之别名。此下説化生之蟲，自鴝掇、乾餘骨至瞀芮、腐蠸，皆蟲名，謂萬物變化，生生不窮也。末後却把至怪底結殺，此是其驚世駭俗處。羊奚，草名。草似竹而不生筍者，曰不筍久竹。青寧，蟲名。程，亦蟲也。馬，亦草名，如馬齒、馬蘭之類。人，亦草名，如人參、人面子。分明用許多草名，却把馬與人故爲此詭怪名字，前後解者皆以爲未詳，是千萬世人爲其愚弄，看它〔一〕不破。萬物之變，如雀化爲蛤，鷹化爲鳩，腐草化螢，鼠化蝙蝠，何所不有！出機入機，即是出生入死，便是火〔二〕傳不知其盡也。

此章自「種有幾」至「馬生人」，詳見《列子》，南華舉似〔三〕差略其文。夫動植生化〔四〕之理，耳目不可遍及，非格物君子不能盡知〔五〕，蓋極論物類變化之不常，以明人

〔一〕它：四庫本作「他」。

〔二〕火：四庫本作「大」，訛。

〔三〕似：此字朱本無。

〔四〕植生化：朱本作「生化植」，倒。

〔五〕非格物君子不能盡知：朱本作「非知性君子不盡其故也」。

世生死去來之不足怪，但知有不化者存足矣。按經文所載，雖未悉通，姑以文義考之，當從二䵷字爲句，次九猷腐蠸，次羊奚至青[一]寧爲一句，參諸《音義》亦然。成法師疏乃從頤輅、黄軦、瞀芮、久竹[二]爲句，恐非經意。陳碧虚照張君房校本作「斯彌爲食醯，食醯生乎頤輅，頤輅生乎黄軦，黄軦生乎九猷，九猷生乎瞀芮，瞀芮生乎腐蠸，腐蠸生乎羊奚，羊奚比乎不筍[三]，久竹生青寧」云云[四]，此則排句整齊，第加衍太繁，文無變體，非南華文法也。續考《列子注》引《爾雅》：「熊虎配，其子[五]豹。」《山海經》「南山多貘豹」，郭璞注：「豹之白者曰[六]貘。」程是貘之别名，貘又豹之别名也。

是篇名以《至樂》，而首論有生爲累，憂苦多端，以至避處去就，罔知所擇，而莫得其所以活身之計，何邪？意謂人能於憂苦中心生厭離勇猛思復，則其樂將至矣。故凡俗

〔一〕青：朱本作「清」，訛。
〔二〕久竹：此二字朱本無，脱。
〔三〕筍：原作「筫」，據朱本、四庫本改。
〔四〕云云：朱本此二字作大字。
〔五〕其子：此二字朱本無，脱。
〔六〕曰：此字朱本無，脱。

之所謂樂者，未知其誠樂否邪？蓋天下之事，盛則有衰，極則必變。孤臣孽子，操心也危，慮患也獨〔一〕，故達。由是知貧賤憂戚，玉女于成，則禍福之機，常相倚伏，所以舉世陷於哀樂之域而不能自出，其能安於性命之情乎？故卒之於無樂、無譽，是爲至譽、至樂也已。次載鼓盆而歌，髑髏之答，皆以人所不樂爲己之樂，則其樂也，豈世俗所可共語哉！中叙觀化而化及者，肘變而無惡，求己而不得者，聞樂而驚憂，此言順化則其樂皆同，拂情則雖養非樂也。終論人卉蟲獸，生化之不常，而斷之曰皆出於機，皆入於機。大哉機乎！孰弛張是？凡涉形器罔不由斯，生死變化循環無極，若悦生而惡死，或樂死而厭生，皆滯于一偏而非樂之至。必也無樂無不樂，無生無不生，然後不爲化所役，不爲機所運，造夫大衍虚一不用之妙，泯然無際，湛兮若存，斯爲至樂也歟！

〔一〕獨：四庫本作「深」。

南華真經義海纂微卷之五十八

武林道士褚伯秀學

達生第一

達生之情者，不務生之所無以爲；達命之情者，不務知之所無奈何。養形必先之以物，物有餘而形不養者有之矣；有生必先無離形，形不離而生亡者有之矣。生之來不能却，其去不能止。悲夫！世之人以爲養形足以存生，而養形果不足以存生，則世奚足爲哉！雖不足爲而不可不爲者，其爲不免矣。夫欲免爲形者，莫如棄世。棄世則無累，無累則正平，正平則與彼更生，更生則幾矣。事奚足棄？生奚足遺？棄事則形不勞，遺生則精不虧。夫〔一〕形全精復，與天爲一。天地者，萬物之父母也，合則成體，散則成始，形精不虧，是謂能移；精而又精，反以相天。

〔一〕夫：四庫本作「矣」，屬上句讀。

郭象注：生之所無以爲者，分外物也。知之所無奈何者，命表事也。知止其分，物稱其生，足矣，有餘則傷也。守形太甚，故生亡。知非我所制，無爲有懷於其間，故養之彌厚，死地彌至。若放而任之，性分各自爲者，皆在至理中來，不可免也。更生，日新之謂，付之日新，則性命盡矣。所以遺棄之，無所偏爲，故能子萬物，所在皆成而與化俱，還輔其自然也。

吕惠卿注：生之所無以爲，非所待而生也。知之所無奈何，知所不能知也。凡形不養者，以其生生之厚，不皆〔一〕在物之不足。凡生亡者，以其動之死地，不皆在形之離生。由是知養形果不足以存生，則世奚足爲？然不可不爲者，人安能免於爲形邪？欲免爲形者，有世而無累，無累則正平，正平則不以爲形爲事而與彼更生，得所謂更生者，則幾存矣。事本不足棄，不棄則累於事而形勞。生本不足遺，不遺則役於生而精虧。形全精復，則德同於初矣。萬物者，禀精於天，成形於地，其合則吾之所以成體，天地絪縕〔二〕，萬物化醇是也。其散則物之所以成始，男女媾〔三〕精，萬物化生是也。合則不虧，散則能

〔一〕皆：此字四庫本無，脱。
〔二〕絪縕：四庫本作「絪緼」，通。
〔三〕媾：四庫本作「搆」，通。

移，不虧固精矣，能移則又精，以其所稟於天者反以相天，則所謂存生者豈不妙哉！

林疑獨注：生之所無以爲，益生曰祥是也。知之所無奈何，貧富壽夭是也。養形在乎物，逐物無已必爲形累。爲生在乎形，守形不離，生亡者有之，謂形雖存而生理已亡也。來不可却，去不可止，人以爲養形足以存生，而果不足以存生，然則世奚足爲哉！雖不足爲而其爲不免，欲免爲形，莫若棄世。世者，人與我同生而不可去也。大覺者以此爲大夢。大者既亡，何物足累？無累則用心正平，故能與彼更生，生生不窮則至於命矣。夫事奚足棄，生奚足遺哉？然其始亦莫不在乎棄與遺也，故形不勞而精不虧。若然者，與天爲一，與化爲友，天地交而萬物生，體則有形，始則有氣，合則〔一〕爲有，散則爲無，形全則明，精全則神，精而又精，乃天下之至神，故能以已之天相萬物之天也。

陳碧虚注：達生之情者，任其富貴貧賤，知富非强趨，貴非妄〔二〕慕也。達命之情者，任其賢愚通塞，知賢非猝學，通非力致也。金玉潤屋而儉嗇不用，神氣壯盛逐物而亡者，莫不皆然。悲夫！世人之倒見，唯外身者可無死地矣。理皆自爾，雖不足爲，然有生之

〔一〕則：四庫本作「而」，下句「散」下「則」字同。

〔二〕妄：四庫本作「强」。

生，同彼再生，庶幾〔二〕乎道矣。在世非事不立，有身非生莫存，則事奚足棄，生奚足遺哉？至於形全精復，與造化爲一，合則成群物之體，散則歸太無之先也，善達生者，忘形故形全，忘生故精復。形精既壯，與化推移，研妙不已，歸輔其自然而已。

所未免也。夫爲形之患，莫大於世緣，忘〔一〕緣則無累，無累則不危而德業日新，同彼再

劉槩注：生者我之有，命者天所制。達生之至者，足以知天；達命之至者，未嘗忘人。生之所無以爲而已之，則凡可已者，皆不爲也；知之所無奈何而安之，則凡可安者，無求於外也。不求不爲，與道合矣。然人之形於世，世之有夫累，常相纏而不相離也。且形非道也，世非我也，而累在乎物耳。以理觀之，於斯三者，累易遺也。累可去則世於我也何有，世可棄則我於形也何羨，不有於世，不羨於形，則達生達命也至矣。

林氏《鬳齋口義》云：生之所無以爲者，言身外之物。知之所無奈何者，人力所不及也。養形必以物，有生必全形，然物常有餘而形豈長存，形雖能全而生者有盡，雖不足爲而不可不爲，即前云物莫足爲而不可不爲也。爲與不爲，皆不免於自累。欲免於累，非

〔一〕忘：四庫本作「亡」，通。
〔二〕幾：此字四庫本無。

棄世不可。棄世，非避世也。處世無心，感而後應，迫而後動，則我自我，世自世矣。正平者，心無高下決擇。更生，則與之無窮。與造物俱化，日新又新，則身外之事與其生者不待遺而自遺矣。四大假合成體，散則復初歸無。形精全則能變化，是謂能移也。體道至此，則精而又精，可以贊造化矣。

褚氏管見云：許由高隱而辭禪，知生之所無以爲也。夫子厄陳而弦歌，知知之所無奈何也。儻不安其生而益之，物有餘而形不養矣。不安其知而役之，形不離而生亡矣。生之來不能却，善養以致〔一〕之也；其去不可止，過養以傷之也。世之人以爲養形足以存生，是知養之爲養；而養形果不足以存生，蓋不明其所以養，而養非其養也。生不足爲，以其因養而亡〔二〕；然有不可不爲者，若飢食渴飲之類，其爲也不免，以有世存焉〔三〕耳。故欲免爲形累〔四〕，莫如棄世，有世而遺之，何累之有！正平，謂視物如

〔一〕致：四庫本作「知」，訛。
〔二〕亡：朱本、李本此字下有「也」字。
〔三〕存焉：朱本、李本並作「有爲」。
〔四〕累：原缺，據朱本、李本補入。

一而與世俗之生道不同，故曰更生。更生，則近於道矣。事固〔一〕不足棄，我能轉物也。生固〔二〕不足遺，我亦忘之也。然而形全精復，則本於棄事遺生，由粗以至精也。與天爲一，斯其極致歟〔三〕？夫世間萬物皆稟天地〔四〕之氣，合則爲萬〔五〕物之體，出而有也；散則復還天地之始，歸於無也。形全精復，則能通化，故潛天而天，之〔六〕地而地，在人爲人，遇物爲物也。精而又精，謂純亦不已。反以相天，則歸乎受氣之初，萬〔七〕化所不能役，此由達生以造乎忘生之妙也。爲世爲形，義亦相類，互其文耳。

子列子問關尹子曰：「至人潛行不窒，蹈火不熱，行乎萬物之上而不慄。請問何以至於此？」關尹曰：「是純氣之守也，非知巧果敢之列。居，予語〔八〕汝。凡有貌象聲色者，皆

〔一〕固：此字朱本、李本並無。

〔二〕固：此字朱本、李本並無。四庫本作「故」，通。

〔三〕歟：朱本、李本並作「與」，通。

〔四〕天地：四庫本作「陰陽」。

〔五〕萬：此字朱本、李本並無。

〔六〕之：朱本、李本並作「潛」。

〔七〕萬：朱本、李本並作「造」。

〔八〕語：四庫本作「與」，訛。

物也。物與物何以相遠？夫奚足以至乎[一]先？是色而已。則物之造乎不形而止乎無所化，夫得是而窮之者，物焉得而止焉！彼將處乎不淫之度，而藏乎無端之紀，遊乎萬物之所終始，壹其性，養其氣，合其德，以通乎物之所造。夫若是者，其天守全，其神無郤，物奚自入焉！夫醉者之墜車，雖疾不死。骨節與人同而犯害與人異，其神全也。乘亦不知也，墜亦不知也，死生驚懼不入乎其胸中，是故遻物而不慴。彼得全於酒而猶若是，而況得全於天乎？聖人藏於天，故莫之能傷也。復讎者不折鏌干，雖有忮心者不怨飄瓦，是以天下平均。故無攻戰之亂，無殺戮之刑者，由此道也。不開人之天，而開天之天，開天者德生，開人者賊生。不厭其天，不忽於人，民幾乎以其真。」

郭注：其心虛，故能御群實。至適，故無不可，非物往可之。物與物何以相遠，唯無心者獨遠耳。同是形色之物，未足以相先，常遊於極，非物所制也。止於所受之分，冥然與造化日新，終始者物之極，飾則二矣。不以心使氣，不以物離性，萬物皆造於自爾[二]。若醉者之墜車，失其所知耳[三]，非自然無心也。干將、鏌鋣與讎爲用，然報讎者不事折

［一］乎：四庫本作「於」。
［二］爾：四庫本作「然」。
［三］耳：四庫本作「也」。

之。飄落之瓦，雖復中人，人莫之怨，皆以其無心故也。不虞〔一〕而知，開天也；知而後感，開人也。開天者，性之動；開人者，知之用。性動者，遇物而當足則忘餘，斯德生也；知用者，從感而求勦而不已，斯賊生也。任天性而動，則人理自全。民之所患，僞之所生，常在於知用，不在於性動也。

吕注：天地之運，萬物之變，孰非氣邪？誠能守乎純氣，則不窒不熱不危，無足異也。凡以至虚而已，豈知巧果敢可得與哉！譬龍之爲物，合而成體，則上極下蟠而無不至；散而成章，則入於無有而不可見，亦以氣而已。凡有貌象聲色皆物也，物與物何以相遠？則奚足至乎先！均是色而已，先則未有物之初，色則物之已〔二〕有，奚足以至純氣之守至虚之遊乎！物之造乎不形，則非貌象聲色，故止乎無所化而不去矣。夫得是而窮之者，將處乎不淫之度，則不皦不昧，適與之當而不過也。藏乎無端之紀，則始終相反乎此，不可得而窮也。遊乎萬物之所終始，則所謂造乎不形，而止乎無所化也。壹性則不二，養氣則不耗，合其德以通乎物之所造，則性修反德，而與造物者同之乎不形。若

〔一〕虞：四庫本作「慮」。
〔二〕已：四庫本作「以」。

是者[一]，守全而無郤，物奚事入焉！夫全於酒者，死生驚懼不入其胸中，則藏於天而全之者，宜其物莫能傷也。常有司殺者殺，則人之遇之猶干將、飄瓦而已。此天下所以均平，雖伐國而無攻戰之亂也。開天者德生，以其併忘其無知無爲也；開人者賊生[二]，以其德有心而心有眼也。不厭其天，則開之而已；不忽於人，畏人之所畏也。民而知此，幾乎以其真矣。

疑獨注：純者不雜，守者致一。不雜則靜，致一則專。氣靜而有守，所謂專氣致柔是也，豈在知巧果敢之列！夫貌象聲色，物豈相遠，而世之所先者不知踐神明之容，特先之以喜怒之色，奚足以先乎物哉？凡物之所造，有形乃自於無形，有化乃自於無化，言神明之德，動靜皆存，得是而窮其妙理，以極於無形無化，物焉得而止焉！禮度有法，故不淫；道紀有本，故無端。唯無終始，然後能終始萬物，故一其性而不二，養其氣而不害，合[三]其德而不散也。若然，則通物所造而不爭，守其自然而不虧，物之自外來者安能入於我哉！此下又設三譬，醉者墜車得全於酒，而不能傷也；鏌干、飄瓦，以其無心

〔一〕若是者：四庫本作「者是」，脱且倒。

〔二〕賊生：此二字四庫本無，脱。

〔三〕合：四庫本作「全」。

而人不怨也。人之天，有爲中之自然；天之天，無爲中之自然。《老子》云「地法天」，人之天也；「道法自然」，天之天也。德生者，不以知治國；賊生者，以知治國。不厭其人，不以人滅天也；不忽於人，不以天廢人也。民幾乎以其真，言其化下也，以此而已。

碧虚注：以其密行，故能冥通。不遇〔一〕虎兕，不避甲兵者，持守不雜，心無機巧也。物皆形色，孰爲先後？有形則有所化，得是不形不化之道，故無有窮盡，物各自正矣。彼謂潛行而不窒者，不越法度，含章藏耀，遊乎萬物之終始〔二〕，歸乎太空而已矣。壹性、養氣、合德三者混一，與化同矣。其天守全，其神無郤，窒、熱、惴慄何事入焉！醉者之物莫能傷，亦猶是也。聖人藴乎天理，鬼神莫睹其迹，有心有情則招折招怨矣。故以之治身則和暢，治國則太平。不以知役知，而以忘去忘，忘機者德，役知者賊。不以有德自足，不以無知爲失，則近乎真道矣。

KK齋云：純氣之守，守元氣而不雜也。貌象聲色，謂有形迹。物皆拘於形，我若有迹，與物同耳，何以至乎未有物之先？人之不能見乎萬物之終始者，皆以迹自累，是色

〔一〕遇：四庫本作「畏」。
〔二〕終始：四庫本作「始終」。

而已。前叙四字，後只舉色字，文法也。造物無形而止於無所化，言其無變易也。得此造化之理而盡其妙，則去乎有物之物遠矣。故焉得而止焉？不淫之度，一定之法，無端之紀，無窮之理，萬物之所終始，造化是也。壹性合德，與造物爲一，故曰通乎物之所造。曰天曰神，即此理之在我者。内既全而無郤，外物奚事入焉！醉者墜車、鏌干、飄瓦之喻，極精密有理。人之天，猶有心；天之天，無心也。開天之天，自然之德也；開人之天，則心猶未化，六根皆爲賊，況外物乎！

列子得風仙之道，故其問若此。答〔一〕以純氣之守，一語盡之。蓋人獸草木虚空金石，有情無情，不離乎氣。人則得氣之純，仙則能守此純氣而抱神以静，故其動也物莫能窒，火莫能熱，危莫能慄也。夫貌象聲色，物無相遠，又奚足以相先？舉不離乎形色而已，然則所謂先者，物之不形，乃物之所自形；物之無化，乃物之所自化，則萬物之終始可見矣。得是理而窮之，物焉得而制焉？故將處乎所受之分，藏乎日新之紀，而遊乎物之至極，壹性〔二〕養氣，與天合德，通乎物之所造，則超乎形色之表矣。其

〔一〕答：此字朱本、李本並無，脱。
〔二〕壹性：朱本、李本並作「一情」。

形可忘，其神無間，物奚事〔一〕入其舍哉！次論醉者全於酒，聖人藏乎天，故莫之能傷也。鏌干、飄瓦喻無心無情，雖觸人而人不怨，況不觸人乎！人能若是，天下均平，戰爭殺戮，何自而有！故天性人知，在乎所開而德賊分焉。學者慎諸！〇物焉得而止焉，止字說之不通。郭注云：「至極者，非所制也。」當是制字，聲近而訛耳〔二〕。

仲尼適楚，出於林中，見痀僂者承蜩，猶掇之也。仲尼曰：「子巧乎！有道邪？」曰：「我有道也。五六月累丸二而不墜，則失者錙銖；累三而不墜，則失者十一；累五而不墜，猶掇之也。吾處身也，若橛株拘；吾執臂也，若槁木之枝。雖天地之大，萬物之多，而唯蜩翼之知。吾不反不側，不以萬物易蜩之翼，何爲而不得！」孔子顧謂弟子曰：「用志不分，乃凝於神。其痀僂丈人之謂乎！」

郭注：累二丸於竿頭，用手之停審也，故其承蜩所失者，錙銖之間。累三而不墜，所失者愈少；累五而不墜，停審之至，乃無所復失，遺彼故得此也。

呂注：知承蜩之道，則所謂純氣之守者，其用志不分亦若是而已。

〔一〕事：朱本、李本並作「自」。

〔二〕耳：朱本、李本此下並有「讀者詳之」四字。

疑獨注：痀僂，曲腰。承蜩如拾，仲尼見其巧妙，疑其有道而問之，答以五六月蜩鳴之時累丸至危，習之精者猶能使之不墜，此習承蜩之法也。錙銖，數之微；一者，數之始。猶掇之者，離一而入無矣。橛株，槁木，形容其不動。不以萬物易蜩之翼，何爲而不得？此豈天性所有哉！用志不分，乃凝於神耳！

碧虚注：蜩可以作醢，故承取之。初習承蜩，累彈丸於竿頭，以驗其手不摇動。累二丸而不落，失蜩猶錙銖。至累五而不落，則身如斷木，臂如槁枝，蜩集而不疑，故取之如掇也。由是知一志凝神，則道無不得，豈特來蜩之翼而已哉！

鬳齋云：不反不側，只是凝定其心，一主於蟬〔一〕而不知有它〔二〕，此借以論純〔三〕氣之守，而世間實有是事，但以爲技而不知有道寓焉。乃凝於神，凝當是疑〔四〕，後削鐻章可照。

顔淵問仲尼曰：「吾嘗濟乎觴深之淵，津人操舟若神。吾問焉，曰：『操舟可學邪？』

〔一〕蟬：四庫本作「蜩」。

〔二〕它：四庫本作「他」。

〔三〕純：四庫本作「神」。

〔四〕乃凝於神凝當是疑：四庫本作「乃疑於神疑當是凝」。

曰：『可。善游者數能。若乃夫没人，則未嘗見舟而便操之也。』吾問焉而不吾告，敢問何謂也？」仲尼曰：「善游者數能，忘水也。若乃夫没人之未嘗見舟而便操之也，彼視淵若陵，視舟之覆猶車却也。覆却萬方陳乎前而不得入其舍，惡往而不暇！以瓦注者巧，以鉤注者憚，以黄金注者殙。其巧一也，而有所矜，則重外也。凡外重者内拙。」

郭注：物雖有性，亦須數習而後能，習以成性，遂若自然。視淵若陵，故視舟之覆於淵，猶車之却退於坂。覆却雖多而不以經懷，以其性便，故所遇皆閑暇也。若所要愈重，則其心愈矜，欲養生全内者，其唯無所矜重乎！

吕注：觀操舟、金注之説，則形全精復者，非棄世遺生至於其神無郄，不足以與此。

疑獨注：此寓言達生者，率性任真，心無係累，無往而不有自得。善游者，率性操舟，猶有未至。若乃善没水之人，未嘗見舟而便操之也。覆却陳乎前，而不入其胸中，惡往而不暇哉！注者，以物賭戲射也。鉤貴於瓦，金貴於鉤。心無所貴故巧，心有所貴則潰亂矣。

碧虚注：操舟若神，善游者不懼溺也。鶩没於水者，則不待舟即便操之，言忘水者猶存舟；未嘗見舟，兼忘之也。憂患不入於胸次，内有餘裕故也。喻瓦缶賤器，投物必審；鉤金重寶，射物〔一〕戰殆。是知輕水則舟可操，重貨則心計拙，此自然之理也。

　　鬳齋云：善没之人，視水如平地，則不學而能操舟矣。射而賭物曰注，射者之巧本一，有所顧惜則所重在外而内惑，惑則雖巧者有時而拙矣。

田開之見周威公，威公曰：「吾聞祝腎學生，吾子與祝腎遊，亦何聞焉？」田開之曰：「開之操拔篲以侍門庭，亦何聞於夫子！」威公曰：「田子無讓，寡人願聞之。」開之曰：「聞之夫子曰：『善養生者，若牧羊然，視其後者而鞭之。』」威公曰：「何謂也？」田開之曰：「魯有單豹者，巖居而水飲，不與民共利，行年七十而猶有嬰兒之色；不幸遇餓虎，餓虎殺而食之。有張毅者，高門縣薄，無不走也，行年四十而有内熱之病以死。豹養其内而虎食其外，毅養其外而病攻其内，此二子者，皆不鞭其後者也。」仲尼曰：「無入而藏，無出而陽，柴立其中央。三者若得，其名必極。」夫畏塗者，十殺一人，則父子兄弟相戒也，必盛卒徒而後敢出焉，不亦知乎！人之所取畏者，衽席之上，飲食之間，而不知爲之戒者，過也。

　　郭注：學生者務中適。守一方之事至於過理者，皆不及於會通之適。鞭後，去其不及也。藏既内矣，而又入之，過於入也；陽既外矣，而又出之，過於出也。若槁木之

〔一〕物：四庫本作「器」，訛。

無心而中適，是立名極而實當者也。夫塗中十殺一人便大畏之，至於色欲之害，動之死地，而莫不冒之，斯過之甚也。

吕注：單豹則所謂形不離而生亡者也，張毅則所謂物有餘而形不養者也。豹則入而藏，毅則出而陽，皆有心而爲之。柴立則無心，中央則非其後者也。

疑獨注：善牧羊者，視其後者而鞭之，欲其循理而勿失。單豹、張毅皆不鞭其後者也。入而藏者，入而又入；出而陽者，出而又出；柴立其中央，無心乎出入者也。得其實，則名必極矣。畏塗十殺一人，人道之患也；衽席飲食之間，陰陽之患也。人道之患易見，而人知避；陰陽之患難明，而不知戒。《老子》云「動之死地」，是也。

碧虚注：養生若牧羊，好逕故後，不得不鞭也。單豹養内而不謹外，張毅修外而不治内，皆失鞭者也。入而藏，謂幽棲離群，昧於應物；出而陽者，奔馳溷俗，忘於自治；柴立中央者，朱愚〔一〕不通，少適變也。三者無係，是得常名而臻極致者也。夫畏塗麄顯易戒，衽席微暗難持，故美善〔二〕之爲害也久矣，而天下不覺也。

〔一〕朱愚：四庫本作「愚魯」。
〔二〕善：四庫本作「色」。

鬳齋云：拔篲，掃帚，供灑掃之役也。牧羊，本聽其自然，有在後者而鞭之，謂循天理而行，亦必盡人事。單豹、張毅，皆在人事有未盡者，不可全委之於天也。此段於學者己分上最爲親切，推此則知前後，説天道人道之意。無入而藏，不專於靜；無出而陽，不一於動也；柴立中央，無心動靜，若槁木也。盡此三句，可名爲至人矣。以畏塗喻衽席，即蛾眉伐性之斧，示人窒慾之戒也。

祝宗人玄端以臨牢筴，説彘曰：「汝奚惡死？吾將三月豢汝，十日戒，三日齊，藉白茅，加汝肩尻乎彫俎之上，則汝爲之乎？爲彘謀，曰不如食以糠糟而錯之牢筴之中；自爲謀，則苟生有軒冕之尊，死得於腞楯之上、聚僂之中則爲之。爲彘謀則去之，自爲謀則取之，所異彘者何也？

郭注：欲贍則身亡，理常俱〔一〕耳，不問人獸也。

呂注：爲彘謀則去之，自爲謀則取之，豈愛身不若彘哉！以世爲之累也。故唯棄世遺生可以無累。

疑獨注：爲龜謀則願曳尾於塗中，不願留骨而爲貴。爲彘謀則願食糟糠而措牢筴，

〔一〕俱：四庫本作「存」。

不願加肩尻乎彫俎之上，意謂逆性命之理以居富貴，不若順性命之理而樂貧賤。莊子自喻以龜，而喻世人以彘，其微意可知。

碧虛注：解牛皮爲鼓，正三軍之衆，爲牛計者不若服軛。狐白之裘，天子被之而坐廟堂，爲狐計者不若走澤。此牢彘所以不願加肩尻乎彫俎之上，達生達命之旨者也。

鬳齋云：玄端，冠也。豢，芻養之也。腞，同篆。楯，机也。曲而可以聚物曰聚僂，畚筥之類也。《左》宣公二年：「宰夫胹熊蹯不熟，殺之寘畚。」即此義。生有軒冕之貴，或以形[一]死，置身趺蹞之上，畚薄之中，亦甘心焉。爲彘謀如彼，而自爲謀如此，何邪？

已上四章，大意相類。痀僂承蜩，用志不分，似亦[二]發明前章純氣之守。淵人操舟若神，即精義入神之謂也。牧羊鞭後，則示養生之規。祝宗説彘，則警軒冕之惑。是皆所以破世人之昏迷，歸達生之妙旨。經旨坦明，不復贅釋。○拔篲[三]，上蒲末切，李氏舊注云：把也。鬳齋《口義》同根拔之拔，拔篲，掃帚也。諸解略而不論。無隱范先生云：「拔，讀同拂。拂篲，皆服役者所執。」解義通而音訓未明。詳玩字形，參

[一] 形：四庫本作「刑」，通。

[二] 亦：此字朱本、李本並無。

[三] 「拔篲」至「不如彘乎」：此一大段文字，不見於李本。

之以理，而得其説，拔當是帗，傳寫小差。《監韻》帗音拂，與翇同，全羽也，亦侍者所執。腞楯，陸氏《音義》云：「字當作篆輴，畫輴車所以載柩。聚當作菆，才官切。僂當作蔞，力九切，謂殯於菆塗翣蔞之中也。」而舊傳經文用字若此。續考《禮記·檀弓篇》：「天子之殯，菆塗龍輴以椁。」又云：「設蔞翣。」蔞，同柳；菆，聚也。聚木蓋棺而塗之。龍輴，則篆畫龍文也。經意蓋謂取富貴者之死以易彘之生，彘猶不爲之，豈有人而不如彘乎？

南華真經義海纂微卷之五十九

武林道士褚伯秀學

達生第二

桓公田於澤，管仲御，見鬼焉。公撫管仲之手曰：「仲父何見？」對曰：「臣無所見。」公反，誒詒爲病，數日不出。齊士有皇子告敖者曰：「公則自傷，鬼惡〔一〕能傷公！夫忿滀之氣，散而不反，則爲不足；上而不下，則使人善怒；下而不上，則使人善忘；不上不下，中身當心，則爲病。」桓公曰：「然則有鬼乎？」曰：「有。沈有履，竈有髻。户内之煩壤，雷霆處之；東北方之下者，倍〔二〕阿鮭蠪躍之；西北方之下者，則泆陽處之。水有罔象，丘有峷，山有夔，野有彷徨，澤有委蛇。」公曰：「請問：委蛇之狀何如？」皇子曰：「委蛇，其大如轂，其

〔一〕惡：四庫本作「焉」。
〔二〕倍：四庫本作「陪」。

長如轅，紫衣而朱冠。其爲物也，惡聞雷車之聲，則捧其首而立，見之者殆乎霸。」桓公辴然而笑曰：「此寡人之所見者也。」於是正衣冠與之坐，不終日而不知病之去也。

郭注：此章言憂來而累生者，不明；患去而性得者，達理也。

呂注：此言憂疑則鬼雖無能傷而自傷，疑釋則病雖在己而自去，然則全於天而物無自入者，宜其莫之傷也。夫皇子告敖何從知鬼之名與其形若此？蓋古之民之精爽不攜貳者，在男曰巫，在女曰覡，猶能知〔一〕神祇之居，則知其名與形如此，豈無傳乎？

疑獨注：此數鬼名，古人所傳，莊子引之，理寓其中，凡學未至天道者，皆不可以議其有無。孔子曰：「未能事人，焉能事鬼？」蓋亦存而不論也。桓公澤中所見，皇子告敖因其疑而解之，故告以委蛇之狀，見之者殆乎霸，其言中桓公之心，其疑遂釋而不知病之去也。今人病而問卜、求醫、用巫而獲愈者亦此理，昧者不知耳。

碧虛注：管仲無心，故不見鬼；桓公有心，故見鬼成疾。陽氣上發而陰凝則善怒，陰氣下發而陽伏則善忘，不上不下，中身當心，則爲病矣。及問鬼之有無，答以有鬼之狀，洎陳委蛇，則正中公之所見，是知欲無小大，得之則喜；疑無巨細，釋之則散。臨機貴於

〔一〕猶能知：原作「能猶鬼」，據四庫本改。

啓悟，此至人所以未能忘言也。

  鬳齋云：誒詒，氣逆之病。沈，溝泥之中也。桓公所見者在澤中，故獨問委蛇之狀，始疑爲妖，故懼而爲病，及云見之者霸，故喜而病去矣。此事又與見豕負塗，載鬼一車者不同，然聖人既以此語人之爻辭，則世間亦有此事，不足怪也。

  桓公因疑而致疾，則非藥所可痊；告敖以妄而止妄，遂不藥而成效。則知鬼之有無，由心之起滅，而心有好惡，又人之妄情也明矣。妄情去則好惡得其真，本心明則起滅不由彼，今人之〔一〕逐妄喪真，皆見鬼而成疾者也。然則孰知治之善哉？告敖之言曰公則自傷，鬼惡能傷公，斯爲治病之良劑歟？蓋戲瓦出而心痛除，弓影去而疑病愈之類也。信能澄心滌覽，虛白内融，一塵不留，萬境莫橈，則鬼何由而見，病何由而入哉！據所載鬼名，似涉怪誕，然《孔子家語》亦有夔、罔象之説，《左傳》「新鬼大，故鬼小」，《史記》滈池君獻璧之事，則鬼不爲無有也。但陰陽各得其所，兩不相傷足矣。經云：「天下有道，其鬼不神。」

紀渻子爲王養鬭雞。十日而問：「雞已乎？」曰：「未也。方虛憍而恃氣。」十日又問，

〔一〕今人之：朱本、李本並作「今人」，無「之」字，四庫本作「今之人」。

曰：「未也。猶應嚮景。」十日又問，曰：「未也。猶疾視而盛氣。」十日又問，曰：「幾矣。雞雖有鳴者，已無變矣，望之似木〔一〕雞矣，其德全矣，異雞無敢應者，反走矣。」

郭注：此章言養之以至於全，猶無敵於外，況自全乎！

吕注：人之所養能如木雞，不爲物感而變，則亦莫之敵矣。

疑獨注：此以養雞喻養生，而所養有漸次。虛憍恃氣，無實而自矜。猶應嚮景，接悟之速也。疾視而盛氣，求敵而必己之勝也。雞雖鳴而已無變，則彼命敵而我不應，忘勝負矣。至於望之似木雞，異雞無敢應，則知德全者，非但己無心，乃能使物不生心，此養之至也。

碧虛注：虛憍恃氣，軒昂夸大也。猶應嚮景，矜衒瞻顧也。疾視盛氣，便僻光儀也。雖鳴無變，同塵不耀也。至於望之似木雞，異雞無敢應，則心灰形槁，物莫與爭矣。

庸齋云：聞嚮而應，見影而動，則心猶爲物所移。疾視而盛氣，言神氣王而形不動。首云虛憍而恃，則氣在外；此言疾視而盛，則氣在內；至於望之似木雞，則神氣俱全矣。此言守氣之學借雞爲喻。

〔一〕木：原作「未」，據四庫本改。

虛憍而恃氣，暴其氣以求敵也。猶應響〔一〕景，有所逐而忘内也。疾視而盛氣，内充而發見，有意於勝物也。望之似木雞，則内融而外化，遺物而獨立。異雞無敢應，見者反走矣，此明養氣以全神，神全而威著之效也。人而學道至於形如槁木，則氣與神不待養而自全，鬼神猶爲之欽服，況同類乎！古之人所以不爭而善勝者，以此。○雞已乎：説不通，按：《列子》本文作「雞可鬬已乎」，《莊》文脱略耳。

孔子觀於吕梁，縣水三十仞，流沫四十里，黿鼉魚鼈之所不能游也。見一丈夫〔二〕游之，以爲有苦而欲死也，使弟子並流而拯之。數百步而出，被髮行歌而游於塘下。孔子從而問焉，曰：「吾以子爲鬼，察子則人也。請問：蹈水有道乎？」曰：「亡，吾無道。吾始乎故，長乎性，成乎命。與齊俱入，與汩偕出，從水之道而不爲私焉。此吾所以蹈之也。」孔子曰：「何謂始乎故，長乎性，成乎命？」曰：「吾生於陵而安於陵，故也；長於水而安於水，性也；不知吾所以然而然，命也。」

郭注：磨翁而旋入者，齊也。回伏而涌出者，汩也。人有偏能，得其所能而任之，則

〔一〕響：朱本、李本並作「嚮」，通。
〔二〕夫：四庫本作「人」。

天下無難矣。用無難以涉乎生生之道，何往而不通哉！

呂注：由乎性命之理，與齊俱入，與汨皆出，從水之道而不爲私，猶可蹈也。至於黿鼉之所不能游，則合其德以通乎物之所造，宜其無所蹈而不適也。生於陵而安於陵爲故，故則非出於性，而人之所爲也。長於水而安於水爲性，性則其所偏能也。苟無其性而習之，則雖能之，不至乎人所不能及也。

疑獨注：呂梁丈夫之蹈水有道而不爲私，任理者也，故與齊俱入，與汨偕出，而不爲所溺。始乎故則有所因，長乎性則有自然者，成乎命則不知其所因所緣而亦非自然矣，是故安於陵、安於水而不知其所以然也。

碧虛注：齊，如磨臍之旋入。汨者，洄洑而涌出。私己逆水，則不能成性命矣。生於陵而安於陵，不失其故也。長於水而入〔一〕不危，因同本性也。游於湍流而不知所以然者，遂成天命也。明達生之旨，有如呂梁之游，因習而成者也。

鬳齋云：此段與前操舟意同。故，本然也。《孟子》曰「言性者故而已」，謂性命自然之理。從水之道而不爲私，順而不逆之意。安陵、安水，皆隨其自然而不知其所以然也。

〔一〕入：四庫本此字下有「於」字。

故「性命」二字，初無分别，但如此作文耳。

吕梁丈人之蹈水行歌，其妙在乎從水之道而不爲私，所以水不能害也。人之處世，能從人之道而不爲私，人亦無害之者矣。推是理以交物，安往而不全哉！始乎故，則因習而成；長乎性，習久成自然也；成乎命，則與水相忘，不知所以然而然。是謂得全於天者也。按此章即與物〔一〕無迕者，處物而不傷之意。斯言也，其爲涉世之標準歟〔二〕？○並字舊無它〔三〕音，宜讀同傍，去聲。

梓慶削木爲鐻，鐻成，見者驚猶鬼神。魯侯見而問焉，曰：「子何術以爲焉？」對曰：「臣，工人，何術之有！雖然，有一焉。臣將爲鐻，未嘗敢以耗氣也，必齊以静心。齊三日，不敢懷慶賞爵禄；齊五日，不敢懷非譽巧拙；齊七日，輒然忘吾有四肢形體也。當是時也，無公朝，其巧專而外滑消；然後入山林，觀天性；形軀至矣，然後成見鐻，然後加手焉；不然則已。則以天合天，器之所以疑神者，其是與？」

郭注：視公朝若無，跂慕之心絶矣。必取其材中者，不離其自然也。盡因物之妙，

〔一〕與物：朱本、李本並作「同」。

〔二〕歟：此字下數句朱本、李本並無。

〔三〕它：四庫本作「他」。

故疑是鬼神所作耳。

吕注：器之所以疑神者，猶如此，則外滑未消而欲遊乎物之所造者，不可得至矣。

疑獨注：梓人，名慶。鐻，止樂之器，一名敔象，伏虎形，背有二十七〔一〕鉏鋙。未嘗耗氣，虛一而靜也。不懷慶賞爵禄，忘利也。不懷非譽巧拙，忘名也。忘吾有四肢形體，則神全而與天爲一，故能視公朝若無，而外事之滑心者消。然後入山林，觀木形與鐻合者；然後加手，而不强求之，推己之天以合物之天。此器之所以疑於神也。

碧虚注：役慮則耗氣，無欲則靜。心不懷慶賞爵禄，屏外事也。不懷非譽巧拙，息内念也。忘吾形體，忘内外也。然後入山林，采自然之材，合自然之巧，所以妙若鬼神，而魯侯疑其有術也。

鬳齋云：鐻，鍾鼓之柎，乃筍簴之類，所以懸鍾鼓，刻木爲獸形者也。不懷爵禄非譽，忘其肢體，謂純氣自守，外物不入也。觀木之天性形軀，若見成者，然後取而用之，以我之自然合物之自然而已。

〔一〕二十七：四庫本作「七十二」。

未嘗耗氣，則神全矣。又齋〔一〕又靜心，是爲〔二〕養神氣之道，故見於用也。其巧專而外滑消，觀夫木材天性合鐻形者，然後加手，則用力少而見功多，此器之所以凝〔三〕神也。然而以天合天之妙，不可以言盡，唯窮神知化，斯足以與焉。人而能不爲慶賞爵禄非譽之所移，則凡所舉措何往而非凝於神耶？

東野稷以御見莊公，進退中繩，左右旋中規。莊公以爲文弗過也，使之鉤百而反。顔闔遇之，入見曰："稷之馬將敗。"公密而不應。少焉，果敗而反。公曰："子何以知之？"曰："其馬力竭矣，而猶求焉，故曰敗。"工倕旋而蓋規矩，指與物化而不以心稽，故其靈臺一而不桎。忘足，屨之適也；忘要〔四〕，帶之適也；知忘是非，心之適也；不内變，不外從，事會之適也；始乎適而未嘗不適者，忘適之適也。

郭注：馬力竭而猶求焉故敗，明至當之不可過也。雖工倕之巧，猶任規矩，此言因物之易也。百體皆適，則都忘其身。是非生於不適，所遇而安，故無所變從。是知識適

〔一〕齋：朱本作「齊」，通。

〔二〕爲：朱本作「謂」。

〔三〕凝：朱本作「疑」，本段下同。

〔四〕要：四庫本作「腰」，通。

者，猶未適也。

呂注：稷之御至善矣，而不能無敗於馬力既竭之後，則爲道而務乎生之所無以爲，知之所無奈何者，亦無自而成矣。工倕旋而蓋規矩，言任指之旋而蓋乎規矩，蓋則其畫與之合而不露也。指物之相得若化之自然，不待心之稽考而後合乎方圓也。夫唯如此，則其靈臺一而不桎，至於忘足、忘腰，心忘是非，未嘗不適者，此其不以心稽之證〔一〕歟？

疑獨注：稷之御，中規繩〔二〕，莊公以爲有文者不能過也。使之回旋如鉤，百度而反，馬力已竭而猶求焉，故知其必敗。此明性命之理，順其至當而已，不可過求也。工倕能旋疾以用規矩，得於手而心應之，未嘗有所稽留，故其靈臺虚一而不爲利慾所桎梏也。忘足則屨無不適，忘腰則帶無不適，忘是非則心無不適，内不好變，外不好從，遇其事，觀其會，以行其典禮，則事會無不適，是爲忘適之適也。

碧虚注：御中規繩，如組織文繡使之回還如鉤，百往百反皆復故迹也。韓嬰曰：「舜工於使人，造父工於使馬。不窮其民，故無逸民；不窮其馬，故無逸馬。」馬之蹶敗，由策

〔一〕證：四庫本作「故」。
〔二〕按，碧虚注開頭亦有「御中規繩」四字，四庫本遂將二注混而爲一，以此段「稷之御中規繩」遥接下段「如組織文繡」以下文字，中間内容全部漏抄，故亦無碧虚注。

御之過分，民之知竭，由政教之苛察。故達命者，不務知之所無奈何也。工倕之應物無滯而性不雜者，指與物化也。心無稽留，故其靈臺一而不桎[一]也。忘足忘腰，末也。心忘是非，則本亦忘矣，況於末乎？内外在我，所遇皆然，自適而常適，乃無適之適，工倕之妙亦猶是也。

鬳齋云：御之巧如織組然，故曰文弗過。鉤百，打圍百轉也。馬力竭而馳之不已，御雖巧而必敗。人之自用，豈可過勞其神乎？工倕以手旋轉其圓，便如蓋然，自中規矩，如吴道子畫佛像圓光，一筆而就。指與物化，猶山谷論書法云：「手不知筆，筆不知手。」手筆兩忘，而略不留心，即所謂官知止而神欲行也，故其靈臺純一而不拘礙。適，安也。會，猶造。造道而至於適，則内境純一而無所變，雖與物接，亦不知其所從事者矣。始乎適而未嘗不適者，久則併與適亦忘之也。

《詩》云：「執轡如組，兩驂如舞。」可以證文弗過之義。織組者總紕於此而成文於彼，喻善御者執轡於上而馬調於下也。鉤百，謂圓。驅而不止，故知其必敗。力竭而猶求，則非唯馬敗，而人亦勞只。公密而不言，惡其沮志也。少頃而驗，斯表先見之

[一] 桎：四庫本作「牿」，訛。

明，然於危已無濟矣。世之聽忠言而不能用者，其失亦若此。工倕旋而蓋規矩，諸解中吕説明當，所論蓋字尤有理。慮齋於蓋字頗費辭，而後論精到。合二家之長，斯爲盡善也〔一〕。經意不過謂達生之人，心通物〔二〕理而物與之合，非區區求合於物，故其巧妙，其功深，徜徉於世而未嘗不適，是爲忘適之適。蓋人處世間，能與物無忤〔三〕，則無往而非適矣。

有孫休者，踵門而詫子扁慶子曰："休居鄉不見謂不脩，臨難不見謂不勇；然而田原不遇歲，事君不遇世，賓於鄉里，逐於州部，則胡罪乎天哉？休惡遇此命也？"扁子曰："子獨不聞夫至人之自行邪？忘其肝膽，遺其耳目，芒然彷徨乎塵垢之外，逍遥乎無事之業，是謂爲而不恃，長而不宰。今汝飾知以驚愚，脩身以明汙，昭昭乎若揭日月而行也。汝得全而形軀，具而九竅，無中道夭於聾盲跛蹇而比於人數，亦幸矣，又何暇乎天之怨哉！子往矣！"孫子出，扁子入，坐有間，仰天而歎。弟子問曰："先生何爲歎乎？"扁子曰："向者休來，吾告以至人之德，吾恐其驚而遂至於惑也。"弟子曰："不然。孫子之所言是邪？先

〔一〕也：此字朱本無。
〔二〕物：四庫本作「萬」。
〔三〕無忤：朱本作「通」。

生之所言非邪？非固不能惑是。孫子所言非邪？先生所言是邪？彼固惑而來矣，又奚罪焉！」扁子曰：「不然。昔者有鳥止於魯郊，魯君説之，爲〔一〕具太牢以饗之，奏《九韶》以樂之，鳥乃始憂悲眩視，不敢飲食。此之謂以己養養鳥也。若夫以鳥養養鳥者，宜棲之深林，浮之江湖，食之以委蛇，則平陸而已矣。今休，款啓寡聞之民也，吾告以至人之德，譬若載鼷以車馬，樂鴳以鍾鼓也，彼又惡能無驚乎哉！」

郭注：凡非真性，皆塵垢也。凡自事者，皆無事之業。率意自爲，非恃而爲之；任其自長，非宰而長之也。己養鳥養，各有所便，均任性命之適而至矣。

吕注：此篇之旨在乎存生，以至神全精復，與天爲一。若孫休之所爲，則反之者也。其聞斯言也，不能無憂驚眩視，而不敢飲食，故終之以海鳥之説云。

疑獨注：子扁慶子，孫休之師，休自謂居鄉無人謂我不脩，臨難無人謂我不勇，然而耕田不遇豐歲，事君不遇治世，居鄉里爲人所擯，居州部爲人所逐，何罪於天而受命如此？其師告以子獨不聞至人之自行邪？忘其肝膽則五藏皆虚，遺其耳目則六塵不入，故彷徨塵外，逍遥無爲。真君之爲出於無爲，故爲而不恃；真宰之長出於非長，故長而

〔一〕爲：此字四庫本無。

不宰。今汝修身飾知，自顯於世，宜其罹害也，得全形而無夭，自比於人數已幸矣，何暇乎怨天尤人哉！又恐孫休不知而驚其言，遂舉海鳥之喻，言善養生者各任其性分之適而至矣。

碧虚注：休自謂身脩志勇，所造不遇，乃不知天命，妄興憂歎也。夫至人之行，不願人知，忘其肝膽，況喜怒乎！遺其耳目，況見聞乎！脩勇賓逐，皆塵垢也；自行遺忘，皆無事也。今休將爲而恃，欲長而宰，要人知用矜伐，苟免幸，類完人耳。蓋孫休欲務生之所無以爲，故扁子答以知之所無奈何。是知大聲至音，里巷俗夫之所必惑也。惡得無驚乎哉！

鬳齋云：賓，讀同擯，棄也。明汙、驚愚，言其自異。款啓，小孔竅，喻其所見者小。語之太高，彼安得不驚邪？此譏當時學者淺見而未知大道也。食以委蛇，使之自得而食也。鳥養之喻，已見前篇。

樂天知命，故不憂；窮理盡性，夫何疑？若孫〔一〕休之所云，其於天命理性之說大有逕庭矣。故扁子告以至人之行，忘肝膽則内虚，遺耳目則外静，然後彷徨乎塵垢之外。

〔一〕孫：此字朱本、李本並無。

凡人世有爲事〔一〕迹，皆塵垢也，能離乎此，則行住坐卧莫非無事之業，所謂世出世間矣，何爲可恃，何長可宰邪？今汝飾知脩身，昭若日月，以攪世間之禍患，得全形無夭亦幸矣，何暇乎天之怨哉！此所以深警其迷，而使之知復也。海鳥之喻，文意顯明。

是篇首論生者人之所重，或過養而傷生；命在天而莫違，或以故而滅命。儻〔二〕達於斯二者，則能保其生而安乎命，是爲〔三〕深根固柢〔四〕，長生久視之道也。故凡生之所無以爲者，已之命之所無奈何者遠〔五〕之，知其非所當務，而吾有純全之天不可須臾離也。請觀醉者之視〔六〕車，讎者之於鏌干，則亦何所容心哉！承蜩、操舟，以明積習而造妙；牧羊、畏途，在乎鞭後而戒危；説彘，喻貪爵者不如；見鬼，顯不能冥妄者多惑。此後設喻不一，皆所以申達生之旨〔七〕，可謂諄且切矣。夫人生所養，自有定分，不爲求之而得，

〔一〕事：朱本、李本並作「有」。

〔二〕儻：四庫本作「倘」，通。

〔三〕爲：四庫本作「謂」。

〔四〕柢：朱本、李本並作「蔕」。

〔五〕遠：朱本、李本並作「達」。

〔六〕視：朱本、李本並作「墜」。

〔七〕旨：朱本、李本並作「止」，訛。

弗求而失也。人之患難[一]有出非虞，不爲幸而可逃，智而可免也。在乎修人事以順天理，求其無愧而已。壽夭禍福，非所汲汲也。至若岩谷清修，廟堂事業，內而養生，外而治人，亦不過美人倫、興教化，同歸乎道德之理而已。然的知生爲可重，而能警[二]乎衽席飲食之間者，幾何人哉！必也望之而似木雞，御而不竭其力，斯達乎生理而庶幾乎至人之行矣。結以魯郊之鳥聞鍾鼓而憂悲，蓋外失其養，則內傷其性，苟知所以養之，則知所以全之，要在達己之生，推以利物之生，與物同適，忘適而無不適矣。

〔一〕難：此字朱本、李本並無。
〔二〕警：朱本、李本此字下並有「惕」字。

南華真經義海纂微卷之六十

武林道士褚伯秀學

山木第一

莊子行山中，見大木，枝葉盛茂，伐木者止其旁而不取也。問其故，曰：「無所可用。」莊子曰：「此木以不材得終其天年。」夫[一]子出山，舍於故人之家。故人喜，命豎子殺雁而烹之。豎子請曰：「其一能鳴，其一不能鳴，奚殺？」主人曰：「殺不能鳴者。」明日，弟子問莊子曰：「昨日山中之木，以不材得終其天年；今主人之雁，以不材死。先生將何處？」莊子笑曰：「周將處夫材與不材之間。材與不材之間，似之而非也，故未免乎累。若夫乘道德而浮游則不然。無譽無訾，一龍一蛇，與時俱化，而無肯專爲；一上一下，以和爲量，浮遊乎萬物之祖，物物而不物於物，則胡可得而累邪！此神農、黄帝之法則也。若夫萬物之情，

〔一〕夫：四庫本作「莊」。

人倫之傳則不然，合則離，成則毁，廉則挫，尊則議，有爲則虧，賢則謀，不肖則欺〔一〕，胡可得而必乎哉！悲夫！弟子志之，其唯道德之鄉乎！」

郭注：設將處此耳，以未免乎累，竟不處。若夫乘道德而浮遊者，莊子亦處焉。不可必，故待之不一方。唯與時俱〔二〕化者，能涉變而常通耳。

吕注：聖賢之不容於世，其累常在材，故莊子數數言之，深戒乎材之爲累也。若夫愚不肖以不能鳴見殺亦多矣，豈以不材必可免邪？則山中之木，主人之雁，其失均耳。故將擇夫材與不材之間而處之，然猶似道而非道也。以道之爲體，不涉兩端，亦非中央，則材不材之間，猶未免乎累。若夫乘道德而浮遊，則無譽無訾，不可得而貴賤，一龍一蛇，不可得而聖凡，消息盈虚，與時俱化，或升或潛，和而不乖，豈係乎材不材之間，凡以浮〔三〕遊乎萬物之祖而已。萬物之祖，猶云衆父父也。若是，則物物而不物於物，胡可得而累邪？夫萬物之情，人倫之傳，有合必離，有成必毁，廉則見挫，尊則見議，然則材不材之間，欲免乎累何可必得？欲無累者，其唯道德之鄉乎！

〔一〕欺：四庫本作「敗」，訛。
〔二〕俱：四庫本作「偕」。
〔三〕浮：四庫本作「物」，訛。

疑獨注：天下之理，其發如機，可乘而不可制；天下之時，其過如矢，可因而不可執。故昨日之木，以不材生；今日之雁，以不材死。是以聖人因時乘理，與物俱流而不凝滯於物，與世俱化而不拘係於世，一龍一蛇，其變無常，不得而譽，不得而訾，與時俱化，以和爲量，浮遊乎萬物之祖，物物而不物於物，以應無窮之變，此先王所貴之法則也。若夫萬物之情，人倫之傳，則不免乎離合成毁，胡可必哉！欲免此者，其唯道德之鄉乎！

碧虚注：雁之不存者，無其文也；木之大本者，有其質也。至人藏其質而混其文，所以遊於世而不僻。道德，日新也；浮遊，無迹也。無譽訾，則能括囊；同龍蛇，則能顯晦；與時化，則隨世宜；無專爲，則可上下，以和爲量，動則循理，遊乎物祖，爲不逐末。如此，則世累莫干，太古之道也。若夫物情，賢則謀，猶材木也；不肖則欺，猶默雁也。道德之鄉，在乎不必而無迹也。

慮齋云：材與不材猶有形迹，不免乎累，必至於善惡俱泯，無得而名，斯爲全其天也。乘道德，即順自然。一龍一蛇，喻用舍隨時。無心，故無譽無訾。專爲，則有心。上下，進退也。以順自然爲度，或上或下，皆可。祖，即始也。萬物之情，私情也。人倫之傳，傳，習也。此下數句，曲盡人情。處世不由人，胡可自必？歎人事之無常，危機之可畏也。故囑其弟子識之，唯順乎自然，則可以自免也。

爲聖賢者，無不因學而成；學聖賢者，往往徇迹成弊。唯得心遺迹，斯無弊矣。木以不材而生，雁以不材而死，此可見之迹也。然其所以生所以死，豈專在乎材與不材，亦有係乎所遇焉。故真〔一〕人將處乎材與不材之間，猶以爲未免乎累，而欲脱去之，特未知所遇者如何耳。能否係乎材，所遇係乎命，或謂材屬人而命屬天，則截然二途矣。蓋材亦出於天而成之在人，命全之在人而有係乎天，所遇則天人相因之迹，而美惡之所以著也。故材不材之間，賢者之事。超三者而無累，則入乎聖矣。是以必至於遊乎萬物之祖，物物而不物於物，然後材之所不能役，命之所不能拘〔二〕也。故聖人不貴材，罕言命。鄉字舊無它〔三〕音，今擬從去聲，與向同。

市南宜僚見魯侯，魯侯有憂色。市南子曰：「君有憂色，何也？」魯侯曰：「吾學先王之道，脩先君之業；吾敬鬼尊賢，親而行之，無須臾離居；然不免於患，吾是以憂。」市南子曰：「君除患之術淺矣！夫豐狐文豹，棲於山林，伏於岩穴，靜也；夜行晝居，戒也；雖飢渴隱約，猶且胥疏於江湖之上而求食焉，定也。然且不免於網羅機辟之患，是何罪之有哉？其

〔一〕真：朱本作「其」，訛。

〔二〕拘：朱本作「物」，訛。

〔三〕它：朱本作「他」。

皮爲之災也。今魯國獨非君之皮邪？吾願君刳形去皮，洒心去欲，而遊於無人之野。南越有邑焉，名爲建德之國。其民愚而朴，少私而寡欲；知作而不知藏，與而不求其報；不知義之所適，不知禮之所將；猖狂妄行，乃蹈乎大方；其生可樂，其死可葬。吾願君去國捐俗，與道相輔而行。」君曰：「彼其道遠而險，又有江山，我無舟車，奈何？」市南子曰：「君無形倨，無留居，以爲君車。」君曰：「彼其道幽遠而無人，吾誰與爲鄰？吾無糧，我無食，安得而至焉？」市南子曰：「少君之費，寡君之欲，雖無糧而乃足。君其涉於江而浮於海，望之而不見其崖，愈往而不知其所窮。送君者皆自崖而反，君自此遠矣！故有人者累，見有於人者憂。故堯非有人，非見有於人也。吾願去君之累，除君之憂，而獨與道遊於大莫之國。方舟而濟於河，有虛船來觸舟，雖有惼心之人不怒。有一人在其上，則呼張歙之。一呼而不聞，再呼而不聞，於是三呼邪，則必以惡聲隨之。向也不怒而今也怒，向也虛而今也實。人能虛己以遊世，其孰能害之！」

郭注：有其身而矜其國，雖憂懷萬端，尊賢尚行，而患慮愈深，故令其無身忘國而任其自化，寄之南越，取其去魯之遠也。若各恣本步，人人自蹈其方，則萬方得矣，不亦大乎！去國捐俗，謂蕩除其胸中，君乃謂真欲使之南越也。形倨，謂躓礙。留居，謂滯守。形與物夷，心與物化，斯寄物以自載也。君能少費寡欲，則無所不足。涉江浮海，不見其崖，喻絶情欲之遠。君無欲，則各反守其分。自此遠矣，謂超然獨立於萬物之上也。有人者，有之以爲己私。見有於人，爲人所役用也。有天下而寄之百官，非有人也。因民任物而不役己，非見有於人也。欲令蕩然無有國之懷，則世雖變，其於虚己以免害一也。

呂注：以魯國爲皮者，患之所生由乎不能忘其國也。蓋形不遺則國得爲之累，刳形所以去皮；心不白則欲得爲之染，洗心所以去欲。離人入天，此爲遊於無人之野；建德之國，所以立道也。其民愚朴寡欲，則非屬於文之不足；作不知藏，物至而供其求；與不求報，仁而不以爲恩也。不知義之所適，則不尚往來；不知禮之所將，妄行而蹈大方；可樂可葬，則終始所不去也。建德之爲國如此，而所以不能遊者，以國與俗靡之而已。棄國捐俗，與道相輔而行，則不勞而至矣。夫道邇甚夷，而人視之若遠且險者，以形倨而不遜，留居而不進耳。以無形倨、無留居而爲車，以少費寡欲而爲糧，其〔一〕患不能達哉！不見其崖，與乎無窮之遊。送君者自崖而反，則拘於虚而畏其深遠者，莫之敢前，君自此獨立無匹，而人莫之能從也。儻遊乎此，非有於人，非見有於人也。堯之爲堯，如是而已。大莫、建德，即前章所謂萬物之祖，道德之鄉是也。次論虚船觸舟而不怒，向之乘道

〔一〕其：四庫本作「豈」，通。

德而浮遊者，其於世也亦若此而已矣。

疑獨注：南越，明地。建德，聖人之國。愚朴寡欲，善養心也。作而不藏，與不求報，大仁也。不知義之所適，真義也。不知禮之所將，至禮也。三者自得於内，故猖狂妄行，蹈乎大方，在生安生，在死安死也。刳形去心，遊於無人之野，使之神德行入而同乎天也。去國捐俗，與道相輔而行之於建德之國，使之顯道出而同乎人也。魯侯真謂使之南越，憂其道遠而險，豈知建德之國，只在乎心，存神忘形不行而至矣。魯侯又慮道遠無糧，此皆不能忘物，認言着境。市南子欲其求之於性分之内，使之少費以嗇神〔一〕，寡欲以養心，雖無糧而自足矣。江喻德，海喻道〔二〕。不見其崖，背境也。不知所窮，適變也。如是，則送君者皆自境而反，言其至於道者中人之所不及也。貴者有人，寵者見有於人。堯非有人，則能以貴爲寄；非見有於人〔三〕，則能以寵爲下。故無累無憂，蓋欲魯侯去累忘憂而與道遊於大莫之國也。虚舟以喻無心，故觸物而不怒；有人在其上，則有心於物而物攖之矣。人能無心以處物，孰能害之。

〔一〕神：四庫本作「用」。

〔二〕海喻道：原作「道喻海」，據四庫本改。

〔三〕「堯非有人」至「有於人」：此十五字四庫本無，脱。

碧虚注：刳形則文皮去，洒心則嗜欲除。既能自治，則是遊於無人之野。去此尚賢，取彼立德，是爲建德之國。愚故少私，朴故寡欲。知義所適故藏，知禮所將故報。不猖狂何緣遊方外？不妄行何緣蹈大方？生可樂，死可葬，終始居而不離也。願君去其緒餘，與精妙相輔而行。憂無舟車，未能懸解；又憂道遠無糧，攀緣未絶也。少費寡欲，無糧自足，鶉居而鷇食也。涉江浮海，望不見崖，絶塵無著也。自崖而反，言力小者不前。君自此遠矣，視聽不及也。堯非有人，忘汾水也。非見有於人，日用不知也。我忘人則無累，人忘我則無憂，故獨與道遊於大莫之國。大莫之國，謂造化也。虚船觸舟，喻無心而遇物。向也不怒，非有人也。而今也怒，見有於人也。人不怒虚舟，則物不害，虚己可知矣。

鬳齋云：以皮自累，言有名於世皆能召禍也。前言無人之野，即無物之始，此又云建德之國。看此一段，今人禮淨土，其源出於此。戰國時南越未通，中土借以立言，初無它義，耕作自食而無私畜，未有禮義之名，故無所適，無所將，猖狂從心而行，皆合乎大道也。以慕道之心自相勉勵而欲至於此國。無形倨，不有其身；無留居，不有其國。如是則可以往矣。涉江浮海，至不知所窮，只是「遊無窮」三字。送君者皆自崖而反，君自此遠矣，言學道之人既悟之後，向之所資以自悟者，如人餞送，登舟至於海崖，皆已反歸矣。

譬見舞劍而善草書，始因劍而悟，既悟則劍爲送者矣。讀書亦資送者也。大莫之國，即無人之野，建德之國也。虚船觸舟而不怒，此喻最佳。

狐豹栖伏隱約，猶不免於患，皮爲之災也。今魯國君位無異〔一〕文皮之賈禍，信能刳形則外皮自去，洒心則内欲自除，超然遠俗，是遊無人之野也〔二〕。到此恐魯〔三〕侯渺茫無據，又設建德之國以誘之。作不知藏，見在而足。與不求報，施不爲恩。又安知義禮〔四〕之所適將哉！所以恣行而不離乎大道也。可樂可葬，言安生安死。去國捐俗，則舍其係累。與道相輔，則歸於無爲。若是者，可以至於建〔五〕德之國矣。魯侯未悟，又〔六〕慮道遠而無舟車，告以但能無以君侯自尊，仍無戀此國位，以是爲舟車〔七〕則可往矣。又慮幽遠無鄰，無糧曷至。故凡著物滯有者，畏墮於虚，其患常若此。又告以少費寡欲，無

〔一〕異：朱本此字下有「乎」字。

〔二〕也：朱本作「矣」。

〔三〕魯：此字朱本無。

〔四〕禮：朱本作「理」，訛。

〔五〕建：朱本作「逮」，訛。

〔六〕又：四庫本作「猶」。

〔七〕舟車：原作「車」，朱本作「舟」，參考上文補足。

糧乃足，君其泛乎道德之海而無崖無窮。送君者，喻爵位嗜欲，平日相從諳熟者，一旦棄去而遊乎無窮，則向之相從者望崖而不可進，遂與之日遠矣。夫有人、見有於人〔一〕，皆不免憂累，唯能若堯之蕩蕩無名，斯可免患。願君去累除憂，而獨與道遊於大莫之國。莫，即無也。蓋由無人之野，斯造建德之國。大〔二〕莫則德亦忘矣，即《逍遥遊》所謂無何有之鄉是也。虚船觸舟，備見前解。○無須臾離居然不免於患，舊從居爲句，諸解多因之。今定從離爲句，居屬下文。

〔一〕於人：原缺，據朱本補入。
〔二〕大：朱本此字上有「遊」字。

南華真經義海纂微卷之六十一

武林道士褚伯秀學

山木第二

北宫奢爲衛靈公賦斂以爲鍾，爲壇乎〔一〕郭門之外，三月而成上下之縣。王子慶忌見而問焉，曰：「子何術之設？」奢曰：「一之間，無敢設也。奢聞之：『既彫既琢，復歸於朴。』侗乎其無識，儻乎其怠疑；萃乎芒〔二〕乎，其送往而迎來；來者勿禁，往者勿止；從其强梁，隨其曲傅，因其自窮。故朝夕賦斂而毫毛不挫，而況有大塗者乎！」

郭注：泊〔三〕然守一，非敢假設以益事。還用其本性，任其純朴而已。無所趣，無所悦，而任彼往來；順乎衆，無所係，而用其不得不爾。當故無損，泰然無執，用天下之自

〔一〕乎：四庫本作「於」。
〔二〕芒：四庫本作「茫」，通。
〔三〕泊：原作「怕」，據四庫本改。

爲，斯大通之塗也。故經之營之，不日成之。

呂注：有術設其間，則非所謂一也。彫琢復朴，去華務實也。侗乎無識，不知誰何。倘乎怠疑，不敢欲速也。送往迎來，勿禁勿止，彊梁無所抑，曲傅無所遏，而出於彼之不得已，故朝夕賦斂而毫毛不挫，以其無所設於一之間而已。況天下之理有大塗者乎！庖丁所以遊刃於其間而有餘地也。

疑獨注：鍾者虚中而善應，以喻人心。賦斂以爲鍾，喻嗇養精神，以治心也。爲壇祭鍾而後用，喻成心之體，然後成心之用也。三月，天道小成。上下之懸，體用備也。王子慶忌問何術之設，答以抱一以爲用，無敢設也。復朴，喻復性。無識怠疑，何思何慮〔一〕也。往來勿禁，各任所適。從其彊梁，柔剛也。隨其曲傅，不彊柔也。因其自窮，所以不窮，故賦斂而毫毛不挫，此皆不出乎性分之内，是以無損而自足也。

碧虚注：用心專一於其間，豈敢妄設邪？彫琢復朴，制度淳古也。倘乎怠疑，倜儻無退也。勤誠將迎而無抑奪，順其拒扞，任其附己，因其自窮，非勢取也。賦斂而毫毛不挫，民悦故無損也，而況有大道者乎！

〔一〕何思何慮：四庫本作「無思無慮」。

𢖍齋云：循自然之理，純一而無雜，故曰：「一之間，無敢設也。」彫琢復朴，去圭角而歸自然。無識而若怠若疑，無容心之狀。勿禁勿止，無將迎也。强梁，不順。曲傅，順也。皆隨而聽之，自窮自至，言或順或逆，終皆不求而自至，故無毫毛之傷。大塗，謂可坦然而行，無容心以處之也。

金石，奉天之器，應律吕而〔一〕調陰陽，國所當備者，而賦斂於民以爲之，則宜難成也。今乃三月而成上下之懸，設架懸鍾〔二〕，上下各六，所謂編鍾是也。怪其成之速，故問何術之設而致是，答以唯知純一是守，無敢有所設也。既彫既琢，始於有爲；復歸於朴，終乎無爲。所以至於無識而若怠若疑也。萃乎芒乎，送往迎來，若蚉䖟之過前也。來者勿禁，隨其曲附也。往者勿止，從其彊梁也。因其自窮，使各盡其情而已。吾能止此而上下二懸猶足以不擾而辦，况懷大道於身者乎！蓋其謙辭也。此言以道處物者，無往而不從容；執物而障道〔三〕，無往而不係累。夫〔四〕賦斂以成事，後〔五〕世

〔一〕而：此字朱本、李本並無。
〔二〕設架懸鍾：「設架懸」三字，朱本、李本並無，脱。鍾，朱本、李本並作「鐘」，通。本段下同。
〔三〕道：四庫本此字下有「者」字。
〔四〕夫：此字朱本、李本並無。
〔五〕後：四庫本作「從」，訛。

爲國者所不免。有道存乎其間，則事成而民不害也。所謂有道者何？守一復朴而已矣。

孔子圍於陳蔡之間，七日不火食。太公任往吊之，曰：「子幾死乎？」曰：「然。」「子惡死乎？」曰：「然。」任曰：「予嘗言不死之道。東海有鳥焉，其名曰意怠。其爲鳥也，翂翂翐翐，而似無能；引援而飛，迫脅而棲；進不敢爲前，退不敢爲後；食不敢先嘗，必取其緒。故其行列不斥，而外人卒不得害，是以免於患。直〔一〕木先伐，甘井先竭。子其意者飾知以驚愚，脩身以明汙，昭昭乎如揭日月而行，故不免也。昔吾聞之大成之人曰：『自伐者無功，功成者墮，名成者虧。』孰能去功與名，而還與衆人？道流而不明居，得行而不名處；純純常常，乃比於狂〔二〕；削迹捐勢，不爲功名。是故無責於人，人亦無責焉。至人不聞，子何喜哉？」孔子曰：「善哉！」辭其交遊，去其弟子，逃於大澤，衣裘褐〔三〕，食杼栗，入獸不亂群，入鳥不亂行。鳥獸不惡，而況人乎！

郭注：患害生於役知以奔競。木伐井竭，才之害也。夫察焉小異，與衆爲迕；混然

〔一〕直：原作「真」，據四庫本改。
〔二〕狂：四庫本作「往」，訛。
〔三〕裘褐：四庫本作「褐裘」，倒。

大同，無獨異於世矣。故昭昭者，乃冥冥之迹也。將寄言以遺迹，因陳、蔡以託意。恃功名以爲己成者，未之嘗全。功自衆成，故還之。道昧然而自行，彼皆居然自得此行，非由名而後處之。無心而動，功自彼成，故勢不在我，而名迹皆去。恣情任彼，彼各自當，其責寂泊無懷，乃至人也。辭交遊，去弟子，取其棄人間之好，若草木之無心，故鳥獸無所畏。蓋寄言以極推至誠之信，任乎物而無受害之地也。

吕注：翂翂翐翐則雖紛而不亂，似無能而非無能。引援而飛，迫脅而棲，則躊躇不得已於動止之間也。進不敢先，退不敢後，無出而陽，無入而藏也。食不先嘗，又取其緒，處乎不爭之地也。行列不斥，人不得害，則群於人之道也。知功名之成必有虧，而去之以還與衆人，此大成之人所爲也。道流而不明居，則人莫見其功。得行而不名處，則人莫聞其名，得則德也。純常比狂，猖狂妄行也。不爲功名，還與衆人也。此所謂有道者能以有餘奉天下也。陳、蔡之厄，所以處之，非不足於此，亦知之所無奈何耳。學仲尼者，苟不知有所謂行列不斥，與鳥獸之可入，則不至於揭日月而行，而爲功名之所累者幾希。

疑獨注：大成之人，指老子。去功與〔一〕名，還與衆人，此所以不隳不虧也。道流於

〔一〕與：原作「爲」，據四庫本改。

天下而不見其迹，德行於天下而不聞其名，不雜不變，無心若狂，故不責於人而人亦無責，此至人之道也。至人不欲名聞於人，子何喜於名也？夫子於是辭交遊，去弟子，逃於大澤，衣褐食杼，盡棄人間之好而求物外之理，鳥獸爲之柔馴，況於人乎！

碧虚注：鳥名意怠，取其無鶱翥之心。引援而飛，食取其緒，言避害之深也。今孔子飾知以删《詩》、《書》，脩身以定《禮》、《樂》，昭如日月，衆人師仰。有如直木甘井，先遭伐竭。伐功矜名，必無全者，故神人無功，其功歸民；聖人無名，其名歸臣。道氣流布，何嘗彰顯，至人所居，得行其道，而民不見其迹也。純常比狂，天之君子，人之小人也。削除聖迹，則無功矣。捐棄權勢，則無名矣。緣飾知以驚愚，故有陳、蔡之厄也。於是孔子辭交去徒，逃於大澤，亦猶意怠之迫脅而棲，行列不斥，鳥獸不惡，而況人乎！

鬳齋云：意怠，燕也。迫脅而棲，言近人爲巢。不斥，不多。各依人家，故外人不得害之。順道而行，黯然自晦，故曰道流而不明。所居得行其志，不以聲名自高，故曰居得行而不名處。純常，一也。狂若無心，不爲功名，人我無責，無迹而化也。至人欲無聞於世，子何以名爲喜乎？末〔一〕後數語，與列子食豕如食人意同。

〔一〕末：四庫本作「未」，訛。

「道流而不明居，得〔一〕行而不名處」二句，停勻分讀，義自顯然。郭氏乃於明字下著注，故後來解者不越此論，唯吕氏、疑獨二家從居從處爲句。蓋得當是德，名應是明，庶與上文義協。言道德流行，無往不在，但不欲自顯其道德，以取伐竭耳。純常比狂，彼此無責〔二〕，故能入獸不亂群，入鳥不亂行，此孔子服膺大成之言而洗心藏密之效也。故標示後世以爲規戒焉。

孔子問子桑雩曰：「吾再逐於魯，伐樹於宋，削迹於衛，窮於商周，圍於陳蔡之間。吾犯此數患，親交益疏，徒友益散，何與？」子桑雩曰：「子獨不聞假人之亡與？林回棄千金之璧，負赤子而趨。或曰：「爲其布與？赤子之布寡矣。爲其累與？赤子之累多矣。棄千金之璧，負赤子而趨，何也？」林回曰：「彼以利合，此以天屬也。」夫以利合者，迫窮禍患害相棄也；以天屬者，迫窮禍患害相收也。夫相收之與相棄亦遠矣。且君子之交淡若水，小人之交甘若醴；君子淡以親，小人甘以絶。彼無故以合者，則無故以離。」孔子曰：「敬聞命矣！」徐行翔佯而歸，絶學捐書，弟子無挹於前，其愛益加進。異日，桑雩又曰：「舜之將

〔一〕得：四庫本作「德」，訛。

〔二〕責：朱本、李本並作「貴」，訛。

死，真冷禹曰：『汝戒之哉！形莫若緣，情莫若率；緣則不離，率則不勞；不離不勞，則不求文以待形；不求文以待形，固不待物。』」

郭注：君子之交，無利故淡，道合故親。小人之交，飾利故甘，利不可常，故絶。無故而自合者，天屬也；合不由故，則故〔一〕不足以離之。有故而合，必有故而離矣。其愛益加進，去飾任素也。因形率〔二〕情，故不矯之以利。形不假故常全，情不矯故常逸。任朴直前，故常足也。

呂注：學孔子而不知有所謂天屬，唯學與書之爲務，則所以交於天下者皆人合而已。形莫若緣，緣則不離而合矣。情莫若率，率則不勞而逸矣。不離不勞，則任其質之自然而性分已足，奚用求文以待形哉！不求文以待形，則不待物宜矣。此絶學捐書之尤至者也。

疑獨注：以勢交者，勢窮則離；以利合者，利窮則散。唯父子兄弟，天屬也。其相親之道，尤見於窮禍患害之時，故太史公曰：「疾痛未嘗不呼父母。」《詩》曰：「死喪之戚，兄弟孔懷。」故假人之亡國，林回不以千金之璧爲利而以赤子爲愛，出乎天性之自然，蓋其

〔一〕則故：此二字四庫本無，脱。

〔二〕率：四庫本作「卒」，訛。

始無所因而合，今亦無所因而離也。君子以道交，故淡；小人以利交，故甘。道交之與天屬，其致一也。孔子犯患之後，交徒益散者，其始有故而合，亦有故而離也。舜之將死，以其真道命令禹曰「形莫若緣」，不以心使形也；「情莫若率」，不以物忤情也。形緣則不離，情率則不勞。故無文而反質，無物而自足矣。

碧虛注：天屬淡以親，利合甘以絕。無故以合，所以親；有故以合，所以絕。孔子絕學捐書，弟子加進；去其利合，留其天屬也。舜之將死，以真道清泠曉悟禹曰：「形屬外，因物而順之；情屬內，自率而領之。物順則合，自領則逸。既合且逸，豈假文采以待形用？固不須外物之附己也。」外物，謂親交徒友輩。

鬳齋云：泠，音零，曉也，以真道〔一〕告之。緣，謂因其自然。率，謂循其自然。不離，與道爲一也。形，指我。文，指身外之物。不以身外之物待我。待，猶宴客曰待。不以身外爲文華，則不待於物，此不待不資之也。

天屬相收，出乎自然，無故而合也；利合相親，出乎使然，有故而合也。以夫子之

〔一〕道：四庫本作「君」，訛。

交〔一〕徒比林回之赤子，則有故無故可見。淡親甘絶，又爲世道汎言之，此相收相棄之所以分也。夫子既悟，歸而絶學，以至於無爲，捐書而究其所以跡〔二〕。弟子無揖遜之禮而相忘於前，其愛益加進，則去飾任真皆天屬也，奚獨父子而後爲至親耶？形緣而不離，則己常存。情率而不勞，則性常逸。所謂我者得矣，又何待乎禮文，何資乎外物哉！

〔一〕交：朱本、李本並作「友」。
〔二〕跡：此字朱本、李本並無。

南華真經義海纂微卷之六十二

武林道士褚伯秀學

山木第三

莊子衣大布而補之，正緳係履而過魏王。魏王曰：「何先生之憊邪？」莊子曰：「貧也，非憊也。士有道德不能行，憊也；衣弊履穿，貧也，非憊也。此所謂非遭時也。王獨不見夫騰猿乎？其得柟梓豫章也，攬蔓其枝而王長其間，雖羿、蓬蒙不能眄睨〔一〕也。及其得柘棘枳枸之間也，危行側視，振動悼慄。此筋骨非有加急而不柔也，處勢不便，未足以逞其能也。今處昏上亂相之間，而欲無憊，奚可得邪？此比干之見剖心徵也夫！」

郭注：遭時得地，則申〔二〕其長枝，雖古之善射，莫之能害。勢不便而強爲之，則受

〔一〕眄：四庫本作「眤」，訛。

〔二〕申：四庫本作「伸」，通。

戮矣。

呂注：明雖放言若此而不見害者，虚己以遊世之證也。

疑獨注：大，麤也。緳，履帶。履壞，故以帶係之。魏王歎先生之憊，莊子答以是貧非憊，乃引騰猿自喻，得柟梓豫章猶君子之得時；今處柘棘枳枸之間，謂遭昏主亂相，雖欲不憊不可得也。如欲强以直言行道，比干之見剖心，徵驗昭然也。

碧虚注：無行干人謂之憊，不遇固窮謂之貧。夫騰猿之處木也，得勢則王長，處難則危行。人處昏亂之世，而欲逞英材〔一〕，召患必矣。

鬳齋云：攬，把也。蔓，纏繞。「不柔」上著加急字，其狀猿尤精。結以「徵也夫」三字，亦奇。

外利禄而守志曰〔二〕貧，無所守而氣餒曰憊。貧者士之常，憊者士之喪。故南華於一字之間，必正其名，所以欲充其實也。騰猿之喻，夫豈得已？意在柟梓柘棘之分，以形容其不遭時耳。觀南華所對，可謂確乎其尚志者矣。吁！士抱道而不遇賞

〔一〕材：原作「林」，據四庫本改。

〔二〕曰：原作「者」，據朱本、李本、四庫本改。

音，何代而非魏王耶？然心廣體胖，足以勝之，則亦何貧憊之有！

孔子窮於陳蔡之間，七日不火食，左據槁木，右擊槁枝，而歌猋氏之風，有其具而無其數，有其聲而無宫角，木聲與人聲，犁然有當於人之心。顔回端拱還目而窺之。仲尼恐其廣己而造大也，愛己而造哀也，曰：「回，無受天損易，無受人益難。無始而非卒也，人與天一也。夫今之歌者，其誰乎？」回曰：「敢問無受天損易。」仲尼曰：「飢渴寒暑，窮桎不行，天地之行也，運物之泄也，言與之偕逝之謂也。爲人臣者，不敢去之。執臣之道猶若是，而況所以待天乎！」「何謂無受人益難？」仲尼曰：「始用四達，爵禄並至而不窮，物之所利，乃非己也，吾命有在外者也。君子不爲盜，賢人不爲竊。吾若取之，何哉？故曰：鳥莫知於鷾鴯，目之所不宜處，不給視，雖落其實，棄之而走。其畏人也，而襲諸人間，社稷存焉爾。」「何謂無始而非卒？」仲尼曰：「化萬物而不知其禪之者，焉知其所終？焉知其所始？正以〔一〕待之而已耳。」「何謂人與天一邪？」仲尼曰：「有人，天也；有天，亦天也。人之不能有天，性也。聖人晏然體逝而終矣！」

郭注：天損之來，唯安之，故易。而物之儻來，不可禁禦。於今爲始者，於昨爲卒，

〔一〕以：四庫本作「而」。

則所謂始者即卒矣。言變化無窮，皆自然也。任其自然，則歌者非我也。天地之行，不可逃，偕逝則不識不知，順帝之則，所在皆安，不以損爲損，斯待天而不受其損也。感應旁通爲四達，故可以御高大。物之利己，非求而取之。夫人之生，必外有接物之命，非如瓦石，止於形質而已。盜竊者，私取之；君子之致爵禄，非私取也，受之而已。若鷾鴯之畏人而入於人舍，此所以稱知。況之至人玄同天下，故相與社而稷之，此無受人益所以爲難也。日夜相代，未始〔一〕有極，正以待之，無所爲懷也。凡言天者，皆明其不爲而自然，人亦安能有此自然哉！故曰性。是以聖人晏然無矜，而體與變俱也。

呂注：猋氏之風猶猋氏之頌。木聲、人聲犁然有當於人心，則其心亦槁木槁枝而已。自〔二〕無己而廣之，則是造大，愛之則是造哀也。無受天損易，無受人益難，今則天損而已，安用廣己以造大邪？無始非卒，正以待之；人與天一，晏然體逝而已，安用愛己以造哀邪？知今之歌者，則知所以爲始卒爲天人者，莫不在此矣。天地之行，非人所得止；運物之泄，非人所能閉。無受天損則與之偕逝，不敢以爲損而去之也。執臣之

〔一〕始：此字四庫本無，脱。
〔二〕自：此字上原衍「已」字，今删去。

道，猶不敢去，而況所以待天乎！此無受天損，所以易也。爵禄並至，命之在外者，苟受物所利以爲益，與盜竊何異哉！君子於四達並至之際，以爲物之所利非己也，吾命有在外者，以是不敢受而取之。如鷾鴯之畏人而襲人間，則天下相與社稷之不可去，此無受人益所以難也。化萬物而不知其禪之者，禪之者即不化者也，又惡知其終始哉！有人有天，皆天而已。人之不能有天，性也。此有人之所以爲天，知其爲天則晏然體逝而終矣。

疑獨注：七日不火食，則幾死矣。至於命者，安之而無死地。歌猋氏之風，心樂乎道也。有具無數，則不役於陰陽。有聲無宫角，不役於五行也。孔子恐回聞歌而遂廣己之事以造大意，見厄而遂愛己之生以造哀情，故告以無始非卒，言變易無窮也。合天人以言之。今之歌者誰乎？不知所以然而然也。飢渴寒暑陰陽之患，窮桎不行，亦天時也。天地之行，運物之泄，皆本於陰陽。陰陽於人，不啻父母，是以與之偕逝也。夫臣受命於君，猶不敢去，況受命於天乎！始用四達，言其襲諸人間，無所不通。爵禄並至，修天爵而人爵從之，君子得爵將以利物，豈係於己？吾之命有在外者，謂人益自外至，以至公而受人益，非竊盜〔一〕以取之。凡不能充其類者，皆竊盜也。吾若取之何哉？言受

〔一〕竊盜：四庫本作「盜竊」。

人益而非私也。鷾鴯襲人間，人愛而狎之，故得免害，喻聖人和光同塵，天下樂推而不厭也。化萬物者，化也；禪之者，變也。變化代興，莫知終始，正以待之而已〔一〕。有人中之天，有天中之天。人而不能有天，性而無命也。天而不能有人，命而無性也。性命之理，猶陰陽之不可相無。體逝而終，順性命之理而合天人之變也。

碧虛注：據几擊琴，詠歌古風，孔子恐顔回廣己而造大，愛己而造哀，因告之以人遇飢渴窮桎不憂則易，爵禄勢利不動則難。無始而非卒，言有此命，則有此報，人之所造不異天賜。今歌聲變常，不知所以然也。夫荒旱寒燠，窮塞不通者，天損之也。同彼升降則易，逆之則難。且君命所至猶不可逃，況所以待天乎！爵禄之來，期於利物，非爲己也。命屬乎内，爵禄榮外，亦命也。天下公器，豈私受哉！燕之稱知，能遠害也，擇居之便宜，落實而不顧，避人深也。然而須襲人舍者，以窠巢在焉。孔子自謂窮塞天命故易安，爵禄人事故難却，然歷險難而不忍去者，廬墓在魯故也。且物莫不有始卒，唯盡性命之情者，始卒莫與焉。具形兩間，人也；窮桎爵禄，天也。既與天合，則窮達非人矣。人之不能順天理而妄作，亦性然也。故聖人泊然無情，隨化所往，此達命之至也。

〔一〕已：此字四庫本無，脱。

慮齋云：廣己，尊我也。以尊我之意而求之，則所造無畔岸；以愛我之意而思之，則必至於哀傷。人與天一，言在我者皆天理。今之歌者，亦非我也。無受天損，貧而樂也。無受人益，富不淫也。謂天損之時，不容不安，故易；人益之來〔一〕，欲辭不能，故難。窮桎不行，推之不去；運物之泄，氣數往來，皆天也。君命且不得違，天命其可違乎？此無受天損易也。始用，謂此意纔萌，四達，所向無礙，事隨而集。爵禄外至，亦命使然，故曰：「吾命有在外者。」無功而禄，君子恥之，視如盜竊，然有推不去者，此無受人益難也。鷾鴯，即意怠。畏人而與人相近，居社稷祭祀之地，人自敬而存留之，如燕在人家，人自愛而容之。言處富貴之人，能如鷾鴯之無益無害於人，則亦無譏惡之者。既富貴矣，安得無益無害？此所以爲難。無始而非卒，言不知其始終，但居造化之中，待之而已。人者天所生，故有人，天也。天亦造化爲之，故有天，亦天也。性者，天命之性，此性與生字同。人性生而有，皆得之於天，非人所與也。故聖人處之，安然盡吾身而已。

槁木、槁枝，皆無情之物。歌猋氏風，傷今思古也。廣己而造大，猶云張皇其事。愛己而造哀，鍾情憂戚也。夫天損之來，安之則易；人益之至，辭去則難。孔子嘗謂

〔一〕來：四庫本作「求」，訛。

貧而無怨難，富而無驕易。南華反立説，語意尤奇而於理無悖，此所以度越諸子也。蓋貧而〔一〕無怨難，指俗而言；無受天損易，爲學道者而言。若顔子簞瓢自樂，無受天損易也；王子搜登車仰呼，無受人益難也。蓋天〔二〕損之來，安之在我，不以損爲損，此所以爲易；人益之至，制之有〔三〕尊，不可辭却，此所以爲難。然而〔四〕禍福倚伏，勢若循環，又安知天損之非益，人益之非損乎〔五〕？是以達人視損如益，處窮如通，故不淫不移，死生莫奪也。信知無始而非卒，則何損之能損哉！天人之理，互相因成〔六〕，今之歌者亦非我也，造物使之耳。夫物受天地運化，不啻人臣之從君命，唯抱道在躬者不受其損也。四達並至，命在外者，得之有道，非竊取也，則人益之來，君子亦有時乎受之矣。鷾鴯畏人而〔七〕襲人間，喻處世全身之知。其顧窠巢而不去，猶人守社稷而

〔一〕而：此字朱本、李本並無，脱。
〔二〕天：朱本、李本此字下並有「益」字，衍。
〔三〕有：四庫本作「自」。
〔四〕而：此字朱本、李本並無。
〔五〕「又安知」至「非損乎」：此十四字朱本、李本並無。
〔六〕成：朱本、李本作「乘」。
〔七〕而：此字朱本、李本並無，脱。

不可離也。天地之化物，不覺其變，人當以天合天，安時任化，爵禄窮桎非所介懷〔一〕。人而不能有天，曾鴯鵪之不若也。運物，碧虚照江南古藏本作運化，於義爲優。桎，當是窒，本經多通用。

莊周遊乎雕陵之樊，睹一異鵲自南方來者，翼廣七尺，目大運寸，感周之顙而集於栗林。莊周曰：「此何鳥哉，翼殷不逝，目大不睹？」蹇裳躩步，執彈而留之。睹一蟬，方得美蔭而忘其身；螳蜋執翳而搏之，見得而忘其形；異鵲從而利之，見利而忘其真。莊周怵然曰：「噫！物固相累，二類相召也！」捐彈而反走，虞人逐而誶之。莊周反入，三月不庭。藺且從而問之：「夫子何爲頃間甚不庭乎？」莊周曰：「吾守形忘身，觀於濁水而迷於清淵。且吾聞諸夫子曰：『入其俗，從其俗。』今吾遊於雕陵而忘吾身，異鵲感吾顙，遊於栗林而忘真，栗林虞人以吾爲戮，吾所以不庭也。」

郭注：執木葉以自翳於蟬，而忘其形之見乎異鵲也。目能睹，翼能逝，此鳥之真性也。今見利，故忘之。夫相爲利者，常相爲累，故有欲於物，物亦欲之。誶，問之也。身在人間，世有夷險，若推夷易之形於此世而不度所宜，斯守形而身者也。見彼而不明，即

〔一〕介懷：朱本、李本並作「懷也」。

因彼以〔一〕自見，幾忘反鑒之道。入俗從俗，不違其禁令也。以見問爲戮。夫莊子推平於天下，故每寄言以出意，乃毁仲尼，賤老聃，上掊擊乎三皇，下痛病其一身也。

吕注：觀異鵲之利，而從耳目之好，是守形也。不知有虞人之誶，足以爲辱，是忘身也。動與物交即濁水，静而玄覽即清淵。夫至人之於清淵，未嘗頃刻迷也。而莊子言此者，明虚以遊世，如與魏王言者，雖足以無害，而畏人之所畏，又不可不然也。

疑獨注：樊，籬〔二〕也。感，觸也。蟬得美蔭，所利者小，只忘其身。螳螂捕蟬，有意於得，所惑漸大，故非徒忘身，又忘其形。異鵲又從而利之，志在必得，其惑愈大，性命之理皆忘之矣。世人爲利欲所惑者愈大愈忘，可不謹歟？莊子於此悟而歎曰：「物固相累，二類相召也。」舍彈而回栗林，虞人疑其盜栗，逐而誶之。莊子知物情若此，居家三月，不出户庭。藺且，莊門弟子，疑而問之。答以吾守形而忘身，觀蟬鵲所利而己亦忘其身，觀濁水而迷清淵，以其見彼而反照以此也。夫子，指老子。入俗從俗，和光同塵之義。

〔一〕以：四庫本作「而」。
〔二〕籬：四庫本作「離」，訛。

碧虚注：夫物相爲累而忘其所不忘者，由彼此之感召，故莊子捐彈反走而虞人疑其盜栗也。三月不庭，因虞人辱問，故守形追悔。今乃忘身，悟夫向者覽外境之塵而失内照之明也。夫子，指長桑公，莊子之師。入俗知禁，則遠禍；踐境違令，則招咎。喻孔子涉人世而不免戮辱，皆幸脱烹伐者也。

鬳齋云：翼大不逝〔一〕，目大不睹，逐物而自迷之狀。螳螂與鵲，異類而相召，皆忘形忘真，相累者也。守形養生，言我爲養生之學，忽因逐鵲而忘其身，是以欲而汩其理也。濁水喻人欲，清淵天理也。入國問俗，悞入它人栗園，是違禁也。此言物無小大，有所逐者，皆有所迷，而不自知也。

樊：舊説同「藩籬」之藩，音訓俱遠，兼氣象隘陋，非所宜遊。今依字，以「山樊」釋之。《則陽》篇「夏則休乎山樊」，謂山林茂密之地。三月不庭，《音義》注：「一本作三日。」詳下文「頃間」之語，則「三日」爲當，傳寫小差耳。「從其俗」，碧虚本作「從其令」，元本應是令字，故郭注〔二〕及之，與《禮記》「入竟〔三〕而問禁，入國而問俗」義同。

〔一〕逝：四庫本作「視」，訛。
〔二〕注：此字四庫本無，脱。
〔三〕竟：四庫本作「境」，通。

陽子之宋，宿於逆旅。逆旅人有妾二人，其一人美，其一人惡，惡者貴而美者賤。陽子問其故，逆旅小子對曰：「其美者自美，吾不知其美也；其惡者自惡，吾不知其惡也。」陽子曰：「弟子記之！行賢而去自賢之行，安往而不愛哉！」

郭注：言自賢之道，無時而可也。

呂注：行賢而去自賢之行，所以無往而不愛也。

疑獨注：夫驕盈矜伐，人神之所不與。虛己修理，天下之所樂推。以此而往，孰能距之？

碧虛注：姸美者自驕，故爲人所賤；醜惡者自卑，故爲人所貴。陽子使弟子記其事，欲後世行賢之人去自賢之行也。且美惡二妾，有以見材與不材之間，似之而非矣。

鬳齋云：有賢者之德而無自矜之行，則隨所往而人皆愛樂之。此段與前蟬鵲章，皆是學者受用親切處。

存自賢之行，則美者人猶惡之，況於惡乎！去自賢之行，則惡者人猶愛之，況於美乎！美惡由乎形，愛惡由乎心，貴賤由乎命。形一定而不易，命有時而窮通，心則隨物而變。故其愛惡也無常，至於彼自美惡而吾不知其美惡，則心與物忘，同乎溟涬，然後可以化物矣。彼〔一〕能去賢，此能忘賢，是爲〔二〕不尚賢，所以使民不爭，歸於自化。無爲而〔三〕治，莫大於斯，故用以結《山木》之論〔四〕。

是篇以山木命題，即大樗、櫟社之義，皆以不材得終天年；又以鴈不能鳴而見殺相對立論，則南華之於世諦觀之亦熟矣。夫木以擁〔五〕腫全生，理固然也；而物之壽夭窮通，各係乎命分，所遇不可謂〔六〕例以不材而幸免也。材與不材，俱爲著迹，中間一路猶涉殽〔七〕訛，以其似之〔八〕而非，故未免乎累。必欲離三者而獨立，乘道德以浮遊，與物同波，與時俱化，超物欲〔九〕而無累，去文皮而無災，則建德、大莫之國不在遠求而自至矣。

〔一〕彼：李本作「比」，訛。
〔二〕爲：朱本、李本並作「謂」。
〔三〕而：朱本、李本並作「之」。
〔四〕論：四庫本作「喻」。
〔五〕擁：朱本、李本並作「臃」，通。
〔六〕謂：此字朱本、李本並無。
〔七〕殽：朱本、李本並作「淆」，通。
〔八〕之：朱本、李本並作「是」。
〔九〕欲：原作「祖」，據朱本、李本改。

若虛船之觸舟不怒，賦斂而毫毛不挫，皆以無心待物，物亦以〔一〕無心應之。至論陳蔡之厄不若鷾鴯之知，螳螂蟬鵲不知挾彈乘之，此皆處材而未盡善，故不免乎累也。林回棄璧甘負赤子而趨，帝舜命禹貴形緣而情率，則知尊天屬而不待外物矣。衣大布而過魏王，擊槁枝而歌猋氏，明處貧而非憊，知天損之易安，則人益之來，處之必有道矣。結以行賢而去自賢之行，是超乎材與不材之間而真似者也，故真人不憚諄複，期學者更進竿頭一步云。

〔一〕以：此字朱本、李本並無，脱。

南華真經義海纂微卷之六十三

武林道士褚伯秀學

田子方第一

田子方侍坐於魏文侯，數稱谿工。文侯曰：「谿工，子之師邪？」子方曰：「非也，無擇之里人也。稱道數當，故無擇稱之。」文侯曰：「然則子無師邪？」子方曰：「有。」曰：「子之師誰邪？」子方曰：「東郭順子。」文侯曰：「然則夫子何故未嘗稱之？」子方曰：「其爲人也真，人貌而天虛，緣而葆真，清而容物。物無道，正容以悟之，使人之意也消。無擇何足以稱之！」子方出，文侯儻然，終日不言，召前立臣而語之曰：「遠矣，全德之君子！始吾以聖知之言、仁義之行爲至矣。吾聞子方之師，吾形解而不欲動，口鉗而不欲言。吾所學者，真土梗耳！夫魏真爲我累耳！」

郭注：言東郭順子貌與人同而獨任自然，虛而順物，故真不失。夫清者患於太潔，今清而容物，則與天同。清虛正己，物邪自消。故不欲動，不欲言，自覺其近也。土梗非真物，知至貴者以人爵爲累也。

吕注：其爲人也真，則固人貌而天矣。凡人之心，未始須臾不緣物，真人則虚，緣而葆真；凡人之清，則患於太察；真人則清而容物。物無道，正容以悟之，則所告者不在諄諄之間；使人〔一〕意消，則所改者不在事爲之際。聖知仁義，則言與行而已。如子方之師，則所謂道德也。求諸形而不得，故形解而不欲動；求諸言而不得，故口鉗而不欲言。則〔二〕非學之所及，故知其所學爲土梗耳。夫魏豈不爲我累哉！

疑獨注：凡虚而順物者，多失於無所守；清而拒物者，多失於無所容。世有無道之物，正容以悟之，使人取正於我而邪意自消，《孟子》云「正己而物正」是也。文侯始未悟道，則以聖知之言、仁義之行爲至，及聞子方之師道德若此，遂悟理而忘形忘言，然後知吾向所學者真土梗耳。土梗，猶土苴。知道者一身尚以爲累，況魏國乎！

碧虚注：赤宅七竅，人也；不形好惡，天也〔三〕。虚緣葆真，混俗也；清而容物，天合也。正容悟物，以身率導也；使人意消，方寸之地虚矣。聖知仁義，名教也；子方之師，

〔一〕人：四庫本作「之」，訛。
〔二〕則：四庫本作「此」。
〔三〕也：四庫本作「地」，訛。

道德也。悟所學爲土梗，因真而别妄也；知魏國爲我累，有大物者難忘也。

虙齋云：雖人貌而具自然天德，虚心而順物。未嘗動其心曰「葆真」。清則易離物，而能容之，言其大也。人有非道，動容貌而使之自悟，消其不肖之心。形解口鉗，言其自失。以有國爲累，故未得深究無爲自然之道也。

褚氏管見云：名所以彰德，外學也；内學則以爲累德。故凡學道之人爲世所稱者，皆未能無迹，非德之全。若東郭順子，其徒猶未嘗稱之，世人又安能窺其萬一？特因文侯之問，遂言大略。其爲人也，人貌而天，謂外同光塵而内不虧其自然之德〔一〕。虚緣則無爲也，而能混迹以葆真；清則忤俗也，而能恢度以容物。正容以悟〔二〕，此爲容之之道；使人意消，則德博而化。容之在我，其化在彼，此人所難能者，而順子能之，非唯不待乎稱揚，而亦不可得而稱揚也。聖知之言，仁義之行，脩其外者耳。子方之師之德，足以使人内化〔三〕。文侯聞風而悟，至於形解口鉗，亦可謂速化者矣。悟所學

〔一〕德：朱本、李本並作「得」，通。
〔二〕悟：朱本、李本此字下並有「人」字。
〔三〕化：李本作「外」，訛。

爲土梗，則知絶學爲全真；悟魏國爲身累，則知無〔一〕位之可久。此〔二〕使人意消之良驗也，又況於親炙規誨者乎！其爲人也真，疑此真字爲〔三〕冗，下文有之，誤加於此，詳文義可見〔四〕。

温伯雪子適齊，舍於魯。魯人有請見之者，温伯雪子曰：「不可。吾聞中國之君子，明乎禮義而陋於知人心，吾不欲見也。」至於齊，反舍於魯，是人也又請見。温伯雪子曰：「往也蘄見我，今也又蘄見我，是必有以振我也。」出而見客，入而歎。明日見客，又入而歎。其僕曰：「每見之客也，必入而歎，何邪？」曰：「吾固告子矣：『中國之民，明乎禮義而陋乎知人心。』昔之見我者，進退一成規、一成矩，從容一若龍、一若虎，其諫我也似子，其道我也似父，是以歎也。」仲尼見之而不言。子路曰：「吾子欲見温伯雪子久矣，見之而不言，何耶？」仲尼曰：「若夫人者，目擊而道存矣，亦不可以容聲矣。」

郭注：進退成規矩，從容若龍虎，盤辟其步，委蛇其迹也。諫我似子，道我似父，禮

〔一〕無：朱本、李本並作「忘」。
〔二〕此：此字朱本、李本並無。
〔三〕爲：此字四庫本無。
〔四〕「其爲人」至「文義可見」：此數句朱本、李本並無。

義之弊有斯飾也。見之而不言，已知其心矣。目裁往，意已達，無所容其德音也。

呂注：進退成規成矩，則威儀詳於折旋之間；從容若龍若虎，則機變出於燕閑之際。諫我似子，道我似父，則非得我於眉睫之間，此所謂明於禮義而陋於知人心者也。禮學之弊如是，魯人則尤甚者。夫東郭順子正容以悟物，温伯雪子目擊而道存，則古之聖賢所以相與者，如是其微邪！

疑獨注：禮義出於人心，知禮義之迹而不知其本，故陋於知人心，但見其進退威儀之間耳。其諫之則如至親，其教之則如至嚴，文勝之弊一至于此，温伯雪子所以屢見〔一〕而屢歎也。若夫仲尼見之則目擊道存而不容聲，由是知見於言語威儀之間皆其粗者也。

碧虛注：明乎禮義，謂進退規矩，威儀槃辟也。陋於知人心，謂諫我似子，道我似父也。心契常道，則目擊而妙〔二〕存，其可道者禮義容聲而已矣。

鬳齋云：規矩有法度，龍虎成文章，諫我似子，道我似父，交淺言深也。目擊道存，即正容悟物之意。

〔一〕見：四庫本作「諫」，訛。
〔二〕妙：四庫本作「道」。

言所以在意〔一〕，得意而言可忘。禮所以接誠，誠至而禮可薄。故先聖〔二〕教人，務脩其〔三〕實，而文非所尚也。則夫進退從容，諫我道我者，形諜成光，去道愈遠，謂之陋乎知人心也宜矣。昔韋鼎請見文中子，子三見而三〔四〕不言，恭恭若不足。鼎出謂門人曰：「夫子得志於朝廷，有不言之教，不殺之嚴矣。」是亦庶〔五〕乎目擊〔六〕道存之義云。

顔淵問於仲尼曰：「夫子步亦步，夫子趨亦趨，夫子馳亦馳，夫子奔逸絶塵，而回瞠若乎後矣！」夫子曰：「回，何謂邪〔七〕？」曰：「夫子步，亦步也；夫子言，亦言也；夫子趨，亦趨也；夫子辯，亦辯也；夫子馳，亦馳也；夫子言道，回亦言道也；及奔逸絶塵而回瞠若乎後者，夫子不言而信，不比而周，無器而民滔〔八〕乎前，而不知所以然而已矣。」仲尼曰：「惡！

〔一〕意：李本作「義」，訛。
〔二〕先聖：朱本、李本並作「聖人」。
〔三〕其：此字朱本、李本並無。
〔四〕三：此字朱本、李本並無。
〔五〕庶：朱本、李本並作「席」，訛。
〔六〕擊：朱本作「繫」，訛。
〔七〕邪：四庫本作「也」。
〔八〕滔：四庫本作「蹈」。

可不察與！　夫哀莫大於心死，而人死亦次之。　日出東方而入於西極，萬物莫不比方，有目有趾者，待是而後成功，是出則存，是入則亡。　萬物亦然，有待也而死，有待也而生。　吾一受其成形，不化以待盡；效物而動，日夜無卻，而不知其所終；薰然其成形，知命不能規乎其前，丘以是日徂。　吾終身與汝交一臂而失之，可不哀與？　汝殆著乎吾所以著也。　彼已盡矣，而汝求之以爲有，是求馬於唐肆也。　吾服汝也甚忘，汝服吾也亦甚忘。　雖然，汝奚患焉！　雖忘乎故吾，吾有不忘者存。」

郭注：心以死爲死，乃更速其死；其死之速，由哀以自喪。　無哀則已，有哀則心死者，乃哀之大也。　萬物莫不比方，皆可見也。　目成見功，足成行功，直以不見爲亡耳。　待隱謂之死，待顯謂之生，竟無死生也。　夫有不得變而爲無，一受成形，則化盡無期。　動自無心，其化常新，不以死爲死也。　薰然成形，又奚爲哉！　知命不係於前，而與變俱往，不可留也。　雖執臂相守，不能令停，若哀死者則此亦可哀，而人未嘗以此爲哀何邪？　唐肆非停馬處，言求向者之有不可復得。　人生若馬之過肆，無駐須臾，新故相續，不舍晝夜。汝殆見吾所以見者日新也，故已盡矣。　汝安得有之？　服者，思存之謂〔一〕。　甚忘，謂過

〔一〕謂：四庫本作「爲」，訛。

去之速，言汝去忽然，思之常若不及。俱爾耳，不問賢聖，未有得停者。不忘者存，謂繼以日新。雖忘故吾，新吾已至，未始非吾，吾何患焉！故能離俗絶塵，與物無不冥也。

吕注：步也，趨也，馳也，可追而及也。至於不言而信，不比而周，無器而民滔〔一〕乎前，則不知所以然而已。故以譬奔逸絶塵，而回瞠若乎後矣。心未嘗死者，不知有死也，則心死而後人死次之，此哀莫大者也。日之出東入西，物莫不比方，而獨有目有趾者待是而成功，是出則存，是入則亡，而日未嘗有存亡也。物有待而死生，而所待者未嘗有死生也，則吾之所以不言而信，不比而周，無器而民滔乎前者，終以是而已。使吾一受其成形，不化以待盡，效物而動，日夜無隙，則與萬物皆有待而生，其能體所待以至於不知其然邪！以是日徂，則非不化以待盡，可不哀與！則哀莫大也。汝求吾所以奔逸絶塵之處而莫得，是殆著乎吾所以著，而不見乎吾所以不著也。人心操存舍亡，孰有所以著而可著乎！是彼已盡矣，而汝求之以爲有，與求馬於唐肆何異？唐與肆，馬之所閲而非馬所居也。吾服汝也甚忘，則所謂吾者無有；汝服吾也亦甚忘，則〔二〕所謂汝者無有。然

〔一〕滔：四庫本作「蹈」，本段下同。

〔二〕則：四庫本作「其」，訛。

汝奚以甚忘爲患哉！雖忘乎故吾，吾有不忘者存，則所謂奔逸絶塵者可見矣。

疑獨注：夫子奔逸絶塵而回瞠若乎後，所謂瞻之在前，忽然在後也。不言而信，誠所化也。不比而周，非親人而人自忠愛之。無治民之具而民自治乎前，不知所以然而然也。夫至於命者，知乎晝夜之道，達乎死生之理，故有形死而心不死者。哀莫大於心死，非不亡之死，人死者形化而心不化也。日之出東入西，萬物莫不附麗，凡具形體者皆待陰陽而後成功。出爲陽，故存；入爲陰，故亡。萬物皆有待而死生，舉不逃乎此也。唯無死生，則無所待矣。一受其成形，不化以待盡，待盡，無所待也。此孔子無生無死也。日夜無郤，合陰陽爲一體；效物而動，無心以順物。不知其所終，不以死爲死，薰然而成形，不以生爲生也。日徂，言與化俱往。交一臂而失，言造物之驅〔一〕人，百年一瞬耳。人知以死爲哀，而不知此理尤可哀也。著，明也。唐肆，鬻馬非停馬處，言欲求向者之有不可復得，猶藏舟藏山而夜半有負之而走者，所以見者日新也。若夫故者已盡矣，安得有之？吾服汝也甚忘，使汝忘吾；汝服吾也亦甚忘，使吾忘汝。服，猶思也。吾有不忘者存，繼之以日新也。

〔一〕驅：四庫本作「生」。

碧虛注：超逸絶塵，喻妙理卓絶，應變無窮。夫迹之滯礙，形之變化，猶可還復；若乃靈府不虛，趨死不反，哀莫大焉。心死者，執著自喪之謂。蘧伯玉行年六十而知五十九非者，其心活耳。日〔一〕之出没不已，比物之生化不停，觀者非日莫〔二〕見，履者非日莫行。目得日新之妙則視不眊，趾得日新之妙則履不蹶，是曰成功也。日出則萬類皆見，日入則萬類皆晦，萬類有休王之數，死生各有日，唯逃乎數者無所係待也。仲尼知死生有命，故上不逆造化，下不期所盡，效物而動，物攖亦攖，日夜無郤，心無間斷而不知所終。有終，則間斷也。陰陽之氣，薰然成形。若規度前事，則悖於天理。是以聖人常保日新，期至則往。且吾汝相與交臂之頃已成陳迹，有志之士寧不慨然？吾所以顯著外化也。汝殆庶幾於此而彼已盡矣，奚足論哉！吾之一〔三〕不化者，則非汝所及，故瞠若乎後矣。日新之妙，百姓日用而不知，以其無迹也。而汝求之以爲有，是求馬於唐肆，唐肆豈停馬之所哉！吾汝相服甚忘，即不貴其師，不愛其資之義。師資兩忘，吾汝何患！忘乎故吾，身非我有也。有不忘者存，道無不在也。

〔一〕日：四庫本作「目」，訛。

〔二〕莫：四庫本作「不」。

〔三〕一：四庫本作「以」，訛。

鬳齋云：心死，喻無所見，生而無所見，尤甚於死，故哀莫大焉。比方，可數也。日出日入，言自朝至暮。有目有趾，群動之物，必待日而後事可爲。人事之存亡，係日之出入。萬物有待於道，猶人事之待乎日也。人受形，則此道在身，無所遷變。效物而動，無所容心。無卻，無間斷。言此身無非和順之理。雖知事物無非命，而不以命爲規度也。日徂者，與之俱往。交一臂，並立也。吾終身與汝周旋，而汝未得此道，汝但見吾所可見，而不知有不可見者。道必至於無而後盡，汝以有求之，所以見不到盡處。唐，無壁屋。《詩》云：「中唐有甓。」唐肆，今之過路亭。求馬於唐肆，刻舟求劍之意。極其不可知，曰甚忘。服，行也。吾與汝之所行，又極其不可知；汝與吾之所行，亦必極其不可知。謂此事我與汝説不得，必至於忘言而後盡。汝雖未至於此，亦何〔一〕患焉！汝既知有奔逸絶塵，一解未盡，到汝能忘其故吾之時，雖與今〔二〕所見不同，而己之不忘者仍在，謂見到無處方盡，依舊只是有時道理也。

孔子奔逸絶塵而回瞠若乎後，即楊子所謂「顔苦孔之卓也」。聖人之心，湛如止

〔一〕何：原作「可」，據四庫本改。
〔二〕今：四庫本作「昔」。

水，物來斯燭，潛應所感，是謂與物爲春，日夜無郤〔一〕者也。若其心死，則枯槁絶物，滯於頑空，沉淪幽寂，莫使復陽，故哀莫大焉。既心死而不復陽，則人死亦隨之矣。日有出入，以喻物有死生。有目，當是有首，《天地》篇：「有首有趾、無心無耳者衆。」有首有趾，謂凡戴天履地之人，是指造化。物之存亡係於造化之出入，所謂有待者也。日徂，則與化俱往。吾與汝共處一生之中，若交臂而過，頃刻失之，可不哀與！汝殆見乎吾所以見，特窺其迹〔二〕。陳迹已化，而汝求之以爲有，是求馬於唐肆也。唐肆，鬳齋説爲近。又疑當時闤闠有此名，如京師馬行〔三〕樊樓之類，要亦不必深究。吾服汝也甚忘，謂吾思汝之前事已俱化矣。汝之思吾亦然。此古今聖賢愚知所共，非可以計力免，但當委而〔四〕順之，知有不忘〔五〕者存足矣。竊觀此章問答，極於出生入死〔六〕

〔一〕郤：朱本、李本作「隙」。
〔二〕迹：此字朱本、李本並無，脱。
〔三〕行：朱本、李本並作「竹」，訛。
〔四〕而：此字朱本、李本並無。
〔五〕忘：朱本、李本並作「亡」，通。
〔六〕出生入死：朱本、李本並作「出入死生」。

造化推遷之理，先儒所未發明，群弟子所不可得聞者也。唯顔子優入聖域，故夫子以此告之。再詳交臂而失一語，有以見拳拳於道義之間，情均天屬，德意薰〔一〕然，惜〔二〕夫化機之不可停，群生〔三〕之不可常也。然而知有不忘，則大者常〔四〕存，非化所役，去來見在無得而間之。前所云者，特其〔五〕涉世之迹耳，豈足以窺聖賢之藴哉！

〔一〕意薰：意，李本作「音」，訛。薰，朱本、李本並作「熏」，通。
〔二〕惜：此字朱本、李本並無，脱。
〔三〕生：原作「居」，據朱本、李本改。
〔四〕者常：原作「常者」，據朱本、李本改。
〔五〕其：此字朱本、李本並無。

南華真經義海纂微卷之六十四

武林道士褚伯秀學

田子方第二

孔子見老聃，老聃新沐，方將被髮而乾，慹然似非人。孔子便而待之。少焉見，曰：「丘也眩與，其信然與？向者先生形體掘若槁木，似遺物離人而立於獨也。」老聃曰：「吾遊心於物之初。」孔子曰：「何謂邪？」曰：「心困焉而不能知，口辟焉而不能言，嘗爲汝議乎其將：至陰肅肅，至陽赫赫。肅肅出乎天，赫赫發〔一〕乎地，兩者交通成和而物生焉。或爲之紀，而莫見其形。消息滿虛，一晦一明，日改月化，日有所爲，而莫見其功。生有所乎萌，死有所乎歸，始終相反乎無端，而莫知其所窮。非是也，且孰爲之宗！」孔子曰：「請問遊是。」老聃曰：「夫得是，至美至樂也。得至美而遊乎至樂，謂之至人。」孔子曰：「願聞其

〔一〕發：四庫本作「出」。

方。」曰：「草食之獸不疾易藪，水生之蟲不疾易水，行小變而不失其大常也，喜怒哀樂不入於胸次。夫天下者，萬物之所一也。得其所一而同焉，則四肢百體將爲塵垢，而死生終始將〔一〕爲晝夜，而莫之能滑，而況得喪禍福之所介乎！棄隸者若棄泥塗，知身貴於隸也，貴在於我而不失於變。且萬化而未始有極也，夫孰足以患心！已爲道者解乎此。」孔子曰：「夫子德配天地，而猶假至言以脩心，古之君子，孰能脱焉！」老聃曰：「不然。夫水之於汋也，無爲而才自然矣。至人之於德也，不脩而物不能離焉，若天之自高，地之自厚，日月之自明，夫何脩焉！」孔子出，以告顔回曰：「丘之於道也，其猶醯雞與！微夫子之發吾覆也，吾不知天地之大全也。」

郭注：慹然似非人，寂泊之至，無其身心，而後外物去。初者未有，而倏有遊於物初，然後明物之不爲而自有也。心困口辟，欲令仲尼求之於言意之表。試議陰陽，以擬之出天發地，言其交也。莫見爲紀之形，而未嘗守故，明其自爾，故無功也。生萌於未聚，死歸於散，所謂迎不見首，隨不見後。至美無美，至樂無樂也。死生亦小變，知小變而不失大常，故喜怒哀樂不入於胸次。知身貴於隸，故棄若遺土。苟知死生皆我，則所

〔一〕將：四庫本作「相」。

貴者我而我與變俱，故無失也。已爲道者解乎此，所謂懸〔一〕解也。老聃謂天地日月皆不脩爲而自得，孔子謂比吾全於老聃，猶甕中之與天地也。

呂注：未始有物，則起居語默，孰非遊於物之初！心困焉則非知所能知，口辟焉則非言所能言，議乎其將，非其至也。夫陰陽交通成和而物生焉。遠之爲歲，近之爲日；外而萬物，内而一身，莫不有是也。或爲之紀，莫見其形，消息改化，以是而已；生萌死歸，始終無端，亦以是而已。則向所謂物之初者，殆是也。天下之所美所樂，非美樂之至，得此而後爲至美至樂也。獸之易藪，魚之易水，此其小變而不失藪水〔二〕之大常，得是而遊之者，天下莫不一而同焉。則死生莫之能滑，況得喪禍福之所介乎！知身貴於隸，則貴在我，雖有小變，豈以所賤而失吾所貴哉！萬化無極，亦奚足以累吾心！已爲道者，解乎此故也。

疑獨注：物之初，謂未有氣質之前，試議其將，難以盡言也。肅肅，北方之氣；赫赫，南方之氣。大呂，陰聲，生於巳，是出乎陽也。黄鍾，陽聲，生於亥，是出乎陰也。陰陽之

〔一〕懸：此字四庫本無，脱。
〔二〕藪水：四庫本作「水藪」。

中，各有沖氣，以爲和而物生焉。物得以生，不知其紀，而莫見陰陽之形。消息盈虚，至日有所爲，總言陰陽變化之理。生出於不生，此其所萌也。死入於不死，此其所歸也。非是陰陽也，孰爲之主哉！天下之至美無美，至樂無樂，故所得日新，所玩無故，得在己之至美，而遊乎物之至樂，可謂至人矣。死生，小變；道，大常也。獸易藪，魚易水，猶人處大道之中，隨變任化，未始非我也。以死生爲小變，則喜怒哀樂何足介懷！天下者萬物所同，得其所同，則死生莫能滑，況得喪禍福乎！聖人以道爲貴，其次貴身，則有患矣；人皆知身貴於隸，而不知身爲大患；知道貴於身，則貴常在我，而死生不得與之變，天地之間，萬化無極，何足以累乎心！唯有道者能解乎此。孔子既聞至言，復問老子德配天地，猶未能忘言，何也？老子告以水之於汋，至人之於德，天高地厚，日月之明，皆本於自然，又何脩焉！謂吾雖有言，猶無言也。

碧虚注：槁木遺物，謂其藏精藴神。離人立獨，謂其喪耦入寥。遊於物初，未始出其宗也。擬知而心已困，欲言而口又辟，離心忘言，斯近之矣。夫肅陰之氣，降乎下；赫陽之氣，昇乎上。二儀通和，萬物妙化，謂其有綱紀也，而不睹其形兆。消息有數，晦明有常，謂其有造爲也，而不睹其功用。生則萌於恍惚，死則歸於窅冥。無端則莫知其始，無窮則莫知其終。若非此道，何物爲之宗主邪？孔子又問遊學於忘言之道。夫學道詎有所得，得其性之至美至樂而已。其於死生也，猶獸之易藪，魚之易水，暫爾小變，又何患焉！夫天下者旁礴萬物而爲一，自其同者視之，則己之百體，猶臭腐也。此之死生猶寤寐也，況其它乎？故視執御與軒冕，猶易水易藪耳，所謂外化而内不化者也。貴在於我，未始非吾，其樂無涯，詎復有患？譬〔一〕水之汋，挹而善利，豈有所造爲？至人之德業廣被，豈有所脩治？猶天高地厚，日月之明，何假脩焉！是以夫子自喻以瓿蠓去覆，而識天地之大全也。

鬳齋云：立於獨，言超乎世表。物之初，無物也。陰陽發乎天地，四句只是一陰一陽之謂道。交通成和，即獨陰不生，獨陽不成。似有物爲之紀而莫見其形，消息晦明，日有所爲而莫見其功，始終無端，皆言造物也。至美至樂，贊道之妙。魚獸雖易水易藪而水草不失，猶人同此天下，豈能自異？知其一出於天而莫不同，則死生且不能滑，況禍福乎！僕隸去來，棄如泥塗，以我貴而彼賤也。若知道之可貴，實在於我，則外物之變，豈能失我之至美至樂哉！世間萬化無極，又何足爲心累！但愚俗不解，唯己與道合者方曉此耳。至言，指前文，謂老子猶不能離言語以脩心，孰能免此！答以江河之水，汋

〔一〕譬：四庫本作「壁」，訛。

之而不竭者，以其本質無爲而自然也。至人之德與天地日月，亦自然而已，又何容力乎！

物初者，無名，天地之始，即太極也。肅肅出天，赫赫出地，即太極動而生陽，動極而静，静而生陰，静極復動，循環無端。似有物爲之紀而莫見其形，即所謂上知造物無物，下〔一〕知有物之自〔二〕造也。明夫〔三〕物初，則知己之初，以至天地之初，亦若是而已。得是至美而遊乎至樂，斯爲人道之至也。夫物之生死〔四〕，有萌有歸；人之生死，可不深究。小變謂生死，大常不壞也。不壞者，一靈之本，静而曰性，含虚空爲〔五〕有餘；動而曰心，入塵垢爲不足〔六〕。達斯理者，涉變而通，知常曰明。其存也如月在水，其化也如風行空，何易水易藪之足慮哉！天下者萬物之所同，則四肢百體，豈吾獨

〔一〕下：朱本、李本並作「不」，訛。
〔二〕自：此字朱本、李本無，脱。
〔三〕夫：四庫本作「乎」。
〔四〕生死：朱本、李本並作「所生」。
〔五〕爲：朱本、李本作「而」。
〔六〕爲不足：朱本、李本並作「無不」，脱且訛。

有！知隸賤可棄，而身貴常存，則何得喪禍福之能滑！夫水之於清，性自然也，喻至人之德無假脩爲，而物自歸之。天職生覆，地職形載，主教化者聖人之職，斯其所以爲大全也歟？此章要旨在生萌死歸，而先聖於此多不明言，欲人反而求之，充其真，見之實，然後不爲死生轉移。且人處生死之間，上知下愚〔一〕無得免者，生圖厚養，死圖厚〔二〕葬，比比皆然，而〔三〕罔知萌所歸之何如也。夫欲知其所歸，必當究其所萌，乍聞此言，若茫然無致力處，研窮經意，互有發明。

南華亦嘗有云：「察其始也本無生，非徒無生，而又無形無氣。雜乎芒芴〔四〕之間，變而有氣，氣變而有形，有生，生又變而之死，是相與爲四時也。」又云：「善吾生者，所以善吾死。」則先聖不言之祕，真人已詳言之，人患不求耳！是道也，可以心會，而不可以言盡，即禪家究竟父母未生已前，風火既散已後，雖因師指而入，終焉直須自悟，

〔一〕愚：李本作「遇」，訛。

〔二〕厚：原作「後」，據朱本、李本、四庫本改。

〔三〕而：此字朱本、李本並無。

〔四〕芒芴：朱本、李本並作「茫忽」，通。

所謂説破即不中是〔一〕也。學者勉之！

莊子見魯哀公。哀公曰：「魯多儒士，少爲先生方者。」莊子曰：「魯少儒。」哀公曰：「舉魯國而儒服，何謂少乎？」莊子曰：「周聞之：儒者冠圜冠者，知天時；履方屨者，知地形；緩佩玦者，事至而斷。君子有其道者，未必爲其服也；爲其服者，未必知其道也。公固以爲不然，何不號於國中曰：『無此道而爲此服者，其罪死！』」於是哀公號之五日，而魯國無敢儒服者。獨有一丈夫，儒服而立乎公門。公即召而問以國事，千轉萬變而不窮。莊子曰：「以魯國而儒者一人耳，可謂多乎？」

郭注：德充於内者，不修飾於外。

吕注：莊子數假孔子問學於老聃之徒，以明所謂聖知者非至道之盡也。此言不發，則學者無以知尊孔子之實。

疑獨注：楊子曰：通天地人曰儒，斯真儒也。内有其道，質也；外有其服，文也。有一不具，皆非儒也。唯聖人踐形然後能稱其服，學不至於聖人而服儒衣冠，此俗儒也。舉魯國儒服而真儒一人，則尊孔子之至也。

〔一〕是：四庫本作「道」，訛。

碧虚注：爲王佐者一夔而足，興儒教者何假三千，故羊質虎皮，必有惑者。盛德若愚，豈無知者哉！

鬳齋云：此段蓋言儒服者多，而皆不知道也。

南華以間世卓犖之才而居溷濁之世，時人無足與語，無以發胸中之奇，遂上論皇王，中談孔、老，下至楊、墨、桀、跖，悉評議而無遺，其於察言行之實，判心迹之微，不啻明鑑之燭秋毫也。或謂所談多譏孔子，徒觀其言而不究其意耳！是章結以舉魯國儒服而儒者一人，余謂尊孔子者莫南華若也。請觀東坡《莊子祠堂記》，庶表余言之不妄云。

百里奚爵禄不入於心，故飯牛而牛肥，使秦穆公忘其賤，與之政也。有虞氏死生不入於心，故足以動人。宋元君將畫圖，衆史皆至，受揖而立；舐筆和墨，在外者半。有一史後至者，儃儃然不趨，受揖不立，因之舍。公使人視之，則解衣般礴，羸。君曰：「可矣，是真畫者也。」

郭注：内自得者，外事全，故神閒而意定也。

吕注：小則百里奚之得政，大則有虞氏之動人，以外物入其心而能至是者，未之有也。解衣般礴，所以爲真善畫者也。

疑獨注：爵禄小物，死生大事。能外爵禄，未能外死生；能外死生，則無所不能矣。夫内矜則外莊，内足則外間。内矜則神散，欲進而有不受之嫌；外間則神定，雖爲而有無爲〔一〕之意。元君擇畫史而得其真，由此道也。

碧虚注：待時命而飯牛，人必觀其行；事父母而忘生，衆必察其孝。急於人用者，學未至；逌〔二〕然自得者，藝必精。粗迹尚爾，況妙理乎！

鬳齋云：方其飯牛，豈有求爵禄之心？唯其不求，所以見用。動人者，感動而化之。畫史之無心於求知而解衣槃礴，元君所以知其爲真畫也。

爵禄無心而飯牛，故穆公與之政而治〔三〕；工拙〔四〕不矜而槃礴，故元君知其畫之真。心虚則物附，内足者外間〔五〕故也。今世從事才技者，汲汲然恐人之不知，而用才

〔一〕爲：四庫本作「欲」，訛。

〔二〕逌：四庫本作「適」。

〔三〕而治：此二字朱本、李本並無，脱。

〔四〕拙：朱本、李本並作「技」。

〔五〕内足者外間：朱本、李本並作「足者内閒」，訛。

者則惟外飾〔一〕是取，宜其得之不精也。再考飯牛而牛肥，只應作飯牛而肥，謂百里奚雖處賤，躬耕而樂道忘貧，四體充悅，非謂牛肥也〔二〕。

〔一〕飾：李本作「飭」，訛。

〔二〕「再考」至「牛肥也」：此數句朱本、李本並無。

南華真經義海纂微卷之六十五

武林道士褚伯秀學

田子方第三

文王觀於臧，見一丈人釣，而其釣莫釣；非持其釣，有釣者也，常釣也。文王欲舉而授之政，恐大臣父兄之弗安也；欲終而釋之，不忍百姓之無天也。於是旦而屬之大夫曰：「昔者寡人夢見良人，黑色而顛，乘駁馬而偏朱蹄，號曰：『寓而政於臧丈人，庶幾民有瘳乎！』」諸大夫蹵然曰：「先君王也。」文王曰：「然則卜之。」諸大夫曰：「先君之命，王其無他，又何卜焉！」遂迎〔一〕臧丈人而授之政。典法無更，偏令無出。三年，文王觀於國，則列士壞植散群，長官者不成德，斔斛不敢入於四境。列士壞植散群，則尚同也；長官者不成德，則同務也；斔斛不敢入於四境，則諸侯無二心也。文王於是焉以爲太師，北面而問曰：

〔一〕迎：四庫本作「逆」。

「政〔一〕可以及天下乎？」臧丈人昧然而不應，泛然而辭，朝令而夜遁，終身無聞。顏淵問於仲尼曰：「文王其猶未邪〔二〕？又何以夢爲乎？」仲尼曰：「默，汝無言！文王盡之也，而又何論刺焉！彼直以循斯須也。」

郭注：聊以卒歲，竟無所求，不以得失經意，其於假釣而已。尚同則和其光塵，潔然自成則與衆務異。天下相信，故能同律度量衡也。爲功者非己，故功成而身不得不退，事遂而名不得不去。名去身退，乃可以及天下也。文王任諸大夫而不自任，斯盡之矣。斯須者，百姓〔三〕之情，當悟未悟之頃，循而發之，以合其大情也。

呂注：知臧丈人之足與爲政，得之於其釣莫釣之間，屬之以夢，期之以卜而不卜者，上恐大臣父兄之不安，下恐百姓之無天也。用之三年，觀於國，其效至於如所言，則言而能夢，不爲不信；欲卜不卜，不爲不敬，直以循斯須而已。典法無更，六典八法受於天子者，此其爲一國之道也。偏令無出，則可以公之諸侯而後出，此所以可及於天下也。壞植則壞其所樹之黨，斔斛則非先王之嘉量也。

〔一〕政：原作「故」，訛。
〔二〕邪：四庫本作「也」。
〔三〕姓：原作「性」，據四庫本改。

疑獨注：此一節寓言文王用太公之事。文王未得太公之時，其心不忍百姓之無天；託夢以求之，亦聖人順人情之道。及受之政，大常之法不改，不正之令不出，三年之後，天下尚同，故列士壞植散群。植者，木之直，列士之操也。方其尚同之時，列士之操無用故壞，列士之群無施故散。尚同則天下無異務，故長官者不成德，斔斛不入於四境。功成如此，故文王北面事之，而太公昧然不答，汎然而辭，朝令而夜遁，終身無聞。文王之舉太公，非不能獨行以應天意，蓋不欲有異於衆，故託夢以循衆人之情於斯須之間耳。

碧虚注：其釣莫釣，謂直鉤也。託釣待時，隱於釣以爲〔一〕常耳。文王假夢，質諸大夫，大夫謂先君之命何疑何卜，遂迎而授之政。列士壞植散群，謂國治則忠臣隱，諫垣廢也。長官不成德，謂民淳政簡。斔斛不入境，時和歲豐也。尚同則君臣一心，同務則四民著業。顔子猶疑託夢之非實，荅以權之予奪，在乎斯須之間，文王盡之矣，又何論刺焉！

劉概注：三代直道而行，知臧丈人之有道，則授之政可也，奚必託夢以信諸大夫哉！蓋知道者必達於理，明於權。道，天也，自信可也。權，人也，豈可廢哉！仲尼與

〔一〕爲：四庫本作「待」。

文王盡之，而顔子有所未及也。然則高宗之夢有類是矣，高宗則所謂直道而行者也。精神四達，與天地同流，至誠之驗，天人之際，猶影響也。其夢賚良弼者，不足疑矣。莊子之寓言以爲，文王欲明權必考古以驗今，故假夢以信於人，學者或因臧丈人之論以推傳説，則失之。

虙齋云：常釣者，釣常在手而無意於釣，故曰：「非持其釣，有釣者也。」壞植散群，言不立群黨。不成德，不有其功。同務，與衆同事，不自異也。外國𧫷斛，小大不同，皆不敢入其境内，諸侯無二心莫不知歸也。朝令者，聞文王有及天下之問，故逃去，終身無聞。古本「屬之夫夫〔一〕」，上夫〔二〕字讀同大。太山刻石始皇文曰「御史夫夫」，義同。

壞植，説者不一，司馬注云：「行列也。」散群，言不養徒衆。」一説植者，疆界頭造屋以待諫士，故成疏云：「諫士之館也。」無隱范先生云：「植者，邊疆植木以爲界，如榆關柳塞之類。壞植散群，則撤戍罷兵，隣〔三〕封混一，此尚同之俗也。」續考司馬子長

〔一〕夫夫：四庫本作「大夫」。本段下同。
〔二〕夫：四庫本作「大」。
〔三〕隣：朱本作「憐」，訛。

《樂毅上燕王書》云：「薊丘之植，植於汶篁。」徐廣注謂燕之疆界移於齊之〔一〕汶水，竹田曰篁，植〔二〕以爲界之物也。按此則范講爲可據，餘義備見諸解。

列御寇爲伯昏無人射，引之盈貫，措杯水其肘上，發之，適矢復沓，方矢復寓。當是時，猶象人也。伯昏無人曰：「是射之射，非不射之射也。嘗與汝登高山，履危石，臨百仞之淵，若能射〔三〕乎？」於是無人遂登高山，履危石，臨百仞之淵，背逡巡，足二分垂在外，揖御寇而進之。御寇伏地，汗流至踵。伯昏無人曰：「夫至人者，上闚青天，下潛黃泉，揮斥八極，神氣不變。今汝怵然有恂目之志，爾於中也殆矣夫！」

郭注：盈貫，謂溢鏑。左手如拒石，右手如附枝，右手放發而左手不知，故可措之杯水也。前矢去未至的，已復寄杯水於肘上，言其敏捷之妙。象人，謂不動之至。夫德充於內則神滿於外，無遠近幽深，所在皆明，故審安危之機而泊然自得，不能明至分故有懼，有懼而所喪多矣。豈唯射乎〔四〕！

〔一〕齊之：此二字朱本無。
〔二〕植：朱本作「桓」，訛。
〔三〕若能射：此三字四庫本無，脱。
〔四〕豈唯射乎：此四字四庫本無，脱。

吕注：引之盈貫，持滿之至；肘措杯水，平直之至。前矢適發而復沓，方矢復寓而在弦，復沓則矢往而沓還，方矢則與前矢並，言其前後相續而不絶。象人，謂其用知不分，此射之射也。不射之射，則所謂純氣之守，非知巧果敢之列，故登山臨淵而不動其心，發無不中。推是以往，則揮斥八極，神氣不變，固其宜也。

疑獨注：御寇之射，用知之審者，故能適矢復沓，方矢復寓。此射之中，非道之中也。及觀伯昏無人之登山臨淵，背行逡巡，御寇汗流至踵，則猶是聖知之粗可見矣。若夫揮斥八極，神氣不變，則非聖人莫能，故曰：爾於中也，殆矣夫！射之射，謂不出於力分之外；不射之射，力分又不足以言之。

碧虚注：考之射法，左手如拒石，右手如附枝，故可措杯水其肘上。弦發矢往，復沓前箭，所謂擘栝而入也。箭方去未至的，復寄杯水於肘上，言其敏捷之妙。象人，不動也。是射之射，謂猶存射法。若登山臨淵而能射，非唯忘法，兼亦忘形，故能揮斥八極，神氣不變也。

鬳齋云：發之矢方去，而矢又在弦上。沓於弦上者纔去，方來之矢已寓於弦。言一箭接一箭，如此之神速，是射之射也。若登山臨淵，背行逡巡，而伯昏無人能之者，不射之射也，所謂純〔一〕氣之守，揮斥八極而不變者也。

此章明精藝而神耗者易窮，以道而通藝者不慄。當發矢沓寓而如象人，可謂盡射之藝矣。及登山臨淵，則悚汗而不能立，況欲射乎？此伯昏所以示不射之射，特寓道於藝，非以是爲極致也。然亦揮斥八極之漸歟？習養神之道者，請觀諸此。或疑御寇著書而自貶若是，何邪？蓋抑己所以尊師，尊師〔二〕所以尊道也。與彎射羿之弓者不侔矣。○無隱范先生講宗吕注，兼證郭氏小失，云方矢猶方舟之義，並也。謂並執之矢已寓於弦，非寓杯水於肘上也。其論爲當。

肩吾問於孫叔敖曰：「子三爲令尹而不榮華，三去之而無憂色。吾始也疑子，今視子之鼻間栩栩然，子之用心獨奈何？」孫叔敖曰：「吾何以過人哉！吾以其來不可却，其去不可止，吾以爲得失之非我也，而無憂色而已矣。我何以過人哉！且不知其在彼乎，其在我乎？其在彼邪？亡乎我。在〔三〕我邪？亡乎彼。方將躊躇〔四〕，方將四顧，何暇至乎

〔一〕純：四庫本作「神」。
〔二〕尊師：此二字朱本不疊，脱。
〔三〕在：四庫本此字上有「其」字。
〔四〕躇：四庫本作「蹰」，通。本篇下同。

人貴人賤哉！」仲尼聞之曰：「古之真人，知者不得説，美人不得濫，盗人不得劫，伏戲〔一〕**、黄帝不得友。死生亦大矣，而無變乎己，況爵禄乎！若然者，其神經乎大山而無介，入乎淵泉而不濡，處卑細而不憊，充滿天地，既以與人，己愈有。」**

郭注：曠然無係，玄同彼我，則在彼非獨亡，在我非獨存。躊躇四顧，謂無可無不可。伏戲、黄帝者，功號耳，非所以功也，故其名不足以友其人也。夫割肌膚以爲天下者，彼我俱失也。使人人自得而已，使人自得者，與人而不損於己。其神明充滿天地，故所在皆可；所在皆可，故不損己爲物，而放於自得之地也。

吕注：鼻間栩栩然，則其息以踵而深深之意。以其得失之非我，知命而安之也。不知其在彼在我，以道而忘之也。躊躇四顧，則自省之不給，何暇至乎人貴人賤哉！古之真人，所以不得説，不得濫，不得劫，不得友者，審乎無假而不與物遷故也。若然者，其神可以經山入淵，充滿天地，與人愈有，言道之無窮也。

疑獨注：此即《論語》所載令尹子文之事，又託肩吾以明之。栩栩然，氣微動貌。軒

〔一〕戲：四庫本作「羲」，通。本篇下同。

冕之來不可却，則順受之；其去不可止，則任之而已。得失非在我，又何憂喜乎？忘〔一〕乎彼我，歸於大同，得喪所以自泯。天且不能貴賤之，况於人乎！真人與化爲友，故知者不可得而説，美人不可得而濫，盜人不可得而劫，羲、黄不可得而友；唯其如此，故經山不介，入淵不濡，居困而不失其亨，充滿天地，與人而愈有也。

碧虚注：鼻間栩栩然，色澤欣暢貌。吾無以過人，不矜故無憂耳。且有生是〔二〕妄，逆旅誠虚，軒冕去來何異蚉蝱之過目也？故躊躇弗進，存神道德之鄉；顧眄〔三〕四方，御氣窅冥之域。彼之〔四〕貴賤何暇及哉！古之真人，朴素故難説，質真故莫渝，寡欲故遠盜，無求故不屈。是知心無礙者，生死不能變；形無累者，爵禄弗能縶。若然者，其神無方，故貫至堅而無畫；其氣無體，故没至柔而不濡。潛藴於無内，充盈於無外。推功與物，物足而已有餘也。

　　鬳齋云：鼻間栩栩然，息在内而有自養之意。令尹之貴若在於令尹，則與我無預；

〔一〕忘：四庫本作「亡」。

〔二〕是：四庫本作「之」，訛。

〔三〕眄：四庫本作「盼」。

〔四〕彼之：此二字四庫本無。

我之可貴若在於我，則與令尹無預。故曰：其在彼邪？亡乎我。其在我邪？亡乎彼。躊躇四顧，謂高視遐想於天地之間，安知人之所謂貴者賤者？知者不得説，非言可窮。美人不得濫，非色可淫。盜人不得劫，非威可屈。羲、黄不得友，遁世而輕天下也。介，問。卑細，貧賤也。道在己而充塞天地，推以化人，用之無盡也。

中心閑豫，故鼻間栩栩然，息深而動微。知爵禄之來不可却，去不可止，以爲〔一〕得失之非我而無憂色，此其所以過人者〔二〕也。不知其在造物乎？其在我乎？以爲在我則無造物，以爲造物則無我，彼我兼忘，夫〔三〕何憂哉！躊躇四顧，言其自得，何暇至於人貴人賤，則所樂也内〔四〕，其視三仕三已若遊塵之過前。此言安命者忘貴賤，輕利者忘爵禄也。故仲尼以比古之真人。真人者，死生無變於己，以其浩然之氣充塞天地，故推以利人，其用無極。南華寓言於肩吾、叔敖，所以爲可仕可止之鑑，而於内樂無益損焉。斯可與之論道矣。

〔一〕爲：四庫本作「我」，訛。

〔二〕者：此字朱本、李本無，脱。

〔三〕夫：朱本、李本並作「得失」。

〔四〕也内：朱本、李本作「在内」。内，四庫本作「故」，訛。

楚王與凡君坐，少焉楚王左右曰凡亡者三。凡君曰：「凡之亡〔一〕也，不足以喪吾存。夫『凡之亡不足以喪吾存』，則楚之存不足以存存。由是觀之，則凡未始亡而楚未始存也。」

郭注：言凡有三亡徵。不足以喪吾存，遺凡故也。遺之者不以亡爲亡，則存亦不足以爲存矣。曠然無矜乃常存，夫存亡在於心之所措耳。天下竟無存亡也。

吕注：天下有常存，不死不生者是也。得其常存而存之，則存其存矣。凡、楚曷足以當存亡哉！

疑獨注：國之存者，物存也；吾之存者，命存也。至於命者，國雖亡而已有不亡者存；係於物者，國雖不亡而已之所存者已喪矣。楚王利人之國，左右曰凡有三亡徵，欲有其國也。凡君不係於國，故曰：「凡之亡也，不足以喪吾存。」夫凡亡不足以喪吾存，則楚之存不足以存存，譏楚王之存存者已亡，國之存無益也。由是觀之，則凡未始亡，楚未始存。此以道觀之，故無存亡也。

碧虚注：楚王有吞夷之志，故使左右以言感之。凡有三亡徵，謂不敬老、不尊賢、不養民。凡之亡也不足喪吾存，不以皮爲災也。楚之存不足以存存，國雖存而生已喪矣。

〔一〕亡：四庫本作「存」，訛。

由是知存亡在道，不在國邑也。

　　鬳齋云：此即刖者有尊足存之意，謂道之在己，不問有國與無國也。凡不爲亡，楚不爲存，則世之得喪皆外物耳。然其意尤在「楚不足以存存」一句，失者既不足以自歉，則得者亦不足以自矜。此語誠有味！

　　凡君不以國亡係念，而能存己之存，知身之重於國也。楚王以國存自矜，而己之所存者已亡，以國爲重於己也。己重於國，則國〔一〕雖亡而無傷；國重於己，則國雖存而已無濟矣。是知君子所當存者在乎道德，而不在國位，而況區區得喪下於國位者乎！

　　是篇立論始於子方之師人貌而天，隱德潛耀〔二〕有不容稱者，遂足以使文侯悟所學之非真，知魏國之爲累，可謂善揚師德，一言悟主者矣。何患乎己之不立，道之不行邪？仲尼見温伯雪子目擊〔三〕道存，則啓迪之機不在乎諄諄訓話〔四〕之間。顔子歎超逸絶

〔一〕國：此字朱本無，脱。
〔二〕潛耀：四庫本作「潛而不耀」。
〔三〕擊：朱本、李本並作「繫」，訛。
〔四〕話：原作「古」，據四庫本改。朱本、李本並作「詁」，訛。

塵，瞠若乎〔一〕後，則大化密移，盍求諸交臂易失之際！老聃遊乎物初，而孔子識其離人立獨〔二〕，具眼相逢，造妙若此，而猶有問，不幾於贅乎？然非因機闡理，則無以惠後學，故詳及於陰陽成和生物之奥，由其萌以究其歸，使人人知天地之大全而忘形骸之小變，是亦聖人弘道濟物之盛心也。哀公謂魯多儒士〔三〕，則以衣冠取人。莊子稽其行實，故得以少之。及其號於國而獨存仲尼，有以見真道之不磨，僞學之易泯，衡鑑昭昭，其可欺耶？文王舉臧丈人，政成而夜遁，則知有心爲治者，任賢惟急；應物無心者，功成弗居。君臣之道，至是極矣。所以示萬世之標準也。至若伯昏以射觀列御寇，叔敖三已而無憂色，此又論至命之士，離人入天，與化爲一，揮斥八極，死生〔四〕無變者也。學道必至此地，方〔五〕爲極則。不然皆外徇而中殆者耳！終以楚王、凡君身國存亡之喻，明物我内外之分，可謂知輕重矣。

〔一〕若乎：朱本、李本並作「乎在」。
〔二〕立獨：朱本、李本並作「獨立」。
〔三〕士：此字朱本、李本並無。
〔四〕死生：四庫本作「生死」。
〔五〕方：朱本、李本並作「庶」。

南華真經義海纂微卷之六十六

武林道士褚伯秀學

知北遊第一

知北遊於玄水之上，登隱弅之丘，而適遭无爲謂焉。知謂无爲謂曰：「予欲有問乎若：何思何慮則知道？何處何服則安道？何從何道則得道？」三問而无爲謂不答也，非不答，不知答也。知不得問，反於白水之南，登狐闋之上，而睹狂屈焉。知以之言也問乎狂屈。狂屈曰：「唉！予知之，將語若，中欲言而忘其所欲言。」知不得問，反於帝宮，見黄帝而問焉。黄帝曰：「无思无慮始知道，无處无服始安道，无從无道始得道。」知問黄帝曰：「我與若知之，彼與彼不知也，其孰是邪？」黄帝曰：「彼无爲謂真是也，狂屈似之；我與汝〔一〕終不近也。夫知者不言，言者不知，故聖人行不言之教。道不可致，德不可至。仁可爲也，

〔一〕汝：四庫本作「若」。

義可虧也，禮相僞也。故曰：『失道而後德，失德而後仁，失仁而後義，失義而後禮。禮者，道之華而亂之首也。』故曰：『爲道者日損，損之又損之，以至於无爲，无爲而无不爲也。』今已爲物也，欲復歸根，不亦難乎！其易也，其唯大人乎！生者〔一〕死之徒，死者生之始，孰知其紀！人之生，氣之聚也；聚則爲生，散則爲死。若死生爲徒，吾又何患！故萬物一也，是其所美者爲神奇，其所惡者爲臭腐；臭腐復化爲神奇，神奇復化爲臭腐。故曰：『通天下一氣耳。』聖人故貴一。」知謂黄帝曰：「吾問无爲謂，无爲謂不應我，非不我應，不知應我也。吾問狂屈，狂屈中欲告我而不我告，非不我告，中欲告而忘之也。今予問乎若，若知之，奚故不近？」黄帝曰：「彼其真是也，以其不知也；此其似之也〔二〕，以其忘之也；予與若終不近也，以其知之也。」狂屈聞之，以黄帝爲知言。

郭注：任其自行，斯不言之教也。道在自然，非可言致。不失德故稱德，稱德而不至〔三〕矣。禮有常則，矯效之所由生。故爲道〔四〕者日損華僞。華去朴全，雖爲而非爲

〔一〕者：四庫本作「也」。下句「死者」之「者」同。
〔二〕也：四庫本作「人」，訛。
〔三〕至：四庫本作「致」。
〔四〕道：四庫本此字上有「矯」字，衍。

也。物失其所，故有爲物，欲復歸根，不亦難乎？唯大人體合變化，化物无難也。知變化之道者，不以生死爲異。更相爲始，未知孰死孰生。俱聚俱散，吾何患焉？各以所美爲神奇，所惡爲臭腐，然彼之所美，我以爲惡，我之所美，彼或惡之，故通共神奇，通共臭腐，死生彼我豈殊哉！以不知爲真是，知之爲不近，明夫自然者非言知所得，是以先舉不言之標，後寄明於黄帝，則自然之冥物，槩可見也。

呂注：知北遊則反本以求其所同而玄之極，隱則不皦，弅則不昧，无爲則无事，无謂則无言，有言不答所以无爲謂也。反於白水之南，又趨明以求之。狐闋之丘，或不盈之地；狂則不知所往，屈則不伸；黄帝之宫，意之所在也。夫道不可以知知，无爲謂則不知，是真知也。狂屈欲言而忘，非不知也，是以似之。我與汝知之，是以終不近也。道无方，故不可致，致則招之使來。德在我，故不可至，至則自此至彼。德則无爲，而仁可爲也；仁則所厚，而義可虧也；禮則爲而莫之應，攘臂而仍之，是相僞而已，所以爲亂之首也。故爲道者日損，以至於无爲，則仁義禮樂不得不絶滅之。及无爲而无不爲，則仁義禮樂孰非道耶？今已爲物，則已有知，欲歸其根而不知，不亦難乎！大人則光輝而物不能蔽，歸根於芸芸之際，亦易事耳。生死始終，无端无紀，氣聚則生，氣散則死，知其氣之聚散爲徒，又何患乎？故萬物一也。特其所美者爲神奇，所惡者爲臭腐，二者交相化而已。以是知通天下一氣，聖人所以貴一。

疑獨注：北與水，皆知之所屬。隱幽〔一〕而弅顯，喻陰陽之中。无爲无謂者，道也。三問而不答，欲其得之於无言中。欲言而忘其所欲言，蓋不可得而言也。反於帝宫而問焉，黄帝以喻中道，故答以无思慮、无處服、无從道，所以爲知道、安道、得道也。知則未能忘言，遂曰我與若知之，彼无爲謂與狂屈不知也，其孰是邪？黄帝能體无爲之道以行有爲之事，故以无答爲真是，欲答而忘爲似之，言者終不近道也。又引老子之言而語以知者不言之意。无爲无謂，則真知也。深遠之道不可致，日新之德不可至。仁可爲也，上仁爲之而无以爲是已。義可虧也，上義爲之而有以爲是已。禮相僞也，故見於道德仁義之後，是爲忠信之薄而亂之首也。日損見知則可至道，日損猶有爲，損之又損〔二〕則至於无爲，无爲則萬法皆空，唯變所適也。今已爲物，欲復歸根反本，不亦難乎！唯大人則易耳！死者生之始，則知生爲死之終，《易》曰「精氣爲物」，氣之聚也；「遊魂爲變」，氣之散也。若死生爲一，吾又何患？神奇，人之所好；臭腐，人之所惡。本乎一氣，運

〔一〕隱幽：四庫本作「幽隱」，倒。

〔二〕「見知」至「又損」：此十五字四庫本無，脱。

轉无窮，聖人貴一，所以明夫自然之道，非言知之所得，當冥〔一〕乎无言之理而至〔二〕矣。

碧虚注：知北遊於玄水之上，欲藏知於淵默也。然知不終默，有隱伏則有弅起，知无所息，故扣杳〔三〕冥以求安。无爲謂以无答爲答，其旨深哉！白水則向明而趨，帝宫，靈府也。黄帝，即真君。收視反聽，諸有皆空，以知爲是，不知爲非者，重增過耳。不言之教，即妙有也。且真是與真知皆爲道障，尤難除者也。大道无形可致，上德无德可至〔四〕。仁者兼愛，弊則偏私而有可爲；義主裁斷，弊則傾奪〔五〕而事可虧；禮尚威儀，弊則矯飾而浮僞生矣。皆自知之失，以至乎亂，當先損其知，後損不知，以至於无知无損而後无爲，无爲而无不爲也。无爲則无我，其唯大人乎？唯忘生故死莫能係，唯忘死故復生之原。知其紀者，識其先。有其聚者，歸於散。以死生爲一條，惡往而不暇哉！神奇者，性；臭腐者，形。萬類皆以性存爲美，性壞爲惡，性之化爲形，形之復乎性，不出一氣耳，

〔一〕冥：四庫本作「體」。
〔二〕至：四庫本作「已」。
〔三〕杳：四庫本作「窈」。
〔四〕至：四庫本作「知」，訛。
〔五〕奪：四庫本作「兼」。

得一萬事畢，孰不貴之哉！夫有无之利用，粗妙之相須也。故先舉无爲謂之不答，示至理幽微。次以狂屈欲告而忘，明語〔一〕默冥會。終以黄帝之知，所以假言詮道。惑於知則爲粗，超於言則爲妙也。

慮齋云：篇首一段，分真是、似之、不近三節，主意歸於知者不言，言者不知。繼以道不可以言致，德不可以迹求。仁、義、禮，皆有迹，則道隳矣，而禮爲尤甚！墮體黜聰，此爲道日損也。損之又損，則忘其故吾之時，至於无爲，則循天理之自然，无所不可爲矣。求道而有迹，則己猶與物同，欲見本根之地難矣。歸根言返於无物之初，唯大人无爲則易也。生者死之徒，死者生之始，如花木之發，終无不盡之理，則其生者猶死矣。伊川云：「復入之息，非已出之息。」即此意。死生往來，孰知其所以紀綱者氣？若知死生只是一理，吾又何患爲徒、爲一也。萬物生死一理，而人自分好惡美惡。如花卉方盛，則爲神奇，凋落則爲臭腐，不知葉落糞根，生者又自是而始，是臭腐復化爲神奇。古今往來，只此一氣而已。聖人知此，故不以死生禍福爲分别。一者，无分别也。

〔一〕語：四庫本作「與」，訛。

褚氏管見云：知北〔一〕遊於玄水，喻多識之士欲求歸本源。隱弅之丘，謂未能全隱，其知猶有以示人也。无爲謂則不復以知言，故問而不知答。反乎白水之南，又向明以求之。狐闋，則疑心已空。狂屈，人以爲狂而曲全〔二〕者也。欲言而忘明，其不可得而言。反於帝宫，則求諸内。黄帝居中之主，有扣不得不應，遂告以知道、安道、得道之要在乎无思、无處、无從而已。真是，謂〔三〕得其實。似之，次焉。不近，則遠於道矣。知言之相反若此，宜其〔四〕夫子之於人，聽言而觀行。不言之教，以身率之，无待於言也。夫道降而爲德仁義禮，猶人生而知，知而能，能而役，役則爲物所〔五〕物，欲復歸根也難矣。唯大人則能物物，所以易也。死生者，一氣之聚散。神奇、臭腐交相化，亦以人之所美所惡言之耳〔六〕。聖人貴一，一則混然无間，何分乎神奇、臭腐哉！唯

〔一〕北：朱本、李本並作「比」，訛。

〔二〕曲全：四庫本作「全曲」，倒。曲，此字朱本、李本並無，脱。

〔三〕謂：朱本、李本並作「則」。

〔四〕其：朱本、李本並作「吾」。四庫本作「乎」。

〔五〕爲物所：四庫本作「所爲狥」，訛。

〔六〕耳：朱本、李本並作「且」，屬下句讀。

知死生爲徒者可以語此。「知謂黄帝曰」已下，重衍前文，義不待釋〔一〕。

天地有大美而不言，四時有明法而不議，萬物有成理而不説。聖人者，原天地之美，達萬物之理。是故至人无爲，大聖不作，觀於天地之謂也。今彼神明至精，與彼百化，物已死生方圓，莫知其根也，扁然而萬物自古以固存。六合爲巨，未離其内；秋毫爲小，待之成體。天下莫不沉浮，終身不故；陰陽四時運行，各得其序。惛然若亡而存，油然不形而神，萬物畜而不知。此之謂本根，可以觀於天矣。

郭注：至人无爲，唯因任也。觀其形容，象其物宜，與天地不異。故百化自化，而神明不奪。死者自死，生者自生；圓者自圓，方者自方。未有爲其根者，故〔二〕莫知。自古以固〔三〕存，豈待爲之哉！計六合在无極之中則陋。秋毫雖小，非无亦无以容其質。四時運行，不待爲之。昭然若存則亡矣，掔然有形則不神。畜之而不得其本性之根，不知其所以畜也。

吕注：天地无爲而无不備，有大美也。四時變通，始終不惑，有明法也。萬物雖多，

〔一〕不待釋：此三字四庫本無，脱。
〔二〕故：四庫本作「固」。
〔三〕固：四庫本作「故」。

而道无不在，有成理也。美則充乎其中，法則可效，理者无所往而不通，皆歸乎道而已。聖人原美、達理，知其不爲而自然者，觀於天地而已矣。今神明至精，與彼百化，則以物觀之，物已死生方圓矣，何自而知其根哉！雖然，扁然而萬物，物莫非彼也。自古以固存，彼未常去也。陰陽四時，各得其序，非彼而誰爲哉！若亡而存，不形而神，則不可求之於有无之間也。萬物以是相蘊，而不知其然，此之謂本根。

疑獨注：大美，陰陽也。明法，生化也。成理，性命也。聖人本天地陰陽之美，達萬物性命之理，入而爲至人則无爲，出而爲聖人，雖有爲，而亦出於不作也。觀天地之會通，以行其典禮而已。神明者，天地之至精，百化自化，神明則與之不奪。故物之死生方圓，莫知其根。扁然而萬物自古以固存，長上古而不老，是已六合不離此道之内，秋毫亦待此道而成，天下莫不由此以浮沉。道常日新而无故，是以陰陽四時因〔一〕之以得其序。若亡而存〔二〕，不形而神，物由之以養而不知，此之謂本根，妙萬物者是也。推此可以觀天道矣。

〔一〕因：四庫本作「行」，訛。
〔二〕存：四庫本此字上有「不」字，衍。

碧虛注：大美覆載，明法生殺，成理群分也。言則美乖，議則法弊，説則理亂，唯无爲者，默順四時，大同天地，萬化而未始有極，可謂精明矣。夫物皆自然，故莫知其根。獨立不改，乾坤非神明莫〔一〕能容，秋毫非至精莫能成。聖人法天地之行，物受其賜而不知，此之謂本根。

鬳齋云：大美，即《易》云：「以美利利天下。」明法，謂寒暑往來，一定之法。成理，謂小大長短之所以，如何説得！无爲不作，皆自然。聖人所以順自然者，得諸天地而已。神明至精，言妙理。物之死生方圓，皆神明至精〔二〕爲之，孰能究其根極！扁，即翩然，言物化无停，而造化常存。東坡云：「逝者如斯，而未嘗往也。」非真見不能道此。浮沉，往來；不故，常新也。惛然，不可見；油然，生意也。若亡而存，死者，生之徒也。不形而神，不恃形而立也。

此段南華自立説，亦接前章无爲无言之意。首三句，即是「天何言哉！四時行焉，百物生焉。」聖人體天地而育萬物，豈直塊然无爲，不作如木偶哉！蓋爲出於无

〔一〕莫：四庫本作「奚」。
〔二〕「言妙理」至「至精」：此十四字四庫本無，脱。

爲，作本於不作，若天時之運行，地利〔一〕之發育，不越乎自然而已。合天地之神明至精，與物百〔二〕化，榮枯形狀昭昭可睹，而莫知其爲之者，此所謂根也。扁然而萬物，即萬物芸芸之義。自古固存，道不渝也。故大彌六合，細入秋毫，與物同波而日新，陰陽俱運而有序。若亡而存，恍惚有物也。不形而神，冥冥見曉也。萬物莫不生育於斯，而不知此爲本根〔三〕。所謂本根者，亦豈他求哉！反求諸吾身，得其所以生我者是已〔四〕。知其根而守之不離，是謂歸根。歸根曰靜，靜曰復命，學道至此始可進。又玄一步，故曰：「可以觀於天矣。」○今彼〔五〕，陳碧虚照散人劉得一本「合彼」，參之上文，於義爲優。

〔一〕利：朱本、李本並作「氣」。
〔二〕百：朱本、李本並作「變」。
〔三〕本根：四庫本作「根本」，下句同。
〔四〕已：朱本、李本並作「以」。
〔五〕彼：此字朱本、李本並無，脱。

南華真經義海纂微卷之六十七

武林道士褚伯秀學

知北遊第二

齧缺問道乎被衣，被衣曰：「若正汝形，一汝視，天和將至；攝汝知，一汝度，神將來舍。德將爲汝美，道將爲汝居，汝瞳焉如新生之犢，而无求其故！」言未卒，齧缺睡寐。被衣大悦，行歌而去之，曰：「形若槁骸，心若死灰，真其實知，不以故自持。媒媒晦晦，无心而不可與謀。彼何人哉！」

郭注：不以故自持，與變俱也。无心不可與謀，獨化者也。

呂注：正形則坐而鑑，一視則无妄窺，故邪氣却而沖和歸也。攝知則歸根，一度則不淫，神來舍則守形而不離也，德美則充而同於初，道歸則止而集乎虚，新生之犢則不知其所之，言未卒齧缺假寐，則聞其言而隳也。被衣行歌而去之，悦其安之易也。形槁心灰，則寂之至；真其實知，以其无知也；不以故自持，則其生之遺也。後三句謂其所自出，吾不知其誰也。

疑獨注：形正則不佚，視一則不淫，故和理出焉。攝知將以去知，一度將以忘度，故心虛而神來舍也。唯其至和，故德將爲汝美；唯其至虛，故道將爲汝居。瞳然如新生之犢，言其神全。无求其故，日新也。言未卒，齧缺假寐，被衣喜其得道，行歌而去之。真其實知，不以故自持，與化俱往也。媒晦无心，不可與謀，與化爲人也。

碧虛注：體不邪，目不蕩，則沖和集；收知覺，簡法度，則吉祥止。然後衆美從而純白留，瞳光反照，視不浮外，其道庶幾乎！故耳聞可道，神入妙門，言下懸解，凝寂若寐〔一〕也。形若槁骸，心若死灰，正形一視也。真其實知，不以故自持，攝知一度也。媒媒晦晦則德美，无心而不可與謀則道居。此皆歌頌齧缺之德容，而假寐妙旨，難以言盡也。

鬳齋云：正形一視，忘其形體耳目也。攝知一度，去其思慮意識也。如是，則元氣全而神來舍矣。德美，謂其足以潤身。道居，居天下之廣居也。瞳然，无知而直視貌。初生之犢，視而无心，赤子亦然。无求其故，言不知其所以視者何也。言未卒而寐，語意

〔一〕凝寂若寐：四庫本作「寂若凝寐」，倒。

相契，不容言也。實見此理之真，事物不入於心矣。媒晦，芒忽貌。彼既无心，我有不容言者，彼何人哉，深美之也。

善誨者立條必簡，善學者受化必速。正形一視，所以檢外也；攝知一度，所以肅内也，可謂條簡矣。言未卒而睡寐，則尤可謂速化者也。「瞳然如新生之犢」一句，形容德美道居，无心无爲，粹然與物相忘之狀最佳，觀此可以知入道之方矣。被衣形歌之辭，與子貢讚漢陰丈人義同。人患在爲謀府知主〔一〕，今也无心而不可與謀，故歎美其淳德，謂世間无復有此人也。

舜問乎丞曰：「道可得而有乎？」曰：「汝身非汝有也，汝何得有夫道！」舜曰：「吾身非吾有，孰有之哉？」曰：「是天地之委形也；生非汝有，是天地之委和也；性命非汝有，是天地之委順也；孫子非汝有，是天地之委蜕也。故行不知所往，處不知所持，食不知所味。天地之彊陽氣也，又胡可得而有邪！」

郭注：身非汝有，而況无哉！若身是汝有，則美惡死生當制之由汝。今氣聚而生，

〔一〕爲謀府知主：四庫本作「謀爲役其心」。

汝不能禁也；氣散而死，汝不能止也。明其委結而自成，非汝有也。至於[一]子孫，亦氣自委結而蟬蜕耳。故其行處飲食，皆在自然中來。彊陽，猶運動。明斯道者，庶可以遺身而忘生也。

吕注：觀天下之物，得擅者莫若汝身，而天地之委形，汝不得有；而親汝身之所存者，莫若乎生，而天地之委和，汝不得持其成；汝生之所本，莫若乎性命，而天地之委順，汝不能違其正。觀汝之身，知本无知，則行安知所往，處安知所持，食安知所味？是皆天地彊陽之氣所爲，則所謂道者，汝安得而有之哉！

疑獨注：丞者，古之得道人。身者，載道之器，而身屬乎造物之與奪，則非我有，是天地之委形也。身猶不能自有，況於道乎！非特身也，生與性命皆非汝有，是天地之委和委順；至於子孫，亦其委蜕耳。知其皆非汝有，則當任之自然，故其行其處其食，皆從自然中來，而不知所以然也。天地彊陽之氣，人稟之而生，亦因之而死，胡可得而有邪？

碧虚注：夫道，視聽搏之不得，果可得而有乎？身者，塊然而自有，豈汝之有哉！答以既云獨化，即屬我有委隨也。身且非汝有，隨天地之形而有；生非汝有，隨天地之

〔一〕於：此字四庫本無，脱。

和而有；性命非汝有，隨天地之順而有；子孫非汝有，隨天地之蜕而有。故其行處食也，皆元氣鼓吹而動，於汝何有哉！

慮齋云：委，聚也。四大假合，曰委形。陰陽成和而物生，曰委和。性命在我，即造物之理，曰委順。人世相代，如蟬蜕然，曰委蜕。彊陽，即生氣。人之行處飲食，皆此氣之動爲之，而非我有也。《圓覺經》云：「今者妄身，當在何處？」便是此意。不知所持，无執著也。

丞或云舜師，諸解罕詳及。續考碧虚子《音義》注云：「古者帝王有四輔，左輔右弼，前疑後丞，蓋官名也。」此説明當。夫道本无形，因物而見。身非我有，以神而靈。天地委形，有成必毁，所謂吾者暫寄焉耳。曰生曰性亦然，則子孫之爲委蜕，又可知矣。故其行處飲食，一當任之自然。天地之和氣流行，生育萬物，此榮彼謝，彼死此生，皆道之運化无極，而物之受命无窮者也。汝惡得而獨有之？蓋明天地造化无私，以破世人執有其身而〔一〕憐子愛孫之惑，惑破〔二〕始可以〔三〕入道矣。此南華真切爲人

〔一〕而：此字朱本、李本並無。
〔二〕惑破：原缺，據朱本、李本補入。
〔三〕以：朱本、李本此字上有「愛身」二字。

脱韁解鎖之要訣也〔一〕。

孔子問於老聃曰：「今日晏閑，敢問至道。」老聃曰：「汝齋戒，疏瀹而心，澡雪而精神，掊擊而知。夫道，窅然難言哉！將爲汝言其崖略。夫昭昭生於冥冥，有倫生於无形，精神生於道，形本生於精，萬物以形相生。故九竅者胎生，八竅者卵生。其來无迹，其往无崖，无門无房，四達之皇皇也。邀於此者，四枝〔二〕彊，思慮恂達，耳目聰明；其用心不勞，其應物无方。天不得不高，地不得不廣，日月不得不行，萬物不得不昌，此其道與！且夫博之不必知，辯之不必慧，聖人以斷之矣。若夫益之而不加益，損之而不加損者，聖人之所保也。淵淵乎其若海，巍巍乎其終則復始也，運量萬物而不匱，則君子之道，彼其外與！萬物皆往資焉而不匱，此其道與！中國有人焉，非陰非陽，處於天地之間，直且爲人，將反於宗。自本觀之，生者，喑醷物也。雖有壽夭，相去幾何？須臾之説也，奚足以爲堯、桀之是非！果蓏有理，人倫雖難，所以相齒。聖人遭之而不違，過之而不守。調而應之，德也；偶而應之，道也。帝之所興，王之所起也。人生天地之間，若白駒之過隙，忽然而已。注然

〔一〕也：此字朱本、李本並無。
〔二〕枝：四庫本作「肢」，通。

勃然，莫不出焉；油然漻然，莫不入焉。已化而生，又化而死，生物哀之，人類悲之。解其天弢，墮其天袠，紛乎宛乎，魂魄將往，乃身從之，乃大歸乎！不形之形，形之不形，是人之所同知也，非將至之所務也，此衆人之所同論也。彼至則不論，論則不至；明見无值，辯不若默；道不可聞，聞不若塞。此之謂大得。」

郭注：曰冥冥，曰无形，曰道，皆明其獨生而无所資借。形則猶精以至粗也，萬物雖以形相生，亦皆自然，故胎卵不能易種而生，明神氣之不可爲也。夫率自然之性，遊无迹之塗者〔一〕，放形骸於天地，寄精神於物表，是以无門无房，四達皇皇，逍遥六合，與化偕行也。人生而遇此道，則天性全而精神定。天地萬物皆不得不然，是以聖人斷棄知慧，付之自然，使各保正〔二〕分，容恣无量也。與化俱者，用物而不役己，明道之贍物在於不贍而物自得，言无功乃足稱道也。无所偏名，敖然自放，所通而安，了无功名，反於宗者不逐末。喑醷，物直聚氣耳。死生〔三〕猶未足殊，況壽夭哉！物无不理，但當順之。人

〔一〕者：四庫本此字下有「也」字，衍。
〔二〕正：原作「止」，據四庫本改。
〔三〕死生：四庫本作「生死」。

倫有知慧之變，故難。然其知慧自相齒，當順所遇，宜過〔一〕而過。調偶，和合之謂。帝王所興，如此而已。隙駒忽然，乃不足惜。已生又死，俱是化也。死物不哀，死類不悲，解弢墮袟，言其獨脱，變化氤氲，无爲用心於其間也。不形，形乃成；務則不至。默而塞之，故得也。

吕注：精神於道猶爲昭昭，至道之極則冥冥。物成生理則有倫，其精甚真則无形也。而萬物以形相生，來往无迹，四達皇皇也。人而邀於此，則休乎萬物之奥，體强思達，其用无方。天地萬物之生成，莫〔二〕非是也。夫博非知而辯非慧，聖人已斷之；益非益而損非損，聖人之所保也。淵乎巍巍，莫知其紀。有運有量，非道之内；萬物之所資，非資於外也。由是而求道，得〔三〕其所在矣。非陰非陽，唯道是從。直且爲人，與人同耳；反宗，與天同也。暗醷謂非所美，壽夭等觀，堯、桀奚足分哉！果蓏有理，萬物所同，人倫相齒，大道之序，不違不守，不去不取之謂。調而應之，德之所以曲成；偶而應之，道亦不考不鳴也。帝王之所興起，不過由此道耳。人生如駒過隙，莫可留止，物哀人

〔一〕過：四庫本作「順」，訛。
〔二〕莫：四庫本此字上有「亦」字。
〔三〕得：四庫本作「德」，訛。

悲，不明其未嘗生未嘗死故也。解弢則馳張莫拘，墮秩則卷舒无礙。魂魄往而身從之，言不出乎大冶。不形之形，形之不形，衆人之所同知，非務其所將至也，至則體之，不至則論之而已。明見於道則无值，故辯不若默；真聞於道則无聞，故聞不若塞。言者无言，聽者无聞，此之謂大得也。

疑獨注：有冥冥之志，然後有昭昭之功；有无形之道，然後立有倫之事。致一之謂精，不測之謂神。萬物相生以形，而所以相生者，此所謂精也。故胎生卵生，各正性命，而至精之妙出乎自然，以不來爲來，不往爲往。无門无房，四達皇皇也。知此道者，四肢耳目會於真理，所以用心不勞，應物无方。天地萬物之運行生化，亦莫不由乎此。若夫以博辯爲知慧者，聖人已斷棄之，而非損益之所增減者，則聖人之所保也。與化俱往而无窮，供物之求而不乏，物往資焉而不匱，此皆道之功用也。中國有人，謂聖人。非陰非陽，言莫測。直且爲人者，適遇此形非有意也，故反於宗，以觀〔一〕物之變化。生者，喑醷，氣之暫聚耳。世間果蓏，皆有性命之理，人倫之尊卑長幼亦然。調而應之者，天德；

〔一〕觀：此字四庫本無，脱。

偶而應之者〔一〕，人道。帝王興起於此，然皆應世粗迹，非聖人之妙用也。夫人處世間，忽然而已。出生入死，如晝有夜，而逐境昧理從而悲哀之，此皆束縛於親愛，如弓之在弢，書之在袟，唯獨脱者則能墮解之。紛乎宛乎，魂氣无不之，死則人之歸也。不形之形，生而來也。形之不形，死而去也。此固人所共知〔二〕，非將至之務〔三〕也，謂生死之理，衆人亦能言之。彼至命者則不論，論則不至也。故辯不若默，聞不若塞，是得无所得，得〔四〕之大也。

碧虚注：陽出於陰，有生於无，其理焕然。精神者，沖妙之緒餘；形質者，和氣之土苴。故錯雜類分，胎卵莫侔也。其來莫知，孰謂之迹？其往莫測，孰謂之崖？出則徧滿，於何爲門？入則充盈，於何爲房？无闕无剩，彌羅皇皇也。遇此沖妙之道者，與天爲一，應物无窮。天不得不高〔五〕，四句皆指道，《混元》云得一是也。夫以知詢道，則所

〔一〕天德偶而應之者：此七字四庫本無，脱。

〔二〕知：四庫本作「之」，訛。

〔三〕務：四庫本作「物」，訛。

〔四〕得：此字四庫本無，脱。

〔五〕高：四庫本作「當」，訛。

聞寡〔一〕；以慧答道，則其辭訥。絶去知慧，古人所取。損益之所不能加，而淵乎巍巍也。運量萬物而不遺者，先務其本，非由〔二〕外也，故物往資焉而无〔三〕匱乏，此明沖妙之不益不損也。直且爲人，道貌天形也。將反其宗，入〔四〕於寥天一。暗醷，結聚而爲有生之物，頃久復散爲无。校壽夭，爭是非，皆妄情耳。植物无情，猶具陰陽之理；人品〔五〕不易，莫越先後之序。聖人事至則應，既往則忘，而欲興事務者〔六〕，未嘗不以調和爲德，應偶爲道也。人生世間，交臂易失，唯湛寂者无出入，不化者无死生。解弢墮袟，即決疣潰廱之義。紛綸宛轉，欲化未化之間。魂魄不守，則百骸潰散，神歸真宅也。不形之形，不化者能化化；形之不形，化物者不化也。在形屬粗，人皆知之；得道者，粗妙皆忘矣。言論，則徒語其糟粕〔七〕，而无所值，故聽止於耳，而以不得爲得也。

〔一〕寡：四庫本作「窮」，訛。
〔二〕由：四庫本作「是」，訛。
〔三〕无：四庫本作「不」。
〔四〕入：四庫本作「人」，訛。
〔五〕品：四庫本作「理」。
〔六〕欲興事務者：四庫本作「後興事務要」，訛。
〔七〕粕：此字四庫本無，脱。

虜齋云：有倫，可别萬物也。无形，造化也。精神，在人者也。萬物以形相生，人禽皆在其中。人雖貴於物，其生則同。无門无房，不可尋求，豈知所出入邪？邀索而見此道，則體安思達，應物无方。自天地至萬物四句，形容徹上徹下，无非此道。人以博辯爲己能，而不知所以知慧者，造物也。故聖人以造物斷之，不以益爲益，不以損爲損，所保者在我，外物不得而加焉。終則復始，應物无窮，未免乎有心有迹；物往資焉而不匱，則无心无迹矣。非陰非陽，不可以物名也。有人之形，而心遊物初，直寓形天地間耳。宗，即物之初。喑醷，氣不順也。自其本〔一〕初而觀有形，適足爲累。百年之間，以天地比之，須臾而已。果蓏微物，生有時，萌有種，自然之理也。人倫有上下之相制，强弱之相凌，然同處世間，相爲齒列。不違則順之，不守則化也。調和偶合，道德之自然。帝王興起，不越此理而已。出生入死，即往者伸，來者屈，《易》所謂窮神知化是也。物自无而生，死又歸於无，本同一理，而人物自爲悲哀，此有所包裹而不明，如在弢袠之中；能自知覺，則解弢墮袠矣。紛宛，言其變化。大歸，返其真宅。不形之形，不可見者。形之不形，體中有不可見之形。釋氏所謂唯有法身常住不滅，此事人皆知之，未能離形以求，故

〔一〕其本：四庫本作「本其」，倒。

不得至。學者將極乎至，則所從事不止如斯，至則不論，論則不至，此又説高一層話。見而有所遇曰值，此有迹之見，道不可以形迹求，則无值矣。故辯不若默，聞不若塞也。

昭昭生於冥冥，至形本生於精，明天下之有生於无也。萬物以形相生，一生二，二生三之義。來往无門，而四達皇皇，无非門也；思慮恂達，而耳目聰明，无非用也。天地萬物，莫不由斯，則道之爲用大矣。世人徒以區區博辯爲知慧，而欲求合乎大道，聖人已〔一〕斷棄之矣。此章首所以先令掊擊〔二〕知慮，而後告之必至於世間益損所不能加，則淵乎〔三〕巍巍，終始萬物，運量萬物而不遺〔四〕，雕琢衆形而非巧也。物往資焉而不匱，至无而供其求也。此其所以爲道歟！中國有人，非陰非陽，言有无死生不得以係之。直且爲人，有人之形而无人之情。將反於宗，遊乎物初之謂也。人生乃一氣之結聚，雖壽夭不同，等須臾耳〔五〕，奚足以分堯、桀之是非！觀夫果蓏雖微，種類滋榮，

〔一〕已：朱本作「以」，通。
〔二〕擊：朱本作「繫」，訛。
〔三〕淵乎：朱本作「淵淵」。
〔四〕遺：朱本作「匱」。
〔五〕等須臾耳：朱本作「等之須臾」。

各有條理；人倫之貴賤高下相齒亦然。是以聖人遇則順之，不迕物性；過則忘之，不介己懷。曰調曰偶，皆應物之妙用，而不離乎道德之間，此帝王之所興起，人民之所依賴者也。夫物之出機入機，亦其常理，而世人不免乎悲哀，未〔一〕離乎自然之弢袠也。若以理燭破，則弢袠自解。魄往身從，乃大歸耳，何足哀耶〔二〕？不形之形，出而生也；形之不形，入而死也。是人之所知，非將至而難明之事，衆所同論也。然理至則忘言，可言則未至，故辯不若默，聞不若塞。若塞若默，此謂大得，則辯之與聞，失可知矣。○運量萬物而不匱〔三〕，碧虚照散人劉得一本，作不遺〔四〕，義長。

〔一〕未：朱本作「求」，訛。
〔二〕何足哀耶：足，四庫本作「悲」。耶，朱本作「邪」，通。
〔三〕匱：朱本作「遺」，訛。
〔四〕遺：朱本作「匱」。

南華真經義海纂微卷之六十八

武林道士褚伯秀學

知北遊第三

東郭子問於莊子曰：「所謂道，惡乎在？」莊子曰：「无所不在。」東郭子曰：「期而後可？」莊子曰：「在螻蟻。」曰：「何其下邪？」曰：「在稊稗。」曰：「何其愈下邪？」曰：「在瓦甓。」曰：「何其愈甚邪？」曰：「在屎溺。」東郭子不應。莊子曰：「夫子之問也，固不及質。正獲之問於監市履狶也，每下愈況。汝唯莫必，无乎逃物。至道若是，大言亦然。周、徧、咸三者，異名同實，其指一也。嘗相與遊乎无何有之宮，同合而論，无所終窮乎！嘗相與无爲乎！澹而靜乎！漠而清乎！調而閒乎！寥已吾志，无往焉而不知其所至，去而來不知其所止，吾已往來焉而不知其所終；彷〔一〕徨乎馮閎，大知入焉而不知其所窮。物物者

〔一〕彷：四庫本作「傍」，通。

與物无際，而物有際者，所謂物際者也；不際之際，際之不際者也。謂盈虚衰殺，彼爲盈虚非盈虚，彼爲衰殺非衰殺，彼爲本末非本末，彼爲積散非積散也。」

郭注：舉其標質，言无所不在，而復問此，斯不及質也。夫監市之履豕而知肥瘦者，愈履其難肥之處，愈知豕肥之要。今問道之所在，而每況之下賤，明道之不逃於物也。必謂无之逃物，則道不周，若遊乎有，則不能周徧咸也。同合而論，然後知道无不在，斯能曠然无懷而遊无窮，此皆无爲。寥然空虚，志寥然，則无所往，故不知其所至。有往，則理未動而志已驚矣。但往來不由於知耳，不爲不往來也。往來者，自然常理，其有終乎！馮閎，虚廓之謂。大知遊乎寥廓，恣變化之所如，故不知也。物物者无物，而物自物，故冥也。物有際，故相與不冥，真所謂際也。不際者，雖有物物之名，直明物之自物。而物物者，竟无物，際其安在？既明物物者无物，又明物之不能自物，則爲之者誰乎？皆忽然而自爾。

吕注：螻蟻有知而至微，稊稗无知而有生，瓦甓无生而有形，屎溺有形而臭腐者也。若是而爲道，則道无不在可知。期道在乎四者，乃其質也；以爲愈下而復問，是不及質矣。履狶者，每下愈況，則期道愈下，豈不愈非其質邪？而乃必欲逃物以爲无，非所以爲无不在也。故前四者雖不同，而无不具道之體，猶言之有周徧咸，其指一也。遊乎无何有之宫，而得其同合者，則焉有四者而非道邪？萬物雖並作，而嘗相與於无爲，則澹〔一〕漠調間者，莫不復歸其根。寥然而已，吾志不逐物，則无往焉而不知其所至；去而來，亦不知其所止，往來而又不知其所終，此則道之未嘗有物，而物之无非道也。故彷徨馮閎，大知入焉，而不知所窮。由是知物物者，與物无際，小大不得而倪之。物有際者，所謂物際，則非物物者也。不際之際，際之不際，猶不形之形，形之不形。盈虚，物也；爲盈虚者，道也。彼爲衰殺本末積散，亦猶是也。然則爲稊稗螻蟻爲瓦甓屎溺者誰歟？

疑獨注：貴而上者，去道愈遠；賤而下者，取道愈近。世人常忽其下賤者，而不知求道爲最近。禪家所謂佛在糞堆頭，與此意合。市正名獲問監市履豕之法，愈履難肥之處，愈知履豕之要。今問道所在，而況之下賤，明道之不逃乎物也。若謂道必逃乎下賤之物，則道不周矣。至道散而在物，則爲理；大言〔二〕散而在人，則爲教。周則不缺，徧則不偏，咸則无私，以喻道无不在，三名雖異，其實則一。澹而静，言其體合於心；漠而清，言其心合於氣；調而間，言其氣合於神；寥已吾志，神合於虚也。若是則无往而不知，其

〔一〕澹：四庫本作「淡」，通。
〔二〕言：四庫本作「道」。

所至自至也；去來不知其所止，自止也；吾已往來而不知其所終，此自然之理也。是以彷〔一〕徨馮閎乎虚曠之野，大知入焉而不知其所窮，此能物物者也。能物物者，與物一體而无際矣。際者，岸畔。物有際者，所謂物之際也。釋氏云：前際後際，是已不際之際，物物者能之，故雖有際，與不際同。際者同物，不際者處己，既明物物者无際，又明物不能自物，則爲之者誰乎？皆忽然而自爾。盈虚衰殺，本末積散，皆在彼者，我何與焉？

虚心以觀陰陽之變而已。

碧虚注：固不及質，言所問失其宗本，故引監市履狶以喻之，腕下有肉則知上肥矣。道體虚无，何處无之。无既不逃乎物，物亦不逃乎无，道則淨穢无間，言亦粗妙俱通，是以周匝太清，徧及萬物，咸被其化育，猶希夷微之不可致詰，混而爲一也。遊乎无何有之宫，有則不周矣。同合而論，无所終窮，窮則不徧矣。嘗相與无爲乎，爲則不咸矣。澹漠調閒，皆爲道者日用，寥空其志而已，不知其所至周也，不知其所止徧也，不知其所終咸也，以至於彷徨馮閎而不知其所窮，則非知識思議可及也。道體无際，化物亦无際，有際在物，不在道也。不際者无際，故能容一切之際；若其有際，不能容无際之物矣。道有

〔一〕彷：四庫本作「徬」，通。

盈虚之名，而无盈虚之實；物有衰殺之迹，而无衰殺之理。道化有本末，而體无本末；物形有積散，而性无積散。由是知道物未嘗相逃，妙用无乎不在也。

慮齋云：質，本也。汝問不及其本，故吾所言愈下也。汝无固必之心，則物之至理皆无所逃。周、徧、咸三字，以喻物无精粗，其理一也。无何有之宫，志已見而无固必之意。同合而論，无有精粗，安有終窮哉！澹静、漠清、調間，皆形容无爲之妙。能講究至此虚一之旨，則吾之志願足矣。故曰：「寥已吾志。」已，讀同矣。既无往矣，安有所至？雖有去來，而无所止。我既往來而又不知其所終，但見其彷徨入於大知之中，而不知其窮極。大知，即道與物无際，則與俱化，所謂不物者乃能物物也。與物未化，則有際有窮，所謂物際者也。窮而至於无窮，則爲不際，於物之際得其不際者，則際之不際也。物之盈虚、盛衰、本末、聚散，皆若有迹而不可窮，此即不際之際，際之不際者也。

道之在天下，猶水之在地中，而其體性周徧法界。此云道在瓦甓稊稗，指其至下者言之。觸類而通，則知徧一切處，何物不具此道？但人品不同，見有差別，聖人見道不見物，凡人見物不見道，蓋因物以障之，非道有存亡也。今所問固陋，不及道之真質，反不若履豕者得其豕肥之要也。汝若謂道之逃乎卑下之物，則不能周徧咸〔一〕矣。混三者而遊於无何有之鄉，安有所窮極邪？所謂澹靜、漠清、調間者，終歸於寂寥而已。吾志无往焉，而不知其所至，謂神遊八極，舉意即到，以至不知所止，不知終窮，皆形容此道用之无盡。物物者，道也。與物无際，道〔二〕生萬物之謂也。而物有際者，謂物各有限量，是所謂際也，道何有際哉！不際之際，道散而爲物也。際之不際，物全而歸道也。道散爲物則易從〔三〕，源趨流出乎自然也；物全歸道則難反，流還源出於使然也。若悟夫爲盈虛者非盈虛，爲積散者非積散，則安知使然之極，不歸於自然者乎！

妸荷甘與神農同學於老龍吉。神農隱几闔户晝瞑，妸荷甘日中奓户而入，曰：「老龍死矣！」神農隱几擁杖而起，嚗然放杖而笑，曰：「天知予僻陋慢訑，故棄予而死。已矣，夫子无所發予之狂言而死矣夫！」弇堈弔聞之，曰：「夫體道者，天下之君子所繫焉。今於道，秋毫之端萬分未得處一焉，而猶知藏其狂言而死，又況夫體道者乎！視之无形，聽之无聲，於人之論者，謂之冥冥，所以論道而非道也。」於是泰清問乎无窮曰：「子知道乎？」

〔一〕咸：朱本此字下有「具」字。
〔二〕道：原作「通」，據朱本改。
〔三〕從：朱本此字上有「全」字，衍。

无窮曰：「吾不知。」又問乎无爲，无爲曰：「吾知道。」曰：「子之知道，亦有數乎？」曰：「有。」曰：「其數若何？」无爲曰：「吾知道之可以貴，可以賤，可以約，可以散，此吾所以知道之數也。」泰清以之言也問乎无始曰：「若是，則无窮之弗知與无爲之知，孰是而孰非乎？」无始曰：「不知深矣，知之淺矣；弗知内矣，知之外矣。」於是泰清中而歎曰：「弗知乃知乎，知乃不知乎！孰知不知之知？」无始曰：「道不可聞，聞而非也；道不可見，見而非也；道不可言，言而非也。知形形之不形乎！道不當名。」无始曰：「有問道而應之者，不知道也；雖問道者，亦未聞道。道无問，問无應。无問問之，是問窮也；无應應之，是无内也。以无内待問窮，若是者，外不觀乎〔一〕宇宙，内不知太初，是以不過乎崑崙，不遊乎太虚。」

郭注：起而悟夫死之不足驚，故還放杖而笑。自肩吾以下，皆以至言爲狂而不信也。夫體道者，人之宗主，而道非言所得，在乎自得耳。冥冥而猶復非道，明道之无名。凡得之不由於知，乃冥也。故默成乎不聞不見之域，而後至焉。形自形耳，形形者竟无物。有道名而无物，名之不能當也。不知故問，不應則非問所得，故終不聞。无問无應，是絶學去教，歸於自然之意，而强問之，所謂責空，實无而假有以應者外矣。若夫婪落天

〔一〕乎：四庫本作「夫」。

地，遊虚涉遠，以入乎冥冥者，不應而已矣。

吕注：夫體道者，天下君子之所繫，則聖生王成，莫不繫於此。今於道，秋毫萬分未得一，則其精至於不可分，所謂致一也。而猶知藏其狂言而死，又況體道而萬化未始有極者乎！夫老龍吉之藏其狂言而死，凡以道之爲物，非視聽所及，人之論者謂之冥冥，而非言可論，所以論道而非道也。泰清聞論道而非道，以爲足以求之於无窮，而无窮不知也。无爲非本无爲，知其无足爲而无爲，是以知之也，不然則玄同矣。知道之可貴可賤可約可散，則不免乎數也。无始則極乎始之所自，是以知不知爲深，知之爲淺；不知爲内，知之爲外也。泰清中而嘆曰「弗知乃知」，无窮是也；「知乃不知」，无爲是也；「孰知不知之知」，則无始而已。夫道不可聞、見、言，則聞聞、見見、言言者誰邪？有形而後有名，知形形者不形，此道所以不當名也。則聞聞者不聞，見見者不見，言言者不言可知。有問而應，不知道也。雖問道者，亦未聞道，道无問，以問者不可得也。問无應，以應者不可得也。凡以其未始有物而已。无問問之是問窮，則不知其无窮而无以問爲也。无應應之是无内，則未得其未始有物於内也。以无内待問窮，若是者不觀乎宇宙，不知乎〔一〕泰初，則非時與方之所攝也。

〔一〕乎：四庫本作「夫」。

不過乎崑崙，不遊乎太虛，則不知形之高，而天地萬物畜乎其中矣。

疑獨注：體道〔一〕則與道爲一，非學道知道者比。无形无聲，曰夷曰希〔二〕是也。人之論者謂之冥冥，以是論道，猶非道也。夫可以貴賤約散者，道之數；不可以貴賤約散者，道之體。不言不知，則見其本矣。故曰：孰知不知之知？夫道无聲、无色、无名，故不可見、聞、言；而有聲聲、色色、名名者存，知形形之不形，則道不當名。是以問者固非，而應者亦未是。問道者猶未知道，況應之者乎！問窮无內，不若不問不應之爲愈也。以不應之應，答无問之問，其神矣乎！故外不觀乎宇宙之廣，內不知乎泰初之妙。不過乎崑崙，則脱乎地；不遊乎太虛，則離乎天。非至神，孰能與於此？

碧虛注：天下君子所繫，言道爲百王師。今於道得之秋毫尚知隱祕，況其全備者哉！窈冥者，耳目所不及。論道則窈冥亦非，故泰〔三〕清問无窮，无窮答以不知，知則有窮矣。又問无爲，无爲知〔四〕其得道則貴，失道則賤；守之則約，舒之則散，此道之數也。

〔一〕道：此字四庫本無，脱。
〔二〕曰夷曰希：四庫本作「曰希曰夷」。
〔三〕泰：四庫本作「太」，通。
〔四〕知：四庫本作「答」。

不知深矣内矣，是无名常道，理之妙也；知之淺矣外矣，是有名可道，事之徼也。有問則涉迹，豈能知妙？故問道者未聞道，聞則不問矣。无問无應，猶淄澠之水易論，而甘苦之味難言。不知而問，謂之无問。无問問之，是爲理屈。不知而應，謂之无應。无應應之，是无内照。以无内照之應待理屈之問，猶與瞽者議黼黻，聾者論宫商也，又奚識宇宙之廣，泰初之寥，崑崙之崇，太虚之邈哉！

慮齋云：有體道之人，則天下君子皆歸宗之。今神農於道未有所見，亦知老龍之死爲藏其狂言，況體道而與老龍同者乎？狂，猶大也。蓋謂道在不言，藏其言者所以爲道。夫道无形聲，不可視聽，若論説於人，以冥冥名道，亦非道也，即言者不知之意。形聲有也，冥冥无也，知有之爲无，不若併與无而无之。蓋謂神農此言亦未爲道也。貴賤合散，皆道之可以歷數者。不知之知，乃不可名言之妙。形形之不形，即不物乃能物物。道不當名，不當對也。有道之名，則名與道對立，離其本然之真矣。道本无問，問而答之，我已離道，彼之問者亦非道矣。問窮者，所見至於問而窮，謂泥言語求知見也。无内者，中心未得此道，得此道，則不應之矣。

此章明道至大，不可以問答盡。聖賢於此，没身而已。人處萬物之中，不啻豪末之在馬體〔一〕，其於道也，亦然。故老龍死而神農興歎，弇堈弔所謂體道者正指老龍，隱〔二〕而顯之耳。世人以視聽莫及爲合道〔三〕之冥冥，非知道也。特見道之无，而未能无无也。泰清問无窮，无窮不知也。又問无爲，无爲知道之數而已。乃問无始，无始定知與不知之淺深内外，即篇首黄帝云不知真是，忘之次之，知之終不近也。於是泰清卬〔四〕而歎曰「孰知不知之知」，謂不必求知而有自然合道處。无始乃悟道之不可以聞、見、言也。形形之不形，猶云生生者不生，則道不可得而名也。故問者應者，皆未聞道，聞則不問，亦不應矣。道无問而强問，是因問而窮道。无應而强應，是无主於内，又安足以知至大至先至高至廣者哉！○中而歎：説之不通，義當是卬。《詩》「瞻卬昊天」，與仰同，傳寫之誤〔五〕。

〔一〕馬體：馬，原作「焉」，據朱本、李本改。四庫本作「體焉」，訛且倒。
〔二〕隱：朱本、李本此字上並有「能」字。
〔三〕道：此字四庫本無，脱。
〔四〕卬：原作「中」，據朱本、李本改。
〔五〕誤：朱本、李本此字下有「耳」字。

道教典籍选刊

南華真經義海纂微

下

〔南宋〕褚伯秀 撰

方勇 點校

中華書局

南華真經義海纂微卷之六十九

武林道士褚伯秀學

知北遊第四

光曜問乎无有曰：「夫子有乎，其无有乎？」光曜不得問而孰視其狀貌，窅然空然，終日視之而不見，聽之而不聞，搏之而不得也。光曜曰：「至矣，其孰能至此乎！予能有无矣，而未能无无也；及爲无有矣，何從至此哉！」

郭注：此皆絶學之意。於道絶之，則夫學者乃在根本中來。故學之善者，其唯不學乎！

吕注：光曜者，泰宇發光而能照，无有則无照矣。此光曜所以不知其爲有爲无，問之而不得問也。窈然空然，視聽搏之所不及，此所以爲无有也。唯其有无，所以爲光曜，不能无无，是以未能无有也。及其无有，則无所至，何從至此哉！

疑獨注：光曜，明知之稱。无有，體道者也。體道，故不可以聲色名相求。然此三者，混而爲一，其體无乎不在，亦无乎不同，是以光曜歎其孰能至此乎？言其不可以有加矣。

碧虚注：光曜，喻内照。无有，喻妙本。内照體乎妙本者也，謂其有邪，則窅然空然；謂其无邪，則有无焉，而未能无无也。且論无議有，曼衍无窮；絶有斷无，妙從何悟？微乎哉！光曜之問，《知北遊》之大旨也。

鬳齋云：予〔一〕能有无，未能无无，此語至妙。未能无无，言我猶在无字中，爲无字所有，何從至於窅然空然乎？《圓覺》云：「説无覺者，亦復如是。」无覺可謂妙矣，而猶以爲未盡，與此義同。

大馬之捶鉤者，年八十矣，而不失毫芒。大馬曰：「子巧與，有道與？」曰：「臣有守也。臣之年二十而好捶鉤，於物无視也，非鉤无察也。是用之者，假不用者也以長得其用，而況乎无不用者乎！物孰不資焉！」

郭注：拈捶〔二〕鉤之輕重，而无豪〔三〕芒之差。都无懷，則物來皆應也。

〔一〕予：四庫本作「子」，訛。
〔二〕捶：四庫本作「垂」，訛。
〔三〕豪：四庫本作「毫」，通。

呂注：无用无不用，唯道爲然。

疑獨注：大馬，楚之大司馬，有工人，善捶鍛帶鉤，老而藝精，故司馬疑其巧而有道。答以非有〔一〕道也，内守固則外物不能亂，自少而好此藝，於外物无視，非帶鉤无察，此其所以精也。蓋用心於此，則不用於彼，故此愈精，是用之者假不用，所以長得其用也。无不用者，道也。物孰不資焉！巧者知之精，知之精猶若此，況道之精乎！

碧虚注：道在有守而已，若无察无守，是都无所用也。凡有用於此，必无用於彼，是用之者假夫不用者也。假不用爲用，故長得其用。善治萬物者，无有不用，故用得資焉。

鬳齋云：非鉤无察，即前所謂唯蜩翼之知。用者，巧也；不用者，道之自然。无不用者，道之无爲而无不爲者也。言我以不用之妙而用之於巧，且長得其用，況道之无爲无不爲者，天下孰不賴焉！

光曜喻學道而有所見。心華發明之初，无有則損而至於无爲。宜其不得問，而窅然空然，視聽摶〔二〕之不可得也。光曜始悟而歎其道之至，何所修爲而至於此乎？猶

〔一〕有：此字四庫本無，脱。

〔二〕摶：朱本作「搏」，訛。

河伯見海若，望洋而歎也。子能有无，謂知萬法皆空，故獨明此道。然猶坐於无，未造重玄之域，今汝得爲〔一〕无有，何從而至此哉？重歎羨其不可及也。捶鉤之於物无視〔二〕，不用世間之用，能无有之謂也。非鉤无察，精其在我之用，能有无之謂也。至於无不用，則无无之謂歟〔三〕？天下之物生於有，有生於无；有无互顯，故物孰不資焉！无之爲物，窅然空然，最難形狀，而道妙所立，至神之運，實資於此。世人執著於有，不知從无而生，還歸於无耳。故真人多以此立論，破世人之執見，明萬物之始終。信能靜而求之，忘而契之，萬有俱空，一真獨露，始知用假不用而長得其用非虛言也。〇及爲无有矣：諸本皆然。審詳經意，當是「无无」。上文可照〔四〕。

冉求問於仲尼曰：「未有天地可知邪？」仲尼曰：「可。古猶今也。」冉求失問而退，明日復見，曰：「昔者吾問：『未有天地可知乎？』夫子曰：『可。古猶今也。』昔日吾昭然，今日吾昧然，敢問何謂也？」仲尼曰：「昔之昭然也，神者先受之；今之昧然也，且又爲不神者求

〔一〕爲：朱本、李本並作「而」。
〔二〕視：朱本作「事」，訛。
〔三〕歟：朱本作「與」，通。
〔四〕「及爲无有」至「可照」：此數句朱本無。

邪！无古无今，无始无終。未有子孫而有孫子，可乎？」冉求未對。仲尼曰：「已矣，未應矣！不以生生死，不以死死生。死生有待邪？皆有所一體。有先天地生者，物邪？物物者非物，物出不得先物也，猶其有物也。猶其有物也，无已。聖人之愛人也終无已者，亦乃取於是者也。

郭注：仲尼言天地常存，乃无未有之時。虚心待命，斯神受也。思求，則更致不了。非唯无不得化而爲有，有亦不得化而爲无，是以有之爲物，雖千變萬化，而不得一爲无，故自古无未有之時而常存也。子孫孫子，言世世无極。夫死者獨化而死耳，非生者生此死也；生者亦獨化而生。死生无待，獨化而足，各自成體，誰得先物者乎？吾以陰陽爲先物，而陰陽即所謂物，誰又先陰陽者乎？吾以自然爲先物，自然即物之自爾。吾以至道爲先物，道乃〔一〕至无，既无矣，又奚爲先？然則先物者誰乎？而猶有物，无已，明物之自然，非有使然也。聖人愛人无已者，亦取於自爾，故恩流百代而不廢也。

呂注：天地孰名之？知所以名天地者，則知所以生天地者；知所以生天地者，則未有天地，猶今而已。神者先受之，不思而得也。又且爲不神者求，所以爲不神也。古今

〔一〕乃：此字四庫本無，脱。

終始相待而有，无待則皆无矣。儻明此，則知所謂未有天地矣。未有天地而可知，則未有子孫而有孫子也。使之勿應，欲其不以有心求之，蓋心有所謂生而後能生其死，心有所謂死而後能死其生，此以有心求之之過也。死生有待邪？體本无待也。有待无待，皆有所一體。知死生爲一體，則安有先天地生者物邪？先天地生，則物物者也。物物者非物，則物出不得先物也。所謂有物混成，先天地生者，猶其有物而已。猶其有物，无而已矣，言其未始有物也。聖人之愛人終无已者，亦乃取於是也。此乾元所以統天，君子體之以長人者也。

疑獨注：未有天地之前，果可知乎？以有天地之後推之，則可知矣。《荀子》云：「百王之道，後王是也；千載之前，今日是也。」故孔子對冉求曰：「古猶今也。」冉求始則虛心以問，虛則神生，故昭然；終則聞言未悟，中心有物以礙之，而不神者來舍，故昧然。孔子復告之以无古无今，无始无終，以神言也。未有子孫，當待其化，而遽欲有之，不可〔一〕也。本无死也，因生生死；本无生也，因死生生；死生各有一體，皆不相待也。太易者，未見氣也。非形非氣，所以能物物；能物物，則非物。以其爲物，雖出物先而不能先物，

〔一〕可：四庫本此字下有「得」字。

猶其有物所以不能先也。猶其有物則无窮已。聖人之於物也，以不仁愛之而其愛終无已者，蓋取諸此。

碧虛注：問未有天地，欲明先物也。答以古猶今，以身觀身也。昭然，謂幼稚聰慧。昧然，謂中年昏晦。神者先受之，專氣和柔，受道之樸全也。又爲不神者求，嗜好无厭，欲美頑質也。老同幼則无古今，生如死則无終始。有子故有孫，是相因之道，明古今之有自，而散有爲无，積无成有，不離乎造化也。不以有此生而生其死，不以因此死而死其生，明生者自生，死者自死，非因生而死，非因死而生，言其本无待也。皆有所一體，有无異道也。天地獨化之大者，儻有先者，物自先耳。不得謂先天地生者物也。然物與天地皆有所一體，雖同是物而物物自生，前物非後物，亦猶子子孫孫各不同也。故物物各有太極，若言物後，而後物復先，猶其有物而物物无窮已也。聖人芻狗百姓而百姓愛之无已者，亦取其不先物故也。

鬳齋云：神者，在我之知覺；不神者，知覺之靈爲氣所昏也。昔之昭然，虛靈知覺者在，故能受之；今之昧然，虛靈知覺者不在，故又有所求也。无古今終始，言造化之理，生生不窮，如人之有子孫，不待其有而後知之也。末應，謂不必更言。纔有生字，則有死字，是因生而後生一死字；纔有死字，則有生字，其義亦然。死生所待，一體而已。體猶理也。物物者非物，非物者必生於天地之先，不可以物名之；既名爲物，不得爲在天地之先矣。如此便是有物，故曰物出不得先物也。猶其有物也，此是一句。既有物，則相物无窮已〔一〕。聖人愛人，有迹可見；形迹相求无時而已者，蓋其所取在於有物，而不知物物者之非物也。

冉求此問有疾雷破山之勢，夫子等閑一答，使之失問而退。聖賢之分量可知。蓋求也雖升夫子之堂，所習无過世學，則其聞見不越乎耳目之間；未有天地之先，豈能逆知哉！宜其怪而有問也。夫人之一身，法天象地，未有天地之先，吾身之本來是也。知吾身之本來，則知天地之先；知天地之先，亦以有天地之後推之耳。聖人者執古以御今，則必能推今以明古，豈止百世可知哉！夫天地乃空中之細物，物中之至大者，有形生於无形，終亦必歸〔二〕於壞，但人居短景目不及見，猶夏蟲之不知冰耳。神者先受之，知其神而神也；又且爲不神者求，不知不神之所以神也。昔昭然者，汝用知識而求其所謂神，是神者先受之；今昧然者，聞道而忘其知識，是不神之中有神存

〔一〕已：四庫本作「也」。
〔二〕歸：四庫本作「居」，訛。

焉。汝又何必更求邪？蓋使之反照心源，得无所得，不昭不昧，无古无今，則死生不得以係之矣。不以生生死，不以死死生，謂其獨化〔一〕，非有所待也，猶向息非今息，前焰非後焰之義。復提起問端，云有先天地生者物邪？言獨有道居天地之先，物无先天地生者；物物者非物，道生天地萬物，不可以物名之。一〔二〕有物出，涉乎形器，便〔三〕不得爲先〔四〕物，由其有物故也。由其有物，則從一生萬，林林總總，日接乎前。能卓然獨立不爲所惑者，鮮矣！是知人物无窮，由於造化之无窮，故聖人仁愛之心及物亦无窮，然均不免散淳朴爲澆漓，太古无爲之治不可得而復也。夫欲還太古无爲之治，其唯善求己之先天者歟？經文猶字，疑當是〔五〕由。

顔淵問乎仲尼曰：「回嘗聞諸夫子曰：『无有所將，无有所迎。』回敢問其遊。」仲尼曰：古之人外化而内不化，今之人内化而外不化。與物化者，一不化者也。安化安不化？安

〔一〕化：朱本、李本並作「也」，訛。
〔二〕一：此字朱本、李本並無，脱。
〔三〕便：朱本、李本並作「使」，訛。
〔四〕先：朱本、李本並作「無」。
〔五〕是：朱本、李本並作「作」。

與之相靡？必與之莫多。豨韋氏之囿，黄帝之圃，有虞氏之宫，湯武之室。君子之人，若儒墨者師，故以是非相韲也，而況今之人乎！聖人處物不傷物。不傷物者，物亦不能傷也。唯无所傷者，爲能與人相將迎。山林與，皋壤與，使我欣欣然而樂與！樂未畢也，哀又繼之。哀樂之來，吾不能禦，其去弗能止。悲夫，世人直爲物逆旅耳！夫知遇而不知所不遇，知能能而不能所不能。无知无能者，固人之所不免也。夫務免乎人之所不免者，豈不亦悲哉！至言去言，至爲去爲。齊知之所知，則淺矣。

郭注：以心順形，而形自化。以心使形，故外不化。常无心，故一不化；一不化，乃能與物化。化與不化，皆任之。无心而恣其自化，非將迎靡順，則足而止也。夫无心而任化，乃群聖之所遊處。韲，和也。儒墨之師，天下難和者，无心者猶能和之，況其凡乎！處物不傷，至順，在我而已。无心故至順，至順故能无將迎而義冠於將迎也。山林、皋壤未善於我而我便樂之，此爲无故而樂。无故而樂，亦无故而哀，則所樂不足樂，所哀不足哀也。世人不能坐忘自得，而爲哀樂所寄，如逆旅耳。知之所遇者，知之；所不遇者，不知也。所不能者，不能强能亦然。由此觀之，制不由我，皆自得也。由知而後得，假學，故淺矣。

吕注：古之人外化則與之偕逝，内不化則有不忘者存；今之人内化則其心與之然，外不化則規乎前而不日徂也。與物化者一不化，則安有化不化？有化有不化，則非所以爲不化，安可與物相靡，其行如馳，而莫之能止哉！與之莫多則不將不迎，應而不藏而已。曰囿、曰圃、曰宮、曰室，言世益衰而遊之者益少，其居益狹矣。君子若儒墨者師，猶以是非相韰，韰則傷之甚，況今之人不與之相靡也，難矣！聖人處物不傷物，則是非〔一〕兩行而休乎天均，物其能傷乎？故雖與人相將迎，而獨遊於无所將迎也。世人爲外物所役，哀樂得以入其舍。山林皋壤使我欣欣，樂未畢也，哀又繼之，二者相爲往來而未嘗息也。其來莫禦，其去莫止，則其身直爲物所寄如逆旅耳。蓋知遇而不知所不遇，遇則偶物，不遇則離物也。能能而不知所不能，能則爲物役，不能則役物也。无知无能，人所不免，言其固有，皆可求之，而反務免乎人之所不免，則失性甚矣，豈不悲哉！至言去言，至爲去爲，而齊其知之所知，以務免乎人之所不免者，雖知之亦淺矣。

疑獨注：外化而内不化者，形隨物遷而中有主；内化而外不化者，心隨物化而形未忘。與物化者，形化而心不化，故曰一不化。夫物之化與不化，聽而任之，安然與之相靡順。又使之各足於性分，无欠剩也。囿者，田狩之地。圃者，塲圃。圃狹於囿，宮狹於

〔一〕非：此字四庫本無，脱。

圃，室狹於宫，言人之性命自廣大，世變下衰，不能使之復朴，乃蹙其廣居而使之狹，遭時使然也。彼聖人者，豈有優劣乎？儒、墨之説，是此非彼，最難和之歸一。整者，和而一之也。蓋聖人處物不傷物，故物亦不能傷，兕无所投其角，虎无所措其爪是也。此全德之人，唯能與人相將迎，所謂將迎者，同人而已。凡人之情，樂新厭故。天下之物，未有新而不故者，以必故之物待易厭之情，天下之无樂也宜矣。富貴者之樂勢利，幽閒者之樂山林，不過待外物以爲樂，安有新而不故，故而不厭者哉！及故而厭，則哀繼之矣。哀樂之寄於吾身，猶逆旅耳。唯學而至於道者，不居富貴而有宰制役使之資，不隱山林而足以閲萬物之變。資之存不匱，變之出无窮，則所樂日新而无故，何有厭而哀者邪？

碧虚注：徇物曰外化，全真曰内不化。蕩性曰内化，持勝曰外不化。與物化者，迹同物化；一不化者，本未嘗化。化與不化，任之而已，非獨委順，而又簡易也。夫純白涉世者，如聖人之遊行居寢於囿、圃、宫、室，又何將迎哉！儒、墨君子尚不能无心而分別是非，況其下者乎！處物不傷物，光塵一體也。物亦不能傷，彼我无心也。唯无所傷者，爲能與人相將迎，然无心而不將迎者易，將迎而不迕物者爲難也。山林无情於人，而人多樂之者，静與性合也，遇變即哀情使然也。世之人皆爲哀樂所將迎，故遇則禍多，不遇則福全。能者受役，不能者役人也。是以聖人貴乎无知无能，而世人乃强知强能，與物相傷，是爲大病。儻能去其妄言妄知而入其不知所以知者，則深矣遠矣。

鬳齋云：應物而不累於物，爲外化；應物而不動其心，爲内不化。與接爲構，爲内化；與物靡刃，爲外不化。以我之内不化而外應乎物，所過者化而无將迎，則化亦不知，不化亦不知。一不化者，无心之心。安，猶豈也。靡，磨也。豈與之相磨，而必欲與之相勝哉！狶韋、黄帝、有虞、湯、武、儒墨之師，皆未盡内不化之道，故至於以是非相𩐋。𩐋，謂五味相奪也。囿、圃、宫、室，謂其以此爲窠臼。不傷物，即與物化；與物化，故能與人相將迎也。凡人遊於山林，其心必樂；樂則有感，感必哀矣，《蘭亭記》中正用此意。因物而樂，因物而哀，去來於我，皆不自由，則我之此心是哀樂之旅舍耳。遇謂可見，不遇不可見。可見者人，不可見者天。能其所能，人也；其所不能，天也。舉世之人皆有不自知不自能者，唯其知人不知天，故欲免其所不可免者，豈不悲哉！故至言无言，至爲无爲，不知其所不可知，而皆以所可知者爲知，其所見淺矣。

外化者，柔以和光；内不化者，介以立德。内化者，心隨物遷；外不化者，矜持矯俗。世之人，不化其所當化，而化其所不當化，此古今澆淳之所以別，君子小人之所以分也。聖人土苴以治天下，與物化也；真以治身，一不化也。誠能真以治身，則推之天下，特餘事耳。將无内外之可辨，化與不化同歸於化矣，故安然與之相順，而必无過舉也。囿、圃、宫、室，言聖人之所安，後世遊之者益少，而日狹其居。所尚者儒、墨之師猶不免是非紛〔一〕競，以相韲傷，况今之人，其能處物无傷而與人〔二〕相將迎乎？无怪其棄囿、圃、宫、室群居之樂，而爲山林、臯壤獨善之舉也。凡物之理，動極必静；在人〔三〕之情，樂極必哀。滑鄭市者，慕山林之清；樂山林者，无不厭之理。蓋性情密移，與化同運，不自覺此身爲哀樂之旅舍也。《外物》篇云：「大林丘山之善於人也，亦神者不勝〔四〕。」與此同。遇謂物接於前者，不遇則遺物離人。見猶不見也，能謂施爲處當者，不能則如愚守朴，絶學无爲也。人莫不以物之去來爲哀樂，不悟吾身亦暫寄耳。况所遇所能，又吾身之暫寄者哉！唯无知乃真知，无能乃真能，是人所固有而不免者。今棄其固有，而反務乎多知多能，苦心勞形，役役以至於斃〔五〕，此真人之所哀也。

〔一〕紛：朱本、李本並作「分」，訛。
〔二〕人：此字朱本、李本並無，脱。
〔三〕「之舉」至「在人」：此十三字朱本、李本並無，脱。
〔四〕亦神者不勝：此五字朱本、李本並無。
〔五〕斃：朱本、李本並作「弊」。

凡人固不能无言无爲，但无心於言爲之間，則言爲之累[一]自去，斯爲至言至爲也。若齊限以爲知之所知[二]，則淺陋不近道矣。○君子之人：當是「古之人」三字，詳下文可照[三]。

是篇以知立題。知者，有爲有言之所自也。北遊則趨其本方，有還源之意。玄水至妙而存澤物之功，有心於爲道之譬，无爲、无謂則冥於道矣。故三問而不知答，不知乃真知也。黄帝答之愈明[四]，其如道愈不近何？是故聖人離形去知[五]，墮體黜聰，无爲而萬物成，不言而天下化，知道不可得而有，身不可得而私，物之有生於无，通天下一氣耳。神奇臭腐之交化，陰陽喑醷而自生，勃然出，漻然入，衆人所同也。與物化，一不化，聖人之所獨也。死[六]生任化，彼衰自墮，則居化而任化，无化无不化，忘化而化化，安化安不

〔一〕之累：此二字四庫本無，脱。
〔二〕之所知：此三字朱本、李本並無。
〔三〕詳下文可照：此五字朱本、李本並無。
〔四〕明：李本作「矣」，訛。
〔五〕知：朱本、李本並作「智」，通。
〔六〕死：四庫本作「无」，訛。

化哉！每下愈況〔一〕，故道在瓦甓。用假不用，故工乎捶鉤。以今日而知天地之先，不居則不去也。无將迎，而通内外之化，處物而不傷也。由是知不因境而静者，无所不静〔二〕；不因物而樂者，无所不樂。非化所能運，非累所能侵，可以一日爲百年，可以百年爲一日，則安知今日之所寓，非壺中之天地哉！靖〔三〕觀世人之爲物逆旅，往往以所遇所能而殘生傷性，无異沉檀就爐，騰馥須臾而形已燼矣，莫若不遇不能之全其真〔四〕也。

太上云：「不言之教，无爲之益，天下稀〔五〕及之。」故南華以至言去言，至爲去爲，終外〔六〕篇之旨云。

〔一〕每下愈況：朱本、李本並作「每況愈下」。

〔二〕静：朱本、李本此字下並有「化」字，衍。

〔三〕靖：四庫本作「静」。

〔四〕真：四庫本作「本」。

〔五〕稀：朱本、李本、四庫本並作「希」，通。

〔六〕外：朱本作「知北」。李本作「知此」，當是「知北」之訛。

南華真經義海纂微卷之七十

武林道士褚伯秀學

雜篇庚桑楚第一

老聃之役有庚桑楚者，偏得老聃之道，以北居畏壘之山。其臣之畫然知者去之，其妾之挈〔一〕然仁者遠之；擁腫之與居，鞅掌之爲使。居三年，畏壘大壤〔二〕。畏壘之民相與言曰：「庚桑子之始來，吾灑然異之。今吾日計之而不足，歲計之而有餘。庶幾其聖人乎！子胡不相與尸而祝之，社而稷之乎？」庚桑子聞之，南面而不釋然。弟子異之。庚桑子曰：「弟子何異於予？夫春氣發而百草生，正得秋而萬寶成。夫春與秋，豈无得而然哉？天道已行矣。吾聞至人，尸居環堵之室，而百姓猖狂不知所如往。今以畏壘之細〔三〕民，而

〔一〕挈：四庫本作「絜」。本篇下同。

〔二〕壤：四庫本作「穰」，通。本篇下同。

〔三〕細：此字四庫本無，脱。

竊竊焉欲俎豆予于賢人之間，我其杓之人邪？吾是以不釋於老聃之言。

郭象注：畫然，飾知。挈然，矜仁。擁腫，朴也。鞅掌，自得。始異其棄知而任愚，終悟夫與四時俱者无近功也。春秋生成，皆得自然之道，故不爲也。至人尸居而百姓自往，非由知也，故不欲爲人標杓。《老子》云：「功成事遂，百姓皆謂〔一〕我自然。」今畏壘反此，故不釋然。

吕惠卿注：老聃之道，絶仁棄知而不尚賢，非以明民而愚之。故其臣妾之仁知者，皆去而遠之，唯擁腫鞅掌是與。畫然、挈然，仁知之小者。擁腫，遲鈍。鞅掌，拘執。則非任知與仁者也。畏壘之民化楚之道，无所事知而致力於衣食之間，所以大穰。楚之所爲，足以新人耳目，故灑然異之，其道无爲而成，故日計不足，歲計有餘也。尸祝、社稷，皆爲君宗者所從事，言民欲推尊之意。夫春秋皆天之所爲，萬物莫知也。聖人所以尸居而百〔二〕姓不知所如往，今畏壘細民欲俎豆予於賢人之間，所謂不能使人无保也。我其可以不辭而爲人之標杓乎？

〔一〕謂：四庫本作「爲」，訛。
〔二〕百：四庫本此字上有「天下之」三字。

林疑獨注：物受命於天，則役於天；民受命於君，則役於君；弟子受命於師，則役於師。天役物以生，而息物以死；君役民以事，而息民以財；師役弟子以學，而息之以道。凡有所受命者，皆不免乎役，故楚學於老聃而稱役也。聃非有私於楚，而楚獨得聃之道者，能充其性分之實故也。畏壘，《禹貢》之羽山，見《洞靈經》。其臣妾皆取淳朴之人，而去其晝然知、挈然仁者，无用之材與之居，不職之臣爲之使，三年大壤，民皆異之。无近功，故日計不足；有遠效，故歲計有餘。民化其德，欲立之，南面社稷而尸祝之，與《老子》「可以寄託天下」意同。春至而物生，秋至而物成，自然之道行而人弗知也。居則如尸，言其靜。環堵之室，言其陋。而百姓猖狂，欣慕自往依歸，非由於知也。今畏壘細民欲以禮器待我於賢人之間，是以我爲人之杓也。杓，小器，便於衆用而已，則是有違老聃之訓，是以不釋然也。

碧虛陳景元注：偏得老聃之道，言其悟理最深，故智略仁義皆所不取，而擁腫不材、鞅掌自得者，與之從事。是以初驚情泊，後欣俗阜，道脩德長，民欲尸祝之。不釋然者，尚嫌有跡。春秋皆自然之道，不言而自行，於我何功哉？故尸居潛隱，民莫得知，豈肯爲人之標杓耶？若當俎豆，是吾不解師言，而故違之也。

劉槩注：《老子》曰：「功成事遂，百姓皆謂我自然。」而畏壘之民乃欲尸祝庚桑，則楚之於道其猶未耶？又聞：「苟有其實，人與之名而弗受，反受其殃。」今聞之南面而不釋然，則楚之於順物，其猶未耶？又聞堯非有人，非見有於人，存乎千世之後，特其跡耳。然則庚桑之道造乎无爲，而未能无不爲也。

林氏《鬳齋口義》：擁腫、鞅掌，猶支離也。灑然，瀟灑有異於人。歲計有餘，久而有益也。尸祝、社稷，敬祀之意。鼓舞筆端，如此下語。不釋然，不樂貌。豈无得而然，言天實爲之。天道已行，自然无心之喻。不知所如往，言與世相忘。杓，小器。必我小淺易見，故人得而知之。釋氏云：「我修行无力，被鬼神覷破。」不釋於老聃之言者，恐負師訓，故不樂也。

褚氏管見：庚桑，太史公作「亢桑」，一作「亢倉」，諸子中之一家也。唐朝册號《洞靈真〔一〕經》。其經云：「庚桑子居羽山之顛。」何粲注：「羽山在徐州。」莊子言〔二〕畏壘，指其形之拙朴。畫然，挈然，皆顯示貌。爲仁知而不晦藏，則不仁不知者疾之而患至掇也。寧與椎鈍者居，彼此无心，風淳俗阜，久而民樂其化，願推尊之。日計不足，歲計有餘，積絲成帛之義。庚桑以爲不知己，恐民歸附而爲己累也。夫春生秋成，天道

〔一〕真：朱本此字下有「君」字，衍。
〔二〕何粲注羽山在徐州莊子言：此十一字朱本無。

自運，聖世之民，何知帝力？今乃陳列予於賢人之間，我雖不自賢而猶爲彼所尚，是立杓〔一〕於此，以召矢石也〔二〕。吾肯爲此乎？然則庚桑之居畏壘，韜光未密，不能使人兼忘，莫若列子居鄭圃之混融无迹也。

弟子曰：「不然。夫尋常之溝，巨魚无所還其體，而鯢鰌爲之制；步仞之丘陵，巨獸无所隱其軀，而孽狐爲之祥。且夫尊賢授能，先善與利，自古堯、舜以然，而況畏壘之民乎！夫子亦聽矣！」庚桑子曰：「小子來！夫函車之獸，介而離山，則不免于網罟之患；吞舟之魚，碭而失水，則蟻能苦之。故鳥獸不厭高，魚鼈不厭深。夫全其形生之人，藏其身也，不厭深眇而已矣。且夫二子者，又何足以稱揚哉！是其於辯也，將妄鑿垣牆而殖蓬蒿也；簡髮而櫛，數米而炊，竊竊乎又何足以濟世哉！舉賢則民相軋，任知則民相盜。之數物者，不足以厚民。民之於利甚勤，子有弑父，臣有弑君，正晝爲盜，日中穴阫。吾語汝：大亂之本，必生于堯、舜之間，其末存乎千世之後。千世之後〔三〕，其必有人與人相食者也。」

郭注：弟子謂大人必有豐禄，而勉夫子聽之，答以去利遠害乃全。若攖身利禄，則

〔一〕杓：朱本作「的」。
〔二〕也：此字朱本無。
〔三〕千世之後：此四字四庫本不疊，脱。

粗而淺，曾魚鼈藏身之不若也。二子謂堯、舜，何足稱揚哉！將令後世妄行穿鑿，而植穢亂。簡髮、數米，理錐〔一〕刀之末也。混然一之，无所作爲，乃克濟耳。若拂戾其性，以待其所尚，真不足，以知繼之，則僞矣。僞以求生，非盜而何？民於利甚勤，則无所復顧。由於堯、舜遺其迹，飾僞播其後而致斯弊也。

吕注：老聃以本爲精，以物爲粗，以有積爲不足，淡然獨與神明居。楚得聃之道，故藏身不厭深眇，德遺堯、舜而不爲也。夫以未始有物之間而分辯，堯、舜，何異鑿垣植蒿？既非宜，而又无用，唯能輔物自然而不敢爲，則簡易而有功。不然，則猶簡髮、數米，曷足以濟世哉！聖人之治，使民无知无欲，以堯、舜之迹觀之，不免舉賢任知，卒至相軋相盜，則有知爲欲之大，民性爲其所遷，亂之所由生也。

疑獨注：弟子謂賢有德者，則尊之以位；能有才者，則授之以職。堯、舜之治尚然，況畏壘細民感庚桑之德化者乎？答以魚鳥不厭高深，所以期免患也。人欲全生，藏身不厭深眇而已。堯、舜者，真人出而應世之迹，是其塵垢粃糠耳，何足以稱揚哉！二子之言辯，不能順性命之理，猶鑿垣而植蒿也。簡髮、數米，言其小計。堯、舜雖德之盛，漸

〔一〕錐：四庫本作「椎」，訛。

離天而入人。莊子所以非其迹而防其流也。慮民相軋，故不尚賢而无爭心；慮民相盜，故絶聖知而利百倍。夫賢知數物，不足以厚民，徒使上下交征，以至日中穴阫而不顧者，皆因堯、舜遺迹致弊而然。獸相食且人惡之，況人相食乎？

碧虚注：汙瀆，凡鱗所專，而蛟〔一〕鯨不遊；丘阜，狐狸所善，而虎兕不處。是以道德光大，俗難隱藏；先善與利，聖人常事。唯高遠深眇者，利害莫能侵，而彼全其形生者，不足稱揚也。辯析賢愚，將毁淳朴；簡髮數米，喪失混同。聖人不尚賢，絶聖知，所以厚民，使不爲篡竊也。而任知之士，目前圖成而已，豈料他日之敗哉？

《鬳齋口義》：鰌、狐雖小，可以主溝、丘，言地无小大，皆有所尊。先善與利，名出則利入也。言人有賢能，人必尊敬之，今畏壘細民樂於尊能敬賢，夫子當聽之而已。獸離山，魚失水，喻名見於世，則能害身。介，獨也。盪，同蕩。以堯、舜二子爲辯，猶鑿垣而植草〔二〕，无此理也。於利甚勤，言爲生甚苦。穴阫，即穿窬之盜。

弟子謂尊賢先善，堯、舜遺法，畏壘舉而行之，未爲失當。答以至人藏身不厭深

〔一〕蛟：四庫本作「鮫」。
〔二〕草：四庫本作「蒿」。

眇，猶九淵之龍，蟄而後能神也。夫堯、舜繼統作君，功成治備，莫非由仁義而行，若无可疵〔一〕者。南華主於老氏絶仁棄義之説，凡欲揚道德而抑仁義，必指堯、舜爲首，意在拔本塞源〔二〕，不得不爾。觀者當求其主意，无惑於緒言可也。故謂子雖引以爲辯，猶植蒿取蕪穢，簡髮徒自勞，何足以濟世！且仁知數物，世之所尊，以爲可以致治，儻无道以統之，但徇其迹，將見姦弊横生，豈止乎相軋相盜而已！俗既梟〔三〕薄，切〔四〕爲利謀，則臣子之分有所不安，君父之尊有所不畏，叛倫悖理將无不爲矣。庚桑不受畏壘之祝，是察病於未形，而先固其本也。世患何由而及哉！

南榮趎蹵然正坐曰：「若趎之年者已長矣，將惡乎託業以及此言邪？」庚桑子曰：「全汝形，抱汝生，无使汝思慮營營。若此三年，則可以及此言也。」南榮趎曰：「目之與形，吾不知其異也，而盲者不能自見；耳之與形，吾不知其異也，而聾者不能自聞；心之與形，吾不知其異也，而狂者不能自得。形之與形亦辟矣，而物或間之邪，欲相求而不能相得？今

〔一〕疵：朱本作「訿」。
〔二〕源：朱本此字下有「拂塵洗迹」四字。
〔三〕梟：四庫本作「澆」，通。
〔四〕切：朱本作「竊」。

謂趎曰：『全汝形，抱汝生，勿使汝思慮營營。』趎勉聞道，達耳矣！」庚桑子曰：「辭盡矣。曰奔蜂不能化藿蠋，越雞不能伏鵠卵，魯雞固能矣。雞之與雞，其德非不同也，有能與不能者，其才固有巨小也。今吾才小，不足以化子。子胡不南見老子！」

郭注：全形，謂守其分而无攬乎生之外也。目與目，耳與耳，心與心，其形相似而所能不同，不强相效。兩形開，而不能相得，將有問之者。達耳，謂早聞形隔，故難化也。

吕注：德遺堯、舜而不爲，其无積也至矣。然則惡乎託業而可以及此言耶？答以人之形常保神，得以生者一也，豈以有物爲患哉！及其耳目屬乎聲色，鼻口屬乎臭味，心爲物之所役，則形虧而不全，生離而不抱，思慮營營而不止，是以不能无物也。唯其全形抱生而无思慮，則常心得矣，安有所謂聖知仁義得存其間哉！夫耳目不别聲色，心知不辨是非，世所謂聾瞽與狂也。爲道者則以不自見爲盲，不自聞爲聾，不自得爲狂，狂與聖在念與不念之間耳。我形之與彼形，固皆保神，神則无方也，安有閉而不闢者？其所以相求而不能相得，有物間之而已。趎雖云未聞道，其所知已異乎常人，但未能以楚之言契之於心也。

疑獨注：趎懼庚桑之道難至，遂發惡乎託業之問，答以全形抱生，即《老子》云營魄抱一也。營魄則形全，抱一則生全，專氣致柔，无思无慮，可以及此言也。趎未明庚桑之意，謂形雖一而耳目與心不能相爲用，以聾瞽狂者觀之，則耳目心三者各異於形矣。夫豈知聾瞽狂者之所以爲形全哉！我形彼形俱開而外見諸理，物或間之，與接爲構，欲相求而不能相得者，六賊爲之孽也。趎自知未化，庚桑之道勉聞達耳而已。奔蜂、越雞，喻己才小，不能化大，使之見老子，所謂大而化之也。

碧虛注：趎問若舍賢知何業可託？答以去賢則全形，忘知則抱生。疏瀹千日，斯言應矣。有主不執，故狂〔一〕弗自得。六鑿〔二〕相攘，故物或間之。膚受者達耳，神悟則徹心。牛涔安有鯤鵬之化？蜂房安有鶤鷄之雛？理固然也。庚桑所以謝趎之問者，欲藏其狂言以自全，而推至理於老聃耳。

《膚齋口義》：人之心與耳目皆開也，而狂者不能自得，猶聾盲者之无所見聞。我形與人形本開闢而无蔽，今乃爲物欲所間，以心求心不能相得，夫子教我勿使思慮營營，勉以聞道，庶幾其能達矣。奔蜂、越雞之喻，義同前解。

〔一〕狂：此字四庫本無，脱。
〔二〕鑿：四庫本作「根」。

趎聞至人藏身不厭深眇，遂問於何託業而可踐及此言，庚桑誨以全形而勿損，抱生而勿離，忘思〔一〕絶慮，功周千日，庶幾可矣。若前所云尊賢先善，皆勞思而爲之，損形離生之本也。趎猶未悟，乃述中心之疑，謂目與形本同而盲者不能自見，耳與心之於形〔二〕亦然。聾者不自聞，狂者不自得，即連叔曰：「豈唯形骸有聾盲哉？知亦有之。」今趎非形有聾盲，正坐知之聾盲，所以費庚桑點化。形闢，即覺也。我形彼形俱開而應物，本无所蔽；及物入而爲主，所謂我者反爲客矣。相求而不能相得，猶孔門云：「夫子之言性與天道，不可得而聞。」相求而相得，則子知我，而我知魚矣。今雖承師訓，勉聞達耳，未能心悟也。庚桑至此，无所施其巧，遂使就有道而求速化，將无不解之惑矣。於此有以見庚桑之德，不責人之難化，反揆己之不足，所以廣師門之樂育，躋弟子於成材者也。

〔一〕思：朱本作「恩」，訛。

〔二〕形：朱本作「物」，訛。

南華真經義海纂微卷之七十一

武林道士褚伯秀學

雜篇庚桑楚第二

南榮趎贏糧，七日七夜至老子之所。老子曰：「子自楚之所來乎？」南榮趎曰：「唯。」老子曰：「子何與人偕來之衆也？」南榮趎懼然顧其後。老子曰：「子不知吾所謂乎？」南榮趎俯而慙，仰而歎，曰：「今者吾忘吾答，因失吾問。」老子曰：「何謂也？」南榮趎曰：「不知乎？人謂我朱愚。知乎？反愁我軀。不仁則害人，仁則反愁我身；不義則傷彼，義則反愁我己。我安逃此而可？此三言者，趎之所患也，願因楚而問之。」老子曰：「向吾見若眉睫之間，吾因以得汝矣，今汝又言而信之。若規規然若喪父母，揭竿而求諸海也。汝亡人哉，惘惘乎！汝欲反汝情性而无由入，可憐哉！」

郭注：老子問趎何與人偕來之衆，挾三言而來故〔一〕。

吕注：趎欲爲道，其心不能致一而挾三言，則謂與人偕來之衆亦宜矣。以道與世亢，其心莫得而藏，此老子所以得之於眉睫之間也。道者，物之所生，唯致一能得之。今趎規規然以趣〔二〕舍不一之心，索之於无窮之間，若喪父母而揭竿求之於海，罔罔然哉！欲反其性情而无由入，此至人之所憐也。

疑獨注：贏，同籯〔三〕，裹糧器。七日七夜，言慕道之切，晝夜不息也。老子知其自楚之所來，挾三言而至，故問與人偕來之衆。趎遂懼然莫辨，主賓繼陳三條以求決，蓋爲夫明仁義知之本，故有此疑。老子告以向吾見眉睫而得汝，今又言而信之，世之術士以言貌觀人亦此理，但學不至者不免於妄耳。趎失道之真，猶童穉失所親而欲揭竿測海以求，斷不可得。汝亡人哉，言失爲人之道也。

碧虚注：問何與人偕來之衆，謂采色不定，意不一也。懼然顧後，懷疑失容，吾所謂者非言非貌，驚故忘答，慚故失問。朱愚，丹心愚惷也。夫仁、知、義三者，彼我皆爲患，

〔一〕故：四庫本此字下有「也」字。

〔二〕趣：四庫本作「趨」，通。

〔三〕籯：四庫本作「贏」，訛。

既目擊道存矣，又況有言乎！ 海非藏親之地，竿非探淵之策，喪本无歸，罔然失措，欲反性情而无由入，此所以可憐也。

《鬳齋口義》：趎方獨見，而老子以爲與衆偕來，釋氏所謂汝心中正鬧也。 朱愚，猶顓蒙。仁、知、義三語，謂无心又不可，有心又不可，疑而未決也。 規規，蹇淺貌。 揭竿求海，言求无於有。 亡人，亡失其本心之人，欲見自然之道，不可得也。

「何與人偕來之衆」一語，勘辨甚力，此楚、老爲人真切處。 若内无真見，聞此鮮不懷疑。 宗門[一]諸老慣用此機，趎於言下忘答失問，遂以第二機接之。 及其懼消慚釋，陳述三條，覬免世累，老子告以汝如孩童失親而揭竿求海，言真性[二]汝之至親，不能保全而致喪失，乃欲爲仁義以索之於无涯世事之中，愈求愈遠，身雖存，與亡无異矣。惘惘，无歸貌。 欲反性情而无由入，則是迷能思復，聖人不棄，所以憐而進之。 信能超三言而无累，斯爲反性情之道也歟？ ○朱愚，難通。 碧虛云：「江南古藏本作『株

〔一〕宗門：朱本作「禪宗」。

〔二〕真性：此二字朱本無。

愚〔一〕』。」取形若檿〔二〕株之義〔三〕。

南榮趎請入就舍，召其所好，去其所惡，十日自愁，復見老子。老子曰：「汝自灑濯，孰哉鬱鬱乎！然而其中津津乎猶有惡也。夫外韄者不可繁而捉，將内揵；内韄者不可繆而捉，將外揵。内外韄者，道德不能持，而況放道而行者乎！」南榮趎曰：「里人有病，里人問之，病者能言其病，然其病病者猶未病也。若趎之聞大道，譬猶飲藥以加病也。趎願聞衛生之經而已矣。」老子曰：「衛生之經，能抱一乎！能勿失乎！能无卜筮而知吉凶乎！能止乎！能已乎！能舍諸人而求諸己乎！能翛然乎！能侗然乎！能兒子乎！兒子終日嘷而嗌不嗄，和之至也；終日握而手不掜，共其德也；終日視而目不瞚，偏不在外也。行不知所之，居不知所爲，與物委蛇而同其波。是衛生之經已。」

郭注：全形抱生，莫若忘其心術，遺其耳目。若乃聲色韄於外，則心術塞於内；欲惡韄於内，則耳目塞於外，故必无得无失而後爲通。偏韄尚不可，況内外韄乎！耳目眩惑於外，心術流蕩於内，雖繁手以執之，綢繆以持之，弗能止也。抱一不離，性還自得，當則

〔一〕愚：朱本作「遇」，訛。

〔二〕檿：朱本作「撅」。

〔三〕「江南」至「之義」：此十五字四庫本無，脱。

吉，過則凶，无所卜[一]也。止，謂止於分。已，謂无追故迹。舍人求己，全我而不效彼也。无停迹，无節礙，任聲之自出而不由喜怒，任手之自握而非獨得，任目之自見非係於色也。信足自行，縱體自任，至於物波亦波，斯順之也。

呂注：知趣舍滑心而惡之，欲洗濯而復於虚靜，是爲召好去惡，然猶未之能行，所以自愁。鬱鬱之氣充，津津有所漏。韄則物之粘著而難去者。今惡耳目之韄於聲色而欲物物以持之，是繁而捉也；則莫若内揵，内揵則心不出而外不韄矣，《老子》云「塞其兑，閉其門」是也。心術韄於事爲，而欲事事以止之，是繆而捉也；則莫若外揵，外揵則物不入而内不韄矣，《老子》云「開其門，解其紛」是也。故寂然不動，萬物不足以橈其心。不然，則雖有道德者猶不能持，況倣效而行者乎！所謂聞道者，知其未始有物，而无所事爲也。趎自知其病，未足以勝大道之藥，但願聞衛生之經而已，衛生以无爲爲經。一者道之所自生，吉祥所止，何事卜筮哉！此皆能止其思爲而求諸己故也。翛然无係，侗然无礙，則如兒子矣，使其嘷出於哀怒而不和，其能不嗄乎？以至握而不知其爲握，視而不知其爲視，其行止一出於无心，與物宛轉，同其波流，此衛生之經也。

[一]卜：四庫本作「止」。

疑獨注：心存好惡，所以自愁，洗去其惡，亦孰矣。然而鬱鬱津津，猶有發見於外者。韄猶羈縛，楗謂關[一]閉。耳目之於聲色，外韄也，不可使至於繁捉，而納諸内以楗閉之；身意之於觸法，内韄也，不可使至於繆捉，而置諸外以楗閉之。與由外入者，中有主，則不入；自内出者，有正於外，則不距意同。譬人家有不肖子爲姦於外者，捉而閉諸内；爲宄於内者，捉而閉諸外。嗜慾之害身，猶不肖子之害家，防閑不可不謹也。趎引里人之病以自喻。病病者猶未病，猶《列子》云「生生者不生」。趎欲聞大道而未得其方，猶飲藥以加病也。願聞衞生之常道而已，答以抱一勿失，則不待卜筮而知吉凶，見險而能止已[二]，則終止矣。足於己而无待於外，故翛然侗然，不失其赤子之心。專氣致柔而常德不離，是以入鳥獸而不亂，逢虎兕而不傷。其嗥、握、視也一出於无心，以至任足之自行，任體之自爲，與物同波，而不離乎道也。

碧虚注：能病已病者猶未病，聞道愈惑者爲難悟，故知大方之難窺，願聞小乘而已。抱一勿失，專而藏照也。知吉凶者誠明，能止已則不役，求諸己則自信。翛然侗然，无所

〔一〕關：四庫本作「闗」，訛。
〔二〕已：此字四庫本無。

係累。能兒子乎，全其朴也。兒子淳德未虧，故聲完而握專，无著而神定，縱任而无忤，同流而莫汩，此皆衞生之經也。

用功之久。

《鬳齋口義》：召好，求其是。去惡，離其非。未忘好惡，所以自愁。孰，同熟〔一〕，謂鬱鬱，意未寧一，故津津可見。韄，以皮束物。楗，閉門之牡。皆檢束之喻。應物於外，欲自檢柅，則繁多而不可執捉，將反而求之於内，曰「内楗」；中心擾擾，欲自檢柅，則綢繆而不可執捉，又將求之於外，曰「外楗」。言學道不得其要，内外皆无下手處。若此者，其在身之道德且不能持，況欲循自然之理而行者乎！趎陳愚惑之甚，欲聞大道而自不知其受病之處，雖承教而愈惑，猶飲藥以加病，今不敢求聞大道，願聞衞生之經而已。抱一，謂全真。勿失，得於天者无所喪。无卜筮知吉凶，至誠可以前知也。止，即定。已，即大休歇。舍人求諸己，不務外也。兒子啼而聲不乾，无容心而不傷其和也。目不瞬者，捝者，屈而不可伸，小兒久握而无窒硋。共其德，猶云同其性，言人皆如此。目不瞬者，視而无心。不知所居所爲而與物同波，此可爲衞生之常道也。

請入就舍，願留而受業於門。召好去惡，則不能忘情於善惡之間，又不知所好之

〔一〕孰：原作「孰」，據朱本、李本、四庫本改。

果善，所惡之果不善耶？自愁，一本作「息〔一〕愁」，又作「愁息」，説〔二〕俱未通，審詳經意，猶《書》云「自怨自艾」之義。退處旬日，怨艾日前，爲學不力，見道不明，今雖遇聖師卒難陶鑄，至於洗心復見，可謂有志而能自新矣。老子謂汝洗濯。孰哉，古同熟〔三〕。鬱鬱乎，勇進於學〔四〕，充乎顔貌。然其中津津，形見於外，猶有未除之惡，此又勉進向上一步而成其自新之志也。内韄，即六根之盤固；外韄，即六塵之染著。楗則關閉防閑以嚴其界限之意，諸解多從捉爲讀，疑獨從繁從繆絶句，亦〔五〕有理。内外二韄，人之通患。在中有主者，善持之則情不流而性可復，心不橈而道可進矣。趎猶未悟，引里人有病猶能言己有〔六〕病而不能醫，恐不可以進〔七〕大道，願聞衛生之經而已。能抱一則心不二，不務得則必无失，无卜筮知吉凶，垢去而心鑑明也。知至則能

〔一〕息：朱本作「自」，訛。下句「愁息」之「息」同。
〔二〕説：此字朱本無。
〔三〕熟：原作「孰」，據朱本、四庫本改。
〔四〕學：原作「子」，據朱本、四庫本改。
〔五〕亦：此字朱本無。
〔六〕有：此字朱本無。
〔七〕進：朱本此字上有「深」字。

止，造忘〔一〕則能已。舍人求己，内足而不假乎物也。能兒子乎，此誠切喻，使人皆可以求諸己而復乎〔二〕本來之天。其嗥、握、視之所以異於成人者，内韞沖和而无心於外故也，衞生之經何以加此！

南榮趎曰：「然則是至人之德已乎？」曰：「非也。是乃所謂冰解凍釋者。夫至人者，相與交食乎地，交樂乎天，不以人物利害相攖，不相與爲怪，不相與爲謀，不相與爲事，翛然而往，侗然而來，是謂衞生之經已。」曰：「然則是至乎？」曰：「未也。吾固告汝曰：『能兒子乎！』兒子動不知所爲，行不知所之，身若槁木之枝而心若死灰。若是者，禍亦不至，福亦不來。禍福无有，惡有人災也！」

郭注：若能自改而用此言，便欲自謂至人之德。冰解凍釋，明非自爾。至人无心，皆與物共，不以利害相攖也。趎謂己便可得此言而至耶，答云〔三〕非謂此言爲不至，但能聞而學者，非自至耳。苟不自至，則雖聞至言，適可以爲經，胡可以爲至哉！故學者不至，至者不學也。禍福生於得失，人災由於愛惡。今槁木死灰，无情之至，憂患得失何自而來！

〔一〕忘：四庫本作「物」，訛。
〔二〕乎：此字朱本無。
〔三〕云：四庫本作「曰」。

呂注：人心湛然如水，知識結硋而不能虚，猶水凍而爲冰，知衛生之經，冰解而凍釋矣。至人心常如水，故德不脩而物不能離，交食交樂而不以利害相攖也。不與爲怪，故世俗所不能異；不與爲謀，故世俗所不能同。无係无硋，又何能抱一，能勿失，翛然侗然之足問乎？此至人所以爲衛生之常而非其至。所謂至者，亦止於所不知耳。兒子之不知所之所爲，而若槁木死灰者是也。禍福生於有身有心，天地鬼神之所司也，人能身槁心灰，安得而累之哉！

疑獨注：趎聞衛生之經，便以爲至人之德止於此矣。冰解凍釋，喻人爲物欲所蔽，聞道則釋然也。至人者，仁足以安土，故受於地者不擇而食之；知足以事天，故受於天者不辭而樂之。不以我敵人，不以己徇物，則利害不足以攖其心矣。不爲怪以尚奇，則能常其德；不爲謀以任知，則能守以仁；不爲事以好動，則能鎮以靜。翛然侗然，去來无累，此至人之德也。趎又問，然則是至乎？老子復舉前話，人能如兒子之槁形灰心，何禍福之能及哉！

碧虚注：趎以此爲至人之德，是見彈而求炙〔一〕也。故鍼藥去病，言教解惑，皆非至至者。

〔一〕炙：原作「灸」，據朱本、李本、四庫本改。

至人脩德，以調陰陽；庶人竭力，以事稼穡。交食所以養形，交樂所以和性。人和物阜，誠心无攖，利害兩忘，任常不恠，空有无係，恣其遊適，是衞生之經已。理至則忘言也。夫欲至極者，必先反淳朴，淳朴如嬰兒，爲道之捷徑。若以言爲至，猶咀糟粕而求醇液之美也。

《鬳齋口義》：趎問衞生之經，求其次者。聞老子所言高妙，又有至人之德之問。老子曰非也，恐其住著於此，故示以冰解凍釋，脱灑自悟之意。交食乎地，與人同也。交樂乎天，與天同也。不與物相攖爲怪而无謀度事事之迹，是衞生之經已。上言夫至人者，此曰衞生之經，衞生之經，即至人事。以此見得非也二字，不是實語。趎又問，然則是至乎？老子曰未也，則當别有話頭，却又再舉前文，蓋不欲與之盡言，使之自悟耳。

《列子》載：陳大夫聘〔一〕魯，稱吾國有亢倉子者，得老聃之道。魯侯使上卿厚禮而致之，則知庚桑之道與老子无異，故其推仁愛物，善誘樂育之心，唯恐其不至也。是篇首庚桑子曰凡四，南榮趎問者三。洎趎往見老子，老子曰者八，其諄諄誨導，不忍棄人於失道之域，蓋可見矣。夫真性如水，虛明澄湛，非有非无，及爲物欲蔽結，如水凍而成冰，水至清而結冰不清，神至靈而結形不靈。聞道悟理，則冰解凍釋，清靈何損焉，

〔一〕聘：朱本作「使」。

人患弗反求耳。交食乎地，耕鑿共〔一〕給也。交樂〔二〕乎天，均〔三〕陶太和也。若然，則人物利害何由及，恠行謀〔四〕爲何所用，往來安得而不適，生經安得而不衞！學道造此，固已至矣，而猶曰未也。違詰其至，又復引兒子之辭以告，此師家作略〔五〕轉換人〔六〕耳目處，分明兩手分付，要人力量承當。蓋人之性質本柔，日與物接，客氣乘之，相刃相靡〔七〕，皆吾敵矣。信能專氣致柔而至於還淳復〔八〕朴，粹如嬰兒，又何禍福之能及！翫覆答問，至此辭窮理盡，亦无所施力矣。奈何趎之載道力微，卒无領會一語，惜哉！

〔一〕共：朱本作「供」，通。
〔二〕樂：原作「食」，據朱本改。
〔三〕均：朱本作「鈞」，通。
〔四〕行謀：朱本作「謀事」。
〔五〕略：朱本作「用」。
〔六〕人：此字四庫本無。
〔七〕靡：朱本作「劘」，通。
〔八〕復：朱本作「反」。

南華真經義海纂微卷之七十二

武林道士褚伯秀學

雜篇庚桑楚第三

宇泰定者，發乎天光。發乎天光者，人見其人。人有脩者，乃今有恒。有恒者，人舍之，天助之。人之所舍，謂之天民；天之所助，謂之天子。學者，學其所不能學也；行者，行其所不能行也；辯者，辯其所不能辯也。知止乎其所不能知，至矣；若有不即是者，天鈞敗之。

郭注：德宇泰然而定，則所發者天光，非人耀也。故人見其人，物見其物。各自見而不見彼，所以泰然而定。人而脩人，則自得，所以常泰。常泰，故反居我宅，自然獲助。出則天子，處則天民，二者俱以泰然而得之，非爲也。故凡[一]所能者，雖行非爲，雖習非

〔一〕凡：四庫本作「几」，訛。

學，雖言非辯。所不能知，不可强知，故止斯至也。意雖欲爲，爲者必敗，理終不能也。

呂注：身者，人之宇，不否不亂，則發天光。天光者，不識不知，明白洞達。人見其人，而莫知其天，是人貌而天者也。人有脩者，乃今有恒，爲道必至於天而後可久也。人舍，謂群於人；天助，獨成其天也。天民，非人所得而民；天子，以其繼天而生也。天下之物，可以知知，則學之所能學，行之所能行，辯之所能辯。唯道不可以知知，故學所不能學。經云「學不學」是也；行所不能行，「不道之道」是也；辯所不能辯，「不言之辯」是也。或反此而不免有爲，則敗之而已矣。

疑獨注：宇者，氣之宅。陰陽交爲泰。宇泰定則沖氣生于中，自然之光發于外。人見之者，人道；人不見者，天道。世人莫見至人合天之道，但見其同人之迹。能襲而脩，爲有恒者矣。有恒則可久，是爲成性之人。方盡人道，人雖舍之，天則〔一〕助之。人之所舍，非人之民，是天民也。天之所助，非人之子，是天子也。士有窮居陋巷，不爲人所知而去就聽天者，天民也。有達處廊廟，爲天之所助，而夤〔二〕畏奉天者，天子也。今之學

〔一〕天則：四庫本作「則天」，倒。
〔二〕夤：四庫本作「寅」。

者强學其所不能學，故損性；强行其所不能行，故損德；强辯其所不能辯，故悖理。此皆不止於性分之内，故不能有所至，而敗其自然之分也。

碧虚注：靈宇大寧者，慧光内發，天廷外瑩，我牛人謂之牛，我馬人謂之馬，物物自名而天光不妄〔一〕也。脩大寧者，和光不忤，未始異常，與物和同，人所蔽舍，奉天子物，天所佑助，此有恒德者也。世學學所不能學，至學學其所能學，「天下難事，必作於易」是也。世行行所不能行，至行行〔二〕其所能行，聖人「言易行」、「天下莫能行」是也。世辯辯所不能辯，至辯辯其所能辯，「善者不辯，辯者不善」是也。知止乎其所不知而至，猶操舟者止於游，欲其鶩没則殆矣。反其自然，非敗而何？

《鬳齋口義》：至此莊子泛論至理。宇，譬胸中。泰然而定，則天光發見，即是誠而明也。天光既發，則人見其爲人而已，自同於天矣。脩真至此，有恒者也，即是至誠悠久。如此則天助之，人歸之。天民，言非常民。天子，天愛之如子也。人之學、行、辯三者，皆有迹；所不能學、不〔三〕能行、不能辯，自然者也。人之知至於所不能知而止，則爲

〔一〕妄：四庫本作「忘」。

〔二〕行行：原不疊，據四庫本補入。

〔三〕不：四庫本此字上有「所」字，衍。

造極，反此道者造物敗之。

身者神之宇，神安，宇泰定〔一〕，猶主鎮靜而家和平，君无爲而國寧謐也。泰然而定，則行、住、坐、卧无非定，不在乎堅制〔二〕强執，似繫馬而止也。天光，即己之靈明内發，外見如鑑〔三〕无隱，人見其同乎人而實與天爲徒矣。若能脩此，乃合有常之德；德有常，則功齊天運。外貌若愚，世人忽而舍之，天則愛而助之，以其心合天德故也。天民則德超乎人，光而不耀。天子則體天立極，推德〔四〕及人，即所謂以此處上，天子帝王之德；以此處下，玄聖素王之道也。凡此皆君子所當學、當行之事，世人多務學人之所能而失己之良能。唯至〔五〕於道者學人所〔六〕不能學，學不學是也；行人所不能行，无徹〔七〕迹是也；辯人所不能辯，不言之辯是也。信能造此，則是知人之所不知，是

〔一〕定：此字朱本無。
〔二〕制：朱本作「剛」，訛。
〔三〕外見如鑑：四庫本作「外鑑如見」，訛。
〔四〕德：朱本作「得」。
〔五〕至：朱本作「志」，訛。
〔六〕所：四庫本此字上有「之」字。下句「所不能行」同。
〔七〕徹：四庫本作「轍」，通。

爲知之至，若舍此而求進乎道，則敗其自然之鈞，无以陶成己德，何望乎發天光而得天助哉？「乃今」難釋，疑〔一〕當是「乃合」。天均〔二〕，古本作鈞，通用〔三〕。

備物以將形，藏不虞以生心，敬中以達彼，若是而萬惡至者，皆天也，而非人也，不足以滑成，不可内於靈臺。靈臺者，有持而不知其所持，而不可持者也。不見其誠己而發，每發而不當，業入而不舍，每更爲失。爲不善乎顯明之中者，人得而誅之；爲不善乎幽間之中者，鬼得而誅之。明乎人，明乎鬼者，然後能獨行。券内者，行乎无名；券外者，志乎期費。行乎无名者〔四〕，唯庸有光；志乎期費者，唯賈人也。人見其跂，猶之魁然。與物窮者，物入焉；與物且者，其身之不能容，焉能容人！不能容人者无親，无親者盡人。兵莫憯于志，鏌鋣爲下；寇莫大於陰陽，无所逃於天地之間。非陰陽賊之，心則使之也。

郭注：因其自備，順其成形。心自生耳，非虞度而出之；理自達彼，非慢中而敬外。天理自有窮通，有爲而致患乃人也。安之若命，其成不滑。靈臺清暢，憂患不能入也。

〔一〕疑：四庫本此字下有「其」字。
〔二〕均：四庫本作「鈞」，訛。
〔三〕「乃今」至「通用」：此數句朱本無。
〔四〕者：原缺，據四庫本補入。

有持，謂不動於外，其實非持。若知其所持而持之，則失也。發不由己誠，何由而當？事不居分內，所以爲失。幽顯无愧於心，則獨行而不懼。遊分內者，行不由名。期損己以爲物。行无名者，本有斯光，因而用之。志期費者，雖己所无，猶借彼而販賣。人見其跂，而自以爲安也。窮，謂終始。且，謂券外而跂者。其身不能自容，則雖己非己，況能有親乎！故盡是他人。而其志之所攖，焦火凝冰，故其爲兵甚於劍戟，蓋心使氣則陰陽徵結於五臟，所在皆陰陽，故不可逃也。

吕注：萬物與我爲一，備物也將形，謂无往而物不從。物來而心出，非生於虞也，於是而敬生，因之以達彼，非有持於外。敬以直内也。若是而萬惡至者，天也，以其非爲而敗之，故不足以滑成。靈臺不動則有持，而持之者莫知其鄉，蓋以不持持之耳。知此則所謂誠己，發而必中節矣，否則妄作凶，又惡能當哉！業自外入而无主於中，亦將不舍，不舍謂去之之速，每更爲失者。俗學以求復其初，不免爲蒙蔽之民。券所以主物而有之。有諸己而行之爲券内，誠己而獨行也；无諸己而行之爲券外，不見其誠己而幽顯不能一也。无名者道，故信矣而不期，與焉而不費；券外者期而後能信，費而後能與。唯庸有光，不用則復歸其明，唯賈人也，可以市而已。人見其不足而跂慕，猶魁然自大也。人能見其未始有物，則與物窮而无我，无我則物入而不硋，是謂知常容，否則與物且而已。其身不能容，所謂汝之片體，將爲氣所不受；汝之一節，將爲〔一〕地所不載，又安能容人！不能容人者无親，无親則盡人可知矣。志之爲兵，傷人之心，鏌鋣則傷人之形而已。盜之爲寇，可逃而免；陰陽之寇，莫逃於天地之間。唯至人弱其志而不必，故无兵；藏於非陰非陽而无心，故萬物不得而盜也。

疑獨注：萬物備於我，性命之理具矣。退藏於密而不虞度，物來則應之而已。敬義立而德不孤，若是而萬惡至者，天命存焉，非人爲也。至人之學已至於命，雖事之可惡者，不足以滑亂其成心。靈臺有持，欲其存也。苟不知其持之之道，而有志乎執守，又不可持矣。仁能成己，推而及物，則无不當。若不誠而妄發，業入於中而不舍，則向所謂得者更爲失矣。故爲惡於顯，則欺人；爲惡於幽，則欺鬼。於心有愧，其敢獨行乎？止乎券內，不越分也。无待於外，所以行乎无名。出於券外，好爲人也。逐物无窮，所以志乎期費。行乎无名，則充實而光輝發外。期費者，以名迹求，受於人，唯恐其不受人，見其好跂，其足危矣。猶魁然自大，而不知變，知變則物入焉。與物且者，不必於物。身猶不敢自容，況容人乎！至人无親，无親者盡人道，天道其有不盡乎！人知兵之憯毒，不知

〔一〕爲：四庫本作「謂」，訛。

心之爲害尤甚，兵害猶可避，心害无往而不值也。過喜則寒凝冰，過怒則熱焦火，皆心使之。唯无心者陰陽不能寇，五行不能賊也。

碧虚注：賢愚之性莫移，爲備物。進退之儀有漸，爲將形。括囊不安之意，以生應物之心，内自恭肅，外弗見侮。无爲而禍臨者，天命也；有繫而獲罪者，人事也。處患而不憂者，靈臺不桎，成性不虧也。有持則真性存，不知其所持，无主也；而不可持者，隨其成心而師之。不誠〔一〕己，則所發皆妄，道業難入，更致重失也。券内者，行乎无名，故自明。券外者，志乎期費，則賈衒，人見其危〔二〕跂，自謂安固也。與物〔三〕窮者，謂券内之人，與人愈有。券外之人，苟且容身而已。无親者，人不保附而孤絶。期〔四〕費之志，毒過鋒刃；妄發之心〔五〕，寇甚陰陽。故憯毒之氣，无所逃也。

《鬳齋口義》：萬物皆備於我，將順其生之自然，退藏於不思慮之地，心之應物隨時

〔一〕誠：四庫本作「成」，訛。
〔二〕危：四庫本作「爲」。
〔三〕物：四庫本作「人」，訛。
〔四〕期：四庫本作「其」，訛。
〔五〕之心：四庫本作「心之」，倒。

而生，釋氏所謂无所住而生其心也。敬存於中，自達於彼，至此而有不如意事，是天實爲之，何足以滑我胸中混成之德？ 持謂有所主，雖主而不知其所主。 而不可持者，專於持守，則爲未化。 一句三持字，語甚精微。 人未能誠〔一〕已而有所妄發，發而不中，業〔二〕已人於其間，雖知之而不能舍，此恥過作非也。 每有所改更，轉見差失，業不訓事，如今人言業已成行之業，如此者人誅鬼責，必不可逃。 知幽明之可畏，則當謹獨，故能獨行。 券内，不越己分，人无得而名。 券外，求在人者也。 志之所期，不過費用之資，圖自利耳。惟庸有光，充實而光輝常在。 舍己外求，志在得利，商賈之用心，人見其跂高自立，魁然可尊，而不知没入於利欲，窮盡而後已。 且，謂逐物。 苟得，趨禍不悔者，身不自容於人，何有親戚？ 疏棄，人道絶矣。 心有所著，皆能自傷，憯於兵器；陰陽之傷，亦猶寇也。心和平，則不能爲害矣。

人而知萬化生乎身，備物之大者，則能順乎生理矣。 藏，猶深造。 生心，謂應物。深造无思〔三〕之地，而物來斯應，應以无心。 敬在中而自達彼，身脩而物化之謂。 至此

〔一〕誠：四庫本作「成」，訛。

〔二〕業：四庫本此字上有「已」字，衍。

〔三〕思：朱本作「恩」，訛。

猶有无妄之災，安之而已，不足以滑吾成全之性。靈臺，喻心之虛敞高明，外物之至，鑑而不留，納於其中，則桎而不靈矣。持，謂主宰之者。知其不可持，故以不持持之。不誠己則非敬中，發不當則无以達彼，皆爲〔一〕之失也。業，謂世間有爲之事。不趨乎善必趨乎惡〔二〕，爲善者常少，爲惡者常多，是以莫逃人鬼之誅，因果相緣而无已。以道觀照，善惡二業，善猶爲幻，況於惡乎！然而爲惡者，心常有歉，夢寐猶不自安，生死之際焉能弗怖？非鬼神仇之，心實使之也。爲善有心，希求福報，妄念一萌，真性已失，物得以誘之。故善惡二業，有一於胸中而不合離〔三〕，愈爲而愈失，又安知所以持靈臺之道哉！惟通乎幽顯之情者，乃可獨行天地間，俯仰而无愧也。凡人務内者，貴實，故行乎无名而建〔四〕德若偷；務外者，貴華，故志乎求用而矜能自衒。唯能用光歸明，斯可常也。賈人求售，則非深藏若虛者。此言无常之人，重外輕内，人見其跂立不安，而自謂魁然碩大也。與物窮者，言盡物之性。入，猶歸也。與物齟齬，則彼我角

〔一〕爲：朱本此字上有「有」字。
〔二〕善必趨乎惡：朱本作「惡則歸於善」。
〔三〕而不合離：此四字朱本無。
〔四〕建：四庫本作「健」。

立，身不能容，安能容人？與「我之大賢，何所不容？我之不賢，人將拒我」義同。不能容人，則孤立而无與，身外皆他人耳。志異而矛戟〔一〕生，不啻陰陽之寇，原其所由，心爲之賊。大哉心乎！善惡所出，禍福之機也。苟不得其持之之要，則物欲撼之，流於不誠不當〔二〕，人非鬼責之莫逃，雖天地之大，而片體一節將无所寄矣。是以君子謹所出。○幽間，舊音閑。詳上文「顯明」之義，則此當是「幽闇」，傳寫欠筆。

〔一〕矛戟：四庫本作「自軏」。

〔二〕當：四庫本作「但」，訛。

南華真經義海纂微卷之七十三

武林道士褚伯秀學

雜篇庚桑楚第四

道通其分也，其成也，毁也。所惡乎分者，其分也以備；所〔一〕惡乎備者，其有以備。故出而不反，見其鬼；出而得，是謂得死。滅而有實，鬼之一也。以有形者象无形者而定矣。出无本，入无竅。有實而无乎處，有長而无乎〔二〕本剽。有所出而无竅者有實。有實而无乎處者，宇也；有長而无本剽者，宙也。有乎生，有乎死，有乎出，有乎入，入出而无見其形，是謂天門。天門者，无有也，萬物出乎无有。有不能以有爲有，必出乎无有，而无有一无有，聖人藏乎是。

〔一〕所：四庫本此字下有「以」字，衍。
〔二〕乎：原缺，據四庫本補入。

郭注：成毁无常分，而道皆通。不守其分而求備，所以惡分也；本分不備而求備，所以惡備也。不反守分内，其死不久。不出而无得，乃得生也。滅其性矣，雖有生，何異於鬼！有形而能曠然无懷，則生全而形定。欻然自生，非有本；欻然自死，非有根。言出者自有實耳，其所出者无根竅以出之。宇有四方上下，而四方上下无窮；宙有古今之長，而古今之長无極。死生出入，皆欻然自爾，而无所由，故无見其形。天門者，萬物之都名，猶云衆妙之門。物有聚散隱顯，故有出入之名，而竟无出入，門其安在？以无爲門，則无門也。夫有之未生，以何爲生？必自有耳，豈有之所能有乎？明有不能爲有而自有，非謂无能爲有。若无能爲有，何謂无乎？一无有，則遂无矣。无者遂无，則有欻生明矣。是以聖人任其自生而不生生也。

吕注：物皆具道，故无成毁，則其分也，乃所以爲通；其成也，乃所以爲毁。而惡乎分者，以其有備而分之也；惡乎備者，以其分也以備。其分也以備，則對備而有分，分有異乎通矣；其有以備，非无爲而自備，則成有異乎毁矣。此道之所以散也。夫唯分而不知有備，備而不知有以備，則何適而不通哉！道无死生，出而有生，必反乎所〔一〕未嘗

〔一〕所：此字四庫本無，脱。

生，則生全矣；出而不知反，雖生而見其〔一〕鬼，出而有得，生有爲故也，其得死宜矣。滅而有實，不能反乎无物也。出而不反，與出而得奚以異乎？故其爲鬼一也。唯能以有形象无形者而定矣，定則不爲死生所亂也。夫物之出必有本，出於道者則未始有本也。物之入必有竅，入於道者則未始有竅也。物之有實者必有處，而出无本者有實而无處。物之有長者必有本剽，而入无竅者有長而无本剽。然則經文宜曰：「有所出而无本者有長，有所入而无竅者有實。」文義方全。宇有四方上下，則有實矣。我以上爲上，居我上之上者，則以我上爲下，以至下與四方亦然，是豈有乎處哉？宙者，古往今來，固有長矣。今以古爲古，後以今爲古，亦豈有本剽哉？悟此則宇宙所不能制，六通四辟无乎不在也。雖有死生出入，而莫見其形，是之謂天門。天門者，无有也。有不能爲有，必出於无有。天下之物生於有，有生於无，是也。有所謂无有則非无有，而无有一皆无之，乃所謂无有也。聖人藏乎是，遊於物之所不得遯，而皆存者也。

疑獨注：道出乎天，分本乎性，分有成有〔二〕毀，道則通貫〔三〕之。人不守分而求備，

〔一〕其：四庫本此字下有「有」字，衍。

〔二〕有：此字四庫本無。

〔三〕通貫：四庫本作「貫通」。

所以惡分也。分不備而有以求備，所以惡備也。若大備而无求，又何惡哉！物出道而不反，則見其鬼；能反則不離乎神。出而有得，謂之死，神則无死矣。滅而有實，與鬼同也。唯有形而无累，常象於无形則定矣。夫物欻然自出而不見其本，欻然自入而不見其竅。出言生，入言死。有實，性也。无乎處，不著境。有長者，道。本剽，終始也。有出，則有實性，實性本空，故曰无竅。凡有形器者，莫離乎宇宙之中，而其死生出入不可見，此之謂天門。天門者，精神往來，一闔一闢，萬物出入於此，然而本无有也。有必出於无有，而无有一无有，斯爲至矣。聖人藏乎是，故物莫能傷也。

碧虛注：大道通徹，有无咸備，然而物各有分，不可一概論也。如魚得水則生，蟻得水則死，本分已定，物之素備也。所以惡備者，雖惡而宿業莫逃，故曰：「其有以備。」真蕩而不反，則陰氣來舍，故見其鬼。開兑濟事曰出而得。若乃失者同於失，是謂得死也。天光已滅，雖有實性而與冥冥之物不二矣。學道者以虛爲身，以无爲心，非定而何？造化无本，太虛无竅；雖无本竅，而理則有實，而未識何處〔一〕。妙本无夭，是謂有長，而不見始末，觀其卓然獨化，是无竅而有實也。四方上下莫窮，有實亦莫窮；往古來今无際，

〔一〕處：四庫本作「虛」。

有實亦无際。有生死出入之名，无生死出入之迹，故曰「天門」。造物者无物，有形皆自造，而天門亦无有也。蓋有不能生物，所生在於无；動不能化形，所化在乎靜。有无皆不免涉迹，故寄至无妙有之理而混爲一无有。聖人藏乎是，與造化俱也。

鬳齋云：世人分成毀爲〔一〕二，以道觀之，一而已。是通其分也。心分彼我，則於私必求備。凡有皆歸於无，而私求備者，但求其有，故有道者惡之。應物而能反，則爲得而能神；逐物而不反，則淪於鬼趣矣。與物无是无非，則此心常生。執是非而不化，則此心爲死。出而得是，言役於外而得自是之見，即近死之心莫使復陽也。有无者，天地間實理，若以私心滅之，而貪著諸有以爲實，則其人與鬼无二。唯能以有形象无形，則見理定矣。釋氏云「但空所有，勿實所无」是也。物必有所始而不可知，物必有終而不見所入之處，實理雖有而无方所可求，古今如是而不見其終始。宇宙，以喻道之廣大而常存。物之生死出入皆有所自而无形可見，此造化之妙。天門，即造化自然，因物出入於斯，故曰門。凡有出於无有，而此无有者又一无有也。聖人之心藏於无有，亦藏於密之意。

道本乎一，真體混成，通生萬物，其體分矣。然則萬物之成，乃大道之毁也。所以

〔一〕爲：四庫本作「成」。

惡乎分者，以萬物分稟道氣无不備足，聖人慮物繁而道愈分，樸散而難復也。所以惡乎備者，爲人不能忘物以契道，資生之物愈備而衞生之道愈踈，物有餘而形不養者有之矣。夫道之通乎萬物，猶水之通乎百川；道无心於通物，物不得不稟乎道；水无心於通川，川不得不納乎水。道通物而後生成之德著，川通水然後運載之功成。然則其分也，亦豈惡乎分；其備也，亦豈惡乎備哉！此與《齊物論》「其分也成也，其成也毀〔一〕也，萬物无成與毀，復通爲一」義同。出而不反，謂忘道逐物，見其動之死地。是者指此道，謂出生而得此道，則入死也亦此〔二〕道矣。得死，謂得其死所，與「善吾生者，所以善吾死」相類。世人毀滅其真性，認物以爲實，形雖存而與死无二，所謂行尸是也。唯能以有形象无形，則身心俱空，物何能動？出非无本也，而人莫知其所萌；入非无竅〔三〕也，而人莫知其所歸。信能身心俱空，則虛而靈，寂而照，物來必鑑，一毫莫欺，況己之所萌所歸乎？實，謂真〔四〕性。長，謂性所自來。真性隨處發見，而无定所，在

〔一〕毀：朱本作「分」，訛。
〔二〕此：原作「以」，據朱本改。
〔三〕竅：朱本作「窮」，訛。
〔四〕真：四庫本此字下有「萌所」二字。

眼曰見，在耳曰聞，是也。性所自來，宰形分化，莫知終始，長於上古而不老〔一〕，是也。有所出而无本者有長，言出生亦莫究其根，但與化流行而已。有入〔二〕而无竅者有實，言入死亦莫見其門，但一真不昧而已。呂氏補句義甚明當，以无乎處者爲宇，則所居而安；以无本剽者爲宙，則所適而得。宇宙何能不容人物？人物亦何能離宇宙哉？萬物生死出入，必有主張綱維之者，而莫見其形，是之謂天門。以物所出入，强名曰門，而實无有也。若執於无有，猶不免乎有，併无有一无之，乃造真空之妙，而萬物萬理具焉。聖人藏乎无有，故能无所不有也。○剽，同標〔三〕，末也。

古之人，其知有所至矣。惡乎至？有以爲未始有物者，至矣，盡矣，弗可以加矣。其次以爲有物矣，將以生爲喪也，以死爲反也，是以分已。其次曰始无有，既而有生，生俄而死；以无有爲首，以生爲體，以死爲尻；孰知有无死生之一守者，吾與之爲友。是三者雖異，公族也。昭景也，著戴也；甲氏也，著封也；非一也。有生，黬也，披然曰移是。嘗〔四〕

〔一〕老：朱本此字上有「爲」字。
〔二〕入：四庫本作「人」，訛。
〔三〕標：四庫本作「剽」，訛。
〔四〕嘗：四庫本作「常」，通。

言移是，非所言也。雖然，不可知者也。臘者之有膍胲，可散而不可散也；觀室者周於寢廟，又適其偃焉。爲是舉移是。請嘗言移是：是以生爲本，以知爲師，因以乘是非。果有名實，因以己爲質，使人以爲己節，因以死償節。若然者，以用爲知，以不用爲愚；以徹爲名，以窮爲辱。移是，今之人也，是蜩與鷽鳩同於同也。

郭注：生者喪其散而歸乎聚，死則還融液也。雖欲均之，然已分矣，故或有而无之，或有而一之，或分而齊之。三者雖有盡與不盡，俱能无是非於胸中，故譬之公族。昭、景著戴，甲氏著封，四者雖公族，然已非一，則向之是者已復差之。黬，謂聚氣。既披然有分，各是所是，是无常在，故曰移。所是之移，已著言前〔一〕，不言其移則其移不可知，故試言也。臘者之膍胲，喻各有用。偃，謂屏厠。寢廟則以燕享，屏厠則以偃溲，偃溲則寢廟之是移於屏厠矣。是非彼此，因而乘之，則均耳。物之變化，无時非生，則所在皆本。所知雖異，而各師其知。乘是非者，无是非也。物之名實，果各自有。各以己是爲足以爲是非之主，故莫通。當其所守，非直脱也。不能隨所遇而安之，若玄古之人无是无非，何移之有！同共是其所同，亦與蜩鳩无異也。

〔一〕前：四庫本作「者」，訛。

呂注：三者雖異，皆歸於道，猶同爲公族，而昭、景著戴，甲氏著封，其親疎非一也。夫於未始有物之間而有生焉，猶膚之有䟕，非其體也。而二家之談，披然分辯，一以爲有物矣，而以生爲喪；一以爲始无有，俄而有生。是以未始有物之全體，移而爲有生之䟕，亦不可知者也。譬臘祭具百物而有膍胲，非不可謂之百物，而不可散，不可散者，以其體之下而已。觀室周寢廟，又適其偃焉，偃非不可謂之室而不可觀，不可觀者，以其處之賤而已。道无不在，則不可以言移是。非所言者，亦若是而已。二家之說，爲是之故，而曰舉移是，所以爲未至未盡也。夫移是之說，始於有生，是以生爲本；生出於有知〔一〕，是以知爲師。因以相乘，而是非滋多。是非移則果有名實，而因以己爲正；至其弊也，以己所是爲己節而守之，至於以死償節。不知所謂己者亦未始有物；用舍窮通，皆非我也，而妄有〔二〕知愚名辱之分，此今人移是之弊，猶鷽鳩之同於同，又安知有天池之大耶？

疑獨注：未始有物，太初之前；有物，則太初之後。太初者，氣之始；氣有陰陽，故物

〔一〕知：此字四庫本無，脱。

〔二〕有：四庫本作「者」，訛。

有生死。物生於有，有生於无，知生爲喪其无，則知死爲反本，然而死生已分矣。自有物之後，生始於无有，既有生，俄而有死。无有譬首，生譬體，死譬尻，三者雖有前後，而皆一身，猶昭、景等四族本一姓，散而至於不一也。黬者，黑黶。以黬爲有生之贅，而披散之，曰移是。非所言者，以其不可知也。知而言之，則是愈移也。臘者，大祭。膍胲，牛藏。方祭則不可散，祭已則可散；不可散則以散爲非，可散則以散爲是。此是之可移也，猶在寢廟則以燕享爲是，適屏厠則以偃溲爲是也。人係於生，故執己是；若能遺生，是將安寄？有生則有知，因以乘是非。是非皆妄，而執以爲名實，因以己爲質，質則定而不可移已。則是是非之主，欲人重己節，因以死償之。若然者，以用舍爲知愚，以窮通爲名辱。此舉世之移是也，與鷽鳩之同以蓬蒿爲是何以異哉！

碧虚注：未始有物，窅然難言，唯勤行密脩者默而悟之。其次有物，謂肸蠁也。至人以生爲喪，以死爲反，是以有生死；雖有生死之别，皆出沖氣一宗，猶昭、景、屈異姓，系楚公之一族。著戴，謂衣冠偉盛。甲氏，謂第族崇高。著封，謂郡縣豐阜。事雖非一，而不離乎楚都。猶氣方黬聚而生，俄披散而死。不知天地密移，而妄執是非，以有生爲是，則以披散爲非；以沖氣爲是，則以黬聚爲非。是非无主，故非所定言，在學者辨而析之。喻膍胲矗穢可散也，而大祭備物不可散，生死黬披其義亦然。寢廟偃厠，又重喻是之可移。生爲是非之本，知爲是非之師，故乘之而无窮。以爲果有名實，因持以爲己節，至於死而不顧，亦各是其是而已，何異蜩鳩之同於偏見哉！

《鬳齋口義》：无物之始，生死始終不分也。次則有生死之名。以生爲喪，寓形宇内〔一〕，以死爲反，歸其真宅。纔有生死，便是有物，是以分已。上焉无物，太極之初也。次焉有物，陰陽既分也。其次有生，則有我，雖有我，猶以死生爲一。三者雖有次第，皆未離於道，譬公族分三，其姓〔二〕則一，昭氏、景氏以職任著，甲氏以封邑而〔三〕著。著戴，即任職也。昭、景、甲雖非一氏，皆楚公族。上言三者雖異，同一公族〔四〕，却於四也字下，著一非也結之，就上生下，絶而不絶，此作文妙處。黬，釜底墨，亦疵病。言元氣凝聚成人，亦元氣之病。與「生者，𪗋噫物也」義同。人生同此氣，而强自分别，各私其是。非所言者，謂人各有一是，所是者未定，故不可知也。臘祭之備膍胲，牲之一體也。祭時牲體分列諸俎謂之散，所祭之牲本是一物爲不可散，喻人之所是移而不定

〔一〕寓形宇内：四庫本作「於形寓内」，訛。
〔二〕姓：四庫本作「性」，訛。
〔三〕而：此字四庫本無。
〔四〕上言三者雖異同一公族：此十字四庫本無，脱。

也。五藏只舉百葉，百體只舉足趾，文法也，猶一室之中有寢有廟，有偃息之所，在在不同，而同〔一〕乎一室，猶移是之不可定。以臘祭與室而觀，則所謂是者皆可移而不定之是也，故曰舉移是。

稟質爲人，既形而下，欲復乎未始有物，不亦難乎！夫有物皆幻也，心存則存，心亡則亡。我心不萌，寂寥獨立，謂之未始有物可也。儻造乎此，則雖有生死亦寄焉耳，古之得道者能之。次則有物而有死生之分，然能以生爲喪，以死爲反，則與常人處生死流者異矣。又次曰无有生死〔二〕之分首、體、尻焉，三者雖異而同出乎道，猶楚之公族則一〔三〕而有昭、屈、景三姓之别，蓋謂貴戚〔四〕滋衍而封建制度之不一〔五〕，喻人知識日增而嗜欲滋廣也。䵷者，釜底結墨，似形非形而生於形者也。人寄形而有生，亦猶䵷耳。俄而披散，則所謂我者又移而之他，不可定言其有无。故試言之，喻夫臘祭

〔一〕同：此字四庫本無，脱。
〔二〕生死：朱本作「死生」。
〔三〕則一：此二字朱本無，脱。
〔四〕戚：朱本作「賤」，訛。
〔五〕一：四庫本作「同」，而下句「喻」字下有「一」字，訛且衍。

之有膍胲，備牲體以薦神，則不可散，祭畢分胙則爲可散；觀寢廟則肅然起敬，適偃厠則不无褻慢焉〔一〕。此皆可移之是也。經文「請嘗言移是」五字，詳文義，合在上五句前「不可知者也」之下，觀郭注可證。人之自是以其有生，生則有知，知爲之師，二者相乘〔二〕而不已，果執以爲名實，因以爲己質，則不可變矣。謂不能照破幻塵而認虚爲實，至於以名實爲己節而以死償之，皆由自是其是以致此弊，舉世循習莫悟其非，无異蜩〔三〕鳩之同於榆枋之適，而不知有鵬程九萬里也。

〔一〕焉：朱本作「有」，訛。
〔二〕乘：朱本作「承」。
〔三〕蜩：朱本作「鵬」，訛。

南華真經義海纂微卷之七十四

武林道士褚伯秀學

雜篇庚桑楚第五

蹍市人之足，則辭以放驁，兄則以嫗，大親則已矣。故曰：至禮有不人，至義不物，至知不謀，至仁無親，至信辟金。徹志之勃，解心之謬，去德之累，達道之塞。貴、富、顯、嚴、名、利六者，勃志也；容、動、色、理、氣、意六者，謬心也；惡、慾、喜、怒、哀、樂六者，累德也；去、就、取、與、知、能六者，塞道也。此四六者不盪胸中則正，正則靜，靜則明，明則虛，虛則無爲而無不爲也。道者，德之欽也；生者，德之光也；性者，生之質也。性者動，謂之爲；爲之僞，謂之失。知者，接也；知者，謨也；知者之所不知，猶睨也。動以不得已之謂德，動無非我之謂治，名相反而實相順也。

郭注：蹍市人，則稱已脱誤以謝，兄則傴詡之，大親則已矣，明恕素足也。不人者，視人若己。不相辭，乃禮之至。義者，各得其宜，則物皆我。謀而後知，非自然也。譬之五常，未嘗相親，而仁已至。金玉小信之質，大信則除此矣。以性動故稱爲，此乃真爲非有爲也。目非知視而能視，心非知知而能知，所以爲自然，若得已而動，則爲强動，故失也。動而效彼，則亂。有彼我之名，故反。各得其實，則順也。

吕注：他人闟弓而射我，則談笑而道之。以其無恩於我，不以恩望之，則蹍足不得不辭以放鶩。兄弟闟弓而射我，則涕泣而道之，以其恩於我，則以恩望之，故雖蹍足不嫌於不愛，以傴而已，無所事辭。大親則恩之至，勿傴可也。由是言〔一〕之，禮、義、仁、知之至者，皆無所待於外。知禮意而不爲俗禮，以觀衆人不人之禮也。行之而宜，不求宜物，不物之義也。事至而應，無所預謀，不謀之知也。以百姓爲芻狗，而使天下兼忘，無親之仁也。信矣而不期，辟金之信也。苟至於道，則五者無不至矣。志者，心所之。心者，德之和。德則道之在我者。是以徹志而後解心，去累而後達塞。養志貴弱，以富貴等爲志，非弱也，悖而已矣，故不可不徹。養心貴虚，以容動等爲心，非虚也，繆〔二〕而已矣，故不可不解。德以同於初爲至，則欲惡等爲德之累，不可不去也。道以通于一爲達，則去

〔一〕言：四庫本作「知」。

〔二〕繆：四庫本作「謬」，通。

與等爲道之塞，不可不達也。凡此諸累不蕩於胸中，則道集矣。不尊無以爲道，故道者德之欽。不生無以見德，故生者德之光。性者，生之質，性動而有爲，爲僞而失矣。生而無以知爲，則知者接也，非與生俱生者也。謀而後用知，則知者謨也。知者之所不知，則知之所自知，猶睨者之所不睨，乃其所以睨也。故動以不得已，則性之爲，非爲之僞，是以謂之道也。動無非我，則物與我一，何得以動亂之！誠能如是，則天下彼我是非，雖名或相反，而實未嘗不相順者，以道無非我故也。

疑獨注：以天屬之親，不嫌於不敬，在他人則有嫌矣。故蹍市人則稱誤以謝，兄則傴詡之，父則無復有言。由是知，言辭之非實可見矣。至禮猶天，故不人。至義忘己，故不物。至知同物，故不謀。至仁博愛，故無親。至信不渝，故辟金也。悖則不通，故徹之。謬則不脱，故解之。累則不明，故去之。塞則不虛，故達之。此四六者不蕩於中，則正于一，一則靜而明，虛而通也，必矣。可道之道爲德之欽，能生之生爲德之光。命之在我爲性，曰生之質。性動而爲，莫非自然；人爲則僞，所以爲失。以知而接物謀事，皆不免於用知，知者之有所不知，猶睨者之有所不見。若神則無不知，無不見也。性出乎靜，不得已而應物，是其動，動不失正，使物皆自得，安有不治者哉！不得已而動，若相反然，使物皆自得，則實相順也。

碧虚注：凡有脱誤於人者，情疎則不免辭謝，情親則恕之而已。至禮者，忘己則治，有人則亂矣。至義者，守節自全，在物則虧矣。至知者，不思而明，多謀則惑矣。至仁者，芻狗萬物，親疎大同矣。至信者，未嘗失約，豈俟金璧以爲質哉！貴富諸事，不能悖亂者，志通也。容動諸事，不能繆網者，心空也。慾惡等事，不能緣累者，德厚也。去就諸事，不能闕塞者，道明也。諸事不圂於靈府，則洞然明靈，遐覽太漠，世事有爲之患，豈足以猒溺耶？夫有迹者，難侔於無形。枯槁者，詎比於華耀！無性者，有生亦何由質正哉！視聽食息，皆性所爲。所爲非真，爲道之失。故不接不謨，安用知爲！知者於所常知，則知之其所不知，則瞢然矣，猶睨者斜視而不能直見也。迫而後動，動則斯得。真以治身，何所不治？内外物我，猶東西之相反而不可以相無也。

《鬳齋口義》：禮、義、知、仁之至者，皆不待於外物。蹍足之喻義歸下文。四六不盪於胸中，此教人下手處。欽者，守持之恭。生者，德之發見。性在我者，質本然也。性而有爲，爲而流僞，則爲失矣。應接謀慮，皆性中之知。知者以其所不知而爲知，猶嬰兒之睨而無所視。凡所動用以不得已而爲之謂之德，即忘我也。於忘我之中，又無非我，此即形中之不形，不形中之形也。物不得以亂之，曰治，曰不得已，曰無非我，名若相反而實未嘗不相順也。此又是一般説話。

蹍足以親疎而分敬驁，則世俗之所謂禮者，相僞而已矣。庸敬在兄，斯須之敬在鄉人。大親則不喻而愛敬常存〔一〕，脱誤蹍足，無所復問。故禮、義、知、仁之至者，皆不資於有物有爲而自造其極。此出乎天理自然，故不容〔二〕擬議，而行者合轍也。至於徹志解心，去累達塞，則由乎人爲，又下一等。繼以四六者不盪於中，以示入道之要。由正而静，所以應天下之動。自明而虚，所以容天下之實。則與前所謂至禮至義者，無間而同歸乎道矣。德者物〔三〕之欽，道又德之欽，則其尊可知。生者德之光，義當是〔四〕德者生之光，人而無德，奚以生爲？「物得以生之謂德」是也。性者，生之質，「形體保神，各有儀則謂之性」是也。性之動謂之爲，則知無爲者，其性未嘗動；爲之僞謂之失，則知有爲者，其爲未嘗真。世之任知者與接爲搆，相與爲謀，唯恐接之不

〔一〕存：朱本作「在」。
〔二〕容：朱本作「用」。
〔三〕德者物：四庫本作「物者德」，倒。
〔四〕義當是：此三字朱本無，脱。

偏，知之不博，以自苦其形神，而弗悟知之所不知者，乃其所以知，猶睨者之所〔一〕不睨，乃其所以睨，即本經云踐者恃其所不踐而後善博也。故凡應物處事，必不得已而動，則出於性之自爲而無失矣。此皆與世之名相反而實相順。《老子》云：「正言若反。」此有道者〔二〕所以異於俗，而能處物不傷也。

羿工乎中微而拙乎使人無己譽。聖人工乎天而拙乎人。夫工乎天而俍乎人者，唯全人能之。唯蟲能蟲，唯蟲能天。全人惡天？惡人之天？而況吾天乎人乎！一雀適羿，羿必得之，威也；以天下爲之籠，則雀無所逃。是故湯以庖人籠伊尹，秦穆公以五羊之皮籠百里奚。是故非以其所好籠之而可得者，無有也。介者拸〔三〕畫，外非譽也；胥靡登高而不懼，遺死生也。夫復謵不餽而忘人，忘人，因以爲天人矣。故敬之而不喜，侮之而不怒，唯同乎天和者爲然。出怒不怒，則怒出於不怒矣；出爲無爲，則爲出於無爲矣。欲靜則平氣，欲神則順心，有爲也欲當，則緣於不得已。不得已之類，聖人之道。

郭注：善中則善取譽，理常俱也。任其自然，天也。有心爲之，人也。工於天，即俍

〔一〕所：此字四庫本無，脱。

〔二〕者：此字朱本無。

〔三〕拸：四庫本作「移」，訛。

於人矣。全人，即聖人也。蟲能守蟲，即是能天，都不知而任之，斯謂工乎天。威以取物，物必遯之。天下之物各有所好，所好各得，逃將安在？畫所以飾貌，刖者貌已虧殘，不復以好醜存懷，故拸而棄之。胥靡無賴於生，故不畏死。復謵不餽而忘人，不識人之所惜，無人之情，自然爲天人矣。彼胥役形殘〔一〕而猶同乎天和，況天和之自然乎！出怒不怒，出爲無爲，此是無能生有，有不能爲無之意。平氣則靜，理足順心則神功至，緣於不得已則所爲皆當。聖人以斯爲道，豈求無爲於恍惚之外哉！

呂注：經中有天人、神人、至人、聖人，此又有全人焉。聖人者，逃變化，雖工乎天而拙乎人。全人則又出其上，故工乎天又俍乎人也。彼跂行喙息，群分類聚者，蟲能蟲也。不知其所以然而然，蟲能天也。全人之所惡，惡人之天也。人之天，則知其不知所以然。天之天，則忘其不知所以然。夫不知其所以然，猶且惡之，況天乎人乎而擬議之耶？雀適羿必得之，威也。彼不適者，則非威所得。以天下爲籠，則萬物畢羅而無所逃，況於雀乎！唯深之又深而能通天下之志者，斯能以天下爲籠，是故有若伊尹、百里奚者，皆莫逃焉，以其所好籠之也。介者，以外非譽，猶能拸畫而弗循。胥靡以遺死生，猶能登高而

〔一〕胥役形殘：四庫本作「胥靡形殘者」。

不懼。況夫能忘人，宜其復謵而不餽也。玩習至於再三而不能忘，人之所不能不愧。忘人因以爲天人，明所謂天人者，不止於忘人，忘人爲之因而已。此則同乎天知者，宜其敬之而不喜，侮之而不怒也。夫怒常出於不怒，爲常出於無爲。不怒無爲，則未始有物，而物所自出也。氣者，虚而待物，人不能平而暴之，故不静。誠能平其氣，未有不静者。心於人則神也，人不能順而滑之，故不神。誠能順其心，未有不神者。有爲欲當，誠己者也。躊躇以興事，豫若冬涉川，皆不得已之義。

疑獨注：以威得人，所獲者少；以心得人，所獲者衆。以射取之者，威也；以好籠之者，德也。伊尹好調鼎，負鼎以干湯，湯以庖人籠之。百里奚好服五色羊皮，秦穆公以五色羊皮籠之，故各得其心而爲之用也。介者，小人，畫以飾外，小人已忘形骸，外非譽而不倦。服習至於有成而不餽其師，是忘人道也。由忘人道因而自以爲入於天人，不免一曲之蔽也。未能忘己則有所繫〔一〕累，敬之則喜，侮之則怒，唯同乎天和者，喜怒不由敬侮而發，而繫天下之治亂，若武王一怒而安天下，此怒出於不怒也。出怒既不怒，則〔二〕出爲

〔一〕繫：四庫本作「係」，通。
〔二〕則：此字四庫本無。

亦無爲，故不暴其氣而性靜，不逆其心而神全。欲事無不當，則緣於不得已，此聖人應物之道也。

碧虚注：工取中者拙乎藏譽，妙自然者疎於人爲。天人之迹俱泯，斯爲全人也已。禽蟲多自名曰能蟲，飛走不相代曰能天。全人惡天，不以心緣道，惡人之天，不以人助天，又豈顧人之譽工而毁拙者！禽誤入羿之彀，士固入國之籠。羿得禽則威，羿威而禽斃；國得士則昌，國昌而士勞。一得一失，自然之理，如伊尹、百里奚皆未能無心忘好，故爲成湯、穆公所籠；若心無所好，豈可得而籠耶？夫飾容者喜譽，貪生者懼亡，復習玩好而不餽遺者，忘棄人事也。緣習成性，因以爲天然者，亦猶介者外非譽，役者遺死生矣。方其戮辱之時，何情及於喜怒哉！性同乎天和者亦然。有怒而不出，則蓄而愈怒，出之則廓然不怒矣。有爲而不爲，則沮其欲爲，爲之則曠然無爲矣。由於本性無怒無爲故也。平氣靜照則何所怒，順心安神則何所爲，其動也緣於不得已，則當於事情，此聖人之道也。

《鬳齋口義》：羿不能使人無己譽，猶聖人不能逃天下之名。能盡天道，又能晦迹人中，此全德之人也。禽蟲之飛走鳴躍，各遂其性，能蟲能天也。全人則不以天自名，惡天謂不樂有其名也。人而有天人之分，猶且惡之，況我自分别天人乎？羿善射，故雀畏之。以天下爲籠，則雀不待射。伊尹、百里奚，亦因所好爲人所籠。若無所好，則超然物外，誰得而籠之？介兀者之拸去華飾，蓋其心於毀譽棄外之矣。胥靡，城旦舂之人，不愛其身，故登高不懼，即心無愛則無所著之喻。復，如《易》之「反復道」。謵，同習。餽，予人也。言此道在己不是賣貨，但知爲己則是忘人，忘人則入乎天矣。《徐無鬼》篇「我必賣之、彼故鬻之」，詳此可知不餽之意。同乎天和，與造物爲一也。怒自不怒而出，有爲於世亦無所容心，即是無爲而無不爲，變換下語緣於不得已而後起，言應物而無心。

羿不工乎射，人安得而譽之？聖人不工〔一〕乎治，百姓安得而歸之？然而物歸則己累，彼工則此拙，此必至之理。工天拙人，猶之可也；若工人而拙天，則純乎人欲，累將若之何？此工天佷人所以爲全而免乎幽顯之患。夫卵生濕化，翾飛跂行，蟲能蟲也。烏慈鴿友，蛛網蜣丸，蟲能天也。人之能人能天，亦可類推矣。全人惡天，惡人之分别以爲天，非惡自然之天也。況肯自分天乎人乎？必也藏人於天，混而一之，所以爲全德而免世間之累也。一雀適羿，羿以威得之，威之得物，未若無心得物之衆。若以天下爲籠，所得豈止乎雀！唯有所好，然後可籠。淡然無欲，彼惡得而籠哉！

〔一〕工：朱本作「止」，訛。

介兀之不願飾，胥徒之不懼死，皆以刑戮之餘，人所不齒而已，亦無意乎生全，無可奈何，姑安之耳。至於復[一]謵之久，中心無所愧懼，能忘人所不忘，因而入於自然。此言處患[二]之久，安而化也，況本乎自然而能天能人者，其脱塵獨悟，詎可量哉！區區外貌之敬侮，何足以介浩然之懷！同乎天和，即人之能天者。出怒不怒，則所過者化。出爲無爲，則事成無迹。聖人非絶無喜怒，絶無作爲也，特不因細故以發，不爲己私而動，一志養氣以乘事[三]物之機，怒所當怒，爲所當爲，一以百姓之心爲心，有以勸善懲惡，亦猶不怒不爲也。氣平而靜，心順而神，感而後應，迫而後動，其有不當者乎？經文「不餽」難釋，一本作「不愧」，今從之[四]。

庚桑之於老子，具體而微，然其未至者，猶有所立卓爾。居畏壘而民稱其德，乃聖賢利物之常；至於衆心欣感，欲推而尊之，則愛利之迹著，物交而情生，是以南榮[五]所見亦

〔一〕至於復：朱本作「而於服」。

〔二〕患：朱本作「惡」。

〔三〕事：四庫本作「萬」。

〔四〕四本作不愧今從之：朱本作「作不愧是」。

〔五〕榮：朱本、李本此字下並有「趎」字。本段下同。

猶畏壘也。庚桑恐己德不足以化，遂使往見其師，將有以轉移其心而警發之，是爲換手接人使之的信無疑，然後至言可入。故其入門，一勘棒喝，不施問答，俱喪是爲，撒手懸崖，命根斷處，幾何而一遇耶！惜乎南榮不能直下承當，而曼衍支離，鋪陳長語，老子揣其病源而痛鍼之，乃退舍自愁〔一〕，灑濯復見，亦可謂善受教而能自新矣。故其再接也乘〔二〕機直指，盡去其津津之惡，徐有以發藥之。趎自揆受道器淺，但願聞衛生之經，即道之方充廣在人耳。老子誨以抱一、求己、還嬰、順物，衛生之經槩見乎此。問詰〔三〕至極，又復歸結於能兒子乎，言有宗，事有君也。次論泰宇發乎天光，靈臺不知所持，謂室虚而白生〔四〕，不必以有心有爲汲汲求也。劵外劵内之説，志憯鏌鋣之喻，又使學者知輕重而加決擇焉。無有生死，序先後而同一體。寢廟偃厠，勢貴賤而各有宜。蓋欲悟有生之本無，破移是之妄見。至叙貴富欲惡之勃志繆〔五〕心，則知志欲一而心欲虚。凡涉物累而障虚明

〔一〕愁：朱本、李本並作「怨」。

〔二〕接也乘：接，四庫本作「見」。乘，朱本、李本並作「垂」，訛。

〔三〕詰：朱本、李本並作「結」，訛。

〔四〕白生：朱本、李本並作「生白」。

〔五〕繆：四庫本作「謬」，通。

者，不可不棄〔一〕而遠之，所以全吾天而復乎道也。臟具臗胲而可散不常，羿工中微而拙乎藏譽，此皆解執滯之凡見，廓虚玄〔二〕之化權，混天人工拙而超乎物我是非，忘毁譽敬侮而造乎不爲不怒。静則平氣養浩在不擾也，神〔三〕則順心好和而惡姦也。如是，則澹然獨與神明居，定于一而應無方矣。此庚桑所得老聃心傳之奥，若顔子之於尼父有不可容聲者，南華繼絶學於百年之後，猶孟氏聞而知之，操踐至極，成功一也。故舉以爲天下式。

〔一〕棄：朱本、李本並作「絶」。
〔二〕虚玄：四庫本作「玄虚」。
〔三〕神：朱本、李本並作「動」。

南華真經義海纂微卷之七十五

武林道士褚伯秀學

徐无鬼第一

徐无鬼因女商見魏武侯，武侯勞之曰：「先生病矣，苦於山林之勞，故〔一〕乃肯見於寡人。」徐无鬼曰：「我則勞於君，君有何勞於我！君將盈嗜欲，長好惡，則性命之情病矣；君將黜嗜欲，掔好惡，則耳目病矣。我將勞君，君有何勞於我！」武侯超然不對。少焉，徐无鬼曰：「嘗語君吾相狗也。下之質，執飽而止，是狸德也；中之質，若視日；上之質，若亡其一。吾相狗，又不若相馬也。吾相馬，直者中繩，曲者中鉤，方者中矩，圓者中規，是國馬也，而未若天下馬也。天下馬有成材，若卹若失，若喪其一。若是者，超軼絶塵，不知其所。」武侯大説而笑。徐无鬼出，女商曰：「先生獨何以説吾君乎？吾所以説吾君者，横説

〔一〕故：四庫本作「顧」。

之則以《詩》、《書》、《禮》、《樂》，從説之則以《金板》、《六弢》，奉事而大有功者不可爲數，而吾君未嘗啓齒。今先生何以説吾君，使吾君説若此乎？」徐无鬼曰：「吾直告之相狗馬耳。」女商曰：「若是乎？」曰：「子不聞夫越之流人乎？去國數日，見其所知而喜；去國旬月，見所嘗見於國中者喜；及期年也，見似人者而喜矣。不亦去人滋久，思人滋深乎？夫逃虚空者，藜藋〔一〕柱乎鼪鼬之逕，踉位其空，聞人足音跫然而喜矣，又況乎昆弟親戚之謦欬其側者乎？久矣夫，莫以真人之言謦欬吾君之側乎！」

郭注：耳目好惡，内外无可，故云病矣。超然不對，不悦其言。夫真人之言，何遜哉！唯物有好之可也。從横説之，而君未嘗啓齒，是樂鴳以鍾鼓，故愁。聞相狗馬而喜，猶人去國而見其所知，各思其本性所好也。得其所好，則无思；无思，則忘其所以喜。真人之言，所以得吾君性也。始得之而喜，久得之則忘矣。

吕注：无鬼忘武侯之勢而箴其病，武侯以其不下己，故超然不對。无鬼託相狗馬以喻己无求之意。狗之下質，執飽而止，猶人饑則爲用而有求者。中質若視日，猶人所〔二〕

〔一〕藋：四庫本作「藿」。
〔二〕猶人所：此三字四庫本無，脱。

視高遠，未能忘己者；一猶忘之，則忘己可知。馬之中規矩鉤繩，是國馬也，以況國士之遊乎方内者。天下馬有成材，不習而自然，若卹則无與樂，若失則无與匹。若喪其一則喪我之至，非特亡之而已，超軼絶塵，不知其所以，況天下之士遊乎方外而不可知者也！意謂狗之上質，與天下之馬猶若此，則吾安知君之勢而下〔一〕之，君安得不相之乎？武侯悟其意，所以大悦。夫言，以道接者也。言不當道，雖《詩》、《書》、《禮》、《樂》不足以動；言而當道，雖相狗馬，猶足以悦。夫人失其性命之情而耽於人僞，猶去其鄉黨親戚而流於遠方，與逃虚空以群鼪鼬之間者也。所謂真則其性之固有，猶其鄉黨親戚之舊也，非至狂惑，其有聞真人之謦欬而不悦者乎！

疑獨注：无鬼，魏之隱士。女商，魏之宰臣。武侯，文侯之子也。武侯以无鬼苦山林之勞，故於見而勞之。无鬼謂雖居山林，未嘗有勞，今君盈嗜欲則性命之情病，黜嗜欲則耳目之情病，二病不可逃，我所以勞君，君何勞我！武侯不對，忤其心也。无鬼知其不可以語大，遂以相狗馬之技因其好以中之。下質，飽食而无所能；中質，意趣高遠；上質，若亡其一。一者，數之精，而猶亡之，粗者可知。次論相馬，中繩、鉤、規、矩，皆教習

〔一〕下：四庫本此字上有「天」字，衍。

之法。天下馬有成材，故不言方、圓、曲、直。其顧視，若有憂卹，若有所失，此猶可以形相求。至於喪一，則超軼絶塵，不知其所矣。横説者逆，從説者順。武侯好武惡文，故女商稱六經爲横，兵法爲從，以求合其意。又引越國流放之人，以喻初去國數日，見所知識者而喜；及乎旬月，見所嘗見而喜；及乎期年，去國人既久，思國人滋深，但見其似鄉人者亦喜矣。若夫逃難而入虚空之境，野草柱塞鼪鼬〔一〕之徑，人跡人位〔二〕卒皆空虚，當此之時，非必見人，但聞人足音跫然，亦喜矣，又況昆弟親戚言笑於其側，喜可知也。今武侯心好犬馬，思之久矣，故聞善相者而悦，不必見其實也。遂歎久无善言謦欬吾君之側，故聞此淺技而悦也。

碧虚注：盈嗜欲則性命之情病，黜嗜欲則耳目之情病，即前所謂内外韄也。若亡若喪，皆不自得之意。亡一不自得未若喪一之甚也。蓋借狗馬而言，豈以是爲至哉！欲反武侯之意，使之自粗而入，然後導之而造夫精微也。

吴儔注：无鬼蓋神人也，因時乘勢而不容心於其間，所以言者亦默寓其意，是以循

〔一〕鼬：四庫本作「鼬」。

〔二〕位：四庫本作「僞」，訛。

道之歸而不逆其理，順彼之好而不忤其情。故雖武侯之剛暴，亦悦而笑，喻之有道故也。

《鬳齋口義》：狸德，資質如狸狗之下者。視日，凝然上視而目不瞬。一者，生之性。雖生若死，猶望之似木雞，此狗〔一〕之上品也。中規、矩、鉤、繩，言其件件合法度，不必泥而求合。成材，謂自然天成。若卹若失，悶然之意。喪一，即亡一。故超軼絶塵，不知其所至。此皆借喻之言。《六弢》，《太公兵法》。金版〔二〕，猶云藏於金匱。奉事有功，言見之行事，皆有效驗。流人去國之喻，不待釋。謦欬，喉中之聲。

褚氏管見：狗馬，常畜也，所能不過警盜代步，雖善相而得其真亦未〔三〕爲絶技。武侯聞之大悦，何耶？蓋善説者必因其所好而籠之，則其言易入，猶王好戰而以戰喻也。請玩「天下馬有成材」一語，超軼絶塵之姿，可想象而得。伯樂、九方皋之技，至是亦无遺鑑矣。視日，亡一，猶可形容。至於卹失〔四〕喪一，又善述其難寫之狀，非若國馬

〔一〕狗：原作「馬」，據四庫本改。

〔二〕版：四庫本作「板」，通。

〔三〕未：原作「來」，據朱本、李本、四庫本改。

〔四〕失：朱本、李本並作「佚」，通。

之可以規矩鉤繩喻也。一者，物始萌兆。若亡，若喪，猶云恍惚有无之間，不可指定其形質。唯其啓之有道，所以得武侯之心，其效速於《詩》、《書》、《弢》、《略》也。後引去國者不免懷思，以喻失性者亦必求復，有人乘機以發之，何異逃跡空曠之地而聞人足音哉！「久矣夫」已下，乃歎惜无人以至言妙理感悟武侯之心，故使之聞相狗馬而悦，儻有賢臣近輔以道德微言漸化而密融之，吾知其良心善性如水之回淵，浩〔一〕乎其莫禦也。是以凡有洗心向善者，君子不拒焉。或疑无鬼賢士也，見武侯而突然語狗馬，似无意義。蓋武侯素驕慢，故忠良之臣莫進，真人之言莫聞，无鬼求見，欲有以救正之，而侯以常士待，遂申言吾見狗馬尚能相其優劣而爲之去取，君之見士豈不能鑑其賢而加禮敬耶！此又言外之意云。

徐无鬼見武侯，武侯曰：先生居山林，食芧栗，厭葱韭，以賓寡人久矣。夫今老邪？其欲干〔二〕酒肉之味邪？其寡人亦有社稷之福邪？无鬼曰：「无鬼生於貧賤，未嘗敢飲食君之酒肉，將來勞君也。」君曰：「何哉，奚勞寡人？」曰：「勞君之神與形。」武侯曰：「何謂

〔一〕浩：朱本、李本並作「沛」。

〔二〕干：原作「于」，據四庫本改。

邪？」无鬼曰：「天地之養也一，登高不可以爲長，居下不可以爲短。君獨爲萬乘之主，以苦一國之民，以養耳目鼻口，夫神者不自許也。神者，好和而惡姦。夫姦，病也，故勞之。唯君所病之，何也？」武侯曰：「欲見先生久矣。吾欲愛民而爲義偃兵，其可乎？」无鬼曰：「不可。愛民，害民之始也；爲義偃兵，造兵之本也。君自此爲之，則殆不成。凡成美，惡器也。君雖爲仁義，幾且僞哉！形固造形，成固有伐，變固外戰。君亦必无盛鶴列於麗譙之間，无徒驥於錙壇之宮，无藏逆於得，无以巧勝人，无以謀勝人，无以戰勝人。夫殺人之士民，兼人之土地，以養吾私與吾神者，其戰不知孰善？勝之惡乎在？君若勿已矣，脩胸中之誠，以應天地之情而勿攖。夫民死已脱矣，君將惡乎用夫偃兵哉！」

郭注：天地均養，不以爲君而恣之无極。若苦民以養其耳目鼻口，是違天地之平〔一〕也。神者不自許，物與之耳。與物共者，和也。私自許者，姦也。愛民之迹，爲民所尚。愛已僞矣，僞則名張而競興。父子君臣，懷疑相欺，欲偃兵可得乎？從无爲爲之乃成耳。美成於前，僞生於後，民將以僞繼之也。仁義有形，故僞形必作，成則顯也。變，謂失其常然。鶴列，陳兵；麗譙，高樓也。步兵曰徒。但不當爲義偃兵，亦无爲盛兵走馬。

〔一〕平：原作「乎」，據四庫本改。

得中有逆則失矣。守其朴而朴有所能則平。率真知而知各有所長則均。以道應物，物服而无勝名。不知以何爲善，則雖剋非己勝。若未能已，則莫若脩己之誠。使甲兵无所陳，而非偃也。

呂注：以知治國國之賊，不以知治國國之福，則愛民固害民之始，偃兵固造兵之本，以知而不以道故也。天下皆知美之爲美，斯惡已，則成美固惡器也。器則已遠乎道，雖有愛民之仁，偃兵之義，亦僞而已。愛民之形成固有伐，則害民之始；偃兵之形變固外戰，則造兵之本。惟无形則无所造矣。鶴列於麗譙，則佳而觀之；徒驥於錙壇，則玩而覿之。非不得已而用之也，凡得而不順天理，則是藏逆於其間。以巧謀勝人，則恃知而不以道；以戰勝人，則以兵强而不以德。殺人兼地，以養吾私與吾神，私則自許，神者則惡而病之，謂之善戰而勝人，不知孰善？而勝惡乎在？君若不得已而欲爲之，脩誠以應天地之情，而物无不應，奚患民死不脱哉！

疑獨注：天地有形之至大，而所養者一。一者，元也。《易》稱乾元、坤元，天地猶宗之，况人乎！天地之道，以平爲正，登高居下，何分短長？今君處上以自高，苦民以自養，姦賊攻於外，心神喪於内，神者不許，此所以病，不得不勞之。武侯又以愛民偃兵爲問。愛民之迹著，則民爭以愛爲仁，害之始也。爲義則名彰，名彰則競興，故曰「造兵之本」。是皆有爲之爲，故殆不成也。樸散則爲器，器成有美惡，今雖欲爲仁義，皆不免於僞耳。形者，物此者也。是爲造形，形成則有功，功著必有伐。變則失其常守，利欲戰於外矣。鶴列，陳兵之象。麗譙，觀兵之地。錙壇，習兵之所。得於己則逆於人，此藏逆於得也。巧者，機心内萌，雖勝人而不利己。謀者，疑懼而未决。戰者，殺人以求勝。是皆害其所養，不可爲也。以此養其私，不能成其私；以此養其神，不能全其神。其戰雖勝，非善勝之道。唯能脩誠以應天地而勿攖，則民无夭傷，何必爲義偃兵哉！

碧虚注：武侯久湛欲而忘本，故无鬼直言勞君之形與神。夫天地之養人，君民无二，今則損不足以奉有餘，逆理也。人神與天神同其至公，自許謂自與之私，是所謂姦也。民從君化，君病則民傷，故勞之。武侯遂問爲義偃兵之要，魚處涸則思濡沫，民困匱則思仁義也。荅以愛尚則不均而害多，義立則必虧而爭興，皆由爲者敗之，故危殆及而成功寡也。道失而後有仁，德失而後有義。仁義崇而民性遷，則僞生矣。至若鶴列麗譙，徒驥錙壇，皆非久安之策，不足尚也。順天理則无喪失，好武事則懷併吞，巧謀多則先窮，戰爭極則易國，應天則公，自聖則私，神豈容私哉！天道祐善，勝果在此矣。

《鬳齋口義》：天地生物本同，无高下貴賤之別。以外物養形，而心中不自得，曰「神者不自許」。和，謂同物。姦，自私也。我神本與萬物爲一，情欲自私以昏之，是其所惡也，則病矣。君病此而不自知，我故勞君也。有意愛民乃害之，有意偃兵乃造之。美惡之成皆有迹，故曰「器」。以有爲之心，爲有迹之事，曰「形造形」。成，定也〔一〕。心執定而不化，則克伐〔二〕怨慾行而傷其內。爲外物所變亂，曰外戰。鶴列，兵陣名。麗譙，宫樓名。錙壇，祭祀之地。蓋謂人心若與物鬬，則一室之内皆若步兵騎卒陳列於前，无非爭奪之境也。人情以得爲順，失爲逆，无得則无失，故曰「无藏逆於得」，此句下得好。巧謂機心，知謀自機巧出，戰爭又自知謀出。以此求勝以快耳目之私，是若勝矣，然而胸中爲物所戰橈，雖勝而神者勞矣，故曰：「勝之惡乎在？」勿已，猶云莫如。此但脩吾本然之誠以應天地自然之實，與物无所迕，不爭而善勝，則民死已脱矣，何偃兵求哉！

无鬼再見武侯，豈爲身謀而希進用哉！欲有以匡救其失，而免民於難也。武侯乃云厭葱韭而干酒肉，其尊己薄人甚矣。无鬼不爲勢屈，直云勞君之神與形，則非特藐之，亦且哀之。武侯猶未之省，蓋平日湛於聲利嗜欲，不暇形神之顧，所以聞告茫然。无鬼又陳天地之養也一，以槩其自尊之心，其要在神者好和而惡姦一語，神則己

〔一〕也：此字四庫本無，脱。

〔二〕伐：四庫本此字下有「也」字，衍。

之真。而武侯以「爲義偃兵」爲問，因〔一〕失義而後思爲義，因〔二〕窮兵而後思偃兵，遽反其常，豈真情哉！夫恩害相生，理之必至；无爲任真，庶可全也。凡事成而美者，皆爲惡器。器謂迹之著見，愛民偃兵，迹之尤著者也。我以此心感，彼以此心應，謂之形造形。形成必召伐，動與物迕，斯外戰矣，況列兵陣盛騎卒夸耀於世！覬天下之歸己，得之不順於理，皆藏逆也。天所助者順，逆其能久乎？巧勝則事物之間无非機，知謀勝則圖度浸大而害物漸深，至於戰勝則殺人兼地焚都墟國，害莫甚焉！皆由於積暴所〔三〕致，然恢恢之網莫逃，而身亦與之俱盡〔四〕矣。故當自微而謹遏之。今乃藉君臨之勢，恣无窮之欲，以養吾私，與吾〔五〕神者較之，其戰不知孰善，勝之〔六〕惡乎在？請武侯自度之。君若未明養神之道，但脩己〔七〕誠以應天地而勿攖，即是順天地

〔一〕因：此字朱本、李本並無，脱。
〔二〕因：原作「困」，據朱本、李本、四庫本改。
〔三〕所：此字朱本、李本並無。
〔四〕盡：朱本、李本並作「燼」。
〔五〕吾：朱本、李本並作「君」，訛。
〔六〕之：此字朱本、李本並無。
〔七〕己：此字朱本、李本並無。

之養，而見其與己爲一，則君民熙熙，至和潛暢，物无疵癘，人无夭傷，何在夫〔一〕區區求偃兵哉！

〔一〕夫：朱本、李本並作「乎」。

南華真經義海纂微卷之七十六

武林道士褚伯秀學

徐无鬼第二

黄帝將見大隗乎具茨之山，方明爲御，昌寓驂乘，張若、謵朋前馬，昆閽、滑稽後車。至於襄城之野，七聖皆迷，无所問塗。適遇牧馬童子，問塗焉，曰：「若知具茨之山乎？」曰：「然。」「若知大隗之所存乎？」曰：「然。」黄帝曰：「異哉小童！非徒知具茨之山，又知大隗之所存。請問爲天下。」小童曰：「夫爲天下者，亦若此而已矣，又奚事焉！予〔一〕少而自遊於六合之内，予適有瞀病，有長者教予曰：『若乘日之車而遊於襄城之野。』今予病少痊，予又且復遊於六合之外。夫爲天下亦若此而已。又奚事焉！」黄帝曰：「夫爲天下者，則誠非吾子之事。雖然，請問爲天下。」小童辭。黄帝又問，小童曰：「夫爲天下，亦奚異乎牧馬

〔一〕予：四庫本作「余」。

者哉！去其害馬者而已矣！」黄帝再拜稽首，稱天師而退。

郭注：聖者，名也。名生而物迷，雖欲之乎大隗，可得乎？各自若則無事，無事乃可以爲天下。乘日之車，出作入息也。爲天下莫過自放任，物亦奚攖焉！故我無爲而民自化。夫事由民作，令民自得，必有道也。馬以過分爲害，師天然而去過分，則大隗至矣。

吕注：隗，高也。大而高者，無如道。覆被萬物，即具茨之義。欲見大隗，而七聖與偕，所以至襄城之野，皆迷而無所問塗，亦猶七竅鑿而渾沌死。夫欲見大道，而聖知不絶，宜其至於上達，迷而不悟也。馬之辰午，南方心火也。童子則無知者，以童子牧馬，則宜知具茨之山，大隗所存也。人心具神，神則無方。而遊不出乎六合之内，非有瞀病不若是；欲已之則莫若以明而上達，乘日車而遊襄城是也。雖然，少痊而已，以其猶乘日之車也。弗乘而遊乎六合之外，其猶有患耶？爲天下者，亦猶養心，豈有他哉！去其爲害者而已。夫隨成心而師，誰獨無師？既知其在我，所以稱天師而退。

疑獨注：大隗，道之强名。具茨，喻艱〔一〕棘難至。方明至滑稽，皆製名，喻各執一

〔一〕艱：此字四庫本無，脱。

偏，道之散也。襄城縣屬汝州，在具茨山之南。牧馬，言順物性而擾之。童子，未有知，未有與也。此寓言於黄帝六臣者，學道所賴以求至其所。襄城，喻中道。野，言其無適莫。牧馬童子能指七聖之迷，故黄帝異之。山則未離乎所，存則不離乎在，此道之粗，可告可學者；若道之妙，非絶學忘言，不能致也。聖人之治天下，事出於無事，爲出於無爲，又奚事焉！少遊六合之内，言昔曾爲人間世之事，經世不能無患，故有頭目昏眩之病。乘日之車，隨日新以變化。襄城之野，近具茨而去塵遠，故病少愈，又復遊乎六合之外，超出物表之意。莊子蓋謂學道者，必先至於道之所在，故曰：大隗所〔一〕存。不免出而應世涉患，故曰：「少遊六合之内，適有瞀病。」又復遊乎六合之外，則入天道而無爲，又奚事焉！黄帝又扣之不已，遂以牧馬之事告之，去其害馬者，聖人用刑以安天下之意。

碧虚注：黄帝功成不居，故訪道於幽深，而遇牧馬童子，童子以牧馬喻〔二〕治國，有旨哉！馬之真性，齕草飲水自足；民之真性，耕食織衣自足，更無他事。乘日之車，謂乘

〔一〕所：四庫本作「不」，訛。

〔二〕喻：原作「俞」，據四庫本改。

日新之道，隨化而不滯。再問不答，示以不言之教也。今之牧馬者不知鞭策之爲害，字民者昧乎法令之生姦，乃謂馬難調而民難治，兩失之矣。

劉槩注：無思無爲之妙，唯至神獨與之感通，而所以應天下者，不得已而同民患耳。故曰：「予自遊六合之内，適有瞀病。」同民患之道無他，順陰陽之明法，與物出作入息，無違其理而已。故曰：「乘日之車而遊乎襄城之野。」如是，則民患去矣。此功成身退之時也。其歸於道，不以物爲累，故曰：「今予病少痊，又且復遊於六合之外也。」爲天下之道，未達其上者，莫若去害性者，爲養性之本；去害馬者，爲牧馬之要。此粗而可以言傳者，故童子不得而辭焉。

吴儔注：具茨，謂充足而有所覆藏〔一〕，以喻道之全體。居是山者，大而無敵，高而無上，故云大隗也。襄城，無人之境，喻道之路。以黄帝之迹觀，似猶未冥於道，而欲見之七聖者，所以見道之具。至襄城而無所問塗者，蓋以道之全體本實在我，則所謂具茨之山何暇訪之於彼，而大隗所存，豈七聖之可見哉！唯牧馬童子，乃能知之。牧而去其害馬者，喻其能全性命之情而不益生，此即具茨之山，大隗所存也。

〔一〕藏：此字四庫本無。

《鬳齋口義》：六臣名，皆寓言。乘日之車，言與日俱往，猶云日新也。言六合之内，未離於物，則有目昏之病；能離此病，遊於自然，則爲六合之外。爲天下者亦然，無累於有物之内而已。牧馬者能順其性而無所害，則牧馬之道盡矣。天師者，稱其天人，可爲我師也。

黄帝見大隗於具茨，猶堯見四子於姑射，蓋神交氣合，不可以形相求。黄帝輔以六臣者，喻六識未泯，則猶以知見能解爲聖，雖欲之乎大隗而中道不免於迷。大隗混成，諭〔一〕道之體。具茨全覆，諭道之用。襄城之野，則郛郭猶存，非洞庭廣莫之比，蓋未能〔二〕虚廓洞達，暢乎無垠。非唯賴之以求道者，莫之適從，而一精明之主，亦昧然無所向矣。然猶知〔三〕問塗於牧馬童子，亦庶幾焉。牧馬童子，喻守心之神，猶禪家牧牛之譬。然而牧者何物？牧之者誰耶？知慧能反六情，無異善牧之去其〔四〕害馬

〔一〕諭：朱本、李本、四庫本並作「喻」，通。
〔二〕能：此字朱本、李本並無。
〔三〕知：朱本、李本並作「能」。
〔四〕其：此字朱本、李本並無。

者。爲天下亦若是，言其本無難，與治民如牧羊意〔一〕同。瞀病，目眚。目力所及，不過六合之内，拘於形器而不能徧燭無外，斯爲病也。猶牧〔二〕之去其病者，謂〔三〕能乘天光而上達，則遊襄城之野，何迷之有！今病少痊而遊於〔四〕六合之外，則無形器之拘而猶知有六合内外之分〔五〕，所以未爲〔六〕全愈而云少痊也。童子不過以自然爲師，而能若是，故黄帝稱天師而退。此章寓言以明學道之難〔七〕，多中道而畫，當卜〔八〕諸心君而力主之，乘天光而上達，超〔九〕形器而逍遥，具茨之山不待問塗而可至矣。

知士無思慮之變則不樂，辯士無談説之序則不樂，察士無淩誶之事則不樂，皆囿於物

〔一〕意：朱本、李本並作「義」。
〔二〕猶牧：原作「有教」，據朱本、李本改。
〔三〕謂：朱本、李本並作「爲」，訛。
〔四〕痊而遊於：痊，朱本、李本並作「瘥」。於，此字朱本、李本並無。
〔五〕「則無」至「之分」：此十六字四庫本無，脱。
〔六〕爲：朱本、李本並作「云」，此句下「云」字作「爲」。
〔七〕難：朱本、李本此字下並有「者」字。
〔八〕卜：朱本作「十」，李本作「求」，並訛。
〔九〕超：原缺，據朱本、李本補入。

者也。招世之士興朝，中民之士榮官，筋力之士矜難，勇敢之士奮患，兵革之士樂戰，枯槁之士宿名，法律之士廣治，禮教之士敬容，仁義之士貴際。農夫無草萊之事則不比，商賈無市井之事則不比，庶人有旦暮之業則勸，百工有器械之巧則壯。錢財不積則貪者憂，權勢不尤則夸者悲。勢物之徒樂變，遭時有所用，不能無爲也。此皆順比於歲，不物於易者也。馳其形性，潛之萬物，終身不反，悲夫！

郭注：不能自得於內而樂物於外，故可囿也。各以所樂囿之，則萬物不召而自來，非强之也。士之不同若此，故當之者不可易其方。能同則事同，所以相比。業得其志故勸，事非其巧則惰，物得所嗜而樂，權勢生於事變。凡此諸士，用各有時，時用則不能自已也。苟不遭時，雖欲自用，可得乎？故貴賤無常，能各有極，若四時之不可易也。當其時物，順其倫次，則各有用矣。是以順歲則時序，易性則不物，物而不物，非毁如何？不守一家之能，而之夫萬方以要時利，故有匍匐而歸者，所以悲也。

呂注：人莫不有至樂之處，得是而遊之，其爲囿也大矣。而諸士者獨樂，其性之所偏，則囿於物而不能囿物者也。自招世之士至勢物之徒，雖趨向不同，而遭時有用不能無爲則一，以不知真君所在也。夫時有所用而爲之，非性命也。時有今昔，猶歲有寒暑，今一遭之，遂守而不舍，不能無爲，此皆順比於歲，寒而不知有暑，暑而不知有寒，以所遭爲常，而不物於易者也。人莫不有真君存焉，而乃馳其形性，逐物而不知反，此至人之所悲也。

疑獨注：知者樂運其才，辯士好騁其言，察士務窮詰人，三者皆役於物，故曰囿。道能招世人使之慕，事能中民使之樂；筋力、兵革、勇敢，皆言其能爲國禦難；枯槁幽隱山林，法律執法議罰；禮教謂化民，仁義謂利物；農以草萊爲業，商以市井爲業；庶人無暇日，旦暮皆有業，百工有器械之巧，則業長而壯矣。貪者務多積，不積則憂；夸者務權勢，不尤則悲；勢物之徒，好有爲，有爲主於變，以變爲樂，則所遭之時不同，不能無爲也。凡此衆事，皆爲物所係，各蔽一曲，非同於大通者也。夫歲所以統四時，易所以統萬物。聖人與天同，故能統於歲而不爲歲所統，物於易而不爲易所物。一曲之士反此，爲歲所統者，若四時之殊氣；爲易所物者，若萬物之異形也。

碧虛注：黜計慮則知士窮，廢合縱則辯士困，崇簡易則察士閑，能内養而不樂外馳，則物不可得而役也。招世之士尚賢，所以興朝。中民之士循理，所以榮官。時有患難，則勇士矜夸。佳美干戈，則不親耒耜。枯槁之士不事王侯，宿於名而已。法令興則冗惰勸，禮儀盛則矯飾脩，行仁義者，以際會爲得志。若其士不學，農不積，工不巧，商不貨，群庶失業，由於自惰也。貪者貴財過於身，夸者重勢甚於命，以勢役物樂於變動，如耳目鼻口當有用之時，莫能自遏也。才知各任則事業成，四時失序則歲功廢。不順比於歲，皆爲物所遷，其心化，其形與之然，是之謂不反，誠可哀也。

《鬳齋口義》：思慮百變，談説有條，淩轢問訊，爭分爭毫。三者各以所能爲喜，一日無之則不樂，皆囿於物者也。招世者耀名，欲興起而立朝廷之上；中民則庸人，故以爵禄爲榮；筋力者以濟難自矜，勇敢者見患難而喜；枯槁隱士，留意名聲；法家者流，多求治事。敬容，矜持容貌。貴際，以交際爲重。草萊，謂耕種。市井，商販之事。比，和樂也。旦暮之業，謂日積其贏。工藝之人，以其能自壯。有所恃曰勢，有所積曰物。小人依附豪貴，多從臾，有所作爲而後可以得志。遭時有用，欲無爲不可得也。譬一歲之間，百物生成，皆順比其序，其所變易者非物所自由。不物於易，猶云非物自爲變易也。馳役其身心，溺物而不反，可哀也已！

此章起論突兀，疑前有缺〔一〕文，不可復考。其評〔二〕知〔三〕辯察士之所樂，乃學道

〔一〕缺：朱本、李本並作「闕」，通。

〔二〕評：朱本、李本並作「詳」。

〔三〕知：朱本、李本並作「智」，通。

者〔一〕之所悲，何背馳若此，是各爲其能所囿而不得自由者也。招世謂舉善旌〔二〕賢，以來天下之士，故可以〔三〕興起朝廷。中民猶云宜民，故當榮以官爵。後叙諸士農庶百工，趨向之不同，各執一偏，但〔四〕以得用爲樂而忘其勞苦，失性之爲患，然而不能變通，用各有極，極則姦僞生而患害作矣。當其處無用也，常以有用爲心，思所以設施注〔五〕措，妄〔六〕念未嘗暫息；遭時有用，則志滿意得，作法逞能之不暇，又安望其無爲哉！貪者不積則憂，夸者不尤則悲，亦不越前意。是皆安其所不安者也。亦〔七〕猶春秋冬夏之統温涼寒暑，雖順比於歲而各得其偏，不能與物易〔八〕，寒令不可施之於夏，

〔一〕者：此字朱本、李本並無，脱。

〔二〕旌：朱本、李本並作「推」。

〔三〕以：此字朱本、李本並無。

〔四〕但：四庫本作「俱」。

〔五〕注：四庫本作「置」。

〔六〕妄：朱本、李本並作「志」。

〔七〕亦：朱本、李本並作「所以」。

〔八〕不能與物易：朱本、李本並作「不物於易」，訛。

暑令不可施之於冬。不物於易，猶云不易於物，錯綜其文〔一〕。唯至人心同太虚而身備四時之氣，所以能易物而不易於物也。

〔一〕文：朱本、李本此字下並有「耳」字。

南華真經義海纂微卷之七十七

武林道士褚伯秀學

徐無鬼第三

莊子曰：「射者非前期而中，謂之善射，天下皆羿也，可乎？」惠子曰：「可。」莊子曰：「天下非有公是也，而各是其所是，天下皆堯也，可乎？」惠子曰：「可。」莊子曰：「然則儒墨楊秉四，與夫子爲五，果孰是邪？或者若魯遽者邪？其弟子曰：『我得夫子之道矣，吾能冬爨鼎而夏造冰矣。』魯遽曰：『是直以陽召陽，以陰召陰，非吾所謂道也。吾示子乎吾道。』於是爲之調瑟，廢一於堂，廢一於室，鼓宮宮動，鼓角角動，音律同矣。夫或改調一弦，於五音無當也，鼓之，二十五弦皆動，未始異於聲而音之君已。且若是者邪？」惠子曰：「今夫儒墨楊秉，且方與我以辯，相拂以辭，相鎮以聲，而未始吾非也，則奚若矣？」莊子曰：「齊人蹢子於宋者，其命閽也不以完，其求鈃鍾也以束縛，其求唐子也而未始出域，有

遺類矣！夫楚人寄而蹢〔一〕閽者，夜半於無人之時而與舟人鬬，未始離於岑而足以造於怨也。」

郭注：不期而誤中，非善射也。若以謬中爲善射，則天下皆謂之羿，可乎？言不可也。若謂謬中皆羿，則私自是者，亦可謂堯矣。若皆堯也，則五子何爲復相非乎？猶魯遽之與弟子，俱亦以陽召陽，而横自以爲是；或改調一絃，五音隨改。無聲則無以相動，有聲則非同不應，今改此一絃而二十五絃皆改，其以急緩爲調也。遽以此夸其弟子，然亦以同應同，未爲獨能其事。五子各私所見而是其所是，無異於彼，而未能相出也。未始吾非，言各自是。惠子便欲以此爲至，莊子遂舉齊人蹢子於異國，使閽〔二〕者守之，出便與子〔三〕不保其全。此齊人之不慈也，然亦自以爲是，故爲之。而反以愛鍾器爲是。束縛，恐其破傷。失亡其子而不能遠索，遺其氣類，而亦未始自非也。又引楚人寄而蹢閽者，言俱寄止而不能自投於高地，夜半獨上人船，未離岸已共人鬬。齊、楚二人所行若此，未嘗自以爲非，今五子自是，豈異斯哉！

〔一〕蹢：四庫本作「鏑」，訛。

〔二〕閽：原作「門」，據四庫本改。

〔三〕子：原作「手」，四庫本作「守」，並訛。據明世德堂刻本改。

呂注：天下皆羿，固不可。惠子知莊子言爲已發，故以爲可，言中則爲羿不必前期，是則爲堯不必公是，此所謂「以反人爲實，以勝人爲名」者也。雖然，五子不皆是，則皆堯之説不立矣。不然，則若魯遽之調瑟，不免以聲律相召而已。施自謂賢於四子，而實無以異。施以爲我固無異於四子，然與我以辯。未始吾非，則奚若？言此者，欲以成皆堯之説。莊子以微言感動之。父子之道，天性也，而齊人蹢子於宋，其命閽也不以完，以喻施輕其性命之情而不知愛。其求鈃鍾以束縛，其求唐子未始出域，譬施於辭辯名聲之外物，則愛之而恐其傷，至於受之于天者則失之而不知求，爲可惜也。楚人寄而蹢閽者，譬施亡其真宅之歸，而於是非芒昧之際與人爭勝，不足以有濟，徒與物不適而已，非所謂知也。

疑獨注：以偶中爲善射，則天下皆羿。以私是爲公，則天下皆堯。莊子以爲不可，而惠子以爲可。莊子謂果如所言，則儒、墨、楊、秉（公孫龍名）與夫子，其孰是耶？魯遽之弟子能於冬日取千年灰擁木，須臾出火，可以爨鼎；夏日瓦缾貯水，湯中煮沸，置井内而成冰，以此爲得遽之道。遽謂是直〔一〕以類相召，非吾所謂道。於是爲之調瑟，堂室各

〔一〕是直：四庫本作「直是」，倒。

一，而宫角皆應；或改調堂中一絃，而室内五音皆無當。絃動，謂鼓之而不應舊音也。言其以聲召聲，未始有異，而音之君唯聲聲者能之。魯遽以此自夸，然亦以同，應同未爲獨能其事。五子各私所是，無異遽之夸其弟子而未能相出也。惠子謂今四子方且與我以辯，未始吾非，便欲以此爲是。莊子遂引齊人棄蹢其子於宋，命門者守之，出入有制，不保其全，此齊人之不慈，亦自以爲是。求鈃鍾以束縛，求失子不出境，言愛異物勝於同類，而不自以爲非，惠子自是亦猶是也。昔楚人有客寄於蹢閽者，蹢閽謂有罪而守門，夜半獨上人船，未離岸已與舟人鬭，既忘其恩，便造此怨，所爲如是，亦不知非，與惠子之徒無異也。

碧虚注：射之謬中者非善，人之自是者非公。五子以相勝爲道殊，魯遽以優劣稱術異，而不知有大同者存。堂室之瑟調，則律同矣；宫角之絃變，則音異焉。是故寂寞爲五音之主，静默爲衆辯之宗。而惠子乃以雄辯爲極，故莊子引齊人蹢子，以喻遺殘嗣續，寶貴外貨，叛道求勝，莫悟己非。寄而蹢閽則寓迹不高，夜鬭者所爭無明，未離岑則滯有崖，造怨者難免其非也。

《鬳齋口義》：前期，指的也。若舍的而射，則中者皆爲羿，喻天下無歸之是，人人各持其説，則人皆爲堯矣。五子學既不同，孰爲真是？冬日不以火而爨鼎，夏日能以水而爲冰，實若難矣。冬至陽生，夏至陰生，以陽召陽則冬不寒，以陰召陰則夏不熱，雖〔一〕違時而有可召之理，非吾之謂道，言其術未高。請各置一瑟於堂室，鼓此而彼動，宫角皆相應，以其音同，猶曰易也。若只調一絃，而於五音中，不定一音，鼓宫亦得，鼓徵亦得，故曰無當。鼓一於此，而彼二十五絃皆動，比之宫應宫，角應角，爲又難矣。以理推之，五音皆以音爲君，舉不離於絃上之聲，故曰：「未始異於聲。」如此，與陰召陰，陽召陽，何異？遽乃自以爲勝，亦各是其是，非真是也。拂，猶抗。鎮，屈服也。蹢，音擲，住足也。不能行之子用以守閽，而不用完全之人，以此處其子，自以爲是。而求小鍾乃加護之，愛物而不愛子，亦自以爲是，猶亡子於外而求之鄉域，是惑也。楚人有病足而爲閽者，此别是一句，與上蹢字不相關。有遺類，略相似也。言此三事，與五子略相似，亦猶〔二〕前言若是也耶。不結於怨也之下，而先結於此，是作文妙處。此章大意皆譏惠子之自是，以惠子好辯，故特爲詭譎之辭，有不可遽曉者以困之。東方朔與舍人辯，亦此意。

〔一〕雖：四庫本作「惟」，訛。
〔二〕猶：此字四庫本無。

皆羿皆堯之論，莊子力鍼惠子之病，以救其自是之失〔一〕，故舉魯遽〔二〕與弟子所較優劣。陽召陽，陰召陰〔三〕，即是以同應同耳。及改調一絃於此，而彼衆絃皆變，聲不同故不應也。五音皆聲，而音則有所主，是爲音之君，在乎善聽者别之耳。故鼓宫宫動，鼓角角動，以類相從〔四〕，未爲特異也。五子之各是一偏而非公，猶宫止於宫，角止於角，而不能相通也。惠子猶未悟，以己能超出四子而未始吾非，則吾之所是真是矣。莊子遂引齊人輕子重鍾，失恩背理而亦自以爲是；至於楚人寄閽而鬭，不自知非，則三轉語矣。於此有以見莊子於惠子愛友〔五〕之篤，詳後章經意可知。聲，猶木也。音，以喻棟梁榱桷。音之君，喻良匠之手，所以成棟梁榱桷者，皆不可以相無也。

莊子送葬，過惠子之墓，顧謂從者曰：「郢人堊漫其鼻端，若蠅翼，使匠石斲之。匠石

〔一〕莊子力鍼惠子之病以救其自是之失：朱本、李本並作「莊子力鍼惠子自是之病」。

〔二〕遽：朱本、李本並作「蘧」。

〔三〕陽召陽陰召陰：朱本、李本並作「召陽召陰」。

〔四〕從：朱本、李本並作「推」。

〔五〕於惠子愛友：朱本、李本並作「愛友惠子」。

運斤成風，聽而斲之，盡堊而鼻不傷，郢人立不失容。宋元君聞之，召匠石曰：『嘗試爲寡人爲之。』匠石曰：『臣則嘗能斲之。雖然，臣之質死久矣。』自夫子之死也，吾無以爲質矣，吾無與言之矣。」

郭注：非夫不動之質，忘言之對，則雖至言妙斲，亦無所用之。

吕注：唯其如此，莊子所以每與之反覆而深惜其不至也。

疑獨注：有惠子之問，然後有莊子之對。惠子既殁〔一〕，莊子歎其無知言者，故引匠石自喻。郢人以白土汙其鼻端，使匠石運斤斲之，匠石雖工斲，須有郢人不動之質，然後能成其妙。宋君乃欲爲之，匠石謂臣則嘗能斲之，然臣之質死久矣。質，指郢人已死，不可爲也。莊子自謂吾失惠子，猶匠石之失郢人，故歎曰：「吾無以爲質，無與言之矣。」即伯牙絶絃之意。

碧虚注：槁木其形者有之，臨刃而不驚者鮮；執柯逞技者有之，當鼻而縱揮者寡。是知目擊之遇，忘言之對，世豈常有哉！

《鬳齋口義》：運斤成風，言其急捷。盡堊而鼻不傷，斲者固難矣，立者爲尤難。質

〔一〕殁：四庫本作「没」，通。

者，用巧之地。言有惠子之辯，然後我得以窮之。惠子既死，無可與言者矣。

莊子抱道高堅，非時俗可探其淵大，則〔一〕論端無由而發，僅一惠子可與言〔二〕，時得以申〔三〕其汗漫無崖〔四〕之説，以豁暢胸中之奇〔五〕，載道鳴文，亦或在是。及惠子殁〔六〕，過墓而憶之，顧從者而與言，其感慨可知。夫匠石之斲，天下敏手也，然非郢人能立，則亦無所施其〔七〕工。臣之質死已〔八〕久矣，故我〔九〕運斤無失，而彼能忘形以聽斲者，豈易得哉！莊子之失惠子，亦然。「吾無以爲質」一語，頗難釋。審詳經意，前

〔一〕則：朱本、李本並作「抵」。
〔二〕言：此字四庫本無，脱。
〔三〕以申：以，此字朱本、李本並無。申，朱本、李本並作「伸」，通。
〔四〕崖：朱本、李本並作「涯」。
〔五〕奇：李本作「寄」。
〔六〕殁：朱本、李本並作「没」，通。
〔七〕其：此字朱本、李本並無，脱。
〔八〕已：此字朱本、李本並無。
〔九〕我：原缺，據朱本、李本補入。

云〔一〕臣之質死久矣，又〔二〕須得質死之人，不怖不動，乃可施斲；今惠子既亡，此質雖存而無以對，猶〔三〕無質也。謂世無知音，孰相激發者？無與言之矣，有以見傷悼友生之切。惠子平生時有譏〔四〕刺之言，南華每盡忠竭力而救正之，雖不逃辯給之名，而所務者清談雅論，免墮當時縱横詭詐之習，是亦尚友之力也。故南華於其歿〔五〕後，猶致意焉。聽而斲之：據郭注云「瞑目恣手」，陳碧虛照江南李氏書庫本，此四字係是經文，後人誤引爲郭注，緣此四字不類注文故也〔六〕。

〔一〕云：朱本、李本並作「言」。

〔二〕又：朱本、李本並作「必」。

〔三〕猶：朱本、李本並作「是」。

〔四〕譏：朱本、李本並作「機」，訛。

〔五〕歿：朱本此字空缺，李本作「役」，訛。

〔六〕「聽而斲之」至「注文故也」：此數句朱本、李本並作「聽而斲之據郭注云瞑目恣手是也」。

南華真經義海纂微卷之七十八

武林道士褚伯秀學

徐無鬼第四

管仲有病，桓公問之曰：「仲父之病病矣，可不謂云！至於大病，則寡人惡乎屬國而可？」管仲曰：「公誰欲與？」公曰：「鮑叔牙。」曰：「不可。其爲人潔廉，善士也。其於不己若者不比之，又一聞人之過，終身不忘。使之治國，上且鉤乎君，下且逆乎民。其得罪於君也，將弗久矣。」公曰：「然則孰可？」對曰：「勿已，則隰朋可。其爲人也，上忘而下畔，愧不若黄帝而哀不己若者。以德分人謂之聖，以財分人謂之賢。以賢臨人，未有得人者也；以賢下人，未有不得人者也。其於國有不聞也，其於家有不見也。勿已，則隰朋可。」

郭注：上忘而下畔，謂高而不亢，哀不己若，故無棄人。若皆聞見，則事鍾於己而群下無所措手足，遺之未能盡遺，故僅可也。

呂注：容乃公，公乃王，王乃天，天乃道，五者皆其所體者也。公故可以爲公，王故可以爲王。王公之名，蓋由於此。若隰朋之德，可謂容乃公者乎！

疑獨注：桓公之霸，管仲之力。仲病亟，公問誰可屬國？仲復問公欲誰與，公云鮑叔牙。叔牙，仲之友，仲曰不可，潔廉可爲善士，未可大有爲。不己若者不比之，則失人心而寡助；聞人過而不忘，則人多怨。若使之治國，上則鉤制其君，下則逆其民心，得罪將不久矣。公曰然則孰可，仲曰不得已則隰朋可。上忘者忘勢，下畔接有境也。愧不若黄帝，則道日以高。哀不己若者，則德日以博。君道以德分人，臣道以財分人。自其化而言謂之聖，自其業而言謂之賢。以賢臨人，臨之不得其道；以賢下人，善下則人歸之。有不聞，有不見，言其能反聽内視，所以無不聞，無不見也。

碧虚注：鮑叔不能强力忍垢，兼濟天下。而欲使物齊己潔廉，故鉤君；不比，故逆民。隰朋之爲人，不諂不傲，尊道恤民，聖不自德，賢不悋財，以賢下人，焉有不得！故大者宜爲下，於國有不聞，於家有不見，兼忘天下也。鮑叔之舉管仲，公也；仲之舉隰朋，亦豈私哉！

《鬳齋口義》：不比，不數之。鉤，要束之。逆，强之以禮義也。上忘，忘其勢。下畔，離遠而無求於上也。以德分人，猶云德乃降，黎民懷。以財分人，不自私。以賢臨人，擅名而自矜也。有不聞，有不見，言其不察察。此事不見於他書，只見《列子》，亦是寓言。

叔牙，仲之賢友也〔一〕。公問〔二〕屬國，仲宜以叔牙對，而乃審所欲與，公以叔牙爲言，仲知其賢而才不足以治劇，慮其執中無權，鉤君逆民，乃斷以不可。蓋不以與己善而私其舉，使之不勝任而得罪於君也。勿已則隰朋可，言僅可耳。上忘而下畔，按《列子》作「下〔三〕不叛」，張湛注：「居上而自忘，不憂下之離散也。」足以證《莊》文誤逸。古文畔，通作叛。據此方論隰朋之德，似不可以背叛言〔四〕，若從邊畔説又不通，宜從《列》文「下不叛」爲正。於國有不聞，於家有不見，言其爲政寬恕，不衒己〔五〕聰明以爲苛察，善下而能得人，知其可以屬國。蓋與其以知治國，作法害民，寧若寬厚得衆而相

〔一〕叔牙仲之賢友也：此七字朱本、李本並無。朱本、李本於本段開首並作「管仲病桓公問而曰可不謂云列文作可不諱云爲當」。段末則無「可不謂云列文作可不諱云爲當」。

〔二〕公問：朱本、李本並作「惡乎」。

〔三〕下：此字朱本、李本並無，脱。

〔四〕言：朱本、李本此字下並有「者」字。

〔五〕己：此字朱本、李本並無。

安於無事，此仲知人能任，所以成霸齊之功；忠於君而愛於友，在義實爲兩得也〔一〕。可不謂云，《列》文作「可不諱云」爲當。

吴王浮于江，登乎狙之山，衆狙見之，恂然棄而走，逃於深蓁。有一狙焉，委蛇攫搔，見巧乎王。王射之，敏給搏捷矢。王命相者趨射之，狙執死。王顧謂其友顔不疑曰：「之狙也，伐其巧，恃其便，以敖予，以至此殛也。戒之哉！嗟乎，無以汝色驕人哉！」顔不疑歸，而師董梧，以鋤其色，去樂辭顯，三年而國人稱之。

郭注：敏，疾也。給，續栝。矢往雖速，狙猶能搏也。國人稱之，稱其忘巧遺色，而任夫素朴〔二〕也。

吕注：以色驕人者，心驕人而見于色。鋤色者，去其心而已。所謂容動色理辭氣六者，繆心是也。

疑獨注：狙以矜伐其巧，恃山林之便以敖人而取死。因以戒不疑，無以色驕人，不疑受訓歸而師有道之士，鋤去驕矜之色，而任朴素，故國人稱其賢也。

〔一〕在義實爲兩得也：朱本、李本並作「義實兩得也」。
〔二〕素朴：四庫本作「樸素」。

碧虛注：恂懼幽潛者免禍，縱慢躑躅者罹災，故狙恃獨巧不能逃衆箭也。山林異類以無識而敖人，猶不免速死，況人爲物靈，有知有識，而欲敖忽同類之尊者乎！不疑歸而鋤其驕色，國人稱之，易悟也夫！

《鬳齋口義》：敏給，言射去速，而狙能搏接其矢亦甚速。相者，左右之人。齊射之，狙雖巧捷，力不能敵，見執而死矣。此爲矜能掇禍者之戒。

狙之與人，異類也，得深山茂林而王〔一〕長其間，唯人聲之惡聞，況見其身乎〔二〕！然則睹吴王而攫搔見巧，是其速死之徵，故不免乎射！而猶能搏接捷矢，可謂敏給也已。王怪其過巧，遂命左右趨射之，則莫非彀中〔三〕，能〔四〕無中乎！其執樹而死也，亦宜。王於此悟〔五〕夫傲物之速禍，出群之招患也，因戒其友〔六〕無以色驕人。不疑歸

〔一〕王：朱本、李本並作「生」，訛。
〔二〕乎：朱本、李本並作「耶」。
〔三〕「遂命」至「彀中」：此十二字朱本、李本並作「趨射之則左右莫非彀中」。
〔四〕能：朱本、李本並作「寧」。
〔五〕悟：朱本、李本並作「悞」，訛。
〔六〕友：朱本、李本此字下並有「顔不疑」三字。

而鋤色〔一〕辭顯，非勇於進善疇克爾耶〔二〕？猶閱三年而後國人稱之，蓋爲善〔三〕在乎不倦，千日而後成功。若爲惡，則不崇朝而殺身〔四〕有餘地矣，可不戒哉！

南伯子綦隱几而坐，仰天而噓。顔成子入見曰：「夫子，物之尤也。形固可使若槁骸，心固可使若死灰乎？」曰：「吾嘗居山穴之中矣。當是時也，田禾一睹我，而齊國之衆三賀之。我必先之，彼故知之；我必賣之，彼故鬻之。若我不有之，彼惡得而知之？若我不賣之，彼惡得而鬻之？嗟乎！我悲人之自喪者，吾又悲夫悲人者，吾又〔五〕悲夫悲人之悲者，其後而日遠矣。」

郭注：齊國三賀，以得見子綦爲榮。子綦知爲之不足以救彼，適足以喪我，故以不悲悲之，則其悲稍去。泊然其心，枯槁其形，所以爲日遠矣。

呂注：田禾一睹，齊國三賀，爲我先而賣之，彼故知而鬻之，心未盡於内而有迹於

〔一〕色：朱本、李本此字下並有「去樂」二字。
〔二〕耶：朱本、李本、四庫本並作「邪」，通。
〔三〕爲善：朱本、李本並作「修爲」。
〔四〕身：李本作「自」，訛。
〔五〕又：此字四庫本無，脱。

外，故爲人所知也。夫天道未始有物也，有介然之知存於心，則爲自喪，喪謂失其本心。子綦以人之自喪者在此而悲之，欲其復也。然知其喪而悲之，猶爲喪而未復，吾又悲夫悲人之悲，則其爲喪與夫悲之者，皆莫知其所矣。此所以日遠而不爲物所累，則形其有不槁，心其有不灰者乎！

疑獨注：物之尤，謂有過人之才，而能忘其身心若是。子綦猶以爲未也。吾嘗居山中，國君一睹而國人三賀，我何以得此於人？我若不以聲名先之，彼何得知而鬻之？凡哀莫大於心死，人皆喪其良心，故我悲之。我悲之又可悲矣。以此遣累，猶爲未至。吾又悲夫悲人之悲者，則遣之又遣，而世累日遠矣。

碧虚注：列子居鄭圃而陸沉，適齊國而受饋。蓋宿名者如日蔽雲中，其光必發，是以鬻賣名德生乎巢、許之間，故後世山林養浩者，有借巖居之高爲仕路之捷，遂無真隱矣。悲人之自喪，傷彼鬻名也。悲夫悲人者，知非在己也。悲夫悲人之悲者，悟有心之謬也。然後理事日遠，而大同乎溟涬矣。

《鬳齋口義》曰：先曰賣，言我有迹可見，故彼得而知，此所以爲自喪。悲人之自喪而不覺其悲，又可悲也。山穴之中，舊所居地，言我當時唯以悲人之悲自覺，所以道日高遠，遂至今日，形槁心灰也。

此即《齊物論》首南郭子綦，故顔成入見問端亦同。隱几，静極之際。仰天而嘘〔一〕，則其機已動，故乘而問之。尤，謂物之最靈。今乃灰槁〔二〕若此，子綦引〔三〕往事以對。我有田禾，齊君，聞子綦之賢，入山一顧，而齊國三賀，其得賢共理可以致〔四〕治也。我則〔五〕彼知，我賣故彼鬻，言不能自晦而招來聲名。名至則身累，責重者患生，非自喪而何？是爲可悲也。吾悲自喪者，迹近而易見。吾又悲夫悲人者，則漸深而歸於自悲。又悲夫悲人之悲者，則付之無可奈何，以不悲悲之而聽天籟之自鳴自已，然後世間之憂累日遠，故能形槁心灰若此也。信知懷才而隱，古今所難，唯龍〔六〕脱世網，鴻冥高雲〔七〕者，斯可以始終之耳。

〔一〕嘘：朱本、李本並作「吁」。

〔二〕槁：朱本作「稿」，通。本段下同。

〔三〕引：朱本、李本並作「因」。

〔四〕致：此字朱本、李本並無。

〔五〕則：四庫本作「見」，訛。

〔六〕龍：朱本、李本並作「能」，訛。

〔七〕雲：朱本、李本並作「舉」。

南華真經義海纂微卷之七十九

武林道士褚伯秀學

徐無鬼第五

仲尼之楚，楚王觴之。孫叔敖執爵而立，市南宜僚受酒而祭，曰：「古之人乎，於此言已！」曰：「丘也聞不言之言矣，未之嘗言，於此乎言之。市南宜僚弄丸而兩家之難解，孫叔敖甘寢秉羽而郢人投兵。丘願有喙三尺！」彼之謂不道之道，此之謂不言之辯。故德總乎道之所一，而言休乎知之所不知，至矣。道之所一者，德不能同也。知之所不能知者，辯不能舉也。名若儒、墨而凶矣。故海不辭東流，大之至也。聖人并包天地，澤及天下，而不知其誰氏。是故生無爵，死無謚，實不聚，名不立，此之謂大人。狗不以善吠爲良，人不以善言爲賢，而況爲大乎！夫爲大不足以爲大，而況爲德乎！夫大備矣莫若天地，然奚求焉而大備矣？知大備者，無求，無失，無棄，不以物易己也。反己而不窮，循古而不摩，大人之誠。

郭注：聖人無言，所言者百姓之言，故曰「不言之言」。苟以言爲不言，則雖言出於口，固爲未之嘗〔一〕言。今將於此言於無言，宜僚、叔敖息訟以默，澹泊自若，而兵難自解。苟所言非己，則雖終身言，固爲未嘗言耳。是以有喙三尺，未足稱長，凡人閉口，未是不言。彼謂二子，此謂仲尼。道之所容，雖無方，大歸莫過於自得，故一也。言止其分，非至而何？各自得耳，非相同也，而道一也。知非其分，故辯不能舉。儒、墨欲同所不能同，舉所不能舉，故凶也。海受物無所辭，故成其大。聖人汎然都任，有而無之。謚所以名功，功不在己，雖謚而非己有。令物各足，故實不聚。功非己爲，故名不立。若爲而有之，則小矣。賢出於性，非言所爲。夫大愈不可爲而得，唯自然乃得耳。天地大備，非求之也。知其自備者，不舍己而求物，故無求無失無棄也。反守我理而自通，順常性而自至。非摩拭也。不爲而自得，故曰誠。

呂注：三人不同時，亦是寓言。所謂不言之言，非無喙也。誠如二子所爲，則雖有喙三尺，猶爲不言。彼二子所爲，是謂不道之道。此仲尼之不言，是謂不言之辯，世豈知之哉！德所不能同，辯所不能舉者，固無名也。止乎無名，則吉祥之所止，否則名雖若

〔一〕嘗：此字四庫本無，脱。

儒、墨，不免妄作，凶矣。道之在天下，猶百川之於海，受之而不辭。聖人并包澤物亦如之。不知誰氏，無爵無謚，此聖人無名，所以爲大也。夫以善言爲賢且不可，而況爲大，豈在於言乎！則知之所不能知者，辯固不能舉，而有不言之辯也。聖人不爲大，爲則不足以爲大，而況爲德乎！道之所一，德不能同，而有不道之道也。天下所以大備者，固〔一〕無求而大備也。人亦莫不有所謂大備者，誠而已矣。誠則無求，無求故無失無棄，以其足於己，不以物易之也。大人者，知在我之萬物無不備，故反之而不窮；長於上古而不弊，故循之而不靡。誠者不勉而中，不思而得，不爲而成者也。

疑獨注：古者飲食必祭，示有所尊。叔敖、宜僚侍宴之次，受酒而祭，欲仲尼有言以教之，故曰：古人皆於此會同之時而有言已。仲尼嘗欲無言，故曰：「聞不言之言矣。」未之嘗言，於此乎言之，蓋欲知其言出於不言也。楚白公勝欲作亂，殺令尹子西，二人皆遣使召宜僚，宜僚正弄丸而戲，不顧二使者，二人皆不得宜僚，各解兵而歸。叔敖閑燕高枕，執羽扇而自得，使敵國不敢侵〔二〕，折衝千里之外。仲尼引此二人無爲而息難，以證

〔一〕固：四庫本此字下有「以」字。

〔二〕侵：四庫本作「侮」。

不言之意。此言出於不言，雖有喙三尺，亦不害於不言也。彼無言無爲，是謂不道之道，常道也。此言出於不言，是謂不辯之辯，大辯也。合衆德而歸乎道，道能同之，德不能同也。知之所不能知者，則默能舉之，辯不能舉也。以德相勝，以言相高，名同儒、墨者，不能慎密以固其命，凶斯及之。海之所以爲大，以其無所不納；聖人所以爲聖，以其并包天地而不知誰氏，莫之爵而常自然。謚因功立，功成弗居，則無謚矣。生無爵，故實不聚。死無謚，故名不立。此之謂大人。狗善守者不嫌於不吠，士善行者不嫌於不言。夫言不足以爲大，而況爲德！此孔子欲無言之意。備者，足於用，求則不足也。天地無心於萬物，萬物自盈天地間，此所以爲大備；有求而備，備之小者也。欲知大備，須知無求，無求則無失，無失則無棄，然後不以物易己也。能反己，則能循古，不越乎誠而已矣。

碧虚注：弄丸者，轉丸於掌以爲戲。適《鬼谷子》有「轉丸法猛獸」之語，謂聖知無窮，若轉丸之無止，類獸威之無盡也。故宜僚視天下事若轉丸於掌中，甘寢高卧，秉羽扇而指揮。若二子者，豈事於言乎？默而識之，喙長何害？言出患生，三緘奚益？故有不道之道，不言之辯。道之所一，即不道之道。知所不知，即不言之辯。故雖善辯若儒、墨，亦所以召禍耳。海以容納故淵廣，聖人并包故無名。生不顯德，死無留稱，以實不聚故名不立，此之謂大人。才全，不器也。人貴造道，不在能言。容物曰大，廣濟曰德。存大者當謙損，有德者當支離。猶覆載無心，橐籥萬類，生之育之，動植以成，唯其無私無求，故大備。藏金於山而不采，沉珠於淵而不泳〔一〕，任民復朴而不棄，不爲物所遷也。歸根而無極，循古而不泯，大人之誠合乎天地也。

虜齋云：弄丸，戲事。秉羽扇而甘寢，無作爲之意。夫子謂二人皆能無爲之爲，何待我說？願有喙三尺，言我無如此長喙也。道之所一，即自然。德者，得於己。出於人爲，不能同自然之道，此德與本經他處德字又不同。名若儒墨，便非不言之辯。不知誰氏，無得而名。實不聚，言有善不歸之身。賢者不以多言爲能，況大人乎！有大之名，不足以爲大，況自然之德，又何名乎！大備，大成也。唯其無求，所以無失無棄。不以物易己，則己貴於物，在反求而已。循古道而行，無所容力也。

弄丸於掌，轉運無窮，應用之機在乎方〔二〕寸，以喻世事萬變莫匪由人，達士觀之

〔一〕泳：四庫本作「取」。
〔二〕方：朱本、李本並作「而」，訛。

等如遊戲。熊〔一〕宜僚，楚之知〔二〕勇士也。司馬子綦謂若得之，可〔三〕敵五百人，則其才可知。隱居市南，適意于此，視天下事無足爲者矣。彼白公勝〔四〕將謀不軌，而覬其相成之，何不知己之甚，宜其〔五〕弄丸而弗顧也。此雖戲事，而能使〔六〕白公作亂不成，子西免禍，是兩〔七〕家難解也。孫叔敖三仕三已，而無喜愠〔八〕，則其量未易測也。酣寢閒暇〔九〕，秉羽〔一〇〕扇而清談，皆能使敵國投兵而退，兵〔十一〕法所謂不戰而屈人者也。是爲不道之道，不言之辯，有口難以形容。夫子願有喙三尺，方可議論此事，非實有三

〔一〕熊：朱本、李本並作「然」，訛。
〔二〕知：朱本、李本並作「智」，通。
〔三〕可：朱本、李本此字下並有「以」字。
〔四〕勝：此字朱本、李本並無。
〔五〕其：此字朱本、李本並無。
〔六〕使：朱本、李本並作「阻」。
〔七〕兩：朱本、李本並作「二」。
〔八〕愠：朱本、李本並作「慢」，訛。
〔九〕閒暇：朱本、李本並作「問晦」，訛。
〔一〇〕羽：朱本、李本並作「孫」，訛。
〔十一〕兵：此字朱本、李本並無，脱。

尺喙也。道之所一，乃萬物之祖，德自歸之。知所不知，乃道之真，非言可載，故德不能同，辯不能舉也。儒墨雖以善〔一〕辯著名，至是亦無所施其辯矣。聖人海量，并包天地〔二〕，澤及天下而不有其功，故爵謚不立，名實俱忘，是以能如天地之大備，而不在乎有言有爲也。大備，故於物無求，無求故於道無失，無失故於人無棄。能居今而常循古，通物而不失己，蓋本乎誠而已。誠則實行之著見，物焉有不化者哉！「夫大備矣」多矣字〔三〕，「無求」下〔四〕當疊「無求」字，屬之下文。不摩，一作「不磨」，爲當。

子綦有八子，陳諸前，召九方歅曰：「爲我相吾子，孰爲祥。」九方歅曰：「梱也爲祥。」子綦瞿然喜曰：「奚若？」曰：「梱也將與國君同食以終其身。」子綦索然出涕曰：「吾子何爲以至於是極也！」九方歅曰：「夫與國君同食，澤及三族，而況於父母乎！今夫子聞之而泣，是禦福也。子則祥矣，父則不祥。」子綦曰：「歅，汝何足以識之！而梱祥邪，盡於酒肉。

〔一〕善：朱本、李本並作「言」。

〔二〕天地：原缺，據朱本、李本補入。

〔三〕夫大備矣多矣字：此七字朱本、李本並無。

〔四〕下：朱本、李本並作「不」，訛。

入於鼻口矣，而何足以知其所自來？吾未嘗爲牧而羊生於奧，未嘗好田而鶉生於宎，若勿怪，何邪？吾所與吾子遊者，遊於天地。吾與之邀樂於天，吾與之邀食於地；吾不與之爲事，不與之爲謀，不與之爲怪；吾與之乘天地之誠而不以物與之相攖，吾與之委蛇而不與之爲事所宜。今也然有世俗之償焉！凡有怪徵者，必有怪行，殆乎，非我與吾子之罪，幾天與之也！吾是以泣之。」無幾何而使梱之於燕，盜得之於道，全而鬻之則難，不若刖之則易，於是乎刖而鬻之於齊，適當渠公之街，然身食肉而終。

郭注：夫所以怪，出於不意故也。吾所遊者，不有所爲，隨所遇於天地耳。循常任性，脱然自爾，斯不爲也。順而無擇，有功於物，物乃報之。吾不爲功而償之，何也？無怪行而有怪徵，故知其天命也。爲而然者，勿爲則已。不爲而自至，則無可奈何，故泣之。後使梱於燕，爲盜所得，全恐其逃，刖之則易售也。

吕注：言此者明九方以相知之，不若子綦以道揆之。子綦與其子遊於天地者，皆至人衞生之經。而有怪徵焉，知其天與，非有以取之也。

疑獨注：室西南隅曰奧，未地，屬羊。東南隅曰宎，辰地，屬鶉。羊因牧而有，鶉因田而獲，人事也。羊生於未，鶉生於辰，天理也。未嘗爲此人事，何爲有酒肉之怪？此言陰陽性命之理，非人所能避也。吾與梱遊於天地，遇於天者不辭而樂之，遇於地者不辭而食之。不與爲事，與之爲道也。不與爲謀，與之爲理也。不與爲怪，與之爲常也。故能乘天地之誠，而不與物攖。世俗與宜者，吾未嘗爲也。今乃有與國君同食之徵，是世俗之所願者，償其形耳。夫有不常之徵者，必有不常之行。我與吾子皆無之而有此徵者，天與之也。凡事之至於極者，聖人皆歸之於天。天所以出命者，則安而已矣。渠公，富商之家。

碧虚注：至於是極，遇福而懼。父則不祥，言其拒福。酒食入鼻口，言外養之厚。不知所自來，言無功受禄，猶未嘗牧田，羊鶉忽生於室，爲可怪也。遊於天地，合乎自然。邀樂於天，樂其俗。邀食於地，甘其食。不爲則守中，不謀則率性，不怪則守常，乘天地之誠，體道也。不與物相攖，順理也。不與爲事宜，無擇也。真功無迹，而世事有償。怪行既無，則幾於天與，雖定分莫逃而不無憂懼，是以泣也。九方歅以術自信，而子綦以道獨明。是故修爲而不免患，皆命也夫！

吴儔注：九方歅術窮於有數，知盡於有限，故其相梱也，知與國君同食以終身之爲祥，而不知遭刖以傷生，不祥莫大焉。然則子綦之出涕，徵也夫！

《鬳齋口義》：未嘗牧，未嘗田，而羊䍧生於室，異事也，喻我與〔一〕吾子無求於世，安得有與國君同食之事？吾順天自樂，適地自養，無事無謀，不與爲異，而一循乎自然。不敢應乎事，惡知宜不宜？我方樂於無爲，而彼所云若此，是有此世俗之債未償，誠怪徵也。吾子不應得之，將來必有怪行。渠公之街，臨街之門，爲閽者也。

九方歅以術而知人，子綦以理而占事。術相者知食肉之祥而遺其刖，理占者懼分外之福而安於常，然則關乎定命，人力莫移，安知術之不通乎理，理之不包乎術？又何祥不祥之辯，請觀夫塞翁之馬，蕉中之鹿，其得失果何如哉？知命者，聽之而已。今子綦以〔二〕未嘗牧田而羊䍧忽生，莫知其所自來，亦惡得不怪！且我與吾子樂天之道，食地之利，不從事乎〔三〕詭異之謀，而與之乘天地之正，故於〔四〕物無攖，於事忘〔五〕

〔一〕與：四庫本作「以」，訛。
〔二〕以：此字朱本、李本並無。
〔三〕乎：此字朱本、李本並無。
〔四〕於：四庫本作「與」。
〔五〕忘：朱本、李本並作「無」。

適，一任乎自然之道，而乃謂將與國君同食，此世俗之願，非吾望〔一〕也。無怪行而有此怪徵，幾天與之。既知其天與，又何以泣爲？蓋至人燭理之微，慮事之變，知福〔二〕之盛必出於禍之極，未有無因而至者，是以不免乎泣也。「無幾何」而下，具述禍福倚伏之機。相者謂與國君同食，後乃食於渠公之街。《音義》注：「渠公，齊之富室，爲街正。」以此與遺〔三〕刖而論，則相術未爲全驗，不若理占之近道而無所希倖也。

〔一〕望：朱本、李本並作「志」。
〔二〕福：四庫本作「禍」，訛。
〔三〕遺：此字朱本、李本並無，脱。

南華真經義海纂微卷之八十

武林道士褚伯秀學

徐無鬼第六

齧缺遇許由，曰：「子將奚之？」曰：「將逃堯。」曰：「奚謂邪？」曰：「夫堯畜畜然仁，吾恐其爲天下笑。後世其人與人相食與！夫民不難聚也，愛之則親，利之則至，譽之則勸，致其所惡則散。愛利出乎仁義，捐仁義者寡，利仁義者衆。夫仁義之行，唯且無誠，且假夫禽貪者器。是以一人之斷制利天下，譬〔一〕猶一覕也。夫堯知賢人之利天下，而不知其賊天下也。唯外乎賢者知之。」有暖姝者，有濡需者，有卷婁者。所謂暖姝者，學一先生之言，則暖暖姝姝而私自悅也，自以爲足矣，而未知未始有物也，是謂暖姝者也。濡需者，豕蝨是也，擇疏鬣，自以爲廣宮大囿，奎蹄曲隈，乳間股脚，自以爲安室利處，不

〔一〕譬：四庫本此字下有「之」字。

知屠者之一旦鼓臂布草操煙火，而己與豖俱焦也。此以域進，此以域退，此其所謂濡需者也。卷婁者，舜也。羊肉不慕蟻，蟻慕羊肉，羊肉羶也。舜有羶行，百姓悦之，故三徙成都，至鄧之墟而十有萬家。堯聞舜之賢，舉之童土之地，曰冀得其來之澤。舜舉乎童土之地，年齒長矣，聰明衰矣，而不得休歸，所謂卷婁者也。是以神人惡衆至，衆至則不比，不比則不利也。故無所甚親，無所甚疏，抱德煬和以順天下，此謂真人。於蟻棄知，於魚得計，於羊棄意。以目視目，以耳聽耳，以心復心。若然者，其平也繩，其變也循。

郭注：仁者，爭尚之原。仁義既行，將僞以爲之，其跡可見，則夫貪者將假斯器以獲其志。若仁義各出其情，則其斷制不止乎一人。觋，割也。萬物萬形，而以一劑割之，則傷也。唯外賢則不僞矣。意盡形教，豈知我之獨化於玄冥之境哉！非夫通變邈世之才，而偷安一時之利者，皆豖蝨也。聖人之形不異凡人，故耳目之用衰，而精神常全。若少而未成，及長而衰，則聖人之聖知〔一〕不崇朝，可乎？衆自至耳，非好而致之，明舜之所以有天下，蓋出於不得已，豈比而利之！於民則蒙澤，於舜則形勞。蟻魚羊三者，未能無其耳目心意，故未能去繩而自平，絶迹而玄會也。

〔一〕知：四庫本作「曾」。

呂注：舜、禹之事，吾知之矣，則是假夫禽貪者器也。謂之仁義，不免於有知，有知則隔於形器，非天下所同是。以一人之斷制利天下，猶一覕而已，非輔物之自然，曲成而不遺者也。所謂大亂之本必生於堯、舜之間，而其末存乎千世之後是已。以暖爲是，不知天下有至足；以姝爲是，不知天下有至美。故學一先生之言，自以爲足而不知未始有物者名之也。濡則不去，需則有待，安於卑污而不知禍，故以豕蝨名之。收卷婁攬，不藏其羶，使天下慕而歸己，故以舜名之。由夫學一先生之言，而不知未始有物，故爲利則濡需，爲害則卷婁。以舜之迹言之，天下於我何加？適足勞形而已。故以卷婁言之，衆至而歸之，雖如堯舜，乃神人之所惡，故不與之比，則彼不利而至矣。此真人之所以無甚親疎，抱德煬和，以順天下而已。天下悦而歸之，舜亦悦而順之，舜視天下猶弊〔一〕屣，而其所以爲舜者，視舜猶塵垢粃糠耳，非神與真而何！蟻以知而多事，魚以深而全生，羊以意而多狠。以目視目，則見見者得矣；以耳聽耳，則聞聞者得矣；以心復心，則知知者得矣。去知與意，則藏身於深渺之間，而得所謂見見聞聞知知者，則無所往而不平，輔物自然而無爲矣。此所以復其真之道也。

〔一〕弊：四庫本作「敝」，通。

疑獨注：法始於伏羲，而治成於堯。堯者，仁人之迹所由起也。愛以親之，則民聚。利以和之，則民至。譽以崇之，則民勸。致其所不欲，則民散。於是世之棄仁義者少，利仁義者衆，以其殉名逐跡，離性入僞。欲行仁義而不出於誠，世之貪如禽獸者，將假斯器以爲穿窬之資。舉世皆竊仁義之名，以爲盜於天下，後必有人與人相食者矣。且以一人標仁義之權，斷制以利天下，猶暫視而欲周乎〔一〕四海，本欲利之而不知其害天下也〔二〕。賢人，有仁義之名者。唯外乎賢者知之，與《老子》不尚賢義同。暖，自温。姝，自美。濡者，潤。需者，待。卷，自屈。婁，自斂。此製名以鄙當時之俗夫學一先生之言者，泥迹而昧聖道，以温暖姝美自悦，未知夫道在無物之初也。奎形象蹄，身之曲處。乳間股脚，温煖之所。蝨賴豕存，濡潤需待以爲安利，而不知屠者一至，與豕俱焦，喻世人未能出乎境域而有所待者，皆不免禍患，故曰域進域退。自非邈世之才而偷安一時之利，皆濡需者也。夫舜受命於天，其真在内而不發，緒餘土苴則爲百姓之所悦慕，三徙以避堯之子，而民自從之。童土，無草木之地。舜勞苦於天下，不得休息，此所謂卷婁者也。是

〔一〕乎：原作「平」，據四庫本改。
〔二〕也：此字四庫本無。

三者皆非道之真，故神人惡衆至，雖至亦不私比之。無親無疏，抱德煬和以順天下，此所謂真也。蟻之知小，魚之計深，羊之意狠，聖人去其小知，得其深計，棄其狠意。目視目，欲其自見。耳聽耳，欲其自聞。心復心，欲其自知。若此，則其平也繩，其變也循。循，言其猶未能絶迹而獨立也。

碧虚注：暖柔姝好，自悦也。濡，潤；需，須，偷安也。卷婁，牽拘不伸貌。喻曲士膚淺偏執，自足而不知大方之家以窮理盡性爲未始有物也。苟尸素而濡潤曰域進，不需須而禍及曰域退。惡來順紂而同誅，亦何異於豕蝨？聖人芻狗萬物，無寄託之近迹，民之歸也，如蟻慕羶，故其所至，一年而成市，二年而成邑，三年而成都。鄧墟，邑名。童土，無草木。堯舉舜自代，冀天下蒙澤。舜功成年〔一〕老而不得〔二〕休閑，仁義之羶所致也。功成則衆至而親譽之，親譽久則不比，至於畏之侮之，則不利矣。唯能無所親疏而外乎賢者，則民不歸慕，於蟻棄知也。相忘江湖，於魚得計也。恬淡無爲，悗然德化，民知有君而無慕羶之聚，於羊棄意也。收視反聽，灰滅其心，率意而平，自中繩墨，應物趨變，無

〔一〕年：四庫本作「則」。
〔二〕得：此字四庫本無。

不循理也。

《鬳齋口義》：暖姝，淺見自喜，以譏學者不知未始有物之妙。濡滯而有所待，貪著名利之人。奎蹄、曲隈，群蝨居之，自以爲安，不知其不足恃也。域，喻囿心於富貴。卷婁，傴僂自苦貌。言脩德之人自以[一]爲名，人皆歸之，反以爲苦，終身不得休息，借此以諷有爲之君。抱德煬和，養其德而不露。蟻至微而未能盡無知，羊至愚而未能盡無意，真人則無知無意矣。魚之在水自得，真人爲計亦然。水喻造物，魚喻其身，真人之心耳目皆與人同，但無心而用之，故目視目，耳聽耳，心復心也。繩則自然之平，變則循之，順其動也。

齧缺、許由皆能貴其真以治身，而無以天下爲者也。觀其所論，亦非拙於治，庖者顧樽俎之[二]不可越，遊方内外，有勞逸[三]之分耳。夫仁義，五常之首[四]，不可輕訾；但後世行之不至者，往往認跡爲履，愈失其真。既離性而任情，則仁義不出於安行，利

〔一〕以：此字四庫本無，下句「皆」字下有「以」字，倒。
〔二〕樽俎之：樽，朱本作「尊」，通。之，朱本此字下有「間」字。
〔三〕逸：朱本此字下有「有迹無迹」四字。
〔四〕五常之首：朱本作「五帝之道」。

心存于中，不免繼以僞，似之而非，是誠足以害道。故老、莊氏還淳復本之學，皆辭而闢之。若夫至仁大義，涵天育物〔一〕，配道德以立人極者，又何闢之有！仁義至於堯已爲澆薄，許由恐其爲天下笑，蓋察影而知形〔二〕，所以欲逃去之而免乎後患也。凡治天下，當無爲而自化，儻〔三〕孜孜焉欲有以愛利〔四〕之，力有不及，不免繼之以僞，僞出而患害横生矣。爲人上者，信能以百姓之心爲心，雖不行仁義而與之暗合。不然，則譬夫禽貪之人而假之矰弋網羅之器，其害物也滋〔五〕甚，是以一人之斷制欲以利天下，猶於瞥見之頃求盡天下萬物之情，徒知尚賢之爲利，不知其爲後世害也。唯外乎賢者知之，必超出一頭地，然後能識破也。後叙〔六〕煖姝、卷婁、濡需，以證前義，條衍頗詳，諸解備悉〔七〕。神人惡衆至，連下二句，言民之歸堯，堯之舉舜而衆心悦服，皆理之自

〔一〕物：朱本作「地」。
〔二〕察影而知形：朱本作「察形而知影」。
〔三〕儻：朱本作「倘」，通。
〔四〕有以愛利：有，此字朱本無，脱。利，朱本作「惡」，訛。
〔五〕也滋：此二字朱本作「之」字，訛。
〔六〕叙：朱本作「序」。
〔七〕備悉：朱本作「亦備」。

然，非比而利〔一〕之。故無親無疎而以德順天下，此真人以其緒餘應世之驗也。蟻、魚、羊三語，爲〔二〕舜有羶行而發，立言甚奇。當先蟻次羊，後結以魚。不爲羶之所化，蟻棄知也。不著羶行以動人，羊棄意也。如〔三〕是，則上下各安其分，無慕聖尚賢之迹，猶魚不厭深〔四〕而相忘於江湖，豈非得計哉！夫然後以目視目而〔五〕不眩於色，以耳聽耳而不惑於聲，以心復心而不役於知，則天下之目可一，耳可同，心可盡矣。故其平如繩，爲天下法；其應事變，一循理之自然，無利物之私，無忤物之患，何憂乎天下之不自化而有心爲治以治之耶！衆人以名利爲域〔六〕，衆蝨以豕身爲域。進退，猶成敗也。

〔一〕利：四庫本作「歸」。
〔二〕爲：朱本作「皆以喻」。
〔三〕如：朱本作「知」，訛。
〔四〕深：朱本作「水」。
〔五〕而：此字朱本無，脱。
〔六〕域：朱本作「役」，下句同。

南華真經義海纂微卷之八十一

武林道士褚伯秀學

徐無鬼第七

古之真人，以天待之，不以人入天。古之真人，得之也生，失之也死；得之也死，失之也生。藥也，其實堇也，桔梗也，雞壅〔一〕也，豕零也，是時爲帝者也，何可勝言！句踐也以甲楯三千棲於會稽，唯種也能知亡之所以存，唯種也不知其身之所以愁。故曰：鴟目有所適，鶴脛有所節，解之也悲。故曰：風之過河也有損焉，日之過河也有損焉。請只風與日相與守河，而河以爲未始其攖也，恃源而往者也。故水之守土也審，影之守人也審，物之守物也審。故目之於明也殆，耳之於聰也殆，心之於殉也殆。凡能其於府也殆，殆之成也不給改。禍之長也兹萃，其反也緣功，其果也待久。而人以爲己寶，不亦悲乎！故有亡國戮

〔一〕壅：四庫本作「癰」。本篇下同。

民無已，不知問是也。

郭注：居〔一〕事而待事，事斯得；以有事求無事，事愈荒。死生得失，各隨其所居耳。於生爲得，於死或以爲失，故當所需則無賤，非其時則無貴。各適一時之用，不能靡所不可，則有時而失，有時而悲矣。夫有形者，自然相與爲累。唯外乎形者，磨之而不磷，猶風日過河，實已損而不自〔二〕覺，恃源以往也。無意則止乎分，所以爲審；有意則無涯，故殆。所以貴其無能，任其天然。苟不能忘知，禍長多端。反守其性，則其功不爲而成矣。欲速則不果。己寶，謂知能。故亡戮之禍，皆有其身之過。不知問禍之由乎有心，而脩心以救禍也。

呂注：以天待之，則無爲而應感；不以人入天，雖爲而未嘗爲。真人不知有死生，有時曰得之也生，失之也死，萬物不得無以生是也，此爲輕生者而言。有時曰得之也死，失之也生，以生爲喪，以死爲反是也，此爲惡死者而言。猶藥之或甘或毒，時爲帝而不常，其餘臣佐而已。以生爲得，死爲失，則輕生者之藥也；以生爲喪，死爲反，則惡死者之藥

〔一〕居：四庫本此字下有「而」字。

〔二〕不自：四庫本作「百不」，訛。

也。視彼病而投之，其變何可勝言！大夫種知亡越之可以存，而不知身之所以愁，猶鴟目能夜不能晝，所適不可移；鶴脛能長不能短，有節不可解，解之也，係於有形，而不知其源也。風日之過河非不損，而河以爲未始攖，恃源而不竭也。通道者，與物無不適，亦有源而已。水之於土，蟲穴蟻隙無不至；影之於人，坐起行止無不從，則無情而守之審者。耳之於聽，目之於視，心之於思，未嘗須臾不在，則物守物而審者。其聰明心志，非若水與影之無情，故不能不殆。凡能其於府也〔一〕殆，府五藏，殆謂安其所不安，不給改則禍滋萃。夫惟迷非一日，故其反也緣功，其果也待久。上士所以損之又損者，以殆之不可成也。而世人以爲己寶，不亦悲乎！

疑獨注：以天待人，誠而明也；以人入天，明而誠也。無得失，無生死，此所以謂之玄。堇，烏喙。雞壅，芡也。皆藥之至賤者，時能療病，遞爲君臣。得失窮通，無異於此。世人妄計，賤彼貴我，豈知用舍在時而已？昔越王句踐棲兵會稽，大夫種能知亡之可再存而不知身之將死，猶鴟目晝暗而夜明，鶴脛能長不能短，各適一時之利。解去其適，則悲有所徇者，不免乎一偏也。夫陰陽有氣，萬物有形，氣妙而形粗，氣摩其形，形必有損。

〔一〕也：四庫本此處無「也」字，下「殆」字下有「也」字，訛。

風、日，陰陽之氣；河水，有形者也。風、日過河，河水必損而不自覺，雖相與守之，而河無所攖拂者，有源可恃也。喻人處陰陽之中，日有所損，恃有命存焉。水之於土，影之於形，物之於物，皆無心而守之，故其守也審。雖審而不逃造化之密移，昨日之物今已化矣，而昧者不知，故耳目心之於徇，皆不免於危殆也。凡能出於府藏，則爲所役，必至危殆既成，而欲速改，不暇給矣，是以禍生滋甚。若反本復性，則順而有功。欲其事果，其待必久。而世人乃以多能爲己寶，此至人之所悲。以至爭城爭地〔一〕而殺無辜之民，不知問禍起之由故也。

碧虚注：以天待人，任其自然，不以人入天，僞難契真也。得之生，失之死，與物同也。得之死，失之生，與物異也。萬物得時則榮，失時則悴。真人得時不榮，失時不悴，猶藥之堇、梗、雍、苓，雖賤物，而良醫主療時用之以爲君，喻真人御世，無時而不治也。種能存國不能活身，喻醫療他疾不能治己病。鴟目、鶴脛之有適不適，喻種之才知而終不免禍。風吹日曝，河水耗減，讒深佞入，忠臣失權，所恃重者，其攖拂亦不輕矣。水離土則散，影離人則滅，物去物則空，人失道則亡。唯善審者幾乎全。目徇，離朱；耳徇，

〔一〕爭地：此二字四庫本作「池」字。

師曠；心徇，曾、史，未有不危殆者！ 反覆緣於功過，善惡之果，目前未見耳。 世有恃功爲己寶，而禍不旋踵者，大夫種是也。

《鬳齋口義》：不以有心預自然之理，曰不以人入天。 生死得失，一聽自然；生而曰得亦可，死而曰得亦可；生而曰失亦可，死而曰失亦可。 如醫用藥，主者爲帝，其餘爲臣，藥雖同而用有輕重，猶人在世，得時則貴，失時則賤，在我者初無二也。 大夫種爲越報吴，能於亡中求存，可謂知矣，而不知反以殺身。 鴟目、鶴脛，又重引喻。 風、日皆能損水，而河未始攖者，其源長也。 故物雖損己而我無所攖拂。 此五句自是一意。 水土相人，形影相依，物之守物，自然之理耳。 目心之徇物，皆非自然。 凡知出於胸府，自以爲能，皆危殆也。 給，猶及。 反，訓覆。 因謀功之心，必致敗覆。 有待久之謀，其心固必而不化。 此皆爲身之害，而人人以此爲寶。 古今亡國戮民無已者，不知於此致問故也。

以天待人，其義灼然，謂以天理爲主，而人事應之。 人入天者，以人事爲主，而天理悖矣。 次「古之真人」四字，只應是故字，上文有此誤筆，重出。 言或得此道而生，失此道而死，理之常也；或得此道而死，失此道而生，又出於人事之變，如顔夭跖壽之類。譬藥中之烏喙〔一〕、豕零〔二〕，隨證〔三〕施用，主治則爲君，佐使則爲臣，適當其時，非有常也。種之工〔四〕於謀國，拙於全身，猶鴟目、鶴脛各有所適，强其所不能則悲矣。又喻風、日過河，不能無損，損而不覺，恃其有源，然則得失利害之攖心〔五〕，人能無損乎？欲補之者，道爲之源。凡事物之來，能不納於靈府，則吾源壯矣。事物之起伏，不啻蚉蝱之過前，又何所攖拂哉！水之守土，理相資而實無心。影之守形，則所自出而不能相無者。物之守物，各生其心，雖相守之審，而互生互剋，或然或流，有若《外物》篇所云者，則不能無殆矣。況以耳目心之所徇爲能，殆成而不給改，其禍長也固宜。夫欲反歸本源〔六〕，當致功於改過，待久而決成，世人乃以聰明心知爲己寶，此真

〔一〕喙：朱本作「啄」，訛。
〔二〕零：朱本作「苓」，通。
〔三〕證：朱本作「病」。
〔四〕工：朱本作「忠」，訛。
〔五〕心：朱本此字上有「人」字。
〔六〕反歸本源：朱本作「反元歸本」。

人之所憫也〔一〕。亡國戮民，禍之大者，其端實起於耳目心之所殉〔二〕，貴在謹遏其源耳！

故足之於地也踐，雖踐，恃其所不蹍，而後善博〔三〕也；人之知也少，雖少，恃其所不知，而後知天之所謂也。知大一，知大陰，知大目，知大均，知大方，知大信，知大定，至矣。大一通之，大陰解之，大目視之，大均緣之，大方體之，大信稽之，大定持之。盡有天，循有照，冥有樞，始有彼。則其解之也似不解之者，其知之也似不知之者，不知而後知之；其問之也，不可以有崖，而不可以無崖。頡滑有實，古今不代，而不可以虧，則可不謂有大揚搉乎！闔不亦問是已，奚惑然爲！以不惑解惑，復於不惑，是尚大不惑。

郭注：忘天地，遺萬物，然後蜩翼可得而知，況欲知天地之所謂，可不無其心哉！大一，即道也。用其分內，則萬事無滯。用萬物之自見，大目也。因其本性，令各自得，大均也。體之使各得本分，則萬方俱得，所以爲大方。命之所期，無令越逸，斯大信也。真不橈，則自定，持以大定，斯不持也。物未有無自然者，循之則明，無所作也。至理有

〔一〕也：此字朱本無。
〔二〕殉：朱本作「狥」，通。
〔三〕博：四庫本作「搏」，訛。

極，但當冥之，則得其樞要。始有之者彼也，故我述而不作。解任彼，則彼自解；解之無功，故似不解。用彼之知，故似不知。我不知則彼知自用，彼知自用，則天下莫不皆知。應物冥而無方，各以其分，萬物雖頡滑不同，而物物各自有實，不可相代。推而揚之，有大限也。若問其大榷，則物有至分，故忘己任物之理可得而知，奚爲而惑若此也？夫惑不〔一〕可解，故尚大不惑，愚之至也。聖人從而任之，所以皇王殊迹，隨世爲名也。

呂注：足所踐者少，恃其所不踐而後善博〔二〕，所謂知無用而後可以言用。人之知也少，恃其所不知而後知天之所謂，則大一、太〔三〕陰、以至大定，從可知矣。爲道者主之以大一，則無所不通。入窈冥之門，至至陰之原，則亦至於至陽之原矣。物負陰而抱陽，所以係而不能解，不知有至陰之原故也。目視有限，不視以目，則無不見。緣其一，未有能均，和以是非，任其兩行，緣以大均也。無南無北，無東無西，體以大方也。其精〔四〕甚真，其中有信，稽以大信也。澤焚不熱，河沍不寒，雷破山、風震海而不驚，持以大定也。

〔一〕不：四庫本此字上有「而」字。

〔二〕博：四庫本作「搏」，訛。

〔三〕太：四庫本作「大」。

〔四〕精：四庫本作「情」。

盡有天則止乎知之所不知，循有照則雖不知而無所不知，冥有樞則彼是莫得其偶，始有彼則所以應彼是者，固無窮也。其解似不解，言本無係，故不解而後解。其知似不知，以其本無知，故不知而後知。此至人所以遊乎世俗之間，若愚若拙也。問以有崖無崖，皆爲有係，崖謂自邊徼而求之，然亦不可求之於有無之間也。頡不可係，滑不可持，若無物而有實也。往古來今，若不相代，而不可虧也。能以是問之，可不謂有大揚榷乎？揚謂發其幽，榷謂劾其實。彼不問是，則我不能以是告之。唯能見其未始有物則不惑，以是解其有物之惑，而猶存未始有物者，亦惑而已。唯解之而復於不惑，庶幾大不惑也。

疑獨注：此言無用之爲有用，不知之爲能知也明矣。大一謂天，大陰謂地。大目者，天無不見。大均者，地無不載。大方，生萬物而悉備。大信，應萬物而不期。大定，鎮萬物而不動。夫知始於知，終於養〔一〕之以不知，而所知至於如此之妙，故曰至矣。一係乎數，貴乎通之。陰主乎凝，貴乎解之。大目無意於見物，物來而視之。大均無意於順物，物至而緣之。大方嫌於無體，故以易爲體。大信嫌於不考，故稽之以道，終之以造物，持之而已。天下萬物之理，各有一天。循理以觀之，則有光；自冥以觀之，則有樞。有始則有彼，

〔一〕養：四庫本作「義」，訛。

無始未有物，無彼亦無我也。解似不解，知似不知，凡論至其極者，皆疑之以不知而後知，斯至矣。問而有崖，切問也。問而無崖，泛問也。切問可窮理未可以盡性，泛問可博知未可以反約，故皆不可也。滑稽多不實，而或有實焉。古今相代，而理實無代，能盡其理，故曰不虧。如上所陳，可不謂大顯揚搉論乎？事不可則已，何惑而爲之！夫人之惑，已以不惑解之，彼雖〔一〕復於不惑，而解惑者尚大惑也。此莊子遺言之意。

碧虛注：地至廣大，人之所踐容足而已，恃其不踐之處而後行之無窮。道至微妙，人之所知可道而已，賴其忘言之趣而後悟之無盡，故至人以無用無言爲天之所謂也。大一，妙有，知之者廓然通達。大陰，玄寂，知之者惋然蜕解〔二〕。大目，天光，昭然徹視。大均，平一，靡然緣順。大方，渾然，無不體用。大信，誠然，無不稽考。大定，至靜，默而持之，所以成上諸妙〔三〕用也。凡此七者〔四〕，皆有天然之理，順理則明，寂然自運，始即

〔一〕雖：此字四庫本無，脱。

〔二〕惋然蜕解：四庫本作「蜕然自解」。

〔三〕諸妙：四庫本作「妙諸」，倒。

〔四〕者：原作「日」，據四庫本改。

道，對道者皆彼也。蛻然自解，故似不解。自然而知，故似不知。知不知〔一〕而後知之，愈澄而愈照也。道不可以有崖求，又不可以無崖求，萬形參差，實理則一。頡滑，參差也。古今不二，生死自殊。理不可虧，生死自具，是有大發揚商榷存乎其中，何不問諸此道？知道則此理不惑矣。大惑終身不解，下愚上知莫移，猶鶴脛不可斷，鳧脛不可續也。禀生受氣，蓋有由然，唯識侔造化者默而知之，若假世學而欲復於不惑，是大惑之人，徒欽尚於大不惑也。

《鬳齋口義》：人之踐地少，所不踐者多，喻人所知無幾，其所不知者皆天也。不恃所知而恃所〔二〕不知，可以知天矣。大一，造化之運者。大陰，至靜也。大目，所見。大均，謂分劑。大方，與太虛同體。大信，真實之理。大定，總持萬物者也。無物之始，必有物以始之，《齊物論》云「非彼無我」，即此彼字，謂造化也。曰天曰照曰樞曰彼，雖可解之知之，亦似不解不知者，不敢以爲可知可解，是謂不知爲知，乃真知也。問者，問造物之理，以爲有崖無崖皆不可。頡滑，旋轉。言造物不可捉摸，若無物而實有。古今只此

〔一〕不知：此二字四庫本無，脱。
〔二〕所：四庫本此字上有「其」字。

造化，用之不窮，此事可不爲大發揚而權論之，世人乃不知問此理，又何疑乎以此不疑之理解天下之疑，復歸不疑之地，庶幾大不疑矣。只是不疑二字，鼓舞出此數句，結一篇之文〔一〕，可謂奇特。

足踐之地，不若所不踐之廣；心知之事，不若所不知之多。不恃〔二〕其所踐所知，而以無用爲用，然後可以知天矣。天道難諶〔三〕，不容擬議，故無所措知於其間。止乎其所不知，斯真知也。要在日損之功，人欲既盡，天理見矣。自大一、大陰至大信，皆因知天而後知，首以大一通之，道貫萬理，通生庶物，禀陽而結形，遇陰則解化，生於無而歸於無也。大目視物所不視，大均順物使自平，大方以無方爲體，大信稽之以不期。終以大定持之，所以應天下之動而已，常無爲也。盡有天則極物之自然，循有照則順理而〔四〕自明。冥中有樞，寂而常運，始由乎彼，和而不唱也。以不解解天下之紛，以

〔一〕文：四庫本作「大」，訛。
〔二〕恃：朱本作「知」，訛。
〔三〕諶：朱本作「湛」，訛。
〔四〕而：朱本作「之」，訛。

不知知天道之祕〔一〕，又何所施其頡問而考其有崖無崖哉！由是言之，雖若〔二〕頡頏滑稽，而有實理存焉，古今不易，各盡其分，可不謂有大揚榷乎？《漢書》：「揚榷古今。」揚，舉也；榷，引也。舉而引之，陳其趣也。世人胡不問是，而恃其妄知之博，昧夫自己之天，又安足以知乾元之所謂？此〔三〕蓋心天無照，有惑以障之。故以不惑解惑，復於不惑，是尚大不惑。惑者妄情之僞，不惑者本來之真。本來之真，我之自然者，猶知尊尚之，則非大不惑也。若真造不惑之地，有何不惑之可尚，亦何惑之可解哉？

有道之主，不以國位而驕人。有道之士，必以節義而匡君。武侯雖强悍難入，而無鬼説之有〔四〕道，首言良駿以啓其心，兼明君之於臣下可不具眼乎〔五〕！遂能始忤終合，徐救其虐民奉己之過，蓋人之良心善性無蔑盡之理，猶去國者見似人而喜也。及其再

〔一〕祕：朱本、四庫本並作「秘」，通。

〔二〕若：此字朱本無。

〔三〕此：朱本作「始」，訛。四庫本無此字。

〔四〕有：朱本、李本此字下並有「其」字。

〔五〕下可不具眼乎：朱本、李本並作「不可不具眼也」。

見，然後納忠逆耳，以警〔一〕其失。好和而惡姦，盡脩身之要。脩誠〔二〕應天地，盡爲國之道。得聞斯語，社稷之福也，何在乎爲義以宜民，偃兵而求治哉！黄帝見大隗而七聖皆迷，喻人之六識既〔三〕昏，則〔四〕心君不能獨朗，猶知問塗於牧馬童子，則不遠復。故至人取之，寓言明君欲見大道，當絶聖棄知，求諸守心之神而去其爲吾害者，則大隗不求而自至矣。豈若武侯者，苦〔五〕國民以養耳目，至於神者不自許，然後求夫爲義偃兵哉！唯其後世，君德不淳，所尚非一，遂有諸士趨向之不同，潛形性而之〔六〕萬物，無復〔七〕望其歸根，則與道日遠矣。若儒、墨、楊、秉、惠者，各執一偏，自以爲道盡於是。然其言論機鋒〔八〕所觸，亦有賴以發明道妙者，猶郢人聽斲，足以成匠石之巧也。又喻有隰朋之才，

〔一〕警：四庫本作「驚」，訛。
〔二〕誠：四庫本此字下有「而」字。
〔三〕既：朱本、李本並作「俱」。
〔四〕則：朱本、李本並作「而」。
〔五〕苦：朱本、李本並作「虐」。
〔六〕形性而之：形，朱本、李本並作「恒」。之，朱本、李本並作「逐」。
〔七〕復：此字四庫本無。
〔八〕機鋒：朱本、李本並作「意機」。

然後足以致〔一〕管仲之舉，終不以鮑叔私愛而易之也。狙以傲人而速斃，人以鋤〔二〕色而致稱，此所以警世俗之驕慢也。又豈若灰心槁形者之累日遠，弄丸秉羽者之〔三〕難可解乎！九方歅知梱祥而不言其刖，許由畏堯仁欲逃而去之，此皆睹微而知彰，外賢而廢〔四〕利者也。堇、梗、壅、零時爲帝，以喻人之移是〔五〕。風、日、河、水之相攖〔六〕，以喻化之移人。物之守物，固審矣，終不免於移，移則殆矣。唯知足恃不踐，心恃不知者，則盡己天以燭物之天，己不惑而解天下之惑矣〔七〕。

〔一〕致：朱本、李本並作「收」。

〔二〕鋤：原作「狙」，據四庫本改。朱本、李本並作「忘」。

〔三〕之：原缺，據朱本、李本補入。

〔四〕廢：原作「獲」，據朱本、李本改。

〔五〕是：朱本、李本並作「化」，訛。

〔六〕之相攖：之，此字朱本、李本並無。攖，朱本、李本並作「櫻」，訛。

〔七〕「則盡己」至「之惑矣」：此數句朱本、李本並作「則盡己。夫以燭物之失己爲惑，則可解天下之惑矣」。

南華真經義海纂微卷之八十二

武林道士褚伯秀學

則陽第一

則陽遊於楚，夷節言之於王，王未之見，夷節歸。彭陽見王果曰：「夫子何不譚我於王？」王果曰：「我不若公閱休。」彭陽曰：「公閱休奚爲者邪？」曰：「冬則擉鼈於江，夏則休乎山樊。有過而問者，曰：『此予宅也。』夫夷節已不能，而況我乎！吾又不若夷節。夫夷節之爲人也，無德而有知，不自許，以之神其交，固顛冥乎富貴之地，非相助以德，相助消〔一〕也。夫凍者假衣於春，暍者反冬乎冷風。夫楚王之爲人也，形尊而嚴；其於罪也，無赦如虎。非夫佞人正德，其孰能橈焉！故聖人，其窮也使家人忘其貧，其達也使王公忘爵禄而化卑；其於物也與之爲娱矣，其於人也樂道之通而保己焉。故或不言而飲人以和，與人並立

〔一〕消：四庫本此字上有「以」字，衍。

而使人化父子之宜。彼其乎歸居，而一間其所施。其於人心者，若是其遠也。故曰待公閲休。」

郭注：王果言公閲休之爲人，以抑彭陽之進趨而已。不若夷節之好富貴，能交結，意盡形名，任知以干上也。苟盡，故德薄而名消，已順四時之施，不能赴彭陽之急。聖人淡然無欲，樂足於所遇，不以侈靡爲貴，故其家人不識貧之何苦；輕爵禄而重道德，超然坐忘，不覺榮之在身，故使王公失其所以爲高。不以爲物自苦，通彼而不喪我也。人各自得，斯飲和矣，豈待言哉！望風而靡，使彼父父子子各歸其所。施同天地之德，故間靜而不二。欲其釋楚王而從閲休，將以靜泰之風鎮其動心也。

吕注：公閲休無求如此，宜其爲王所信。神者人心之同，可以窮而入之，夷節自謂不能入，而其所與交固已顛冥於富貴之地。相助以消，言其德不長而日消。凍在冬而假衣於春，暍在夏而反風乎冬，言求之無得也。楚王嚴暴，非佞人正德，莫之能橈，欲我言之，非所能也。唯佞人能橈君之正，唯正德能橈君之邪，佞人夷節，正德閲休也。我樂而忘貧，則家人亦忘貧。道尊德貴，爵禄不足以爲高，則王公化卑矣。飲人以和，其德足以沃人心，無所事於言矣。並立使人化，無所事於勢矣。父子歸居，不廢人倫也。一間所施，無嗃嗃之悔。人心若是其遠，則解其繆矣。閲休之爲人如此，可以言之於王而必信，故曰待公閱休。

疑獨注：魯人彭陽，字則陽。夷節，楚人。王果，楚大夫。公閱休，隱者也。夷節無天德而有俗知，不能以神道自許，顛冥於富貴之地，固足以消子之德，非助子也。譬凍者假春爲衣，暍者俟冷風禦暑，言求王果之助，非所急也。況楚王爲人，威嚴如虎，若不入之以佞，則必化之以正也。聖人雖貧而樂，故家人忘其貧。其達也不以爵禄爲顯，使王公化高爲卑；於物無逆，與之爲娱，未嘗言而人飲其和；與人立而人化其善，使人人父子各宜於歸居；守一而無事，道自施於人，故與世俗相遠矣。不若釋楚王而從閱休也。

碧虚注：則陽求見王爲利禄之計，王果引隱士抑貪競之心。無德而有知，尚文去質也。不自許，以之神者，舉指〔一〕欺罔，心神交固而湮沉乎嗜欲也。救凍暍者人事，待春冬者天時。王果任天時而不從人事，所以救則陽之失也。老萊之妻織畚，伯鸞之婦賃春，家人忘貧也。魏文侯尊段干木，漢光武交嚴子陵，忘爵禄而化卑也。與物爲娱，則同塵而不溷。與物樂通，則和光而不耀。不言之教，煖然似春，鎮以無名之樸，而使人自

〔一〕指：四庫本作「止」。

化。德化有序，人安其居，其道簡易，無所施爲，而趨進者弊弊焉以干禄爲事，與有道者之心相遠去矣！

《鬳齋口義》：神，乃我之自然。顛迷富貴，不知有自然之神，是不自許。此相率而自損之道，故曰消也。凍者得衣，則煖如春。暍者得風，則冷如冬。人之相與，必以有餘濟不足。彭陽好進，是其不足，告之以隱退，如執熱而濯，當寒授衣，將有補也。佞人正德，謂真小人方能屈橈其身以事之。王公忘爵而下士，化尊爲卑也。窮理自娱，與物無硋，自保其真，不言而悟。如以至和飲之也，並立而人化，使人意消也。彼其，猶《詩》云「彼其之子」。此一句倒下，意謂彼其之子，若歸而居乎，則尊卑長幼，各得其宜。所施間暇，殊不容力，言在家在鄉各得其和。閲休之德與彭陽相遠若是也。

褚氏管見：王果言夷節之好進，不能爲公閲休之行，而二人者皆楚王所愛重也。今則陽以榮進爲心，故求薦於夷節。夷節〔一〕弱於德，强於知，不知内有神者可尊，而外迷於富貴，非以德相助，徒取消爍耳。猶假衣於春，何足以救凍？反風乎冬，何足以救暍？違宜背理，求之無益也。夫神者好和而惡姦，人性本善，無有不可，至於神

〔一〕夷節：此二字四庫本無。

者有得於己而信之篤，然後能自許。今〔一〕夷節貪競若此，是不自許以之〔二〕神也，況楚王嚴暴，非夫姦佞之人及德之正者，不足以橈動之，蓋行之善惡不越〔三〕此二途，子何不捨惡趨善，從閱休以進，庶乎可久也。故聖人已下，叙閱休之德，足以化物，而一出於無爲。至若不言而飲人以和，並立而使人化，非聖人不能也。

聖人達綢繆，周盡一體矣，而不知其然，性也。復命摇作，而以天爲師，人則從而命之也。憂乎知，而所行恒無幾時，其有止也若之何！生而美者，人與之鑑，不告則不知其美於人也。若知之，若不知之，若聞之，若不聞之，其可喜也終無已，人之好之亦無已，性也。聖人之愛人也，人與之名，不告則不知其愛人也。若知之，若〔四〕不知之，若聞之，若不聞之，其愛人也終無已，人之安之亦無已，性也。

郭注：玄通無外而皆洞照，不知其然而然，非性而何？摇者自摇，作者自作，莫不復命而師其天然，此非赴名而高其迹。率性而動，其迹自高，故人不能下其名也。任知

〔一〕今：原作「令」，據朱本、四庫本改。
〔二〕之：朱本作「知」，訛。
〔三〕越：朱本此字下有「乎」字。
〔四〕若：原作「右」，據四庫本改。

而行，則憂患相繼。鑑物無私，故人美之。夫鑑者，豈知鑑而鑑耶？生而可鑑，人謂之鑑耳。若人不相告則莫知美於人，譬聖人，人與之名也。鑑之可喜，由於無情，不問知與不知，聞與不聞，來即鑑之，故終無已。若鑑由聞知，則有時而廢。性所不好，豈能久照！聖人無愛若鏡，事濟於物，故人與之名。若人不相告，則莫知其愛人也。蕩然以百姓爲芻狗，而道合於愛人，故能無已。若愛由乎聞知，則有時而衰。性之所愛，故能久也〔一〕。

呂注：人心綢繆於事物，不知有所謂一體者，唯聖人能達之。故内不見我，外不見物，物我爲一，其所體固周盡矣；而不知其然者，止於性而非外得也。復命則歸根，摇作芸芸也。雖靜而復命，不害乎摇作，是以終日言未嘗言，終日爲未嘗爲，凡以天爲師而已。天則知之所不知也，我何以自知爲聖哉！人從而命之耳。無知則無憂，衆人憂乎知而所行如馳，無幾時而有止也。若之何而可以至於此乎？生而美者，人與之鑑而告之，而後知其美於人。若知若不知，若聞若不聞，其可喜終無已，人好之亦無已，以其出於性也。聖人之愛人也，人與之名告之，而後知其爲愛人也。若知與不知，聞與不聞，其愛人終無已，人安之亦無已，其出於性也，不以知不知、聞不聞而有所加損焉。

〔一〕性之所愛故能久也：此八字四庫本作「非性之所安胡能久也」。

疑獨注：聖人解脱束縛而通大道，混然一體，無内無外，不知其然而然，性也。復命者静，摇作者〔一〕動，皆以天爲師也。聖人非有意於名，天下之人自以名命之。憂乎知之不明，則是好用知；知有時而窮，故所行無幾而止矣。若之何以至於道也！鑑無情於人，人愛之以别美惡，知之亦若不知，聞之亦若不聞，爲人喜而愛之，終無已。使鑑亦有知有聞，如人情之愛惡，則其照不能久，人愛之亦不能無已也。鑑之可喜，本於無情，人之好之，亦出天性，故終無已。鑑能照而不能言，苟不相告則亦不知鑑之美於人也。聖人之愛人亦無已〔二〕，而〔三〕人與之名，若不相告則亦不知聖人之愛於人也。若以聞知而愛人，則其愛有時而止矣。人之安聖人之仁，亦無已，性也。

碧虚注：達綢繆，不滯於物。周盡一體，莫非我也。知其然，則去性遠矣。静動雖殊，皆以自然爲師。聖人無名，人感其化，從而命之。夫以有涯之生，而憂無涯之知，故曰常無幾時。且欲止而不行，復未知如之何也。人有美容，則人與鑑照之，令知容美於人也。或知或不知，或聞或不聞，其美容可悦，何嘗已哉！然人好美之亦未始休者，天

〔一〕作者：原作「者作」，據文意改。四庫本無「作」字，脱。

〔二〕已：原作「情」，據四庫本改。

〔三〕而：此字四庫本無，脱。

性也。聖人之愛人無已，人之安之[一]無已，亦性也。

《鬳齋口義》：綢繆，謂陰陽往來，相因不已，聖人達陰陽造化之[二]理，窮精粗合一之妙，循乎自然而不知所以然故也。任其動用作爲，皆復歸於天命，而以自然爲主。憂乎知者，人之私知，憂慮萬端，能有幾件計較得行？故曰：「所行恒無幾。」我將有爲有行而尼之於命，亦如之何？故曰：「時其有止也，若之何？」時，猶命也。原其所患，皆自知始，若知其所不知，則無憂矣。夫妍生於醜，若不告之以醜，則亦不知其妍。美惡分别，憂端所自，故曰：「不知不聞，其喜[三]終無已。」我忘美惡，與物無心，則人之好我亦無已。此自然之理，故曰：「性也。」

綢繆，謂世累糾纏，不得自在，皆始於有我與物爲敵故也。唯[四]聖人能以道通之，使周盡物理，歸于一體，而不知其然，蓋以性會之而不以物我生心，何所不同哉！

〔一〕之：四庫本此字下有「亦」字。
〔二〕之：原缺，據四庫本補入。
〔三〕喜：原作「嘉」，據四庫本改。
〔四〕唯：朱本作「惟」，通。

故於靜默[一]之際而有動作者存，則知動作之中不離復命之道。一動一靜，互爲其根，是知陰陽無消盡之理，此皆以自然爲師，非出有心而自有主之者。至於大而化之之域，人則從而命之以爲聖，非聖人自聖也，亦大德必得其名之義。世人乃憂乎智[二]之不足，而所行恒無幾時，其有止也，謂欲以智爲名而驅馳不息，將若之何哉！喻以[三]人因鑑而知美，不告則不知。鑑之照人無已，人之喜鑑亦無已。聖人愛人而人與之名亦然，故其愛之安之也亦無已，皆出於性之自然，各安其宜而已矣。

〔一〕靜默：四庫本作「默靜」，倒。
〔二〕智：朱本作「知」，通。
〔三〕以：此字朱本無。

南華真經義海纂微卷之八十三

武林道士褚伯秀學

則陽第二

舊國舊都，望之暢然。雖使丘陵草木之緡，入之者十九，猶之暢然，況見見聞聞者耶，以十仞之臺縣衆間者也！冉相氏得其環中以隨成，與物無終無始，無幾無時。日與物化者，一不化者也，闔嘗舍之！夫師天而不得師天，與物皆殉，其以爲事也若之何？夫聖人未始有天，未始有人，未始有始，未始有物，與世偕行而不替，所行之備而不洫，其合之也若之何？湯得其司御門尹登恒爲之傅之，從師而不囿，得其隨成。爲之司其名，之名嬴法，得其兩見。仲尼之盡慮，爲之傅之。容成氏曰：「除日無歲，無内無外。」

郭注：得舊物，猶暢然，況得性乎！見所嘗見，聞所嘗聞，猶暢然，況體其體，用其性耶！衆之所習，雖危猶閑，況聖人無危乎！冉相氏，古之聖王，居空以隨物而物自成。與物無終無始，忽然俱往，日與物化，故常無我而常不化。夫爲者，何不試舍其所爲乎？唯無所師乃得師天，師天猶未免於殉，奚足事哉！師天猶不足稱事，況又不師耶！必至於天人始物都無，乃冥合也。故湯委之百官而不與焉。任其自聚，非囿之也；任其自散，非解之也。司御之屬，亦能隨物之自成，而湯得之，所以名寄於物，功不在己。名法者，已過之跡，非適足也。故曰：嬴然無心者，寄治於群司，則其名跡並見於彼。仲尼曰：「天下何思何慮！」慮已盡矣。若有纖芥之慮，豈得寂然不動，感應無窮，以輔萬物之自然耶？今所以有歲而存日者，爲有死生，故若無死生，歲日之計除矣。

呂注：望舊國而暢然，人之情也。雖陵木緡合，猶之暢然，亦不忘其本而已。況吾之所以見聞者與天地並，則爲吾之國都又久矣，而見之聞之猶以十仞之臺縣衆間，則無所不睹，其暢然可勝道哉！衆間謂無人之處。環中運轉無已，而未始有物，隨成而無所爲，是以無終始，無幾時也。幾，謂計數〔一〕。與物化者一不化，則胡爲而不舍之！其行恒無幾時而有止也。夫欲師天而不得，則與物皆殉，其以爲事而已。聖人者未始有天人始物也，偕行不替，備而不洫，所謂復命搖作，是真師天者，所以合之也。湯得司御主調

〔一〕數：四庫本作「較」，訛。

御，門尹正所入，登恒成有恒之脩，主調御者心，正所入者道，恒則道之久，此皆以天爲師也。唯師之從而不囿於物，又得隨成爲之司其名，則之名嬴法，得其兩見。隨成則司御等名，皆隨吾之成心，非有爲之者。之名也，其精爲道，其嬴爲法，見其名之所由生，則知法之所由成，是爲兩見。雖有所見而不知天下未始有思慮，猶爲未盡也，故仲尼盡慮爲之傅。仲尼非傅，湯也隨成，則冉相氏之所得者，以是知司御等名爲寓〔一〕言。除日無歲，則不知有宙；無内無外，則不知有宇。唯盡慮者，足以與此。

疑獨注：人性逐物，迷而不返，猶去國都之久，望之暢然而喜；入於國都，十識其九，猶有悦志；況見所嘗見、聞所嘗聞，喜可知也。真性譬丘陵草木，入之者譬將反本。十識其九，反之未至；見見聞聞，反之已至。言見性之樂，猶見舊國都之樂也。夫高臺懸危，習而登之，亦如閒暇，況得真性者乎！冉相氏，三皇已上聖君，得真空之理，運轉無窮，隨順萬物以成其道。無終始幾時，與物化也。與物化者一不化，一不化者能化化也。世之有爲者何不舍其所爲而復於自然，真性可〔二〕得矣。然有心於師天，則不得，況與物

〔一〕寓：四庫本作「御」，訛。

〔二〕可：此字四庫本無，脱。

殉而不反者乎！未始有天有人，而天人自存；未始有始有物，而始物自我。行世則屈伸而不替，備行則守謙而不溢，與理冥合，若之何而如此也！司御、門尹，官號。登恒，製名，言登恒道者，可爲人師也。聖人從師不爲師所囿，但任其自然，彼且爲嬰兒與之爲嬰兒是也。湯得此三人爲傅，從之而不囿，隨順而成其道。湯反爲司其名，彼三人者，其跡不見於世矣。此名蠃法兩見於湯，湯雖爲盡人道之聖人，其時法未備。至仲尼之時，天下之變備，故盡慮以制成法，是又爲湯之傅也。

碧虛注：弱喪之人，望故里而忻暢；雖林屋荒穢，十亡其九，尚懷欣悦；況見不失見、聞不失聞而妙有湛然者耶？大道之高明無隱，如建崇臺於勝地，縣鍾鼓於廣野，警人耳目，咸使曉悟。衆間，音閑，謂廣野。環中空故能轉物，以其隨成，故不可以終始幾時定之，得環中之道，則與物無際。化雖日遷，而原本湛然，又何容心於化不化哉！以其未嘗取，故亦未嘗舍，無心師天乃師天也。若厭没於塵埃，復如之何耶？師天者必忘人事，殉物者必忘妙本。未始有天，則人事不廢；未始有物，則妙本無虧。與物混而不背真，履行具而不溺塵，若假僞於綢繆，何爲而若此？昔湯良臣司主臨御以爲師傅，故從之而不囿。囿者任之極，是以門尹登恒得其隨物自成之功，而主其名，名法者政治所難忘，而況適名益法照然兩見？且百官司御其職，各盡慮以傅之，盡慮則無思慮矣，故可以爲師〔一〕傅。除日無歲，則終始不〔二〕囿；無内無〔三〕外，則死生隨成。此達綢繆而周盡一體之道也。

《鬳齋口義》：久旅而歸舊〔四〕國，必暢然有〔五〕感。入其中則草木縎合，比昔十失其九，猶且暢然。況求道忽悟，得見其所自見，聞其所自聞，皆吾固有之物，能不喜乎？臺，最高處。縣，張樂。衆，多也。間，去聲猶云笙鏞間作。處最高之地，聽交奏之樂，可以聳動世俗耳目，況聖人以虚無自然之理，隨萬物而樂之！其自處之高爲如何？環中，至虚之喻。無終始，如一也。幾時，猶古今。幾者，時之變。日與物化，言與物日新，即我之所得，一箇不化者也。世人何不舍去故習而歸至道耶？以自然爲法，而無法自然之名，不過與物相順而已。若有心於爲事，則末如之何。人有爲也，天無爲也。非唯

〔一〕師：四庫本作「司」，訛。
〔二〕不：四庫本作「無」。
〔三〕無：四庫本此處無此字，下句「則」字下有「無」字，倒。
〔四〕舊：四庫本作「故」。
〔五〕有：四庫本作「其」，訛。

無事爲之跡，併與無爲者無之〔一〕，故曰：「未始有天，未始有人。」有物〔二〕，跡也。無物之始，無跡也。非唯無有物之跡，併與無跡者無之，故曰：「未始有始，未始有物。」行世與人同，無廢替之事。萬行俱備，不著於一。洫，猶《齊物論》「老洫」，泥著陷溺之意。與道爲一，不求而合，求合則不可得而合矣。昔湯以伊尹爲師，不爲其所籠圄，得萬物之成理而隨之，自處無爲之地，使尹主其名，湯無爲而尹有爲，湯無名而尹有名也。此名在世，是爲剩法。兩見，身與名爲二，不得其混然之一也。伊尹之任，自未爲奇。孔子又慕之，盡慮以輔相斯世，亦欲爲伊尹之事，此語譏之也。容成氏，古聖人。合三百六旬而爲歲，逐日除之，但謂之日，不可謂之歲。老子云〔三〕「數車無車」之意。外名，固内而生；無内，則無外矣。舉此以證自然之義。

人之真性渾全，久而内虧者，外爲聞見所移，浸遠其内，猶去國都之舊，漂寓〔四〕他鄉，遇明師啓發之，安有望故都而不暢然者？雖陵木緡合，十失其九，猶爲之欣喜，況

〔一〕之：四庫本作「知」，訛。
〔二〕物：四庫本此字上有「始」字。
〔三〕云：四庫本作「曰」。
〔四〕寓：四庫本作「遇」，訛。

見所自見，聞所自聞，出於性之本然，如高臺縣衆人之中，無所不睹也。昔冉相氏得虚通之道，其爲治也，隨物而成。其性與之無終始，則忘其化之大者。無幾時〔一〕，則忘其化之小者。小大久近，混而一之，只今見在，又何執著！日與物化者，前焰非後焰。一不化者，今吾即故吾，何嘗舍離哉！夫欲師〔二〕自然而有心殉物，則不自〔三〕然矣。其爲事也，若之何而可濟耶？聖人忘天忘人，所以能天能人；忘始忘物，所以能始能物。與世偕行而不替，順物而已無虧也。所行之備而不溢〔四〕，周物而無過舉也。動合於道，若之何而能如〔五〕此也？湯得三臣爲之傅，師其道之無爲而不爲政術所囿。蓋賢臣之政術，所以囿天下而育萬民，其致君尊安者道而已，技能無與焉。此又在乎君之用舍，而治亂禍福之機見矣。湯得隨物順成之道，爲之司其治天下之名，功成於

〔一〕時：此字朱本無，脱。
〔二〕欲師：朱本作「無心」。
〔三〕自：此字朱本無，脱。
〔四〕溢：朱本作「濫」，訛。
〔五〕如：朱本作「若」。

三人而名歸於湯。此名皆剩法耳，非湯之真也。得其兩見，謂〔一〕君臣相資而成治〔二〕道，其跡〔三〕著見於世也。故仲尼盡慮於其後，以成〔四〕治世之法，雖不與湯同時，是亦爲之傅〔五〕也。曆家積日而成歲，帝王積知而爲聖。湯非三臣爲傅，無以成其治道。非湯與〔六〕三臣開創於前，仲尼亦不能獨成於後，猶内外之不可相無也。及其道成德備，澤流無垠，皞皞熙熙，民忘帝力，則聖知亦與之〔七〕俱化，除日無歲之義也，又何内外之分哉！〇經文入之難釋，疑只是合字，連上文讀〔八〕之。

魏瑩與田侯牟約，田侯牟背之。魏瑩怒，將使人刺之。犀首聞而恥之曰：「君爲萬乘之君，而以匹夫從讎！衍請受甲二十萬，爲君攻之，虜其人民，係其牛馬，使其君内熱發於

〔一〕謂：四庫本此字下有「見」字，衍。
〔二〕治：此字四庫本無，脱。
〔三〕跡：朱本作「論」。
〔四〕成：此字朱本無，脱。
〔五〕傅：朱本作「傳」，訛。本段下同。
〔六〕湯與：此二字四庫本無，脱。
〔七〕之：四庫本作「知」，訛。
〔八〕讀：朱本作「續」，訛。

背，然後拔其國。忌也出走，然後抶其背，折其脊。」季子聞而恥之曰：「築十仞之城，城者既十仞矣，則[一]又壞之，此胥靡之所苦也。今兵不起七年矣，此王之基也。衍，亂人，不可聽也。」華子聞而醜之曰：「善言伐齊者，亂人也；善言勿伐者，亦亂人也；謂伐與不伐亂人也者，又亂人也。」君曰：「然則若何？」曰：「君求其道而已矣。」惠子聞之而見戴晉人。戴晉人曰：「有所謂蝸者，君知之乎？」曰：「然。」「有國於蝸之左角曰觸氏，有國於蝸之右角曰蠻氏，時相與爭地而戰，伏尸數萬，逐北旬有五日而後反。」君曰：「噫！其虚言歟？」曰：「臣請爲君實之。君以意在四方上下有窮乎？」曰：「無窮。」曰：「知遊心於無窮，而反在於通達之國，若存若亡乎？」曰：「然。」曰：「通達之中有魏，魏中有梁，梁中有王，王與蠻氏有辯乎？」曰：「無辯。」客出而君惝然若有亡也。惠子入見，君曰：「客，大人也。聖人不足以當之。」惠子曰：「夫吹管者，猶有嗃也；吹劍首者，吷而已矣。堯舜，人之所譽也；道堯舜於戴晉人之前，譬猶一吷也。」

郭注：蝸至微而有兩角，誠知[二]所爭者若此之細，則天下無爭也。人迹所及爲通

〔一〕則：四庫本作「而」。

〔二〕知：四庫本作「之」，訛。

達，謂四海之内。今以四海爲大，然計在無窮之中，若有若無也。王與蠻氏俱有限之物，有限則不問〔一〕大小，不得與無窮者計。雖復天地共在無窮之中，皆蔑如也。況〔二〕魏中之梁，梁中之王，而足爭哉？惝然若亡，悼所爭者細，吷而已矣，曾不足聞也。

吕注：罪莫大於可欲，善言伐齊則見利之可欲，固亂人也。善言勿伐，則見善之可欲，亦亂人也。謂伐與不伐亂人也者，不免於有見，又亂人也。唯求其道，則不滯一偏之見，亂之所由息也。人能遊心於無窮，則四方上下相通達之國，若魏若梁皆我心之所自起，非唯王與觸、蠻無辯，通達之國魏、梁、觸、蠻亦無辯也。知此説，則莫大於秋毫，太山爲小矣。王悟夫爭之所自起者，本無有也，是以惝然若亡。神人、聖人、大人，本無優劣，所從言之異耳。吹管者嗃，有所受也。吹劍者吷，無所受也。

疑獨注：戴晉人，梁之懷道者。通達，舟車所通。蝸角觸蠻之喻，蓋譏當時好戰之君。魏王以爲虚言，證以人事，則見其實。意在四方上下有窮極否？知遊心無窮而反在通達之國，言其處有窮之地，通達中有魏，魏中有梁，梁中有王，愈近愈小，以至於王之

〔一〕問：四庫本作「論」。
〔二〕況：四庫本作「泥」，訛。

身則與蝸角觸蠻何異？由是觀之，凡世間有形者，未嘗無累，況至於爭國爭地乎！吹管聲大，吹劍聲小，道堯、舜於戴晉人之前，不足聞也。

碧虚注：王者之師，明行征伐；若以虜掠爲事，使彼怨憤發疽而拔國，非所聞也。今衍欲以小憤興兵，侵暴鄰國，固亂人也。季子言勿伐，縱鄰國之驕，亦亂人也。華子之自下以爲亂人者，欲推有道之士而進諫也。所謂求其道者，脩德勿爭而已。惠子請見晉人，陳喻以解之。寓意蝸角，言其甚微，爭於兩國之間，不出一殼之內。旬有五日，一氣也。喜怒之氣，有反必復。天地寄於太空，小石之在太山；通達之國寄於宇內，似稊〔一〕米之在太倉。魏處通達之國，似毫末之在馬體，而況魏有梁，梁有王，不似觸、蠻之在蝸角乎？今齊、魏之爭，與觸、蠻之戰有辯無辯乎？大人者，出六合，任自然；聖人則居域中，守法度。吹管者嗃然而鳴，吹劍者吷然而過，喻堯舜政教，人所稱譽，以道論之，曾不足聞。又況伐國虜民乎！

《鬳齋口義》：兵不起七年，此魏王之業之美。犀首教之用兵，猶壞其已成之城，役者苦矣。華子之言著一伐字，則未免容心。故三者皆亂人，知道則併與兵不言矣。蝸角

〔一〕稊：原作「粰」，據四庫本改。

之喻本虛，下面説得成實。無窮，太虛之間。通達，即中國。以太虛觀中國，甚微；以中國觀魏又小；於魏國觀梁都，又小〔一〕；於所都中求王之身，愈微愈小。以太虛而下觀王身，與蝸角觸蠻何異？惝然若失，悟所爭之不足爭也。管竅吹之有聲，吹劍首則無聲，謂有道者之前欲説仁義，皆無所容聲也。

犀首，武士官號，時公孫衍爲此官，欲請兵攻齊，虜民拔國，恃强輕敵，固亂人也。季子謂兵久不起，爲王之基，志在安民靖國，何爲而謂其亂人耶？蓋華子欲伸後〔二〕説，故以此橈〔三〕動魏君之心，待其切問而後告之，奇哉！君求其道之一語，謂前犀首所言非其道。季子欲止之而無其道，若謂二者皆非，未有以處之之道，舉不免爲亂人而已。惠〔四〕子請見戴晉人，是求之有道也。蝸角二國，以喻齊、魏〔五〕所爭者甚微，詳

〔一〕小：四庫本此處無此字，而下句「中」字下有「小」字，倒。

〔二〕後：朱本、李本並作「復」，訛。本段下同。

〔三〕橈：朱本、李本並作「挠」，訛。

〔四〕惠：四庫本作「魏」，訛。

〔五〕魏：朱本、李本此字下並有「二國」二字。

見諸解，不復贅釋〔一〕。吹管有聲，喻衆人之譽堯舜。道堯舜於晉人之前，猶吹劍無聲。論伐國於華子之前，亦猶是也。

〔一〕詳見諸解不復贅釋：此八字朱本、李本並無。

南華真經義海纂微卷之八十四

武林道士褚伯秀學

則陽第三

孔子之楚，舍於蟻丘之漿。其鄰有夫妻臣妾登極者，子路曰：「是緵緵〔一〕何爲者耶？」仲尼曰：「是聖人僕也。自埋於民，自藏於畔。其聲銷，其志無窮，其口雖言，其心未嘗言，方且與世遺〔二〕，而心不屑與之俱。是陸沉者也，其〔三〕市南宜僚耶？」子路請往召之。孔子曰：「已矣！彼知丘之著於己也，知丘之適楚，以丘爲必使楚王召己也；彼且以丘爲佞人也。夫若然者，其於佞人也，羞聞其言，而況親見其身乎！而何以爲存？」子路往視之，其室虛矣。

〔一〕緵緵：四庫本作「稯稯」。
〔二〕遺：四庫本作「違」。
〔三〕其：四庫本此字上有「是」字。

郭注：埋於民，與民〔一〕同也。藏畔，謂進不榮華，退不枯槁。聲消，謂損名。其志無窮，規長生也。所言者世言，而心與世異。人中隱者，譬無水而沉。著，明也。何以爲存，不如舍之以從其志。其室虛，果逃去也。

吕注：見孔子來而登極者，示不與之接，將徙而之高。聖人僕，聖德而僕者。埋於民，則不爲可見之行。藏於畔，則不居中正之德。聲消志無窮，退藏於密而遊方之外。口雖言而未嘗言，欲無言而不能無言，與世違而不屑與俱〔二〕，將欲遁世而去也。以聖德遊人間，而人莫知，猶處陸而沉者。以孔子之迹言之，棲棲〔三〕然以天下爲事，則似佞也。然而人皆〔四〕爲宜僚，則横目之民誰與救，聖人之道將墜地而不傳也。昔微生畝嘗以孔子爲佞，孔子答以非敢。今於宜僚則自謂爲佞人，以明所貴者在此，而棲棲者非得已也。

疑獨注：蟻丘，地名。賣漿水之家，登極昇高而望。稯稯，衆多。理〔五〕於民，與民

〔一〕與民：此二字四庫本無，脱。
〔二〕俱：此字四庫本無，脱。
〔三〕棲棲：四庫本作「栖栖」，同。
〔四〕人皆：四庫本作「皆人」，倒。
〔五〕理：四庫本作「埋」。

同。藏於畔，不見境。聲消，損名。志無窮，志於道也。無意於言，聊以應物，心與世違，外與人同耳。聖人天隱〔一〕，在陸而沉，隱於鄽市者似之。莊子寓言於孔子、宜僚以非聖人之迹。其室虛，謂不見其迹。於此有以見夫子與民同患，宜僚離人入天者也。

碧虛注：登極者，昇屋棟而觀孔子。執僕御之事，師聖人者也，猶庚桑楚爲老聃役。自埋於民，如列子居鄭圃〔二〕，人無識者。自藏於畔，如長沮、桀溺晦耕隴畔。故聲消而志暢，言出而心忘，不屑與世俱處，陸而若沉也。孔子度宜僚之不見己，猶嚴僖之恥見許由。而何〔三〕以爲存，言汝何緣留得此人也。

《鬳齋口義》：極，屋棟；僕，猶徒；埋，隱；畔，鄰也。藏，居比鄰而人不知〔四〕。聲消，逃名。在陸而沉，喻隱於鄽市。著，猶知。侫，多言。何以爲存，必去而不留也。

古者風俗淳厚，民至老死不相往來，各安其素分，內足而無求於外故也。今夫子遑遑歷聘，欲以仁義化天下，使之屈折禮樂而失恬愉之性，彼隱德潛耀之君子，宜其徙

〔一〕天隱：四庫本作「太陰」，訛。
〔二〕圃：四庫本作「囿」，訛。
〔三〕何：四庫本作「許」，訛。
〔四〕知：四庫本作「見」，下有雙行小注云「見，一作知。」

而之高〔一〕，唯恐去之之不速也。然而聖人愛人無已，不問〔二〕己之窮達，嘗以兼濟天下爲心，與彼陸沉獨善者不可同日而語。夫子知其爲聖人僕役而未昇堂奥，是亦逃名求志者，必市南熊宜僚也。聖人知人之審若此，子路欲召之，而夫子知其必不至。其室虛，即語云：「使子路反見之，至則行矣。」於此尤足以彰夫子先知之明，而陸沉獨善者處身之〔三〕隘，亦隨其見地，各從所好而已矣〔四〕。

長梧封人問子牢曰：「君爲政焉勿鹵莽，治民焉勿滅裂。昔予爲禾，耕而鹵莽之，則其實亦〔五〕鹵莽而報予；芸而滅裂之，其實亦滅裂而報予。予來年變齊，深耕而熟耰之，其禾繁以滋，予終年厭餐。」莊子聞之曰：「今人之治其形，理其心，多有似封人之所謂，遁其天，離其性，滅其情，亡其神，以衆爲。故鹵莽其性者〔六〕，欲惡之孽，爲性萑葦；兼葭始萌，以扶

〔一〕高：朱本、李本此字下並有「隱」字。

〔二〕問：李本作「間」，訛。

〔三〕之：四庫本作「以」。

〔四〕「其室虛」至「而已矣」：此數句朱本、李本並作：「各從所好也。其室虛，即語云『使子路反見之，至則行矣。』」

〔五〕亦：此字四庫本無，脱。

〔六〕者：此字四庫本無，脱。

吾形，尋擢吾性；並潰漏發，不擇所出，瘭疽疥癰，内熱溲膏是也。」

郭注：鹵莽滅裂，謂輕脱末略，不盡其分。功盡其分，無爲之至也。夫遁離滅亡，以衆爲之所致。若各至其極，則有何患？萑葦害黍稷，欲惡傷正性。形扶疎，則神氣傷。以欲惡引性，不至於當。此鹵莽之報也。

吕注：爲道日損，以至無爲，是所以治形理心者也。而乃遁天離性，滅神亡情，以衆爲而不知止，則鹵莽之甚矣。其安易持，未兆易謀，内之欲惡爲萑葦，外之蒹葭扶吾形，尋擢吾性，天理滅矣。於是時而欲治之，可得乎？並潰漏發已下，皆欲惡爲孽，奪其真之所爲也。

疑獨注：爲政治民而鹵莽滅裂，則踈略而無成功。封人推己治田之事亦然。明年遂變所用之法，而深耕熟耰，其禾繁滋，終年厭餐，用力多則報亦侈也。人之治形理心，亦如之。遁天，逃其自然，故離性滅情亡神〔一〕，以徇衆人之所爲，動之死地者也。蒹葭始萌，扶苗之形而長，及其已盛，則害苗。欲惡之情始動，形亦隨而充盛，及其熾而不節，則害性。故必制於始萌之初，否則尋擢吾性，性失欲熾，精氣潰漏，不擇所出，遂成瘭疽

〔一〕滅情亡神：四庫本作「滅神亡情」。

疥癰、内熱溲膏之病，至於神去形遷而後已。此治性鹵莽之報也。溲膏，即便濁之病。《鬳齋口義》：封人因耕喻政，莊子又以喻學，東坡《稼説》倣此。變齊，易其耕法。好惡之性，猶萑葦，即茅塞其心之義。性蔽塞，則欲日〔一〕長，如蒹葭始萌，充滿其身，言通身是人欲。以人欲扶其形，則動失自然之理，拔去真性而天理滅矣。性〔二〕失，氣亦病。有並潰者，有漏發者，不擇所出，觸則成病。此段戒人，縱欲者必殺身也。

變齊，舊音去聲，耕法也。司馬如字，謂變其耕法，不與人齊。一云變齊國之耕法。碧虚引《説文》：「禾麥吐穗，上平曰齊。」審詳經意，去聲爲當，與分劑同謂限量也〔三〕。鹵莽之人，不盡耕耘之齊量，故其實亦鹵莽。今變昔日之齊量而盡其功力，是以禾繁而厭飱。以此爲治形理心之喻，可謂切當。人心天性皆不越乎自然，唯其逃自然，所以離真性，以至滅情亡〔四〕神而不悟，皆溺於衆人所爲故也。欲惡之害性，無異萑葦之害苗。蒹葭，即萑葦之初生，始則扶苗同長，終則過盛而害苗。欲惡拔性而失真，則形軀

〔一〕日：四庫本作「自」。
〔二〕性：此字四庫本無，脱。
〔三〕「變齊」至「限量也」：此數句朱本、李本並無。
〔四〕亡：朱本、李本並作「忘」，通。

潰漏，所向成疾，必至澌盡而後已。此治形鹵莽之報也。可不戒哉？

柏矩學於老聃，曰：「請之天下遊。」老聃曰：「已矣！天下猶是也。」又請之，老聃曰：「汝將何始？」曰：「始於齊。」至齊，見辜[一]人焉，推而强之，解朝服而幕之，號天而哭之曰：「子乎子乎！天下有大菑，子獨先離之！」曰：「莫爲盜，莫爲殺人？榮辱立，然後覩所病；貨財聚，然後睹所爭。今立人之所病，聚人之所爭，窮困人之身，使無休時，欲無至此，得乎！古之君人者，以得爲在民，以失爲在己；以正爲在民，以枉爲在己；故一形有失其形者，退而自責。今則不然，匿爲物而愚不識，大爲難而罪不敢，重爲任而罰不勝，遠其途而誅不至。民知力竭，則以僞繼之。日出多僞，士民安取不僞！夫力不足則僞，知不足則欺，財不足則盜。盜竊之行，於誰責而可乎？」

郭注：殺人大菑，謂已下事。大菑既有，則雖戒以莫爲，其可得乎？各自得則無榮辱，得失紛紜，故榮辱立而夸跂生。奔馳乎夸跂之間，非病而何！若以知足爲富，將何爭乎？上有所好，則下不能安其本分。君莫之失，則民自得；君莫之枉，則民自正。夫物之形性何爲而失，皆由人君橈之以至斯患。反其性，匿也；用其性，顯也。爲物所顯

[一] 辜：四庫本作「皐」。

則皆識，爲物所易則皆敢。輕其所任則皆勝，適其足力則皆至。民知〔一〕竭則以僞繼，將以避誅罰也。主日興僞，士於何許得其真乎？

吕注：矩蓋嘗有位者，解朝服而幕之，致其哀矜之意。明至此者，已固嘗有罪焉，故不嫌於訕。在上者不能忘榮辱，則民睹所病；不能輕貨財，則民睹所爭。今立人所病而使之病，聚人所爭而使之爭，欲其不爲盜殺，不抵於死，豈可得也！湯武以萬方有罪，在予一人，以得爲在民，失爲在己也。伊尹以一夫不獲，曰時予之辜，一形有失其形，退而自責也。今則愚不識，罪不敢，罰不勝，誅不至，異乎先王之宥不識、量人力〔二〕，而矜不能者矣。民知力竭，不得不以僞繼之；上出多僞，而欲下不僞〔三〕，不可得也。

疑獨注：大道日散，詐僞日起，生民受災，自此始矣。汝何罪而先罹此？莫爲盜乎？莫爲殺人乎？後言大災之事，榮辱、貨財、窮困人之身等是也。上古之時，不競榮辱，故人不知所病；不畜貨財，故人不知所爭。今之人君立乎榮辱之上，處乎貨財之

〔一〕知：四庫本作「力」。

〔二〕量人力：此三字四庫本無。

〔三〕僞：四庫本作「爲」，訛。

中，是召人所病之端，聚人所爭之本；又重斂以困窮之，徭役不得息，雖欲無死不可得已[一]。以得爲在民，至退而自責，言古之人君愛民反身之道。「今則不然」下四句，指時君之政，爲物隱[二]匿而以不識者爲愚，後文可以類曉。凡此皆不緣人情而逆爲之計，民知力竭而不可爲，故繼之以僞。上之人不能反本，而區區於其末，將何以救止之哉？

碧虚注：以家觀家，以國觀國，則天下猶是也。至齊見罪人戮死，幕以朝服而哭之，古禮也。傷其德[三]政之失而至此，蓋由榮辱立、貨財聚，誅戮之災已成，攘寇之爭又滿，欲脱大禍可得乎？《老子》云：「受國不祥，是爲天下王。」今則反古[四]道矣。藏典法而愚黔首，設不便而罪違戾，委繁劇而罰庸才，展驛程而誅鈍弱，民之知力已竭，則思欺君罔上矣。上既失真[五]，民從其化。欲流之清，在澄源耳！

〔一〕已：四庫本作「也」。

〔二〕物隱：四庫本作「隱物」，倒。

〔三〕德：四庫本作「行」，訛。

〔四〕今則反古：今，此字四庫本無，脱。古，四庫本此字下有「之」字。

〔五〕真：此字四庫本無，而下句「從」字上有「直」字，訛。

《膚齋口義》：莫爲者，得非爲盜爲殺人乎？榮辱名，貨財利，病患害也。在上者好名，然後有此害。爲國好聚財，然後有所爭。失得正枉兩句，即百姓有過，在予一人。一物有失其形，退而自責，即匹夫不被澤，若己納之溝中。匿其物而不言，反以不知者爲愚；大爲難行之事，而以不敢者爲罪；重爲任，不量人之力；遠其塗，不計人之程。强其力所不能，必以僞應之；强其知所不及，必以欺應之〔一〕；過取無厭，必爲盜以輸之。是上使之爲僞爲欺爲盜也，又誰責乎？

柏矩請之天下遊，夫子欲乘桴浮海之意。至齊見罪人戮死在道，則當時諸國政化可知。幕朝服而哭，哀矜之至也。世間凍餒〔二〕疾厄縲紲喪憂，皆謂之災，而性命慘傷莫大於戮死，汝獨何爲先罹之？莫爲盜乎？莫爲殺人乎？何爲而至此極也！又〔三〕得非榮辱、貨財之召病〔四〕啓爭而至是乎？立人所病，聚人所爭，其來久矣〔五〕，

〔一〕强其知所不及必以欺應之：此十一字四庫本無，脱。
〔二〕餒：原作「餧」，據朱本、李本、四庫本改。
〔三〕又：四庫本作「不」，訛。
〔四〕病：此字朱本、李本並無，脱。
〔五〕久矣：四庫本作「已久」。

禍其可免乎？此語有譏及時政之意。次叙古之君天下者，心存愛育，唯恐一夫之失所〔一〕，所以治成而化洽。「今則不然」已下，直指時政之失。言之者無罪，聞之足以戒也。結以於誰責而可乎，又有嗟嘆不足之意。覬有位君子，反躬而加察焉！信能節己之養而去病絶爭，民化其德而刑措不用，豈不盡善盡美哉！○一形，當是「一物」傳寫之誤。見〈虍+鬳〉齋注〔二〕。

〔一〕失所：朱本、李本並作「不得所」。

〔二〕見〈虍+鬳〉齋注：此四字朱本、李本並無。

南華真經義海纂微卷之八十五

武林道士褚伯秀學

則陽第四

蘧伯玉行年六十而六十化，未嘗不始於是[一]而卒詘之以非也，未知今之所謂是之非五十九非也。萬物有乎生而莫見其根，有乎出而莫見其門。人皆尊其知之所知，而莫知恃其知之所不知而後知，可不謂大疑乎！已乎已乎！且無所逃。此所謂然與然乎！

郭注：化，謂順世而不係於彼我。順物而暢，物情之變然也。情變未始有極，無根無門，忽爾自然，故莫見。唯無生無出者，能睹其門而測其根。我所不知，物有知之者。用物之知，無所不知；獨任我知，其知寡矣。今不恃物以知而自尊其知，則物[二]不然，非

〔一〕是：此字下四庫本有「之」字。
〔二〕物：四庫本作「無」。

大疑而何？不能用彼，則寄身無地。自謂然者，天下未之然也。

呂注：伯玉行年六十而六十化，未嘗不始是而卒詘之以非，與孔子同。然知或未止乎其所不知，則所謂是者固未定，又安知今之所是五十九非也？夫物生而莫見其根，出而莫見其門，則知之所不知者，乃萬物之所由生出也。而人皆尊其知之所知，至其知之所不知，則常恐其虛而莫之恃，每至望崖而反。其爲疑也，豈不大哉！已乎，已乎，且無所逃，言若此者，終不可與有至〔一〕而其身之不能容也。雖今所言爲然，未知其果然耶？使人忘言以契之。

疑獨注：夫人自幼至老，新故相代，處造化中不覺其遷。伯玉能順化日新，未嘗不始是而卒非，未知今之謂是非五十九年前之非也。物生之根即天地根，物出之門即玄牝門，二者皆本於谷神，其源一也。知之所知，智者之事；知所不知，聖人之事。知尊其智而不知尊其聖，可不謂大疑乎？已乎，已乎，言不如止其取舍之心。萬物於造化無可逃之理，我以爲然，彼或不然，是非之所以起，各任其然則當矣。

碧虛注：化化不停，交臂已失。世之求是者，非求道理也，求侔於我者也。世之去

〔一〕至：此字四庫本無。

非者，非者〔一〕邪曲也，去忤於心者也。 佯我者未必真是，忤心〔二〕者未必真非，故有始是卒非之嘆。 五十九固今之是，今若悟非，乃知昔之未是；知其是之未是，惟莫之是者無非，故至是無非，至非無是。 夫虛無恍惚，至道之根；淡泊寂寞，衆妙之門。 此萬物之所生出也。 人之所知出乎不知，因其不知而後知也。 不明此者，豈不大疑乎！ 世事紛紛，日新其變，知與不知莫如止也。 所知者人事，不知者天理。 人事有爲，是非莫逃；天理無爲，安逃哉！ 若以己所知而謂之然，則衆謂之不然者亦多矣。 然乎，言未必然也。

《鬳齋口義》：年六十而六十化，一年之見勝一年也。 又安知六十歲之是便爲是耶？ 物生必有根，其出必有門，但人不見此，是其不可知者。 凡人知其所知，而不知其所不知，以爲至矣，此大惑也。 無所逃，謂自然而然，不知之知，通古今，徹上下，何處無此理？ 如何逃得？ 與乎，皆疑辭。

明有所易謂之變，暗有所易謂之化。 行年六十而六十化，謂人處世間，其形容知

〔一〕者：四庫本作「去」。

〔二〕心：四庫本作「我」。

識能解事爲，被〔一〕造物暗易而不知，未嘗不始是而卒非也。及乎〔二〕耳順之年，更事既久，庶乎是非可定，物理可明，然猶未知今之所謂是非五十九年之非也。此言物變無窮，事變無窮，人心之變亦無窮，三者交相化而古今成焉，得失著焉。事融理定，是非乃審，然猶未知後世之公論何如也。人閱人而成世，事更事而成化。若蚊虻、野馬之過前〔三〕，不知其幾，而吾之至靈真〔四〕常者，固未嘗變也。人而知此，死生〔五〕不足以動其心矣。物之生死出入，有根有門，而人不見者，皆知尊其所知以爲己能，而不知恃其所不知而後能知；信能知其所不知，則萬物之根門可睹矣。其生死出入，理之常然，化與不化，與之俱化，則亦何惑之有！蓋人生〔六〕所知所能，特其不知不能中萬分之一耳，聖人亦不能盡。夫知能，又豈能逃乎物化哉！雖然，吾今〔七〕所言以爲是者，

〔一〕被：朱本、李本並作「彼」。
〔二〕乎：此字四庫本無。
〔三〕前：此字四庫本無，脱。
〔四〕靈真：靈，朱本、李本並作「寶」。真，四庫本作「貞」，訛。
〔五〕生：此字四庫本無，脱。
〔六〕生：朱本、李本並作「之」。
〔七〕今：此字朱本、李本並無。

亦未知其信然否也。凡聖賢論化，皆有不敢[一]指定之辭，乃其不可致詰之妙，此所以爲化。

仲尼問於太史大弢、伯常騫、狶韋曰：「夫衛靈公飲酒湛[二]樂，不聽國家之政；田獵畢弋，不應諸侯之際，其所以爲靈公者何邪？」大弢曰：「是因是也。」伯常騫曰：「靈公有妻三人，同濫而浴。史鰌奉御而進所，搏幣而扶翼。其慢若彼之甚也，見賢人若此其肅也，是其所以爲靈公也。」狶韋曰：「夫靈公也死，卜葬於故墓不吉，卜葬於沙丘而吉。掘之數仞，得石槨焉，洗而視之，有銘焉，曰：『不馮其子，靈公奪而埋之。』夫靈公之爲靈也久矣，之二人何足以識之！」

郭注：靈，即無道之謚。男女同浴，此無禮也。以鰌爲賢而奉御之勞，搏幣而扶翼，使不得終禮，此所謂肅賢也。幣者，奉御之物。欲以肅賢補其私慢。靈有二義，亦可謂善，故仲尼問焉。子，謂蒯聵。言不憑其子，靈公將奪汝處也。夫物皆先有其命，故來事可知。是以凡所爲者不得不爲，所不爲者不可得爲，而愚者以爲爲之在己，不亦妄乎！

〔一〕敢：四庫本作「可」。

〔二〕湛：四庫本作「躭」，通。

徒識已然之見事，未知已然之出於自然也。

呂注：大弢、伯常騫則以人論之，狶韋則以天論之。以天論則雖名謚，固非人之所能爲也。

疑獨注：是三人，皆爲太史官，故仲尼問之。靈公飲酒湛樂，亡也；田獵畢弋，荒也；得謚爲靈何耶？大弢曰是因是也，言靈即無道之謚，謚法：「亂〔一〕而不損曰靈。」伯常騫曰公與三妻同浴，史鰌奉御而進，使之搏幣扶翼而出，以其能敬賢，所以謚靈也。狶韋曰公死卜葬沙丘，掘得石椁銘曰「不憑其子，靈公奪而埋之」，言天理不可憑，此地本屬靈公之父反爲其子得之，則公之爲靈也久矣。彼二人何足以知此？

碧虛注：謚法：「亂而不損曰靈。」又：「德之精明曰靈。」其靈素定，謚自冥符，若以俗情料方外幽冥之理，何足以識之哉！

《鬳齋口義》：衞君所爲如此，謚之爲靈何耶？言未足以當其惡也。奉御，猶今言召對。搏，執贄見之。幣，公使人扶翼之，言有禮也。沙丘古人葬處，石椁先有靈公之名，則生前已定，人何力焉？不憑其子，言子孫不可託，此地爲靈公所得也。

〔一〕亂：原作「辭」，據四庫本改。

靈之爲謚，可善可惡，故夫子問於三人。大弢答以唯其如此〔一〕，所以如此，則靈爲無道之謚明矣。伯常騫曰公與三妻同浴，無禮孰甚焉，及賢臣奉御而進，使人搏幣扶翼而出之。幣，謂奉御衣物。是於人欲熾然之中，天理一毫之善未至全泯，則其謂之靈，幾可以善言矣。狶韋曰公卜葬而得石槨之銘，昭然靈公之字〔二〕，冥符千載，其所謂靈也久矣，彼二人何足以知之？義同處父之槨，滕公佳城，莫非前定。至於名謚，亦豈偶然！但當盡人事以應天理，其謚號〔三〕美惡則係乎生前之所爲，在人不可不謹。謚法始於周公，以一字示褒貶，亦嚴矣哉〔四〕！不勤〔五〕成名曰靈，古之人主〔六〕不善終者有靈，若厲之號。至於達人〔七〕大觀，善惡兩忘，去來〔八〕見在等無滯迹，無爵無

〔一〕大弢答以唯其如此：此八字朱本、李本並作「大弢答云惟如此」。
〔二〕字：四庫本作「謚」。
〔三〕謚號：朱本、李本並作「是非」。
〔四〕哉：此字朱本、李本並無。
〔五〕勤：朱本、李本並作「勸」。
〔六〕主：此字朱本、李本並無，脱。
〔七〕人：朱本、李本並作「識」。
〔八〕來：四庫本作「求」，訛。

謚，翛然順化，使人無得以議其善〔一〕否，豈不混成盡美哉！三人各一答，首言其不道，次言其敬賢，後言天理一定；以迹論之不無優劣，卒不逃天理之一〔二〕定耳。

少知問於太公調曰：「何謂丘里之言？」太公調曰：「丘里者，合十姓百名以爲風俗也，合異以爲同，散同以爲異。今指馬之百體而不得馬，而馬係〔三〕於前者，立其百體而謂之馬也。是故丘山積卑而爲高，江河合水而爲大，大人合并而爲公。是以自外入者，有主而不執；由中出者，有正而不距。四時殊氣，天不賜，故歲成；五官殊職，君不私，故國治；文武大人不賜，故德備；萬物殊理，道不私，故無名。無名故無爲，無爲而無不爲。時有終始，世有變化。禍福淳淳，至有所拂者而有所宜；自殉殊面，有所正者有所差。比于大澤，百材皆度；觀乎大山，木石同壇。此之謂丘里之言。」少知曰：「然則謂之道，足乎？」太公調曰：「不然。今計物之數，不止於萬，而期曰萬物者，以數之多者號而讀之也。是故天地者，形之大者也；陰陽者，氣之大者也；道者爲之公。因其大以號而讀之，則可也。已有之

〔一〕善：此字四庫本無，脱。

〔二〕一：此字朱本、李本並無。

〔三〕馬係：四庫本作「係馬」，倒。

矣，乃將得比哉？則若以斯辯〔一〕，譬猶狗馬，其不及遠矣！」

郭注：大人無私於天下，天下之風一也。自外入者，大人之化；由中出者，民物之性。性得正，故民無違心；化至公，故主無所執。所以能合丘里并天下，一萬物、夷群異也。殊氣自有，故能常有，若本無而天賜，則有時而廢矣。殊職自有其才，故任之耳，非私而與之。文者自文，武者自武，非大人所〔二〕賜。若由賜而能〔三〕，有時而闕矣。豈惟文武〔四〕，凡性皆然。名止於實，故無爲；實各自爲，故無不爲。時世有變，無心者順之。於此爲戾，彼或宜；正於此，或差於彼。各信所施，不能離也。比于大澤大山之無棄材，合異以爲同也。言丘里，則天下可知。有數之物，不止於萬，況無數之數，謂道而足耶！通物無私，强字曰道，所謂道可道也。名已有矣，將無可得而比耶！名之辯無，不及遠矣，故謂道猶未足；必在乎無名無言之域，而後至焉。

呂注：合姓名爲丘里，異爲同也。散丘里爲姓名，同爲異也。非如一家之言，異不

〔一〕辯：原作「譬」，據四庫本改。

〔二〕所：四庫本此字下有「自」字。

〔三〕若由賜而能：四庫本作「若有由賜則」。

〔四〕武：四庫本此字下有「能」字，衍。

能合，同不能散也。百體莫非馬，指之不得馬，立百體而謂之馬，譬大人不以其大全觀之，則所謂大者亦不可得。比以丘山江河，所以爲大之至也。故自物觀之，萬物莫不備於我，則自外入者，有主於中而不執，有萬而無不〔一〕容也。自我觀之，汎乎其爲萬物逝〔二〕，則由中出者，有正而不距，周行而無不徧也。天之於四時，不因其固有而賜與之，則功有所不備而歲不成矣。君之於五官，不付之衆爲而我有之，則知有所不周而國不治矣。文武殊才，萬物殊理，其爲不賜不私，亦若是而已。無私故無我，無我則莫有名之者；無名故無爲，無爲則無不爲矣。時變無停，禍福無常，有拂有宜，善或爲妖也。物情各殉，殊面不一，有正有差，正或爲奇也。物理不齊如此，道者所以公之，未始容心趣〔三〕舍於其間。比于大澤百〔四〕林無不備，觀乎大山木石無所分，此之謂丘里之言。道本强名，則謂之道不可以爲足也。凡物無窮，萬不足以盡其數，而期以萬者，以數之多者稱之。天地形之大，陰陽氣之大，道者爲之公，則非形非氣，故無名也。名不足以盡道，而名之曰道，亦以

〔一〕不：四庫本作「所」。
〔二〕逝：四庫本作「遊」。
〔三〕趣：四庫本作「趨」，通。
〔四〕百：四庫本作「大」。

其大者稱之。本無名而以名稱之，則已有矣，乃將得與〔一〕無名者比哉！若以謂之道者爲道，是猶認狗以爲馬也。

疑獨注：十家爲丘，二十家爲里。丘里者，合十姓百名以爲風俗，而不知合并天下以爲公。合異以爲同，散同以爲異，則道愈離而物愈乖矣。指馬百體而不得馬，立馬百體而謂之馬，散同〔二〕爲異、合異爲同也。丘山積卑，江河合流，以喻大人合并天下以爲公。唯其公也，故自外入者，中有主而不執，不執則能通；由中出者，外有正而不距，不距則能行，是以不私而天下一，不賜而萬物成。四時氣殊，天不賜，故歲成；五官職殊，君不私，故國治。以至文武殊任，萬物殊理，君道不私，故德備而無名，不賜則自成。蒙澤而不謝，不私則自正，功成而無報也。大道無私於物，故無名無爲，無爲則物各自爲而無所不爲矣。時世有變，禍福倚伏。拂者或以爲宜，殊面異向也；正者或以爲差，各執所見也。比于大澤，異材而同用，大山異植而同壇，此合異以爲同而未離乎有形有數，是之謂丘里之言。天地、陰陽，形氣之大者，道爲之公，皆因其大而號之也。若此者已有

〔一〕與：四庫本作「於」，訛。
〔二〕同：四庫本作「合」，訛。

矣，其小大貴賤，乃將得比之哉！

碧虚注：《周禮》：「四井爲邑，四邑爲丘，五家爲鄰〔一〕，五鄰爲里。」合十姓百名之異爲一丘一里之俗，或散一丘一里之俗爲十姓百名之異，亦猶離馬之百體曰頭尾眼耳，合其頭尾眼耳總曰馬也。此即公孫龍離堅白、合同異之旨。山積衆石，河合百川，大人合并郡國以爲公，分之則楚、越有異，并之則風化一同，亦無異乎丘里之合散也。外入者，事中有主，則事不滯；中出者，理外不邪，則理自遠。炎涼氣殊，天任之而不賜，故歲功成。工虞職殊，君委之而不私，故天下治。文武材殊，大人任之而不賜，故德業備。動植理殊，道生之而不私，故無名也。物物自名，非道强名之；物物自爲，非道强爲之。道無所爲，故能無不爲也。冬春之代謝，皇王之澆淳，於此爲禍爲戾，於彼或爲福爲宜，比乎大澤衆材大小皆中法度，大山木石精粗皆聚〔二〕一壇，所謂丘里之言亦若是而已。大道無極，物亦無窮，今據多而號之曰萬。若物止於萬，則道亦有極，何足以稱象帝之先？大道合并形氣而爲公，强名曰大，字之曰道。既曰大道，已有之矣，安得與未始出其宗者

〔一〕鄰：原作「部」，據四庫本改。下句同。
〔二〕聚：四庫本作「同」。

比哉！

《鬳齋口義》：聚井爲丘，聚丘爲里。里中十姓百名，人物雖異，風俗則同，合異爲同之喻。丘里之言者，公一里之言也。合異以爲同，萬物同一理。散同以爲異，萬物各一理。合百體以爲馬，體上無馬名，立其百體謂之馬也。合并以爲公，合萬物之異以爲同也。有主而不執，執則非自然。正者，萬物之理。出乎胸中，其理與物不相距，則無同異矣。不賜，不以爲功。萬物殊理，大道合之以爲公，故無得而名也。淳淳，流行貌。倚伏無常，或有所拂而反爲宜，塞翁失馬之類。人自殉之心，如面之不同。有所正則拘執，反或失之。譬大山大澤，木石之材，皆中度可用，合異以爲同也。稱物數而爲萬，總形氣爲天地陰陽。道者爲之公，皆以其六者言之耳。雖已有道之名，豈可以此相比哉！

凡一丘一里之間，必有年德之尊者，考衆情而立論，猶所謂月旦評，及各有里諺流傳，以記其風土事物，是謂〔一〕丘里之言，合異以爲同也。共出丘里，而有少長賢愚貧富得失之不齊，同而異也。天下之大起於丘里，道之大貫於事物。散同而爲異，猶指馬之百體。合異以爲同，立百體而謂之馬也。言之則有合散，冥之則歸混同，理有至

〔一〕謂：朱本作「爲」。

極，不可容聲矣。丘山積卑，江河合水，大人合公，亦不外乎此理。蓋能合丘里而得宜，則合天下之物情〔一〕亦猶是也。在乎公之一字而已。《道經》云「公乃王」，王則天下之所歸往，安得而〔二〕辭哉！故自外入者，學也。君子之學主乎道，主乎道〔三〕則物無不通。由中出者，思也。君子之思正乎理，正乎理則物無所距。猶四時殊氣而成歲，五官殊職而成治，總歸乎大人之德備，以闡大道之無私，又惡可得而名焉！無名故無爲，無爲而無不爲，此理之必至。然而時有變遷，機有倚伏，有以所拂而宜者，有以所正而差者，皆由自殉己情，故不免於殊向〔四〕。譬大澤之百材，合而爲匠石之用，異而同也。大〔五〕山之木石，散而爲天下之用，同而異也。若冥理而歸于道，復何同異之辯哉！夫道之爲名，不足以盡道；物數稱萬，不足以盡〔六〕物。各以其大者言之耳。

〔一〕情：此字朱本無，脱。
〔二〕安得而：安，朱本此字在上句「往」字上，倒。而，此字朱本無。
〔三〕主乎道：此三字朱本不疊。下句「正乎理」同。
〔四〕向：朱本作「而」，訛。
〔五〕大：朱本作「太」，通。
〔六〕道物數稱萬不足以盡：此九字朱本無，脱。

形之大者，天地統之；氣之大者，陰陽統之。道又以統天地陰陽，其大詎可量耶？然既有道之名，則不可與無名者〔一〕比，所以至人之道，行乎無名，故天下莫得而名也。是章類〔二〕《齊物論》之談有無生死，此則頗闗治道〔三〕，又〔四〕翻出丘里之言一段，立説愈奇。製名寓意，謂至公而能和天下，則少〔五〕知者所當請問也。

〔一〕者：此字朱本無，脱。
〔二〕類：朱本作「同」。
〔三〕闗治道：闗，朱本作「觀」，訛。道，朱本此字下有「者」。
〔四〕又：此字朱本無，脱。
〔五〕少：朱本作「不可」，訛。

南華真經義海纂微卷之八十六

武林道士褚伯秀學

則陽第五

少知曰：「四方之内，六合之裏，萬物之所生惡起？」太公調曰：「陰陽相照，相蓋相治；四時相代，相生相殺。欲惡去就，於是橋起；雌雄片合，於是庸有。安危相易，禍福相生，緩急相摩，聚散以成。此名實之可紀，精之可志也。隨序之相理，橋運之相使，窮則反，終則始，此物之所有。言之所盡，知之所至，極物而已。睹道之人，不隨其所廢，不原其所起，此議之所止。」少知曰：「季真之莫爲，接子之或使，二家之議，孰正於其情，孰偏於其理？」太公調曰：「雞鳴犬吠，是人所知；雖有大知，不能以言讀其所自化，又不能意其所將爲。斯而析之，精至於無倫，大至於不可圍，或之使，莫之爲，未免於物而終以爲過。或使則實，莫爲則虚。有名有實，是物之居；無名無實，在物之虚。可言可意，言而愈疏。未生不可忌，已死不可阻。死生非遠也，理不可睹。或之使，莫之爲，疑之所假。吾觀之本，其往無窮，吾求之末，其來無止；無窮無止，言之無也，與物同理；或使莫爲，言之本也，與物終始。道不可有，有不可無。道之爲名，所假而行。或使莫爲，在物一曲，夫胡爲於大方？言而足，則終日言而盡道；言而不足，終日言而盡物。道物之極，言默不足以載；非言非默，議有所極。」

郭注：問物之所起，或謂道能生之。此皆自爾，而無所生。凡此事故云爲趣〔一〕舍，近起於陰陽之相照，四時之相代。過此已往，止於自然。其相理相使，皆物之所有，非無能有之。物表無所復有，故言知不過極物。廢起無所原隨，此議之所止。或謂道莫爲也，或謂道或使也。或使者，有使物之功。物有自然，非爲之所能。由斯而言，季真〔二〕之言當也。至精至大，皆不爲而自爾。物有相使，亦自爾也。故莫之爲者，未爲非物。凡物云云，皆由莫爲而過去。實自使之，無使之者。居，指物之所在。物之所在，其實至虛。求之於言意之表而後至焉。突然自生，吾不能禁；忽然自死，吾不能違。近在身中，猶莫見其自爾而欲憂之。此二者，世之所疑。物理所窮，故知言無窮，然後與物同

〔一〕趣：四庫本作「趨」，通。
〔二〕季真：四庫本作「莫爲」。

理。常不爲而自然。道不能自有，有者自然也。物所由而行，故假名曰道。舉一隅便可知。求道於言意之表則足，不能忘言而存意則不足。道物之極，常莫爲而自爾，不在言與不言。極於自爾，非言默所議也。

呂注：少知聞謂之道，則已有而不得與道比，故疑於無物，問萬物所生惡起，所謂制乎虛者也。日月往來，昇降消長，相照相蓋相治〔一〕也；寒暑屈伸，王相生尅，相代相生相殺也。物生天地間，隨陰陽四時而運，是以欲惡去就〔二〕，乘之以行，雄雌片合，動靜有常，故有安危禍福聚散等事，此名實之可紀而精之可志，非不可致詰者也。先後相隨之謂序，相理而未嘗亂也。橋則乘之以行，運則因之以濟，相使而未嘗定也。窮則反，終則始，陰陽爾四時爾，是物之所有，非道之無也。言知之〔三〕所止，極此而已。此則萬物之所生起，非所以生而起，有名萬物之母是也。若夫睹道之人，未嘗無物，故不隨所廢；未嘗有物，故不原所起。泊然無名，出乎六合之外，豈言知之所及哉！季真莫爲，隨所廢也；接子或使，原所起也。雞狗之鳴吠，其所化，所已爲也；其所以鳴吠，所自化，所將爲

〔一〕治：原誤作「治」，今據《莊子》原文改正。
〔二〕就：四庫本作「之」，訛。
〔三〕知之：四庫本作「之知」，倒。

也。精至無倫，則無内；大不可圍，則無外。或使莫爲，果安在耶？此所以未免於物，以其不麗於實，則麗於虛故也。以有名實爲物之居，不知其未嘗有；以無名實爲物之虛，不知其未嘗無。所以言而愈疏也。生死之不可却止，則超乎言意，雖近在身而不可睹也。或使莫爲，皆疑之所假，而非理之真。往無窮則迎不見首，來無止則隨不見後，是物之理，非物之形也。或使、莫爲，則可言可意，不免與物終始而已，惡睹所謂無止無窮哉！道不可有，以其無有也；有不可無，以其自無，非我無之也。然則道者假名，安可以名爲道？莫爲或使，皆在物一曲，何足以合乎大道？言而盡道，希言自然也；言而盡物，多言數窮也。自物觀之，則道非物；自道觀之，無物非道。道物之極，言默不足以載。終身言未嘗言，則非言也；終身不言，未嘗不言，則非默也。議至於此，然後爲極。

疑獨注：陰陽則相照以日月，相合以天地，相治以風雨；四時則相代以寒暑，相生以春夏，相殺以秋冬。爲有陰陽、四時、欲惡、雌雄，於是橋起、安危、禍福悉由之矣〔一〕。至於相理相使，與夫窮反終始者，皆物之所有，言知所能至極物而已。睹道之人，則見於形氣之表，豈復留意於物而推廢起之由哉！此議之所止也。莫爲則自然，天也；或使則

〔一〕矣：四庫本作「以」，訛。

使然，人也。和同天下，則非一曲矣。雞鳴狗〔一〕吠，人所共知，其所以鳴吠與所將爲〔二〕，雖大知，不能以言意求矣。由是而推至於極大極細，皆非人力所能爲也。莫爲則知天不知人，或使則知人不知天，滯物一偏，終以爲過。虛實有無之名相因而生，可言意則愈疎，不若求之言意之表也。夫人之生死〔三〕順乎性命，孰能禁阻？此理非遠，在吾身中，如四時循環而不可睹，則或使莫爲之説，疑其爲假而非性命之至。吾觀夫復命之本，其往也無窮；出生之末，其來也無止。言道之無則與物同理，言道之有則與物終始，非有非無，出於强名〔四〕，則或使莫爲，皆在物一曲，而未至於大方，況欲語道之無方乎！言而足者，内無所慊，故盡道；言而不足者，反此。不若非言非默，而道物兩得之也。

碧虚注：少知問世間萬物之所生起，太公告以陰陽四時照治〔五〕生殺之理，人民欲惡去就，禽獸之雌雄片合。橋起，高勁貌。事有安危禍福緩急聚散之不同，而相易相生，相

〔一〕狗：四庫本作「犬」。
〔二〕與所將爲：四庫本作「有將爲者」，訛。
〔三〕生死：四庫本作「死生」。
〔四〕名：四庫本作「明」，訛。
〔五〕治：四庫本作「至」，下有雙行小注云「至，一作治」，訛。

摩相成之不一。外有名稱可紀，内有精微可志，自天地至于萬物，皆〔一〕隨次序而相理相使。物窮則反，事始則終。殫言竭知，止極事物之粗，莫能窺道之藩籬也。唯睹道之人，不隨物之廢起而任物之芸芸，我則括囊全生而已。又問道之莫爲也，其如事業何？道之或使也，其如自然何？當物之情，孰偏孰正？答以雞鳴狗吠，是人所知，而莫知其所以鳴吠。謂其莫爲耶，何緣而忽鳴吠？謂其或使耶，他物何爲寂然，自化之理孰知？將爲之情孰識？唯置其莫爲者，則可以察或使之情；任其或使者，則可以審莫爲之理。推此而論，雖至大極細，皆不免於物，莫逃乎累。夫物所賴者名與實，名實喪，則物何有？唯妙道至理，不涉思議，氣來則生，氣散則死，方生復死，方死倏生，可謂近矣。而理不可睹，在於冥悟而已。或使則利人，莫爲則自全，達者左右逢原，迷者疑心未釋，假道而行耳。吾觀道之本末，空寥恍惚，不可隨迎，論其無窮無止，亦與動植無二。世以有用無爲爲言教之本，既形言教，則不能超物。故與之終始，有無二理，皆借妙本而行。季真之無，接子之有，皆一曲之論，見笑於大方之家。有無皆貫，事理兼明，爲言而足，言而足，則道無遺矣。有無偏執，事理互陳，爲言不足，言不足，則物無逃矣。道之極也，默不

〔一〕皆：四庫本此字上有「亦」字，衍。

能默；物之極也，言不能言。若離其言言，去其默默，然後冥會忘言之機，目擊衆妙之極。

《鬳齋口義》：照，猶應。蓋，猶合。相治，相消長也。春生秋殺，隨時代謝，然後有欲惡去就安危禍福等事，皆同中之異者。橋拱而起，片即判也。自「欲惡」已下，其名實精微，件件可見可書也。隨序之相理，即陰陽相治。橋起而運，相爲消長，故曰使窮通終始，物之必然。言知之至，極此而已。唯知道之人於所以廢起者，皆歸之自然，故言議至此而止。莫爲，言事皆偶然；或使，有主之者。雞鳴狗吠，喻人所知不同。雖有大知，不能盡其言意，所自化，所將爲，若以此理分析，語大語小〔一〕，不可窮已。皆累於物，終以爲過，謂有物司之，是實也；謂本無所主，是虛也。有實則有名爲累，謂無則名實俱泯。然所謂無者終在，亦累於物。曰有曰無，皆可以言傳意度，去道遠矣。未生不容不生，當死豈可違阻？此理近在目前，而不可睹。以爲或使，又以爲莫爲，世之疑情假此而起。即本始未動之時觀之，見其往者無窮；即既動而止之時觀之，見方來者無止。但泯於無，方可合萬物而同一體。或使莫爲，皆未離於物，與之終始，不免於有，何可得而無之！若以真實而觀，道之一字，亦是假名。二者之論，泥於一偏，安得合乎大道！我有

〔一〕語大語小：此四字四庫本作「細大理」三字，訛。

真見，終日言亦無妨；若無真見，雖多言而不離於形似。道，精也。物，粗也。若要其極，言默皆不足以盡。非言非默之中，自有至極之議。釋氏所謂「如〔一〕我按指，海印發光〔二〕，似汝舉心，塵〔三〕勞先起」，亦此意。

天有陰陽四時，人有欲惡去就，物有雌雄判合。橋起，憑虚而起。庸有，用是而有。言事或無因或〔四〕有因，皆出於天人萬物之交化，而本於道之緒餘。安危至聚散八者，又自前而生，其迹愈粗。歷〔五〕數人據，紀述〔六〕無遺於是。隨次序以相理，而君臣父子之義明；憑虚運以相使，而窮反終始〔七〕之機著，故其言知〔八〕所至，極物而止。

〔一〕如：此字四庫本無，脱。
〔二〕光：四庫本作「之」，訛。
〔三〕塵：四庫本此字下有「汝」字，衍。
〔四〕或：朱本作「而」，訛。
〔五〕歷：朱本作「人」，訛。
〔六〕述：四庫本作「實」，訛。
〔七〕窮反終始：朱本作「窮始反終」。
〔八〕知：朱本作「之」，訛。

此治世之論〔一〕，方内事也。若夫方外睹道之士，則不隨物所廢，不原物所起，首尾既忘，中亦不立，然則何所容其擬議哉！季真、接子，當時有此二家之論，各執一偏，猶楊、墨之爲我、兼愛。以其不合乎道，故以雞鳴狗〔二〕吠鄙之。人皆知其鳴吠而不知所以鳴吠，則吾於二子之論〔三〕，又安能知其所自化哉！以此理析之，凡至小極大，或使莫爲，皆不離於物，莫免乎患。或使有由，然則實也；莫爲雖虚，有名則實係之，未得爲全無也。昔之語道者，必離四句，謂有無，非有非無，亦有亦無，離此即是道，猶〔四〕舍東西南北即〔五〕中也。請觀夫四時之往來，日星之奔運，天行健而不息，海嘘吸而有信，莫之爲耶？或使之耶？然則有爲之者，有使之者。鳴吠，爲風氣所使；生死，爲大塊所使；四時、日星〔六〕、天海，皆有真宰司之，但爲於無爲，使於無使耳。人之生死、

〔一〕論：朱本作「事」，下句「事」朱本作「論」，倒。
〔二〕狗：朱本作「犬」。
〔三〕吾於二子之論：朱本作「於二子」。
〔四〕猶：此字朱本無，脱。
〔五〕即：此字朱本無，脱。
〔六〕星：朱本作「月」。

去來不可阻，此理近在身中而不可睹，其義〔一〕亦然。觀其本而往者無窮，觀其末而來者無止，則知受役於〔二〕造化者，往古來今〔三〕而不息，非獨我也，何可勝言？與物同此理而已。若泥於或使、莫爲，則有言有名之所自起，與物終始而無已也。道不可有，有之則窒〔四〕滯而不通，何由造虛玄之妙？道處有無之間而不著於有無，假有無以行，無所往而非道。若季真、接子者，各殉一曲，豈可達乎大方！言而足者，得道之精；言而不足者，得道之粗〔五〕。言一也，而有道物之分。若究其極物之虛，即道也，言默皆不足以載。惟〔六〕超乎言默之表，斯爲道之極議也歟？

褚氏統論：是篇自則陽、王果起論，稱山樊隱德以鎮市朝奔競之風，有以見至人善達物之綢繆，使之歸乎恬暢，是謂飲人以和而使人化者〔七〕也，裨益治道多矣。以其愛民

〔一〕義：四庫本作「議」，訛。
〔二〕於：此字朱本無。
〔三〕今：朱本作「古」，訛。
〔四〕窒：此字朱本無。
〔五〕言而不足者得道之粗：此九字朱本無，脱。
〔六〕惟：此字朱本無，脱；四庫本作「唯」，通。
〔七〕者：此字朱本、李本並無。

無已，故民愛之安之亦無已。蓋以道濟物，出乎性情〔一〕之真，民安有不化〔二〕者？世人往往殉物失己，日遠舊都，望之暢然，則未至蔑盡，猶思所以求復，而〔三〕能見所自見，聞所自聞，其忻〔四〕悦當何如？人之治身，猶治國也。心〔五〕君正而五官理，國君正而群輔賢，非獨利於〔六〕一時，猶足以興日後之化，如湯得三臣傅〔七〕於前，而有夫子繼其後，若四時之成歲功，又何内天外人之辯〔八〕哉！次因齊、魏敗盟而舉兵，遂引〔九〕觸、蠻爲喻，以眇當時好戰之君，明所習之隘陋，所爭之不足爭也。孔子舍蟻丘，譏有迹之可嫌〔一〇〕。

〔一〕性情：四庫本作「惟慎」，訛。

〔二〕化：朱本、李本此字下並有「之」字。

〔三〕而：朱本、李本並作「苟」。

〔四〕忻：朱本、李本並作「欣」，通。

〔五〕心：朱本、李本並作「天」。

〔六〕利於：朱本、李本並作「以利」。

〔七〕傅：李本作「傳」，訛。

〔八〕何内天外人之辯：何，原作「河」，據朱本、李本、四庫本改。人，李本作「火」，訛。辯，朱本、李本並作「辨」，通。

〔九〕引：朱本、李本並作「以」。

〔一〇〕迹之可嫌：迹，朱本、李本並作「論」，訛。嫌，朱本、李本並作「羞」。

封人論爲禾〔一〕，忌〔二〕欲惡之爲孽。此皆示應世理身之要，至於柏〔三〕矩歎辜〔四〕人，以失爲在己，正己〔五〕以正〔六〕物也。蘧瑗德〔七〕隨年化，恃知所不知，用物之知也。此又論治民化物之方。靈公之爲靈，定葬於未然，則凡所爲者不得不爲，造物有定筭，託之於人耳。若夫丘里之言，合散同異，馬非百體，立體得名，大人合并〔八〕爲公，萬物殊情〔九〕而道備，猶大澤之百材，大山之木石，或同出而異用，或異産而同歸，不越乎形氣之分化，而至理盡矣。結以季真、接子，虚實皆爲執滯，未免與物循環而已，故必超乎言默之表，心

〔一〕爲禾：朱本作「禾爲」，倒。李本作「未爲」，亦訛。
〔二〕忌：朱本、李本並作「未忘」，訛。
〔三〕柏：原作「伯」，據朱本、李本、四庫本改。
〔四〕辜：朱本、李本、四庫本並作「臯」。
〔五〕正己：此二字朱本、李本並無。
〔六〕正：李本作「主」，訛。
〔七〕德：原缺，據朱本、李本補入。
〔八〕并：朱本、李本並作「衆」。
〔九〕情：原缺，據朱本、李本補入。

融而意得之，道物之極議存焉〔一〕，則〔二〕知可道可名〔三〕之非真常，而非言非默之可載道也明矣。

〔一〕「心融」至「存焉」：此十三字朱本、李本並作「心融而立無得之域則道物之擬議化焉」，訛。
〔二〕則：朱本、李本並作「斯」。
〔三〕名：朱本、李本並作「言」。

南華真經義海纂微卷之八十七

武林道士褚伯秀學

外物第一

外物不可必，故龍逢誅，比干戮，箕子狂，惡來死，桀、紂亡。人主莫不欲其臣之忠，而忠未必信，故伍員流于江，萇弘死于蜀，藏其血三年而化爲碧。人親莫不欲其子之孝，而孝未必愛，故孝己憂而曾參悲。木與木相摩則然，金與火相守則流。陰陽錯行，則天地大絯，於是乎有雷有霆，水中有火，乃焚大槐。有甚憂兩陷而無所逃，螴蜳不得成，心若縣於天地之間，慰暋沈屯，利害相摩，生火甚多，衆人焚和，月固不勝火，於是乎有僓然而道盡。

郭注：善惡所致，俱不可必。藏血化碧，精誠之至。忠未必信，孝未必愛，是以至人無心應物，唯變所適。天地大絯，所謂錯行。苟不能忘形，則隨所遭陷於憂樂，左右無宜也。矜之愈重，則所在爲難。莫知所守，故不得成心。若縣，謂希跂者高。慰暋，則非清夷平暢。生火，謂内熱也。遺利則和，若利害存懷，其和焚矣。大而黯則多累，小而明則知分。唯僨然無矜，遺形自得，乃盡也。

呂注：凡非性命之精皆外物也，故不可必。龍逢、比干以仁爲可恃而必之，惡來、紂以不仁爲可恃而必之，皆至於不免。爲善惡而不近形〔一〕名，則何必之有？夫外物非獨不可必於人，亦不可必於己。君親莫不欲臣子之忠孝，而忠未必信，孝未必愛。欲臣子之忠孝在己者也，蓋道未至於僨然而盡，雖在己所欲，猶爲外物而不可必，況在人者乎！伍員、萇弘諸人，必其在人者，是以至於死亡憂悲，血化爲碧，忠誠之至，而猶不能必於欲忠之人，豈不哀哉！木相摩則然，同類不能無相害；金守火則流，異類不能無相害。「陰陽錯行」已下，言其大寇無所逃於天地之間，則震而爲霆，發而爲光，或出於所異，或害於所同，以至生火焚和，而月不足以勝之也。蓋大患有身，安能無憂！或係於所同，或係於所異，是爲兩陷。蜳蜳不得成，其所欲爲，心若縣於天地之間，慰睯沈屯而不得解，猶陰陽錯行，天地大絯之時，利害相摩，生〔二〕火甚多，猶有雷有霆，水火焚槐之時；雖清明之性如月，不足以勝焚和〔三〕之火。此皆出於有心，僨然則縱心而至於無心，道盡於此矣。

〔一〕形：四庫本作「刑」，通。
〔二〕生：四庫本作「水」，訛。
〔三〕和：四庫本作「槐」。

疑獨注：在己有義，在物有命，義有可修之道，命無可必之理。外物不可必，主於命而言。臣子之忠孝，在己者也；以忠孝求知於君親，在物者也。外物雖不可必，在己者不可不盡忠孝，而不見知於君親者，龍逢、孝己諸人是也。非唯不見信愛，卒至誅戮憂悲，此其不可必者，君子修其在己以俟在天者而已。木摩木則火生，火守金則爍金，火不以所生而不焚，金不以散釋而失性也。聖人因陰陽以統天地，陰陽順則天地通而風雨時。唯其絯而不通，則雷霆奮擊，水火焚槐。水所以滅火，乃出火而焚槐，今之雹火是也。聖人至於命，則不爲陰陽所制，無憂樂於胸中；世人必於外物，五行所以爲之賊，陰陽所以爲之寇，爲憂樂所陷而不能逃也。蟨蜳疑惑，不能成事，遂意則慰，乖意則啟，遇境則沈，觸物則屯，利害交於胸中，摩擊内熱，則是生火焚其和理而性不全矣。月者，天之陰；火者，人之陽。人欲熾而天理虧，月不勝火之謂也。陰陽五行之乖宜，惟人欲惡之所召，能儻然忘形於利害之外，斯道盡矣。

碧虛注：道安乎内，事涉於外，在我猶不可必，況外物〔一〕乎！以〔二〕仁義爲可必，

〔一〕外物：四庫本作「物外」，倒。

〔二〕以：四庫本此字上有「或」字。

則〔一〕夷、齊不餓死。以知爲可必，則比干不剖心。以忠爲可必，則伍員、萇弘不遭戮矣。此忠賢佞倖，兩陷而不可逃也。碧者，憂之色，心主血，忠臣憂國故血化爲碧。伍員、萇弘知事君盡忠，而不知逆君之致禍。孝己、曾參知事親盡孝，而不知親嫌而致憂，皆未明外物不可必之理也。惡來順紂，同孽相濟而不免，猶木之相摩。龍逄逆紂，善惡異性而遭誅，猶金火相守也。陰陽錯行，則天地大絯；忠孝被刑，則國家傾覆。忠孝，臣子所當盡也。不幸而遇闇君頑父，逆理暴虐，猶水中有火，乃焚大槐，《淮南子》云「老槐生火」是也。忠而諫諍，則憂及其臣；佞而諂諛，則憂及其君；皆陷有爲之禍，是以憂怵而志不得成，其心欲高顯於天地之間，而世道交喪，鬱閉屯溺之，使無所施用。忠佞相摩，恚怨日熾，人和焚棄矣。忠孝之誠如月，暴虐之性如火。月固不足以勝之，唯僓然無心而至順者，忠孝之道盡矣。

《鬳齋口義》：桀、紂之時，賢不肖均於被禍，是不可必也。萇弘被放歸蜀，刳腸而死，蜀人以匱藏其血，三年而化爲碧玉。晉元帝託運糧不至而殺其臣，其血逆柱而

〔一〕則：此字四庫本無，脱。

上[一]；齊主[二]以明月之讖殺斛律光，其血在地，去之不滅，亦此類。孝己、曾參皆以孝而害身[三]，是不可必也。木本無火，相摩而生；金本至堅，見火而流，皆言其不可必。絃，異也。大雷雨之時，或焚樹木，此皆陰陽錯行而爲災之事[四]。兩陷，謂[五]人道、陰陽。蜳蜳，怵惕不安。心若懸，言其繫縛自苦。鬱悶陷溺，利害交戰，内熱生火，焚蕩胸中之和氣也。人之天性如月，但爲物欲熏灼，其爲月者不能勝之。僓然，放弛貌。道盡，天理滅盡而後已也。

褚氏管見：外重者内輕，物得則己失。凡世間利名、毁譽、成敗、得失，非性命所有者，皆外物也。而世[六]俗認以爲真，殉而忘反，以至殺身而弗悟，何耶？蓋澆風所尚，非利則名，而毁譽榮辱亦隨之。有識者，知利之爲汙，不屑就焉，則慕名以自高。

〔一〕上：此字四庫本無，脱。
〔二〕主：原缺，據四庫本補入。
〔三〕身：四庫本作「親」，訛。
〔四〕事：四庫本作「火」，訛。
〔五〕謂：四庫本作「爲」。
〔六〕世：此字朱本、李本並無。

名之美者，無過忠孝，以其能致君親於無過，有足以補國家興教化故也。若〔一〕上古風淳，君如標枝，民如野鹿，則安有犯顔逆鱗之舉？亦豈有刀鋸鼎鑊之威哉？爲臣不幸而遇暴君，悖理專〔二〕殺，即陰陽錯行，雷霆妄發之時也，而後忠見焉。爲子不幸而遇虐父，窘逐流離，即水中有火，焚槐之時也；而後孝聞焉。槐色正黄，喻性中和。木之爲物，絞之得水，鑽之得火，陰陽之性具焉。水中有火，陽侵陰位，至於焚槐，則過亢矣，和能不傷乎？譬人身由陰陽而生，抱沖和而立，或得以寇之者，物爲之累而氣動于中，喜怒并毗，陰陽交勝，沖和日損，客邪乘入，無根之木其能久乎？兩陷，謂外而事君奉親，内而修身養命，皆不逃〔三〕乎憂患。心惶迫而志不成，若縣係於天地之間，無求解脱處。慰〔四〕字難釋，或借從鬱，音義頗明白〔五〕。慰〔六〕啟於思慮，沈屯於嗜

〔一〕若：此字朱本、李本並無。
〔二〕專：朱本、李本並作「枉」。
〔三〕逃：朱本、李本並作「外」。
〔四〕慰：朱本、李本此字下並有「啟」字，衍。
〔五〕白：此字朱本、李本並無。
〔六〕慰：朱本、李本並無，脱。

欲，言著物之重，所以利害交戰，生火内攻，沖和焚燼而患生焉。夫陰陽之氣〔一〕，運於太虚而無形，其舒慘之機則隨人喜怒感召而發。吁，人亦至靈矣，可不自愛重乎？又譬以月之明，雖大而虧多盈少，出於天理也。火之明，雖小而然之益烈，由於人爲也。天道惡盈，其虧也易復；人爲好盛，其盛也易〔二〕衰。月不勝火，人欲盛而天理滅之譬也。月盈而虧，則有常度。虧而復盈，明何損焉！火之熾也，燎原燭天，及其薪盡，灰土而已。世有臣子盡道而遭困阨者，乃所以成忠孝之名，而虐之者自速於盡，則是身不勝暴虐之勢而理實勝之，猶月之形不勝火而明實勝之矣。吁，忠孝之名成，臣子之不幸也。《道德經》云：「六親不和有孝慈〔三〕，國家昏亂有忠臣。」然則何以處之？曰：「僨然而道盡。」僨然而道盡，己忘而物化之謂也。己忘物化，又安有生火焚和之患哉！

莊周家貧，往貸粟於監河侯。侯〔四〕曰：「諾。我將得邑金，貸子三百金，可乎？」莊周

〔一〕氣：此字四庫本無，脱。

〔二〕復人爲好盛其盛也易：此九字四庫本無，脱。

〔三〕慈：朱本、李本、四庫本並作「子」。

〔四〕侯：四庫本此字不疊，脱。

忿然作色曰：「周昨來，有中道而呼者。顧視，車轍中有鮒魚焉。周問之曰：『鮒魚來！子何爲者耶？』對曰：『我，東海之波臣也。君豈有斗升之水而活我哉？』周曰：『諾。我且南遊吳越之王，激西江之水而迎子，可乎？』鮒魚忿然作色曰：『吾失我常與，我無所處。吾得斗升之水然活耳，君乃言此，曾不如早索我於枯魚之肆！』」任公子爲大鈎巨緇〔一〕，五十犗以爲餌，蹲乎會稽，投竿東海，旦旦而釣，期年不得魚。已而大魚食之，牽巨鈎，錎〔二〕没而下，鶩〔三〕揚而奮鬐，白波若山，海水震蕩，聲侔鬼神，憚赫千里。任公子得若魚，離而腊之，自淛河以東，蒼梧以北，莫不厭若魚者。已而後世輇才諷説之徒，皆驚而相告也。夫揭竿纍，趣灌瀆，守鯢鮒，其於得大魚難矣。飾小説以干縣令，其於大達亦遠矣。是以未嘗聞任氏之風俗，其不可與經世亦遠矣。

郭注：莊子貸粟，言當理無小，苟其不當，雖大何益？任公子章，言志趣不同，經世之宜各有所適也。

吕注：莊子貸粟，明養生者止於活身而不務有餘。任氏釣魚，明經世者志於大成而

〔一〕緇：四庫本作「錙」，訛。

〔二〕錎：四庫本作「陷」，通。

〔三〕鶩：原作「騖」，據四庫本改。

不期近效。

疑獨注：濟人之急，必及其時。若監河〔一〕侯之諸莊子以邑金，則後時而無及矣。故申以轍魚之喻，言侯不知莊子之急，猶莊子不知〔二〕鮒魚之急也。任國之公子爲巨鈎大緇〔三〕，有興事造業之意。犗，犍牛。大魚食之，至憚〔四〕赫千里，言存心遠大者，所得雖遲而驚〔五〕動天下。任公子得魚至無不厭若魚者，喻所得者大〔六〕，天下均被其澤也。後世驚而相告，言存心遠大者，得志於天下，傳名於後世，古伊尹、太公之徒是矣。鯢鮒，魚之小；縣令，官之卑，皆非求〔七〕大之所也。

碧虛注：常與，謂相親者。魚水常相親，今失之矣，故無所安處。夫衣人在寒，食人在

〔一〕河：此字四庫本無，脱。
〔二〕莊子之急猶莊子不知：此九字四庫本無，脱。
〔三〕緇：四庫本作「錙」，訛。
〔四〕憚：原作「禪」，據四庫本改。
〔五〕驚：四庫本作「警」。
〔六〕者大：原作「大者」，據四庫本改。
〔七〕求：四庫本作「遠」。

饑，激江水以迎轍魚，不亦晚乎？投虎千金，不如一彘肩之謂也。任公子爲巨鈎大緇〔一〕，而得大魚於朞年之後。世之輇量人材諷説事務者，聞此風俗特異，驚而相告，蓋喻淺學之徒不可與論經世大業也。竿累平聲，所謂荆篠之竿、璽絲之綸是矣。縣平聲，高也。謂高名令聞。

《鬳齋口義》：邑金，采邑之租金。波臣，猶水官。常與，常時相與者。輇才，揣量。諷説，猶塗説。累，小繩。縣揭之號令，猶賞格。言飾小説以干上，求合其所示之令格，所〔二〕能得幾何？俗字屬下句，言世俗之士。

監河侯〔三〕，《説苑》作「魏文侯」。呼〔四〕，舊音去聲，義當是吁字，去聲，歎也。鮒，鯖魚。波臣，舊注波蕩之臣。吴越之王，頗難釋，諸解略之，獨碧虚云：「吴越水聚之地，王猶江海爲百谷王。」張君房校〔五〕本遊下加説字，去聲，其論亦未通。詳義考文，

〔一〕緇：四庫本作「鎡」，訛。
〔二〕所：四庫本作「之」，訛。
〔三〕侯：此字朱本無，脱。
〔四〕呼：四庫本作「乎」，訛。
〔五〕房校：房，四庫本作「本」，訛。校，朱本作「較」，訛。

粗得其意。王字元應是土，誤加首〔一〕畫耳，説頗簡明。此段〔二〕大意，謂人處道中，如魚在水，不可須臾離。苟〔三〕失道於身而〔四〕欲假之於外，類望監河侯之邑金，何足以濟目前之急〔五〕？大鈎巨緇，喻所操者大，則其得必豐。累，當作纍，綸也。風下俗字爲冗，出於誤筆。此言人之守道，久而見功，不可責以〔六〕朝夕之效，及乎涵養成就，見之設施，澤及萬物，豈止淛河東、蒼梧北〔七〕而已哉！鮒魚下「忿〔八〕然作色」四字誤筆〔九〕重出。縣，平聲。高名令聞之説爲優。

〔一〕首：朱本作「上」。
〔二〕此段：此二字朱本無。
〔三〕苟：此字朱本無。
〔四〕而：此字朱本無。
〔五〕「監河侯」至「目前之急」：此數句李本無。
〔六〕以：此字朱本、李本並無。
〔七〕北：李本作「比」，訛。
〔八〕忿：朱本、李本並作「忽」，訛。
〔九〕筆：此字朱本、李本並無，脱。

南華真經義海纂微卷之八十八

武林道士褚伯秀學

外物第二

儒以《詩》、《禮》發冢，大儒臚傳曰：「東方作矣，事之何若？」小儒曰：「未解裙襦，口中有珠。」「《詩》固有之曰：『青青之麥，生於陵陂。生不布施，死何含珠爲！』接其鬢，擪其顪，儒以金椎控其頤，徐别其頰，無傷口中珠。」

郭注：《詩》、《禮》，先王之陳迹也。苟非其人，道不虚行，故儒者乃有用之以爲姦，則迹不足恃也。

吕注：小人之儒，資先王之言，以濟其不義，何以異此！

疑獨注：先王之世已遠，儒者有資其迹以爲盜而至於發冢，猶舉逸詩以諷亡者，兼證口中有珠，宜取之也。夫仁義之迹大，故田恒〔一〕資之以竊國；《詩》、《書》之迹小，故儒者資之以發冢。由《詩》、《禮》之迹充之以至於仁義，由發冢之心充之以至於竊國，不可不謹也〔二〕。

碧虚注：《詩》以導志，《禮》以導事，皆垂訓以翼扶治道者也。君子則持〔三〕《詩》、《禮》以脩身，小人則誦《詩》、《禮》以爲盜。君子少而小人多，故聖迹之利天下少而害天下多。夫盜不掘夷、齊之冢，必發桀、紂之墓者，蓋有以致之。是故多藏必厚亡，老氏之深戒。

《鬳齋口義》：此喻當時遊説之士，借聖賢之言以文其姦者。自上語下曰臚。臚傳者，大儒爲首而告其下。「青青之麥」二句賦墓田，下二句譏富者〔四〕，古逸詩也。「接其鬢」而下，教其取口〔五〕珠而無損也。

《詩》、《禮》之於天下，所以正治道而防其流，與法並行，使人有所興立也。聖人，

〔一〕田恒：此二字四庫本無，脱。
〔二〕也：四庫本此字下有「歟」字。
〔三〕持：四庫本作「恃」。
〔四〕者：四庫本作「貴」。
〔五〕口：四庫本作「古」，訛。

世不常有，故其爲慮也深，思有以盡革天下之弊。出於禮必入〔一〕於法，合於禮而法可除，聖人之心本無〔二〕而已。奈何季世薄俗，有資其迹以爲姦者，至於發冢而不恤，則非獨害及生民，死者亦不得安於泉下，其流毒可勝道哉！而猶舉《詩》語以諷〔三〕，可謂爲所不當爲，用所不當用也。南華憫世真切而無所效其力，遂旁譬曲喻以致意焉。至若魯號多儒，及覈其實而儒者一人，則此章非無爲而言，蓋欲誅其心而正其教，使之爲《詩》、《禮》所當爲，盡儒行所當盡。又將以示時俗厚葬之戒，起後世淳朴之風。一舉綱〔四〕而衆目張，於治道豈小補哉！

老萊之弟子出薪，遇仲尼，反以告，曰：「有人於彼，修上而趨下，末僂而後耳，視若營四海，不知其誰氏之子。」老萊子曰：「是丘也。召而來！」仲尼至。曰：「丘！去汝躬矜與汝容知，斯爲君子矣。」仲尼揖而退，蹙然改容而問曰：「業可得進乎？」老萊子曰：「夫不忍

〔一〕入：此字朱本無，脱。

〔二〕本無：四庫本作「如此」。

〔三〕語以諷：語，朱本作「書」，訛。諷，朱本此字下有「世」字。

〔四〕舉綱：朱本作「綱舉」。

一世之傷而驁〔一〕萬世之患，抑固窶邪，亡其略弗及邪？惠以歡爲驁，終身之醜，中民之行進焉耳。相引以名，相結以隱。與其譽堯而非桀，不如兩忘而閉其所譽。反無非傷也，動無非邪也。聖人躊躇以興事，以每成功。奈何哉，其載焉終矜爾！」

郭注：長上促下，耳却後而末僂。視之傴然，似營他人事者。謂其能遺形去知，故以爲君子。揖而退，受其言也。設問，令老萊明其不可進。一世爲之，則其迹萬世爲患。直任之，則民性不寠而皆自有，略無不及之事。惠之而歡者，無惠則醜。惠不可長，故一惠終身醜也。言其易進，則不可妄惠之。隱，括進之謂也。順之則全，靜之則正。事不遠本，故其功每成。矜不可載，故遺而弗有也。

吕注：老子、孔子初無間然，世之學孔子者，泥迹而不得其心，故莊子有是論。自「脩上促下」至「誰氏之子」，以貌求聖人者也。躬矜躬行，而矜之容知，則非盛德若愚者。夫大亂生於堯舜之間，今不忍一世之傷而有爲以救之，是驁〔二〕萬世之患也。豈富有之業固窶耶？將亡其謀而有不及耶？言皆不在是也。夫惠非大知，然以歡樂爲驁，終身

〔一〕驁：原作「鶩」，據四庫本改。

〔二〕驁：原作「鶩」，據四庫本改。本段下兩處同。

之醜，猶且有所不爲；至有相引以名，相結以隱者，此中民之行進焉耳。況體道君子，其可若是乎！蓋不能絶棄聖知，兩忘善惡，皆鶩萬世之患者也。道無不爲而反焉，則無非傷；無爲而動焉，則無非邪，安有可貴而譽之哉！豫若冬涉川，猶若畏四鄰，躊躇之謂也。奈何載而有之！以爲非矜不可得也。

疑獨注：末肩背僂傴僂然〔一〕。耳後，貴人之相。視若營四海，言廣見無私。躬矜容知，謂未能無經世之迹。業可得進，進於道也。夫仁義聖知者，聖人不忍一世受害，故爲之以救當時；而後世資其迹以爲害。以聖迹治世，抑使人陵〔二〕辱，至於固陋貧窮，又忘其簡易之理，而不及真道也。惠之而歡者，無惠則醜。中民，性可上下，進之則上達，何必惠焉！惠者，小人所懷，故君子不取。相引，謂趨名。相結，謂樂隱。趨名所以同民患，樂隱所以充己欲，二者皆有所偏，所以爲中民。相忘而閉所譽，無是亦無非矣。人之性，反則傷，順之則全；動則邪，靜之則正。躊躇，不遽，故能順性命之理，而每成功。欲速則不達也。孔子載道以行當時，終〔三〕有矜色，故老萊告之以此。

〔一〕末肩背僂傴僂然：四庫本作「末肩背僂傴然」。

〔二〕抑使人陵：抑，四庫本作「俗」，屬上句。陵，四庫本作「凌」，通。

〔三〕終：四庫本作「中」。

碧虚注：躬矜，謂其欲明汙；容知，謂其將驚愚。故皆令去之。一世之傷，數也，含〔一〕容則苟免。萬世之患，迹也，驕鶩則不救。復詢仲尼歷聘遭難，守道堅固，致此貧窶耶？或亡其謀略事業弗逮耶？以惠爲悦而鶩物者〔二〕，聖人之所醜也。中士之性易誘，世治則援引就名，世亂則交結退隱。仲尼述作，皆美堯而惡桀，若泯絶聖迹，毁譽何有？順世者不逆，故自全；静慮者不橈，故自正。聖人從容行道，功業自成，成猶不居，況不成乎！忘言則無累，載〔三〕紀則矜名也。

《鬳齋口義》：末，微也，言背微曲。視若營四海，即蒿目以憂世。躬矜，汝身矜持之行。容，外飾。知，思慮〔四〕。鶩，同傲。汝既如此，是宜窮也。以名而相汲引，以隱蔽之計相交結，皆庸人所爲。堯、桀兩忘，則無毁譽矣。反，謂背自然〔五〕之理。動而弗静，無非邪僻。聖人不得已而後應，所以每每成功。汝奈何以矜持之志自負耶？

〔一〕含：四庫本作「舍」，訛。
〔二〕者：此字四庫本無。
〔三〕載：此字四庫本無，脱。
〔四〕容外飾知思慮：四庫本作「容知外飾之思慮」。
〔五〕然：四庫本作「結」，訛。

老萊弟子形容夫子狀貌，見於三語，末句似得聖人之心。非具〔一〕絶塵眼，未易道此，與關吏仇璋狀文中子之語相類，而其師〔二〕已知之，聖賢心通神會若此。躬矜，謂全身是誇耀。容，驕色。知，多謀。皆足以召患，故令去之。驁，一作驁，爲優〔三〕。言不忍一時之患，爲仁義以救之，後世殉迹成弊，馳騖而不止也。抑固窮窶，輕於用世耶？或無謀而慮弗及此耶？何歡於爲惠之心，形見於外而不可掩耶？蓋譏夫子遑遑遊聘，徒自困其形神。是馳騖，終身之醜，庸民之行進於此耳。進則相引以名，退則相結以隱。譽堯非桀由此而生，若兩忘非譽，堯、桀奚辨哉！反，謂反前所言。不能兩忘者，則愛惡存懷〔四〕，與物皆傷也。動，謂〔五〕内無定見。喜譽惡毀者，則隨物趣〔六〕舍，於行爲邪也。是以聖人待時而動，徐以興事，每有成功。奈何自負其能，終

〔一〕具：朱本作「真」。
〔二〕師：四庫本作「父」。
〔三〕優：四庫本作「憂」，訛。
〔四〕懷：四庫本作「讓」，訛。
〔五〕謂：此字朱本無，脱。
〔六〕趣：四庫本作「趨」，通。

不免於矜也？夫子之與老萊，猶出爲堯而隱爲由，南華寓言以警世之不知時而强爲以要譽者耳，非實貶之也。

宋元君夜半夢人被髮闚阿門，曰：「予自宰路之淵，爲清江使河伯之所，漁者余且得予。」元君覺，使人占之，曰：「此神龜也。」君曰：「漁者有余且乎？」左右曰：「有。」君曰：「令余且會朝。」明日，余且朝。君曰：「漁何得？」對曰：「且之網得白龜焉，其圓五尺。」君曰：「獻若之龜。」龜至，君再欲殺之，再欲活之。心疑，卜之，曰：「殺龜以卜，吉。」乃刳龜，七十二鑽而無遺筴。仲尼曰：「神龜能見夢於元君，而不能避余且之網；知能七十二鑽而無遺筴，不能避刳腸之患。如是，則知有所困，神有所不及也。雖有至知，萬人謀之。魚不畏網而畏鵜鶘。去小知而大知明，去善而自善矣。嬰兒生無石師而能言，與能言者處也。」

郭注：神之不足恃也如此，唯静然居其所能而不營於外者爲全。不用其知而用衆謀，猶網無情故得魚。小知自私，大知任物，去善則無所慕，無所慕則不驕而自善。汎然無習而自能，非跂而學彼也。

吕注：龜有知而不得免患，有神而不能避網，是爲有所困，有所不及。爲道者所以絶聖棄知也。雖有至知，萬人謀之，寡不勝衆，其情得矣。魚不畏網而畏鵜鶘，鵜鶘有知，網無知也。故去小知而大知明，去善而自善，則治國者何以知爲哉！嬰兒無石師而能言，苟以知〔一〕而與天下之民處，其能使之不知乎？

疑獨注：善知人之吉凶，龜之知也。刳而不喪其靈，龜之神也。然而不逃余且之網，不免元君之厄，是知有所困，神有所不及〔二〕。夫聖人者，聚衆人之善，并天下之知，所以爲〔三〕至知也。凡無情於物，然後能得物，故魚不畏網而畏鵜鶘。去小知則知周萬物，去小善則善出天性。嬰兒無師而能言，漸染而不覺，豈用知以求之哉！

碧虚注：龜卜七十二兆，八九之數，故關子明《易傳》以七十二爲歷法；蟾蜍辟兵，而不免仲夏之殺；雞鳴〔四〕將旦，而莫逃鼎俎之難。靈於彼必昧於此，是謂知有所困，神有所不及也。衆忌多知，魚畏有心。能去知人之知，而養自知之明；去離道之善，而保自全之善，則近道矣。嬰兒淳朴漸散，與能言者處也；既能言矣，分別是非而利害生焉。

《鬳齋口義》：阿門，曲側之門。名之以知，則有窮時。人有至知者，豈能勝萬人之

〔一〕知：四庫本作「之」，訛。
〔二〕及：四庫本此字下有「矣」字。
〔三〕爲：四庫本作「謂之」。
〔四〕鳴：原作「明」，據四庫本改。

謀？鵜鶘有心害魚，非網比也。我有心，彼亦有心，能去其小知而付之自然，則大知明矣。去吾爲善自名之意，則善自歸之。石，同碩。碩大之師能教人，嬰兒不待教而能言，皆自然之喻。

宰路，淵名，神龜所居。爲清江使河伯〔一〕之所，則以知而見役，兼由清入濁，所以不免乎患。猶能見夢於元君，則其神靈未泯也。龜，陰物〔二〕，而介色白，應陽〔三〕。其圓五尺，配五行也。卜殺龜而吉，明兆不爲己私，雖不利於己而能著靈於人也。七十二鑽而無遺筴，言其材美，上符天候；然而入網莫逃，刳腸不免者，其神其知有時而窮，皆不足恃。若不爲清江使而曳尾於塗中，以全無知之知，不神之神，斯爲至知至神矣。又何有〔四〕網罟之憂哉！此章與《史記·龜策〔五〕傳》相類，但彼作「漁者豫且」，

〔一〕使河伯：使，朱本、李本此字上有「神」字。伯，朱本、李本並作「泊」，訛。

〔二〕物：朱本、李本並作「陽」，訛。

〔三〕陽：四庫本作「物」，訛。

〔四〕有：此字朱本、李本並無。

〔五〕策：朱本、李本並作「葉」，訛。

即此人。是故有至知者，慮衆人之謀得以勝之，而不敢全恃。衆知之謀〔一〕，無異鵜鶘之於魚，非若網之無心而可避也。欲避患者，當去自己小暗之知，而取衆謀以爲知，則大明而周物，是以去己善而天下之善歸之。如嬰兒與能言者處，久而俱化，不知所以然而然也。

〔一〕之謀：四庫本作「謀之」。

南華真經義海纂微卷之八十九

武林道士褚伯秀學

外物第三

惠子謂莊子曰：「子言無用。」莊子曰：「知無用始可與言用矣。夫地〔一〕非不廣且大也，人之所用容足耳。然則厠足而墊之，致黄泉，人尚有用乎？」惠子曰：「無用。」莊子曰：「然則無用之爲用也明矣。」莊子曰：「人有能遊，且得不遊乎？人而不能遊，且得遊乎？夫流遁之志，決絶之行，噫，其非至知厚德之任與！覆墜而不反，火馳而不顧，雖相與爲君臣，時也，易世而無以相賤。故曰：至人不流行焉。夫尊古而卑今，學者之流也。且以狶韋氏之流觀今之世，夫孰能不波？唯至人乃能遊於世而不僻，順人而不失己。彼教不學，承意不彼。」

〔一〕地：四庫本此字上有「天」字，衍。

郭注：聖應其内，當事而發。已言其外，以暢事情。情暢則事通，外明則内用，相須之理然也。性之所能，不得不爲；性所不能，不可强爲。唯莫之制，則同焉皆得，而不知所以得也。德非至厚，則莫能任其志行而信其殊能。人之所好，不避是非，死生以之，易世無以相賤，所以爲大齊同。唯所遇而因之，故能與化俱。而學者尊古卑今，失其原矣。隨時因物，乃平泯也。當時應務，所在爲正。本無我，我何失焉！教因彼性，故非學。彼意自然，承而用之，則萬物各全其我矣。

吕注：世情以有知有能者爲有用，無知無能者爲無用，而不知無用者，乃有用之所〔一〕自出也。自道觀之，則世所謂知能有用者，其小曷啻容足之於地耶？《列子》云：「至遊者不知所適，至觀者不知所視。物物皆遊，物物皆觀，此我之所謂遊，我之所謂觀也。」莊子之遊，亦若是而已。得道者物無非道，則物物皆遊，物物皆觀，雖欲不遊，不可得也。人而不得道，雖欲遊之，不可得也。流遁之志，因俗而爲卑；決絶之行，離世而爲高，皆非至知厚德之任。蓋蔽於一曲，以至覆墜火馳而不顧，則雖相與爲君臣，亦時而已。易世無以相賤，其不當於道則一也。有至知厚德者，卑不爲流遁，高不爲決絶，唯道之從而

〔一〕有用之所：四庫本作「爲有用者」。

已。故至人不流行，無轍迹也。若尊〔一〕古而卑今，則以豨韋〔二〕氏之流，觀今世澆薄，其心孰能平而不波乎！唯至人乃能遊世而不爲僻異之行，外順人而内不失己。因於彼而教之，非學也；達其意而承之，不彼也。所教者，彼之所有，非教以所無也。不能通天下之意，則彼是生矣；達其意而承之，何彼之有？此至人之所遊也。

疑獨注：有用之用，器也；無用之用，道也。器有極，其用小；道無窮，其用大。莊子論道，其言浩博，故惠子疑其無用。告以知無用而始可與言用，譬行地雖至廣，人之所用容足耳，足外若無餘地，恐墊溺而不敢行，然則無用之爲用明矣。《逍遥遊》論大樗大瓠，皆此意。遊者，有行有止，而自在者也。人皆有自在之性，有能有不能者，在學與不學之間，學而至於反本，則能遊矣。雖不務外觀，亦無不自在，此能遊也。不學而爲物所蔽，雖日務外觀，亦不能自在矣。流者逐物而不反〔三〕，遁者防患而不進，決者果於動，絶者滅其跡，皆滯於一偏。以之爲知則有所不知，以之爲德則有所不載，故靈氣覆墜，心情火馳。雖與爲君臣，時適然耳，何貴何賤哉！至人唯變所適，遇則因之，不留行焉。以三

〔一〕尊：原作「遵」，據四庫本改。
〔二〕豨韋：四庫本作「韋豨」，倒。
〔三〕反：四庫本作「返」，通。

皇已前觀今之世，孰不爲風波之民？唯至人隨世而遊，出於天性，故能順物而不失己。彼來則教之，未嘗有事於學；承彼之意而從之，不以彼爲彼也。内篇曰「彼且爲嬰兒，亦與之爲嬰兒」是也。

碧虚注：人以跐跆〔一〕之外爲無用之地，若掘之塹下至於黄泉，獨存容足地，則不能跬步矣。譬之種植，必多空地，斯能蕃茂，則無用之爲用明矣。人能遊學於道，性自然也，安得使不遊乎？不能遊學於道，亦性自然，安得使之遊乎？世人不知分量，妄役流蕩遁逃之志。果決卓絶之行，刻意以爲高亢，皆非至知厚德所因任也。覆墜謂不遊學而廢業，火馳謂苦遊學而進益，各務所趨而不反顧，在時所尚，遞爲君臣而已，何分貴賤哉！唯至人出處有道，各行其志。而學者貴遠忽近，其弊已久。以上古聖賢觀今之世，無不波蕩失性者。至人則隨世汙隆，外應物而内全真，彼之所教我者世道，不必學也，然亦承其意而不彼外之，所以得全於世，此之謂能遊。

《鬳齋口義》：塹，掘也。若容足之外皆深淵，則不可行，故曰：「無用之用。」遊者，自樂之意。有能有不能，喻有達有不達。流遁，逐物。決絶，自異。至知厚德，修自然之

〔一〕跐跆：四庫本作「履蹈」。

人。任，爲也。覆墜，陷溺世故。火馳，奔逐利名。此皆不能自反者，雖時間有君臣貴賤之分，身没何有？唯至人所行，與世無留戀，以古今爲一。學者尊古卑今，不知世變，若以上古觀今日，則皆爲波蕩失性者矣。遊世而不僻，則不以古今爲是非。順人不失己，外混世而内有所存。彼之所教，自以爲是，我固不學之，亦順承其意而無彼我之分，此即《齊物論》「因是」之意。

遊者，逍遥自適於無用之地，以全己之大用，唯達道之士能之。能之者不得不遊，不能〔一〕者不可强也。蓋謂時俗逐物而流遁者多，否則又爲決絶之行，刻厲矯亢而不自適，則視人世如〔二〕鼎鑊陷穽；至於負石自沉、抱木燔死者有之，何望乎〔三〕逍遥遊哉！故皆非至知厚德者之所因任，類多顛覆奔馳於名利，以求慰其心。雖一時有君臣之分，若易此一時，則無以相貴賤。唯道爲天下貴，悖道則無以取重於世也。故至人聽物流行而不遏，與之同遊乎天地之一氣耳。古往今來，乃其常理，我能轉物，則可

〔一〕能：朱本此字下有「游」字，衍。
〔二〕如：四庫本此字在「穽」字下，倒。
〔三〕乎：原作「平」，據朱本、四庫本改。

反今爲古〔一〕，豈貴耳賤目，妄有尊卑分别哉！且以上古觀今之世，孰不爲波蕩之人？心忘古今，遊世而不爲僻異之行，順人不失己，以衆心爲心而我心得矣，是謂〔二〕反今成古，何尊何卑！仲尼答冉求以古猶今也，即此意。是以人來學者，因彼性而教之，不學〔三〕其所不能；承彼意而順之，不以彼爲異也。如是，則古今物我同遊一天，雖相後千萬年，相去千萬里，相處千萬人，無異合堂同席於漆園夫子之門，而樂黄帝、老聃之道也。此言至人應世，非唯能自遊於道，又能與物同遊，所以貫百王於一道，參萬世而成純者也。

目徹爲明，耳徹爲聰，鼻徹爲顫，口徹爲甘，心徹爲知，知徹爲德。凡道不欲壅，壅則哽，哽而不止則跈，跈則衆害生。物之有知者恃息，其不殷，非天之罪。天之穿之，日夜無降，人則顧塞其竇。胞有重閬，心有天遊。室無空虚，則婦姑勃谿；心無天遊，則六鑿相攘。大林丘山之善於人也，亦神者不勝。德溢乎名，名溢乎暴；謀稽乎誸，知出乎爭；柴生乎守官，事

〔一〕反今爲古：朱本作「視今猶古」。
〔二〕謂：朱本作「故」。
〔三〕學：四庫本作「强」。

果乎衆宜。春雨日時，草木怒生，銚鎒於是乎始脩，草木之到〔一〕植者過半而不知其然。

郭注：當通而塞，則理有不泄而相騰踐。凡根生者無知，亦不恃息。殷，當也。息不由知，由知然後失當，失當而後不通，故知恃息，息不恃知。然知欲之用，制之曰人，非不得已之符也。天理有常運，無情任天，竇乃開。閬，空曠。遊，不係。勃谿，爭處。攘，逆也。自然之理，有寄物而通者。夫名高則利深，故修德者過其當。禁暴則名美於德。急而後考其謀。平往則無用知。柴，塞也。衆之所宜者不一，故官事立。事物之生皆有由，事由理發，故不覺也。

吕注：人之耳目鼻口不爲聲色臭味所壅，則爲聰明、爲顫甘、爲知德，壅則哽而不通，不通之甚則相蹂踐。得失交戰於胸中，幾何而不至於跈？此陰陽之患所以作，衆害之所以生也。凡物之有知者，息存則生，息去則死。息之出入，隨子午以消長，循陰陽而左右，與元氣交通，無日不然，則是天之穿而通之，日夜均平，未始有降。人顧以聲色臭味塞其竇而不使之通，所以降而不殷也。人能恬淡虚無，則真氣從之。正形一視，則天和將至。是以胞有重閬，周固生白，而邪穢不能侵；心有天遊，逍遥無爲，而事物不能

〔一〕到：四庫本作「倒」，通。

橈。室必有空虚，以異乎尊卑，否則婦〔一〕姑瀆而勃谿矣。心必有天遊，以出乎塵垢，否則六鑿蹖而相攘矣。六鑿，即耳目鼻口心知也。人誠知所謂天遊，則雖遊乎人間世，萬物無足橈心，其神足以勝之也，奚以大林丘山爲善哉！上德不德，故無名。有名則德之溢，暴之而不藏，又名之溢也。則謀不得不稽乎謚，知不得不出乎爭，柴不得不生乎守，此所以成實乎衆宜，聲色臭味柴其外，思慮知謀柴其内，而不能相通也。夫爲道者之治心，治之於未亂，無若草木怒生而銚鎒始脩也。

疑獨注：徹者，通而無累。六者皆徹，則無所不聰明，無所不顫甘，無所不知，無入不自得，此之謂反本，故能内視反聽，以至鼻口心知皆内求諸己。然後六根解脱，衆塵不染，於此所以入道。六者不徹，則爲物所壅，相陵賤而害衆生〔二〕矣。夫生物之有知者，以息爲主。息者，沖氣之往來，本由於心而鼻其所自也。前言六者貴徹，息則六者之主。人之好惡不中者，蓋有物塞之，非天之罪。自然之理，通穿萬物，晝夜不息，無降殺也；而人自以六物，反塞其竇耳。胞有重空，乃能容五藏，通氣液。天遊，喻心虚無係，道生

〔一〕婦：此字四庫本無，脱。
〔二〕生：此字四庫本無，脱。

其中。室者，婦姑共處，中不虚則尊卑競爭。心者，衆好所攻，中不虚則六鑿攘奪。此所以害生。若其[一]心虚，則死生驚懼不入於中，無往而非適也。大林丘山，神之所寄，故善於人。人知山林之善，而不知有神者主之。神之寄於山林，猶自然之理寄於心也。德者，性之自得。名生則德溢，德溢則人不好德而好名，爭名則暴矣。謚者，言之急。爭者，凶之器。謀欲速，故出於謚。知好勝，故出乎爭。柴，謂衆好内實，故生乎守。皆非自然者也。衆所宜者不一，官事合乎衆宜，則果於成矣。春雨之時，草木衝地而生，未達則怒，農器於是乎始修，則倒植者過半。凡物倒植則無生理，當春則倒者亦植，造物所爲不知其然也。此皆言順自然之理。

碧虚注：人能收視反聽，納息漱液，虚中藏用，則六事俱徹，妙極無加。不然，則哽礙騰踐，上下錯亂，諸疾作矣。凡動物有知者，皆恃息而生。其六根壅閼而氣息弱者，由欲惡之孽所致，非天之罪也。元氣貫通萬物人之竅穴，晝夜昇降，與之無窮；乃爲嗜欲所窒，空竅結滯，神明何所託哉！身内有丹田、三宫、金堂玉室，胞有重閬也。心中有竅，謂之天府，神遊息於其間。室隘則婦姑反戾，心礙則欲惡紛紜。是故茂林爲丘山之

[一] 其：四庫本作「能」。

美，林伐則氣象損；奇才爲士人之美，才役則精神耗。名夸者虧德，志暴者損名。謀貴深靜，稽乎謋急，則淺陋矣。智當晦藏，出乎爭，則與物競矣。若能柴立不移而自保守，免爲物所害也。官事果乎衆宜，在私則決乎自殉。德形則名知顯而暴爭興，春澤則草木生而銚鎒起。衆人逆道以求生，猶草木反根而欲秀也。

《鬳齋口義》：得自然之理而大通徹，則耳目之所視聽爲真聰明，鼻口之所嗅嘗爲真顫甘，心所知爲真知，德爲真德矣。哽，謂不通。跈者，足迹。人見道有礙，則累於形迹而衆害生也。息，猶生，生之謂性，人皆有之，有此受生之性而後有此知覺。所以知覺，恃此息也。或至於不當理者，豈天靳之耶？天理之在人身，日夜發見，人以物欲自塞其心竅耳。胞，膜。空曠，心君主之。以天理自適，謂之天遊。室窄而婦姑爭鬭，喻心蔽塞則六根相攘矣。大林丘山，人見而善者，平日耳目隘窄，不能存自然之神以勝物欲故也。求名利則德性蕩溢，性暴急則名亦蕩溢，言併與名失之。謋，同弦，有急意，急而後稽於知謀，有爭競而後知謀所出，守執不化而後有柴哽不樂之意。求衆事之宜者，固執不通之弊，此言癡兒欲了官事，官事〔一〕不可了也。春雨至而草木怒生，人修田器以鉏拔之，

〔一〕官事：四庫本不疊此二字，脱。

豈有心於戕草木哉！爲耕種計，不得不然。蓋生者自生，拔者自拔，草木去而所種之物又生，便是其成也毁也，其毁也成也。由是而觀，得喪生死，皆當聽其自然。自德溢而下，皆容心之失，能無容心，則有天遊矣。

耳目鼻口心，能通而無係者，皆由知徹爲德所致。苟無德以貫之，則五者俱壅，關竅哽塞，物欲騰踐，爲害多矣。夫生物之有息，所以通一身之氣，交天地之和，昇降而滋榮之，故經久不衰，當老益壯，今養生家〔一〕正主此論。但不能培養其源而又〔二〕有所作爲以壅閼之，則非與天地元氣流通之道。元氣〔三〕貫穿萬物，無時休歇，其有衰殺者，人自以六物反塞其竇耳。動物恃乎息，植物恃乎根〔四〕，皆受氣之〔五〕所倚以爲命者也。胞，謂腔子。重閬，謂此身從空而有，身内又有五藏之空〔六〕，以行氣液〔七〕。天

〔一〕家：四庫本此字上有「之」字。
〔二〕又：此字四庫本無，脱。
〔三〕元氣：此二字四庫本無，脱。
〔四〕根：朱本作「氣」，訛。
〔五〕受氣之：此三字朱本作「其」。
〔六〕五藏之空：朱本作「重閬」。
〔七〕行氣液：朱本作「含蓄精液」。

遊，謂心中能虚，則無往不適也。室不虚，則尊卑勃戾；心不虚，則欲惡凌奪〔一〕。吾室與心，有主之者，外物安得而橈動哉？大林丘山之善於人，以平日所見隘陋，忽睹虚曠高明〔二〕之境，心必喜之，此乃神不勝物反爲所勝。山林皋壤，使我欣欣，樂未畢也，哀又繼之。大化密移，理之必至。唯至人不假物而樂，故不因化而哀〔三〕，化在我而〔四〕能轉物故也。然則物之善人也，豈真善？人之樂物也，豈真樂哉？蓋外有慕則内虧，重於彼則輕此矣。夫名，公器，不可多取，故名之出爲德之失。有名而暴之，又名之失也。二者俱失，急思所以爲謀，則知出而爭興，此衆害生之驗。及有能守者，又病在柴〔五〕塞而無變，執一己之私。若官事，則務在衆宜。衆宜，謂前六者皆徹而無私，則其視聽嗅〔六〕嘗思慮與天下共；否則嗜欲紛起，如春雨日時，草木怒生，而不可

〔一〕欲惡凌奪：朱本作「六鑿攘奪」。
〔二〕曠高明：曠，朱本作「壙」，通。高明，此二字朱本無。
〔三〕哀：朱本作「衰」，訛。
〔四〕化在我而：化，此字朱本無，脱。而，朱本作「真」，訛。
〔五〕柴：朱本此字下有「柴音恣」三字，疑當是小字注釋。
〔六〕嗅：朱本作「臭」，通。

遏。農器於是乎始修，言治之不早，草木雖拔，得雨再生，時使之然，人莫知也。人之命在息，而使之降而不殷，則所以扶衛而補續之者，豈無其道哉！要在知其時而已。此又南華密示養生之祕旨，學者宜深思之。亶，同膻。跈，同蹍。

南華真經義海纂微卷之九十

武林道士褚伯秀學

外物第四

靜然可以補病，眥搣可以休老，寧可以止遽。雖然，若是勞者之務也，非佚者之所未嘗過而問焉。聖人之所以駴天下，神人未嘗過而問焉；賢人所以駴世，聖人未嘗過而問焉；君子所以駴國，賢人未嘗過而問焉；小人所以合時，君子未嘗過而問焉。演門有親死者，以善毀爵爲官師，其黨人毀而死者半。堯與許由天下，許由逃之；湯與務光，務光怒之；紀他聞之，帥弟子踆〔一〕於窾水，諸侯弔之；三年，申徒狄因以踣河。筌者所以在魚，得魚而忘筌；蹄者所以在兔，得兔而忘蹄；言者所以在意，得意而忘言。吾安得夫忘言之人而與之言哉！

〔一〕踆：四庫本此字上有「而」字。

郭注：補病、休老、止遽，非不病、不老、不遽也。若是猶有勞，故佚者超然不顧。神人，言其内。聖人，言其外。趨〔一〕舍各有分，高下各有等。慕賞而孝，去真遠矣，斯尚〔二〕之過也。其波蕩傷性，遂至於踣河，失兩聖之意，乃都無所言也。

吕注：「静然」至「止遽」，古之道術有在於是。雖然，動而後有静，緐而後有揃，熾而後有滅，擾而後有寧。爲勞者言之，所以息其勞。佚者則〔三〕未嘗動，安用静？未嘗緐，安用揃？未嘗熾，安用滅？未嘗擾，安用寧？此所以不問也。唯有德而後〔四〕佚。佚者，神聖之所兼也。孔、老同生於周，莊、孟俱遊於梁，而其言未嘗相及者，道不同不相爲謀也。神人、聖人不同者迹，賢人、君子不同者才，君子、小人則有義利之分矣〔五〕。官師之勸，其黨至於毁死；許由之逃，其徒至於踣河。殉迹之弊至此！莊子恐後世得其言而昧其所以言，故引此二者，卒之以筌、蹄之喻，俾學者忘言以求其意也。

〔一〕趨：四庫本作「趣」，通。
〔二〕斯尚：四庫本作「尚賢」，訛。
〔三〕則：此字四庫本無。
〔四〕後：四庫本此字下有「有」字。
〔五〕矣：四庫本作「也」。

疑獨注：然當是默字之誤。皆搣〔一〕，謂剪齊須鬢以滅老顔，字〔二〕又作剪滅。靜默補病，非不病也。休老止遽，皆出人爲，而非自然。是勞者之務，故佚者未嘗問焉。驢，猶馭也。聖人者，神人之緒餘。有爲天下之功。賢人者，聖人之德業，有治天下之效。君子者，賢人之名迹，有治國之事。小人，則君子之反也。故皆未嘗過而問焉。演門，宋城門，其地有親死而善毁者，宋君嘉其孝，爵之爲官師，鄉人慕之，强哭詐毁，至於滅性而死者半，此殉迹之弊。聖人雖有治天下之迹，本出於無爲，無爲而無不爲也。許由、務光，古之無爲者，逃堯、湯而去之，見其未能無不爲；紀他、申徒狄則尤甚者也。筌蹄之喻，義不待釋。

碧虚注：靜然補病，未可以完神；眥㓕〔三〕休老，未可以還嬰；寧以止遽，未可以灰心。《真誥》云：「時以手按目四眥，令見光分明，是檢眼神之道，久爲之見百靈。」老形之兆，發於目眥，披㓕皺紋，可以沐浴老容。雖然，勞者之務，故佚者超然不顧。聖人則有名。神人則無迹。賢人尚行義，乃聖人之餘事；君子貴循理，乃賢人之塵垢；小人事苟

〔一〕搣：四庫本作「滅」，訛。
〔二〕顔字：四庫本作「萊子」，訛。二字分屬兩句。
〔三〕㓕：四庫本作「滅」，訛。

且，乃君子之贅疣也。演門黨人，哀毁過禮，强哭傷性，由殉外失真，係禄之深也。紀他、申徒又蹲窾踣河，蕩失真性，皆刻意尚行，好名之過。獲魚、兔則筌、蹄可忘，悟道妙則言、教頓舍。漁獵之夫尚不虚飾其笱罾〔一〕，探微之士奚用巧事於談説乎？

《鬳齋口義》：心能安静，則向之失者可以補全。剪滅物欲，可以優遊至老。寧其身心，可止遽急。此皆言失而後復，先病後瘳，故曰勞者之務。若安逸之人，胸中本静，則不問及此。非佚者之所，所猶〔二〕事。駴，同駭。聖人以〔三〕仁義治天下，是駭之也。神人則無此。賢者以盛德駭世，君子以聲名駭國，小人營營求合一時，但高一著則無此矣。演門有善毁而得爵者，鄉人慕之，毁死者半，此言好名之累。許由、務光以隱得名，紀他慕之〔四〕，蹲於窾水，蹲有鄙薄意，亦欲諸侯以國讓之，此已可笑。三年後，申徒又慕隱名，踣河而死，此極言好名之過。既説盡了，却以筌蹄之語結末，與前篇言而足、言而不足體格一同。

〔一〕笱罾：四庫本作「索隱」，訛。
〔二〕所猶：四庫本作「有」。
〔三〕以：四庫本此字上有「所」字，衍。
〔四〕「毁死者半」至「紀他慕之」：此數句四庫本無，脱。

補病、休老、止遽，皆勞損於前而後求復，非佚者之事，故過而弗問。神人之於聖人，聖〔一〕之於賢，賢之於君子，亦若是。儻求合於時，則去君子遠矣。此〔二〕皆以大觀小，其德量有以包含之，而不復問，卒使自化，則等而上之，可跂及也。故凡物之在外者，聖人以不必必之，然後涉世而無患。所以三教聖人，設化雖不同，而其言未嘗相背，不過乎〔三〕開人心資治道，同歸於善而止耳。駴，同駭。《德充符》「惡駭天下」，崔本作駴，可照。演門善毁，黨人慕之，遂忘死。許由逃堯，申徒慕之，遂踣河。是皆認迹以爲真，併己之真失之，無〔四〕異指筌蹄而求魚兔，何惑之甚耶！故南華思忘言之人而與之言，言忘而意可得矣。

是篇首論内外之輕重，以明物我之親疎。在外者係乎物，故不可必；在内者由乎我，求則得之，而世人〔五〕多務外求，求而不得，怨尤至矣。故建言以破其惑。夫忠孝立

〔一〕聖：朱本、四庫本此字下並有「人」字。

〔二〕此：此字朱本無，脱。

〔三〕乎：此字朱本、四庫本並無。

〔四〕無：朱本此字上有「而」字。

〔五〕人：此字朱本、李本並無。

身之善行，猶不能必君親之知，以在内求其外〔一〕故也，況以外求外者乎！由是知性命之内，無非道，悟之則全；性命之外，無非物，必之者失〔二〕。唯僨〔三〕然無爲，闇與道合，斯可逃乎兩陷也。莊子貸粟而申轍魚之喻，則惠物在及時。任公垂釣而鄙小説之非，則明道當存大。儒者，儆《詩》習《禮》，乃或發冢取珠，其初學未必不正，及爲物欲所遷，則冒禁傷化，有所不恤，反不若下愚不學者之猶有忌憚而安乎定分也。是皆原乎上之人以聖知治民之過，久則姦民之雄者併聖知而竊之矣。復寓言於老萊、仲尼，以兩忘非譽〔四〕，世患自息，即我無爲而民自化之意。白龜能見夢而不能逃網，則神不自神而不知有不神之神，蓋喻恃知以脱患，不若忘知之無患也。次以知無用而始可以言用，其義互相發明。至論人有能遊，謂遊心於淡，遊在内也。前皆寓言，此稱莊子曰，正當篇本旨，使學者超外物之累，進虚通之域，神融意適，無所不之〔五〕，則道幾矣。世習愈下，往往遊

〔一〕外：朱本、李本此字上並有「在」字。
〔二〕失：李本作「夫」，訛。
〔三〕僨：朱本、李本並作「憒」，訛。
〔四〕兩忘非譽：朱本、李本並作「非譽兩忘」。
〔五〕之：李本作「知」，訛。

所不當遊，至於火馳覆墜而不顧，雖聖人復出，末如之〔一〕何！ 間有樂於遊者，不過以江海爲閑，山林爲善，而放蕩終身焉，此遊世而僻者，不免務外而已。 繼又誨以身貴六徹則道不欲壅，有知恃息則人當貴虚。 室虚白生，無往而非天遊，故勞者之務，佚者不問，猶君子、賢聖之有差等也。 至於演門因毀而致〔二〕爵，申徒逃湯而蹈河，皆由上貴卓絶之行，是以下立潔脩之名，本欲礪世興教，而不知傷生害俗也。 故舉以爲後世鑑。 夫以行觀言，亦外物〔三〕也。 然而非指無以見月，故立言君子不憚於諄諄，在學者善求其要而已矣。

〔一〕末如之：四庫本作「來如知」，訛。
〔二〕而致：此二字四庫本無，而下句「蹈」字上有「致」字。
〔三〕物：四庫本作「傷」。

南華真經義海纂微卷之九十一

武林道士褚伯秀學

寓言第一

寓言十九，重言十七，巵言日出，和以天倪。寓言十九，藉外論之。親父不爲其子媒。親父譽[一]之，不若非其父者也。非吾罪也，人之罪也。與己同則應，不與己同則反；同於己爲是之，異於己爲非之。重言十七，所以已言也，是爲耆艾。年先矣，而無經緯本末以期年耆者，是非先也。人而無以先人，無人道也。人而無人道，是之謂陳人。巵言日出，和以天倪，因以曼衍，所以窮年。不言則齊，齊與言不齊，言與齊不齊也，故曰無言。言無言，終身言，未嘗言；終身不言，未嘗不言。有自也而可，有自也而不可；有自[二]也而然，有自也

〔一〕譽：原作「舉」，據四庫本改。

〔二〕有自：原作「自有」，據四庫本改。

而不然。惡乎然？然於然。惡乎不然？不然於不然。惡乎可？可於可。惡乎不可？不可於不可。物固有所然，物〔一〕固有所可。無物不然，無物不可。非巵言日出，和以天倪，孰得其久！萬物皆種也，以不同形相禪，始卒若環，莫得其倫，是謂天均。天均者，天倪也。

郭注：寄之他人，十言而九見信。世之所重，十言而七見信。巵，滿則傾，空則仰，非持故者也。況之於言，因物隨變。日出，猶日新，日新〔二〕則盡自然之分，分盡則和也。言出於己，俗多不受，故借外耳，肩吾、連叔之類是也。父之譽子，人多不信，時有信者，輒以常嫌見疑，故借外論之。己雖信，而懷常疑者猶不受，寄之他人則信之，人之聽有斯累。同應、否反，互相非也。三異同處，而二異訟，必取是於不訟者，俱異耳而獨信其所是，非借外而何？重言，以其耆艾，故俗共重之。使不借外，十信其七。年在物先，而其餘本末，無以待人，則非所以先也。直是陳久之人，便共信之，此俗之所以安故習常也。夫自然有分而是非無主，故曼衍，莫能定，曠然無懷，因而任之，所以各終其天年也。付

〔一〕物：此字四庫本無，脱。
〔二〕日新：四庫本此二字不疊，脱。

之於物，就用其言，則彼此是非居然自齊。若立言以齊之，則我與〔一〕物復不齊矣。言彼所言，而我竟不言，故未嘗言，亦未嘗不言。彼我情偏，有可不可，而物各自然自可。統而言之，無可無不可而至也。唯言隨物制而任其天然之分者，能無夭落。雖變化相代，其氣則一。於今爲始，於昨爲卒，理自爾耳，莫得其倫。夫均齊者，豈妄哉？皆天然之分也。

呂注：寓言十九，則非寓而言者十一；重言十七，則非重而言者十三而已。卮言日出，和以天倪，則寓與不寓，重與不重，皆卮言也。何謂寓言十九？夫道近在吾心，以吾心論之，彼則疑而不信，猶父不爲子媒，必藉外論之，非吾不欲直言，人不可與直言故也。何謂重言十七？同己則應而爲是，異己則反而爲非，吾所以言於人者，欲其應，不欲其反也，故因其心之所重耆艾之人而言之，以己所重，猶己言也。凡此書中稱引古昔者，皆是以耆艾爲重者，所聞先於我，非以年也。有經緯本末足以先人，則人從之。人而無以先人，是謂陳久之人，曷足重哉！言出未始有言，則其日出猶卮而已。卮之爲物，酌於罇罍而時出之，中虛而無積也。天倪則無爲之至，聖人所休。和以是非，休乎天均，則出處語默，無非天均。因以曼衍，即是理而推之，所以窮年也。唯無我而不言則齊，有言則

〔一〕與：此字四庫本無，脱。

有我有物，安得而齊？ 故齊與言、言與齊，未始齊也。 不言雖齊，猶與言不齊，未足爲大齊。 唯言無言，而後大齊，巵言是也。 故終身言，未嘗言；終身不言，未嘗不言。 所謂可與不可、然與不然，皆有自也。 固有所然所可，則無不然、無不可可知矣。 萬物之種，其出未始不同，知其同則知始卒若環，是謂天均。 天均者，是非於此而和，萬物所齊，無爲之至，故曰：「天倪也。」

疑獨注：寓言，製名以言。 重言，世俗所重。 巵言，猶《老子》云「善言無瑕讁」也。 巵滿則傾，空則仰，喻言之善者因時而適變，日出而不窮，乃能和之以自然之分。 十言而九見信、七見信，皆局於陰陽之數，不能無窮也。 言出於己，俗多不信，故父不爲子媒，而藉外論之，是謂寓言也。 重言，如托以孔子、顏回之類，言雖出於己，可推重則爲耆艾，如無經緯本末雖耆艾亦非重也。 學至於道，斯能先人；否則，陳人而已。 聖人之言，應物當理，往而不留，故曰日出。 唯能和以天倪，所以曼衍窮年也。 巵言出於不言，不言〔一〕則萬理自〔二〕齊，言則不齊矣。 莊子巵言出於既齊之後，而齊與言、言與齊，皆不齊也。

〔一〕不言：四庫本此二字不疊，脱。
〔二〕自：此字四庫本無。

莫若無言，雖無言而未嘗不言，孔子欲無言亦何嘗無言？言出於無言，則雖終日言，所以應物也，何意於言哉？雖終日不言，無妨應世也，何嘗不言哉？此莊子卮言之意。有自也而可，有可、有自也；有自也而不可，無可、無自也。下文體此有自、有然、是非、彼我之所起，可不可、然不然，將以齊彼我、一是非也。而然於然、可於可、固有所然、固有所可，則使萬物各足於性命之內，然可在物不在我也。非卮言日出，和以天倪，孰得其久耶？種者，物生之始。萬形萬變，其化無窮，相代始終，如環無端，莫得其倫理，是之謂天均，人力莫與焉。天均言其平，天倪言其始，皆自然之諭〔一〕。

碧虛注：寄寓之言十取其九，德重之言十不信三，此世俗之見也。卮滿則傾，空則仰，中則正；日出則斜，過午則昃，及中則明。卮言取其正，日出取其中，君子言出中正而明和之以極分而已。藉外之言，人多取信。父之譽子，難爲巧辭。世人不察是非，而以己同爲善。重者取其耆艾，若年先而無德，非先也，止是陳舊之人耳。卮言日出，中正而明和以極〔二〕分之理，因以不滯之辭，所以盡其天年而無悔吝。不言謂默，默則寓、重、

〔一〕諭：四庫本作「喻」，通。

〔二〕極：四庫本作「德」。

卮言皆齊。蓋以不言齊之也，不言之理自齊。寓、重、卮言，自不齊耳。故曰「齊與言不齊」，是言自屬言，齊自屬齊，此與「一與〔一〕言爲二」之義略同。言無言，謂無情之言。卮言中正，豈有情哉！無是非愛惡之情，則無是非愛惡之言，故終身言而未嘗言。若乃謹默括囊，而中正未嘗去心，則是終日不言，未嘗不言也。有自而可與不可，有自而然與不然，言其皆有由。然乎然、可乎可，由於道故也。其不然、不可，不由於道故也。固有所然、所可，則無不然、不可矣。故再舉卮言可久，總結前文〔二〕。萬物異種，理自相代，有形化無形，無形生有形，有情交無情，無情變有情，始不見首，卒不見後，循環莫測，故曰天均。自然均平，取其極分而已矣。

劉槩注：水之在卮，猶言之在德，不滿則不發也。自外來者益之而不可增，由中出者雖多而未嘗虧，故曰卮言日出。物之有際，必有端倪，自然之倪始卒若環，故曰和以天倪。如草曼水衍，以譬自然之緒，道全而物不傷，故可以盡年也。終身言未嘗言，終身不言未嘗不言，則六經不爲支離，《老子》不爲簡約矣。若以寓言以祈人之合，重言以祈人

〔一〕與：此字四庫本無，脱。

〔二〕文：四庫本作「篇」。

之信，皆有爲而言，言之末也。則巵言者，其爲言之本歟？

《鬳齋口義》：巵以貯酒，飲之有味。日出者，件件之中有此言，以天理而調和衆心也。父爲子媒，人必不信，故藉外論之。已言，所以止其爭變也。借重於耆艾，則聞者不敢非，古先帝王皆耆艾也。經緯本末，言知常變始終。期年，期頤之年。年先而學無所見，不足以先人，所謂陳久無用之人耳。曼衍，自得。窮年，以此送日月也。以無言爲言，則歸于一理。若以一而形諸言，或以言而論此一，皆爲容心，不齊一矣。唯無言則齊，無心之言是也，故終身言而未嘗言。不言之中，使人悟理，則非不言也。凡人所謂可與不可，然與不然，皆各有所是，我何從而然可之？唯隨其然者可者而然之可之，固有所然所可，則無不然不可矣。《齊物》篇論此甚詳。非以自然之言調和衆口，豈能千古不磨？萬物之種同出於造化，往來終始相代於天地之間，其倫理之妙，莫得而窮之。天均者，天理之同然也。

寓、重之義，諸解已明〔一〕。十居九七之論爲優，則出胸臆而言者無幾，蓋謂世俗之人中無〔二〕所主，輕重隨人，故從權立言，乘機化導，俾從信而入，陶成善心，其憂世

〔一〕之義諸解已明：此六字朱本無。

〔二〕無：此字四庫本無，脱。

愛民亦切矣。卮言，解者不一。夫卮之貯水，喻言之載道，道固非言所能盡，水亦非卮所能量，遽謂道不屬言，水不屬卮，不可也。故其言日出而不窮，人亦聽之而〔一〕不厭，非若寓言、重言之有所去取也。蓋能和以自然之分，則可以合天下之心；而我無心，何同異是非之辨哉！「父不爲子媒」一語，足以盡寓言之旨，我所以藉外論之者，爲彼難信故也。其同異在言而應反見諸迹，不若無言之混成而人莫我異；無言之混成，又不若無心之言能化物而無迕也。重言，亦出於己言。經緯，論其才。本末，明所學。此又有警勵學者之意。卮言無窮而能和以自然之分，優游曼衍以終天年，何世累之能及？至此亦可矣〔二〕，後又隨掃其迹〔三〕，云凡天下事物之理，不言則齊，與道爲一。齊與〔四〕言，猶無與有，粗〔五〕妙異理，惡得而齊？唯超有無而冥粗妙者，斯大齊也。

〔一〕而：此字朱本無。
〔二〕至此亦可矣：此五字朱本無。
〔三〕迹：四庫本作「意」。
〔四〕與：朱本作「語」，訛。
〔五〕粗：朱本此字下有「與」字。

故曰無言，曰當是言字，下文可照〔一〕。此又明夫未嘗言、未嘗不言之妙，神而化之，不滯有言無言之迹，而天下風靡影從也。夫言之有可有然，出於固然固可，則無不然無不可矣。此巵言所以併包寓、重而無遺，故言滿天下，無口過也。本經末篇自叙有云：「以巵言爲曼衍，以重言爲真，以寓言爲廣。」則知是經所言，浩〔二〕瀚宏深，千變萬化，不越此三條而已。然而絶迹易，無行地難；不言易，言無瑕讁難。南華立此三言，所以免乎瑕讁也。夫以言免瑕讁，猶未若忘言而無瑕讁。忘謂有而無之，非不言之偏執也。忘言極議，夫子之欲無言近之。世間萬物，同出乎機，而稟形有異，相代無窮，若環無端，莫究其極，我則和以是非而休乎自然之分而已。是亦遺〔三〕言之意云。猶言之同出乎心而立論有異，辨諍無極。聖人因而不自唱，應彼而言，非我言也。故

莊子謂惠子曰：「孔子行年六十而六十化，始而所是，卒而非之，未知今之所謂是之非五十九非也。」惠子曰：「孔子勤志服知也？」莊子曰：「孔子謝之矣，而其未之嘗言。孔子云：『夫受才乎大本，復靈以生。鳴而當律，言而當法。利義陳乎前，而好惡是非直

〔一〕曰當是言字下文可照：此九字朱本無。四庫本無「曰」字。

〔二〕浩：四庫本作「灝」。

〔三〕遺：四庫本作「遣」。

服人之口而已矣。使人乃以心服而不敢蘁立，定天下之定。』已乎已乎！吾且不得及彼乎！」

郭注：隨年隨化，與時俱也。時變則俗情亦變，乘物以遊心者，豈異於俗哉！變者不停，是不可常。謂孔子勤志服膺而後知，非能任其自化，此明惠子不及聖人之韻遠矣。孔子謝變化之自爾，非知力之所爲，故隨時任物而不造言，若役其材知而不復本靈，則生亡矣。鳴者，律之所生。言者，法之所出。法律，皆衆人所爲，聖人就用之，故無不當，而未之嘗言，未之嘗爲也。我無言也，好惡是非，義利之陳，直用人之口耳。口所以宣心，既用衆人之口，則衆人之心用矣。我順衆心，誰敢逆立哉！因天下之自定而定之，又何爲乎！因而乘之，故無不及也。

吕注：傳稱孔子六十而耳順，七十而從心〔一〕，從心則横心所念更無是非，横口所言更無利害是也。道未至於從心，則不免於化。化則必始是而卒非，六十之所謂是，安知非五十九非也？惠子不知此乃孔子之與人同者，至其與天同者，則自古及今，未始有

〔一〕心：四庫本此字下有「所欲」二字。

化，而真以爲勤志而行，服知而知也。謝，謂絶去之。物得以生之謂德〔一〕，所謂受才乎大本，復靈以生也。未生則無氣無形，安有所謂靈？生而有氣有形，而復其靈也。鳴而當律，無事於聲音之調。言而當法，無事於義理之釋。及夫義利陳乎前，我則從而好惡是非之，此直服人之口而已。以其所待未定，非無爲而自化者〔二〕，若夫使人心服而不敢蘁立，然後定天下之定，是乃使之自化，非直服人之口而已。吾且不得及彼者，是其謝之而未之嘗言也。

疑獨注：孔子六十而耳順，則無是非〔三〕矣。惠子未知，以爲勤志服知而得也。謝，如陰陽代謝。未嘗有言，大本造化，人才皆受於造化，能反本復靈，生理得矣。若役於外物，本失靈喪，何生之能存？律者，述陰陽之氣。法者，順天地之德。聖人與陰陽合氣，故鳴而當律；與天地合德，故言而當法。今則義利交陳於前，以起好惡是非而出於己之私見，直服人之口，不服人之心。欲人心服者，順而任之，不敢逆立，因天下之定而定之，所以爲順也。已乎已乎，欲無爲之意。我無爲則彼自定，故曰：「吾且不得及彼乎！」

〔一〕德：四庫本作「得」，訛。
〔二〕者：四庫本作「也」。
〔三〕是非：四庫本作「非是」。

碧虚注：年運既長，德性愈明，此與蘧伯玉章辭同而義別。蘧瑗悟始是卒非，未能自忘；仲尼則行化〔一〕不滯，使人忘己，難也。始而所是，隨事應變；卒而非之，終歸正道也。前既未是，今亦必非，此愈損而愈益也。勤志則少變，服知則多矜，孔子久辭世紛，未嘗載其言也。受才質於大道者，聖迹不足恃；復靈性以出生者，隨變而任化。故其聲合中和，語成文教，義利陳諸方册，豈直〔二〕服人之口而已？以至奔馳師仰，使人心服，遵古循理，孰敢逆立？持此委順世間，可以定天下之定也。吾不及彼，孔子謙辭。

《鬳齋口義》：勤心服事於知見，謂博學也。孔子謝去博學之事而進於道，但未嘗與人言耳。才，猶性。本，始也。謂造物稟靈者知覺之性，反歸本來知覺之性，而後可以盡人生〔三〕之道。鳴，即言。律，即法。義利在前，而有所是非好惡，則人與我對，可以服其口，未能服其心；必舍義利是非，乃可〔四〕使人心服。無敢對立爲忤者，而後可以定天下之定理矣。莊子既稱夫子之心，乃對惠子而歎曰：「已乎，已乎，我安得及彼乎！」敬夫

〔一〕行化：四庫本作「化行」。
〔二〕直：四庫本作「真」，訛。
〔三〕生：四庫本作「性」，訛。
〔四〕可：四庫本此字下有「以」字。

子之至也。

人生隨年而〔一〕化，賢愚所不免者，内而知慮日增，外而形貌日改，得失利害之相攻，是非成毁之變易，凡幻塵泡影倏起倏滅於前者，皆化也。夫子行年六十而六十化，則生道日新，不滯陳迹，其居化與人同，而受化與人〔二〕異。《黄帝書》云〔三〕：「宇宙在乎手，萬化生乎身。」信哉！夫六十歲爲天地枝榦之一周，人生〔四〕上壽之中半，更事既久，是非可定矣。然猶未知今之所是之非五十九非也，靖〔五〕原其由，患在於有我。苟未至無我，猶未必六十歲之後爲真是，故蘧夫〔六〕子亦有五十九非〔七〕之歎。勤志，謂積學。服知，謂任能。夫子謝去所學所能久矣，默進此道而人不知耳。人皆受才性於造物，必能復其己靈，生道乃可長久；以至充之以學問，美之以德業。嗚當律，言當

〔一〕而：四庫本作「所」。
〔二〕同而受化與人：四庫本此六字在下句「宙」字下，倒。
〔三〕云：此字朱本無。
〔四〕人生：四庫本作「生人」，倒。
〔五〕靖：朱本作「請」。四庫本作「静」。
〔六〕蘧夫：蘧，原作「璩」，據四庫本改。夫，朱本作「父」，訛。
〔七〕非：此字朱本無，脱。

法，猶云聲爲律，身爲度。此皆由靈而出，人道可謂大備矣。及其義利陳乎前，而以己之好惡爲是非，直服人之口而已。世之學者往往皆然，今夫子乃使人以心服而不敢蘁，從無隱范先生點句〔一〕。立，定天下之定，言其化之速也。「已乎」至「彼乎」，乃莊子歎服夫子之辭。

〔一〕從無隱范先生點句：此八字朱本作大字，非。

南華真經義海纂微卷之九十二

武林道士褚伯秀學

寓言第二

曾子再仕而心再〔一〕化，曰：「吾及親仕，三釜而心樂；後仕三千鍾而不洎，吾心悲。」弟子問于仲尼曰：「若參者，可謂無所縣其罪乎？」曰：「既以〔二〕縣矣。夫無所縣者，可以有哀乎？彼視三釜、三千鍾，如觀雀蚊虻相過乎前也。」

郭注：縣，係也。參仕以爲親，無係禄之罪。係禄以養也。養親以適，不問其具。若能無係，則不以貴賤經懷而平和恬暢，盡色養之宜矣。彼無係者，視榮禄若蚊虻鳥雀之在前而過去耳，豈有哀樂於其間哉！

〔一〕再：原作「在」，據四庫本改。
〔二〕以：四庫本作「已」，通。

呂注：安時處順，哀樂不能入，古者謂是帝之縣解，則無所縣者固不可以有哀也。死生亦大矣，而哀樂不能入，則視三釜三千鍾如觀雀蚊虻過乎前，其小大多少不足較也明矣。

疑獨注：曾子爲貧而仕，祿始及親，雖三釜而心樂；後仕三千鍾，親亡，祿不及而心悲。此所以心再化也。門人以曾子能愛〔一〕親而不以祿爲係累，故問仲尼。仲尼謂參之孝，愛孝也，未能忘親，則有哀樂於胸中，豈得無係累？唯無係者可以無哀，故視鍾釜如彼其輕也。言曾子未能至此。

碧虚注：心樂心悲爲再化。孝心不必論貧富，侍養亦豈在厚薄！而曾子言此者，猶有蓬之心也夫！然參稱至孝，必無係祿之罪，又何有哀乎！彼視鍾釜如蚊虻，則其係可解矣。

《鬳齋口義》：弟子問，曾子此言有係累之罪否？疑其前後兩變，有悲喜也。既已縣已〔二〕，言只此悲喜便是有係；若無係，則外物過前，猶蚊虻而已，豈足〔三〕悲喜乎！

〔一〕愛：四庫本作「養」。
〔二〕已：四庫本作「矣」。
〔三〕足：四庫本此字下有「爲」字。

古人學優則仕，志在澤民，禄以代耕，期於仰事俯育而已。豈若季世之仕者，俸禄之外，槌剥取贏，極耳目口體之養，未嘗過親庭而問焉者有之。曾子三釜及親而樂[一]，三千鍾不洎而心悲，其悲樂係親之存亡，非係禄[二]之厚薄也。然而心不免於再化，門人所以有問。夫子謂參於二者之間不能無所係累，親之存亡係[三]固不免，禄之厚薄不必存懷可也。若無所係者，又豈有哀乎！彼視鍾釜猶蚊虻耳。曾子之孝行著乎萬世，仕禄三千鍾則所未聞。南華寓言，亦責備賢者之意，所以勉人以孝行爲重，仕禄爲輕，親之待不待，禄之及不及，一付之[四]於分，又何所係累哉！

顏成子游謂東郭子綦曰：「自吾聞子之言，一年而野，二年而從，三年而通，四年而物，五年而來，六年而鬼入，七年而天成，八年而不知死、不知生，九年而大妙。生有爲，死也。勸公以其私[五]，死也，有自也；而生陽也，無自也。而果然乎？惡乎其所適？惡乎其所

〔一〕樂：朱本、李本此字上並有「心」字。

〔二〕禄：四庫本作「剥」，訛。

〔三〕係：朱本、李本並作「思」。

〔四〕之：此字朱本、李本並無。

〔五〕私：此字原缺，據通行本補。

不適？天有曆數，地有人據，吾惡乎求之？莫知其所終，若之何其無命也？莫知其所始，若之何其有命也？有以相應也，若之何其無鬼邪？無以相應也，若之何其有鬼耶？」

郭注：野謂外權利，從謂不自專。通彼我，而與物同。來者，自得也。鬼入，外形骸。天成，無所爲。不知死生，所遇皆適。大妙，則善惡同，故無往而不冥。此言久而聞道，知天籟之自然，將忽然自忘，則穢累日去以至於盡耳。生而有爲，則喪其生。由有爲，故死。由私其生，故有爲。今所以勸公者，以其死之由於私也。夫生之陽，遂以其絶迹無爲而忽然獨爾，非有由也。然而果然，故無適無不適而後皆適，皆適而至也。天地皆已自足，理必自終，不由於知，非命如何？不知其所以然而然，謂之命，似若有意也。故又遣命之名以明其自爾，而後命理全也。理必有應，若有神靈，理自相應，不由於故，則雖相應而無靈也。

吕注：道未始有物也，既已爲物而欲復於無物，則其致虚守静，非一朝之積也。野謂忘仁義、賓禮樂，從言心之莫逆，通言心之徹物，即物物皆遊，物物皆觀矣。來則道集之謂，鬼入即鬼神來舍。天成，云云，諸本皆缺不知死，不知生，則知止乎其〔一〕所不知。大

〔一〕其：此字四庫本無。

妙則神矣，妙萬物而爲言，然後能體神也。生而無爲，則不知有生，不知有死。生而有爲，而後有死。勸之以公而無私，則不知有死矣。生而有爲，死之所自，故聖人外其身而身存，以其無私能[一]成其私，所以勸公也。原始要終，故知死生之説。始卒若環，則生陽而已，安有所自？以有爲爲自，亦以物情言之，其果然乎？故體道窮神者，不知有死生，惡有所適所不適？欲求之歷數、人據，未始同也。又惡乎求之禍福、人事之間哉！以爲無命耶？終若有所制也。以爲有命耶？求其始不可得也。以爲無鬼邪？而有以相應。以爲有鬼耶？而無以相應。是以止於所不知而無所容心，斯得之矣。

疑獨注：野謂不文，從謂不逆，通則不礙，物忘我也，來則不去。鬼入，復靈。天成，與天合德。不知死生，聖也。大妙，神也。至於神而極矣。此學者入道之序。人生而有爲以累其生，則死之所自，由私其生，故有爲所以勸公者，以其死之由私耳。至於命者，大同於物，公而無私，則無死矣。生陽死陰，知死生與陰陽爲一，則無自矣。果然知此理，則生不足樂，死不足哀，又於何而適不適也。歷數，天之象。人據，地之器。人處兩間，天地之道求之於我而已。命者，天道。鬼者，人道。始終以天道言，相應以人道言，

[一]能：四庫本此字上有「而」字。

天人交通，陰陽性命之理備矣。寄之於有無之間而疑之，是深於知道者也。

碧虚注：野謂初心質朴，從謂不逆他情，通則徹理無礙，物則同一混成，來謂衆歸其德。鬼入，深造窅冥。天成，無爲自然。不知死生，則有無一體。九年大妙，則數究純陽，神化莫測也。生而有爲，動之死地。爲有私，故勸之從公。背公者必以私死，其死豈無由哉！生者，强陽之氣，無所自也。汝果能至於大妙乎？大妙者，無公私、生死，無適無不適，可謂至極者也。在天成象，歷數可推。在地成形，人據可知。唯我無心，孰能測之？事有有始而無終，有終而無始者，皆天命使然。相應，謂前學道九驗。鬼，謂靈響。有應無應在用功之深淺，通靈之遲速也。學道雖有序，其要在乎獨化。論程則九年，而悟不出乎旦暮〔一〕耳。

《膚齋口義》：野，反朴。從，順從。通，大徹也。物，如槁木死灰。來，謂寂寞之中，有不滅者。鬼入，納造化於胸中。天成，與天爲一也。不知死生，即無入而不自得。大妙，極玄也。自一至九，借爲節次，此事非可以歲月計也。人以生爲有生，執見自私也。以至公之理勸之，欲其知世間無不死之物，謂之死則有所自。求生之始無所自，既始無

〔一〕暮：四庫本此字下有「之間」二字。

生，安得有死？ 陽，謂動之始。 以死生之理如〔一〕此言之，不知其果然否也。 適不適，猶云然不然，要極而觀，然不然未可定也。 歷數、人據，果可以盡天地之理乎？ 世間萬事萬變，造物主之，安得謂之無命？ 芒芒之初，本來無物，安得謂之有命？ 朝暮寒暑，時至氣應，安得謂無鬼神？ 謙未必福，仁未必壽，安得謂有鬼神？ 此言造物不可知之意。

人生隨俗凋喪，日失一日。 學道者損之又損，所以求復其初。 野謂漸還質朴，從謂順人不失己，通則徹理，物則忘我，來謂人歸之。 鬼入，造〔二〕乎恍惚。 天成，合乎自然。 不知死生，則無去無來。 九年大妙，則數極〔三〕造微，神化莫測矣。 人〔四〕能以無爲爲宗，乃可登假乎此；而世俗耽於有爲，日趨死地。 勸之以公者，以其死由乎私也。 碧虛照張君房校本以其下有私字絶句，私謂貴愛其生，奉養過度，本求益己，損莫甚

〔一〕如：四庫本作「始」，訛。

〔二〕造：朱本、李本此字上並有「見理」二字。

〔三〕數極：朱本、李本並作「極數」。

〔四〕人：此字朱本、李本並無。

焉。故令去之，歸乎公道也。死者〔一〕因生爲有，自生者，從無而始，爲〔二〕無自生而無私，則亦無死，天不能殺，地不能埋，汝果能若是乎？由是知無以生爲者，賢於貴生，又惡論其適不適耶？天有歷數，可推否泰；地有人據，可考治亂。吾又何從他求哉？夫自二儀分判，幾千萬年生物〔三〕而不知其終，非命何以立？禪物而不知其始〔四〕，命從何而立？歷數人據，有禍福之相應，豈無鬼神主之？天道有時而難諶，人事有時而無準，則又疑其無鬼神也。此言造化精密難窺，唯其難窺，所以爲〔五〕造化。但當盡人事以俟之，故向上之學，使人反究自己。天地之始終，一身靈物之隱顯，盡性而至於命，明鬼而極乎神，在乎力行心契則功躋大妙，亦何待乎九年哉！

衆罔兩問於影曰：「若向也俯而今也仰，向也括而今也被髮，向也坐而今也起，向也行

〔一〕死者：此二字四庫本無。

〔二〕爲：四庫本作「謂」，訛。

〔三〕物：朱本、李本並作「育」。

〔四〕始：朱本、李本並作「死」，訛。

〔五〕爲：朱本、李本並作「謂」。

而今也止，何也？」影曰：「叟叟也，奚稍問也！予有而不知其所以。予，蜩甲也？蛇蜕也？似之而非也。火與日，吾屯也；陰與夜，吾代也。彼吾所以有待耶？而況乎以有待者乎！彼來則我與之來，彼往則我與之往，彼强陽則我與之强陽。强陽者，又何以有問乎！」

郭注：運動自爾，無所稍問。自爾，故不知所以。甲似蜩，蜕似蛇，影似形而非形也。推而極之，則今之所謂有待者，卒至於無待，而獨化之理彰矣。直自强陽運動，相隨往來耳。無意，故不可問也。

吕注：罔兩生於影，影外微陰非一，故曰叟叟。影之俯仰行止，隨人而已，豈知所以哉！形之有影，猶蜩之甲，蛇之蜕，而非蜩甲蛇蜕也。影得日火則屯而顯，遇陰夜則代而隱。此乃影之所待而爲影，然而無情，豈知有待耶？影之所待者，日火陰夜，而不可謂之有待，況以有待者乎！以有待者，影之所自出，即形是也。以罔兩無待，知影之無待；以影無待，知影之所出者亦無待，則不爲形所累矣。彼來往則我與之來往，彼强陽則我與之强陽，皆非我也，又何以有問乎！

疑獨注：叟叟，指衆罔兩。奚稍問，何必問也。凡屬造物者，皆有所待而不知所以然。甲似蜩，蜕似蛇，影似形，而非蜩蛇與形也。火日有光，影之所聚；陰夜無光，影之所藏。此吾所以有待也，而況形又有所待乎！言待造化也。形來則我與之來，形往則我與之往，形强陽則我與之强陽，此皆由於獨化，又何足以有問乎！

碧虚注：一燈一影，十燈十影，燈影既多，微陰益衆，詢其俯仰行止，形使然耶，影自然耶？其動靜有無，皆莫知所以。影與微陰，則有形而無礙；蜩甲蛇蜕，則有質而無性。當其未蜕，止有蛇、蜩；及其已蜕，甲皮固〔一〕自有焉。則影也，形也，其不相因明矣；蜩也，蛇也，亦何嘗顧蜕哉！世謂形生影，影生微陰，然影之生也，聚於日火，代於陰夜，於形何有？形當明而影生，似有待也；處暗而影滅，似無待也。來往運動，雖由乎彼；應之無心，則在乎此，又安所致詰哉！

《鬳齋口義》：叟叟，音蕭若隱若顯貌。稍，猶率略。言予之所有，本不知其所以然。蜩已化而甲在，蛇已化而蜕在，蓋以形之動者比蜩蛇，以影比蜕甲，亦似之而非也。物遇日火則影聚，陰夜則影代去矣。彼，指形。影自謂：彼，豈吾所待耶？然形之動，又有所待，故曰：「而況乎以有待者乎！」形待强陽之氣而動，我亦從之。其爲强陽者，本非形之所知，汝又何問我乎！此段與《齊物論》同，但添日火强陽之説。

〔一〕固：四庫本作「故」。

凡天下之物，有形必有影，人所共知；而影外微陰曰罔兩，人多不察焉。蓋因影之蒙昧，而依附彷彿於其間，其陰參差疊出，故云衆罔兩。罔兩之於形，猶七情之於心，心不官而七情縱則反受其攻，影不明而罔兩多則反遭其問。然而影之所待，豈罔兩可知！心之所冥，豈七情可立哉！此論物理相生，有若因待，而或有或無，非因非待，以譬形生之始、思慮之端亦猶是也。義極精妙，昔賢所未發。夫影生於形，非日火則莫見，有若相因也。日火雖光，非形則無影，本於獨化也。影之於〔一〕形，行止不離，一身之至親者，其動靜有無〔二〕必有主宰，世人日用而〔三〕不知，則罔兩之問無足怪也。《齊物論》云：「若有真宰，而不得其眹〔四〕。」正明此義。所謂真宰者，即獨化之主，萬物萬形賴之以生育運動，而因待有無之所從出也。信能反而求之，恍惚之間而見曉聞和，則獨化之理明，罔兩之疑釋矣。强陽，謂人稟造化之氣，能運動形體而掉運外物

〔一〕於：四庫本作「與」。
〔二〕有無：此二字四庫本無。
〔三〕而：此字朱本、李本並無。
〔四〕眹：朱本、李本、四庫本並作「朕」，通。

者。其聚則有，其散則零，直〔一〕寄焉耳。儻知獨化之主，則真我長存，彼之聚散無足問也。況景外微陰乎！

陽子居南之沛，老聃西遊於秦，邀於郊，至梁而遇老子。老子中道仰天而歎曰：「始以汝爲可教，今不可也。」陽子居不答。至舍，進盥漱巾櫛，脱屨户外，膝行而前，曰：「向者弟子欲請夫子，夫子行不間，是以不敢。今間矣，請問其過〔二〕。」老子曰：「而睢睢盱盱，而誰與居？大白若辱，盛德若不足。」陽子居蹵然變容曰：「敬聞命矣！」其往也，舍者迎將，其家公執席，妻執巾櫛，舍者避席，煬者避竈。其反也，舍者與之爭席矣。

郭注：睢睢盱盱，跋扈之貌。人將畏難而疏遠，尊形自異，故煬者〔三〕避之。去其矜夸，故與之爭席。

吕注：睢盱自異，則舍者迎將之召也。老子所以歎子居形諜成光，則户外屨滿之召也。伯昏所以去御寇，其趣一也。

疑獨注：子居，楊朱之字。進盥漱巾櫛，明其潔己。脱屨膝行，言其謙恭。睢睢盱

〔一〕直：朱本、李本並作「真」，訛。

〔二〕過：四庫本作「故」。

〔三〕煬者：四庫本作「憚而」。

盱，矜夸見於外，誰與汝居也？告之以聖人知白守黑，故大白若辱；不自滿暇[一]，故盛德若不足。子居聞言而悟。其往也，舍者迎將，有禮。避席讓竈，言其外矜，故人致敬。及聞道而去外矜之色，故反也，舍者與之爭席[二]。不示人以迹，不知所以敬之也。

碧虚注：睢盱，傲慢之容。其往也，威儀盤僻[三]，使人敬畏。其反也，視猶衆庶，使人忘我也。

鬳齋云：睢盱，矜持，言物我未忘。嘗若與人同居。家公，旅邸之主。煬，炊也。避舍、避竈，敬之也。爭席，則不知有可敬，謂得老聃點化，則退然自晦，人亦視之以爲常也。

睢盱，自異，人誰肯與汝居耶？夫行潔白者，人將汙之，故韜晦而若辱；德盛大者，人將虧之，故涵養若不足。此全身之道也。今汝反此，所以爲不可教。子居聞告，蹵然不安，容爲之變，則其心改悔可知。故其往也，逆旅主人迎將於其家，絶句[四]公執席，妻

〔一〕暇：四庫本作「假」。
〔二〕與之爭席：此四字四庫本無，脱。
〔三〕僻：四庫本作「辟」，通。
〔四〕絶句：此二字朱本、李本並作大字。

執巾櫛，言室家通敬之。避席、避竈，則衆皆駭異。及其反也，舍者爭席，則矯飾去而真實存，使人忘外敬之粗迹也。古之人所以入獸不亂群，入鳥不亂行者，以此。

是篇以《寓言》標題，南華老仙渡水不濕脚之意。自揆立言既多，恐後人殉迹成弊，故隨步隨掃其迹。其寓言、重言，皆不得已而藉外論之。卮言，如水在卮，有防而不失，則其出也由中，故日出而不厭。同異、是非，各當其分，言出於無言，亦猶不言也。其然其可，則物情之去取耳。惡知其爲固然固可耶？是以必至於不言則齊也。吁，世衰道微，人莫己信，不得行志當世，猶覬垂訓方來，又慮無以必後人之知，故寓於所重以取信焉。使人由寓以究其真，從徼而躋乎妙，其成功一也。至論夫子之迹隨年化，始是卒非，當身之是不可常也如此〔一〕，況欲必信於後世乎！曾子之再仕再化，心不免乎有係而哀樂形焉，無問乎爲親爲禄也。若夫聞言而悟，有若子游一年而野，至於大妙，則心日虚而道日集，所謂寓、重、卮言者，皆在過化之域矣。次論命、鬼之有無，形、影之因待，皆明造化不可致詰之妙。人能充其造化所與，而莫之夭閼，則吾身之天地不可測之靈物亦猶是也。結以睢盱矜傲，人誰與居？聞命而反，舍者爭席，則耳聆心悟，在片言之頃，孰謂載

〔一〕如此：此二字朱本、李本並無。

道而示〔一〕後世無得魚忘筌者哉！　予嘗閱東坡蘇文公《莊子祠堂記》，謂《寓言》篇末當連《列御寇》篇首，而不取《讓王》、《盜跖》、《説劍》、《漁父》四篇，且二篇合一義或可通，而四篇遭黜，無乃太甚！　意其所病者，《讓王》條列繁而義重複，《盜跖》訾孔子若太過，《説劍》類從〔二〕横之談，《漁父》幾詆聖之語，此所以不爲坡翁所取也。　然《祠堂記》中嘗謂莊子之言〔三〕皆實予而文不予，陽擠〔四〕而陰助之，則亦燭其立言救弊之本心矣，又何以麤迹爲嫌？　竊考《讓王》等四篇，較之内外部若有間，然其指歸不失大本，蓋立〔五〕言者不無粗精〔六〕之分、抑揚之異；或門人補續，不得其淳，所以置諸雜部之末。　自可意會，無煩多議，以啓後疑。

〔一〕示：原作「之」，據朱本、李本、四庫本改。
〔二〕從：李本作「術」，訛。
〔三〕言：四庫本作「文」。
〔四〕擠：李本作「濟」，訛。
〔五〕立：此字朱本、李本並無。
〔六〕粗精：朱本、李本、四庫本並作「精粗」。

南華真經義海纂微卷之九十三

武林道士褚伯秀學

讓王第一

堯以天下讓許由，許由不受。又讓於子州支父，子州支父曰：「以我爲天子，猶之可也。雖然，我適有幽憂之病，方且治之，未暇治天下也。」夫天下至重也，而不以害其生，又況他物乎！唯無以天下爲者，可以託天下也。舜讓天下於子州支伯，子州支伯曰：「予適有幽憂之病，方且治之，未暇治天下也。」故天下大器也，而不以易生，此有道者之所以異乎俗也。舜以天下讓善卷，善卷曰：「余立於宇宙之中，冬日衣皮毛，夏日衣葛絺；春耕種，形足以勞動；秋收斂，身足以休息；日出而作，日入而息，逍遥於天地之間而心意自得。吾何以天下爲哉！悲夫，子之不知余也。」於是去而入深山，莫知其處。舜以天下讓其友石户之農，石户之農曰：「捲捲乎后之爲人，葆力之士也。」以舜之德爲未至也，於是夫負妻戴，攜子〔一〕以入於海，終身不反也。大王亶父居邠，狄人攻之。事以皮帛而不受，事之以犬馬而不受，事之以珠玉而不受，狄人之所求者土地也。大王亶父曰：「與人之兄居而殺其弟，與人之父居而殺其子，吾不忍也。子皆勉居矣！爲吾臣與爲狄人臣奚以異！吾聞之，不以所用養害所養。」因杖筴而去之。民相連而從之，遂成國於岐山之下。夫大王亶父，可謂能尊生矣。能尊生者，雖貴富〔二〕不以養傷身，雖貧賤不以利累形。今世之人居高官尊爵者，皆重失之，見利輕亡其身，豈不惑哉！越人三世弑其君，王子搜患之，逃乎丹穴。而越國無君，求王子搜不得，從之丹穴。王子搜不肯出，越人薰之以艾。乘以玉輿，王子搜援綏登車，仰天而呼曰：「君乎，君乎！獨不可以舍我乎！」王子搜非惡爲君也，惡爲君之患也。若王子搜者，可謂不以國傷生矣，此固越人之所欲得爲君也。

郭注略而不論〔三〕。

呂注：三代之季，父子兄弟爭有天下，更相殘害，所謂士者危身輕生以干澤，此讓王之篇所以作也。許由、支父之徒，皆不以天下易其生者，揚雄以爲先哲。堯禪舜之重，則不輕於由

〔一〕子：四庫本作「手」。
〔二〕貴富：四庫本作「富貴」。
〔三〕論：四庫本作「備」。

也。所謂重者，得不以其歷試而後授之以天下乎？殊不知堯之所以得舜者，不在於歷試。歷試者，與人同而已，所謂暴之於人是也。使由無避堯之意，安知其試之不如舜乎？

疑獨注：憂藏乎心，謂之幽憂。支父不以天下害其生，支伯不以天下易其生，雖〔一〕異乎俗而皆未能無心也。善卷，喻懷道之深；石户之農，善閉而敦本。善卷之言爲己而求自全，石户則指后之爲人；嫌其德未備，皆未能無所不適也。大王亶父避狄，不忍以土地而害人民，可謂能尊生矣。夫有身不能無〔二〕養，有生不能無累。富貴者樂於養，養過則傷身；貧賤者迫於利，利過則累形。能免二患，乃爲尊生也。王子搜避位而逃，可謂不以國傷生矣。雖不累於物，而愛民愛己之心未忘，則猶有係，未能無迹。此皆聖人之緒餘，非其真也。聖人之真者，忘生而生無不全，忘養而養無不至，雖爲天下國家之所寄託，時適然耳。又何傷乎！

碧虚注：外天下者，衆害不能干。重其生者，他物不能惑。唯暢然虚懷，則可託身於四海之上也。天地大德曰生，至人之所寶貴，故不以天下易之。毳褐饘粥以自足，孰

〔一〕雖：四庫本作「唯」。
〔二〕無：四庫本作「不」。

肯以物爲事而喪其天真哉！是以狷介者不肯屈於人，德厚者，乃能貴其下。勁節葆力，所以立大功；放浪不反，所以激貪鄙。地所用養，養物也；物之所養，養民也。今爭所養之物，而害所養之民，聖人不忍爲也。富貴者重失，在乎養傷身；貧賤者輕亡，在乎利累形。故爲君而致患，不若退隱而自全也。

盧齋云：幽憂之病，猶云暗疾。夫無以天下爲者，可以託天下，有天下而不與也。捲捲，音權自勞貌。葆力，勤苦用力也。堯、舜二段無結語，與前意同。用以爲養，謂土地。所養，百姓也。尊生者，以身爲重，物爲輕，此譏當時患失之士。唯無意於君者，方可以託國，故越人欲得王子搜爲君也。

褚氏管見：天生聖人，所以續道統，明人倫，贊天地，育萬物〔一〕也。君位之有無不與焉，然謳歌獄訟之所歸有不可得而辭者，亦一時寄託焉耳。雖居萬乘之尊，四海之富，而土階茅茨，惡衣菲〔二〕食，不知其勢之重，位之極也。蓋由得之非心，所以處之非榮，故其辭讓易如脱屣。夫物莫大於天下，能以天下讓，無物足爭矣。其胸中所存，詎

〔一〕贊天地育萬物：朱本、李本並作「育萬物贊天地」。

〔二〕菲：李本作「非」，訛。

可量耶？至若與之天下而不受，亦豈中無主者所能爲？堯、舜、大王之德業固不待讚揚，而諸子之高節，非莊子不能盡見。徐考其辭讓之語〔一〕，大意不過卑物尊生，輕外重内，以樂聖人之道，而惡爲君之患也。且與之天下，古人猶不屑受，肯效後世矜詐恃力、悖理越分而妄求者哉？幽憂之病，按《吕氏春秋》引此章，高誘注云：「幽，隱也。」《詩》云「如有隱憂」是已。謂方憂身之未治，何暇治天下爲？此所以異乎俗也。大王之避狄而不忍害民，王子搜逃民而恐其害己。恐害民則能愛己，恐害己則能愛民。此越人所以欲得爲君，以其德著而不逃蟻慕〔二〕也。若夫上德不德，民無能名，則不可得而利〔三〕、不可得而害，是又〔四〕超出一等矣。南華雖不盡言，其意有在於此，詳後章經旨可見云〔五〕。

韓、魏相與爭侵地。子華子見昭僖侯，侯有憂色。子華子曰：「今使天下書銘於君之

〔一〕讓之語：四庫本作「之語讓」，倒。
〔二〕而不逃蟻慕：此五字朱本、李本並無。
〔三〕不可得而利：此五字朱本、李本並無，脱。
〔四〕又：此字朱本、李本並無。
〔五〕云：此字朱本、李本並無。

前，書之言曰：『左手攫之則右手廢，右手攫之則左手廢，然而攫之者必有天下。』君能攫之乎？」昭〔一〕僖侯曰：「寡人不攫也。」子華子曰：「甚善！自是觀之，兩臂重於天下也，身亦重於兩臂。韓之輕於天下亦遠矣，今之所爭者，其輕於韓又遠。君固愁身傷生以憂戚不得也！」昭僖侯曰：「善哉！教寡人者衆矣，未嘗得聞此言也。」子華子可謂知輕重矣。

郭注略而不論。

呂注：昭僖侯能用子華之言而輕其所爭，則於不以天下易生者，又其次也。

疑獨注：廢，謂斬斷而無用。能不顧其臂以取銘而有天下乎？侯曰不取也。由是知兩臂重於天下，身之於臂又重也；以韓國比天下，韓已輕矣，所爭之地又輕於韓。今反愁身傷生以憂戚不得，是棄其甚重，爭所甚輕，豈不惑哉！

碧虚注：名與身孰親？身與貨孰多？疆場廢地，何苦爭爲？《鴻烈解》曰：「殺戎馬而求狐狸，援兩鱉而失靈鼂，斷右臂而爭一毫，折鏌鋣而競刀錐。」可謂不知輕重者也！

鬳齋云：銘，猶契約。攫其銘可以有天下，愛身者且不爲之，況韓國比天下尤輕，今

〔一〕昭：此字四庫本無。

乃以不得爲憂戚，而至於愁身以傷生，又重於失一臂矣。

韓侯與魏爭邊境所侵之地，蓋無幾而憂形於色，可謂於所輕者重，而所重者輕矣。魏之諸臣諫者莫聽，華子入見，諫之有道焉〔一〕。左攫銘而右手廢，右攫銘而左手廢，一利一害不可免也，在人審利害之輕重而去取之耳。侯知臂重於天下，身又〔二〕重於臂，而不知韓之輕於天下，所爭侵地又輕於韓，審知其輕則重者自〔三〕見。侯聞諫亟悟，明輕重之當然〔四〕。吁，韓侯亦賢已〔五〕哉！華子亦知矣哉！

魯君聞顔闔得道之人也，使人以幣先焉。顔闔守陋閭，苴布之衣，而自飯牛。魯君使者至，顔闔自對之。使者曰：「此顔闔之家與？」對〔六〕曰：「此闔之家也。」使者致幣，顔闔〔七〕曰：「恐聽者謬而遺使者罪，不若審之。」使者還，反審之，復來求之，則不得已。若顔

〔一〕焉：四庫本作「爲」，訛。
〔二〕又：四庫本作「長」，訛。
〔三〕自：此字四庫本無，脱。
〔四〕然：四庫本此字下有「也」字。
〔五〕已：四庫本作「矣」，通。
〔六〕對：四庫本此字上有「顔闔」二字。
〔七〕闔：四庫本此字下有「對」字。

闔者，真惡富貴也。故曰：道之真以治身，其緒餘以爲國家，其土苴以治天下。由此觀之，帝王之功，聖人之餘事，非所以完身養生也。今世俗之君子，多危身棄生以殉物，豈不悲哉！凡聖人之動作也，必察其所以之與其所以爲。今且有人於此，以隋〔一〕侯之珠彈千仞之雀，世必笑之。是何也？其所用者重而所要者輕也。夫生者，豈特隋侯之重哉！

郭注略而不論。

吕注亦不詳及。

疑獨注：顏闔處窮而通，真惡富貴，故莊子取之。夫得道之真者，不可以生死言，故朝聞道而夕死。及其貴愛以身爲天下，則聖人之迹也。絲緒之餘，土草〔二〕之賤，微末不足道，聖人爲天下之迹，出於天下之寄託，亦聽之而已，故曰餘事。所以之所以爲，言有所動作必察其當，然後應之。隋〔三〕珠彈雀，喻世人以生易富貴，棄重而就輕也。

碧虚注：緒餘、土苴，言去身愈遠，則愈粗。聖人之治身也，虚心弱志。帝王之立功也，手胼足胝。以立功視治身，特餘事耳。顏闔知其所以之之未可也，所以爲之未必也，

〔一〕隋：四庫本作「隨」，通。本段下同。

〔二〕草：四庫本作「苴」。

〔三〕隋：四庫本作「隨」，通。

故不受幣焉。士有甘藜藿而忽富貴者，身可屈而道不可屈，其自重若隋〔一〕珠，輕利禄如燕雀耳。

鬳齋云：緒餘、土苴以治國家天下，聖賢之論也。莊子之言如此分別，人皆謂其以精粗分兩截。其意只謂知道之人不以外物累心，有天下而不與，方可以盡無爲之治。但其言抑揚太過，而心實不然。緒餘、土苴，只就餘〔二〕事上生，猶云塵垢粃糠。近世荆公之學真把做兩截看了，以此施用，多舉緒餘、土苴之語，所以朱文公深辯正之。以珠彈雀，喻甚明當。

察闔之心，真惡富貴者，超出世俗所見萬萬矣。惜乎不瀝忱以辭，乃失誠於使者，似亦稍虧淳德。使者既造其家，又見其人而不能力致之，乃從其辭而反審，無乃過淳矣乎！夫難進易退，君子之常。養愈久而植愈深，於闔固不容多議。然魯侯渴心求賢，幾何而一遇，幸遇之又交臂而失，不得與〔三〕之共理大業，以躋〔四〕昇平，實由乎使

〔一〕隋：四庫本作「隨」，通。
〔二〕餘：四庫本作「於」，訛。
〔三〕與：朱本、李本此字下並有「君」字，衍。
〔四〕躋：朱本、李本並作「濟」。

不使之過，故申言以爲戒。且天下功業，宜莫大於帝王，此猶以爲餘事，則所謂聖人之真者，豈常流所可窺測耶？所以之、所以爲，即《語》云所由、所安也。今世本恐聽者謬，多者字。真以治身，治當是持。凡聖人之動作，聖字爲冗。隋侯之重，侯[一]當是珠。此章全見《呂氏春秋》可證[二]。不韋去莊子非遠，必得其真。

子列子窮，容貌有饑色。客有言之於鄭子陽者曰：「列御寇，蓋有道之士也，居君之國而窮，君無乃爲不好士乎？」鄭子陽即令官遺之粟。子列子見使者，再拜而辭。使者去，子列子入，其妻望之而拊心曰：「妾聞爲有道者之妻子，皆得佚樂。今有饑色，君過而遺先生食，先生不受，豈不命邪！」子列子笑謂之曰：「君非自知我也，以人之言而遺我粟，至其罪我也，又且以人之言，此吾所以不受也。」其卒，民果作難而殺子陽。

郭注略而不論。

呂注不詳及。

疑獨注：士以正行而見知，人以察實而求我，則彼之所審者確我之見知，亦無愧矣。

〔一〕侯：此字朱本、李本並無，脱。

〔二〕可證：此二字朱本、李本並無，脱。

子陽爲鄭國相，未嘗與列子接，忽因人言而遺之粟。夫因人言而知之，必因人言而罪之，此其所以不受也。

碧虚注：士甘陸沈無聞，豈肯屈志而受無名之禄，苟殉妻子之情而躑躅於禍網哉！

鬳齋云：子陽以人言而遺列子粟，非真知己也。譽而可〔一〕信，毁亦信之矣。

子陽相鄭，秉人物之權以重輕一國者也，有賢在野而不知可乎？聞人言其有道而遺之粟，則亦遇賢而能敬也。列子以爲因人之言而遺我，惡知不因人言而罪我耶，故辭而不受。此君子睹微而知著，見往而知來也。其妻拊心有言，乃世俗鄙見，孰謂有道者之妻子而爲此哉！夫至人之所爲，雖其妻子猶不能盡識，况他人乎！此言被褐懷玉之士，未易知；知之，又當致之有道，斯可以盡人才而得其用。《漁父》篇云：「下人不親，不得其真。」信哉！

楚昭王失國，屠羊説走而從昭王。昭王反國，將賞從者，及屠羊説。屠羊説曰：「大王失國，説失屠羊；大王反國，説亦反屠羊。臣之爵禄已復矣，又何賞之有！」王曰：「强之。」屠羊説曰：「大王失國，非臣之罪，故不敢伏其誅；大王反國，非臣之功，故不敢當其賞。」王

〔一〕可：四庫本此字下有「以」字。

曰：「見之。」屠羊説曰：「楚國之法，必有重賞大功而後得見。今臣〔一〕知不足以存國，而勇不足以死寇。吴軍入郢，説畏難而避寇，非故隨大王也。今大王欲廢法毁約而見説，此非臣之所以聞於天下也。」王謂司馬子綦曰：「屠羊説居處卑賤而陳義甚高，子其爲我延之以三旌之位。」屠羊説曰：「夫三旌之位，吾知其貴於屠羊之肆也；萬鍾之禄，吾知其富於屠羊之利也；然豈可以貪爵禄而使吾君有妄施之名乎？説不敢當，願復反吾屠羊之肆。」遂不受也。

郭注以義明，不復釋。

疑獨注：方莊子之時，人多不安義命而僥倖富貴，故引屠羊説之事警之。雖處屠肆而能叙〔二〕分如此，誠可以激礪薄俗。三旌，三公之位也。吾知其爲富貴矣，不以其道得之，不處也。今於屠羊説見之。

碧虚注：誦《詩》〔一〕《書》而發冢，居屠沽而守義者，何代無之？夫竊勢以爲己功，市權而要重賞者，聞此亦當知愧矣。

〔一〕臣：四庫本此字下有「之」字。
〔二〕叙：四庫本作「守」。
〔一〕詩：原作「持」，據四庫本改。

鬳齋云：大王反國，悦反屠羊，各得其本分事。三旌，三公車服各有旌〔一〕别也。昭王賞説，示復國而推恩。説之辭賞，安義分而不濫。蓋王失國而不能伏其誅，則王復國而不敢當其賞，理亦宜然。世之無功叨賞者多，則以安命辭禄者爲創見。王命見之，高其行而欲識其人。説以爲不可毁約而見，遂終辭焉。不使君有妄施之名，其不欺如此，士君子之所難能也，而屠羊説優爲之，使舉國臣人化説之德而克肖焉，何患世道之不交相興乎？

原憲居魯，環堵之室，茨以生草；蓬户不完，桑以爲樞；而甕牖二室，褐以爲塞；上漏下濕，匡坐而弦。子貢乘大馬，中紺而表素，軒車不容巷，往見原憲。原憲華冠縰履，杖藜而應門。子貢曰：「嘻！先生何病？」原憲應〔二〕曰：「憲聞之，無財謂之貧，學而不能行謂之病。今憲，貧也，非病也。」子貢逡巡而有愧色。原憲笑曰：「夫希世而行，比周而友，學以爲人，教以爲己，仁義之慝，輿馬之飾，憲不忍爲也。」曾子居衛，縕袍無表，顔色腫噲，手足胼胝。三日不舉火，十年不製衣，正冠而纓絶，捉衿而肘見，納履而踵決。曳縰而歌《商

〔一〕旌：此字四庫本無，脱。

〔二〕應：四庫本此字下有「之」字。

頌》，聲滿天地，若出金石。天子不得臣，諸侯不得友。故養志者忘形，養形者忘利，致道者忘心矣。孔子謂顔回曰：「回來，家貧居卑，胡不仕乎？」回對曰：「不願仕。回有郭外之田五十畝，足以給飦〔一〕粥；郭内之田十畝，足以爲絲麻；鼓琴足以自娱，所學夫子之道足以自樂也。回不願仕。」孔子愀然變容曰：「善哉，回之意！丘聞之：『知足者不以利自累也，審自得者失之而不懼，行修於内者無位而不怍。』丘誦之久矣，今於回而後見之，是丘之得也。」

已上三章，意義同貫，郭、吕不詳釋。

疑獨注：原憲，貧而無怨〔二〕者也。曾子，貧而能自遣也。顔子，貧而樂道者也。養志者忘形，原憲是也。養形者忘利，曾子是也。致道者忘心，顔子是也。

碧虚注：子貢相衞，結駟連騎入窮閭，過原憲而歎其何病，憲答以是貧非病，子貢愧其言之失也。夫迂趨世態，希望功名，親比周旋，交構朋黨，學不治身，教藉資給，坐仁義之慝，盛輿馬之飾，學道者豈忍爲哉！原憲則學道而能行，守義而不屈者也。曾子養

〔一〕飦：四庫本作「饘」，通。

〔二〕怨：四庫本作「忌」，訛。

志，故不仕；忘利，故寡合；忘心，故契道也。知足不辱，知止不殆。不辱者，行修於内。不殆者，無位不怍。此仲尼之所誦〔一〕，今於顔子見之。

鬳齋云：夫妻二室，皆以甕爲牖，故衣塞之抵風雨也。華皮爲冠。縱履，曳履也。假仁義以文姦曰慝。緼袍，絮衣。無表，外破而絮見。腫噲，虚浮也。《商頌》，所歌之曲。若出金石，言其有節奏。致道者忘心，無心故近道也。學道足以自樂，二程先生每教人求顔子樂處，不可草草看過，誦之久矣。昔聞其語，今見其人也。

原憲安貧絃誦，學而能行，雖居環堵蓬門，如坐廟堂之上，仁義禮樂不離其身故也。子貢榮居相位，是壅〔二〕雩之時帝者，能枉駕而顧，亦見其友誼未忘；然問其何病，則不知心之甚。同學於聖人之門而所見若是，故憲歷分貧病以告之。自希世而行，至輿馬之飾，乃學者之大病，子貢身坐膏肓〔三〕而不自知，賴憲痛鍼力砭，誠友中之師也。曾子腫噲胼胝，衿絶肘見，其貧可知；然而養志忘形，歌若金石，浩然之氣充塞天地，萬乘之君不得而友，況欲臣之乎！顔子知足樂道，無位不怍，襲夫子之步，得夫子之

〔一〕誦：四庫本作「謂」，訛。

〔二〕壅：四庫本作「癰」。

〔三〕肓：原作「盲」，據朱本、李本、四庫本改。

心，而一無所作爲，簞瓢自樂，豈紆朱懷金可比哉！夫三子者，皆孔門高弟，親受聖傳，所造有精粗，故所樂有〔一〕深淺。若子貢之遊説列國，榮官殖貨，以駭動世俗，則所樂與二〔二〕子不侔矣，故南華舉以爲戒。

中山公子牟謂瞻子曰：「身在江海之上，心居乎魏闕之下，奈何？」瞻子曰：「重生。重生則利輕。」公子牟曰：「雖知之，未能自勝也。」瞻子曰：「不能自勝則從，神無惡乎？不能自勝而强不從者，此之謂重傷。重傷之人，無壽類矣。」魏牟，萬乘之公子也，其隱巖穴也，難爲於布衣之士；雖未至乎道，可謂有其意矣！

郭、吕略而不論。

疑獨注：魏公子牟封於中山。瞻子，魏之賢人。夫公子之貴，其心最爲難勝，故雖身在江海，而心居魏闕，自言其未能無心於富貴，奈何而可以忘此？答以重生則利輕，利輕則不思魏闕矣。牟雖知生可重，物可輕，然其心不能自勝，所以有私。瞻子告以苟不能自勝〔三〕其私，則神道寧無惡乎？神生於虚，今牟心未虚，所以不能自勝而强不從

〔一〕有：朱本、李本並作「者」，訛。
〔二〕二：四庫本作「三」。
〔三〕「所以有私」至「不能自勝」：此十三字四庫本無，脱。

者，挫損情欲，重傷其性，與無壽之人類矣。言牟爲萬乘之公子，一旦隱居巖穴，欲如布衣之士，實爲難能；然有其意，則可期之以至也。

碧虚注：公子牟雖嘗省道味之淡，不能勝樂餌之美，順所好則養生，閑神靈則廢虐，既失養形之樂，復增閑神之憂，非重傷而何？魏牟慕嘉遁之名，虧隱居之實，其意易發，其操難持，然比之顛冥富貴者，固有間矣。

鬳齋云：知吾生之可重，則外物輕矣。理未能勝〔一〕，姑順之而勿强抑，强抑則内傷其神，神惡之矣。此非自養之道，不入壽者之類。可謂有其意，勉而行之者也。

象魏觀闕，國君之門。《淮南子》作「魏〔二〕闕」，音訓同。許慎注：「天子之兩觀也。」不能自勝則從，謂從順性情，不强抑閑。或連神爲句，謂從心神所適也。夫學道者〔三〕，當損情去欲，志尚清虚，此乃云從其性情，使之神和意暢，是無惡乎不能自勝也。又云强閑而不從，此之謂重傷，則是使人任情縱〔四〕樂以爲道，有類《列子》載管夷吾所謂養生

〔一〕勝：此字四庫本無，脱。
〔二〕魏：朱本、李本並作「魏」，訛。
〔三〕者：此字四庫本無，脱。
〔四〕縱：朱本、李本並作「從」，通。

之道肆之而勿〔一〕閡者也。原其本意，蓋爲公子牟生於富貴，而欲隱巖穴，實爲難能；若過閡其情，恐傷其性，故寬以誘之，進進不已〔二〕，成功一也。南華取此以爲富貴學道者之勸，庶不至望崖而反，若夷吾者以伯國强兵爲事，宜其立論之偏，又非牟比矣。瞻子所言固不可爲學道者之法，譬名醫療疾，必〔三〕審人而處方，期於瘳疾〔四〕而已。

〔一〕勿：朱本、李本並作「弗」。
〔二〕已：原作「也」，據朱本、李本、四庫本改。
〔三〕必：此字四庫本無。
〔四〕疾：此字朱本、李本並無。

南華真經義海纂微卷之九十四

武林道士褚伯秀學

讓王第二

孔子窮於陳蔡之間，七日不火食，藜羹不糝，顏色甚憊，而絃歌於室。顏回擇菜，子路、子貢相與言曰：「夫子再逐於魯，削迹於衛，伐樹於宋，窮於商周，圍於陳蔡，殺夫子者無罪，藉夫子者無禁。絃歌鼓琴，未嘗絶音，君子之無恥也若此乎！」顏回無以應，入告孔子。孔子推琴喟然而歎曰：「由與賜，細人也。召而來，吾語之。」子路、子貢入。子路曰：「如此者，可謂窮矣！」孔子曰：「是何言也！君子通於道之謂通，窮於道之謂窮。今丘抱仁義之道以遭亂世之患，其何窮之爲！故内省而不窮於道，臨難而不失其德，天寒既至，霜雪既降，吾是以知松柏之茂也。陳蔡之隘，於丘其幸乎！」孔子削然反琴而絃歌，子路扢然執干而舞。子貢曰：「吾不知天之高也，地之下也。」古之得道者，窮亦樂，通亦樂，所樂非窮通也。道德於此，則窮通爲寒暑風雨之序矣。故許由娱於潁陽，而共伯

得乎丘首。

郭氏〔一〕略而不論。

呂注：自顔闔、御寇至孔子，皆不妄受人之爵禄施予，以至貧賤凍餒而不改其樂者也。其次公子牟，雖未至乎道，而有其意者也。世俗之人湛於人僞者，聞許由、善卷之風，狂而不信，故歷叙聖賢莫不樂道以忘生。忘生爲難，猶且爲之，則不以天下國家傷其生爲易可知矣。

疑獨注：夫子之道充塞兩間，何窮通之能累！方其阸於陳蔡而無上下之交，七日不火食，夫子不以爲憂而絃歌不輟，當時知夫子者獨顔回耳。子路、子貢不免有無耻之譏，遂召二子而與之言窮通在道而不在物，今予抱仁義之道，何窮之爲？此臨難而不失其德也。道德在己，非臨難無以見，猶天寒而後知松柏，故夫子以爲幸也。遂反琴而絃歌，二子釋然而悟，執干而舞。不知天高地下，喻夫子之道不可得而形容。由是知古之得道者，窮通皆樂，而所樂非窮通也。

碧虛注：可謂窮矣，是觀其迹，以窮通在時，未知道本也。松柏遇霜雪而益茂，聖人

〔一〕氏：四庫本作「注」。

遭患難而不移。以桓公、文公、越王之事，證陳、蔡之阨，實由文顯，道以事彰也。天高地下，喻仲尼之道大。道德猶金石，一調而不可更；窮通猶琴瑟，曲終必改調。是知窮通在人，猶風雨寒暑，天理之常也。許由謝堯而枯槁於潁陽，共伯辭位而得志乎丘首，仲尼不懼蔡陳〔一〕之阨，柴〔二〕立乎二者〔三〕之間也。

鬳齋云：不糝，無米粒。藉，陵轢之。天寒、松柏，即後凋之義。因陳蔡之阨而後聖人固窮之節見，可爲法於後世，故云幸也。削然音瀟〔四〕，瀟〔五〕灑之意。扢然，喜躍貌。「子貢曰」數句，述自悟之意。商周，謂周之都，有商之舊地舊民也。

子路、子貢所言者，夫子之迹。顏子知夫子之心，所以忘言也。窮通在道，則世間得失無所益損焉。不窮於道，則不失於德，又何患難之能移！歲寒而知松柏，臨難乃見聖人，此所以爲幸。夫子復琴而絃歌，一安於命而不損其樂。子路執干而奮舞，悟

〔一〕蔡陳：四庫本作「陳蔡」。
〔二〕柴：四庫本作「卓」。
〔三〕者：原作「間」，據四庫本改。
〔四〕音瀟：此二字四庫本無。
〔五〕瀟：四庫本此字上有「蓋」字。

理而心悦，不知手舞足蹈也。「子貢曰」數句，讚夫子之道大難窮。道德於此，義〔一〕當是得，上文可照〔二〕。許由、共伯之自樂其樂〔三〕，亦以得此道故也。丘首，山名。碧虚照江南古藏本「松柏之茂也」下有「桓公得之莒，文公得之曹，越王得之會稽」三句，故其注云云。又「共伯得〔四〕」下有志字。窮於商周，商字説之不通，諸解遺而不論，獨盧齋及之。

舜以天下讓其友北人無擇，北人無擇曰：「異哉后之爲人也，居於畎畝之中而遊堯之門！不若是而已，又欲以其辱行漫我。吾羞見之。」因自投清泠之淵。湯將伐桀，因卞隨而謀。卞隨曰：「非吾事也。」湯曰：「孰可？」曰：「吾不知也。」湯又因務〔五〕光而謀。務光曰：「非吾事也。」湯曰：「孰可？」曰：「吾不知也。」湯曰：「伊尹何如？」曰：「强力忍垢，吾不知其他也。」湯遂與伊尹謀伐桀，剋之，以讓卞隨。卞隨辭曰：「后之伐桀也謀乎我，必以我爲賊也；勝桀而讓我，必以我爲貪也。吾生乎亂世而無道之人再來漫我以辱行，吾不忍

〔一〕義：朱本、李本並作「德」。

〔二〕上文可照：此四字朱本、李本並無。

〔三〕其樂：此二字朱本、李本並無，脱。

〔四〕得：此字朱本、李本並無，脱。

〔五〕務：四庫本作「瞀」，通。本段下同。

數聞也。」乃自投稠〔一〕水而死。湯又讓務光曰：「知者謀之，武者遂之，仁者居之，古之道也。吾子胡不立乎？」務光辭曰：「廢上，非〔二〕義也；殺民，非仁也；人犯其難，我享其利，非廉也。吾聞之：『非其義者，不受其禄，無道之世，不踐其土。』況尊我乎！吾不忍久見也。」乃負石而自沉於瀘〔三〕水。

郭注：士有殺身以成仁，無求生以害仁。志尚清遐，高風邈世，與貪利没命者，固有天地之降也。舊説曰：如卞隨、務光者，其視天下若六合之外，人所不能察也。斯則謬矣。夫輕天下者，不得有所重，苟無所重，則無死地矣。以天下爲六合之外，固當付之堯、舜、禹湯耳。淡然無係，汎然從衆，得失無概於懷，何自投之爲哉！若二子者，可爲殉名慕高矣，未可謂外天下也。

呂注見後章。

疑獨注：舜與湯，一道也。舜順得而湯逆取，順者由天而之人，逆者反道而入德。

〔一〕稠：四庫本作「椆」。

〔二〕非：四庫本作「無」，訛。

〔三〕瀘：四庫本作「廬」。

舜讓北人無擇，見其復命之深。又言湯伐桀得[一]天下以讓卞隨、務光，示湯無心於天下，所以伐之者爲民非爲己也。伊尹相湯伐桀之事，具載於《書》，而湯讓天下未嘗經見，莊子製名以寄讓王之意。

碧虛注：潔身之士，以榮爲辱。若北人無擇者，上可與仲武爲儔，下可與子陵爲友，不以物挫志者也。若卞隨、務光者，不臣亂世，逃之而已，何遽至於自沉？蓋有激于後世也。

鬳齋云：舜讓其友，他無經見，亦是寓言。强力，有作爲。忍垢，奈污辱。卞隨、務光，古之隱者，自沉之事亦不可考。

舜與無擇友也，必知其可任，故讓以天下。爲無擇者不受則已，或逃而去之，何至自投清泠耶？蓋指舜之居畎畝而遊堯門以爲辱行，則其立志可見。何舜之不知心，所期愈下也！湯將伐桀，有爲方鋭，卞隨、務光無爲者也。而湯因之以謀，是欲[二]適越而北其轅也。後得伊尹，乃[三]成伐桀之功。歸而讓卞隨，隨非特不受而已，又恥其

〔一〕得：四庫本作「取」。
〔二〕欲：朱本作「猶」。四庫本作「又」，訛。
〔三〕乃：此字朱本無，脱。

見污而自投稠〔一〕水。湑讓務光，務光數其非仁非義，非廉之悖道，卒不受其禄，不踐其土，而負石自沉。此三〔二〕子者，皆高節厲行，剛介不回，自古有死，又奚恤焉！故南華舉此以激勵頹俗云。竊詳本章大意，舜禪之事雖不見他書，以〔三〕得之於讓而施之讓，盡善盡美，人無間言。若湯之讓，恐非其本心，無以逃天下之議。卞隨、務光，稠水、瀘〔四〕水之事，蓋言其避之之極，存而勿論可也。

昔周之興，士有二人處於孤竹，曰伯夷、叔齊。二人相謂曰：「吾聞西方有人，似有道者，試往觀焉。」至於岐陽，武王聞之，使叔旦往見之，與〔五〕盟曰：「加富二等，就官一列。」血牲而埋之。二人相視而笑曰：「嘻，異哉！此非吾所謂道也。昔者神農之有天下也，時祀盡敬而不祈喜；其於人也，忠信盡治而無求焉。樂與政爲政，樂與治爲治，不以人之壞自成也，不以人之卑自高也，不以遭時自利也。今周見殷之亂而遽爲政，上謀而下行貨，阻兵

〔一〕稠：四庫本作「椆」，本段下同。

〔二〕三：此字朱本作「二」。

〔三〕以：四庫本作「云」。

〔四〕瀘：四庫本作「廬」。

〔五〕與：四庫本此字下有「之」字。

而保威，割牲而盟以爲信，揚行以悦衆，殺伐以要利，是推亂以易暴也。吾聞古之士，遭治世不避其任，遇亂世不爲苟存。今天下闇，周德衰，其並乎周以塗吾身也，不如避之以潔吾行。」二子北至首陽之山，遂餓而死。若伯夷、叔齊者，其於富貴也，苟可得已，則不必賴。高節戾行，獨樂其志，不事於世，此二士之節也。

郭注：《語》云伯夷、叔齊餓于首陽，不言其死。此云死者，明守道以終也。

吕注：若無擇、隨、光、夷、齊者，非特不受人之天下與其爵禄，又以聞其言、處其世爲污辱，至於溺餓而死，此其於樂道以忘生者益爲難，世俗之情所不信也。數子皆聖賢，則於死生之義固達矣。夫死有重於太山，有輕於鴻毛，而舜、禹之讓，其流爲之、噲，殷、武之事，其末爲聵、輒。聞無擇、隨、光、夷、齊之風者，於天下後世豈小補哉！則死非所愛也，而韓非乃云：「湯恐天下以己爲貪，乃讓務光。恐光受之，乃使説光：『湯欲傳惡聲於子。』光遂投河。」司馬遷亦不信有所謂隨、光者。韓非以知殺身，則其量湯與光，宜若此。蓋許由、支父、支伯不以天下易其生，使後世尊生而輕利也。無擇、隨、光、夷、齊之徒，則棄生以礪天下，使後世忘生而重義也，其爲仁則一而已矣。莊子方論至道以遺名利，則夷、齊、隨、光皆在所斥；及論讓王，以悟危身殉物之俗則皆在所貴。觀者知此，則言忘而意得矣。

疑獨注：孔、孟稱夷、齊爲聖人，以信於後世。《莊子》所載者，史臣之言，其意蓋欲矯世俗殉物之弊，所言不能無過。此篇本旨，以起高尚遠退之風，使貪夫廉、懦夫立，然亦未能無弊。夷、齊之弊，使暴虐之君得肆其毒而莫之敢抗也。蓋不得其時，則制行以矯世〔一〕，亦有以使之然。若因時乘理，順物之自行，則無迹而無弊矣。

碧虚注：淳朴之世，祀神不祈福，事君不貪禄，與政爲政，與治爲治，從人欲也。江海爲百谷王，以其善下之。今乃自成自高自利，聖人所不與也。修文王之業，夷、齊辭〔二〕孤竹而就有道，豈苟爵禄者哉！采薇西山，養志幽林，其禀性高潔也歟？

鬳齋云：祈喜，猶祈福。無求，猶無名。與政爲政，爲而無私。遽，猶汲。行貨，謂以利禄招天下之士。阻兵，行險。保威，立武。揚行，昭其名也。其並乎周，言我與周同乎斯世，是塗辱吾身也。不賴，不以爲資，言二子非欲高節厲行以爲亢，使富貴有可受之理，則亦受之；唯其於義不可，所以如此。天下闇，商亂也。周德衰，謂周方興而所爲又如此，惡其以知謀取天下也。

〔一〕世：四庫本此字上有「俗」字。

〔二〕辭：此字四庫本無，脱。

夷、齊棄君位往觀於岐陽，蓋慕周之德化，願爲聖人氓，共樂無爲之化而已。武王使叔旦與盟，而誘以爵禄，豈二士之志哉！故舉神農之世以證今日之非，時祀不祈福，社臘郊禘盡敬以報神，非有所覬望也，則治國無爲〔一〕可知。與政爲政，無私於己。與治爲治，不擾亂之。不壞人以自成，不卑人以自高，不以遭時自利，則視人猶己，物得其平。今周見殷之亂而急於修政，幸彼之危而圖之。行貨、保威、悦衆、要利，無異推亂以易暴也。時闇德衰，與之並世，恐汙吾身，不若避之，北至首陽而甘餓死焉。夫餓死之〔二〕及，身患也；節行之虧，心患也。心患推之，至於冒刑犯義，流毒無窮。身患終於一己，而有足以障頽波、興教化者。故民到于今稱之，而孔子許之以仁。二子亦求仁得仁而無怨也。○今天下闇，周德衰，陳碧虚照江南古藏本作〔三〕「殷德衰」，殷德衰〔四〕，故周滅之也。

郭氏云：此篇本意，以起高尚遠退之風。故被其風者，雖貪冒之人，乘天衢，入紫

〔一〕無爲：朱本作「以無爲爲」。

〔二〕之：此字朱本無，脱。

〔三〕作：朱本作「所謂」。

〔四〕殷德衰：朱本此三字不疊，脱。

庭，時猶慨然中路而歎，況其凡乎！故夷、許之徒，足以當稷、契，對伊、吕矣。夫居山谷而弘天下者，雖不俱爲聖佐，不猶高於蒙埃塵者乎！其事雖難爲，然其風少弊，故可貴也。曰：夷、許之弊安在？曰：許由之弊，使人飾讓以求進，遂至乎之、噲也；伯夷之弊，使暴虐之君得肆其毒而莫之敢抗也；伊、吕之弊，使天下貪冒之雄敢行篡逆。唯聖人無迹，故無弊也。若以伊、吕爲聖人之迹，則夷、齊亦聖人之迹也；若以夷、齊非聖人之迹，則伊、吕之事亦非聖矣。聖人因物之自行，故無迹。然則所謂聖者，我本無迹，故物得其迹，迹得而强名聖，則聖者無迹之名也。

陸德明云：或謂《讓王》，其意多重生，而卞隨、務光二三子，自投于水，何也？曰：莊子之興存乎反本，反本之由先於去榮，是以明《讓王》之高風，標傲世之逸志，在不降以礪俗，無厚身以求生，雖時有重生之辭，亦終歸棄榮之意，所以深祛塵務之弊也。其次者被褐啜粥之士，而全道高尚，超俗自逸，寧投身於清泠，終不屈於世累也。

劉槪云：於不得已而已者，無所不拒；於得已而不已者，無所不取。無所不拒近狷，無所不取近狂。聖人得中道而與之，則二者皆在所廢；其不得中道而與之，則二者皆在裁之之域矣。夫狂狷者，固中道之弊，而後世狂者非特進取也，至於貪生愛利顛冥於嗜欲之地；狷者非獨有所不爲，至於洗耳投淵以惡堯、舜之名。此又狂狷之弊也。莊子謂讓之爲名，處夫授受之間，而宜不失者也。王者，域中之大，於王而能讓，事物何有哉！故聖人不得已而臨莅天下，如王子搜者蓋可見矣。聖人至〔一〕於外無物，則孰弊弊焉以天下爲事！至於内無我，則爲天下所歸，亦安得而辭！如此，則堯、舜之禪，湯、武之伐，伊尹之相湯，伯夷之避紂，或足履堯門，與夫身居畎畝者，無殊致矣。

褚氏統論：本篇載讓王高節，自堯、舜、許由、善卷至於王子搜，皆重道尊生，不以富貴累其心，視天下如弊〔二〕屣者也。子華、顔闔、曾、顔、公子牟之徒，葆真守約，不以利禄易其操，視富貴如浮雲者也。其間魏牟校〔三〕諸聖賢若不足，然以國之公子能舍王位之尊，就巖穴之隱，亦良難矣。故其長風餘波之所被〔四〕，實啓有國有位者重道尊生之心，清静〔五〕無爲之教所以立，玄聖素王之業所以著也。世之忘己殉物者，小〔六〕臨利害，一

〔一〕至：四庫本作「之」。
〔二〕弊：四庫本作「敝」，通。
〔三〕校：朱本、李本、四庫本並作「較」。
〔四〕被：朱本、李本並作「彼」，訛。
〔五〕静：朱本、李本、四庫本並作「淨」。
〔六〕小：朱本、李本並作「才」。

毫必爭；在王位而能讓，可謂天下之盛舉矣。夫懷道抱德而爲人之所寄託者，或不願有國，去而入山海有之，何無擇、隨、光之徒，遽至自沉而喪不貲之軀耶？蓋士不得中道而狷介特立者不能無弊，是以貪甚者求之無厭，必至於簒逆；讓甚〔一〕者避之無所，必〔二〕至自沉而後已。此非特明其不受，又見其不受之極，以暴白於後世，亦慕名之過。唯聖人中庸無弊，讓受合宜，隱顯隨時，從容中道，堯、舜之事是也。伯夷、叔齊讓國而逃于首陽，食薇蕨而終，則非故爲矯亢要名後世者比，實以世闇德衰，不容並立，志在出塵高舉，抱道獨全，雖〔三〕死奚恤！若夫爲君而讓則其迹顯，未爲君而避則其迹隱，退讓之志本同，惟其時而已矣。

〔一〕甚：此字朱本、李本並無，脱。
〔二〕必：此字朱本、李本並無，脱。
〔三〕雖：李本作「難」，訛。

南華真經義海纂微卷之九十五

武林道士褚伯秀學

盗跖第一

孔子與柳下季爲友，柳下季之弟曰盗跖。從卒九千人，横行天下，侵暴諸侯，穴室樞户，驅人牛馬，取人婦女，貪得忘親，不顧父母兄弟，不祭先祖。所過之邑，大國守城，小國入保，萬民苦之。孔子謂柳下季曰：「夫爲人父者，必能詔其子；爲人兄者，必能教其弟。若父不能詔其子，兄不能教其弟，則無貴父子兄弟之親矣。今先生，世之才士也，弟爲盗跖，爲天下害，而弗能教也，丘竊爲先生羞〔一〕。請爲先生往説之。」柳下季曰：「先生言，爲人父者必能詔其子，爲人兄者必能教其弟，若子不聽父之詔，弟不受兄之教，雖今先生

〔一〕羞：四庫本此字下有「之」字。

之辨將奈〔一〕何哉！且跖之爲人也，心如湧泉，意如飄風，强足以距〔二〕敵，辯足以飾非，順其心則喜，逆其心則怒，易辱人以言。先生必無往。」孔子不聽，顔回爲馭，子貢爲右，往見盜跖。跖方休卒徒太山之陽，膾人肝而餔之。孔子下車而前，見謁者曰：「魯人孔丘，聞將軍高義，敬再拜謁者。」謁者入通，盜跖聞之大怒，目如明星，髮上指冠，曰：「此夫魯國之巧僞人孔丘非邪？爲我告之：『爾作言造語，妄稱文武，冠枝木之冠，帶死牛之脅，多辭謬説，不耕而食，不織而衣，摇脣鼓舌，擅〔三〕生是非，以迷天下之主，使天下學士不反其本，妄作孝悌，而儌倖於封侯富貴者也。子之罪極重，疾走歸！不然，我將以子肝益晝餔之膳！』」孔子復通曰：「丘得幸於季，願望履幕下。」謁者復通，盜跖曰：「使來前！」孔子趨而進。盜跖案〔四〕劍瞋目，聲如乳虎，曰：「丘來前！若所言，順吾意則生，逆吾心則死。」孔子曰：「丘聞之，天下有三德：生而長大，美好無雙，少長貴賤見而皆悦之，此上德也；知維天地，能辨諸物，此中德也；勇悍果敢，聚衆率兵，此下德也。凡人有此一德者，足以南面稱

〔一〕奈：四庫本此字下有「之」字。

〔二〕距：四庫本作「拒」，通。

〔三〕擅：原作「壇」，據四庫本改。

〔四〕案：四庫本作「按」，通。

孤。今將軍兼此三者，身長八尺二寸，面目有光，脣如激丹，齒如齊貝，音中黄鍾，而名曰盜跖，丘竊爲將軍恥不取焉。將軍有意聽臣，臣請南使吴越，北使齊魯，東使宋衛，西使晉楚，使爲將軍造大城數百里，立數十萬户之邑，尊將軍爲諸侯，與天下更始，罷兵休卒，收養昆弟，共祭先祖。此聖人才士之行，而天下之願也。」盜跖曰：「夫可規以利可諫以言者，愚陋恒民之謂耳。今長大美好，人見而悦之，此吾父母之遺德也。雖不吾譽，吾獨不自知邪？且吾聞之，好面譽人者，亦好背而毁之。今告我以大城衆民，是規我以利，而以恒民畜我〔一〕，安可長久也！城之大者，莫大乎天下。堯舜有天下，子孫無置錐之地；湯、武立爲天子，而後世絶滅，非以其利大故邪？且吾聞之，古者禽獸多而人民少，於是民皆巢居以避之。晝拾橡栗，暮栖木上，命之曰有巢氏之民。古者民不知衣服，夏多積薪，冬則煬之，命之曰知生之民。神農之世，卧則居居，起則于于，民知其母，不知其父，與麋鹿共處，耕而食，織而衣，無有相害之心，此至德之隆也。然而黄帝不能致德，與蚩尤戰於涿鹿之野，流血百里。堯舜作，立群臣，湯放其主，武王伐紂。自是之後，以强凌弱，以衆暴寡。湯武以來，皆亂人之徒也。今子修文武之道，掌天下之辯，以教後世，縫衣淺帶，矯言僞行，以迷惑天下之主，而欲求富貴

〔一〕以恒民畜我：四庫本作「恒民畜我也」。

焉。盜莫大於子，天下何不謂子爲盜丘，而乃謂我爲盜跖？子以甘辭説子路〔一〕，使〔二〕去其危冠，解其長劍，而受教於子，天下皆曰孔丘能止暴禁非。其卒也，子路欲殺衛君而事不成，身菹於衛東門之上，是子教之不至也。子自謂才士聖人邪？則再逐於魯，削跡於衛，窮於齊，圍於陳蔡，不容身於天下。上〔三〕無以爲身，下無以爲人，子之道豈足貴邪？世之所高，莫若黄帝。黄帝尚不能全德，而戰涿鹿之野，流血〔四〕百里。堯不慈，舜不孝，禹偏枯，湯放其主，武王伐紂，文王拘羑里。此六子者，世之所高〔五〕也。孰論之，皆以利惑其真而强反其情性，其行甚可羞也。世之所謂賢士，伯夷、叔齊，辭孤竹之〔六〕君，餓死於首陽山，骨肉不葬。鮑焦飾行非世，抱木而死。申徒狄諫而不聽，負石投河，爲魚鼈所食。介子推至忠也，自割其股以食文公。文公後背之，子推怒而去，抱木而燔死。尾生與女子期於

〔一〕路：四庫本此字下有「而使從之」四字。
〔二〕使：四庫本此字下有「子路」二字。
〔三〕上：四庫本此字上有「子教子路菹此患」七字。
〔四〕流血：四庫本作「血流」。
〔五〕高：四庫本作「尚」。
〔六〕之：原缺，據四庫本補入。

梁下，女子不來，水至不去，抱梁柱而死。此六子者，無異於磔犬流豕、操瓢而乞者，皆離名輕死，不念本養壽命者也。世之所謂忠臣，莫若王子比干、伍子胥。子胥沉江，比干剖心。此二子者，世謂忠臣也，然卒爲天下笑。自上觀之，至于子胥、比干，皆不足貴也。丘之所以説我者，若告我以鬼事，則我不能知；若告我以人事，不過此矣，皆吾所聞知也。今吾告子以人之情：目欲視色，耳欲聽聲，口欲察味，志氣欲盈。人上壽百歲，中壽八十，下壽六十，除病瘦死喪憂患，其中開口而笑者，一月之中不過四五日而已矣。天與地無窮，人死者有時。操有時之具，託於無窮之間，忽然無異騏驥之馳過隙也。不能悦其志意，養其壽命，皆非通道者也。丘之所言，皆吾所棄也。亟去走歸，無復言之！子之道狂狂伋伋〔一〕，詐巧虚僞事也，非可以全真也，奚足論哉！」孔子〔二〕趨走，出門上車，執轡三失〔三〕，色若死灰，據軾低頭，不能出氣。歸到魯東門外，適遇柳下季。柳下季曰：「今者闕然數日不見，車馬有行色，得微往見跖邪？」孔子仰天而歎曰：「然。」柳下季曰：「跖得無〔四〕逆汝意若前

〔一〕伋伋：四庫本作「汲汲」，通。
〔二〕子：四庫本此字下有「再拜」二字。
〔三〕失：四庫本此字下有「目芒然無見」五字。
〔四〕無：四庫本作「毋」，通。

御也。

郭象注：此篇寄明因衆所欲亡而亡之，雖王紂可去；不因衆而獨用己，雖盜跖不可

乎？」孔子曰：「丘所謂無病而自灸也，疾走料虎頭，編虎鬚，幾不免虎口哉！」

呂惠卿注：夫子與盜跖，善惡相對，吉凶貞勝者也。天下之動，貞夫一，唯其對而不一，則不足以相勝也。觀跖之所以拒夫子者，則天下之不仁而爲利者，其説皆如是，又惡可與言哉！凡治其心者，苟不能絶棄聖知仁義，則亦不免爲巧利之對而已。是以至人知善之與惡，相去何若？故不譽堯非桀，兩忘而化其道，以復乎未始有物，此人心之盡而道之體也。今不直言，寓之孔、跖者，直言則人所難喻，故反覆辯難，以見其情之實。

林疑獨注：聖賢立言，以扶世教。世變則不能無弊，故仁義忠孝之實皆不見於當時，人之所習者不過徇以求名利耳。莊子寓言於孔、跖以非聖人之迹。禹、湯、文、武已因堯、舜之迹矣；至於夷、齊、鮑焦、申徒、子推、比干、子胥之徒，皆學聖人而得其偏，迹愈彰而害愈甚，此莊子所深病也。獨以孔子、盜跖起論者，善惡之極，所以爲對。莊子之寓言，猶《易》之立象以明意，善學者求其矯弊之意，毋認言而泥迹也。

陳碧虛注：世俗之人，輕生就死，何異犬豕流礫，怨憤投竄，有如操瓢轉移，皆利身

後之名而喪素養〔一〕之命。夫徇外者，疾没世而名不稱，甘亡身而不反；適内者，趨當生之樂以爲達，亦順往而不飾也。且天地之長景，日月之明輝，無窮無極也；今以倏生之齡，呹〔二〕然之息，託於其間，復不能縱心娛樂，而乃焦苦其形神，以圖身後之名，失淳古之道，故雖跖之兇頑，其所論之躂，仲尼亦不能奪也。

《鬳齋口義》：涌泉，喻氣王。飄風，輕揚也。禹偏枯，言其胼胝。磔犬流豕，喻其以〔三〕身就殺，若犬豕然。離，罹也，言泥著於名。不念本，失其本真之性。伋，同汲。豈，無也。

褚氏管見：父不能詔子，兄不能教弟，此人倫之不幸也。横行天下，侵暴無厭，此生民之不幸也。夫子以道德仁義化天下，莫不雲合景從，而獨不得行於跖，又遭其困辱焉，此聖人之不幸也。然而夫子猶日月，適與惡曜交躔〔四〕，暫爲沴氣侵薄，曾何傷乎！經意蓋謂非借夫善惡之極以爲對，形迹之著以爲言，則無以盡其辭〔五〕而明其

〔一〕素養：四庫本作「養素」，倒。
〔二〕呹：四庫本作「泆」，訛。
〔三〕其以：四庫本作「以其」，倒。
〔四〕躔：朱本、李本並作「纏」，通。
〔五〕辭：四庫本作「詞」。

意，此聖狂之所以辯也。夫子首陳三德，以其最下者箴之，與説趙文王三劍義同。詳跖之所言，雖出於强辯，其間亦自有理，不可盡以人廢言。然皆睹其迹而未得其心，所以有是不齊之論。此章辭雄氣逸，如洪源疾注，不可壅遏，使人難以著語。故郭氏於三章之下略述大意而義自明，觀者毋以辭害意。○樞户，義當是摳，苦鈎切。枝木之冠〔一〕，取嫩木皮以爲冠。摓衣〔二〕，摓腋之衣，大袂禪衣也。張其尸曰磔。流，烹也。離名，當是「利名」。

子張問於滿苟得曰：「盍不爲行？無行則不信，不信則不任，不任則不利。故觀之名，計之利，而義真是也。若棄名利，反之於心，則夫士之爲行，不可一日不爲乎！」苟得曰：「無恥者富，多信者顯。夫名利之大者，幾在無恥而信。故觀之名，計之利，而信真是也。若棄名利，反之於心，則夫士之爲行，抱其天乎！」子張曰：「昔者桀、紂貴爲天子，富有天下。今謂臧聚曰，汝行如桀紂，則有怍色，有不服之心者，小人所賤也。仲尼、墨翟，窮爲匹夫，今謂宰相曰，子行如仲尼、墨翟，則變容易色，稱不足者，士誠貴也。故勢爲天子，

〔一〕枝木之冠：朱本、李本並作「伎木之觀」，訛。

〔二〕摓衣：摓，四庫本作「縫」，通。衣，朱本、李本並作「夜」，訛。

未必貴；窮爲匹夫，未必賤。貴賤之分，在行之美惡。」苟得曰：「小盜者拘，大盜者爲諸侯。諸侯之門，義士存焉。昔者桓公小白殺兄入嫂，而管仲爲臣；田成子常弑君竊國，而孔子受幣。論則賤之，行則下之，則是言行之情悖戰於胸中，不亦拂乎！故《書》曰：『孰惡孰美，成者爲首，不成者爲尾。』」子張曰：「子不爲行，即疏戚無倫，貴賤無義，長幼無序，五紀六位，將何以爲別乎？」苟得曰：「堯殺長子，舜流母弟，疏戚有倫乎？湯放桀，武王伐紂，貴賤有義乎？王季爲適，周公殺兄，長幼有序乎？儒者僞辭，墨者兼愛，五紀六位將有別乎？且子正爲名，我正爲利。名利之實，不順於理，不監於道。吾日與子訟於無約，曰：『小人殉財，君子殉名，其所以變其情，易其性，則異矣；乃至於棄其所爲而殉其所不爲，則一也。』故曰，無爲小人，反殉而天；無爲君子，從天之理。若枉若直，相而天極；面觀四方，與時消息。若是若非，執而圓機，獨成而意，與道徘徊。無轉而行，無成而義，將失而所爲；無赴而富，無殉而成，將棄而天。比干剖心，子胥抉眼，忠之禍也；直躬證父，尾生溺死，信之患也；鮑子立乾，申子不自理，廉之害也；孔子不見母，匡子不見父，義之失也。此上世之所傳，下世之所語，以爲士者正其言，必其行，故服其殃，離其患也。」

郭注：此章言尚行則行矯，貴士則士僞，故篾行賤士以全其内，然後行高而士貴耳。

吕注：善與惡對，故孔子不能化盜跖；名與利對，故子張不能服苟得，苟得所以訟於無約也。子張以干祿爲學，則知有名；苟得則知有利，無約體道而信者也。夫爲惡與利，世謂之小人；爲善與名，世謂之君子，此以人道言也。以天道言，則人之君子，天之小人。若徇天而從其理，則君子、小人不可得而分矣。枉直視乎天之中，則無枉直。面觀四方，與時消息，則雖中而不執以爲中，此道之所以六通四辟，無乎不在也。是非皆一無窮，執圓機而無不應；獨成而意，與道徘徊，則躊躇興事，以每成功。凡若此者，所以之天。「無轉而行」至「將棄而天」，此則己之天，不以人廢天之謂也。忠信廉義，世所謂名與善也，而皆不免乎患。世人但知利惡之爲累，而不悟名與善亦非道也，是以無約之論重及之。

疑獨注：子張，禹行舜趨，有踐迹之嫌。莊子因非聖人之迹，取以立論。滿而務苟得，其製名可知。行者，德之可見，有行而人信，利亦隨之。名利者，信行所自出；信行，又義之所自出也。子張之論主乎義，故觀名計利，義真是也。若舍名利，反本以觀，則士之爲行，不可一日無也。爲行者，行己有恥而其言貴約，苟得則謂無恥者富，多信者顯，此多言以求信於人，非有諸己之信也。無恥則臨財苟得，多信則飾言求進〔一〕，此論爲行

〔一〕進：四庫本作「道」，訛。

不若爲言之愈；若棄名利，反之於心，則士之爲行徒抱其天而不知人也。世之躁進名利之人，常以人滅天，故其言如此。子張謂桀、紂無行，故小人恥爲；孔、墨有行，故貴者亦讓。貴賤之分不在勢之窮達，而在行之美惡也。苟得又論小盜竊財，受制於人；大盜竊國，爲諸侯而人莫能制，并與其聖知仁義而竊之也。昔桓公、田恒盜之大者，而管仲爲臣，孔子受幣，以言論則賤其爲盜，以行考則受幣爲臣。悖戰於胸中，不亦拂乎！又引逸《書》云云，意謂不在行之美惡，但以成者爲上，則是弑君竊國未必不利也。子張又謂，不爲行則貴賤踈戚無倫，君臣父子何紀？苟得引聖賢中之背倫失紀者以爲證。且爲名爲利皆不順於道，各執一端，日與子訟而不決。約者，訟之契券；無約，則不假乎此矣。君子、小人雖有名利之分，其於棄本逐末則一也。「無爲小人」至「將棄而天」，無約所以釋前意而教戒之。轉行成義，言徇名之失。赴富徇成，言徇利之失。唯無所徇而合乎自然，乃至也。「比干剖心」而下，指古人之忠信廉義而召患者以爲龜鑑也。

碧虚注：士之處世，先敦信行，任使次之；任使已明，利禄次之；利禄已明，故名顯而義著。若乃棄名利而反省，則斯須不可舍其行義也。信，音伸，下同。言俗士處世忍垢自伸，且取利名〔一〕之豐厚，要在惡衣惡食，强聒而不舍也。若乃棄名利而反省，弗由修飾，但抱守天命以俟之。桀、紂有位而無行，小人恥與並。孔、墨無位而有行，卿相服膺焉，計德不計位也。儒者滑稽而不可法，墨者自矯，備世之急，何以别君臣、父子、夫婦之道哉！今之爲士者，不溺於名，必没於利，二者皆背理，未能脱去其縛。「吾昔〔二〕與子」以下，皆無約語。所爲者任己，所不爲者契物。莫爲利，反其自然而已；莫爲名，順其天理而已。但助汝天然涯分，則曲直棄置不復論也。觸目無滯，出處有守，執汝議論不爲是非所折，故曰圓機。意不緣物，則獨成而與道徘徊矣。行易則逐境，義成則喪真，而失其所爲。子張以此爲行義也，趨富者速禍，求成者多敗而棄絶天命矣。苟得則以無恥爲多伸也。

　　慮齋云：子張謂欲求名利，修義爲是。若棄名利，則反逆其心，無所自樂，必欲求之，非行義不可。多信者，多爲可信之言以求榮顯。苟得謂今之求名利者，詐而已，棄名利而反其心，必欲得之，以縱吾心之所欲，猶爲天真而不矯揉也。言行之情悖戰於中，謂

〔一〕利名：四庫本作「名利」。
〔二〕昔：四庫本作「肯」，訛。

其不相顧。成毁首尾，即得時爲義徒，失時爲篡夫，蓋言仁義之行，皆爲詐僞，非天真也。五紀，五常；六位，三綱也。子以仁義之名爲得，我但爲利而已，不假矯僞之名，言名利皆非真實道理也。無約，喻自然，能循自然，則無君子小人曲直之分，相而視之，皆自然至極之理。四方應四時，往來皆一氣也。執圓機，則無是非，信意獨行，而從容中道矣。轉行，背道。成義，以義成功也。無，與毋同。若正言必行而求合於忠信廉義，必遭殃害也，意謂飾詐以求利達，不如任之爲愈，蓋以矯孟子天爵、人爵之説。

行者義之著見，信任與利，又行之驗也。義由中出，行見于〔一〕外，則信任與利，皆從外來，故考名利而義真是也。若不以名利爲言，而反求諸心，士之行義不可一日不爲也。蓋謂行義士所當爲，名利之儻來不必計，此子張立論也。多言以求信於人，富顯之所自出，無恥者以此爲是。若不以名利爲意而反求諸心，則爲行者獨抱其天而不通乎人也，此苟得立論。子張，孔子之徒。苟得，乃跖之徒，宜其相反也。至論藏聚〔二〕，恥稱桀、紂，卿相不敢當孔、墨，則行可貴也。小盜拘，而大盜爲諸侯，則利可樂也。此又引

〔一〕于：朱本、李本並作「乎」。

〔二〕藏聚：朱本、李本並作「藏獲」。藏，四庫本作「臧」，通。

古聖賢以證其各有所偏，不能無弊。二子之論不決，故苟得曾[一]與訟於無約。「小人徇財」至章末，並無約之辭[二]，謂二子皆殉一偏[三]，未爲合道，莫若心忘善惡，一無所殉，聽其自然，無君子、小人之分，各得其性情之正，亦何有枉直中外是非之辯哉！此獨成[四]而不資於物，所以與道徘徊而不失也。若轉移自然之行，求成爲義之名，及趨[五]於富利以望有成，皆棄滅其天理而陷溺於物欲者也。「比干剖心」以下，條指其偏殉之失，不免於患，而爲士者猶取正其言，求必其行，服殃罹患而不悟也。悲夫！

〔一〕曾：朱本、李本並作「爭」。
〔二〕並無約之辭：並，朱本、李本並作「皆」。辭，朱本、李本並作「詞」。
〔三〕偏：李本作「徧」，訛。
〔四〕成：朱本、李本此字下並有「其真」二字。
〔五〕趨：朱本、李本並作「彊」。

南華真經義海纂微卷之九十六

武林道士褚伯秀學

盜跖第二

無足問於知和曰：「人卒未有不興名就利者。彼富，則人歸之，歸則下之，下則貴之。見下貴者，所以長生安體樂意之道也。今子獨無意焉，知不足耶，意知而力不能行邪，故推正不忘邪？」知和曰：「今夫此人以爲與己同時而生，同鄉而處者，以爲絶俗過世人之士焉；是專無主正，所以覽古今之時，是非之分也，與俗化世。去至重，棄至尊，以爲其所爲也。此其所以論長生安體樂意之道，不亦遠乎！慘怛之疾，恬愉之安，不監於體；怵惕之恐，忻懽之喜，不監於心；知爲爲而不知所以爲，是以貴爲天子，富有天下，而不免於患也。」無足曰：「夫富之於人，無所不利，窮美究勢，至人所不得逮，賢〔一〕人所不能及，俠人之

〔一〕賢：四庫本作「聖」。

勇力以爲威强，秉人之知謀以爲明察，因人之德以爲賢良，非享國而嚴若君父。且夫聲色滋味權勢之於人，心不待學而樂之，體不待象而安之。夫欲惡避就，固不待師，此人之性也。天下雖非我，孰能辭之！」知和曰：「知者之爲，故動以百姓，不違其度，是以足而不爭，無以爲，故不求。不足，故求之，爭四處而不自以爲貪；有餘故辭之，棄天下而不自以爲廉。廉貪之實，非以迫外也，反監之度。勢爲天子，而不以貴驕人；富有天下，而不以財戲人。計其患，慮其反，以爲害於性，故辭而不受，非以要名譽也。堯、舜爲帝而雍，非仁天下也，不以美害生；善卷、許由得帝而不受，非虛辭讓也，不以事害己。此皆就其利，辭其害，而天下稱賢焉，則可以有之，彼非以興名譽也。」無足曰：「必持其名，苦體絶甘，約養以持生，則亦久病長阨而不死者也。」知和曰：「平爲福，有餘爲害者，物莫不然，而財其甚者也。今富人，耳營鐘鼓管籥之聲，口嗛芻豢醪醴之味，以感其意，遺忘其業，可謂亂矣；侅溺於馮氣，若負重行而上也，可謂苦矣；貪財而取慰，貪權而取竭，靜居則溺，體澤則馮，可謂疾矣；爲欲富就利，故滿若堵耳而不知避，且〔一〕馮而不舍，可謂辱矣；財積而無用，服膺而不舍，滿心戚醮，求益而不止，可謂憂矣；內則疑劫請之賊，外則畏寇盜之害，內周樓疏，

〔一〕且：此字四庫本無，脱。

外不敢獨行，可謂畏矣。此六者，天下之至害也，皆遺忘而不知察。及其患至，求盡性竭財，單以反一日之無故而不可得也。故觀之名則不見，求之利則不得，繚意絶體而爭此，不亦惑乎！」

郭注：此章言知足者常足。

呂注：無足以富爲見下貴，是爲安體樂意之道。知和以爲富者同生同鄉而世輒下貴之，則其中無主可知，是與俗化。於世棄其至重至尊者，以爲世俗之所爲，失其性命之情，謂之安體樂意亦疏矣。慘怛恬愉不監於體，怵惕忻懽不監於心，則知爲爲而不知所以爲，向所謂以隋侯之珠彈千仞之雀是也。雖至貴至富者，猶不免於患，況足於財者乎！無足以富爲是，謂人性皆然，孰能辭之？知和以爲不知足者不能讓畔，故爭四處而不以爲貪；知足以無以天下爲，故棄天下而不以爲廉。廉貪之實，反監之度而已。度謂器之小大不同，謂人性皆然，不可也。侅溺於馮氣，言馮恃多資其氣驕滿。體澤則馮，謂形體潤澤則恃而不知衛生。極言富之爲害如此，其終也觀之名則不見，求之利則不得，人乃繚意絶體而爭之〔一〕，此則向所謂知爲爲而不知所以爲也。夫孔子不能化盜跖，

〔一〕人乃繚意絶體而爭之：四庫本作「乃繚意絶人體而爭之」。

子張不能服苟得，苟得取直於無約，無足見屈於知和，則知善惡名利不足以相勝，唯道德足以勝之也。

疑獨注：無足貪而不知分，故謂人未有不欲興名就利者，人利其富，則歸之下之；爲人之所下，則貴〔一〕可自養，其意乃樂；子何無意於此，智不足以致此而力不能行耶？推正理而不忘以遺貪求之心耶？知和對以今好利欲富之人，中無主正，不必自享富貴，但得與之同生〔二〕同鄉，則以爲超世絶俗，是與俗共化於世，遂去至重之生，棄至尊之道，以爲人之所爲而不能任天之自爲，去道不亦遠乎！夫人之情，感物而動，非體之所有，非心之所存。爲爲者好爲，所以爲者無爲而無不爲。唯人不知無爲，是以雖處富貴之極而不免於患也。無足又言富之勝人，窮天下之美，極天下之勢，聖賢所不能及，道德所不能勝。勇者助其威强，知者助其明察，因人之德以爲賢良，無位而嚴若君父，此富者之事也。若夫聲色滋味權勢，人之所同欲，不待學而能，此性之見於情者。天下之人孰能辭焉？知和又謂智者之爲動以百姓，不違其度。度者，心之法。是以足而無所爭，無爲而

〔一〕貴：此字四庫本無，脱。

〔二〕與之同生：四庫本作「與生同時」，訛。

無求。今之不足者求四方，爭而得之亦不自以爲貪有餘，故雖得天下而辭之亦不自以爲廉。貪廉〔一〕之名，雖見於外而實由於内，反照之心，足以知矣。不以貴驕人，所以長守貴；不以財戲人，所以長守富。見之於幾，計患慮反，恐傷其性，故辭而不受，非以要名譽，天下自以名譽歸之。堯、舜之讓，許由、善卷之不受，皆就利辭害，非興名譽而名譽興焉。無足謂知和所尚，持守名譽，苦體絶甘，何異久病長阸而不死者？知和曰：天下之物以平爲福，有餘爲禍〔二〕，財其甚者！今富者惑於外好，遺忘本業，侅塞於不正之氣，若負重升高，可謂苦矣！貪財權以慰心竭慮，靜居則没溺於欲，體澤則馮陵有爲。求而不得，則〔三〕疾生矣。積財若堵，馮而不舍，辱將至矣。古人積財聚粟以備鄉閭饑荒疾患之用，所以濟衆而成德也。今富者多積而無用，求益而不止，憂積於内，無所不思，防患於外，無所不備，財爲天下〔四〕至害也，皆遺忘而不察。及盜賊之患至，求盡其所有，則性命之情已竭，所積之財又單，欲反一日之貧賤無事，不可得也。而乃繚繞其意以深思，決

〔一〕貪廉：四庫本作「廉貪」。

〔二〕禍：四庫本作「害」。

〔三〕則：四庫本此字上有「爲」字，衍。

〔四〕下：四庫本此字下有「之」字。

絶其體以禦患，豈不惑哉！

碧虛注：此章重解前二章，世之興名者欲貴，就利者欲富，二者安逸之道，誰無其意乎？或識暗不知，或知而力怠，推正理而不忘〔一〕，謂委命而弗取，其於富貴也何有！世俗以與富貴者同時同鄉，猶誇以爲勝。而内有主者不爲物遷，達古今者不爲事動也。物莫重乎身，身莫重乎生，今乃同俗化世，去重棄尊以爲其所爲，而論安體樂意之道，何緣近之？處貧賤則怵惕，居富貴則忻愉，是昧本而矜迹也。爲爲者，爲興名就利之爲，而不知富貴之自爲也。舍其自爲而欲興就者，知其不免矣。夫纍空之蟻，唯聚膻臭；蒙袂之士，恥近嗟來。魚相忘於江湖，人相忘於道術，又何藉乎因挾哉！縱肆者遇聲色則心樂，驕侈者處權勢則體安，此人之性也，孰不願之？動以百姓，非爲己也。不違其度，少私寡欲。爭四處者，謂征伐四方。志在安民，非利寶貨〔二〕，故不爲貪，及其功成名遂，禪位有道，亦不自以爲廉也。王子搜逃乎丹穴，顔闔飯牛辭聘，此豈要名譽哉！舜以天下讓善卷，善卷耕而不顧，此豈興名譽哉！貪饕之人，以恬淡爲病，寂寞爲陀，而不知平

〔一〕忘：四庫本作「妄」。

〔二〕貨：四庫本作「物」。

易爲福，有餘爲害，唯財速禍，慘於他物，而世俗弗悟也。以恬淡寂寞之士觀鍾鼓醪醴，則喪亂道業；觀膏粱充溢，則動多艱苦；觀權勢取慰者，溺爲身疾；觀攫金不顧者，甚於戮辱。而委積無厭，憂畏不釋，一旦禍至身傾，唯求所積之早盡耳。當此之時，真性已竭，貨財已單，思放鷹犬於蔡上，聞鶴唳於華亭，詎可復得耶？

鬳齋云：此人，指富貴者。非有甚高難及之行，心無所主，失其正性而爲流俗所化。非他，是已覽察古今向背以求自利而已。至重至尊者，天理，皆棄而去之，獨爲其所謂求富貴之事，此豈安體樂意之道〔一〕耶！爲其所爲，乃人爲；所以爲者，天理也。棄天理而弗循，雖天〔二〕子猶不免患，況其下者乎！富貴之人，極其美好，盡其權勢。至人賢士，有所不及。使人、因人，皆言其力可役物，俗〔三〕云財能通神之意。天下雖以我爲非，我亦安能辭避！此設爲貪者之言也。知者所爲，以百姓之同得於天者爲主，不敢違於法度。德足於己，則無所爭。爲不在人，求無所與。四處，四方也。貪廉之實，非務外也，求天理法度而監之。反身而慮之，不以美名害身，有天下而不與，賢名歸之而無愧，非求

〔一〕道：四庫本作「德」，訛。
〔二〕天：四庫本作「夫」，訛。
〔三〕俗：四庫本作「猶」。

以興名譽也，此又把堯、舜、許由都做好説。無足謂必欲求名而不求富貴，則徒苦其身，身雖存而如疾陒不死耳。「平爲福」至「財其甚者」數句，極妙！嗛，謂塞滿其口。侅溺，不自在。馮氣，怒而氣不通。慰，猶足。取竭，事做盡也。雖靜居亦没於嗜欲，體肥澤而有驕滿之意。積財如堵，戀而不舍，戚戚焦焦滿於胸中。藏於内者恐人劫取，運於外者恐遭寇盜，可謂憂且畏矣。及其患至，雖欲求全其生，去其財，如貧居一日之無事，不可得也。盡性，即全生。竭財，盡去〔一〕其貨。單，獨也。繚意絶體，謂纏縛其身心。

無足躭於利，故以富者安體樂意之事爲言，人而得富以處世養身，無所不利也。知和躭於名，故動不違度，足而不求〔二〕，計患慮反，知利之不足恃而賈患速禍也。故辭而不受，非以要譽也，譽自歸之耳。無足又譏其〔三〕持名苦體，無異病陒而偷生。知和告以平爲福，有餘爲害，通天下之至論，無足亦爲之心服矣。此後至篇終，備言富者之所爲，其心術機謀，不逃乎達人之鑑，然皆無益於身，終不免爲大盜積守而已。及其

〔一〕去：四庫本作「滿」，訛。
〔二〕求：四庫本作「收」，訛。
〔三〕譏其：朱本、李本並作「議」。

患至，知非〔一〕已晚。石崇臨東市歎曰奴輩利吾財是也。南華述此，聞之者足以戒云。○侅音該，奇侅非常。馮音憑，憤〔二〕畜不通也。醮，同焦。樓疏，窗牖。繚繞其意，謂深思；決絶其體，謂忘生也。

劉槩云：天下無是非，是非生於人之情；天下有是非，是非泯於人之性。是之德爲吉，非之德爲凶。《易》曰：「吉凶者，正〔三〕勝者也。」夫不能會於正以均忘，而紛紛於有爲之域，物物自貴而相賤，孰能定之？故雖孔、跖之分，而相謂爲盜矣。莊子非不知尊孔子而賤盜跖也，以世人不悟均忘之理，相勝以知，相誇以能，若復徇情而尊之，則是非愈彰，性命之情愈爛漫矣。故借天下之所共非者，而述其自是之情，則雖聖人亦不能以辯勝。故篇末以子張之言爲未當，而以知和之論終焉。

褚氏統論：按盜跖所言，强辯飾非，抑人〔四〕揚己，至矣，卒使聖賢通論亦爲之屈，此天下暴惡之尤者也。或者議其訾聖不典，出於後人附會，理蓋不然。夫孔子之仁，盜跖

〔一〕非：朱本、李本此字下有「也」字。
〔二〕憤：李本作「慎」，訛。
〔三〕正：四庫本作「貞」。
〔四〕人：此字朱本、李本並無，脱。

之暴，固不待辯而明，設爲是論者，蓋欲彰夫子聖道之至，容德之大也。然則夫子之所以聖，又豈跖所能知？以行察行，以心灼心，宜其立論若是，此姑道跖之知夫子者耳。夫子之聖，使跖盡得而知，則跖非跖矣。故夫子雖受抑而名愈尊，跖雖自揚而惡愈著，則天下之公是非未嘗泯也。據辭演義，諸解班班，無以相出。竊〔一〕詳言外微旨，蓋有所寓，而讀者罔究，例以訾聖爲疵，使至理未伸於千載之下，輒爲之辯正云：經意本以譏當時國君卿相，恃富貴，擅生殺，而不可以理化，使孔子復生，亦不免其侮辱。故比以盜跖，而以孔子自喻。次設子張問滿苟得，滿而務苟得，故所答亦無異乎跖。此皆以辯勝人，不悟夫喪真背理而遠乎道也。繼以無足問知和，志在興名就利以安體樂意爲先，是亦苟得之徒，故知和告以富者貴其積而能散，惠衆周物，貧人倚之以爲命而免轉徙填壑之憂。昔陶朱公善理産業，致富則散之鄉鄰，凡三散而三徙，又避其爲善〔二〕之名也。今富者溺於聲色嗜好而求益不止，多積若堵而憂畏〔三〕滿懷，利愈重而害愈深，郿塢、金谷之覆轍可鑑，反不若耕鑿自給者可以養生盡年而無累也。凡此皆所以痛鍼世俗之膏肓，密顯聖

〔一〕竊：四庫本此字下有「嘗」字，衍。
〔二〕善：朱本、李本並作「害」，訛。
〔三〕憂畏：四庫本疊此二字，衍。

賢之教思。學者信能遺其迹而究其所以言，融名利之私心，歸道德之大本，無爲清靜〔一〕之化，足以仁壽八荒，豈止康濟一身而已！於此足以見南華衛道弘化，救時憫俗之心，與孔、孟無殊轍矣。

〔一〕靜：朱本、李本並作「淨」。

南華真經義海纂微卷之九十七

武林道士褚伯秀學

説劍第一

昔趙文王喜劍，劍士夾門而客三千餘人，日夜相擊於前，死傷者歲百餘人，好之不厭。三年，國衰，諸侯謀之。太子悝患之，募左右曰：「孰能説王之意，止劍士者，賜之千金。」左右曰：「莊子當能。」太子乃使人以千金奉莊子。莊子弗受，與使者俱〔一〕見，曰：「太子何以教周，賜周千金？」太子曰：「聞夫子明聖，謹奉千金以幣從者。夫子弗受，悝尚何敢言！」莊子曰：「聞太子用周者，欲絶王之喜好也。使臣上説大王，而逆王意，下不當太子，則身刑而死，周尚安所事金乎？使臣上説大王，下當太子，趙國何求而不得也！」太子曰：「然。吾王所見，唯劍士也。」莊子曰：「諾。周善爲劍。」太子曰：「然吾王所見劍士，皆蓬頭

〔一〕俱：四庫本此字下有「往」字。

突鬢，垂冠，曼胡之纓，短後之衣，瞋目而語難，王乃悦之。今夫子儒服而見王，事必大逆。」莊子曰：「請治劍服。」治劍服三日，太子乃與見王，王脱白刃待之。莊子入殿門不趨，見王不拜。王曰：「子欲何以教寡人，使太子先？」曰：「臣聞大王喜劍，故以劍見王。」王曰：「子之劍何能禁制？」曰：「臣之劍，十步一人，千里不留行。」王大悦之，曰：「天下無敵矣！」莊子曰：「夫爲劍者，示之以虚，開之以利，後之以發，先之以至。願得試之。」王曰：「夫子休就舍，待命令設戲請夫子。」王乃校劍士七日，死傷者六十餘人，得五六人，使奉劍於殿下，乃召莊子，曰：「今日試使士敦劍。」莊子曰：「望之久矣。」王曰：「夫子所御杖，長短如何〔一〕？」曰：「臣之所奉皆可。然臣有三劍，唯王所用，請先言而後試。」王曰：「願聞三劍。」曰：「有天子劍，有諸侯劍，有庶人劍。」王曰：「天子之劍何如？」曰：「天子之劍，以燕谿石城爲鋒，齊岱爲鍔，晉魏爲脊，周宋爲鐔，韓魏爲鋏，包以四夷，裹以四時，繞以渤海，帶以常山，制以五行，論以刑德，開以陰陽，持以春夏，行以秋冬。直〔二〕之無前，舉之無上，案之無下，運之無旁，上決浮雲，下絶地紀。此劍一用，匡諸侯，天下服矣。此天子之劍也。」文王芒然自

〔一〕如何：四庫本作「何如」。

〔二〕直：四庫本此字上有「此劍」二字。

失，曰：「諸侯之劍何如？」曰：「諸侯之劍，以知勇士爲鋒，以清廉士爲鍔，以賢良士爲脊，以忠聖士爲鐔，以豪傑士爲鋏。直之亦無前，舉之亦無上，案之亦無下，運之亦無旁；上法圓天，以順三光；下法方地，以順四時；中和〔一〕民意，以安四鄉。此劍一用，如雷霆之震，四〔二〕封之内，無不賓服〔三〕，此諸侯之劍也。」王曰：「庶人之劍何如？」曰：「庶人之劍，蓬頭突鬢，垂冠，曼胡之纓，短後之衣，瞋目而語難；相擊於前，上斬頸領，下決肝肺。此庶人之劍，無異於鬭雞，一旦命已絶矣，無所用於國事。今大王有天子之位而好庶人之劍，臣竊爲大王薄之。」王乃牽而上殿。宰人上食，王三環之。莊子曰：「大王安坐定氣，劍事已畢奏矣。」於是文王不出宫三月，劍士皆服斃其處也。

郭注無聞。

呂注：莊子之制行，願曳尾於塗中而不爲太廟犧牲，以悟危身殉物之俗，則説劍實所未聞。蓋借此以明道之所用，無往而不可耳。能止其君之喜好而安其國之危，則其澤之所及，亦豈小哉！故有道者，有時而爲之。許其事而辭其幣，明君子之不可以貨取。

〔一〕和：原作「知」，據四庫本改。
〔二〕四：四庫本作「也」，訛。
〔三〕服：四庫本此字下有「而聽從君命者矣」七字。

服其服，用其禮，所以同其事，然後言可入也。夫天子之劍，以天下爲之，所以言天下神器不可爲也。示之以虛，開之以利，後之以發，先之以至，此所以用神器之道，以其不可爲而爲之者也。能知其本末輕重之所在，與其所以論制之法，持行之時，則用之而天下服矣。自燕溪齊岱至渤海恒山，喻天子之劍，以天下爲之；自五行刑德至下絶地紀，喻神之無時無方也。唯神人可以御神器，故匡諸侯而天下服，此唐虞三代已試之效也。莊子之所以爲劍者如此，文王聞之芒然自失，乃知己所好者非真劍也。諸侯以一國爲劍，故以士言士者，民之望也。知勇居先，故以爲鋒。清廉居次，故以爲鍔。賢良，倚以爲幹者，故爲脊。忠聖，植以爲本者，故爲鐔。豪傑，則吾所持而行者，故以爲鋏。爲國者，觀其所以爲鋒鍔鐔鋏者合與否，則器之利不利，國之安危可知也。天下一國，大小雖殊，其所以用之者，在精神之運，則一而已。及問庶人之劍，則正指王之所好以救其失。劍士皆服斃其處，明所以勝剛强者，如此而已矣。

疑獨注：人情之所篤好者，物不能奪，況居人上，勢高心侈，言不可入，道不可化者乎！故趙文王喜劍而莊子以劍士見，因其所好，寓意於其間，陳天人之道，乃天子、諸侯、庶人之事以感動之，遂能止文王好劍之弊。言天子之劍，必以鄰國與夫山海之險爲之鋒鍔鐔鋏，包裹而繞帶之。制論以五行刑德，開持以陰陽四時，故能逆之無前，運之無旁，上決浮雲，下絶地紀，非天下至神，孰能與於此！至論諸侯之劍，則資治於人，故以知勇清廉忠聖豪傑爲鋒鍔鐔鋏，是以用之如雷霆之震，無不賓服者矣。又問庶人之劍，答以即王〔一〕所好，無異鬭雞，氣盡力憊而死，言用小術不足以治國也。與齊宣王好勇，孟子對以大勇義同。王聞其語，心懷愧負，繞食而不敢餐，於是不出宫三月，劍士皆服斃其處，謂聞莊子之言，能悔過也。

碧虛注：廟戰者帝，神化者王。廟戰法天地，神化法四時。故政修於境内而遠方慕其德，制勝於未戰而諸侯服其威，是以天下爲劍，豈直太阿、干將比哉！趙文王之喜劍，傲吏所以進説，其旨在乎神武而不殺者也。古有寶劍名曰含光，視之不見，觸之不覺，影無曲直，響無清濁，匣於廟堂之上，則威懾四夷；用於敵國之際，則一童子佩之，卻三軍之衆，若乃示之以中虛，開之以外漠，運之以無形，發之以無作，進退而鸞舞麟振，屈伸而鳳騫龍躍，又何事乎杖御長短，較校遲速，擊搏腰領，斬斫死傷而弗休止耶？夫兵者，不祥之器，聖人不得已而用之。劍者，一夫之勇，象於鬭雞，一旦命已殂矣，何用於萬乘之國哉！

〔一〕王：原作「日」，據四庫本改。

劉概注：天下事物之情，莫不毀異而尊同，捐小而慕大，以至違害就利，往往皆然。若其不與己同，雖利不從；不見所利，雖大不慕也。莊子論道，是篇及於辭人説客之言者，蓋寓至理於微眇，必假言而後獲也。物情自貴而相賤，自是而相非，而欲以不同蕲人之合，則雖夫子之聖，亦屈於盜跖之暴矣。以所同而勝人，則莊子一言而絶趙王終身之好者，固其理也。夫突鬢、垂冠、曼胡、短後、瞋目而語難者，趙王之所好，非莊子之情。今且變其常情，易其常服者，彼將尊其所説也。上論天子，次及諸侯，下鄙庶人者，彼將慕其所大也。大則服天下，次則賓四封，下則斬頸領者，彼將就其所利也。事物之情，不過於此，聖人調而應之，物而畜之，則衆狙之服於朝四暮三之術，豈無其道哉！若夫枉己未有能直人，則莊子之説劍似求合矣。蓋自《盜跖》、《漁父》皆非己事也。其言之大意，皆所以相攻而理固微矣。若按迹而求，豈知言者哉！

盧齋云：垂冠，不高其冠，如世所謂烈士巾。曼胡，麤魯。短後，不襜也。語難，以語相詰難。示以虛，開以利，與其進也；發後〔一〕先至，將擊必匿之勢。敦，斷也。以劍相擊斷。鐔，劍刃。鋏，劍把。四時、五行、日月、陰陽，皆順造化自然之意。上決浮雲，

〔一〕發後：四庫本作「後發」。

下絶地紀，形容其所用廣大。三繞所食之地而不敢坐，愧弗自安。王既感悟不用此戲，劍士皆退服自斃於所居之處也。

褚氏統論：南華立言明道，高越九天，深窮九地，闢闔造化，鬼神莫測。及其引事物以爲喻，則不出乎人間世之談，而玄機妙義隱然于中，有足以覺人心救時弊者。《説劍》一篇，辭雄旨微，鏗鍧千載，豈浪鳴哉！《漢書》：「司馬氏在趙者，以傳劍論顯。」則劍術其來尚矣。故漆園借此以發胸中之奇。或者泥於形似，遂認爲説客縱横之論，經意一失，指夜光爲魚目者有之。伯秀不揆淺陋，竊考南華所以言之旨，申爲説云：趙國，以喻一身；文王喜劍，心牽於利欲之譬也；太子悝患之，猶志有所覺而不能制心之失；求莊子止王所好，喻推理以勝之也。所陳三劍，言其理有優劣，具眼決擇差等見矣。十步一人，言其鋒莫當。千里不留行，言其用捷速。養神〔一〕之全者，似之。天子以鄰〔二〕國爲固，諸侯以賢士爲幹，庶人恃〔三〕匹夫之勇耳。以趙王之尊而好庶人之劍，是昧德性之至貴，趨物欲之至卑。日夜相擊於前，又惡保其無損？鬪雞之喻，卑之甚也。欲有以救其失，

〔一〕神：四庫本作「人」，訛。
〔二〕鄰：朱本作「憐」，訛。
〔三〕恃：朱本作「特」，訛。

而復其初，非繩以至理不可。及其理勝欲消，所存者正性，則翻毒刃爲神器，亦無所事乎心矣。此由失以求復，不免艱難而得之，是謂勉强而行，成功一也。所云天子、諸侯、庶人三劍之等殊，喻稟性之厚薄，趨向之高下，而成功有優劣也。古之君天下、神武而不殺者，皆得此劍，以神其用，豈直太阿、干將比哉！於是趙王繞〔一〕食而不能餐，禮義悦心，芻豢有不足美者。使王安坐定氣，劍事已畢奏矣，言心以動虧，性由静得，得性者復吾本來之真，亦由無所得也。趙王不出宫三月，則能守之以静，養之以虚，成性存存而不變矣。劍士皆服斃其處，以喻〔二〕即時心死。蓋工技者去，和技者息，回視所謂神器亦與之俱化，又何有天子、庶人之别哉！從太子之請而辭其幣，與魯仲連存邯鄲而不受千金義同。卒能止趙王之戲好，而安其國，兹又寓治道於其中而不廢也。蓋南華痛憫世人耽於物欲，失性而不自知，故創爲是論以明復性者在乎中有所主，防欲如讐，心纔有覺，即推理以勝之，不待乎劍士夾門日夜相擊然後求夫善説者以止之也。此寓道於技以立言，而解者往往以外象求合，使正大之理爲之久湮，併陷至言於辯者之囿，可爲太息。兹因鑽

〔一〕繞：朱本作「就」。

〔二〕以喻：四庫本作「喻以」，倒。

研至極，遂悟反流歸源，庶符立言本意云。子玄於是經得其心髓，雄文奥論與之並駕爭驅，獨此篇不著一語，使人深造而自得之也。恐或者於此乎致疑，故不得不辯〔一〕。

〔一〕辯：朱本此字下有「之也」二字。

南華真經義海纂微卷之九十八

武林道士褚伯秀學

漁父第一

孔子遊乎緇帷之林，休坐杏壇之上。弟子讀書，孔子絃歌鼓琴，奏曲未半，有漁父下船而來，鬚〔一〕眉交白，被髮揄袂，行原以上，距陸而止，左手據膝，右手持頤以聽。曲終，而招子貢、子路，二人俱對。客指孔子曰：「彼何爲者也？」子路對曰：「魯之君子也。」客問其族，曰：「族孔氏。」曰〔二〕：「孔氏者何治也？」子路未應，子貢對曰：「孔氏者，性服忠信，身行仁義，飾禮樂，選人倫，上以忠於世主，下以化於齊民，將以利天下，此孔氏所治也。」又問曰：「有土之君與？」曰〔三〕：「非也。」「侯王之佐與？」曰：「非也。」客乃笑而還行，言

〔一〕鬚：四庫本作「鬚」。

〔二〕曰：此字四庫本無。

〔三〕曰：四庫本此字上有「子貢」二字，下一「曰」字同。

曰：「仁則仁矣，恐不免其身；苦心勞形以危其真。嗚呼遠哉，其分於道也！」子貢還，報孔子。孔子推琴而起曰：「其聖人與！」乃求之。至澤畔，方將杖拏而引〔一〕船，顧見孔子，還鄉而立。孔子反走，再拜而進。客曰：「子將何求？」孔子曰：「曩者先生有緒言而去，丘不肖，未知所謂，竊侍〔二〕於下風，幸聞咳唾之音，以卒相丘也。」客曰：「嘻！甚矣子之好學也！」孔子〔三〕曰：「丘少而脩學，以至於今，六十九歲矣。無所得聞至教，敢不虛心！」客曰：「同類相從，同聲相應，天之理也。請釋吾之所有而經子之所以。子之所以者，人事也。天子、諸侯、大夫、庶人，四者自正，治之美也，四者離位，亂莫大焉。官治其職，人憂其事，乃無所陵。故田荒室露，衣食不足，徵賦不屬，妻妾不和，長少無序，庶人之憂也；能不勝任，官事不治，行不清白，群下荒怠〔四〕，功美不有，爵禄不持，大夫之憂也；廷無忠臣，國家昏亂，工技不巧，貢職不美，春秋後倫，不順天子，諸侯之憂也；陰陽不

〔一〕引：四庫本此字下有「其」字。

〔二〕侍：四庫本作「待」。

〔三〕子：四庫本此字下有「再拜而起」四字。

〔四〕荒怠：四庫本作「怠荒」，倒。

和〔一〕，以傷庶物，諸侯暴亂〔二〕，以殘民人，禮樂不節，財用窮匱，人倫不飭，百姓淫亂，天子有司之憂也。今子上無君侯有司之勢，下無大臣職事之官，而擅飾禮樂，選人倫，以化齊民，不泰多事乎！且人有八疵，事有四患，不可不察也。非其事而事之，謂之總；莫之顧而進之，謂之佞；希意導言，謂之諂；不擇是非而言，謂之諛；好言人惡，謂之讒；析交離親，謂之賊；稱譽詐僞以敗惡人，謂之慝；不擇善否，兩容顏適，偷拔其所欲，謂之險。此八疵者，外以亂人，內以傷身，君子不友，明君不臣。所謂四患者：好經大事，變更易常，以挂功名，謂之叨；專知擅事，侵人自用，謂之貪；見過不更，聞諫愈甚，謂之狠；人同於己則可，不同於己，雖善不善，謂之矜。此四患也。能去八疵，無行四患，而始可教已。」孔子愀然而歎，曰〔三〕：「丘也再逐於魯，削迹於衛，伐樹於宋，圍於陳蔡。丘不知所失，而離此四謗者何也？」客〔四〕曰：「甚矣，子之難悟也！」人〔五〕有畏影惡迹而去之走者，舉足愈數而迹愈多，

〔一〕和：四庫本此字下有「寒暑不時」四字。
〔二〕亂：四庫本此字下有「擅相攘伐」四字。
〔三〕曰：四庫本此字上有「再拜而起」四字。
〔四〕客：四庫本此字下有「悽然變容」四字。
〔五〕人：原作「八」，據四庫本改。

走愈疾而影不離身，自以爲尚遲，疾走不休，絶力而死。不知處陰以休影，處靜以息迹，愚亦甚矣！子審仁義之間，察同異之際，觀動靜之變，適受與〔一〕之度，理好惡之情，和喜怒之節，而幾於不免矣。謹脩而身，慎守其真，還以物與人，則無所累矣。今不脩之身而求之人，不亦外乎！」孔子愀然曰：「請問何謂真？」客曰：「真者，精誠之至也。不精不誠，不能動人。故强哭者，雖悲不哀；强怒者，雖嚴不威；强親者，雖笑不和。真悲無聲而哀，真怒未發而威，真親未笑而和。真在内者，神動於外，是所以貴真也。其用於人理也，事親則慈孝，事君則忠貞，飲酒則歡樂，處喪則悲哀。忠貞以功爲主，飲酒以樂爲主，處喪以哀爲主，事親以適爲主，功成之美，無一其迹矣。事親以適，不論所以矣；飲酒以樂，不選其具矣；處喪以哀，無問其禮矣。禮者，世俗之所爲；真者，所以受於天，自然不可易也。故聖人法天貴真，不拘於俗。愚者反此。不能法天而恤於人，不知貴真，禄禄而受變於俗，故不足。惜哉，子之早湛於人僞而晚聞大道也！」孔子〔二〕曰：「今者丘得遇也，若天幸然。先生不羞而比之服役，而身教之。敢問舍所在，請因受業而卒學大道。」客曰：「吾聞之，可與往者

〔一〕與：四庫本作「予」。
〔二〕子：四庫本此字下有「又再拜而起」五字。

與之，至於妙道；不可與往者，不知其道。慎勿與之，身乃無咎。子勉之！吾去子矣，吾去子矣！」乃刺船而去，延緣葦間。顏淵還車，子路授綏，孔子不顧，待水波定，不聞挐音而後敢乘。子路旁車而問曰：「由得爲役久矣，未嘗見夫子遇人如此其威也。萬乘之主，千乘之君，見夫子未嘗不分庭伉禮，夫子猶有倨傲之容。今漁父杖挐逆立，而夫子曲要磬折，言拜而應，得無太甚乎？門人皆怪夫子矣，漁父何以得此乎？」孔子伏軾而歎曰：「甚矣，由之難化也！湛於禮義有間矣，而樸鄙之心至今未去。進，吾語汝！夫遇長不敬，失禮也；見賢不尊，不仁也。彼非至人，不能下人，下人不精，不得其真，故長傷身。惜哉！不仁之於人也。禍莫大焉，而由獨擅之。且道者，萬物之所由也，庶物失之者死，得之者生。爲事逆之則敗，順之則成。故道之所在，聖人尊之。今漁父之於道，可謂有矣，吾敢不敬乎！」

郭注：此篇言無江海而間者，能下江海之士。夫孔子之所放任，豈直漁父而已哉？將周流六虛，旁通無外，蠉〔一〕動之類，咸得盡其所懷，而窮理至命，固所以爲至人之道也。

〔一〕蠉：四庫本作「蠢」。

吕注：孔子體性抱神，以遊世俗，則豈有漁父之譏哉！所以言此者，蓋世之學孔子者，不過其迹，故寓言於漁父，以明孔子之所貴者，非世俗所知，子貢之告漁父者，乃世儒所知孔子者也。夫天下雖大，亦物而已，孔子之所以爲孔子者，孰肯以物爲事！故道之真以治身，緒餘土苴以治國家天下。誠如子貢所言，非其任而爲其事，則其分於道也，豈不遠哉！八疵四病，宜其不免也。觀後世得孔子之迹者，而考其所爲，則莊子之言，千載之下，猶親見之，得不謂之神人乎〔一〕！

疑獨注：莊子寓言於漁父，以明七十而從心，然後造至命之地，則六十九以前皆孔子經世之迹也。其間八疵、四病，亦人情所不免者，聖人順人情而制法，其見於言行之際，固亦未嘗不即此而心蓋已離之矣。莊子寓言以非其迹，自天子至庶人，莫不各有其序，所論疵病切中事宜，然則孔子稱六十九而無所得，豈非以未能從心耶？若夫從心，則服〔二〕仁義，行忠信，飾禮樂，選人倫，凡所以治天下者，皆非其真，猶因指見月，而指非

〔一〕人乎：此二字四庫本無，脱。

〔二〕服：四庫本作「限」，訛。

月也〔一〕。孔子至此亦〔二〕無所事乎？受教漁父，亦不可容聲，故曰：吾去子矣！吾去子矣！俱相忘於無言也。

碧虛注：四民著業，則不爲世利所滑。事應所感，故豐足而無憂。志小者無圖大之謀，失御者寡持執之術，故功不立而禄不守也。謀而不當，言而不信，役重則工麤，責多則貢惡，悖道生怨，故有後期而致者。變宜則不和，易常則傷物，怒深則〔三〕暴亂，憤極則攘伐，禮樂煩則人淫，食税多則窮匱，能反而修之，疵病免矣〔四〕！歷聘諸國而欲無謗，猶奔塵而欲衣不緇，冒雨而欲巾不濕也。在物還物，屬人還人，修身守真，彼我無累。真者，自然之性，内發於精誠，外感於天人。其用於人理也，忠孝哀樂，各得其宜，功成之美，無一其迹。禮者，世教；真者，天性。愚者恤於人，變於俗，故於道則不足也。漁父之道，不經不營，淡然無欲，而衆美從之，仲尼所以歸敬也。

劉概注：同於己則是之，故趙王以莊子爲賢；異於己則非之，故暴跖以仲尼爲盜；無

〔一〕也：此字四庫本無。

〔二〕亦：此字四庫本無。

〔三〕則：四庫本作「而」，訛。

〔四〕免矣：四庫本作「以免」，訛。

同也，無異也，唯道所在，吾將致其所尊而盡言之，此《漁父》之篇所以作而必寓言於孔子也。夫天真與人理，相去遠矣，而其本末先後未嘗相廢。真積於内，神動於外，刑名禮法之用，又其外者焉。仲尼明憂患與故，以與民同，將以利天下守真之士，亦且致貴愛於身，老氏嘗謂：「貴愛以身爲天下，然後可以寄託天下。」則其利天下之術〔一〕，固有不治而治者矣。此孔子之所取也。若夫長沮、桀溺之潔身而亂倫，未嘗不辭而闢之，以此知寓言之意，有所在也。

鬳齋云：春秋後倫，朝覲失序也。稱譽詐僞，譽所不當譽。以敗惡人，毁所不當毁。以顔色投人之好，曰顔適。無善惡，皆欲其悦己，曰兩容。八疵、四病，人之大患，去此乃可語道也。漁父謂凡夫子所爲，皆爲人而已，所以不免世謗。若修身而守真，無物我之對，則無所累矣。今不求諸身，而汲汲爲人，不亦外乎！不精不誠，不能動人，即至誠感神之意。强哭、强笑、强親與其真者六句，甚切當。真在内者，神動於外。禮者，文飾於外，世俗之爲。真者〔二〕，天命自然之理。不知天爵之貴者，以世俗之禄爲禄，甘爲流俗

〔一〕術：四庫本此字在下句「固」字下，倒。

〔二〕者：此字四庫本無，脱。

所化，故但見其常慊然也。下人不精，不得其真，此又爲學者設。漁父有道者也，吾尊其道，所以敬之。

褚氏管見：漁父，或謂范蠡扁舟五湖，屈原澤畔所逢者。竊謂亦不必泥其人，但隱德藏輝、潛身湖海，若太公望、嚴子陵、張志和、陸龜蒙之徒，其間有併姓名俱隱者，豈得而盡考？緇帷，言林木茂密，暗如帷幄，因以爲名。南華寓言於漁父、孔子問答，與楚狂接輿歌而過孔子意同。蓋孔子爲人心切，則經世迹著，所以人得而擬議，故漁父告之以去疵遠患，修身守真，而還以物與人。夫名，亦物也。造物者所靳，過分則忌之。真者，在己之良貴，外物不足比。人而不知貴真，則中無所主，禄禄〔一〕而受變於俗也宜矣〔二〕。畏影惡迹〔三〕，及强哭、强怒二喻，甚精當。「事親則慈孝〔四〕」以下一段，大有益於治道，有以見漁父亦非獨善其身者，用舍有時耳。孔子聞言而悟，願棄所學而卒受教，蓋治世

〔一〕禄禄：朱本、李本並作「碌碌」。

〔二〕矣：四庫本作「以」，訛。

〔三〕畏影惡迹：此四字朱本、李本並無，脱。

〔四〕慈孝：四庫本作「孝慈」。

有爲者聞無爲之益，不得不宗焉。刺船而去，示過化而無留迹。待水波定，不聞拏〔一〕音，而後敢乘，則一聆至言，心悦誠服，其人雖往，敬猶存也。凡漁父所言，明世俗之知〔二〕孔子者，不過如此，特其行世之迹耳。唯南華得夫子之心，指其迹而非之，則所謂真者可默契矣。世人多病是經訾孔子，余謂南華之於孔子，獨得其所以尊之〔三〕之妙，正言若反，蓋謂是也。

〔一〕拏：朱本、李本並作「拏」，通。
〔二〕知：朱本、李本並作「疑」，訛。
〔三〕之：此字原不疊，據朱本、李本補入。

南華真經義海纂微卷之九十九

武林道士褚伯秀學

列御寇第一

列御寇之齊，中道而反，遇伯昏瞀人。伯昏瞀人曰：「奚方而反？」曰：「吾驚焉。」曰：「惡乎驚？」曰：「吾嘗食於十漿，而五漿先饋。」伯昏瞀人曰：「若是，則汝何爲驚已？」曰：「夫内誠不解，形諜成光，以外鎮人心，使人輕乎貴老，而齏其所患。夫漿人特爲食羹之貨，多餘之贏，其爲利也薄，其爲權也輕，而猶若是，況〔一〕萬乘之主乎！身勞於國而知盡於事，彼將任我以事而效我以功，吾是以驚。」伯昏瞀人曰：「善哉觀乎！汝處己，人將保汝矣！」無幾何而往，則户外之屨滿矣。伯昏瞀人北面而立，敦杖蹙之乎頤，立有間，不言而

〔一〕況：四庫本作「而況於」。

出。賓者以告列子，列子提屨，跣足[一]走，暨乎門，曰：「先生既來，曾不發藥乎？」曰：「已矣，吾固告汝曰人將保汝，果保汝矣。非汝能使人保汝，而汝不能使人無保汝也，而焉用之感豫出異也！必且有感，摇而本性，又無謂也。與汝遊者，莫[二]汝告也。彼所小言，盡人毒也。莫覺莫悟，何相孰也！巧者勞而知者憂，無能者無所求，食而遨遊，汎若不繫之舟，虚而遨遊者也。」

郭注：漿，謂賣漿之家。先饋，言其敬己。内不解，則外矜飾。舉動盤辟而成光儀，外鎮人心，内實不足以服物，若鎮物由乎内實，則使人貴老之情篤也。以美形動物，則所患亂生矣。夫漿人權輕利薄，可無求於人。苟不遺形，則所在見保。保者，聚守之謂。任平而化，則無感無求，無感無求，乃不相保。先物施惠，惠不因彼，豫出則異也。必將有感，則與本性動也。細巧入人，爲小言。夫無其能者，唯聖人耳。過此以下，至於昆蟲，未有自忘其能而任衆人者也。

吕注：聖人被褐懷玉，全其形生，其藏身也不厭深眇。内誠不解，則未能忘心。誠

〔一〕足：四庫本作「而」。
〔二〕莫：四庫本此字上有「又」字。

發於形而成光，可諜而知，非藏身之道也。食於十漿，其半先饋，是有以外鎮人心，使之輕乎貴老而重己，則𩐁其患而自貽也。𩐁，同齎。唯感而後應，體性抱神，以遊世俗，乃能使人無保也。出異則藏用不密，感豫則摇而本性。養心存神之大患，故以莫告而小言者爲毒，而莫覺莫悟者不可謂之相孰也。孰，言其熏〔一〕蒸而至於成。爲學者日益，故食無求飽，居無求安；爲道者日損，去知巧而復無能，故泛若不繫之舟，虚而遨遊者也。

疑獨注：内未能解脱，故見外而成光。諜，有密察之意。不能内隱其德，故有外鎮之迹，則人皆逐外而輕乎貴老。𩐁者，物碎而雜亂之貌，謂德性未造懸解，而密察之心形于外，患由之而雜生矣。夫漿人利薄權輕，猶競趨我，況萬乘之主，身勞知盡，求賢爲助，必將責我以功，所以驚也。善哉觀乎，言非徒見彼而能反觀也。禮見尊者，脱屨而升堂，户外屨滿，言歸之者衆，果爲人所保也。發藥，謂善言教人，如藥治病。夫列子能盡性矣〔二〕，而未至於命，未能遺形滅迹，故爲人所保。非列子使之保，而不能使人無保也。經云使天下兼忘我難，是矣。物我兩忘者，物感則應焉。用豫出異人之迹，而使之來感耶？必且

〔一〕熏：四庫本作「薰」，通。

〔二〕矣：四庫本作「也」。

有感，則揺動汝之本性，外物得以入之與汝遊者，又莫汝告而以諂〔一〕佞入汝，乃人毒也。不能覺汝之迷，曷爲相孰？孰，猶知也。相知，則熟矣〔二〕。巧知之人，不免憂勞。非巧非知，則無能而飽食遨遊，汎若不繫之舟也。

碧虚注：内誠不解，心未虚。形諜成光，事威儀也。以外鎮人心，使人畏其光彩。輕乎貴老而尊我，恐其患亂生也。賈利不多，而遇我若此，況萬乘之主乎！主尚賢，則其責任不輕，是以驚也。户外屨滿，人果保附。垂訓苦口，猶醫之發藥。有迹故人保附，無心則人莫知。列子能不失德矣，未能支離其德也。感物悦豫，有心出異，揺汝本性，理何可堪？從遊之人，皆出汝下，忠告莫聞，唯事巧毒，誰何明曉，以相規戒哉？且人來保汝，不求無爲，而必學巧知，唯聖人知其然也。故虚懷無繫，委任群材，無勞無憂，飽食遨遊而已。

鬳齋云：誠積於中而未化，形容動成光儀，所以人敬之。趙州云：「老僧修行無力，

〔一〕諂：四庫本作「諂」。
〔二〕矣：四庫本作「也」。

被鬼神覷破。」即此意。貴者〔一〕老者，人所當敬，今〔二〕反輕彼而敬我。鏨，猶聚，言其迹愈露，則不能逃當世之患也。賣漿之家，敬我若此，况爲君者乎！君方身勞知竭，必將求我爲用，使效其成功，此乃鏨其所患。人將歸向，保汝爲師矣。此保字，便有不足之意。看瞀〔三〕人之見，又高一著。古人坐席，必脱屨而入，急於迎瞀人，不及穿屨，提之而走也。不能使人無保汝，即是使人忘我難。而焉用之，言汝何以致此。人感動悦豫若此，汝必不能自晦，乖異出見乎外，且摇動汝之本性，尤無益也。汝朋友又無相規正者，則終身無所覺悟，誰〔四〕復問汝爲如何？巧者必自勞，知者必自苦，唯體道自然而不用其能，則飽食嬉遊而已。此段文歸結在一虚字上，真奇筆也。

此章全見《列子》，止於「何〔五〕相孰也」，其間有三兩字不同。南華添「巧者」以下

〔一〕者：此字四庫本無，脱。

〔二〕今：四庫本此字下有「人」字。

〔三〕瞀：原作「啟」，據四庫本改。下同。

〔四〕誰：四庫本作「請」，訛。

〔五〕何：四庫本作「游」，訛。

數句，總結前義，愈覺〔一〕精彩，如光弼之將子儀軍也。按列子居鄭圃四十年，人無識者，則此五漿先饋，當在居鄭之前，然見饋漿而驚，其察人檢己亦微矣。户外屨滿，則是不能韜晦。人爭趨而保附之，汝焉用此感悦之道，出異以動人耶？凡有以感人者，必先摇其本性，彼方從而化之，又何説也？我若無心，鬼神莫能測，況於人乎！汝之朋友，又莫汝〔二〕告，徒以巧佞入人，而汝莫覺悟，何相熏蒸〔三〕習熟若此？古文熟與孰同。爭任巧知，以勞以憂，無肯安於無能者，此無能猶云無爲也。無爲故無求，飽食以遨遊。汎若舟之不繫，亦虚而已矣。碧虚照《列子》本文，作「無多餘之贏」。

鄭人緩也，呻吟於〔四〕裘氏之地。祗三年而緩爲儒，河潤九里，澤及三族，使其弟墨。儒、墨相與辯，其父助翟，十年而緩自殺。其父夢之，曰：「使而子爲墨者，予也。闔胡嘗視

〔一〕覺：此字朱本無，脱。
〔二〕汝：朱本作「與」，訛。
〔三〕熏蒸：熏，四庫本作「薰」，通。蒸，朱本作「烝」，同。
〔四〕吟於：吟，原作「唯」，據四庫本改。於，此字四庫本無，脱。

其良？既爲楸〔一〕柏之實矣！」夫造物者之報人也，不報其人而報其人之天。彼故使彼。夫人以己爲有以異於人，以賤其親，齊人之井飲者相捽也。故曰今之世皆緩也。自是，有德者以不知也，而況有道者乎！古者謂之遁天之形。聖人安其所安，不安其所不安；衆人〔二〕安其所不安，不安其所安。

郭注：翟，緩弟名。緩怨父助弟，感激自殺。死而見夢，謂己能爲儒，又化弟令墨，弟受已化而不能視己爲良師，遂便怨死，精誠之至，故爲楸〔三〕柏之實。「夫造物」以〔四〕下，莊子辭也。積習之功爲報，報其性，不報其爲。然則習學之功，成性而已，豈爲之哉？彼有彼性，故使習彼。緩自美其儒，謂己有積學之功，而不知其自然也。夫有其功以賤物者，不避其親；無其身以平往〔五〕者，貴賤不失其倫也。穿井所以導泉，吟詠所以通性。無泉則無所穿，無性則無所詠，世皆忘其泉性之自然，徒識穿詠之末功，矜而有

〔一〕楸：四庫本作「秋」。
〔二〕人：此字四庫本無，脱。
〔三〕楸：四庫本作「秋」。
〔四〕以：四庫本作「已」，通。
〔五〕往：四庫本作「性」，訛。

之，不亦妄乎！觀緩之謬以爲學，父任其自爾而知，故無爲乎其間也。夫仍自然之能以爲己功，逃天者也，故刑戮及之〔一〕。聖人無安無不安，順百姓之心。所安相與異，所以爲衆人也。

呂注：緩自爲儒而使弟爲墨，以至相與辯。其父助翟，而緩〔二〕自殺，皆其人而已。若緩之所以爲儒，翟之所以爲墨，則其人之天也。論其人則父子兄弟不一其身，儒墨不同其業；論其人之天，則一而已。其父之所夢者，乃緩之天，緩之天即其弟之天，而緩不自緩矣，言彼之爲墨，天實使之；良者受之於性，非學所能，亦天而已，謂其弟爲而子，自謂己之天爲良，則忘其父子兄弟之辭。學儒而儒，學墨而墨，與緩之爲柏實，乃其所以報，皆天使之也。而人不知所以使己助人者未嘗異也，乃以己爲有以異於人，至於賤其親如緩之所爲，可不悲哉！此與齊人以井爲己有，而至於相捽者無異。世之不知其天而賤彼貴我者，皆緩也。原其所以失性如彼者，以其有知而已，有德者以不知，所以全其天也，況有道者乎！有知則遁天，遁天倍情則不免於復，是以古者謂之遁天之刑。聖人

〔一〕之：四庫本此字在下句「聖」字下，倒。
〔二〕緩：四庫本作「儒」，訛。

安其所安，衆人安其所安。所安者天也，所不安者人也。

疑獨注：呻吟，誦詠之聲。裘氏，地名。儒者之成名，必至於通天地人而後已。吟詠三年而得之者，特其粗耳。當時通儒已不可得，如緩者，鄭國用之。河潤，喻澤及之遠。三族，父母妻也。緩之爲儒，弟之爲墨，蓋因其性分以充之，而各以其術辯爭是非，父助翟而緩自殺，又託夢於父，謂教汝子爲墨者，子也；翟不能順〔一〕己，而父又助之，予所以怨死，其真性已化爲楸柏之實矣。良，如「良心」、「良能」之良。知能與心皆出於真性，謂之良。楸〔二〕柏，堅固後凋。言爲儒之性不可變，人各有一天，學者所以充其可欲也。造物之所與，人不能强無之；造物所不與，人不能强有之。此緩翟、儒墨之分，雖父之尊嚴，兄之愛友，不可得而移。蓋彼有一天，使之如彼也。夫人之以其所見有異於人而賤其親，皆由學術之偏，此雖人也，亦有天存焉。齊人之井飲者相捽，汲水而不知其源，猶當時爲儒者執其末以爭是非。學不至於命，則無由知其本。有德者猶能以不知爲知，而不自矜，況爲道者乎！天刑，謂命之自然而不可逃。緩乃欲遁之，莊子所以不取。

〔一〕能順：四庫本作「順乎」。

〔二〕楸：四庫本作「秋」。

所安者仁，不安者不仁，皆人道也；若天道，則無安無不安，乘理應時而已矣。

碧虚注：緩以積憤而自殺，父以妄念而成夢。塜上楸柏成實，言其堅貞不化，鍾此歲寒之資〔一〕以爲信也。夫離曠之性本聰明，故造物報之以聰明。彼性本有者報之於彼形，非緩自能爲儒又能教弟爲墨也。學者爭教而相辯，無異井飲而相捽，皆勝心所使，唯有德者則不欲人知，又況爲道者乎！遁天之刑，謂棄蔑〔二〕天理而自就刑戮也。聖人安其鶴脛之長而不續鳧脛之短，衆人反此，故天理人事悖矣。

鬳齋云：河潤九里，澤及之廣，以其餘資使弟從墨學。學不同而論異，父愛翟而助之，緩怨父而自殺，遂見夢於父曰：資給汝子爲墨者，我之餘澤也。今爭而致殺，何不視我冢上松〔三〕柏已成實矣。言其死之久。良，是埌〔四〕，音浪，冢〔五〕也。莊子從而斷之曰：緩謂己能使弟爲墨，而不知造物於人自有報應之理，不以人之能者爲應，而以人之

〔一〕資：四庫本作「質」。

〔二〕蔑：四庫本作「滅」。

〔三〕冢上松：冢，原作「家」，據四庫本改。松，四庫本作「秋」。

〔四〕是埌：四庫本作「字當」。

〔五〕冢：四庫本作「家」，訛。

得於天者爲應[一]，彼學墨而墨，是造物以其天應之，非汝以人力資給而成也。彼故使彼，上彼指造物，下彼指其弟。夫人，謂緩也。齊人之井飲相捽，私有其水，所見與緩同。夫有德者以造物爲不可知，而況得道者乎！遁謂棄其天理，刑謂得罪於造物也。

人各有正性，得之於天而不可移，緩之爲儒，翟之爲墨，皆天性本有，假學以成之耳。儒師堯舜，墨師大禹，皆學於聖人，儒主中庸，墨則流於兼愛，過猶不及，故聖門不取焉。當時儒墨並行，皆足以致貴顯，緩乃自謂己能爲儒，又能使弟爲墨，以此自多。二教指趣不同，遂相與辯，其父不能概之以理而偏助翟，爲緩者當順處而徐悟之，天性無不復之理，何遽至怨父而自殺，其所損亦多矣。餘憤未消，猶見夢於父，謂何不試視己冢上，其精靈已化爲楸柏之實。實，猶質也。言其堅貞不變，真性猶存。莊子於是斷之曰：「造物之報人也，不報其人而報其人之天。」報，猶復。天，言性也。緩之化爲異物，不復其形矣，而能見夢以自陳，其性未嘗滅也。「彼故使彼」結上文，言人形非久，性必有歸，一念所存，不可泯也。緩以怨憤[二]而死，性猶不滅而化爲堅貞之木，然

〔一〕而以人之得於天者爲應：此十字四庫本無，脱。

〔二〕憤：四庫本作「父」。

則養生之〔一〕得理盡年，遺累順化而復初者，其真性所〔二〕歸，當如何哉？鄭人之爲楸柏，語之似怪，按夸〔三〕父之生鄧林，則亦或有之。蓋有情無情，生化何極，舉不離乎形器之變幻，人處其中而不自知，所以與之俱化。若知有所謂無形而不變者，則不受物化而能化〔四〕物矣。夫人至皆緩也，所以責世儒之陋，所見若是，何望其通三才而理萬物？有德者以不知，言緩所以失道爲有知而分別耳。渾然不知，所以全其天也〔五〕。遁天之刑，訓解不一，詳下文所安所不安，即其證，或析爲别章，遂至經意不貫。言緩遁逃自然之理，而棄背〔六〕父子兄弟之天，是不安其所安；怨懟而自之於刑戮，是安其所不安也。南華以「遁天之刑」一語結緩之公案，所以爲後世不安天理而狠愎自戕〔七〕者之戒云。

〔一〕之：原缺，據朱本、李本補入。
〔二〕所：此字朱本、李本並無，脱。
〔三〕夸：朱本作「考」，訛。
〔四〕能化：原作「化能」，據朱本、李本、四庫本改。
〔五〕也：四庫本作「地」，訛。
〔六〕棄背：四庫本作「背棄」。
〔七〕狠愎自戕：狠，李本作「很」，通。戕，四庫本作「我」，訛。

南華真經義海纂微卷之一百

武林道士褚伯秀學

列御寇第二

莊子曰：「知道易，勿言難。知而不言，所以之天也；知而言之，所以之人也。古之人，天而不人。」朱泙〔一〕漫學屠龍於支離益，單千金之家，三年技成而無所用其巧。聖人以必不必，故無兵；衆人以不必必之，故多兵。順於兵，故行有求。兵，恃之則亡。小夫之知，不離苞苴竿牘，敝精神乎蹇淺，而欲兼濟導物，太一形虛。若是者，迷惑于宇宙，形累不知太初。彼至人者，歸精神乎無始，而甘瞑〔二〕乎無何有之鄉。水流乎無形，發泄乎太清。悲哉乎，汝爲知在毫毛而不知大寧！

〔一〕泙：四庫本作「汗」，訛。
〔二〕瞑：四庫本作「冥」，通。

郭注：知雖落天地，未嘗開言以引物，應其至分而已。事在於適，無貴遠功。理雖必然，猶不必之，斯至順矣，兵其安有！理雖未必，抑而必之，各必所見，則乖逆生。物各順性則足，足則無求矣。不得已而用之，以恬淡爲上者，未之亡也。苞苴以遺，竿牘以問，小知所徇也。昬於小務，所得者淺。而欲兼濟導物，經虚涉遠，志大神敝，形爲之累，則迷〔一〕而失致。是以〔二〕至人泊然無爲，任其天行。爲知則所得者細，必任性大寧而後爲〔三〕至也。

吕注：之天、之人之分，此無爲謂所以云：狂屈似之，知與黄帝終不近也。龍之爲物，其變化有似乎聖知。屠，則絶棄之謂。單千金之家，空其所有也。無所用其巧，則亦無所事於絶棄矣。此之天之全者也。兵莫憯乎志，鏌鋣爲下。聖人之才，立之斯立，道之斯行，則可必也，然而未嘗必，歸之天而已。是以必不必，則不爲不得志之所傷，故無兵。衆人反此，故多兵。順於兵而行有求，有恃之而亡者矣。小夫之知，不離問遺之間，則是敝精神乎蹇淺；而欲兼濟導物，太一形虚，非其任也。此所以迷惑於宇宙，形累不

〔一〕迷：四庫本此字下有「惑」字。
〔二〕是以：四庫本作「矣」，屬上句。
〔三〕爲：此字四庫本無。

知太初〔一〕，則不能太一形虚矣。唯聖人歸精神乎無始，而甘瞑〔二〕乎無何有之鄉，至其動也，水流乎無形，發泄乎太清，乃所以兼濟導物，太一形虚者也。夫心之爲物，莫知其鄉〔三〕亦大矣，而其知不離乎苞苴、竿牘之間，此其知在毫毛而不知大寧，爲可悲也。

疑獨注：聖人非有意於言，不得已而應物。孔孟之心一，而言不同者以此。楊〔四〕子在可以不言之時而以〔五〕言爲悦，意之所歸亦無異於孔孟，其相去一間者，在言與不言之間耳。故曰：「知道易，勿言難。」道勝於物，乃能不言，此以言與不言分，天人其實未嘗相離也。世俗人爲之欲熾，故用以矯之。屠龍者，士之妙技，然而無所施用，言莊子之學窮理盡性以至於命，不務無益之功，故術不可不謹也。順者，命。必者，義。聖人於義，有可必之勢而處之以順，蓋有命也，故無兵；衆人於義無可必之勢，又不知命而行之以必，故多兵。《孟子》曰：「言不必信，行不必果。」此以必不必也。《語》曰：「言必信，行必

〔一〕初：四庫本作「始」。
〔二〕瞑：四庫本作「冥」，通。
〔三〕鄉：四庫本作「向」。
〔四〕楊：四庫本作「莊」。
〔五〕以：四庫本作「已」，通。

果，硜硜然小人哉！」此以不必必之也。兵非在外，喜怒交戰於胸中者是也。然喜怒亦人所不能免，順而行之，有求可得；恃而用之，則亡。不可不節也。苞苴，香草，以行祀禮。竿牘，書簡，以通誠意。皆世俗小夫所爲，徒敝精神於蹇淺，非兼濟導物，求合於太一形虚之道也。如此者迷惑於宇宙，形累不知太初。太一，數之始；太初，氣之始。於形虚言太一，於形累言太初，虚不可無數，累嫌於不虚故也。無始，未有始之先；無何有，太虚也。水於藏爲腎，主精。衆人役精神於事物，坐馳於嗜欲之境；至人藏精神於無始，甘瞑〔一〕於無〔二〕何有之鄉。衆人之水流乎有形，故易竭；至人之水流乎無形，故無窮，發泄乎太清，無所不之也。而小夫不知大寧之道，亦可悲夫！

碧虚注：心有是非而默然，天也；心有惻隱而形言，人也。天而不人，則常存内照，孰可〔三〕欺哉！志汗漫者，所學虚大。技崛奇者，其益支離。龍者，變化之物，合而成體，散而成章，不可的視，又惡可得而屠？設爲此，大言耳。至於技成而無所用其巧，則深有旨。云外物不可必，故至人僨然任之，以免恚忤；若强欲必之，則有抉眼藏血之禍，

〔一〕瞑：四庫本作「冥」，通。
〔二〕無：原無，據文意補入。
〔三〕可：此字四庫本無，脱。

可不謹歟？《庚桑子》曰：「懷恚未發，兵也。」豈止鋒鏑之慘而已！敝精神乎蹇淺，小有所志，大有所亡也。迷惑宇宙，不知大初者，所謂目察秋毫而不睹泰華耳，調絲竹而不聞雷霆也。歸精神乎無始，則匿其聰明；甘瞑〔一〕於無何有，則抱其虚曠。故能知行〔二〕乎寥廓，施用於寂寞。今汝乃緣標末而喪大本，是可悲也。

鬳齋云：勿言難，謂難於忘言，知道而忘言，則離人絶迹，與天爲徒矣。竭家資以學屠龍，學成而無所用，莊子自喻其道大而未有所施也。聖人以必不必，即知其所不知；衆人以不可必之事爲可必，故多爭競。用兵，爭之大者。若順其爭心，則行於世者，皆有求敵之意。以爭自恃，亡身而已。饋遺、書問，皆蹇淺之事，而欲兼濟天下，輔導萬物，以合太一之始〔三〕，無形之妙，豈可得耶！所以迷惑乎宇宙〔四〕，爲形迹所累，而不知有太初自然之理。至人則歸精神於無物之始，而安處無爲之地。甘瞑〔五〕，善睡，以

〔一〕瞑：四庫本作「冥」，通。
〔二〕知行：四庫本作「行之」。
〔三〕以合太一之始：四庫本作「以求合乎所謂太一之始」。
〔四〕豈可得耶所以迷惑乎宇宙：四庫本作「豈不迷惑乎宇宙」。
〔五〕瞑：四庫本作「冥」，通。

喻安處。水流，人見其有形，不知實出於無形，及其發泄而去，又歸於太清之虛無。世人不知事物之終始，亦猶水然。知在毫毛，所見者小。大寧，即無爲自然之理，無所不包也。

知道而言，知之事也。知道忘言，聖之事也，聖則天矣。知者言道，猶足以弘教誨人，未爲深失也；世有淺學諛聞而矜衒自足者，口雖不言而形色已言，又何足以知古人契合天理之妙哉！屠龍，諸解多貶，題與經意不侔，唯吕注〔一〕得其旨。碧虚以「無益」名章，亦失之。今擬〔二〕易名「忘妙」章，併述管見云：人從學求道，猶入海求龍，然而見龍者少，見而能屠者又幾何人？蓋以喻學道之難，而見道能忘爲尤難也。始於求龍而得見，則知吾身有無窮之變化；終於得龍而能屠，則明〔三〕吾道有不形之至神。窮神龍，非尸居莫見，當求諸恍惚窅冥之間。屠，非刀刃所加，故超乎砉嚮肯綮之外。窮神極妙，豈《桑林》之舞所能形容哉！單千金之家，即是空諸所有，至於千日功成而無所

〔一〕注：四庫本作「氏」。
〔二〕擬：四庫本作「據」。
〔三〕明：四庫本作「名」，訛。

用其〔一〕巧，則一以神遇，能解俱忘，不知龍爲何物，屠者〔二〕何人也。禪宗有云：「龍牙山中龍，一見便心息。」即此初段工夫。竊詳「屠龍」四句，文絶奇而語甚簡，義與庖丁大章並驅。彼章末則猶存用，此則體冥而用亦忘，所以爲至。聖人以必不必，有者亦無之；衆人以不必必，無者强欲有之也。兵，謂嗜欲交戰於中者，其有無亦在人而已。凡順於兵者，欲行有求之志，不悟恃之而至於亡。小知從事遺問，以敝精神，是亦自兵也。何望乎志存兼濟以導〔三〕天下之物，理窮太一以形天下之虚？太一，數之始，萬物自此離無入有，以形相禪，生生化化而不息者也。衆人迷惑乎宇宙，蓋以今之形累而不知太初之本無。至人則歸精神於無始，即太〔四〕初無何有之鄉是也〔五〕。水爲五行之首，可見而不可執，有形而又無形，故形降則流潤〔六〕乎萬物，氣騰則發泄乎太清，隨陰陽而運，成

〔一〕其：此字朱本、李本並無。
〔二〕者：四庫本作「有」，訛。
〔三〕導：朱本、李本並作「尊」，訛。
〔四〕太：四庫本作「大」，通。
〔五〕也：四庫本作「已」。
〔六〕流潤：四庫本作「潤澤」。

造化之功者，有在於是。世人則役知於細微，而不知有大〔一〕寧之道同天運而不息。大寧，即真性之未動，此心之未〔二〕萌。物感而應，即天一之生水，發泄乎太清之謂也。

宋人曹商爲宋王使秦。其往也，得車數乘。王悅之，益車百乘。反於宋，見莊子曰：「夫處窮閭阨巷，困窘織屨，槁項黄馘者，商之所短也；一寤萬乘之主而從車百乘者〔三〕，商之所長也。」莊子曰：「秦王有病召醫，破癰潰痤者得車一乘，舐痔者得車五乘，所治愈下，得車愈多。子豈治其痔耶，何得車之多也？子行矣！」

郭注：事下然後功高，功高然後禄重，故高遠恬淡者，遺榮也。

呂注：凡賤其身以干澤者，皆舐痔之徒也。

疑獨注：曹商〔四〕得車而誇咤，莊子引醫痔〔五〕爲喻，鄙之之甚也。

碧虚注：治愈下而得愈多，是以抱道者遺榮，貪利者忘辱也。

〔一〕大：朱本、李本並作「太」，通。本段下同。
〔二〕未：此字朱本、李本並無，脱。
〔三〕者：原缺，據四庫本補入。
〔四〕商：四庫本作「高」，訛。
〔五〕痔：四庫本此字上有「治」字，衍。

膚齋云：痤，亦癰類。醫愈下而賞愈厚，鄙其汙辱不足貴也。

曹商以車自侈，南華以道自尊，車侈一時而遺臭無窮，道尊萬世而流芳不歇，人之趨向可不謹耶？

魯哀公問顏闔曰：「吾以仲尼爲貞幹，國其有瘳乎？」曰：「殆哉圾乎！仲尼方且飾羽而畫，從事華辭，以支爲旨，忍性以視民而不知不信，受乎心，宰乎神，夫何足以上民！彼宜汝與？予頤與？誤而可矣。今使民離實學僞，非所以視民也，爲後世慮，不若休之。難治也。施於人而不忘，非天布也，商賈不齒。雖以事齒之，神者弗齒。爲外刑者，金與木也；爲内刑者，動與過也。宵人之離外刑者，金木訊之；離内刑者，陰陽食之。夫免乎外内之刑者，唯真人能之。」

郭注：至人以民靜爲安。一爲貞幹，則遺跡萬世，飾競於仁義，雕畫其毛彩，百姓既危，至人亦無以爲安也。飾畫則非任真，將令後世從事者無實而意趣横出也。後世人君，慕仲尼之遐軌，忍性自矯僞以臨民，上下相習，不自知也。今以上民，則後世百姓非直外形〔一〕從之，乃以心神受而用之，不復自得於體中也。彼，百姓。汝，哀公。各自有

〔一〕形：四庫本作「刑」，通。

所宜，相效則失真，此即今之見驗。效彼非所以養己，正不可也。此爲後世慮，明不謂當時。治之則僞，故聖人不治。布而識之，則非芻狗萬物。商賈不齒，況士君子乎！要能施惠，於事不得不齒，以其不忘，故心神忽之。此百姓之大情也。金，謂刀鋸斧鉞。木，謂捶楚桎梏。靜而當，則内外無刑。不由明坦之塗，謂之宵人。動而過分，則性氣傷於内，金木訊於外。自非真人，未有能止其分者也。

呂注：《易》以貞爲事之幹，天下之動，貞[一]夫一者也，唯忘心可以致一，致一所以爲貞幹。爲天下國家者，儻[二]不知此，而徒欲任聖知以爲治，其弊必至於如所言也。夫道法自然，猶鵠之不日浴而白，有聖知爲之累，則是飾羽而畫也。羽者天質自然，畫者人爲之巧，猶從事華辭，以大爲小，名實殽[三]亂，事不出乎自然，則皆强爲，忍性以視民，而不知不信。若然者，不能忘心而受乎心，不能體神而宰乎神，此所以爲民也，何足以上民哉！道之所以不可與人者，以其中無主而不正也，則彼仲尼能宜汝與，抑予自頤養與？唯絶學而心養者，乃所以致一也。徒欲以聖人爲貞幹，誤而可矣，非所以爲正；離實學

〔一〕貞：原作「正」，據四庫本改。

〔二〕儻：四庫本作「倘」，通。

〔三〕殽：四庫本作「淆」，通。

僞，非所以視民。若雲行雨施，則何不忘之〔一〕有！商賈不與士齒，古禮也；以事齒之，禮之變也；神者不齒，人之性也。貴義而賤利，禮實出於人之性；至於好利而忘義者，失其本心故也。金與木，刑人之體；動與過，刑人之心。寂然不動者，心之正，動無非邪也。有爲而欲當，則緣於不得已，否則皆過而已。楊子云：「晝人之過少，夜人之過多。」宵，即夜之謂。爲道未至乎光大而不免内外刑者，猶爲宵人耳。唯真人寂然，而爲緣於不得已，内外之刑安能累哉！

疑獨注：哀公知仲尼之粗，故欲用以爲貞幹。衆事之動歸乎貞，猶衆枝之生附乎幹也。顏闔謂使仲尼治國，非唯不治，適足以危國，方且修〔二〕飾羽儀，盛其文彩，從事華辭則不務實，以支爲指則喪其本性，有所欲忍而制之，言其非真，以此視民，而不知民之不信己〔三〕。使後世之治天下者見其迹，則以心受之，以神宰之，而不能外形骸以順性命，何足以爲民上哉！且民與哀公各有性命之宜，又豈必效汝與！若欲效彼，予非所以養

〔一〕之：四庫本作「知」，訛。
〔二〕修：四庫本作「脩」，通。
〔三〕己：四庫本作「也」。

也。欲以仲尼爲貞幹，以誤言之則可，正言之則〔一〕不可也。離實學僞，非所以視民，恐後世殉迹成弊，不若任其自然。布，如泉布。用有輕重，施人而不忘，此人布也。天布則施者不見其物，受者不知其恩；人布則施而務報，商賈猶不齒之，雖以事齒之，神者弗齒。事與道殊也。金與木，害人四肢；動與過，害人五藏。宵人，即小人之暗昧者，故不逃内外之刑。始於陰陽之患，不能反，則金木及之。唯真人乃能免此！

碧虚注：繪畫羽毛以爲飾，支蔓〔二〕華辭以爲文，刻意臨民，故俗多僞。受事以勞其心，宰物以役其神，己將自病，何暇治民哉！汝與、頤與，並音黨與之與。予，從推與音。彼，指仲尼。汝，爾衆也。言仲尼之德宜衆黨與，推予養衆誤試用之，未知可否。離實學僞，不若已之。施政而欲民不忘其德，非無心也，雖負販之徒尚有不望報者，況士君子乎！有惠有報，俗情所稱；無惠無報，神理所尚。因惠責報，刑害生焉。外刑金木，内刑動過，顯明幽暗，俱不可逃。是以作法者，冰炭戰於内；犯令者，斧鉞戮於外。上下俱失其和，何望乎平治哉！

〔一〕則：原缺，據四庫本補入。

〔二〕蔓：四庫本作「曼」，通。

鬳齋云：貞幹，猶云賢輔，貞固足以幹事也。既畫彩色，又飾以羽毛，言文藻之甚。以支爲指，不知本也。忍性，矯激。臨民之上，以示之，自不知其不真實也。受乎心者，心著乎此，故神識以此爲主宰，何足以長民？宜，猶益。頤，養也。汝若以彼爲賢而養〔一〕之，無益於汝，誤汝則有之，不如其已。民可以不治治之，有心於治，則難治矣。施政而不忘，即有心於治，譬商賈之人，爲士者不屑與之齒。因事偶相聚會，其神亦不樂之，彼有爲之人，故有道者不屑與之俱也。訊，鞫問。食，猶日食之食，病之也。人身之舉動過失，與刑戮同。唯真人免此。

哀公欲以仲尼爲佐，覬其國政有瘳，是病而求醫也。求之切者，望必重，故問諸〔二〕顔闔以印其心。闔遂歷陳時賢之弊，尚之無益，徒使殉迹生姦，民愈難治。仲尼時賢之著者，借以立論。飾以羽毛，加之彩畫，喻從事浮華之辭，支離而不究本源，矯揉其性以示民，而不知其不信己而生姦以應之也。物至則以心受之，心受物則神主之，内不虚而外紛擾，與民同耳，何足以上民！闔又反問，彼仲尼果有益汝與？汝能

〔一〕養：四庫本作「食」。

〔二〕諸：朱本、李本並作「於」。

自頤養其民與？誤，應是悟。汝當於此省悟，可也。如上所言，皆使人離實學僞，非所以示勸於世，不若勿爲之愈。民之難治，以其知多，實由爲民上者〔一〕有以啓之。若此所爲〔二〕，猶商賈之不可與士齒；雖一時以事齒之，如社祭鄉飲之類，其神亦不屑與之俱，言其趨向不同，賢不肖所以分也。彼學僞之宵人，宜其莫逃内外之刑矣。宵人，謂冥行而無知見，雖處白〔三〕日，猶長夜也。動〔四〕，謂心念〔五〕始差。過，則見諸行事。過形而不可〔六〕掩，所以金木訊之，陰陽食之。食，猶寇也。真人體純素而無爲，何内外刑之能及！

〔一〕由爲民上者：四庫本作「由於爲士者」，訛。
〔二〕爲：四庫本作「以」，訛。
〔三〕白：此字四庫本無，脱。
〔四〕動：朱本、李本此字上並有「渠作如此解再考」七字。
〔五〕念：四庫本此字上有「一」字。
〔六〕可：四庫本作「能」。

南華真經義海纂微卷之一百一

武林道士褚伯秀學

列御寇第三

孔子曰：「凡人心險於山川，難於知天。天猶有春秋冬夏旦暮之期，人者厚貌深情。故有貌愿而益，有長若不肖，有順懁〔一〕而達，有堅而縵，有緩而釬。其就義若渴者，其去義若熱。故君子遠使之而觀其忠，近使之而觀其敬，煩使之而觀其能，卒然問焉而觀其知，急與之期而觀其信，委之以財而觀其仁，告之以危而觀其節，醉之以酒而觀其則，雜之以處而觀其色。九徵至，不肖人得矣。」

郭注：「險於山川」至「去義若熱」，言人情貌之反有如此者。但難知耳，未爲無迹。夫君子易觀，不肖難明。然觀所由，察所安，搜之有塗，亦可知也。

〔一〕懁：四庫本作「獧」。

呂注：愿者少立，故與益反。長與不肖反，順懁〔一〕與達反。達者質直而好義，則非順懁也。堅與縵、緩與釬，皆相反者，故察之不可以一塗也。

疑獨注：山川之險有形，人心之險無形，天之運行有期，人心變動無期，考之山川之險與天之變化難明，未若人心之爲甚也。厚貌深情，言其難測。自「貌愿而益」至「有緩而釬」，言人之情貌相反如此，亦不能無迹，但爲難知耳！莊子之九徵，以迹觀心，而知君子、小人之所存也。

碧虚注：此言山川之險可睹，人心之險難測。有貌謹嚴而情益傲者，有貌長厚而情不肖者，有貌順急而情踈遠者，有貌堅確而情散縵者，有貌徐緩而情急悍〔二〕者，其内外相反若此，不可以一塗觀。故君子用九徵之法，忠者託遠而不變，敬者密邇而不慢，能者任繁而不敗，知者應變而不窮，信者守約而不渝，仁者臨財而不欺，節者固〔三〕危而不易，則者酣飲而不亂，清者溷處而不汙。若不質之行事，而以風鑑取人，未足以盡君子、小人之情實也。

〔一〕懁：四庫本作「獧」。本段下同。
〔二〕悍：四庫本作「釬」。
〔三〕固：四庫本作「周」，訛。

慮齋云：有貌雖愿厚而實求益利者，有内抱所長而外若不肖者，有柔順慣急而反達理者，有似堅剛而實縵弱者，有若寬緩而實惼急者，此言人之不可知。若渴，言其鋭進。若熱，言其速退〔一〕。以九徵驗人，賢不肖見矣。此段議論甚正，借爲孔子之言，則知莊子非不敬孔子也。

天有寒暑晴雨之變，可以度數測也；地有山川澗谷之險，可以梯航濟也；人心方寸，其變其險有不可測不可濟〔二〕者，何耶？人心操存舍亡，出入無時，是爲難知難見者。然有所麗而形見焉，鑑貌察辭亦可得其六七，但彼〔三〕文之以深厚則此不免乎徵試。其心正者，形於動作，無非正；其心邪者，形於動作，無非邪。雖巧爲矯飾，終有不可得而掩者，此君子、小人所以分也。其要在上之人，欲不逾矩，平易近民，則天下之心猶一心也，天下之俗猶一家也，何慮其難知，何憂其難化哉！自「貌愿」至「若熱」，言其内外相反。自「遠使之」至「雜之處」，試其所守之堅〔四〕。以九徵而得賢不肖

〔一〕速退：四庫本作「退速」，倒。
〔二〕濟：四庫本作「測」，訛。
〔三〕彼：此字朱本、李本並無，脱。
〔四〕堅：朱本、李本並作「蘊」，訛。

之情，固善矣。然而己亦勞只，不若當事物之來，示之以虛而徐觀其眼目定動，如見肺肝，況又言而信之，安可逃於衡鑑耶？

正考父一命而傴，再命而僂，三命而俯，循牆而走，孰敢不軌！如而夫者，一命而呂鉅，再命而於車上儛，三命而名諸父，孰協唐許！賊莫大乎德有心而心有眼〔一〕，及其有眼也而內視，內視而敗矣。凶德有五，中德爲首。何謂中德？中德也者，有以自好而呲其所不爲者也。窮有八極，達有一必，形有六府。美、髯、長、大、壯、麗、勇、敢，八者俱過人也，因以是窮。緣循、偃佒、困畏不若人，三者俱通達。知、慧外通，勇、動多怨，仁、義多責。達生之情者傀，達於知者肖；達大命者隨，達小命者遭。

郭注：唐，謂堯。許，謂由。言而夫與考父，誰同於唐許之事？有心爲德，非真德也。真德者，忽然自得而不知所以得〔二〕。率心爲德，猶之可也；役心於眉睫之間，僞已甚矣。乃欲探射〔三〕幽隱，以深爲事，則心與事俱敗矣。夫自是而非彼，則攻之者非一，故爲凶首。若中無自好之情，恣萬物之所是，所是各不失，天下皆思奉之矣。窮謂窮於

〔一〕眼：四庫本作「睫」。本段下同。
〔二〕得：四庫本作「德」。
〔三〕射：四庫本作「討」，訛。

受役。天下未嘗窮於所短，而常以所長自困。緣循，仗物而行。偃佒，不能俯執。困畏，怯弱。此三者既不以事見任，乃將接佐之，故必達。通外則以無崖傷其內，怯而靜，乃厚其身耳。仁義者，天下皆望其愛，愛有不周，故多責。傀然，大恬[一]解。肖，釋散也。隨者，泯然與化俱。達[二]者，每在節上住乃悟也。

呂注：「正考父」至「孰協唐許」，言器度大小有如此者，不識不知，順帝之則，毀則爲賊矣。德有心而心有眼，知識具而敗其則，賊莫大於是，内視則所謂賊也。五官之動，迷而不反，莫非凶也。中德爲首，謂德有心，有心則有我，自是而非彼，故有以自好而呲其所不爲也。八者俱過人則自裕，故以是窮。三者不若人，則自强，故通達。孟子論孤臣孽子操心慮患，義同。知慧外通則物至，勇動多怨，仁義多責，此明世俗之所美者非美，所惡者非惡，要在强行者有志，以遺其形而已。人能於生而達之，則所謂天而生者，無以知爲也，傀然而已。於知而達之者，知吾之所知出於無知而未能無知，肖之而已。命者，造物所爲，吾與造物爲人，故達大命者，隨之而不去；知窮達在天而不在我，故達小命

〔一〕恬：四庫本作「悟」。
〔二〕達：四庫本作「遭」。

者，遭之而不辭也。

疑獨注：一命士，二命大夫，三命卿也。「傴僂」至「循牆」，皆言退讓之威儀，命愈增而讓愈加也。不軌，謂侮之。吕距〔一〕，直腰貌。車上舞〔二〕，輕浮之甚。呼諸父，以名傲慢之極。堯、許以天下讓而彼不能，故曰孰協唐、許。此言君子受命而愈恭，小人受命愈不遜。德有心，下德也，上德則無心。心有眼，動心也，靜心則無眼。德有心，則賊道；心有眼，則賊德；道德喪，則人僞生；僞生，則内視思慮營營，敗其真性矣。凶德，謂眼耳鼻舌心。心爲中德，動則四者從〔三〕之。中有以自好，人不爲己之所好，則訾毁之，此心之賊也。八者俱過人，不免爲人役，所以窮；三者不若人，然得保其身，所以達。人有八極三必，如形有六府，自然之理也。知慧外通則傷其内，勇動多忤則人怨之，仁義則人望其愛而多責。達生之情者傀，傀者人之不能同於神也，達命之情則同於神矣。達於知者肖，肖者其小，道大，故似不肖。達大命者，忘死生而無累，樂天者也；達小命者，貧富壽夭，遭則受之安之者也。

〔一〕距：四庫本作「踞」。

〔二〕舞：四庫本作「儛」，通。

〔三〕從：四庫本作「隨」。

碧虚注：《文子》曰：「道有知則亂，德有心則險，心有眼則眩。」有心謂憎〔一〕愛是非，有眼謂馳逐景物，内視謂明察分别去取也。凶德謂眼耳鼻舌心，心主於中，自好自是而訾其不同己者，是謂内視，内視而敗矣。凡勝物之極者，久必窮困；畏不若人，久必達。此乘除之理。知慧而務外，勇動以招怨，仁義而〔二〕不周，皆用失其宜，非所以全身也。故達生之情者大悟無係，達於知者肖似愚拙，達大命者隨順生死，達小命者遇則安之，何窮通之能累哉！

　　鬳齋云：「德有心」數句，於學人分上最爲親切，禪家謂之滲漏心，又曰第二念。爲德而知其爲德，則是有心。於〔三〕有心中，又有思前算後之意，是又開一眼。以此有眼之心而内視，則千差萬别不復知有渾然者矣。凶德，指心耳眼鼻口。有以自好，言己有能而訾人所不能，此心不可以學道。《圓覺》云：「不重久習，不輕初學。」亦此意。八極，言有所恃者必至於窮。三必，言慊然不足，有時而達。緣循，柔順。偃佒，隨起倒貌。形有六府，言人身中有此六箇藴畜之地，知慧、勇敢，仁義，達生、達知、達命是也。遭者，猶有

〔一〕憎：原作「增」，據四庫本改。
〔二〕而：四庫本作「所」。
〔三〕於：此字四庫本無，脱。

得失委命之心，隨則聽之而無容心矣。所言六府，後以命字紬繹爲兩句結之，此文法也。

正考父，孔子十代祖，宋大夫也。此段猶是哀公與顔闔問答曼衍〔一〕餘意。蓋謂聖賢處世，不以窮達累其心。三命而循牆，以達爲懼也；三命而名諸父，以達而驕也。皆不免寵辱驚心，安足以協唐堯、許由之高致哉！堯之黄屋非心，由之不肯越俎，出處雖殊，其心一也，故用以結前章之義。後又論世俗自好之弊，而不知窮達之由命也。爲德而有心，則分别生而惠不廣矣。又役心而有見，則知慮煩而内不静矣。惠不廣則害德，内不静則害心，故爲賊之大。内視，謂〔二〕忖度其所欲爲，經營布置如在目前，規擬其必成而敗亡繼之矣。釋氏説五種眼，唯天眼肉眼在面，慧法佛眼皆在心。彼心眼，顯成德之效；此心眼，戒敗德之原，不戒乎敗，曷臻乎成？二家之論，相爲表裏，凶德有五，視、聽、言、貌、思之不由乎正者，心主中而爲首，因有以自好，謂人莫我及而訾毁之，此〔三〕敗德之始。加以四凶從之，何惡弗爲哉？人能自中德而反之，復猶未

〔一〕衍：原作「術」，據朱本、李本、四庫本改。

〔二〕謂：此字四庫本無。

〔三〕此：朱本、李本並作「根」。

遠，轉凶爲吉，在人力行〔一〕耳。八極三必亦奇正相生、循環之理，猶人身府藏應陰陽之盈虚消長而不自知也。知慧所以養德，而用於外，通於事，則勇動而多怨；仁義所以廣惠，而博濟爲難，故不周而招責〔二〕。達生者，傀然恬解；達知者，消然忘知。大命，隨而任之；小命，安於所遇。賢人君子所以窮通〔三〕皆樂，而世患莫及者，以此。○予頤與，予字難釋，當是汝。肖，音消，義同〔四〕。

〔一〕行：朱本、李本此字下並有「何如」二字。
〔二〕責：此字四庫本無，脱。
〔三〕通：四庫本作「達」。
〔四〕「予頤與」至「義同」：此數句朱本、李本並無。

南華真經義海纂微卷之一百二

武林道士褚伯秀學

列御寇第四

人有見宋王者，錫車十乘，以其十乘驕穉莊子。莊子曰：「河上有家貧恃緯蕭而食者，其子没於淵，得千金之珠。其父謂子曰：『取石來鍛之！夫千金之珠，必在九重之淵驪龍頷下。子能得珠者，必遭其睡也。使驪龍而寤，子尚奚微之有哉！』今宋國之深，非直九重之淵也；宋王之猛，非直驪龍也。子能得車者，必遭其睡也。使宋王而寤，子爲齏粉夫〔一〕！」或聘於莊子，莊子應其使曰：「子不見夫犧牛乎？衣以文繡，食以芻菽，及其牽而入於太廟，雖欲爲孤犢，其可得乎！」

郭注：取富貴者，必順乎民望，若挾奇説，乘天衢，以攖人主之心者，明君之所不受

〔一〕齏粉夫：齏，四庫本作「虀」。下同。夫，四庫本作「矣」。

也。故如有所譽，必有所試，於斯民不違，僉曰舉之，以合萬夫之望者，此三代所以直道而行也。樂生者畏犧而辭聘，髑髏聞生而矉蹙，死生情異各自當也。

呂注：世之冒險探嘗以徼〔一〕寵名幸而不瘠者，皆探珠之類也。此乃至人之所危而哀之，彼用以驕穉人，不亦謬乎！莊子入於不死不生，嘗以死爲南面王〔二〕樂，則太廟犧牲非所畏也；而俗方危身傷生以蹈利，故其制行如此。

疑獨注：緯蕭易食，業之至賤，一旦子没淵得千金之珠，必遭驪龍之睡也。使驪龍而寤，子之身安有哉！今子得宋王之車，何以異此？又引太廟犧牲荅聘使，不以利祿累其生也。

碧虛注：業緯蕭而獲珠，何異不田而鶉生？幸遭其睡，亦險矣。夫誇十乘而忘齏粉之禍。卻聘使而慕孤犢之生，其賢愚之操可見矣。

鬳齋云：驕穉者，驕矜而孩視人。緯蕭，織蘆爲箔。得珠遇龍睡，喻人之取富貴皆危道也。使其君覺悟，禍必不輕。奚微之有，殘食無餘也。太廟犧牲一段，與龜曳尾於

〔一〕徼：四庫本作「儌」。
〔二〕王：此字四庫本無，脱。

塗中意同。

緯蕭，一本作「葦[一]蕭」，言採薪以給食，碧虛本從之。其子没淵，泅戲得珠，非所望也。故亦不識[二]爲奇，而驪龍之睡寤曾弗介意，父欲取石鍛試則有心矣。且謂驪龍若寤將有粉身之禍，幸一生於萬死，淵其可復入哉！此喻奪人所欲者，禍必重，縱瞰彼無心而得之，僥倖不可再也。奚微之有，或疑微下逸軀字，理蓋不然。此四字正是奇筆，鬳齋説爲當。犧牛之喻，明不待釋[三]。

莊子將死，弟子欲厚葬之。莊子曰：「吾以天地爲棺槨，日月爲連璧，星辰爲珠璣，萬物爲齎送。吾葬具豈不備邪！何以加此！」弟子曰：「吾恐烏鳶之食夫子也。」莊子曰：「在上爲烏鳶食，在下爲螻蟻食，奪彼與此，何其偏也！」以不平平，其平也不平；以不徵徵，其徵也不徵。明者唯爲之使，神者徵之。夫明之不勝神也久矣，而愚者恃其所見，入於人，其功外也，不亦悲乎！

郭注：以一家之平平萬物，不若任萬物之自平。不因萬物之自應，而欲以其所見應

〔一〕一本作葦：一本，此二字朱本、李本並無，脱。葦，朱本、李本並作「韋」，訛。
〔二〕識：朱本、李本並作「足」。
〔三〕犧牛之喻明不待釋：此八字朱本、李本並作「犧牛之喻與龜曳尾塗義同不釋」。

之，必不合矣。夫役其所見，受役多矣，安能使物哉！惟任神然後能至順，故無往不應也。明之所及，不過於形骸，至順則無遠近幽深，皆各自得。用發於彼而功藏於物，若恃其所見，執其自是，雖欲入人，其功外也。

吕注：得天地萬物之所一而同焉以爲體，則其生也，備物以將形；其死也以之爲齎送，非虚言也。彼患烏鳶螻蟻之食，則不免予奪之偏。唯無心，則無所予奪。于以平之，則平之至；于以徵之，則徵之至。苟有心，則不無取舍，失其常心，是爲至不徵、至不平也。欲以平之，則其平也不平；欲以徵之，則其徵也不徵。猶之水也，莫動則平，大匠取法。唯其平也，故以平之則平；唯其徵也，故以徵之則徵。凡今知所以予奪者明而已，其不知者乃所以爲神也。明者唯爲之使，而神則徵之，此明之所以不勝神也。而愚者莫知所謂神，獨恃其所見以入於人，則用功於外，安能反其性命之情哉！

疑獨注：先王制爲葬禮棺槨衣衾以掩其形，以盡人子之心而已，非不知其神魂歸天，精魄反土，形如蟬蜕，湍化異物也。爲人子者，有所不忍，先王因人心所有而節文之，莊子非不知古人制禮之意，而自處如此者，蓋當時禮文過侈，務厚葬以相勝，不獨盡其心而已。故高言以矯之，欲其反本復朴也。以天地爲棺槨，亦有以見其已至於命，則凡在命之下有形有象者，皆爲己所役，故萬物備於我，而無求也。至人之處己者如此，若夫處人，則有先王之禮在。且形骸之委於地上與地下，皆不免爲物所食，奪彼予此，不免於偏，聖人存神不存形者以此。夫平平者不平，徵徵者不徵；以不平平天下，則天下自平，非有心於平之也；以不徵徵天下，則天下自徵，非有心於徵之也。天下有平，則有不平，平出於不平，則無不平矣；萬物有徵，則有不徵，徵出於不徵，則無不徵矣。唯平與徵，神者主之，則明者爲之役。神者，天道；明者，人道，故明不勝神也。世之愚者，恃其所見，由明以入於人，而滅其天，用功於外而不知有内，可不悲哉！

碧虚注：璧玉珠璣，富者用以飾棺，今以日月星辰爲之，豈不備耶？任烏鳶螻蟻爲兩平，奪彼予此爲不平。以偏見平萬物，萬物何由而平？以偏見應群動，群動何由而應？分别爲明，明者受役；神則冥漠虚通，物無不應。分别有盡，冥漠無窮，是爲〔一〕明不勝神也。而世之愚者，恃己所見，探彼隱情，奪爲我有，用功於外而不知反，至人所以興歎也。

鬳齋注：此章譏當時厚葬之弊。奪烏鳶而予螻蟻，見之偏也。萬物之理本平，我以不平之心而欲平之，則其平者亦不平矣。物理一一可驗，我以不驗之心驗之，則其可驗

〔一〕爲：四庫本作「謂」。

功於外，可悲也夫！

者亦不驗矣。本莫之爲，而以爲或之使，是以無心爲有心也。明者之自累，每如此。至於神，則聽其自應而已。明不勝神，言有心不能勝無爲。而愚者恃其私見入於人爲，求功於外，可悲也夫！

古者因山爲墳，不封不樹，上無通臭，下不及泉，務藏形而已，則棺衾之朴素，葬具之簡約可知。後世習尚浮侈，璧玉珠璣，生前受用已爲過矣，用之飾棺，則明器之繁夥，塋隧之雄廣，固不待言，蓋由據尊恃貴，厚享於前，則送終之禮，勢不容薄。歷觀古之侈葬，如虎丘、驪山者，自以爲固，可千萬年，終不免爲大盜積耳。今南華弟子欲厚葬其師，是亦人心所當盡，然猶蹈俗習，故慨謂吾〔一〕以天地爲棺槨，達哉斯言，古所未道！楊王孫裸葬之説，劉伯倫荷鍤之意，皆自此發。夫既委形于地，則烏鳶、螻蟻何以自免？曰吾之生也，蓋本於無，而外蒸〔二〕蚤蝨，内變蟯蚘，皆因我而有；及其死也，猶蜩甲、蛇蜕，委之而往，神則無不之也，又何烏鳶、螻蟻之足慮哉！明，謂形之可見者，必藉形中〔三〕不可見者主之，欲動而動，欲止而止，其中有信，即此所謂徵也。不平

〔一〕故慨謂吾：故，朱本疊此字，分屬上下兩句，亦通。謂吾，此二字朱本無，脱。

〔二〕蒸：朱本作「烝」，通。

〔三〕中：此字四庫本無，脱。

者形，形有貧富壽夭之殊。神之在人則一，以神觀物無有不平，以形觀物則不平矣。徵者扣[一]之而應，感之則通。若以不信視[二]物，物亦不信之矣。形本無徵，取徵於神，以外求徵於內，內重而外輕也。若以內求徵於外，則其徵也不徵；其徵也不徵，則其平也不平矣。明者爲使，動用有限；神者徵之，靜體無極。故曰：「明不勝神[三]也。」真人立是論，非唯矯時俗厚葬之弊，抑使後世學者所重在內而不在外，所養在神而不在形，平徵之由己出，神明之暫相須也。信能造此，則與天地爲一。日星參光棺槨而珠璧之非過論也。

南華、沖虛二真人，應期弘教，躋世清寧，遺訓流芳，千古蒙惠。二經旨趣互相發揮，蓋不可以優劣論。然本經首載列子御風，猶有所待，而後篇引用不一，或議以漆園之才，縱横馳騁，自出瓌[四]奇，何不可者，而乃必蹈沖虛之轍耶？愚嘗考[五]其所以云：凡有

〔一〕扣：朱本作「叩」，通。

〔二〕視：朱本作「親」，訛。

〔三〕神：四庫本作「人」，訛。

〔四〕瓌：朱本、李本並作「環」，訛。

〔五〕考：朱本、李本並作「致思」。

德者必有言，言所以述行也，行同而言異者，無之。造極玄談，古今一致，直言曲喻，正説反説，皆所以明道也。南華樂道前賢之善，舉其全章以寓己意者，十有六。其冥海章《列》文甚略，《莊子》特詳焉〔一〕。故每章歸結，則時見出藍之青，精彩倍越。《莊子》得《列》文而愈富，《列》文賴《莊子》而愈彰。前謂御風有待，猶以跡觀；後取立言微妙，則以心契〔二〕。編末又以御寇名篇，明所舉之不隱，歸趣之合轍也。然而當篇所載，《列》文無幾，疑爲郭氏删易之〔三〕。始乎饋漿之事，戒其出異感〔四〕人。未幾而户外屨滿，不能使人無保也。次以緩、翟交〔五〕爭，憤死化爲楸柏，遁自然而之刑戮，造物者報其人之天也。知道不言，如天之運；知而言之，其機淺矣。是以屠龍技成無所用巧，用巧不足以效於屠龍。甘舐痔者，得車愈多，不多不足以旌其舐痔。皆所以警〔六〕學徒而鍼時病也。

〔一〕焉：四庫本作「耳」。
〔二〕契：朱本、李本此字下並有「心」字。
〔三〕之：朱本、李本並作「也」。
〔四〕感：朱本、李本並作「惑」，訛。
〔五〕交：此字朱本、李本並無，脱。
〔六〕警：四庫本作「驚」，訛。

至於賴貞〔一〕幹以扶國，不若休之。悟動過之刑心，當加謹只。九徵用而不肖得。三命至而恭慢分。八極三必之不常。一珠九殞〔二〕而僅得。又以喻處世應物之多端，貪名逐利之召患也。儻能因其有形，反究夫未始有物，則人間世之累可免矣。舍犧牛而爲孤犢，亦在人篤信而力行之〔三〕。篇末結以莊子死，示幻形不足戀，凡物必有終也。門人慮烏鳶之食，猶以世眼觀。唯至人忘形任化，無予奪之或偏；體神用明，顯乎徵之不謬。此其所以離人入天，而登假乎道也歟？

〔一〕貞：朱本、李本並作「禎」，訛。

〔二〕殞：朱本、李本並作「淵」。

〔三〕之：朱本、李本此字下並有「耳」字。

南華真經義海纂微卷之一百三

武林道士褚伯秀學

天下第一

天下之治方術者多矣，皆以其有爲不可加矣。古之所謂道術者，果惡乎在？曰：「無乎不在。」曰：「神何由降？明何由出？」「聖有所生，王有所成，皆原於一。」不離於宗，謂之天人；不離於精，謂之神人；不離於真，謂之至人。以天爲宗，以德爲本，以道爲門，兆於變化，謂之聖人；以仁爲恩，以義爲理，以禮爲行，以樂爲和，薰然慈仁，謂之君子；以法爲分，以名爲表，以操〔一〕爲驗，以稽爲決，其數一二三四是也，百官以此相齒；以事爲常，以衣食爲主，蕃息畜藏，老弱孤寡爲意，皆有以養，民之理也。古之人其備乎！配神明，醇〔二〕

〔一〕操：四庫本作「參」。

〔二〕醇：四庫本作「淳」，訛。

天地，育萬物，和天下，澤及百姓，明於本數，係於末度，六通四闢，大小精粗，其運無乎不在。其明而在數度者，舊法、世傳之史尚多有之；其在於《詩》、《書》、《禮》、《樂》者，鄒魯之士、搢紳先生多能明之。《詩》以導志，《書》以導事，《禮》以導行，《樂》以導和，《易》以導陰陽，《春秋》以導〔一〕名分。其數散於天下設於中國者，百家之學時或稱而道之。天下大亂，賢聖不明，道德不一，天下多得一察焉以自好。譬如耳目鼻口，皆有所明，不能相通。猶百家衆技也，皆有所長，時有所用。雖然，不該不徧，一曲之士也。判天地之美，析萬物之理，察古人之全，寡能備天地之美，稱神明之容。是故内聖外王之道，闇而不明，鬱而不發，天下之人各爲其所欲焉以自爲方。悲夫！百家往而不反，必不合矣。後世之學者，不幸不見天地之純，古人之大體，道術將爲天下裂。

郭注：爲以其有爲，則真爲也，真爲則無僞矣，又何加焉！神明由事感而後降出。使物各歸根抱一，而無飾於外，斯聖王所以生成也。凡天神至聖四名，一人耳，所自言之異。仁義禮樂，又四名之粗迹，賢人、君子之所服膺也。其名法操稽之數，民理既然，聖賢不逆。古之人，即向之四名。本數明，故末不離。無乎不在，所以爲備。數度可明者，

〔一〕導：原作「道」，據四庫本及上下文改。

雖多，已踈外也。能明其迹耳，豈所以迹哉！六經散於天下，皆道聖賢之迹，尚復不能常稱。用其迹而無統，天下不免於亂，故明聖賢之迹，又未易也。百家穿鑿，各信偏見，而不能都舉。聖人統百姓之大情，因爲之制，百姓寄情於所統而忘其好惡，故與一世而得淡漠焉。亂則反之，人恣其近好，家用典法，國異政，家殊俗。所長不同，不得常用。未足備任，各用其一曲，故析判萬物之理，闇鬱聖王之道，全人難遇故也。古人之大體，各歸根抱一，則天地之純也。道術流弊，各奮其方，或以主物，則物離性以從其上，而性命之情喪矣。

吕注：天下百家之學，莫不自以所治方術施之有爲，爲不可加。方術各不同，則古之道術果何在？曰無乎不在，但不得其全耳。既不得其全，則神明何由降出？神降則聖之所生，明出則王之所成。一者，神明之主。所謂天人、神人、至人、聖人、君子，其體大同，所從言之異耳。語道先明天，天者所宗也，故不離於宗，謂之天人。精所以入神，不真則不至，聖人則全天體神之至者，故統道德而兆變化，此即神降而爲聖也。及其見於仁、義、禮、樂，薰然慈仁，謂之君子，則明出而爲王也。由聖人而上與天同，由聖人而下與人同者也。以法爲分而不可犯，以名爲表而不可亂，以操爲驗而不可欺，以稽爲決而不可惑，此皆有數存焉。數多者位高而用大，數少者居下而治小，百官相齒，以此而已。上則聖之所生，下則王之所成，無不備者，故能配神明，醇天地，育萬物，和天下，明本數而不疑，係末度而不失，其道不爲六合所拘，其運無乎不在。古之道術其大體如此。而所謂神者，數不能計，度不能度，不可以書言傳也。明在數度者，有司出其法，國史記其迹；其在《詩》、《書》、《禮》、《樂》者，鄒魯之士多能明之。自「《詩》以道志」至「《春秋》以導名分」，皆古之道術明而在數度者。先王以其數施於有政，散於天下，故百家時稱道之，亦不出於古道術之外。天下有道，聖賢明而道德一，學者得見其全，不爲奇方異術所蔽；及其亂也，天下多得其一端察焉以自好，雖各有所長，而不該不遍，一曲之士而已。天地有大美而判之，萬物有成理而析之，以古人之全而察之，彼百家者寡能備天地之美，稱神明之容。是故聖王之道闇而不明，人各爲其所欲爲，道術〔一〕爲天下裂矣。

疑獨注：道術無乎不在，方術則有在矣。言道之體無不在，道之用未嘗無〔二〕在。或謂之神謂之明，或謂之聖謂之王，或降或出，或生或成，是果有在乎？夫神者，明之藏；明者，神之顯；聖者，王之始；王者，聖之終。圓融和會，使之無間，猶四時之氣不同，所

〔一〕術：此字四庫本無，脱。

〔二〕無：四庫本作「或」。

以成歲功則一。曰天、曰神、曰至、曰聖、君子、百官，其本末精粗雖不同，皆不離乎一而已。出而有别者宗，生而不粗者精。真者，精誠之至。合天德而通乎道，謂之聖人。四者非同非異，出人殊迹〔一〕，聖人出而爲君子，則道德散而爲仁義；禮樂又散而爲法名操稽，以備百官之用，又君子之緒餘也。聖人散道以致用，故有法；散同以立異，故有分。百官述法而不及道，言分而不及用。名者，實之賓；表者，裏之外。百官充名而不盡實，充表而不及裏，所操者行而有驗乎外，所稽者智而決出乎果。其數一二三四，即名法守具也。器有小大，識有遠近，故百官以此相齒。以事爲常，以衣食爲主，所以養民也。化之而蕃息，居之而富藏，老弱孤寡有以給，神明天地有以配，然後育萬物使之順性，和天下使之時應，而其澤流於百姓也。本數言其精，末度言其粗，明而有係，此道所以備而無乎不在也。其微而在性命者，可傳以心法；所不能傳，可有諸己。史所不能有，明而有數度。《詩》、《書》者，法史，搢紳能明之。六經各有所道，同歸于治而已。夫老莊之槌踶仁義，欲矯枉以歸直也。矯之太過，又歸於枉，至此獨以聖人六經爲言，所以矯向之過枉者耳。六經判而百家各是其所是，道術所以不明；時稱道於口，不能以心體之，致聖賢

〔一〕迹：四庫本作「途」。

闇而不明。道德二而不一，各爲其所欲爲，私察以爲知，私好以爲仁，所以寡能備天地之美，稱神明之容。其於内聖外王之道，必不合矣。

碧虚注：天下方術，各成一家，以求有用於世，道惡乎在哉？言醇英已去，糟粕徒存也。然神降明出，由於有道；聖生王成，非有二途。以窈冥爲宗，天人也；精粹而無雜，神人也；守真而不僞，至人也。若乃宗自然之理，本不德之功，行虚通之途，逃神妙之機，斯乃治世聖人居域中之大，統上三名者也。次論君子百官以仁義禮樂治天下，熏〔一〕然慈和，惠及萬物，立法以定職分，授名以表性行，觀操以驗才能，稽考以決黜陟，皆有術數存焉。道不足則用法，法不足則用術，術不足則用權，權不足則用勢，勢不足則反權，權反術，術反法，法反道，道則無爲而自化也。術者人君之密用，群下不可妄窺；勢者制物之利器，群下不可妄爲。君有術而臣得窺，非術之奥者；君有勢而臣得爲，非勢之重者。要在先正名分，不相侵奪，然後術可施而勢可專也。百官以事相齒，亦不出乎一二三四之序，法名操稽之目，用以教養萬民，使無失業而已。太古之時，無法而自備，非設法以備之也。配神明，則鬼無靈響；醇天地，則四時常若；育萬物，則年穀常豐；和天下，則人無夭惡。

〔一〕熏：四庫本作「薰」，通。

所以仁及草木，信及豚魚者，由乎明本數、係末度也。主無爲而尊，本數也，天道也，分守也；臣有爲而累，末度也，地道也，原省也。本末之分，在審之而已。此道六通四辟而無礙。凡天地秋毫，神靈形器，推移轉徙，無有入於無〔一〕間也。其在陰陽、律歷、《詩》、《書》、《禮》、《樂》者，其數散於天下，百家之學時稱道之；及其朴散時瀉，世道交喪，察察以自好，不能相通爲用，故聖王之道不明，而人各爲其所欲爲，往而不反，日遠乎道矣。道術爲天下裂，學者之不幸也。

盧齋云：莊子於末篇論古今之學，猶《孟子》末篇聞知、見知。自篇首至「將爲天下裂」，是箇冒頭總序。方隨家數言之，以其書自列於家數中。鄒魯之學乃述於總序，則知此老亦以其所著書多矯激之言，未嘗不知聖門之學爲正。人皆以其學爲不可加，言人人自是。古之道術，與仁術、心術字同。惡乎在，即無乎不在，有時中之意。言學雖不同，而道無不在也。神降明出，何由而見？聖生王成，即天地生成之理，皆原於一。一謂造化。曰宗、曰精、曰真，皆與一字同，但作文如此。「以天爲宗」至「以道爲門」，皆無爲自

〔一〕無：四庫本作「其」。

然之意。兆於變化，則原於一。熏〔一〕然慈仁，以氣象言。法有區別，名有操準。其所驗決，亦各有據。一二三四，言其纖悉明備。以衣食爲主，教民務耕桑。以老弱孤寡爲意，發政施仁之本。「配神明」四句，言功用之大。本末，即精粗。六通四辟，無施不可也。次序六經之學，分明是説孔子。及散爲百家衆技，天下多得其一端而察然以自夸，猶耳目之不能相通，於天地神明有所不備矣。内聖，體也。外王，用也。内外之道不明，人各以其所欲爲而自爲〔二〕方術，迷而不反。「道術將爲天下裂」一句，結得甚力。

此篇首論當時學者，各殉己能，以有所施用爲不可加，而不知無爲自然之妙理，所以遠乎道。然則古之道術果惡乎在？曰無乎不在。後人自爲其方，有以間之，國異家殊，而流爲方術矣。夫道術者，所以配神明而行治政，厚風教而通物情，使民〔三〕由之不知，歸於自化。上古聖君所以端拱無爲，而視天民之阜也。其神明之所降出，則

〔一〕熏：四庫本作「薰」，通。
〔二〕而自爲：此三字四庫本無，脱。
〔三〕民：此字朱本無，脱。

由事感〔一〕而應，雖爲非爲。聖生王成，斯又神明施化之效〔二〕。自「不離於宗」至「謂之聖人」，所以成乎天，則聖者之事，而神至在其中。自「以仁爲恩」至「謂之君子」，所以成乎人，則王者之事，由道而見於治，故以内外言之。次叙法、名〔三〕、數、度，《詩》、《書》、《禮》、《樂》，皆先王致治之具，得〔四〕其人而後行者也。道可配神明，則可醇天地；德可育萬物，則能和天下。本數，即所謂一。自一以往，皆末也。聖之所生，以一爲本。王之所成，因貳〔五〕以濟，本末相須，而治道備矣。古者聖王之爲治也密，其憂民也深，非唯求理於一時，直欲爲法於萬世。自「道志」至「名分」，皆聖人致治之迹也。施之天下，而效有淺深，見之事爲而政〔六〕有治亂者，爲聖賢之指不明，道德之歸不一，學者徒貴已陳之芻狗，治莫致而妖異興焉。各得一端而自以爲大全，無異指蹄涔爲東

〔一〕感：朱本此字下有「後」字，衍。
〔二〕效：朱本作「徵」。
〔三〕名：此字四庫本無。
〔四〕得：朱本作「待」。
〔五〕貳：朱本作「二」，通。
〔六〕「施之」至「而政」：此十五字朱本無，脱。

海也。天地之大美，非道不能備；神明之形容，非德不能稱。彼自爲其方者，詎能造於是乎？結章數語，言意激切，有以見南華用心，猶夫子時哉之歎。○有爲不可加，爲下當疊爲字。欲焉，應是欲爲，詳文義可見〔一〕。

〔一〕詳文意可見：此五字朱本無。

南華真經義海纂微卷之一百四

武林道士褚伯秀學

天下第二

不侈於後世，不靡於萬物，不暉於數度，以繩墨自矯，而備世之急。古之道術有在於是者，墨翟、禽滑釐聞其風而悦之。爲之太過，已之大循。作爲非樂，命之曰節用，生不歌，死無服。墨子汎愛兼利而非鬬，其道不怒。又好學而博，不異，不與先王同〔一〕。黄帝有《咸池》，堯有《大章》，舜有《大韶》，禹有《大夏》，湯有《大濩》，文王有《辟雍》之樂，武王、周公作《武》。古之喪禮，貴賤有儀，上下有等，天子棺槨七重，諸侯五重，大夫三重，士再重。今墨子獨生不歌，死不服，桐棺三寸而無槨，以爲法式。以此教人，恐不愛人；以此自行，固不愛己。未敗墨子道，雖然，歌而非歌，哭而非哭，樂而非樂，是果類乎？其生也勤，其死也

〔一〕同：四庫本此字下有「毁古之禮樂」五字。

薄，其道大觳；使人憂，使人悲，其行難爲也。恐其不可以爲聖人之道，反天下之心，天下不堪。墨子雖獨能任，奈天下何！離於天下，其去王也遠矣！墨子稱道曰：「昔者禹之湮洪水，決江河而通四夷九州也。名川〔一〕三百，支川三千，小者無數。禹親自操橐耜而九雜天下之川。腓無胈，脛無毛，沐甚雨〔二〕，櫛疾風，置萬國。禹大聖也，而形勞天下也如此。」使後世之墨者，多以裘褐爲衣，跂蹻爲服，日夜不休，以自苦爲極，曰：「不能如此，非禹之道也，不足爲墨。」相里勤之弟子，五侯之徒，南方之墨者苦獲、已齒、鄧陵子之屬，俱誦《墨經》，而倍譎不同，相謂別墨；以堅白同異之辯相訾，以觭偶不仵之辭相應，以巨子爲聖人，皆願爲之尸，冀得爲其後世，至今不決。墨翟、禽滑釐之意則是，其行則非也。將使後世之墨者，必自苦以腓無胈，脛無毛相進而已矣。亂之上也，治之下也。雖然，墨子真天下之好也，將求之不得也，雖枯槁不舍也，才士也夫！

郭注：勤儉則瘁，故不暉。然財有餘，故急有備。太過太循，不復度衆所能也。物不足則鬬，令百姓勤儉有餘，故以鬬爲非。不怒，但自刻。既自以爲是，欲令萬物皆同

〔一〕川：四庫本作「山」。
〔二〕雨：四庫本作「風」，下句「風」字作「雨」，訛。

己。先王則恣其群異，然後同焉皆得，而不知所以得也。毀古禮樂，嫌其侈靡。物皆以任力稱情爲愛，今以勤儉爲法而爲之太過，雖欲饒天下，非所以爲愛也。獨成墨子道，而非道德。不類萬物之情，其道觳而無潤，使人憂悲難行，不可爲聖人之道。聖道使民各得性之所樂，則天下無難矣。故王者必合天下之歡心而與物俱往，墨子徒見禹之形勞而未睹其性之適，謂自苦爲盡理，非其時而守其道，所以爲墨。於墨之中，又相與別。巨子最能辯其所是以成其行，皆願爲之主，以係其業。意在不侈靡而備世急，所以爲是。爲之太過，則非。亂莫大於逆物而傷性，故爲治之下。爲其真好重〔一〕聖賢不逆也，但不可以教人。求之不得，世無其輩，枯槁不舍，所以爲真好，才士而已，非有德者也。

呂注：先王之治，至於聲名文物之大備，則不侈於後世，不靡於萬物，不暉於數度，非其常然也。以繩墨自矯，所以備世急，古之道術有在於是。夫道所以體常而盡變，墨子特見其備世之急，遂以爲常，所謂得一而察焉自好，非可與人同也。自「作爲非樂」至「博不異」，皆爲之太過，已之太循者也。先聖禮樂有節，喪葬有儀，今乃生不歌，死不服，不同先王，毀古禮樂，其儉薄如此，非特不愛人，亦不愛己矣。墨子本以汎愛兼利爲心，

〔一〕重：四庫本作「故」，訛。

而不察人之不堪，甘其苦而爲之，以約失之者鮮，則未敗墨子道也。哀樂，人所不免，先聖爲之節文。墨子使之歌而非歌，哭而非哭，是果人情乎？生勤死薄〔一〕，使人憂悲，古之道術雖有在於是，而墨子爲之太過，不可謂聖人之道。己雖能任，奈天下不堪何？其去王道遠矣。昔禹遭洪水，其勞至於此，所謂備世之急者。墨子以爲常然，則非也。夫勤勞備世之意〔二〕則是，爲之太過，天下不堪，其行即非，將使後世學者自苦以相進而已。勤儉固難爲，而墨子優爲之，真天下之好，求之不可得，可謂才士也夫！

疑獨注：大道既喪，諸子繼出，有若墨翟、滑釐者，有若宋鈃、尹文者，其終若惠施之徒，相辯以數千言，莊子辭而闢之，廓如也。墨教勤苦儉薄，以逸樂侈靡爲非，故使數度不暉而以繩墨自矯，足以備世之急而財用有餘。故墨翟之徒聞風而悦，終爲之則太過，終已之又太循。生不歌，故爲非樂；以節用爲道，故死無服。其道使人各足而非鬬，自刻故不怒，好學而使物同己，故博不異。生勤死薄，毁古禮樂，不與先王同也。自「黄帝有《咸池》」至「周公作《武》」，明其生不歌之非。自「古之喪禮」至「士再重」，明其死無服

〔一〕薄：四庫本作「儉」。

〔二〕意：四庫本作「急」。

之非。末敗，言其終於敗也。使歌而非歌，哭而非哭，是果類乎？言獨誰成墨而違萬物之情變也。其道大觳，使人難爲，其去先王也遠矣。蓋先王與民同患，其道本諸人情，非期於難行，欲使天下皆如己也。昔禹湮洪水，決江河，親操橐耜，沐雨櫛風，其勞形天下也如此，後世效之，以自苦爲極。夫禹之道非墨也，流習之弊則有所謂墨。相里勤至鄧陵子之屬，俱誦《墨經》而倍譎分別，同學而異趨也。以辯相訾，以辭相應，以最能辯者爲聖人，願爲之尸，冀傳業也。墨子之勤儉備患則是，過於自苦則非；言亂則居其上，論治則居其下。真天下之好，求其比類不可得。墨子才近禹而道遠於禹，所以不能無弊，止於一墨而已。

碧虚注：墨氏之教，不侈靡，不暉耀，勤儉厲己，救〔一〕世之急，但儉嗇太過，己能循而衆難遵，非樂、節用，生憂死薄，可謂大拂人情！然而汎愛近仁，兼利近義，非鬬近禮，不怒近知，又好學而廣尚同，則亦異乎流俗也。其與先王不合者，毀古禮樂爲特甚。自《咸池》至作《武》及棺槨之重數，皆古禮樂也。墨子則生不歌，况絲竹乎！死無服，况珠玉乎！以此自行固不情，以此教人亦太忍，終不免倍譎無倫之弊。人之歌哭笑樂，發乎本

〔一〕救：四庫本作「捄」，通。

情，今一切非而去之，與世情不類矣。枯覈無潤，使人憂悲，衆皆不堪，而墨子獨能任，既不合天下之情，去王道遠矣。墨子宗禹勤儉，故稱其治水之功。九滌天下之川，謂九州之川滌除無壅。腓無胈，至置萬國，皆載其粗迹，未造妙本，而後世效之，以自苦爲極，至有割肌膚斷肢節以徼福者，此又學墨之弊也。相里勤之徒，末敗墨子道者也。以辯博論大者爲師，遂至清談好勝之弊。以勤儉備急，則是；以憂苦教人，則非。後世效之，亂之上也，治何望焉！然而好學勤篤，無對於天下，强學立志，教侔仲尼，亦才士之美者也。但所行失道德之正耳。

鬳齋云：不教後世以侈，故不飾麗。萬物不以禮樂度數爲暉華，拘束其身以矯世，欲天下之用有餘，主於儉以足用，言世人以衣食不足故致爭亂也。後之學墨者，遂抑遏太甚。《非樂》、《節用》、《墨子》篇名。以鬭爭爲非，不以怒爲道。博不異者，廣其説而尚〔一〕同。教人愛己，兩失其道。不近人情，故曰不類。大覈，猶大朴。其行難爲也，逆天下之心而墨子獨安之，既不合人心，非可以王天下。「墨子稱道」至「形勞天下也如此」，述禹之功

〔一〕尚：四庫本作「上」，通。

績。九，讀同鳩，鳩工〔一〕而雜治之。奇偶本異而曰不忤，此强辯之辭。巨子，墨學之大成者。求之不得，言無復有斯人。雖極其枯槁，而爲之不止，可謂豪傑之士矣。

不侈靡於萬物，不暉耀於禮儀，勤謹節儉以備世人之急，此禹行之〔二〕見於世者，墨翟、滑釐聞風而悦，遂至爲之太過而勤苦難行，體之太循〔三〕而枯槁無類。作爲非樂、節用以教天下，生不歌，死不服，即非樂、節用之見於行者也。汎愛所以兼利，非鬬所以不怒，亦不失爲賢厚也。好學務博，覬人同己，則心猶好勝，未能克去其私〔四〕；至於毀古之禮樂，則非獨悖乎聖典，亦拂天下哀樂之情，强民以難從，人已俱不愛矣。由是知墨子之道終於敗，不可行於天下後世也。當歌不歌，當哭不哭，其於人情不類矣。生勤死薄，苦觳憂悲，逆物情而人不堪，其去王道遠矣。墨子又稱大禹治水之功，勤勞若此，使後世學墨者必以自苦爲極而欲力扶其教，殊不知禹當洪水之變，父殛而功不

〔一〕工：此字四庫本無，脱。

〔二〕行之：朱本作「之行」。

〔三〕循：朱本作「拘」。

〔四〕克去其私：朱本作「忘己」。

成，是又變中之變，遂刻苦捐軀，嗣成厥績〔一〕，非可以爲常也。以處變之迹，施之於常，無異病已而鍼灸，徒增瘡痛，不智孰甚焉！相里勤之徒，又稱别墨，爭相訾辯，推其業成者爲聖人。巨子，猶儒家云碩儒。皆願〔二〕繼其後，至今不決。此自是一段，言當時墨學之中又有分别，墨翟、禽滑釐再續前話，其爲人之意則是，教人自苦則非，致亂則居首，致治則下術也。然而墨子真性所好，天下莫及，卒以立教於當時，固非聖人之道，亦可謂才士也夫。昔孟子闢楊、墨，以爲非聖人之道，峻辭而力拒之，若不共戴天者，有以見衞道之切。南華又詳述墨氏之行事，與其源流，申言其疵弊，而不廢其所長，可謂公論而存恕。議不及楊氏，意在〔三〕其中矣。墨學大禹，楊學老聃，皆出聖人之門，學〔四〕有所偏耳。猶師、商同學於夫子，有過有不及，此楊、墨之芽蘖也，故學不可不謹。

不累於俗，不飾於物，不苟於人，不忮於衆，願天下之安寧，以活民命，人我之養，畢足而止，以此白心。古之道術有在於是者，宋鈃、尹文聞其風而悦之。作爲華山之冠以自表，

〔一〕績：朱本作「緒」。
〔二〕願：此字朱本無，脱。
〔三〕在：朱本作「存」。
〔四〕學：此字朱本無，脱。

接萬物以别宥爲始。語心之容，命之曰心之行。以聏〔一〕合驩，以調海内，請欲置之以爲主。見侮不辱，救民之鬭，禁攻寢兵，救世之戰。以此周行天下，上説下教，雖天下不取，强聒而不舍〔二〕，故曰上下見厭而强見也。雖然，其爲人太多，其自爲太少，曰：「請欲固置五升之飯足矣。」先生恐不得飽，弟子雖饑，不忘天下。日夜不休，曰：「我必得活哉！」圖傲乎救世之士哉！曰：「君子不爲苛察，不以身假物。」以爲無益於天下者，明之不如已也。以禁攻寢兵爲外，以情欲寡淺爲内，其小大精粗，其行適至是而止。

郭注：忮，逆也。畢足而止，不望有餘。華山上下均平，以表其行。别宥萬物，不欲令相犯錯。强以其道聏令合，調令和。二子請得若此者立以爲物主。見侮不辱，以活民爲急。救鬭寢兵，所謂聏調。雖天下不取，强聒而不舍，聏調之理然也。見厭强見，所謂不辱。不因其自化而强慰之，則其功太重。請置五升之飯，明自爲太少也。宋鈃、尹文稱天下爲先生，自稱弟子。日夜不休以爲民，謂民亦當報己。圖傲乎，揮斥高大之貌。不爲苛察，務寬恕也。不以身假物，必自出其力。無益於天下者已之，所以爲救世之士，

〔一〕聏：四庫本作「胹」。本篇下同。

〔二〕舍：四庫本此字下有「者也」二字。

其行適至是而止，未能經虚涉曠也。

呂注：不爲俗所累，不求飾於物，推誠以及人，在醜而不爭，願人安養而不求餘。其心有不然，則以爲垢而洗之，是以此白心也。夫物之紛爭由於交侵而苛急，别而宥之，乃所以息紛爭而願安寧之道。心之爲物，無所不容，則宜無所爭也。二子語其容而行之以聏合歡，以調海内，是謂心之行。欲置之爲主，推而宗之。自「見侮不辱」至「强聒不舍」，此所謂調聏之道。古之道術雖有在於是，然爲人太多，爲己太少。此二子所以不合於是，言我日夜不休以救世人，人必不至於圖傲乎救世之士而不我顧，則我必得活，不以饑死爲憂，其行適至是而止，過此則非二子所知，謂其不聞道也。

疑獨注：若夫與世俗脱而無累，於物任而不飾，於人安而不苛，於衆順而不忮，願天下安寧，畢足而止。宋、尹二人，其道小異於墨，故繼之墨翟之後。言其流風，末世尚有如此者，故聞風而悦之。華山之冠，宋、尹以此表其行。接萬物以别宥大小爲始，聖人之道則物我同體而無所别，大小同區而無所宥。所容以其迹，所行非其心，二子語心之容命之曰心之行，其意願天下之安，故以聏合歡，以調海内。請欲置之爲主，與「皆願爲之尸」意同。自「見侮不辱」至「强聒不舍」，皆自任之過。上説其君，下教其民，有以見爲人太多。「見侮不辱」至於「置五升之飯而足」，見其自爲太少。圖傲，放大，而以救世爲事也。夫能仁而不能變，不足以立義。二子於仁爲過，而於義不及。君子不爲苛察，言必自出其力。苟爲無益於天下而察之不如其已，言必欲救世也。外以寢兵戰，内以寡情欲，其精粗小大〔一〕雖不同，所行至是而止耳。

碧虚注：無情故不累，朴素故不飾，直道故不苟，因任故不忮，願天下安活而不過養，明白此心，如是而已。華山之冠以表心之堅正，治如頂之均平，以區别賢愚，寬宥典法爲治本，而言行不虧也。法寬和則合民心，宇内稱美，樂推以爲君矣。忍辱止鬬，使民不爭，寢兵守慈，民尚雌静，以此説天下，使民必從而願其安活，是爲人太多也。勤儉自苦，請日置五升之飯，猶推予先生，寧己忍饑，不忘天下，是自爲太少也。我必得活哉，言我思救人，天必活我。圖傲乎，言不圖傲也，豈圖夸傲爲救世虚名而已！不爲苛察，務克己也。不以身假物，力行以率物。凡無益於天下者不爲之，外以不爭和調物情，内以寡欲節抑己性。事有精粗不同，但去其非理者而爲之，斯治道之極也。

鬳齋云：飾，猶自〔二〕奉。忮，咈人情。别宥，猶在宥，隨分自處爲别，寬閑自安爲宥。

〔一〕小大：四庫本作「大小」。
〔二〕自：原作「目」，據四庫本改。

容，謂體。行，謂用。以和聏〔一〕合人之歡，以調一海内，請欲置之以爲主也。强聒不舍，人厭聽而誇説不已。日得五升之飯，師與弟子共之，先生猶不得飽，弟子可知！忍饑自苦，日夜不休，豈爲久活之道？蓋欲以此矯夫託名救世而自利之人。圖傲，謀矯之也，猶豫讓曰「吾爲此至難，所以愧天下之爲人臣而懷二心者」是也。其説又曰不爲苛察，無爾我之辯，事皆自〔二〕爲而不借人力，以爲助於天下，無益之事，明知其可爲，不如已之。其〔三〕學之大意，欲人外無攻戰之爭，内無情欲之滑〔四〕，至此而止耳。

不累、不飾，則心虚而守素。不苟、不忮，則務誠而和樂。以此化俗接物，普願安全，既身不過享則不妄求，多積自貽患害，是爲長安寧之道。以此立教於天下，明白本心而無隱情，宋、尹聞風而悦，繼行其道。華山之冠，以表行之方正均平。其接物以别善類、宥愚蒙爲本，則必不趨乎惡，亦足以厚風俗、興教化，但行之有弊，不若聖治之大全而可久也。心之容，猶云手容、足容，言其動止氣象。心之行，言其注措設施，大概

〔一〕聏：四庫本下有「爲」字。
〔二〕自：原作「目」，據四庫本改。
〔三〕其：四庫本此字在「之」字下，倒。
〔四〕滑：四庫本作「汩」，通。

以本心之善見諸行事。和調海内，不鬭不怒，普安足養而止，此語有惠而不知爲政之意寓其中。欲置以爲主，願遵〔一〕承其教也。耐辱救鬭，寢兵止戰，皆守柔不爭之義。强聒、强見，必欲人聽從其説。請置五升之飯，見其自爲太少。寧己饑而不忘天下，見其爲人太多。日夜不休，至於罷極，而歎曰我必得活哉，言我勞苦以救人，造物必能活我也。今世之苦行頭陀〔二〕道者，勤儉於己而周悉爲人，頗似之，但不學無聞，其弗及遠矣。「圖傲乎」一〔三〕句，頗難釋，諸解唯郭注近之，此乃南華歎息之辭。圖傲，猶謀踈也，言其莽廣不切事情。二子欲以一己之力，濟天下之衆，而不度其難行也。不務苛察，是謂善宥。不借物以榮身，無益於天下者已之，是謂善别也。外行則禁攻寢兵，使人各足而無爭；内行則寡淺情欲，律己不貪而無患。事理雖有大小精粗，要其所行，至於是而極，言其不能躋聖人堂奥，所以止於墨學而已。此段論當時墨家之弊，其間語有主賓，宜審詳之。

〔一〕遵：朱本作「尊」，訛。
〔二〕頭陀：原作「陀頭」，據朱本、四庫本改。
〔三〕一：朱本作「此」。

南華真經義海纂微卷之一百五

武林道士褚伯秀學

天下第三

公而不黨，易而無私，决然無主，趣物而不兩，不顧於慮，不謀於知，於物無擇，與之俱往。古之道術有在於是者，彭蒙、田駢、慎到聞其風而悦之。齊萬物以爲首，曰：「天能覆之而不能載之，地能載之而不能覆之，大道能包之而不能辯之。」知萬物皆有所可，有所不可，故曰：「選則不徧，教則不至，道則無遺者矣。」是故慎到棄知去己，而緣不得已。泠汰於物，以爲道理，曰：「知不知，將薄知而後鄰傷之者也。」謑髁〔一〕無任，而笑天下之尚賢也；縱脱無行，而非天下之大聖。椎拍輐斷，與物宛轉；舍是與非，苟可以免。不師知慮，不知前後，魏然而已矣。推而後行，曳而後往，若飄風之還，若羽之旋，若磨石之隧，全而無

〔一〕髁：四庫本作「踝」。

非，動靜無過，未嘗有罪。是何故？夫無知之物，無建己之患，無用知之累，動靜不離於理，是以終身無譽。故曰：「至於若無知之物而已，無用賢聖，夫塊不失道。」豪傑相與笑之曰：「慎到之道，非生人之行，而至死人之理，適得怪焉。」田駢亦然，學於彭蒙，得不教焉。彭蒙之師曰：「古之道人，至於莫之是，莫之非而已矣。其風窢然，惡可而言？」常反人，不聚觀，而不免於魭〔一〕斷。其所謂道非道，而所言之韙不免於非。彭蒙、田駢、慎到不知道。雖然，概乎皆嘗有聞者也。

郭注：決然無主，各自任也。物得所趣，故一。都用乃周，任其性乃至。泠汰，猶聽放。謂知力淺，不知任其自然，故薄之而又鄰傷焉。不當其任而任夫衆人，衆人各自能，則無爲横復尚賢也。非天下之大聖，欲壞其迹，使物不侚耳。法家雖妙，猶有椎拍，故未泯合。不能知是非，前後晤目恣性，苟免當時之患，魏然而獨立也。推曳而後行往，所謂緣於不得已。患生於譽，譽生於有建，唯聖人然後能去知與故，循天之理，故愚知處宜，貴賤當位，賢不肖襲情，而云無用賢聖，所以爲不知道。欲令去之如土塊也。亦爲凡物云云，皆無緣得道，道非偏物也。夫去知任性，然後神明洞照，所以爲賢聖。而云塊不失

〔一〕魭：四庫本作「輐」。本篇下同。

道，人若土塊，非死如何？豪傑所以笑之。未合至道，故爲詭怪。得不教焉，謂自任之道，莫之是非，所謂齊萬物。窢然，逆風所動之聲。不順民望，雖立法而輐斷無主角也。道無不在，而云土塊乃不失道，所以爲不知。雖然，概乎嘗有聞，但不至也。

呂注：不黨無私，則中虛而無主，故與物爲一。不顧不謀，與物俱往，古之道術者寂然不動之時，二子聞風而悦，感而遂通天下之故，則三子者之所不知也。天大、地大、道大，而有所不能，則知萬物有所可、有所不可。選則不遍，教則不至，唯齊之以道，則無遺矣。是故慎到棄知去故而緣於不得已。泠者，清其濁；汰者，去其擾，古之人由是以入道，非以是爲道。二子以道爲止於此，蓋不知智與己未始有物也。夫萬物並作，乃其所以復，而其芸芸，乃其所以歸根，不足以橈吾心也。慎到之所以爲道理者，以爲知不知而已，將薄之而後鄰傷之，唯無知乃所以全也。慎到徒知夫知之不知，而不知夫不知之乃知也。謑髁，不定。縱脱無行，而非天下之賢聖，所以棄知去己也。椎拍輐斷，連下三句，則泠汰於物之謂。椎拍鍊治之，輐斷破絶之，宛轉則與之俱往，故忘知慮前後，魏然而已。推曳而後動，若風、羽之旋，磨石之隧，則其動非我也。若無知之物而已，故無建己、用知之患。動静不離於理，是以無譽無過。慎到以是爲道理，夫唯塊不失道，蓋知絶聖棄知之説，而絶棄之者乃所以爲聖知也。則奚以異於死人之理？豪傑所以笑之，而得怪於天下。田駢學於彭蒙，得不教焉。以其教則不至也，言古人至於莫之是非而已。其風窢然，惡可而言，亦幾乎未始有是非而知者不言之説，至於所爲與人反而欲以不聚人觀，則不免於魭斷而已。夫道，未始有物也，故以虚空不毁萬物爲實，奚以常反人而以椎拍魭斷爲哉！其所謂道非道，而所是不免於非，以其滯於無知之域。三子雖非知道，概嘗有聞者。若墨翟、滑釐、宋鈃、尹文，非唯不知〔一〕道，又未嘗有聞也。道本出於性命之情，而其真以治身，今墨翟、滑釐制行舉離於天下，至於人己不愛，則喪本失真爲甚。故論道術爲天下裂，而先及之，次以宋、尹則爲知道；田、慎則知而近之，由粗以及精也。

疑獨注：道術有在於是，三子聞風而悦，明其道與宋、尹異，故齊萬物以爲首，非若接物以別宥爲始者矣。天能天而不能地，地能地而不能天；道運於中，能包而不能辯。由是知萬物皆有所可，有不可，故混之則遍，任之則至，包之則備，辯之則有遺矣。是以慎到棄知而不辯，去己而不接，緣迹於不得已之域；未嘗求物之感而欲通之，求言之通而欲動之，泠汰自放，不累於物。故以薄知爲猶近傷於理，將欲都忘之。無任則無事，無行則無迹，賢則有事業，聖則有德行，笑而非之，皆不尚之意。椎拍者，支其將往之形。魭斷者，削其既

〔一〕知：原作「如」，據四庫本改。

殘之緒。與物宛轉，舍是與非，則累免矣。不師知，忘前後，心若死灰，魏然獨立，未嘗唱而常和，未嘗感而常應，行如推車，往如曳尾，緣於不得已也。故若風還羽旋、磨石之隧，其德全而〔一〕動靜無過，蓋以於物無知，於我無己，所以患累莫及焉。夫吉凶生於動，毀譽出於有建，二子遊於吉凶毀譽之外，故至若無知之物，以塊然爲不失道也。道者，有形所同由；德者，有心所同得。雖瓦礫之微，道無不在，而慎到之道，非生人之行，適得怪焉。田、慎同學於彭蒙，得不教之道，其風窢然，幽隱而有疑意，其情狀非可明言也。常反人，不聚觀，以未能齊萬物。魭斷，無圭角貌。其所謂道，或入於非道；其所謂是，或入於非是。三子概嘗聞道而未得道〔二〕也。老子嘗曰絶聖棄知，而莊子於此不取彭、慎，疑若相戾，然蓋寓言於二子，削去其迹，庶幾將來知其爲矯一時之言耳。

碧虛注：黨則不公，私則不明。無心則主不在己，以法治物則事無疑貳。故忘知而無擇，唯執法而行。天地無全功，聖人無全能。物有可有不可者，故有治法存焉。若舍法而用選施教，則事不周、理不至矣。道總包而無遺，有自然之法〔三〕也。慎到以下四

〔一〕而：四庫本作「無」，訛。
〔二〕道：此字四庫本無。
〔三〕法：四庫本作「理」。

句，謂必如此然後可以無遺。泠汰，猶揀鍊以法，揀鍊物之精粗，以扶天下之道理。用法雖非善，猶愈於無法；無法，則道理不立〔一〕，亂莫甚焉。薄知未免有心，有心不能〔二〕無患。謑髁訛倪而笑尚賢之無倫，縱脱狂誕而非聖人之虚曠，斯法弊之所致也。椎拍，敲斷桎梏。魭斷，刑截肢節。然所施用，宛轉物情，無是無非，苟可免禍，忘慮忘知，魏然安處。靜則推曳而後行，動若飄風與旋羽，無用知之患，若無知之物，雖神明降出，亦無所施爲。言其枯槁絶物，所以人皆怪之。三子皆以墨學立教，有教則有是非，今云莫之是莫之非，如風窢然，有音無辨，是爲得不教焉。及其反於人情，又不免敲斵刑截，此所謂道非王道也。言其法雖是，而行之則非。三子皆不知道，然亦爲學而有聞於時，但其立教非正耳。

虙齋云：趣物，萬物之理趣。不兩，一也。彭、田、慎三子，皆齊之隱士，其説謂天地亦萬物之一，其爲首者，無爲之道。天地所能，各有偏。大道包之而無所分辨。物有可不可，選之則不能周，教之則不能盡。歸之於道，無餘論矣。去知與己，無爲也。泠汰於

〔一〕立：四庫本作「一」。

〔二〕能：四庫本作「免」，訛。

物，無拘礙也。其説曰若以知與不知爲分，則迫於知而近自傷。謑髁，不定。無任，不留心於事。故笑天下之尚賢。縱脱無行，故以天下聖學爲非。椎拍、輐斷，無圭角也，故能與物宛轉。無是無非，以免世俗之累。風還、羽旋、磨石之隧，皆無心而與物宛轉之喻。物唯無知，則無是己之患，無容心之累。動静順理。不求知於人，無譽，所以無咎。何用賢聖之名？但塊然無知，可以不失道矣。看此議論，如今山林修苦行之人，故豪傑笑之，以爲猶死人也。此等人爲學，自相契合，有不待教而能者。其師之言曰：古之爲道者，本以無是非爲主，發言如飄風窢然，無所容心。故曰：「惡可而言？」其見常與人相反，不能聚合倫類而觀，不免爲一偏之説。但求無圭角而已。輐斷，與前「輐斷」同。其言雖壯偉，而所謂道者，非道也。三子不知道，此莊子斷一句，以大概觀之，亦皆有聞於道，但不得其正耳。

能不黨則無私。善決而不以己見爲主，使天下物趣皆歸于一，不慮不謀，與物俱往，三子聞風而悦，以其道同故也。其立教以齊萬物爲首，物本不齊，齊之者道。天地，物之至大，尚無全功，況他物乎！道包之而不辨，此所以齊也。萬物有可有不可，選之、教之愈不齊；會之以道，則無遺矣。故慎到棄知而若愚，去己而任物，不得已而應，雖爲非爲也。澄己之源，以清泠沙汰萬物，物無不從者矣。其知者出於不知，若但薄其知，猶近於傷性，必至於無知乃全也。謑髁不任事，故笑天下尚賢以爲治者。次句配上文，義自明白。椎拍，鞭笞。輐斷，即後文「魭斷」，謂刑截罪人。言雖任法用刑而與物情宛轉，周浹公平而當理也。合世俗之所謂〔一〕是非，而究極乎事理之實，則可以無患。苟免，是其謙辭。不師知，則忘前後之慮。魏〔二〕然若枯槁，推曳而後動；其動也如風還〔三〕羽磨，無心於動，故無過。夫無知之物，不立己，不用知，動靜無心，自與理合。礜既無矣〔四〕，毁亦何存？故不慕聖賢之名，以塊然無知爲得道，而不知有感通潛化之理，所以豪傑笑怪，以爲死人無異也。田學於彭，但任物性自然，學以扶植之而不矯其本，故云得不教焉。謂學道〔五〕至於莫之是非而已，言出如風過竅然，無心於是非之辨，豈可復論其所以哉！是以常反人之情，不聚觀於天下。聚觀，與危其觀

〔一〕謂：四庫本作「爲」，訛。
〔二〕魏：朱本作「塊」。
〔三〕還：四庫本作「旋」，通。
〔四〕矣：此字四庫本無，脱。
〔五〕道：此字朱本無，脱。

臺相類。然猶不免任法施〔一〕刑，無法則又難治矣。其所謂道者非道，故所言雖當，亦不免爲人所非。三子皆未知道，其學嘗有聞於時，不可全泯也。詳南華所論，則彭〔二〕、田、慎之學，又優於苦獲、已齒之徒，故列於後，與關尹、老聃差近焉。

以本爲精，以物爲粗，以有積爲不足，澹然獨與神明居。古之道術有在於是者，關尹、老聃聞其風而悦之。建之以常無有，主之以太一；以濡弱謙下爲表，以空虚不毁萬物爲實。關尹曰：「在己無居，形物自著；其動若水，其靜若鏡，其應若響；芴乎若亡，寂乎若清；同焉者和，得焉者失；未嘗〔三〕先人，而常隨人。」老聃曰：「知其雄，守其雌，爲天下谿；知其白，守其辱，爲天下谷。」人皆取先，己獨取後，曰「受天下垢」；人皆取實，己獨取虚，無藏也故有餘，巋〔四〕然而有餘；其行身也，徐而不費，無爲也而笑巧；人皆求福，己獨曲全，曰「苟免於咎」；以深爲根，以約爲紀，曰「堅則毁矣，鋭則挫矣」。常寬容於物，不削於人，可謂至極。關尹、老聃乎，古之博大真人哉！

〔一〕施：此字四庫本無，脱。
〔二〕則彭：則，此字朱本、四庫本並無。彭，朱本作「彭蒙」。
〔三〕嘗：四庫本作「見」。
〔四〕巋：四庫本作「巍」。本篇下同。

郭注：有積爲不足，寄之天下乃有餘。無有何能建？建之以常無有，明有物之自建也。天地萬物，皆各自得，而不兼他飾，斯非主之以太一耶？物來則應，應而不藏，故功隨物去。不自是而委萬物，物形各自彰著。動靜若水鏡，喻常無情。芴乎、寂乎，常全者不知所得也。物各自守其分，則靜默而已，無雄白也。雄白者，尚勝自顯，豈非遂知過分以殆其生耶？古人不隨無涯之知，故其性全，性全然後歸之如溪谷，天下樂推而不厭也。雌、辱、後、下，皆物之所謂垢也。取實者，唯知有之以爲利，未知無之以爲用；取虛者，守沖泊以待群實。無藏者，付萬物使各自守，故不患其少。巋然獨立，自足之謂。其行身也，因民所利而行〔一〕之，隨四時而成之。常與道理俱，故無疾無費。巧者有爲，以傷神器之自成；無爲者，因其自生、自成，萬物各得自爲。蜘蛛猶能結網，則人人自有能矣，無貴於工倕也。委順至理則常全，無求而福自足。隨物，故不得咎。理根於太極之初，不可謂之淺也。以約爲紀，去其甚泰。至順則金石無堅，迕逆則水氣無耎。順全逆毀，斯正理也。進躁無涯爲鋭，各守其分，自容有餘。不削於人，全其性也。

呂注：以道爲精，則以物爲粗；以物爲粗，則以無物爲精矣。道未始有物，故以有積

〔一〕行：四庫本作「利」。

爲不足。致虚極，則必至於無積而後止，澹然獨與神明居而已。古之道術，本末精粗，無乎不在，此云以本爲精，趣時而已。道本無物而時有焉，則猶有未樹也。建之以常無有，則物不能拔矣。一與言爲二，有所謂一則非太一，太一則一亦不可得，故萬物歸焉而不知主。道無形則不爭，故以濡弱謙下爲表；觀其表則中之所體可知，物各歸根，體自空虚，以空虚不毁萬物爲實，異乎椎拍、輐斷以爲道者也。關尹子曰十一句，皆「在己無居，形物自著」之功。老子曰：「知雄守雌，知白守辱。」雌静而不唱，辱謝而歸根，溪輸而不積，谷應而不藏，而江海之源所自出，則建以常無有，主以太一之謂也。處後而受垢，以濡弱謙下爲表也。處虚而無藏，故不毁萬物而物爲之用，此其所以有餘。不先人而隨人，所以徐而不費，異乎勞形苦己以爲道者矣。因物之自虚而不毁之，則異乎若無知之物矣。曲全免咎，是所謂福。以深爲根，則無事於堅。以約爲紀，則無事於鋭。至虚至大，故常容物。不削於人。蓋以本爲精，而澹然獨與神明居，則所體者道之真，可謂至極，故歎曰：「古之博大真人哉！」

疑獨注：常無欲以觀其妙，以本爲精也。常有欲以觀其徼，以物爲粗也。以有積爲不足，積之則有限，散之則無窮也。莊子嘗曰：「至無而供其求」，蓋給天下之有者至無也，應天下之實者至虚也。澹然無欲，故與萬物遠；不離於精，故與神明居。無者，對有之無。常無者，非無之無，不爲有對，所謂〔一〕常有亦不爲無對者也。建之以常無有，則冥矣，豈復分徼妙於其間哉！常無、常有，所宗者太一，太一則天下之一不得以先之，故守之以柔弱，爲之以謙下。表，言其見諸外也。人皆取實，己獨取虚，則以空虚爲實。徐〔二〕而不費，無爲笑巧，則以不毁萬物爲實。存己以空虚，接物以不毁，濡弱謙下，老子之行也。空虚不毁，老子之德也。處己無居，故能使物亦無居，隨時變化，超脱於六塵之外，而形物自著無障礙也。動而順，故若水；静而明，故若鏡。芴乎有象而若亡，寂乎無聲而若清，同不以爲同故若和，得不以爲得故若失，未嘗先而嘗隨人，和而不唱也。溪容而善納，谷虚而善應。知雄守雌，不爲物先。知白守辱，養之以蒙。榮利，人之所先；垢辱，人之所後。人皆取實有積，故不足；己獨取虚無藏，故有餘。如山巋然獨立而無不足也。其行身也愈鈍而後利，外益而内不損，任物自然，不雕不斵。人之於福以有求求之，己之於福以不求求之，曲全其身，苟免於患，是所謂福也。深者道之根，約者道之紀。堅則有毁之者，當守之以柔。鋭則有挫之者，當養之以虚。厚於處物曰寬容，厚於處人

〔一〕謂：此字四庫本無，脱。
〔二〕徐：四庫本作「際」，訛。

曰不削。此關尹、老聃之道也。

碧虛注：妙本之精，可以意致。有物之粗，可以言傳。以有積故不足，有餘者莫過乎太虛。獨與神明居，不欺暗室也。常無有，道之用。太一，身之主。沖虛，物之宗也。至人無己，萬物皆我，動而無心，靜而能照，感而遂通，無常情也。若亡非無，若清非濁，和非合汙，失非喪己，不先而隨後。其身也知雄守雌，謙以自牧；知白守黑[一]，處昧而明。受天下之垢，能忍辱也。無藏故有餘，與人已愈有。躁則精神耗，巧則爲人役。苟免於咎，福何求焉？深根故未始出其宗，約紀故操之也易。寬容於物則廣慈，不削於人則博濟。此皆真人涉世之粗迹，關[二]尹、老聃之所勤行者也。

虜齋云：以有積爲不足，藏富於天下也。以無爲宗，以太極之始爲主。表者，應世接物見於外。空虛則物物皆全實理。樂軒所謂一物都無萬物全是矣。無居無私，主自著，隨物形見。水之動，鏡之靜，谷之應，皆無心者也。若亡，似有而無。若清，清而無名。以同於物爲和，以無所得爲得。知雄守雌，以能隱於不能。知白守辱，居高而不爲

〔一〕黑：四庫本作「辱」。
〔二〕關：四庫本此字上有「乃」字。

高。溪、谷，下而能容物之意。唯其以虚爲實，故無藏而有餘，安徐而無損。人皆以巧爲巧，我以無爲爲巧；人皆以福爲福，我以免咎爲福。以深爲根，言其本在太一之始。以約爲紀，言以易簡爲守身之法。凡物堅鋭，則有挫毁。以容物爲量，則人於我無所侵削而全其生。此天下至極之道也。

道爲生物之本，精微莫睹；物爲道之緒餘，粗質具陳。世人務積物以爲養，愈積而愈不足。虚空曠邈，神明所舍，并包廣納，無毁無成，雖〔一〕天下萬物富有亦安能勝虚空之無！人能澹然無欲，則體合太虚〔二〕，而與神明居矣。身外無積，胸中有餘，此關尹、老聃之所優爲也。萬物之有生於無，而人之妄情例着於有，能究〔三〕常無固難，常無其有爲尤難。欲建立於常無有之地，非主以太一不可。太一者，有一而未形，即天地之先，人之性初也。能主〔四〕於是，則知夫未始有物，故以濡弱謙下爲表。表，謂見諸行事，故與物處而不立

〔一〕雖：四庫本作「唯」。
〔二〕虚：四庫本作「極」。
〔三〕究：朱本作「宄」，訛。
〔四〕主：朱本作「造」。

敵我，空虚〔一〕而不毁萬物〔二〕。不毁，謂存而勿論。蓋己忘而物自化〔三〕，何待毁物而爲無？物〔四〕滿前則實也，虚之在我耳。在己無居，形物自著，亦此意。水動、鏡静、谷應，皆喻無心自然之爲。若亡，不可得而有也。若清，不可得而橈也。同而混之則和，執而有之則失，是以不先而隨，終身無患。知雄守雌，見剛而思柔。知白守黑，處明而尚晦。溪、谷，喻善下而衆流歸之。受天下之垢，有容，德乃大。無藏，故有餘。虚而不屈，動而愈出也。如是，則巋然立乎萬物之上，無一物介吾心，無一物非吾有矣。其行不躁而常自足，心樂無爲，不羡世巧，人皆求望外之福，己獨以曲全爲福，苟免於咎，福莫大焉。深根，謂〔五〕内固。約紀，謂省緣〔六〕。所以免堅毁而鋭挫也。寬而容物，則不削人肥己，可知矣。凡此皆世人立身處物之極致，而博大真人之粗迹也。按，《道德經》云「知白守黑」，《莊》文小異。

〔一〕空虚：朱本作「虚空」。

〔二〕萬物：四庫本疊此二字。

〔三〕己忘而物自化：朱本作「以己忘物而自化」。

〔四〕物：朱本此字下有「之」字。

〔五〕謂：四庫本作「爲」，訛。

〔六〕緣：朱本作「録」，訛。

南華真經義海纂微卷之一百六

武林道士褚伯秀學

天下第四

寂寞無形，變化無常，死與生與，天地並與，神明往與！芒乎何之，忽乎何適，萬物畢羅，莫足以歸。古之道術有在於是者，莊周聞其風而悦之。以謬悠之説，荒唐之言，無端崖之辭，時恣縱而不儻，不以觭見之也。以天下爲沉濁，不可與莊語。以巵言爲曼衍，以重言爲真，以寓言爲廣。獨與天地精神往來，而不敖〔一〕倪於萬物，不譴是非，以與世俗處。其書雖瓌瑋而〔二〕連犿無傷也，其辭雖參差而諔詭可觀。彼其充實，不可以已，上與造物者遊，而下與外死生、無終始者爲友。其於本也，弘大而闢，深閎而肆；其於宗也，可謂調〔三〕

〔一〕敖：四庫本作「傲」，通。

〔二〕而：原缺，據四庫本補入。

〔三〕調：四庫本作「稠」，通。

適而上遂矣。雖然，其應於化而解於物也，其理不竭，其來不蜕，芒乎昧乎，未盡之〔一〕者。

郭注：無形、無常，隨物也。死與、生與，任化也。何之、何適，無意趣物。莫足歸，故都任置。以無端崖之辭，時恣縱而不儻，不急欲使物見其意。累於形名，以莊語爲狂而不信，故不與〔二〕也。其巵、寓言，俱通至理，正當萬物之性命。已無是非，故恣物兩行。形群於物，故與俗處。還與相合，無傷。不唯應當時之務，故參差。彼其充實不可已，多所有也。莊子通以平意説己，與説他人無異，案〔三〕其辭明爲〔四〕汪汪然，禹之〔五〕昌言，亦何嫌乎此！

吕注：無形故不可見，無常故不可測。以爲死與則未嘗有生，以爲生與則未嘗有死。以爲天地並與，未嘗有古今；以爲神明往與，未嘗有彼是。然則芒芴無爲，寂然不動而已。萬物畢羅，無不任也。莫足以歸，其唯神之所爲乎？以謬悠荒唐不可窮之辭，

〔一〕盡之：四庫本作「之盡」。
〔二〕與：四庫本作「語」，訛。
〔三〕案：四庫本作「按」，通。
〔四〕爲：四庫本作「其」，訛。
〔五〕之：四庫本作「拜」。

時恣縱而不苟，蓋皆〔一〕有對，不以觭見之，則雖無實不經，不害其爲信言也。莊語，猶法言，唯道之從而已。卮言，喻道之日用無窮。重言、寓言，所以趨時也。人不吾言之信，故稱古昔以爲重。重言不能喻，而後有寓言。夫莊子之所體者，獨與天地精神往來而不傲倪於萬〔二〕物，故其言亦然。傲倪，猶踈親也。不譴是非，所以群於世俗。著書雖瓌瑋，而連犿無傷也。連謂無間隙，犿則有定體，然不可得而求，非世俗所可貴也。諔詭，言之異，非世俗所可賤也。唯其有諸中而充實不可以已，故上與造物者遊，下與外死生、無終始者友，則入於神矣。其本宏大，以天爲宗，可謂調適上遂，不離於宗者也。故應化也，其理不竭；解物也，其來不蛻，謂形不待蛻而後解。芒昧無盡，此神之不可知者也。

疑獨注：至人遊心於寂，合氣於寞，雖有形而若無形，革故鼎新而不常。天地者，神明之體；神明者，天地之用，體有常而用主變。外物而至於外死生，體道而至於任變化，雖萬物畢羅而不出乎道之外，古之聖人所以其道爲萬世法、天下貴者，要在無不該無不

〔一〕皆：此字四庫本無，脱。
〔二〕萬：此字四庫本無。

遍〔一〕而已。莊子立言矯時之弊，自知其不免〔二〕謬悠、荒唐，是以列于諸子聞風之後，恣縱所言，無有偏黨，以泛觀而不以觭見之。天下不可與莊語，故以巵、重、寓言繼之。與天地精神往來，而不傲倪於萬物，言其通理當物也。是非本無有，故不劵遣，或從言者遣之以言也。唯其混是非，故處世無忤。所言瑰瑋而連犿無傷，其辭參差而諔詭可觀，皆充實於內，發見於外，不可自已也。與造物者遊，無生死、終始，故其本弘大，其宗調適，其應化解物也，乘理而不竭，因時而不蜕，故芒昧而不知其極，無終始而不離於宗者也。

碧虛注：寂寞無形，道之體。變化無常，道之用。生死，道之化。天地，道之常。神明，道之迹。「芒乎何之」至「莫足以歸」，道之妙也。不儻，謂中法度。不以觭見，無偏也。莊語，正大之言。南華著書以中正爲宗，而曼衍無窮；以重德爲體，而真實不僞；以寄託爲用，而廣施教導。與天地精神往來，而不傲倪於萬物，則侔於天而不暗於人，是以處人間世也。瓌瑋奇特，連犿相從，參差不常，諔詭可觀，其道充實，淵妙無窮，故能無心而一變化，廣大而極根源，調適物理，上遂化元也。夫道可以言論至極，則渾淪之精微何

〔一〕遍：四庫本作「通」，訛。

〔二〕免：四庫本此字下有「於」字。

其粗也；可以意慮窮盡，則造化之沖漠何其淺也。故自古聖賢，作述相繼而莫能已也。

鬳齋云：自「寂寞無形」至「忽乎何適」，明至神與造化同運而無迹，故萬物畢陳於前，而莫知其所歸。無偏黨則不以觭見，所見不主一端也。莊語，端莊實語。與天地精神往來，與造化自然爲友也。不譴，無所泥。連犿，和同。無傷，無譏刺。參差，抑揚不定。諔詭，滑稽也。此皆自說破其著書之意。充實不可以已，言道理充塞其間，亦世間不可無之書也。上遂，上達天理，故能應於教化，解釋物理。不蜕，不離於道。芒昧，言其書之深遠，然其胸中所得，又非言語可盡也。此篇自總序以下分列〔一〕爲五，自處其末，繼老子之後，明其學有源。前三段著三箇「雖然」，皆斷其學之是非，獨老子無之。至此，又著「雖然」字，謂其學非無用於世者。文字轉换處，筆力最高。

無形無常，言道無物而神化。「死與」至「往與」，言人任化而無極。「芒乎」至「以歸」，言忘適者無往而非適。以謬悠之言，恣縱而不苟，猶云猖狂妄行而蹈大方。不使物見己之觭介，言混俗而不失道也。以天下不可與莊正之語，故立巵、重、寓言以致意焉。獨與天地精神往來，則離人入天，放曠八極。不傲倪於萬物，不責人之是非，故處

〔一〕列：四庫本作「别」。

世而和光〔一〕，應物而無忤。立言雖瓌瑋，而與世順從無所傷也。其辭參差不齊，即所謂荒謬；諔詭可觀，即所謂瓌瑋也。其中充實，而見諸外也，如此與造物遊，與無終始者友，即與天地精神往來，不可形容其妙也。其本弘大、深閎，猶云以深爲根。其宗調適上遂，猶云以天爲宗。應化，謂出生。解物，謂入死。言人處造化之中，爲化機所運，其理不可窮詰，其來不可蜕〔二〕免。芒昧無盡，此其所以爲造化也。信能冥心於芒昧之際，而得其所以運化者，則可與天地精神往來，無愧乎稟靈爲人矣。此段南華首於論化，次則自述其所言所行，後又歸結於化，明己能窮神知化，所以横説豎説，無非道也。

惠施多方，其書五車，其道舛駁，其言〔三〕也不中。歷物之意曰：「至大無外，謂之大一；至小無内，謂之小一。無厚，不可積也，其大千里。天與地卑，山與澤平。日方中方睨，物方生方死。大同而與小同異，此之謂小同異；萬物畢同畢異，此之謂大同異。南方無窮而有窮。今日適越而昔來。連環可解也。我知天下之中央，燕之北、越之南是也。汎

〔一〕和光：此二字朱本無，脱。

〔二〕蜕：朱本作「脱」。

〔三〕言：四庫本此字上有「立」字，衍。

愛萬物，天地一體也。」惠施以此爲大，觀於天下而曉辯者，天下之辯者相與樂之。卵有毛；雞三足；郢有天下；犬可以爲羊；馬有卵；丁子有尾；火不熱；山出口；輪不蹍地；目不見；指不至，至不絶；龜長於蛇；矩不方，規不可以爲圓；鑿不圍枘；飛鳥之景，未嘗動也；鏃矢之疾，而有不行不止之時；狗非犬；黄馬驪牛三；白狗黑；孤駒未嘗有母；一尺之捶，日取其半，萬世不竭。辯者以此與惠施相應，終身無窮。桓團、公孫龍辯者之徒，飾人之心，易人之意，能勝人之口，不能服人之心，辯者之囿也。惠施日以其知與人之辯，特與天下之辯者爲怪，此其柢也。然惠施之口談，自以爲最賢，曰：「天地其壯乎！」施存雄而無術。南方有倚人焉，曰黄繚，問天地所以不墜不陷，風雨雷霆之故。惠施不辭而應，不慮而對，徧爲萬物説。説而不休，多而無已，猶以爲寡，益之以怪。以反人爲實，而欲以勝人爲名，是以與衆不適也。弱於德，强於物，其塗隩矣。由天地之道觀惠施之能，其猶一蚉一虻之勞者也。其於物也何庸！夫充一尚可，曰愈貴道，幾矣！惠施不能以此自寧，散於萬物而不厭，卒以善辯爲名。惜乎！惠施之才，駘蕩而不得，逐萬物而不反〔一〕，是窮響以聲，形與影競走也，悲夫！

〔一〕反：四庫本作「返」，通。

郭注：昔余未覽《莊子》，嘗聞論者爭夫尺捶〔一〕、連環之意，而皆云莊子之言，遂以爲辯者之流。按此篇較評〔二〕諸子，至於此章，則曰其道舛駁，其言不中，乃知道聽塗説之傷實也。吾意亦謂無經國體制，真所謂無用之談。然膏粱之子，均之戲豫，或倦於典言，而能辯名析理，以宣其氣，以係其思，流於後世，使性不邪淫，不猶賢於博奕者乎！故存而不論，以貽好事也。

吕注：《老子》曰「多言數窮」，又曰「希言自然」，則有言者，不得已也。而施之口談，自以爲賢，不知天地之虚曠，而有我之甚，不能守雌者也。宜其以天地爲壯，存雄而無術也。夫聖人以無言爲言，所以爲德。今施恃其辯以反人爲實，以勝人爲名，則不知無言者也。爲言所役，不能自勝，則弱於德；以勝人爲名，則强於物。其塗隩，謂非六通四闢之道也。天地之道，所以大者，以其無爲。今施之能，不免於有。我由天地之道觀之，雖辯且博，猶一蚉一寅之勞而已，於物何庸哉！一與多，皆道也。一爲本，多爲末，則一雖不足爲本末之備，然比之忘本逐末者，尚可曰愈貴於道，亦幾矣。施不知反本以自寧，散

〔一〕捶：四庫本作「棰」，通。本篇下同。

〔二〕評：四庫本作「平」，訛。

於萬物而不厭，卒以善辯爲名，逐物而不反也。夫無聲則響絶，處陰則影滅，己無我則天下莫與之爭。施雖有才而不知出此，徒事言辭之末，以與物競，奚異於窮響以聲，而形與影競走也？其失性甚矣！所以深惜而悲之。

疑獨注：外，猶有外，謂之大。至大則無外，故謂之大一。内，猶有内，謂之小，至小則無内，故謂之小一。蓋施之辯，能反人之心，易人之意。或與天下辯其數，雞三足是也。或與天下辯其名，狗非犬是也。或與天下辯其形，矩不方是也。或與天下辯其色，白狗黑是〔一〕也。或辯其上下，天與地卑是也。或辯其長短，龜長於蛇是也。其論大率以謂萬物無高下長短之殊，無形名方圓之異，無青黄黑白之别，以齊萬物爲首，謂大道散而有形名，皆出於人之私，以爲差别而已。施恃此以與天下辯，卒以善辯爲名。然以天地之功，視施之辯，猶一蚉一蝱〔二〕之勞者，此古人所不爲，學者所不道。故於惠施則不曰古之道術有在於是，莊子所以惜其有才而終於逐物，以喪其本真也。

碧虚注：太虚無外而不二，秋毫無内而介然。可積則有厚，何止乎千里？自太虚

〔一〕是：此字四庫本無，脱。

〔二〕蝱：四庫本作「芒」，訛。

觀之，則天地皆卑；從蒼蒼視之，則山澤悉平。交臂已失，日方中方睨也；俯仰陳迹，物方生方死也。物有貌像聲色，大同也；物以類聚群分，小異也。由於一氣所化，畢同也；萬形種殊，畢異也。既定方所便有窮，今適昔來意先到。形可分，神可出，則連環可解。論術不論理也。燕北越南，自分中央。沖虛混合，未嘗間斷。惠子〔一〕以此論大，示於宇内，辯者樂之，同聲相應也。卵本無毛，而化雛有毛。雞本兩足，數曰一二，即成三也。郢以建都，爲有天下。犬、羊，皆古人强名。以胎爲卵，猶方言也。楚人呼蝦蟇爲丁子，有尾謂爲科斗時。海山火獸不以火爲熱，山突出爲口，猶云溪口、路口也。車輪所輾〔二〕謂之轍，則不言地矣。目非能自見，所以見者神。凡所指者，指其不至之處。若至，則境足相接，是不絶也。龜長於蛇，論壽不論形。規、矩爲方、圓之法，非方、圓之物。鑿、枘亦假合會。遇理不相因，猶形影之獨化。飛鳥移，而影未嘗移也。矢發則行而不止，落則止而不行。狗有懸蹄謂之犬，則常狗非犬也。黄馬驪牛三，離合同異，如堅白石焉。若狗形白而目眇，則呼眇不呼白；或蹄蹶〔三〕而形白，則忘白而命蹶。駒有母，則不稱孤

〔一〕子：四庫本作「施」。
〔二〕輾：四庫本作「碾」，通。
〔三〕蹶：四庫本作「蹩」，訛。

矣。方寸之地，朝夕施用，終劫莫盡，尺捶不竭之義，論道不論物也。與天下之辯者爲奇，此其根柢也。天行健，地博厚，是其壯也。惠子恃其口談，欲以敵之而不知守雌，恬静以養天和，徒存雄而無術也。倚人，欲倚仗古人以立説，不能自成一家之學。故問天地風雷之故，惠子偏爲敷説，既多且怪，自賢好勝，弱於德也。博辯尚異，强於物也。以天地之道觀惠子之能，猶蚉蝱耳，何足數哉！世所以貴道者，以其書傳也。惠子之書，充其一家之言，庶幾可矣。若「雞三足」已〔一〕下所論，非備世之急者；不知大辯若訥，而分別粃糠〔二〕，以困役其精神。漆園所以重嘆惜也。

《鬳齋口義》：墨翟、宋、尹、彭、慎之徒，猶爲見道之偏者，惠子則專於好辯，故不與道術聞風之列，特於篇末言之。歷物，考之詳：至大無外，太虚也。至小無内，秋毫之類。此八字與莊子説同，但謂之大一、小一便生爭論。一則無大小，於中又生分別，同而異，異而同也。無厚，至薄也。積之則厚，其大可至千里。天氣下降，則與地卑；山氣通澤，則與澤平。日方中之時，側而視之，則非中。物方發生，其種必前日之死者。物有小

〔一〕已：四庫本作「以」，通。
〔二〕粃糠：四庫本作「糠粃」。

大，爲小同異；合萬物之同異，爲大同異。大者不出小者之積，小者合之可以爲大，則無同無異矣。南方，指海，無窮，謂之方，必有窮。天傾西北，海居其南，比〔一〕三方尤遠也。今適昔來，言雖未至其地，先聞其名而後來也。連環，各自爲圓，本不相連，亦猶解也。燕北越南，固非天下之中，而其國人各以國之中爲天下之中。天地乃萬物中之一物，猶一體也。毛之在卵，雖未可見，而鴨爲鴨，雞爲雞，毛各不同，是有毛矣。雞本二足，有運行之者，是爲三也。楚都郢而爲王，亦與有天下同。犬、羊之名出於人，若初謂犬爲羊，則今亦以爲羊矣。胎卵之生雖異，其名亦出於人，謂馬爲卵生亦可也。丁子，蝦蟇，始爲科斗，則有尾。水寒火熱，亦人名之，有火中之鼠，則非熱矣。空谷，人呼而應，非山有口乎？行地則爲輪，著地則不可轉，謂不輾〔二〕地亦可。目見而後指可至，目不能至，指不能見，則是其至者，目與指不可得而分絶也。使龜如蛇長，則不可謂之龜，謂之龜〔三〕，則其長只合如此。既謂之矩，不可又謂之方，規義亦然。枘在鑿中，而枘之旋轉非鑿〔四〕可

〔一〕比：四庫本作「北」，訛。
〔二〕輾：四庫本作「碾」，通。
〔三〕謂之龜：此三字四庫本無，脱。
〔四〕鑿：四庫本作「枘」，訛。

止，圍之不住也。鳥飛影隨，但可謂鳥飛，不可謂影動。矢在絃爲止，射侯謂之行；離絃而未至侯，則爲不行、不止之時。狗、犬一也，謂狗則不稱犬。牛、馬二體；黄驪，色也。以二體與色並言，謂之三；以黄驪附馬牛之體而見，亦謂之三。黑白之名非出於有物之始，則謂白爲黑亦可。名孤駒，則非有母；又言嘗有母也。尺捶析而爲二，今日用此，明日用彼，萬世不盡可也。此又學者推廣其説，與惠子相應强辯而不已。根柢，言其本領不過如此。恃其口才以爲壯，而與天地同所存，自以〔一〕爲雄而實無學術也。倚人，畸異獨高之人。天地風雷，皆造化之妙，豈可容言？惠子不讓而對，徧爲之説，以反人爲能，與世不和適也。内無所得，曰弱於德，而徒强辯於外。隩，幽暗也。以天地之道觀惠子所能，猶蚉䖟然，亦何用乎？但以一人之私見自足則可，若以此爲勝於貴道者則殆矣。惠子終不知道，僅以辯得名，亦可謂有才者，但放蕩而不知反，爲可惜也。響出於聲，聲本響末；窮響以聲，不知本也。形與影競走亦然。《莊子》終篇以惠子結末，雖不與聞道之列，然語亦奇特，故存而不廢。著書與作文異，亦自有體製，起頭結尾皆是其用意處，如《春秋》之絶筆獲麟，《中庸》之上天之載，此書内篇之渾沌七竅，皆是一箇體製，諸家經

〔一〕以：四庫本作「已」，通。

解，言文法者，理或未通；精於理者，於文或略，所以罕能盡善。獨艾軒先生文節林公道既高，而文尤精，所以六經之説高出千古。所恨網山林公、樂軒陳公之後，其學不傳，今人無有知之者矣。

莆田艾軒先生、工部侍郎文節林公光朝，字謙之，一傳爲網山林公亦之，字學可，再傳爲樂山陳公藻，字元潔，皆有文集行於世。竹溪林公鬳齋先生，樂軒之嫡嗣也。

陸德明《音義》卷末載云：子玄之注，論其大體，亦可謂得莊子之旨矣。郭生前嘆膏粱〔一〕之途説，余亦晚睹貴遊之〔二〕妄談。斯所謂異代同風，何可復言也！或曰：莊、惠標濠梁之契，發郢匠之模，而言其道舛駁，其言不中，何〔三〕也？豈契若郢匠，褒同寢斤，而相非之言如此之甚耶？曰：夫欲極其教之肆，神明其言者，豈得不善其辭而盡其喻乎！莊子振徽音於七篇，列斯文於世，重言盡涉玄之路，從事展有辭之叙，雖談無貴辯，而教無虚唱。然其文易覽，其趣難窺，恐造懷而未達者，有過理之嫌。將祛斯文之弊，故大舉惠子之宏辯也。

〔一〕粱：原誤作「梁」，今改正。
〔二〕之：此字四庫本無，脱。
〔三〕何：此字四庫本無，脱。

劉概統論云：道體廣大，包覆無遺。形數〔一〕肇一，奇偶相生。自此以〔二〕往，巧歷不能筭矣。古之人，循大道之序，順神明之理，於是有内聖外王之道。其在數度者，雜而難偏，然本末先後之出于一而散爲萬者，未嘗不通也。故時出時處，或靜或動，能短能長，以矯天下之枉，而曲當不齊之變。且伏羲非無法也，而成於堯；二帝非無政也，而備於周。不先時而好新，不後時而玩故，此聖人之在上者，有所不能盡備也；伊尹，任也，伯夷矯之以清，清近隘也，柳下惠濟之以和，不逆世以蹈節，不徇俗以造名。此聖人之在下者，有所不能盡全也。道至於孔子而後集大成，蓋幾千百年而一出。孔子之上聖人之因時者，有不得已也；孔子之下諸子之立家者，各是其是也。莊子之時，去聖已遠，道德仁義裂於楊、墨，無爲清淨墜於田、彭，於是宋鈃、尹文之徒，聞風而肆。莊子思欲復仲尼之道而非仲尼之時，遂高言至道以矯天下之卑，無爲復朴以絶天下之華，清虚寂寞以拯天下之濁。謂約言不足以解弊，故曼衍而無家；謂莊語不足以喻俗，故荒唐而無崖〔三〕。著

〔一〕數：四庫本作「教」，訛。
〔二〕以：四庫本作「一」，訛。
〔三〕崖：四庫本作「涯」。

書三十三篇，終之以天下道術〔一〕。其言好尊老聃而下仲尼，至論百家之學，則仲尼不與焉。先之以墨翟、禽滑釐之徒，次以老聃、關尹，而後自叙其學，結以惠施多方。蓋謂道非集大成之時，則雖博大真人，猶在一曲。老聃之書，得吾之本，故調適而上遂。惠子之書，得吾之末，未免一曲而已。嗚呼！諸子之書，曷嘗不尊仲尼哉！知其所以尊者，莫如莊子，學者致知於言外可也。

南華著經，篇分内、外，所以述〔二〕道德性命、禮樂刑政之大綱。内聖外王之道，有在於是。而立言超卓，異乎諸子。卒難階梯，見謂僻誕，然而淵雷、夜光不可泯也。雜篇則凡人間世之事，旁譬曲喻，具載無遺；雖經郭氏删葺遺文，叙事蓋仍其舊。至於末篇〔三〕叙天下道術皆不免於有爲，趨尚或偏，未有久而無弊者，乍讀若紛亂，莫究指歸。夷考分〔四〕章，截然有理：一儒道，二墨教，三明治，四論法，五讚老，六叙莊，其論

〔一〕術：此字四庫本無，脱。
〔二〕述：原作「迷」，據四庫本改。
〔三〕末篇：四庫本作「篇末」，倒。
〔四〕分：四庫本作「其」。

天下古今道術備矣。繼之以自叙，明其學出於老聃也〔一〕。立言既多，慮學者以辭害意，故以評惠終焉。載其雄辯而闢其舛駁，使後人知所趣〔二〕舍也。愚初讀是經終卷，至「惠施多方」以下，莫窺端涯，與《列子》載公孫龍誑魏王之語絶相類，難以措思容喙，横于胸臆有年矣。淳祐丙午歲，幸遇西蜀無隱范先生遊京，獲侍講席幾二載，將徹章，竊謂同學曰：「是經疑難頗多，此爲最後一關。」未審師意若爲發明，度有出尋常見聞之表者。暨舉經文，衆皆凝神以聽。師乃見問：「諸友以此論爲何如？」衆謝不敏，願開迷雲。師曰：「本經有云：『恢恑憰〔三〕怪，道通爲一。』存而勿〔四〕論可也。」衆皆愕然，再請明訓。師默然良久，曰：「若猶未悟耶？此非南華語，是其所闢以爲舛駁不中之言，焉用解爲？自『至大無外』至『天地一體』皆惠子之言，『雞三足』至『萬世而不竭』乃從學辯者相應之辭，時習佞給，務以譎怪相誇，肆言無軌，一至于此。或者不察，認爲莊子語，愈增疑議，皆不究其本源故也。郭氏知此而不明言，使觀者自得。世有好

〔一〕「繼之以」至「老聃也」：此十三字四庫本無。

〔二〕趣：四庫本作「趨」，通。

〔三〕恑憰：四庫本作「奇譎」，訛。

〔四〕勿：四庫本作「無」。

奇之士，爲彼怪語所惑，遂苦心焦思，生異見以求合其説，雖勤何補？」於是衆心豁然，如發重覆而睹天日也。竊惟聖賢垂訓，啓迪後人，義海宏深，酌隨人量，箋注之學，見有等差，須遇師匠心傳，庶免多岐之惑。否則死在惠施句裏，無由達南華向上一關，雖多方五車，不過一辯士耳。古語云：「務學不如務求師。」至哉！師恩昊天罔極，玆因纂集諸解，凡七載而畢業。恭炷瓣香，西望九禮〔一〕，儼乎無隱講師之在前，洋洋乎南華老仙之鑑臨于上也。所恨當時同學，南北流亡，舊聆師誨，或有缺遺，無從質正，徒深嘅嘆耳。師諱應元，字善甫，蜀之順慶人，學通内外，識究天人，靜重端方，動必中禮，經所謂「不言而飲人以和，與人並立而使人化」者是也。江湖宿德，稔知其人，不復贅述，聊誌師徒慶會之因于卷末，俾後來學者知道源所自云。咸淳庚午春學徒武林褚伯秀謹誌。

〔一〕禮：四庫本作「拜」。